Kursbuch Geschichte

Von der Antike bis zur Gegenwart

Cornelsen

Kursbuch Geschichte
Von der Antike bis zur Gegenwart

Das Lehrwerk wurde erarbeitet von:
Rudolf Berg M. A., München; Prof. Dr. Gerhard Brunn, Köln; Andreas Dilger, Freiburg/B.; Prof. Dr. Ute Frevert, Bielefeld; Prof. Dr. Hilke Günther-Arndt, Oldenburg; Prof. Dr. Ernst Hinrichs, Oldenburg; Dr. Hans-Georg Hofacker, Stuttgart; Dr. Dirk Hoffmann, Stadthagen; Dr. Wolfgang Jäger, Berlin; Dr. Ulrich Maneval, Freiburg/B.; Prof. Dr. Jochen Martin, Freiburg/B.; Dr. Waltraud Müller-Ruch, München; Prof. Dr. Gottfried Niedhart, Mannheim; Dr. Christoph Prignitz, Oldenburg; Hermann Ruch, München; Prof. Dr. Hans-Christoph Schröder, Darmstadt; Prof. Dr. Hannah Vollrath, Bochum; Elisabeth Zwölfer, Freiburg/B.; Prof. Norbert Zwölfer, Freiburg/B.
unter Mitarbeit der Verlagsredaktion

Redaktion: Dr. Wolfgang Jäger, Dr. Christine Keitz
Karten: Klaus Becker, Frankfurt a. M.; Carlos Borrell, Berlin; Skip G. Langkafel, Berlin
Technische Umsetzung: Reinhild Hafner

www.cornelsen.de

1. Auflage, 8. Druck 2008

Alle Drucke dieser Auflage sind inhaltlich unverändert und können im Unterricht nebeneinander verwendet werden.

Druck: CS-Druck CornelsenStürtz, Berlin

ISBN 978-3-464-64303-7

Inhalt gedruckt auf säurefreiem Papier aus nachhaltiger Forstwirtschaft.

Inhaltsverzeichnis

Lernen und arbeiten mit dem *Kursbuch Geschichte*

Das *Kursbuch Geschichte* ist ein Lehrwerk, das alle klassischen Themen von der Antike bis zur Gegenwart abdeckt. Es versteht sich als ein modernes, d. h. an historischen Problemen und Leitfragen orientiertes Lern- und Arbeitsbuch mit Darstellungen, Materialien, Arbeitsaufträgen, Methodenteilen, zusammenfassenden Seiten und Begriffserläuterungen.
Jedes Kapitel setzt mit einer *Auftaktdoppelseite* ein. Die einzelnen Unterthemen der Kapitel werden anschließend in Form kleiner *thematischer Einheiten* dargeboten (siehe unten). Die *Methodenseiten* führen systematisch in den Umgang mit den verschiedenen Quellengattungen ein. Am Ende eines jeden Kapitels finden sich *zusammenfassende Arbeitsaufträge* und eine ausführliche *Zeittafel.*

Stichworte in kleinen Kästen gliedern den Darstellungstext.

Arbeitsaufträge, die dem differenzierten Anforderungsprofil der Abiturprüfung entsprechen, erschließen Materialien aller Gattungen.

Fettdrucke heben wichtige Personen, Themen und Ereignisse hervor.

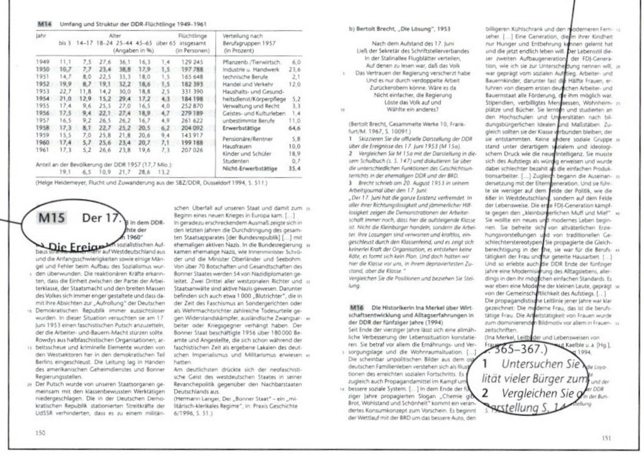

Darstellungen und Materialien sind eng verknüpft. Die Materialien vertiefen, erweitern oder kontrastieren die Darstellung.

I Die antike Welt: Fremdheit und Nähe

„Der Raub der Europa". Wandgemälde aus Pompeji, 1. Jh. n. Chr., Nationalmuseum, Neapel

„Der Raub der Europa“ lautet der Titel eines Wandgemäldes aus Pompeji, das im 1. Jahrhundert n. Chr. entstand (siehe links). Es zeigt, wie nah und zugleich fern uns die Antike ist. Schon Herodot, der berühmteste Geschichtsschreiber der griechischen Antike, verwies im 5. Jh. v. Chr. darauf, dass man den geografischen Begriff Europa auf Karten zur Kennzeichnung der Gebiete nördlich des Mittelmeeres verwendete, die auch heute im Wesentlichen Europa begrenzen. „Europa“ war aber auch der Name einer Königstochter aus der griechischen Sagenwelt, der Tochter eines phönikischen Königs, und diese ist auf dem Fresko dargestellt. Der Sage nach hatte der Göttervater Zeus sich in einen zahmen Stier verwandelt und die Europa über das Meer nach Kreta entführt, wo er mehrere Kinder mit ihr zeugte. Das Wandbild stellt die Situation unmittelbar vor dem Raub der Europa dar: Europa erhebt sich auf den Stier, der sie sogleich entführen wird. Ohne die Kenntnis der griechischen Mythologie lässt sich das Bild, das uns in eine fremde Welt führt, nicht entschlüsseln.

Die Spannung zwischen zeitlich Gegenwärtigem und historischer Fremdheit wird auch bei der Beschäftigung mit der attischen Demokratie deutlich, die sich 500 v. Chr. herausbildete und schon im 2. Jahrhundert v. Chr. wieder verschwand. Zum ersten Mal in der Geschichte haben die Griechen Staat und Gesellschaft nach demokratischen Prinzipien organisiert, um Freiheit und Gleichheit im öffentlichen Leben so weit wie möglich zu verwirklichen. Abgesehen jedoch vom grundsätzlichen Anspruch auf Beteiligung der Bürger am politischen Entscheidungsprozess und der damit verbundenen Bürgerverantwortung gibt es so gut wie keine Gemeinsamkeiten zwischen dem antiken und dem modernen Demokratie-Ideal. Weder kannten die Griechen das allgemeine, gleiche und geheime Wahlrecht für alle erwachsenen Bürgerinnen und Bürger noch Gewaltenteilung oder die Verwirklichung von Grund- und Menschenrechten. Der Gedanke der Demokratie war außerdem kein universeller Wert bei der Gestaltung der Außenpolitik. Im Gegenteil beruhte die attische Demokratie auf der Unterdrückung anderer Völker.

Fremdheit und Nähe prägen zudem den Blick auf die römische Geschichte. Viele Staaten bezeichnen sich heute als Republik, ein Begriff, der von dem lateinischen Wort „res publica“, die „Angelegenheiten des Volkes“, stammt. Bedeutet Republik in der Gegenwart oft lediglich „Nicht-Monarchie“, verstanden die Römer unter res publica nicht nur einen abstrakten Namen für ihren Staat, sondern auch eine konkrete Geisteshaltung, die Autorität, Einordnung und Unterordnung unter ein Höheres, nämlich Familie und Gemeinwesen, betonte. Dem römischen Weltreich wird sich der heutige Betrachter allerdings mit großer Distanz nähern. Das liegt vor allem an der tiefen Abneigung gegenüber imperialer Herrschaft auf Grund der Erfahrungen mit dem Imperialismus im 19. Jahrhundert und der Kenntnis der barbarischen Folgen der nationalsozialistischen Kriegs- und Rassenpolitik. Solche Gefühle dürfen jedoch nicht von einer nüchternen und sachlichen Analyse des Imperium Romanum abhalten. Offenbar stieß die Herrschaft der Römer bei den unterworfenen Völkern auf ein gewisses Maß an Zustimmung; nicht zuletzt deswegen gelang es den Römern, nach der militärischen Unterwerfung vieler Völker mit einem aus der Sicht der Gegenwart minimalen Aufwand an Verwaltung und militärischer Organisation ein riesiges Weltreich zu durchdringen und zu beherrschen. Und anders als in der Gegenwart, in der das Christentum zu den anerkannten Weltreligionen gehört, wurden Christen im Römischen Reich lange Zeit verfolgt. Erst in der Spätantike erreichten sie ihre offizielle Anerkennung; das Christentum erlangte den Status einer Staatsreligion.

1 Leben in der attischen Demokratie

1.1 Die Entstehung der attischen Demokratie

Innere Ursachen

Die attische Demokratie war nicht das Ergebnis zielgerichteten Handelns, sondern entstand aus ganz bestimmten politisch-gesellschaftlichen Kräfteverhältnissen. Seit dem 7. Jahrhundert v. Chr. gab es in Athen keinen König mehr, der für Frieden und Ordnung nach innen und außen hätte sorgen können. Die Adeligen, die die Könige verdrängt hatten, übten in der archaischen Zeit zwischen 800 und 500 v. Chr. keine organisierte Herrschaft aus. Vielmehr rivalisierten sie untereinander um Ruhm und Ehre; ihr Handeln bezog sich nicht primär auf die Stadt (Polis), in der sie lebten. Deshalb konnte die Stadt (Karte 1) und damit auch die „Staatlichkeit" nur gestärkt werden, wenn der Adel gleichsam in die Stadt hineingezwungen wurde. Das geschah dadurch, dass der Adel an Gesetze gebunden wurde und das Volk politische Rechte erhielt. Diese Ausgangssituation galt für alle griechischen Städte, aber nur in Athen führte sie zur Demokratie. Die Athener entwickelten eine Staatsform, die ein geordnetes Zusammenleben ohne Zwang von außen und oben garantierte und die die Geschicke der Gemeinschaft in die Hände der Bürger legte.

Reformen

Verschiedene Reformer haben aus unterschiedlichen Motiven heraus Einrichtungen geschaffen, die später im demokratischen Sinne umgeformt werden konnten. Zu den bedeutendsten gehören Solon und Kleisthenes. **Solon** wollte durch seine Reformen (594 v. Chr.) eine Tyrannis in Athen und Bürgerkriege verhindern sowie die Macht der Stadt stärken. Er befreite deshalb die Bauern von Schulden, gab dem Volk wichtige politische Mitwirkungsrechte (Volksversammlung, Volksgericht) und betonte die Verantwortung, die alle Bürger für die Stadt haben (M 1). Nach der langen Tyrannis der Peisistratiden (561–510 v. Chr.), die das Zentrum Athen stärkte und die Macht vieler Adelsfamilien schwächte, hat **Kleisthenes** (508/07 v. Chr.) den Einfluss adeliger Geschlechter weiter zurückgedrängt. Stadt, Land und die Küstenregion Attikas wurden in 10 Phylen eingeteilt. Von diesen obersten Abteilungen der Bürgerschaft entsandte jede 50 Mitglieder in den neuen Rat der 500, der die politischen Entscheidungen der Volksversammlung vorbereitete. Das schon von Solon geschaffene Volksgericht scheint erst jetzt stärkeren Einfluss gewonnen zu haben. Die Demen als kleinste Gebietseinheiten Attikas erhielten wichtige Selbstverwaltungsfunktionen. Aus den obersten Gesellschaftsschichten stammten aber weiterhin die Archonten, die den Vorsitz in den einzelnen Abteilungen des Volksgerichts einnahmen. Auch die Rechte des Areopags, der sich aus ehemaligen Archonten zusammensetzte, schränkte Kleisthenes nicht ein. Der Adel behielt deshalb nach dieser Reform eine führende Stellung, konnte jedoch nur noch im Rahmen der politischen Institutionen Macht ausüben (M 2). Diese Ausweitung der Staatlichkeit und die Beseitigung der sozialen Abhängigkeitsverhältnisse müssen als wichtige Voraussetzungen für die Entstehung der attischen Demokratie gesehen werden.

Äußere Bedingungen

An der Wende vom 6. zum 5. Jahrhundert v. Chr. kam es zu kriegerischen Konflikten zwischen Griechenland und dem Perserreich. Im Jahre 480 v. Chr. brachte die griechische Flotte den Persern bei Salamis eine vernichtende Niederlage bei, die die Expansion der Perser endgültig beendete und das Selbstbewusstsein der Griechen stärkte. Sowohl der Stolz auf diesen Sieg als auch das Flottenbauprogramm des **Themistokles** (ab 483 v. Chr.), das den militärischen Erfolg vorbereitet hatte, förderten die

Herausbildung demokratischer Strukturen in Athen (M 3a, b). Durch den Ausbau der Schlachtflotte wurde die unterste Gesellschaftsschicht, die die Schiffsbesatzungen stellenden Theten, entscheidend für die militärische Macht. Diese Aufwertung bereitete auch ihre Gleichstellung mit der übrigen Bürgerschaft im politischen Bereich vor. Hinzu kam, dass sich bei Adelsrivalitäten einzelne Aristokraten Vorteile zu verschaffen suchten, indem sie Zugeständnisse an das Volk machten. Außerdem entmachtete der Adelige Ephialtes 462/61 v. Chr. den Areopag dadurch, dass er die Kontrolle der Behörden der Volksversammlung, dem Rat der 500 und den Volksgerichten übertrug. Dem Areopag blieb nur die Blutgerichtsbarkeit. Um ärmeren Athenern den Zugang zu politischen Tätigkeiten zu erleichtern, wurde bald nach 462/61 v. Chr. die Zahlung von Tagegeldern für Ratsherren, Richter und wohl auch für die meisten Beamten eingeführt.

M1 Die Reformen Solons

7. Eine Verfassung führte er ein und erließ auch andere Gesetze, man hörte auf, die Satzungen des Drakon[1] zu verwenden, außer den Blutgesetzen. Sie schrieben die Gesetze auf die Pfeiler, stellten sie in der Königshalle auf und schworen alle, sie anzuwenden. Die neun Archonten gelobten beim Schwur vor dem Stein, ein goldenes Standbild zu weihen, wenn sie eines der Gesetze überschritten. Seitdem schwören sie auch jetzt noch so. (2) Er legte die Gesetze für hundert Jahre fest und ordnete auf diese Weise das Staatswesen. (3) Nach Schätzung teilte er vier Steuerklassen ein, wie sie auch früher eingeteilt waren: Großgrundbesitzer, Ritter, Jochbauern und Arbeiter. Und die übrigen Ämter ließ er von den Großgrundbesitzern, Rittern und Jochbauern verwalten – die neun Archonten, die Finanzverwalter, die Staatsmakler, die elf Justizaufseher und die Kassenverwalter –, wobei er jedem die Amtsgewalt entsprechend der Größe seines Steuerkapitals verlieh. Denen aber, die zur Steuerklasse der Arbeiter gehörten, gab er nur einen Anteil an der Volksversammlung und an den Gerichten. (4) Zur Steuerklasse der Großgrundbesitzer gehörte, wer insgesamt 500 Maß trockenes und flüssiges Erntegut von seinem Eigentum zusammenbrachte, zur Ritterklasse die, die 300 Maß aufbrachten – bzw. Pferde zu halten in der Lage waren, wie einige meinen. [...] Jochbauernsteuer zahlten die, die insgesamt 200 Maß einbrachten. Die übrigen gehörten zum Arbeiterstand, ohne Zugang zu irgendeinem Amt. Deshalb dürfte wohl auch heute noch kein Einziger, der sich an der Auslosung eines Amtes beteiligen will, wenn er gefragt wird, zu welcher Steuerklasse er gehört, sagen, zum Arbeiterstand.
8. Die Ämter ließ er unter Vorgewählten auslosen, die jede der Phylen[2] vorzuwählen hatte. Für die neun Archonten wählte jede zehn und aus diesen losten sie. Daher gilt es heute noch für die Phylen, dass jede zehn erlost, sodann aus diesen durch das Bohnenlos die Wahl trifft. [...] In alter Zeit ernannte der Rat auf dem Areopag – in Eigenverantwortung die Stellen ausschreibend und entscheidend – den Geeigneten zu jedem der Ämter und setzte ihn für ein Jahr ein [...] (4) Einen Rat bildete er aus vierhundert Bürgern, hundert aus jeder Phyle, den der Areopagiten jedoch beorderte er zur Überwachung der Gesetze, wie er ja auch vorher als Aufseher über das Staatswesen fungierte und im Übrigen die meisten und bedeutendsten politischen Angelegenheiten überwachte.

(Aristoteles, Der Staat der Athener, übers. u. hg. v. Peter Dams, Reclams Universalbibliothek, Stuttgart 1970, S. 12–15)

1 Drakon: athenischer Gesetzgeber im späten 7. Jahrhundert v. Chr.; fasste 624/21 v. Chr. geltendes Recht in einem Gesetzbuch zusammen; beendete Blutrache; die Strafmaße galten in der klassischen Zeit als ausgesprochen hart („drakonische Strafen").
2 Phylen: oberste Abteilungen der Bürgerschaft

1 *Gliedern Sie die Reformen Solons nach sozialen, wirtschaftlichen und politischen Maßnahmen. Wo erkennen Sie Überschneidungen?*
2 *Untersuchen Sie die Reformen Solons unter dem Aspekt, ob und inwieweit sie eine Demokratisierung Athens gefördert haben.*

M2 Die Neugliederung Attikas durch Kleisthenes

[...] also vertraute das Volk dem Kleisthenes. Damals nun, als Anführer des Volkes, teilte er im vierten Jahr nach der Vertreibung der Tyrannen im Archontenjahr des Isagoras zunächst
(2) das gesamte Volk in zehn Phylen statt der bisherigen vier auf – er hatte den Plan, sie zu vermischen, damit mehr an der Staatsverwaltung beteiligt würden. Daher pflegt man Leuten, die sich nach der Herkunft erkundigen, zu sagen, sie sollen keine Phylenunterschiede machen.

(3) Sodann stellte er einen Rat der Fünfhundert statt Vierhundert auf, fünfzig aus jeder Phyle; vorher waren es hundert aus jeder Phyle. Er teilte aus dem Grund nicht in zwölf Phylen ein, damit es nicht auf eine Teilung entsprechend den vorhandenen Dritteln hinausliefe. Es gab nämlich von den vier Phylen zwölf Unterabteilungen (Trittyen), sodass im Ergebnis die Menge nicht vermischt worden wäre.
(4) Er teilte auch das Land nach Gemeinden in 30 Teile auf: zehn um die Stadt herum, zehn am Meer, zehn in dem Zwischenraum, und bezeichnete diese als Trittyen. Er loste drei für jede Phyle aus, damit jede an allen drei Gegenden Anteil habe. Auch machte er die in der jeweiligen Gemeinde Wohnenden zu Gemeindemitgliedern, damit sie nicht durch Verwendung des Vaternamens die Neubürger herausstellten, sondern sich nach ihrer Gemeinde benannten. Deshalb nennen sich die Athener nach ihrer Gemeinde.
(5) Er setzte auch Gemeindevorsteher ein, die dieselbe Funktion hatten wie früher die Schiffsbesorger; denn er setzte die Gemeinden auch an die Stelle der Schiffsbesorgschaften. Die Gemeinden benannte er teils nach ihren Plätzen, teils nach ihren Gründern; denn nicht mehr alle befanden sich an den bekannten Orten.
(6) Sippenverbände, Phratrien[1] und Priesterschaften ließ er alle in der altüberkommenen Weise bestehen. Den Phylen gab er Beinamen aus einer Auswahl von 100 Stammvätern, von denen die Pythia[2] durch Orakel zehn bestimmte.
(Aristoteles, Der Staat der Athener, übers. u. hg. v. Peter Dams, Reclams Universalbibliothek, Stuttgart 1970, S. 28)

1 Phratrien: Abteilungen der Bürgerschaft
2 Pythia: Prophetin des Orakels in Delphi

1 *Fassen Sie die grundsätzlichen politischen Ziele der Phylenreform des Kleisthenes zusammen.*
2 *Vergleichen Sie die Maßnahmen des Kleisthenes mit denen Solons. Welcher Fortschritt in der Entwicklung zur attischen Demokratie ist erkennbar?*

M3 Die Reformmaßnahmen des Themistokles

a) Die Flottenpolitik

[Themistokles] stärkte dadurch auch den Einfluss des Volkes gegenüber der Aristokratie und pflanzte ihm ein stolzes Selbstgefühl ein, da nun Matrosen, Rudermeister und Steuerleute die Macht in die Hände bekamen. Aus diesem Grund haben in späterer Zeit die dreißig Tyrannen die Rednerbühne auf der Pnyx, welche so angebracht war, dass die Redner aufs Meer hinaussahen, dem Lande zugedreht. Denn sie waren überzeugt, dass die Demokratie aus der Herrschaft zur See hervorgegangen sei und dass sich ein Volk von Ackerbauern viel leichter mit einem oligarchischen[1] Regiment abfinden werde.
(Plutarch, Große Griechen und Römer, Bd. 1, hg. v. Konrad Ziegler, übers. v. Walter Wuhrmann, Artemis Verlag, Zürich/Stuttgart 1954, S. 368 ff.)

1 Oligarchie: Herrschaft einer kleinen Gruppe, ursprünglich der Reichsten im Staat

b) Aus den „Historien" des Herodot, einer Geschichte der Perserkriege (um 440 v. Chr.), über die Gründe für den Sieg der Athener

Die Athener waren stark geworden. Das Recht eines jeden Vollbürgers, in der Volksversammlung zu reden, ist eben in jeder Hinsicht, wie sich zeigt, etwas Wertvolles. Denn als die Athener von Tyrannen beherrscht wurden, waren sie keinem einzigen ihrer Nachbarn im Kriege überlegen. Jetzt aber, wo sie frei von Tyrannen waren, standen sie weitaus an der Spitze. Daraus ersieht man, dass sie als Untertanen, wo sie sich für ihren Gebieter mühten, sich absichtlich feige und träge zeigten, während jetzt nach ihrer Befreiung ein jeder eifrig für sich selbst schaffte.
(Herodot, Historien V, 78, übers. v. Verf.)

1 *Erarbeiten Sie anhand von M 3a den Zusammenhang zwischen den militärischen Maßnahmen des Themistokles und einer weiteren Demokratisierung Athens.*
2 *Erläutern Sie mit Hilfe von M 3b die innenpolitischen Folgen des Sieges der Athener über die Perser.*

1.2 Athen im 5. Jahrhundert: Herrschaft nach innen – Herrschaft nach außen

Die attische Demokratie

Im Zentrum der attischen Demokratie (Schema 1) stand die **Volksversammlung**. Zu ihr hatte jeder erwachsene, d.h. mindestens 18 Jahre alte männliche Vollbürger Zutritt. Abgestimmt wurde nach Personen; jede Stimme hatte gleiches Gewicht. Entschieden wurde nach dem Mehrheitsprinzip. Nur in ganz seltenen Fällen war eine Mindestzahl von Anwesenden, z. B. ein Quorum von 6000, vorgeschrieben. Darüber hinaus war es für das demokratische System (M 4) wesentlich, dass eine Mindestzahl von Versammlungen im Jahr stattfinden musste.
Nach ihrem Selbstverständnis war die Volksversammlung in der zweiten Hälfte des 5. Jahrhunderts v. Chr. für die Entscheidung über jedes nur denkbare Problem zuständig. Ein Gegenstand durfte zwar nicht unvorbereitet am Versammlungstag auf die Tagesordnung gesetzt werden, aber die Volksversammlung konnte erzwingen, dass er bei der nächsten Tagesordnung aufgenommen wurde. Für bestimmte Versammlungen waren feste Themen vorgeschrieben, z. B. die Amtsführung der Beamten, die Getreideversorgung der Stadt, die Verteidigung des Landes, Hochverratsklagen. In ihren Entscheidungen war die Volksversammlung zunächst weder durch eine Verfassung noch durch bestehende Gesetze eingeschränkt. Erst am Ende des 5. Jahrhunderts v. Chr. kam es zur Unterscheidung zwischen Gesetzen und einfachen Volksbeschlüssen. In der Folgezeit wurden Gesetze der einfachen Beschlussfassung des Volkes entzogen.
Die Volksversammlung herrschte direkt. Sie beschäftigte sich also nicht nur mit Grundsatzfragen, sondern auch mit den Modalitäten der Ausführung von Beschlüssen. Zur Seite stand ihr dabei der **Rat der 500** (boule), dessen Mitglieder jeweils für ein Jahr erlost und besoldet wurden. Der Rat der 500 bereitete die Volksversammlungen vor und setzte deren Tagesordnungen fest. Zusammen

Karte 1 Das antike Griechenland

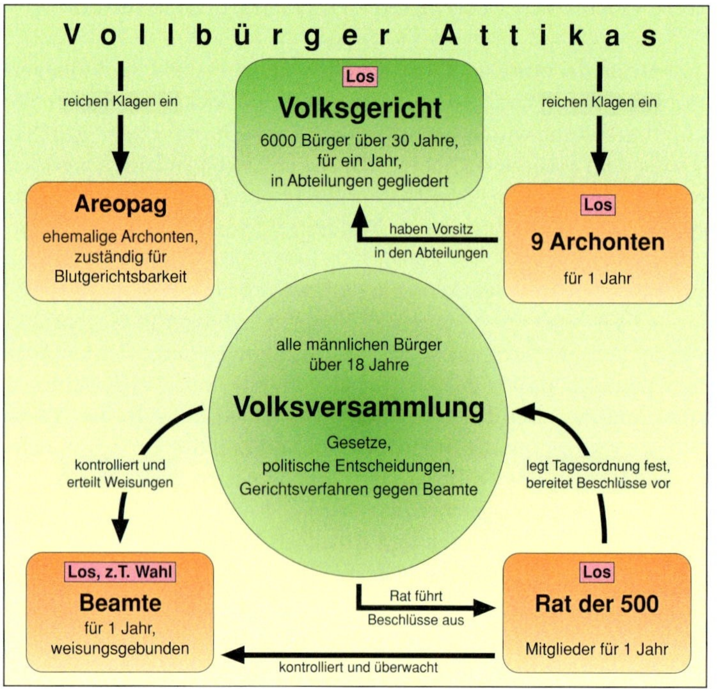

Schema 1 Die Verfassung der attischen Demokratie

– *Beschreiben Sie mit Hilfe des Schaubildes und der Darstellung die politische Ordnung der attischen Demokratie.*

mit Ausschüssen der Volksversammlung überwachte er die **Beamten**, aber auch jeder einzelne Bürger konnte jederzeit einen Beamten anklagen; Beamte konnten auch während ihrer Amtszeit abgesetzt werden.

Die Aufgabenbereiche der meistens zehn Mitglieder umfassenden und ebenfalls besoldeten Beamtenkollegien waren genau definiert, sodass ihnen kaum selbstständiger Handlungsspielraum blieb. Man ging also kein Risiko damit ein, dass die Beamten (wie die Ratsleute für ein Jahr) erlost wurden. Wo ein solches Risiko bestand – z. B. bei der militärischen Führung, den Strategen, sowie den Verwaltern der wichtigsten Finanzkassen – trat die Wahl an die Stelle des Loses. Da das Amt des Strategen der persönlichen Entfaltung noch einen gewissen Spielraum gewährte, richtete sich der Ehrgeiz der Adeligen hierauf. Insgesamt aber konnten weder die Beamten noch der Rat ein Gegengewicht zur Volksversammlung bilden. Beide unterlagen auch einer strikten Rechenschaftspflicht. Das System war so konstruiert, dass im Konfliktfall immer die Volksversammlung die Oberhand behielt.

Die Gerichtsbarkeit lag in der attischen Demokratie beim **Volksgericht**, für das jährlich 6000 Richter erlost wurden. Auch sie erhielten einen Sold. Prozesse fanden in einzelnen Abteilungen des Volksgerichtes statt, die je nach der Schwere eines Falles 201, 501, 1001 usw. Richter umfassten. Der Ausgang der Gerichtsverfahren war oft ungewiss, da den Laienrichtern juristische Belehrung praktisch nur durch die Plädoyers der Parteien zuteil wurde. Im Grunde unterschied sich das Urteil der Volksgerichte kaum von den politischen Entscheidungen in der Volksversammlung. Mord und mit Mord zusammenhängende Fälle wurden allerdings vom Areopag, der sich aus ehemaligen Archonten zusammensetzte, verhandelt. Ursprünglich war der Areopag das wichtigste politische Gremium, das jedoch durch die Reformen des Ephialtes im Jahr 462 v. Chr. entmachtet worden war.

Im 5. Jahrhundert v. Chr. gab es in Athen weder eine Regierung noch etwas, das auch nur ansatzweise mit unseren heutigen Parteien vergleichbar wäre. Die politische Willensbildung fand zum einen auf dem Markt, bei Gastmählern, in Gymnasien, den Übungs- und Ausbildungsstätten der männlichen Jugend, oder überall dort statt, wo Menschen zusammenkamen, zum anderen in den Volksversammlungen selbst. Dort konnte zwar jeder sprechen und Anträge stellen. Aber in der Praxis beeinflussten Reichtum, Bildung und Zugang zu Informationen die tatsächliche Auswahl der Redner. Wir kennen auch solche, die immer wieder redeten und Anträge stellten; sie wurden als **Demagogen** bezeichnet. Man kann die Demagogen als die politische Elite der attischen Demokratie bezeichnen. Meist stammten sie aus dem Adel. Sie konnten gleichzeitig Amtsträger, z. B. Strategen, sein und aus diesem Amt ihren Informationsvorsprung gegenüber anderen Demagogen gewinnen; Grundlage der Demagogie war aber nicht das Amt, sondern Ansehen und rhetorische Fähigkeiten.
Die Demagogen waren zwar kein institutionelles, wohl aber ein strukturelles Element der Demokratie. Politische Führung wurde in der attischen Demokratie nicht institutionalisiert; sie konnte dadurch kein dauerhaftes Gegengewicht zur Volksversammlung bilden. Die Tatsache, dass Perikles im 5. Jahrhundert v. Chr. die attische Politik über längere Zeit entscheidend beeinflusste, war die Ausnahme, nicht die Regel des attischen Systems.

Bedingungen und Kosten des demokratischen Systems

Seit den Reformen des Kleisthenes 508/507 v. Chr. waren die Adeligen gezwungen, ihre Machtrivalitäten in den politischen Institutionen der Polis auszutragen. In jeder Volksversammlung kam es daher zu Mehrheitsentscheidungen, d. h. zu Siegern und Besiegten. Eine ganze Reihe von Maßnahmen im Athen des 5. Jahrhunderts v. Chr. kann man als Antwort auf die Gefahren interpretieren, die aus der dauernden Anwendung der Mehrheitsregel und der damit verbundenen Machtkämpfe erwuchsen:
– Entweder schon unter Kleisthenes oder in den 80er-Jahren des 5. Jahrhunderts v. Chr. wurde der Ostrakismos eingeführt. Bei diesem „Scherbengericht" konnte jeder Teilnehmer an der entsprechenden Volksversammlung den Namen eines Politikers auf eine Tonscherbe ritzen; wer die meisten „Scherben" erhielt, musste für zehn Jahre außer Landes gehen, ohne dadurch allerdings sein Bürgerrecht und sein Vermögen zu verlieren. Durch diese „Verbannung auf Zeit" sollten die Spannungen in der Stadt gemildert werden.
– Im Jahr 492 v. Chr. brachte der attische Tragödiendichter Phrynichos ein Stück über die Unterwerfung Milets durch die Perser (494 v. Chr.) auf die Bühne und rührte die Athener zu Tränen. Er wurde zu einer Geldstrafe verurteilt, weil er die Athener an eine politische Schmach erinnert hatte. Nach dem Bürgerkrieg von 404/03 v. Chr. mussten sich alle Athener durch Eid verpflichten, nicht an die Schatten der Vergangenheit zu erinnern. Erinnerung wurde also in der Spannungssituation des 5. Jahrhunderts v. Chr. als Gefahr empfunden.
– 451 v. Chr. setzte Perikles ein Bürgerrechtsgesetz durch, nach dem attischer Bürger nur derjenige werden konnte, dessen beide Eltern attische Bürger waren. Da insbesondere unter attischen Adeligen der Brauch bestand, adelige Frauen aus anderen Städten zu heiraten, ist es wohl der Zweck dieses Gesetzes gewesen, die Loyalität aller Bürger eindeutig an Athen zu binden.
Neben diesen Maßnahmen gab es eine ganze Reihe von Ausgrenzungen, die die politische Stabilität der attischen Demokratie sichern sollten. Ausgegrenzt wurden die **Frauen**, die – wie Aristoteles es formulierte – keine Fähigkeit zum Regieren hätten. In der attischen Demokratie zeigt sich diese Ausgrenzung jedoch nicht nur in der Tatsache, dass Frauen nicht an der Politik teilnehmen durften, sondern auch darin, dass über sie in einer herabsetzenden Weise gesprochen wurde.
Ausgegrenzt blieb auch der häusliche Bereich. Während in der Polis der Gedanke der Gleichheit und der Rotation bei der Besetzung von politischen Ämtern vorherrschte, war das Haus (griech.

= oikos) ein Ort der Ungleichheit. Im häuslichen Umfeld herrschte keine Demokratie, die Ungleichheit z. B. zwischen Adeligen und Armen wurde nicht aufgehoben oder eingeschränkt. Die personalen Beziehungen waren durch klare Hierarchien bestimmt. Die Häuser mussten zwar Leistungen für die Polis erbringen, spielten aber in der Politik keine Rolle. Die politisch fähigen Bürger hatten bei verschiedenen Gelegenheiten sogar zu schwören, dass sie ihre häuslichen Eigeninteressen hinter das Engagement für die Polis stellen würden.
Ausgegrenzt war auch die große Zahl der **Sklaven**, denen das demokratische Athen keinerlei Rechte zubilligte, die es aber durch ihre Arbeit überhaupt erst möglich machten, dass die Vollbürger sich ganz der Politik widmen konnten. In der attischen Philosophie – besonders bei Aristoteles – konnte sogar die These entwickelt werden, dass es Sklaven „von Natur aus" gebe.
Eine letzte Ausgrenzung betraf schließlich die militärisch **besiegten Völker**. Während Rom Methoden entwickelte, Unterworfene in das Bürgerrecht aufzunehmen, und es viele Abstufungen zwischen Bürgerrecht und „Fremdheit" gab, war in Athen die Barriere zwischen Bürgern und Beherrschten fast unüberwindbar. Da der politische Status der Athener auf unmittelbarer politischer Teilnahme beruhte, hätte eine großzügige Ausdehnung des Bürgerrechtes die innere Integration unmöglich gemacht.
Es ist nur scheinbar ein Widerspruch, dass parallel zu diesen Ausgrenzungsprozessen die Polis in viele Lebensbereiche eingriff: Die Form der Eheschließung, das Verhalten in der Ehe, die Modalitäten der Erbschaft, der Umgang mit dem Hausvermögen, häusliche Kulte u. a. gehörten ebenso dazu wie die Ausrichtung von Festen und die Beaufsichtigung des Handels. Legitime Bürger konnte die Polis nur durch legitime Ehen bekommen; für die Finanzierung ihrer Aufgaben war sie auf die Wirtschaftskraft der einzelnen Häuser angewiesen (M 5).
Man kann insgesamt formulieren, dass in Athen das politische System der Tendenz nach die Gesellschaft in sich aufsaugte. Der Staat griff in so viele Bereiche ein, dass jeder – ob er wollte oder nicht – sich immer wieder mit ihm konfrontiert sah. Deshalb konnte es auch keinen Begriff des „Privaten" geben (M 6). Die griechische Sprache kennt zwar den „idiotes", d.h. denjenigen, der sich nur um seine eigenen Belange kümmert; aber zu einer grundsätzlichen Unterscheidung zwischen „öffentlichem" und „privatem" Raum kam es nicht.

Die Herrschaft der Demokratie nach außen

Als ein Kampfbund gegen die Perser entstand in der ersten Hälfte des 5. Jahrhunderts v. Chr. der **Delisch-Attische Seebund** (Karte 2). Der Bund beruhte nicht auf einer gemeinsamen Bundesakte. Vielmehr schloss Athen mit Küsten- und Inselstädten der Ägäis zeitlich unbefristete Einzelverträge. Die Bündnispartner hatten Schiffe zu stellen oder jährliche Abgaben in Geld zu leisten. Verträge untereinander waren den Partnern verboten. Die Bundesversammlung, in der jeder Partner eine Stimme hatte, tagte in Delos; dort befand sich auch zuerst die Bundeskasse, die später nach Athen gebracht wurde. Athen hatte in diesem Bund die eindeutige Vorherrschaft, die Hegemonie. Durch die jährlichen Tribute der Städte, die keine Schiffe stellten, wurde die eigene Flotte gestärkt. Attische Strategen hatten auch die Leitung bei Bundesunternehmungen.
Obwohl der Delisch-Attische Seebund gegen die Perser gerichtet war, lassen sich schon früh starke Eigeninteressen Athens erkennen, z. B. wenn Städte oder Inseln erobert und dort attische Kolonien gegründet wurden oder wenn Städte, die aus dem Seebund austreten wollten, mit Gewalt wieder in ihn hineingezwungen wurden. Im Laufe der Zeit konzentrierte sich die militärische Macht immer mehr in Athen.
Nach dem Friedensschluss mit Persien im Jahr 448 v. Chr. wurde der Seebund nicht etwa aufgelöst, sondern von Athen zu einem Instrument gemacht, um seine Vorherrschaft zu sichern: Keine Stadt durfte aus dem Seebund austreten. In politisch unzuverlässigen Gebieten gründeten

Karte 2 Der Delisch-Attische Seebund 478–431 v. Chr.

die Athener Kolonien. Gleichzeitig griffen sie rigoros in die inneren Angelegenheiten von „Bündnern“ ein und unterstützten in verschiedenen Städten demokratische Bewegungen, da sie hofften, mit ihnen besser kooperieren zu können als mit oligarchischen Regimen, in denen nur die Reichen herrschten. Für bestimmte Straftaten und Strafarten wurde das Volksgericht in Athen der alleinige Gerichtsstand. Außerdem galt jetzt im gesamten Herrschaftsgebiet des Bundes das attische Münz- und Maßsystem. Und schließlich hatten alle Städte weiterhin Tribute an Athen zu zahlen, die auch für innere Angelegenheiten – z. B. für den Ausbau der Akropolis – verwendet wurden.

Insgesamt haben wir es hier mit einem System zu tun, dessen Herrschaftscharakter besonders krass in Erscheinung tritt. Die Integration von Beherrschten – z. B. durch die Verleihung des Bürgerrechtes – war unmöglich, weil eine Ausweitung des Bürgerrechtes mit der damit verbundenen politischen Teilhabe die innere Integration der attischen Bürgerschaft gefährdet hätte. Die Tatsache, dass Athen sein Imperium nur beherrschen und nicht integrieren konnte, war also durch den demokratischen Charakter des attischen politischen Systems bedingt.

Freiheit im Innern und äußere Macht bedingten sich gegenseitig. Das bedeutete zugleich, dass der demokratische Gedanke nicht universalisiert wurde. Athen konnte zwar demokratische Bewegungen in anderen Städten unterstützen; das demokratische Prinzip aber in anderen Städten zu fördern, um dort auch Selbstbestimmung zu verwirklichen, hätte bedeutet, auf den eigenen Machtanspruch zu verzichten. Die Herrschaft Athens im Seebund und die vielen Kriege, die Athen im 5. Jahrhundert v. Chr. geführt hat, sind wohl auch als eine Voraussetzung dafür anzusehen, dass es in Athen selbst nicht zu Bürgerkriegen kam, die für viele andere Städte Griechenlands im 5. und 4. Jahrhundert v. Chr. charakteristisch sind. Insofern stärkte die äußere Macht die Integration im Innern.

Schließlich war unter wirtschaftlichen Gesichtspunkten die Macht nach außen eine weitere Bedingung für die attische Demokratie. Der Unterhalt einer starken Flotte wäre ohne die Tribute der Bündner nicht möglich gewesen. Militärische Macht als Flottenmacht hing unmittelbar mit der Demokratie zusammen. Denn es waren die Theten, d.h. die Mitglieder der untersten Gesellschaftsschicht in Athen, die als Ruderer auf den Schiffen dienten und damit die Seemacht Athens ermöglichten. Im Übrigen schuf die attische Herrschaft auch die Voraussetzungen dafür, dass Athen zu einem Handelszentrum werden konnte.

M4 Das griechische Demokratie-Ideal

Nach Ausbruch des Peloponnesischen Krieges (431–404 v. Chr.) zwischen Sparta und Athen hielt Perikles eine Rede, die von dem griechischen Geschichtsschreiber Thukydides (um 460–396 v. Chr.) wiedergegeben wird.

Wir leben in einer Staatsform, die die Einrichtungen anderer nicht nachahmt; eher sind wir für etliche ein Vorbild, als dass wir andere uns zum Muster nähmen. Mit Namen wird sie, weil wir uns nicht auf eine Minderheit, sondern auf die Mehrheit im Volke stützen, Volksherrschaft (Demokratie) genannt. Und es genießen auch alle für ihre eigenen Angelegenheiten vor den Gesetzen gleiches Recht; in der öffentlichen Bewertung jedoch fragt man allein nach dem Ansehen, das sich jemand auf irgendeinem Felde erworben hat; nicht die Zugehörigkeit zu einem bestimmten Volksteil, sondern allein die persönliche Tüchtigkeit verleiht im öffentlichen Leben einen Vorzug. Auch wird bei Armut keiner, der doch dem Volke Gutes zu leisten vermöchte, um der Geringheit seines Standes willen ausgeschlossen. Ein freier Geist herrscht in unserem Staatsleben und wirkt auch im täglichen Leben und Treiben aller gegenseitigen Beargwöhnung entgegen. So nehmen wir es unserem Mitmenschen auch nicht übel, wenn er sich einiges zu seinem Vergnügen leistet, und legen uns keine engherzigen Beschränkungen auf. [...] Und wie wir im persönlichen Umgang unbeschwert miteinander verkehren, so meiden wir im öffentlichen Leben schon aus Pflichtgefühl Verstöße gegen Recht und Sitte. [...]

Wir lieben das Schöne in Schlichtheit, lieben Wissen und Bildung, aber frei von Weichlichkeit. Reichtum ist bei uns zum Gebrauch in der rechten Weise, aber nicht zum Geprahl mit Worten da. Armut einzugestehen bringt keinem Schande, sondern nicht tätig aus ihr fortzustreben ist schlimme Schande. In derselben Männer Hand ruht die Sorge für ihre häuslichen wie auch für die öffentlichen Angelegenheiten, und selbst wer völlig in seiner Arbeit lebt, dem fehlt es doch nicht an Blick für die politischen Dinge. Bei uns allein nämlich heißt einer, der dem politischen Leben gänzlich fern steht, nicht „ungeschäftig", sondern, „unnütz", und selber hat das Volk in den Fragen der Staatsführung mindestens ein Urteil, wo nicht gar fruchtbare eigene Gedanken. Denn wir sehen nicht in einer bedächtigen Vorbesprechung eine Gefahr für die Tat, sondern vielmehr darin, sich nicht vorher in Beratungen zu belehren, ehe man das, was Not tut, mit der Tat in Angriff nimmt. [...]

Mit einem Wort: Unsere Stadt ist im Ganzen die hohe Schule Griechenlands. Im Einzelnen aber will mir scheinen, dass jeder bei uns sich gleichzeitig auf den verschiedensten Gebieten anmutig und mit vollendeter Sicherheit als ganze, auf sich selbst gestellte Persönlichkeit erweist.

(Thukydides, Peloponnesischer Krieg 2, S. 47 ff., übers. v. Verf.)

1 *Erläutern Sie das Bild des Bürgers, das Perikles in seiner Rede (M 4) entwirft.*

2 *Erläutern Sie, worin Perikles (M 4) die Vorteile der Staatsform der Demokratie sieht.*

3 *Interpretieren Sie die Absicht dieser Rede (M 4), indem Sie den historischen Zusammenhang herstellen und den Adressaten beachten.*

M5 Der griechische Philosoph Aristoteles (384–322 v. Chr.) über den Begriff „Polisbürger"

Polisbürger ist man nicht bloß dadurch, dass man an einem Ort wohnt [...], noch dadurch, dass man berechtigt ist, an der Gerichtsbarkeit in der Weise teilzuhaben, indem man vor Gericht gezogen werden oder selbst Klage vor Gericht erheben kann, sondern in diesem Fall verhält es sich wie mit den Kindern, die wegen ihres Alters nocht nicht in die

Bürgerlisten eingeschrieben sind, und den Alten, die von den Bürgerpflichten befreit sind. Sie sind in gewisser Weise Bürger, aber nicht schlechthin, sondern mit dem Zusatz, dass die einen es unvollständig und die anderen es als Ausgediente sind. [...] Der Polisbürger schlechthin lässt sich durch nichts anderes besser bestimmen als dadurch, dass er am Richten und Regieren teilhat.[...]
Wer das Recht hat, an der beratenden und der richtenden Behörde teilzunehmen, den nennen wir Bürger der betreffenden Polis, Polis aber ist eine in der Weise hinreichende Menge von Bürgern, die zu einem selbstgenügsamen Leben (autarkia) notwendig ist. Gebräuchlicherweise freilich bezeichnet man als Polisbürger denjenigen, der beiderseits von Polisbürgern abstammt, nicht nur von der einen Seite, also von Vater und Mutter. [...] In Bezug auf den Polisbürger bleiben noch einige Fragen offen. Soll man als wahren Bürger nur den bezeichnen, dem es möglich ist, an der Ausübung von Herrschaft teilzuhaben, oder zählen auch die handwerklich Arbeitenden zu den Polisbürgern? In alten Zeiten war der Handwerker Sklave oder Fremder; das ist ja auch heute noch meistens der Fall. Die vollkommene Polis wird jedenfalls keinen Handwerker zum Polisbürger machen.
(Aristoteles, Politik 1, 1275 a 7–1278 a 8, zit. nach: Olof Gigon, Aristoteles, Artemis-Verlag, Zürich/Stuttgart 1973, S. 103 ff.)

1 *Erläutern Sie, wodurch nach Aristoteles (M 5) der Polisbürger charakterisiert wird.*

2 *Stellen Sie die Unterschiede zwischen dem antiken Polisbürger und dem Staatsbürger der modernen Demokratie dar. Ziehen Sie dabei M 5 und die Darstellung heran.*

M6 Der griechische Philosoph Aristoteles (384–322 v. Chr.) über den Sinn des Staates

Wer nun aber um eine gute Gesetzgebung bemüht ist, der hat sich um die Sittlichkeit und Unsittlichkeit der Bürger zu kümmern. Und so ist es denn klar, dass der Staat, der in Wahrheit diesen Namen verdient und nicht bloß so heißt, seine Bürger zur Rechtschaffenheit erziehen muss. Denn sonst würde die staatliche Gemeinschaft zu einer bloßen Bundesgenossenschaft. [...] Und die Gesetzgebung würde zu einem Vertrage, der den Teilnehmern daran nur ihr Recht gegenseitig verbürgen würde; sie wäre aber nicht im Stande, die Bürger gut und gerecht zu machen.
Es ist also klar, dass der Staat nicht nur eine örtliche Gemeinschaft ist und auch nicht eine solche zum Zwecke gegenseitigen Schutzes vor Unrecht oder zu dem des Güteraustausches. Das ist alles zwar notwendig, wenn ein Staat bestehen soll, aber auch wenn das alles vorhanden ist, so haben wir noch keinen Staat, sondern der Zweck eines solchen ist eine sittliche Lebensgemeinschaft in Familien und Geschlechtern zur Verwirklichung eines in sich geschlossenen und selbstständigen Daseins. [...]
Wir haben also festzustellen, dass die staatliche Gemeinschaft zum Zweck sittlichen Handelns da ist und nicht bloß wegen des Zusammenlebens. Deswegen gebührt denjenigen, die am meisten zu einer solchen Gemeinschaft beitragen, mehr Recht im Staat als denen, die zwar hinsichtlich freier Geburt und Abstammung ihnen gleich oder auch überlegen sind, dagegen an bürgerlicher Rechtschaffenheit ihnen nachstehen, oder als denen, die sie zwar an Reichtum übertreffen, an Rechtschaffenheit aber von ihnen übertroffen werden.
(Aristoteles, Politik I, zit. nach: Wilhelm Nestle, Aristoteles. Hauptwerke, Alfred Kröner Verlag, Stuttgart 1953, S. 88 f.)

1 *Erklären Sie, wodurch nach Aristoteles der Staat erst zum „richtigen" Staat wird und was ihn von der Bundesgenossenschaft unterscheidet (M 6).*

2 *Erörtern Sie die Folgen, die sich für den Einzelnen ergeben, wenn „die staatliche Gemeinschaft zum Zweck sittlichen Handelns da ist" (M 6).*

3 *Beurteilen Sie von der Theorie der modernen pluralistischen Demokratie aus Leistung und Grenzen des Denkansatzes von Aristoteles.*

1.3 Antike und moderne Demokratie

Politische Rechte

Vergleicht man die attische und die moderne Demokratie, dann fallen wichtige Unterschiede ins Auge. Zuerst einmal haben heute fast alle Bewohner eines Staatsgebietes bürgerliche und politische Rechte. Eine Ausnahme bilden die Ausländer, die das Bürgerrecht in ihrem Heimatstaat haben. Ihr Status ist etwa dem der Metöken vergleichbar. Diese ortsansässigen Fremden in Athen besaßen keine politischen Rechte und mussten eine besondere Steuer zahlen sowie Kriegsdienst leisten. Heute gibt es keine Sklaven mehr und die Diskriminierung von Frauen im Hinblick auf das aktive und passive Wahlrecht ist zumindest grundsätzlich aufgehoben.

Institutionen und Staatsauffassung

Die moderne Demokratie ist in der Regel eine repräsentative Demokratie, d. h., das Volk herrscht nicht direkt, sondern durch von ihm gewählte Vertreter. In dem attischen Rat der 500 war zwar auch ein Repräsentationsprinzip verwirklicht, aber insgesamt widersprach dieses Prinzip der antiken Auffassung, dass die Athener selbst der Staat seien, d. h., dass es keinen von den Menschen unterschiedenen „objektivierten Staat“ gab.

Die Antike kannte im Gegensatz zur modernen Demokratie keine Gewaltenteilung. Das attische Volk herrschte unmittelbar über die Volksversammlung, es richtete im Volksgericht. Die Beamten hatten keinen eigenen Entscheidungsspielraum, sie wurden von der Volksversammlung und dem Rat strikt kontrolliert und konnten jederzeit abgesetzt werden. Es gab also keine Exekutive – keine Regierung im modernen Sinn. Politisches Handeln war in der Antike sehr viel stärker von unmittelbaren Interessen abhängig und unterlag keiner langfristigen Programmatik. Hinzu kommt noch etwas anderes, das mit der Entstehungsgeschichte der attischen Demokratie zu tun hat: Erst durch die Reformen von Solon und Kleisthenes war der Adel in die Polis eingebunden, waren Willkür und Tyrannisbestrebungen der griechischen Adeligen eingeschränkt worden, indem ihnen das organisierte Volk entgegengestellt wurde. Aber auch in der Demokratie bekleideten Adelige noch wichtige Ämter, vor allem die Strategie, bestimmte Finanzämter und wahrscheinlich teilweise den Archontat. Die Ämter mussten also strikt kontrolliert werden, wenn nicht wieder Adelskämpfe ausbrechen sollten.

Antike und moderne Demokratie unterscheiden sich zudem dadurch, dass die heutige Demokratie in der Regel eine Parteiendemokratie ist, d. h., dass die Parteien entscheidend an der politischen Willlensbildung beteiligt sind. In Athen gab es keine Parteien. Um das zu verstehen, muss man sich bewusst machen, was moderne Parteien konstituiert: Es geht dabei unter anderem um unterschiedliche Auffassungen von der Rolle des Staates, um die Ausrichtung der Politik an bestimmten Grundsätzen und Wertvorstellungen, um die Vertretung der Interessen einer bestimmten sozialen Schicht. Alles dies war in Athen kein Thema. Und da die Programmatik keine Rolle spielte und das Volk direkt herrschte, ist auch niemand auf die Idee gekommen, eine Partei zu gründen. Die Kehrseite der Medaille war freilich, dass ein nicht in Gruppen organisiertes Volk viel leichter dem Einfluss von Demagogen unterliegen konnte. Umgekehrt ging aber auch jeder Demagoge das Risiko ein, die Gunst des Volkes zu verlieren, ja sogar gerichtlich belangt zu werden.

2 Das Imperium Romanum

2.1 Von der Republik zum Prinzipat

Die politischen Institutionen der Römischen Republik

Ähnlich wie die Griechen standen die Römer nach dem Sturz des Königtums (um 510 v. Chr.) vor der Aufgabe, ein stabiles, sich selbst regierendes Gemeinwesen zu schaffen. Sie entschieden sich jedoch nicht für die Demokratie (M 7a), sondern für die res publica, in der die Sorge für das Allgemeinwohl (M 7b) in den Händen eines aristokratischen Gremiums lag, dem **Senat** (Schema 2). Er sorgte durch seinen Einfluss und seine Autorität dafür, dass alle Institutionen nur das verwirklichten, was in der Absicht der Führungsschicht, der Nobilität, lag. Politische Entscheidungen waren meistens das Ergebnis der Kommunikation dieser Elite, d. h., sie vollzogen sich über politische Freundschaften und Familienbeziehungen zwischen den adeligen Häusern. Der Senat hatte 300 Mitglieder, die von den Zensoren in der Regel aus ehemaligen Magistraten ausgewählt wurden. 81/80 v. Chr. wurde die Zahl der Senatoren verdoppelt, und wer das Amt des Quästors bekleidet hatte, bekam automatisch einen Senatssitz. Die Mitgliedschaft im Senat war lebenslänglich; die Zensoren konnten aber Senatoren, denen Verfehlungen in ihrem politisch-moralischen Verhalten nachgewiesen wurden, aus dem Gremium ausschließen.
Die Kompetenzen zu politischem Handeln – wir würden heute sagen: die Regierungsgeschäfte – lagen bei den **Magistraten**. Diese hatten in der Regel genau definierte Amtsbereiche (Schema 3). Es gab jedoch auch zwei Ausnahmen: die Konsuln, denen neben der Heerführung die allgemeine Leitung der staatlichen Angelegenheiten oblag, sowie die Volkstribune als Vertreter der Plebs.
Die Macht der Magistrate war durch mehrere Faktoren begrenzt. Zum einen wurden sie nur für ein Jahr gewählt (Prinzip der Annuität), zum anderen wurde jedes Amt mit mindestens zwei Beamten besetzt, von denen jeder die Anordnung seines Kollegen durch ein Veto außer Kraft setzen konnte (Prinzip der Kollegialität). Außerdem hatte auch jeder Volkstribun das Recht, ein

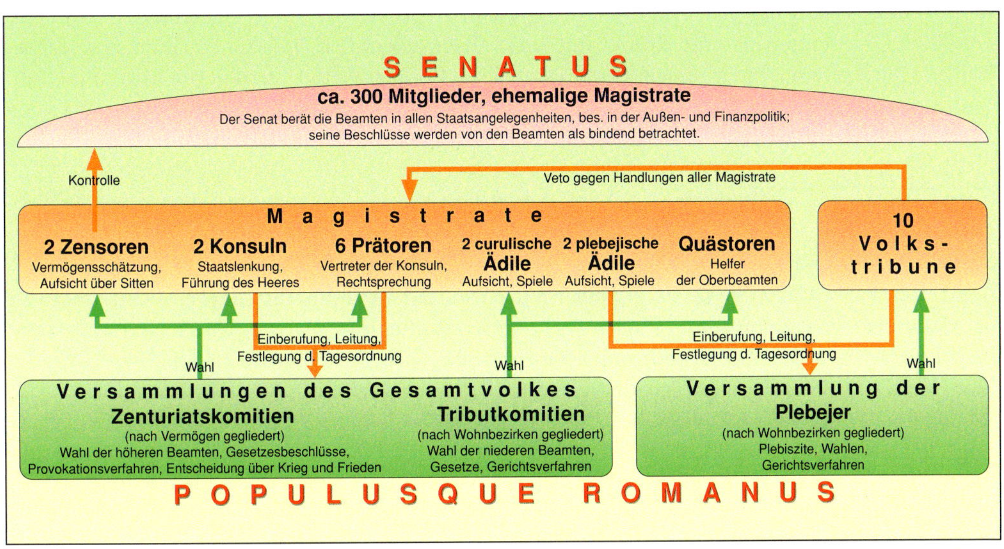

Schema 2 Die politische Ordnung der Römischen Republik

Veto gegen Amtshandlungen des Magistrates einzulegen. Schließlich muss man auch noch bedenken, dass alle Magistrate auf die Senatsmehrheit Rücksicht nehmen mussten, wenn sie weiter politische Karriere machen wollten. Nur gegenüber der Volksversammlung hatten die Magistrate eine relativ unabhängige Stellung: Sie wurden zwar von ihr gewählt, konnten danach aber von ihr nicht mehr zur Rechenschaft gezogen werden. Allerdings stand den Magistraten kein „Apparat" zur Verfügung (z. B. Polizei); sie mussten sich vielmehr auf Grund ihrer Autorität und ihrer Überzeugungskraft durchsetzen.

In Rom gab es zwar drei verschiedene **Volksversammlungen** (Zenturiatkomitien, Tributkomitien, Versammlung der Plebejer), ihre institutionelle Stellung war jedoch sehr schwach. Sie können als eine Art Vollzugsorgan des politischen Willens der Aristokratie angesehen werden. Das Recht, mit den Volksversammlungen zu verhandeln, hatten nur die Magistrate. Sie beriefen die Volksversammlungen ein, setzten die Tagesordnung fest und stellten Anträge. Während der beschließenden Versammlungen gab es keine Debatten; Abänderungsanträge waren nicht gestattet. Das Volk konnte über die Vorlagen der Magistrate nur mit „ja" oder „nein" abstimmen. Die Möglichkeit einer individuellen Stimmabgabe bestand nicht; abgestimmt wurde vielmehr nach bestimmten Abstimmungsgruppen. Dadurch sicherten sich der Adel und die Reichen ein Übergewicht. Die Kompetenzen der Versammlungen waren sehr beschränkt: Sie wählten die Magistrate und stimmten über Krieg und Frieden sowie über die Gesetze ab. Schließlich konnte seit 300 v. Chr. ein römischer Bürger, der durch Zwangsmaßnahmen eines Magistrats an Leib und Leben bedroht wurde, das Volk „herausrufen" (provocatio); der entsprechende Magistrat musste dann ein Verfahren vor der Volksversammlung durchführen. Dieses „Provokationsrecht", das oft als „Grundrecht" bezeichnet wird, wurde aber dadurch unterhöhlt, dass sich der Senat das Recht herausnahm, bei politischen Vergehen Sondergerichte mit senatorischen Richtern einzusetzen.

Expansion Roms

Unter der Führung der Aristokratie hat Rom ein Weltreich (Karte 3) erobert: in der Auseinandersetzung mit Karthago im 3. Jahrhundert v. Chr. Sizilien, Sardinien, Korsika und Spanien, im 2. Jahrhundert v. Chr. das heutige Tunesien in Nordafrika; in der Auseinandersetzung mit hellenistischen Mächten im 2. Jahrhundert v. Chr. Makedonien, Achaia und das mächtige Königreich Pergamon, das durch Erbschaft an Rom fiel. Um 100 v. Chr. setzten sich die Römer in Cilicia (Kleinasien) fest, 96 v. Chr. erbten sie Cyrene, 75/74 v. Chr. Bithynia. Im großen Stil erweiterte dann Pompeius im Kampf gegen Mitradates von Pontos die römische Herrschaft im Osten: Pontos wurde zu Bithynia geschlagen, Syria als neue Provinz eingerichtet. Caesar fügte schließlich Gallien der römischen Herrschaft hinzu.

Krise der Republik

Römische Adelige konkurrierten um Ämter und damit verbundenes Ansehen, um militärische Siege und Triumphe. Das alles kam dem Staat zugute. Voraussetzung dafür war freilich eine gewisse Gleichheit der Lebensverhältnisse. Durch die politische Organisation der Magistratur wurde außerdem verhindert, dass ein Amtsträger zu viel Macht auf sich vereinigte und Politik gegen die Senatsmehrheit machte. Hinzu kam außerdem, dass in der Aristokratie ein weitgehender Konsens über adelige Lebensformen herrschte und sie durch Verwandtschaftsverhältnisse und Freundschaften eng miteinander verbunden war.

Mit den Eroberungen Roms geriet dieses politisch-soziale Gefüge zunehmend in eine Krise. Zwar steigerte die Expansion die Macht der Aristokratie in einem kaum zu überschätzenden Maße und der Senat entwickelte sich zu einer „Versammlung von Königen". Genau deshalb kam es jedoch auch zu einer gewaltigen „privaten" Aneignung der Vorteile, die das Weltreich bot. Und diese „private" Aneignung von wirtschaftlicher und militärischer Macht hat die Republik gesprengt (M 8): Die Eroberungen verschafften dem Adel neue Möglichkeiten, mit Hilfe von Handel und

2 Zensoren	Sie schätzen alle fünf Jahre die Bürger nach ihrem Vermögen und tragen sie in die Bürgerlisten ein. Sie wählen die Senatsmitglieder aus. Sie haben die allgemeine Aufsicht über die Sitten, verwalten die staatlichen Häuser und Grundstücke und verpachten die staatlichen Bergwerke und Zölle.
2 Konsuln	Sie üben die allgemeine Leitung des Staates aus und führen das römische Heer. Sie berufen und leiten die Versammlungen des Gesamtvolkes (Komitien) und den Senat.
6 Prätoren	Der Stadtprätor vertritt die Konsuln. Zuständig ist er für die Gerichtsbarkeit in Rom und für die Durchführung feierlicher Spiele. Der Fremdprätor ist zuständig für die Gerichtsbarkeit zwischen Bürgern und Fremden. Die 4 Provinzprätoren verwalten die Provinzen Sizilien, Sardinien mit Korsika und die 2 spanischen Provinzen.
4 Ädilen	Die 2 plebejischen Ädilen können (wie die Volkstribunen) die Versammlung der Plebs, die beiden kurulischen Ädilen die Tributkomitien einberufen und leiten. Allen Ädilen obliegt die Sorge für die Sicherheit und Sauberkeit der Stadt Rom, die Aufsicht über Verkehr, Kultstätten, Märkte, öffentliche Bäder und Brunnen. Außerdem sind sie für die Getreide- und Ölversorgung, die Magazinaufsicht und die Getreideverteilung zuständig.
Quästoren (Anzahl wechselnd)	2 Quästoren sind in Rom Gehilfen der Konsuln und Verwalter der Staatskasse; weitere sind Gehilfen der Feldherrn und Verwalter der Kriegskasse und Proviantmagazine. Andere Quästoren sind für die römische Flotte zuständig. Zusätzlich gibt es noch Provinzquästoren, die in den Provinzen Gelder verwalten und den Statthalter vertreten.
10 Volkstribunen	Als Vertreter der Plebs gehören sie ursprünglich nicht zu den ordentlichen Magistraten, werden aber im Laufe der Zeit in die Ämterlaufbahn eingeordnet. Sie berufen und leiten die Versammlung der Plebs. Sie können Bürgern gegen andere Magistrate helfen – ihre Haustür darf deshalb nie verschlossen sein – und Handlungen aller anderen Beamten verbieten.

Schema 3 Römische Beamte und ihre Aufgaben um 150 v. Chr.

Sklavenwirtschaft zu Reichtum zu gelangen, während die zur Heeresfolge verpflichteten Kleinbauern wegen der jahrelangen Kriege ihre Höfe nicht mehr bewirtschaften konnten. Zudem eröffneten ihm die Kriege und die Statthalterschaften in den neuen Provinzen Karriereaussichten und Möglichkeiten, sich in einem bis dahin unbekannten Ausmaß Popularität in der Republik zu verschaffen. Weil aber Einzelne innerhalb des Senatorenstandes den Kampf um die Macht nur noch für sich selbst führten, war die alte Gleichheit in der Spätphase der Republik zerstört und der Senat konnte seine Kontrollfunktion nicht mehr wahrnehmen.
Das Streben der Aristokratie nach persönlichen Vorteilen untergrub überdies die sozialen Grundlagen des Imperium Romanum. Nicht wenige versuchten in Italien immer mehr Land der ehemaligen Kleinbauern in ihren Besitz zu bringen und die Landwirtschaft unter Einsatz zahlreicher Sklaven zur Steigerung von Ertrag und Gewinn umzuorganisieren. Die kleineren und mittleren Bauern konnten dem oft kaum etwas entgegensetzen. Sie verarmten und vielen blieb nichts anderes übrig, als sich in Rom als Besitzlose (proletarii) durchzuschlagen. So entstand ein hauptstädtisches Proletariat. Zugleich ging die Zahl der römischen Soldaten zurück, die traditionell aus den freien und selbstständigen Bauern rekrutiert wurden. Roms militärische Macht war gefährdet.

Das Scheitern der Republik

Die Krise der Römischen Republik führte zu Reformdiskussionen, die in die Spaltung der Gesellschaft und in blutige Unruhen mündeten. Im Jahre 133 v. Chr. setzte der Volkstribun Tiberius Gracchus gegen den erbitterten Widerstand der

Senatsmehrheit eine Bodenreform durch, die eine Begrenzung des Besitzes und eine Neuverteilung an Besitzlose vorsah. Bei den heftigen Auseinandersetzungen wurde er erschlagen. Zehn Jahre später ergriff sein Bruder Gaius Gracchus erneut die Initiative für eine bessere Landverteilung. Gleichzeitig stellte er die Senatsherrschaft grundsätzlich in Frage, indem er die begüterten Nicht-Senatoren, die Ritter, förderte und sich auch für die Rechte der Bundesgenossen stark machte, die jetzt nach dem römischen Bürgerrecht strebten. Der Senat beendete dieses Vorgehen gewaltsam, wobei auch Gaius Gracchus ums Leben kam. Damit standen sich endgültig zwei Gruppen unversöhnlich gegenüber: Die Optimaten, die an der traditionellen Führungsrolle des Senats festhielten, und die Popularen, die Gesetze ohne Zustimmung des Senats über die Volksversammlungen durchsetzen wollten.
Mit den Heeresreformen des römischen Konsuls Gaius Marius (104–100 v. Chr.), der Besitzlose ins Heer aufnahm und ihnen ein Stück Land als Altersversorgung gewährte, verschärften sich die politischen Machtkämpfe in Rom zusätzlich. Denn nunmehr verfügten die großen Militärbefehlshaber über eine ihnen ergebene Truppe, mit denen sie auch gegen Rom ziehen konnten. Zweimal, in den Jahren 88 und 83/82 v. Chr., ließ der Feldherr Cornelius Sulla seine Soldaten nach Rom marschieren. Sie gehorchten nicht mehr dem Staat, sondern ihrem Kommandanten, auch nachdem dieser abgesetzt war. Das war der offene Bürgerkrieg, der das Ende der Republik besiegelte. Die res publica ging unter in den Konflikten der großen Militärpotentaten, in den Bürgerkriegen zwischen Pompeius und Caesar (49/48 v. Chr.) und – nach der Errichtung der Diktatur auf Lebenszeit durch Caesar und nach seiner Ermordung (44 v. Chr.) – zwischen Marcus Antonius und Octavian, Caesars Adoptivsohn (32/31 v. Chr.).

Prinzipat

Aus den erbitterten Machtkämpfen der letzten Jahre der späten Republik ging schließlich Augustus als Sieger hervor, der auch formell die Monarchie institutionalisierte und damit der Konkurrenz innerhalb der Aristokratie ein Ende setzen konnte. Mit seiner Herrschaft (27 v. Chr.–14 n. Chr.) begann das Prinzipat. Augustus nannte sich selbst Princeps, d. h. der „Erste". Damit hatte er im Kreise der Senatoren eigentlich

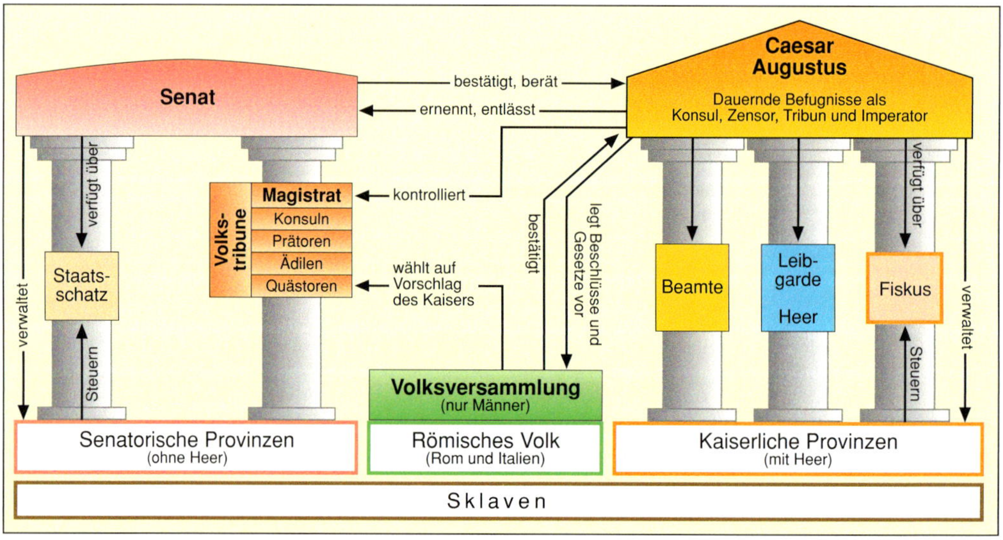

Schema 4 Die politische Ordnung des Prinzipats

nur auf Grund seines Ansehens und seiner Verdienste eine herausragende Stellung. In Wirklichkeit war er Alleinherrscher. Zwar blieben die alten Einrichtungen der Republik bestehen, aber Augustus vereinte verschiedene Amtsgewalten auf sich: So bekleidete er lebenslang das Amt des Volkstribuns, ließ sich bei wichtigen Gelegenheiten zum Konsul wählen und hatte die Befehlsgewalt über das Heer und die wichtigsten Provinzen (Schema 4, M 9).

M7 Das Selbstverständnis der Römischen Republik

a) Der römische Politiker und Schriftsteller Cicero (106–43 v. Chr.) begründet die Ablehnung der Demokratie durch die Römer.

Jene, unsere sehr weisen und moralisch unangreifbaren Männer haben nämlich nicht im Traum daran gedacht, dem ungegliederten Volk irgendwelche politische Macht zuzuweisen; im Hinblick auf Plebiszite und Volksbeschlüsse waren sie vielmehr der Auffassung, dass erst ein Beschluss gefasst oder ein Verbot ausgesprochen werden könnte, wenn die Versammlung des ungegliederten Volkes aufgelöst worden sei, wenn die Interessengruppen und Parteiungen sich zerstreut hätten, wenn die Stände, Vermögensklassen und Altersgruppen nach Tribus und Zenturien[1] eingeteilt und die Urheber der Gesetzesanträge und Volksbeschlüsse gehört worden seien und wenn die gesamte Angelegenheit bereits viele Tage lang veröffentlicht worden und allen bekannt gewesen sei.

Alle öffentlichen Angelegenheiten der Griechen werden hingegen durch den Leichtsinn einer ungegliederten, sitzenden Volksversammlung entschieden. Ich will mich nicht lange über dieses Griechenland auslassen, das schon so lange auf Grund eigenen Verschuldens niedergeschmettert am Boden liegt, über jenes alte Griechenland, das einstmals durch Reichtum, Herrschaft über andere und Ruhm in Blüte stand und das durch dieses einzige Übel zu Grunde ging, durch die ungezügelte Freiheit und die Willkür seiner Volksversammlungen nämlich. Wenn im Theater in allen wichtigen Angelegenheiten unerfahrene, ungebildete und unwissende Menschen zusammensaßen, dann nahmen sie unnütze Kriege auf, dann stellten sie verbrecherische Menschen an die Spitze ihres Staatswesens, dann jagten sie Bürger, die sich bestens um den Staat verdient gemacht hatten, aus der Bürgerschaft.

(Cicero, Pro Flacco 7 [5–18]; übers. v. Verf.)

1 zwei verschiedene Formen von Stimmbezirken bzw. Stimmblöcken

1 *Fassen Sie die Grundsätze zusammen, die die „sehr weisen und moralisch unangreifbaren" früheren Römer für die Willensbildung im römischen Staat aufgestellt haben (M 7a).*

2 *Erläutern Sie die Kritik Ciceros (M 7a) an der politischen Willensbildung in Athen und überprüfen Sie anhand der Darstellung S. 13–16 die Berechtigung dieser Kritik.*

b) Die Bedeutung des Begriffes „res publica"

Als Gegenbegriff zu „res privata" zielte „res publica" auf die Verwirklichung und Erfüllung des Gemeinwohls [...] der Gesamtheit im Gegensatz zum Eigennutz [...] des Einzelnen. [...] Häufig findet sich „res publica" in Verbindung mit „status" [...] im Sinne von „fester Stand", „Wohlstand", „Heil", worin die normative Ausrichtung des Begriffs durchschlägt. „Res publica" meinte nicht irgendeinen Zustand des populus, sondern hob auf die gute innere und äußere Verfassung des Verbandes ab.

(Wolfgang Mager, Artikel „Republik", in: Geschichtliche Grundbegriffe, hg. v. Otto Brunner, Werner Conze, Reinhart Koselleck, Bd. 5, Klett-Cotta, Stuttgart 1984, S. 552)

1 *Fassen Sie die wichtigsten Merkmale des Begriffs „res publica" zusammen (M 7b).*

2 *Erläutern Sie anhand des Begriffes „res publica" das römische Staatsverständnis (M 7b).*

M8 Der Geschichtsschreiber Sallust (86–35 v. Chr.) über die Gründe für den Niedergang der Römischen Republik

Im Übrigen war die Unsitte, dass es politische Parteien und Cliquen mit all den üblen Begleiterscheinungen gab, erst vor wenigen Jahren in Rom aufgekommen, und zwar infolge der Friedenszeit und des Überflusses an allen Dingen, die die Menschen für besonders wichtig erachteten. Denn bis zur Zerstörung Karthagos verwalteten Volk und Senat von Rom miteinander die Republik auf friedliche und maßvolle Weise und es gab keinen Wettstreit um Ruhm oder die Herrschaft über andere. Furcht vor dem Feinde hielt die Bürgerschaft bei guten Sitten. Sowie aber diese Furcht aufhörte, da freilich be-

gann leider das, was gute Zeiten gerne mit sich bringen: Zügellosigkeit und Übermut. Deshalb wurden die Zustände mit der Ruhe, die die Bürger in schlechten Zeiten so ersehnt hatten, seit sie sie bekommen hatten, schlimmer und betrüblicher. Denn die Nobilität begann ihr Ansehen, das Volk seine Freiheit zu missbrauchen; jeder nahm, raffte und raubte für sich, was er wollte. So wurde alles in zwei Parteien gespalten und die Republik, die in der Mitte lag, auseinandergerissen. Dabei konnte sich die Nobilität durch ihren Zusammenschluss besser durchsetzen; die Macht des Volkes aber, die wegen der großen Menge locker und zerstreut war, vermochte weniger. Nach dem Willen von wenigen Leuten wurde Außen- und Innenpolitik gemacht. In den Händen dieser Leute lagen auch Staatsschatz, Provinzen, Ämter, Ruhmestitel und Triumphe. Das Volk hatte unter Kriegsdienst und Not zu leiden. Die Beute in den Feldzügen teilten sich die Feldherrn gierig mit einigen Freunden. Inzwischen wurden die Eltern oder die jungen Kinder der Soldaten, wenn diese an einen mächtigen Nachbarn grenzten, von ihren Höfen vertrieben.
So kam mit diesem Machtanspruch der Nobilität Habsucht ohne Maß und Grenzen auf, beschmutzte und verwüstete alles, kannte nichts Hohes noch Heiliges mehr; schließlich richtete sie sich selbst zu Grunde. Denn sowie sich in der Nobilität Männer fanden, die wahren Ruhm ungerechter Macht vorzogen, geriet die Bürgerschaft in Bewegung, und es entstand eine Spaltung der Bürger, ähnlich einem Erdbeben.

(Sallust, Krieg gegen Jugurtha 41; übers. vom Verf.)

1 *Stellen Sie die Gründe dar, die nach Sallust (M 8) zum Niedergang der Römischen Republik geführt haben.*

2 *Der Historiker Jochen Bleicken hat die Krise der Römischen Republik so erklärt: „Die Krise der politischen Ordnung war die Konsequenz der Weltherrschaft, die auf den römischen Staat einwirkte, und sie wurde u. a. auch von den Problemen ausgelöst, welche sich unter dem Druck der veränderten weltpolitischen Situation auf dem Agrarsektor in Italien bildeten und das römische Volk, das idealtypisch als ein Volk von Bauern und kleinen Gutsbesitzern gesehen werden kann, bedrohten." Diskutieren Sie die These. Ziehen Sie dafür M 8 und die Darstellung heran.*

M9 Der griechische Historiker Cassius Dio (um 155 – um 235 n. Chr.) über die politische Ordnung des Römischen Reiches seit Augustus

Zwar werden die Ämter, die [...] auf den Gesetzen begründet sind – abgesehen von dem des Censors –, auch heute noch besetzt, aber alles wird ohne Unterschied so vollzogen und verwaltet, wie es der jeweilige Herrscher will. Um aber den Schein aufrechtzuerhalten, das alles besäßen sie auf Grund von Gesetzen, nicht auf Grund ihrer persönlichen Macht, haben sie alle Ämter (einschließlich der alten Titel), die in der Zeit der Republik nach dem Willen des Volkes großen Einfluss hatten [...], an sich gezogen. Konsuln werden sie sehr häufig, [...] die Bezeichnung „Imperator" führen sie ihr Leben hindurch, nicht nur die, die einen Sieg davongetragen haben, sondern auch alle anderen Herrscher, um ihre unbeschränkte Macht dadurch zum Ausdruck zu bringen, an Stelle des Titels König oder Diktator: Denn diese Titel legen sie sich nicht zu, da sie einmal im Staate verpönt wurden, die daraus herrührende Gewalt aber sichern sie sich durch den Titel „Imperator". Daraus leiten sie für sich das Recht ab, Aushebungen zu veranstalten, Steuern einzuziehen, Krieg zu beginnen, Frieden zu schließen und über Fremde wie Bürger ohne Unterschied zu jeder Zeit und an allen Orten die Herrschaft auszuüben [...], ebenso wie alle anderen Rechte, die den Konsuln und den übrigen mit unumschränkter Gewalt ausgestatteten Beamten jemals zustanden.

(Cassius Dio 53, 11 ff., zit. nach: Geschichte in Quellen, Bd. I: Altertum, bearb. v. Walter Arend, bsv, München ²1975, S. 565 f.)

1 *Beschreiben Sie die Stellung des Princeps im römischen Staat seit Augustus (M 9).*

2 *Analysieren Sie anhand von M 9 und Schema 3 die politische Ordnung Roms während des Prinzipats.*

3 *Vergleichen Sie mit Hilfe von Schema 2 und 4 die Herrschaftsordnung Roms während der Zeit der Republik und des Prinzipats miteinander. Stellen Sie Unterschiede und Gemeinsamkeiten heraus.*

2.2 Gesellschaft und Wirtschaft im Kaiserreich

Gesellschaftsstruktur

Die soziale Ordnung, die sich in Reaktion auf die Expansion in den beiden letzten Jahrhunderten der Republik herausgebildet hatte, erfuhr in den ersten Jahrhunderten der Kaiserzeit eigentlich vergleichsweise wenige Veränderungen (Schema 5). Die Senatoren und Ritter bildeten weiterhin eine politisch-gesellschaftliche Führungsschicht, auf deren Unterstützung und Mitarbeit auch der römische Kaiser angewiesen war. Um sich ihrer Loyalität zu vergewissern und sie möglichst eng an sich zu binden, hatte Augustus sie in zwei voneinander getrennte Stände zusammengefasst und mit umfangreichen Privilegien (besondere Plätze im Theater, Vergabe bestimmter Ämter) ausgestattet. Damit kam eine Entwicklung zum Abschluss, die schon im 2. Jahrhundert v. Chr. eingesetzt hatte.
Die Zugehörigkeit zum **Senatorenstand** wurde erblich und an ein Mindestvermögen (1 000 000 Sesterzen) gebunden, das aber von nicht wenigen Senatoren um ein Vielfaches übertroffen wurde. Das Recht zur Ergänzung des Standes lag beim Kaiser, der auch des Öfteren den von ihm gewünschten Kandidaten das für die Aufnahme erforderliche Kapital zur Verfügung stellte. So änderte sich trotz der Erblichkeit des Standes seine regionale Zusammensetzung auf Grund der wachsenden Bedeutung der Provinzen doch sehr rasch, sodass bereits um die Mitte des 2. Jahrhunderts n. Chr. nur noch knapp 60 % der Senatoren aus Italien stammten.
Auch die Zugehörigkeit zum **Ritterstand** war an ein Mindesteinkommen (400 000 Sesterzen) gebunden; darüber hinaus war der Nachweis einer untadeligen Lebensführung erforderlich. Die Mitgliedschaft war nicht erblich; vielmehr entschied allein der Kaiser oder ein von ihm Beauftragter über die Aufnahme und das Verbleiben in diesem Stand. Diese Abhängigkeit der Ritter

Karte 3 Das Römische Reich vom 1. bis zum 3. Jahrhundert n. Chr.

vom Wohlwollen des Kaisers stärkte ihre Loyalität dem Herrscher gegenüber. Auf Grund des Aufnahmeverfahrens war die ethnische und vor allem die soziale Zusammensetzung des Ritterstandes im Vergleich zum Senatorenstand weitaus vielfältiger.

Ein weiteres wichtiges Element der kaiserzeitlichen Sozialordnung bildeten die Standesorganisationen der **lokalen Führungsschichten** des Römischen Reiches: Der ordo decurionum, dem in jeder Stadt in der Regel 100 auf Lebenszeit bestellte Mitglieder angehörten, stellte den Rat, der für die städtische Selbstverwaltung zuständig war und damit auch die damit verbundenen Kosten zu tragen hatte. Zugangsvoraussetzung war ebenfalls ein von Stadt zu Stadt unterschiedliches Mindestvermögen sowie eine vorausgegangene Tätigkeit als städtischer Magistrat.

Der Zusammenschluss der reichen Bürger in den Ständen bestärkte die Abgrenzung zwischen den Ober- und Unterschichten, die sich sogar im Strafrecht widerspiegelte. So durften etwa bei Kapitalverbrechen bestimmte Strafen (Folter, Kreuzigung u. a.) nicht gegen Angehörige der oberen Stände verhängt werden. Außer dem Senatoren- und Ritterstand gehörten auch die **reichen Freigelassenen** zur sozialen Oberschicht, obgleich sie den Makel der Sklaverei nie ganz ablegen konnten; besonders die kaiserlichen Freigelassenen und die kaiserlichen Sklaven waren eine sehr wohlhabende und einflussreiche Gruppe, da sie als Mitglieder der kaiserlichen Familie und Vertraute des Herrschers vielfach an den Schalthebeln der Macht saßen.

Innerhalb der **Unterschichten** galt dem stadtrömischen Proletariat die besondere Fürsorge der Kaiser. Durch ein bestimmtes System der „Wohltätigkeiten", z.B. durch Getreidespenden und Speisungen, Geschenke und Spiele, suchten die Herrscher diesen Teil der Bevölkerung für sich einzunehmen und als Klientel an sich zu binden. Ungleich schwerer war es, auch das Heer in das kaiserliche Herrschaftssystem zu integrieren. Hier reichte eine strenge Disziplinierung nicht aus; die Kaiser mussten sich die Loyalität der Soldaten immer wieder aufs Neue durch umfangreiche Belohnungen erkaufen (M 10).

B 1 Arles in Südfrankreich, zur Zeit des römischen Kaiserreiches die Hauptstadt der Provinz Narbonensis. Fotografie

– *Erläutern Sie die Funktion der Städte im Römischen Reich. Achten Sie dabei vor allem auf die Gebäude (B 1).*

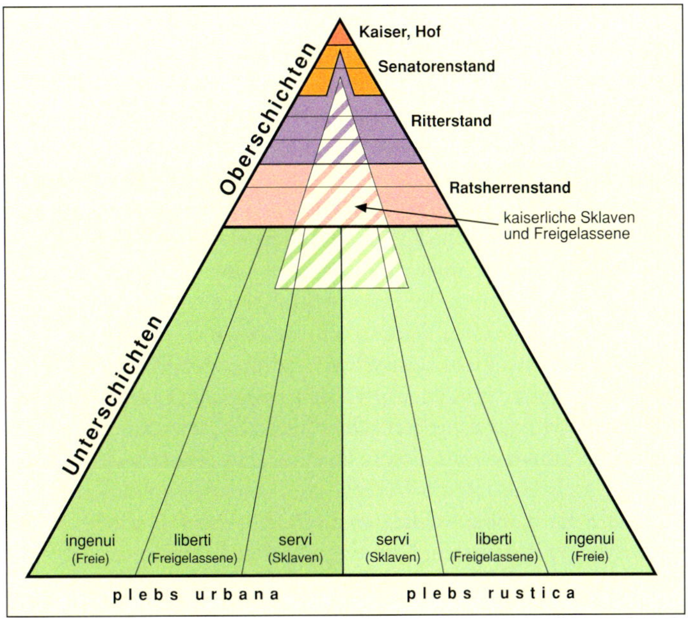

Schema 5 Die Gesellschaftsstruktur der römischen Kaiserzeit

– *Charakterisieren Sie die Sozialstruktur der römischen Kaiserzeit. Fassen Sie die zentralen Merkmale zusammen.*

Gesellschaftliche Grundlagen der römischen Weltherrschaft

Die kaiserliche Zentrale in Rom regierte das Reich mit einem vergleichsweise geringen Verwaltungsaufwand durch Statthalter in den Provinzen. Während die Gerichtshoheit für die Provinzen beim kaiserlichen Alleinherrscher lag, waren die Statthalter für die Sicherung der Ordnung und die Gerichtsbarkeit zuständig. Steuerbeamte zogen die Steuern ein und die Kommandanten des Heeres besorgten den Grenzschutz. Die Provinziallandtage dienten vor allem dem **Kaiserkult**, der zur verbindenden Klammer zwischen den verschiedensten Teilen des Reiches wurde. In den Städten lag die Verwaltung bei den Magistraten und einem städtischen Rat, in dem die Honoratioren vertreten waren. Die Städte regelten ihre Angelegenheiten (Gerichtsbarkeit, Versorgung, Straßen und Bauten, Kulte und Steuern) selbstständig.
Eine wesentliche Bedingung für die Stabilität der römischen Weltherrschaft war, dass die **Städte** den Einheimischen bis in die entlegensten Provinzen hinein die Möglichkeit boten, an den zivilisatorischen Errungenschaften der römischen Kultur teilzunehmen. Jede Stadt wurde geradezu verschwenderisch mit öffentlichen Bauten ausgestattet (B 1): Dazu gehörten das Forum, Bauten für den Rat und die Gerichtsbarkeit (Basiliken), Theater, Gärten, Thermen und Wasserleitungen, Hafengebäude und Speicher, ferner viele Tempel. Alle diese Bauten bildeten einen Raum, in dem die städtische Bevölkerung miteinander kommunizieren konnte. Wie in Rom nahm die Plebs bei Spielen und Zirkusrennen auch zu politischen Fragen Stellung. Diese politische Kommunikation war Teil eines umfassenden Austauschs zwischen den Honoratioren und der Stadtbevölkerung. Die Honoratioren erbrachten umfangreiche Leistungen für die Stadt, das Volk und der Rat ehrten dafür die Spender durch Monumente, Ehreninschriften oder die Wahl zu Magistraten.
Rom hat kein kulturelles Einheitsreich zu errichten versucht. Man kannte keine offizielle **Religion**, die für alle verbindlich war. Jede Stadt hatte ihre besonderen Schutzgottheiten und daneben andere Gottheiten, die traditionell in einer Stadt verehrt wurden. Selbst im Bereich des **Rechtes**

haben die Provinzstädte einheimische Rechtstraditionen fortgeführt bei allen Entscheidungen, für die sie zuständig waren. Rom hat zwar dem ganzen Reich seinen Stempel aufgedrückt und durch Straßen und Brücken die Teile des Reiches einander näher gerückt. Aber Griechen und Syrer blieben kulturell Griechen und Syrer, auch wenn sie rechtlich zu römischen Bürgern wurden und sich unter römischer Herrschaft befanden. Rom hat also das Kunststück fertig gebracht, ein großes Reich zu schaffen und dennoch die Identität der Reichsbewohner in den Provinzen und Städten unangetastet zu lassen. Hinzu kam, dass bis zum Sklaven jeder Nichtrömer, der die römische Zivilisation respektierte, Römer werden und die damit verbundenen Vorteile genießen konnte. Ein Weg dazu führte über den Dienst im römischen Heer, denn nach Ablauf der Dienstzeit erhielten die Soldaten das römische **Bürgerrecht**, das danach auch für die Nachkommen galt. Das Bürgerrecht wurde auch an ganze Städte verliehen. Angehörige führender Schichten aus nicht römischen Städten oder Stämmen bekamen das römische Bürgerrecht, um sie an Rom zu binden. Durch den Erlass der Constitutio Antoniniana des Kaisers Caracalla im Jahr 212 n. Chr. erhielten schließlich alle Bewohner des Reiches das römische Bürgerrecht. Allerdings wurde dieses Gesetz zu einer Zeit erlassen, als mit dem römischen Bürgerrecht schon beinahe mehr Lasten als Vorteile verbunden waren. Vorurteile gegenüber fremden Völkern innerhalb des Reiches existierten nicht. Als sich z. B. die Senatoren unter Kaiser Claudius (41–54 n. Chr.) dagegen wehrten, dass die gallischen Führungsschichten Zugang zum Senat erhielten, hat der Kaiser sie dezent daran erinnert, dass viele von ihnen ursprünglich auch nicht aus Rom stammten.

Die Wirtschaft des Imperium Romanum

Die Provinzen des Reiches erlebten in den ersten beiden Jahrhunderten der Kaiserzeit eine fast beispiellose Blüte. Nach den Bürgerkriegen der späten Römischen Republik begann mit Augustus eine Friedenszeit. Landwirtschaft, Handel und Handwerk konnten sich weitgehend ungestört entwickeln, in manchen Regionen wurden durch die römische Herrschaft überhaupt erst Verhältnisse geschaffen, die ein geregeltes Wirtschaftsleben erlaubten. Der vor allem zu militärischen Zwecken geförderte Straßenbau diente auch dazu, die Provinzen unter wirtschaftlichen Gesichtspunkten zu verbinden. Und schließlich: Das Ende der Konkurrenzkämpfe unter den Adeligen und die strikte Kontrolle der Statthalter durch die Monarchen beendeten zwar sicher nicht alle Formen der Ausbeutung der Provinzialen, aber immerhin war die bedenkenlose Ausplünderung der Provinzen, wie sie in der späten Republik üblich geworden war, nicht mehr möglich (M 11). Alles dies, verbunden mit der Respektierung des Eigenlebens der Städte und Provinzen, förderte die Akzeptanz der römischen Herrschaft.

M10 Der römische Schriftsteller Suetonius (geb. 70 n. Chr) über das Heerwesen unter Augustus

Im Heerwesen traf Augustus viele Änderungen und neue Einrichtungen. Dabei griff er auch auf manchen alten Brauch zurück. Die Disziplin handhabte er ganz besonders streng. [...] Nach den Bürgerkriegen nannte er bei Ansprachen oder in Erlassen niemals mehr einen Truppenteil „Kameraden" [commilitones], sondern schlechthin „Soldaten" [milites]; [...] denn Augustus war der Ansicht, dass in dem Wort „Kameraden" eine gar zu große Schmeichelei enthalten sei, die nicht zur Dienstordnung, zu den ruhigen Zeiten und zur Würde seines Hauses passe [...]

[...] Alle Soldaten im ganzen Reiche band er an eine feste Norm der Dienstzeit und der Belohnungen. Er bestimmte genau nach dem Range eines jeden die Dienstjahre sowie nach erfolgtem Abschied die Vergünstigungen, damit weder übertriebene Länge der Dienstzeit noch Mangel nach der Verabschiedung die Soldaten zur Meuterei aufreizen könnten. Um ferner für immer ohne Schwierigkeiten die Mittel zu ihrem Unterhalt während der Dienstzeit und zur Zahlung der Belohnungen nach derselben in Bereitschaft zu haben, gründete er eine mit eigenen neuen Einkünften ausgestattete Kriegskasse.

(Suetonius, Augustus 24f., 49, zit. nach: Geschichte in Quellen, Bd. I: Altertum, bearb. v. Walter Arend, bsv, München [2]1975, S. 569)

1 *Erklären Sie das Verhältnis von Disziplinierung und Belohnung (M 10) in der Militärpolitik des Augustus.*

2 *Erläutern Sie den Sinn der militärpolitischen Maßnahmen des Augustus für das kaiserliche Herrschaftssystem (M 10).*

M11 Der Historiker Klaus Bringmann über die wirtschaftliche Situation des Kaiserreiches

Die Masse der Bevölkerung war in einer extensiv betriebenen Landwirtschaft tätig, Handwerk und Manufaktur verharrten auf einer verhältnismäßig primitiven technologischen Stufe und waren, oft genug bei hoher Qualität der Produkte, in kleinen Betriebseinheiten organisiert. Und doch brachte das gesellschaftliche und politische System dank der Besitzkonzentration und dank der Urbanisierung Resultate hervor, die über das hinausgingen, was der Stand der Arbeitsproduktivität und der Produktionsmittel erwarten ließ. Größenordnung und urbaner Komfort der Städte sind erst wieder im 19. Jh. erreicht worden. Obwohl für öffentliche Bauten die Dienstleistungen der freien Bevölkerung in Gestalt von Hand- und Spanndiensten zwangsweise eingefordert werden konnten, wäre die umfangreiche, auf repräsentative Selbstdarstellung ausgerichtete Bautätigkeit der Kaiserzeit ohne die Konzentration finanzieller Überschüsse in der Hand der Kaiser, der Reichs- und der städtischen Aristokratie unmöglich gewesen. Das in den Ausbau und die Versorgung der Städte investierte Kapital war im Wesentlichen aus den Überschüssen der Landwirtschaft geschöpft, und es macht in dieser Hinsicht keinen Unterschied, ob das Kapital von der öffentlichen Hand oder von den gesellschaftlichen und politischen Eliten zu Gunsten der Städte umverteilt wurde.

Der Größe der privaten Vermögen entsprach der Umfang der Schenkungen und Stiftungen. Ihnen lag der Patronalismus[1] der Aristokratie zu Grunde: die traditionelle Gewohnheit, Reichtum durch Munifizenz[2] in Ansehen und gesellschaftliche Macht umzusetzen.

(Klaus Bringmann, Römische Geschichte. Von den Anfängen bis zur Spätantike, C. H. Beck, München [3]1997, S. 83f.)

1 Schutzherrschaft
2 Freigebigkeit

1 *Beschreiben Sie anhand von M 11 die Bedeutung des Kaisers, der Reichs- und der städtischen Aristokratie für die Wirtschaft des Imperium Romanum.*

2 *Untersuchen Sie die Rolle der Städte innerhalb des Herrschaftssystems im Römischen Reich. Ziehen Sie dafür M 11 und die Darstellung heran.*

2.3 Römischer Staat und Christentum

Römische Religion und Christentum

In den antiken Religionen der Römer wurde den Göttern Macht zugesprochen. Götter konnten den Menschen helfen oder schaden; man musste deshalb die Götter verehren und ihnen Opfer darbringen, um ihre Hilfe zu erlangen bzw. Schaden abzuwenden. Jedem Gott wurden bestimmte Zuständigkeitsbereiche zugeschrieben (z. B. Blitz und Donner, Hilfe bei der Geburt, Aufgehen der Saaten), aber kein Gott galt als allmächtig. Götter standen nicht über der Welt, sondern waren eher Teil von ihr. Sie stellten keine moralischen Forderungen an die Menschen. „Fromm“ (*pius*) zu sein bedeutete, den Göttern den nötigen Respekt zu erweisen, den gleichen Respekt (*pietas*), der auch den Eltern oder den Magistraten zukam. Das Christentum war dagegen eine monotheistische Religion, die sich durch den Glauben an einen Gott auszeichnete; aus diesem Grund weigerten sich die Christen auch, den römischen Staatsgöttern zu opfern. Die christlichen Gemeinden bildeten umfassende, alle Bereiche des Lebens betreffende Gemeinschaften und die christliche Botschaft versprach jedem Einzelnen Hoffnung und Heil. Der römische Staat, der gegenüber fremden Religionen eigentlich relativ tolerant war, fühlte sich durch diesen allumfassenden Anspruch des Christentums herausgefordert. Das Christentum war auch eine „Schriftreligion“, während weder die griechische noch die römische Religion eine „Heilige Schrift“ kannten.
Bis zum 3. Jahrhundert n. Chr. hatte sich in den christlichen Gemeinden überall eine Trennung zwischen Klerus und einfachem Kirchenvolk (Laien) vollzogen. Mitglied des Klerus konnte man nur durch die bischöfliche Weihe werden. Frauen konnten zwar im Leben der Gemeinde eine wichtige Rolle spielen, waren aber zum Klerus nicht zugelassen. Jede christliche Gemeinde war zunächst selbstständig, aber viele Gemeinden hielten untereinander Kontakte.

Von der Verfolgung zur Staatsreligion

Im Jahre 311 n. Chr. beendete Kaiser Galerius eine lange Zeit der Christenverfolgung (M 12), weil er einsehen musste, dass die Christen nicht mit Gewalt bezwungen werden konnten, und verkündete ein allgemeines Toleranzedikt für die christliche Religion.
Der Sieg Kaiser Konstantins (B 2) über seinen politischen Rivalen Maxentius im Jahr 312 veränderte endgültig die Situation zu Gunsten der Christen. Kaiser Konstantin übernahm nicht nur das Toleranzedikt, sondern begünstigte auch das Christentum durch großzügige Schenkungen und dadurch, dass er die Kleriker von bestimmten Leistungen befreite. Das Christentum sollte die

B 2 Silbermedaillon Kaiser Konstantins aus dem Jahr 315 n. Chr., in Erinnerung an den Sieg über Gegenkaiser Maxentius im Jahr 312 geprägt. Am Helm zeigt eine runde Scheibe das so genannte Christogramm mit den griechischen Buchstaben X (CH) und P (R). München, Staatliche Münzsammlung

– *Untersuchen Sie anhand von B 2, inwieweit Kaiser Konstantin an der römischen Tradition festhielt bzw. inwieweit er eine neue Epoche im Verhältnis von Christentum und römischem Staat einleitete.*

Einheit des Reiches stützen. Obwohl er als Kaiser deshalb den Einfluss des Christentums in der Gesellschaft vergrößerte, ließ er selbst sich erst kurz vor seinem Tode im Jahr 337 taufen. Das Heidentum unterdrückte er nicht, aber durch die Förderung des Christentums beschleunigte Konstantin den Zerfall des heidnischen Polytheismus, den Glauben an viele Götter. Schließlich verbot Kaiser Theodosius 391 alle heidnischen Kulte und erhob das Christentum zur verbindlichen Religion, zur Staatsreligion.

Staat und Kirche

Mit der gewandelten Stellung des Christentums im Staat trat für die christlichen Gemeinden seit Kaiser Konstantin ein neues Problem auf: Der Kaiser verstand sich nicht nur als ein von Gott erwählter Herrscher, sondern nahm auch gegenüber der Kirche Funktionen wahr, die er gegenüber den heidnischen Kulten ausgeübt hatte. Als Oberpriester (pontifex maximus) hatte er die Oberaufsicht über den gesamten Kult; ferner fielen alle religiösen Angelegenheiten unter seine Rechtssetzungskompetenz, sodass er auch die Kirche betreffende Gesetze erlassen konnte. Die christliche Kirche war also mit einer Instanz konfrontiert, die nicht aus ihr selbst hervorgegangen war, aber dennoch in Anspruch nahm, auch kirchliche Angelegenheiten zu regeln. Im Oströmischen Reich (Teilung in Ost- und Weströmisches Reich 395 n. Chr.), wo eine lange Tradition des Herrscherkultes bestand, wurden die Kaiser immer stärker in die Nähe des Göttlichen gerückt, Kirche und Staat gingen damit eine enge Verbindung ein. Dagegen führten im Westen die Entstehung des Papsttums und der Untergang des Kaisertums dazu, dass Kirche und Staat in ein Spannungsverhältnis zueinander gerieten.

M12 Der Historiker Werner Dahlheim über die Christenverfolgung im Römischen Reich

Der Weg der Christen zum Staat der Römer war lang und beschwerlich. [...] Viele Etappen dieses langen Weges sind gekennzeichnet durch Verachtung, Gleichgültigkeit, Unverständnis und schließlich Hass der heidnischen Gesellschaft, die kaum am Glaubensinhalt, umso mehr jedoch an den Formen des Kultvollzuges und an der Abkehr der Christen von den traditionell gemeinsamen Teilen des privaten und öffentlichen Lebens Anstoß nahm. Das Ringen um den richtigen Glaubensinhalt, den verbindlich zu bestimmen bereits die geografische Entfernung hemmte, die häufigen Angriffe der staatlichen Behörden, die vielen Christen nur als die Büttel des aufgehetzten Mobs erscheinen mussten, das Blut der Märtyrer und das Ringen mit der in den eigenen Reihen behaupteten [...] Identität von Antichrist und römischem Staat drohten zudem permanent die jenseits davon angesiedelten Möglichkeiten der Verständigung zu verschütten. All dies brach das Selbstbewusstsein der von Generation zu Generation effektiver organisierten Gemeinden nicht, deren beste Köpfe unbeirrbar in der römischen Tradition ihre geistige und in der Ordnung des Imperiums ihre politische und soziale Heimat sahen. Dies vor allem machte die Christen auch in der letzten Konfrontation mit dem heidnischen Staatsverständnis Diokletians[1] unbesiegbar, da sie auch in der härtesten Prüfung durch ihre Gebete für den sie verfolgenden Staat unwiderleglich bewiesen, dass Rom ihre Heimat war und bleiben sollte.

(Werner Dahlheim, Geschichte der Römischen Kaiserzeit, R. Oldenbourg Verlag, München [2]1989, S. 138 f.)

1 Diokletian: römischer Kaiser, der im Jahr 303 n. Chr. die letzte große, reichsweite Christenverfolgung initiierte, die im Gegensatz zu allen vorhergehenden das Ziel verfolgte, das Christentum vollständig auszurotten.

1 *Analysieren Sie die Ursachen und Motive für die Christenverfolgung im antiken Rom (M 12).*

2 *Beschreiben Sie die Reaktion der Christen auf die Verfolgung durch den römischen Staat.*

2.4 Das Römische Reich damals und die europäische Einigung heute

Europäische Traditionen

Im Rahmen heutiger Bemühungen um eine europäische Einigung wird nicht selten auf das Römische Reich verwiesen, und zwar unter unterschiedlichen Gesichtspunkten: Zum einen geht es um den Bereich, den ein zukünftiges Europa umfassen soll. Auf der Suche nach gemeinsamen Traditionen, die ein solches Europa mit begründen können, denken viele an das Römische Reich, vor allem an die römische Zivilisation, das römische Recht und das lateinische Christentum. In einer solchen Perspektive fallen Gebiete, die einst auch zum Römischen Reich gehörten, aus den Vorstellungen für ein gemeinsames Europa heraus: so alle Länder, in denen sich das Christentum in seiner byzantinisch-orthodoxen Form ausgebreitet hat.

Organisatorische Unterschiede

Zum anderen wird das Römische Reich im Hinblick auf die politische Organisation eines Großraumes als Beispiel herangezogen. Nun handelt es sich allerdings beim Römischen Reich zunächst um die Herrschaft über Unterworfene, bis 212 n. Chr. alle freien Reichsbewohner römische Bürger wurden. Die Integration von Nichtbürgern wurde dadurch erleichtert, dass Neubürger in die hierarchisch aufgebauten Sozialverbände eingegliedert wurden. Es gab zwar eine stark ausgeprägte Identität von Städten oder Regionen, aber keine Nationalstaaten und kein entsprechendes Nationalbewusstsein. Und vor allem: Trotz regen Handelsaustausches fehlte so etwas wie ein gemeinsamer Markt und es gab nicht die Probleme, die aus unterschiedlichen Sozial- oder Bildungssystemen erwachsen. Entsprechend waren auch die Anforderungen an die Zentrale weniger groß.
Die bisherigen Europaplanungen scheinen darauf hinauszulaufen, dass Europa zumindest im Hinblick auf bestimmte Regelungsbereiche als eine Art Superstaat gedacht wird – mit einem großen Verwaltungsapparat, einem Parlament, einem höchsten Gericht usw. Der Nationalstaat wird gleichsam auf die europäische Ebene projiziert. Viele haben die Befürchtung, dass ein solches Europa nur um den Preis der Aufgabe demokratischer Rechte erkauft werden kann und die Möglichkeiten der Mitbestimmung für den Einzelnen kaum gegeben sind.

Anregungen aus der Geschichte

Dass ein Zusammenwachsen Europas wünschenswert und notwendig ist, wird niemand bezweifeln. Das Römische Reich kann wegen der genannten Unterschiede nicht als unmittelbares Modell dafür herangezogen werden. Aber die dort praktizierte Verbindung von Zentralgewalt und Selbstverwaltung, von Bewusstsein der Zugehörigkeit zum Reich und städtischer bzw. regionaler Identität kann doch zumindest unser Nachdenken über ein zukünftiges Europa anregen.

3 Frauenrechte – Männerrechte in der Antike

Politik

Im antiken Griechenland wie in Rom besaßen lediglich die Männer das Recht, am politischen Entscheidungsprozess mitzuwirken. Sie allein hatten Zutritt zu Staatsämtern und nur sie durften politische Beschlüsse fassen. Den Frauen wurden dagegen alle politischen Rechte verweigert. Während sie in Athen vollständig aus dem öffentlichen Leben ausgeschlossen waren, bestand für die Römerin immerhin die Möglichkeit, Politik indirekt zu beeinflussen, indem sie auf Empfängen oder bei Gastmählern ihre Meinung äußerte (M 13a, b).

Familie

Anders als in der heutigen Zeit kannte die Antike den Begriff der Familie in Sinne eines für den privaten Lebensbereich vorbehaltenen Beziehungsgeflechtes nicht. Wesentlich für das antike Verständnis der Familie war das griechische Wort „Oikonomikos“, von dem unser Begriff „Ökonomie“ stammt und der das gesamte Leben in einem Haushalt betraf und regelte. Beim Hausvater, der nicht notwendig der biologische Vater sein musste, lag die gesamte Autorität. Er allein hatte das Recht, in allen Belangen des Lebens alle zu seinem Haushalt zählenden Menschen zu führen und zu kontrollieren. Das betraf die Kinder, Kindeskinder und Sklaven, die Ehefrau und Ehefrauen der Söhne sowie den Besitz. Da die antike „Familie“ noch eine untrennbare Produktions- und Verbrauchseinheit war, kam dem Vater auf Grund seiner Autorität eine fast absolute, bestimmende Stellung zu, der sich alle unterzuordnen hatten. Das galt besonders für Athen, wo es den Frauen als Rechtsobjekten untersagt war, Geschäfte abzuschließen, Testamente zu machen oder im Prozess aufzutreten. Auch besaßen sie kein Vermögen, erbten nicht und hatten keinen Anspruch auf eine Mitgift.
Die Römerin hingegen besaß nicht nur eine geachtetere und freiere Stellung in der Öffentlichkeit, sondern auch mehr Rechte. Sie war im Erbrecht den Männern gleichgestellt: Haussöhne und -töchter erbten zu gleichen Teilen, wenn der Hausvater kein Testament verfasste. Beim Tod des Hausvaters erhielten die weiblichen Nachkommen zwar einen neuen Vormund, der z. B. Vermögenstransaktionen oder einer Heirat zustimmen musste. Dennoch war die Frau Eigentümerin des ererbten Vermögens und in der Zeit der späten Republik und vor allem des Prinzipats entwickelte sich die Vormundschaft zu einer reinen Formsache. Im Übrigen waren die Geschlechterrollen in Rom und Athen streng getrennt. Während der Mann den Lebensunterhalt sichern musste sowie die Aufsicht und den Schutz der Frau zu garantieren hatte, besorgte die Frau die häuslichen Tätigkeiten (M 14). Sie fand ihre Bestimmung in der Familie als Hausfrau und Mutter (M 15).

M13 Die Stellung der Geschlechter in Politik und Öffentlichkeit

a) Der römische Geschichtsschreiber Cornelius Nepos (um 100–25 v. Chr.) über die Rolle der Frau bei den Griechen und Römern

Im Gegensatz zu den Griechen nehmen wir an bestimmten Verhaltensweisen keinen Anstoß, die bei ihnen als ungebührlich gelten. Denn welcher Römer hätte Scheu, seine Frau zu einem Gastmahl mitzunehmen? Oder welche Hausherrin sitzt nicht dank ihrer Ehrenstellung im vorderen Teil des Hauses und bewegt sich nicht in der Öffentlichkeit? Das ist in Griechenland ganz anders. Denn sie wird zu keinem Gastmahl mitgenommen, es sei denn zu Verwandten, und sie hält sich auch nur im inneren Teil des Hauses auf, welches Gynaikon[1] genannt wird; nur die nächsten Verwandten haben Zutritt.

(Cornelius Nepos, De excellentibus ducibus exterarum gentium, praefacio 6 f., übers. v. Verf.)

1 Frauenwohnung

b) Der Historiker Jochen Martin über die Stellung der Frau in der römischen Gesellschaft

Wie die griechischen dürfen auch die römischen Frauen keine politischen Ämter bekleiden oder in politischen Institutionen mitwirken. Im Unterschied aber zum demokratischen Athen wird in Rom Politik nicht nur in den politischen Institutionen gemacht: Für die Kommunikation unter den Adligen spielen die Häuser, die dort stattfindenden Empfänge und Gastmähler, von denen die Frauen nicht ausgeschlossen sind, eine große Rolle. Ferner haben sich Frauen in durchaus organisierter Form in die Politik eingemischt, wenn sie davon betroffen waren. Ansatzpunkt für solche organisierten Aktionen können Funktionen der Frauen im Kult gewesen sein (es gab z. B. religiöse Feste nur für Frauen).

(Jochen Martin, in: Geschichtsbuch Oberstufe, Bd. 1: Von der Antike bis zum Ende des 19. Jahrhunderts, hg. v. Hilke Günther-Arndt, Dirk Hoffmann, Norbert Zwölfer, Cornelsen, Berlin 1995, S. 48)

1 *Erörtern Sie die Unterschiede und Gemeinsamkeiten in der Stellung, die die römische und die griechische Frau in Politik und Gesellschaft hatte (M 13a, b).*

2 *Diskutieren Sie über die Positionen von Männern und Frauen in der Antike. Wo gibt es Kontinuitäten, die bis in die Gegenwart reichen?*

M14 Geschlechterrollen im antiken Athen

Der Geschichtsschreiber Xenophon (um 426–um 355 v. Chr.) lässt in seiner Schrift „Oikonomikos" den Ischomachos zu seiner 15 Jahre alten Frau sagen:

Es scheint mir, dass die Götter [...] dieses Gespann, das man das Weibliche und das Männliche nennt, in bester Voraussicht zusammengeführt haben, damit sie in Gemeinschaft einander nützlich sind. Zuerst einmal heiratet das Paar, um Kinder zu zeugen, damit das menschliche Geschlecht nicht ausstirbt. Dann wird durch die Vereinigung erreicht, dass sie im Alter eine Stütze für sich selbst besitzen. Weiterhin ist es bei den Menschen nicht wie bei den Tieren üblich, im Freien zu leben, sondern sie benötigen offensichtlich Obdach. Wenn die Menschen Vorräte unter dem Dach anlegen wollen, brauchen sie allerdings jemanden, der die Arbeit unter freiem Himmel verrichtet. Denn Pflügen, Säen, Pflanzen und auch Weiden sind Beschäftigungen im Freien. Aus diesen wird der Lebensunterhalt gewonnen. Sobald das nun unter Dach ist, ist wiederum jemand erforderlich, der es verwahrt und der solche Arbeiten verrichtet, die innerhalb des Hauses anfallen. Der Schutz des Daches ist notwendig bei der Versorgung der neugeborenen Kinder; unter einem Dach muss die Aufbereitung der Feldfrüchte stattfinden, ebenso die Herstellung der Kleidung aus Wolle.
Da nun jede der beiden Tätigkeiten, diejenigen innerhalb als auch diejenigen im Freien, der Ausführung und der Aufsicht bedürfen, hat Gott [...] von vornherein die körperliche Beschaffenheit entsprechend ausgestattet, und zwar, wie mir scheint, die der Frau für die Arbeiten und Besorgungen im Innern, die des Mannes hingegen für die Tätigkeiten und Beaufsichtigungen außerhalb.

(Xenophon, Oikonomikos 7, 18–22, zit. nach Beate Wagner-Hasel, Das antike Griechenland, Diesterweg, Frankfurt/Main 1988, S. 114 f.)

1 *Beschreiben Sie anhand von M 14 die Rollenverteilung zwischen den Geschlechtern in Athen.*

2 *Untersuchen Sie, wie die unterschiedlichen Rollen von Mann und Frau in M 14 begründet werden. Nehmen Sie Stellung zu diesem Rollenverständnis.*

M15 Aus einer römischen Grabinschrift aus dem 2. Jh. v. Chr. über das Frauenideal im antiken Rom

Dies ist der wenig schöne Grabstein einer schönen Frau.
Mit Namen nannten sie die Eltern Claudia.
Ihren Mann liebte sie aus ganzem Herzen.
Zwei Söhne gebar sie: Den einen lässt sie in der Erde, den anderen auf der Erde.
Ihre Sprache war anmutig, auch ihr Gang war gefällig.
Sie besorgte ihr Haus, spann Wolle. Ich habe gesprochen.

(Corpus Inscriptionum Latinarum I, 1007, übers. v. Verf.)

1 *Erläutern Sie das Frauenbild, das in der Grabinschrift (M 15) entworfen wird.*

2 *Vergleichen Sie die Frauen- und Männerideale des Ischomachos (M 14) mit denen der Grabinschrift (M 15).*

4 Antike Welt- und Menschenbilder

Weltbilder

In der Antike stellte man sich die Erde als Mittelpunkt des Kosmos vor. Wer wie der griechische Astronom Aristarchos von Samos (um 310–um 230 v. Chr.) die Sonne in den Mittelpunkt zu setzen wagte, wurde als Gotteslästerer gebrandmarkt.

Die Erde erschien im Alten Testament als Scheibe oder Viereck, das von Säulen gestützt und von einer Flut umspült wurde. Aber auch das Weltbild **Homers** (8. Jh. v. Chr.) beruhte auf der Annahme, dass die Erde eine runde Scheibe sei, die vom Ozean umflossen werde (B 3). Dagegen stand im Mittelpunkt des **aristotelischen Weltbildes** (4. Jh. v. Chr.) die Erdkugel mit ihrer Atmosphäre, die umschlossen sei von den vier Sphären der reinen Naturelemente Erde, Wasser, Luft und Feuer. Ihnen schlossen sich die Sphäre des Äthers, des Mondes, der Sonne und der Planeten Merkur, Venus, Mars und Saturn an, denen die Sphäre der Fixsterne folgte. Eine ähnliche Struktur kennzeichnete das astronomische Weltbild des griechischen Naturforschers **Ptolemäus** (um 100–160 n. Chr.). Danach markierten die Planeten Großkreise um die Erde, allerdings mit unterschiedlichen Geschwindigkeiten.

Menschenbilder

Da das Selbstverständnis des Menschen von den sich verändernden gesellschaftlichen Strukturen und religiösen Vorstellungen geprägt wurde, gab es in der Antike kein einheitliches Menschenbild. In den Dichtungen **Homers** bildeten die menschliche und die göttliche Welt eine unauflösliche Einheit, wobei die Götter als menschliche Gestalten erfahren wurden, die bestimmte Lebensbereiche bezeichneten und beherrschten. Die Götter besaßen die Funktion eines Vor- und Urbildes, von dem sich das gesamte Geschehen herleitete. Diese Auffassung von der Abhängigkeit des Menschen von den göttlichen Geboten bestimmte lange Zeit das Denken der Griechen (M 16). Mit den **Sophisten** (griech. = Weisheitslehrer) ab etwa 450 v. Chr. entstand ein neues Menschenbild, das den Menschen in den Mittelpunkt rückte; gleichzeitig wurde die Frage gestellt, ob die Götter existieren bzw. ob der Mensch deren Willen wirksam erfahren könne. Die philosophische Schule der **Stoa**, die um 300 v. Chr. von Zenon gegründet wurde, wertete dann den Menschen zu einem den Göttern verwandten Vernunftwesen auf. Das Ideal der Stoiker war der „Weise", der auf Grund seiner Vernunft selbstständig handelte.

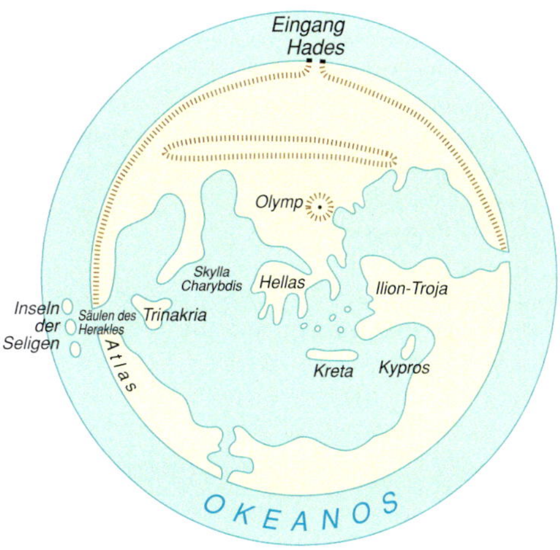

B 3 Das Weltbild Homers (8. Jh. v. Chr.) zeigt die Erde als Scheibe, vom Ozean umflossen.

Hauptmerkmale des Menschenbildes aus der römischen Frühzeit waren die Bewertung des Menschen nach Kriterien wie der Bedeutung seiner Staats-, Kriegs- oder Priesterämter, der Geltung im Senat durch Autorität, politische Einsicht und Redebegabung, der Redlichkeit im Umgang mit Untergebenen sowie der Ordnung des Familienverbandes und der Mehrung des Besitzes. Diese sittlichen Werte hat der römische Politiker und Philosoph Marcus Tullius **Cicero** (106–143 v. Chr.) wieder belebt und gleichzeitig ergänzt, indem er die griechische Philosophie für die Römer erschloss und umsetzte. Er unterstellte bei den Menschen einen angeborenen Gemeinschaftstrieb, der zur Bildung von Gemeinwesen führe. Das Streben nach Vollendung der Vernunft betrachtete er als hohes menschliches Gut, ohne diesen Wert jedoch zu verabsolutieren. Ausgehend davon, dass Menschen füreinander da seien, verpflichtete er in seiner Tugendlehre die Menschen zu Leistungen für die Gemeinschaft (M 17). Dieses Menschenbild wurde in der Spätantike durch das Christentum nachhaltig verändert. Für den Kirchenlehrer **Augustinus** (354–430 n. Chr.) war der Mensch nur von Gott her bestimmbar. Die innere Umwandlung des Menschen geschehe durch die Gnade Gottes, der den Sünder rechtfertige: Der Mensch könne nicht aus eigenen Kräften selig werden, sondern allein aus Gnade. Die Kirche verstand er als geheimnisvollen Leib Christi. Augustinus wies auf den endzeitlichen (eschatologischen) Charakter der christlichen Lehre hin.

M16 Das Menschenbild in der „Antigone" des Sophokles (um 497/96–407/06 v. Chr.)

Vieles Gewaltige lebt, doch nichts
Ist gewaltiger als der Mensch.
Er, der über die dunkle See
In des stürmenden Südens Wehn
Hinzieht durch schwellende Wogen
Den lautumtosten Pfad,
Er müdet ab die hohe Göttin,
Die unerschöpfliche Erde, die ewige,
Kreisenden Pfluges von Jahre zu Jahre sie
Mit der Kraft der Rosse durchfurchend.
[...]
Mit klugen Erfindungen so
Weit über Verhoffen begabt,
Neigt bald er zum Bösen, bald zum Guten.
Getreu der Heimat Gesetz,
Der Götter schwurheil'gem Recht,
Groß im Staat, im Staate nichts, wen Wagemut
In Ungebühr heimisch macht.
Mög er nie ein Herdgenoss,
Mir nie ein Gleichgesinnter sein,
Tut er also.

(Sophokles, Antigone, V, 334 ff., zit. nach: Antigone, hg. v. Otto Güthling, Reclam, Leipzig 1965)

M17 Die Verhaltenslehre Ciceros

Platon bemerkt zutreffend, dass wir nicht für uns allein geboren sind, sondern dass das Vaterland einen Teil unsres Daseins verlangt, einen Teil unsere Freunde. Die Stoiker sind dazu der Überzeugung, dass alles, was auf Erden wächst, zum Nutzen der Menschen geschaffen sei; die Menschen aber seien füreinander da, dazu, sich gegenseitig zu nützen. Deswegen haben wir die Verpflichtung, der Natur als unserer Führerin zu folgen, indem wir nämlich zum allgemeinen Nutzen beitragen und dadurch den Austausch von Leistungen, durch Geben und Nehmen, durch unsere geistigen und materiellen Möglichkeiten und unsere Bemühungen die Gemeinschaft der Menschen untereinander festigen.
(Cicero, De officiis I, 11 ff.; übers. v. Verf.)

1 *Vergleichen Sie die unterschiedlichen Aussagen, die in M 16 und 17 über das Wesen des Menschen getroffen werden.*

2 *Untersuchen Sie, wie der griechische Dichter Sophokles (M 16) begründet, dass nichts „gewaltiger" sei als der Mensch. Klären Sie dazu das Verhältnis des Menschen zu Natur und den Göttern. Welche Schlussfolgerungen zieht Sophokles?*

3 *Erörtern Sie, welche Gedanken des stoischen Menschenbildes Cicero (M 17) aufgreift und an welchen Punkten er es weiterentwickelt.*

4 *Diskutieren Sie die „Modernität" des antiken Menschenbildes, von der heute häufig gesprochen wird.*

Die antike Welt: Fremdheit und Nähe

Zusammenhänge und Perspektiven

1 *Vergleichen Sie die politische Ordnung in Athen mit der in der Römischen Republik und während des Prinzipats. Betrachten Sie dabei folgende Funktionen: politische Institutionen, politischer Willensbildungsprozess, Bedingungen der Herrschaftsausübung.*
2 *Stellen Sie die gesellschaftlichen, wirtschaftlichen und außenpolitischen Bedingungen zusammen, auf die sich die attische Demokratie gründete. Vergleichen Sie diese mit denen der Römischen Republik und des römischen Kaiserreiches.*
3 *Diskutieren Sie die Unterschiede zwischen der antiken und der modernen Demokratie.*
4 *Skizzieren Sie die politischen und gesellschaftlichen Prinzipien des Imperium Romanum.*
5 *Nehmen Sie Stellung zu den Gedanken, die in Kapitel 2 „Das Römische Reich damals und die europäische Einigung heute" vorgetragen werden. Erörtern Sie dabei besonders die These, dass die Organisation und Verwaltung des Römischen Reiches zum Nachdenken über den europäischen Einigungsprozess anregen könne.*
6 *Diskutieren Sie die Probleme, die sich aus der engen Beziehung von Kirche und Staat in der Spätantike für das Christentum ergaben.*

Zeittafel

Griechische Geschichte:

594 v. Chr.	**Reformen Solons:** Sie befreien die Bauern von Schulden, geben dem Volk wichtige Mitspracherechte und bereiten dadurch die attische Demokratie vor.
508/07 v. Chr.	**Reformen des Kleisthenes:** Sie drängen den Einfluss des Adels zurück.
480 v. Chr.	Sieg der griechischen Flotte bei Salamis: Er beendet die Expansion der Perser, leitet den Aufstieg der attischen Polis zur Seemacht ein und fördert in Athen den Demokratisierungsprozess.
478/477 v. Chr.	Gründung des Delisch-Attischen Seebundes als Kampfbund gegen die Perser.
Ca. 460–429 v. Chr.	**Zeit des Perikles:** Sie markiert die Blüte der attischen Demokratie.

Römische Geschichte:

Ca. 510–27 v. Chr.	Vom Sturz des Königtums bis zur Errichtung des Prinzipats wird Rom als **Republik** regiert, wobei die politischen Entscheidungen von einem aristokratischen Gremium, dem Senat, getroffen werden.
264–241 v. Chr.	Erster Punischer Krieg: Mit ihm beginnt die Expansion Roms außerhalb des italischen Gebietes.
227 v. Chr.	Sardinien, Korsika und Sizilien werden als erste römische Provinzen organisiert.
149–146 v. Chr.	Dritter Punischer Krieg: Er endet mit der Zerstörung Karthagos.
133 v. Chr.	Volkstribunat des Tiberius Gracchus: Es leitet die **Krise der Römischen Republik** ein. Zwei Gruppen stehen sich seitdem gegenüber: Die Optimaten halten an der traditionellen Führungsrolle des Senats fest, während die Popularen Gesetze ohne Zustimmung des Senats durch die Volksversammlungen verabschieden wollen.
104–100 v. Chr.	Heeresreformen des Konsuls Gaius Marius: Seitdem verfügen die Militärbefehlshaber über ihnen ergebene Truppen, mit denen sie auch gegen Rom ziehen können.
49–46 v. Chr.	Machtkämpfe innerhalb Roms führen zum Bürgerkrieg zwischen Caesar und Pompeius (44 v. Chr. Ermordung Caesars).
27 v. Chr.	**Beginn der Herrschaft des Augustus:** Die Bürgerkriege enden und die Zeit des Prinzipats fängt an, in der formell die Herrschaft der Monarchie institutionalisiert wird.
27 v. Chr. –476 n. Chr.	Kaiserzeit: Rom wird von den Kaisern regiert. (Nach dem Untergang des Weströmischen Reichs 476 n. Chr. bleibt das Oströmische Reich [Byzanz] bis 1453 bestehen.)
391 n. Chr.	**Das Christentum wird zur Staatsreligion.** Kaiser Theodosius verbietet alle heidnischen Kulte und erhebt das Christentum zur verbindlichen Religion.

II Das europäische Mittelalter: Einheit und Vielfalt

Gott als Architekt, Miniatur aus der „Bible moralisée", Mitte 13. Jh., Wien, Nationalbibliothek

Das Ende der Antike bzw. der Beginn des Mittelalters lässt sich nicht auf ein bestimmtes Jahr oder Ereignis festlegen. Die moderne Geschichtswissenschaft geht vielmehr davon aus, dass sich die antike Welt allmählich auflöste und dass in Europa zwischen dem 4. und 6. Jahrhundert neue Strukturen entstanden. Einige Jahreszahlen geben Anhaltspunkte über die einschneidenden Veränderungen in diesem Zeitraum. Die Teilung des Römischen Reiches 395 und das Ende des weströmischen Reiches 476 zeigen den Untergang Roms an. Auf die germanische Geschichte bezogen, markieren der Beginn der Völkerwanderung 375 und der Sieg des Frankenkönigs Chlodwig über den letzten römischen Statthalter Syagrius 486 einen Neubeginn. Und für die Geschichte des Christentums waren die Alleinherrschaft des ersten christlichen Kaisers Konstantin 324, die Gründung des ersten abendländischen Klosters Monte Cassino 529 sowie das Wirken von Papst Gregor, des ersten „typisch mittelalterlichen“ Papstes, um 600 entscheidende Marksteine. Aber auch der Beginn der Ausbreitung des Islams und der arabischen Welt seit 633 bildete einen tiefen Einschnitt in der Geschichte, da sie die alte griechisch-römische Einheit der Mittelmeerwelt zerstörte.

Das Mittelalter ist nicht nur als Einheit zu sehen, sondern lässt sich auch als eine Abfolge vielfältiger Entwicklungen deuten. Mit dem Aufstieg des Frankenreiches seit dem 5. Jahrhundert und den Siegen Karl Martells über die Araber im 8. Jahrhundert verlagerte sich der Schwerpunkt des geschichtlichen Lebens immer stärker vom Mittelmeerraum nach West- und Mitteleuropa. Wirtschaft und Gesellschaft des Frankenreiches waren geprägt durch die Grundherrschaft, das Lehnswesen und eine ständische Sozialstruktur. An der Spitze standen der König und eine kleine adelige Minderheit. Sie besaßen Grund und Boden und beherrschten die große Mehrheit der dienenden und arbeitenden Menschen, die zu rd. 90 % auf dem Lande lebten.

Die seit dem 10./11. Jahrhundert entstehenden Städte mit ihrer bürgerlichen Bevölkerung waren daher anfangs noch ein Fremdkörper innerhalb der feudal-agrarischen Umwelt. Aber spätestens im 12. Jahrhundert gingen von ihnen entscheidende Anstöße für den ökonomischen wie auch gesellschaftlich-mentalen Wandel aus. In den Städten setzte sich besonders bei den Kaufleuten zum ersten Mal ein Denken und Handeln durch, das sich durch Gewinnstreben, wirtschaftliche Rationalität und Risikobereitschaft auszeichnete.

Wenngleich die städtischen Bürgerinnen im Verlauf des Mittelalters ein gewisses Maß an Selbstständigkeit in Handwerk und Handel gewinnen konnten, so blieb doch insgesamt für das Verhältnis der Geschlechter eine deutliche Arbeitsteilung kennzeichnend. Der Mann war für den politischen Bereich zuständig und musste durch seine Arbeit den Lebensunterhalt sichern, die Frau hatte sich dagegen um Haushalt und Kindererziehung zu kümmern und sich außerdem dem Mann unterzuordnen.

Während des gesamten Mittelalters nahm die christliche Kirche eine beherrschende Stellung ein. Die christliche Heilsbotschaft prägte sowohl Geschichtsverständnis, Welt- und Menschenbild als auch das politische Leben. Dabei kam es zu teilweise sehr heftigen Auseinandersetzungen zwischen kirchlichem und königlichem Machtanspruch, die sich im Investiturstreit entluden. Aber auch die Kreuzzüge (1096–1270) beleuchten eindrucksvoll den Einfluss der Kirche auf Politik und Gesellschaft im christlichen Mittelalter.

Ab dem 12. Jahrhundert konnten die deutschen Könige immer weniger ihre Herrschaftsposition gegen die Territorialherren sichern, die zunehmend an Macht gewannen und die Grundlagen für den modernen Territorialstaat legten.

1 Wirtschaft und Gesellschaft

1.1 Leben im Frankenreich: Grundherrschaft, Lehenswesen, Ständegesellschaft

Die Entstehung des Frankenreichs

In der Antike war der Mittelmeerraum das politische und kulturelle Zentrum. Als im 7. Jahrhundert mit der Ausbreitung des Islams eine völlig neue politische Macht und Kultur auftrat, wurde damit zwar die Einheit der griechisch-römischen Kultur beendet, der Mittelmeerraum blieb aber das Zentrum. Das änderte sich, als die Franken unter **Karl Martell** (714–741) die Araber im Jahre 732 bei Tours und Poitiers im heutigen Westfrankreich besiegten und dadurch den Grundstein für den Aufstieg des Frankenreichs (Karte 1) legten. Neben das Kaiserreich von Byzanz und das islamische Reich trat das neue fränkische Reich. Der Schwerpunkt des geschichtlichen Lebens in unserem Teil der Erde verlagerte sich nach Norden, nach West- und Mitteleuropa. Begonnen hatte der Aufstieg des Frankenreiches jedoch bereits mit dem Sieg (486) des Frankenkönigs **Chlodwig** (481–511) über Syagrius, den letzten römischen Statthalter in Gallien. Chlodwigs Übertritt zum katholischen Glauben ermöglichte die Zusammenarbeit und Verschmelzung von gallo-römischer und fränkischer Oberschicht und trug dadurch zur Stabilisierung seiner Herrschaft bei. Und die Söhne Chlodwigs erweiterten mit ihren Eroberungen das Reich im Osten (Thüringen) und Süden (Burgund).

Das fränkische Königtum

Das zentrale gesellschaftliche Ordnungselement im Frankenreich war die Bindung zwischen Personen – und nicht wie heute die feste Einbindung des Einzelnen in einen Staat. Deswegen bezeichnet man dieses Reich auch als **Personenverbandsstaat**. An der Spitze der zahlreichen und vielgestaltigen Personenverbände stand der König. Er galt als Herr aller freien Franken und war im Kriegsfall unumstrittener Heerführer. Die Frankenkönige aus dem Geschlecht der Merowinger, die das Frankenreich bis 751 regierten und kontinuierlich erweiterten, hatten gleichwohl Mühe, sich gegenüber den Adeligen durchzusetzen.
Wie der König besaßen diese großen Landbesitz, eine Vielzahl von Abhängigen und Gefolgsleuten und scherten sich wenig um ihren obersten Herrn. Der König musste sie daher immer wieder an sich binden: durch Krieg, der vor allem Aussicht auf Ruhm und Beute versprach, durch Geschenke, wie beispielsweise Land aus dem Königsgut, oder durch Ruhmes- und Ehrentitel. Um seine Herrschaft durchzusetzen, stützte sich der König auf die Bischöfe und Äbte **(Reichskirchensystem)** sowie auf Grafen, die von ihm in die einzelnen Teile des Reiches entsandt wurden. Ihre Aufgabe, königliche Erlasse bekannt zu machen und im Land durchzusetzen, konnten sie jedoch in der Praxis nicht umsetzen. Schon Anfang des 7. Jahrhunderts nötigte der grundbesitzende Adel den Merowingerkönigen die Zusage ab, Grafenämter nur noch mit ortsansässigen Grundherren zu besetzen. Erbteilungen und Machtkämpfe führten Ende des 7. Jahrhunderts zu einer Zerrüttung und schließlich zum Niedergang des merowingischen Herrscherhauses. Aus den Machtkämpfen gingen die aus dem östlichen Teil des Frankenreiches stammenden **Karolinger** als Sieger hervor. Sie übernahmen als **Hausmeier** (major domus) die tatsächliche politische Führung und beließen den merowingischen Königen nur noch die nominelle Herrschaft. Die Hausmeier reorganisierten mit Hilfe des Papstes auch die fränkische Kirche. Insbesondere der angelsächsische Mönch Bonifatius legte im 8. Jahrhundert den Grundstein für die mittelalterliche Kirchenstruktur in Deutschland und bahnte eine engere Verbindung zwischen dem römischen Oberhirten und den Hausmeiern an.
Nach dem Tod des letzten Merowingerkönigs stellte sich das Problem des Dynastiewechsels. Der Abstammung vom Königshaus, d.h. dem königlichen Geblüt, schrieb man magische Kräfte zu,

Karte 1 Das Frankenreich unter den Merowingern bis etwa 550

– *Erläutern Sie anhand von Karte 1 die grundlegenden geografischen Verschiebungen zwischen der antiken und der frühmittelalterlichen Welt.*

gleichzeitig setzte man den Untergang des Königsgeschlechts gleich mit dem des fränkischen Volkes. Letztlich handelte es sich also um das Problem, wie die fränkische Königsherrschaft neu legitimiert werden konnte.

Es ist anzunehmen, dass der eng mit den karolingischen Hausmeiern zusammenarbeitende Bonifatius den fränkischen Großen den Rat gab, bei Papst Zacharias nachzufragen, ob der, der schon wie ein König regiere – also **Pippin III.** (ca. 715–768) – nicht auch den Namen „König" tragen solle. Der Papst antwortete, es sei „besser den als König zu bezeichnen, der die Macht habe, statt den, der ohne königliche Macht blieb". Kraft seiner apostolischen Autorität benannte er Pippin 751 als König, woraufhin die fränkischen Adeligen den Hausmeier zum König wählten. Als Zeichen seiner gottgewollten Würde wurde Pippin im Auftrag des Papstes gesalbt, so wie im Alten Testament die dem Volk Israel von Gott gegebenen Könige gesalbt worden waren. Seither galt nicht mehr die Geblütsheiligkeit, sondern die Salbung als Legitimation königlicher Herrschaft in Europa.

Karl der Große

Karl der Große (768–814) schuf auf der Grundlage der fränkischen Tradition und in Verbindung mit Kirche und Papst ein Reich, aus dem die europäische Staatenwelt hervorging. Der entscheidende Ansatz war eine umfassende

Bildungsreform, die 789 allen geistlichen und weltlichen Großen durch einen „allgemeinen Mahnerlass" eingeschärft wurde. Durch Rückgewinn des reinen Lateins, durch Schriftreform und Förderung der Schulbildung an Klöstern wie am Hofe selbst, durch systematische Abschrift antiker, biblischer und patristischer (Kirchenväter-)Texte sowie durch die Erneuerung der Wissenschaften versuchte Karl erst den Grund für eine administrative Durchdringung des Riesenreiches zu legen. Vom Hof als der Zentrale gingen Grafen und Sendboten (missi) aus, die **neue Königsgesetze**, die „Kapitularien", im Reich verkünden und durchsetzen sollten. Auch die partikularen Stammesrechte (der Bayern, Alemannen usw.) suchte Karl schriftlich zu fixieren und damit überprüfbar zu machen. Zur Einbindung der adeligen Grundbesitzer, seiner führenden Militärs, bediente er sich des Lehnswesens, in dem sich der Treueid und die Kommendation, ein symbolischer Unterwerfungsakt, verbanden; indem der König sie zu seinen Vasallen zu machen verstand, dämmte er ihr Streben nach Herrschaft aus eigenem Recht ein. Auch Bischöfe und Äbte wurden ihm personenrechtlich verpflichtet.
Die Durchsetzung all dieser Vorhaben stieß auf viele Schwierigkeiten, da die Schrift nicht sehr verbreitet war. Vor allem aber das Fortbestehen des traditionellen Rechts der **Fehde** – nach germanischem Recht durfte das Opfer einer Missetat oder seine Sippe am Verbrecher Rache üben – setzte der Verwirklichung dieses Programms enge Grenzen. Tatsächlich trat nicht einmal bei Verbrechen die königliche Gewalt, d.h. der König selbst oder einer seiner Grafen, auf den Plan. Rache am Rechtsbrecher übten die Familien, nicht der „Staat". Ein Monopol auf legitime Gewaltanwendung – wie im modernen Staat – gab es im Mittelalter nicht. Als Antwort auf erlittenes Unrecht konnte man sich nicht an ein öffentliches Gericht wenden; diese hatten weitgehend nur den Charakter von Schiedsgerichten, die auf der Basis bereits vorher zwischen den Parteien festgesetzter Kompromisse tätig wurden.
Nicht nur im Innern, sondern auch in seinen Beziehungen nach außen gab Karl dem Frankenreich ein neues Gesicht. Unter seiner Herrschaft expandierte das Reich in drei Richtungen: erstens nach Norden durch Unterwerfung und Missionierung der heidnischen Sachsen; zweitens in Richtung Italien, wo Karl dem von den Langobarden bedrohten römischen Papst zu Hilfe kam; seitdem war der Frankenkönig in Personalunion auch König der Langobarden (774); drittens nach Südosten durch Unterwerfung der Awaren und die dauerhafte Einbindung der Bayern. Die Beziehungen der Karolinger zu Oberitalien gehen allerdings schon auf den Vater Karls des Großen zurück. Die Übertragung der Königswürde an die karolingischen Könige mit Unterstützung des Papstes hatte nämlich schon Pippin in die Konflikte des Papstes mit den Langobarden verwickelt und Pippin war bereits 753, einem päpstlichen Hilferuf folgend, nach Oberitalien gezogen. Das auf diesem Zuge eingenommene Land hatte Pippin dem heiligen Petrus geschenkt und an den Papst, als dem Stellvertreter Petri auf Erden, übergeben. Die so genannte **„Pippinische Schenkung"** legte den Grundstein für die Existenz des Kirchenstaats.
Vor dem Hintergrund dieser Ereignisse wird verständlich, warum der Papst im Frankenkönig immer mehr seinen Beschützer sah, obwohl er rechtlich gesehen Untertan des oströmischen Kaisers war, zu dessen Restbesitzungen in Italien auch die Stadt Rom gehörte. Das Reich von Byzanz konnte dem Papst indes keine Hilfe mehr leisten, da es durch innere Konflikte und den Abwehrkampf gegen die Araber geschwächt war.
Das Frankenreich war zu einem Großreich geworden, das mit Ausnahme der Britischen Inseln, der oströmischen Besitzungen in Italien und des nicht unter arabischer Herrschaft stehenden Nordspanien die gesamte westliche Christenheit umfasste. Die Krönung Karls des Großen zum Kaiser im Jahr 800 in Rom – sie war mit Papst Leo wohl schon einige Zeit vorher vereinbart worden – unterstrich die hegemoniale Geltung des Frankenreichs. Das **erneuerte westliche Kaisertum** sollte dem Ostreich ebenbürtig sein: Karl war Schutzherr der Christenheit und

verstand sich in der Tradition der römischen Imperatoren als Oberhaupt der Welt, dem die restlichen Herrscher im Westen untergeordnet waren.
Das erneuerte westliche Kaisertum überlebte auch den Zerfall des Frankenreichs und war seit der Zeit Ottos des Großen (912–973) mit dem deutschen Königtum verbunden. Dies wurde für die Geschichte des Deutschen Reichs im hohen und im späten Mittelalter von großer Bedeutung.

Grundherren, Bauern und Grundherrschaft

Die Könige der germanischen Stammesvölker, die sich im Zuge der Völkerwanderung auf dem Boden des Weströmischen Reiches niederließen, mussten sich mit ihren Kriegern die Beute teilen. Hierzu zählten die kaiserlichen **Domänen**, die nach dem Zusammenbruch der römischen Herrschaft herrenlos waren, sowie in Gallien aber auch **Latifundien**, d.h. der von Sklaven bewirtschaftete Großgrundbesitz der einheimischen romanisierten Adelsfamilien, die geflohen oder vertrieben worden waren. Die frühfränkischen adeligen Kriegsherren übernahmen diese Besitztümer. Die abhängigen Bauern ließen sie vermutlich weiter für sich arbeiten; hinzu kamen Kriegsgefangene. Einer breiten Schicht von Abhängigen stand eine dünne Schicht fränkischer Grundherren gegenüber, die sich früh mit der ehemaligen gallo-römischen Oberschicht vermischte.
Der Herrenhof wurde vom Grundherrn oder seinem Verwalter mit dem Hausgesinde in eigener Regie bewirtschaftet. Der größere Teil des Grundbesitzes war aber in Hufen, d.h. Bauernstellen, aufgeteilt. Die Familien, die sie bewirtschafteten, mussten dem Grundherrn Abgaben aus den Erträgen ihrer Höfe liefern und auf dem Herrenhof Frondienste leisten, wie z. B. Brot backen, Bier brauen, Zäune setzen, Bäume fällen, Botengänge und Transportdienste erledigen; typische Frondienste der Frauen waren Schafschur, Flachsschlagen, Wäschewaschen oder das Weben von Stoffen und das Nähen von Kleidern.
Wie viele freie fränkische Bauern es in den Anfängen des Frankenreiches gab, ist nicht bekannt. Vermutlich ging ihre Zahl immer mehr zurück, da viele teils aus Not, teils mit offener Gewalt in den Dienst mächtiger Grundherren gezwungen wurden. Den Grundherren mangelte es nicht an Grund und Boden, sondem es fehlten Menschen, die das Land bearbeiteten.

Ständegesellschaft

Die mittelalterliche Gesellschaft war, abgesehen vom niederen Klerus und den Mönchen, weitgehend zweigeteilt, in weltliche und geistliche Grundherren auf der einen Seite und in die von diesen abhängigen Bauern **(Hörige)** auf der anderen Seite – eine Zweiteilung, die über Jahrhunderte hinweg die Geschichte Europas prägte (M 1). Allerdings haben geistliche Autoren die sozialen Umbrüche seit dem 11. Jahrhundert in so genannten „Ständelehren“ verarbeitet. Danach gliederte sich die Gesellschaft in drei Gruppen (Stände), die Beter (oratores), die Ritter (bellatores) und die Bauern (laboratores). Gegenüber der älteren Lehre der Zweiteilung der Gesellschaft in Klerus und Laien kommt hierbei in begrenztem Maße die fortschreitende Differenzierung der „weltlich“ lebenden Menschen zum Ausdruck. Denn in dieser Wahrnehmung und Deutung werden die Bürger der Städte (s. S. 47 ff.), ein besonders dynamischer Faktor des sozialen und wirtschaftlichen Wandels, nicht berücksichtigt.

Lehenswesen und politische Herrschaft

Im frühen Mittelalter war das Leben der Menschen außerordentlich hart und Hungersnöte blieben eine sehr reale Bedrohung. Das lag vor allem an der geringen landwirtschaftlichen Produktivität. Bei einem Ernteertrag, der nicht mehr als das Dreifache der Einsaat erbrachte und von dem wiederum ein Drittel als Saatgut gebraucht wurde, konnte jeder sommerliche Hagelschlag, jede Dürre, jede Plünderung durch Feinde eine Hungerkatastrophe auslösen. Fehlende Kommunikations- und Verkehrsstrukturen sowie die geringen Ernteerträge machten eine Vorratshaltung unmöglich. Die meisten Menschen lebten in

kleinen Siedlungen; und im östlichen Teil des Frankenreichs lagen große, fast undurchdringliche Wald- und Sumpfgebiete, die die Siedlungen voneinander trennten, sofern sie nicht ein schiffbarer Fluss – im Mittelalter der wichtigste Verkehrsweg – verband.
In dieser kargen Welt besaßen Herrschaft und Reichtum einen anderen Charakter als in der Antike. Reichtum bestand vor allem in Land und abhängigen Leuten, über die adelige Herren – dazu zählten auch Bischöfe und Äbte – geboten. Zwar war auch die römische Gesellschaft eine Agrargesellschaft gewesen, in der Aristokraten über großen Grundbesitz verfügten. Aber Wirtschafts- und Herrschaftsbeziehungen waren im Römischen Reich in eine städtische Kultur mit weiträumigen Verkehrs-und Kommunikationsstrukturen eingebunden.
Die Gesellschaft im Frankenreich hingegen war eine Welt der kleinen bäuerlichen Siedlungen, der Herrenhöfe und Königspfalzen, d.h. eine Welt von kleinen autarken Einheiten. Im Frankenreich war der Lebenskreis der Menschen nicht durch die Einbindung in ein abstraktes, übergeordnetes Staatswesen bestimmt, sondern durch die Bindung zwischen Personen, wobei Schutz und Hilfe zuallererst die Blutsverwandten boten. König und Adel geboten über freie Gefolgsleute **(Vasallen)**, die zu Dienst und Treue verpflichtet waren. Als Gegenleistung gewährten ihnen die Herren Schutz und sorgten für ihren Lebensunterhalt. In der Regel genügte der Herr seiner Unterhaltspflicht durch Verleihung eines Gutes, also eines Leihelandes (feudum), oder auch eines nutzbaren Rechtes oder Amtes wie beispielsweise Zolleinnahmen. Ursprünglich nur zur lebenslangen Nutzung übertragen, setzte sich im Laufe des 9. Jahrhunderts die Erblichkeit der Lehen durch.
Ebenso wie die Grundherrschaft bestand auch das Lehnswesen, so wie es sich im Laufe des 8. Jahrhunderts herausgebildet hat, aus einer Mischung von spätantiken und germanischen Elementen: der in germanischen Gefolgschaften üblichen Treueverpflichtung, der gallo-römischen Vasallität und dem Lehen als materieller Grundlage dieses Abhängigkeitsverhältnisses. Gemeinsam mit der Grundherrschaft entwickelte sich das Lehnswesen zum Grundpfeiler der mittelalterlichen Gesellschaft, die daher auch als **feudalistische Gesellschaft** bezeichnet wird.

M1 Bischof Adalbero von Laon (vor 977 – ca. 1030) legte in einer Dichtung auf den Kapetingerkönig Robert den Frommen um 1020 den Gesellschaftsaufbau dar (Auszug).

Die Gesellschaft der Gläubigen bildet nur einen Leib; der Staat aber umfasst drei. Denn das andere Gesetz, das Gesetz der Menschen, unterscheidet noch zwei weitere Klassen: Adlige und Hörige unterstehen nicht demselben Gesetz […]. Die einen sind die Krieger, die Beschützer der Kirchen; sie sind die Verteidiger des Volkes, der Großen wie der Kleinen, kurzum aller, so wie sie gleichzeitig für ihre eigene Sicherheit sorgen. Die andere Klasse ist die der Hörigen. Diese armen Tröpfe besitzen nur, was sie sich um den Preis der Mühsal erwerben. Wer könnte, das Rechenbrett in der Hand, all ihre Plagen, ihre langen Märsche, ihre harten Arbeiten zusammenzählen? Geld, Kleidung, Nahrung, all das beschaffen die Hörigen für alle Welt; kein freier Mann könnte ohne die Hörigen sein Leben fristen. Gibt es eine Arbeit zu verrichten? Will man Aufwand treiben? Wir sehen Könige und Prälaten sich zu Hörigen ihrer Hörigen machen; der Herr wird vom Hörigen ernährt, er, der vorgibt, ihn zu ernähren. Und der Tränen und Seufzer des Hörigen ist kein Ende abzusehen. Das Haus Gottes, das man für eins hält, ist also in drei geteilt: Die einen beten, die anderen kämpfen, die dritten schließlich arbeiten. Diese drei Teile, die miteinander leben, dürfen nicht auseinander gerissen werden; die Dienste des einen sind die Voraussetzungen für die Werke der anderen beiden. Jeder verpflichtet sich für seinen Teil, das Los der Gesamtheit zu erleichtern. So ist diese dreifache Einheit darum doch nicht weniger einheitlich und so hat das Gesetz obsiegen und die Welt sich des Friedens erfreuen können.
(Nach Jacques Le Goff, Kultur des europäischen Mittelalters, dtv, München 1970, S. 126)

1 *Stellen Sie anhand von M 1 ein Schema zusammen, das den Aufbau der mittelalterlichen Gesellschaft wiedergibt. Vergleichen Sie Ihre Ergebnisse mit der Darstellung S. 45.*

2 *Erläutern Sie die Funktion, die solche normativen Texte für die damalige Gesellschaft gehabt haben könnten.*

1.2 Herrschaft und Alltag in der Stadt

Wandel der Gesellschaftsstruktur

Die **Bürger** der seit dem 11. Jahrhundert in Mittel- und Westeuropa entstehenden Städte wurden zum entscheidenden Motor wirtschaftlicher Prosperität und sozialen Wandels. Seit dem 10. und 11. Jahrhundert hatten sich im Schutze von Bischofsresidenzen, Burgen, Pfalzen und Klöstern, aber auch an verkehrsgünstig gelegenen Marktorten Handwerker und Kaufleute angesiedelt. Anfänglich bestand rechtlich kein Unterschied zwischen den hörigen Bauern und den ebenfalls zur „familia" des Herrn gehörenden Bewohnern dieser neuen Zentren, die „burgus" genannt und schon früh von Mauer und Graben geschützt waren. Noch trennte man diese Siedlungen begrifflich nicht von der „Burg", sodass man ihre Bewohner folgerichtig als Bürger bezeichnete.
Vom Dorf unterschieden sich diese **städtischen Siedlungen** durch die soziale Differenzierung der Einwohnerschaft. Zur Oberschicht zählten die mit Verwaltungsaufgaben betrauten Ministerialen des Stadtherrn und die Fernkaufleute, die über weit reichende Handelsbeziehungen verfügten. Charakteristisch für die Stadt war aber die breite Mittelschicht der Handwerker, die mit ihren arbeitsteiligen, spezialisierten Gewerben zum wirtschaftlichen und auch technischen Fortschritt erheblich beitrugen. Man darf aber nicht außer Acht lassen, dass diese Ausweitung und Differenzierung der Produktion und die Intensivierung von Handel und Verkehr erst durch den Anstieg der landwirtschaftlichen Produktivität möglich geworden war.
Seit dem Ende des 11. Jahrhunderts kam es zu oft erbitterten Auseinandersetzungen zwischen den Bürgern und ihren Stadtherren, so in Bischofsstädten wie Köln und Worms. Die Bürger traten dabei als **Schwurgemeinschaften**, d.h. als Genossenschaften, ihrem Herrn gegenüber und erstritten sich wichtige Zuständigkeiten in Rechtsprechung und Steuerverwaltung. Bürgermeister und Ratsherren, die sich aus dem **Patriziat**, der Oberschicht reicher Kaufleute und ehemaliger Ministerialen, rekrutierten, übten die Rechte des Stadtherrn aus. Neben Mauern, Graben und Markt wurde auch das Rathaus Symbol städtischen Lebens. Mit der Erringung der **Selbstverwaltung** war die Entwicklung der Stadt im Rechtssinn abgeschlossen.
Zu Beginn des 12. Jahrhunderts war die Stadt aber noch ein Fremdkörper inmitten einer feudalagrarischen Umwelt. Ein französischer Geistlicher bezeichnete den Begriff „Kommune", d.h. Stadtgemeinde, als ein neues, hassenswertes Wort, weil es im Widerspruch zur gottgewollten, unveränderbaren Ordnung stehe und sogar die Hörigen der Gewalt ihrer Herren entziehe. Viele Bauern versuchten nämlich, sich ihren Herren durch Wegzug in die Städte zu entziehen, wo sie – in der Regel nach Jahresfrist – freie Bürger werden konnten. Vor allem aber unterschieden sich die Kaufleute und Handwerker (M 2) durch eine **neue Mentalität** von den Bauern, Adeligen und Geistlichen: Sie orientierten sich an Gewinn, ökonomischer Rationalität und Risiko. Die Haltung der Adeligen zu den Städten war zwiespältig. Denn seit dem 12. Jahrhundert wollten auch adelige Grundherrn durch die Gründung von Städten am allgemeinen Wirtschaftsaufschwung und an der aufblühenden Geldwirtschaft teilhaben. Sie riefen Kaufleute und Handwerker in die Stadt, denen sie persönliche Freiheit, freie Verfügung über ihr Eigentum und eigene Rechtsprechung zusicherten. Die durch Handel und Handwerk gesicherten Zoll- und Marktabgaben sollten dafür im Gegenzug die fürstlichen Kassen füllen. So wurde in Deutschland das 13. Jahrhundert die Zeit der Stadtgründungen (M 3). Im Elsass hatte es z. B. im 12. Jahrhundert nur sechs Städte gegeben; bis zur Mitte des 13. Jahrhunderts kamen 14 und in den nächsten 100 Jahren noch 70 weitere hinzu.

Großräumige Wirtschaftsstrukturen

Im 13. Jahrhundert bildeten sich jene Elemente heraus, die das europäische Wirtschaftsleben der beiden folgenden Jahrhunderte in grundlegender Weise prägten (Karte 2). In **Italien** stiegen die Städte Venedig, Genua und Pisa zu

Karte 2 Wirtschafts- und Handelswege in Europa um 1300

– *Bestimmen sie mit Hilfe von Karte 2 und der Darstellung die wirschaftlichen Zentren Europas um 1300.*
– *Vergleichen sie die Wirtschafts- und Handelsstrukturen um 1300 mit den heutigen Wirtschafts- und Handelsstrukturen in Europa. Arbeiten Sie grundlegende Gemeinsamkeiten und Unterschiede heraus.*

führenden Hafen-und Handelsstädten auf, denn der Transport der Kreuzfahrer und die Versorgung ihrer Staaten brachte Geld in die Kassen. Gestützt auf Handelsprivilegien im östlichen Mittelmeer, in der Ägäis und im Schwarzen Meer, bauten Genua und Venedig Handelsreiche auf, die auch vom Zusammenbruch der Kreuzfahrerstaaten am Ende des 13. Jahrhunderts nicht gefährdet wurden. Der lukrative Orienthandel blieb in der Hand der Italiener, Florenz stieg zum Bankenzentrum auf und der hier geprägte Goldgulden entwickelte sich zur Leitwährung der europäischen Wirtschaft. Venedig und die Handels- und Gewerbestädte der Lombardei kontrollierten den Handel mit Nordeuropa, wo zwischen Seine und Rhein ein Wirtschaftszentrum entstand, dessen Mittelpunkt die flandrischen Städte bildeten. **Flandern** und Oberitalien – das waren neben **Süddeutschland** und dem **Hanseraum** die wichtigsten Wirtschafts- und Städtezentren im mittelalterlichen Europa.
Den Nord- und Ostseeraum beherrschten seit dem 13. Jahrhundert die Kaufleute der **Hanse.** „Hanse“ war ursprünglich die Bezeichnung für die Genossenschaften, die deutsche Fernkaufleute zur Wahrung ihrer Rechte gebildet hatten. Aus diesen Bünden entstand eine Gemeinschaft der häufig von den Familien dieser Großhändler regierten Städte. Die Hanse sicherte die Seewege gegen Piraten, schützte ihre Kaufleute vor unlauterer Konkurrenz und sorgte dafür, dass der

Handel nicht durch Zölle und Steuern behindert wurde. Wegen seiner zentralen Lage zwischen Nord- und Ostsee wurde Lübeck zum zentralen Ort dieser Handelsvereinigung, deren Macht im 14. Jahrhundert so groß war, dass die skandinavischen Reiche nicht nur wirtschaftlich, sondern auch politisch in ihre Abhängigkeit gerieten. Das Wirtschaftsgebiet der Hanse reichte von London und Brügge im Westen bis zum russischen Nowgorod im Osten. Hier und in anderen Städten besaß die Hanse Kontore, die die Geschäfte abwickelten. Die Koggen der Hansestädte – die ersten Massengutfrachter der Seefahrtsgeschichte – versorgten die Gewerbezentren des Westens mit Rohstoffen aus dem Ostseeraum, vor allem aber mit Getreide und Fisch. In den Osten und Norden transportierten sie gewerbliche Erzeugnisse des Westens und Südens, aber auch Luxuswaren aus dem Orient. Als 1277 erstmals ein genuesisches Schiff in Brügge eintraf, waren die beiden zentralen Wirtschaftsräume Europas, Flandern und Oberitalien, auch zur See verbunden. Wichtigstes Scharnier, das die Kommunikation sicherstellte, blieben bis zur Mitte des 14. Jahrhunderts die Messen in den Städten der Champagne in Ostfrankreich. Hier fanden, zeitlich über das ganze Jahr verteilt, Messen statt, auf denen sich Kaufleute und Bankiers aus ganz Europa trafen.

M2 Der Historiker Arno Borst über das Alltagsleben in mittelalterlichen Städten (1992)

Die Stadt des 11. Jahrhunderts, in der vornehmlich Handwerker wohnen, ist noch wie in Spätantike und Frühmittelalter Herrschaftszentrum, ein Ort mit Pfalz und ausgedehntem Hofstaat, der versorgt werden muss. Die Handwerker bilden patriarchalische[1] Gewerbe mit strenger sozialer Stufung und wirtschaftlichem Monopol, ohne hektische Konkurrenz, aber auch ohne Existenzsorge. Vor der Labilität[2] ländlichen Wirtschaftens sind die Handwerker geschützt durch Bindung an weiträumige Fürstenherrschaft und Marktverbund. Sie stehen zwischen Bauern, denen sie Rohstoffe abkaufen wie die Schuster dem Einochs seine Ochsenhaut, und Fernhändlern, denen sie ihre Fertigwaren verkaufen. Die Sesshaftigkeit verbindet sie mit den Bauern, doch ist ihre Arbeit spezialisierter, deshalb stärker auf lange Einübung und präzise Weitergabe von Erfahrungen angewiesen. [...] Von den Handwerkern haben sich die Kaufleute schon getrennt, doch sind sie auf einzelne Stützpunkte, den Schutz des Fürsten und den Austausch mit Handwerkern angewiesen.

Die Stadt des 13. Jahrhunderts ist wirtschaftlich längst autonom[3] und tritt dem Fürsten sogar als Gläubiger gegenüber. Der soziale Abstand zwischen Kaufmann und Handwerker ist gewachsen; [...] Das Netz der Fernhandelsmärkte ist verdichtet; zwar wird fürstlicher Schutz des Marktes [...] gern hingenommen, doch braucht die internationale Marktwirtschaft kaum mehr lokale Verwurzelung. In der Fremde halten Landsleute zusammen [...]; doch nimmt der scharfe Wettbewerb wenig familiäre Rücksichten. An die Stelle strenger Dienstordnungen ist das freie Spiel der Risiken getreten, das durch Handelsgesellschaften abgefangen wird; jedoch muss jeder seine Erfahrungen selbst machen und mit nervöser Unrast bezahlen. [...] Städtische Wirtschaft ist von Menschen gemacht und von natürlichen Faktoren weithin unabhängig; Herstellung von Leder lässt sich stetiger organisieren als Fütterung von Ochsen. Gleichwohl bleibt ein großer Rest von Unsicherheit. Viel stärker als das flache Land ist die Stadt von politischen Schwankungen abhängig [...]. Auf die Gefährdung durch überregionale Veränderungen reagieren Handwerker und Händler durch Bildung von örtlichen Gemeinschaften, von Zünften und Handelsgesellschaften; doch versichern sie vorwiegend gegen wirtschaftliche Verluste und gewähren selten Kontinuität. So helfen sich der Einzelne und seine Familie selber: Wer überschüssiges Geld besitzt, investiert es selten für Verbesserungen von Handwerkszeug oder Kommunikationsmitteln, er hortet es lieber für Zeiten des Rückschlages. Daher die Landkäufe, die frommen Stiftungen, die Rückversicherung im Jenseits. Was morgen geschehen wird, weiß niemand.

(Arno Borst, Lebensformen im Mittelalter, Ullstein, Frankfurt/Main 1992, S. 394 f.)

1 patriarchalisch: hier im Sinne von Rücksicht und Gehorsam fordernd
2 Labilität: Unsicherheit
3 autonom: selbstständig

1 *Beschreiben Sie anhand von M 2 die alltäglichen Sorgen der Menschen in der Stadt.*

2 *Erörtern Sie, inwieweit die Stadt ein dynamisches Element in der mittelalterlichen Gesellschaft war (M 2).*

M3 Städtegründungen im Mittelalter

a) Aus der Gründungsurkunde des Herzogs Konrad von Zähringen (1095–1152) für Freiburg/Breisgau (die Urkunde gilt als das älteste deutsche Stadtrecht)

Kund sei allen, sowohl Künftigen wie jetzt Lebenden, dass ich, Konrad, an einer Stätte meines eigentümlichen Rechtes, nämlich Freiburg, einen Markt errichtet habe im Jahre nach der Fleischwerdung des Herrn 1120. [...] Daher habe ich jedem einzelnen Kaufmann ein Grundstück auf dem errichteten Markt zugeteilt für unter Eigentumsrecht zu erbauende Häuser, und ich habe verfügt, dass von jedem Grundstück 1 Schilling öffentlicher Münze mir und meinen Nachkommen als Zins alljährlich am Fest des heiligen Martin [11. November] zu zahlen sei. [...]

[1.] Ich aber verspreche allen, die meinen Markt aufsuchen, Frieden und Sicherheit des Weges binnen meiner Gewalt und Herrschaft. Wenn einer von ihnen in diesem Bereich beraubt wird, werde ich, wenn er den Räuber benennt, entweder das Geraubte zurückgeben oder es selbst bezahlen. [2.] Wenn einer meiner Bürger stirbt, soll seine Ehefrau mit ihren Kindern alles besitzen und ohne jede Bedingung erhalten, was ihr Mann hinterlassen hat. [3.] Ich gewähre, soweit ich kann, dass alle (Grund-) Besitzer des Marktes Teilhaber der Rechte meiner Leute und der Landleute seien, damit sie nämlich ohne Strafgebot Weiden, Gewässer, Auwälder und Forsten benutzen mögen. [4.] Allen Kaufleuten erlasse ich den Zoll. [5.] Niemals werde ich meinen Bürgern einen anderen Vogt, niemals einen anderen Priester ohne Wahl vorsetzen, sondern wen immer sie dazu erwählen, den sollen sie von mir bestätigt erhalten. [6.] Wenn ein Streit oder eine Klage unter meinen Bürgern entsteht, soll sie nicht nach meinem oder ihres Vogtes Gutdünken diskutiert werden, sondern sie soll nach gewöhnlichem und legitimem Recht aller Kaufleute, vorzüglich aber der Kölner, im Gericht geprüft werden [7.] Wenn einer sich in einen Mangel an notwendigen Dingen verstrickt, mag er seinen Besitz verkaufen, an wen er will. Der Käufer aber entrichte von dem Grundstück den festgesetzten Zins.

(Nach Ernst Pitz, Lust an der Geschichte. Leben im Mittelalter, Piper, München 1990, S. 339 f.)

b) Städtegründungen in Mitteleuropa

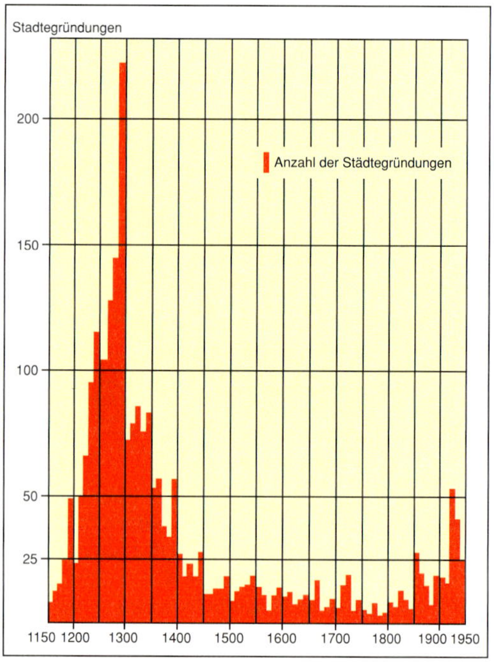

1 *Erläutern Sie anhand von M 3a, welche Merkmale eine Stadt im 12. Jahrhundert in Mitteleuropa charakterisieren.*

2 *Ordnen Sie M 3a mit Hilfe der Grafik (M 3b) zur Stadtentwicklung historisch ein.*

1.3 Frauen und Geschlechterbeziehungen

Geschlechterbeziehungen

Die mittelalterliche Gesellschaft wies Männern und Frauen **unterschiedliche Lebensbereiche** und Rollen zu. Es gab eine eigene Männerwelt, die nach außen, auf den Lebenserwerb gerichtet war. Die Frauen hatten sich dagegen um den inneren Lebenskreis des Hauses und der Familie zu kümmern (M 4).
In der **patriarchalischen Gesellschaft** des Mittelalters besaßen Männer die Vormundschaft über Frauen. Das galt für das Familienleben, wo Frauen und Kinder unter der Herrschaft, gleichzeitig aber auch unter dem Schutz des Familienvaters standen. Da Frauen von allen öffentlichen Angelegenheiten ausgeschlossen blieben, musste der Mann sie vor Gericht vertreten. Bei unverheirateten Frauen war das in der Regel der Vater, bei verheirateten der Ehemann. Verstarben beide, ging die Vormundschaft auf den nächsten männlichen Verwandten aus der männlichen Linie über.

Ehe und Familie

Im frühen Mittelalter verstand man unter Familie die Abstammungsgemeinschaft, das „Geschlecht", dem Menschen angehörten. Die Unterschiede zwischen Familie, Sippe und Stamm waren fließend, da die Abstammungsgemeinschaft viele Seitenverwandte kannte und sich ständig weiter verzweigte. Besonders im 13. Jahrhundert entwickelte sich die Familie zu einer Hausgemeinschaft mit gemeinsamer Wohnung und Besitz. Die durchschnittliche Familie bestand aus Mann, Frau und minderjährigen Kindern, wobei die Söhne das Erbe weitergaben oder sich neues Erbe erheirateten.
Wegen der hohen Sterblichkeit im Säuglingsalter blieb die Durchschnittsfamilie relativ klein; Historiker haben für eine Ehe den statistischen Wert von 2,6 Kindern errechnet. Hunger und ansteckende Krankheiten haben aber auch bei den Erwachsenen, besonders in den niederen Schichten, zu vielen Todesfällen vor allem zwischen dem 15. und 35. Lebensjahr geführt. Wenn ein Mann oder eine Frau den Ehepartner durch Tod verlor, gab es die Möglichkeit der Wiederverheiratung.
In der mittelalterlichen Ständegesellschaft herrschte die Vorstellung vor, dass die Ehepartner aus dem gleichen Stand kommen sollten. Allerdings setzte die Kirche der ständischen Ebenbürtigkeit die Forderung nach der Gleichheit des Glaubens entgegen. Eheschließungen, die sich in erster Linie an den wirtschaftlichen Interessen der Sippe ausrichteten, begegnete die Kirche mit dem Eheideal der Monogamie und Treue. Diese Vorstellung von der monogamen, von Gott gestifteten und unauflöslichen Beziehungsform hat sich im Verlauf des Mittelalters immer stärker in den christlichen Kulturkreisen durchgesetzt.

Frauen in Wirtschaft, Kultur und Politik

Sicherlich lag die Sorge für den Lebensunterhalt bei den Männern. Um das Überleben zu sichern, mussten jedoch die Frauen in bäuerlichen Familien oft bei den Feld- und Erntearbeiten mithelfen. Die Arbeit der **Bürgerfrauen** in den Städten beschränkte sich zwar ebenfalls weitgehend auf das Haus, allerdings konnten sie bestimmte Handwerksberufe im Textilgewerbe (Wollweber, Leineweber) ausüben und Handel treiben. Im späten Mittelalter wurden die Zunftbestimmungen so weit gelockert, dass eine Frau den Handwerksbetrieb ihres verstorbenen Mannes selbstständig weiterführen konnte. Eine Sonderstellung nahmen Hebammen und Frauen ein, die in der Krankenpflege tätig waren. Sie genossen als „weise Frauen" hohes Ansehen.
Die weiblichen Orden nahmen ursprünglich als Nonnen ausschließlich Frauen adeliger Herkunft auf, damit diese eine standesgemäße Versorgung erhielten. Im übrigen waren **adelige Frauen** in ihrem Einfluss nicht auf den Haushalt oder karitative Tätigkeiten beschränkt. Sie wirkten durchaus auf das kulturelle Leben ein, wurden verehrt und als Vorbilder besungen **(Minnesang)**.

Gelegentlich prägten adelige Frauen auch die Politik, so z. B. die Königinnen Adelheid und Theophanu im 10. Jahrhundert oder die Markgräfin Mathilde von Tuscien, die im Investiturstreit zwischen König und Papst vermittelte.

M4 Johannes Chrysostomos (344/54–407), Bischof und Patriarch von Konstantinopel, über die Aufgaben von Frauen und Männern (2. Hälfte 4. Jh.)

Da ja unser Leben aus zwei Sachen besteht, aus der privaten und öffentlichen, hat der Herr jedem von beiden einen Teil zugewiesen, dem weiblichen Geschlecht die Sorge um die häuslichen Angelegenheiten, dem männlichen aber die öffentlichen Aufgaben, Redneraufgaben, richterliche und senatorische, militärische und endlich die übrigen. Die Frau ist nicht in der Lage, die Lanze zu schwingen, die Speere zu werfen; aber sie kann das Seihsieb nehmen, Stoffe weben und die übrigen häuslichen Aufgaben ausgezeichnet übernehmen. Sie ist nicht in der Lage, im Senat ihre Meinung zu sagen; aber sie ist fähig, über Familienangelegenheiten ihre Meinung hervorzubringen und oft besser als der Mann in Hausangelegenheiten Vorsorge zu treffen. Sie ist nicht in der Lage Öffentliches zu verwalten, aber sie kann schön Kinder erziehen; das ist nämlich ihr hervorragender Besitz: Sie kann das Faulenzen der Mägde verhindern und in Pflicht die Familie erhalten, dem Gatten andere Sicherheiten erweisen und ihn von Sorgen befreien, darauf sorgt sie für den Speisevorrat des Hauses, die Verarbeitung von Wolle, für die Küche, den Schmuck der Kleider und die übrigen Sachen, nicht aber jedoch für das, was den Männern zukommt, wie auch nicht Leichtfertiges, wenn sie jenes für sich in Gebrauch nehmen wollen. Es ist dies auch von göttlicher Vorsehung, dass derjenige, der für größere Aufgaben von Nutzen ist, in den kleineren schlichter wiedergefunden wird, sodass dies notwendigerweise Aufgaben der Frauen sind. Wenn auch in beiden Sachen der Mann sich auszeichnet, wird leicht das Geschlecht der Frauen verachtet; dagegen, wenn der Gebrauch von Frauen bei den Vortrefflicheren größer wäre, wären sie voll von Unmäßigkeit. Deswegen vertraut sich jeder einem Einzigen an, damit nicht die Erschaffung des anderen Geschlechtes schlechter wird, wie die des einen Geschlechtes überflüssig.

(Nach Peter Ketsch, Frauen im Mittelalter, Bd. 2, Schwann, Düsseldorf 1984, S. 48)

1 *Fassen Sie die Aussagen in M 4 über die Rollenverteilung von Männern und Frauen zusammen. Wie werden die unterschiedlichen Aufgaben und Pflichten der Geschlechter begründet?*

2 *Erörtern Sie, ob und inwieweit die Aussagen in M 4 noch auf unsere heutige Gesellschaft zutreffen. Unterscheiden Sie zwischen Gleichberechtigung und Gleichstellung. Ziehen Sie dabei auch die Darstellung heran.*

1.4 Menschen- und Weltbilder im christlichen Mittelalter

Geschichtsverständnis und Weltbild

Grundlage allen Denkens und Handelns der Menschen im Mittelalter war das Christentum. Entsprechend orientierte sich das Geschichtsbild an der **biblisch-christlichen Heilsgeschichte**, nach der die Weltgeschichte gradlinig auf den Jüngsten Tag und das Reich Gottes auf Erden zulaufe. Die allgemeine Überzeugung, dass mit der Geburt von Jesus Christus das letzte Zeitalter der Menschheitsgeschichte angebrochen sei, konnte sich in Krisensituationen zu Endzeiterwartungen steigern. Immer wieder wurden daher neue Berechnungen für den Weltanfang angestellt und Vorhersagen für das Weltende gewagt, wobei man in Krisen- und Naturerscheinungen Vorboten des Jüngsten Tages zu erkennen glaubte. Im 11. Jahrhundert entstand zudem die Auffassung, dass vor dem Jüngsten Gericht der „Antichrist" erscheine.

Heilgeschichtliche Vorstellungen bestimmten auch das geografische Weltbild im Mittelalter. Bis ins 13. Jahrhundert dienten die Weltkarten keinem praktischen Zweck; sie sollten vielmehr biblische Bilder und Berichte veranschaulichen. Wichtiger als die Frage nach der genauen Lage eines bestimmten Ortes war die, wo Jesus das Kreuz auf sich genommen habe.

Die Menschen besaßen im Mittelalter ein **geozentrisches Weltbild**, nach dem die Erde (griech. geo = Erde) in der Mitte des Weltalls liege. Die Erde stellte man sich als flache Scheibe vor, die auf dem Weltmeer schwimmt. Als Mittelpunkt der Erde galt Jerusalem, wo Christus lebte und starb. Und genau an diesem Mittelpunkt der Erde begegneten sich auch die drei damals bekannten Kontinente Europa, Asien und Afrika.

Menschenbilder

Das Menschenbild des Mittelalters wurde ebenfalls vom Christentum geprägt und war äußerst spannungsreich. Einerseits galt der Mensch als **Ebenbild Gottes** und als vollkommenes Naturgeschöpf; andererseits war er mit der **Erbsünde** belastet und seinen Begierden ausgeliefert, die sein Seelenheil ständig gefährdeten. Nicht nur diese andauernde Sorge um das Seelenheil verlieh dem Leben einen dürsteren Ernst, sondern auch die für viele Menschen bedrückenden Lebensbedingungen (M 5a–c, B 1).

Zuständig für die Kranken und Armen war vor allem die Kirche. Im Mittelpunkt ihrer **Almosenlehre** stand aber nicht der Hilfsbedürftige selbst, sondern das gottgefällige Handeln des Almosenspenders, der etwas für sein Seelenheil tun konnte. Als Gegenleistung für das Almosen hatte der Arme für das Seelenheil des Spenders zu beten. Allerdings kannte das Mittelalter den Begriff der Armut nicht nur im Sinne unfreiwilliger materieller Not, die durchaus verachtet wurde. Darüber hinaus gab es die aus religiösen Gründen

B 1 Anonymus, Der Kosmosmensch, Miniaturmalerei aus den „Relevationes" der Äbtissin Hildegard von Bingen (gest. 1179), 1. Hälfte 13. Jh.

selbst gewählte Armut als eine besondere, in der Nachfolge von Jesus Christus gewählte asketische Lebensform. Sie fand ihren Ausdruck im 12. und 13. Jahrhundert in der Bewegung der **Bettelorden**, die sich bewusst vom Reichtum der Kirche abzugrenzen versuchten. Diese Aufwertung der freiwilligen Armut kam den unfreiwillig in Not geratenen Menschen zugute. Die Kirche bekannte sich zu den Armen (Pauper Christi, lat. pauper = arm) und diese erwarteten sich von der erbarmenden Güte der Kirche Hilfe. So wurde das Betteln gesellschaftlich akzeptiert, die Daseinsberechtigung des Bettlers anerkannt.

M5 Lebensbedingungen und Menschenbilder

a) Der Historiker Georges Duby über die Lebensumstände im Mittelalter (1987)

Das ganze Jahr satt zu essen zu haben, erschien damals als ein außerordentliches Privileg, das Privileg einiger Adliger, einiger Priester und einiger Mönche. Alle anderen waren Sklaven des Hungers. Sie empfanden ihn als die spezifische Bedingung des menschlichen Daseins. Das Leiden, so dachten sie, liegt in der Natur des Menschen. Und dieser Mensch fühlt sich nackt, völlig entblößt, dem Tod, dem Bösen und dem Schrecken ausgeliefert. Weil er Sünder ist. Seit Adams Fall quält ihn der Hunger und wegen der Erbsünde kann niemand von sich behaupten, ihn überwunden zu haben. Diese Welt lebt in Angst, insbesondere der Angst vor ihren eigenen Schwächen.

(Georges Duby, Die Zeit der Kathedralen. Kunst und Gesellschaft 980–1420, Suhrkamp, Frankfurt/Main [5]1987, S. 11 f.)

b) Aus dem Buch „Über das Elend des menschlichen Daseins" von Papst Innozenz III. (1198–1216)

Wer gibt meinen Augen den Tränenquell, dass ich beweine den bejammernswerten Eintritt in das menschliche Dasein, beweine das schuldhafte Fortschreiten menschlichen Lebens, beweine das verdammenswerte Ende menschlicher Vernichtung? [...] Aus Erde geschaffen, in Schuld empfangen, zur Strafe geboren, tut der Mensch Böses, was er nicht soll, Verwerfliches, was sich nicht ziemt, Nutzloses, was sich nicht lohnt, wird er Nahrung für das Feuer, Köder für den Wurm, ein Haufen Dreck. [...] Geschaffen ist der Mensch aus Staub, aus Lehm, aus Asche. [...] Empfangen ist er [...] im Sumpf der Sünde. Geboren ist er für die Qual, für die Furcht, für den Schmerz und was noch elender ist: für den Tod.

(Nach Arnold Bühler, Imago Mundi, in: Geschichte in Wissenschaft und Unterricht 41, 1990, S. 485)

c) Auszug aus der Erziehungslehre des Scholastikers und Mystikers Dionys des Karthäusers (um 1402–1471)

Die Eltern sind verpflichtet, ihre Kinder nach Möglichkeit von dem Bösen und der Sünde abzuhalten, sie in den guten Sitten zu unterweisen und ihre Ausschreitungen zu ahnden und gebührend zu bestrafen. Solange sie noch klein, sind sie mit der Rute und mit Schlägen zu züchtigen, was später, wenn sie älter geworden, nicht mehr wohl geschehen kann; desgleichen sind sie mit scharfen Worten und strengen Strafen zurechtzuweisen, jedoch mit Vernunft, damit sie nicht zu sehr erbittert werden, gemäß der Mahnung des Apostels: „Ihr Väter! Erzürnet eure Kinder nicht, damit sie nicht entmutigt werden, sondern erziehet sie in der Zucht und Zurechtweisung des Herrn!" [...]

Deshalb versündigen sich jene Eltern schwer, welche wohl wissen, dass ihre bereits erwachsenen Söhne ein ausgelassenes Leben führen, aber sich so stellen, als ob sie es nicht wüssten; die sich zwar vornehmen, dieselben zu verheiraten, aber um zeitlicher Vorteile willen es lange Zeit verschieben, indem ihnen an diesen mehr gelegen ist als an der Ehre Gottes und dem Heile der Seelen.

(Michael Kaufmann [Hg.], Bibliothek der katholischen Pädagogik, Bd. 15, Freiburg 1904, S. 326 ff.)

1 *Stellen Sie aus den Quellen M 5a–c und B 1 positive und negative Aussagen über den Menschen zusammen und begründen Sie diese aus der Sicht des Verfassers.*

2 *Vergleichen Sie die Menschenbilder in M 5b und B 1. Welches ist Ihrer Meinung nach für die Epoche des Mittelalters repräsentativ? Begründen Sie Ihre Meinung.*

3 *Charakterisieren Sie die in M 5c genannten Grundsätze der Erziehung.*

4 *Vergleichen Sie die in M 5c genannten Erziehungsgrundsätze mit den Erziehungszielen der Aufklärung (s. S. 90) und der Gegenwart.*

2 Kirche und Staat

2.1 Geistliche und weltliche Herrschaft

Kirchliche Reformbewegung

Vom **Kloster Cluny** in Burgund ging im 11. Jahrhundert eine Reformbewegung aus, die nicht nur das Leben in den Klöstern reformieren wollte: Die Mönche sollten wieder das alte Armutsideal beachten und ihr Leben ganz dem Gebet und dem Gottesdienst widmen. Gleichzeitig suchte man die Kirchen und Klöster auch von ihrer Einbindung in weltliche Herrschaftsstrukturen zu befreien.
Die meist aus dem klösterlichen Bereich stammenden Kirchenreformer dieses Jahrhunderts betrachteten **Nikolaitismus** und Simonie als schlimmste Missstände der Kirche. Nikolaitismus war die Übertretung des Zölibatgebots: Niedere Geistliche hatten ganz selbstverständlich Frau und Kinder und Priesterstellen wurden vom Vater auf den Sohn vererbt. Jetzt empfand man diese alltägliche Praxis als Skandal. Das Gleiche galt auch für die **Simonie**. Darunter verstand man im 11. Jahrhundert die materiellen Leistungen, die traditionellerweise bei Antritt eines geistlichen Amtes an den Kirchenherrn fällig wurden. Bis zum 11. Jahrhundert hatte man darin nichts Unrechtes gesehen, denn ein Bistum oder ein Kloster hatte ja große Einkünfte oder Besitzungen und die Gebühr beim Amtsantritt war so etwas wie eine allgemeine Pacht.

Der Investiturstreit

Im 11. Jahrhundert kam es erstmals zum Konflikt zwischen geistlichem und weltlichem Herrschaftsanspruch (M 6a, b). Noch war die Kirche keine länderübergreifende Institution mit einem eigenen Behördenapparat (Kurie). Der **Papst** war vor allem Bischof von Rom, er galt vielen noch nicht als Haupt der Gesamtkirche. Er wurde aus dem stadtrömischen Adel von den Römern nach den jeweiligen innerstädtischen Machtkonstellationen gewählt, genoss aber überregionales Ansehen, weil man glaubte, dass er als Hüter zweier Apostelgräber der göttlichen Wahrheit besonders nahe stehe.
Als Inhaber eines Amtes, das durch Salbung und Krönung selbst heiligen Charakter besaß, hatten die **Könige** mit größter Selbstverständlichkeit für sich das Recht in Anspruch genommen, bei der Wahl von Erzbischöfen, Bischöfen und Äbten der Reichsklöster mitzubestimmen. Seit der Zeit Kaiser Ottos I. (912–973) waren Bischöfe und Äbte wichtige Stützen der Königsherrschaft in Deutschland. Sie dienten den Herrschern als Ratgeber und Diplomaten. Viele hatten ihre Karriere als Angehörige der königlichen Kanzlei begonnen, in der Geistliche den Schriftverkehr bewältigten und Urkunden schrieben. Bischöfe und Äbte beherbergten die Könige auf ihren Reisen durch das Reich und stellten bei Reichskriegen mehr Panzerreiter als die weltlichen Fürsten. Als Ausgleich für diese Dienste übertrugen ihnen die Könige Land und Herrschaftsrechte, die Befugnis, Zölle zu erheben und Münzen zu prägen. „Geistliche" und „weltliche" Herrschaft konnten kaum voneinander geschieden werden.
Mit den Reformbewegungen rückte indes im 11. Jahrhundert auch die Frage der **Investitur**, d.h. der Amtseinweisung, in das Zentrum der Kritik. Bei Erzbistümern und Bistümern nahm sie der König vor, indem er dem gewählten Kandidaten in einer feierlichen Zeremonie den Bischofsring und den bischöflichen Hirtenstab überreichte –Zeichen für die wichtige Rolle der Bischöfe, für die Reformer aber Symbol der Unterwerfung der Kirche unter Laiengewalt.
Entscheidend wurde, dass die vielen verschiedenen Reformgruppierungen in dem Moment einen einigenden Mittelpunkt erhielten, als sich der deutsche König **Heinrich III.** (1039–1056) aus dem Geschlecht der Salier zum Vorkämpfer der Kirchenreform machte. Als Kaiser sah er es als seine Aufgabe an, auch die römische Kirche, die Kirche des Papstes also, zu reformieren, die gerade im

Jahre 1046, als Heinrich III. zur Kaiserkrönung in Italien erschien, drei miteinander konkurrierende Päpste hatte. Heinrich III. ließ alle drei absetzen und einen reformgesinnten deutschen Bischof inthronisieren. Kaiser und Reformpäpste arbeiteten in den folgenden Jahren eng zusammen. Es setzte sich die Auffassung durch, dass Papst und Kaiser Verantwortung für alle Kirchen zu tragen hätten.
Als Heinrich III. 1056 starb und seinen gerade sechs Jahre alten Sohn Heinrich als Nachfolger zurückließ, beklagten die Kirchenreformer den Verlust ihrer wichtigsten Stütze. Nur mit kaiserlicher Unterstützung konnten sie das Amt des Papstes dem Einfluss des römischen Adels entziehen. Diesem Ziel diente das **Papstwahldekret** von 1059: In Zukunft sollten die Kardinäle, die seit der Zeit Leos IX. (1002–1054) zu den Hauptstützen der päpstlichen Regierung geworden waren, über die Wahl des Papstes entscheiden. Die Römer waren damit ausgeschaltet; dem deutschen König sollte als Vorrecht die Bestätigung des Gewählten verbleiben.
Zwanzig Jahre später hatte sich das Verhältnis zwischen Papst und deutschem König gründlich geändert. Über die Besetzung des Erzbistums Mailand war es zu einer heftigen Auseinandersetzung zwischen dem deutschen König **Heinrich IV.** (1056–1106) und **Gregor VII.** gekommen, der seit 1073 Papst war. Nach Auffassung des Papstes hatte der König einen Priester als Bischof eingesetzt, der nicht rechtmäßig gewählt worden war. Heinrich IV. dagegen pochte auf sein Investiturrecht, Gregor VII. auf die „kanonische Wahl", für die er sich im Sinne der Kirchenreform zuständig erklärte. Schließlich bannte (= ächtete) der Papst die Ratgeber des Königs, Heinrich IV. kündigte darauf zusammen mit seinen Bischöfen dem Papst den Gehorsam auf. Doch der Papst fand Verbündete gegen den König im deutschen Adel und bei den Bischöfen. Auf seinem **Bußgang nach Canossa**, durch den er die Vergebung des Papstes erlangte, zeigte sich Heinrich IV. als gehorsamer Sohn der römischen Kirche.
Die Ablehnung der Laienrechte in der Kirche, darunter derjenigen der Könige, ist durch den Streit um Mailand ungeheuer angefacht worden. 1078 verbot der Papst allen Königen und Eigenkirchenherren, Investituren vorzunehmen. Damit waren die verfassungsmäßigen Grundlagen nicht nur Deutschlands, sondem auch aller anderen Königreiche Westeuropas in Frage gestellt. Denn mit Bistümern und Abteien waren schließlich Landbesitz und Einkünfte verbunden. Konnten die weltlichen Herren jetzt nicht mehr über sie verfügen? Hatten nun die Bischöfe und Äbte – anders als die weltlichen adeligen Grundherren – keinerlei Verpflichtungen mehr gegenüber König und Reich?
Es dauerte Jahrzehnte, bis die Zeitgenossen erkannten, dass ein Bischof Funktionen sowohl im weltlichen als auch im geistlichen Bereich wahrzunehmen hatte und dass der König für das Weltliche, die Kirche für das Geistliche zuständig war. Auf dieser Grundlage kam es in England und Frankreich zu Beginn des 12. Jahrhunderts zu tragfähigen Kompromissen, die den Königen die materielle Hilfe der Bischöfe sicherte, ohne dass dadurch deren geistliche Stellung berührt wurde. In ähnlicher Weise legte man 1122 durch das **Wormser Konkordat** den Streit in Deutschland bei. Kaiser Heinrich V. garantierte die kanonische Wahl der Bischöfe und verzichtete auf die Investitur mit Ring und Stab. Allerdings gestand der Papst den deutschen Königen ein Mitspracherecht zu, wenn es bei der Wahl durch den Klerus der Domkirche zu Streitigkeiten oder Regelwidrigkeiten kam. Die deutschen Bischöfe durften zudem erst dann kirchlich geweiht werden, wenn sie vom König mit den Regalien, d.h. ihren weltlichen Herrschaftsrechten, belehnt worden waren. Anders war dies für Burgund und Italien geregelt; hier folgte die Belehnung der kirchlichen Weihe nach. In Deutschland hatte sich der König also wichtige Einflussmöglichkeiten gesichert, denn es war kaum anzunehmen, dass ein gewählter Bischof, dem der König die Belehnung verweigerte, geweiht werden konnte. Der Papst hatte aber den Grundsatz der freien Wahl durchgesetzt.
Durch die länderübergreifenden Aktivitäten der Päpste entwickelten die Einzelkirchen zuneh-

mend ein Bewusstsein der Zusammengehörigkeit. Der Investiturstreit hatte letztlich die Unterscheidung von „geistlicher" und „weltlicher" Herrschaft mit ihren eigenen Zuständigkeitsbereichen erst in die Wege geleitet; gleichzeitig hatte das Papsttum seine Stellung als Anführer der lateinischen Christenheit durchgesetzt.

Kreuzzugsbewegung

Es war Papst Urban II., der 1095 im französischen Clermont die Christen des Westens zum Kampf gegen die Ungläubigen im Heiligen Land aufrief, um die heiligen Stätten der Christenheit zu befreien. Der Aufruf zum Kreuzzug hatte eine außerordentliche Resonanz, nicht nur bei den Rittern, an die er eigentlich gerichtet war, sondem auch bei Scharen von Männern und Frauen, die nicht zum Kriegführen ausgebildet waren. Religiöse Sehnsüchte nach dem „himmlischen Jerusalem" wurden verstärkt durch wirtschaftliche Not, die das Bevölkerungswachstum vor allem auf dem Lande herbeigeführt hatte.
Es war eine der verhängnisvollen Folgen der Kreuzzugspropaganda, dass sie die Christen als Einheit ansprach und alle anderen als „Ungläubigen" verdammte. Manche setzten diese Lehre dadurch um, dass sie die „Ungläubigen" im eigenen Land verfolgten. Die Zeit des ersten Kreuzzuges ist auch die Zeit der ersten großen **Judenpogrome** in Westeuropa. Die Juden, die bis dahin unbehelligt unter den Christen gelebt hatten, wurden in Worms, Mainz und Speyer, in Straßburg und Tours von fanatisierten Kreuzfahrerhorden angegriffen. Die Bischöfe, die als Stadtherren für den Schutz aller Stadtbewohner zu sorgen hatten, handelten nicht alle wie der Bischof von Speyer, der die Juden seiner Stadt in seine Bischofsburg aufnahm und so weitgehend vor dem Morden bewahren konnte. In vielen Städten wurden große Teile der jüdischen Gemeinde ermordet.
1099 eroberten die Kreuzfahrer Jerusalem und richteten ein fürchterliches Blutbad an. Die Kreuzfahrer gründeten im Heiligen Land eine Reihe von Staaten, hatten aber von Anfang an einen unsicheren Stand in ihrer muslimischen Umwelt. In der Folgezeit sandten sie immer wieder Hilferufe nach Europa und lösten dadurch weitere Kreuzzüge aus. 1291 wurde schließlich mit Akkon der letzte Stützpunkt im Heiligen Land aufgegeben.

Die Kirche am Ausgang des Mittelalters

Viele Menschen sahen in der mächtig gewordenen Kirche (B 2), in den ausgeklügelten Lehrgebäuden der Theologen, dem riesigen Behördenapparat und dem komplizierten Kirchenrecht, das die Päpste zur Absicherung ihrer Herrschaftsansprüche heranzogen, nur noch ein Abbild der sündigen Welt, die sich vom wahren, einfachen Glauben abgewendet hatte. Vor allem in Südfrankreich und Norditalien bildeten sich Gemeinschaften, die die Kirche und die bestehende Gesellschaftsordnung radikal ablehnten. Diese Katharer, das heißt **Ketzer**, glaubten, dass die Welt vom Kampf des Guten gegen das Böse bestimmt werde. Die Welt war für sie eine Schöpfung Satans; in Kirche und Papsttum sahen sie die Verkörperung des Bösen, das der Mensch nur durch ein streng asketisches Leben und die Hoffnung auf Erlösung erdulden konnte. Die Katharer gaben sich eine eigene Organisation, sodass mitten in der offiziellen Kirche eine „Gegenkirche" entstand, die mit allen Mitteln bekämpft wurde.
Aber auch wer nicht mit der Kirche brach, suchte neue Formen des Lebens und Glaubens. In Italien forderte Franz von Assisi die Menschen auf, in völliger Armut und Gewaltlosigkeit das Leben Jesu nachzuleben. Wie der ebenfalls am Beginn des 13. Jahrhunderts gegründete Orden der **Dominikaner** zogen die **Franziskaner** missionierend und predigend durch Europa. Indem sie diese neuen Bewegungen in die Kirche integrierten, gewannen die Päpste aktive Streiter für ihre Sache. Hauptaufgabe der Dominikaner wurde der Kampf gegen die Ketzer. Die beiden Orden prägten das geistige Leben, denn aus ihren Reihen kamen die größten Gelehrten der Zeit.
Aber es entstanden auch ganz neue Formen der Frömmigkeit. Die **Mystiker** wollten durch völlige Abkehr von der Welt in Stille und Meditation Gott schauen und ihm näher kommen. Frauen

B 2 Buchmalerei aus dem Decretum Gratiani zur kirchlichen Gewaltenteilungslehre, 14. Jh., Rom, Bibliotheca Apostolica Vaticana (Ausschnitt)

– *Unterstreichen Sie anhand von B 2 das Verhältnis von Staat und Kirche im ausgehenden Mittelalter.*

schlossen sich als **Beginen** zu klosterähnlichen Gemeinschaften zusammen und widmeten sich in den Städten der Kranken- und der Altenpflege. In die Nachfolge Christi stellten sich auch die „Brüder vom gemeinsamen Leben“, d.h. Gemeinschaften frommer Laien, die sich dem Studium der Bibel, der Predigt und dem Unterricht widmeten. Alle diese Strömungen kritisierten die hierarchisch geordnete und bürokratisierte Kirche, aber auch die komplizierten und abstrakten Lehrsysteme der Theologie.

Das Papsttum geriet im 14. Jahrhundert in die tiefste Krise seiner mittelalterlichen Geschichte. Der französische König lehnte den universalen Herrschaftsanspruch des Papstes ab, ließ den Papst verhaften und zwang seine Nachfolger, in Avignon zu residieren (1309–1377). Die Päpste waren jetzt von Frankreich abhängig. In Avignon modernisierte sich das Papsttum durch den Aufbau zentraler Behörden im Stil der französischen Monarchen, also nach dem Vorbild weltlicher Einzelherrscher. Die aufwändige Hofhaltung und ein ausgeklügeltes System von Steuern und Abgaben verbitterten aber die Gläubigen, vor allem in Deutschland. Immer lauter wurden daher die Forderungen nach einer Reform der Kirche an „Haupt und Gliedern“.

Die Reform schien auch deshalb notwendig, weil seit 1378 die westliche Christenheit zwei Päpste hatte, einen in Rom und einen in Avignon. Das **Große Schisma** (1378–1417) war Ergebnis einer Doppelwahl. Obwohl es nicht um Glaubensfragen ging, spaltete der Streit Europa und gefähr-

dete den universalen Anspruch der Kirche. Angesichts der verfahrenen Situation setzte sich die Auffassung durch, dass nicht der Papst, sondern ein Konzil der Bischöfe als Vertreter aller Gläubigen die höchste Autorität der Kirche sei und die notwendigen Reformen einleiten müsse. Dem von Kaiser Sigmund 1414 nach Konstanz einberufenen Konzil gelang es, einen allgemein anerkannten Papst zu wählen.
Die Reform scheiterte: Die wieder in Rom residierenden Päpste fühlten sich in der zweiten Hälfte des 15. Jahrhunderts weniger als Nachfolger Christi denn als Herren des Kirchenstaats.

M6 Das Verhältnis von geistlicher und weltlicher Macht

a) Aus einem Rundschreiben Kaiser Friedrichs I. (um 1125–1190) vom Oktober 1157 zur Zwei-Schwerter-Lehre

Als Wir nämlich vor kurzem zu Besançon einen Hoftag abhielten und pflichtgemäß Unsere Regierungsgeschäfte zur Ehre des Reiches und zum Wohle der Kirchen sorgfältig erledigten, erschienen päpstliche Gesandte, die versicherten, sie hätten Unserer Majestät eine Botschaft zu überbringen, welche die Ehre des Reiches nicht wenig fördern würde. Wir empfingen sie ehrenvoll am ersten Tage ihrer Ankunft und setzten Uns dann wie üblich am zweiten Tage mit den Fürsten zusammen um ihre Botschaft entgegenzunehmen. Da legten sie Uns, als wären sie vom Teufel der Bosheit aufgebläht, so ganz von oben herab, voll Stolz und Anmaßung, das Herz verfluchter Bosheit übervoll, ihre Botschaft in einem päpstlichen Handschreiben vor. Dies besagte, Wir müssten Uns immer vor Augen halten, wie der Papst Uns die Auszeichnung der Kaiserkrone verliehen habe und dass es ihn nicht reuen würde, wenn Unsere Herrlichkeit noch größere Lehen von ihm empfangen hätte.
Das also war die Botschaft der väterlichen Liebe, dadurch sollte die Einheit zwischen Kirche und Reich gefördert, das Band des Friedens um beide geschlungen und alle, die solches hörten, für die Eintracht zwischen beiden und für den Gehorsam gegen beide gewonnen werden.
Bei diesen ruchlosen und jeglicher Wahrheit baren Worten war die Kaiserliche Majestät mit Recht empört, und alle anwesenden Fürsten erfasste solcher Grimm und solche Wut, dass sie die beiden Priester auf der Stelle zum Tode verurteilt hätten, wenn Wir nicht dazwischengetreten wären. [...] Da Uns das Königtum und das Kaisertum einzig von Gott durch die Wahl der Fürsten zuteil wurde, von Gott, der bei dem Leiden seines Sohnes Christi die Welt der Regierung durch die beiden notwendigen Schwerter unterwarf, und da der Apostel Paulus der Welt die Lehre gab: „Fürchtet Gott, ehret den König!", so ist jeder, der da sagt, Wir hätten die Kaiserkrone vom Herrn Papste als Lehen empfangen, ein Widersacher der göttlichen Ordnung und der Lehre Petri; solch einer ist ein überwiesener Lügner.
(Geschichte in Quellen, Bd. 2, bearb. v. Wolfgang Lautmann, bsv, München [2]1978, S. 401)

b) Aus der Bulle „Unam Sanctam" des Papstes Bonifatius (um 1235–1303) vom 18. November 1302 über die Zwei-Schwerter-Lehre

Beide Schwerter hat die Kirche in ihrer Gewalt, das geistliche und das weltliche. Dieses aber ist für die Kirche zu führen, jenes von ihr. Jenes gehört dem Priester, dieses ist zu führen von der Hand der Könige und Ritter, aber nur wenn und solange der Priester es will. Ein Schwert aber muss dem anderen untergeordnet sein; die weltliche Macht muss sich der geistlichen fügen. Denn der Apostel sagt: „Es ist keine Obrigkeit außer von Gott, wo aber Obrigkeit besteht, ist sie von Gott verordnet" (Römer 13,1). Sie wäre aber nicht geordnet, wenn nicht ein Schwert unter dem anderen stände und gleichsam als das niedere von der Hand eines anderen nach oben gezogen würde. Dass aber die geistliche Macht an Würde und Adel jede weltliche überragt, müssen wir umso freier bekennen, als überhaupt das Geistliche mehr wert ist als das Weltliche. Das ersehen wir auch deutlich aus dem Regiment in der Welt. Denn in Wahrheit: Die geistliche Macht hat die weltliche einzusetzen und ist Richterin über sie, wenn sie nicht gut ist. So bewahrheitet sich über die Kirche und die kirchliche Gewalt die Voraussage des Propheten Jeremia: „Siehe, ich habe dich heute über Völker und Reiche gesetzt" (Jer. 1,10).
(Geschichte in Quellen, Bd. 2, bearb. v. Wolfgang Lautmann, bsv, München [2]1978, S. 786)

1 *Begründen Sie die Zwei-Schwerter-Lehre aus der Sicht des Kaisers und des Papstes (M 6a, b).*

2 *Erklären Sie, warum der Konflikt zwischen der weltlichen und der geistlichen Macht mit solcher Schärfe geführt worden ist.*

3 *Erörtern Sie, ob die Religion noch heute bei der Besetzung wichtiger politischer Ämter eine Rolle spielt.*

2.2 Königreiche und Territorien

Staufer und Welfen

Seit dem 12. Jahrhundert reichte die Machtbasis der deutschen Könige nicht mehr aus, um ihnen eine zentrale Herrschaftsposition im Reich zu sichern. Im 9. und 10. Jahrhundert war das Ostfränkische Reich noch ungleich gefestigter gewesen als das Westfrankenreich, das sich durch die zentrifugalen, d. h. auseinander strebenden Tendenzen des Feudalismus (lat. feudum = Lehen) fast aufgelöst hatte (M 7). Jetzt verlief die Entwicklung in umgekehrter Richtung: Während die französischen Könige ihren monarchischen Vorrang über den Lehnsadel festigten, gewannen in Deutschland die Landesherren, die über die einzelnen Territorien des Reiches herrschten, an Gewicht und legten den Grundstein für den bis in die Gegenwart hineinwirkenden Föderalismus. Gleichzeitig begann der Wandel vom Personenverbandsstaat (s. S. 42) zum modernen **Territorialstaat**, dessen Hauptmerkmal die Zusammenfassung wichtiger Herrschaftsrechte (Aufbau einer zentralisierten Verwaltung, Zurücktreten lehensrechtlicher Bindungen) in der Hand des Landesherren war.
Die zentrifugalen Kräfte wurden vor allem durch den Machtkampf zwischen Staufern und Welfen, d.h. dem Kampf zwischen den beiden mächtigsten Geschlechtern im Reich, gestärkt. Die Wahl des Staufers **Friedrich I. Barbarossa** (um 1125–1190), dessen Mutter eine Welfin war, zum König sollte den Gegensatz zwischen beiden Geschlechtern zunächst überbrücken helfen und für inneren Frieden sorgen – jedoch vergeblich. Machtzentrum der Staufer war Südwestdeutschland, wo sie ausgedehnten Besitz der Salier geerbt und die schwäbische Herzogswürde innehatten. Hier zeichnete sich ein staufischer Machtkomplex als Basis der Königsherrschaft Friedrichs I. ab; durch Inbesitznahme „heimgefallener" Lehen, durch Burgenbau und Städtegründungen sollte dieser gesichert und personell von der Ministerialität getragen werden. Friedrich wollte damit ein Königsterritorium schaffen, das der Krondomäne, d. h. dem Eigenbesitz des französischen Königs, vergleichbar war. Allerdings erreichte es nie die territoriale Geschlossenheit des französischen Vorbilds.
Friedrich I. strebte auch nach Ausbau seiner Königsmacht in Italien, wo er etwa 16 seiner 38 Regierungsjahre verbrachte. Vor allem die reichen Städte in Oberitalien standen im Zentrum seiner **Italienpolitik.** Friedrich stellte eine lange Liste der Regalien, d.h. der wirtschaftlich nutzbaren königlichen Hoheitsrechte, auf, die die lombardischen Städte im Laufe der Zeit an sich gerissen hatten. Gestützt auf das wiederentdeckte römische Recht, das seinen umfassenden kaiserlichen Herrschaftsanspruch legitimierte, forderte er diese Hoheitsrechte von ihnen zurück.
Ähnlich wie der König bauten auch die Fürsten ihre territoriale Stellung aus. Dies galt auch für den Welfen **Heinrich den Löwen**. Er eroberte östlich der Elbe das Slawenland, gründete Städte, baute Burgen und erweiterte sein Hausgut auf Kosten des sächsischen Adels. Im Norden und Nordosten Deutschlands konnte er sich dadurch eine Machtbasis schaffen, die ihm als Territorialherrn und Herzog in Bayern und Sachsen eine fast königgleiche Stellung verlieh.
Auf die Dauer war dies für den Stauferkönig nicht tragbar. Als Heinrich der Löwe sich 1178 weigerte, Friedrich I. Heeresfolge gegen die Aufständischen in Oberitalien zu leisten, nahm Friedrich die Klagen sächsischer Großer über den mächtigen Herzog zum Anlass, Heinrich vor das Hofgericht zu laden. Hier wurden dem Welfen die Herzogtümer Bayern und Sachsen aberkannt, er selbst nach England verbannt. Bayern kam an die Wittelsbacher, die dort bis 1918 regierten; Sachsen wurde geteilt und damit das letzte der alten Stammesherzogtümer zerschlagen. Die Auflösung der Stammesherzogtümer und die Herausbildung kleinerer neuer Herzogtümer leitete eine grundlegende Änderung in der politischen Struktur des Deutschen Reiches ein: den Wandel vom Personenverbandstaat zum modernen Territorialstaat.
Da Friedrich die Lehen des Welfen nicht für das Reich einziehen konnte (im Reich verpflichtete

das Lehnsrecht den Lehnsherren, jedes Lehen nach dem Tode des Vasallen wieder zu verleihen, während es in Frankreich und England bei der Krone bleiben konnte), war er gezwungen, sie wieder zu verleihen und damit die Stellung der Reichsfürsten zu stärken. Reichsfürst war, wer sein Lehen unmittelbar vom König erhielt. Diese Spitzengruppe unter den weltlichen Großen band ihrerseits den Adel in ihren eigenen Territorien lehnsrechtlich an sich. Auf die innere Entwicklung dieser „Landesherrschaften" konnten die Könige fortan immer weniger einwirken.

Friedrich II.

Trotz dieser Strukturprobleme der deutschen Königsherrschaft war die Autorität der Staufer ungebrochen, als Friedrich I. 1190 während des Kreuzzugs ums Leben kam. Sein Sohn und Nachfolger Heinrich VI. konnte mittels einer Heirat sogar die Herrschaft über das sizilische Normannenreich erlangen. Jetzt zeichnete sich ein staufisches Großreich ab, das von Apulien bis zur Nordsee reichte. Aber sein Plan, Deutschland fest mit Sizilien zu verbinden und in eine Erbmonarchie umzuwandeln, scheiterte nicht nur am Widerstand des Papstes, sondern auch an den Fürsten – und damit einmal mehr an den zentrifugalen Kräften im Reich.
Der Sohn Heinrichs VI., Friedrich II. (1212–1250), konnte sich erst nach langen Kämpfen in Sizilien als König durchsetzen, musste jedoch dem Papst versprechen, Sizilien nicht mit Deutschland zu vereinen.
Friedrich II. betrachtete **Sizilien** als Basis seiner Herrschaft. Hier versuchte er einen zentralistischen Staat aufzubauen, in dem feudale Strukturen kaum mehr eine Rolle spielten und der bereits viele Züge des frühneuzeitlichen absolutistischen Staates trug. Er brach zunächst die Macht des Adels und brachte alle Burgen unter seine Kontrolle. Juristisch gebildete, fest besoldete Beamte verwalteten das Land, in dem ein einheitliches Recht galt. Die von Friedrich II. gegründete Universität in Neapel sorgte für die Ausbildung des juristischen Nachwuchses. Zölle, direkte und indirekte Steuern sowie die Verstaatlichung des Seehandels sicherten die Einkünfte des Königs, während sich seine militärische Macht auf ein stehendes Heer und auf eine eigene Flotte stützten.
Für Friedrich II. war Deutschland nur noch ein Nebenland, dessen Hilfe er für die Absicherung seiner Herrschaft über Italien benötigte. Deshalb kam er den geistlichen und weltlichen Fürsten in vielen ihrer Ansprüche entgegen und überließ ihnen die Münz-, Zoll- und Markthoheit sowie das Recht, Burgen zu bauen. Außerdem verzichtete er auf weitere Städtegründungen. Faktisch hatte Friedrich damit die Territorialisierung des Reiches anerkannt und auf die Ausübung königlicher Rechte in den Gebieten der Landesherren verzichtet. Trotzdem zeigte sich in diesen für das staatliche Leben in Deutschland grundlegenden Privilegien auch ein Fortschritt, denn jetzt ließen sich erstmals die den Fürsten und dem König zustehenden Rechte präzise umschreiben. Erst jetzt war klar festgelegt, was Recht des Königs und was Recht des Landesherrn war.

Aufstieg der Habsburger und Beginn der Hausmachtpolitik

Die Zeit zwischen dem Tod des letzten Staufers und dem Regierungsantritt Rudolfs von Habsburg (1273) wird als **„Interregnum"** (Zwischenregierung) bezeichnet. Wohl gab es in dieser Zeit deutsche Könige. Sie konnten aber keine wirkliche Herrschaft ausüben, sodass der Ausbau der Landesherrschaften weiter fortschritt. In Deutschland setzte sich jetzt endgültig das Prinzip der freien Königswahl seitens der Kurfürsten durch. Zu diesen **Kurfürsten** gehörten die Erzbischöfe von Mainz, Köln und Trier, der Pfalzgraf bei Rhein, der Herzog von Sachsen, der Markgraf von Brandenburg und der König von Böhmen. Endgültig wurde diese Form der Königswahl in der **„Goldenen Bulle"** (1356) festgeschrieben (M 8).

1273 wählte das Kurfürstenkollegium den Grafen **Rudolf von Habsburg** zum König, der insofern mit den Traditionen der staufischen Politik brach, als er auf alle Ansprüche in Unteritalien und Sizilien verzichtete. Zwar setzte er sich in Deutschland tatkräftig für die Wahrung des Friedens ein, aber er scheiterte bei seinem Versuch, das herrenlose staufische Reichs- und Hausgut in seine Hand zu bringen. Mit der Erwerbung Österreichs und der Steiermark für sein Haus legte er das Fundament für den späteren Aufstieg der Habsburger zur deutschen und europäischen Großmacht. Mit der Aufgabe der Italienpolitik wurde auch die universale Reichsidee aufgegeben. Von nun an bestimmte nicht mehr universale Kaiserpolitik, sondern Hausmachtpolitik das deutsche Königtum: Nur der Herrscher, der im Reich über eine ausreichende territoriale Macht verfügte, vermochte sich gegen die Landesfürsten durchzusetzen.

M7 Der Soziologe Norbert Elias über die Herrschaftsverhältnisse in der Feudalgesellschaft (1976)

Wem einmal für ein bestimmtes Gebiet von dem Zentralherrn die Herrschaftsfunktion anvertraut waren und wer damit tatsächlich über dieses Gebiet als Herr verfügte, der war, um sich und die Seinen zu ernähren und zu schützen, auf den Zentralherrn kaum noch angewiesen, wenigstens solange kein stärkerer Feind von außen oder aus der Nachbarschaft drohte. Daher suchten er oder seine Nachkommen, sobald es irgend ging, sobald die Zentralgewalt das mindeste Zeichen von Schwäche zeigte, sein Herrenrecht, seine Herrschaft über das einmal verliehene Gebiet auch deutlich zu zeigen und seine Unabhängigkeit gegenüber der Zentralgewalt zu demonstrieren.

Über Jahrhunderte hin zeigen sich immer wieder die gleichen Tendenzen und Figuren in dieser Herrschaftsapparatur: Die jeweils vorhandenen Herren über ein Teilgebiet des Zentralherren, die Stammesherzöge oder Stammeshäuptlinge, sind jederzeit der Zentralgewalt gefährlich. Erobernde Fürsten und Könige, stark als Heerführer und Schützer gegen äußere Feinde, suchen zunächst mit Erfolg dieser Gefahr im Innern ihres Herrschaftsgebietes zu begegnen. Sie setzten nach Möglichkeit an Stelle der vorhandenen Stammesfürsten ihre eigenen Vertrauten, Verwandten oder Diener als Herrschaftsrepräsentanten über die Teilgebiete ihres Reichs. In verhältnismäßig kurzer Zeit, oft schon im Lauf einer Generation, wiederholte sich das Spiel. Die ehemaligen Repräsentanten der Zentralgewalt suchten das Gebiet, über das sie ursprünglich als Delegierte und Diener des Zentralherrn gesetzt waren, nach Möglichkeit der Verfügung des Zentralherrn zu entziehen und darüber hinaus zu verfügen wie über ein erbliches Eigentum und Herrschaftsgebiet ihrer Familie. [...]

Die Belehnten, die Repräsentanten der Zentralgewalt, auf der anderen Seite hielt kein Lehnseid und keine Vasallentreue von dem Kampf um die Selbstständigkeit des Gebiets, über das sie verfügten, zurück, wenn sich die wechselseitige Angewiesenheit des Zentralherrn und seiner ehemaligen Delegierten zu deren Gunsten verschoben hatte. Sie, die Territorialherrn oder Stammesfürsten, haben das Land, über das ehemals der König zu ihren Gunsten verfügte, tatsächlich zu Eigen. Sie brauchen, von bestimmten Fällen der äußeren Bedrohung abgesehen, den König nicht mehr. Sie entziehen sich seiner Gewalt. Wenn sie ihn brauchen, wenn die Funktion des Königs als Kriegsherr in Erscheinung tritt, wird die Bewegung wieder rückläufig und das Spiel fängt unter Umständen von neuem an, vorausgesetzt, dass der Zentralherr im Kriege erfolgreich ist.

(Norbert Elias, Über den Prozess der Zivilisation, Bd. 2, Suhrkamp, Frankfurt/Main 1976, S. 18 ff.)

1 *Beschreiben Sie anhand von M 7 das Verhältnis von Zentralgewalt und Stammesfürsten in der mittelalterlichen Gesellschaft.*

2 *Erläutern Sie mit Hilfe von M 7 die These, dass die feudale Gesellschaft durch zentrifugale Tendenzen geprägt gewesen sei.*

M8 Aus der „Goldenen Bulle" Karls IV., 1356

Da Wir nun kraft des Amtes, das Wir vermöge Unserer Kaiserwürde innehaben, den künftigen Gefahren der Uneinigkeit und Zwietracht unter den Kurfürsten, zu deren Zahl Wir als König von Böhmen bekanntlich gehören, aus zwei Gründen, nämlich sowohl wegen Unseres Kaisertums als auch wegen des von Uns ausgeübten Kurrechtes, entgegenzutreten gehalten sind, haben Wir, um die Einigkeit unter den Kurfürsten zu fördern, um Einhelligkeit bei der Wahl herbeizuführen und um der vorerwähnten schmählichen Uneinigkeit und den mannigfachen, aus ihr erwachsenden Gefahren den Zugang zu verschließen, die hiernach geschriebenen Gesetze auf unserem feierlichen Reichstag zu Nürnberg [...] kraft kaiserlicher Machtvollkommenheit erlassen, aufgestellt und zu bestätigen für gut befunden im Jahre des Herrn 1356 [...]

Und weil Nachfolgendes nach alter anerkannter und löblicher Gewohnheit bisher stets unverbrüchlich beobachtet worden ist, bestimmen auch Wir und verordnen aus kaiserlicher Machtvollkommenheit, dass, wer besagtermaßen zum römischen König gewählt worden ist, sogleich nach vollzogener Wahl, bevor er in irgendwelchen andern Angelegenheiten oder Geschäften aus Vollmacht des heiligen Reiches seine Tätigkeit beginnt, allen und jeden geistlichen und weltlichen Kurfürsten, die bekanntlich die nächsten Glieder des heiligen Reiches sind, alle ihre Privilegien, Briefe, Rechte, Freiheiten und Vergünstigungen, alten Gewohnheiten und auch Würden und alles, was sie vom Reich bis zum Tag seiner Wahl empfangen und besessen haben, ohne Verzug und Widerspruch durch seine Briefe und Siegel bestätigen und bekräftigen soll. [...]

Damit nicht unter den Söhnen besagter weltlicher Kurfürsten wegen des Rechts, der Stimme und der Befugnis, die vorhin erwähnt wurden, inskünftig Anlass zu Ärgernis und Zwietracht entstehen und so das allgemeine Wohl durch gefährliche Verzögerungen beeinträchtigt werden kann, bestimmen Wir, da wir künftigen Gefahren mit Gottes Hilfe heilsam vorzubeugen willens sind, und gebieten kraft kaiserlicher Machtbefugnis durch dieses Gesetz, das für ewige Zeiten gelten soll, dass jeweils nach dem Ableben eines weltlichen Kurfürsten Recht, Stimme und Befugnis zu solcher Wahl auf seinen erstgeborenen rechtmäßigen Sohn weltlichen Standes, falls aber dieser nicht mehr am Leben wäre, auf dieses Erstgebornen erstgebornen Sohn weltlichen Standes ungehindert und ohne jemands Widerspruch übergehe. Wenn aber ein solcher Erstgeborner ohne rechtmäßige männliche Erben weltlichen Standes aus dieser Welt schiede, dann soll kraft dieses kaiserlichen Erlasses Recht, Stimme und Befugnis zu besagter Wahl auf seinen ältesten, aus echter väterlicher Linie stammenden Bruder weltlichen Standes und sodann auf dessen Erstgebornen weltlichen Standes übergehen, und diese Erbfolge der erstgebornen Söhne und Erben der Kurfürsten in Recht, Stimme und Befugnis, die oben erwähnt sind, soll auf ewige Zeiten beobachtet werden. [...]

Wenn aber eines von diesen Kurfürstentümern dem heiligen Reiche ledig wird, dann soll und kann es der jeweilige Kaiser oder römische König wieder verleihen als etwas, das ihm und dem Reiche rechtmäßigerweise heimgefallen ist.

XI. Von der Gerichtsfreiheit der Kurfürsten. Wir stellen auch fest, dass keine Grafen, Freiherren, Edelleute, Lehensleute, Vasallen, Burgvögte, Ritter, Ministerialen, Bürger, Burgmannen und keinerlei Personen, Mann oder Frau, die den Kirchen von Köln, Mainz und Trier untertan sind, von welcherlei Stand, Rang oder Würde sie auch sein mögen, auf Ansuchen irgendeines Klägers außerhalb des Gebietes und der Marken und Grenzen derselben Kirchen und was dazu gehört vor irgendeinen andern Gerichtshof oder vor das Gericht eines andern als der Erzbischöfe von Mainz, Trier und Köln und ihrer Richter weder in vergangenen Zeiten geladen werden konnten noch fürderhin auf ewige Zeiten gezogen oder gefordert werden dürfen oder können, so wie wir dies in vergangenen Zeiten beobachtet gefunden haben. Wir verordnen, dass dawider eingelegte Berufungen zurückgewiesen werden sollen, und erklären sie für null und nichtig. Im Falle verweigerten Rechtes aber soll allen Vorgenannten gestattet sein, ausschließlich an das kaiserliche Hofgericht oder an den Richter, der zu der Zeit am kaiserlichen Hofgericht unmittelbar den Vorsitz führt, zu appellieren; auch in diesem Fall aber dürfen diejenigen, denen das Recht verweigert worden ist, nicht an irgendeinen andern ordentlichen oder stellvertretenden Richter appellieren. Wir wollen, dass ebendiese Verordnung kraft dieses Unseres kaiserlichen Gesetzes auch auf die erlauchten weltlichen Kurfürsten, den Pfalzgrafen bei Rhein, den Herzog von Sachsen und den Markgrafen von Brandenburg, und ihre Erben, Nachfolger und Untertanen in vollem Umfang ausgedehnt werde mit allen obgenannten Bestimmungen und Bedingungen.

(Die Goldene Bulle Kaiser Karls IV., bearb. v. Konrad Müller, Historisches Seminar der Universität Bern, Bern [2]1964, S. 15 ff.)

1 *Stellen Sie anhand von M 8 dar, was die Goldene Bulle regelt.*

2 *Erläutern Sie die besonderen Rechte der Kurfürsten (M 8).*

3 Der Islam und die arabische Welt

Entstehung und Lehre des Islams

Das Wort Islam kommt aus dem Arabischen und bedeutet „Hingabe an Gott, Ergebung in Gottes Willen". So bezeichnete der Prophet Muhammad (570–632) den von ihm begründeten Glauben. Einen Bekenner dieser Religion nennt man **Muslim**, d. h. „der sich Gott unterwirft".
Muhammad, der früh verwaist bei Verwandten aufwuchs und mit 25 Jahren eine reiche Kaufmannswitwe heiratete, durchzog als Kamelführer und Händler Zentralarabien. Bei seinen Reisen lernte er Juden und Christen kennen, mit deren Glauben er sich intensiv auseinander setzte. Um 610 verkündete er, er sei berufen, der Verkünder des Wortes und Willens von Allah (= Gott) zu sein. Mit diesem Bekenntnis zu dem einen Gott (**Monotheismus**) geriet Muhammad in einen Gegensatz zu den religiösen Vorstellungen seiner Umgebung. Die verfeindeten Beduinenstämme auf der arabischen Halbinsel verehrten zahlreiche Gottheiten (**Polytheismus**), die durch Symbole aus Stein oder anderen Materialien bildlich dargestellt wurden. Ein berühmtes Heiligtum war die Ka'ba in Mekka – ein würfelförmiger Tempel mit eingemauerten heiligen Steinen, unter denen ein schwarzer Stein besondere Verehrung genoss.
Anfangs wurde Muhammad wegen seiner Ablehnung der Vielgötterei und der Kritik an sozialen Missständen angefeindet. Nach dem Tod seiner Frau wanderte er daher im Jahre 622, das später die Zeitrechnung des Islam begründete, nach Medina aus, wo er nach einiger Zeit eine treue Anhängerschaft gewann. Muhammad verstand es, an vorislamische Traditionen anzuknüpfen und diese im Sinne seines Glaubens zu interpretieren, so wurde die **Kaaba** das zentrale Heiligtum des Islams. Es gelang Muhammad, die zerstrittenen arabischen Stämme zu einigen. Als ihr religiöser, politischer und militärischer Führer kehrte er 630 siegreich nach Mekka zurück, von wo aus sich dann der Islam ausbreitete.
Grundlage des Islams ist der **Koran** (= Verkündigung) mit seinen 114 Suren (= Abschnitte), die Hymnen, Gleichnisse und Erzählungen enthalten. Jeder gläubige Muslim vertraut sich Allahs Leitung durch den Koran an und befolgt die **Scharia**, die islamischen Gesetze. Sie beruhen auf fünf Säulen: 1. dem Bekenntnis zu dem einen Gott, 2. dem Gebet zu fünf Tageszeiten, 3. dem Fasten im Monat Ramadan, 4. der Religionssteuer, die dem Unterhalt der Armen, der Gemeinden und des Heeres dient, 5. der Wallfahrt nach Mekka – wenigstens einmal im Leben.
Im Islam waren und sind Religion und Kultur eng miteinander verbunden. Das erschwert dem Nicht-Muslim oft das Verständnis dieser Religion. Besonders die Stellung der **Frau im Islam** ist daher gelegentlich missverstanden worden. Aus dem Koran sind jedoch keine Lehren abzuleiten, nach denen die Frau abgewertet werden darf (M 9).
Als Muhammad 632 starb, hinterließ er keine männlichen Erben. In der Folgezeit kam es immer wieder zu heftigen Auseinandersetzungen bis hin zur Spaltung in zwei Glaubensrichtungen in der 2. Hälfte des 7. Jahrhunderts, wer der wahre **Imam** (= Anführer) der islamischen Umma (= Gemeinschaft) sei. Nach Auffassung der **Sunniten**, der damals wie heute übergroßen Mehrheit der Muslims, müssen die Nachfolger des Propheten nicht notwendig blutsverwandt mit diesem sein, sollen aber aus seinem Stamm kommen, den Koran achten und sich in der Sunna (= Gewohnheit, Gebrauch), der zweitwichtigsten Quelle des Islams, auskennen. Diese enthält Mitteilungen über das Leben Muhammads, Anweisungen über Fragen des Glaubens, des Rechts und des Alltags. Dagegen bestehen die **Schiiten** (Schi'a = Partei) darauf, dass die Nachfolger des Propheten von dessen Schwiegersohn Ali (654–661) abstammen.
Die sunnitische Geschichtsschreibung gliedert die arabische Geschichte in den Jahrhunderten unmittelbar nach Mohammed in drei Phasen: Zunächst übernahmen die **vier „rechtgeleiteten"**

Kalifen (= Nachfolger) Abu Bakr, Umar, Uthmann und Ali (632–661) die Herrschaft, dann folgte die Dynastie der **Umaijaden** (661–750) und schließlich das Kalifat der **Abbasiden** (750–1258). Mit diesen Wechseln im Kalifat verlagerte sich jeweils das Zentrum der islamisch-arabischen Welt. Die Umaijaden verlegten 661 die Hauptstadt von Medina nach Damaskus und die Abbasiden erklärten 763 Bagdad zum Mittelpunkt. Nach dem Ende der Abbasiden-Dynastie war Ägypten unter der Mamluken-Dynastie bis zur Eroberung durch das Osmanische Reich (1250–1517) Sitz des Kalifats, das jedoch nicht mehr allgemein anerkannt wurde. Aber schon vorher hatten die Kalifate der schiitischen Dynastie der Fatimiden in Kairuan (Nordafrika) und Kairo (909–1171) und der sunnitischen Umaijaden in Córdoba (929–1031) den Zusammenhalt des Islams in Frage gestellt.

Ausbreitung des Islam

Muhammad war es gelungen, die Stämme der arabischen Halbinsel zu vereinen. Der Islam blieb aber nicht auf diese Region beschränkt, sondern wurde von den Arabern in zwei Eroberungswellen weiterverbreitet. Dabei konnten die arabischen Heere die gegenseitige Schwächung der Großmächte Byzanz und Persien für sich ausnutzen. In einem ersten Schritt dehnten die vier „rechtgeleiteten" Kalifen ihre Herrschaft auf Syrien (635) und Palästina (638) aus. Nach der Einnahme des Perserreiches wandten sie sich Ägypten zu und unterwarfen Alexandria (642). Im Westen erweiterten sie ihr Herrschaftsgebiet bis nach Libyen (647), Zypern (649), Rhodos (654) und Sizilien (652), sodass Byzanz das gesamte östliche Mittelmeer verlor; im Norden stieß man bis nach Armenien (653) vor. Unter der Umaijaden-Dynastie erreichten die arabischen Heere in einer zweiten Angriffswelle 683 im Westen den Atlantik, eroberten 711 Spanien und beendeten damit die Geschichte des westgotischen Reiches. Mit ihrem Vormarsch bis zum Industal konnten sie im selben Jahr auch im Osten einen entscheidenden Erfolg verbuchen. Keine hundert Jahre nach dem Tod des Propheten Muhammad reichte die arabisch-islamische Herrschaft von den Pyrenäen bis zum Himalaja.
Die arabischen Eroberungen zielten anfangs auf die politische Unterwerfung der Besiegten und deren wirtschaftliche Ausbeutung, nicht auf Missionierung. Die neuen Herren verlangten von den fremden Völkern bedingungslose Gefolgschaft und die Zahlung einer Kopfsteuer. Da Muslime diese Steuer nicht zu entrichten brauchten, war das islamische Staatswesen an einer großen Zahl nicht islamischer Untertanen interessiert. Ein allgemeiner Übertritt von Christen und Juden zum Islam wurde daher nicht einmal versucht, aber die wirtschaftlichen und sozialen Vorteile waren ein Anreiz, Muslim zu werden. Und doch darf nicht übersehen werden, dass die Kriege religiösen Charakter trugen. Sie wurden zum „Heiligen Krieg" **(Dschihad)** erklärt, die den Gesetzen des Islams zum Sieg verhelfen sollten. Ohne diesen Auftrag wären die arabisch-islamischen Heere keineswegs so erfolgreich gewesen (M 10).

Islamische Kultur und Wissenschaft

In den unterworfenen Gebieten trafen die islamischen Herrscher auf hoch entwickelte Religionen und Kulturen, mit denen sie sich auseinander zu setzen hatten. Dabei blieb es nicht aus, dass sie sich Elemente der griechischen Zivilisation oder der christlichen und indischen Kultur aneigneten. Von der schöpferischen Aufnahme fremden Wissens durch islamische Philosophen und Wissenschaftler profitierte die gesamte islamische Kultur. Führende islamische Philosophen versuchten im 9. und 10. Jahrhundert z. B. die Lehren des Aristoteles mit dem Koran zu verschmelzen. Aber auch die Rechts- und Naturwissenschaften wurden von islamischen Gelehrten gepflegt (M 11).

M9 Über die Stellung der Frau im Islam (1996)

Nach dem Koran haben Mann und Frau den gleichen Rang vor Gott. Sie sind mit derselben Würde geschaffen und haben die gleichen Lebensrechte. Beide können das Paradies erlangen (Sure 9,72). Doch Gott hat sie unterschiedlich geschaffen und ihnen damit auch verschiedene Pflichten und diesen zugeordnete Rechte gegeben. [...]
Der Koran hat die Stellung der Frau in der Familie und in der Gesellschaft maßgeblich verbessert, indem er ihre Rechte sicherte. Dazu gehören ein vorher so kaum gekanntes Recht auf Eigenbesitz, das Erbrecht und ein umfassender Rechtsschutz. Jede Frau hat Anspruch auf Versorgung, die Ehefrau auf standesgemäßen Lebensunterhalt durch ihren Mann. Bei der Heirat steht der Frau ein Ehevertrag zu, der nach Sure 4,4 die Brautgabe bestimmt und für den Fall der Scheidung die Entschädigungssumme festlegt. Andererseits ist die Frau verpflichtet, ihrem Mann eine gute Ehefrau zu sein und mit seinem Eigentum verantwortlich umzugehen. [...]
Das Leben in Ehe und Familie und damit die Stellung der Frau sind in den islamischen Ländern im Allgemeinen durch die patriarchalische Ordnung und durch die Zuweisung fester Rollen im Familienverband bestimmt. Die Frau wird mit der Heirat Mitglied in der Familie ihres Mannes. In der traditionellen orientalischen Gesellschaft wurde die nachgeordnete Stellung der Frau wieder stärker betont. Dabei wurde die patriarchalische Ordnung zum Auslegungsschlüssel des Korans. Dafür zwei Beispiele:
- Nach Sure 2, 282 gilt in bestimmten Fällen die Zeugenaussage von zwei Frauen vor Gericht so viel wie die eines Mannes. Später entwickelte sich daraus die Vorstellung, dass Frauen im öffentlichen Leben nur halb so viel Gewicht haben wie Männer.
- Ähnlich verhält es sich mit dem weit verbreiteten Gebot der Verschleierung und des Kopftuchtragens. Korantexte, die später als Beleg angeführt wurden (Sure 24,31; 33,59), verlangen nur, dass sich die Frauen anständig und ehrbar kleiden, um sich vor Belästigungen zu schützen.

Der frühe Islam kannte Gebote und Verbote für beide Geschlechter. Aber die harten Lebensregeln für Jungen sind weithin vergessen. In der Praxis zählen nur die Vorschriften für Mädchen und Frauen. Bei Mädchen wird die Jungfräulichkeit und bei Frauen die Zurückhaltung besonders hoch eingeschätzt. Dem entspricht die strikte Trennung der Geschlechter und die Beschränkung des Lebenskreises der Frau auf ihr Heim und, wenn Fremde im Haus sind, auf die Privaträume. Ein Mann sollte nie mit einer Frau, mit der er nicht verheiratet oder eng verwandt ist, zusammentreffen, ohne dass eine dritte Person dabei ist.
Nach islamischer Auffassung ist die Ehe ein privatrechtlicher Vertrag, der durch den Bräutigam und einen männlichen Vertreter der Braut, den Wali, geschlossen wird. In der Regel wird dieses Rechtsverhältnis nur durch den Mann beendet. [...] Im Fall von Ehebruch des Mannes kann auch die Frau die Scheidung verlangen. Dieses Recht steht ihr auch zu, wenn der Mann seiner Ehe- und Versorgungspflicht nicht nachkommt. Sonst ist für die Frau eine Beendigung der Ehe nur möglich – dann aber ohne alle Rechtsansprüche –, indem sie endgültig das Haus des Mannes verlässt.
(Was jeder vom Islam wissen muss, hg. v. Lutherischen Kirchenamt der Vereinigten Evangelisch-Lutherischen Kirche Deutschlands u. v. Kirchenamt der Evangelischen Kirche in Deutschland, Gütersloher Verlagshaus, Gütersloh [5]1996, S. 58 ff.)

1 *Charakterisieren Sie anhand von M 9 die Stellung der Frau im Islam.*

2 *Informieren Sie sich mit Hilfe von aktuellen Zeitungen über die Situation von Frauen in gegenwärtigen islamischen Gesellschaften. Diskutieren Sie, ausgehend von M 9, über die Rechte und Pflichten von Frauen in der islamischen Welt.*

M10 Der Politikwissenschaftler Bassam Tibi über die Bedeutung des „Heiligen Krieges" im Islam (1998)

Nach der Hidjra, d.h. Auswanderung des islamischen Propheten und seiner Anhänger von Mekka nach Medina im Jahre 622 n. Chr., hat Mohammed dort das erste politische Gemeinwesen im Islam gegründet; es basiert auf der Umma als einheitlicher Gemeinschaft aller Muslime. Die Beziehungen dieser neuen Ordnung zu den umliegenden, ihr feindlichen Stammesregionen mussten zwangsläufig in den Begriffen von Krieg und Frieden definiert werden. Zunächst handelt es sich um den Krieg einer quasi-staatlichen Instanz (Medina) gegen die in kein Staatsgebilde eingebundenen Beduinenstämme und ihre anarchische Gewalt. [...]
Kernpunkt des neuen Rufes ist der Glaube, dass der Islam eine Offenbarung für die gesamte Menschheit sei:
Dieser universelle Anspruch des Islams verpflichtet die Muslime dazu, ihre islamische Offenbarung in der ganzen Welt zu verbreiten. Die Da'wa, also die islamische Mission, kann [...] friedlich erfolgen, sofern sich die Nicht-Muslime dem Ruf zum Islam ohne Kampf beugen. Wenn sie dies nicht tun, dann

sind die Muslime verpflichtet, gegen die „Ungläubigen" Gewalt anzuwenden. Dennoch betrachten sie dies [...] nicht als Krieg/Harb. Im allgemeinen Verständnis des Islams ist Frieden daher gleichzusetzen mit der Unterwerfung unter den Islam, entweder durch Konversion[1] zu der neuen Religion oder durch Akzeptanz des Status von religiösen Minderheiten [...] unter dem Banner des Islams und durch Zahlung der auferlegten Djizya/Kopfsteuer. Der vom Islam angestrebte Weltfrieden gilt als höchste Stufe, die die weltweite Verbreitung des Islams voraussetzt. Das bedeutet, dass ein Ende des Krieges erst dann möglich sein wird, wenn die gesamte Menschheit zum Islam konvertiert ist oder sich ihm als geschützte Minderheit unterworfen hat. [...]

Die religiöse Doktrin verbindet „Islam" mit „Frieden/Salam" und setzt somit die Abschaffung von Krieg (Harb) mit der Dominanz[2] des Islams gleich. Weltfriede ist identisch mit der eigenen globalen Vorherrschaft. Die historische Situation, die diesem Muster zu Grunde liegt, ist: Unterwerfung der Stämme unter die neue islamische Staatsordnung und Expansion durch den Djihad. Im Kontext[3] der islamischen Religionsstiftung war diese Lehre gleichermaßen verständlich und berechtigt. Muslime haben sie aber zur Rechtfertigung ihrer Futuhat/Eroberungen erweitert und zu einer religiösen, kosmologischen[4] Weltanschauung weiterentwickelt. [...]

Der Koran schreibt vor, dass der Feind vor dem Ausbruch von Feindseligkeiten darüber in Kenntnis gesetzt werden muss, damit es zum vorbereiteten Duell kommen kann. Das erklärte Kriegsziel beschränkt sich darauf, den Feind dazu zu zwingen, sich dem Islam zu unterwerfen, sieht aber nicht vor, ihn zu vernichten oder sein Haus zu plündern. Vernichtungskriege sind dem Islam somit fremd. Das Verbot der Plünderung und Zerstörung steht, was die islamischen Moralvorstellungen vom Krieg betrifft, an höchster Stelle.

In Bezug auf die erlaubten Kriegsziele steht die Koran-Doktrin in Übereinstimmung mit dem vorislamischen stammesmäßigen Gebot der Muru'a/Mannesehre und dessen striktem Verbot, Schwächere, wie Kinder, Frauen oder alte Menschen, anzugreifen. Ein ehrenhafter Mann demonstriert seine Stärke nur gegenüber gleich starken Männern. Ebenfalls in Übereinstimmung mit der vorislamischen Tradition steht die Vorschrift, Gefangene human und fair zu behandeln [...].

Obwohl der Islam den Gläubigen vorschreibt zu kämpfen, wenn es notwendig ist, verherrlicht er weder Krieg noch Gewalt. Bei der Gewaltanwendung zur Verbreitung des Islams erlegt die religiöse Doktrin die soeben erläuterten strengen moralischen Beschränkungen auf, die die Muslime in ihrer Geschichte allerdings leider nicht immer beachtet haben.

(Bassam Tibi, Der wahre Imam. Der Islam von Mohammed bis zur Gegenwart, Piper, München 1998, S. 89–98)

1 Konversion: Glaubenswechsel
2 Dominanz: Vorherrschaft
3 Kontext: Zusammenhang
4 kosmologisch: auf die Ordnung der Welt, des Weltalls bezogen

1 *Untersuchen Sie anhand von M 10 die Entstehung der Lehre vom „Heiligen Krieg" im Islam.*

2 *Erörtern Sie auf der Grundlage von M 10, ob und inwieweit die Lehre vom „Heiligen Krieg" grundsätzlich zur Legitimation von Kriegen benutzt werden kann und wurde.*

M11 Der Historiker Paul Kennedy über die islamische Kultur und Wissenschaft vor 1500 (1989)

Vor 1500 war die Welt des Islams Europa jahrhundertelang kulturell und technologisch überlegen gewesen. Die islamischen Städte waren groß, wohl beleuchtet und mit Abflusskanälen versehen, und einige von ihnen besaßen Universitäten, Büchereien und überwältigend schöne Moscheen. In der Mathematik, der Karthografie, der Medizin und vielen anderen Bereichen der Wissenschaft und Industrie – Spinnereien, Waffengießereien, Leuchttürme, Pferdezucht – waren die Moslems führend. [...] Die Toleranz gegenüber anderen Rassen hatte manchen talentierten Griechen, Juden und Heiden in den Dienst des Sultans gezogen. [...] Konstantinopel war in seiner Blütezeit um 1600 mit über 500 000 Einwohnern größer als jede europäische Stadt.

(Paul Kennedy, Aufstieg und Fall der großen Mächte. Ökonomischer Wandel und militärischer Konflikt von 1500 bis 2000, S. Fischer, Frankfurt/Main 1989, S. 39 f.)

1 *Charakterisieren Sie anhand von M 11 und der Darstellung den Stand der islamischen Kultur und Wissenschaft vor 1500.*

2 *Erörtern Sie die gegenwärtige kulturelle Situation islamischer Staaten im Vergleich zu den Gesellschaften des Westens.*

Otto III. (980–1002). Miniatur aus einem Evangeliar, 1000, München, Staatsbibliothek

Die Interpretation von Kunstwerken muss unterschiedliche „Sinnschichten" berücksichtigen. Von allen in der Kunstgeschichte geläufigen Methoden der Bildinterpretation, von formanalytischen und stilgeschichtlichen bis hin zu kunstpsychologischen Ansätzen, eignet sich die von Erwin Panofsky begründete ikonographisch-ikonologische Methode am ehesten zur Interpretation von Bildern als historische Quelle. Bei ihnen stehen Inhalt und Bedeutung des Dargestellten im Mittelpunkt der Analyse. Die Interpretation erfolgt in drei Schritten:

(1) Vorikonographische Beschreibung, d.h. die genaue Beschreibung des Dargestellten: Formen, Farben, Raumbeziehungen, Größenverhältnisse, Gegenstände, Personen, Bildaufbau. Die erforderliche sprachliche Genauigkeit ist oft mühsam – angeblich sieht man ja alles! –, doch unerlässlich.

(2) Ikonographische Analyse, d.h. das Erklären der Bedeutung bildlicher Elemente. Das setzt Vertrautheit mit bestimmten Themen und Vorstellungen der Vergangenheit voraus. Panofsky nennt diesen Schritt Interpretation des „Bedeutungssinns". Ein Beispiel: Schornsteine, aus denen Rauch aufsteigt, können auf Grund praktischer Erfahrung leicht identifiziert werden. Auf vielen Bildern sind Schornsteine tatsächlich nicht mehr als rauchende Schornsteine. Auf manchen Bildern des 19. Jahrhunderts sind sie jedoch gleichzeitig Symbole für industrielle Dynamik und Fortschrittsglauben. In der Sprachwendung „Erst mal muss der Schornstein rauchen" lebt diese Bedeutung weiter.

Zur ikonographischen Analyse gehört so die Kontrolle durch andere Bilder oder schriftliche Quellen und Fachliteratur. Bei schriftlichen Quellen nennen wir diesen Schritt „innere Kritik“ oder „Analyse“, d. h. die sprachliche und sachliche Aufschlüsselung einer Quelle.

(3) Ikonologische Analyse, d.h. das Erkennen der „eigentlichen“ Bedeutung eines Bildes. Das verlangt über das genaue Sehen des Bildes und das Erfassen der Bedeutung einzelner Bildelemente hinaus die Kenntnis der Geschichte einer bestimmten Zeit. Nach Panofsky ist das die Interpretation des „Dokumentsinns“: Für welche politisch-moralische Aussage, soziale Erwartung, historische Wirklichkeit ist das Bild ein Dokument? Zur Absicherung der ikonologischen Interpretation gehört

- die Angabe der Darstellungstechnik und Größe des Bildes: Ein Gemälde von 40 x 70 cm erzielt eine ganz andere Wirkung und war in der Regel auch für einen anderen Zweck bestimmt als ein Gemälde von 400 x 700 cm – eine kleine antike Opferfigur hat eine andere Wirkung und einen anderen Zweck als eine Kolossalstatue;
- der Vergleich mit anderen bildlichen, literarischen und historischen Quellen;
- die Frage nach den „Quellen“ des Künstlers, z. B. war er Zeuge des dargestellten Ereignisses? Oder auf welche andere Art hat er davon erfahren und was?;
- die Erhellung der Entstehungs- und Wirkungsgeschichte des Bildes;
- die Frage nach der Bedeutungs- und Mitteilungsabsicht des Künstlers und des Auftraggebers.

Bei der Beschaffung entsprechender Informationen bieten sich kunsthistorische Handbücher und Lexika als Hilfe an.

Hinweise zur Interpretation:

1 *Untersuchen Sie, mit welchen Mitteln der Maler die Stellung des Kaisers hervorhebt. Beschreiben Sie dessen Kleidung, Haltung und die Zeichen, die seine Macht symbolisieren sollen.*

2 *Analysieren Sie, für welche gesellschaftlichen Schichten die vier Personen stehen könnten, die den Kaiser umgeben. Wie drückt sich ihr Verhältnis zum Kaiser aus?*

3 *Erläutern Sie die Bedeutung der Weltkugel mit Kreuz für die kaiserliche Herrschaft.*

4 *Überprüfen Sie die Aussage, mittelalterliche Kunst zeige den Menschen nicht in seiner Individualität, sondern dieser werde stellvertretend für sein Amt oder seinen Stand dargestellt.*

5 *Mittelalterliche Kunst muss vorwiegend unter dem Gesichtspunkt gesehen werden, dass sie in christlichem Sinne die Welt deutet und nicht unter ästhetischen Gesichtspunkten die Welt darstellt. Diskutieren Sie diese These am Beispiel der Herrscherdarstellung Ottos III.*

Das europäische Mittelalter: Einheit und Vielfalt

Zusammenhänge und Perspektiven

1 *Bestimmen Sie mit Hilfe der Darstellung Ereignisse und Vorgänge, von denen in Wirtschaft, Politik, Gesellschaft und Kirche des Mittelalters grundlegende Veränderungen ausgingen.*
2 *Erläutern Sie den Aufbau der frühmittelalterlichen Grundherrschaft an einem Schaubild.*
3 *Die Zeit Karls des Großen ist seit dem 19. Jahrhundert wiederholt als „karolingische Renaissance" bezeichnet worden. Erörtern Sie, inwiefern dieser Begriff berechtigt ist.*
4 *Erklären Sie, wodurch die Stadt zu einem „revolutionären Element" im europäischen Mittelalter wurde.*
5 *Untersuchen Sie, inwiefern der Investiturstreit ein typisch mittelalterlicher Konflikt war.*
6 *Der katholische Theologe Hans Küng hat in seinem Buch „Das Christentum" die Beziehungen zwischen Christen und Islam während des Mittelalter so charakterisiert: „Von Christen, auch von christlichen Islamkennern, wird oft übersehen und ignoriert, dass nicht nur der Islam, sondern auch das Christentum einen aggressiven Universalanspruch erhoben und weniger eine Ideologie des Friedens als eine des Krieges vertreten hat. Nicht nur die Heere Muhammads, sondern auch die Karls des Großen haben jahrelang ‚heilige Kriege' von größter Grausamkeit geführt. Historisch ist unbestreitbar: Nicht nur im Islam, sondern auch im Christentum ging man […] davon aus, dass die eigene Religion die beste Gemeinschaft unter den Menschen, eine vollkommene Gesellschaft darstelle; dass ein ‚Gottesstaat' auf Erden wünschenswert wäre und die eigene von Gottes Autorität sanktionierte Lebensordnung universal gültig und deshalb im Prizip für alle Gemeinschaften und Staaten verbindlich sei; dass man deshalb verpflichtet sei, den eigenen religiösen Herrschaftsbereich möglichst auszudehnen und für diese Mission auch politische und zur Not gar militärische Mittel einzusetzen, um eine religiös einheitliche Gesellschaft heraufzuführen, die möglichst alle Menschen umfasst: der Sieg der eigenen Religion in der ganzen Welt als Endziel." – Diskutieren Sie diese These Küngs. Erörtern Sie dabei auch, ob und inwieweit diese Auffassung auch für die heutige Zeit gilt.*

Zeittafel

ca. 375	Die **Völkerwanderung** beginnt und leitet einen tief greifenden Wandel in Europa ein.
476	Mit der Absetzung des letzten römischen Kaisers endet die Geschichte des weströmischen Reiches; seit 395 war das Römische Reich geteilt.
482–751	Die **Merowinger** herrschten im Frankenreich. Der Sieg Chlodwigs I. 486 über den letzten römischen Staathalter Syagrius 486 und die Übernahme des Christentums durch die Franken 488/89 schaffen entscheidende Grundlagen für den Aufstieg der Merowinger.
529	Das erste abendländische Kloster wird durch Benedikt von Nursia (um 480–543) gegründet.
633	Die Ausbreitung des **Islams** beginnt.
8. Jh.	Das Lehenswesen setzt sich durch.
732	Die Franken besiegen die Araber bei Poitiers.
751–911	Mit der Krönung Pippins (751) zum Frankenkönig beginnt die Herrschaft der **Karolinger.** Seit der „Pippinschen Schenkung" gibt es einen Kirchenstaat. Einer der bedeutendsten karolingischen Herrscher war Karl der Große (768–814), der 800 zum Kaiser gekrönt wurde.
936–73	Der Sachsenherzog Otto I., der Große, regiert das Reich.
11. Jh.	In Mittel- und Nordeuropa setzt eine **Städtegründungswelle** ein.
1073–85	Der Reformpapst Gregor VII. fordert die Unterwerfung der weltlichen unter die geistliche Macht.

1075–1122 Im **Investiturstreit** ringen weltliche und geistliche Macht um ihre Rechte bei der Einsetzung der Bischöfe; er wird mit dem Wormser Konkordat (1122) beendet, in dem Kaiser und Papst von ihren Maximalforderungen abgehen.

1096–1270 Die vom Rittertum getragenen **Kreuzzüge** sollen das Heilige Land vom Islam befreien.

12./13. Jh. In den Städten beginnt sich das Handwerk in Zünften zu organisieren.

1152–90 Der Staufer Friedrich I. Barbarossa herrscht im Reich und betreibt eine energische Italienpolitik.

Anf. 13. Jh. Franz von Assisi (1182–1226) ruft den Franziskanerorden (Bettelorden) ins Leben; 1216 entsteht der Dominikanerorden.

1348 Eine große Pestwelle überzieht Europa.

1356 Das unter Karl IV. erlassene Reichsgrundgesetz, die **Goldene Bulle**, regelt erstmals umfassend die Königswahl durch ein Kurkollegium.

1378–1417 Das **Große Schisma** spaltet die Kirche. Es gibt zwei Päpste, einen in Rom und einen in Avignon, die sich gegenseitig befehden.

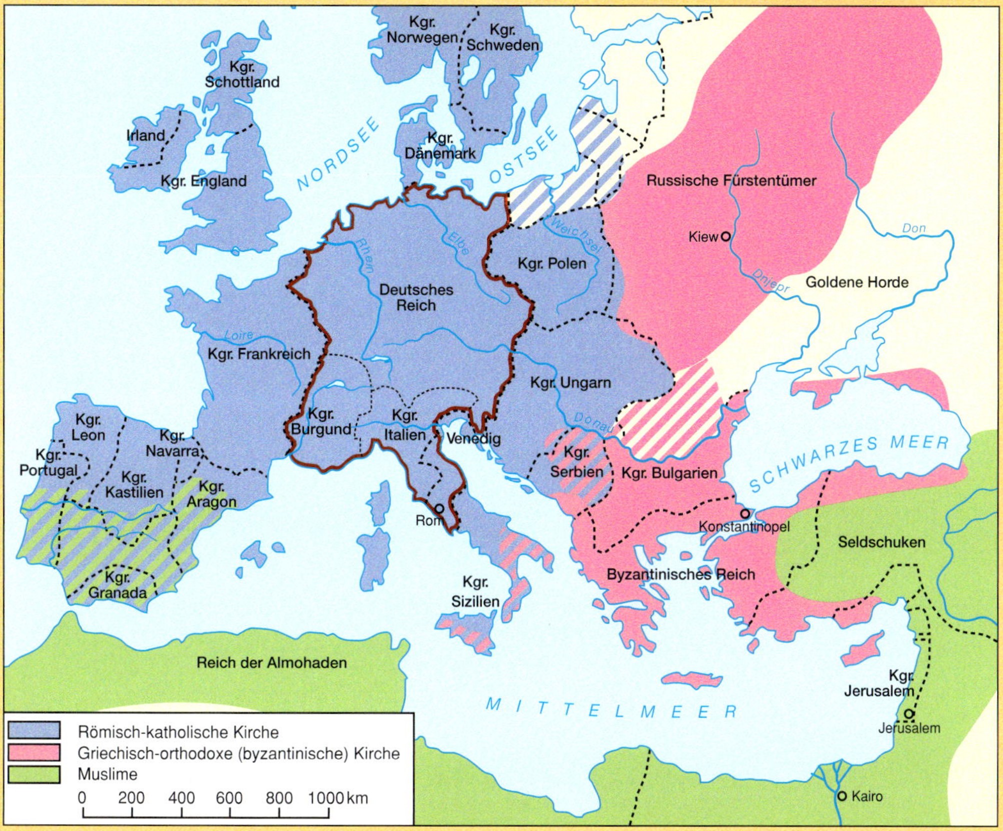

Karte 3 Staaten und Religionen in Europa um 1200

III Die frühe Neuzeit: Wege in die moderne Welt

Johann Gottlieb Geyser (1712–1803) nach Vincenzo Vangelisti (1744–1798), Balance de Fréderic, um 1780, Kupferstich und Radierung, Berlin, Staatsbibliothek Preußischer Kulturbesitz

Die Einteilung der Geschichte in scharf voneinander abgrenzbare und überschaubare Epochen gehört zu den schwierigsten Aufgaben der Geschichtswissenschaft. Wer sich auf die Erforschung politischer Entwicklungen spezialisiert hat, wird sicherlich andere Einschnitte (Herrscherwechsel, Kriege, Aufstände oder Revolutionen) betonen als der Sozial- und Wirtschaftshistoriker (Hungerkatastrophen, konjunkturelle Einbrüche, Entstehung neuer Klassen oder Schichten). Und doch ist die Gliederung der Geschichte nicht nur eine künstliche, sondern eine notwendige Maßnahme zur Erkenntnis von Vorgängen, Handlungen und Prozessen, die grundlegend neue Entwicklungen einleiteten.
Seit der Einteilung der Geschichte in Altertum, Mittelalter und Neuzeit durch die Humanisten im 15. Jahrhundert beschäftigen sich die Historiker mit der Frage, wann das Mittelalter endete bzw. die Neuzeit begann. Unter den Forschern besteht mittlerweile breite Übereinstimmung darin, dass die neuzeitliche Geschichte um 1500 einsetzte. Im ausgehenden 15. und beginnenden 16. Jahrhundert zeichneten sich tatsächlich viele Neuerungen ab, die das Leben der Menschen von Grund auf veränderten: Die Erfindung des Buchdruckes mit beweglichen Lettern um 1450 bewirkte einen Schub der Verschriftlichung, der nur vergleichbar ist mit der modernen Medienrevolution; die Zahl der Texte und darüber hinaus das Wissen stiegen sprunghaft an. Mit dem Durchbruch der Renaissance und des Humanismus im 15./16. Jahrhundert löste sich allmählich das mittelalterliche Weltbild auf, das von Kirche und Glaube beherrscht wurde. An ihre Stelle sollten nun Wissenschaft, Kunst und Literatur treten. Das Ideal war der umfassend gebildete Mensch, der sein Leben selbstbewusst und vernünftig gestaltete. Zur Erweiterung des geistigen Horizonts trug auch die Eroberung von Kolonialreichen besonders seit dem 16. Jahrhundert bei. Die Europäer entdeckten neue Kontinente und Kulturen und öffneten sich so fremden Welten. Auf wirtschaftlichem Gebiet beschleunigte die Herausbildung frühkapitalistischer Produktions- und Vertriebsformen, die zwischen dem 15. und 18. Jahrhundert von einzelnen Unternehmern, Unternehmerfamilien und Handelsgesellschaften vorangetrieben wurden, die Auflösung der feudal-ständischen Gesellschaft und der Agrarwirtschaft. Im Bereich von Kirche und Staat bedeutete die Reformation Martin Luthers zu Beginn des 16. Jahrhunderts einen tief greifenden Umbruch, weil mit ihr die kirchliche und religiöse Einheit des Mittelalters zerbrach.
Die konfessionelle Spaltung Europas seit der Reformation führte zu erbitterten Glaubenskämpfen, die die Suche nach neuen friedlichen Formen des Zusammenlebens förderte. Zahlreiche Gelehrte begründeten in ihren Staatstheorien die Notwendigkeit eines starken und mit allen Herrschaftsrechten ausgestatteten Monarchen, der das Land einen und damit retten könne. In der Praxis setzten sich derartige absolutistische Staaten im 17. und 18. Jahrhundert durch. Das bekannteste Beispiel dafür war die Regierung des Sonnenkönigs, Ludwig XIV. (1638–1715), in Frankreich. Aber auch in den deutschen Ländern gab es absolutistische Monarchen, die allerdings wie Friedrich II. von Preußen (1740–1786) Ideen der Aufklärung übernahmen. Seine Herrschaft war insofern vom Denken der Aufklärung beeinflusst, als er sein Handeln nach Prinzipien der Vernunft gestalten wollte, die der rationalen Kritik standhielten. In Europa beschritt allein England einen anderen Weg der politischen Organisation: Hier konnte das Parlament seine politische Macht seit dem 17. Jahrhundert ausbauen und die Herrschaftsgewalt des Monarchen begrenzen. Die feudal-ständische Gesellschaftsordnung und der absolutistische Staat wurden endgültig mit der Amerikanischen Revolution, die 1776 zur Unabhängigkeit der Vereinigten Staaten führte, und der Französischen Revolution von 1789 beseitigt. Die bürgerliche Gesellschaft und der demokratische Staat traten seitdem ihren Siegeszug an. Weil diese Ereignisse eine neue Epoche innerhalb der Neuzeit markieren, werden die Jahrhunderte vorher als „frühe Neuzeit“ bezeichnet.

1 Krisen und Umbrüche um 1500 – 1648

1.1 Neues Denken – neue Welt: Renaissance, Humanismus, Kolonialismus

Die Renaissance in Italien

Im 14. und 15. Jahrhundert waren die Städte in Nord- und Mittelitalien in vielen Bereichen „moderner" als die Welt nördlich der Alpen. Durch Gewerbe, Bankwesen und Fernhandel wurden sie zu einem der wichtigsten Wirtschaftszentren Europas. Trotz Pest und Notzeiten wuchs der Reichtum der bürgerlichen Oberschicht. Zwischen ihr und dem Adel gab es keine scharfe Abgrenzung, denn der Adel lebte hier auch in den Städten. Insgesamt war die Gesellschaft jener Handels- und Gewerbestädte durchlässiger als im übrigen Europa.

Ihre bürgerlich-aristokratische Elite entwickelte im 14. und 15. Jahrhundert ein ganz **neues Denken**. Als gut und tugendhaft galt ein aktives, selbstbewusstes Leben. Reichtum, der durch eigene Leistung erworben worden war, wurde nicht verachtet, sicherte er doch die Freiheit und die Unabhängigkeit des Einzelnen und auch seiner Stadt, deren Wohl jeder zu fördern hatte. Die Ideale des christlichen Mittelalters – Abkehr von der Welt, Armut, Frömmigkeit und die Ergebung in das jedem Menschen von Gott zugewiesene Schicksal – spielten für diese Bürger keine Rolle mehr. Vorbild für die Gebildeten in Florenz wurde das antike Rom zur Zeit der Republik. Aus der griechisch-römischen Philosophie und Literatur, nicht mehr aus der Bibel und den Werken der Kirchenväter, entwickelte man Richtlinien für das private und öffentliche Leben.

Diese **Hinwendung zur Antike** hat man bereits im 16. Jahrhundert als Renaissance, d.h. Wiedergeburt, bezeichnet. Es galt die in den dunklen Jahrhunderten des Mittelalters – auch dieser Begriff wurde jetzt geprägt – verschütteten Quellen des Wissens wieder freizulegen. Man fühlte sich an der Schwelle zu einer neuen Epoche (M 1), die nicht nur den Einzelnen, sondern auch die Gesellschaft zum Guten verändern werde. Optimismus ist also ein Kennzeichen der Renaissance. Man glaubte, dass die Menschen als selbstbestimmte, vernunftbegabte und schöpferische Wesen sich selbst und die Welt verändern konnten. Die Hinwendung zu einer idealisierten Antike hieß aber nicht, dass der christliche Glaube abgelehnt wurde. Die Gebildeten beriefen sich auf jene Aussage der Kirchenväter, dass auch in der antik-heidnischen Literatur und Philosophie die von Gott offenbarte Wahrheit zu finden sei.

Humanismus

Bildung und Erziehung genossen einen hohen Rang. Auf das verdorbene Latein des Mittelalters sah man mit Verachtung herab. Der Gebildete sollte sich in klassischem Latein ausdrücken und für öffentliche Tätigkeiten rhetorisch geschult sein; die Beschäftigung mit der Geschichte, Literatur und Philosophie der Antike galt als ein geeignetes Mittel, junge Menschen auf ein Leben vorzubereiten, das Wettbewerb und Verantwortung nicht scheute. Dieses **neue Erziehungs- und Bildungsideal** hat man als Humanismus bezeichnet. Nicht weltabgewandtes Gelehrten- oder Spezialistentum war das Ziel. Ideal der Erziehung war der umfassend gebildete Mensch, der sein Leben im privaten und öffentlichen Bereich durch die harmonische Verbindung von individueller Fähigkeit, umfassender Bildung und Aktivität meisterte.

Die **Künstler der Renaissance** versuchten diesem Ideal gleichzukommen. Keiner von ihnen war nur Maler oder nur Bildhauer. Die moderne Spezialisierung auf einige Bereiche war ihnen fremd. Leonardo da Vinci befasste sich ganz selbstverständlich mit Architektur, Malerei, Technik, Naturwissenschaften und Medizin, Städteplanung und Fragen der Kriegführung. Heute gelten die Malerei und die Architektur als klarste Ausprägung der Renaissance (B 1). Nach der Auffassung

B 1 Vittore Carpaccio (ca. 1455/65–1525/26), Die Rückkehr der Gesandten, Ende 15. Jh., Öl auf Leinwand, Venedig, Gallerie dell'Accademia

– *Untersuchen Sie mit Hilfe von B 1 und der Darstellung S. 47 ff., inwieweit sich die Gesellschaft in den Städten Nord- und Mittelitaliens im 14. und 15. Jahrhundert von derjenigen in Mitteleuropa unterschied. Diskutieren Sie die These, „im 14. und 15. Jahrhundert seien die Städte in Nord- und Mittelitalien in vielen Bereichen ‚moderner' als die Welt nördlich der Alpen" gewesen.*

der Künstler hatte die antike Kunst das Ideal der Schönheit und Harmonie am reinsten verwirklicht. Diesem Ideal nachzufolgen war Aufgabe der Kunst; es ging also nicht um eine möglichst „naturgetreue" Wiedergabe des Gesehenen. Jetzt blühte auch die Porträtmalerei: Man wollte das unverwechselbare und selbstständige Individuum darstellen – eine Haltung, die dem Mittelalter gänzlich fremd gewesen war.

Zögernder als Kunst und Architektur entwickelten sich die Naturwissenschaften. Doch in den Jahrzehnten um 1600 zerbrach das alte, von der Kirche vertretene Weltbild vollständig und endgültig: Nikolaus Kopernikus wies nach, dass nicht die Erde, sondern die Sonne Mittelpunkt der Welt war; die Entdeckungsreisen der Spanier und Portugiesen bestätigten nun die schon in der Antike vertretene Auffassung, die Erde sei eine Kugel (s. S. 37).

Der Kolonialismus

Ein Charakteristikum der europäischen Geschichte ist die politische und geografische Zersplitterung, was die dauerhafte Ausbildung von dezentralisierten Machtzentren förderte. Die Vielzahl konkurrierender Zentren brachte ein Wettrüsten mit einer beständigen Verbesserung der Waffen und der Kampftechniken mit sich. Politische Rivalitäten und Erfordernisse des Fernhandels hatten auch die Schiffs- und die Navigationstechnik in Europa nach 1400 derart verbessert, dass die europäischen Flotten auf den Weltmeeren bald konkurrenzlos waren. Diese Entwicklung ermöglichte die im 15. Jahrhundert einsetzende Übersee-Expansion (M2), begünstigt durch den Niedergang Chinas und

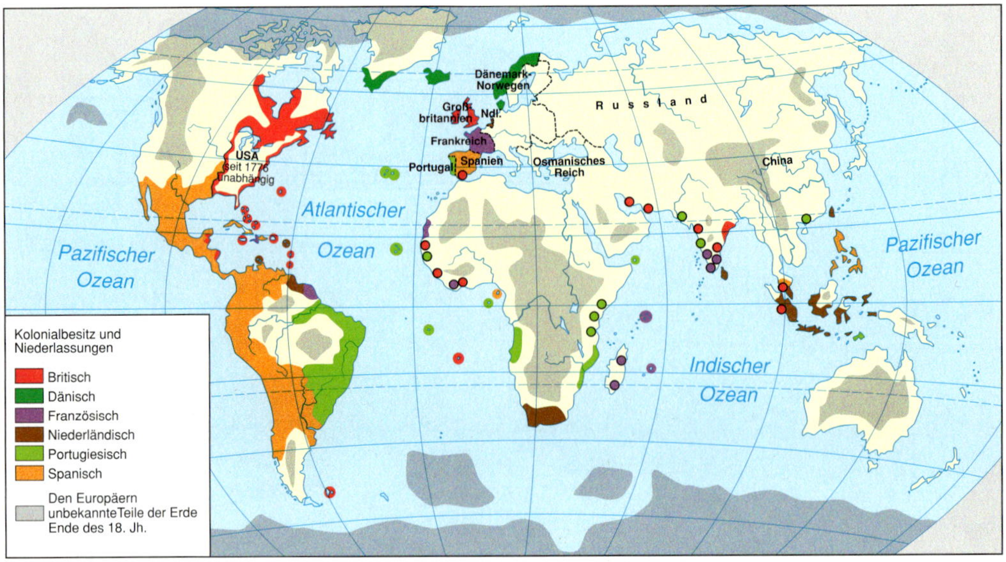

Karte 1 Die Entwicklung der europäischen Kolonialreiche bis 1763

– *Skizzieren Sie mit Hilfe von Karte 1 und der Darstellung S. 75 f. die Grundzüge des europäischen Kolonialismus in der frühen Neuzeit.*

des Osmanischen Reiches. In **Portugal und Spanien**, den Vorreitern einer über Europa hinausgreifenden Expansion, war es zum Aufbau von großen Militärpotenzialen gekommen, die deren Herrscher nach der Zurückdrängung des Islams in Spanien auf überseeische Räume lenkten. Im Vertrag von Tordesillas (1494) teilten sie die außereuropäischen Gebiete unter sich auf: Amerika fiel (mit Ausnahme von Brasilien) an Spanien, Portugal reservierte sich Asien (mit Ausnahme der Philippinen) und Afrika (Karte 1).

In Asien ging es den Europäern um den lukrativen Fernhandel mit Gewürzen und Luxustextilien. Im 16. Jahrhundert baute Portugal zu dessen Kontrolle ein Stützpunktsystem um den Indischen Ozean auf. Nach dem Machtverfall der iberischen Mächte folgten ihnen im 17. und 18. Jahrhundert vor allem englische und niederländische Handelsgesellschaften. Typisch für die **europäische Expansion in Asien** bis in das 18. Jahrhundert hinein war ihre Beschränkung auf Stützpunkte in Küstennähe und die weitgehend friedliche Zusammenarbeit mit den einheimischen Eliten. Die Niederländische Ostindien-Kompanie, die besonders am Export von indischen Textilien verdiente, trug mit der Zeit jedoch zur politischen Destabilisierung der Region bei. Sie wurde in regionale militärische Konflikte hineingezogen, was imperialistische Tendenzen nährte.

In Amerika traten die Europäer mehr als Siedler auf. In Mittel-und Südamerika gründeten sie Silberbergwerke und richteten große Plantagen ein, auf denen überwiegend Zucker, Kaffee und Kakao von indianischen und afrikanischen Sklaven in Zwangsarbeit angebaut wurden. Im Osten Nordamerikas siedelten dagegen vor allem englische, mittel- und nordeuropäische Siedler als unabhängige Bauern, nachdem sie die indianischen Einwohner vertrieben hatten. Diese bald wohlhabende und politisch selbstbewusste Mittelschicht erkämpfte in der Amerikanischen Revolution die Unabhängigkeit vom Mutterland England (s. S. 104 f.). Im 19. Jahrhundert folgten ihnen die südamerikanischen Staaten mit ihrer Unabhängigkeitserklärung von den Kolonialmächten Spanien und Portugal.

M1 **Der Philosoph Christoph Helferich über die Renaissance und das Zeitalter der Entdeckungen (1999)**

Die Deutung der Renaissance als Anbruch der Neuzeit liegt von der Sache her nahe, insofern man diese Epoche zu Recht als „Zeitalter der Entdeckungen" bezeichnet hat. Das bezieht sich gleichermaßen auf die Geografie, die Stellung der Erde im Weltraum, auf Naturwissenschaft und Technik wie in der Kunst etwa die Entdeckung der Perspektive. Als symbolische Daten sei hier nur erinnert an Gutenberg (um 1445 Buchdruck mit beweglichen Lettern), Vasco da Gama (1498 Entdeckung des Seeweges nach Indien) und Kopernikus, dessen Hauptwerk 1543 erschien. [...] „Studium" heißt eigentlich „Bemühung" und in den „Bemühungen um das Menschsein" (*studia humanitatis*), verstanden als Wiedererweckung der Alten, liegt der Fluchtpunkt der geistigen Bemühungen der Zeit. In welchem Sinne? Als Nachahmung eines unerreichbar hohen Vorbilds und Musters? Anlässlich seiner Neuausgabe der aristotelischen Politik gibt Leonardo Bruni (1369–1444), Humanist und wie sein Lehrer Coluccio Salutati Staatskanzler von Florenz, eine Antwort: *et recipienda et in usum nostrum vertenda est* – der antike Text ist sowohl aufzunehmen, zu rezipieren, als auch zum Nutzen der Gegenwart umzuwenden. „Rückgriff als Innovation" hat man dieses Verhältnis zu den Alten treffend bezeichnet, ein Verhältnis also nicht der Wiederholung, sondern der produktiven Einholung der Antike ins Bewusstsein der Gegenwart.

(Christoph Helferich, Geschichte der Philosophie, dtv, München ²1999, S. 118, © J. B. Metzlersche Verlagsbuchh. und C. E. Poeschel Verlag)

1 *Erläutern Sie, inwiefern die Renaissance ein „Zeitalter der Entdeckungen" war (M 1).*

2 *Der Historiker Peter Burke hat die folgende These zur Bedeutung der Renaissance formuliert: „Gab es nun eine Renaissance oder gab es keine? Wenn wir unter ‚Renaissance' ein Zeitalter in Purpur und Gold verstehen, ein isoliertes Kulturwunder, einen plötzlichen Einbruch der Moderne , so lautet meine Antwort: Nein. Wenn wir jedoch, eingedenk der Errungenschaften des Mittelalters oder der außereuropäischen Welt, unter ‚Renaissance' ein Ensemble von Veränderungen in der abendländischen Kultur verstehen, so scheint mir der Ausdruck als Ordnungsbegriff nach wie vor von gewissem Nutzen." Diskutieren Sie diese These anhand der Darstellung und von M 1. Erörtern Sie dabei vor allem, ob die Wiederentdeckung der Antike in der Renaissance bloß eine Rückbesinnung auf alte Denkweisen oder etwas Neues war (M 1).*

M2 **Der Historiker David K. Fieldhouse über den historischen Stellenwert der Kolonialreiche in der frühen Neuzeit (1972)**

Die Entdeckung Amerikas und das Ausfindigmachen einer direkten Seeroute nach Ostasien befreite Europa aus einer geografischen und geistigen Klausur[1] und brachte geistige Anregungen hervor [...]. Das Vorstellungsvermögen der Europäer wurde gleichfalls durch die Erfahrungen angeregt, die aus den Kontakten mit völlig verschiedenen Völkern in der westlichen Hemisphäre entstanden. [...]

Die ersten kolonialen Besitzungen waren die Folge des Strebens, der Entschlossenheit und der Fähigkeit, beschränkte materielle Möglichkeiten zielstrebig einzusetzen, während die späteren Erwerbungen Ausdruck der europäischen Weltherrschaft waren. Der Drang nach Amerika und die Öffnung des Seeweges nach Ostasien waren in gewisser Weise Ausbrüche aus der aufgezwungenen Einengung Europas. Nordafrika und die Levante[2] waren den europäischen Seemächten verschlossen, die türkische Herrschaft bedrohte die Mittelmeerländer bis zum Ende des 16. Jahrhunderts. [...] Die Christenheit musste sich noch gegen den Ansturm des Islams wehren, und aus dieser Umzingelung brachen die Europäer nach Westen über den Atlantik und nach Osten durch den Seeweg nach Asien aus, um hier mit zwar machtvollen, doch toleranten östlichen Reichen Handel zu treiben. Die Abgrenzung der Herrschaftsgebiete Europas von denen des Islams und der östlichen Kulturen erfolgte im letzten Drittel des 18. Jahrhunderts, während die Ausdehnung europäischer Herrschaftsgebiete im 19. Jahrhundert Ausdruck der sich abzeichnenden Weltherrschaft war.

(Fischer Weltgeschichte Bd. 29: Die Kolonialreiche seit dem 18. Jahrhundert, hg. u. verf. v. David K. Fieldhouse, Fischer Taschenbuch Verlag, Frankfurt/Main 1972, S. 12, 17 f.)

1 Klausur: Abgeschlossenheit
2 Levante: Länder um das östliche Mittelmeer

1 *Stellen Sie anhand von M 2 die Bedeutung der Kolonialreiche für das politische, wirtschaftliche und geistige Leben Europas in der frühen Neuzeit dar.*

2 *Untersuchen Sie die Unterschiede zwischen der Kolonialpolitik in der frühen Neuzeit und dem Imperialismus im 19. Jahrhundert (M 2). Berücksichtigen Sie dabei auch die Darstellung zum modernen Imperialismus S. 342 ff. und 347 ff.*

1.2 Neue Wirtschaftsformen: Der Frühkapitalismus

Die Bedeutung des Handels

Die frühneuzeitlichen Volkswirtschaften verfügten noch nicht über sehr viele kapitalintensive Einrichtungen oder, wie der Ökonom sagt, über ein großes, festes Kapital. Es gab in allen größeren Ländern schon zahlreiche Manufakturen, etwa für die Seiden-, Porzellan- oder Glasherstellung. Es gab Berg- und Hüttenwerke, die nicht ohne eine beträchtliche Kapitalausstattung auskamen. Aufs Ganze gesehen war die Epoche jedoch die hohe Zeit des zirkulierenden Kapitals oder des Handelskapitalismus, wie diese Form des Frühkapitalismus auch genannt wird, weil sich das Kapital überwiegend in der Hand der Fernkaufleute sammelte. Damit sind jene Kapitalbestände gemeint, die sich durch Investition in Handelsunternehmungen, nicht aber in feste Produktionsstätten aufbauten und vermehrten.
Mit anderen Worten heißt das: Kaufleute und ihre Wirtschaftsweise bestimmten das Gesicht der Epoche und mit ihnen die großen Handelsmetropolen wie Amsterdam, London, Lissabon, Hamburg oder Leipzig. Es ist kein Zufall, dass eine Hafenstadt wie Hamburg, in der Gegenwart die zweitgrößte Stadt Deutschlands, vor allem im 18. Jahrhundert ihre führende Stellung errang. Ihr Aufstieg verlief parallel zu dem des deutschen Handels, der sich in der Umgebung des höfischen Fürstenstaats entwickelte und sowohl die Luxusbedürfnisse der höfischen Gesellschaft als auch die Nachfrage nach Massengütern in der übrigen Bevölkerung zu befriedigen wusste.

„Industrialisierung" vor der Industrialisierung

Kaufleute saßen jedoch nicht nur in den Handelsmetropolen, wo sie über Flüsse und Meere am direktesten mit dem zu einem weltweiten System anwachsenden Handel verbunden waren. Auch im Binnenland gerieten wichtige Geschäftsbereiche unter ihren Einfluss. Dies gilt z. B. auch für die Produktion und den Vertrieb von Leinen. Dieser Stoff, aus Flachs gesponnen und gewebt, diente vor dem weltweiten Siegeszug der Baumwolle nahezu allein zur Herstellung von Massenbekleidung und war damit, neben dem Brotgetreide, das am meisten nachgefragte Wirtschaftsgut der frühen Neuzeit. Leinen wurde zu dieser Zeit zumeist noch nicht in Manufakturen oder Fabriken, sondern dezentral auf dem Land hergestellt. Bauern, Landarbeiter oder andere ländliche Bewohner spannen und webten, oft im Nebenerwerb, bei sich zu Hause und überließen es den herumreisenden Kaufleuten, den Verlegern, für den Absatz ihrer Produkte zu sorgen. Beide – Produzent und Verleger – waren Bestandteil des Systems der Hausindustrie oder auch des Verlagssystems, das im Europa der frühen Neuzeit weit verbreitet war und viele ländliche Gebiete prägte. Die Historiker, die dieses System erst in den letzten Jahren erforscht haben, sprechen sogar davon, dass durch die Hausindustrie schon lange vor der Industrialisierung des 19. Jahrhunderts eine Art „ländliche Industrialisierung“ stattgefunden hat. Sie nennen das Protoindustrialisierung, d. h. so viel wie „Erstindustrialisierung“. Damit ist gemeint, dass die ländliche Hausindustrie in Verbindung mit dem aus den Städten auf das Land fließenden Handelskapital schon lange, bevor Manufakturen und Fabriken das Gesicht Europas zu prägen begannen, eine ganz eigenständige, noch nicht von der Maschine, aber auch nicht mehr von der Landwirtschaft bestimmte Lebensweise der von ihr lebenden Produzenten hervorbrachte – mit einer eigenständigen Bevölkerungs- und Wirtschaftsweise und einer besonderen Mentalität (M 3a, b).

M3 Wirtschaft und Mentalitätswandel im Frühkapitalismus

a) Der Historiker Friedrich-Wilhelm Henning über Wirtschaft und Wirtschaftsgesinnung im Frühkapitalismus (1985)

Die wirtschaftlichen Erscheinungsformen der beginnenden Neuzeit werden in der Literatur häufig als Frühkapitalismus bezeichnet. Man geht dabei im Allgemeinen davon aus, dass sich hier verbunden haben:

- eine Anhäufung von Kapital im Produktionsbereich
- mit einer erwerbswirtschaftlichen Einstellung, die W. Sombart als Wirtschaftsgesinnung bezeichnet hat.

Die Wirtschaftsgesinnung, auf privat- und individualwirtschaftlicher Basis stehend, sieht als höchstes Ziel die Gewinnmaximierung an, d. h. die Erzielung eines möglichst hohen Ertrages des eingesetzten Kapitals. [...]

Entscheidend war [...]:

- Erst mit der Ausbildung der Stadtwirtschaft und vor allem mit der parallel verlaufenden Arbeitsteilung wurden die Produktionsverhältnisse so weit entwickelt,
- dass sich nunmehr eine kapitalintensive Wirtschaftsweise herausbilden konnte.
- Die Sammlung des Kapitals in der Hand der Fernkaufleute und Großunternehmer (die erst durch die Kapitalsammlung zu solchen wurden)
- war bereits Ausfluss der erwerbswirtschaftlichen Gesinnung und
- damit eine wichtige Voraussetzung zur Weiterentwicklung der Wirtschaft (durch die Beschäftigung Kapitalarmer).

Im Gegensatz zu der als Hochkapitalismus bezeichneten Situation im 19. Jahrhundert

- ersetzte das im Zeitalter des Frühkapitalismus gesammelte Kapital nicht Arbeitskräfte, d. h., es verbesserte nicht unmittelbar die Produktivität der Arbeit wie der Übergang zur Maschinenarbeit im 19. Jahrhundert,
- sondern es wurden zusätzliche, die wirtschaftliche Tätigkeit erweiternde Produktionsbereiche finanziert:
- Bergbau,
- Verlagswesen und
- weiterer Fernhandel.

(Friedrich-Wilhelm Henning, Das vorindustrielle Deutschland 800 bis 1800, Schöningh, Paderborn [4]1985, S. 213 f.)

b) Bevölkerungsindices für das von der Protoindustrialisierung erfasste Strumpfwirkerdorf Shepshed und das Bauerndorf Bottesford (Leicestershire, England) 1700–1824

	Shepshed		Bottesford	
	1700/49	1750/1824	1700/49	1750/99
Bruttoreproduktionsrate (Zahl der Geburten je Frau)	3,9	5,5	4,7	4,1
Überlebende Kinder (%)	66,8	68,6	63,3	70,2
Heiratende Kinder (%)	85,2	91,8	85,0	87,0
Nettoreproduktionsrate (heiratende Töchter je Mutter)	1,1	1,7	1,3	1,3
Jährliche Wachstumsrate (%)	0,4	1,7	0,7	0,7
Zahl der Jahre, in denen sich die Bevölkerung verdoppelt	200,6	40,1	100,0	101,4

(Nach Peter Kriedte, Spätfeudalismus und Handelskapital, Vandenhoeck, Göttingen 1980, S. 129 ff.)

1 *Stellen Sie anhand von M 3a und der Darstellung die zentralen Merkmale des Frühkapitalismus zusammen. Zeigen Sie dabei auf, welche Erscheinungen, verglichen mit der feudalen Wirtschaft, neu sind.*

2 *Erläutern Sie mit Hilfe von M 3b, welche Veränderungen der „Bevölkerungsweise" die frühe Industrialisierung hervorbrachte.*

1.3 Konfessionelle Spaltung: Reformation und Glaubenskriege

Reformation

Die Reformation (lat. reformatio = Umgestaltung, Erneuerung) war eine christliche Erneuerungsbewegung im 16. Jahrhundert, die von Martin **Luther** ausgelöst wurde. Im Mittelpunkt seines Denkens stand die Frage, wie der Mensch die Vergebung seiner Sünden und die Gnade Gottes erlangen könne. Die Kirche seiner Zeit vertrat dabei die Auffassung, dass sie allein den Weg zur Erlösung weise, wobei der Papst als Stellvertreter Christi auf Erden den Anspruch auf alleinige Herrschaft über die Gläubigen und die allgemein gültige Bibelauslegung erhob. Wer seine Sünden bereute und eine vom Priester auferlegte Bußstrafe (Gebete oder Fasten) erfüllte oder Almosen leistete, dem versprach die Kirche die Vergebung der Sünden. Diese Praxis führte zu Missständen, denn bald galt nicht mehr das freiwillige Almosen, sondern der Kauf eines Ablassbriefes zu einem festgesetzten Preis als Bedingung für den Nachlass einer Bußstrafe. Die Einnahmen aus dem Ablasshandel gingen an Kirche und Fürsten. Dagegen gelangte Luther zu der Überzeugung, dass der Mensch allein aus der Gnade Gottes und nur durch den Glauben das ewige Leben erlangen könne. Diese Einsicht bedeutete eine Kampfansage an den Papst und die Kirche: Sie besaßen für Luther nicht die Autorität, Entscheidungen in Glaubensfragen zu fällen. Richtschnur für den Christen sei die Heilige Schrift und an ihr müsse sich auch die Kirche messen lassen. Die Freiheit eines jeden Christen bestehe darin, dass er keinen Mittler zwischen sich und Gott benötige. Jeder Mensch werde durch die Taufe zum Verkünder von Gottes Wort **(Lehre vom Priestertum aller Gläubigen)**.

Neben Luther waren Ulrich Zwingli und Johannes Calvin die bedeutendsten Reformatoren. Sie verbreiteten die reformatorische Lehre nicht nur in der Schweiz, sondern veränderten auch die Gedanken Luthers. Besonders Calvin, von dessen Namen die Bezeichnung des Calvinismus abgeleitet ist, ging mit der von ihm theologisch begründeten so genannten Prädestinationslehre (lat. praedestinatio = Vorbestimmung) über Luther hinaus. Der Kern dieser Lehre besteht in der Überzeugung, dass Gott das Geschick eines jeden Menschen vorherbestimmt habe. Nicht alle Menschen waren aus der Sicht Calvins zur ewigen Seligkeit ausgewählt. Das treffe nur auf diejenigen zu, die ihr Leben dem Kampf für den Glauben widmeten. Diejenigen jedoch, die gegen die Gebote verstießen und ihre Pflichten in Gemeinde, Familie und Beruf vernachlässigten, konnten nicht auf die Gnade Gottes bauen und waren daher für ewig verdammt.

Die Obrigkeit bei Luther und Calvin

Wie standen die neuen Konfessionen zu Staat und Politik? Weder Martin Luther noch Johannes Calvin haben eigenständige Staatslehren entworfen. Ihr Problem war der Glaube, ihre Basis die Bibel. Luther hat sich freilich in mehreren Schriften zur Obrigkeit geäußert. Er begriff Glaube und Politik als **zwei voneinander getrennte Reiche** (M 4)und verlangte von den Gläubigen Unterordnung unter die Obrigkeit, solange diese nicht in die Glaubensfragen hineinredete. Für Luther war alles Weltliche ohnehin ein Reich der Sünde. Es war daher zumutbar, dass der Gläubige, der nur vorübergehend in diesem Reich leben musste, das Schwert der weltlichen Gewalt ertrug, selbst wenn es ungerecht oder gar tyrannisch war. Für die Entwicklung der lutherischen Reichsstände gewann dieses Obrigkeitsverständnis eine große Bedeutung. Denn in den meisten Territorien bereitete es – unter dem Schutz der dem Glauben dienenden Landesherrn – einem geordneten Nebeneinander beider Gewalten den Weg. Man spricht vom landesherrlichen Kirchenregiment, das für die lutherischen Reichsstände im Heiligen Römischen Reich typisch wurde. Eine besondere Obrigkeitsgläubigkeit, gar Obrigkeitsvergottung lässt sich keinesfalls auf Luther zurückführen, steht vielmehr in schroffem Gegensatz zu seiner Lehre.

Calvins wichtigstes Wirkungsfeld war die Stadt Genf. In Auseinandersetzungen mit den politischen Autoritäten der Stadt versuchte er seine Vorstellungen von einem gottgefälligen, im Dienst der „Beförderung des Gottesreichs“ stehenden Gemeinwesen zu verwirklichen. Mehr als für Luther war für Calvin Obrigkeit etwas, das von „unten“, von den Beteiligten her mitgestaltet werden musste, etwa durch die Wahl der Obrigkeit durch das Volk. Im Gegensatz zu Luther war Calvin Städter, er lebte und dachte als Bürger (M 5). Das bedeutete einerseits Aufsicht und strengste Disziplin, andererseits Engagement, Mitbeteiligung, wenn auch noch keinesfalls Demokratie im modernen Sinne. Diese **gemeindliche Einstellung**, dieses auf öffentliche Beteiligung gerichtete Denken wurde kennzeichnend für den Entstehungsprozess der angelsächsischen Demokratien, die sich zu Recht auf Calvin berufen.

Kirchenspaltung und politische Herrschaft

Als zunächst in Deutschland, später in der Eidgenossenschaft, in England, den Niederlanden, Frankreich und anderswo die Reformation die mittelalterliche Kircheneinheit auflöste, blieben die Staaten davon nicht unberührt. Politische Herrschaft hatte in der mittelalterlichen Welt immer etwas mit Gott zu tun. Sie war kein weltlicher Selbstzweck, sondern stets Verwirklichung des Willens Gottes auf Erden. Zwar war es in Europa, im Gegensatz etwa zu asiatischen Monarchien oder zu den Staaten der Antike, nicht üblich, irdische Herrschaft als gottgleich zu begreifen. Aber es galt als selbstverständlich, dass jeder Fürst in einer unmittelbaren Beziehung zu Gott stand; zwischen ihm und Gott stand niemand anderes. Und das hieß natürlich auch, dass jeder Fürst in besonderer Weise verpflichtet war, für das Wohl der Kirche zu sorgen.

Nur gab es jetzt nicht mehr die Kirche, sondern mehrere miteinander **konkurrierende Kirchen**. Und jede behauptete, im alleinigen Besitz der Glaubenswahrheit zu sein. Das forderte auch die Staaten heraus und zwang sie, Stellung zu beziehen. Im Verlauf des 16. Jahrhunderts bekam damit innerhalb des europäischen Staatensystems die Frage eine besondere Bedeutung, ob ein Staat und seine Untertanen Anhänger der alten, jetzt als „katholisch“ bezeichneten Religion blieben oder ob sie sich zu einer der neuen, „evangelischen“ Konfessionen bekannten. Mit dem Ende des Dreißigjährigen Krieges (1648) war diese Frage im Allgemeinen entschieden.

In Deutschland, dem Zentrum der Reformation, schuf der **Augsburger Religionsfrieden** von 1555 nach langen Auseinandersetzungen zwischen Kaiser und Reichsständen eine erste Grundlage für die neue deutsche Glaubensgeografie. Danach war es Sache der Landesherren, über das in ihrem Territorium herrschende Bekenntnis zu entscheiden. Wer von den Untertanen dem nicht Folge leisten wollte, konnte unter Aufgabe von Hab und Gut das Land verlassen.

Große Teile Nord- und Ostdeutschlands sowie Hessen, Ansbach-Bayreuth, das Kurfürstentum Sachsen, Württemberg und andere kleinere Territorien waren um diese Zeit lutherisch, zahlreiche Herrschaften entlang der westlichen Reichsgrenze calvinistisch; die Mehrzahl der geistlichen Territorien in Süddeutschland, das Herzogtum Bayern und die habsburgischen Ländereien – von beträchtlichen Teilen des Adels abgesehen – waren hingegen katholisch. Im Zuge der Gegenreformation zwischen 1555 und 1648 gewann der Katholizismus jedoch erhebliche Anteile zurück. Außerhalb des Reichs gelang es dem Luthertum nur noch in den skandinavischen Monarchien, staatliche Territorien als Ganzes zu erobern. Der Calvinismus, von Genf ausgehend, wurde Mehrheitskonfession in den Niederlanden und in einer Reihe von Schweizer Kantonen. In Frankreich hingegen musste er nach mehr als 30 Jahren heftigster Religionskriege dem von Rom weitgehend unabhängigen Katholizismus französischer Prägung (Gallikanismus) die Rolle der Staatsreligion überlassen. England trat unter Heinrich VIII. zum neuen Glauben Genfer Herkunft über, doch der sich herausbildende Anglikanismus bewahrte viele Formen und Traditionen des alten Glaubens.

Konfessionalisierung

Die Reformation veränderte die Staatenwelt Europas. Den größten Einfluss gewann sie aber erst, seitdem die einzelnen Glaubensgemeinschaften – das Luthertum, der Calvinismus und die durch das Konzil von Trient (1547–1563) erneuerte alte Kirche – einander als Konfessionen in heftiger Konkurrenz um die Gläubigen gegenüberstanden. Das war seit dem letzten Viertel des 16. Jahrhunderts der Fall. Ob die staatlichen Autoritäten es wollten oder nicht: Das Bekenntnis griff in alle Bereiche des öffentlichen Lebens ein und beherrschte auch die Politik so intensiv, dass von einer Trennung der Reiche im Sinne Luthers keine Rede mehr sein konnte. Diese Konfessionalisierung und **massive Abgrenzung konfessionell geprägter Territorien voneinander** bewirkte, dass Menschen desselben Volks, desselben Standes, derselben Landschaft zu Gegnern, ja Feinden wurden. Der einzige Gegensatz, der sie im Zeichen der Konfessionalisierung voneinander zu trennen begann, war kein politischer, kein sozialer, er lag auch nicht in der Sprache oder gar in der Rasse, nicht einmal im Glauben, denn sie nannten sich alle Christen, sondern allein in der Konfession, im unterschiedlichen christlichen Bekenntnis. So etwas hatte Europa zuvor nicht gekannt. Es war ein Prozess von grundlegender kultureller Bedeutung, der Europa bis in das 20. Jahrhundert hinein seinen Stempel aufdrückte.

In vielen von der Reformation berührten Territorien führte die Konfessionalisierung zu **Religions- und Bürgerkriegen**: Der Dreißigjährige Krieg, der Deutschland zwischen 1618 und 1648 entzweite, war nur der längste und grausamste unter ihnen. Er wurde dadurch so lang und folgenreich, da in den Religionskonflikt von vornherein machtpolitische Erwägungen und Entscheidungen hineinspielten, die sich, je länger der Krieg dauerte, immer mehr in den Vordergrund drängten. Zuvor hatte es schon in Frankreich mehr als dreißigjährige blutige Kämpfe zwischen zwei mächtigen, um Einfluss auf den Hof ringenden Parteien gegeben. Sie wurden ganz wesentlich vom französischen Hochadel getragen, zogen aber ihre innere, ideologische Stärke aus dem religiösen Bekenntnis: die Partei des französischen Protestantismus, die von vornehmen, dem Königshaus nahe stehenden Familien geführt wurde, und die katholische Hofpartei, die unter Führung des lothringischen Adelsgeschlechts der Guisen stand. Dass die Religionskriege in Frankreich nicht Parteikämpfe blieben, sondern allmählich das ganze Land in Mitleidenschaft zogen, war die eigentliche Katastrophe, aus der eine massive Stärkung der über den Parteien stehenden staatlichen Gewalt, des Königs, herausführte.

Auch der Freiheitskampf der nördlichen Niederlande gegen Spanien (1568–1648) war in seinem Kern ein Religions- bzw. Konfessionskrieg. König Philipp II. versuchte alle zum Calvinismus übergetretenen Niederländer in den Schoß der alten Kirche zurückzuzwingen. Dass ihm dies nicht gelang, hatte weit reichende Folgen. Denn zum ersten Mal in Europa führte hier das Konfessionsproblem – mittelbar also die Reformation – zum Entstehen eines neuen Staates: der Republik der Vereinigten Niederlande.

M4 Martin Luther (1483–1546) in seiner Schrift „Von weltlicher Obrigkeit ..." (1523)

Hie müssen wir [...] alle Menschen teilen in zwei Teil: die ersten zum Reich Gottes, die andern zum Reich der Welt. Die zum Reich Gottes gehören, das sind alle Rechtgläubigen in Christo und unter Christo. [...]

Nun siehe, diese Leute bedürfen keines weltlichen Schwerts noch Rechts. Und wenn alle Welt rechte Christen, das ist recht Gläubige wären, so wäre kein Fürst, König, Herr, Schwert noch Recht oder nütze. [...]

Zum Reich der Welt oder unter das Gesetz gehören alle, die nicht Christen sind. [...]

Darum hat Gott die zwei Regiment verordnet: das geistliche, welchs Christen und fromm Leut macht durch den Heiligen Geist, unter Christo, und das weltliche, welchs den Unchristen und Bösen wehret, dass sie äußerlich müssen Fried halten und still sein. [...]

Darum muss man diese beiden Regiment mit Fleiß scheiden und beids bleiben lassen, eins, das fromm macht, das ander, das äußerlich Frieden schaffe und bösen Werken wehret. [...]

Das weltlich Regiment hat Gesetz, die nicht weiter erstrecken denn über Leib und Gut und was äußerlich ist auf Erden. Denn über die Seele kann und will Gott niemand lassen regieren denn sich selbst allein. Darum wo weltliche Gewalt sich vermesse, der Seele Gesetz zu geben, da greift sie Gott in sein Regiment und verführet und verderbet nur die Seelen. […]

Wenn nun dein Fürst oder weltlicher Herr dir gebietet, mit dem Papst zu halten so oder so zu glauben, […] sollst du also sagen: „[…] Lieber Herr, ich bin Euch schuldig zu gehorchen mit Leib und Gut, gebietet mir nach Eurer Gewalt Maß auf Erden, so will ich folgen. Heißt Ihr mich aber glauben […], so will ich nicht gehorchen. Denn da seid Ihr ein Tyrann und greift zu hoch, gebietet, da Ihr weder Recht noch Macht habt […]." Nimmt er dir darüber dein Gut und straft solchen Ungehorsam: Selig bist du und danke Gott, dass du würdig bist, um göttlichen Worts willen zu leiden […].

Und sollst wissen, dass von Anbeginn der Welt gar ein seltner Vogel ist um einen klugen Fürsten, noch viel seltnerer um einen frommen Fürsten. […] Denn es sind Gottes Stockmeister und Henker und sein göttlicher Zorn gebraucht ihrer, zu strafen die Bösen und äußerlichen Frieden zu halten. […]

Wie, wenn denn ein Fürst Unrecht hätte, ist ihm sein Volk auch schuldig zu folgen? Antwort: Nein. Denn wider Recht gebührt niemand zu tun; sondern man muss Gott […] mehr gehorchen denn den Menschen. – Wie, wenn die Untertanen nicht wüssten, ob er Recht hätte oder nicht? Antwort: Solange sie es nicht wissen noch erfahren konnten […], so mögen sie folgen ohn Gefahr der Seelen. […] Denn welchs Teil hie geschlagen wird, es habe Recht oder Unrecht, muss es für eine Strafe von Gott aufnehmen. […] Denn es gilt bei Gott gleich viel, ob er dich durch einen rechten oder unrechten Herrn um dein Gut und Leib bringet. Du bist seine Kreatur, er mag's mit dir machen, wie er will; wenn nur dein Gewissen unschuldig ist.

(Nach: Arnold Bergstraesser/Dieter Oberndörfer [Hg.], Klassiker der Staatsphilosophie, Bd. 1, Köhler, Stuttgart 1975, S. 126 ff.)

M5 Johannes Calvin (eigentl. Jean Cauvin, 1509–1564) in seinem 1535 verfassten Hauptwerk „Institutio Christianae Religionis" zum Widerstandsrecht

Hier [gegenüber einer ungerechten Obrigkeit] offenbart sich nun Gottes wunderbare Güte, Macht und Vorsehung. Denn bald erweckt er aus seinen Knechten öffentliche Erwecker und rüstet sie mit seinem Auftrag aus, um eine mit Schandtaten beladene Herrschaft zur Strafe zu ziehen […]. So hat er das Volk Israel aus der Tyrannei des Pharao durch Mose […] zur Freiheit führen lassen […].

Aber wie man auch die Taten der Menschen selbst beurteilen mag, so führte der Herr doch durch diese Taten gleichermaßen sein Werk aus, indem er das blutige Zepter schamloser Könige zerbrach und manch unerträgliche Herrschaft stürzte. Das sollen die Fürsten hören – und darob erschrecken!

Wir aber sollten uns unterdessen nachdrücklich hüten, diese Autorität der Obrigkeit, die mit verehrungswürdiger Majestät erfüllt ist und die Gott durch die ernstesten Gebote bekräfitigt hat, zu verachten oder zu schänden – selbst wenn sie bei ganz unwürdigen Menschen liegt […]. Denn wenn auch die Züchtigung einer zügellosen Herrschaft Gottes Rache ist, so sollen wir deshalb doch nicht gleich meinen, solch göttliche Rache sei uns aufgetragen – denn wir haben keine andere Weisung, als zu gehorchen und zu leiden.

Dabei rede ich aber stets von amtlosen Leuten. Anders steht nun die Sache, wo Volksbehörden eingesetzt sind, um die Willkür der Könige zu mäßigen […]. Diese Gewalt besitzen, wie die Dinge heute liegen, vielleicht auch die drei Stände in den einzelnen Königreichen, wenn sie ihre wichtigsten Versammlungen halten. Wo das also so ist, da verbiete ich diesen Männern nicht etwa, der wilden Ungebundenheit der Könige pflichtgemäß entgegenzutreten, nein, ich behaupte geradezu: Wenn sie Königen, die maßlos wüten und das niedrige Volk quälen, durch die Finger sehen, so ist solch ihr absichtliches Übersehen immerhin nicht frei von schändlicher Treulosigkeit; denn sie verraten ja in schnödem Betrug die Freiheit des Volkes, zu deren Hütern sie, wie sie wohl wissen, durch Gottes Anordnung eingesetzt sind!

(Geschichte in Quellen, Bd. 3, bearb. v. Fritz Dickmann, bsv, München 1966, S. 251 f.)

1 *Fassen Sie die Zwei-Reiche-Lehre Luthers in eigenen Worten zusammen und erläutern Sie, welche Aufgaben die Regierung hat (M 4).*

2 *Untersuchen Sie, wie Calvin das Verhältnis des Einzelnen zur Obrigkeit sieht (M 5). Wer darf Widerstand leisten?*

3 *Vergleichen Sie die Aussagen Luthers (M 4) und Calvins (M 5) zum Widerstandsrecht.*

2 Staat und Gesellschaft im 17. und 18. Jahrhundert

2.1 Der absolute Staat: Das Modell Frankreich

Entstehung des absoluten Staates

Die Religionskriege verursachten in allen beteiligten Ländern gewaltige materielle und soziale Kosten. Mit diesen Kriegen in Mittel- und Westeuropa veränderte sich die wirtschaftliche, politische und religiöse Lage auf dem Kontinent und das politische Denken stellte sich darauf ein. Politische Philosophen und Staatsmänner entwarfen eine durch den Staat zu schaffende und zu überwachende Ordnung. Je mehr Unordnung in diesen Staaten herrschte, desto mehr Faszination übte eine solche Idee aus. Immer mehr Menschen glaubten an die Vorstellung, der Staat sei eine über den Interessen der Bevölkerung, insbesondere über den religiösen Parteien stehende Kraft, die über eine eigene Räson, eine eigene, nicht weiter ableitbare Begründung – die Staatsraison – verfüge. Und in diesem Zusammenhang entwickelte sich auch die Auffassung, dass den Repräsentanten des Staates – den Fürsten – eine deutlich über alle Untertanen hinausgehobene Stellung eingeräumt werden müsse, wenn sie der Ordnungskraft „Staat“ und ihren „Interessen“ wirkungsvoll dienen sollten.

Legitimation des Absolutismus

Man spricht von der Epoche der absoluten Monarchie oder des Absolutismus, die nach dem Ende der Religionskriege in Europa anbrach. Das Wort „absolut“ bedeutet wörtlich „losgelöst“; es entstammt der römischen Rechtslehre und wurde im 16. Jahrhundert von dem französischen Juristen Jean **Bodin** in die Staatslehre eingeführt. Er erklärte die Souveränität zum Wesensmerkmal des Staates (M 6). Darunter verstand er die Ausübung des Herrscheramtes auf Lebenszeit durch den König, dessen Macht absolut sein sollte. Ein Wahlkönigtum schloss er ausdrücklich aus. Nur der König besaß für Bodin das Recht, Gesetze zu erlassen und aufzuheben, wobei dieser lediglich durch die Gebote Gottes beschränkt wurde.

Dagegen begründete der englische Philosoph Thomas **Hobbes** in seinem Werk „Leviathan“ (1651) das Recht des Fürsten auf absolute Souveränität mit der Lehre vom Gesellschaftsvertrag (B 2). Die Erfahrung der Religionskriege bestärkte ihn in seiner pessimistischen Auffassung, dass der Mensch von Natur aus eigensüchtig sei. Der menschliche Egoismus führe notwendig zum Kriege aller gegen alle, wenn keine staatliche Zwangsgewalt für den inneren Rechtsfrieden sorge. Da aber alle Menschen nach einem angenehmen Leben strebten, meinte Hobbes, hätten sie freiwillig einen Vertrag miteinander abgeschlossen, in dem sie auf alle Rechte und Freiheiten verzichteten und dem Monarchen das Recht übertrugen, mit unbeschränkter Machtfülle zu herrschen.

Der französische Theologe, Bischof und Prinzenerzieher am Hofe Ludwigs XIV., Jacques-Bénigue **Bossuet**, fasste schließlich später die Staatsvorstellungen seiner Zeit zu einer allgemeinen Theorie des Absolutismus zusammen. Er legitimierte die absolute Vorrangstellung des Königs mit dessen Gottesgnadentum. Unter Berufung auf die sakrale Stellung des Monarchen sprach er allen anderen gesellschaftlichen und politischen Gruppen und Institutionen das Recht auf Widerstand gegen die königlichen Entscheidungen ab. Dem König allein, nicht aber den Ständen und Provinzen stand daher das Recht auf Gewaltanwendung und damit die Verfügungsgewalt über das Heer zu.

B 2 Titelkupfer der Erstausgabe des „Leviathan" von Thomas Hobbes, 1651, London, British Museum (Ausschnitt)

Entmachtung des Adels

In der Selbstdarstellung des französischen Königs **Ludwig XIV.**, des Sonnenkönigs (M 7), verkörperten sich alle Ansprüche des Absolutismus und führten dazu, dass seine Herrschaft für den Fürstenstaat in Europa zum Vorbild schlechthin wurde. Bereits während der Regierungszeit seines Vorgängers, Ludwig XIII. (1601–1643), war die Monarchie entscheidend gestärkt worden. Seine ersten Minister, die Kardinäle Richelieu und ab 1642 Mazarin, hatten das Steuerbewilligungsrecht der Stände beschnitten und die Verwaltung zentralisiert. Der König berief nach 1614 den Rat der Generalstände nicht mehr ein und begrenzte die Rechte des Pariser Parlamentes, also des Gerichtshofes, auf Mitwirkung bei der Gesetzgebung. Der Versuch von Adel und Parlament, nach dem Tode Ludwigs XIII. im so genannten **Aufstand der Fronde** die alte Machtstellung wiederzuerlangen, scheiterte 1652 an der Uneinigkeit und den Sonderinteressen innerhalb dieser Opposition.

Ludwig XIV. (1638–1715) trieb die Entmachtung des Adels weiter voran. Dem König blieb stets bewusst, dass der Aufstand der Fronde, der ihn und seinen Hof zeitweilig aus Paris vertrieb, die Monarchie erheblich gefährdet hatte. Er zog die Adeligen an den neuen **Hof in Versailles**, gab ihnen bezahlte Hofämter und verbot ihnen gleichzeitig jede sonstige wirtschaftliche Betätigung. Ein Zuwiderhandeln gegen dieses Verbot hätte für den Hochadel den Verlust der sozialen Privilegien bedeutet, wie z. B. der Steuerfreiheit und des privilegierten Gerichtsstandes. Neben seiner wirtschaftlichen Basis wurde durch die Ausdehnung der staatlichen Verwaltung auch die politische Macht des Adels in den Provinzen beschnitten. Beschränkt auf nur noch repräsentative Aufgaben und eingebunden in das kostspielige Hofleben, wurde der Adel zusehends vom König abhängig.

Aufwertung des Bürgertums

Bisher hatte der Adel ein gewissermaßen natürliches Vorrecht auf die höchsten Staatsämter gehabt. Ludwig XIV. änderte diese Politik und berief stattdessen erfahrene fähige **bürgerliche Räte und Minister** als Gegengewicht gegen den machtbewussten Adel. Die bürgerlichen Berater des Königs verdankten ihm ihren sozialen Aufstieg und waren ihm daher besonders verpflichtet. Auch die Regierungsorganisation änderte sich. Der König ersetzte das Amt des Ersten Ministers durch mehrere Ministerien, die sowohl bestimmte Provinzen als auch Sachressorts betreuten. Die Minister besaßen das Vorrecht auf direkten Vortrag beim Monarchen und Zutritt zum wichtigsten Regierungsgremium, dem „Conseil d' Etat du Roi". Die letzte Entscheidung in allen politischen Fragen behielt sich allerdings der König selber vor. Aus dem Bürgertum stammten darüber hinaus die Vertreter des Königs in den Provinzen, die 33 **Intendanten**. Sie wurden neben die politisch entmachteten adeligen Gouverneure gestellt und sollten den königlichen Willen in den einzelnen Landesteilen durchsetzen. Dabei waren die Intendanten auf strikte Loyalität verpflichtet: Sie hatten die königlichen Weisungen ohne inhaltliche Prüfung auszuführen. Da im Frankreich des 18. Jahrhunderts der Kauf von öffentlichen Ämtern üblich war, gelangte in der Regel nur das finanzkräftige Bürgertum in diese wichtigen Staatspositionen. Für die Bürgerlichen bot der Kauf eines solchen Amtes eine gute Chance, ihr soziales Prestige zu erhöhen. Der König konnte durch den **Ämterhandel** den Staatshaushalt aufbessern und besaß gleichzeitig ein Kontrollinstrument. Bei ihm lag das Entscheidungsmonopol für die Rekrutierung der Beamten, sodass nur loyale Bürger in den Staatsdienst aufgenommen wurden.

Aufbau des Militärwesens

Zu den wichtigsten Machtmitteln des absoluten Königtums gehörte die Armee. Sie diente nicht nur der Kriegführung, um die Vormachtstellung Frankreichs in Europa zu sichern, sondern sollte auch im Innern für Ordnung sorgen. Wurden vorher für Kriegseinsätze eigens Söldner angeworben und nach Kriegsende wieder entlassen, baute Ludwig XIV. ein **stehendes Heer** auf, das seinem direkten Oberbefehl unterstand.

B 3 Pierre Mignard (1612–1695), Ludwig XIV., um 1664, Öl auf Leinwand, Versailles, Schloss

– *Beschreiben Sie die Herrscherauffassung, die Mignard (B 3) in seinem Gemälde von Ludwig XIV. ausdrückt.*

Die Regierung finanzierte die Armee und beschäftigte sie in Friedenszeiten mit Manövern und Exerzieren. Das Militär verschlang zeitweilig fast die Hälfte des Staatshaushaltes, sodass die Steuern ständig erhöht werden mussten. Von 1661 bis Anfang des 18. Jahrhunderts stieg die Truppenstärke um das Zehnfache auf 400 000 Mann. Um diesen gewaltigen Ausbau der Armee durchzusetzen, zwang man Rekruten oft mit List und Gewalt in den Militärdienst. Strenge Disziplinarstrafen sorgten für bedingungslosen Gehorsam. Die Offiziere verpflichtete sich der König, indem er ihnen auf den Kadettenschulen eine systematische Ausbildung und nach dem aktiven Dienst eine staatliche Unterstützung bot.

Staat und Wirtschaft

Auch die Wirtschaft stand im Dienst von Staat und Monarchie, nicht umgekehrt. Diese Politik bezeichnet man als Merkantilismus und meint damit, dass alles gefördert wurde, was den wirtschaftlichen Nutzen des eigenen Staates mehrte. Frankreich hat unter Richelieu und Colbert eine Reihe von merkantilistischen Wirtschaftsgedanken wie im Lehrbuch ausgeführt. Es baute seine Handelsflotte aus, erwarb im Norden Amerikas große Kolonien, errichtete Manufakturen für die Waffenproduktion oder für gewerbliche Güter des gehobenen Bedarfs (Seide, Gobelins, Glas), es gründete Handelsgesellschaften und führte gegen die Konkurrenz im Norden, die Niederlande, regelrechte Handelskriege. Die im 18. Jahrhundert gegründete Porzellanmanufaktur von Sèvres hat Weltruf erlangt, nicht anders als die sächsischen Gründungen in Meißen und Dresden. Und dennoch ist Frankreich niemals, wie die Niederlande oder England, zu einer führenden Handelsnation in Europa geworden. Zu sehr standen Handels- und Wirtschaftspolitik hier im Zeichen der Militärmonarchie, zu sehr ging es um staatliche Geldabschöpfung statt um Freiheit des Handels, zu sehr hatte überall der Fiskus seine Hände im Spiel.

Grenzen des Absolutismus: die Kirchenpolitik

Der absolutistische Staat beanspruchte zwar das Monopol aller politischen Macht, in der Praxis gelang ihm das jedoch nicht immer. Besonders in der Kirchenpolitik stieß der absolute Monarch an seine Grenzen. Ludwig XIV. versuchte eine **katholische Staatskirche** mit königlichem Weisungsrecht bei den Ernennungen von Bischöfen und Äbten durchzusetzen. Diese so genannten Gallikanischen Freiheiten wurden 1682 vom Konzil zu Paris bestätigt, vom Papst jedoch nicht anerkannt. In dem langwierigen Streit zwischen Versailles und Rom musste der König schließlich einlenken und sein Ziel einer vom Papst unabhängigen, lediglich vom Monarchen gelenkten Staatskirche aufgeben. Auch bei dem Versuch, die protestantischen Hugenotten in die katholische Kirche zurückzuzwingen, scheiterte Ludwig XIV. Da ihm eine religiöse Minderheit außerhalb der Nationalkirche politisch gefährlich erschien, hob er 1685 das Edikt von Nantes auf, das den Hugenotten bislang Religionsfreiheit garantiert hatte. Als Folge verließ eine Viertelmillion Menschen das Land. Das bedeutete für Frankreich einen schmerzhaften wirtschaftlichen Aderlass und schwächte das Ansehen des Königs.

M6 Jean Bodin über die Stellung des Monarchen im Staat, 1576

Wie aber ist nun derjenige zu beurteilen, der vom Volk die absolute Gewalt bis an sein Lebensende übertragen erhalten hat? Hier sind zwei Fälle zu unterscheiden. Ist ihm die absolute Gewalt schlechthin, also nicht in der Eigenschaft als Amtsträger, als bloßer Kommissar oder auf Widerruf übertragen, so besteht kein Zweifeln, dass er dann souveräner Monarch ist und sich als solcher bezeichnen darf. Denn dann hat sich das Volk seiner souveränen Gewalt zu seinen Gunsten begeben, seine ganze Macht, Autorität, Vorrangstellung und sämtliche Hoheitsrechte sind auf ihn und [sozusagen] in ihn hinein übertragen, also ganz, wie wenn jemand sein gesamtes Eigentum mitsamt dem Besitz verschenken würde. [...]

Überträgt das Volk dagegen seine Gewalt jemandem auf Lebenszeit in der Eigenschaft als Beamter oder Vertreter oder auch nur, um die bloße Ausübung seiner Befugnisse einem anderen zu überlassen, dann ist dieser nicht Souverän, sondern nur schlichter Beamter, Stellvertreter, Regent, Gouverneur, Wahrer und Verwalter fremder Machtbefugnisse. [...] „Souveränität", die einem Fürsten unter Auflagen und Bedingungen verliehen wird, ist also eigentlich weder Souveränität noch absolute Gewalt [...].

Daraus folgt, dass das Hauptmerkmal des souveränen Fürsten darin besteht, der Gesamtheit und den Einzelnen das Gesetz vorschreiben zu können, und zwar, so ist hinzuzufügen, ohne auf die Zustimmung eines Höheren oder Gleichberechtigten oder gar Niedrigeren angewiesen zu sein. Denn wenn der Fürst kein Gesetz ohne die Zustimmung eines über ihm Stehenden erlassen darf, dann ist er in Wirklichkeit Untertan.

(Jean Bodin, Sechs Bücher über den Staat, übers. v. Bernd Wimmer, C. H. Beck, München 1981, S. 205 ff.)

M7 Ludwig XIV. (1661–1715) erläuterte in den Aufzeichnungen für seinen Sohn, später als „Memoiren" bezeichnet, das von ihm gewählte Symbol der Sonne. Die Idee entstand 1662 bei einem Fest.

Das Ringelstechen [...] war zunächst nur als angenehme Belustigung geplant worden. Mehr und mehr ereiferte man sich und es wurde zu einem großartigen und bedeutenden Schauspiel, sei es durch die Anzahl der Spiele, durch die neuartigen Kostüme oder durch die Mannigfaltigkeit der Sinnbilder. Damals wählte ich zum ersten Mal die Devise, die ich seitdem immer beibehalten habe und die du an so vielen Orten erblickst. Ich war der Meinung, dass sie sich nicht bei irgendetwas Untergeordnetem und Gewöhnlichem aufhalten, sondern gewissermaßen die Pflichten eines Herrschers darstellen und mich selber ständig an ihre Erfüllung mahnen sollte. Man wählte daher als Figur die Sonne, die in den Spielregeln dieser Kunst die Vornehmste von allen ist und durch ihre Einzigartigkeit, durch den Glanz, der sie umgibt, durch das Licht, das sie anderen, sie wie ein Hofstaat umgebenden Sternen mitteilt, durch die gleichmäßige Gerechtigkeit, mit der sie dieses Licht allen Zonen der Erde zuteilt, durch das Gute, das sie allerorten bewirkt, indem sie unaufhörlich auf allen Seiten Leben, Freude und Tätigkeit weckt, durch ihre unermüdliche Bewegung, die gleichwohl als ständige Ruhe erscheint, durch ihren gleich bleibenden und unveränderlichen Lauf, von dem sie sich nie entfernt und niemals abweicht, sicher das lebendigste und schönste Sinnbild eines großen Herrschers darstellt.

(Geschichte in Quellen, Bd. 3, bearb. v. Fritz Dickmann, bsv, München 1966, S. 428)

1 *Erläutern Sie den Begriff der „Souveränität" bei Bodin (M 6).*

2 *Interpretieren Sie die Herrschaftsauffassung Ludwigs XIV. (M 7) und vergleichen Sie diese mit der von Bodin (M 6).*

2.2 Die europäische Aufklärungsbewegung

Was ist Aufklärung?

In seiner berühmten Definition aus dem Jahre 1784 beschrieb der deutsche Philosoph **Immanuel Kant** die Aufklärung als eine intellektuelle Bewegung, die den „Ausgang des Menschen aus seiner selbst verschuldeten Unmündigkeit" anstrebe. Dieser Satz enthält den Kern des aufklärerischen Denkens, dessen Leitmotiv lautet: „Sapere aude! Habe Mut, dich deines eigenen Verstandes zu bedienen!" Kant begründete diese Forderung mit dem Argument: „Unmündigkeit ist das Unvermögen, sich seines Verstandes ohne Leitung eines anderen zu bedienen. Selbst verschuldet ist diese Unmündigkeit, wenn die Ursache derselben nicht am Mangel des Verstandes, sondern der Entschließung und des Mutes liegt, sich ohne Leitung eines anderen zu bedienen."

Grundlegend für die Aufklärung war die Überzeugung, dass der Mensch vernünftig sei und sein Leben nach den Regeln der **Vernunft** gestalten könne und solle, statt sich an Vorurteilen und ungeprüften Traditionen zu orientieren. Die Aufklärer – freie Schriftsteller, Philosophen, Pastoren, Lehrer, Professoren, Staatsmänner, Verwaltungsbeamte nicht nur in Deutschland, sondern in ganz Europa – erhoben den Anspruch, ein neues Zeitalter einzuleiten, in dem das „Licht der Vernunft" herrsche an Stelle unbewiesener Glaubenssätze und kirchlicher Dogmatik wie im „finsteren Mittelalter". Ihr Ziel war der selbstbewusste und kritische – heute würde man sagen: der mündige – Bürger. Die Aufklärung ermunterte die Menschen zu **Kritik** und geistiger Freiheit und forderte **Toleranz** gegenüber Andersgläubigen und anders Denkenden. Das Denken der Aufklärer war sehr stark auf die Diesseitigkeit des Menschen und nicht mehr auf eine religiös begründete Jenseitigkeit ausgerichtet. Der Einzelne sollte sein Leben selbst in die Hand nehmen, auf die Nützlichkeit seiner Handlungen achten und auf Erden glücklich werden.

B 4 Daniel Chodowiecki (1726–1801), Verbesserte Erziehung, 1801, Radierung und Kupferstich, Berlin, Märkisches Museum

– *„Natur! Schule! Leben! Ist Freundschaft unter diesen dreien, so wird der Mensch, was er werden soll und nicht allsobald sein kann: fröhlich in Kindheit, munter und wissbegierig in Jugend, zufrieden und nützlich als Mann", meinte Johann Bernhard Basedow (1724–1790), einer der führenden deutschen Schulreformer der Aufklärung.*
Interpretieren Sie das Bild B 4 und erörtern Sie dabei, inwieweit die Erziehungsgrundsätze Basedows verwirklicht wurden.

Das Menschenbild der Aufklärung

Die Aufklärung setzte sich scharf ab von der bis ins 18. Jahrhundert allgemein verbindlichen christlichen Lehre, nach der auf jedem Menschen die Erbsünde und damit das Böse laste. Da sich der Mensch aus eigener Kraft nicht vom Bösen befreien könne, bedürfe er dazu der göttlichen Gnade. Die Aufklärer lehnten dieses skeptische Menschenbild ab; ihre fortschrittsoptimistische Philosophie beruhte vielmehr auf der Idee einer grundsätzlichen **Autonomie des Individuums.** Jeder Mensch war in ihren Augen von Gott mit Vernunft ausgestattet worden. Als vernunftbegabte Wesen aber waren die Menschen nicht nur von Natur aus gleich, sondern auch zu eigenständigem Denken und Handeln sowie zum Guten und zu persönlichem Glück fähig.
Eine entscheidende Bedingung für diesen Fortschrittsoptimismus der Aufkärung war die Annahme einer natürlichen Bildsamkeit und **Erziehungsfähigkeit des Menschen.** Die Aufklärer waren fest davon überzeugt, dass jeder Einzelne zur Mündigkeit und zur Humanität erzogen werden könne (B 4). Dieses Erziehungsideal hat besonders der aus Genf stammende Philosoph Jean-Jacques Rousseau (1712–1778) in seinem Roman „Emile“ vertreten (M 8).

Legitimation des modernen Verfassungsstaates

Die Aufklärung hat die Grundlagen für den modernen Verfassungsstaat gelegt. In ihren Schriften haben sich die Aufklärer intensiv damit auseinander gesetzt, wie legitime, d.h. rechtmäßige politische Herrschaft begründet und nach welchen Regeln sie ausgeübt werden könne. Die von ihnen formulierten Prinzipien haben bis heute ihre Gültigkeit behalten. Hierzu gehören
1. das Prinzip der **Gewaltenteilung**, das die Trennung von Exekutive und gesetzgebender Gewalt sowie die Sicherung einer unabhängigen Rechtsprechung vorsieht;
2. die Bindung des Gesetzgebers an **Grund- und Menschenrechte**;
3. das Prinzip der **Volkssouveränität**, das das Recht zur Gesetzgebung den gewählten Vertretern des Volkes vorbehält.
Diese Prinzipien dienten zum einen dazu, den Machtanspruch des absoluten Monarchen zu begrenzen. Den Untertanen und Bürgern sollten bestimmte Freiheitsrechte sowie die Möglichkeit zur Mitsprache bei politischen Entscheidungen garantiert werden. Zum anderen richteten sich diese Grundsätze gegen den Anspruch des absoluten Monarchen, seine Herrschaft beruhe auf dem Gottesgnadentum. Die Aufklärer lehnten eine sakrale Begründung politischer Herrschaft ab und wollten deren Ausübung an rationale und für jeden Einzelnen, also auch für den Herrscher, verbindliche Normen binden.

Verbreitung der Aufklärung

Bücher, Zeitschriften, moralische Wochenschriften, Zeitungen, Schulprogrammschriften, selbst Kalender und andere alltägliche Gebrauchsschriften wurden in allen europäischen Ländern zu Medien der Aufklärungsbewegung. Man traf sich in gelehrten Gesellschaften, so genannten Patriotischen Vereinigungen und Kaffeehäusern, um über gemeinsame Interessen und Ziele zu sprechen. In den Kollegien einzelner Gymnasien und Universitäten, im späteren 18. Jahrhundert zunehmend auch in geheimen Gesellschaften, z. B. bei den Freimaurern, versicherten sich Aufklärer ihrer Gesinnung und ihres praktischen Tuns. Und wenn sie nicht in der Lage waren, sich zu treffen, schrieben sie sich Briefe. Das 18. Jahrhundert wird nicht zuletzt durch die Schreibfreudigkeit der Aufklärer zu einem Jahrhundert der Briefkultur. Diese rege Kommunikation sorgte für die Verbreitung ihrer Ideen über den Kreis der Gebildeten hinaus. Die Historiker konnten für Frankreich nachweisen, dass das Gedankengut der Aufklärer durchaus in breiteren Schichten der Gesellschaft aufgenommen wurde und das Verhalten der Menschen veränderte (M 9).

Folgen der Aufklärung

Die Aufklärer wollten den Menschen in die Lage versetzen, Kenntnisse über seine Umwelt zu erlangen und sein Leben mit Hilfe dieser Kenntnisse gut einzurichten. Diese Zielrichtung war vor allem in Deutschland von Bedeutung, besonders in seinem protestantischen Norden. Im Zeitraum zwischen 1760 und 1790 war hier das aufklärerische Schrifttum angefüllt mit zahllosen Reformvorschlägen, von denen viele auch tatsächlich in der Wirklichkeit erprobt wurden. Der relativ enge Kontakt, den die deutsche Aufklärung zum deutschen Fürstenstaat des 18. Jahrhunderts gewann, hat in der Bezeichnung „aufgeklärter Absolutismus" (s. S. 93) für das Preußen Friedrichs II., das Österreich Josephs II. und für viele kleinere deutsche Fürstentümer Ausdruck gefunden. **Reformen** des Gesundheits- und Medizinalwesens, Schulreformen, landwirtschaftliche Verbesserungen, Reformen des Straf- und Zivilrechts, Reform des Kirchenwesens und der kirchlichen seelsorgerischen Praxis – das waren typisch aufklärerische Projekte des späten 18. Jahrhunderts.

In welchem Maße die Auklärung die konkrete Politik beeinflusste, lässt sich an der **Reform der Armenfürsorge** eindrucksvoll aufzeigen. Ihr kam deswegen besondere Bedeutung zu, weil die Armut ein fester Bestandteil der alteuropäischen Zivilisation war, und der Kampf gegen sie war eine der Voraussetzungen für die übrige Bevölkerung, ihr Alltagsleben in Ruhe zu verbringen. Bis ins 18. Jahrhundert war die Versorgung der Armen im Wesentlichen Sache der Kirchen, in den großen Städten auch der städtischen Institutionen. Ihr Konzept war seit Jahrhunderten das gleiche: ein ausgedehntes Almosenwesen. Die Aufklärung führte hier ein neues Denken ein: Armut sollte nicht mehr als gegebenes Schicksal hingenommen werden, sondern als Zustand, der durch entschiedenes Handeln der Betroffenen selbst verändert werden konnte. Durch eine Erziehung zur Arbeit versuchte die Pädagogik der Aufklärung der Armut zu begegnen, durch die Einrichtung von Arbeitshäusern, durch entsprechenden Unterricht in den Waisenhäusern, durch die Betonung von Fleiß und „Industriosität" im Unterricht des niederen Schulwesens in Stadt und Land.

Nicht nur diese – den Armen keinesfalls schonenden, sondern ihn hart in das Arbeitsleben stoßenden – Ideen waren neu, sondern auch die Art, wie sie durchgesetzt wurden. Berühmt geworden ist die Armenpolitik der Stadt Hamburg. Die Führungsschichten der Stadt, die in der „Gesellschaft zur Beförderung der Manufakturen, Künste und nützlichen Gewerbe" (Patriotische Gesellschaft) zusammenarbeiteten, diskutierten die neuen Gedanken so lange, bis Senat und Bürgerschaft 1788 schließlich die Hamburger Armenanstalt errichteten. In ihr sollte jeder hamburgische Arme Arbeit finden, und es sollte sichergestellt sein, dass keiner mehr „einen Schilling erhielt, den er nicht selbst zu verdienen im Stande gewesen wäre". Arbeitszwang und behördliche Arbeitsbeschaffung gingen hier ein enges Bündnis ein – für Alteuropa ein gänzlich neues Verfahren, das dazu führte, dass die Hamburger Reformen im Kreis der deutschen Aufklärer breit diskutiert wurden und zumindest in Deutschland Modellcharakter gewannen.

Nicht alle Reformvorschläge der Aufklärung wurden dauerhaft umgesetzt, weil die politische Öffentlichkeit nicht alles akzeptieren wollte und nicht auf Dauer reformbereit blieb. Die geistige Haltung, in welcher die Aufklärung Reformen und menschliche Verbesserungen vorschlug, blieb freilich in Europa auch erhalten, als die politischen Umstände Veränderungen nicht mehr günstig waren. Und dies war vielleicht die wichtigste Erbschaft der europäischen Aufklärung: Sie gab den Menschen die Möglichkeit, der sie umgebenden Wirklichkeit mit Kenntnissen, Urteilskraft und einem moralisch bestimmten Wollen zu begegnen. Nur so war die europäische Zivilisation in der Lage, das Wagnis der Moderne einzugehen.

M8 Aus dem Buch „Emile", 1762, von Jean-Jacques Rousseau (1712–1778) über die Erziehung

Ob man meinen Zögling zum Soldaten, zum Geistlichen oder zum Justizdienste bestimme, ist mir ziemlich gleich. Vor der Berufswahl der Eltern bestimmt die Natur ihn zum Menschen. Leben als Mensch ist die Kunst, die ich ihn lehren will. Ich gestehe ein: Wenn er aus meinen Händen kommt, wird er weder Rechtsgelehrter noch Soldat noch Priester sein, sondern ausschließlich Mensch. Alles, was ein Mensch sein muss, wird er im Notfall ebenso gut sein wie jeder andere; und wenn ihn das Schicksal zwingen sollte, seinen Platz im Leben zu wechseln, wird er auch im neuen Beruf an seinem Platze sein. [...]

Man ist nur darauf bedacht, sein Kind zu bewahren; aber das ist nicht genug. Man muss es auch lehren, sich selbst zu bewahren, wenn es erwachsen ist, die Schläge des Schicksals zu ertragen, dem Überfluss und der Dürftigkeit Trotz zu bieten und, wenn es sein muss, auf den Eisfeldern Islands und den glühenden Felsen Maltas zu leben. Man mag alle Vorsicht anwenden, seinen Tod zu verhüten, es muss dennoch sterben. Und wäre der Tod auch nicht das Ergebnis der Fürsorge, sie wäre dennoch übel am Platze. Es handelt sich nämlich weniger darum, den Tod zu verhindern, als leben zu lernen. Leben, das ist nicht nur Atmen, das ist Handeln; das heißt Gebrauch machen von unsern Organen, unsern Sinnen, unsern Fähigkeiten, kurz: Leben heißt alle Teile von uns selbst gebrauchen, die uns das Gefühl unserer Existenz geben. Der Mensch, der am längsten gelebt hat, ist nicht derjenige, der die meisten Jahre zählt, sondern derjenige, der das Leben am meisten als solches empfunden hat. Mancher ist im hundertsten Jahre begraben worden, der schon bei der Geburt starb. Für ihn wäre es ein Gewinn gewesen, wenn er als Kind gestorben wäre, vorausgesetzt, dass er wenigstens bis zu dieser Zeit gelebt hätte.

Unsere ganze Weisheit besteht in knechtischen Vorurteilen. Alle unsere Gewohnheiten sind Abhängigkeit, Einschränkung und Zwang. Der bürgerliche Mensch wird in der Sklaverei geboren, lebt und stirbt darin. Bei seiner Geburt steckt man ihn in eine Wickel, nach seinem Tode schließt man ihn in einen Sarg ein. Solange er das menschliche Antlitz trägt, ist er durch unsere Einrichtungen gebunden. Man sagt, dass manche Hebammen behaupten, sie könnten durch Drücken dem Kopf des neugeborenen Kindes eine hübschere Form geben, und man duldet das! Unsere Köpfe sind also vom Schöpfer unseres Seins schlecht geformt! Und sie müssen erst von außen durch die Hebammen und von innen durch die Philosophen geformt werden! Die Karaiben[1] sind um die Hälfte glücklicher als wir.

(Nach: Jean-Jacques Rousseau, Emile oder Über die Erziehung, dt. Übers., Schöningh, Paderborn [3]1963, S. 17 ff.)

1 indianische Sprachfamilie in Südamerika

1 *Arbeiten Sie die pädagogischen Prinzipien und Ziele Rousseaus (M 8) heraus. Erläutern Sie deren Zusammenhang mit der Philosophie der Aufklärung.*

2 *Diskutieren Sie anhand von Rousseau (M 8) die Ideen der Aufklärung zur Erziehung und vergleichen Sie mit Vorstellungen in der Gegenwart.*

M9 Der Historiker Ernst Schulin über die Wirkung der Aufklärung im Frankreich des 18. Jahrhunderts (1988)

Man kann sagen, dass die Aufklärung in der zweiten Hälfte des 18. Jahrhunderts eine enorme Verbreitung fand. Es gibt gewissermaßen eine stufenweise absteigende Nachahmung vom Großbürgertum bis zu Teilen der Unterschichten. Man hat statistisch errechnet, dass die Titel der Bücher seit 1770 eine starke Tendenz zur Säkularisierung[1] und Politisierung hatten. Auch in anderen Forschungen [...] wird eine Zunahme religiöser Gleichgültigkeit ab 1770 festgestellt, eine „Dechristianisierung". Eigentlich lässt sich in dieser zunehmenden Areligiosität [...] ein Mentalitätswandel in den mittleren und unteren nicht schreibenden Schichten feststellen. Man kann hier gegenüber dem „besseren" Bürgertum von einer zeitlich verschobenen Dechristianisierungsentwicklung sprechen. Auf andere Weise lässt sich vorläufig ein Mentalitätswandel in diesen nicht schreibenden Schichten nicht feststellen. Zweifellos hat aber diese weitere Dechristianisierung große Bedeutung für die Möglichkeit der Zerstörung der kirchlichen Autorität während der Revolution.

(Ernst Schulin, Die Französische Revolution, C. H. Beck, München 1988, S. 179)

1 Säkularisierung: Verweltlichung

1 *Stellen Sie mit Hilfe von M 9 den Mentalitätswandel dar, den die Aufklärung eingeleitet hat.*

2 *Erörtern Sie, inwiefern die Zunahme religiöser Gleichgültigkeit ein zuverlässiger Nachweis für die Wirkung der Aufklärung ist (M 9).*

2.3 Der aufgeklärte Absolutismus: Das Beispiel Preußen

Was ist aufgeklärter Absolutismus?

Das politische Denken der Aufklärung setzte sich, ohne sogleich alles Bestehende zu verändern, im Verlauf des 18. Jahrhunderts weitgehend durch. Maßgeblich war nicht mehr die Tradition, das Überkommene, sondern das „Vernunftrecht" mit seinen Prinzipien. Jene verwiesen die Fürsten und alle, die im öffentlichen Leben Verantwortung trugen, auf ihre Pflicht, dieses Leben so einzurichten und zu reformieren, dass Glück und das allgemeine Beste für möglichst viele Menschen verwirklicht wurden.
So stand nun auch das politische Handeln der Fürsten unter der Bestimmung durch die Vernunft. Sie selbst mussten sich, wollten sie weiterhin auf einer sicheren Legitimationsbasis handeln, über neue Begründungen ihres Amts Gedanken machen. Und sie mussten sich Reformen gegenüber öffnen und mit jenen Kräften im Lande, die an Aufklärung interessiert waren, ins Gespräch kommen. Seit der Mitte des 18. Jahrhunderts geschah das an so vielen Höfen, dass eine veränderte Form des Absolutismus entstand. Später haben die Historiker dafür auch eine neue Bezeichnung gefunden: „aufgeklärter Absolutismus".
Die Bezeichnung verweist auf ein Paradox, einen Widerspruch in sich. Aufklärung meint vernunftgeleitetes Handeln nach Gesetzen, die der menschlichen Kritik und Analyse jederzeit zugänglich sind, Absolutismus jedoch eine an menschliche Satzungen nicht gebundene politische Herrschaft, die in der Regel durch einen Einzelnen ausgeübt wird. Viele Historiker lehnen die Bezeichnung daher ab und ersetzen sie durch andere, etwa **„Reformabsolutismus"**, weil politische, wirtschaftliche und soziale Reformen ein besonderes Kennzeichen der europäischen Staaten in dieser Zeit waren.

Aufgeklärte Fürsten

Schauen wir auf die Fürsten selbst, so hat zweifellos der Begriff „aufgeklärter" Absolutismus seine Berechtigung. Denn niemals zuvor wurde an den europäischen Höfen so viel zur Begründung ihrer Politik geschrieben, niemals vorher oder nachher gaben sich so viele Könige als Philosophen. Friedrich II. von Preußen, Joseph II. von Österreich und die russische Zarin Katharina II. sind im 18. Jahrhundert als Schriftsteller oder als Teilnehmer des Gesprächs mit Aufklärern ebenso bekannt geworden wie als Politiker.
Mit der Idee des aufgeklärten Absolutismus versuchte die alteuropäische Monarchie den rasanten ökonomischen, politischen und kulturellen Fortschritt des 18. Jahrhunderts für sich selbst nutzbar zu machen. Sie setzte sich gleichsam selbst an die Spitze des Fortschritts. In großen territorialen Flächenstaaten war das ausgesprochen schwierig. Frankreich etwa, ein Land mit einer großen Aufklärungsbewegung, hat keinen wirklich aufgeklärten Absolutismus gekannt. Minister wie Turgot schlugen zwar viele Reformen vor; sie hatten aber wegen der halbherzigen Unterstützung durch den König nur kurzfristige Erfolge und mussten ihre Pläne bald wieder aufgeben. Die französischen Könige klammerten sich immer wieder an die Traditionen der absoluten Monarchie. In der zweiten Hälfte des 18. Jahrhunderts wurden auf diese Weise in Frankreich viele Hoffnungen geweckt und betrogen – Vorgänge, die zur Entstehung einer revolutionären Stimmung im Lande beitrugen.

Beispiel Preußen

In kleineren Staaten hingegen hat der aufgeklärte Absolutismus beachtliche Erfolge errungen. Die deutsche Staatenwelt des späten 18. Jahrhunderts hält dafür viele Beispiele bereit. Berühmt geworden ist das preußische Beispiel besonders unter Friedrich II., das gelegentlich ein wenig überschätzt wird. Aus der Aufklärungsphilosophie übernahm Friedrich II. die Idee des Gesellschaftsvertrages und die Vorstellung, dass der König als erster Diener seines Staates vor allem für die „Glückseligkeit" seiner Untertanen

zuständig sei (M 10). Gleichwohl betrachtete er die Erbmonarchie als unverzichtbar, weil in seinen Augen Wahlen chaotische Zustände im Staat heraufbeschwören würden. Allerdings sollte nach seiner Auffassung die Macht des Herrschers durch dessen Selbstbeschränkung begrenzt werden.
Zu den herausragenden Reformen während der Herrschaft Friedrichs II. gehört eine umfassende Neuerung des Justizwesens in allen preußischen Staaten, die seit seinem Regierungsantritt ihre einzelstaatlichen Besonderheiten allmählich abzulegen und zu einem wirklichen Staat zusammenzuwachsen begannen. Im Zuge der Justizreform erhielt jede Provinz ein einziges Obergericht; darüber wurde in Berlin ein Obertribunal als letzte Instanz geschaffen. Die Richter wurden überprüft, sie erhielten zum ersten Mal feste Gehaltszahlungen und konnten sich dadurch von der direkten Bezahlung durch die Prozessparteien, den Sporteln, lösen. Die preußische Justizreform (geschriebenes Recht, Abkürzung des Prozessverfahrens, klare Gliederung des Instanzenzugs vom niederen zum höheren Gericht) gipfelte 1794 im **„Allgemeinen Landrecht für die preußischen Staaten"**, das zwar nicht alles verwirklichen konnte, wovon seine Schöpfer – aufgeklärte Juristen aus der Umgebung Friedrichs II. – geträumt hatten. Es stellte gleichwohl eine bedeutende Leistung und die erste moderne Rechtskodifikation auf deutschem Boden dar. Bis zur Schaffung des Bürgerlichen Gesetzbuchs (BGB) im Jahr 1900 blieb es in Kraft. Nicht vergessen werden darf, dass Friedrich II. die religiöse Toleranz in seinem Staat betonte. Oberstes Ziel seiner Politik war aber stets die Stärkung des Staates, alles andere ordnete der Philosoph auf dem preußischen Königsthron dieser Maxime unter (M 11).

M10 Aus dem 1752 verfassten Politischen Testament von Friedrich II. von Preußen (1740–1786)

Eine gut geleitete Staatsregierung muss ein ebenso fest gefügtes System haben wie ein philosophisches Lehrgebäude. Alle Maßnahmen müssen gut durchdacht sein, Finanzen, Politik und Heerwesen auf ein gemeinsames Ziel steuern: nämlich die Stärkung des Staates und das Wachstum seiner Macht. Ein System kann aber nur aus einem Kopfe entspringen; also muss es aus dem des Herrschers hervorgehen. Trägheit, Vergnügungssucht und Dummheit: Diese drei Ursachen hindern die Fürsten an ihrem edlen Berufe, für das Glück der Völker zu wirken […].
Der Herrscher ist nicht zu seinem hohen Rang erhoben, man hat ihm nicht die höchste Macht anvertraut, damit er in Verweichlichung dahinlebe, sich vom Mark des Volkes mäste und glücklich sei, während alles darbt. Der Herrscher ist der erste Diener des Staates. Er wird gut besoldet, damit er die Würde seiner Stellung aufrechterhalte. Man fordert aber von ihm, dass er werktätig für das Wohl des Staates arbeite und wenigstens die Hauptgeschäfte mit Sorgfalt leite. Er braucht zweifellos Gehilfen. Die Bearbeitung der Einzelheiten wäre zu umfangreich für ihn. Aber er muss ein offenes Ohr für alle Klagen haben.

(Geschichte in Quellen, Bd. 3, bearb. v. Fritz Dickmann, bsv, München 1966, S. 608)

1 *Stellen Sie dar, was nach Friedrich II. die Aufgaben des Herrschers sind und welche Eigenschaften ein Herrscher besitzen sollte (M 10).*

2 *Vergleichen Sie diese Herrscherauffassung mit der von Bodin (M 6).*

M11 Der Historiker Günter Barudio über den aufgeklärten Absolutismus Preußens unter Friedrich II. (1981)

Es gehörte sicher zum „aufgeklärten Verstand" eines Landesherrn „aus souveräner landesherrlicher Gewalt", auf den eigenen Domänen[1] vor allem „alle Leibeigenschaft und Sclaverei" aufzuheben, damit auch u. a. die „bloße Willkür der Besitzer der Güter" aufhöre, aber gleichzeitig durfte diese Maßnahme nicht dazu führen, „denen Grundherrschaften und Besitzern adeliger und anderer Güter die ihren Gütern anklebenden Rechte und Befugnisse über die dazu gehörigen Untertanen zu entziehen".
Was letztlich um 1777 in der Bauernfrage erreicht wurde, war die „Umwandlung des unerblichen Besitzrechts der Bauern in erbliches". Der Monokrat[2] schützte dabei „wohl im Interesse der Rekrutierung der Armee den Bauernstand als Ganzes, nicht aber

den einzelnen Bauern", und von einer politischen Mündigkeit war schon gar nicht die Rede. Die aufgeklärten Maßnahmen veränderten demnach nicht den patrimonialen[3] Kern des eigenen Hausstaates mit seiner Erbsouveränität und Absolutesse, sondern sollten diesen zusätzlich sichern.
Nicht anders verhielt es sich mit der Armee, in welcher ein „blinder Gehorsam" verlangt und geleistet wurde. Was diese Demütigung, Entwürdigung und Verachtung des Individuums mit der Aufklärung zu tun haben soll, ist unverständlich. Die Stockschläge, willkürlichen Entlassungen aus einer Behörde oder andere Machtansprüche, die das eigene Justizwesen verhöhnten, sind Ausdruck „der so genannten väterlichen oder Patrimonialregierung, für welche das Volk aus einer Masse Unmündiger bestehen und für sich beliebig leiten und führen lassen soll", und zwar im Stadium des patrimonialen Absolutismus, das Friedrich II. im Prinzip nie aufgegeben hat.
Der Versuch, die Stände im Rechtsverband des Heiligen Römischen Reiches am Kodifikationswerk[4] eines neuen Gesetzbuches zu beteiligen, das 1794 zum „Allgemeinen Landrecht für die preußischen Staaten" führen sollte, bestätigte nur in seinem Scheitern, dass sich die politische Aufklärung und der [...] Absolutismus ausschließen mussten. Zu diesem Befund gehört auch die totale Kontrolle des Kirchenwesens, das seiner korporativen Autonomie beraubt wurde. „Ich bin gewissermaßen der Papst der Lutheraner und das kirchliche Haupt der Reformierten. Ich ernenne die Prediger." An dieser Position ließ Friedrich II. nicht rütteln, auch wenn er gegenüber der römischen Kirche zugänglicher sein musste. Sie dokumentiert erneut den Status eines „absoluten Herren". [...] Was die politische Aufklärung leisten wollte, nämlich die Aktivierung des einzelnen Besitzbürgers in einem dreiteiligen Vertragssystem, hat Friedrich II. verweigert. [...]
Nur ein Selbsteigner und Selbstherrscher war zu einem derartigen Ratschlag an den Nachfolger fähig, der darauf zu achten hatte, dass das Militär in „Preußen die erste Stelle einnehmen" solle, „genau wie bei den welterobernden Römern in der Periode des Aufstiegs [...]".
(Fischer Weltgeschichte, Bd. 25: Das Zeitalter des Absolutismus und der Aufklärung 1648–1779, hg. u. verf. v. Günter Barudio, Fischer Taschenbuch Verlag, Frankfurt am Main 1981, S. 259 ff.)

1 Domänen: staatliches oder landesherrliches Landgut
2 Monokrat: Alleinherrscher
3 Patrimonialstaat: Der Staat ist Eigentum des Landesherrn
4 kodifizieren: in einem Gesetzbuch zusammenfassen (Rechtsbestimmungen)

1 *Stellen Sie anhand von M 11 die Grundzüge der Regierungspraxis von Friedrich II. dar.*
2 *Nehmen Sie zu der These des Autors Stellung, dass die konkrete Politik Friedrichs II. nicht mit den Grundsätzen der Aufklärung vereinbar gewesen sei (M 11).*

3 Wege zum Parlamentarismus: Das Beispiel England

Parlamentarismus und britisches Selbstverständnis

Gemessen an der Entwicklung in Kontinentaleuropa, beeindruckt das britische Parlament durch sein Alter. Obwohl sich in England das mittelalterliche und frühneuzeitliche Parlament mit seinen beiden Kammern „House of Lords" und „House of Commons" (Ober- und Unterhaus) grundlegend vom Parlament des 19. Jahrhunderts unterscheidet, spielt für das Bewusstsein der Briten die historische Kontinuität der Institution eine prägende Rolle. Denn es hatte schon relativ früh beansprucht, nicht nur für sich, sondern im Interesse der Allgemeinheit zu sprechen.

Entwicklung des Parlamentarismus

Sucht man nach historischen Etappen auf dem Weg des Parlaments zu seiner beherrschenden Stellung im politischen System Englands, so ist zunächst auf das 16. Jahrhundert zu verweisen, als **Heinrich VIII.** (1509–1547) die Reformation mit Hilfe von Parlamentsgesetzen durchführte. Die Beteiligung des Parlaments an diesem Vorgang, der für die Ausbildung der nationalen Identität von großer Bedeutung war und durch die Enteignung der Klöster zugleich zu einer der größten Eigentumsumwälzungen der englischen Geschichte führte, war aber noch auf den Willen des Königs zurückzuführen. Im 16. und 17. Jahrhundert hing es noch von der Krone ab, ob das Parlament zusammentrat.
Dass sich dies änderte und sich die Entwicklung Englands vom übrigen Europa fundamental zu unterscheiden begann, war eine Errungenschaft der **Glorreichen Revolution** 1688/89 und der sich daran anschließenden Gesetzgebung. Als der englische König Jacob II. (1685–1688) versuchte, den Katholiken im Staat die volle Gleichberechtigung zu sichern, traf seine Rekatholisierungspolitik auf den energischen Widerstand des ganzen Landes. Mit der Berufung Wilhelms III. von Oranien zum englischen König und mit der Flucht Jacobs nach Frankreich wurde die Revolution unblutig beendet. Die Glorreiche Revolution legte insofern den Grundstein für die Umwandlung Englands in eine vom Parlament geschaffene und kontrollierte Monarchie, als die Krone ihr Initiativrecht verlor; die Souveränität des Parlaments bestimmte fortan das politische System (M 12). Parlamentswahlen hatten seitdem regelmäßig stattzufinden, zunächst alle drei Jahre und ab 1716 alle sieben Jahre. Vergleicht man England mit anderen europäischen Großmächten und will man es auf eine Formel bringen, so kann man sagen: England hatte kein stehendes Heer, sondern ein stehendes Parlament. Damit war es nach den Kämpfen des 17. Jahrhunderts, d.h. nach den englischen Revolutionen, gelungen, früher als anderswo einen Konflikt zu lösen, der zu den zentralen Auseinandersetzungen der europäischen Neuzeit gehörte: Volkssouveränität gegen Fürstensouveränität und Gottesgnadentum (M 13).
Auch in dem Verhältnis von der Zentral- zu den Regionalgewalten sowie in der Auseinandersetzung zwischen Kirche und Staat gelangte England früher zu Lösungen, sodass die weiteren Konfliktfelder ohne Zeitdruck und ohne politisch-soziale Revolution wie z. B. 1789 in Frankreich angegangen werden konnten: die Spannungen zwischen Grundbesitz bzw. adeliger Agrargesellschaft auf der einen und bürgerlicher Industriegesellschaft auf der anderen Seite sowie der Gegensatz zwischen Unternehmer und Arbeiterschaft.

Politische Rolle des Adels

Mit der früh erreichten Vorrangstellung des Parlaments hängt es zusammen, dass England erst spät demokratisiert wurde. Die politischen Freiheiten, die das parlamentarische System mit sich brachte, ließen lange übersehen, dass nur ein begrenzter, wenn auch wachsender Teil der Bevölkerung daran teilhatte. Im 18. Jahrhundert war das **Parlament** nichts anderes als das **Herrschaftsinstrument des Adels**. Dazu gehörten die Familien des Hochadels (aristocracy), deren jeweiliges Oberhaupt als „Peer" im „House of Lords" Sitz und Stimme hatte. Im ersten Drittel des 18. Jahrhunderts saßen 179 englische „Peers" im Oberhaus. Es handelte sich also um einen überschaubaren Personenkreis. Im House of Commons, dem Unterhaus, dominierte der mittlere Landadel, die so genannte Gentry. Diese beiden Gruppen der sozialen Oberschicht regierten das Land und bildeten den Kern der politischen Nation. Das Volk, bei dem die Souveränität lag, war also nicht mit der Masse der Bevölkerung identisch. Samuel Johnson, ein berühmter Kritiker und Literat, meinte gegen Ende des 18. Jahrhunderts, der Vorteil der „Regierung Großbritanniens, die auf dem Parlament begründet ist", bestehe darin, „dass eine große Zahl von begüterten Männern an der Gesetzgebung beteiligt ist". Sie würden „im eigenen Interesse schlechten Gesetzen nicht zustimmen". Mit etwas mehr kritischem Abstand hätte Johnson hinzufügen können, dass die Gesetze den Interessen der „begüterten Männer" entsprachen – ein zentraler Punkt, der die Wirklichkeit des britischen Parlamentarismus auch im 19. Jahrhundert erfasste. Politische Macht und politische Rechte waren an Besitz gekoppelt. Regierung, Großgrund besitzende Aristokratie und mittlerer Landadel verfügten über zahlreiche Möglichkeiten der Einflussnahme auf die Unterhauswahlen, die dazu noch öffentlich waren. Außerdem wurde in vielen Wahlbezirken erst gar nicht gewählt, weil sich nur der Kandidat des über den größten Einfluss verfügenden Adeligen bewarb.

Der englische Adel unterschied sich allerdings deutlich vom kontinentaleuropäischen. Er schirmte sich nicht kastenartig von der übrigen Gesellschaft ab, sondern teilte ihre leistungsbezogenen Normen und Wertorientierungen und war auch durch Heirat mit ihr verbunden. Der Adel musste sich ökonomisch behaupten und zahlte Steuern. Die feudalen und absolutistischen Hierarchien des Kontinents waren ihm fremd und mit ökonomischer Rationalität nicht vereinbar, wie der englische Sozialhistoriker Eric Hobsbawm feststellt: Ein deutscher Junker verfügte über ein größeres Gefolge von Dienern und häuslichen Vasallen als der Herzog von Bedford, dem weite Teile der Grafschaft Bedfordshire sowie ausgedehnter Grundbesitz in anderen Teilen Englands, einschließlich London, gehörten.

Wahlrecht

An der Wende vom 18. zum 19. Jahrhundert war das Wahlrecht kein Grundrecht, sondern ein **Privileg besitzender Schichten**. Die Geschichte des Wahlrechts, das bis zum Ersten Weltkrieg an Besitz gebunden blieb, kann für das 19. Jahrhundert als langsame Erweiterung der männlichen Wählerschaft und Vereinheitlichung der unterschiedlich großen Wahlkreise beschrieben werden.

Das zu Beginn des 19. Jahrhunderts 558 Mitglieder umfassende Unterhaus wurde nach sehr unterschiedlichen Bestimmungen gewählt. Die 82 Grafschaften (counties) wählten je zwei „Members of Parliament". Voraussetzung für das aktive Wahlrecht war, dass man aus freiem Grundbesitz einen jährlichen Nettomindestertrag von 40 Shilling erwirtschaftete. In den städtischen Wahlkreisen (boroughs) war das Wahlrecht nicht so einheitlich geregelt. Meist war es an Steuerzahlungen, Haus- und Grundbesitz oder an die Zugehörigkeit zu Gilden und Korporationen geknüpft. Zahlreiche kleinere boroughs hatten weniger als tausend Wahlberechtigte und waren als „pocket borough" fest unter der Kontrolle des Adels. So bestimmte in dem Städtchen Bedford wie selbstverständlich der Herzog von Bedford die Richtung der Politik. Erst recht war dies der Fall, wenn es sich um Wahlkreise wie zum Beispiel Old Sarum in der Nähe von Salisbury handelte, wo infolge von Bevölkerungsbewegungen überhaupt niemand mehr wohnte (rotten boroughs). Trotzdem bestand der aus dem Mittelalter stammende Wahlbezirk fort, sodass der Grundherr die „Members of Parliament" selbstherrlich ernennen konnte.

Aus allem wird deutlich, dass das Unterhaus nur in der Theorie eine Volksvertretung war. Tatsächlich repräsentierte es die sozialen Eliten des Landes. Auf Grund der aus dem Mittelalter stammenden Wahlkreiseinteilung kamen Ende des 18. Jahrhunderts 25 % der Unterhausmitglieder aus den fünf Grafschaften Südwestenglands. Insgesamt wählten nur 20 000 Wähler rund die Hälfte der Abgeordneten.

Reformen statt Revolution

Zu Beginn des 19. Jahrhunderts gab es 70 Wahlkreise, in denen überhaupt keine Wahlberechtigten mehr lebten, und 134 Wahlkreise, die zwischen 50 und 250 Wahlberechtigte aufwiesen. Mehr als die Hälfte der Unterhausmitglieder stammte also aus Kleinstwahlkreisen. Die Benachteiligung der Städte des modernen Englands gegenüber dem agrarischen Süden war offenkundig. Die neuen Zentren des industriellen Wachstums, z. B. Manchester oder Birmingham, entsandten keine Vertreter ins Unterhaus und waren nur auf Grafschaftsebene vertreten. Kein Wunder also, dass die Kritiker des Systems Reformen und eine „wirkliche Repräsentation" forderten. In diesem Sinne hielt John Wilkes seinen Kollegen im Unterhaus 1776 vor, dass 254 von ihnen von nur 5723 Briten gewählt worden seien. Wilkes war in der Grafschaft Middlesex, zu der die nördlichen Londoner Stadtteile mit ihrer politisch unabhängig votierenden Geschäftswelt der Händler und Handwerker gehörten, als radical gewählt. Seine im Jahr 1776, dem Jahr der amerikanischen Unabhängigkeitserklärung, vorgebrachte Forderung nach dem Ende der „aristokratischen Tyrannei" blieb ein Dauerthema in der öffentlichen Debatte der nächsten Jahrzehnte.

Die Kluft zwischen der politischen Verfassung und der sozialökonomischen Entwicklung wurde im Laufe des 19. Jahrhunderts durch Reformen des Wahlrechts nicht wirklich beseitigt. Dennoch konnte sie in England in einer Weise überbrückt werden, die das Land im Übergang zur industriellen Moderne den Weg der Reformen beschreiten und Revolutionen vermeiden ließ. Es kam hier weder zu einer „Revolution von unten" wie in Frankreich noch zu einer „Revolution von oben" wie in Preußen. Der spezifisch britische Weg der Reformen zeichnete sich dadurch aus, dass ein schrittweiser Wandel erfolgte und keine als Bruch empfundenen Zäsuren eintraten. Altes blieb neben Neuem bestehen, sodass ein Moment der Kontinuität gewahrt blieb. Wichtig zum Verständnis des britischen Parlamentarismus, ja der Geschichte Großbritanniens überhaupt ist also beides: die **Anpassungsfähigkeit** an die Bedingungen der industriellen Moderne und das langsame Tempo des Wandels.

M12 Aus der „Bill of Rights" von 1689, auf die der König und die Königin nach der Glorreichen Revolution verpflichtet wurden

Die in Westminster versammelten geistlichen und weltlichen Lords und Gemeinen, die gesetzmäßige vollständige und freie Vertretung aller Stände des Volkes in diesem Königreich legten [...] Ihren Majestäten [...] Wilhelm und Maria, Prinz und Prinzessin von Oranien, folgende [...] Erklärung vor. Sie erklären,

1. dass die in Anspruch genommene Befugnis, Gesetze vorübergehend außer Kraft zu setzen oder den Vollzug von Gesetzen zu hemmen, auf königliche Autorität allein hin, ohne Zustimmung des Parlaments ungesetzlich ist;
2. dass die in Anspruch genommene Befugnis, von Gesetzen zu entbinden [...], auf königliche Ermächtigung allein hin, wie sie in jüngster Zeit beansprucht und durchgeführt worden ist, ungesetzlich ist [...];
3. dass die Gelderhebung für Zwecke der Krone unter dem Vorwand der Prärogative, ohne Bewilligung des Parlaments für längere Zeit oder in anderer Weise, als die Bewilligung bestimmt oder bestimmen wird, ungesetzlich ist [...];
4. dass die Aufstellung und Unterhaltung eines stehenden Heeres im Königreich in Friedenszeiten ohne Bewilligung des Parlaments ungesetzlich ist;
5. dass die Parlamentswahlen frei sein sollen;
6. dass Redefreiheit, Debatten und Verhandlungen im Parlament nicht zum Gegenstand einer Anklage oder einer Untersuchung vor Gericht oder sonstwo gemacht werden dürfen [...].

(Nach: Dieter Schmid [Hg.], Fragen an die Geschichte, Bd. 3, Cornelsen, Frankfurt/Main [4]1981, S. 98)

1 *Erläutern Sie die Rechte und Aufgaben von König und Parlament nach der „Bill of Rights" (M 12).*
2 *Erörtern Sie, wie demokratisch die „Bill of Rights" waren. Ziehen Sie dafür auch die Darstellung heran: Bedenken Sie, dass das Wahlrecht nicht geändert wurde. Welche Gruppen waren im Parlament vertreten?*

M13 Der englische Philosoph John Locke (1632–1704) über die Aufgaben und Funktionen parlamentarischer Vertretungen für die Gesellschaft, 1690

Da der große Zweck, zu welchem Menschen in eine Gesellschaft eintreten, im friedlichen und sicheren Genuss ihres Eigentums besteht und da das große Werkzeug und Mittel dazu das in dieser Gesellschaft eingesetzte Recht ist, so ist das erste und grundlegende positive Gesetz aller Staaten die Einsetzung der legislativen Gewalt, wie das erste und grundlegende natürliche Gesetz, das sogar die legislative Gewalt beherrschen muss, die Erhaltung der Gesellschaft und – soweit es sich mit dem öffentlichen Wohl verträgt – jeder einzelnen Person in ihr ist. Diese Legislative ist nicht allein die höchste Gewalt des Staates, sondern sie ist heilig und unabänderlich in den Händen, in welche die Gemeinschaft sie einmal gelegt hat; auch kann eine Verordnung irgendeines anderen, in welcher Form sie auch verfasst, von welcher Macht sie auch gestützt sein mag, nicht die verpflichtende Kraft eines Gesetzes haben, wenn sie nicht ihre Sanktion von derjenigen Legislative erhält, die das Volk gewählt und ernannt hat. [...]

Folgende sind die Grenzen, die der legislativen Gewalt eines jeden Landes, in allen Formen der Regierung, durch das Vertrauen, das die Gesellschaft in sie gesetzt, durch das Gesetz Gottes und der Natur gezogen sind:

Erstens, sie muss nach öffentlich bekannt gemachten, fest Gesetzen regieren, die nicht in besonderen Fällen geändert werden dürfen, sondern nur ein Maß haben für Reich und Arm, für den Günstling am Hofe und für den Bauern am Pfluge.

Zweitens, diese Gesetze sollen zuletzt keinem anderen Zweck dienen als dem Wohl des Volkes.

Drittens, sie dürfen keine Steuern von dem Eigentum des Volkes erheben ohne seine durch das Volk selbst oder seine Vertreter gegebene Zustimmung. [...]

Viertens darf weder noch kann die Legislative die Gewalt, Gesetze zu geben, auf irgendeinen anderen übertragen oder sie einem anderen beilegen, als es durch das Volk geschehen ist. [...]

Da aber die Gesetze, die auf einmal und in kurzer Zeit gegeben werden, eine immerwährende und dauernde Kraft haben und beständiger Vollziehung oder Beaufsichtigung bedürfen, ist es notwendig, dass eine ständige Gewalt vorhanden sei, die auf die Vollziehung der erlassenen und in Kraft bleibenden Gesetze achtet. Und so geschieht es oft, dass die legislative und die exekutive Gewalt getrennt werden. [...]

In allen Fällen [...] ist die Legislative die höchste Gewalt. Denn wer einem anderen Gesetze geben kann, muss notwendigerweise höher stehen als er. [...]

Der Gebrauch der Gewalt gegen das Volk ohne Vollmacht und im Gegensatz zu dem Vertrauen, das in denjenigen gesetzt wurde, der so handelt, ist ein Kriegszustand dem Volke gegenüber, das ein Recht hat, seine Legislative in die Ausübung ihrer Gewalt wieder einzusetzen. Denn da es eine Legislative mit der Absicht errichtet hat, dass sie die gesetzgebende Gewalt entweder zu gewissen festgesetzten Zeiten oder wann es notwendig ist ausübe, so hat das Volk, wenn die Legislative durch irgendeine Gewalt in dem gehindert wird, was für die Gesellschaft so notwendig ist und worin die Sicherheit und die Erhaltung des Volkes besteht, ein Recht, die Gewalt durch Gewalt zu beseitigen.

(Geschichte in Quellen, Bd. 3, bearb. v. Fritz Dickmann, bsv, München 1966, S. 495–498)

1 *Stellen Sie die zentralen Überlegungen von Locke (M13) dar. Welche Aufgaben weist er der Legislative zu und welche Rechte und Pflichten soll sie besitzen.*
2 *Locke veröffentlichte diesen Text (M13) unmittelbar nach der Glorreichen Revolution. Setzen Sie seine Forderungen zu diesem Ereignis in Beziehung: Wollte der Philosoph die Glorreiche Revolution rechtfertigen oder lehnte er sie ab?*
3 *Der Politikwissenschaftler Iring Fetscher hat die folgende These vertreten: „Die Auffassung von Demokratie, die in England bis in unser Jahrhundert hinein bestimmend geblieben ist, geht auf John Locke und die Whigs des 17. Jahrhunderts zurück. Ihre wichtigsten Elemente sind,*
1. dass der Staat dem Schutz, der Freiheit, dem Wohlergehen und der Rechtssicherheit der Individuen zu dienen hat;
2. dass die Regierungsgewalt eine Art Treuhänderschaft darstellt, die bei schwerer Verletzung des diesem ‚trust' zu Grunde liegenden Auftrags zurückgenommen werden kann." – Erläutern Sie diese These und nehmen Sie zu ihr Stellung.

Die frühe Neuzeit: Wege in die moderne Welt

Zusammenhänge und Perspektiven

1 *Erläutern Sie, inwiefern Renaissance, Humanismus und Kolonialismus das Weltbild der Menschen in Europa verändert haben.*
2 *„Kein zweites Ereignis in der deutschen Geschichte begann so fernab von Politik und Gesellschaft und wurde dann so radikal politisiert und von sozialen Bewegungen überlagert wie die Reformation", schrieb einmal der Historiker Heinz Schilling. Erörtern Sie diese These und zeigen Sie dabei die Ursachen und Folgen der Politisierung von Religion in der frühen Neuzeit.*
3 *Definieren Sie den Begriff „Frühkapitalismus" und zeigen Sie die Veränderungen in der Mentalität auf, die durch frühkapitalistische Wirtschaftsweisen in der frühen Neuzeit ausgelöst wurden.*
4 *Stellen Sie die Unterschiede und Gemeinsamkeiten zwischen dem absoluten Fürstenstaat einerseits und der aufgeklärt-absoluten Monarchie andererseits zusammen. Untersuchen Sie dabei auch, inwieweit die europäische Aufklärungsbewegung das Herrscherverständnis verändert hat.*
5 *Die politisch-gesellschaftlichen Veränderungen in Europa an der Wende vom 18. zum 19. Jahrhundert wurden in Frankreich durch die Französische Revolution von 1789 und in Deutschland durch eine „Revolution von oben", wie die preußisch-rheinbündischen Reformen auch bezeichnet werden, beschleunigt. Dagegen erlebte Großbritannien keine Revolution. Diskutieren Sie die Ursachen für den friedlichen Wandel in England.*

Zeittafel

14. Jh.	In Italien beginnt die **Renaissance**.
um 1450	Der Buchdruck mit beweglichen Lettern wird erfunden.
1492	Christoph **Columbus** landet in Amerika (Insel Guanahani).
1494	Im Vertrag von Tordesillas einigen sich Spanien und Portugal über die Aufteilung der überseeischen Kolonien.
1517	Mit der Veröffentlichung seiner 95 Thesen zur Reform der Kirche leitet Martin Luther die **Reformation** ein.
1524–25	Das Deutsche Reich erlebt den Bauernkrieg.
1534	Durch die Trennung von Rom begründet Heinrich VIII. (1509–1547) die anglikanische Kirche.
1545–63	Das Konzil von Trient leitet eine Reform der katholischen Kirche ein, die in die **Gegenreformation** mündet.
1547–98	Die Reformation führt in Frankreich zu Bürgerkriegen, die mit dem Edikt von Nantes beendet werden.
1555	Der **Augsburger Religionsfrieden** beendet die Auseinandersetzungen zwischen Kaiser und Reichsständen. Die Untertanen müssen der Konfession des Landesherrn folgen.
1568	Der Freiheitskampf der Niederlande beginnt und dauert bis 1648 an. 1581 erklären sich die sieben nördlichen Provinzen der Niederlande für unabhängig von Spanien.
1576	Jean Bodin veröffentlicht sein Werk „Les six livres de la république", in dem er die Notwendigkeit der monarchischen Souveränität begründet.
17./18. Jh.	Aufklärungsbewegung in Europa
1618–48	Die konfessionellen Gegensätze lösen im Deutschen Reich den **Dreißigjährigen Krieg** aus, der mit dem Westfälischen Frieden beendet wird.

1648–53 Mit der Fronde beginnen Teile des französischen Hochadels und der hohen Gerichtshöfe einen vergeblichen Aufstand gegen den absoluten Monarchen.

1651 In seinem Werk „Leviathan" begründet der englische Philosoph Thomas Hobbes die absolutistische Staatstheorie.

1661 In Frankreich übernimmt **Ludwig XIV.** den Thron und regiert als absolutistischer Herrscher (bis 1715).

1688/89 In England stärkt die **Glorreiche Revolution** die Mitspracherechte des Parlamentes.

1740 **Friedrich II. von Preußen** (bis 1786) besteigt den Thron. Seine Regierungsweise wird als aufgeklärter Absolutismus bezeichnet.

1789 Die **Französische Revolution** beschleunigt den Übergang von der feudal-ständischen zur bürgerlichen Gesellschaft, vom absolutistischen zum demokratischen Staat.

IV Die Französische Revolution: Politische und gesellschaftliche Umbrüche

Johann Wolfgang Goethe (1749–1832), Landschaft mit Freiheitsbaum, 1792, Bleistift, Feder, braune Tinte, aquarelliert

Die Französische Revolution leitete eine grundlegende Veränderung der politischen und gesellschaftlichen Verhältnisse in Frankreich und Europa ein. In ihrem Verlauf ging die Staatsführung von der alten Aristokratie auf die neue, immer selbstbewusster auftretende Schicht des Bürgertums über. Das bedeutete gleichzeitig das Ende des monarchischen Absolutismus und die Entstehung der modernen parlamentarischen Demokratie, die ihren Staatsbürgern das Recht zur politischen Mitsprache gewährleistet. Aber auch die Gesellschaft wandelte sich von Grund auf. Bestimmten in der vorrevolutionären feudal-ständischen Gesellschaft Geburt und rechtliche Ungleichheit die Stellung des Einzelnen, ersetzte die sich herausbildende bürgerliche Ordnung diese Kriterien durch Besitz und Bildung, Leistung und Beruf. Allen Staatsbürgern sollten außerdem die gleichen Rechte und Pflichten zustehen.
Ausgelöst wurde die Revolution durch ein ganzes Bündel von politischen und sozialen Missständen. Dabei sind besonders zu nennen die ungerechte Verteilung von Grund und Boden, die Steuerungerechtigkeit, die Korruption in der Verwaltung und die Verschwendung am königlichen Hof, die ständige Finanznot des Staates und die krisenhafte Entwicklung der Wirtschaft. Die wachsende Unzufriedenheit mit der alten Ordnung bewirkte einen weit reichenden Vertrauensverlust. Immer größere Teile der Bevölkerung konnten sich nicht länger mit König und Staat identifizieren und trauten ihnen nicht mehr die Lösung der anstehenden wirtschaftlichen, gesellschaftlichen und politischen Probleme zu. Diese allgemeine Unzufriedenheit begünstigte einen tief greifenden Mentalitätswandel in der französischen Bevölkerung während der Jahre 1788/89. Es kam zu einer Solidarisierung innerhalb des dritten Standes und damit zur Bildung einer mächtigen Opposition gegen die privilegierten Stände. Die Bereitschaft zu einer gewaltsamen Veränderung der bestehenden Verhältnisse wurde dabei durch die Hoffnung auf eine bessere und freiere Welt verstärkt. Das Programm dafür lieferte die Aufklärung, deren Ideen nun in einfache Formeln wie „Freiheit“, „Gleichheit“, „Repräsentation“ oder „Tugend“ und „Glück“ übersetzt wurden. Nicht vergessen werden darf aber auch, dass die Amerikanische Revolution eine grundsätzliche Alternative zur feudal-ständischen und zur absoluten Monarchie denkbar und erfahrbar gemacht hatte.
Die Revolution durchlief unterschiedliche Phasen: An ihrem Beginn standen parlamentarisch beschlossene liberale Reformen, die unter Bewahrung der monarchischen Staatsform die Auflösung der feudal-ständischen Ordnung vorantrieben (1789–1791). Dann folgte eine gewaltreiche Stufe der sozialrevolutionären Republik, die durch allgemeinen Terror und Diktatur geprägt war. Mit dem Staatsstreich Napoleon Bonapartes im Jahre 1799 fand diese Entwicklung ein Ende. Napoleon besiegelte endgültig die Umwandlung der geburtsständischen Privilegien- in eine egalitäre Eigentümergesellschaft und schuf ein stabiles Herrschaftssystem, das den Bürgern wieder Sicherheit und Ordnung brachte. Doch verachtete er die demokratische Kultur der Revolution. Mit seiner Selbstkrönung zum Kaiser der Franzosen 1804 griff er sogar wieder auf die dynastisch-religiöse Herrschaftslegitimation des Ancien Régime zurück.
Die Französische Revolution führte in Europa nicht zu einer revolutionären Situation. Dennoch hat dieses Ereignis die politische Landschaft auf dem Kontinent grundlegend verändert. Das gilt besonders für die deutschen Staaten. Unter dem Eindruck der Revolution kam es auch in den deutschen Städten und auf dem Lande zu Unruhen und Aufständen. Diese Auseinandersetzungen blieben aber meist auf den lokalen und regionalen Rahmen beschränkt. Erst die Revolutionskriege und vor allem die Kriege Napoleons (1796–1821) erzwangen in Deutschland tief greifende Reformen, die den Übergang vom feudal-ständischen zum bürgerlichen Zeitalter beschleunigten.

1 Antriebskräfte

1.1 Die Amerikanische Revolution

Der Steuerstreit

Die Amerikanische Revolution fand in den 13 nordamerikanischen Kolonien Englands statt, deren Bewohner überwiegend englischer Herkunft waren und ein ausgeprägtes Bewusstsein von den „Rechten der Engländer“ sowie den Prinzipien einer „freien Regierung“ besaßen. Unter diesen nahm der Grundsatz, dass Steuern nur mit Zustimmung der Besteuerten oder der ihrer Repräsentanten erhoben werden durften, einen zentralen Platz ein. Als daher die englische Regierung nach dem überaus kostspieligen Siebenjährigen Krieg (1756–1763) dazu überging, zusammen mit einer stärkeren Kontrolle und Nutzung der Kolonien den im Parlament des Mutterlandes nicht repräsentierten Kolonisten eine Stempelsteuer aufzuerlegen, führte das zu heftigen Widerstandsaktionen. Die **Stamp Act** von 1765 wurde zwar unter dem Eindruck dieses Widerstandes ein Jahr später aufgehoben. Es kam jedoch 1767 mit den so genannten **Townshend Duties** und 1773 mit dem Beschluss zur Einfuhr billigen, aber besteuerten Tees aus Indien zu weiteren Versuchen, die amerikanischen Kolonisten zur Zahlung von Steuern zu veranlassen. Die Vernichtung einer Ladung indischen Tees im Hafen von Boston durch als Indianer verkleidete Kolonisten am 16. Dezember 1773 löste englische Zwangsmaßnahmen gegen die Kolonie Massachusetts aus. Diese führten im April 1775 zu ersten Gefechten zwischen deren Miliz und englischen Truppen; damit war faktisch der Revolutionskrieg eröffnet.

Was den englischen Maßnahmen in den amerikanischen Kolonien besondere Explosivität verlieh, war die Tatsache, dass zwei entgegengesetzte Tendenzen aufeinander prallten und die Politik des Mutterlandes den Erwartungen der Kolonisten direkt zuwiderlief. Die Ausschaltung des Rivalen Frankreich als Machtfaktor in Nordamerika durch den Siebenjährigen Krieg hatte den Amerikanern die Aussicht auf größere, ihrem wachsenden Selbstbewusstsein entsprechende Bewegungsfreiheit eröffnet. Die Engländer sahen jedoch umgekehrt darin gerade die Möglichkeit, die Kolonien stärker zu kontrollieren. Hinzu kam, dass die Kolonisten in ihrer Reaktion auf die englische Herausforderung nicht nur von dem allgemeinen Bewusstsein der Rechte freier Engländer bestimmt wurden. Sie standen außerdem auch unter dem Einfluss eines aus England übernommenen besonders argwöhnischen politischen Denkens, das die Vorstellung von einem typischen Weg in die Versklavung einschloss. Danach begann jede Unterdrückung mit relativ geringfügigen Eingriffen, denen zwangsläufig immer härtere Maßnahmen folgten, bis schließlich die Freiheit völlig und unwiederbringlich beseitigt war.

Der Unabhängigkeitskrieg

Die Übernahme einer im Mutterland entstandenen und auch dort verbreiteten Ideologie des Misstrauens gegenüber Macht trug dazu bei, dass der amerikanische Widerstand relativ lange auf die Zusammenarbeit mit oppositionellen Kräften in England hoffte. Erst mit der am 10. Januar 1776 erscheinenden, wie eine Bombe einschlagenden und innerhalb von drei Monaten in 120000 Exemplaren verkauften Schrift „Common Sense“ des erst kurz zuvor aus England eingewanderten **Thomas Paine** wurde die Forderung nach Unabhängigkeit zur zentralen Losung.

Mit der Schrift Paines erhielt die Bewegung in Amerika den Charakter einer kolonialen Befreiungsrevolution. Der Ausbeutungsvorwurf an die Adresse des Mutterlandes war nie zuvor so massiv ausgesprochen worden. Der Kontinentalkongress, in dem die 13 nordamerikanischen Kolonien ihr Handeln koordinierten, beschloss am 2. Juli 1776 die Unabhängigkeit der „Verei-

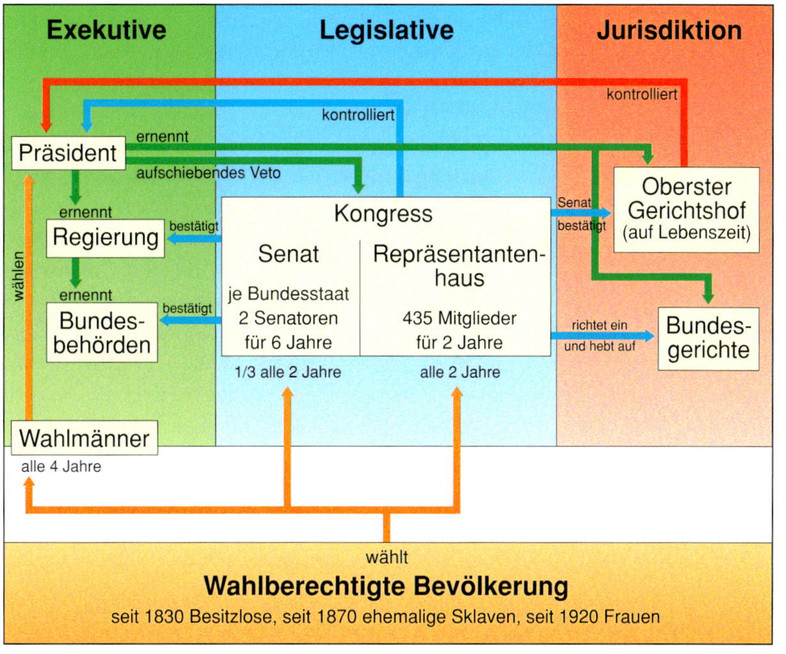

Schema 1 Die Verfassung der Vereinigten Staaten von Amerika, 1787

nigten Staaten". Die Begründung wurde mit der zwei Tage später unterzeichneten, hauptsächlich von **Thomas Jefferson** verfassten **Declaration of Independence** (M 1) nachgeliefert. Mit der Wendung zur Unabhängigkeit wurde jetzt auch eine antimonarchische Wende vollzogen. Dass man sich gegen das Widerstreben vieler Amerikaner zur Lossagung von England und seinem König entschloss, hatte nicht zuletzt militärisch-außenpolitische Gründe. Man glaubte Unterstützung durch andere Mächte nur erlangen zu können, wenn man zum souveränen Staat und damit zum Völkerrechtssubjekt wurde. In der Tat kam es 1778 zu einem Handels- und Bündnisvertrag zwischen den Vereinigten Staaten und Frankreich, dem ein Jahr später Spanien beitrat. Nicht zuletzt die ausländische Hilfe ermöglichte es der amerikanischen Armee unter **George Washington**, den Krieg gegen England zu gewinnen, trotz Niederlagen, verzweifelter Situationen und verbreiteter Gleichgültigkeit unter der Bevölkerung. Im Frieden von Paris vom 3. September 1783 erkannte das ehemalige Mutterland die amerikanische Unabhängigkeit an.

Die Verfassungsrevolution

Die Amerikanische Revolution war jedoch mehr als nur ein Unabhängigkeitskrieg und eine koloniale Befreiungsrevolution. Sie war auch eine Revolution im Innern der ehemaligen Kolonien Englands: Die monarchische Regierung wurde zunächst umgangen und dann beseitigt; revolutionäre Ausschüsse und Provinzialkongresse übten 1775/76 fast überall die Macht aus. Die führenden amerikanischen Revolutionäre, deren Ziel es von Anfang an gewesen war, die Widerstandshandlungen gegen England in geordneten Bahnen zu halten, waren allerdings zumeist darauf bedacht, so rasch wie möglich eine durch eine Verfassung legitimierte republikanische Staatsgewalt zu schaffen. Diese würde auch das normale, für die Sicherheit des Eigentums bedeutsame Funktionieren der Gerichte ermöglichen. Es war jedoch welthistorisch gerade die Verfassunggebung in den amerikanischen Einzelstaaten, mit der man eine feste staatliche Ordnung und den Schutz des Eigentums wiederherstellen wollte, die den eigentlichen revolutionären Akt verkörperte und beispielhaft wirkte. Dabei bildete von Anfang an das Prinzip der Volkssouveränität die Grundlage. Alle Gewalt ging, wie die **Virginia Bill of Rights** vom 12. Juni 1776 erklärte, vom Volk aus. Allmählich trug man diesem Grundsatz auch praktisch im Prozess der Verfassunggebung Rechnung. Die ersten Einzelstaatsverfassungen waren noch von den normalen Parlamenten ausgearbeitet und verabschiedet worden. In Massachusetts wurde die Ausarbeitung der Verfassung aber einer besonderen verfassunggebenden Versammlung anvertraut. Alle männlichen Einwohner durften an sämtlichen mit der Verfassunggebung zusammenhängenden politischen Akten teilnehmen. Der Verfassungsentwurf wurde allen Gemeinden zur Annahme vorgelegt, wobei die Zustimmung von zwei Dritteln erforderlich war. Mit der Verfassung von Massachusetts aus dem Jahre 1780 wurde der Gedanke vom Volk als der konstituierenden Gewalt zum ersten Mal in der Geschichte praktisch verwirklicht.

Innovativ war die Amerikanische Revolution auch darin, dass sie das Prinzip des Bundesstaats einführte. Gegenüber der bis dahin bekannten lockeren staatenbündischen Organisationsform, wie sie die Vereinigten Staaten zunächst mit den **Articles of Confederation** von 1776 übernahmen, wurde mit der Unionsverfassung von 1787 eine bis dahin einmalige Teilung der Kompetenzen zwischen Bund und Einzelstaaten vollzogen. Neu war auch die dann in der **Northwest Ordinance** von 1787 geschaffene Möglichkeit, hinzukommende Territorien nach einer Durchgangsphase als gleichberechtigte Mitgliedsstaaten in die Union aufzunehmen. Die Vereinigten Staaten unter der Unionsverfassung wurden zur sichtbaren Widerlegung des bis dahin geltenden Grundsatzes, dass eine republikanische Staatsform nicht in einem großen Gebiet verwirklicht werden könne.

Egalitäre und elitäre Tendenzen

Eigenartig ist, dass die schöpferische konstitutionelle Neugestaltung in Form der Unionsverfassung, mit der die Amerikanische Revolution ihren Abschluss fand, aus einer Krise hervorging. Viele amerikanische Revolutionsführer waren von der geringen Opferbereitschaft ihrer Landsleute im Revolutionskrieg enttäuscht worden. Sie sahen darin einen Mangel an „Tugend" bei den Bürgern, die als Voraussetzung für eine Republik galt. Die Enttäuschung steigerte sich vielfach zum Entsetzen, als 1786 von hohen Steuern bedrückte verschuldete Farmer im westlichen Massachusetts unter der Führung des ehemaligen Revolutionsoffiziers Daniel Shays dazu übergingen, Gerichtssitzungen mit Gewalt zu verhindern, um Zwangsvollstreckungen unmöglich zu machen. Diese so genannte **Shays' Rebellion** löste bei den Angehörigen der Elite, die ohnehin ein der neuen Ordnung schädliches Fortwirken des rebellischen Geistes aus der Phase des Widerstandes gegen England befürchtet hatten, die Sorge vor einer Bedrohung des Eigentums aus. Der Gedanke, sich angesichts der Bedrohung des Eigentums (property) in die Arme einer Monarchie oder selbst des Mutterlandes zu flüchten, ging um. Angst vor sozialen Unruhen, Unzufriedenheit über mangelnde außenpolitische Durchsetzungsfähigkeit und ein schlechter Leumund der Politiker erhielten jedoch eine konstruktive Wendung durch die Bewegung für eine neue Unionsverfassung, die 1787 zum Verfassungskonvent in Philadelphia führte.

Nach den Vorstellungen der „Gründungsväter" sollten mit der neuen Verfassung der Union die direkten Einwirkungsmöglichkeiten des Volkes und einer vulgären Interessenpolitik verringert, die Einflussmöglichkeiten einer tugendhaften nationalen Elite dagegen vergrößert werden. Die gestärkte Unionsgewalt sollte bei der Gefährdung von Ordnung und Eigentum in einem Einzelstaat eingreifen können. Die von der Revolution geförderten egalitären und demokratischen (M2) Tendenzen waren jedoch letztlich stärker als die der Unionsverfassung (Schema 1) zu Grunde liegenden elitären Intentionen und setzten sich langfristig durch.

M1 Aus der Unabhängigkeitserklärung vom 4. Juli 1776

Wenn im Gange menschlicher Ereignisse es für ein Volk notwendig wird, die politischen Bande zu lösen, die sie mit einem anderen Volk verknüpft haben, und unter den Mächten der Erde den selbstständigen und gleichen Rang einzunehmen, zu dem die Gesetze der Natur und ihres Schöpfers es berechtigen, so erfordert eine geziemende Rücksicht auf die Meinung der Menschheit, dass es die Gründe darlegt, die es zu der Trennung veranlassen.

Folgende Wahrheiten erachten wir als selbstverständlich: dass alle Menschen gleich geschaffen sind; dass sie von ihrem Schöpfer mit gewissen unveräußerlichen Rechten ausgestattet sind; dass dazu Leben, Freiheit und das Streben nach Glück gehören; dass zur Sicherung dieser Rechte Regierungen unter den Menschen eingerichtet werden, die ihre rechtmäßige Macht aus der Zustimmung der Regierten herleiten; dass, wenn irgendeine Regierungsform sich für diese Zwecke als schädlich erweist, es das Recht des Volkes ist, sie zu ändern oder abzuschaffen und eine neue Regierung einzusetzen und sie auf solchen Grundsätzen aufzubauen und ihre Gewalten in der Form zu organisieren, wie es zur Gewährleistung ihrer Sicherheit und ihres Glücks geboten zu sein scheint. Gewiss gebietet die Vorsicht, dass seit langem bestehende Regierungen nicht um unbedeutender und flüchtiger Ursachen willen geändert werden sollten, und demgemäß hat noch jede Erfahrung gezeigt, dass die Menschen eher geneigt sind zu dulden, solange die Übel noch erträglich sind, als sich unter Abschaffung der Formen, die sie gewöhnt sind, Recht zu verschaffen. Aber wenn eine lange Reihe von Missbräuchen und Übergriffen, die stets das gleiche Ziel verfolgen, die Absicht erkennen lässt, sie absolutem Despotismus zu unterwerfen, so ist es ihr Recht, ist es ihre Pflicht, eine solche Regierung zu beseitigen und sich um neue Bürgen für ihre zukünftige Sicherheit umzutun. Solchermaßen ist das geduldige Ausharren dieser Kolonien gewesen und solchermaßen ist jetzt die Notwendigkeit, welche sie treibt, ihre früheren Regierungssysteme zu ändern. Die Geschichte des gegenwärtigen Königs von Großbritannien ist die Geschichte wiederholten Unrechts und wiederholter Übergriffe, die alle auf die Errichtung einer absoluten Tyrannei über die Staaten zielen.

[Es folgt eine Aufzählung von 18 Hauptvorwürfen gegen den britischen König.]

In jenem Stadium dieser Bedrückungen haben wir in den untertänigsten Ausdrücken um Abhilfe ersucht; unser wiederholtes Ersuchen ist lediglich durch wiederholtes Unrecht beantwortet worden. Ein Fürst, dessen Charakter durch jede Handlung in solcher Weise gekennzeichnet ist, kann als ein Tyrann bezeichnet werden, der als Herrscher über ein freies Volk ungeeignet ist.

Auch haben wir es nicht unterlassen, unserer britischen Brüder hinlänglich eingedenk zu sein. Wir haben sie von Zeit zu Zeit von den Versuchen ihrer gesetzgeberischen Gewalt in Kenntnis gesetzt, eine gesetzwidrige Rechtsprechung über uns zu errichten. Wir haben sie an die näheren Umstände unserer Auswanderung und unserer Siedlung hier erinnert. Wir haben an ihr natürliches Gerechtigkeitsgefühl und ihre natürliche Hochherzigkeit appelliert und sie bei den Banden unserer gemeinsamen Herkunft beschworen, diese Übergriffe zu missbilligen, die unvermeidlich zum Abbruch unserer Verbindungen und Beziehungen führen müssten. Auch sie sind der Stimme der Gerechtigkeit und der Blutsverwandtschaft gegenüber taub geblieben. Wir müssen uns daher mit der Notwendigkeit abfinden, welche unsere Trennung gebietet, und sie, wie die übrige Menschheit, für Feinde im Krieg, für Freunde im Frieden halten.

Daher tun wir, die Vertreter der Vereinigten Staaten von Amerika, versammelt in einem allgemeinen Kongress, an den Obersten Richter der Welt betreffs der Rechtlichkeit unserer Absichten appellierend, im Namen und kraft der Autorität des rechtlichen Volkes dieser Kolonien, feierlich kund und erklären, dass diese Vereinigten Kolonien freie und unabhängige Staaten sind und es von Rechts wegen sein sollen; dass sie von jeglicher Treuepflicht gegen die britische Krone entbunden sind und dass jegliche politische Verbindung zwischen ihnen und dem Staate Großbritannien vollständig gelöst ist, [...] und dass sie als freie und unabhängige Staaten Vollmacht haben, Kriege zu führen, Frieden zu schließen, Bündnisse einzugehen, Handel zu treiben und alle anderen Akte und Dinge zu tun, welche unabhängige Staaten von Rechts wegen tun können. Und zur Stütze dieser Erklärung verpfänden wir alle untereinander in festem Vertrauen auf den Schutz der göttlichen Vorsehung unser Leben, unser Gut und unsere heilige Ehre.

(A. Rock, Dokumente der amerikanischen Demokratie, Wiesbaden [2]1953, S. 102 ff.)

1 *Stellen Sie die wichtigsten Argumente zusammen, mit denen die amerikanischen Kolonien ihre Trennung vom englischen Mutterland begründet haben.*

2 *Charakterisieren Sie das Staatswesen, das den Verfassern der Erklärung vorschwebte.*

M2 James Madison (1751–1836): Das republikanische Prinzip der Gewaltenteilung („checks and balances")

Zu den Haupteinwänden, welche die achtenswerten Gegner der Verfassung vorbringen, gehört die ihr angelastete Verletzung jenes politischen Grundsatzes, der besagt, dass die gesetzgebende, die vollziehende und richterliche Gewalt deutlich voneinander getrennt sein müssen. Es wird behauptet, dass diese für die Freiheit wesentliche Vorsichtsmaßregel beim Aufbau der Zentralregierung nicht berücksichtigt worden sei. Die verschiedenen Machtbefugnisse seien in einer Weise verteilt und miteinander vermischt, die nicht nur jede Symmetrie und Schönheit der Form zerstöre, sondern auch die Gefahr heraufbeschwöre, dass wichtige Teile des Gebäudes unter dem Übergewicht anderer Teile zusammenbrechen können. [...]

Schon bei oberflächlicher Betrachtung der britischen Verfassung werden wir bemerken, dass gesetzgebende, vollziehende und richterliche Gewalt keineswegs gänzlich voneinander getrennt und unterschieden sind. Der Träger der vollziehenden Gewalt bildet einen integrierenden Bestandteil der gesetzgebenden Autorität. Er allein hat das Recht, mit fremden Souveränen Verträge abzuschließen, die nach ihrem Abschluss mit gewissen Einschränkungen Gesetzeskraft erlangen. Alle Mitglieder des richterlichen Zweiges der Regierung werden von ihm ernannt, können auf Antrag der beiden Häuser des Parlaments von ihm abgesetzt werden und bilden, wenn es ihm beliebt, sie zu konsultieren, ein ihm verfassungsmäßig zustehendes Ratskollegium. Ein Zweig der gesetzgebenden Körperschaft stellt auf Grund derVerfassung ein zweites, größeres Ratskollegium für den Träger der vollziehenden Gewalt dar. Der gleiche Zweig ist jedoch andrerseits in Fällen von Hochverrat der einzige Träger der richterlichen Gewalt, während er in allen übrigen Fällen die höchste Berufungsinstanz darstellt. Die Richter sind wieder so eng mit der gesetzgebenden Körperschaft verbunden, dass sie häufig an deren Beratungen teilnehmen, wenn ihnen auch keine gesetzgebende Stimme zusteht.

Aus diesen Tatsachen, von denen Montesquieu ausging, kann mit voller Klarheit Folgendes geschlossen werden: Wenn Montesquieu sagt, „es kann keine Freiheit geben, wo gesetzgebende und vollziehende Gewalt in ein und derselben Person oder in ein und derselben Körperschaft vereinigt sind oder wo die richterliche Gewalt von der gesetzgebenden und von der vollziehenden Gewalt getrennt ist", so meint er damit keineswegs, dass die drei Zweige der Regierung untereinander auf ihre spezifische Tätigkeit nicht ein gewisses Maß von Einfluss ausüben oder einander nicht wechselseitig kontrollieren sollten. [...] Wenn wir die Verfassungen unserer Einzelstaaten betrachten, so finden wir, dass – ungeachtet der pathetischen und in manchen Fällen kompromisslosen Art, in der jenes Axiom[1] ausgedrückt ist – in keiner einzigen von ihnen die drei Zweige der Regierung absolut getrennt sind. New Hampshire, dessen Verfassung zuletzt entworfen wurde, scheint sich völlig bewusst gewesen zu sein, dass es unmöglich und unzweckmäßig ist, jede Vermischung zwischen den drei Zweigen zu vermeiden: Daher wurde dort die in Frage stehende Doktrin durch die Erklärung ergänzt, dass gesetzgebende, vollziehende und richterliche Gewalt so weit voneinander unabhängig sein sollten, als das Wesen einer freien Regierung dies zulässt: Und soweit dabei die zahllosen Fäden intakt bleiben, die sich zu einem das Gefüge der Verfassung zusammenhaltenden Band der Einigkeit und des guten Einvernehmens verweben.

(Alexander Hamilton u. a., Der Föderalist. Artikel 47, hg. v. F. Ermacora, Duncker u. Humblot, Berlin 1958, S. 277ff.)

1 Axiom: als gültig erachteter Grundsatz, der keines Beweises bedarf

1 *Erklären Sie, was mit dem Prinzip der „checks and balances" gemeint ist. Überprüfen Sie seine Verwirklichung anhand des Verfassungsschemas.*

2 *Erläutern Sie, inwiefern nach Madison das Prinzip der Gewaltenteilung in der amerikanischen Verfassungswirklichkeit völlig umgesetzt wird.*

1.2 Die Krise des Ancien Régime

Die Aufklärung und die Krise von Staat und Gesellschaft

Die Amerikanische Revolution trug dadurch zur Entstehung der Französischen Revolution bei, dass sie die praktische Anwendungsmöglichkeit von aufklärerischen Ideen aufzeigte. Gewiss war die Französische Revolution nicht die direkte Folge der Aufklärung. Die Vertreter der Aufklärung haben in ihren Schriften nie die Revolution gefordert, sie kannten den Begriff überhaupt nicht. Vielmehr traten sie für eine Reform der absoluten Monarchie und der Ständegesellschaft ein. Und doch ist die Revolution in Frankreich ohne die Aufklärung kaum denkbar. Ihre Philosophen haben mit der Kritik an den bestehenden politisch-sozialen Verhältnissen die Legitimationsgrundlagen von Absolutismus und Ständegesellschaft in Frage gestellt und den Revolutionären die entscheidenden Stichworte geliefert. Die in der Revolution erhobenen Forderungen nach individueller **Freiheit** und rechtlicher wie politischer **Gleichheit** aller Menschen sowie die Idee der **Volkssouveränität** wurden von der Aufklärung vorbereitet. Die Aufklärer wollten das gesamte menschliche Leben nach den Regeln der Vernunft umgestalten. Ihre Angriffe richteten sich vor allem gegen die Bevormundung der Menschen durch Klerus und Kirche, gegen Tradition und Aberglauben. Zwar hielten die Philosophen der Aufklärung an der Monarchie als Staats- und Regierungsform fest, aber sie lehnten das Gottesgnadentum des Monarchen ab. Zudem kritisierten sie das Gesellschaftssystem des Ständestaates wegen seiner Ungleichheiten. Die Besitzverhältnisse im Lande (M 3), vor allem aber das ständische Privilegiensystem, das dem Adel Steuerfreiheit garantierte und damit die Steuerlast sehr ungerecht verteilte, empfanden die Aufklärer als reformbedürftig. Auch verlangten sie den freien Zugang zu allen Ämtern, die nach den Fähigkeiten des Einzelnen und nicht nach Standeszugehörigkeit besetzt werden sollten.

Staatliche Finanzkrise

Die Amerikanische Revolution beeinflusste das Geschehen in Frankreich aber noch in ganz anderer Weise: Die französische Beteiligung am amerikanischen Revolutionskrieg führte zu einer Erhöhung der **Staatsschulden** und damit zur Verschärfung der staatlichen Finanzkrise. Bereits unter Ludwig XIV. stand Frankreich kurz vor dem Staatsbankrott. Auch unter seinem Nachfolger, Ludwig XV. (1715–1774), blieb das Problem der Staatsfinanzen ungelöst. Bei seinem Tod überstiegen die jährlichen Ausgaben die Einnahmen um 22 Mio. Livres. Diese Entwicklung setzte sich während der Herrschaft Ludwigs XVI. (1774–1792) fort. Von 200 Mio. im Jahre 1740 stiegen die Staatsschulden auf 630 Mio. im Jahre 1788 an. Fast die Hälfte der staatlichen Ausgaben machten die Zinsen aus, die die Regierung für die zahlreichen Staatsanleihen bezahlen musste. Die aufgeblähten Pensionen für die Günstlinge des Hofes, die Inflation und der Krieg in Amerika, dessen Kosten allein auf zwei Milliarden Livres geschätzt werden, trieben die Staatsausgaben zusätzlich in die Höhe.

Ludwig XVI. beauftragte 1774 den Wirtschafts- und Sozialpolitiker **Anne-Robert Turgot** mit der Sanierung der Staatsfinanzen. Dieser forderte Einsparungen im Staatshaushalt, eine bessere Ausschöpfung der Steuern durch die Abschaffung der Steuerprivilegien, vor allem aber die Förderung des allgemeinen Wohlstandes durch eine Liberalisierung der Wirtschaft. Seine Politik stieß jedoch auf heftigen Widerstand beim Adel, der seine Vorrechte bedroht sah. Auch die Handwerksmeister protestierten, weil sie in der Aufhebung der Zünfte einen Angriff auf ihre wirtschaftliche und gesellschaftliche Stellung sahen. Angesichts des wachsenden Unmutes über die Politik Turgots übergab der König die Finanzgeschäfte 1777 dem Genfer Bankier **Jacques Necker**. Er hatte anfangs durchaus Erfolg, weil er zum ersten Mal einen Rechenschaftsbericht über die öffentlichen Finanzen vorlegte, nach dem der Staatshaushalt ausgeglichen war. In Wirklichkeit jedoch hatte Necker zur Beruhigung der Kreditgeber mit falschen Zahlen gearbeitet und

sämtliche Kosten für den Amerikakrieg unterschlagen. Necker erreichte zwar, dass die Kreditwürdigkeit des Staates kurzfristig wieder stieg, verlor aber das Vertrauen des königlichen Hofes und wurde im Jahre 1781 abgesetzt. Durch seinen Bericht wurde der Öffentlichkeit erstmals die Verschwendung der höfischen Gesellschaft deutlich.
Am Widerstand des Adels gegen die Beschneidung seiner Privilegien scheiterten auch alle weiteren Reformversuche. Wichtigste Stütze für seinen Kampf waren die Parlamente. Weil diese 1771 wieder eingesetzten Gerichtshöfe die Zustimmung zur staatlichen Steuerpolitik verweigerten, wurden sie aus Paris verbannt, was zur offenen Rebellion gegen den König führte. Ludwig XVI. musste schließlich einlenken, die Parlamente in ihre alten Rechte wieder einsetzen und die Generalstände einberufen. Dieser Sieg der **aristokratischen Reaktion** zeigte, wie weit der Autoritätsverlust und der Machtverfall von König und Staat vor der Revolution bereits fortgeschritten waren. Dem König gelang es nicht mehr, die verschiedenen gesellschaftlichen Gruppen zusammenzuführen und die anstehenden Sachprobleme zu lösen.

Wirtschaftskrise

Die Adelsrevolte erschütterte die absolute Monarchie, sie allein hätte aber nicht die politische Revolution bewirken können. Die Krise des politischen Systems wurde in den Jahren 1788–1790 überlagert von einer Wirtschaftskrise, die die sozialen Widersprüche innerhalb der französischen Gesellschaft offen legte und zu Aufständen der unteren Bevölkerungsschichten führte. Durch erneute witterungsbedingte Missernten kam es seit dem Frühjahr 1789 zu einem Anstieg der Getreide- und Brotpreise. Die Teuerung beschleunigte die **Verarmung** auf dem Lande und schürte in der städtischen Bevölkerung die Angst vor einer Hungersnot. Im Frühjahr und Sommer 1789 verursachte die Verschlechterung der wirtschaftlichen Situation in Stadt und Land Aufstände, wobei sich der Zorn der Bevölkerung sowohl gegen die königliche Regierung als auch gegen die Grund- und Landbesitzer richtete. Ihnen wurde die Verantwortung für die wirtschaftliche und soziale Misere angelastet. Diese **Aufstände** besaßen anfangs noch keinen revolutionären Charakter. Da sie jedoch mit einer allgemeinen politischen Krise zusammenfielen, entstand aus den Unruhen eine revolutionäre Grundstimmung (M 4).

M3 Bevölkerungsentwicklung und Grundbesitzverteilung in Frankreich am Ende des Ancien Régime

Die Bevölkerung Frankreichs wuchs im Laufe des 18. Jahrhunderts von ca. 20 auf ca. 27 Millionen an. Vor der Revolution zählte der Klerus rund 130 000 und der Adel 350 000 Personen; der dritte Stand umfasste etwa 98 Prozent der Bevölkerung, darunter ca. 22,5 Millionen Bauern.
Klerus und Adel verfügten bei Ausbruch der Revolution über rund 10 bzw. 25 Prozent des Grundbesitzes, während Stadtbürger und Bauern im Verhältnis zu ihrem Anteil an der Bevölkerung nur 25 bzw. 35 Prozent des Landes besaßen.
(Gerd van den Heuvel, Grundprobleme der französischen Bauernschaft 1730–1794, Oldenbourg, München 1982, S. 43)

1 *Erläutern Sie anhand von M 3 die These, dass die Aufteilung der französischen Gesellschaft in drei Stände nicht mehr den Besitzverhältnissen entsprach.*

M4 Der Historiker Axel Kuhn über die Ursachen der Französischen Revolution (1999)

Es ist eine Binsenweisheit, dass sich komplexe[1] politische Phänomene wie die Französische Revolution, nicht auf eine Ursache zurückführen lassen. Doch sollte die Ablehnung monokausaler[2] Erklärungen nicht als Alibi benutzt werden, sich einer Stellungnahme ganz zu entziehen. In Frankreich führten unzufriedene Massen, eine ökonomisch erstarkte bürgerliche Klasse mit politisch versierten Wortführern und die Zwangslage eines bankrotten Staates zu einer revolutionären Situation, in der der König und seine Berater durch halbherzige und widersprüchliche Reformen die Chance zur evolutionären Veränderung von Staat und Gesellschaft verspielten.
Lange Zeit hat ein Grundthema die Diskussion der Revolutionsursachen bestimmt: der Aufstieg des Bürgertums. Es gehört auch zu den immer wiederholten, doch deshalb noch nicht zutreffenden Stereotypen[3], dass in Deutschland keine Revolution

ausbrach, weil dort das Bürgertum im Unterschied zu Frankreich zu schwach gewesen sei. Offenkundig ist es jedoch ein Fehler anzunehmen, dass Revolutionen von zielbewussten Bewegungen gemacht werden. [...] Die Logik der Konflikte im vorrevolutionären Frankreich unterlag aber nie der Kontrolle einer Klasse oder parteiähnlichen Gruppierung, auch wenn eine solche sich später im revolutionären Prozess in den Mittelpunkt stellte. Die Konflikte zeitigten Folgen, die vorher nicht beabsichtigt worden waren. In der Vorgeschichte der Revolution war keine revolutionäre Regie vorhanden.

Was die Bedeutung der Volksmassen für die Revolution betrifft, so wird oft von einem Modell ausgegangen, das man „Vehikeltheorie"[4] nennen könnte. Bauernunruhen und städtische Unruhen waren ein wichtiger Bestandteil der als bürgerlich zu bezeichnenden Französischen Revolution. Sie waren sozusagen ein Vehikel für die Durchsetzung bürgerlicher Interessen. Es ist auch nicht zu übersehen, dass sich die bäuerlichen Ziele in der Französischen Revolution nicht wesentlich von denen früherer Aufstände unterschieden.

Die Bauern (und dasselbe gilt für die städtischen Unterschichten) nahmen an der Revolution teil, ohne zu den radikalen Visionen einer neuen Gesellschaft zu stehen. Statt dessen kämpften sie wie immer für handfeste Ziele – Ziele, die sich aus ihrer lokalen Situation ergaben. Sie übten aber damit Druck auf die Abgeordneten aus und zwangen diese im Laufe der Revolution, je nach politischem Standort mehr oder weniger, auf sie einzugehen. Es ist also auch eine irrige Vorstellung anzunehmen, traditionelle Volksunruhen müssten sich in ihrem Charakter ändern, damit es zu einer Revolution kommt.

Innerhalb des ganzen Ursachenbündels sind also unruhige Massen und revolutionsbereite Bürger zwar notwendige Voraussetzungen der Revolution, aber nicht hinreichend für sie. Von entscheidender Bedeutung waren vielmehr der Zustand des Staatsapparates und die internationale Situation, in der er Frankreich zu vertreten hatte. Die revolutionäre Krise brach aus, als sich die Unfähigkeit des alten Regimes zeigte, die sich aus der internationalen Situation ergebenden Herausforderungen zu meistern. Im Wettbewerb mit England hatte Frankreich im 18. Jahrhundert militärische Niederlagen einstecken müssen. Das Land hatte früher fast ganz Europa beherrscht und trat nun in einer dynamischen internationalen Entwicklung immer mehr in den Schatten der Handelsmacht England. Frankreich entschied sich dafür, im amerikanischen Unabhängigkeitskrieg den Wettbewerb mit England um die Führungsrolle fortzusetzen, auch um den Preis des finanziellen Zusammenbruchs. Um die Wichtigkeit dieses Faktors zu verstehen, muss man sich den absolutistischen Staat von einer kleinen Privilegiertenschicht regiert vorstellen, die ihre eigenen Interessen über die der Bevölkerung setzte. Dazu brauchte sie Instanzen, die die Eintreibung der Steuern und die Rekrutierung von Soldaten gewährleisteten. War diese Kontrollfunktion nicht mehr gegeben, dann konnte sich der Staatsapparat auch nicht mehr gegen rebellierende Untertanen zur Wehr setzen.

Wenn es also stimmt, dass Revolutionen nicht mit gesetzmäßiger Notwendigkeit ausbrechen, so stimmt es doch auch, dass diese Revolution in Frankreich ausbrechen musste angesichts des Zustandes der sozialökonomischen Verhältnisse und der Unfähigkeit des absolutistischen Staates zu Reformen.

(Axel Kuhn, Die Französische Revolution, Reclam, Stuttgart 1999, S. 39–41)

1 komplex: verwickelt, vielfältig und doch einheitlich
2 monokausal: von nur einer Ursache ausgehend
3 Stereotype: feststehende, unveränderliche, ständig wiederkehrende und formelhafte Antwort
4 Vehikel: Mittel zum Zweck

1 *Fassen Sie die Hauptthesen in M 4 unter den Aspekten Ursachen, Ziele und Träger der Französischen Revolution zusammen und erarbeiten Sie die zentralen Elemente der Erklärung der Revolution durch Kuhn.*

2 *Erörtern Sie anhand von M 4 den Einfluss der Amerikanischen auf die Französische Revolution. Ziehen Sie dafür auch die Darstellung heran.*

2 Aufbruch in die Freiheit

2.1 Das Ende der Feudalherrschaft (1789) und die Verfassung von 1791

Verlauf der Revolution 1789

Als der König im Jahre 1788 die Einberufung der Generalstände ankündigte, löste diese Nachricht bei Adel und **drittem Stand** (Tiers Etat), zu dem alle Schichten unterhalb der mit besonderen Privilegien ausgestatteten oberen zwei Stände (Klerus, Adel) gehörten, zunächst Begeisterung aus. Nachdem im September 1788 jedoch deutlich geworden war, dass die Parlamente und die Privilegierten an eine Zusammensetzung der Generalstände nach altem Muster dachten, machte sich beim dritten Stand Enttäuschung breit. Er wollte nicht wie bisher gleich viele Abgeordnete wie Klerus und Adel, sondern verlangte doppelt so viele (600 statt 300) Deputierte. Die Abstimmung sollte dabei nicht nach Ständen erfolgen. Die Vertreter des dritten Standes forderten eine gemeinsame Abstimmung nach Köpfen, bei der sie in der Übermacht gewesen wären. König und Regierung setzten zwar die Verdoppelung der Abgeordneten des dritten Standes durch, überließen aber die Regelung der Abstimmung den Ständen selbst. Daraufhin ergriff der dritte Stand die Initiative und berief eine gemeinsame Sitzung aller drei Stände zur Prüfung der Wahlvorgänge ein. Wer zu dieser Sitzung nicht erschien, sollte als nicht legitimiert bzw. als nicht gewählt gelten. Daher kamen auch etliche reformbereite Privilegierte. Am 17. Juni 1789 erklärte sich diese Versammlung zur Nationalversammlung, der allein das Recht auf die Gesamtrepräsentation der Franzosen zustehe. Diese **Erklärung des dritten Standes** zur Nation war der erste revolutionäre Akt in der Geschichte der Französischen Revolution. Der dritte Stand hatte aus eigener Machtvollkommenheit heraus eine neue, von König und Regierung unabhängige Gewalt geschaffen, die sich als Vertretung des Nationalwillens (volonté nationale) verstand.

Die privilegierten Stände wandten sich danach wieder dem König zu, der die Auflösung der Nationalversammlung anordnete und die Abgeordneten am 20. Juni aus den Sitzungsräumen ausschloss. Diese zogen sich in ein Ballhaus zurück und schworen, dass die gesamte Nationalversammlung bis zur Verabschiedung einer Verfassung zusammenbleiben solle. Obwohl der König nach diesem **Ballhausschwur** befahl, dass die Generalstände wieder getrennt zu tagen hätten, blieb der dritte Stand Herr der Situation. Mit der Begründung, der König könne der Nationalversammlung keine Befehle erteilen, setzte man sich über die königliche Anordnung hinweg. Ludwig XVI. lenkte ein und empfahl dem Adel, sich wie vorher bereits der Klerus mit der Nationalversammlung zu vereinigen. Das war der erste große Sieg der Revolution. Die Nationalversammlung erhielt jetzt offiziell den Auftrag, eine Verfassung auszuarbeiten – ein Auftrag, den sie zwar für sich in Anspruch genommen hatte, mit dem sie aber ursprünglich nicht angetreten war. Die Gestaltung des zukünftigen Staates lag nun in den Händen des dritten Standes.

In Paris und den übrigen Großstädten war die Stimmung wegen der wirtschaftlichen Krise seit 1788 äußerst gespannt. Die Situation verschärfte sich, als der König um Paris herum Truppen zusammenziehen ließ, um mögliche Unruhen zu bekämpfen. Die Hoffnungen im Volk auf einen politischen und gesellschaftlichen Neubeginn durch die Nationalversammlung und den dritten Stand wurden dadurch zunehmend zerstört. Als der König am 11. Juli 1789 seinen Reformminister Necker entließ, den er 1788 wieder in sein Amt zurückberufen hatte, kam es in Paris zu Aufständen. Zollstationen und Klöster wurden auf der Suche nach Waffen und Getreide geplündert und zerstört. Um sowohl einer ungeregelten Bewaffnung der Bevölkerung zu begegnen als auch gegen einen militärischen Angriff von außen gewappnet zu sein, gründeten Angehörige des gehobenen Bürgertums am 13. Juli 1789 in Paris eine Bürgerwehr. Die Miliz benötigte dringend weitere Waffen und Munition und stürmte deswegen am 14. Juli die Bastille. Die Einnahme dieses Gefängnisses entwickelte sich sofort zum Volksmythos, weil die Bastille als Symbol für das alte Unterdrückungssystem galt. Der **Bastillesturm** besaß für die Revolutionsgeschichte eine außerordentliche psychologische und politische Bedeutung. Der König erkannte nun endgültig die Nationalversammlung an und zog seine Truppen zurück. Die gegenrevolutionäre Partei des höfischen Adels zerfiel und zahlreiche Adelige emigrierten, um vom Ausland aus gegen die Revolution zu arbeiten. Die Macht in Paris übernahmen nun ein bürgerlicher Wahlmännerausschuss und die Bürgermiliz.

Die Revolution blieb nicht auf die Städte beschränkt, sondern erfasste im August 1789 auch die ländliche Bevölkerung. Die Versorgungs- bzw. Hungerkrise erreichte im Sommer einen unerträglichen Höhepunkt und verschärfte die sozialen Gegensätze. In dieser Situation erweckte der Zusammentritt der Nationalversammlung bei den Bauern große Hoffnungen auf eine Verbesserung ihrer Lage. Ähnlich wie in Paris verbreiteten sich auf dem platten Lande ebenfalls Gerüchte von einer bevorstehenden Adelsreaktion, die die Nationalversammlung auseinander getrieben habe. Hinzu kamen zum Teil unbegründete Ängste vor Plünderungen durch umherziehende Vagabunden und militärische Übergriffe gegen die Bevölkerung. Diese **„Große Furcht“** („Grande Peur“) schlug nach dem 14. Juli in allgemeine Panik um: Die Bauern begannen die Schlösser der Grundherren zu stürmen; sie verlangten die Herausgabe aller Papiere und vernichteten Dokumente über Abgabenleistungen und Grundbesitz. Die bäuerliche Bevölkerung übernahm die Gemeindeverwaltung und weigerte sich, Abgaben zu bezahlen.

Im Bürgertum und bei der Nationalversammlung löste die Revolution der Bauern wegen dieser Übergriffe auf das Eigentum Furcht aus. Einerseits gehörte ein großer Teil der Abgeordneten selbst zu den Besitzenden und wollte daher Angriffe gegen das Privateigentum nicht zulassen. Andererseits konnte sich die Nationalversammlung aber auch nicht gegen die bäuerliche Revolution stellen. Ohne das Privateigentum anzutasten, fand sich die Mehrheit der Nationalversammlung am 11. August zur **Aufhebung der feudalen Privilegien** bereit.

Ende der Feudalherrschaft

Zwar gab es im Frankreich des 18. Jahrhunderts kein Feudalsystem im eigentlichen Sinne mehr; aber es existierte eine Fülle von Rechten und Abgaben, die sich aus der adeligen Grundherrschaft und dem Lehnswesen herleiteten. Hervorzuheben ist, dass die Nationalversammlung zunächst unterschiedlich bei der Beseitigung der Feudalrechte vorging (M 5). Auf der einen Seite wurden sämtliche Jagdrechte des Adels und die grundherrliche Gerichtsbarkeit mit dem Argument entschädigungslos abgeschafft, sie beruhten auf widerrechtlicher Aneignung und Gewalt. Auf der anderen Seite wurde jedoch für alle anderen Abgaben, die angeblich auf vertraglicher Grundlage beruhten und legitime Eigentumsrechte darstellten, eine finanzielle Ablösung vorgesehen. Dies geschah im Frühjahr 1790 durch eine Reihe von Gesetzen, die für die betroffenen Bauern außerordentlich ungünstig waren.

Bauernunruhen und -revolten erzwangen drei Jahre später eine Änderung der betreffenden Gesetzgebung zu Gunsten der Bauern. Im Juli 1793 wurde schließlich vom Konvent, wie sich zwischen 1792 und 1795 die französische Volksversammlung nannte, in einem Augenblick der höchsten Bedrohung von außen und innen, der eine Unterstützung des revolutionären Regimes durch die Bauern dringlich machte, die vollständige entschädigungslose Aufhebung aller feudalen Abgaben beschlossen.

Erklärung der Menschen- und Bürgerrechte

Die Abschaffung der feudalen Privilegien musste noch verfassungsrechtlich abgesichert werden. Das geschah in der Erklärung der Menschen- und Bürgerrechte vom 26. August 1789 (M 6). Mit ihr wurde die alte Ständeordnung beseitigt und die bürgerliche Gesellschaft auf eine unangreifbare Gesetzesgrundlage gestellt. Um den gesellschaftlichen Neubeginn zu dokumentieren, konnte sich die Nationalversammlung nicht auf die Geschichte bzw. auf das alte Recht berufen, mit dem der Adel bisher seine Privilegien begründet hatte. Das rechtliche Fundament für die neue Sozialordnung bildete dagegen ein rational verstandenes **Naturrecht**. Nach diesem Rechtsverständnis besaßen die Menschen natürliche, d. h. ihnen angeborene und damit unveräußerliche Rechte. Weil diese Rechte den Menschen von Natur aus gegeben waren und ihnen nicht von Staat und Gesellschaft verliehen wurden, standen sie grundsätzlich allen Menschen zu, unabhängig von Hautfarbe oder Geschlecht, von Beruf, Stand oder Konfession.

Die Erklärung der Menschen- und Bürgerrechte war ein Markstein auf dem Weg zur modernen bürgerlichen Gesellschaft. Der Absolutismus wurde abgeschafft, der König blieb nicht länger Eigentümer des Staates. Als Ursprung der staatlichen Souveränität galt nun die Nation; die Gesetze sollten den allgemeinen Willen (volonté générale) zum Ausdruck bringen. Mit der Einführung der Gewaltenteilung wollte die Nationalversammlung jede Rückkehr zur absoluten Monarchie verhindern. Auch die adelige Privilegiengesellschaft gehörte der Vergangenheit an, die adeligen Sonderrechte wurden beseitigt. Die Menschenrechtserklärung garantierte die zivile Gleichberechtigung der Bürger, Steuergleichheit, die Meinungs-, Presse- und Glaubensfreiheit sowie das Privateigentum. Sie bestätigte den Zugang für alle zu den staatlichen Ämtern und schützte die Bürger vor Willkürjustiz und geheimen Haftbefehlen.

Manchmal klafften jedoch Anspruch und Wirklichkeit auseinander (zur Situation der Frauen s. S. 123 f.). Das zeigt die Behandlung der **Juden**, die in der alten Ständegesellschaft eine rechtliche und religiös-kulturelle Eigenexistenz führten. Die Nationalversammlung konnte sich nur schwer von antijüdischen Vorurteilen freimachen und zögerte, den Juden die volle rechtliche Gleichberechtigung zu verleihen. Erst am 27. September 1791 gelang es, die bürgerliche Gleichberechtigung aller Juden durchzusetzen. Die Verwirklichung dieses Beschlusses in der Praxis und der Abbau der antijüdischen Vorurteile zog sich allerdings noch lange hin.

Schwierig gestaltete sich auch die rechtliche Gleichstellung der farbigen Bevölkerung in den Kolonien, weil die weißen Plantagenbesitzer und Überseehändler die Abschaffung der **Sklaverei** ablehnten. Im April 1792 setzte sich die Revolutionsregierung jedoch durch und garantierte den freien Mulatten und der schwarzen Bevölkerung die politische Gleichheit; am 4. Februar 1794 schaffte Frankreich die Sklaverei ab.

Die Verfassung von 1791

Das schwierigste Problem bei den Verfassungsberatungen bestand darin, die politische **Rolle des Königs** neu zu definieren und die Gewaltenteilung mit dem Prinzip der Volkssouveränität zu verbinden. Zur Debatte stand der Vorschlag der Gruppe der so genannten **monarchiens**, die für die Übernahme des englischen Systems eintrat. Sie plädierten für ein absolutes Vetorecht des Königs bei der Gesetzgebung und wollten nach dem Vorbild des englischen Oberhauses eine zweite Kammer einrichten. Doch bei der Mehrheit der Nationalversammlung war das Misstrauen gegenüber Adel und König so groß, dass die Einrichtung einer zweiten Kammer abgelehnt wurde. Die Verfassung (Schema 2) sprach die **gesetzgebende Gewalt** einer einzigen Kammer zu, der Nationalversammlung als Vertreterin des souveränen Volkes, die aus 745 Mitgliedern bestehen und von den Departements für zwei Jahre gewählt werden sollte. Der König verlor das Recht zur Einberufung der Nationalversammlung, zu deren Aufgabe das Einbringen und die Abstimmung über die Gesetze, die Festsetzung der Steuern sowie die Regelung und Überwachung der Verwendung der öffentlichen Gelder gehörte. Die Exekutivgewalt lag beim König, der aber schon seit dem 10. Oktober 1789 kein absoluter Herrscher von Gottes Gnaden mehr war, sondern sich seitdem „Ludwig von Gnaden Gottes und

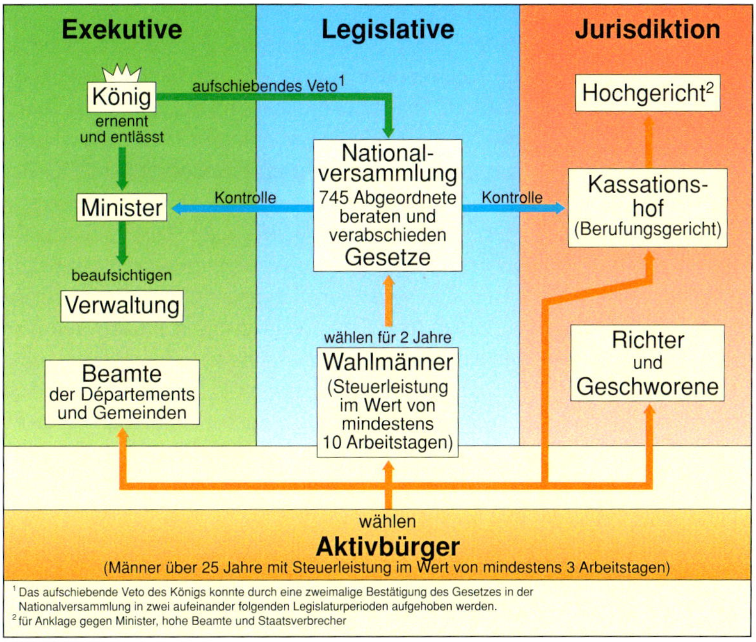

Schema 2 Die französische Verfassung von 1791

der Staatsverfassung König der Franzosen“ nennen musste. Der König war an die von der Nationalversammlung verabschiedeten Gesetze gebunden, die er lediglich durch ein suspensives, d. h. aufschiebendes Veto für zwei aufeinander folgende Legislaturperioden blockieren konnte. Beschloss eine dritte Nationalversammlung das strittige Gesetz, so trat es ohne seine Zustimmung in Kraft. Beim König lag die Auswahl und Entlassung der Minister. Sie waren der Nationalversammlung verantwortlich, durften jedoch nicht aus deren Reihen kommen. Die Verfügungsgewalt über die öffentlichen Finanzen wurde dem König entzogen, stattdessen erhielt er einen jährlichen Betrag zur Bestreitung seiner privaten Ausgaben, die so genannte Zivilliste. Auf die Außenpolitik hatte der konstitutionelle Monarch ebenfalls keinen Einfluss mehr; sie wurde von der Nationalversammlung kontrolliert, die allein auch über Krieg und Frieden entscheiden durfte.

Die Verfassung legte die gesamte politische Macht in die Hände der Nationalversammlung. Da das **Wahlrecht** die Begüterten bevorzugte, sicherte sich besonders das besitzende Bürgertum ein politisches Übergewicht. Zwar waren alle Franzosen vor dem Gesetz gleich, das Recht auf politische Partizipation stand aber nur den so genannten Aktivbürgern zu. Hierzu zählten etwa 4 von insgesamt 7 Mio. Männern. Um in Frankreich wählen zu dürfen, musste der Einzelne nämlich über ein bestimmtes Vermögen verfügen bzw. eine bestimmte Steuerleistung erbringen. Fast ein Drittel der französischen Bevölkerung über 25 Jahren war daher von der Wahl ausgeschlossen und gehörte als „Passivbürger“ nicht zu den vollgültigen Staatsbürgern. Ein indirektes Wahlsystem sorgte überdies dafür, dass nur ein begrenzter Kreis der Aktivbürger die Abgeordneten der Nationalversammlung bestimmte: Diejenigen „Aktivbürger“, die direkte Steuern im Wert von mindestens drei Arbeitstagen zahlten, wählten zunächst Wahlmänner, welche direkte Steuern im Werte von mindestens 10 Arbeitstagen entrichteten. Und diese nur noch 50 000 Wahlmänner wählten schließlich die Abgeordneten, die entweder direkte Steuern im Werte von ungefähr 100 Arbeitstagen leisteten oder Grundbesitzer waren.

Mit der französischen Verfassung von 1791 entstand zum ersten Mal ein **demokratisch legiti-**

mierter Nationalstaat auf dem europäischen Kontinent. Bis zur Französischen Revolution definierte sich der Einzelne durch seine Zugehörigkeit zu einem bestimmten Stand, zu seiner Konfession bzw. zu einer Region oder zu einem Stamm. Nun aber fand er seine überindividuelle Identität durch die Identifikation mit der Nation und deren kulturellem Erbe und politischer Existenz. Der Einzelne verstand sich als Mitglied einer politisch-sozialen Großgruppe, die in einem Nationalstaat organisiert war. Nicht mehr dem König oder einer Dynastie galt seine Loyalität, sondern der Nation. Der hohe Stellenwert von Nation und Nationalstaat kam am deutlichsten in der Aufnahme des Bürgereides in die Verfassung zum Ausdruck, der lautete: „Ich schwöre, der Nation, dem Gesetz und dem König treu zu sein." Das neue Nationalgefühl entstand als Ideologie des dritten Standes, der sich selbst zur Nation erklärte und damit seinen Anspruch auf politische Selbstbestimmung durchsetzte. Die Verfassung markiert insofern den endgültigen Bruch mit der alten Ständegesellschaft und den Übergang zu einer staatsbürgerlichen Gesellschaft.
Ein wesentlicher Schritt zur Modernisierung von Politik und Gesellschaft war auch die gesetzliche Festlegung der Herrschafts- und Regierungsform in einer Verfassung. Sie setzte für alle am politischen Entscheidungsprozess Beteiligten verbindliche Regeln und Normen fest und wollte so willkürliche Machtentscheidungen vermeiden. Die Verfassung sollte das gesamte politische Leben, also nicht nur einzelne Teilbereiche, normieren. Durch diese konsequente Verrechtlichung des politischen Lebens trug die Verfassung zur Durchsetzung legitimer politischer Herrschaft bei. Sie schrieb in einem Rechtsdokument vor, wie die Staatsgewalt eingerichtet und ausgeübt werden musste, damit politische Entscheidungen als legitim gelten konnten. Gleichzeitig sicherte die Verfassung den Staatsbürgern Mitspracherechte in politischen Dingen zu – wenngleich für den Beginn nur bestimmten bürgerlichen Gruppen; die Frauen blieben bis ins 20. Jahrhundert vom politischen Entscheidungsprozess ausgeschlossen (s. S. 124). Unter diesem Gesichtspunkt leitete die Französische Revolution die Entwicklung zur modernen parlamentarischen Demokratie ein.

M5 Aus dem Beschluss der Nationalversammlung zur Aufhebung der feudalen Privilegien vom 11. August 1789

Art. 1. Die Nationalversammlung vernichtet das Feudalwesen völlig. Sie dekretiert, dass von den Feudal- wie Grundzinsrechten und -pflichten sowohl jene, die sich aus unveräußerlichem Besitz an Sachen und Menschen und aus persönlicher Leibeigenschaft herleiten, als auch jene, die an ihre Stelle getreten sind, entschädigungslos aufgehoben werden; alle übrigen werden für ablösbar erklärt, die Summe sowie die Art und Weise der Ablösung wird die Nationalversammlung festlegen. Die durch dieses Dekret nicht aufgehobenen Abgaben sollen dessen ungeachtet bis zu ihrer Rückzahlung wieder erhoben werden. [...]
Art. 11. Alle Bürger sollen, ohne Unterschied ihrer Geburt, freien Zugang zu allen kirchlichen, zivilen und militärischen Ämtern und Würden haben; niemand, der einem Erwerbsberuf nachgeht, soll dadurch seines Adelsprädikats verlustig gehen. [...]
Art. 16. Die Nationalversammlung ordnet an, dass zum Gedächtnis dieser zum Wohle Frankreichs gefassten Beschlüsse eine Medaille geprägt und in allen Pfarrgemeinden und Kirchen des Königreiches zum Dank ein Tedeum gesungen werden soll.
Art. 17. Die Nationalversammlung erklärt König Ludwig XVI. feierlich zum Wiederhersteller der französischen Freiheit.
(Walter Grab [Hg.], Die Französische Revolution. Eine Dokumentation, Nymphenburger, München 1973, S. 33–36)

1 *Erörtern Sie die Zielsetzung des Gesetzes zur Aufhebung der feudalen Privilegien vom 11. August 1788 (M 5).*
2 *Erläutern Sie, was Aufhebung von Lasten gegen Entschädigung für die Kleinbauern bedeutete.*

M6 Erklärung der Menschen- und Bürgerrechte durch die französische Nationalversammlung vom 26. August 1789

So erkennt und verkündet die Nationalversammlung angesichts des Höchsten Wesens und unter seinen Auspizien die Rechte des Menschen und des Bürgers wie folgt:
Art. 1. Frei und gleich an Rechten werden die Menschen geboren und bleiben es. Die sozialen Unter-

schiede können sich nur auf das gemeine Wohl gründen.

Art. 2. Der Zweck jedes politischen Zusammenschlusses ist die Bewahrung der natürlichen und unverlierbaren Menschenrechte. Diese Rechte sind Freiheit, Eigentum, Sicherheit und Widerstand gegen Bedrückung.

Art. 3. Jegliche Souveränität liegt im Prinzip und ihrem Wesen nach in der Nation; keine Körperschaft und kein Einzelner kann eine Autorität ausüben, die sich nicht ausdrücklich von ihr herleitet.

Art. 4. Die Freiheit besteht darin alles tun zu können, was anderen nicht schadet. Also hat die Ausübung der natürlichen Rechte bei jedem Menschen keine anderen Grenzen als die, den anderen Mitgliedern der Gesellschaft den Genuss der gleichen Rechte zu sichern. Diese Grenzen können nur durch das Gesetz bestimmt werden.

Art. 5. Das Gesetz hat nur das Recht, Handlungen zu verbieten, die der Gesellschaft schädlich sind. Was nicht durch das Gesetz verboten ist, darf nicht verhindert werden, und niemand kann gezwungen werden, etwas zu tun, was das Gesetz nicht befiehlt.

Art. 6. Das Gesetz ist der Ausdruck des Gemeinwillens. Alle Bürger haben das Recht, persönlich oder durch ihre Vertreter an seiner Schaffung mitzuwirken. Es muss für alle das gleiche sein, mag es nun beschützen oder bestrafen. Alle Bürger sind vor seinen Augen gleich. Sie sind in der gleichen Weise zu allen Würden, Stellungen und öffentlichen Ämtern zugelassen, je nach ihrer Fähigkeit und ohne andere Unterschiede als ihre Tüchtigkeit und Begabung.

Art. 7. Niemand kann angeklagt, verhaftet oder gefangen gehalten werden in anderen als den vom Gesetz festgelegten Fällen und in den Formen, die es vorschreibt. Wer Willkürakte anstrebt, befördert, ausführt oder ausführen lässt, ist zu bestrafen; aber jeder Bürger, der durch ein Gesetz gerufen oder erfasst wird, muss augenblicklich gehorchen; durch Widerstand macht er sich schuldig.

Art. 8 Das Gesetz darf nur unbedingt und offensichtlich notwendige Strafen festsetzen und niemand darf bestraft werden, es sei denn kraft eines bereits vor seinem Delikt erlassenen, veröffentlichten und legal angewandten Gesetzes.

Art. 9. Jeder wird so lange als unschuldig angesehen, bis er als schuldig erklärt worden ist; daher ist, wenn seine Verhaftung als unerlässlich gilt, jede Härte, die nicht dazu dient, sich seiner Person zu versichern, auf dem Gesetzeswege streng zu unterdrücken.

Art. 10. Niemand darf wegen seiner Überzeugungen behelligt werden, vorausgesetzt, dass ihre Betätigung die durch das Gesetz gewährleistete öffentliche Ordnung nicht stört.

Art. 11. Die freie Mitteilung seiner Gedanken und Meinungen ist eines der kostbarsten Rechte des Menschen. Jeder Bürger darf sich also durch Wort, Schrift und Druck frei äußern; für den Missbrauch dieser Freiheit hat er sich in allen durch das Gesetz bestimmten Fällen zu verantworten.

Art. 12. Die Sicherung der Menschen- und Bürgerrechte macht eine öffentliche Gewalt notwendig; diese Gewalt wird demnach zum Nutzen aller eingesetzt, nicht aber zum Sondervorteil derjenigen, denen sie anvertraut ist.

Art. 13. Für den Unterhalt der öffentlichen Gewalt und für die Ausgaben der Verwaltung ist eine allgemeine Steuer vonnöten; sie ist gleichmäßig auf alle Bürger zu verteilen nach Maßgaben ihres Vermögens.

Art. 14. Die Bürger haben das Recht, selbst oder durch ihre Vertreter die Notwendigkeit einer öffentlichen Auflage zu prüfen, sie zu bewilligen, ihren Gebrauch zu überwachen und ihre Teilbeträge, Anlage, Eintreibung und Dauer zu bestimmen.

Art. 15. Die Gesellschaft hat das Recht, von jedem öffentlichen Beauftragten ihrer Verwaltung Rechenschaft zu fordem.

Art. 16. Eine Gesellschaft, deren Rechte nicht sicher verbürgt sind und bei der die Teilung der Gewalten nicht durchgeführt ist, hat keine Verfassung.

Art. 17. Da das Eigentum ein unverletzliches und heiliges Recht ist, darf es niemandem genommen werden, es sei denn, dass die gesetzlich festgestellte öffentliche Notwendigkeit es augenscheinlich verlangt, und nur unter der Bedingung einer gerechten und im Voraus zu entrichtenden Entschädigung.

(Walter Markov u. a. [Hg.], Die Französische Revolution. Bilder und Berichte 1789–1799, Institut für marxistische Studien, Berlin 1989, S. 566 ff.)

1 *Erarbeiten Sie, in welchen Aussagen der „Erklärung der Rechte des Menschen und Bürgers" von 1789 sich besonders deutlich der Wille spiegelt, Missstände in Staat und Gesellschaft zu beseitigen (M 6).*

2 *Welche Rechte lassen sich als Menschen-, welche als Bürgerrechte bezeichnen?*

3 *Welche Prinzipien der Staatsverfassung werden festgelegt?*

4 *Welche Gruppeninteressen lassen sich entdecken?*

2.2 Krieg, Republik und jakobinische Diktatur

Die radikale Phase der Revolution

Dass sich die Französische Revolution radikalisierte und einen gewalttätigen Charakter annahm, lag an verschiedenen, miteinander zusammenhängenden Ursachen. Die wichtigsten waren: 1. die Uneinsichtigkeit, Unaufrichtigkeit und politische Urteilslosigkeit des Hofes; 2. der Krieg gegen auswärtige Mächte und gegen konterrevolutionäre Kräfte im Innern, der eine Mobilisierung aller Kräfte erforderlich machte (Karte 1); 3. die durch eine Fülle von Vorkommnissen begründete Furcht vor Verrat, die zur Außerkraftsetzung ohnehin noch nicht verwurzelter rechtsstaatlicher Grundsätze führte; 4. die durch den Krieg und die Inflation verschärfte Not, die zu einer sozialökonomischen Gesetzgebung führte, die eine Abkehr vom wirtschaftlichen Liberalismus darstellte und nur mit Hilfe von Terror durchzusetzen war; 5. eine ideologische Triebkraft, die auf die völlige Neuordnung der Gesellschaft ausgerichtet war und republikanische Tugend durch Gewalt erzwingen wollte.

Die Rolle des Königs

Die Stabilisierung der Revolution auf liberaler Grundlage scheiterte zunächst vor allem daran, dass der König sich nur mit inneren Vorbehalten auf den Boden der neuen Ordnung stellte. Die Flucht der königlichen Familie am 20. Juni 1791 nach Varennes war schließlich der katastrophale Versuch, die Entwicklung in Frankreich vom Ausland her und mit dessen Hilfe rückgängig zu machen. Die politische Haltung des Hofes und des Königs machte nicht nur eine liberale Monarchie letztlich funktionsunfähig. Sie brachte auch seit dem 14. Juli 1789, als verdächtige Truppenkonzentrationen den Sturm der Pariser auf die Bastille auslösten, immer wieder die hauptstädtische Bevölkerung als politischen Faktor ins Spiel. Diese wurde von einem stets zum Vollzug drängenden Bestrafungswillen sowie von der Forderung nach Sicherstellung der Lebensmittelversorgung und nach billigem Brot geleitet.

Krieg

Der Krieg als die zweite auf eine Radikalisierung der Revolution hinwirkende Triebkraft hing mit dem an erster Stelle genannten Faktor der politischen Unzuverlässigkeit des Monarchen aufs engste zusammen. Denn die Kriegspläne seit dem Herbst 1791 waren zunächst wesentlich von der Absicht einiger Minister und politischer Gruppen bestimmt, die monarchische Autorität wiederherzustellen und die Verfassung vom September 1791 in konservativer Richtung zu verändern. Andere, wohl auch der König selbst, erhofften sich eher französische Niederlagen und davon eine Schwächung der Revolution. Die für den Ausbruch des Krieges (s. S. 129) im April 1792 hauptsächlich verantwortliche Regierung der **Girondisten** (einer politischen Gruppierung des liberalen Bürgertums, die gegen die Monarchie und staatliche Zwangsmaßnahmen eingestellt war) wiederum versprach sich von ihm die Abwertung der Monarchie und die Ablenkung der inneren Probleme nach außen.
Statt der von den Girondisten erwarteten Siege kam es aber zu französischen Niederlagen und der Verabschiedung des Dekrets „Das Vaterland in Gefahr" am 5. Juli 1792. Es vollzog sich die soziale Öffnung der Nationalgarde und die Einbeziehung breiterer Volksschichten in die nationale Verteidigung. In einer Atmosphäre äußerster Erregung tagten die zunächst nur als Urwählerversammlungen für die Bestimmung von Wahlmännern gedachten Pariser Sektionen nunmehr täglich. Zu ihnen verschafften sich auch diejenigen Zugang, die bis dahin wegen ihrer geringen Steuerzahlung als bloße „Passivbürger" vom Recht der politischen Beteiligung ausgeschlossen gewesen waren. Da der König gegen einige für die Verteidigung des Vaterlands notwendige Gesetze sein Veto einlegte, kam es am 10. August 1792 – einem der wichtigsten Revolutionstage (journées) – zur Erhebung der Pariser Sektionen, zum Sturm auf die Tuilerien und zur Einsetzung

einer radikalen aufständischen Kommune. Es folgte am 21. September 1792 die **Abschaffung der Monarchie**, am 21. Januar 1793 die Hinrichtung Ludwigs XVI. (M 7) und eine Art Doppelherrschaft von Kommune und Parlament.

Septembermorde

Es war dann schließlich vor allem das Moment des Verrats, das die Französische Revolution im Spätsommer 1792 auf die Bahn des Terrors führte. In einer Stunde höchster Gefahr und in einer Atmosphäre allgemeinen Misstrauens schienen nur äußerste Wachsamkeit und härteste Maßnahmen das Schlimmste verhüten zu können. Am 17. August wurde ein außerhalb der Gerichtsverfassung stehendes „Revolutionstribunal" errichtet. Die Regierung verhaftete Verdächtige und führte Hausdurchsuchungen durch. Staatsbürgerliche Unbedenklichkeitsbescheinigungen wurden eingeführt, ohne die man keine Pässe erhalten konnte.
Den Höhepunkt dieser ersten Terrorphase bildeten die Septembermorde. Die Gefängnisse der Hauptstadt waren überfüllt; das Pariser Volk glaubte, dass nach dem unmittelbar bevorstehenden Auszug gegen den Feind die Gefängnisinsassen in seinem Rücken einen Aufstand unternehmen würden. Diesem wollte man vorbeugen und so kam es Anfang September 1792 in einer Art präventiver Volksjustiz zur massenhaften Abschlachtung von Gefangenen. Mehr als 1200 Menschen wurden getötet; davon waren zwei Drittel keine politischen Gefangenen, sondern gewöhnliche Verbrecher und Prostituierte.

Soziale und ökonomische Probleme

Der Radikalisierungsprozess des Jahres 1793 lässt sich allerdings nicht nur durch Krieg und Verrat erklären, obwohl diese Momente weiterhin wirksam waren. Als verschärfende Faktoren traten die mit ganzer Wucht aufbrechenden sozialen und ökonomischen Probleme hinzu. Die Assignaten, das Papiergeld der Französischen Revolution, fielen rapide – bis zum August 1793 auf 22 % ihres Nennwertes. Hier rächte sich, dass die Revolutionspolitiker es versäumt hatten, ein wirksames Steuersystem einzuführen. Die starke Inflation verteuerte Lebensmittel und andere Artikel des täglichen Gebrauchs. Dies führte zu Tumulten, Stürmung der Geschäfte, eigenmächtigen Preisfestsetzungen durch das Volk und der Forderung nach staatlicher Preisregulierung. Die Gironde als dominierende Partei des Konvents machte sich mit ihrer Ablehnung einer ökonomischen Intervention sowie ihrer Kritik an den Septembermorden bei der Pariser Bevölkerung verhasst. Die **Jakobiner**, eine radikale politische Gruppierung, die die Verwirklichung der politischen und sozialen Gleichheit anstrebte, nutzten diese Unzufriedenheit im Machtkampf mit der rivalisierenden politischen Organisation.
Am 2. Juni 1793 kam es zu einer vorbereiteten bewaffneten Belagerung des Konvents durch die Nationalgarde und das Pariser Volk sowie zum Ausschluss der Girondisten. Die Jakobiner ergriffen die Macht, wobei sie den ökonomischen Forderungen der Pariser Sektionen entgegenkamen. Am 29. September 1793 wurde eine allgemeine Höchstgrenze für die Preise zahlreicher lebenswichtiger Artikel verfügt – das maximum général.

Die jakobinische Diktatur

Jakobiner und Girondisten unterschieden sich – wie später Bolschewiki und Menschewiki in Russland zu Beginn des 20. Jahrhunderts – eher in dem von ihnen jeweils repräsentierten Menschentypus und durch den Grad ihrer Weltoffenheit als durch ihre soziale Herkunft und ideologische Differenzen. Der größere Pragmatismus der Jakobiner und ihre Machtorientierung erleichterten das Bündnis mit den Pariser Sektionen. Dabei kam ihnen zugute, dass sie der Hauptstadt und ihrem das übrige Frankreich provozierenden Führungsanspruch weniger ablehnend gegenüberstanden als die Girondisten. Auch waren die Jakobiner eher bereit Gewalt, gutzuheißen und auszuüben. Das Bündnis zwischen den Jakobinern

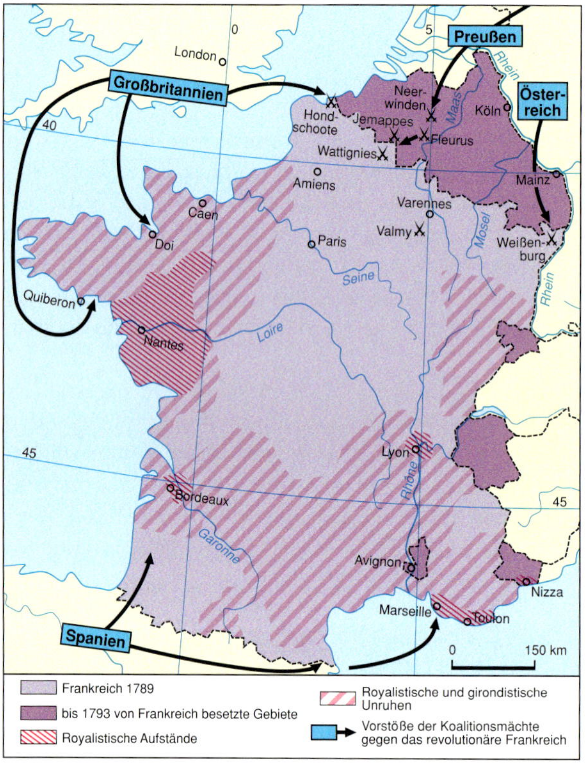

Karte 1 Krieg und Gegenrevolutionen in Frankreich 1793

und den kleinen Handwerksmeistern, Gesellen, Händlern und Gastwirten, die von den Zeitgenossen wegen ihrer Kleidung **„Sansculotten"** genannt wurden, besaß darin – neben pragmatisch-opportunistischen Motiven – auch eine psychologische Grundlage. Man traf sich in der Neigung zu extremen Maßnahmen, in dem Glauben an die praktische und heilsame Wirkung der Gewaltanwendung ebenso wie in einem besonders ausgeprägten politischen Misstrauen, das sich zum Beispiel in dem Gesetz über die Verdächtigen vom 17. September 1793 niederschlug. Dieses Gesetz bildete die rechtliche Grundlage der Herrschaft des Terrors, der insgesamt etwa 40 000 Menschen zum Opfer fielen.

Die jakobinische Diktatur von Anfang Juni 1793 bis Ende Juli 1794, die als ein „Despotismus der Freiheit gegen die Tyrannei" gerechtfertigt wurde, ist vor allem über zwei Ausschüsse des Konvents ausgeübt worden. Deren in die Provinz entsandte Beauftragte sowie Mitglieder lokaler Volksgesellschaften und Jakobinerklubs sorgten für die räumliche Verbreitung. Der erste, der **Sicherheitsausschuss** (comité de sureté générale), war bereits am 2. Oktober 1792 gebildet worden und diente der inneren Sicherheit des revolutionären Staates. Der zweite und wichtigere war der **Wohlfahrtsausschuss** (comité de salut public), der am 6. April des Jahres 1793 gegründet wurde und eine Art von Kriegskabinett, eine konzentrierte Revolutionsregierung, darstellte. Ihm ist es vor allem zu verdanken, dass sich Frankreich mit einer beispiellosen Kraftanstrengung militärisch zu behaupten vermochte.

Obwohl die revolutionäre Diktatur durch die militärische Selbstbehauptung ihre wichtigste Rechtfertigung verloren hatte, wurde die Schreckensherrschaft durch eine sprunghaft wachsende Zahl von Hinrichtungen im Juni/Juli 1794 sowie durch ein Gesetz vom 10. Juni 1794 noch gesteigert. Dieses Gesetz machte im Fall einer Verurteilung durch das Revolutionstribunal die Todesstrafe verpflichtend. Es führte das Delikt der Sittenverderbnis ein und definierte Wirtschaftsverbrechen sowie politische Verbrechen so vage, dass niemand mehr vor einer Anklage sicher sein konnte.

Bei dieser letzten Steigerung der Schreckensherrschaft, die als **la grande terreur** bezeichnet wird, scheint die ideologische Komponente als radikalisierende Triebkraft die entscheidende Rolle gespielt zu haben. Die Verschärfung der Repression nach der Entspannung der militärischen Situation macht deutlich, dass Diktatur und Terror nicht allein das Resultat einer Krise, gleichsam ein System von Aushilfen zur Bewältigung einer akuten Gefahrensituation, darstellten. Für

radikale Jakobiner wie **Maximilien de Robespierre** und **Louis Antoine de Saint-Just** war der Terror zur Durchsetzung ihrer Vision einer gesellschaftlichen Erneuerung und einer wahren Republik ein generelles Erfordernis (M 8).
Der Terror sollte das vorhandene Tugenddefizit ausgleichen, Volksfeinde eliminieren und eine sozial nicht gegebene republikanische Homogenität erzwingen. Er musste gewaltsam den Widerspruch überbrücken, der zwischen der in der Menschenrechtserklärung enthaltenen individualistischen Zielsetzung und der in der Brüderlichkeitslosung sowie dem republikanischen Modell enthaltenen Gemeinschaftsorientierung der Revolution bestand. Tugend und Terror gehörten für Robespierre zusammen. Beide waren die Triebfedern der Volksregierung. Schließlich wurde jedoch, indem Robespierre die Tugend nur noch in seiner eigenen Person verkörpert sah und fast allen Kollegen im Wohlfahrtsausschuss misstraute, das Ideologische krankhaft übersteigert. Am 9. Thermidor des Jahres II nach revolutionärer Zeitrechnung, d. h. am 27. Juli 1794, wurde Robespierre im Konvent verhaftet und am darauf folgenden Tag hingerichtet.

Das Ende der Jakobinerherrschaft

Die Ursachen für den Sturz Robespierres waren vielfältig. Eine wesentliche Rolle spielte dabei die zunehmende Furcht der Konventsmitglieder um ihre persönliche Sicherheit. Bereits die Hinrichtung Georges Dantons und seiner Anhänger am 5. April 1794 auf Grund gefälschter Beweise machte die Abgeordneten unsicher, ließ sie um ihr eigenes Leben fürchten.
Diese Unsicherheit verstärkte sich, als in dem Gesetz vom 10. Juni 1794 die Immunität von Konventsmitgliedern nicht mehr ausdrücklich festgehalten wurde. Die Angst steigerte sich zu einem Gefühl unmittelbarer Bedrohung, als Robespierre am 16. Juli in einer Rede vor dem Konvent vage Drohungen gegen die Abgeordneten ausstieß.
Eine weitere Ursache für die Beseitigung Robespierres lag in den Gegensätzen, die zwischen den beiden großen Ausschüssen und innerhalb des Wohlfahrtsausschusses selbst bestanden. An den Arbeiten des Wohlfahrtsausschusses, in dem er fast ein Jahr lang die beherrschende Figur gewesen war, hatte Robespierre schon einen Monat vor seinem Sturz nicht mehr teilgenommen. Bei der Mehrheit des Konvents spielten die ideologischen Motive, die ihn und Saint-Just zu einer Intensivierung der Terrorherrschaft veranlasst hatten, eine geringere Rolle. Für sie besaß die terroristische Diktatur einen rein instrumentellen Charakter und mit dem entscheidenden Sieg über die Österreicher in der Schlacht von Fleurus am 26. Juni 1794 war für sie ihre Notwendigkeit entfallen.
Dass die Niederlage Robespierres im Konvent am 27. Juli 1794 endgültig war und er von außen keine Unterstützung mehr erhielt, lag vor allem an der inzwischen vollzogenen Auflösung des Bündnisses zwischen Jakobinern und Sansculotten. Eine wesentliche Ursache für die Beendigung dieses Bündnisses war die Wirtschaftspolitik der Revolutionsregierung in den vorangegangenen Monaten gewesen. Sie ordnete Neuberechnungen der Höchstpreise an, die sich in Preissteigerungen niederschlugen, und sorgte zugleich für die Einhaltung der Lohnbegrenzung, die bisher nur auf dem Papier gestanden hatte. Dadurch wurden vor allem die Arbeiter getroffen, die in den durch die Rüstungsanstrengungen enorm vergrößerten staatlichen Fabriken beschäftigt waren. Das Vorgehen der Revolutionsregierung gegen radikale Gruppen wie die Enragés und die Hébertisten sowie die Beschäftigung militanter Sansculotten in der Verwaltung und der als „Revolutionsarmee“ bezeichneten Sansculottenmiliz hatten den Sektionen zudem viele ihrer Aktivisten entzogen.

M7 Maximilien de Robespierre (1758–1794) vor dem Nationalkonvent über den Prozess gegen den König, 3. Dezember 1792

Ludwig war König, nun aber ist die Republik gegründet; die berühmte Frage, die euch beschäftigt, ist allein durch diese Worte schon entschieden. Ludwig ist wegen seiner Verbrechen abgesetzt worden; er bezeichnete das französische Volk als Rebellen; er hat zur Bestrafung dieses Volkes seine Mittyrannen herbeigerufen; aber der Sieg und das französische Volk haben entschieden, dass er allein der Rebell war; Ludwig kann also nicht gerichtet werden; er ist bereits verurteilt; oder aber die Republik kann nicht freigesprochen werden. Wenn man jetzt vorschlägt, einen Prozess gegen Ludwig XVI. zu beginnen, ganz gleich, welcher Art er sein könnte, dann ist das ein Rückschritt zum königlichen und konstitutionellen Despotismus; es handelt sich um eine konterrevolutionäre Idee, denn sie läuft darauf hinaus, der Revolution selbst einen Prozess zu machen. Wenn Ludwig tatsächlich Gegenstand eines Prozesses sein kann, dann kann er auch freigesprochen werden; er kann unschuldig sein; was sage ich: Er wird so lange als unschuldig betrachtet, bis er abgeurteilt ist; aber wenn Ludwig freigesprochen wird, wenn er für unschuldig gehalten werden kann, was wird dann aus der Revolution? [...]

Bürger, nehmt euch in Acht, ihr lasst euch hier von falschen Vorstellungen täuschen. Ihr verwechselt die Regeln des zivilen und positiven Rechtes mit den Grundsätzen der Menschenrechte; ihr verwechselt die Beziehung der Bürger untereinander mit dem Verhältnis einer Nation zu einem Feind, der gegen sie konspiriert. Ihr verwechselt auch die Situation eines Volkes, das sich in einer Revolution befindet, mit der Lage eine Volkes, dessen Regierung gefestigt ist. [...]

Wenn eine Nation gezwungen gewesen ist, auf das Recht des Aufstandes zurückzugreifen, tritt sie dem Tyrannen gegenüber in den Naturzustand zurück. Wie könnte dieser Tyrann sich auf den Gesellschaftsvertrag berufen? Er hat ihn selbst gebrochen. Die Nation kann den Vertrag bestehen lassen, wenn sie es für angemessen hält und soweit er die Beziehungen der Bürger untereinander betrifft; aber die Tyrannei auf der einen Seite und der Volksaufstand auf der anderen bewirken, dass der Vertrag, soweit er den Tyrannen betrifft, eindeutig gebrochen wurde; beide Seiten treten wieder in einen Kriegszustand miteinander. Die Gerichte und die Gerichtsordnungen behalten ihre Zuständigkeit nur für die Mitglieder der Bürgerschaft. Welche Gesetze treten also an die Stelle der Verfassung? Die Gesetze der Natur, die auch die Grundlage der Gesellschaft bilden: Sie betreffen das Wohl und Wehe des Volkes. Das Recht, den Tyrannen zu bestrafen und ihn abzusetzen, leitet sich genauso aus ebendemselben Naturrecht her; das eine besagt nichts anderes als das andere.

(Maximilian de Robespierre, Ausgewählte Texte, Übers. M. Unruh, Merlin, Hamburg 1971, S. 312 f.)

M8 Maximilien de Robespierres (1758–1794) vor dem Nationalkonvent über die Grundsätze der politischen Moral, 5. Februar 1794

Was ist also das grundlegende Prinzip der demokratischen Regierung oder der Volksregierung, das heißt, was ist die wichtigste Kraft, die sie unterstützen und antreiben soll? Es ist die Tugend! Und ich meine damit die öffentliche Tugend [...]. Ich meine jene Tugend, die nichts anderes ist als die Liebe zum Vaterland und zu seinen Gesetzen. [...]

Hierauf würde sich die Darlegung unserer Theorie beschränken, wenn ihr das Schiff der Republik nur bei Windstille zu steuern hättet. Aber der Sturm wütet und im Augenblick stellt euch die Revolution eine andere Aufgabe. [...] Wenn in friedlichen Zeiten der Kraftquell der Volksregierung die Tugend ist, so sind es in Zeiten der Revolution Tugend und Terror zusammen. Ohne die Tugend ist der Terror verhängnisvoll, ohne den Terror ist die Tugend machtlos. Der Terror ist nichts anderes als die unmittelbare, strenge und unbeugsame Gerechtigkeit; er ist also eine Emanation[1] der Tugend; er ist nicht so sehr ein besonderer Grundsatz als vielmehr die Folge des allgemeinen Grundsatzes der Demokratie, angewandt auf die dringendsten Bedürfnisse des Vaterlandes. [...] Bezwingt ihr die Feinde der Freiheit durch den Terror, so werdet ihr in eurer Eigenschaft als Gründer der Republik das Recht dazu haben. Die Revolutionsregierung ist der Despotismus der Freiheit gegen die Tyrannei.

1 Emanation: Ausfluss

(Maximilien de Robespierre, Ausgewählte Texte, Übers. M. Unruh, Merlin, Hamburg 1971, S. 587)

1 *Analysieren Sie Robespierres Rechtsauffassung (M 7 und 8). In welchem Verhältnis stehen Individuum und Gesellschaft zueinander?*

2 *Erläutern Sie, was Robespierre unter Tugend und Terror versteht (M 8).*

3 *Erarbeiten Sie die Gründe, die in der Darstellung S. 118 f. für die Abkehr von den liberalen Anfangsprinzipien der Revolution genannt werden.*

2.3 Frauen in der Französischen Revolution

Politische und soziale Forderungen

Frauen haben in den politisch-gesellschaftlichen Auseinandersetzungen der Französischen Revolution eine wichtige Rolle gespielt. Einigen Forschern gilt die Revolution als Geburtsstunde der modernen Frauenbewegung bzw. des modernen Feminismus.

Schon bei der Einberufung der Generalstände haben sich Frauen mit Beschwerdebriefen zu Wort gemeldet und ihre rechtliche Gleichstellung, bessere Bildungschancen, eine Reform der Ehegesetzgebung sowie politische Mitbestimmung eingeklagt.

Besonders die Frauen der kleinen Leute – Frauen von Handwerkern, Kleinhändlern oder Tagelöhnern – haben bei den so genannten Brotunruhen an Ladenplünderungen und Marktkrawallen mitgewirkt und feste Preise für Lebensmittel durchgesetzt.

Dass Frauen politische Erfolge erzielen konnten, wenn sie gemeinsam auftraten, zeigt der **Marsch der Pariserinnen nach Versailles**. Weil die Lebensmittelversorgung in Paris gefährdet war, zogen am 5. Oktober 1789 etwa 7000 Pariserinnen zum Hof des Königs nach Versailles und drangen außerdem in die Nationalversammlung ein. Der König gab nicht nur ihrer Forderung nach, Brot nach Paris zu schaffen, sondern unterzeichnete unter ihrem Druck endlich auch die Menschenrechtserklärung. Darüber hinaus musste er den Hof in Versailles verlassen und nach Paris zurückkehren, wo er seitdem unter der Kontrolle der Revolution stand.

Vor allem Frauen aus dem Bürgertum gründeten während der Revolution **Frauenklubs** (B 1), in denen sie sich über die aktuellen politischen Ereignisse informierten und über Politik und Gesellschaft debattierten. In diesen Vereinigungen entstanden auch Zeitungen und Broschüren sowie Denkschriften und Petitionen, in denen die Forderungen der Frauen veröffentlicht bzw. für die Nationalversammlung vorbereitet wurden. Aus diesem Umfeld stammt die Erklärung der Rechte der Frau und Bürgerin von Olympe Marie Aubry (Pseudonym **Olympes de Gouges**), in der sie die Menschenrechtserklärung aus der Sicht der Frauen umformulierte (M 9). Dieser

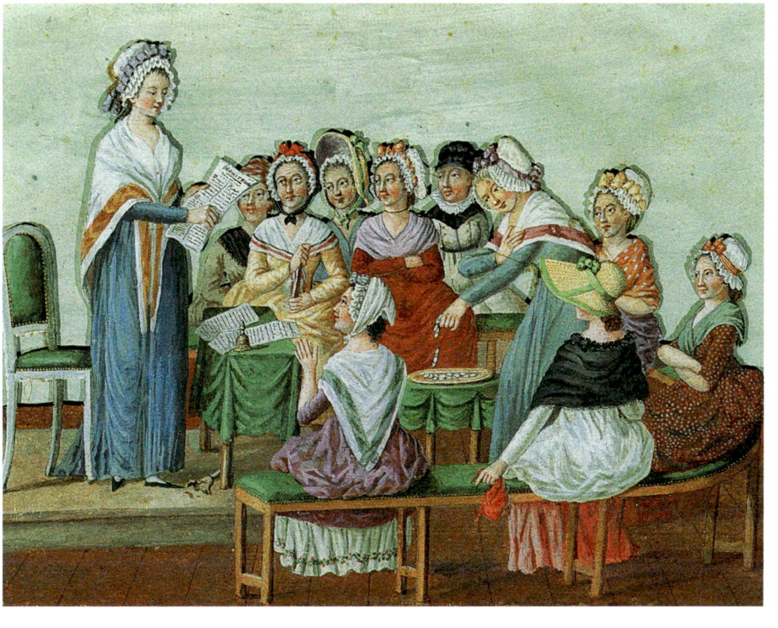

B 1 Pierre Etienne und Jacques Philippe Lesueur, Patriotischer Frauenklub, 1791, Gouache

– *Erläutern Sie anhand von B 1 die gesellschaftliche Herkunft der Frauen.*

Versuch einer eigenständigen politischen Organisation von Frauen und die Formulierung eines eigenen politischen Programms von Frauenrechten stieß jedoch bei den radikalen Jakobinern und Sansculotten auf Widerstand; die Nationalversammlung weigerte sich, ihre Erklärung zu verabschieden.

Erfolge und Misserfolge

Die Erklärung der Menschen- und Bürgerrechte vom 26. August 1789 garantierte allen Menschen Freiheit und rechtliche Gleichheit, doch konnten zunächst nur die Männer diese Rechte für sich beanspruchen. Vor den Frauen machte die bürgerliche Befreiung durch die Französische Revolution noch Halt. Zwar brachte die Revolution den Frauen vorübergehend einige rechtliche Verbesserungen, besonders durch die Einführung der Ehescheidung oder bei der Verfügung über das Familieneigentum. Aber die Forderungen nach voller ziviler Gleichstellung, vor allem nach politischer Beteiligung, wurden abgewehrt.

Abwehr von Frauenforderungen

Ein Grund dafür, dass Jakobiner und Sansculotten die politischen Forderungen von Frauen ablehnten, lag darin, dass diese Männer eine Schwächung der Revolution befürchteten, weil vielen Frauen eine starke Neigung zur katholischen Kirche nachgesagt wurde. Auch brachte man emanzipierte Frauen mit der Aristokratie und ihren Salons in Verbindung und glaubte, dass die Revolution durch die politische Aktivität von Frauen diskreditiert würde. Das von entschiedenen Republikanern propagierte Familienideal der bürgerlichen Gesellschaft, das maßgebliche antike Vorbild mit der Gestalt des Bürger-Kriegers sowie der Einfluss Rousseaus wirkten ebenfalls einer öffentlichen Betätigung der Frau entgegen. Man erklärte, dass die Frauen mit der Geburt und Erziehung der Kinder die wichtigste Leistung für das Vaterland erbrächten (M 10). Insgeheim befürchteten wohl auch viele Männer eine Fortsetzung der antipatriarchalischen Stoßrichtung der Revolution bis hin zur völligen Auflösung von Geschlechterrollen. Möglicherweise war sogar der Prozess gegen die Königin Marie Antoinette als einer „öffentlichen Frau“ von solchen männlichen Ängsten beeinflusst.

M9 Aus der „Erklärung der Rechte der Frau und Bürgerin" von Marie Olympe de Gouges (1748–1793) von 1791

Die Rechte der Frau

Mann, bist du fähig, gerecht zu sein? Eine Frau stellt dir diese Frage. Dieses Recht wirst du ihr zumindest nicht nehmen können. Sag mir, wer hat dir die selbstherrliche Macht verliehen, mein Geschlecht zu unterdrücken? Deine Kraft? Deine Talente? Betrachte den Schöpfer in seiner Weisheit. Durchlaufe die Natur in all ihrer Majestät, die Natur, der du dich nähern zu wollen scheinst, und leite daraus, wenn du es wagst, ein Beispiel für diese tyrannische Herrschaft ab. Geh zu den Tieren, befrage die Elemente, studiere die Pflanzen, ja wirf einen Blick auf den Kreislauf der Natur und füge dich dem Beweis, wenn ich dir die Mittel dazu in die Hand gebe. Suche, untersuche und unterscheide, wenn du es kannst, die Geschlechter in der Ordnung der Natur, überall findest du sie ohne Unterschied zusammen, überall arbeiten sie in einer harmonischen Gemeinschaft an diesem unsterblichen Meisterwerk. Nur der Mann hat sich aus der Ausnahme ein Prinzip zurechtgeschneidert. Extravagant, blind, von den Wissenschaften aufgeblasen und degeneriert, will er in diesem Jahrhundert der Aufklärung und des Scharfsinns, doch in krasser Unwissenheit, despotisch über ein Geschlecht befinden, das alle intellektuellen Fähigkeiten besitzt. Er behauptet, von der Revolution zu profitieren, er verlangt sein Anrecht auf Gleichheit, um nicht noch mehr zu sagen.

Erklärung der Rechte der Frau und Bürgerin

Von der Nationalversammlung am Ende dieser oder bei der nächsten Legislaturperiode zu verabschieden.

Präambel:

Wir, die Mütter, Töchter, Schwestern, Vertreterinnen der Nation, verlangen, in die Nationalversammlung aufgenommen zu werden. In Anbetracht dessen, dass Unkenntnis, Vergessen oder Missachtung der Rechte der Frauen die alleinigen Ursachen öffentlichen Elends und der Korruptheit der Regierungen sind, haben wir uns entschlossen, in einer feierlichen Erklärung die natürlichen, unveräußerlichen und heiligen Rechte der Frau darzulegen, damit diese Erklärung allen Mitgliedern der Gesellschaft vor Augen ist und sie unablässig an ihre Rechte und Pflichten erinnert; damit die Machtausübung von Frauen ebenso wie jene von Männern jederzeit am Zweck der politischen Einrichtungen gemessen und somit auch mehr geachtet werden kann; damit die Beschwerden von Bürgerinnen, nunmehr gestützt auf einfache und unangreifbare Grundsätze, sich immer zur Erhaltung der Verfassung, der guten Sitten und zum Wohl aller auswirken mögen.

Das an Schönheit wie Mut im Ertragen der Mutterschaft überlegene Geschlecht anerkennt und erklärt somit, in Gegenwart und mit dem Beistand des Allmächtigen, die folgenden Rechte der Frau und Bürgerin: [...]

(Nach: Ute Gerhard, Menschenrechte – Frauenrechte 1789, in: Viktoria Schmidt-Linsenhoff [Hg.], Sklavin oder Bürgerin? Französische Revolution und Neue Weiblichkeit 1760–1830, Jonas, Marburg 1989, S. 68 f.)

M10 Aus der Begründung des Pariser Sicherheitsausschusses über ein prinzipielles Verbot der Frauenklubs, Oktober 1793

Die häuslichen Aufgaben, zu denen Frauen von Natur aus bestimmt sind, gehören selbst zur allgemeinen Ordnung der Gesellschaft. Diese soziale Ordnung resultiert aus dem Unterschied, der zwischen Mann und Frau besteht. Jedes Geschlecht ruft nach der ihm eigenen Art von Beschäftigung, bewegt sich in diesem Kreis, den es nicht überwinden kann. Denn die Natur, die dem Menschen diese Grenzen gesetzt hat, befiehlt gebieterisch und hält sich an kein Gesetz. Der Mann ist stark, robust, mit einer großen Energie, mit Kühnheit und Mut geboren. Er meistert die Gefahren, die Rauheit der Jahreszeiten durch seine Konstitution. Er widersteht allen Elementen. Er ist für die Künste wie für die schweren Arbeiten geeignet. Und da er fast ausschließlich für die Landwirtschaft, den Handel, die Schifffahrt, die Reisen, den Krieg bestimmt ist, zu all jenem also, was nach Kraft, Intelligenz und Kompetenz verlangt, so scheint auch er allein zu jenen tief gehenden und ernsthaften Meditationen geeignet, die eine große Anstrengung des Geistes und lange Studien voraussetzen, denen Frauen nicht nachgehen können.

Welches ist der der Frau eigentümliche Charakter? Die Sitten und die Natur selbst haben ihr Aufgaben zugesprochen: die Erziehung der Menschen zu beginnen, den Geist und das Herz der Kinder auf die öffentlichen Tugenden vorzubereiten, sie von früh an zum Guten hinzulenken, ihr Gemüt zu entfalten, [...] neben den Sorgen um den Haushalt. [...] Wenn die Frauen all diese Aufgaben erfüllen, haben sie sich um das Vaterland verdient gemacht. [...] Erlaubt es die Sittsamkeit einer Frau, sich in der Öffentlichkeit zu zeigen und gemeinsam mit den Männern zu kämpfen, im Angesicht des Volkes über Fragen zu diskutieren, von denen das Wohl der Republik abhängt? Im Allgemeinen sind Frauen kaum zu hohen Vorstellungen und ernsthaftem Nachdenken fähig.

(Zit. nach: Susanne Petersen, Brot und Kokarden – Frauenalltag in der Revolution, in: Viktoria Schmidt-Linsenhoff [Hg.], Sklavin oder Bürgerin? Französische Revolution und Neue Weiblichkeit 1760–1830, Jonas, Marburg 1989, S. 35 f.)

1 *Erarbeiten Sie aus M 10 die Argumente, die gegen eine politische Tätigkeit von Frauen vorgebracht werden. Welches Bild von den Aufgaben des Mannes und der Frau entwirft die Quelle?*

2 *Untersuchen Sie M 9 unter den folgenden Gesichtspunkten: Welche Rechte werden für Frauen gefordert und wie werden sie begründet? Welches Männer- und Frauenbild wird hier entworfen? Diskutieren Sie beide Perspektiven.*

3 *Formulieren Sie die „Erklärung der Menschen- und Bürgerrechte" vom 26. August 1789 (s. M 6, S. 116 f.) so um, dass sie den Vorstellungen von Marie Olympe de Gouges (M 9) entsprechen würde.*

2.4 Vom Direktorium zur Kaiserherrschaft Napoleons

Die Herrschaft des Direktoriums

Nach dem Sturz Robespierres war die Lage in Frankreich durch eine große Instabilität gekennzeichnet. Das rasche Fortschreiten der Geldentwertung und Engpässe bei der Lebensmittelversorgung sowie die Fortdauer des Krieges sorgten für wachsende Unzufriedenheit bei den Bürgern. Hinzu kam, dass von rechts die Gegenrevolution der Royalisten und zurückkehrender adeliger Emigranten drohte; auf der politischen Linken verlangten die Sansculotten die Verwirklichung ihrer in der Verfassung verankerten sozialen Grundrechte. Angesichts solch gewaltiger Probleme erscheint es nur zu verständlich, dass sich die Bürger aller Schichten nach innerer Stabilität und äußerem Frieden sehnten.
In dieser Situation gewann das Großbürgertum als die gesellschaftlich und wirtschaftlich tonangebende Schicht wieder Bewegungsfreiheit. Das ermöglichte den Girondisten die Rückkehr an die Macht; sie versuchten vergeblich, mit einer liberalen Wirtschaftspolitik (Aufhebung des Preis- und Lohnmaximums) Inflation, Hungersnöte und Korruption zu bekämpfen. Allerdings gelang die Ausarbeitung und Verabschiedung einer **neuen Verfassung**, die in vieler Hinsicht an die liberalen Anfänge der Revolution anknüpfte. Sie sah ein Direktorium von fünf Männern als Exekutive vor und bildete zwischen dem Oktober 1795 und dem November 1799 die konstitutionelle Grundlage der französischen Politik. Das Wahlrecht wurde wieder an das Einkommen gebunden und die während der Jakobinerherrschaft verbürgten sozialen Grundrechte wurden abgeschafft. Obwohl die Gewaltenteilung sowohl die Wiederherstellung eines absoluten Königtums als auch eine erneute bürgerliche Diktatur ausschloss und – wenngleich eingeschränkt – die Grundfreiheiten der Person gewährleistet wurde, versagte die Bevölkerung der neuen Verfassung ihre Zustimmung. Das Direktoratsregime beruhte auf einer zu schmalen sozialen Basis (B 2). In der Not leidenden Bevölkerung der Hauptstadt, die besonders durch den beschleunigten Abbau der staatlichen Wirtschaftsregulierung hart getroffen wurde, fand es keine Stütze. In Paris kam es im Mai und im Oktober 1795 zu letzten verzweifelten Aufstandsversuchen und im gesamten Land war die Stimmung gegen das Direktorium gerichtet. Das Regime versuchte sich einerseits durch den Ausschluss von Abgeordneten der Rechten und Linken, andererseits durch permanente Kriegführung sowie die Ausplünderung anderer Länder über Wasser zu halten.

Aufstieg Napoleons

Wichtigste Stütze der Regierung war die siegreiche Armee; nur sie schien noch in der Lage, die Nation zusammenzuhalten. Mit Hilfe des **Abbé Emanuel Joseph Sieyès** (Mitglied des Direktoriums), des Außenministers **Charles Maurice de Talleyrand** und des Polizeiministers **Joseph Fouché** gelang dem erfolgreichsten und populärsten General, **Napoleon Bonaparte**, am 18. Brumaire (9. November 1799) ein **Staatsstreich**, der ihn an die Macht brachte. Die Regierung bestand nun aus einem Kollegium von drei Konsuln, in dem Napoleon als Erster Konsul den Vorsitz führte. Die neue, von ihm geprägte, aber im Wesentlichen von Sieyès ausgearbeitete Konsulatsverfassung von 1799 legte die unbeschränkte Exekutivgewalt in die Hände der Regierung. An der Gesetzgebung konnten die parlamentarischen Gremien, deren Mitglieder nicht länger gewählt, sondern ernannt wurden, nur noch beratend mitwirken. Nach und nach baute Napoleon seine Machtstellung aus, indem er seine Konkurrenten in den Hintergrund drängte. Seine Herrschaft sicherte er dabei geschickt durch Plebiszite ab, die durch eine wirkungsvolle Propaganda gesteuert wurden.
Militärische Erfolge und eine Politik, die trotz der straffen, von Zensur und Verbannung begleiteten Führung den Beifall breiter Bevölkerungsschichten (Belebung der Wirtschaft, niedrige Lebensmittelpreise) fand, begünstigten den Versuch Napoleons, die Alleinherrschaft an sich zu ziehen. Durch Volksabstimmung ließ er sich 1802 das Konsulat auf Lebenszeit übertragen und

dieses 1804 durch Senatsbeschluss und Volksabstimmung – das Plebiszit erbrachte 3,5 Mio. Ja- und 2500 Nein-Stimmen – in ein erbliches **Kaisertum** umwandeln.

B 2 Gegensätze der Direktoriumszeit: Arme und durch die Revolution reich gewordene Bourgeois in der neuen Mode der Muscadins. Anonymer Kupferstich

Herrschafts- und Gesellschaftspolitik Napoleons

Nach dem Staatsstreich vom 18. Brumaire verkündete Napoleon selbstbewusst: „Ich bin die Revolution." Und bei der Verabschiedung der Konsulatsverfassung am 14. Dezember 1799 erklärte er: „Die Konstitution gründet auf den heiligen Rechten des Eigentums, der Gleichheit, der Freiheit ... Bürger, die Revolution ist an die Prinzipien gebunden, nach denen sie angetreten ist. Die Revolution ist beendet." Tatsächlich waren die Wirkungen der napoleonischen Herrschaft in Frankreich sehr widersprüchlich. Einerseits gelang es Napoleon, die politischen Verhältnisse zu beruhigen. Der Terror der Jakobiner und die Umsturzbemühungen der Royalisten wurden beendet. Napoleon schuf ein stabiles Herrschaftssystem, das den Bürgern wieder Sicherheit und Ordnung brachte. Er ermöglichte den adeligen Emigranten die Rückkehr nach Frankreich, garantierte aber den Bürgern und Bauern den ehemals kirchlichen und adeligen Grundbesitz, den sie während der Revolution erworben hatten. Durch eine Vereinbarung mit dem Papst versöhnte Napoleon die Kirche mit dem Staat. Die Regierung übernahm die Besoldung der Priester, der Papst erkannte im Gegenzug die Enteignung des Kirchenguts an. Aber auch Adel und Bürgertum führte Napoleon wieder zusammen, indem er über die Regelung des **Verdienstadels** beiden Schichten Aufstiegsmöglichkeiten bot. Die napoleonische Aristokratie war nach Verdienst und Funktion ausgewählt, nicht mehr nach Geburt, Stand oder Privileg.

Das bedeutendste Werk Napoleons war jedoch das Zivilgesetzbuch, das die revolutionären Errungenschaften von 1789 absicherte. Das Gesetzbuch, das aus dem Code civil (1804) und dem Code pénal (1810) bestand, besiegelte endgültig die Umwandlung der geburtsständischen Privilegien- in eine egalitäre Eigentümergesellschaft, indem es die Verfügungsgewalt eines jeden über seinen Besitz und die Freiheit des Eigentums (Ungebundenheit des Bodens, Freiheit der Arbeit, Abschaffung des Zunftzwanges) gewährleistete. Festgeschrieben waren im **Code Napoléon** außerdem wesentliche Freiheitsrechte der Aufklärung wie die persönliche Freiheit, die Gewissens- und Religionsfreiheit sowie die Gleichheit vor dem Gesetz (M 11).

Andererseits verachtete Napoleon die demokratische Kultur der Revolution (M 12). Zwar ließ er seine Politik durch Plebiszite von der Bevölkerung bestätigen, wobei er die öffentliche Meinung geschickt lenkte und Presse wie Publizistik straff kontrollierte. Ein Anhänger der Volkssouveränität war er aber nicht und auch parlamentarische Debatten zur Ermittlung des Volkswillens verabscheute er. Sicherlich gab es nach wie vor die gesetzgebende Körperschaft (corps législatif), zwei legislative Kammern als verfassungsbewahrende Instanzen (das Tribunal als gesetzgebende und ein Senat als über die Gesetzesvorlagen abstimmende Kammer) sowie Verwaltungsorgane in den Départements, Bezirken, Kantonen und Gemeinden. Alle diese Einrichtungen besaßen allerdings keine Eigenbefugnisse. Die Gesetzesinitiative lag beim Staatsrat, dem Napoleon vorsaß. Er selbst ernannte alle Minister, Offiziere, die Präfekten und Staatsratsmitglieder. Mit Hilfe einer zentral und autoritär geführten Bürokratie übte Napoleon die Regierungsgewalt aus, wobei eine lückenlose Befehlskette von der Regierung in Paris bis hin zum kleinsten Bürgermeister führte. Die Beamten waren allein der Regierung verantwortlich und mussten die Absichten der Zentrale widerspruchslos durchsetzen.

M11 Aus dem Code civil (Code Napoléon), 1804

1. Die Freiheit

Der Staatsbürger hat mit seiner Großjährigkeit die Freiheit, über seine Person zu verfügen. Er kann daher seinen Wohnsitz wählen, wo es ihm gut dünkt. [...]

Wir bezeichnen es als Naturrecht, dass wir den Menschen als moralisches Wesen behandeln, d. h. als ein vernunftbegabtes und freies Wesen, das dazu bestimmt ist, mit anderen vernunftbegabten und freien Wesen zusammenzuleben.

2. Die Rechtsgleichheit

Nachdem unsere Verfassung die Rechtsgleichheit eingeführt hat, muss jeder, der sie wieder abschwört und die abgeschafften Vorrechte der Geburt wieder einführen will, als Frevler gegen unseren Gesellschaftsvertrag gelten und kann nicht Franzose bleiben.

3. Die Gewalt des Familienvaters als Vorbild

Der Ehemann schuldet seiner Frau jeglichen Schutz, die Ehefrau schuldet dem Manne Gehorsam.

Die Frau kann vor Gericht erscheinen nur mit Ermächtigung ihres Mannes, auch wenn sie selbst einen Beruf ausübt. In Dingen, die ihr Geschäft betreffen, ist sie selbstständig.

Das Kind ist in jedem Alter verpflichtet, Vater und Mutter Ehre und Achtung zu erweisen.

Das Kind verbleibt in der elterlichen Gewalt bis zur Großjährigkeit oder bis zur Heirat.

4. Von dem Eigentum

Eigentum ist das Recht, eine Sache auf die unbeschränkte Weise zu benutzen und darüber zu verfügen, vorausgesetzt, dass man davon keinen durch die Gesetze oder Verordnungen untersagten Gebrauch mache.

Niemand kann gezwungen werden, sein Eigentum abzutreten, wenn es nicht des öffentlichen Wohls wegen und gegen eine angemessene und vorgängige Entschädigung geschieht.

(Code Napoléon. Einzige offizielle Ausgabe für das Großherzogtum Berg, Düsseldorf 1810)

1 *Erörtern Sie anhand von M 11 die These, dass Napoleon den von der Revolution eingeleiteten Prozess des Überganges von einer geburtsständischen Privilegien- in eine egalitäre Eigentümergesellschaft weitergeführt hat.*

M12 Napoleon über Republik und Freiheit, 1797

Vertrauliche Äußerung des Generals Bonaparte gegenüber dem französischen Gesandten in Toskana, Miot de Melito

Glauben Sie vielleicht, dass ich eine Republik begründen will: Welcher Gedanke! [...] Das ist eine Wahnvorstellung, in die die Franzosen vernarrt sind, die aber auch wie so manche andere vergehen wird. Was sie brauchen, das ist Ruhm, die Befriedigung ihrer Eitelkeit, aber von Freiheit verstehen sie nichts [...]. Die Nation braucht einen Führer, einen durch Ruhm hervorragenden Führer, aber keine Theorien über Regierung, keine großen Worte, keine Reden von Ideologen, von denen die Franzosen nichts verstehen. Man gebe ihnen ihre Steckenpferde, das genügt ihnen, sie werden sich damit amüsieren und sich führen lassen, wenn man ihnen nur geschickt das Ziel verheimlicht, auf das man sie zumarschieren lässt.

(Miot de Melito, Mémoires I, S. 163f., Übers. d. Verf.)

1 *Erläutern Sie anhand von M 12 die Einstellung Napoleons zur Demokratie bzw. sein eigenes politisches Selbstverständnis.*

2 *Diskutieren Sie die These, Napoleon habe die Revolution sowohl vollendet als auch beendet. Ziehen Sie dafür M 11 und 12 wie auch die Darstellung heran.*

3 Europa und die Französische Revolution

Veränderungen des europäischen Staatensystems

Im Jahre 1792 erklärte Frankreich den europäischen Monarchien den Krieg. Er sollte von innenpolitischen Spannungen ablenken, vor allem aber die Errungenschaften der Revolution gegen die konservativen Mächte verteidigen. Die Kriegserklärung leitete eine Epoche kriegerischer Auseinandersetzungen ein, die mit kurzen Unterbrechungen fast ein Vierteljahrhundert lang andauerten und das europäische Staatensystem grundlegend veränderten (M 13). Frankreich begann den Krieg als Abwehrkampf gegen die antirevolutionäre Politik und Propaganda der konservativen Großmächte und erklärte seinen Kampf zu einem ideologischen Kreuzzug für „Freiheit, Gleichheit, Brüderlichkeit". Doch brachten die Kriege Frankreich schon bald auf die Bahn der Eroberung. War es zunächst um die Sicherung der „natürlichen" Grenzen und danach um die Schaffung eines Gürtels von Satellitenstaaten gegangen, verfolgte Napoleon seit 1804 weitaus ehrgeizigere Ziele. Es begann nun eine Phase imperialer Europapolitik, die die bisher geltenden Regeln der Gleichgewichtspolitik missachtete und die französische Hegemonie durchsetzte. Der **Herrschaftsbereich Napoleons** gliederte sich in Staaten, in denen Mitglieder der Familie Napoleons regierten, abhängige Vasallenstaaten, die von Napoleons Gnaden noch selbstständig blieben, und Verbündete (Karte 2).

Die Kriege Napoleons hatten auch für die deutschen Staaten einschneidende Folgen. Die französische Hegemonialpolitik führte zur Auflösung des Heiligen Römischen Reiches Deutscher Nation und zur Gründung des Rheinbundes (1806). Die Rheinbundstaaten spielten im Kalkül Napoleons eine entscheidende Rolle. Sie konnten gegen den deutschen Kaiser mobilisiert werden und ihr Zusammenschluss im Rheinbund diente als Puffer gegen Österreich, Preußen und Russland. Darüber hinaus benötigte Napoleon die Rheinbundstaaten als Aufmarschgebiet für seine Armeen und zur Aushebung von Soldaten. Militärische und politische Gründe ließen es zweckmäßig erscheinen, den Rheinbund nicht in einen einheitlichen Bundesstaat umzuwandeln. Obwohl die Rheinbundakte eine solche Umwandlung vorsah, gab Napoleon doch stets dem zuverlässigen Bundesgenossen, der ihm Soldaten stellte, die freiwillig unter eigener Führung in den Kampf zogen, den Vorzug vor widerspenstigen Verbündeten, die er mit Gewalt in ein unerwünschtes System hätte hineinpressen müssen. Unter dem Schutz Napoleons begannen die Rheinbundstaaten aber auch im eigenen Interesse Reformen, die Gesellschaft und Staat modernisierten und von bleibender Wirkung waren (s. S. 298 ff.).

Napoleon wollte die Rheinbundstaaten von der Überlegenheit des französischen Systems und dessen Übertragbarkeit auf die deutschen Verhältnisse überzeugen. In dem so genannten **Modellstaat Westfalen**, der von seinem Bruder Jérome regiert wurde, setzte er daher grundlegende Reformen durch. Die Einführung des Code Napoléon bedeutete für das Königreich Westfalen das Ende der geburtsständischen Privilegienordnung. Der Adel verlor seine Steuerfreiheit, die Befreiung von Abgaben und Militärdienst, den privilegierten Gerichtsstand und andere Vorrechte. Allerdings ließen alle diese gesetzgeberischen Maßnahmen die materielle Stellung des Adels unberührt. Während die privilegierten Stände ihre Vorrechte einbüßten, wurden umgekehrt durch die Bauernbefreiung den unterprivilegierten Gruppen bisher vorenthaltene Rechte zuerkannt. Die Leibeigenen gewannen persönliche Freiheit und Freizügigkeit. Und in den Städten erhielten alle Bewohner das gleiche Bürgerrecht. Ein vorbildliches Emanzipationsgesetz aus dem Jahre 1808 gewährte den Juden, die bis dahin am Rande der Ständegesellschaft gelebt hatten, die bürgerliche und staatsbürgerliche Gleichheit. Im Unterschied zu den meisten Rheinbundstaaten, die eine bewusste und zielstrebige Reformpolitik betrieben, hielten andere Staaten aber auch am Altbewährten fest. Obwohl persönliche Sympathie den sächsischen König

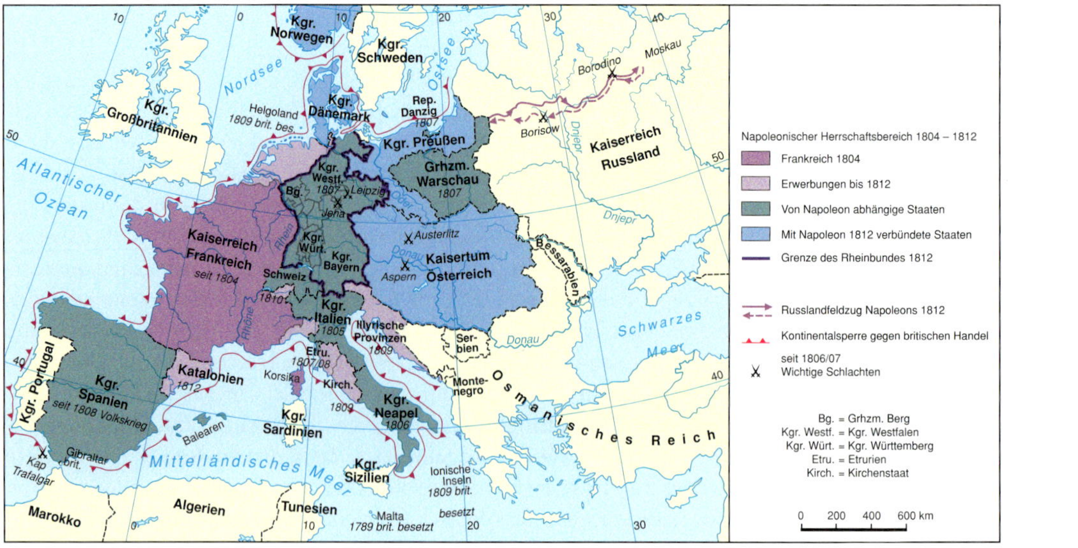

Karte 2 Europa unter napoleonischer Herrschaft

Friedrich August I. (1806–1827) mit Napoleon verband, bewahrte Sachsen, das als wirtschaftlich weit entwickeltes Land dringend Reformen benötigt hätte, weitgehend seinen Entwicklungsstand aus dem 18. Jahrhundert. Der König regierte selbstherrlich und absolutistisch.

Deutsche Demokraten: Die Mainzer Republik

Die Machtexpansion des revolutionären und napoleonischen Frankreich verband für knapp zwei Jahrzehnte die Entwicklung Deutschlands mit dem politisch, gesellschaftlich und wirtschaftlich fortgeschrittenen westlichen Nachbarn. Bereits vor den Rheinbund- und den preußischen Reformen (s. S. 301 f.) gab es auf deutscher Seite Versuche, die Errungenschaften der Französischen Revolution auf deutschem Boden einzuführen. Als französische Truppen 1792 auf deutsches Gebiet vordrangen und Speyer, Worms und Mainz besetzten, begannen Mainzer Demokraten damit, ihre Stadt zu einer Republik auf der Grundlage der Volkssouveränität umzugestalten. In politischen Klubs engagierten sich die Bürger für die Demokratisierung; außerdem wurden politische Reden gehalten, Zeitungen gegründet, Flugschriften, aber auch revolutionsfreundliche Gedichte und Theaterstücke verfasst und aufgeführt. Zum ersten Mal in der deutschen Geschichte wählten die Mainzer 1793 auf der Grundlage eines allgemeinen, gleichen und direkten (Männer-)Wahlrechtes ein Landesparlament, den Rheinisch-Deutschen Nationalkonvent. Am 18. März beschloss dieses Parlament die Unabhängigkeit vom Heiligen Römischen Reich Deutscher Nation und am 21. März den Anschluss an die französische Republik. Preußische Truppen belagerten jedoch die Stadt und besetzten sie nach deren Kapitulation am 23. Juli. Sie lösten den Jakobinerklub auf und verfolgten die aktive Minderheit der Jakobiner (M 14).

Politisierung der deutschen Bevölkerung

Der Ausbruch der Französischen Revolution hat bei den europäischen Völkern zu heftigen politischen Auseinandersetzungen geführt. Auch in Deutschland konnte sich niemand diesem einschneidenden Ereignis entziehen. Die Revolution wurde anfangs durchaus besonders bei den Gebildeten begeistert begrüßt. Und die französischen

Truppen fanden mit ihrer Losung „Friede den Hütten, Krieg den Palästen" bei der deutschen Bevölkerung zunächst Anklang. Als die Menschen jedoch gezwungen wurden, französische Soldaten in ihren Häusern einzuquartieren, ließ die Begeisterung über die Befreier vom fürstlichen Joch nach. Die Kritik an der Revolution wuchs zusätzlich, als die Terrormaßnahmen der französischen Jakobiner bekannt wurden.

Allerdings war die Französische Revolution nicht der Auslöser für die Politisierung in Deutschland. Bereits vor 1789 wurde in den deutschen Staaten über Freiheit und Gleichheit, die Anerkennung von Menschenrechten oder die Beseitigung der bäuerlichen Abhängigkeiten und über größere religiöse Toleranz gesprochen. Die Revolution verschärfte aber die politische Diskussion insofern, als sie eine konkrete Stellungnahme eines jeden politisch denkenden Menschen erzwang. Das führte zur Festigung politischer Strömungen, die sich schon vorher herausgebildet hatten. Die Gegner der Revolution schlossen sich in **konservativen Gruppen** und Zeitungen zusammen, die die Umwandlung von Staat und Gesellschaft nach französischem Vorbild bekämpften. Zudem organisierten sich die **Liberalen**, die für die bürgerliche Gesellschaft eintraten, aber gegen die Radikalisierung der Revolution durch die Jakobiner waren. In politischen Klubs trafen sich die deutschen **Demokraten** bzw. Jakobiner, die eine revolutionäre Aktion forderten, um gemeinsam mit den sozialen Unterschichten ein republikanisches Gemeinwesen zu errichten.

Im Zeitalter der Französischen Revolution und Napoleons entstand überdies der moderne **Nationalismus**, der in Deutschland eine antifranzösische Ausrichtung erhielt. Besonders die Volkskriege gegen die napoleonische Fremdherrschaft in den Befreiungskriegen 1813/14 trugen entscheidend dazu bei, dass sich ein deutsches Nationalbewusstsein entwickelte, das dem Kampf gegen Napoleon seine Stoßkraft verlieh. In Preußen feierten Dichter den Krieg gegen Frankreich als „Kreuzzug", als „heiligen Krieg". An den Universitäten wurde die nationale Stimmung geschürt. Tausende junger Leute meldeten sich freiwillig zum Kriegsdienst.

M13 Die Historikerin Elisabeth Fehrenbach über die Bedeutung der Revolutionkriege (1986)

Durch die kriegerische Expansion verbreitete die Revolution ihre Prinzipien über die Grenzen Frankreichs hinaus in ganz Europa. Das europäische Ancien Régime wurde mit einer Herrschafts- und Gesellschaftsordnung konfrontiert, die nicht mehr auf dem ständischen Privileg, sondern auf vernunftrechtlichen Normen beruhte. Insofern erschütterten die Revolutionskriege nicht nur das europäische Staatensystem bzw. die internationalen zwischenstaatlichen Beziehungen. Der Krieg entwickelte vielmehr selbst eine revolutionierende Gewalt, die das aristokratische Europa herausforderte. Krieg und Revolution traten in gegenseitige Abhängigkeit und Wechselwirkung: Der Krieg veränderte ebenso die Revolution, die über die Grenzen des eigenen Landes hinausdrängte und zur Weltrevolution wurde, wie die Revolution den Krieg, der als Kreuzzug für die Befreiung der Völker oder als gegenrevolutionäre Intervention der europäischen Mächte einen ideologischen Charakter annahm. Durch die innere Beziehung von Revolution und Krieg verschärften sich die Spannungen und Gegensätze zwischen Frankreich und Europa, die nicht mehr mit den traditionellen Mitteln der europäischen Gleichgewichtspolitik lösbar waren. Das Neuartige dieses Krieges im Vergleich zu den älteren Kabinettskriegen[1] des 17. und 18. Jahrhunderts lag gerade darin, dass sich die Außenpolitik nicht mehr von der Innenpolitik trennen ließ.

(Elisabeth Fehrenbach, Vom Ancien Régime zum Wiener Kongress, Oldenbourg, München ²1986, S. 39)

1 Kabinettskriege: Kriege, die unter Ausschluss der Öffentlichkeit, also nur vom Kabinett bzw. der Regierung, beschlossen werden

1 *Die Historikerin Elisabeth Fehrenbach vertritt die These, dass die Revolution den Krieg veränderte, wie umgekehrt auch der Krieg die Revolution. Erläutern Sie diese These anhand von M 13.*

2 *Stellen Sie dar, inwieweit Außen- und Innenpolitik in der napoleonischen Herrschafts- und Gesellschaftspolitik miteinander verzahnt waren. Ziehen Sie dafür die Darstellung über die Reformen im Modellstaat Westfalen heran (s. S. 129).*

M14 Der politische Stellenwert der Mainzer Jakobiner

[Den Mainzer Jakobinern] gelang es nicht, über den Kreis einer kleinen aktiven Minderheit hinaus eine breitere Anhängerschaft zu mobilisieren. Forster[1], den Custine[2] zum Vizepräsidenten der provisorischen Administration berief, kam zu der Überzeugung, dass das deutsche Volk zu einer Revolution noch nicht reif sei. Er trat deshalb für die Angliederung des linken Rheinufers an Frankreich ein, um auf diese Weise die revolutionären Errungenschaften zu bewahren. Die hektischen Bemühungen um die Reunion[3] gipfelten in terrorähnlichen Repressivmaßnahmen wie Eid- und Wahlzwang. Wer sich weigerte, den vorgeschriebenen Bürgereid auf die republikanische Verfassung abzulegen, wurde mit Ausweisung und Deportation bedroht. Ein von einer Minderheit gewählter „Nationalkonvent der freien Deutschen diesseits des Rheins" proklamierte im Frühjahr 1793 die Loslösung des Rheinlandes vom Reich und den Anschluss an Frankreich. Nur der siebte Teil der rheinischen Gemeinden hatte seine Vertreter entsandt; in Mainz beteiligten sich nur 372 Bürger (8 % der Wahlberechtigten) an der Abstimmung. Die Mehrheit der Bevölkerung verhielt sich passiv.

(Elisabeth Fehrenbach, Vom Ancien Régime zum Wiener Kongress, Oldenbourg, München ²1986, S. 64)

1 Georg Forster (1754–1794) war führendes Mitglied der Mainzer Jakobiner.
2 Adam Phillippe Custine (1740–1793) war französischer General und eroberte Mainz.
3 Reunion: Gemeint ist der Anschluss an Frankreich.

1 *Diskutieren Sie anhand von M 14 und der Darstellung die Erfolgsaussichten der Mainzer Republik. Berücksichtigen Sie dabei sowohl den Rückhalt der Jakobiner in der Bevölkerung als auch die Reaktion Preußens.*

IV Die Französische Revolution: Politische und gesellschaftliche Umbrüche

Zusammenhänge und Perspektiven

1 *Skizzieren Sie den Verlauf des Konfliktes zwischen England und den 13 nordamerikanischen Kolonien und erklären Sie dessen politische Bedeutung.*
2 *Vergleichen Sie die Verfassung der Vereinigten Staaten von Amerika aus dem Jahre 1787 mit der französischen Verfassung von 1791. Stellen Sie dabei Unterschiede und Gemeinsamkeiten heraus.*
3 *Stellen Sie in einer Übersicht die Phasen der Französischen Revolution mit den jeweiligen Trägern der Revolution und der Gegenrevolution und ihren politischen Zielen dar.*
4 *Erläutern Sie die Gründe, die zur Terrorherrschaft und zu ihrem Ende führten.*
5 *Stellen Sie die wichtigsten Folgen der Revolution für Europa dar.*

Zeittafel

1776	**Virginia Bill of Rights:** Die Vereinigten Staaten von Amerika erklären am 4. Juli ihre Unabhängigkeit. Amerika konstituiert sich als Staatenbund.
1783	Mit der Anerkennung der Souveränität der USA durch Großbritannien endet der nordamerikanische Unabhängigkeitskrieg.
1787	Die USA erhalten eine bundesstaatliche Verfassung. 1791 werden die Bill of Rights Bestandteil der Verfassung.
1789	**Französische Revolution:** Der dritte Stand der Generalstände erklärt sich zur Nation (17. Juni); Sturm auf die Bastille (14. Juli); Abschaffung der Privilegien (4. August); Erklärung der Menschen- und Bürgerrechte (26. August).
1791	Frankreich erhält eine liberale **Verfassung** und wird zur konstitutionellen Monarchie.
1792	Frankreich erklärt Österreich und Preußen den Krieg. Die Monarchie wird abgeschafft.
1793	Ludwig XVI. wird hingerichtet. Terrorherrschaft des Sicherheits- und Wohlfahrtsausschusses.
1794	Der Sturz Robespierres beendet die Phase des Terrors.
1795–1799	Das Direktorium übernimmt die Herrschaft.
1799	Mit einem Staatsstreich am 18. Brumaire (9. November) übernimmt **Napoleon Bonaparte** die Herrschaft.
1804	Bonaparte lässt sich als Napoleon I. zum „Kaiser der Franzosen" krönen.
1814/15	Der **Wiener Kongress** beendet die napoleonische Herrschaft.

V Die Industrielle Revolution: Europas Aufbruch in die moderne Gesellschaft

Franz Weinköppel (1863–1908), Schmuckblatt zur Vollendung der 3000. Lokomotive in der Lokomotivfabrik Krauss & Comp., München, 1894, Deckfarben, Aquarell

Mit Beginn der Industrialisierung auf kapitalistischer, marktwirtschaftlicher Grundlage hat sich das Leben, Arbeiten und Wirtschaften der Menschen nachhaltig verändert, ja revolutioniert. Hauptmerkmal der modernen Industriegesellschaft ist ein bis dahin unvorstellbar dauerhaftes und sich selbst tragendes Wirtschaftswachstum. Dieses wurde erstens durch Fortschritte im naturwissenschaftlichen Denken ermöglicht, die in technische Innovationen umgesetzt werden konnten und eine immer größere Beherrschung der Natur durch den Menschen mit sich brachten. Neue Antriebs- und Arbeitsmaschinen, wie die Dampfmaschine, ersetzten zunehmend menschliche und tierische Arbeitskraft, die Erkenntnis chemischer Prozesse erleichterte die massenweise Ausbeutung natürlicher Rohstoffe. Die ständige Ausdehnung der Produktion wäre zweitens ohne die Durchsetzung des Fabriksystems nicht denkbar gewesen, das besser als alle anderen Produktionsformen die Chance zur maschinellen und arbeitsteiligen Herstellung von Gütern und Waren bot. Zur Steigerung der Produktion trugen aber auch spezialisierte und geregelte Lohnarbeit sowie rationaler Kapitaleinsatz durch marktwirtschaftlich kalkulierende Unternehmer bei. Drittens beschleunigten neuartige Kommunikationsmöglichkeiten sowie die Modernisierung der Verkehrswege und -mittel, allen voran die Eisenbahn und später das Automobil, die Entstehung nationaler und übernationaler Märkte, die immer stärker das wirtschaftliche Denken und Handeln bestimmten. Nur wer seine Marktchancen richtig beurteilte, konnte seine Gewinne maximieren und im Konkurrenzkampf bestehen. Mit der Industrialisierung verloren viertens althergebrachte Bindungen und Lebensweisen der traditionalen Agrargesellschaft an Bedeutung. Die Entfesselung der modernen Wirtschaftsgesellschaft, die heute längst keine Klassengesellschaft mehr ist, sondern eine mobile Berufs- und Leistungsgesellschaft, verlangte von den Menschen Flexibilität und Innovationsbereitschaft in einem bisher unbekannten Ausmaße.

Die Herausbildung der modernen Industriewirtschaft vollzog sich weder flächendeckend noch zeitgleich. Sie begann im 18. Jahrhundert in England, von dort ausgehend breitete sie sich im 19. Jahrhundert nach Kontinentaleuropa aus und erfasste schließlich die ganze Welt. Zudem nahm die Industrialisierung keinen gradlinigen Verlauf, sondern durchlief unterschiedliche Phasen. Als in England in den Siebzigerjahren des 18. Jahrhunderts die Industrielle Revolution einsetzte, war Deutschland noch im Stadium der Frühindustrialisierung. So bezeichnen die Historiker die zögerlich-verhaltene Anlauf- und Vorbereitungsphase, die der entscheidenden Beschleunigung des Wirtschaftswachstums und dem Durchbruch industrieller Produktionsweisen voranging. Diese neue Entwicklungsstufe der Industriellen Revolution dauerte in Deutschland von den späten 1840er-Jahren bis 1873. Obwohl es auch danach immer wieder Wachstumsstörungen und Konjunkturkrisen gab, gelten die folgenden dreieinhalb Jahrzehnte bis zum Ersten Weltkrieg als Periode der Hochindustrialisierung, in der Deutschland endgültig zum Industriestaat wurde.

Industrialisierung war nicht nur wirtschaftlicher, sondern auch gesellschaftlicher Wandel. Immer weniger Menschen arbeiteten und lebten von und in der Landwirtschaft, immer mehr Menschen fanden ihr Auskommen in Gewerbe und Industrie oder im Dienstleistungssektor. Begleitet wurden diese Veränderungen durch zunehmende räumliche Mobilität der Bevölkerung, die die Verstädterung beschleunigte. Obwohl die erfolgreiche Industrialisierung langfristig den Wohlstand breiter Schichten der Gesellschaft verbesserte, gab es in ihrer Geschichte auch Schattenseiten. An erster Stelle ist dabei die „soziale Frage“ zu nennen, die sich in unsicheren Arbeitsplätzen, häufiger Arbeitslosigkeit, niedrigen Löhnen bei langen Arbeitszeiten oder Wohnungselend niederschlug und im 19. Jahrhundert zu intensiven Reformdiskussionen wie auch vielfältigen Reformbemühungen führte. Dass die Industrialisierung das gesamte Leben der Menschen prägte, zeigte sich nicht zuletzt im Verhältnis der Geschlechter zueinander. Die moderne Industriegesellschaft emanzipierte weder automatisch die Frau noch zerstörte sie die Familie, wie manche zeitgenössische Kritiker der Industriegesellschaft vermutet hatten.

1 Voraussetzungen der Industrialisierung

Warum Europa?

Die Geschichte der Industrialisierung begann in Europa. Ein Grund dafür liegt sicherlich in den **natürlichen Lebensbedingungen** dieses Kontinents, die die Herausbildung industrieller Wirtschaftsweisen begünstigten. Die Vielgestaltigkeit der Landschaft, aber auch die Zersplitterung der politischen Landkarte in der frühen Neuzeit in Königreiche, Fürstentümer, Grafschaften oder Stadtzusammenschlüsse förderten die Konkurrenz und das Wachstum. Ein großes Angebot an unterschiedlichen Bodenschätzen, die Verschiedenartigkeit der Bodenbeschaffenheit und ein günstiges Klima ermöglichten die Herstellung zahlreicher Güter bzw. den Anbau einer reichhaltigen Palette an Produkten, die sich zum Austausch eigneten (Holz, Getreide, Wein, Wolle, Meeresfrüchte usw.). Ein sich ausdehnender Handel vermehrte den Wohlstand der Bevölkerung und führte zur Entstehung reicher Zentren wie der Hansestädte oder der italienischen Stadtstaaten. Mit dem Ausbau der Handelsbeziehungen innerhalb Europas und nach Übersee bildeten sich seit dem Spätmittelalter allmählich ein funktionstüchtiges Kreditsystem und ein Bankwesen auf internationaler Ebene heraus, die für den Aufstieg des Industriekapitalismus unentbehrlich waren.

Doch allein auf solchen naturgegebenen Voraussetzungen beruhte die Industrialisierung nicht. Sie war weder Zufall noch ein Wunder, sondern wesentlich das Werk von Menschen: Wissenschaftler förderten neue Erkenntnisse zu Tage, Ingenieure und Techniker entwickelten vorher unbekannte Werkzeuge, Maschinen und Materialien, Unternehmer griffen die Neuerungen auf und kalkulierten den Einsatz von Arbeitskräften und Kapital in der Wirtschaft, Arbeiter stellten dem Markt ihre Arbeitskraft zur Verfügung und produzierten Waren und Dienstleistungen, Bauern erwirtschafteten Überschüsse zur Ernährung einer ständig wachsenden Bevölkerung. Ohne die Anstrengungen und Kreativität vieler Menschen hätten die Maßnahmen der Staatsregierungen, die ebenfalls zum wirtschaftlich-technischen Fortschritt beitrugen, kaum Wirkung gezeigt, wäre die Geschichte der Industrialisierung nicht zu einer Erfolgsgeschichte geworden.

Entstehung der Marktwirtschaft

Grundvoraussetzung kapitalistischen Wirtschaftens ist der Markt, der Angebot und Nachfrage vermittelt. Auf dem Markt treten Produzenten und Konsumenten in Kontakt und handeln die Bedingungen aus, unter denen die Ware den Besitzer wechselt. Der Theorie nach basiert der Tausch auf Freiwilligkeit und offener Konkurrenz; Zwang – privat oder staatlich organisiert – gilt als ausgeschlossen (M 1). Während die absolutistischen Herrscher in Frankreich oder Deutschland während des 18. Jahrhunderts die ökonomische Entwicklung ihrer Länder durch massive Eingriffe und Beschränkungen zu steuern versuchten, konnten sich in Großbritannien bereits staatsfreie Märkte für Kapital, Arbeit, Boden oder Waren entfalten.

Dass gerade **England** zum Schrittmacher industriekapitalistischer Marktwirtschaft wurde, lag nicht zuletzt an seiner Agrarverfassung. In weiten Teilen der Insel gab es bereits um 1750 keine Land besitzende Bauernschaft mehr; die damit eng verbundene agrarische Subsistenzwirtschaft war längst zerfallen. Stattdessen konzentrierte sich der Landbesitz in den Händen einer kleinen Gruppe von Grundeigentümern, die ihre Ländereien verpachtet hatten. Die Pächter wiederum bewirtschafteten sie mit Hilfe von Landarbeitern, Knechten und Kleinstbauern, die sich auf Zeit verdingten und vorwiegend bar bezahlt wurden.

Eine solche Agrarverfassung bot der Herausbildung industriekapitalistischer Produktionsverhältnisse hervorragende Startbedingungen. Da war zum einen die Kommerzialisierung der Landwirtschaft selbst, die zunehmend für den (groß-)städtischen Markt produzierte und trotz zeitweiliger Engpässe eine schnell wachsende Bevölkerung zu ernähren verstand. Mindestens ebenso wichtig war jedoch die soziale Komponente jener Verfassung: die Tatsache nämlich, dass sie die Landbewohner lediglich vertragsmäßig (d. h. z. B. nicht als Leibeigene) an die Scholle band und ihre Mobilität nicht behinderte.

In **Preußen**, vor allem in seinen ostelbischen Gebieten, waren dagegen der Mobilität der Landbevölkerung noch im 18. und frühen 19. Jahrhundert enge Grenzen gezogen. Zwar hatte sich auch hier eine leistungsfähige, exportorientierte Agrarproduktion entwickeln können, die der junkerlichen Herrenschicht große Einnahmen sicherte. Anders als in England steckte sie jedoch in einem feudalen Korsett, das nur langsam aufgeschnürt wurde. Die ostelbische Gutswirtschaft beruhte eben nicht auf frei vereinbarter Lohnarbeit, sondern auf einem System persönlicher Abhängigkeiten, die von Generation zu Generation weitervererbt wurden. Die gutsuntertänigen Bauern, Knechte, Mägde und Häusler waren nicht nur verpflichtet, dem Gutsherrn einen Großteil ihrer Arbeitskraft zu überlassen. Es stand auch im Belieben des Junkers, ob und wann sie heiraten durften, ob sie den Hof verlassen und einen anderen Dienst aufnehmen konnten.

Solche Beschränkungen individueller Mobilität waren der Herausbildung freier Arbeitsmärkte – als unerlässlicher Bedingung industriekapitalistischer Entwicklung – alles andere als förderlich. Von der deutschen Landwirtschaft gingen denn auch nur wenige Impulse für eine erfolgreiche Industrialisierung aus. Weder erwirtschaftete die Landwirtschaft maßgebliche Investitionsmittel für den Gewerbesektor noch stellte sie frühzeitig einen aufnahmefähigen Absatzmarkt für industrielle Produkte (z. B. Landwirtschaftsmaschinen) dar. Was ihr hingegen gelang, war die Versorgung der wachsenden Konsumentenzahl – zumindest bis in die 1890er-Jahre, als immer mehr Nahrungsmittel eingeführt werden mussten und der Export um das Drei- und Vierfache hinter dem Import zurückblieb.

Diese Versorgungsleistung erbrachte sie – auf einem niedrigen technologischen Niveau – im Wesentlichen dank einer extensiven Nutzung der Arbeitskraft. Anstatt wie in England Arbeitskräfte freizusetzen und sie der gewerblichen Wirtschaft zur Verfügung zu stellen, hielt sie sie bis in die 1850er-Jahre hinein fest. Daran änderten auch die preußischen Agrarreformen wenig. Obwohl beispielsweise die Gutsuntertänigkeit in Preußen 1807/10 abgeschafft wurde und die Junker statt auf Fron- nunmehr auf Lohnarbeit angewiesen waren, setzten sich alte Abhängigkeiten oft nahezu unverändert fort. An die Stelle erbuntertäniger Kleinbauern traten vertraglich gebundene Dienstleute, die als Tagelöhner mitsamt ihren Familien auf den Gütern Arbeit, Wohnung und Kost fanden. Erst seit den 1860er-Jahren ging man verstärkt zu einem System freier, saisonal einsetzbarer Tagelöhner über, mit denen das Gut langfristig billiger zu wirtschaften vermochte.

Protoindustrialisierung

Es waren aber keineswegs nur das abwandernde ländliche Gesinde oder die Nachkommen der überflüssig gewordenen Dienstleute, die die aufblühende Industrie mit Arbeitskräften versorgten. Vielmehr setzte auch das so genannte protoindustrielle Gewerbe (s. S. 78 f.) zunehmend Arbeitskräfte frei, die sich dann um industrielle Arbeitsplätze bemühten.

Abseits der großen Städte hatten sich seit dem Ausgang des Mittelalters in vielen Teilen Europas florierende Gewerbelandschaften entwickelt. Sie basierten auf der Heimarbeit ländlicher Unterschichten, die von städtischen Verlegerkaufleuten gesteuert und marktmäßig angeschlossen wurde. Besonders erfolgreich war das ländliche Heimgewerbe auf dem Gebiet der Textilherstellung. Gehörte es traditionell zu den Aufgaben bäuerlicher Subsistenzwirtschaft, textile Rohstoffe und Gewebe für den Eigenbedarf zu bearbeiten und herzustellen, entwickelte sich daraus mit steigender Nachfrage vielerorts eine lebhafte Marktproduktion. Ganze Familien arbeiteten nunmehr auf Rechnung eines Verlegers, der ihnen Material zur Verfügung stellte und die fertige Ware abnahm.

Auf diese Weise geriet ein großer Teil der ländlichen Bevölkerung zwar in den Sog konjunktureller Nachfragekrisen und Absatzflauten Zugleich aber löste er sich aus den engen Fesseln des agrarischen Nahrungsspielraums. Viele Menschen, die als Knechte oder Mägde kaum jemals die Möglichkeit gehabt hätten, zu heiraten und eine Familie zu gründen, konnten das als heimgewerbliche Spinner oder Weber tun. Der von der Landwirtschaft unabhängige Verdienst eröffnete ihnen die Chance, auf einer eigenen „Stelle" zu wirtschaften. Als Mieter kleiner Anwesen waren sie wohl noch mit ländlichen Lebensformen verbunden, scherten jedoch aus den ökonomischen Bezügen und Beschränkungen bäuerlicher Nahrungssicherung aus. Hatte auf nicht erbende Bauernsöhne und -töchter vormals nur ein unselbstständiges Gesindedasein gewartet, bot ihnen die protoindustrielle Entwicklung einer Region mehr Möglichkeiten. Vor allem legte sie ihnen nahe, eine Ehe einzugehen und einen eigenen Hausstand zu gründen. Schließlich bildete die Arbeitskraft einer ganzen Familie – Frau , Mann und Kinder – die Grundlage heimgewerblicher Existenz.

M1 Gedanken des schottischen Moralphilosophen und Volkswirtschaftlers Adam Smith (1723–1790) über das Wesen und die Ursachen des Wohlstandes der Nationen, 1776

Der Einzelne ist stets darauf bedacht, herauszufinden, wo er sein Kapital, über das er verfügen kann, so vorteilhaft wie nur irgend möglich anlegen kann. Und tatsächlich hat er dabei den eigenen Vorteil im Auge und nicht etwa den der Volkswirtschaft. Aber gerade das Streben nach seinem eigenen Vorteil ist es, das ihn ganz von selbst oder vielmehr notwendigerweise dazu führt, sein Kapital einzusetzen, wo es auch dem ganzen Lande den größten Nutzen bringt.

Wenn er es vorzieht, die nationale Wirtschaft anstatt die ausländische zu unterstützen, denkt er eigentlich nur an die eigene Sicherheit, und wenn er dadurch die Erwerbstätigkeit so fördert, dass ihr Ertrag den höchsten Wert erzielen kann, strebt er lediglich nach eigenem Gewinn. Und er wird in diesem wie auch in vielen anderen Fällen von einer unsichtbaren Hand geleitet, um einen Zweck zu fördern, den zu erfüllen er in keiner Weise beabsichtigt hat. Auch für das Land selbst ist es keineswegs immer das Schlechteste, dass der Einzelne ein solches Ziel nicht bewusst anstrebt, ja gerade dadurch, dass er das eigene Interesse verfolgt, fördert er häufig das der Gesellschaft nachhaltiger, als wenn er wirklich beabsichtigt, es zu tun. Alle, die jemals vorgaben, ihre Geschäfte dienten dem Wohl der Allgemeinheit, haben meines Wissens niemals etwas Gutes getan. [...]

Der Einzelne vermag ganz offensichtlich aus seiner Kenntnis der örtlichen Verhältnisse weit besser zu beurteilen, als es irgendein Staatsmann oder Gesetzgeber für ihn tun kann, welcher Erwerbszweig im Lande für den Einsatz seines Kapitals geeignet ist und welcher einen Ertrag abwirft, der den höchsten Wertzuwachs verspricht. Ein Staatsmann, der es versuchen sollte, Privatleuten vorzuschreiben, auf welche Weise sie ihr Kapital investieren sollten, würde sich damit nicht nur, höchst unnötig, eine Last aufbürden, sondern sich auch gleichzeitig eine Autorität anmaßen, die man nicht einmal einem Staatsrat oder Senat, geschweige denn einer einzelnen Person anvertrauen könnte.

(Adam Smith, Der Wohlstand der Nationen, dtv, München 1978, S. 369ff.)

1 *Erörtern Sie das Verhältnis von Staat und Privatwirtschaft, wie es in M 1 beschrieben wird.*

2 *Diskutieren Sie die These von Adam Smith (M 1), dass gleichsam „eine unsichtbare Hand" im Wirtschaftsprozess das „allgemeine Wohl" am besten garantiere.*

2 Wandel der Wirtschaft

2.1 Die Anfänge der Industrialisierung in England

Ursachen der Industrialisierung

Die Industrialisierung in England war das Ergebnis mehrerer begünstigender Umstände und Vorgänge, die unabhängig voneinander das Wirtschaftswachstum beschleunigt haben. Zu den wichtigsten gehörten die schnellen Fortschritte in der **Landwirtschaft**. Seit 1660 konzentrierte sich das Land in den Händen von Großgrundbesitzern. Durch Einhegungen („enclosures“) wurde Gemeindeland in Privateigentum überführt, verstreut liegende Felder wurden zu einem geschlossenen, eingehegten Besitz geformt. Die Zunahme des bebauten Landes und die Möglichkeit extensiver Weidewirtschaft führten zu einem Ansteigen der landwirtschaftlichen Produktivität, sodass die stark wachsende Bevölkerung ernährt werden konnte. Die Bevölkerungszunahme und die Tatsache, dass die Landbevölkerung nicht an die Scholle gebunden war, sondern in den Städten nach neuen Betätigungsfeldern suchte, sorgte sowohl für ein großes Angebot an Arbeitskräften als auch für eine steigende Güternachfrage auf dem englischen Binnenmarkt. Ein ausgedehnter **Handel**, der sich auf eine mächtige Kriegs- und Handelsflotte stützte, garantierte den Briten einen relativen Wohlstand. Aber auch der Binnenhandel florierte, weil er nicht durch Zölle oder andere Handelsbeschränkungen behindert wurde. England besaß außerdem große und leicht abzubauende Kohlevorkommen, kurze und kostengünstige Verkehrswege sowie ausreichendes und breit gestreutes Kapital zum Investieren. Hinzu kam, dass der Staat seine **Politik** nach wirtschaftlichen Interessen ausrichtete und früher als in den übrigen kontinentaleuropäischen Ländern eine liberale Wirtschaftsordnung schuf mit freiem Unternehmertum, privatem Kapital und freien Lohnvereinbarungen. Nicht vergessen werden darf die relativ offene **Gesellschaftsstruktur** des Königreiches, die flexible Reaktionen auf die unterschiedlichsten wirtschaftlichen Herausforderungen erlaubte. Im Laufe des 17. Jahrhunderts verband sich der kleine Landadel, die „gentry“, vielfach durch Heirat mit den Kapital besitzenden städtischen Händlern oder Bürgerliche erwarben Landgüter und wurden in den Adelsstand erhoben. Unterhalb der „gentry“ entfaltete sich ein wohlhabendes Bürgertum von Fabrikanten und Händlern, das sich sozial bewusst von den in den Adelsstand erhobenen absetzte. Arbeitend tätig zu sein bedeutete keine Minderung des sozialen Status, sondern gottgewollten Lebensinhalt. Englische Grundbesitzer förderten die Industrialisierung durch Ausbeutung der Bodenschätze, besonders von Kohle und Eisen. Dadurch kam es nicht zu einem Gegensatz zwischen Agrar- und Industriegesellschaft wie in den meisten Ländern auf dem europäischen Kontinent.

Technische Erfindungen

Aufsehen erregende Erfindungen wie die Dampfmaschine von Watt (1765/69) oder die Spinnmaschinen von Hargreaves (1764) und Arkwright (1769) beschleunigten das englische Wirtschaftswachstum. Mit der Mechanisierung der Baumwollspinnerei, die zum ersten Führungssektor in der englischen Industriegeschichte aufstieg, begann das Zeitalter der Massenproduktion im **Textilgewerbe** (M 2a–c). Von 1764 bis 1794 verdreißigfachte sich die Garnherstellung; bis 1844 hatte sie sich verachtzigfacht. Die Produktivität des Webverfahrens war 1850 dreizehnmal höher als 1760. Die Qualität der Stoffe übertraf erstmals die bis dahin einzigartigen indischen Gewebe. Die technische Revolution im Textilgewerbe ging mit einer Revolution der Produktionsorganisation einher, wobei sich beide Prozesse gegenseitig bedingten und förderten. Erst das Zusammenwirken von Maschinenarbeit und Fabrikproduktion machte aus der Erfindung einzelner Arbeitsmittel die Revolution der gesamten

B 1 Joseph Mallord William Turner (1775–1851), Rain, Steam and Speed. The Great-Western-Union, 1844, Öl auf Leinwand, London, National Gallery

– *Beschreiben Sie die Wirkung der Eisenbahn, wie sie B 1 zum Ausdruck bringt.*
– *Stellen Sie sich vor, Sie säßen in dem Zug. Welchen Eindruck von der Umgebung hätten Sie dann wohl? Welchen Einfluss hätte das auf Ihr Sehverhalten?*

Produktion: Entwicklung von Spinnmanufakturen, Spinnmaschinen und -fabriken, Verbesserung von Spinnmaschinen, Anwendung von Wasserrädern, Entwicklung und Einsatz von Dampfmaschinen, Entwicklung des mechanischen Webstuhls, der Werkzeugmaschinen und der Maschinenindustrie, Bau riesiger Fabriken in den Städten, Durchsetzung neuer Berufe (z. B. Ingenieure) und neuer Arbeitsverhältnisse (z. B. Lohnarbeit). Technik und Produktion des Textilgewerbes und anderer Produktionsbereiche wurden so nach und nach grundlegend umgestaltet. Für die Entfesselung der Wirtschaftskräfte noch bedeutsamer wurde jedoch das Vordringen des Energieträgers Kohle und der damit einhergehende Ausbau der Eisenindustrie. Mit der Industrialisierung und der Verstädterung stieg der Kohleverbrauch. Der Einsatz der Dampfmaschine in den Kohlerevieren verbesserte die Verfahren der Kohleförderung und wirkte sich auf die Eisenindustrie aus, die sich in den Kohlegebieten ansiedelte. Die Verbilligung und Verbesserung des Eisens sowie die Modernisierung der Produktionsverfahren schufen die Voraussetzungen für die Entstehung einer leistungsfähigen Maschinenindustrie und später für den Eisenbahnbau (B 1). Damit wirkte die Eisenindustrie in viele andere Wirtschaftszweige hinein und veränderte vom Verkehrswesen bis zum individuellen Reisen alle Bereiche des gesellschaftlichen Lebens (M 3). Dabei darf nicht übersehen werden, dass die „wirkliche Industrielle Revolution" der Eisenindustrie, wie bei der Kohle, erst in den mittleren Jahrzehnten des 19. Jahrhunderts stattfand, also fünfzig Jahre später als in der Baumwollherstellung. Denn während Konsumgüterindustrien selbst in vorindustriellen Wirtschaftsverhältnissen massenhaft Absatz fanden, war für die Produktionsgüterindustrien ein solcher Markt erst während oder nach der Industrialisierung vorhanden (M 4).

Ausbreitung der Industrialisierung

Von England ausgehend erfasste die Industrialisierung während des 19. Jahrhunderts den europäischen Kontinent. Französische, belgische oder deutsche Unternehmer wurden auf neue Waren aus dem britischen Königreich, der bewunderten „Werkstätte der Welt“, aufmerksam und erkannten bisher unbekannte Absatzchancen. Sie holten englische Arbeiter und Unternehmer ins Land, importierten englische Technologien, Produktionsverfahren und Kapital, um die eigenen Betriebe zu modernisieren. Gleichzeitig bemühte man sich, englische Waren durch eigene Entwicklungen zu ersetzen und dadurch den englischen Entwicklungsvorsprung wettzumachen.

M2 Das Wachstum der Baumwollindustrie

a) Import von Rohbaumwolle in Großbritannien im Jahresdurchschnitt (in t)

1701–1715	585
1716–1720	1 086
1764	1 935
1780	8 000
1801	25 000
1815	50 000
1825–1830	100 000
1849	346 000

(Amtlicher Bericht über die Industrie-Ausstellung aller Völker in London im Jahre 1852, 2. Teil, Berlin 1857, S. 11, zit. nach: Michael Sauer, Die Industrialisierung. Die Entstehung der modernen Welt, Klett, Leipzig 1999, S. 15)

b) Ausfuhr von Baumwolltextilien (in 1000 £)

1740–49	11
1750–59	88
1760–69	227
1770–79	248
1780–89	756
1790–99	2 631
1800–09	9 995
1810–19	18 712
1820–29	28 000

c) Prozentanteil der Baumwolltextilien am Gesamtexportwert

1740–49	0
1750–59	1
1760–69	2
1770–79	3
1780–89	7
1790–99	15
1800–09	39
1810–19	53
1820–29	62

(C. Cook/J. Stevenson, Atlas of Modern British History, London 1978, S. 43, zit. nach: Hermann de Buhr/Michael Regenbrecht, Industrielle Revolution und Industriegesellschaft, Cornelsen, Frankfurt/Main, [2]1988, S. 22)

1 *Erläutern Sie anhand dieser Statistiken (M 2a–c) die Bedeutung der Textilindustrie in Großbritannien. Untersuchen Sie dafür besonders das Verhältnis von Textilproduktion aus Baumwolle und Export. Zur Veranschaulichung der statistischen Daten können Sie für jede Statistik mit Hilfe eines geeigneten Maßstabes eine Grafik erstellen. Bei der Wahl des Ausgangsjahres (Indexwert 100) sollten Sie beachten, dass Sie nur von einer ungefähren Übereinstimmung ausgehen können.*

M3 Die Historikerin Elisabeth Fehrenbach über die Funktion der Eisenindustrie in der britischen Industrialisierungsgeschichte (1986)

Die Kohleförderung regte die Entwicklung der Dampfmaschine an und ermöglichte die Verbesserung der Eisenproduktion. Watts Dampfmaschine entstand zunächst aus der Absicht, die Pumpmaschinen zur Entwässerung von Bergwerken zu verbessern. Das Verfahren, Eisen mit Kohle und Koks anstatt mit Holzkohle einzuschmelzen, baute die Schwierigkeit ab, die aus der Reduzierung des Wald- und Holzbestandes erwuchs. 1784 gelang Henry Cort das sog. Puddelverfahren, die Überführung von Roh- in Schmiedeeisen im Flammofen. Dampfmaschine und Puddelprozess trugen dazu bei, dass die Roheisenproduktion sich zwischen 1788 und 1796 verdoppelte und bis 1806 vervierfachte. Anders als die Baumwollindustrie wirkte die Eisenindustrie in viele Produktionsprozesse hinein. Insbesondere schuf sie die Voraussetzungen für die Maschinenindustrie und für die spätere Entwicklung des Eisenbahnwesens. Ohne die Verbilligung und Verbesserung des Eisens wäre die fortschreitende Industrialisierung im 19. Jahrhundert kaum vorstellbar. Allerdings brachte erst das Eisenbahnzeitalter den Massenabsatz von

Eisen und das steile Ansteigen der Wachstumsraten. Die Aufwärtsentwicklung in der napoleonischen Zeit hing noch eng mit der Kriegsnachfrage zusammen, so dass bald wieder Verzögerungen und Absatzstockungen eintraten.
(Elisabeth Fehrenbach, Vom Ancien Régime zum Wiener Kongreß, Oldenbourg, München ^{2}1986, S. 9)

1 *Beschreiben Sie anhand von M 3 die Auswirkungen technischer Erfindungen in der Kohle- und Eisenindustrie auf die wirtschaftliche Entwicklung Großbritanniens. Ziehen Sie dafür auch die Darstellung heran.*

M4 Beschäftigtenanteile in Großbritannien 1801–1951 (in % aller Beschäftigten)

Jahr	Landwirtschaft Forstwirtschaft Fischerei	Bergbau u. Gewerbe	Handel u. Transport	Häusliche Dienstleistungen	Öffentliche Dienstleistungen u. Ä.
1801	35,9	29,7	11,2	11,4	11,8
1821	28,4	38,4	12,1	12,7	8,5
1841	22,2	40,5	14,2	14,5	8,5
1861	18,7	43,6	16,6	14,3	6,9
1881	12,6	43,5	21,3	15,4	7,3
1901	8,7	46,3	21,4	14,1	9,6
1911	8,3	46,4	21,5	13,9	9,9
1931	6,0	45,3	22,7	7,7	18,3
1951	5,0	49,1	21,8	2,2	21,9

(Toni Pierenkemper, Umstrittene Revolutionen. Die Industrialisierung im 19. Jahrhundert, Fischer Taschenbuch Verlag, Frankfurt/Main 1996, S. 13)

1 *Vergleichen Sie anhand von M 4 die Entwicklung der Beschäftigtenanteile in den verschiedenen Wirtschaftssektoren miteinander. Untersuchen Sie dabei, wo Zuwächse bzw. Abnahmen zu verzeichnen sind.*

2 *Der Historiker Toni Pierenkemper hat den Begriff „Industrialisierung" einmal auf die folgende kurze Formel gebracht: „Industrialisierung bedeutet so nichts anderes als überproportionales Wachstum des gewerblichen, des ‚sekundären' Sektors, oder – bei genauerem Hinsehen – des industriellen Sektors im Vergleich zu anderen Sektoren und zur Gesamtwirtschaft." Überprüfen Sie diese These mit Hilfe der Statistik in M 4.*

2.2 Die Industrielle Revolution in Deutschland

Ausgangssituation

Deutschland besaß im späten 18. und beginnenden 19. Jahrhundert wesentlich ungünstigere Startbedingungen für seine industrielle Entwicklung als Großbritannien. Bis zum Ende des Heiligen Römischen Reiches Deutscher Nation im Jahre 1806 war Deutschland in 300 zum Teil ausgesprochen kleine Territorialstaaten zersplittert. Eine Vielfalt von Zollschranken, abweichende Maß-, Münz- und Gewichtssysteme, Handelsmonopole sowie schlechte Verkehrsverbindungen hemmten die wirtschaftliche Expansion. Trotz mancher Fortschritte bei der Agrarproduktion blieb die deutsche Landwirtschaft weit hinter den Leistungen der englischen zurück. Es überwogen ertragsschwache Kleinbetriebe (ca. 70–80 % aller Höfe), deren Betreiber oft einem Nebenerwerb nachgehen mussten, um ihre Existenz zu sichern. Die Abhängigkeit der bäuerlichen Bevölkerung von ihren Gutsherren war häufig noch so stark, dass dadurch die zur Bildung freier Arbeitsmärkte notwendige individuelle Mobilität eingeschränkt war. Feudale Abgaben, staatliche Steuern und große Unterschiede bei der Verteilung des Wohlstandes behinderten die Entstehung von Massenkaufkraft, die der gewerblichen Wirtschaft hätte zu Gute kommen können. Auch war die deutsche Gesellschaftsstruktur nicht so offen wie in England. Schroffe Standesschranken und konservative Grundeinstellungen engten den Spielraum für innovatorisches Denken und Handeln ein. Und im Handwerk bildete das Festhalten an der überkommenen Zunftverfassung ein zentrales Hindernis für individuelles Erfolgsstreben und wirtschaftliche Neuerungen. Im Gegensatz zu England gängelten die absolutistischen deutschen Fürsten mit ihren merkantilistischen Konzepten die wirtschaftliche Entwicklung durch massive Eingriffe und Beschränkungen; staatsfreie Märkte für Kapital, Boden und Waren konnten sich daher nur schwer entfalten.

Staatliche Modernisierungspolitik

Erst im Verlauf des 19. Jahrhunderts wurden diese Hemmnisse für eine dynamische Industriewirtschaft allmählich beseitigt. Dabei nahm der Staat eine herausragende Rolle ein. Durch die Liberalisierung der Agrar- und Gewerbeverfassung, den Abbau von Zollschranken oder die Vereinheitlichung des Rechts- und Finanzwesens schuf er entscheidende Voraussetzungen für die Überwindung vormoderner Wirtschaftsverhältnisse bzw. die Entfesselung einer modernen Wirtschaftsgesellschaft.

In den deutschen Staaten war zu Beginn des 19. Jahrhunderts vielen Staatsmänner bewusst, dass sie über kurz oder lang auf das englische Modell zurückgreifen mussten, um wettbewerbsfähig zu werden. Das galt besonders für Preußen. In diesem Staat war der Problemdruck am größten, die Notwendigkeit radikaler Problemlösungen am sinnfälligsten. Nicht nur das starke Bevölkerungswachstum weckte Befürchtungen eines drohenden sozialen Kollapses; auch der politisch-militärische Zusammenbruch im Gefolge napoleonischer Eroberungspolitik hatte gezeigt, dass grundlegende Reformen der Wirtschafts- und Sozialverfassung nicht auf die lange Bank geschoben werden durften.

Den Reformbeamten, die sich seit 1807 an die Modernisierung des preußischen Staats begaben, war das englische Modell industriekapitalistischer Entwicklung theoretisch geläufig. Die „Bibel des Kapitalismus", Adam Smiths Buch „Wohlstand der Nationen" (s. S. 138), hatte auch in Deutschland begeisterte Aufnahme gefunden. Die Leitbegriffe dieses Werks – Besitzindividualismus, Leistungsprinzip, Arbeitsteilung, freie Märkte, Konkurrenz – weckten Hoffnungen auch auf dem Kontinent.

Wegweisend für Reformen zur Entfesselung einer modernen Wirtschaftsgesellschaft wurde das preußische Oktoberedikt von 1807, das eine Mischung aus politischem Manifest und nationalökonomischem Programm (M 5) darstellte. An die Stelle einer gebundenen Ständegesellschaft,

die jedem Menschen eine feste, durch Geburt erworbene soziale Position zuwies, konnte nun nach und nach eine mobile Marktgesellschaft treten. Dazu passten auch die Ablösung sozialer Abhängigkeitsverhältnisse auf dem Land und der Erlass der **Gewerbefreiheit** im Jahre 1810. Die Reformbürokratie wollte vor allem durch die Einführung der allgemeinen Gewerbefreiheit die Wirtschaftskraft des Landes stärken und damit zugleich die Steuereinnahmen des Staates erhöhen. Indem die Macht der Zünfte gebrochen und die traditionellen Begrenzungen gewerblicher Produktion aufgehoben wurden, näherte man sich rein rechtlich gesehen dem Ideal einer von freien Wirtschaftssubjekten bevölkerten Gesellschaft. Ebendiese Freiheit sollte die Entfesselung aller wirtschaftlich kreativen Kräfte einleiten und eine dynamische Konkurrenzwirtschaft aus der Taufe heben, die den Wohlstand der Einwohner und die Macht des Staates garantierte.
Der Staat räumte aber nicht nur die rechtlichen Hindernisse beiseite, die der freien Entfaltung wirtschaftlicher Energien entgegenstanden. Er sorgte nicht nur dafür, dass freie Arbeits-, Kapital- und Bodenmärkte entstehen konnten; er schuf auch die infrastrukturellen Voraussetzungen dafür, dass sich die einzelnen Wirtschaftsfaktoren miteinander verbinden konnten. Dazu gehörte es zum Beispiel, mit staatlichen Investitionen das Verkehrsnetz zu erweitern und leistungsfähiger zu gestalten. Ebenso zählte der Ausbau des Binnenmarktes durch die Abschaffung von Zollschranken dazu – ein Prozess, der mit dem 1834 gegründeten **Zollverein** seinen vorläufigen Höhepunkt erreichte. Ebenfalls zu vermerken ist die Errichtung staatlicher Gewerbeschulen und -akademien, die helfen sollten, den technologischen Vorsprung der englischen Industriekonkurrenz aufzuholen.

Industrielle Revolution

Die deutschen Staaten erlebten im späten 18. und beginnenden 19. Jahrhundert durchaus einen deutlichen Wachstumsschub. Allerdings blieb die Aufwärtsentwicklung in dieser Phase der Frühindustrialisierung noch hinter den englischen Wachstumsraten zurück (M 6). Erst seit den 1840er-Jahren trat Deutschland in die Phase der Industriellen Revolution ein, die bis 1873 andauerte und zu einem sich selbst tragenden industriellen Wirtschaftswachstum führte. „Die Industrie ist zu einer selbstständigen Macht inmitten des deutschen Lebens erstarkt“, schrieb der rheinische Wirtschaftsbürger Gustav Mevissen Anfang der Vierzigerjahre, „und nicht eine vergängliche Handelsindustrie, sondern eine weit bleibendere, dem Inland zugekehrte Fabrikindustrie. Deutschland geht durch die Schaffung dieser neuen sozialen Macht in seinem Inneren unleugbar einer neuen Ära entgegen.“
Die größten Wachstumsraten wies in dieser Periode das produzierende Gewerbe auf, wobei nicht alle Branchen im gleichen Tempo expandierten (M 7): Stieg das Produktionsvolumen der Baumwollweberei zwischen 1835 und 1870 um gut 500 %, erhöhte sich die Roheisenerzeugung um fast 900, die Braunkohleförderung um 950 und die Eisenerzförderung gar um 1242 %. Noch größer war der Anstieg bei der Erzeugung von Kupferfarben: Zwischen 1848 und 1870 betrug er 1342 %! Die Textilindustrie blieb demnach in ihrem Wachstum weit hinter Bergbau-, Metall- und Chemieindustrie zurück – ein wichtiger **Unterschied zu England**, wo sie den Führungssektor der Industrialisierung gestellt hatte. Anders als in England wurden in Deutschland die Eisenbahnen zum entscheidenden Antrieb der Industrialisierung. Das zeigt sich z. B. daran, dass 1851 nur etwas mehr als 4 % aller im Maschinenbau Beschäftigten für das Textil- und Bekleidungsgewerbe arbeiteten, aber fast 20 % für den Eisenbahnbau. Sein Bedarf an Schienen, Zugmaschinen und Waggons setzte eine beispiellose Produktionssteigerung in Gang. Die Zahl der preußischen Maschinenfabriken etwa versiebenfachte sich zwischen 1852 und 1875 beinahe, die Zahl der dort beschäftigten Arbeiter stieg um das Sechzehnfache. Besonders eindrucksvoll war die Entwicklung der Kruppschen Gussstahlfabrik. 1822 gegründet, beschäftigte sie im Jahre 1835 nur 67 Personen, 1873 dagegen knapp 12 000.

B 2 Maschinen in der Eisenindustrie
a) Stielhämmer im Eisenwerk Maffei bei München (die 1837 erworbenen Hämmer waren bis zu ihrem Abriss um 1900 in Betrieb). Fotografie, um 1900

b) Hammerschmiede im Eisenwerk Maffei Mitte der 1920er-Jahre. Fotografie, um 1925

– *Diskutieren Sie anhand dieser beiden Bilder (B 2a, b) die These des Statistikers Ernst Engel aus dem Jahre 1875, dass Maschinen überall „Glück und Segen" gebracht hätten.*

Wirtschaftliches Wachstum und seine Indikatoren

Ökonomen benutzen verschiedene Indikatoren, um wirtschaftliches Wachstum zu messen. Da ist zum einen die statistische Größe des **Sozialprodukts**, der Summe aller Einkommen aus unselbstständiger Arbeit, Unternehmertätigkeit und Vermögen. Lag es in Deutschland um 1800 noch bei schätzungsweise 250 Mark pro Kopf, stieg es bis 1870 auf 347 Mark und erreichte im Jahre 1913 pro Kopf 726 Mark. Schaut man genauer hin und unterscheidet nach den einzelnen Wirtschaftsbereichen, stellt sich heraus, dass dieses Wachstum keineswegs überall gleich verlief. So verbuchte die in der Landwirtschaft erzielte Wertschöpfung in Deutschland zwischen 1850 und 1913 einen Zuwachs von 250 %. Die Wertschöpfung des sekundären Sektors (Bergbau, Industrie und Handwerk) dagegen erhöhte sich im gleichen Zeitraum um 1116 %, die des tertiären Sektors (Handel, Verkehr, Banken und andere Dienstleistungen) um 500 %.
Überhaupt nahm die Zahl der **Beschäftigten** im produzierenden Gewerbe rasant zu: von etwa 2,2 Mio. im Jahre 1800 auf 9,5 Mio. hundert Jahre später. Noch viel beachtlicher als diese Steigerungsrate war jedoch der Produktivitätsanstieg, der in dieser Zeit zu verbuchen war. Nicht allein produzierten immer mehr Menschen immer mehr Waren, sondern jeder Einzelne arbeitete immer effektiver. So erhöhte sich etwa die **Produktivität** im Textil- und Bekleidungsgewerbe zwischen 1800 und 1913 um mehr als das Fünffache. Ursache war vor allem der vermehrte Einsatz von Maschinen, jener „wohlerzogensten, fleißigsten und willigsten Geschöpfe", die nach Auskunft des Statistikers Ernst Engel 1875 überall, wo sie standen, „Glück und Segen" brächten (B 2).
Maschinen erleichterten die Arbeit und verkürzten die Zeit, die zur Herstellung eines Produkts notwendig war. Damit verbilligten sie es auch – ohne dass die Einsparung aber in gleicher Höhe an die Verbraucher weitergegeben wurde. So lagen die **Preise** für Textilerzeugnisse im Jahre 1913 ungefähr auf demselben Niveau wie 1830, obwohl die Produktivität inzwischen immens gestiegen war. Da die **Löhne** der Beschäftigten hinter dem Anstieg der Produktivität weit zurückblieben, die Preise für Textilrohstoffe sogar gesunken waren, kann man daraus schließen, dass Textilunternehmer (und nicht nur sie) im 19. Jahrhundert enorme Gewinne realisierten.

Ein weiteres Kennzeichen des industriekapitalistischen Wachstumsprozesses ist es, dass ein erheblicher Teil jener **Gewinne** wieder investiert wurde und damit zu erneuten Produktionserweiterungen, Produktivitätszuwächsen und Gewinnsteigerungen führte. Dieser expansive Kreislauf ist gemeint, wenn man vom Industriekapitalismus als einem System „selbst geregelten industriellen Wachstums" spricht. Im Großen und Ganzen war der Aufwärtstrend ungebrochen und er war sowohl in seiner Stetigkeit als auch in seinem Ausmaß historisch ohne Beispiel.

M5 Die Reformen in Preußen: Auszug aus dem „Oktoberedikt" von 1807

Nach eingetretenem Frieden hat Uns die Vorsorge für den gesunkenen Wohlstand Unserer getreuen Unterthanen, dessen baldigste Wiederherstellung und möglichste Erhöhung vor Allem beschäftigt. Wir haben hierbei erwogen, dass es, bei der allgemeinen Noth, die Uns zu Gebot stehenden Mittel übersteige, jedem Einzelnen Hülfe zu verschaffen, ohne den Zweck erfüllen zu können, und dass es eben sowohl den unerlässlichen Forderungen der Gerechtigkeit als den Grundsätzen einer wohlgeordneten Staatswirthschaft gemäß sey, Alles zu entfernen, was den Einzelnen bisher hinderte, den Wohlstand zu erlangen, den er nach dem Maaß seiner Kräfte zu erreichen fähig war; Wir haben ferner erwogen, dass die vorhandenen Beschränkungen theils in Besitz und Genuss des Grund-Eigenthums, theils in den persönlichen Verhältnissen des Land-Arbeiters Unserer wohlwollenden Absicht vorzüglich entgegen wirken und der Wiederherstellung der Kultur eine große Kraft seiner Tätigkeit entziehen, jene, indem sie auf den Werth des Grund-Eigenthums und den Kredit des Grundbesitzes einen höchst schädlichen Einfluss haben, diese, indem sie den Werth der Arbeit verringern. Wir wollen daher beides auf diejenigen Schranken zurückführen, welche das gemeinsame Wohl nöthig macht, und verordnen daher Folgendes:

Freiheit des Güter-Verkehrs

§ 1. Jeder Einwohner Unsrer Staaten ist, ohne alle Einschränkung in Beziehung auf den Staat, zum eigenthümlichen und Pfandbesitz unbeweglicher Grundstücke aller Art berechtigt; der Edelmann also zum Besitz nicht blos adelicher, sondern auch unadelicher, bürgerlicher und bäuerlicher Güter aller Art, und der Bürger und Bauer zum Besitz nicht blos bürgerlicher, bäuerlicher und anderer unadelicher, sondern auch adelicher Grundstücke, ohne dass der eine oder der andere zu irgend einem Güter-Erwerb einer besonderen Erlaubnis bedarf, wenn gleich, nach wie vor, jede Besitzveränderung den Behörden angezeigt werden muss. Alle Vorzüge, welche bei Güter-Erbschaften der adeliche vor dem bürgerlichen Erben hatte, und die bisher durch den persönlichen Stand des Besitzers begründete Einschränkung und Suspension[1] gewisser gutsherrlichen Rechte, fallen gänzlich weg. In Absicht der Erwerbsfähigkeit solcher Einwohner, welche den ganzen Umfang ihrer Bürgerpflichten zu erfüllen, durch Religions-Begriffe verhindert werden, hat es bei den besonderen Gesetzen sein Verbleiben.

Freie Wahl des Gewerbes

§ 2. Jeder Edelmann ist, ohne allen Nachtheil seines Standes, befugt, bürgerliche Gewerbe zu treiben; und jeder Bürger oder Bauer ist berechtigt, aus dem Bauer- in den Bürger- und aus dem Bürger- in den Bauer-Stand zu treten. [...]

Auflösung der Guts-Unterthänigkeit[2]

§ 10. Nach dem Datum dieser Verordnung entsteht fernerhin kein Unterthänigkeits-Verhältnis, weder durch Geburt noch durch Heirath noch durch Uebernehmung einer unterthänigen Stelle noch durch Vertrag.

§ 11. Mit der Publikation der gegenwärtigen Verordnung hört das bisherige Unterthänigkeits-Verhältnis derjenigen Unterthanen und ihrer Weiber und Kinder, welche ihre Bauerngüter erblich oder eigenthümlich, oder erbzinsweise, oder erbpächtlich besitzen, wechselseitig gänzlich auf.

(Zit. nach: Sammlung der für die Königlich-preußischen Staaten erschienenen Gesetze und Verordnungen von 1806 bis zum 27ten Oktober 1810, Berlin 1822, S.170 –173)

1 Außerkraftsetzung
2 Die Gutsuntertänigkeit oder Erbuntertänigkeit war eine besondere Form der Leibeigenschaft in den östlichen Provinzen.

1 *Stellen Sie fest, welche Maßnahmen zur Neuordnung des Wirtschaftssystems durchgesetzt werden sollten (M 5).*

2 *Vergleichen Sie die Bestimmungen des Oktoberedikts (M 5) mit der Wirtschaftstheorie von Adam Smith (M 1, S. 138).*

M6 Der Historiker Hans-Werner Hahn über die großgewerbliche Produktion während der Frühindustrialisierung (1998)

Die deutsche Wirtschaft litt zwischen 1815 und 1835 nicht an Stagnationstendenzen[1], sondern zeichnete sich durch eine allmähliche Aufwärtsentwicklung aus. Diese fiel freilich noch nicht so aus, dass der industrielle Fortschritt eine Dynamik erreichte, die schon mit der englischen Entwicklung zu vergleichen gewesen wäre. Gerade im Hinblick auf die moderne großgewerbliche Produktion trat der Rückstand Deutschlands noch immer deutlich zu Tage. Gewiss gab es auch auf diesem Felde trotz der Übergangskrise nach 1815 keinen Stillstand oder gar einen Deindustrialisierungsprozess[2]. Selbst die 1815 von der britischen Exportoffensive hart getroffene deutsche Baumwollspinnerei konnte ihre Produktion zwischen 1815 und 1834 von 1963 Tonnen auf 4462 Tonnen steigern. Auch die Zahl der mechanischen Wollspinnereien nahm zu und mit den Fortschritten in der Textilindustrie begann sich meist aus handwerklichen Anfängen auch der Maschinenbau zu entwickeln. In Preußen, das mit dem Ruhrgebiet, Oberschlesien und dem Saargebiet die wichtigsten Steinkohlenreviere Deutschlands besaß, wies die Steinkohleförderung im gleichen Zeitraum Steigerungsraten um 70 % auf. Die preußische Roheisen- und Stahlproduktion stieg zwischen 1800 und 1835 um 135 %, beziehungsweise 100 %. Aber all dies waren Wachstumsraten, die von einem relativ niedrigen Niveau ausgingen und nicht vergleichbar waren mit späteren Wachstumsprozessen. Weder die deutsche Textilindustrie noch die vorallem auf Preußen konzentrierte Schwerindustrie waren um 1830 in der Lage, die Rolle eines industriellen Führungssektors zu übernehmen. Noch 1834 wurden in Deutschland erst 5 % des Roheisens mit Koks erschmolzen, während im Pionierland der Industriellen Revolution die Koksverhüttung die Holzkohle inzwischen nahezu völlig verdrängt hatte. Auch das Puddelverfahren[3] zur Stahlherstellung setzte sich in Deutschland bis 1840 nur zögernd durch.

Die gesamte Entwicklung der modernen großgewerblichen Produktion verlief also bis in die Dreißigerjahre hinein eher schleppend. [...] Fabriken, die mehrere hundert Arbeiter beschäftigten, waren bis zu Beginn der Vierzigerjahre in Deutschland noch ausgesprochen selten. Die Kruppsche Gussstahlfabrik beschäftigte um 1835 gerade 67 Arbeiter und galt für die deutschen Verhältnisse doch schon als größerer Betrieb. Insgesamt wiesen Manufakturen, Fabriken und Bergbau Mitte der Dreißigerjahre erst 300 000 Beschäftigte auf.

(Hans-Werner Hahn, Die Industrielle Revolution in Deutschland, Oldenbourg, München 1998, S. 21 f.)

1 Stagnation: Stillstand
2 Deindustrialisierung: Entindustrialisierung, Rückentwicklung von Industrie
3 Puddelverfahren: Durch Rühren wird dem Eisen Sauerstoff zugeführt und damit Kohlenstoff entzogen, was zu härterem Stahl führt.

1 *Beschreiben Sie anhand von M 6 die Grundzüge der Frühindustrialisierung in Deutschland.*

M7 Beschäftigte in Deutschland im gewerblich-industriellen Sektor nach Branchen 1800–1913

Gewerbezweig	1800 In Tsd.	%	1835 In Tsd.	%	1875 In Tsd.	%	1913 In Tsd.	%
Bergbau	40	1,8	80	2,5	268	5,3	863	7,4
Metall	170	7,6	250	7,7	751	13,9	2330	20,1
Bau	240	10,4	325	10,0	530	9,8	1630	14,0
Steine, Erden	70	3,1	150	4,6	398	7,3	1042	8,9
Feinmechanik	20	0,9	30	0,9	83	1,5	217	1,9
Textil, Leder	1170	52,5	1585	48,7	2048	37,7	2705	23,3
Holz, Druck, Papier	230	10,3	360	11,1	652	12,0	1430	12,2
Nahrung	300	13,4	470	14,5	676	12,5	1427	12,2
Insgesamt	2240	100,0	3250	100,0	5424	100,0	11644	100,0

(Friedrich –Wilhelm Henning, Die Industrialisierung in Deutschland 1800 bis 1914, Schöningh, Paderborn [4]1984, S. 137)

1 *Skizzieren Sie anhand von M 7 die strukturellen Veränderungen in der gewerblichen Wirtschaft zwischen 1800 und 1913 (s. auch Darstellung S. 144 f.). Unterscheiden Sie dabei sowohl nach Gewerbezweigen als auch nach Entwicklungsphasen.*

2.3 Die „zweite" Industrielle Revolution: Deutschland im internationalen Vergleich

Grundlegende Begriffe

Die Begriffe „Kapitalismus", „Industrialisierung" und „Industrielle Revolution" werden in der Wissenschaft wie in der alltäglichen Sprache oft gebraucht, obwohl sie zu den umstrittensten Wörtern gehören. Das Wort „**Kapitalismus**" galt lange Zeit als politischer Kampfbegriff, weil es von den marxistischen Historikern der Sowjetunion oder der DDR benutzt wurde, um die westlichen Industriegesellschaften zu kritisieren. Die neuere westliche Forschung hat den Kapitalismusbegriff von dieser Inanspruchnahme befreit und für seine undogmatische Verwendung plädiert. Aus dieser Sicht erschöpft sich Industrialisierung nicht in Warenströmen oder Markterweiterungen, sondern schließt auch Herrschaftsbeziehungen und soziale Konflikte mit ein. Gleichwohl bevorzugen nichtmarxistische Forscher nach wie vor die Begriffe „**Industrialisierung**" und „Industrielle Revolution", um die Modernisierungsprozesse in Wirtschaft und Gesellschaft der letzten zwei Jahrhunderte zu kennzeichnen. Das Wort „Industrialisierung" wird dabei zur Kennzeichnung des wirtschaftlichen Wachstums herangezogen, das die Industriegesellschaften prägte und sich vor allem niederschlug in der Steigerung des Sozialprodukts, der Warenproduktion, des Einsatzes von Maschinen, des Ausbaus der Verkehrswege und des Binnen- und Außenhandels oder des Finanzwesens. Einigen Historikern erscheint dieser Begriff jedoch zu schwach: Sie heben hervor, dass die Industrialisierung revolutionären Charakter besessen und das menschliche Leben von Grund auf verändert habe – vergleichbar dem Übergang zu Ackerbau, Sesshaftigkeit und Großsiedlung in der Jungsteinzeit (Neolithische Revolution). Der radikale Bruch mit allen bisherigen Lebensformen sollte mit dem Begriff der „**Industriellen Revolution**" zum Ausdruck gebracht werden. Darüber hinaus wird in der Wissenschaft von unterschiedlichen Revolutionen im Industrialisierungsprozess gesprochen: Bestimmten mechanische Webstühle, Dampfschiffe, Kohle- und Eisentechnologie im Wesentlichen die „erste" Industrielle Revolution des 18./19. Jahrhunderts, werden der Aufschwung der Chemie- und Elektroindustrie sowie die Entwicklung des Verbrennungsmotors um 1900 auch als „zweite" Industrielle Revolution, der Durchbruch der Raumfahrt und Computertechnologie nach 1945 zudem als „dritte" Industrielle Revolution bezeichnet.

Industrielle Wachstumskrise

Bevor die deutsche Volkswirtschaft im ausgehenden 19. Jahrhundert den Übergang von der „ersten" zur „zweiten" Industriellen Revolution schaffte, durchlebte sie in den Jahren 1874 bis 1879 eine schwere Wirtschaftskrise, der bis in die Neunzigerjahre hinein weitere Störungen und Einbrüche des Wirtschaftswachstums folgten. Historiker haben daher die Jahre 1874 bis 1895 insgesamt als „**Große Depression**" bezeichnet. Die Wurzeln für diese Krise lagen im Wesentlichen in der Überhitzung der Konjunktur während der „Gründerjahre" zwischen Reichsgründung und 1873, als zahlreiche Firmen entstanden. Der rasche Aufschwung wurde sowohl durch die Liberalisierung des Marktes (ab Juni 1870 konnten z. B. Aktiengesellschaften frei gegründet werden) als auch durch den deutsch-französischen Friedensvertrag beeinflusst, in dem sich Frankreich 1871 zur Zahlung einer Kriegsentschädigung von 5 Mrd. Francs (= 4 Mrd. Mark) verpflichtete. Die Summe entsprach der doppelten Höhe eines Reichshaushaltes. Sie führte wegen ihrer Höhe und vorzeitigen Bezahlung zunächst zu einem „Gründungsfieber". Nach der Überhitzung der Konjunktur 1872 erfolgte ein Jahr darauf der „große Krach": Die Aktienkurse fielen und bis 1876 brachen 61 Banken, 115 Industrieunternehmen und vier Eisenbahngesellschaften zusammen.

Die Politik reagierte auf diese Krise mit regulierenden Eingriffen des Staates in das Wirtschaftsleben. Gegen die überwiegende Mehrheit der Nationalliberalen setzte Bismarck 1879 **Schutz-**

zölle durch, die von den Landwirtschafts- und Industrieverbänden zur Förderung der nationalen Produktion gefordert worden waren (M 8a, b). Die Einfuhrzölle auf Getreide und Vieh erhöhten die Lebenshaltungskosten, bis die Handelsverträge der 1890er-Jahre Erleichterung brachten. Weil andere europäische Länder dem Schutzzollbeispiel folgten, war mit Ausnahme der Schwerindustrie die Exportwirtschaft allgemein beeinträchtigt. Aber insgesamt nutzte der staatliche Protektionismus der deutschen Volkswirtschaft.

Die „Große Depression" war allerdings keine Zeit ununterbrochenen Produktionsrückganges. Auch während dieser Phase stieg die Produktion insgesamt weiter an, nur eben wegen sinkender Preise nicht mehr so stark wie in den Vorjahren und mit zeitweiligen Einbrüchen.

Ab 1896 setzte dann ein neuer Wachstumsschub ein, der dem Deutschen Reich bis kurz vor Ausbruch des Ersten Weltkrieges eine fast ununterbrochene Hochkonjunktur bescherte: Die Produktionsraten zogen kräftig an, neue Technologien kamen zum Einsatz und das Schwergewicht der wirtschaftlichen Aktivitäten verlagerte sich endgültig von der Landwirtschaft zu Bergbau, Industrie und Handwerk und erstmals auch zu den Dienstleistungen. Von dem Wachstum profitierten auch Arbeiter und Angestellte, deren reale Verdienste langsam, aber kontinuierlich stiegen.

B 3 Peter Behrens, Allgemeine Elektrizitätsgesellschaft, 1907, Plakat. – Um 1900 löste das elektrische Licht die Gasbeleuchtung ab. Bis etwa 1930 war die Elektrifizierung der deutschen Haushalte abgeschlossen.

Von der „ersten" zur „zweiten" Industriellen Revolution

Das stetige Wirtschaftswachstum im Deutschen Reich nach der Gründerkrise hatte seinen Grund zum einen im verstärkten Kapitaleinsatz und in der Zunahme der Arbeitskräfte in der Industrie, zum anderen in den neu entwickelten Technologien (M 10) einzelner Industriezweige. In der **Montan- und Schwerindustrie** konnten durch Verbesserungen der Bergbautechnik große Zuwächse erzielt werden. Das bisher zur Stahlerzeugung untaugliche phosphorhaltige Eisenerz Lothringens wurde 1879 durch ein neues Verfahren (Thomas-Verfahren) verwertbar. Die Stabeisen- und Stabstahlproduktion fand in der neuen Stahlbetonbauweise ab 1885 in Hoch- und Tiefbau Absatz. Die Stahlqualität wurde durch die Erfindung des rostfreien Stahls bei Krupp 1912 verbessert.

Der technologische Wandel kam aber nicht nur den Industriezweigen der „ersten" Industriellen Revolution zugute, sondern bewirkte auch den Durchbruch Deutschlands zur „zweiten" Industriellen Revolution. Wegweisend waren dabei Entwicklungen in der **Elektrotechnik** (B 3). Elektrisches Licht, Telefon und Elektromotor hielten Einzug in das Alltagsleben. Außerdem profitierte die chemische Industrie vom wissenschaftlich-technischen Fortschritt. Die Farbwerke entwickelten nun Kunststoffe (Bakelit, Zellophan, Kunstseide), Explosivstoffe (Sicherheitssprengstoffe seit 1885), Kunstdünger und Arzneimittel. Vor dem Ersten Weltkrieg erbrachte die

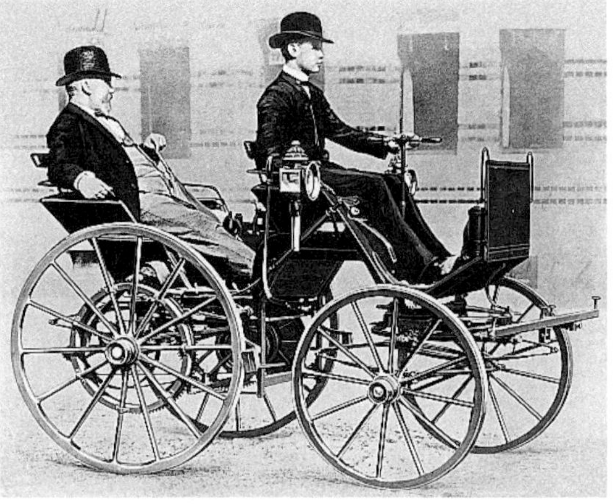

B 4 Daimlers erstes Automobil, Fotografie, 1886. – Im Fond Gottlieb Daimler, am Steuer sein Sohn Adolf.

– *Beschreiben Sie die Konstruktion des ersten Autos. Beachten Sie Bauprinzip, Antriebssystem, Lenkung, Baumaterial.*

– *Vergleichen Sie Daimlers Erstling mit heutigen Autos.*

deutsche **Chemieindustrie** 80 % der Weltproduktion. Nicht vergessen werden darf, dass die Entwicklung von Verbrennungsmotoren (Viertaktbenzin- und Dieselmotor) nicht allein das Zeitalter des Individualverkehrs (B 4) einleitete, sondern auch eine neue Ära der Schifffahrt und der Flugzeuge.

Deutschlands Position unter den Industriestaaten

Durch die Technisierung und Maschinisierung der Produktion stieg die gewerbliche Produktion auf 40 % des Sozialprodukts im Jahre 1900 (45% 1913) an. Noch 1870 hatte die Landwirtschaft diese Position inne; während der 1880er-Jahre aber überflügelte die Industrie- und Handwerksproduktion den Wert der landwirtschaftlichen. Die Ausweitung der gewerblichen Produktion auf Kosten der landwirtschaftlichen zeigte sich auch am Anteil der Erwerbstätigen am primären (Landwirtschaft) und sekundären (Industrie und Handwerk) Sektor. Waren um 1800 zwei Drittel der Erwerbstätigen im primären Sektor beschäftigt, sind es um 1900 nur noch 40 %. Das bedeutete, dass für den Hauptteil der Bevölkerung nicht mehr der Bauernhof, sondern die Fabrik der bestimmende Ort der Arbeit wurde, dass nicht mehr das Dorf, sondern die Stadt den Lebensraum der meisten Menschen bildete, und dass nicht mehr der Bauer, sondern der Arbeiter die Masse der Bevölkerung repräsentierte (M 9a, b).

Mit dem Aufstieg Deutschlands zur Industrienation bis zum Vorabend des Ersten Weltkrieges verbesserte das Deutsche Reich auch seine Stellung unter den Industriestaaten. Durch seine enormen industriellen Produktionssteigerungen holte es gegenüber England, das im Industrialisierungsprozess einen jahrzehntelangen Vorsprung hatte, auf. In diesem Wettlauf konnte Frankreich, dessen Industrieproduktion im Vergleich zu England und Deutschland stagnierte, nicht mithalten. Trotz hoher Wachstumsraten blieb auch Russland eine führende Position unter den Industrienationen versagt, weil andere Volkswirtschaften viel schneller wuchsen (s. S. 229). Bis zur Jahrhundertwende gelang es vor allem der deutschen Elektroindustrie, mit den USA den Spitzenplatz zu erringen; der Aufstieg der USA zur führenden Wirtschaftsmacht (s. S. 187 ff.) war jedoch nicht aufzuhalten. Der Siegeszug der Industrialisierung führte überdies dazu, dass Europa und die USA die Weltwirtschaft dominierten, während andere Kontinente ins Hintertreffen gerieten (M 11).

M8 Abkehr vom Wirtschaftsliberalismus 1878/79

a) Aus Bismarcks Schreiben an den Bundesrat vom 12. November 1878

Die finanzielle Lage des Reichs wie der einzelnen Bundesstaaten erheischt eine Vermehrung der Reichseinnahmen durch stärkere Heranziehung der vom Reiche zur Verfügung stehenden Einnahmequellen. [...] Außerdem erfordert die derzeitige Lage der deutschen Industrie sowie das mit Ablauf der Handelsverträge in den großen Nachbarstaaten und in Amerika zu Tage getretene Bestreben nach Erhöhung des Schutzes der einheimischen Produktion gegen die Mitbewerbung des Auslandes eine eingehende Untersuchung der Frage, ob nicht auch den vaterländischen Erzeugnissen in erhöhtem Maße die Versorgung des deutschen Marktes vorzubehalten [...] sei [...]. Die Ergebnisse der [...] Enqueten über die Lage der Eisenindustrie sowie der Baumwoll- und Leinenindustrie werden nützliche Grundlagen schaffen für die Beantwortung der Frage der Zweckmäßigkeit einer Erhöhung oder Wiedereinführung von Zöllen auf die Erzeugnisse der in Frage stehenden Industrien.

(J. Hohlfeld [Hg.], Dokumente der deutschen Politik und Geschichte von 1848 bis zur Gegenwart, Bd. 1, Wendler, Berlin 1951, S. 376)

b) Aus dem Kommentar zum Abschluss der Reichstagssession vom Sommer 1879

Selten ist eine Session des Reichstages ereignisreicher [...] gewesen [...]. Und zwar liegt ihre Bedeutung nach zwei Seiten hin: Einmal auf der gänzlichen Umwandlung der Wirtschafts- und Finanzpolitik des Reiches, dann in dem ebenso gänzlichen Umschwung der Parteien, indem auf einmal die Zentrumspartei im Bunde mit den Konservativen alle Vorschläge des Reichskanzlers unterstützt und der Finanzreform die Mehrheit sichert, während die national-liberale Partei, in die Opposition gedrängt, mit der Minorität stimmt und außerdem einem inneren Zersetzungs- und Ausscheidungsprozess preisgegeben wird.

(Unsere Zeit. Deutsche Revue der Gegenwart. Monatsschrift zum Conversations-Lexikon, Brockhaus, Leipzig 1879, II, S. 236)

1 *Untersuchen Sie Bismarcks Begründung der Notwendigkeit einer neuen Politik.*

2 *Erklären Sie, wie Bismarck die unpopulären Schutzzölle durchzusetzen beabsichtigt.*

M9 Übergang der Agrar- in die Industriegesellschaft

a) Wertschöpfung nach Wirtschaftssektoren in Deutschland 1870–1913 (absolut)[1]

Jahr	Primärer Sektor[2]	Sekundärer Sektor[3]	Tertiärer Sektor[4]	Insgesamt
1870	5738	3997	4434	14169
1880	6427	5649	5603	17679
1890	7732	8615	7242	23589
1900	9924	13269	9976	33169
1910	10625	18546	13730	42981
1913	11270	21805	15405	48480

(Gerd Hohorst u. a., Sozialgeschichtliches Arbeitsbuch, Bd. 2, C. H. Beck, München [3]1978, S. 88f.)

1 Nettoinlandsprodukt zu Faktorkosten in Mio. Mark
2 Landwirtschaft, Forstwirtschaft, Fischerei
3 Industrie, Handwerk, Bergbau
4 Verkehr, Handel, Banken, Versicherungen, Dienstleistungen

1 *Untersuchen Sie die Entwicklung der Wertschöpfung in den drei Wirtschaftssektoren (M 9a). Welche Tendenz sehen Sie?*

2 *Bestimmen Sie den Zeitpunkt, in dem der sekundäre Sektor den primären übertrifft.*

b) Entwicklung der Beschäftigtenzahlen in den einzelnen Wirtschaftssektoren

	Sektoren aller Beschäftigten (in Prozent) primärer	sekundärer	tertiärer	Beschäftigte insgesamt (in Mio.)
1780	65	19	16	10,0
1800	62	21	17	10,5
1825	59	22	19	12,6
1850	55	24	21	15,8
1875	49	30	21	18,6
1900	38	37	25	25,5
1914	34	38	28	31,3
1935	30	38	32	29,9
1970[1]	5	48	47	30,1

(Friedrich-Wilhelm Henning, Die Industrialisierung in Deutschland 1800 bis 1914, Schöningh, Paderborn [6]1984, S. 20)

1 Bundesrepublik Deutschland

1 *Bestimmen Sie, in welchen Jahrzehnten der Wandel in der Wirtschaftsstruktur am tiefgreifendsten war (M 9b).*

2 *Erklären Sie die Ausweitung der Beschäftigtenzahlen im sekundären Sektor 1850–1875.*

M10 Technische Erfindungen 1850–1910

1850–1860
Petroleumlampe, Drucktelegraf, Bessemerverfahren zur Stahlerzeugung, Stahlformguss, Ozeanschiff aus Stahl, Kathodenstrahlen, Akkumulator, Dampfpflug.

1860–1870
Gasmotor, Rotationsdruckmaschine, Telefon, Milchzentrifuge, Eisenbeton, Dynamo, Ammoniak-Soda-Verfahren, Siemens-Martin-Verfahren, Dynamit, Schreibmaschine, Zellulose, künstliches Indigo.

1870–1880
Otto-Motor, Phonograph, Pressglas, Edisons Glühbirne, Edison-Sprechmaschine, Luftdruckbremse, Kältemaschine, elektrische Eisenbahn.

1880–1890
Dampfturbine, elektrische Straßenbahn, Daimler-Verbrennungsmotor, Kunstseide, Gasglühlicht, nahtlose Röhren, elektrischer Schmelzofen, Motorrad, Benz-Automobil, Trockenbatterie.

1890–1900
Farbfotografie, Dieselmotor, Filmaufnahmegerät, drahtlose Telegrafie, erster Kunststoff, Radium, lenkbares Luftschiff, Stickstoff aus der Luft, Luftreifen.

1900–1910
Rasierklinge, Staubsauger, Ultramikroskop, erster Motorflug, autogenes Schweißen, Turbo-Transformation, Neonlicht, Farbfilm, Betonguss, synthetischer Kautschuk.

1 *Teilen Sie die Erfindungen ihren Anwendungsbereichen zu (z. B. Verkehrs-, Nachrichten-, Unterhaltungs-, Gesundheits-, Verhüttungswesen).*
2 *Welche Bereiche erfahren die größte Neuerung?*

M11 Deutschlands Position unter den Industriestaaten (Anteil der Länder an der Weltindustrieproduktion, ohne Bergbau)

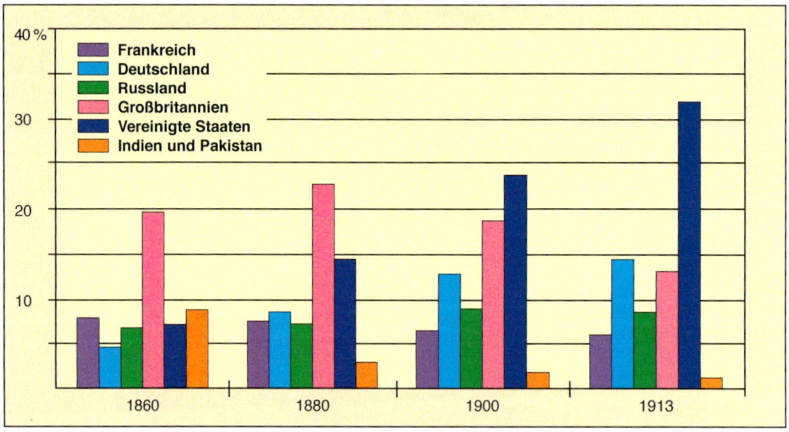

(Nach Gerhard A. Ritter/Klaus Tenfelde, Arbeiter im Deutschen Kaiserreich 1871 bis 1914, J. H. Dietz, Bonn, 1992, S. 13)

1 *Erläutern und interpretieren Sie die wirtschaftliche Entwicklung Deutschlands zwischen 1860 und 1913 im internationalen Vergleich.*

3 Die Gesellschaft verändert sich

3.1 Urbanisierung

Städtewachstum

Modernisierung und Industrialisierung bedeuteten außer der Umwälzung von Wirtschaft und Staat vor allem auch Urbanisierung, d. h. Verstädterung und die Ausbildung städtischer Lebensweisen (B 6a, b). Von dem Bevölkerungsanstieg profitierten in erster Linie die Städte. Nicht weil sie einen besonders hohen Geburtenüberschuss aufwiesen, sondern weil Millionen von Menschen vom Lande in die Stadt zogen. Die Landwirtschaft konnte der wachsenden Bevölkerung nicht genügend auskömmliche Arbeitsplätze bieten. Diese entstanden in den Städten mit ihren expandierenden wirtschaftlichen Aktivitäten in Industrie, Gewerbe, Handel und Verkehr. Um 1860 hatten die meisten Menschen in Westeuropa ihr Zuhause noch in Dörfern und auf Bauernhöfen; beim Ausbruch des Ersten Weltkrieges lebte die Mehrheit in Städten. Nirgendwo war bis zum Weltkrieg der Wandel so fortgeschritten wie in England, wo die ländliche Bevölkerung im Laufe des 19. Jahrhunderts auf 10 % gesunken war. Ähnlich dramatisch verlief später innerhalb einer Generation die Umwälzung in Deutschland. Vor der Reichsgründung im Jahre 1871 war die deutsche Landschaft noch von Dörfern und verträumten kleinen Städtchen geprägt, und es gab lediglich eine Hand voll von Großstädten mit mehr als 100 000 Einwohnern. Kurz vor dem Ersten Weltkrieg zählte man 48 Großstädte, davon sechs mit mehr als 500 000 Einwohnern, und eine Mehrmillionenstadt:

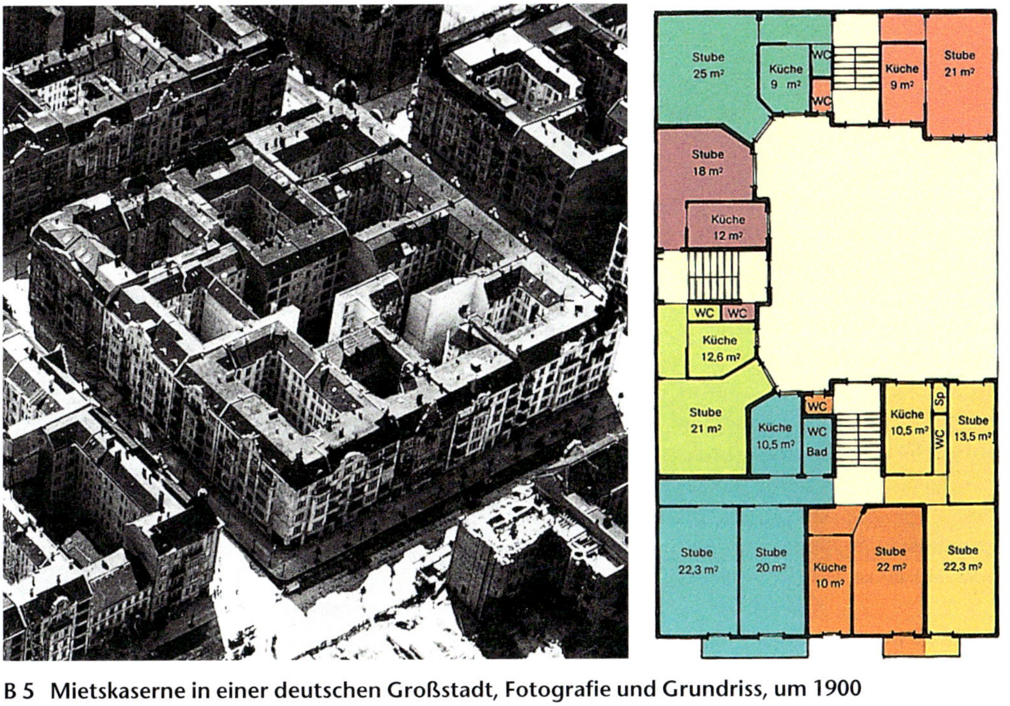

B 5 Mietskaserne in einer deutschen Großstadt, Fotografie und Grundriss, um 1900

- *Beschreiben Sie die Konstruktionsprinzipien dieser Wohnanlage. Erklären Sie den Begriff „Mietskaserne".*
- *Erschließen Sie die Motive für die Anlage solcher Gebäude.*

Berlin. Berlin allerdings reichte bei weitem nicht an die größte Stadt Europas, Groß-London, mit ihren mehr als 7 Mio. Einwohnern heran.
Der Wachstumsprozess berührte zwar viele kleine und mittlere Städte nur wenig, doch wuchsen in der Regel alle traditionellen regionalen Metropolen und „zentralen Orte“ schnell und unaufhaltsam. Nur wenige neue, gänzlich von der Industrie geschaffene Städte traten z. B. im Ruhrgebiet hinzu. Allerdings entstand hier die ganz neuartige Form einer weit ausgreifenden verdichteten Stadtregion, ein Konglomerat nebeneinander liegender, voneinander unabhängiger Städte, wie man es heute unter der Bezeichnung „Konurbation“ in vielen Teilen der Welt findet.

Wohnen in der Stadt

Innerhalb weniger Jahre war das jahrhundertelang ausreichende Gebiet der Städte hoffnungslos überfüllt. Ringsherum wuchsen unabhängige Städte und auf die Kernstadt ausgerichtete Vorortsiedlungen empor, die in mehreren Schüben eingemeindet wurden, sodass die Städte nicht nur nach der Einwohnerzahl, sondern auch nach der Fläche enorm anschwollen.
Die kinderreichen Familien der Arbeiter drängten sich in Kleinstwohnungen von ein bis zwei Räumen unter unwürdigen Bedingungen zusammen. Sowohl in den alten Stadtzentren als auch in den von privaten Unternehmern hastig emporgezogenen billigen Häusern oder Mietskasernenblöcken (B 5) der Neubauviertel entstanden regelrechte Elendsquartiere. Die wohlhabenden Bürger dagegen errichteten sich an neuen repräsentativen Straßen oder in durchgrünten Vorortvierteln großzügige Wohnhäuser und Villen. Nicht nur sozial, sondern auch räumlich verstärkte sich die traditionelle Trennung der sozialen Schichten. Es bildeten sich gänzlich verschiedene städtische Lebenswelten heraus. Die soziale Spaltung führte zur räumlichen **Trennung in „vornehme“ und stärker proletarisch geprägte, fabriknahe Stadtviertel.**

Städtische Infrastruktur

Bis in die zweite Hälfte des 19. Jahrhunderts hinein wuchsen die Städte regellos. Die Behörden bemühten sich nur darum, die schlimmsten Auswüchse im Nachhinein zu ordnen. Dies änderte sich in den letzten Jahrzehnten des Jahrhunderts. Eine neue Leistungselite städtischer Beamter, die Gruppe der Oberbürgermeister und führender städtischer Verwaltungsfachleute, erkannte den Urbanisierungsprozess als Herausforderung. Sie versuchte den Wandel durch gezielte Eingriffe und Lenkung durch die Verwaltung schöpferisch zu beeinflussen. Ihr Ziel war vor allem, die Lebensqualität in den Städten zu verbessern und den Menschenmassen die notwendigen Leistungen und Güter zur Verfügung zu stellen, die diese selbst nicht mehr erbringen konnten.
Die „Stadttechnik“ stellte das Instrumentarium bereit, mit dem die Städte von Grund auf modernisiert und für die Bewältigung der ungeheuren physischen und sozialen Probleme gewappnet wurden, die mit der Zusammenballung so großer Menschenmassen verbunden sind. Es entstanden die Systeme der Gas- und später Elektrizitätsversorgung, der Abwässerkanäle und Wasserleitungen, der Straßenbahnen. Man schuf öffentliche Parks, Schlachthöfe und Markthallen, Krankenhäuser und Sanatorien, Hallen- und Freibäder, Schulen und Waisenhäuser, Gefängnisse, Büchereien, Theater und Museen. Choleraepidemien und die Erkenntnisse der Mediziner, dass diese auf den Dreck, auf die durch Fäkalien verseuchten Straßen und Brunnen zurückzuführen seien, gaben den Anstoß zur Städtesanierung und für eine geregelte Kanalisation und Reinigung der Abwässer, zuerst in England. Stadthygienische Überlegungen standen auch am Beginn der Einrichtung zentraler Schlachthöfe und Markthallen sowie der Wasserversorgung über geschlossene Wasserleitungssysteme, die Brunnen und Pumpen in Straßen und Höfen ersetzten. Wassertürme sind noch heute sichtbare, architektonische Zeugnisse jener Frühphase der hygienischen Modernisierung der Städte.

B 6 Städtewachstum

a) Der Plärrer in Nürnberg, Fotografie, 1865

b) Der Plärrer in Nürnberg, Fotografie, 1905

– *Untersuchen Sie die Fotografien (B 5a, b) von 1865 und 1905.*
– *Verfertigen Sie eine Gegenüberstellung, in der Sie festhalten, was 1865 die Begriffe Straße, Platz und Haus prägte und was man 1905 mit diesen Begriffen verband.*
– *Untersuchen Sie den Horizont 1865 und 1905. Wodurch wurde das jeweilige Weichbild der Stadt charakterisiert? Erklären Sie die Unterschiede.*
– *Stellen Sie die neuen Elemente der Bebauung bis 1905 zusammen.*
– *Erläutern Sie anhand der Fotografien (B 5a, b) den Begriff der Urbanisierung. Charakterisieren Sie dabei sowohl den Begriff der Verstädterung als auch den des städtischen Lebensstils.*

Städtische Verkehrssysteme

Mit dem Wachstum der Städte bildeten sich allmählich **abgegrenzte Funktionsbereiche** heraus: Industriestandorte, Wohn-, Einkaufs-, Verwaltungsviertel. Diese entfernten sich räumlich immer weiter voneinander. Zwischen Arbeiten, Einkaufen, Wohnen mussten immer größere Entfernungen überwunden werden. Deswegen wurden **Massenverkehrssysteme** notwendig.

Um die Mitte des 19. Jahrhunderts verkehrten als Erstes Pferdebahnen; 1879 stellte Werner von Siemens auf einer Berliner Industrieausstellung die erste elektrische Straßenbahn vor. Sie wurde *das* städtische Nahverkehrsmittel. Die Pferdebahnen waren von privaten Gesellschaften unterhalten worden. Die Notwendigkeit, ein verzahntes, preisgünstiges Verkehrsnetz zu errichten, überzeugte die städtischen Verwaltungen davon, öffentliche Verkehrsbetriebe einzurichten. Über die Streckenführung und Fahrpreisgestaltung versuchte man die Fahrgastströme zu lenken und damit die Innenstadt- und Vorortentwicklung zu beeinflussen. In den großen Metropolen entstanden um die Jahrhundertwende nach dem Londoner Vorbild elektrisch betriebene Untergrundbahnen und Hochbahnen, mit denen jeden Tag gewaltige Pendlermassen in der Stadt befördert werden konnten.

Waren- und Konsumwelt der Stadt

Unter den Bedingungen der städtischen Lebens-, Arbeits- und Wohnverhältnisse war es nur noch sehr eingeschränkt möglich, Verbrauchsgüter, Kleidung und Einrichtungsgegenstände im Haushalt herzustellen oder für Nahrungsmittel durch Konservierung und Lagerung von Gartenfrüchten zu sorgen. Industriell hergestellte Produkte traten an ihre Stelle. Darüber hinaus sahen die in den Städten lebenden Menschen einfach viel mehr Dinge, die zum Kauf reizten, weil sie allerorten durch **Werbung** angeboten wurden. Industrie und Geschäftswelt erkannten die entscheidende Bedeutung des Kundenpotenzials und richteten einen großen Teil der Produktionserweiterung auf Verbrauchsgüter. Hatte sich der Massengütermarkt bis zur zweiten Industriellen Revolution mehr oder weniger auf Nahrungsmittel und Kleidung und damit auf Güter zur Befriedigung des Grundbedarfs beschränkt, begannen seitdem die Zuwächse beim Verbrauch alle Industrien zu beherrschen. Das allmähliche Ansteigen der Massenkaufkraft, die revolutionäre Technik mit ihren Möglichkeiten der Massenproduktion und die weltweite Vernetzung der Wirtschaft trugen dazu bei, bisherige Luxusgüter zu Massenwaren zu verbilligen bzw. eine Palette neuartiger Güter auf den Markt und an den Mann oder die Frau zu bringen: vom Gasherd über das Bügeleisen, den Staubsauger, das Fahrrad bis zur unscheinbaren Banane, deren Verzehr bis zur Jahrhundertwende in den Industrieländern so gut wie unbekannt war.

Die Verkaufstechniken änderten sich. Zum Symbol der schönen neuen Waren- und Konsumwelt stiegen neuartige Betriebe, die Warenhäuser, auf. **Warenhäuser** – in Frankreich die *Grands Magasins* – entstanden in den Sechzigerjahren des vorigen Jahrhunderts in Paris. Sie wandten sich unter der Devise „großer Umsatz, kleine Gewinnspannen“ mit völlig neuen Verkaufsstrategien an das großstädtische Publikum. Bis dahin waren die Läden auf einzelne Artikel spezialisiert gewesen. Die Warenhäuser hingegen vereinigten als riesige Gemischtwarenläden verschiedene Warengruppen – Hemden, Hosen, Jacken, Hüte usw. – unter einem Dach. Artikel wurden mit Festpreisen ausgezeichnet und mussten bar bezahlt werden. Die Warenhäuser veränderten das Verbraucherverhalten, förderten den Massenabsatz von Industrieprodukten und trugen so zur Verbreitung des Lebensstils der modernen Konsumgesellschaft bei. Die Widerstände der Tradition und des tief verwurzelten Sparverhaltens wurden mit Hilfe einer raffinierten Verkaufspsychologie durchbrochen: mit aufwändigen Reklamemaßnahmen, mit Prospekten, mit der Umwandlung der Häuserwände in Werbeflächen, mit Katalogen, Zeitungsinseraten und mit der Verwandlung großer Lieferwagen in Werbeträger.

„Tempo“ als Merkmal der Großstadt

Der neuartige überwältigende Lebensraum, das „Dickicht der Städte“ (Bertolt Brecht), bescherte elementar widersprüchliche Erfahrungen. Die Stadt war äußerlich von einer hektischen, undurchschaubaren, chaotisch erscheinenden Vielfalt, andererseits aber über komplizierte Regelungen ganz und gar durchorganisiert. Mentalitäten, Denkmuster und Verhaltensweisen mussten sich der beschleunigten, verwirrenden, nervenbelastenden Umwelt anpassen. Die Überflutung mit Reizen und ständig wechselnden Informationen und Anforderungen erzogen den Großstädter zu ständiger Wachheit und Reaktionsbereitschaft. Einen weiten, aufmerksamen Blick benötigte man, um gleichzeitig volle Schaufenster, die Menschen auf den Bürgersteigen und die Gefahr des heransausenden Autos zu erfassen. Ein neuer Zeitrhythmus, eine Ökonomie der Zeit entstand. Das sprichwörtliche Berliner „Tempo“ etwa war das Mittel, Zeit zu gewinnen, nicht zuletzt für die Befriedigung neuer Bedürfnisse. Das schnelle Lebenstempo wiederum bedingte die „Schlagfertigkeit, die Fähigkeit, schnell und auf bloße Andeutungen, Fragmente einer Erscheinung hin, sich vorteilhaft zu verhalten“.

Die Großstadt mit ihrem massiven Einbruch der Moderne in die traditionellen Lebenswelten wurde für die Kulturkritik der Hauptschauplatz, auf dem die Auseinandersetzung zwischen begeisterter Bejahung der neuen Welt und apokalyptischen Ängsten vor dem Untergang aller Religiosität, Sittlichkeit und Kultur ausgetragen wurde. Sosehr sich bei den Stadtkritikern in ihrer Sehnsucht nach der angeblich gesunden, ländlichen Welt im Gegensatz zu der verderbten Stadt Abwehrängste gegen die Moderne niederschlugen, so ist nicht zu übersehen, dass sie auch hellsichtig auf Gefahren und Probleme hinwiesen und die Verantwortlichen anstachelten, Rechenschaft abzulegen und Missstände zu beseitigen.

Das „Bundeslied" von Georg Herwegh, 1863

„Bet und arbeit!", ruft die Welt,
Bete kurz, denn Zeit ist Geld!
An die Türe pocht die Not,
bete kurz, denn Zeit ist Brot!

Und du ackerst, und du säst,
und du nietest, und du nähst.
Und du hämmerst, und du spinnst,
sag, o Volk, was du gewinnst?

Wirkst am Webstuhl Tag und Nacht,
schürfst im Erz- und Kohlenschacht,
füllst des Überflusses Horn,
füllst es hoch mit Wein und Korn.

Doch wo ist dein Mahl bereit?
Doch wo ist dein Feierkleid?
Doch wo ist dein warmer Herd?
Doch wo ist dein scharfes Schwert?

Alles ist dein Werk, o sprich,
alles, aber nichts für dich!
Und von allem nur allein,
die du schmiedst, die Kette, dein!

Mann der Arbeit, aufgewacht,
und erkenne deine Macht!
Alle Räder stehen still,
wenn dein starker Arm es will!

Brecht das Doppeljoch entzwei!
Brecht die Not der Sklaverei!
Brecht die Sklaverei der Not!
Brot ist Freiheit, Freiheit Brot!

(Zit. nach: Inge Lammel, Das Arbeiterlied, Frankfurt/Main 1973, S. 98 f.)

Hinweise zur Interpretation

1 *Benennen Sie die Kernaussagen des Gedichtes. Welche Verhältnisse werden beschrieben, welche Forderungen für eine bessere Welt erhoben?*

2 *Charakterisieren Sie die Zeit, in der das Gedicht entstanden ist.*

3 *Informieren Sie sich über den Autor, besonders über seinen politischen Werdegang und seine politisch-moralischen Überzeugungen.*

4 *Welche Absicht verfolgt der Dichter? Für wen ergreift er Partei?*

5 *Ordnen Sie das Gedicht einer bestimmten politischen Partei bzw. Bewegung zu.*

6 *Erstellen Sie einen Katalog mit systematischen Fragen, die Ihrer Meinung nach bei der Interpretation einer literarischen Quelle zu beachten sind. Gliedern Sie in Fragen zum Inhalt des Textes, Fragen zur Erzählperspektive und Fragen zum Autor/zur Autorin.*

Üblicherweise verwendet die Geschichtswissenschaft schriftliche Quellen, die den direkten Niederschlag historischen Handelns darstellen (Urkunden, Akten) oder doch wenigstens den Anspruch erheben, das vergangene Geschehen objektiv darzustellen (Presseberichte, Memoiren). Allerdings enthalten auch alle Werke der fiktionalen, d. h. der so genannten schönen Literatur (Theaterstücke, Gedichte, Romane, Lieder) stets Hinweise auf ihre Entstehungszeit. Insofern geben auch sie Aufschluss über die Vergangenheit.

Dabei lassen sich drei Typen unterscheiden. Alle drei verbinden sich mit Problemen, die aus ihrem jeweils besonderen Verhältnis zur Geschichte resultieren.

1. Dokumentarische Literatur: Darunter versteht man Texte, die Autoren und Autorinnen bereits vorgefunden und mit einer bestimmten Absicht ausgewählt und montiert haben. Dabei kann es sich z. B. wie in dem Theaterstück von Peter Weiss „Die Ermittlung“ (1965) um die Protokolle des Frankfurter Auschwitz-Prozesses handeln. Zu neueren Beispielen dieser Literatur gehört das Buch „Echolot“ (1993) von Walter Kempowski, dessen vier Bände auf über 3000 Seiten ein vielstimmiges Bild der Monate Januar und Februar 1943 zeichnen: Private Briefe, Rundfunkansprachen, Tagebucheintragungen, Befehle, Gerichtsurteile usw., die in diesem Zeitraum entstanden sind, werden in dem Werk unkommentiert aneinander gereiht. Entscheidend bei diesem Verfahren sind Auswahl und Arrangement des Materials, wobei sich der Schriftsteller von seiner Wirkungs- und literarischen Absicht leiten lässt. Zwar schöpft solche Literatur aus historischen Quellen, der Historiker muss sie aber mit kritischem Abstand benutzen und bewerten.

2. Historische Dichtung: Sie behandelt einen Stoff, der geschichtlich vorgegeben ist, sich also tatsächlich ereignet hat. Historische Dichtung kann z. B. die Form einer Ballade oder eines Dramas annehmen. Besonders wichtig ist seit dem 19. Jahrhundert der historische Roman geworden. So behandelt etwa Lion Feuchtwanger in seinem Roman „Jud Süß“ (1925) den Aufstieg und Fall eines württembergischen „Hofjuden“ und Finanziers im 18. Jahrhundert. Bei der Lektüre solcher Werke muss man berücksichtigen, dass sie nicht geschichtswissenschaftlichen, sondern literarischen Kriterien unterliegen.

3. Sonstige Literatur: Werke der Dichtkunst, bei denen Entstehungszeit und erzählte Zeit identisch sind, scheinen den geringsten Bezug zur Geschichtswissenschaft zu besitzen, weil sie erfundene Geschichten von erfundenen Menschen wiedergeben. Allerdings liegt genau hierin ein Vorteil, gibt doch solche Literatur späteren Lesern Aufschluss über die Lebenswelt jener Vergangenheit, in welcher sie geschrieben wurde oder von der sie handelt. Die Minnelyrik des 12. Jahrhunderts beispielsweise eröffnet den Zugang zu den damaligen Vorstellungen von ritterlicher Ehre und den Geschlechterbeziehungen.

Auch das „Bundeslied“ von Georg Herwegh bietet die Möglichkeit, manches über die politisch-sozialen Verhältnisse in Deutschland während der Industriellen Revolution zu erfahren. Es ist zwar keine direkte Quelle zur Erforschung der „sozialen Frage“, aber es gibt Aufschluss über die gesellschaftspolitische Position des Autors; und diese wiederum lässt sich interpretieren als ein Beitrag zu den zeitgenössischen politisch-ideologischen Auseinandersetzungen.

3.2 Die „soziale Frage“

„Soziale Frage“

Mit dem Übergang von der Agrar- zur Industriegesellschaft wuchs nicht nur die Bevölkerung insgesamt, sondern stieg auch der Anteil der Lohnarbeiter an der Erwerbsbevölkerung von einem Viertel 1849 auf über zwei Drittel 1885 und drei Viertel 1907. Das Wirtschaftswachstum der Industrialisierung reichte nicht aus, um die Arbeiter von materieller Not zu befreien. Elend und Rechtlosigkeit der Arbeiter wurden als „soziale Frage“ zum brennenden Problem der Gesellschaft.
Wegen ihrer **Eigentumslosigkeit**, d. h. wegen des Mangels eines existenzsichernden Vermögens, wurden die Industriearbeiter (wie die landwirtschaftlichen Lohnarbeiter) **Proletariat** genannt. (Proletarier waren in der Antike diejenigen römischen Bürger, deren einziger Besitz ihre Nachkommenschaft, lat. proles, war.) Das Industrieproletariat war darauf angewiesen, seine **Arbeitskraft** zu einem frei zu vereinbarenden Preis zu verkaufen.
Das Überangebot an Arbeitskräften seit 1830 erlaubte es den Unternehmern, die Masse der Arbeiter **elenden Arbeitsbedingungen** auszusetzen. Die Hungerlöhne erzwangen die Arbeit von Frauen und Kindern auch bei schlechtesten Bedingungen und bei Arbeitszeiten von 16–18 Stunden. Gesundheitsgefährdung am Arbeitsplatz, Unfallgefahren und **menschenunwürdige Wohnverhältnisse** erhöhten das Lebensrisiko und hielten die Lebenserwartung der Arbeiter bei 40 Jahren. Sie verbesserte sich zwar mit der Industrialisierung, aber im Vergleich zu anderen Bevölkerungsgruppen blieb sie erschreckend zurück. Massenstreiks, z. B. der Bergarbeiter 1889, führten vor Augen, dass die soziale Frage gelöst werden musste, und sei es nur, um Hungeraufstände und Revolutionen zu vermeiden.

Unternehmerische Fürsorge

Mit der Industrialisierung ergriffen einige Unternehmer Initiativen zur Beseitigung der Not ihrer Arbeiter. Die Fürsorge erstreckte sich zunächst auf betriebliche **Unterstützungskassen** für den Krankheitsfall, die Altersversorgung und die Vorsorge bei Unfällen und Invalidität. Daneben sorgten betriebliche **Konsumvereine** und Betriebswohnungen für die Verringerung von Lebenshaltungskosten; Kindergärten linderten das Problem der Betreuung der Arbeiterkinder. Allerdings trug diese unternehmerische Fürsorglichkeit Züge des patriarchalischen Hausvaters, der für seine Hilfe von seinen Kindern absoluten Gehorsam verlangte. Die Arbeiterbewegung kritisierte deshalb diese Aktivitäten. Insgesamt bereitete aber das soziale Verhalten einzelner Unternehmer die staatlichen Sozialgesetze der 1880er-Jahre vor, die eine materielle Sicherung für alle Arbeiter zum Ziel hatten.

Christliche Bemühungen

Während sich die Amtskirchen als Vertreter des Bürgertums lange nicht um die Arbeiterfrage kümmerten, ergriffen einzelne Geistliche die Initiative zur Rückgewinnung des sozialen Engagements der Kirchen. In der evangelischen Kirche regte **Johann Heinrich Wichern** die Gründung des „Central-Ausschusses für die Innere Mission“ an, die überall in Deutschland Einrichtungen für eine evangelische Sozialarbeit schuf. In der katholischen Kirche gründete **Adolph Kolping** 1849 den ersten „katholischen Gesellenverein“. Dieses Kolpingwerk umfasste 1864 als Heimstätte familienloser Männer bereits 420 Vereine und 60 000 Mitglieder. Der Mainzer Erzbischof **Freiherr von Ketteler** trat öffentlich für Sozialreform, Koalitions- und Streikrecht ein und prägte das Sozialprogramm des Zentrums von 1870 genauso wie die Sozialenzyklika „Rerum Novarum“ von Papst Leo XIII. (1891), in der eine gerechte Eigentumsordnung im Rahmen christlicher Prinzipien gefordert, der Staat zum Arbeitsschutz aufgefordert und den Arbeitern Streik- und Koalitionsrecht zugesprochen wurde. Freilich blieb die Masse der Arbeiterschaft von den kirchlichen Beiträgen zur Lösung der sozialen Frage unbeeindruckt. Eine breite Aussöhnung zwischen Arbeiterbewegung und Kirche fand nicht statt, weil die Kirche die Gleichheitsforderungen der Arbeiterbewegung nicht übernahm.

Liberale Sozialreform

Für den politischen Liberalismus hieß die Antwort auf die „soziale Frage" Sozialreform. Darunter verstanden Politiker wie **Friedrich Harkort** und **Hermann Schulze-Delitzsch** vor allem bessere Bildungschancen für die Unterschichten und wirtschaftliche Selbsthilfevereine wie Versicherungs- oder Konsumvereine. Solche Vorschläge fanden im liberalen Bürgertum großen Anklang und wurden von vielen ihrer Organisationen verbreitet. Einer der bedeutendsten war der 1844 von Staatsbeamten in Preußen gegründete „Verein für das Wohl der arbeitenden Klassen".

Führende Wirtschaftswissenschaftler wie Gustav Schmoller gründeten 1872/73 zusammen mit hohen Beamten und einzelnen Unternehmern den „Verein für Sozialpolitik". Nach ihren Vorstellungen sollte der Staat als Schiedsrichter im Konflikt zwischen den Klassen auftreten. Allerdings traten nur einzelne dieser „Kathedersozialisten" (lat. = Pult, Kanzel) auch für erweiterte politische Rechte der Arbeiter ein.

Marxismus/Kommunismus

Karl Marx hat mit dem **„Kommunistischen Manifest"** (1848) und seinem Buch **„Das Kapital"** (1867) den Sozialismus als umfassende Alternative zur bürgerlichen Gesellschaft und ihren kapitalistischen Produktionsbedingungen entworfen und damit den modernen Kommunismus propagiert.

Für Marx produziert der Kapitalismus mit Notwendigkeit das soziale Elend der Arbeiterschaft. Die Lösung der sozialen Frage erblickt Marx in der Abschaffung des Kapitalismus, der auf dem Privateigentum an den Produktionsmitteln beruht. Sein Ziel ist die **Abschaffung des Privateigentums an den Produktionsmitteln** und deren Vergesellschaftung, also die sozialistische Revolution. Nach der Enteignung von Fabriken, Bergwerken und Banken soll im Sozialismus durch die Diktatur des Proletariats die Arbeit ihrer unmenschlichen Qualitäten entkleidet und eine wahrhaft menschliche Produktionsweise geschaffen werden. Der Sozialismus soll nicht nur die Klassenunterschiede beseitigen und gleiche Eigentumsverhältnisse für alle bieten, sondern er soll auch den **neuen Menschen** schaffen, der als kulturelles Leitbild die klassenlose Gesellschaft des Kommunismus bestimmt.

Sozialdemokratie

Die Sozialdemokratische Arbeiterpartei (SdAP) von Bebel und Liebknecht (die so genannten Eisenacher) war 1874 der ersten Internationalen Arbeiterassoziation (IAA) von Marx und Engels beigetreten. Als sie sich 1875 mit dem Allgemeinen Deutschen Arbeiterverein (ADAV) Lassalles zur „Sozialistischen Arbeiterpartei" (SAP) zusammenschloss, verzichtete sie im „Gothaer Programm" auf einen revolutionären marxistischen Weg. Unter Bismarcks Verbot der Sozialdemokratie 1878–1890 radikalisierten sich aber die deutschen Sozialisten: In ihrem **„Erfurter Programm"** (1891) forderte die neue **„Sozialdemokratische Partei Deutschlands"** (SPD) die Vergesellschaftung der Produktionsmittel nach Marx. Bald allerdings stellte der Revisionismus innerhalb der Partei die revolutionäre Tendenz der SPD in Frage. Eduard Bernstein bezweifelte Marx' Geschichtsprognosen und forderte ein revidiertes Parteiprogramm. Dagegen verfolgte die Richtung des **Aktionismus** innerhalb der SPD weiter Marx' Revolutionsweg: Rosa Luxemburg wollte durch Generalstreiks die sofortige Revolution fördern. Der SPD-Theoretiker Karl Kautsky schlichtete den Konflikt durch die Kompromissformel, die SPD sei eine revolutionäre, aber keine Revolutionen machende Partei. Der **Reformismus** war fortan das Kennzeichen der deutschen Sozialdemokratie. In den Gewerkschaften fand er seine kräftigste Unterstützung.

Sozialgesetzgebung (1883–1889)

Der Staat verhielt sich der sozialen Frage gegenüber zunächst weitgehend gleichgültig. Gemäß liberaler Theorie galt das Ideal des **„Nachtwächterstaates“**, d. h., der Staat greift nicht in Wirtschaftsprozesse ein, sondern stellt nur den erforderlichen Ordnungsrahmen bereit. So gab es im Kaiserreich weder gesetzliche Mindestlöhne noch Höchstarbeitszeiten. Bei der Frauen- und Kinderarbeit, die wegen der niedrigen Löhne eine Lebensnotwendigkeit darstellten, drängte der Staat immerhin Auswüchse zurück. Er schränkte die Kinderarbeit ein, ließ seit 1878 staatliche Fabrikinspektoren das Verbot der Nacht- und Sonntagsarbeit für Jugendliche unter 16 Jahren ebenso kontrollieren wie das Verbot der Kinderarbeit bis zum zwölften Lebensjahr. Die Arbeitsschutzgesetzgebung wurde ausgebaut.
Im Gegensatz zum Sozialistengesetz (s. S. 331 f.) geriet Bismarcks Sozialgesetzgebung zum Vorbild für die Entwicklung eines modernen **Sozialstaats**. Ursprünglich zielte Bismarck darauf ab, auf Kosten von Unternehmern und Staat für die Arbeiter eine kostenlose Absicherung gegen Risiken des Arbeiterlebens zu schaffen. Mit diesem Konzept eines Staatssozialismus konnte er sich aber nicht durchsetzen. Daher stellte die von Wilhelm I. 1881 angekündigte **Sozialversicherung** als Pflichtversicherung für Arbeitnehmer unter einer bestimmten Einkommensgrenze einen Kompromiss dar. Die Kosten der **Krankenversicherung** (1883) übernahmen Arbeitnehmer und Arbeitgeber im Verhältnis zwei Drittel zu einem Drittel, die **Unfallversicherung** (1884) trug der Arbeitgeber allein, wogegen die Kosten der **Alters- und Invalidenversicherung** (1889) zwischen Arbeitgeber, Arbeitnehmer und Staat aufgeteilt wurden (M 12).

M12 Die Sozialversicherungsgesetze 1883/84/89

	Krankenversicherung (1883)	Unfallversicherung (1884)	Invaliditäts- und Altersversicherung (1889)
Betroffene	Arbeiter (ohne Familienangehörige; seit 1900 einbezogen), ausgenommen Land- und Forstarbeiter	Arbeiter	Arbeiter Angestellte bis 2 000 Mark Verdienst jährlich, Familienangehörige nicht mit einbezogen
Leistungen	freie ärztliche Behandlung: Krankengeld in Höhe der Hälfte des ortsüblichen Tageslohnes bei Erwerbsunfähigkeit	Kosten für ein Heilverfahren Rente für Dauer einer Erwerbsunfähigkeit Rente in Höhe von 2/3 des Verdienstes bei völliger Erwerbsunfähigkeit	Invalidenrente bei dauernder oder länger als 1 Jahr währender Erwerbsunfähigkeit Altersrente ab 70. Lebensjahr Lohnklasse 1: 106 Mark jährl. Lohnklasse 4: 191 Mark jährl.
Dauer	Krankengeld für 13 Wochen	Heilverfahren und Rente ab 14. Woche	Wartezeit: Invalidenrente: 5 Beitragsjahre Altersrente: 30 Beitragsjahre
Beitragszahler	2/3 Versicherter 1/3 Arbeitgeber	Arbeitgeber	1/2 Arbeitnehmer 1/2 Arbeitgeber staatlicher Zuschuss von 50 Mark jährlich pro Rente
Träger	Ortskrankenkassen	Berufsgenossenschaften, gegliedert nach Gewerbegruppen	Landesversicherungsanstalten

(Jost Cramer/G. Zollmann, Der Staat und die soziale Frage, in: Wirtschaft und Gesellschaft, Bd. 2, Klett, Stuttgart o. J., M 102)

1 *Untersuchen Sie die Lösung der Finanzierungsfrage in Bismarcks Sozialgesetzgebung (M 12).*

2 *Informieren Sie sich darüber, welche Veränderungen Bismarcks Sozialgesetzgebung bis heute erfahren hat.*

3.3 Frauenrollen – Männerrollen

Zerfall der Familie?

Vielen Zeitgenossen des 19. Jahrhunderts stand es klar vor Augen: Der Kapitalismus, das Industriesystem hatten nicht nur überkommene soziale Ordnungen zertrümmert, sondern sich darüber hinaus an einem lebenswichtigen Unterpfand sozialer und politischer Stabilität vergangen: an der Familie. Die „große Industrie", hieß es im „Kommunistischen Manifest", habe „alle Familienbande für den Proletarier zerrissen". Auch auf konservativer Seite übte man scharfe Kritik an den Familien zerstörenden Wirkungen des Industriekapitalismus. Er habe, schrieb der Volkskundler Wilhelm Heinrich Riehl 1852, dem „vierten Stand" entweder die „Familienlosigkeit" oder die „social entfesselte Familie" – „freie Liebe, wilde Ehe" – aufgezwungen.

Heute weiß man: Die Entfaltung des Industriekapitalismus als sozioökonomisches System ging keineswegs mit „Familienlosigkeit", mit der „Auflösung von Ehe und Familie" oder mit ihrer „sozialen Entfesselung" einher. Im Gegenteil: In dem Maße, wie sich das kapitalistische Lohnarbeiterverhältnis durchzusetzen begann, gewann auch die Familie an Bedeutung. Immer mehr Arbeiter und Arbeiterinnen gründeten eine Familie und der Anteil der Ledigen an der Gesamtbevölkerung sank. Solange dagegen handwerklich-kleingewerbliche Strukturen vorherrschten, waren die Chancen, als abhängig Beschäftigter zu heiraten und eine Familie zu versorgen, weitaus geringer. Für Gesellen des Bäcker-, Fleischer- oder Friseurgewerbes lag das Risiko, lebenslang ledig zu bleiben, bei eins zu drei. Die Arbeiterschaft der expandierenden Schwerindustrie und des Maschinenbaus dagegen war 1882 bereits zu über 60 % verheiratet. Ehe- und Familienlosigkeit gehörten daher eher zu einer vorindustriellen, handwerklich-bäuerlich geprägten Gesellschaft.

Statistisch gesehen, hatten die familienbewussten Kritiker des Industriesystems also Unrecht. Waren große Gruppen der vorindustriellen Gesellschaft von der Familiengründung ausgeschlossen gewesen – man denke an Handwerksgesellen, Knechte und Mägde –, schuf die Industrialisierung Arbeitsplätze ohne strukturelle Heiratsbarrieren. Die Familie verschwand folglich nicht, sondern setzte sich als Lebensform auch in den Unterschichten jetzt erst durch.

Allerdings sagt die Häufigkeit von Eheschließungen noch nichts aus über den Charakter und die Qualität der geschlossenen Ehe. Dennoch gibt es keine verlässlichen Hinweise, dass sich diese im Verlauf des 19. Jahrhunderts zum Schlechteren verändert hätten. Unsicheres Einkommen, beengte Wohnverhältnisse und knappe Einkommen waren kein Merkmal des Industrieproletariats; die Unterschichten der vorindustriellen Gesellschaft hatten materiell kaum besser gelebt.

Diesen Vergleichsmaßstab legten Kritiker nicht an. Sie verglichen das Familienleben der Arbeiter stattdessen mit einem idyllisierten Bild bäuerlich-handwerklicher bzw. bürgerlicher Familien. Gekennzeichnet durch patriarchalische Strukturen, klare Arbeits- und Rollenzuweisungen und ein hohes Maß an Stabilität und Kontinuität über die Generationen hinweg, schienen solche Familientypen das genaue Gegenstück zu den instabilen, konfliktgeschüttelten und chronischen Mangel verwaltenden Fabrikarbeiterfamilien darzustellen.

Frauenerwerbsarbeit und hausväterliches Regiment

Das zeitgenössische, die politischen Lager übergreifende Unbehagen an den proletarischen Familienverhältnissen bündelte sich in der Figur der erwerbstätigen Ehefrau. Dass eine verheiratete Frau fern von Haus und Familie in der Fabrik Geld verdiente, galt vor allem in der bürgerlichen Öffentlichkeit als Wurzel allen Übels. Hier fand man den eigentlichen Grund für die vermeintliche Zerrüttung der Arbeiterfamilie. Wie konnte eine Familie funktionieren, deren Mittelpunkt, die Frau, nicht ständig anwesend war?

Dieser Frage gesellte sich eine andere hinzu: Was passiert mit dem Regiment des Hausvaters, wenn seine ökonomisch und sozial bedingte Macht durch die außerhäusliche Erwerbstätigkeit der Ehefrau untergraben wird? Ganz offensichtlich veränderte das Industriesystem nicht nur die Familienverhältnisse, sondern auch die Geschlechterverhältnisse, die Beziehungen zwischen Frauen und Männern. Frauen, so schien es, emanzipierten sich von Untergebenen zu Konkurrentinnen; sie machten Männern nicht nur Arbeitsplätze streitig, sondern auch, in logischer Konsequenz, die Macht im Haus. Das Fabriksystem, notierte Friedrich Engels 1845, stelle die Familie „auf den Kopf", rufe „die Herrschaft der Frau über den Mann" hervor, „entmanne" den Mann und raube „dem Weibe seine Weiblichkeit".

Wiederum zeigt ein Blick in die Statistik, dass sich eine solche Entwicklung allenfalls der Tendenz nach, keineswegs aber als allgemein gültige Regel abzeichnete. Zwar nahmen marktvermittelte Beschäftigungsverhältnisse von Frauen seit der zweiten Hälfte des 19. Jahrhunderts stark zu; verheiratete Frauen sind jedoch schwach vertreten. 1875 war nur ein Fünftel der Fabrikarbeiterinnen verheiratet, 1907 etwas mehr als ein Viertel. Die weitaus meisten Ehefrauen von Arbeitern gingen keiner regelmäßigen außerhäuslichen Erwerbsarbeit nach, sondern trugen mit Heimarbeit, Zugehdiensten oder Untervermietung zum Familieneinkommen bei. Vor allem in den Kreisen besser verdienender Facharbeiter behauptete der Mann seine Rolle als hauptsächlicher oder alleiniger Familienernährer. Hier waren Frauen vornehmlich für Haushalt, Kindererziehung, Nachbarschafts- und Verwandtenpflege zuständig (M 14a, b).

Lohnarbeit gegen Hausarbeit

Von dem befürchteten Rollenwechsel, der Umkehr männlich-weiblicher Machtverhältnisse, konnte in diesen Familien keine Rede sein. Vielmehr erhielten sich auch hier Autoritätsstrukturen, die Männer begünstigten und Frauen auf nach- und untergeordnete Plätze verwiesen. Je mehr sich zudem die Vorstellung vom Mann als Familienernährer verallgemeinerte und zur Leitlinie gewerkschaftlicher Tarif- und Arbeitsmarktpolitik entwickelte, desto geringer wurde der ökonomische „Wert" der Frau veranschlagt. War das Familieneinkommen in einer Zeit, die Lohnarbeit noch nicht oder kaum kannte, eine komplexe, schwer auseinander zu dividierende Größe gewesen, wurde es nun mit dem Verdienst des außerhäuslich erwerbstätigen Mannes gleichgesetzt. Die wirtschaftlichen Leistungen der Hausfrau – als Konsumentin, aber auch bei der Weiterverarbeitung von Nahrungsmitteln und Bekleidung – tauchten in der Rechnung nicht mehr auf. Indem der Industriekapitalismus die Lohnarbeit für Männer verallgemeinerte, bewirkte er folglich mittelbar, die Arbeit von Frauen ökonomisch unsichtbar zu machen. In einer Gesellschaft, die zunehmend dem Prinzip der Nützlichkeit, der maximalen und messbaren Ausnutzung aller Ressourcen huldigte, kam dies einer sozialen Entwertung der Frauen und einer Aufwertung der Männer gleich.

Geschlechterverhältnisse und Arbeitsmarkt

Aber auch auf direkte Weise trug das Industriesystem dazu bei, die soziale Ungleichheit der Geschlechter zu verschärfen und zu verfestigen. Selbst dann, wenn es Frauen als Lohnarbeiterinnen in seinen Dienst nahm, legte es dabei andere Maßstäbe an als bei Männern. Frauen bekamen in der Regel schlechter bezahlte und ausgestattete Arbeitsplätze als ihre männlichen Kollegen. Ihnen wurden minder bewertete Qualifikationen und Fertigkeiten abverlangt. Ihre Aufstiegsmöglichkeiten waren noch beschränkter als die von Männern. Die Fabrik reduzierte Männer und Frauen eben nicht auf geschlechtslose Arbeitsinstrumente, sondern verteilte die Arbeit durchaus unterschiedlich nach Maßgabe des Geschlechts. Das Schreckbild des 19. Jahrhunderts – die Industrie zerstört die Familie und emanzipiert die Frauen – erweist sich folglich als leerer Wahn. Zwar setzte die kapitalistische Industrialisierung in der Tat Veränderungen in Gang, die die Familien- und Geschlechterbeziehungen nicht

unangetastet ließen. Keineswegs aber wirkten jene Veränderungen auf den Abbau patriarchalischer Herrschaftsverhältnisse innerhalb und außerhalb der Familie hin. Vielmehr stellte sich auch in den neuen Familien der Lohnarbeiter die hierarchische Ordnung wieder her.
Manches spricht sogar dafür, dass die Geschlechterordnung eher ungleicher als gleicher wurde. Schließlich war die messerscharfe Trennung männlicher und weiblicher Funktionsbereiche im Wesentlichen ein Produkt des 19. Jahrhunderts. Auch vorher gab es soziale Unterschiede zwischen Frauen und Männern. Die bürgerlich-kapitalistische Gesellschaft hat diese in besonderer Weise zugespitzt, normiert und verallgemeinert.

M14 Männerarbeit – Frauenarbeit

a) Erwerbstätige in Deutschland in ausgewählten Gewerben nach Geschlecht und Stellung im Beruf 1895–1907 (in Prozent):

Branche	Stellung im Beruf in % der männl./weibl. Erwerbstätigen				Frauen in % aller Erwerbst. in der berufl. Stellung	
	Männer		Frauen			
	1895	1907	1895	1907	1895	1907
Maschinenbau / Elektrotechnik						
Selbstständige	21,4	8,8	12,3	3,3	1,7	1,8
Heimarbeiter	0,5	0,4	1,9	2,0	10,2	19,8
Aufsichtspersonal	2,2	3,5	0,1	0,3	0,1	0,4
Technische Angestellte	3,2	4,6	0,0	0,1	0,0	0,1
Gelernte Angestellte	3,2	5,5	3,4	16,7	3,0	13,1
Gelernte Arbeiter	46,8	49,6	12,6	11,7	0,8	1,1
Ungelernte Arbeiter	22,7	27,5	69,7	65,8	8,3	10,6
Lederindustrie						
Selbstständige	26,8	22,2	9,1	5,2	2,2	2,4
Heimarbeiter	1,2	1,2	1,8	2,7	8,9	18,9
Aufsichtspersonal	1,0	2,2	0,2	0,5	1,5	2,2
Technische Angestellte	0,1	0,2	0,0	0,0	0,0	1,8
Kaufm. Angestellte	1,7	3,4	1,3	6,0	4,7	15,5
Gelernte Arbeiter	50,5	45,5	20,3	11,7	2,5	2,6
Ungelernte Arbeiter	18,6	25,3	67,2	74,0	19,0	23,4
Textilindustrie						
Selbstständige	9,8	5,3	3,9	2,0	24,2	27,5
Heimarbeiter	14,9	7,2	13,3	8,4	14,9	53,4
Aufsichtspersonal	2,4	5,6	0,2	0,5	5,6	7,5
Technische Angestellte	0,2	0,4	0,0	0,0	2,0	5,3
Kaufm. Angestellte	4,2	7,8	0,2	1,0	3,4	11,6
Gelernte Arbeiter	40,0	37,2	41,5	36,6	45,7	49,2
Ungelernte Arbeiter	28,4	36,5	40,0	51,5	53,9	58,1

Lesebeispiel: Von 1000 männlichen Beschäftigten in Maschinenbau/Elektrotechnik (1895) sind 214 Selbstständige, 5 Heimarbeiter, 22 Aufsichtspersonal etc.; von 1000 Selbstständigen in dieser Branche (1895) sind 17 Frauen, von 1000 Heimarbeitern sind 102 Frauen etc.

(Gerhard A. Ritter/Klaus Tenfelde, Arbeiter im Deutschen Kaiserreich 1871 bis 1914, J. H. Dietz, Bonn 1992, S. 215)

1 *Wie lassen sich die Unterschiede erklären? Was zeichnete die Berufe aus, in denen vorwiegend Frauen bzw. Männer beschäftigt waren?*

b) Die Bedeutung von Frauenarbeit

In der 1877 veröffentlichten Enquete über Frauen- und Kinderarbeit in Fabriken wurde die Frage gestellt, ob eine Einschränkung der Frauenarbeit zu befürworten sei. Die Mehrzahl der Befragten (Unternehmer, Handelskammern usw.) sprach sich mit folgender Begründung dagegen aus:

[1.] Die den Frauen entzogenen Arbeiten würden für Männer in vielen Fällen nicht geeignet und ausführbar sein, bei gewissen Verrichtungen erlangten die Frauen eine größere Geschwindigkeit und Fertigkeit als die Männer; so namentlich in den Spinnereien (Anknüpfen der Fäden), Kunstwollfabriken (Garnieren der Hüte), Papierfabriken (Sortieren der Lumpen, Anfertigung von Kuverts, Eisenbahnbillets und ähnliche Manipulationen), in der Band- und Eisengarnindustrie.

[2.] Der Mehrbedarf an Arbeitern würde nur schwer sich decken lassen und auch nur mit Nachtheil für andere Erwerbszweige, insbesondere für die Landwirtschaft.

[3.] Schon eine Einschränkung in der täglichen Arbeitszeit der Frauen würde den Betrieb empfindlich stören [...]. Eine solche Maßregel würde für viele Zweige der Fabrikthätigkeit die weiblichen Arbeiter unverwendbar machen, da sie mit den Männern an einem Stücke, einer Maschine zusammen arbeiten und deshalb die Arbeit nicht früher als diese verlassen können.

(Ergebnisse der über die Frauen- und Kinderarbeit in den Fabriken auf Beschluss des Bundesraths angestellten Erhebungen, hg. vom Reichskanzler-Amt, Berlin 1877, S. 75)

1 *Untersuchen Sie anhand von M 14b die Gründe, die Unternehmer zur Einstellung bzw. Nichteinstellung von Frauen veranlassten.*

Die Industrielle Revolution: Europas Aufbruch in die moderne Gesellschaft

Zusammenhänge und Perspektiven

1 *Erläutern Sie die zentralen Merkmale der Industrialisierung und entwerfen Sie ein Phasenmodell für die Industrialisierung in Deutschland.*

2 *Erörtern Sie, inwiefern die Industrialisierung im besonderen Maß das Problem von „Gleichzeitigkeit" und „Ungleichzeitigkeit" in der historischen Entwicklung aufwirft. Untersuchen Sie dabei besonders die Position Deutschlands unter den Industriestaaten vom ausgehenden 18. bis zum beginnenden 20. Jahrhundert.*

3 *Bestimmen Sie am Beispiel Englands und Deutschlands die Rolle des Staates im Industrialisierungsprozess.*

4 *Analysieren Sie den Begriff der „sozialen Frage". Vergleichen Sie dabei die Situation der Arbeiter im 19. Jahrhundert mit den Lebensbedingungen heutiger Arbeiter. Gibt es heute noch eine „soziale Frage"?*

5 *Erarbeiten Sie die Entwicklung der Geschlechterbeziehungen im 19. Jahrhundert unter dem Aspekt von Gleichberechtigung und Gleichstellung. Welche Probleme von damals sind heute gelöst bzw. dauern noch an?*

Zeittafel

um 1700	Bei der Verarbeitung von Eisenerz geht man in England von Holzkohle zu Koks über.
um 1760	Die **Agrarrevolution in England** schafft wichtige Voraussetzungen für die Industrialisierung; sie ist gleichzeitig eine zentrale Begleiterscheinung der Industrialisierung.
1763–84	Die **Dampfmaschinentechnik wird** entscheidend **verbessert**.
1767	Die **erste industrielle Spinnmaschine** („Spinning Jenny") wird erfunden.
um 1770	In England beginnt die **Industrielle Revolution**.
1776	Das Buch von Adam Smith über „The Wealth of Nations" („Der Wohlstand der Nationen") erscheint.
1785	Der **mechanische Webstuhl** wird erfunden.
1789	Die Französische Revolution beschleunigt den Übergang von der adeligen Privilegien- zur bürgerlichen Klassengesellschaft, von einer agrarisch-frühkapitalistischen zur kapitalistisch-industriellen Wirtschaft.
Seit 1806	Die **preußisch-rheinbündischen Reformen** leiten in Deutschland einen tief greifenden Wandel ein, der zur Verbürgerlichung wie zur Entfesselung der modernen Wirtschaftsgesellschaft führt (Code Napoléon in den Rheinbundstaaten; Reformgesetze in Preußen, z. B. Rechtsgleichheit, Bauernbefreiung, Gewerbefreiheit).
1820	In Berlin wird das Gewerbeinstitut als technische Schule durch Peter Christian Wilhelm Beuth gegründet.
1834	Der **Deutsche Zollverein** schafft die Voraussetzungen für die Entstehung eines Binnenmarktes in Deutschland.
1837	In England konstituiert sich die Chartistenbewegung. Sie war die erste politische Arbeiterbewegung.
Um 1840	In Deutschland beginnt die Industrielle Revolution.
1847/48	Das „**Kommunistische Manifest**" von Karl Marx und Friedrich Engels erscheint.
1851	In London wird die erste Weltausstellung eröffnet.
1855/56	Der Engländer Henry Bessemer entwickelt ein Verfahren zur Massenerzeugung von Stahl („Bessemer-Verfahren").

1869	Die „Sozialdemokratische Arbeiterpartei" wird von August Bebel und Wilhelm Liebknecht in Deutschland gegründet.
1869/70	In Deutschland entsteht der erste gewerkschaftliche Zentralverband.
Um 1870	Die Nutzung des Erdöls als Energieträger beginnt.
1871	Das **Deutsche Reich wird** gegründet.
1873–95	Die **„Große Depression"** markiert die erste moderne weltwirtschaftliche Krise.
1875	Die deutschen Arbeiterparteien vereinigen sich zur „Sozialistischen Arbeiterpartei" (ab 1891: SPD).
1878–90	In Deutschland werden die Sozialdemokraten auf der Grundlage des **Sozialistengesetzes** unterdrückt und verfolgt.
Um 1890	Mit dem Durchbruch der industriellen Nutzung der Elektrizität als Energiequelle beginnt die „zweite" Industrielle Revolution.
1913	Henry Ford führt in den USA das Fließband zur Massenproduktion von Autos ein.
1917	Mit der Oktoberrevolution in Russland beginnt der Versuch einer planwirtschaftlichen Industrialisierung.

VI Die USA: Demokratie und Nation

Emanuel Gottlieb Leutze, Westwärts geht der Weg des Imperiums, 1862, Öl auf Leinwand (Ausschnitt)

Robert Lindneux, The Trail of Tears (Zug der Cherokees nach Westen 1838/39), 1942, Öl auf Leinwand

Die Geschichte der USA ist die Geschichte einer Pioniergesellschaft, die, nachdem sie ihre Unabhängigkeit von Großbritannien erkämpft hatte, im Laufe eines Jahrhunderts einen Kontinent erschloss und eine neue Gesellschaft aufbaute. Aus einem kolonialen Ableger der Alten Welt wurden die jungen USA zu einer Großmacht, die im 20. Jahrhundert die Weltpolitik bestimmte. Die Amerikanische Revolution setzte den Begriff der Volkssouveränität in die Praxis um und erklärte die Menschen- und Bürgerrechte zur Grundlage ihrer Politik. Die Trennung vom Mutterland und die Staatsbildung prägten das nationale Selbstverständnis. Von Anfang an glaubten die Amerikaner, dass es ihre Bestimmung sei, ein für die ganze zivilisierte Welt vorbildliches politisches und soziales System aufzubauen. Freiheit, gegründet auf persönlicher Initiative, Fleiß und Experimentierfreudigkeit, galt als Grundlage des „American way of life“ und zog Millionen Einwanderer an.

Aber die Geschichte der USA ist auch voller Widersprüche. Von den Bürgerrechten ausgeschlossen blieben die Indianer. Ähnlich bedrückend ist die Geschichte der Sklaverei und der Kampf um die Bürgerrechte der Schwarzen. Und die ungezügelte Marktwirtschaft förderte zwar Leistungswillen und Erfolgsstreben. Gegen die Schattenseiten von Industrie und „Bigbusiness“ organisierten sich jedoch die Arbeitnehmer, um jedem Freiheit und Chancengleichheit zu garantieren. Allerdings strebten die Gewerkschaften trotz schlechter Arbeitsbedingungen und der rücksichtslosen Ausbeutung derer, die erst vor kurzem eingewandert waren, keine radikalen gesellschaftlichen Veränderungen an.

Herausgefordert wurden die USA im 20. Jahrhundert durch die Weltwirtschaftskrise 1929/30. Mit seinem „New-Deal“-Programm leitete Präsident Franklin D. Roosevelt 1933 die Abkehr vom „Laisser-faire“-Kapitalismus und den Übergang zum Sozialstaat ein. Hinzu kamen außenpolitische Herausforderungen: Obwohl die USA aus dem Ersten Weltkrieg als Gewinner hervorgingen, wollte man zunächst keine internationale Verantwortung übernehmen. Erst die expansionistische Politik Deutschlands, Italiens und Japans bewegten die USA 1937 zur Abkehr vom Isolationismus und 1941 zum Eintritt in den Zweiten Weltkrieg. Nach dessen Ende waren die USA bereit, sich der politischen Verantwortung zu stellen und im schnell aufkommenden Systemkonflikt mit der UdSSR (Kalter Krieg) die Führung für den Westen zu übernehmen.

Seit den 1960er-Jahren erschütterten Wirtschaftskrisen und Vietnamkrieg, Rassenunruhen und Watergate-Skandal das Vertrauen der Amerikaner in ihr politisches System. Doch ungeachtet aller Krisen gibt es in den USA bis heute einen Grundkonsens darüber, dass die demokratischen Grundwerte der Verfassung unantastbar sind und dass der Pioniergeist der Gründerzeit die eigene Gesellschaft in besonderer Weise auszeichnet.

1 Revolution und Demokratie im 18./19. Jahrhundert

1.1 Die Amerikanische Revolution

Staat und Gesellschaft in den Kolonien – Die Frontier

An der Ostküste der USA entstanden bis zur Mitte des 18. Jahrhunderts 13 **englische Kolonien** (Karte 1). Wahlrecht und Repräsentativversammlungen bildeten die Grundlagen demokratischer Regierungsformen. Die Wirtschaft der von den Puritanern (M 1) geprägten nördlichen Kolonien beruhte auf Fischerei, Schiffbau und Überseehandel. In ihren Hafenstädten entwickelte sich ein kapitalkräftiges Bürgertum. Die mittleren Kolonien um Pennsylvania galten als Kornkammer Nordamerikas. Im Süden dominierte der Plantagenanbau von Tabak, Reis, Baumwolle und Indigo, für den seit dem 17. Jahrhundert Sklaven aus Westafrika importiert wurden. Politisch bestimmend waren hier meist anglikanische oder katholische Großgrundbesitzer. Zwischen den früh erschlossenen Küstenregionen und dem Indianerland im Westen entstand eine Grenzzone, die **Frontier**, die durch den Zuzug von Siedlern ständig nach Westen vorrückte.

Wie für die Engländer des Mutterlandes galten auch für die freien Einwohner der Kolonien die Rechtsgarantien der **Magna Charta** (1215) und der **Bill of Rights** (1689). Sie hatten Anspruch auf eine unabhängige Rechtsprechung und die Unverletzlichkeit des Eigentums. Die Volksvertretungen („assemblies") der Kolonien wirkten an der Gesetzgebung und der Steuerbewilligung mit. Der Machtausgleich zwischen Monarch und Parlament, den die **Glorious Revolution** (1688) im Mutterland herbeigeführt hatte, stärkte auch in den Kolonien die Stellung der Volksvertretungen gegenüber den vom König berufenen Gouverneuren.

Wirtschaftskonflikte

Seit Beginn der Besiedlung Ende des 16. Jahrhunderts waren die wirtschaftlichen Ziele des Mutterlandes klar formuliert: Die Kolonien mussten Gewerbe und Handel Englands mit Rohstoffen versorgen und Fertigprodukte abnehmen. Zudem waren sie Siedlungsraum für die wachsende Bevölkerung des Mutterlandes. Um die englische Wirtschaft vor Konkurrenz zu schützen, verbot die Londoner Regierung 1699 den Kolonien den Export von Wolle und Wollerzeugnissen. 1750 unterband der so genannte „Iron Act" ihre Stahlproduktion. Aus amerikanischer Sicht behinderte dies die wirtschaftliche Entwicklung, weil die dirigistischen Eingriffe den Kolonien eine negative Handelsbilanz aufzwangen und Kapital ins Mutterland abfloss. Ein Ausweg war der Tausch amerikanischer Agrarprodukte gegen Rum und Zucker in der Karibik. Diese Kolonialwaren wurden dann nach Großbritannien exportiert. Mit dem Erlös kaufte man Fertigwaren für den amerikanischen Markt. Die bekannteste Art dieser Geschäfte war der **Sklavenhandel**, von dem sowohl die Plantagenwirtschaft in den südlichen Kolonien als auch das Mutterland profitierten.

Eskalation des Konflikts

Zur **Entfremdung zwischen den Kolonien und Großbritannien** (M 2) trugen auch die Auseinandersetzungen mit Frankreich bei. Nach dem Siebenjährigen Krieg (1756–1763) musste Frankreich Kanada an Großbritannien abtreten. Damit entfiel die Bedrohung der Kolonien durch die Franzosen und die mit ihnen verbündeten Indianerstämme. Das durch den Krieg finanziell erschöpfte Mutterland wollte die Kolonien jetzt an der Tilgung der Schuldenlast beteiligen und deren Wirtschaft noch mehr als bisher den eigenen Interessen nutzbar machen. Zudem verbot die britische Regierung jede weitere Erschließung von Indianerland und stationierte Truppen an der Siedlungsgrenze, um Konflikte zu verhindern.

Gegen die Proteste der amerikanischen Kolonien führte Großbritannien 1764 neue Ein- und

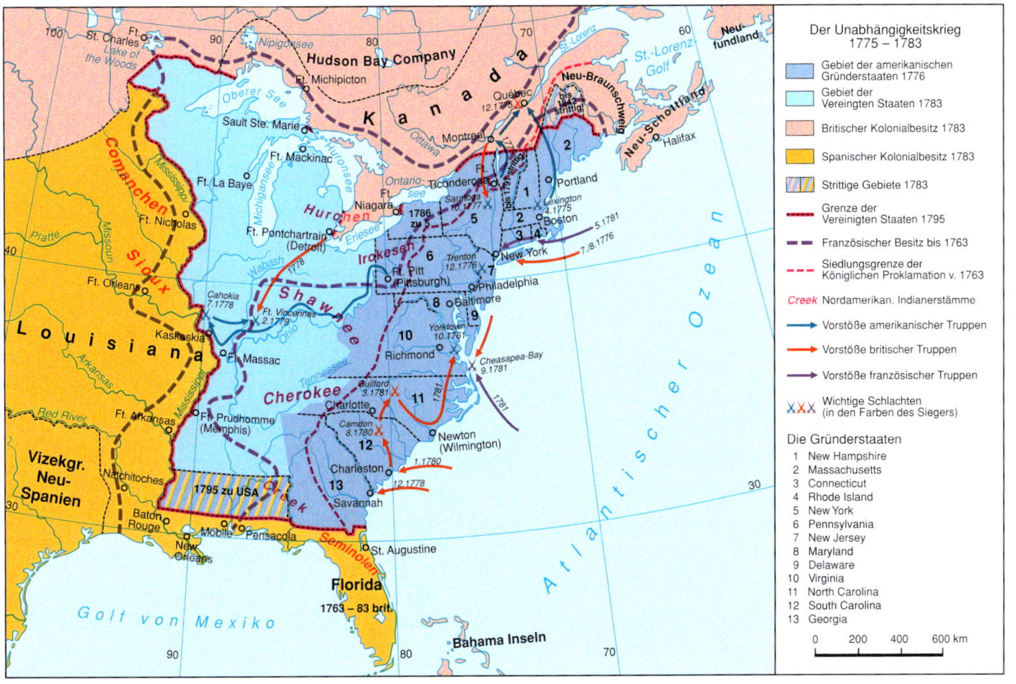

Karte 1 Entstehung der USA 1763–1795

– *Beschreiben Sie die politische und geografische Ausgangssituation der englischen Kolonien in Nordamerika 1763.*
– *Erläutern Sie mit Hilfe der Karte und der Darstellung die Erschließung des Kontinents bis zum Mississippi.*

Ausfuhrzölle ein. Zur Finanzierung der Stationierungskosten wurde 1765 die im Mutterland schon seit langem erhobene Stempelsteuer – eine Abgabe auf amtliche Schriftstücke und Druckschriften – auch in den Kolonien eingeführt. Der Widerstand gegen diese Versuche, erstmals eine direkt nach London fließende Steuer zu erheben, war aber so groß, dass das Londoner Parlament das Gesetz wieder zurückzog. Obwohl das Parlament seine legislative Oberhoheit über die Kolonien betonte, scheiterte auch 1768 der Versuch, neue Importzölle einzuführen. Die Amerikaner machten geltend, dass diese Steuerpolitik gegen den Grundsatz des „Common Law" verstoße, nach dem Steuern nur mit Zustimmung der Betroffenen auferlegt werden könnten. Sie waren ja von jeder Mitbestimmung im Londoner Parlament ausgeschlossen und betrachteten daher die britischen Steuerpläne als Bedrohung ihrer traditionellen Selbstverwaltung.

Formen des Widerstands

Besonders in den Neuenglandkolonien entstanden seit 1770 **„Committees of Correspondence"**, die den Widerstand gegen das englische Mutterland organisierten. Einen Boykott britischer Waren beantwortete London mit der Verstärkung der militärischen Präsenz und der Kompetenzerweiterung der britischen Zollverwaltung. 1770 gab es bei Demonstrationen in Boston die ersten Toten. Als das englische Parlament der in finanziellen Schwierigkeiten steckenden Ostindien-Kompanie das Monopol für den Teeimport in die Kolonien erteilte, betrachtete man das als neuen Versuch, die Wirtschaft der Kolonien dem britischen Diktat zu unterwerfen. Mitglieder der radikalen „Sons of Liberty" enterten aus diesem Anlass am 16. Dezember 1773 Schiffe der Ostindien-Kompanie im Hafen

von Boston und vernichteten Teile der Teeladung („Boston Tea Party"). Die britische Regierung schloss daraufhin den Hafen und hob die Verfassung und Selbstverwaltung von Massachusetts auf, das die britische Wirtschafts- und Steuerpolitik am radikalsten bekämpfte.
Im September 1774 traten Delegierte aller Kolonien außer Georgia zum **ersten Kontinentalkongress in Philadelphia** zusammen. Sie erklärten, dass die Eingriffe Großbritanniens in die Verfassungen der Kolonien ebenso rechtswidrig seien wie die Steuergesetze und die Stationierung von Soldaten in Friedenszeiten. Der Kongress beschloss, den Handel mit dem Mutterland einzustellen und britische Waren zu boykottieren. Zugleich bat man aber König George III. (1760–1820) um Schutz gegen die Gesetzesbrüche von Parlament und Regierung. Noch wollte die Mehrheit der Amerikaner keine Trennung vom Mutterland, sondern lediglich die Autonomie.

Bruch mit dem Mutterland

Zum offenen Konflikt kam es, als die Volksvertretung von Massachusetts das Auflösungsdekret nicht anerkannte und sich neu konstituierte. Im Februar 1775 befahl das Londoner Parlament dem Gouverneur, diese Rebellion zu beenden. Im April gab es erste Gefechte zwischen amerikanischen Milizen und der britischen Armee. Der **zweite Kontinentalkongress** übernahm im Mai 1775 die Regierungsfunktionen für die Kolonien und ernannte **George Washington** (1732–1799, Präsident 1789–1797) zum Oberbefehlshaber der Streitkräfte. Aus einem Konflikt um Wirtschafts- und Steuerfragen war ein Kampf um Grundsatzfragen von Recht und Verfassung geworden. Die führenden amerikanischen Politiker – ob Großgrundbesitzer aus dem Süden oder Angehörige des Wirtschaftsbürgertums des Nordostens – standen in der Tradition englischen Verfassungs- und Rechtsdenkens und nahmen das in ihm verankerte **Widerstandsrecht** gegen illegale Akte der Obrigkeit für sich in Anspruch. Sie sahen in ihrem Kampf gegen Parlament und Regierung in London eine Parallele zur Glorious Revolution, die die Freiheitsrechte der Engländer gesichert hatte. Nicht weil sich die Amerikaner als eigenständige Nation fühlten, sondern weil sie gleichberechtigte Untertanen der britischen Krone sein wollten (M 3), war es zum Konflikt gekommen. Erst die im Januar 1776 erschienene Streitschrift „Common Sense" des britisch-amerikanischen Publizisten **Thomas Paine** (1737–1809) mit ihrer Polemik gegen die britische Obrigkeit bewirkte, dass sich der Gedanke einer völligen Trennung vom Mutterland bei der Mehrheit durchsetzte. Der Konflikt geriet jetzt zu einer kolonialen Befreiungsrevolution mit scharf antimonarchistischen Zügen.

M1 Der Soziologe Max Weber über die Bedeutung der puritanischen Lebensauffassung für den wirtschaftlichen Aufstieg Amerikas (1905)

Das sittlich wirklich Verwerfliche ist nämlich das Ausruhen auf dem Besitz, der Genuss des Reichtums mit seiner Konsequenz von Müßiggang und Fleischeslust, vor allem von Ablenkung von dem Streben nach „heiligem" Leben. Und nur weil der Besitz die Gefahr dieses Ausruhens mit sich bringt, ist er bedenklich. [...] Nicht Muße und Genuss, sondern nur Handeln dient nach dem unzweideutig geoffenbarten Willen Gottes zur Mehrung seines Ruhmes. Zeitvergeudung ist also die erste und prinzipiell schwerste aller Sünden. [...] Es heißt noch nicht wie bei Benjamin Franklin: „Zeit ist Geld", aber der Satz gilt gewissermaßen im spirituellen Sinn: Sie ist unendlich wertvoll, weil jede verlorene Stunde der Arbeit im Dienst des Ruhmes Gottes entzogen ist. [...]
Wir suchen uns nun noch speziell die Punkte zu verdeutlichen, in welchen die puritanische Auffassung des Berufs und die Forderung asketischer Lebensführung direkt die Entwicklung des kapitalistischen Lebensstils beeinflussen musste. Mit voller Gewalt wendet sich die Askese [...] vor allem gegen eins: Das unbefangene Genießen des Daseins und dessen, was es an Freuden zu bieten hat. [...]
Die innerweltliche protestantische Askese [...] wirkte also mit voller Wucht gegen den unbefangenen Genuss des Besitzes, sie schnürte die Konsumtion, speziell die Luxuskonsumtion, ein. Dagegen entlastete sie im psychologischen Effekt den Gütererwerb von den Hemmungen der traditionalistischen Ethik, sie sprengte die Fesseln des Gewinnstrebens, indem sie es nicht nur legalisierte,

sondern (in dem dargestellten Sinn) direkt als gottgewollt ansah. […] Denn der Besitz als solcher war Versuchung. Aber hier war nun die Askese die Kraft, „die stets das Gute will und stets das Böse" – das in ihrem Sinn Böse: den Besitz und seine Versuchungen – „schafft". Denn nicht nur sah sie, mit dem Alten Testament und in voller Analogie zu der ethischen Wertung der „guten Werke", zwar in dem Streben nach Reichtum als Zweck den Gipfel des Verwerflichen, in der Erlangung des Reichtums als Frucht der Berufsarbeit aber den Segen Gottes. Sondern, was noch wichtiger war: Die religiöse Wertung der rastlosen, stetigen, systematischen, weltlichen Berufsarbeit als schlechthin höchsten asketischen Mittels und zugleich sicherster und sichtbarster Bewährung des wieder geborenen Menschen und seiner Glaubensechtheit musste ja der denkbar mächtigste Hebel der Expansion jener Lebensauffassung sein, die wir hier als „Geist des Kapitalismus" bezeichnen. Und halten wir jetzt noch jene Einschnürung der Konsumtion mit dieser Entfesselung des Erwerbsstrebens zusammen, so ist das äußere Ergebnis nahe liegend: Kapitalbildung durch asketischen Sparzwang. Die Hemmungen, welche dem konsumtiven Verbrauch des Erworbenen entgegenstanden, mussten ja seiner produktiven Verwendung: als Anlagekapital, zugute kommen. […] In Neuengland tritt der Zusammenhang […] greifbar hervor.

(Max Weber, Die protestantische Ethik und der „Geist" des Kapitalismus, in: ders., Soziologie. Universalgeschichtliche Analysen. Politik, Beltz Athenaeum, Stuttgart 1973, S. 357 ff.)

1 *Stellen Sie die wichtigsten Merkmale der puritanischen Lebensauffassung zusammen.*

2 *Entwerfen Sie eine Gesellschafts- und Wirtschaftsordnung, in der die puritanische Lebensauffassung verwirklicht ist, und diskutieren Sie Leistungen und Grenzen.*

B 1 „Einwohner Bostons bezahlen ihre Steuern", Karikatur, 1774

– *Erläutern Sie, ausgehend von der Karikatur, den Konflikt zwischen Mutterland und Kolonien. Ziehen Sie auch die Darstellung hinzu.*

M2 Der Historiker Willi P. Adams über koloniale Kultur und amerikanische Identität (1990)

Die regionalen Unterschiede zwischen den Kolonien wurden gemildert durch Gemeinsamkeiten, die ihre Einbindung in das Empire nicht nur auf wirtschaftlichem Gebiet bewirkte. „Der dominante kulturelle Impuls der Kolonisten", so hat der Kolonialzeithistoriker Jack P. Greene seine langjährigen Einzeluntersuchungen zusammengefasst, „war es nicht, spezifisch Amerikanisches über sich herauszufinden und herauszustellen; ihr Bestreben war es vielmehr, diese Unterschiede so weit wie möglich zu beseitigen, damit sie umso glaubwürdiger vor sich selbst und in Britannien als offenkundig britisch dastanden."

Eine spannungsgeladene Mischung aus Minderwertigkeitsgefühl und Überlegenheitskomplex kennzeichnete um 1750 das kulturelle Selbstverständnis der Provinzengländer in Nordamerika, die ihre Situation als Engländer am Rande der amerikanischen Wildnis bedachten. Einerseits wussten sie, dass sie in London als Untertanen zweiter Klasse galten, deren Interessen denen des Mutterlandes selbstverständlich und systematisch untergeordnet wurden und deren kulturelle Leistung, von London aus betrachtet, darin bestand, nicht dem Vorbild der sich mit den Indianern vermischenden französischen Waldläufer zu folgen. Andererseits erinnerte jede orthodox-calvinistische und jede unorthodoxe Erweckungspredigt die selbstzufrieden gewordenen Protestanten daran, dass ihre Besiedlung Amerikas der bislang letzte Akt im Drama der christlichen Heilsgeschichte sei und dass alle Welt auf sie blickte, weil sie ein gottgefälliges „neues Je-

rusalem" aufbauten; ihr Erfolg oder ihr Scheitern würde [...] aller Welt die Rechtschaffenheit und Überlegenheit oder Sündhaftigkeit und Verworfenheit des neuen auserwählten Volkes demonstrieren. [...]
Erst nachdem diese Glaubensvielfalt auf Grund der wirtschaftlichen und strategisch motivierten Besiedlungspolitik der englischen Krone entstanden war [...], nahm seit den 1780er-Jahren in den unabhängig gewordenen Staaten die Art von religiöser Toleranz und Trennung von Staat und Kirchen Gestalt an, die heute für typisch amerikanisch gehalten wird. [...]
Zur regionalen Differenzierung des kulturellen Lebens der Kolonialländer kam von Anfang an die brutale Abgrenzung der Europäer von den Afrikanern hinzu (auch in den Hafenstädten der Mittel- und Neuenglandkolonien); auch von ihnen selbst erzeugte Kinder von Afrikanerinnen diskriminierten die Europäer als *colored* und damit minderwertig. Ebenso wie die regionalen Rivalitäten existierte auch die Rassendiskriminierung bereits, bevor ab 1765 der aktive Widerstand gegen die Kolonialmacht die Ähnlichkeiten und geteilten Interessen von dreizehn der Festlandkolonien dominant erscheinen ließ.
(Willi P. Adams, in: Länderbericht USA I, hg. v. der Bundeszentrale für politische Bildung, Bonn 1990, S. 60 ff.)

1 *Arbeiten Sie heraus, wodurch das Verhältnis der Kolonien a) zu England, b) untereinander geprägt war.*

2 *Diskutieren Sie die Frage, ob es vor der Amerikanischen Revolution eine amerikanische Identität gab. Begründen Sie Ihre Auffassung.*

M3 Rede des Oppositionsführers Edmund Burke vor dem englischen Unterhaus über die Freiheitsliebe der Amerikaner (1775)

Die Freiheitsliebe ist das dominierende Charaktermerkmal der Amerikaner. [...] Dieser entschlossene Geist der Freiheit ist in den englischen Kolonien wahrscheinlich stärker als bei jedem anderen Volk der Erde. Dafür gibt es eine Reihe triftiger Gründe. [...]
Erstens: Die Bevölkerung der Kolonien stammt von Engländern ab. [...] Daher hängen sie [die Kolonisten] nicht nur der Idee der Freiheit an, sondern der Idee der englischen Freiheit, nach englischen Prinzipien [...].
Ihre Regierungen werden weitgehend vom Volk kontrolliert, einige völlig. In allen Kolonien sind die Abgeordneten des Volkes der einflussreichste Teil der Regierung. Die Teilhabe des Volkes am täglichen Regieren erfüllt sie immer wieder mit Stolz.
[...] Ihre Art der Religionsausübung ist einer der Hauptgründe für ihre freiheitliche Gesinnung. Sie sind ein Volk von Protestanten, und zwar von der Art, die jede auch nur angedeutete Unterwerfung von Gedanken und Meinungen entschieden ablehnt. Ihr Glaube ist der Freiheit nicht nur günstig, sondern beruht auf ihr. Ich glaube, Sir, dass der Grund für die Abneigung der Dissenters[1] gegen alles, was nach absolutistischer Herrschaft aussieht, sich weniger aus ihren Glaubensgrundsätzen als aus ihrer Geschichte ergibt. [...]
Gestatten Sie mir, Sir, auf einen weiteren Umstand hinzuweisen, der nicht wenig zur Entstehung und Ausprägung dieses aufsässigen Geistes beigetragen hat. Ich meine ihre Bildung. [...] Die Berufsjuristen sind zahlreich und mächtig und spielen in den meisten Provinzen die führende Rolle. Die Mehrzahl der zum [ersten Kontinental-]Kongress entsandten Delegierten waren Juristen. [...] Diese Studien schärfen den Verstand, machen wissbegierig und gründlich, geschickt im Angriff, schnell und listenreich in der Verteidigung. In anderen Ländern beurteilt das einfache, träge Volk ein schlechtes Prinzip im Regierungssystem erst nach einem tatsächlichen Missstand. Hier jedoch sehen sie den Schaden voraus und beurteilen die Schwere des Missstandes nach der Verwerflichkeit des Prinzips. Sie erspähen Misswirtschaft aus der Ferne und riechen nahe Tyrannei in jeder würzigen Brise. [...]
Diese sechs Hauptursachen, Sir, führten also zur Entstehung eines ungestümen Freiheitswillens: die Herkunft, die Regierungsform, die Religion in den Nordprovinzen, der Lebensstil im Süden, die Bildung und die Entfernung vom Ausgangspunkt der Herrschaft. Der Freiheitswille ist mit der Bevölkerung gewachsen und hat mit dem Wohlstand zugenommen. Der Zusammenprall dieses Geistes mit einer Art der Machtausübung in England, die legal sein mag, mit freiheitlichen Ideen – schon gar mit denen der Amerikaner – aber unvereinbar ist, hat einen Konflikt entfacht, der uns zu verschlingen droht.
(Willi u. A. Adams [Hg.], Die amerikanische Revolution in Augenzeugenberichten, dtv, München 1987, S. 132 ff.)

1 Dissenters: Gegner der anglikanischen Staatskirche, vor allem Puritaner

1 *Nennen Sie die Gründe für die Freiheitsliebe der amerikanischen Kolonisten.*

2 *Rekonstruieren Sie den Interessenkonflikt zwischen Mutterland und Kolonien.*

1.2 Unabhängigkeitserklärung (1776) und demokratische Verfassung

Staatsgründung – Grundlagen des „American Dream"

Die **Unabhängigkeitserklärung** (s. S. 107), die der Kontinentalkongress am **4. Juli 1776** verkündete, begründete die Trennung vom Mutterland mit dem Widerstandsrecht und der Naturrechtsphilosophie der europäischen Aufklärung. Die Ideale der Freiheit, Gleichheit und des Strebens nach Glück wurden zur Grundlage des **„American Dream"**. Zwischen 1776 und 1780 gaben sich die Einzelstaaten republikanische Grundordnungen und 1781 verabschiedete der Kongress die erste Verfassung der USA. Die **„Articles of Confederation"** betonten die Souveränität der Einzelstaaten und verzichteten auf eine starke zentrale Exekutive. Aus den britischen Kolonien war ein lockerer Staatenbund geworden. Der Kongress entschied Streitigkeiten zwischen den Einzelstaaten und war für die Außenpolitik, die Handelsgesetzgebung und für Indianerfragen zuständig.
Nach schweren Rückschlägen errangen die zunächst schlecht bewaffneten und ausgebildeten amerikanischen Soldaten die Oberhand über die britischen Truppen. Entscheidend für ihren Sieg war, dass sie das Hinterland der von den Briten besetzten Hafenstädte beherrschten. Hinzu kam, dass sich Frankreich und Spanien auf ihre Seite stellten und sie wirtschaftlich und militärisch unterstützten. 1781 konnten die Amerikaner die durch die französische Flotte vom Nachschub abgeschnittenen Briten bei Yorktown zur Kapitulation zwingen. 1783 erkannte das kriegsmüde Großbritannien im **Frieden von Paris** die Unabhängigkeit der USA an.

Verfassungsprobleme

Nach dem Sieg Amerikas über Großbritannien zeigte es sich, dass die **Verfassung von 1781** (M 4), die den Kongress als einzige Klammer zwischen den Einzelstaaten vorsah, nicht ausreichte, um die durch den Krieg verursachten sozialen und wirtschaftlichen Probleme zu lösen. Vor allem Unruhen unter den armen und hoch verschuldeten Farmern in Massachusetts – nach ihrem Anführer „Shays' Rebellion" genannt – machten es aus der Sicht des wirtschaftlich führenden Bürgertums der Hafenstädte notwendig, eine starke gesamtstaatliche Exekutive zu schaffen. Sie sollte in den Einzelstaaten eingreifen, wenn Recht und soziale Ordnung gefährdet waren.
Ein von den Parlamenten der Einzelstaaten beschickter Delegiertenkonvent arbeitete einen neuen Verfassungsentwurf aus, der im September 1787 verabschiedet und den Einzelstaaten vorgelegt wurde. Während der Beratungen kam es zu heftigen Auseinandersetzungen zwischen den **Föderalisten** um Alexander Hamilton (1755–1804, M 5), James Madison (1751–1836, Präsident 1809–1817) und John Adams sowie den **Antiföderalisten bzw. Republikanern** um Thomas Jefferson (1743–1826, Präsident 1801–1809). Während die Föderalisten eine starke Bundesgewalt mit weit reichenden Kompetenzen in der Wirtschafts- und Finanzpolitik befürworteten, traten die Antiföderalisten für die Rechte der Einzelstaaten ein. Ein lockerer Bund agrarisch und demokratisch strukturierter Einzelstaaten kam ihren Vorstellungen am nächsten. Die Föderalisten hingegen, die die Interessen des Wirtschaftsbürgertums vertraten, wollten über die Verfassung die direkten Einwirkungsmöglichkeiten des Volkes möglichst verringern – welche Gefahren drohten, hatte die Rebellion Shays' ja deutlich gezeigt.

Verfassung von 1787 – „Checks and balances"

Die Verfassung von 1787 (B 2) stellte auf Grund der Auseinandersetzungen zwischen Föderalisten und Antiföderalisten einen Kompromiss dar. Neu und revolutionär waren die konsequente Verwirklichung der **Gewaltenteilung** und die Aufteilung der Kompetenzen zwischen Bund und Einzelstaaten. Um Machtmissbrauch zu verhindern, kontrollierten sich Exekutive, Legislative und Judikative gegenseitig in einem komplizierten System der **„checks and balances"** (s. Schema 1, S. 105 und S. 108).

B 2 Das Vertrauen in die Verfassung, Ende 18. Jh., kolorierter Stich

– *Interpretieren Sie B 2 im Hinblick auf das nationale Selbstverständnis der jungen USA.*

Die Verfassung fand auch einen Ausgleich für die an Größe und Bevölkerungszahl so ungleichen Bundesstaaten. Jeder Staat entsandte zwei Vertreter in den Senat. Die Senatoren wurden von den Parlamenten der Einzelstaaten gewählt. Im Repräsentantenhaus waren die Einzelstaaten entsprechend ihrer Bevölkerungszahl vertreten. Der Präsident wurde von Wahlmännern gewählt, die – je nach einzelstaatlicher Verfassung – von der Volksvertretung oder direkt vom Volk gewählt wurden. Das Frauenwahlrecht wurde nicht in die Verfassung aufgenommen.
Die Bundesverfassung kannte keine Elemente direkter Demokratie mehr. Das Volk wählte seine Vertreter in das Repräsentantenhaus, blieb dann aber vom politischen Entscheidungsprozess ausgeschlossen. Das entsprach den Vorstellungen des Ostküstenestablishments, wonach eine tugendhafte männliche Elite das Staatswesen zu lenken habe. Ein Erfolg der Antiföderalisten war es aber, dass die Verfassung durch eine Bill of Rights ergänzt wurde, welche die Freiheitsrechte des Einzelnen garantierte. Zu den weiteren Grundsatzentscheidungen des Jahres 1787 gehörte die Bestimmung, dass nur noch bis zum Jahre 1808 Sklaven importiert werden durften. Geregelt wurde auch die Organisation des Siedlungslandes nördlich von Ohio: Die North-West-Ordinance setzte fest, dass neu besiedelte Gebiete nach einer Zwischenphase als Bundesterritorien zu gleichberechtigten Staaten werden konnten, wenn sie mindestens 60 000 Einwohner zählten.

Politische Gruppierungen

Die „Verfassungsväter“ des Jahres 1787 hatten von politischen Parteien nichts wissen wollen. Die Verfassungsstruktur machte es aber notwendig, die politischen Interessen zu organisieren. Diese richteten sich an den Zielsetzungen der Föderalisten und Antiföderalisten aus. Die Föderalisten vertraten die Handels- und Kapitalinteressen der Wirtschaftseliten in den großen Handelsstädten. Ihr Ziel war es, die Bundeskompetenzen zu stärken und die wirtschaftliche Entwicklung zu fördern, damit die USA ein gleichberechtigter Partner der europäischen Staaten werden konnten. Bei den Präsidentschafts-

wahlen des Jahres 1800 unterlagen sie den Antiföderalisten bzw. den „Republican Democrats". Diese verstanden sich als Vertreter der breiten gewerblichen und agrarischen Mittelschichten und idealisierten die republikanischen Tugenden individueller Freiheit und Gleichheit, die es auch gegen den Staat zu verteidigen galt. Auf die Republican Democrats führt die **heutige Demokratische Partei** ihre Tradition zurück, während sich die **Republikaner** als Erben der Föderalisten betrachten.
Allgemein wurde der Grundsatz akzeptiert, dass Demokratie auf der Konkurrenz politischer Gruppierungen beruht. Der Wettstreit der beiden politischen Strömungen trug in den Jahrzehnten nach der Unabhängigkeit entscheidend zur Konsolidierung des politischen Systems bei, denn die Wähler mussten neben regionalen auch Probleme der Unionspolitik wahrnehmen und über sie entscheiden. Jeffersons populärer Forderung nach Demokratie und Selbstbestimmung für den „common man" setzte das Oberste Bundesgericht aber eine Verfassungsinterpretation entgegen, die den Zielen der Föderalisten entsprach. Seine Urteile stärkten die Unionskompetenzen; Rechtsprechung und Gesetzgebung in den Einzelstaaten mussten den Grundsätzen der Unionsverfassung entsprechen.

Jacksonian democracy

Unter Präsident **Andrew Jackson** (1829–1837), der als Vertreter der neuen Staaten im Westen galt, erreichte die Demokratisierung des politischen Systems einen ersten Höhepunkt. Nicht die Parlamente der Einzelstaaten, sondern die Bürger wählten jetzt die Wahlmänner bei den Präsidentenwahlen; außerdem stellten nicht mehr die Mitglieder des Kongresses, sondern Parteitage („party conventions") die Kandidaten für das höchste Staatsamt auf. Während der Amtszeit Jacksons bildete sich auch das **Beutesystem („spoils system")** heraus, das es den Wahlsiegern in Gemeinden, Staaten und in der Union erlaubte, fast alle wichtigen Ämter mit ihren Anhängern zu besetzen.

M4 Die wichtigsten Artikel der Konföderation vom 1. März 1781

Artikel 1: Die Form dieser Konföderation soll sein „Die Vereinigten Staaten von Amerika".
Artikel 2: Jeder Staat behält seine Souveränität, Freiheit und Unabhängigkeit und jede Gewalt. Rechtsprechung und Recht, die nicht durch diese Konföderation ausdrücklich delegiert worden sind, sind auf die Vereinigten Staaten im Kongress versammelt.
Artikel 3: Die genannten Staaten treten hiermit einzeln und gemeinsam in eine feste Gemeinschaft (league) der Freundschaft untereinander ein. Zu ihrer gemeinsamen Verteidigung, zur Sicherung ihrer Freiheiten und zu ihrer gegenseitigen und allgemeinen Wohlfahrt. Sie verpflichten sich, einander beizustehen gegen alle angedrohte Gewalt oder Angriffe auf sie [...].
(R. B. Morris [Hg.], Basic Documents in American History, Princeton ²1965, S. 32)

1 *Erklären Sie den Unterschied zwischen einem Bundesstaat und einem Staatenbund.*

2 *Formulieren Sie die Probleme, die sich auf Grund der Artikel 1 bis 3 zwischen den Staaten ergeben könnten.*

M5 Alexander Hamilton über die amerikanische Verfassung (1787)

Verzichten wir auf alle Pläne für eine Bundesregierung, so würde uns das zu einer einfachen offensiven und defensiven Allianz führen und uns in eine Lage bringen, in der wir uns abwechselnd als Freunde oder Feinde gegenüberständen, je nachdem, was uns unsere gegenseitige Rivalität – von den Intrigen fremder Mächte geschürt – gerade vorschriebe.
Wenn wir jedoch nicht gewillt sind, in diese gefährliche Lage zu geraten; wenn wir weiterhin dem Plan einer nationalen Regierung anhängen oder, was dasselbe ist, einer übergeordneten Macht unter der Leitung eines gemeinsamen Rates, so müssen wir [...] die Autorität der Union auf den einzelnen Bürger selbst erstrecken, der das einzige wahre Objekt einer Regierung darstellt. [...]
Eine Macht, die kontrolliert und einschränkt, ist fast immer die Rivalin und Feindin jener Macht, von der sie kontrolliert und eingeschränkt wird. Diese einfache Feststellung lehrt uns, wie wenig Grund besteht zu erwarten, dass die Personen, die mit der Verwaltung der Angelegenheiten der einzelnen Mitglieder einer Föderation betraut sind, zu jeder

Zeit bereit sein werden, die Beschlüsse oder Erlässe einer Zentralregierung völlig gutwillig und ausschließlich im Hinblick auf das Gemeinwohl durchzuführen. Wie die menschliche Natur nun einmal beschaffen ist, wird das Gegenteil der Fall sein.
Wenn daher die Maßnahmen der Föderation nicht ohne Mitwirkung der Regierungen der Einzelstaaten durchgeführt werden können, besteht wenig Aussicht, dass sie überhaupt durchgeführt werden. Die leitenden Männer der verschiedenen Mitgliedstaaten werden, ob sie dazu ein verfassungsmäßiges Recht haben oder nicht, selbst über die Richtigkeit der Maßnahmen zu entscheiden trachten. Sie werden Erwägungen anstellen, ob die Beschlüsse oder Erlässe ihrem Interesse oder ihren unmittelbaren Zielen entsprechen und ob deren Annahme ihnen im Augenblick gelegen oder ungelegen erscheint. All das wird getan werden, und zwar im Geiste einer eigennützigen und argwöhnischen Prüfung und ohne jene Kenntnis der gesamtnationalen Umstände und Gründe, die für ein richtiges Urteil nötig sind. [...]
In unserem Falle, also unter der Föderation, bedarf es zur völligen Durchführung jeder wichtigen Maßnahme, die von der Föderation ausgeht, der Übereinstimmung des souveränen Willens von dreizehn Staaten. Es ist geschehen, was vorzusehen war: Die Maßnahmen der Union sind nicht durchgeführt worden; die Pflichtverletzungen der Staaten haben Schritt für Schritt ein solches Ausmaß erreicht, dass schließlich alle Räder der nationalen Regierung zu einem betrüblichen Stillstand gekommen sind. Der Kongress besitzt derzeit kaum die Möglichkeit, die Formen der Verwaltung so lange aufrechtzuerhalten, bis die Staaten Zeit haben werden, sich über einen leistungsfähigen Ersatz für den gegenwärtigen Schatten der Bundesregierung zu einigen.
(H. Schambeck u. a. [Hg.], Dokumente zur Geschichte der Vereinigten Staaten von Amerika, Duncker u. Humblot, Berlin 1993, S. 201 ff.)

1 *Mit welchen Argumenten plädiert Hamilton für eine Stärkung des Bundes?*

2 *Erörtern Sie, mit welchen Argumenten die Gegner Hamiltons eine starke Zentralgewalt abgelehnt haben könnten.*

3 *Nehmen Sie Stellung zu der These, die Amerikanische Revolution sei die Geburtsstunde der amerikanischen Nation.*

1.3 Demokratie und territoriale Erschließung des Westens

Frontierbewegung und Demokratieverständnis

Um 1815 waren die USA kein dem Atlantik und Europa zugewandter Küstenstaat mehr. Die Wirtschaft florierte. Durch den **Kauf von Louisiana** (1803), d.h. des gesamten Gebiets zwischen dem Mississippi und den Rocky Mountains, richtete sich der Blick nach Westen – hier lag die Zukunft des Landes. Jetzt entstand das Ideal einer sich selbst genügenden Nation, die wirtschaftlich nicht auf Europa angewiesen war. Vordringlichste Aufgabe der Amerikaner war es, ein einheitliches Wirtschaftssystem und eine die riesigen Räume organisierende Infrastruktur aufzubauen.
Zwischen 1790 und 1821 traten neun Staaten zwischen Appalachen und Mississippi der Union bei (Karte 2). Hier waren **egalitäre und demokratische Anschauungen** stärker als in den alten Staaten, denn in den neuen Staaten gab es keine Oberschicht wirtschaftlich und politisch maßgebender Bankiers, Großkaufleute oder Großgrundbesitzer. Im Westen galten soziale Unterschiede wenig. Man schätzte individuelle Freiheit, Selbstbehauptung und Durchsetzungsvermögen.
Der Pioniergeist, der die **Frontierbewegung** auszeichnete, gilt bis heute als wesentliches Merkmal des amerikanischen Selbstverständnisses (M 6, B 3). In den neuen Bundesstaaten mit ihrem Überfluss an Land machte es wenig Sinn, politische Mitwirkungsrechte an Eigentum zu binden. Alle männlichen weißen Siedler besaßen daher das aktive und passive Wahlrecht. Seit 1824 hoben auch die meisten der alten Staaten die Zensusbestimmungen auf.

„Manifest destiny"

Demokratisierung und wirtschaftlicher Aufschwung schufen die Überzeugung, dass die USA ein Land seien, das jedem die Chance sozialen Aufstiegs und materieller Sicherheit bot. Weit verbreitet war der Glaube, dass durch die Glaubens- und Religionsfreiheit, durch die wirtschaftliche und politische Freiheit und durch das Prinzip demokratischer Gleichheit das amerikanische System den alten Gesellschaften Europas

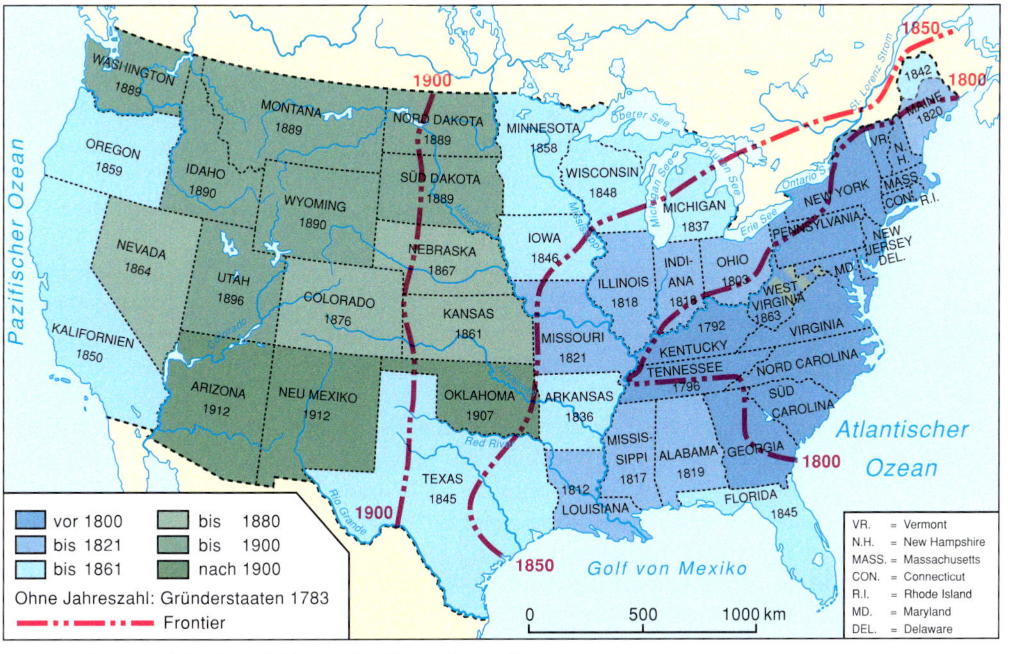

Karte 2 Territoriale Entwicklung der Vereinigten Staaten

B 3 John Gast, Amerikanischer Fortschritt, 1872, Öl auf Leinwand

– *Beschreiben Sie die Personen und den Bildaufbau in B 3 und interpretieren Sie das Bild unter Berücksichtigung des Titels.*

weit überlegen sei. Ganz in der Tradition des **puritanischen Auserwähltheitsglaubens** und **Sendungsbewusstseins** sah man die **nationale Bestimmung („Manifest destiny") Amerikas** darin, den Kontinent bis zur Küste des Pazifiks zu erschließen und zu besiedeln (M 7a, b). Amerikanische Außenpolitik bestand darin, die Expansion abzusichern. 1845/48 annektierten die USA Texas und zwangen Mexiko, alle Gebiete nördlich des Rio Grande aufzugeben. 1848 setzten die USA gegen Großbritannien ihren Anspruch auf das Oregon-Territorium durch.

Opfer der Frontierbewegung: die Indianer

Opfer der Erschließung des Landes wurde die indianische Urbevölkerung. In den 1790er-Jahren hatte der Kongress die Indianerstämme westlich der Appalachen noch als selbstständige Nation betrachtet, deren Beziehungen zu den USA vertraglich geregelt werden sollten. Viel Geld und Energie wurden verwendet, um die oft halbnomadischen Stämme zu christianisieren und als Bauern in die weiße Gesellschaft einzugliedern. Diese Versuche scheiterten am Zustrom weißer Siedler. 1830 zwang man die christianisierten Cherokees, die als Bauern in die Wirtschaft des Südens integriert waren und eine effektive Selbstverwaltung aufgebaut hatten, ihre Wohnsitze in Georgia aufzugeben und in das damals noch „freie" Indianerland westlich des Mississippi umzusiedeln, wohin nach 1830 alle Indianerstämme aus dem Osten abgeschoben wurden (s. Abb. S. 168, unten).
Neue agrartechnische Verfahren ermöglichten es, seit der Jahrhundertmitte die regenarmen Präriegebiete zwischen dem Mississippi und den Rocky Mountains zu erschließen. Die von der Unionsregierung geförderte **Besiedelung** und der **Bau transkontinentaler Eisenbahnen**

bedeuteten das **Ende der Prärieindianer**, deren Existenz und Kultur auf den Büffelherden beruhte. Diese Jägerstämme galten als nicht integrierbare, kulturlose „Wilde". Die Weißen dezimierten systematisch die Büffel. Gegen die Vernichtungsfeldzüge der Armee hatten die Indianer keine Chance. Die Überlebenden fristeten ein ärmliches, ganz von den Zuwendungen der Unionsregierung abhängiges Leben in Reservaten.

M6 Herman Melville über Amerikas Bestimmung (Mitte des 19. Jahrhunderts)

Dem Hause der Knechtschaft entronnen, folgte Israel vor Zeiten nicht den Wegen der Ägypter. Ihm wurde eine besondere Offenbarung zuteil; ihm wurden neue Dinge unter der Sonne anvertraut. Und wir Amerikaner sind das einzige auserwählte Volk, das Israel der Gegenwart; wir tragen die Bundeslade mit den Freiheiten der Welt. Vor siebzig Jahren entrannen wir der Knechtschaft und außer unserem Erstgeburtsrecht – ein ganzer Erdteil ist ja unser – hat uns Gott als künftiges Erbe die weiten Reiche der politischen Heiden gegeben, die erst noch kommen und im Schatten unserer Bundeslade Ruhe finden sollen und keine blutbefleckten Hände erheben werden. Gott hat vorherbestimmt, die Menschheit erwartet große Dinge von unserer Rasse und große Dinge keimen in unserer Seele. Die übrigen Nationen müssen bald hinter uns zurückbleiben. Wir sind die Pioniere der Welt, die Vorhut, die durch die Wildnis unversuchter Dinge geschickt wurde, um in der Neuen Welt, der unsrigen, einen neuen Pfad zu bahnen. In unserer Jugend liegt unsere Kraft, in unserer Unerfahrenheit unsere Weisheit. [...] Lang genug haben wir an uns selbst gezweifelt und uns gefragt, ob der politische Messias wirklich erschienen sei. Doch er ist da, in uns, und wir müssen nur seine Eingebungen zu Wort kommen lassen. Und wir wollen nie vergessen, dass mit uns zum ersten Mal beinah in der Geschichte der Erde nationale Selbstsucht zur schrankenlosen Menschenliebe wird; denn wir können Amerika selber nichts Gutes tun, ohne zugleich der Welt eine Wohltat zu erweisen.

(Herman Melville, Weißjacke, Winkler, Zürich 1948, S. 263 ff.)

1 *Stellen Sie zusammen, wie der amerikanische Führungsanspruch legitimiert wird.*

2 *Vergleichen Sie die Ausführungen Melvilles (M 6) mit denen in M 1 und M 2 (s. S. 172 ff.) und erläutern Sie die Unterschiede in den Lebens- und Gesellschaftsauffassungen.*

3 *Vergleichen Sie diese Gedanken mit dem puritanischen Sendungsbewusstsein. Geht Melville Ihrer Ansicht nach über den religiös motivierten Auserwähltheitsgedanken hinaus?*

M7 Frederick Jackson Turner (1861–1932), Historiker, über die Bedeutung der Frontierbewegung für das Verständnis von Demokratie, Freiheit und Nation in Nordamerika

a) Aus einem Buch vom Ende des 19. Jahrhunderts

Die Eigentümlichkeit amerikanischer Einrichtungen besteht darin, dass sie gezwungen waren, sich den Veränderungen anzupassen, die eine Durchquerung des Kontinents durch eine sich ausbreitende Bevölkerung, eine Erschließung der Wildnis und eine Entwicklung auf jeder Stufe des Fortschritts aus den primitiven wirtschaftlichen und politischen Bedingungen der Grenze zur Kompliziertheit städtischen Lebens bewirkten. [...] So zeigt die amerikanische Entwicklung nicht nur den Fortschritt längs einer einzelnen Grenze, sondern eine Rückkehr zu primitiven Bedingungen an einer sich laufend vorschiebenden Grenzlinie, worauf eine neue Entwicklung in dieser Zone einsetzt. Die amerikanische soziale Entwicklung hat an der Grenze fortlaufend neu begonnen. Diese dauernde Wiedergeburt, dieser fließende Zustand amerikanischen Lebens, diese Ausbreitung westwärts mit ihren neuen Gelegenheiten, ihre fortwährende Berührung mit der Einfachheit primitiver Gesellschaften liefern die den amerikanischen Charakter beherrschenden Kräfte. Den wahren Angelpunkt in der Geschichte dieser Nation bildet nicht die Atlantikküste, sondern der Große Westen. [...] Bei diesem Vordringen bildet die Grenze den äußeren Rand der Ausdehnungswelle, den Punkt, wo Wildnis und Zivilisation aufeinander stoßen. [...] Die Grenze war die Linie, auf der sich die Amerikanisierung am schnellsten und wirksamsten vollzog. Die Wildnis meistert den Kolonisten. [...]

An der Grenze ist der Einfluss der Umgebung zunächst überstark für den Menschen. [...] So bedeutet das Vordringen der Grenze ein stetiges Entfernen vom europäischen Einfluss, ein ständiges Wachsen der Unabhängigkeit im amerikanischen Sinne. Dieses Fortschreiten zu erforschen, die Menschen zu studieren, die unter diesen Bedingungen aufwuchsen, und die politischen, wirtschaftlichen und gesellschaftlichen Ergebnisse dieser Entwick-

lung zu untersuchen heißt: den wirklichen amerikanischen Teil unserer Geschichte zu erforschen. Wenn man begreifen will, warum wir Amerikaner heute eine Nation an Stelle einer Ansammlung von Staaten sind, so muss man diese wirtschaftliche und gesellschaftliche Struktur des Landes studieren. In diesem Vorwärtsschreiten aus den Bedingungen der Wildnis heraus liegen die Grundzüge für den Anhänger der Entwicklungstheorie.
Aus den Bedingungen des Grenzlebens formten sich geistige Charakterzüge von größter Wichtigkeit. [...] Es ist eine Tatsache, dass der amerikanische Geist seine auffallenden Eigenschaften der Grenze verdankt. Jene Derbheit und Kraft, verbunden mit Scharfsinn und Wissbegier, jene praktische, erfinderische Geistesrichtung, die sich schnell mit Notbehelfen abfindet, jenes meisterhafte Erfassen materieller Dinge, dem zwar das Künstlerische fehlt, das aber zu großen Endzielen führt, jene ruhelose, nervöse Tatkraft, jener ausgesprochene Individualismus, der das Gute und das Böse schafft, und vor allem jene Spannkraft und Lebensfülle, die aus der Freiheit strömt – dies sind die Charakterzüge der Grenze.
(Frederick J. Turner, Die Grenze. Ihre Bedeutung in der amerikanischen Geschichte, Bremen/Horn 1947, S. 11–42)

b) Aus einem Aufsatz von 1903

Die Wildnis im Westen, von den Alleghenies bis zum Pazifik, stellte das größte Geschenk dar, das je vor dem zivilisierten Menschen ausgebreitet wurde. Dem Bauern und Handwerker der Alten Welt, der in die Zwänge seiner gesellschaftlichen Klasse eingebunden war, aus alter Gewohnheit und so unabänderlich wie das Schicksal, bot der Westen einen Ausweg in ein freies Leben und in ein größeres Wohlergehen inmitten der Freigebigkeit der Natur und all der Schätze, die nach menschlichem Bemühen verlangten und als Gegenleistung die Chance zum unbegrenzten Aufstieg auf der Leiter des gesellschaftlichen Erfolges boten. [...]
Die amerikanische Demokratie ist im Grunde das Ergebnis der Erfahrungen des amerikanischen Volkes in der Auseinandersetzung mit dem Westen. Die westliche Demokratie förderte während der ganzen früheren Zeit die Entstehung einer Gesellschaft, deren wichtigster Zug die Freiheit des Individuums zum Aufstieg im Rahmen sozialer Mobilität und deren Ziel die Freiheit und das Wohlergehen der Massen waren. Diese Vorstellungen haben die gesamte amerikanische Demokratie mit Lebenskraft erfüllt und sie in scharfen Gegensatz zu den Demokratien der Geschichte gebracht und zu den modernen Bemühungen in Europa, ein künstliches demokratisches Ordnungssystem mit Hilfe von Gesetzen zu errichten.
(G. Moltmann, Die Vereinigten Staaten von Amerika von der Kolonialzeit bis 1917, Schoeningh, Paderborn 1980, S. 41 f.)

1 *Fassen Sie die Turner-These mit eigenen Worten zusammen.*

2 *Stellen Sie zusammen, welche „nationalen Charaktereigenschaften" Turner auf die territoriale Erschließung des Westens zurückführt.*

3 *Turner wurde vorgeworfen, er überschätze die Bedeutung der Grenze und unterschätze die europäischen Einflüsse auf die Ausbildung der Demokratie in Amerika. Setzen sie sich kritisch mit dieser Auffassung auseinander.*

1.4 Der amerikanische Bürgerkrieg

Wirtschaftliche und gesellschaftliche Konflikte

Die USA besaßen eine vielfältige **Wirtschaftsstruktur.** Im Süden konzentrierte sich die Baumwollerzeugung, die an der Wende vom 18. zum 19. Jahrhundert einen großen Aufschwung erlebte. Dagegen standen in den neuen Staaten des Westens die Ausbeutung von Bodenschätzen, Landwirtschaft und Viehzucht im Vordergund. Und im Nordosten entstand seit 1820 eine leistungsfähige und schnell wachsende Industrie, die ihre Güter und Waren vor ausländischer Konkurrenz durch hohe Schutzzölle abschirmen ließ. Dank dieser Schutzzölle und weil im Süden Verbrauchsgüter fehlten, konnte der Norden seine Produkte in den Südstaaten zu Preisen absetzen, die über dem Weltmarktniveau lagen. Der Süden musste aber seinen Tabak und seine Baumwolle zu Weltmarktpreisen anbieten, die stark schwankten, was als ungerechtfertigte Benachteiligung empfunden wurde.

Die **Schutzzollfrage** entwickelte sich daher rasch zum politischen Sprengsatz, sodass der alte Verfassungskonflikt zwischen der Union und den Einzelstaaten wieder aufbrach. Die Föderalisten des Nordens betonten die Souveränität der Union. Aus dieser Sicht mussten die Einzelstaaten des Südens die Schutzzollgesetzgebung beachten. Als Südkarolina 1832 drohte, die Union zu verlassen, konnte nur ein Kongressbeschluss über niedrigere Zollsätze die Krise abwenden. Wegen seiner vorindustriellen Wirtschafts- und Gesellschaftsstruktur geriet der Süden aber immer stärker ins Hintertreffen. Während der Norden und der Westen vom Zustrom der Einwanderer aus Europa profitierten, sank der Anteil des Südens an der Gesamtbevölkerung der USA bis 1850 auf 35 %.

Im Gegensatz zu den puritanischen „Yankees" des Nordens und Westens pflegten die reichen Plantagenbesitzer des Südens einen aristokratischen Lebensstil. Ihren Reichtum verdankten sie zu großen Teilen der Sklavenarbeit, die wegen der steigenden Nachfrage auf den Baumwollplantagen immer wichtiger geworden war. Die Zahl der Sklaven stieg von knapp 700 000 im Jahr 1790 auf fast 1,2 Mio. im Jahr 1810. Die mittelständischen weißen Farmer und Gewerbetreibenden, die kaum Aufstiegschancen hatten, unterstützten die Oberschichten in der **Sklavenfrage**, denn sie fürchteten sich vor einer sozialen Nivellierung zu ihren Ungunsten, sollte die Sklaverei gelockert oder aufgehoben werden. Seit neue Staaten aufgenommen wurden, entwickelte sich das Sklavenproblem jedoch zu einem entscheidenden Streitpunkt zwischen dem Norden und dem Süden. Jeder Beitritt störte das innenpolitische Gleichgewicht und zwang die Politiker zur Aushandlung von Kompromissen.

In den 50er-Jahren lähmte die Sklavenfrage sogar die Innenpolitik (M 8a, b) und führte zur Spaltung der Demokraten. Die „neuen" Republikaner, die als Vertreter der Wirtschaftsinteressen des Nordens galten, forderten das Ende der Sklavenhaltung, mindestens aber ihr Verbot in den neuen Territorien. Der Bruch wurde unvermeidbar, als der Republikaner **Abraham Lincoln** (1809–1865, Präsident 1861–1865) die Präsidentschaftswahl des Jahres 1860 für sich entschied. Er war zwar kein grundsätzlicher Gegner der Sklaverei in den „alten" Südstaaten, wollte jedoch auf jeden Fall die Union retten (M 9).

Sezessionskrieg

Im Dezember 1860 trat Südkarolina aus der Union aus und im folgenden Jahr schlossen sich die Südstaaten zu den **Konföderierten Staaten von Amerika** zusammen. Sie argumentierten, die Staaten hätten sich in der Revolution von 1776 freiwillig in der Union vereint, deswegen besäßen sie auch das Recht zum Austritt. Die Republikaner und der Norden brachten dagegen vor, dass die Union älter als die Einzelstaaten und diesen übergeordnet sei. Erst durch die Unabhängigkeitserklärung und die Gründung der USA seien aus unabhängigen Kolonien vollberechtigte Bundesstaaten geworden. Die Sezession sei daher ein

Verfassungsbruch und der Versuch des Südens, sich der demokratischen Willensbildung zu entziehen. Diese scharfe Auseinandersetzung über die Grundlagen des nationalen Selbstverständnisses mündete schließlich in einen Krieg. Aus einem kurzen Feldzug, mit dem der Norden den Süden in die Union zurückzwingen wollte, wurde ein langer Abnützungskrieg. Erst 1863 proklamierte Lincoln die Befreiung der Sklaven als Kriegsziel. Im April 1865 kapitulierte der Süden. Obwohl sich der Präsident für eine Politik des Ausgleichs und der Versöhnung einsetzte, wurde er wenige Tage nach der Kapitulation von einem fanatischen Anhänger der Sklaverei ermordet.

Entstehung des Rassenproblems

Nach dem Bürgerkrieg schaffte die republikanische Mehrheit im Kongress durch Verfassungszusätze die Sklaverei ab und verlieh den Schwarzen alle Bürgerrechte. Doch diese waren kaum in der Lage, ihre neuen Rechte wahrzunehmen. Als Landarbeiter oder Pachtbauern waren viele abhängig von den Großgrundbesitzern, die ihnen Land, Geräte und Saatgut stellten. Dafür mussten sie einen Teil ihrer Ernte abgeben. Die Stellung dieser **„share-croppers"** unterschied sich kaum von der eines Leibeigenen. Nicht vergessen werden darf, dass viele Schwarze und weiße Anhänger des Nordens dem Terror der Geheimgesellschaft **Ku-Klux-Klan** zum Opfer fielen, den ehemalige Südstaatensoldaten und entrechtete Plantagenbesitzer gegründet hatten.
In der zweiten Hälfte der 1870er-Jahre wurden die Demokraten wieder zur bestimmenden politischen Kraft im Süden. Sie kämpften gegen den sozialen Aufstieg der Schwarzen und auch der weißen Unterschichten. Segregation **(Rassentrennung)** wurde zum Kennzeichen der alten Südstaaten. Auch das Bundesgericht stützte dieses System, um die Einheit der Nation nicht von neuem zu gefährden. 1883 urteilte es, dass das in die Verfassung aufgenommene Diskriminierungsverbot nur für Staat und Kommunen, nicht aber für Wirtschaftsunternehmen bindend sei. Deshalb konnte Schwarzen der Zugang zu höher entlohnten Arbeitsplätzen verwehrt werden. Die Einführung von Wahlsteuern in vielen Staaten des Südens beschnitt das Wahlrecht armer Schwarzer. 1886 legalisierte das Oberste Bundesgericht die Rassentrennung in Schulen, Theatern, Eisenbahnen und anderen öffentlichen Verkehrsmitteln, in Hotels und Restaurants. Voraussetzung war jedoch, dass die Einrichtung Weißen und Schwarzen gleiche Bedingungen bieten würden, also z. B. gleichen Fahrpreis und die gleiche Ausstattung. Weil die Schwarzen aber in der Praxis immer schlechter gestellt waren, verfestigte dieser Grundsatz des **„separate but equal"** die Ungleichheit (M 10).
Den Schwarzen blieb nur der Weg zur Selbsthilfe. Ihre Kirchengemeinden versuchten die schlimmste Not zu lindern, „schwarze" Schulen und Colleges bauten den Bildungsrückstand ab. Seit der Jahrhundertwende wanderten viele Schwarze in die Industriezentren des Nordens ab, aber auch dort waren sie unterprivilegiert. Die meisten von ihnen lebten in den Slums der Industriestädte. Ihr Einkommen lag weit unter dem Durchschnittsverdienst weißer Arbeiter und ihre Bildungs- und Aufstiegschancen waren gering. Aus der Sklavenfrage wurde das moderne Rassenproblem.

M8 Die Auseinandersetzung über die Sklavenfrage

a) Der Publizist und Gegner der Sklaverei, William Lloyd Garrison, über die amerikanische Verfassung und das System der Sklaverei (1852)

Wir werfen dem gegenwärtigen nationalen System vor, dass es auf Kosten menschlicher Freiheit und unter sträflicher Vernachlässigung von Prinzipien errichtet worden ist und bis zu dieser Stunde mit Blut von Menschen zusammengehalten wird. [...] Drei Millionen Amerikaner werden in der Union unterdrückt! Sie werden als Sklaven gehalten, als Ware gehandelt, wie Gut und Vermögen registriert! [...] Die Union, die sie zu Staub zermalmt, lastet auch auf uns und gemeinsam mit ihnen werden wir kämpfen, um sie zu zerbrechen. Auf die Verfassung, die diese Menschen in hoffnungsloser Abhängigkeit hält, könnten wir keinen Eid mehr leisten. Unser Wahlspruch lautet: „Keine Union mit Sklavenhaltern", weder im religiösen noch im politischen Bereich. Sie sind die grimmigsten Feinde der Mensch-heit und die schlimmsten Widersacher Gottes! Wir trennen uns von ihnen, nicht aus Zorn, nicht aus Bösartigkeit, nicht aus Eigensucht, auch nicht um sie zu verletzen oder um mit Warnungen, Ermahnungen und Vorwürfen ob ihrer Verbrechen aufzuhören und nicht, um den dahinsiechenden Sklaven seinem Schicksal zu überlassen – o nein! Wir tun dies, um unsere Hände vom Blut Unschuldiger zu reinigen, um dem Unterdrücker keine Unterstützung zu geben und um den Niedergang der Sklaverei in Amerika und in der ganzen Welt zu beschleunigen.

(G. Osofsky [Hg.], The Burden of Race, New York 1967, S. 94 ff. Übers. d. Verf.)

1 *Geben Sie wieder, mit welchen Argumenten Garrison die Sklaverei ablehnt.*

2 *Erklären Sie, warum die Abschaffung der Sklaverei die Union bedrohte.*

b) Der Rechtsanwalt George Fitzhugh über die Notwendigkeit der Sklaverei (1857)

Was man fälschlich eine „freie" Gesellschaft nennt, ist eine ganz neue Erfindung. In ihr sollen die Schwachen, Unwissenden und Armen frei werden. Sie sollen in einer Welt freigelassen werden, die nur wenigen Menschen gehört (denen Natur und Erziehung Stärke verliehen haben und die durch Besitz stärker geworden sind). Hier sollen diese Befreiten ihren Lebensunterhalt verdienen. Im eingebildeten Naturzustand, wo kein Eigentum zugeteilt ist, haben die Starken außer überlegenen körperlichen und geistigen Kräften keine Waffen, um die Schwachen zu unterdrücken. Ihre Fähigkeit zur Unterdrückung verstärkt sich tausendfach, sobald sie allein die Herren der Erde und aller Dinge darauf werden. Sie werden zu Herren, ohne die Verpflichtungen dieser Stellung zu haben, und die Armen werden zu Sklaven, ohne die Rechte von Sklaven zu haben.

(George Fitzhugh, Cannibals All!, Richmond 1857, neu hg. v. C. V. Woodward, The Belknapp Press of Harvard University Press, Cambridge/Mass. 1960, S. 72 f. Übers. d. Verf.)

1 *Mit welchen Argumenten legitimiert Fitzhugh die Sklaverei?*

2 *Nehmen Sie Stellung zu seiner Auffassung.*

M9 Die politische Position Lincolns (1862)

Ich möchte die Union retten. Ich möchte sie auf dem kürzesten verfassungsmäßigen Wege retten. Je früher die nationale Autorität wiederhergestellt werden kann, desto näher wird die Union sein der Union, wie sie war. [...] Mein höchstes Ziel in diesem Kampf ist die Rettung der Union, nicht der Schutz oder die Vernichtung der Sklaverei. Wenn ich die Union erretten könnte, ohne einen einzigen Sklaven zu befreien, würde ich es tun; und wenn ich sie retten könnte durch die Befreiung aller Sklaven, würde ich es tun; und wenn ich sie retten könnte, indem ich die einen befreite und die anderen nicht, so würde ich auch dies tun. Was ich wegen der Sklaverei und der farbigen Rasse tue, das tue ich, weil ich glaube, dass es beiträgt, die Union zu retten, und was ich unterlasse, das unterlasse ich, weil ich glaube, dass es zur Rettung der Union beitragen kann.

(R. Hofstadter [Hg.], Great Issues in American History, Bd. 1, Knopf, New York 1959. Übers. d. Verf.)

1 *Arbeiten Sie die Motive heraus, die Lincoln veranlassten, die Sklaverei in den USA abzuschaffen.*

M10 Der Gerichtsentscheid von 1896 – „Separate but equal"

Richter Brown: Dieser Fall bezieht sich auf die Verfassungsmäßigkeit eines Gesetzes des Parlaments von Louisiana vom Jahr 1890, das getrennte Eisenbahnwaggons für Weiße und Farbige vorsieht. [...] Das Ziel des [14.] Verfassungszusatzes war ohne Zweifel, die absolute Gleichheit beider Rassen vor dem Gesetz zu erzwingen, aber der Natur der Sache nach konnte damit nicht beabsichtigt sein,

Unterschiede, die auf der Hautfarbe beruhen, auszumerzen oder soziale Gleichheit, die von der politischen zu unterscheiden ist, durchzusetzen oder gar eine Vermengung der Rassen unter für beide Seiten unbefriedigenden Bedingungen. Gesetze, die die Rassentrennung dort erlauben oder sogar verlangen, wo beide Seiten in Kontakt kommen müssen, besagen nicht notwendigerweise auch, dass eine Rasse der anderen unterlegen sei. Solche Gesetze sind im Allgemeinen, wenn auch nicht überall, anerkannt als in die Kompetenz der Staatenlegislativen und in den Bereich der Polizeigewalt gehörend. Das bekannteste Beispiel hierfür sieht man bei der Errichtung von getrennten Schulen für weiße und farbige Kinder. Dies ist immer als rechtmäßige Ausübung der Gesetzgebungsbefugnis gewertet worden, selbst von den Gerichten jener Einzelstaaten, die die politischen Rechte der farbigen Rasse am längsten und nachdrücklichsten verwirklicht haben. [...]

Die Beweisführung unterstellt ferner als zwingend, dass dann, wenn die Farbigen die Vormacht in der Staatslegislative erhielten – was mehr als einmal der Fall gewesen ist[1] und was wieder so kommen könnte – und ein entsprechendes Gesetz beschlössen, die weiße Rasse dadurch auf eine untergeordnete Position verwiesen wäre. Wir könnten uns vorstellen, dass die weiße Rasse sich, gelinde gesagt, mit dieser Annahme nicht abfinden würde. Die Beweisführung unterstellt auch, dass man soziale Vorurteile mit Hilfe der Gesetzgebung überwinden könne und dass die Gleichberechtigung des Negers nur hergestellt werden könne durch eine Vermengung der zwei Rassen. Wir können dieser Auffassung nicht zustimmen. Wenn sich die zwei Rassen auf der Basis gesellschaftlicher Gleichheit treffen sollen, dann muss dies das Resultat natürlicher Affinität, gegenseitiger Wertschätzung der Verdienste des jeweils anderen und freiwilliger Übereinstimmung von Einzelnen sein. [...] Diese Gesetzgebung kann nicht rassische Instinkte auslöschen oder Unterschiede auf Grund physischer Merkmale aufheben; jeder Versuch, dies zu tun, kann nur die Schwierigkeiten der gegenwärtigen Situation unterstreichen. Wenn bürgerliche und politische Gleichberechtigung für beide Rassen besteht, kann die eine gegenüber der anderen weder bürgerlich noch politisch niedriger gestellt sein. Wenn die eine Rasse gegenüber der anderen Rasse jedoch sozial niedriger steht, kann die Verfassung der Vereinigten Staaten sie auch nicht auf eine gemeinsame Ebene heben.

Richter Harlan, abweichend: [...] Wenn aus der Vermengung der zwei Rassen auf öffentlichen Straßen, die zum Nutzen aller gebaut sind, Übles entstände, wäre dies unendlich geringer als jenes, das mit Sicherheit aus einer staatlichen Gesetzgebung resultiert, die den Genuss der Bürgerrechte auf rassischer Grundlage regelt. Wir rühmen uns der Freiheit, die unser Volk im Unterschied zu allen anderen Völkern genießt. Aber man kann dies Rühmen schwerlich mit dem Stand einer Gesetzgebung in Einklang bringen, die in der Praxis einem großen Teil unserer Mitbürger, unseren Gleichberechtigten vor dem Gesetz, den Stempel der Knechtschaft und der Erniedrigung aufdrückt. Die fadenscheinige These, dass Fahrgästen in Eisenbahnwaggons „gleiche" Transportbedingungen gewährt werden, wird keinen täuschen oder etwa aussöhnen mit dem Unrecht, das dieser Tag gebracht hat.

(Nach H. S. Commager [Hg.], The Struggle for Racial Equality. A Documentary Record, New York 1967, S. 29 ff. Übers. d. Verf.)

1 In der Zeit der radikalen „Reconstruction" (vom Norden bestimmte Wiederaufbaupolitik im Süden) 1867–1877 gab es schwarze Mehrheiten in den Parlamenten der Südstaaten.

1 *Erläutern Sie, was mit „separate but equal" gemeint ist.*

2 *Vergleichen Sie die Argumente der beiden Richter und nehmen Sie kritisch Stellung.*

1.5 Aufstieg der USA zur wirtschaftlichen und politischen Großmacht

Aufstieg zur Wirtschaftsmacht

Der Sieg des industriell weit entwickelten Nordens über den agrarischen Süden und die Erschließung des Landes durch Eisenbahnen leiteten den Aufschwung der USA zur Wirtschaftsgroßmacht ein (s. S. 150, 152). Die Hafenstädte des Ostens blieben die bedeutendsten Zentren der Nation, doch entstanden nach 1865 neue Städte und Industriezentren an den transkontinentalen Bahnlinien. Chicago, das verkehrsgünstig an der Schnittstelle zwischen dem Westen und dem Osten lag, war jahrzehntelang die am schnellsten wachsende Metropole des Landes.

Ungezügeltes **Wachstums- und Wettbewerbsdenken** war typisch für die Unternehmer und Bankiers nach 1865. Der schnelle Aufbau des kontinentalen Binnenmarktes und der riesige Kapitalbedarf beschleunigten die Entstehung neuer Unternehmensformen wie der Aktiengesellschaften. Unternehmen gleicher Produktionszweige schlossen sich zu Kartellen zusammen und versuchten ihre Marktanteile durch Preisabsprachen zu verteidigen. Andere Unternehmen wurden in Trusts zusammengeschlossen, die ganze Produktionszweige beherrschten und Zulieferern und Abnehmern die Preise diktierten. John D. Rockefellers Standard Oil Company errang eine Monopolstellung in der Erdölindustrie, Andrew Carnegies Stahlimperium fasste alle Produktionsstufen vom Bergbau bis zur Vermarktung zusammen; Großbanken erwarben durch ihren Aktienbesitz großen Einfluss auf die Entwicklung der Industrie. Entgegen ihrem Bekenntnis zum Wirtschaftsliberalismus schirmte die Regierung die Industrie durch hohe Schutzzölle vor ausländischer Konkurrenz ab.

In den großen Industriezentren waren die Arbeits- und Lebensbedingungen nicht besser als in Europa. Rationalisierungsmaßnahmen und die Rezessionen von 1873 und 1893 verursachten eine hohe Arbeitslosigkeit. Aus der Sicht der Unternehmer war Arbeit eine Ware, deren Preis von Angebot und Nachfrage bestimmt war. Die Politik vertraute darauf, dass das freie Spiel der Kräfte zu einem Ausgleich zwischen Kapital und Arbeit führen werde. Wenn es aber zu gewalttätigen Arbeiterdemonstrationen wie 1886 in Chicago kam, griffen Polizei und Armee mit aller Härte durch. Trotzdem konnten sozialistische und marxistische Theorien in den USA nie richtig Fuß fassen. Frühe gewerkschaftliche Organisationen wie die „National Labor Union" und der „Holy Order of the Knights of Labor" sahen in den 1860er-Jahren ihr Ziel nicht in der Umgestaltung des sozialen und politischen Systems, sondern in der genossenschaftlichen **Selbstorganisation der Arbeiter** und in der Verbesserung ihrer Lebensverhältnisse.

Eintritt in die Weltpolitik

Im Jahre 1823 betonte Präsident James Monroe (1817–1823) in der nach ihm benannten **Monroe-Doktrin**, die bis zum Ende des 19. Jahrhunderts Richtschnur amerikanischer Außenpolitik blieb, dass sich die USA nicht in die europäischen Konflikte einmischen würden (M 11). Gleichzeitig warnte er die Europäer davor, den amerikanischen Kontinent zum Ziel europäischer Großmachtpolitik zu machen. Die USA wollten so eine Intervention Europas in den Ländern Lateinamerikas verhindern, die sich von der spanischen Kolonialherrschaft befreit hatten. Aber auch Versuche Russlands sollten unterbunden werden, die Kette seiner pazifischen Stützpunkte von Alaska aus nach Süden auszubauen.

Die USA hatten sich ihre Unabhängigkeit gegen die Kolonialmacht Großbritannien erstritten und besaßen daher eine antikoloniale Tradition. Dennoch setzte sich in den 1880er- und 1890er-Jahren die Überzeugung durch, dass die USA im Kampf der europäischen Mächte um Einflusssphären nicht zurückstehen durften. Nach der Wirtschaftskrise von 1893 warben die Anhänger einer **imperialistischen Politik** mit dem Argument, die USA benötigten neue Märkte und Investitionsmöglichkeiten in Übersee, damit die Wirtschaft neue Wachstumsimpulse erhielt. Getragen

wurde der amerikanische Imperialismus aber auch durch ein spezifisches Sendungsbewusstsein, nach dem sich die USA weltweit für Fortschritt, Zivilisation und für die in der eigenen Unabhängigkeitserklärung verkündeten Freiheitsrechte einsetzen müssten.
Die **Hauptexpansionsräume** der USA wurden der Pazifik, Ostasien und Zentralamerika. 1898 annektierten sie Hawaii und zwangen Spanien, die Philippinen, Puerto Rico und Guam abzutreten; 1899 übernahmen sie das Protektorat über Samoa. Der entscheidende Schritt zur Weltpolitik war jedoch die Intervention in Kuba 1898, wo große amerikanische Investitionen in der Zuckerindustrie auf dem Spiel standen. Offiziell begründet wurde die Intervention damit, dass die USA den Unabhängigkeitskampf der Kubaner gegen Spanien unterstützen wollten.
Nachdem auf den Philippinen ein Guerillakrieg gegen die neuen Herren ausgebrochen war, setzte sich in den USA die Meinung durch, dass direkte Kolonialherrschaft einen zu großen Einsatz militärischer und finanzieller Mittel forderte. Weit effektiver war es, die überlegene Wirtschaftskraft der USA für den Ausbau eines „**Informal Empire**" einzusetzen, das sich auf die wirtschaftliche Durchdringung und die aus ihr resultierende politische Abhängigkeit stützte.
Als unerschöpflicher Absatzmarkt für billige amerikanische Konsumgüter galt **China**, das die europäischen Großmächte in riesige Einflusszonen unter sich aufteilen wollten. Die USA schlugen daraufhin den Europäern und Japan 1899/1900 vor, den chinesischen Markt gemeinsam zu erschließen. Kern der amerikanischen „**Open door policy**" war der gleichberechtigte Zugang aller Mächte nach China (M 12). Die Europäer reagierten auf den amerikanischen Vorschlag zurückhaltend, weil sie Nachteile im Wettbewerb mit der leistungsfähigen US-Wirtschaft fürchteten.
Zum wichtigsten Aktionsfeld des „**Dollarimperialismus**" entwickelten sich Zentralamerika und die Karibik, wo amerikanische Banken und Konzerne viel Geld investierten oder wie in Mexiko neue Technologien einführten. Da die Gewinne aus dem Abbau von Bodenschätzen und der Plantagenkultur von Zucker, Kaffee und Südfrüchten in die USA flossen, konnten diese Länder keinen eigenen Kapitalstock aufbauen. Die meisten der zentralamerikanischen Staaten, deren Eliten in den USA ausgebildet wurden, waren daher wenig mehr als nordamerikanische Protektorate, deren Regierungen sich den Wirtschaftsinteressen der USA unterwarfen.
1904 rechtfertigte Präsident Theodore Roosevelt diese Abhängigkeit mit der Monroe-Doktrin. Sie diente jetzt dazu, US-Interventionen in den mittelamerikanischen Staaten zu legitimieren und europäischen Einfluss und europäisches Kapital aus der Region zu verdrängen. Waren die Kapitalinteressen bedroht, griffen die USA auch militärisch ein und übernahmen die Kontrolle über Banken, Staatshaushalt und Schuldendienst. Das geschah nicht nur der Dominikanischen Republik, in Nicaragua, Haiti und Kuba, sondern 1914 auch in dem vom Bürgerkrieg zerrissenen Mexiko. 1903 löste sich Panama in einer von den USA inszenierten Revolution von Kolumbien. Das ermöglichte den Bau des **Panamakanals**, der für die USA von größter wirtschaftlicher und strategischer Bedeutung war, verkürzte er doch den Weg vom Atlantik in den Pazifik.
Im Ersten Weltkrieg blieben die USA zunächst neutral, obwohl die Sympathien der meinungsbildenden Ostküstenelite von Anfang an Großbritannien und Frankreich galten. Dabei spielten intensive wirtschaftliche Verflechtungen besonders mit den Briten eine große Rolle. Da ein Sieg der Mittelmächte amerikanische Kapital- und Wirtschaftsinteressen empfindlich getroffen hätte, gewährten US-Banken Frankreich und Großbritannien großzügig Kredite. Amerikaner zeichneten Kriegsanleihen zu Gunsten der Westmächte und die amerikanische Regierung lieferte ihnen Nahrungsmittel und Industriegüter.
Die USA lehnten Blockbildungen in Europa ab, weil sie ihre wirtschaftlichen Interessen gefährdeten. Gegenüber den Europäern vertraten sie die Ideen des **Freihandels**, der **nationalen Selbstbestimmung** und der **friedlichen Konfliktregelung**. Diese Vorstellungen wurden aus amerikanischer Sicht besonders durch das Hegemonialstreben des Deutschen Reiches bedroht. Als

Beweis führte man den deutschen Einmarsch in das neutrale Belgien an. Die öffentliche Meinung in den USA schlug aber erst um, als Berlin die – völkerrechtswidrige – Blockade Deutschlands durch die britische Flotte mit dem U-Boot-Krieg gegen die Nachschublinien Frankreichs und Großbritanniens beantwortete. Bei der Torpedierung des britischen Schiffes Lusitania 1915 fanden auch Amerikaner den Tod.

Aus amerikanischer Sicht war es aber ein unverzeihlicher Fehler, dass Deutschland Mexiko auf die Seite der Mittelmächte ziehen wollte und ihm versprach, seine Ansprüche auf die 1848 verlorenen Gebiete, also auf den ganzen Südwesten der USA, zu unterstützen. Anfang 1917 wollte die Reichsregierung eine schnelle Kriegsentscheidung erzwingen und erklärte den uneingeschränkten U-Boot-Krieg. Das führte Anfang April 1917 zur **Kriegserklärung der USA** (s. S. 469).

M11 Aus der Botschaft des Präsidenten Monroe an den Kongress (Dezember 1823), später „Monroe-Doktrin" genannt

An den Kriegen der europäischen Mächte in nur sie selbst angehenden Angelegenheiten haben wir nie irgendwelchen Anteil genommen, noch verträgt es sich mit unserer Politik, so etwas zu tun. Es ist nur, wenn unsere Rechte geschmälert oder ernstlich bedroht werden, dass wir Schädigungen übel nehmen oder Verteidigungsmaßnahmen treffen. Mit den Bewegungen auf dieser Halbkugel sind wir notwendig unmittelbar verbunden, und das aus Gründen, die allen aufgeklärten und unparteiischen Beobachtern offenkundig sein müssen. [...] Wir sind es deshalb der Aufrichtigkeit und den freundschaftlichen Beziehungen, die zwischen den Vereinigten Staaten und jenen Mächten bestehen, schuldig, zu erklären, dass wir jeden Versuch ihrerseits, ihr System auf irgendeinen Teil dieser Hemisphäre auszudehnen, als gefährlich für unseren Frieden und unsere Sicherheit betrachten würden. In den vorhandenen Kolonien und Besitzungen irgendeiner europäischen Macht haben wir uns nicht eingemischt und werden uns nicht einmischen. Aber bei den Regierungen, die ihre Unabhängigkeit erklärt und aufrechterhalten haben und deren Unabhängigkeit wir nach reiflicher Erwägung und auf Grund gerechter Prinzipien anerkannt haben, könnten wir irgendein Eingreifen einer europäischen Macht mit dem Zweck sie zu unterdrücken oder auf andere Weise ihr Schicksal zu bestimmen, in keinem anderen Licht sehen denn als Manifestation einer unfreundlichen Gesinnung gegen die Vereinigten Staaten.

(Quellen zur neueren Geschichte, hg. v. Historischen Seminar der Univ. Bern, Bern 1957, S. 26 ff.)

1 *Erläutern Sie die Ziele der US-Außenpolitik.*

M12 Der Finanzexperte Charles A. Conant zur „Open door policy" (1900)

Die Vereinigten Staaten können es sich nicht leisten, weiterhin eine Politik des Isolationismus zu betreiben, während sich andere Staaten der neuen überseeischen Märkte bemächtigen. Die Vereinigten Staaten sind immer noch ein wichtiger Anlagemarkt für Auslandskapital, doch die amerikanischen Investoren sind nicht bereit, die Erträge ihrer Kapitalanlagen auf das europäische Niveau absinken zu lassen. Während der vergangenen fünf Jahre sind die Zinssätze hier stark gesunken. Deshalb müssen neue Märkte und neue Investitionsmöglichkeiten gefunden werden, wenn überschüssiges Kapital Gewinn bringend angelegt werden soll.

[...] Der Autor dieser Zeilen ist kein Befürworter des „Imperialismus" aus Überzeugung, doch er scheut den Terminus nicht, wenn er lediglich meint, die Vereinigten Staaten sollten ihr Recht auf freie Märkte in allen Ländern wahren, die sich den überschüssigen Hilfsquellen der kapitalistischen Länder und damit den Wohltaten der modernen Zivilisation öffnen. [...] Entweder wir beteiligen uns in irgendeiner Weise an dem Wettbewerb zur Schaffung neuer Betätigungsfelder für unser Kapital und unseren Unternehmungsgeist in diesen Ländern oder wir fahren fort mit der sinnlosen Verdoppelung vorhandener Produktionsmittel, mit der Flut überflüssiger Produkte, mit den Erschütterungen als Folge wirtschaftlicher Stagnation und dem ständig sinkenden Zins für Investitionen als Folge einer passiven Politik.

(Ch. A. Conant, The United States in the Orient, Boston/ New York 1900, S. 29 ff.)

1 *Erläutern Sie, mit welchen Argumenten Conant für die Abkehr vom Isolationismus plädiert, und ordnen Sie die Quelle in den wirtschaftshistorischen Kontext ein.*

Karikaturen: Die Figur des „Uncle Sam“

Louis Dalrymple, Das Geschrei der Industrie nach staatlichem Schutz, Karikatur, 1896. – Die Karikatur stammt aus dem Jahre 1896. Uncle Sam ist in der Rolle einer Amme dargestellt, die ein schreiendes Kind zu versorgen hat. Auf dem Kleid des Babys ist zu lesen: „Infant Industries“ (Industriezweige in den Kinderschuhen). Auf der Flasche im Hintergrund steht: 41 % Protection (41 % Schutzzoll).

In den Händen seiner selbstlosen Freunde, Karikatur aus dem „Puck“, 1897. – Diese Karikatur ist der Titelseite des Magazins „Puck“ entnommen. Uncle Sam trägt eine Tasche, die mit den Buchstaben „U. S.“ bedruckt ist. Er befindet sich in Begleitung zweier korpulenter Herren, die ihm in die Taschen greifen. Auf ihren Zylindern ist „Monopolies“ und „Trusts“ zu lesen.

– *Interpretieren Sie die beiden Karikaturen. Woran erkennt der Betrachter Uncle Sam? Wen verkörpert er, wen das Baby und die beiden Herren? Formulieren Sie die Kritik der beiden Karikaturisten.*
– *Diskutieren Sie, inwieweit Karikaturen von Figuren, die wie Uncle Sam, die französische Marianne oder der deutsche Michel die Nation symbolisieren, sich als historische Quellen zur Rekonstruktion nationaler Identitäten eignen. Suchen, analysieren und vergleichen Sie entsprechende Karikaturen in Gruppenarbeit.*

Das Wort „Karikatur“ stammt aus dem Italienischen. „Caricare“ bedeutet „übertreiben, verzerren“. Der Historiker Joachim Rohlfes hat die folgende umfassende Definition einer Karikatur vorgeschlagen: „Karikaturen sind Denkanstöße. Sie leben nicht allein von der zeichnerischen Ausdruckskraft, sondern mindestens so sehr von dem zündenden Einfall, der witzigen Pointe. Karikaturen sind gezeichnete Witze und wie diese haben sie auch etwas von einem Rätsel. Die Anspielung, der chiffrierte Hinweis, die Verfremdung sind ihre typischen Stilmittel und das Vergnügen des Betrachters hängt entscheidend davon ab, dass er die Anspielungen und Parallelisierungen vollständig versteht. Das Verständnis von Karikaturen setzt Sachverstand voraus; wer die Sachverhalte, die der Zeichner karikiert, nicht kennt, kann mit der Karikatur wenig anfangen. Historische Karikaturen sind kommentierte und gedeutete Geschichte. Durch bissige Übertreibung will der Karikaturist Missstände anprangern, Verfehlungen aufspießen, Verhaltensweisen der Lächerlichkeit preisgeben [...]. Der Hauptzweck ist das Nachdenken über die Aussage, die der Künstler vermitteln will. Die gelungene Karikatur rührt an den Nerv der Dinge, macht betroffen, verkündet eine wirkliche Wahrheit.“
Satirische und verzerrende Darstellungen von Personen und Vorgängen gab es schon in der Antike und im Mittelalter. Die Karikatur als Form der Gesellschaftskritik setzt die Entstehung einer bürgerlichen Öffentlichkeit in der Frühen Neuzeit voraus. Während der Reformation und im Bauernkrieg kam es zu einer ersten Blüte, als überall in Deutschland Holzschnitte mit politischen Karikaturen verbreitet wurden. Die Erfindung der Lithografie Ende des 18. Jahrhunderts trug wesentlich zur Verbesserung der Verbreitung von Drucken bei. In den politischen und sozialen Auseinandersetzungen im 18. und 19. Jahrhundert spielte die Karikatur vor allem in England, Frankreich, den Vereinigten Staaten und Deutschland eine große Rolle.
Mit der Figur des „Uncle Sam“ schuf die amerikanische Karikatur eine Gestalt, die zunächst die Bundesregierung, dann aber auch die amerikanische Nation symbolisierte. In der Regel wird er als hagerer weißhaariger Herr in Frack und Zylinder dargestellt. Seine Kleidung weist die Farben der amerikanischen Flagge auf.
Der Name „Uncle Sam“ ist erstmals 1813 belegt. Vermutlich entstand er aus der Umdeutung der Initialen U. S. auf amerikanischem Bundeseigentum. „Uncle Sam“ war zunächst eine literarische Figur. 1816 veröffentlichte Fredrick Fidfaddy ein Buch mit dem Titel „The Adventures of Uncle Sam“. Seine typische Kleidung erhielt er wohl von Jack Downing, einer von dem Journalisten Seba Smith in den 1830er-Jahren erfundenen Figur, die zunächst den Down East Yankee verkörperte, den typischen Vertreter der Ostküste. Die zunehmende Popularität seiner Gestalt veranlasste Smith, Jack Downing auch als Vertrauensmann des Präsidenten darzustellen. Vermutlich erst nach dem Bürgerkrieg symbolisierte Uncle Sam dann auch die amerikanische Nation.

Fragen zur Entschlüsselung von Karikaturen:

1 *Beschreiben Sie die Karikatur. Was ist dargestellt?*
2 *Wann ist die Karikatur entstanden? Wie lauten ggf. die kommentierenden Worte?*
3 *Können Sie die dargestellten Personen identifizieren?*
Entschlüsseln Sie die in der Karikatur verwendeten Symbole.
4 *Auf welche konkrete historisch-politische Situation bezieht sich die Karikatur?*
5 *Interpretieren Sie die Aussage der Karikatur. Auf welche Konflikte und Widersprüche spielt sie an?*
Was kritisiert der Karikaturist? Erklären Sie die Pointe.
6 *Welche Absicht verfolgt der Zeichner mit der Karikatur? Für wen ergreift er Partei?*

2 Die USA im Zeitalter der Weltkriege

2.1 Politik, Wirtschaft und Gesellschaft am Ende des Ersten Weltkrieges

Weltwirtschaftsmacht USA

Aus dem Ersten Weltkrieg sind die Vereinigten Staaten als **stärkste Wirtschaftsmacht** hervorgegangen und haben Großbritannien, das in den 50 Jahren zuvor Welthandel und Weltfinanzen beherrscht hatte, in dieser Rolle abgelöst. Die Vereinigten Staaten von Amerika waren erst 1917 in den „Großen Krieg“ eingetreten und konnten deshalb ihre Wirtschaftsleistung durch die Auseinandersetzungen in Europa erheblich steigern. Vor allem die Kriegslieferungen an Großbritannien und Frankreich hatten das Land **vom Schuldner zum größten Kreditgeber der Welt** gemacht. Bei Kriegsende waren europäische Länder in den USA mit mehr als 10 Mrd. Dollar verschuldet. Und für die Umstellung der Kriegs- auf Friedenswirtschaft, die Versorgung der Kriegsversehrten, den Wiederaufbau der Städte und – im Falle Deutschlands – die Überweisung von Reparationszahlungen in völlig neuen Größenordnungen brauchte Europa Kapital, über das einzig die Vereinigten Staaten verfügten (Karte 4).
Die USA hatten den Krieg mit relativ wenig Verlusten überstanden und waren bis 1918 zum größten Agrar- und Industriestaat der Welt aufgestiegen. Sie konnten sowohl Industrieerzeugnisse als auch Lebensmittel billiger herstellen als Europa und obendrein Überschüsse für den Export produzieren. Befreit von der Notwendigkeit, Waren zu importieren, konnten die USA große Mengen Gold erwerben, die für die Vergabe von Krediten zur Verfügung standen.

B 4 George Luks, Nacht des Waffenstillstands, 1918, Öl auf Leinwand

– *Beschreiben Sie, wie der Maler Luks das Ende des Ersten Weltkriegs darstellt.*

Außenpolitik: Rückkehr zum Isolationismus

Ungeachtet der Vorherrschaft der USA auf wirtschaftlichem Gebiet, gab es bei den Amerikanern ein breites Bedürfnis, sich nach Ende des Krieges möglichst schnell aus Europa zurückzuziehen und sich auf die isolationistischen Mahnungen George Washingtons aus der Gründerzeit zu besinnen. Zwar hatte der republikanische Präsident **Woodrow Wilson** (1913–1921) als Kriegsziel der USA die weltweite Verbreitung von Frieden und Gerechtigkeit erklärt und in seinen im Januar 1918 verfassten **„14 Punkten"** allen Völkern das Recht auf nationale Selbstbestimmung zugesichert; auch sollte ein Völkerbund in Zukunft die internationale Sicherheit garantieren und Deutschland keine Reparationszahlungen leisten müssen. Aber Wilsons Haltung zur aktiven Rolle der USA in der internationalen Politik fand innenpolitisch keinen Rückhalt. Als er beispielsweise im Dezember 1918 zu den Friedensverhandlungen nach Frankreich fuhr, wurde er dort als erster US-Präsident auf europäischem Boden stürmisch begrüßt; als er hingegen im September 1919 eine Vortragsreise durch die USA unternahm, um die amerikanische Öffentlichkeit für den Friedensvertrag und den Völkerbund zu gewinnen, fand er keine Resonanz. Im Gegenteil: Nach zwei negativen Voten des Senats erklärte der amerikanische **Kongress** 1921 lediglich den Krieg gegen Deutschland für beendet und **lehnte den Beitritt** der USA **zum Völkerbund ab** (M 13). Wilsons Konzept, eine neue Ära internationaler Kooperation und kollektiver Sicherheitswahrung einzuleiten, in der die USA ihre außenpolitische Entscheidungs- und Handlungsfreiheit möglicherweise hätten einschränken müssen, war nicht mehrheitsfähig. In den Präsidentschaftswahlen von 1920 siegte der Republikaner Warren Harding, der versprach, wieder „normale Zeiten" einkehren zu lassen.

Gesellschaftliche Unruhen 1919/21

In den ersten Nachkriegsjahren durchlebte die amerikanische Gesellschaft eine Krise. Zum einen drängten die entlassenen Soldaten auf den Arbeitsmarkt, was die **Arbeitslosenquote** in die Höhe schnellen ließ; 1921 lag sie bei rund **zwölf Prozent**. Zum anderen hatte die Bundesregierung während des Krieges mit staatlichen

B 5 Verletzter US-Kriegsveteran bei einer Siegesparade nach dem Ersten Weltkrieg, zeitgenössische Fotografie

– *Vergleichen Sie die Fotografie mit dem Gemälde von Luks (B 4). Welche Sicht vom Kriegsende vermittelt B 4, welche Sicht der Fotograf in B 5?*
– *Vergleichen Sie B 4 mit M 10 auf S. 185 f. und interpretieren Sie beide Materialien im Hinblick auf die gesellschaftliche Stellung der Schwarzen in den USA am Ende des Ersten Weltkriegs.*

Eingriffen die Produktion von Rüstungsgütern in die Höhe getrieben. Dies hatte auch die Löhne wachsen lassen und vielen Arbeitern binnen kurzem den Lebensstandard der Mittelschichten beschert. Nach Kriegsende konnte sich die Industrie allerdings nicht schnell genug auf die Produktion von Konsumgütern umstellen, was einen Kaufkraftüberhang und eine leichte Inflation bewirkte: 1919 und 1920 stieg das Preisniveau um 16 bzw. 15 %. Vor allem im Kohlebergbau und in der Stahlindustrie antworteten die Gewerkschaften auf diese Entwicklung mit **Streiks,** um über Lohnerhöhungen eine Sicherung des Lebensstandards der Arbeitnehmer zu erwirken.
In den Jahren nach Kriegsende erlebten die USA eine Welle des **nationalistischen Patriotismus**. Dieser richtete sich unter anderem gegen die aus Süd- und Osteuropa Eingewanderten in den Großstädten, die wegen des Krieges und der Russischen Revolution in Amerika Zuflucht gesucht hatten. Dass bereits vorhandene Gesetze zur Beschränkung der Einwanderung weiter verschärft wurden, änderte nichts an dem Aufkommen der so genannten **Angst vor den Roten** (red scare) im Jahre 1919. Allein 1920 wurden 5000 vermeintliche Revolutionäre verhaftet, obwohl die beiden kommunistischen Parteien kaum mehr als 75 000 Mitglieder umfassten. Überhaupt verbreitete sich eine politische Stimmung, die alles Fremde als „unamerikanisch" ablehnte. Der Ku-Klux-Klan wurde wieder aktiv (s. S. 184) und fand großen Zulauf; im Süden ging er gegen Schwarze vor, im Osten und Mittleren Westen gegen Einwanderer, Juden und Katholiken. Erneut spitzte sich das Rassenproblem zu: Amerikanische Schwarze, die in Europa für die Demokratie gekämpft hatten (B 5), kehrten in ein Land zurück, für dessen weiße Minderheit die **Rassentrennung** (Segregation) ein Selbstverständnis geblieben war. Als sie sich 1919 in weißen Wohngebieten niederlassen wollten, kam es zu schweren Auseinandersetzungen.

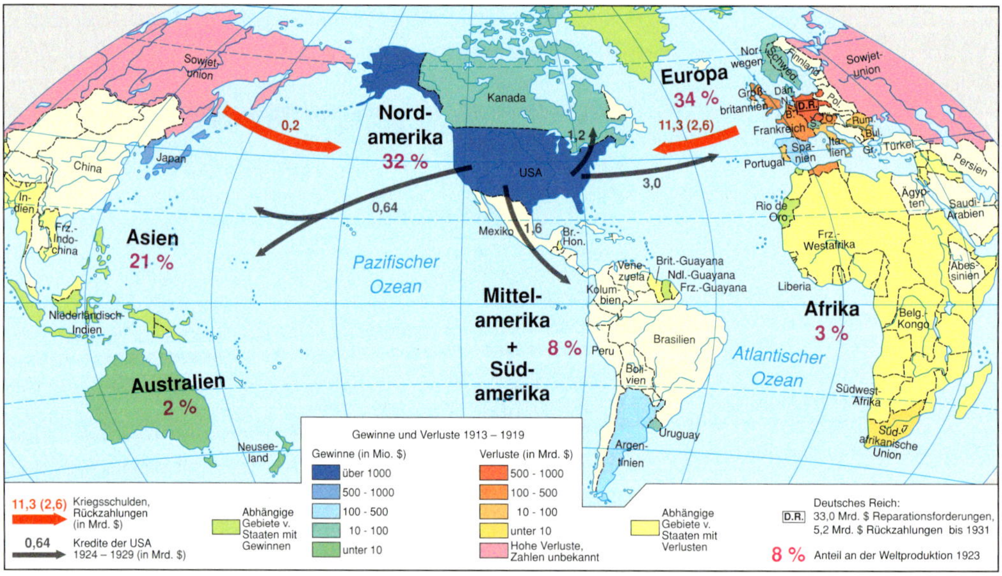

Karte 4 Die USA und die wirtschaftlichen Folgen des Ersten Weltkriegs

– *Erarbeiten Sie aus der Karte die ökonomischen Beziehungen zwischen den Staaten und erläutern Sie die besondere Position der USA.*
– *Für diese Karte wurde eine andere Darstellung als die übliche europazentrische gewählt. Diskutieren Sie diese Darstellungsform.*

Republikanische Wende

Die gesellschaftlichen Unruhen der Nachkriegszeit und der Drang zum Isolationismus verhalfen dem Republikaner Warren Harding 1920 zu einem erdrutschartigen Sieg bei den Präsidentschaftswahlen. Rückzug des Staates aus der Wirtschaft, Abbau der öffentlichen Verschuldung und Senkung der Staatsausgaben, Steuersenkungen für Industrie und besser Verdienende und Schutz der Wirtschaft vor ausländischer Konkurrenz durch Schutzzölle – das war das Programm der **Republikaner**, die **1920 bis 1932** die **Präsidenten** stellten und einen ungehemmten **Wirtschaftsliberalismus** wieder aufleben ließen. Die sozialreformerische Phase der Progressiven, d.h. von Theodore Roosevelt (1901–1909) und Woodrow Wilson (1913–1921), war damit beendet, obwohl einige ihrer grundlegenden Programmpunkte, z. B. das Frauenwahlrecht, inzwischen Gesetz geworden waren (1920).

M13 Kritik des amerikanischen Staatssekretärs des Auswärtigen, Robert Lansing, am Versailler Vertrag (8. Mai 1919)

Gestern wurden die Friedensbedingungen den deutschen Bevollmächtigten übergeben und zum ersten Male in diesen Tagen fieberhaft erregter Vorbereitung hat man Zeit, den Vertrag als ein vollständiges Schriftstück in Augenschein zu nehmen. Der Eindruck, den er macht, ist enttäuschend, erweckt Bedauern und Niedergeschlagenheit. Die Friedensbedingungen erscheinen unsagbar hart und demütigend, während viele von ihnen mir unerfüllbar scheinen.

Der durch den Vertrag geschaffene Völkerbund soll – darauf vertraut man – den künstlichen Aufbau am Leben erhalten, der auf dem Wege des Kompromisses der widerstreitenden Interessen der Großmächte errichtet wurde, und ein Keimen der Kriegssaat, die in so vielen Paragrafen ausgesät ist und unter normalen Bedingungen bald Früchte tragen würde, verhindern. Der Bund könnte ebenso gut das Wachstum der Pflanzenwelt in einem tropischen Dschungel verhindern. Kriege werden früher oder später entstehen.

Man muss von vornherein zugeben, dass der Bund ein Werkzeug der Mächtigen ist, um das normale Wachstum nationaler Macht und nationaler Bestrebungen bei jenen aufzuhalten, die durch die Niederlage machtlos geworden sind. Prüft den Vertrag, und ihr werdet finden, dass Völker gegen ihren Willen in die Macht jener gegeben sind, die sie hassen, während ihre wirtschaftlichen Quellen ihnen entrissen und anderen übergeben sind. Hass und Erbitterung, wenn nicht Verzweiflung, müssen die Folgen derartiger Bestimmungen sein. Es mag Jahre dauern, bis diese unterdrückten Völker im Stande sind, ihr Joch abzuschütteln, aber so gewiss, wie die Nacht auf den Tag folgt, wird die Zeit kommen, da sie den Versuch wagen.

Dieser Krieg wurde von den Vereinigten Staaten geführt, um für immer Zustände zu vernichten, die ihn hervorbrachten. Diese Zustände sind nicht zerstört worden. Andere Zustände, andere Bedingungen haben sie verdrängt, die nicht minder als jene den Hass, die Eifersucht, den Argwohn wecken. An Stelle des Dreibundes und der Entente hat sich der Fünfbund erhoben, der die Welt beherrschen soll. Die Sieger in diesem Kriege gedenken ihren vereinten Willen den Besiegten aufzuzwingen und alle Interessen ihren eigenen unterzuordnen.

Es ist wahr, dass sie, um die wach gewordene öffentliche Meinung der Menschheit zu befriedigen und dem Idealismus des Moralisten etwas zu bieten, die neue Allianz mit einem Heiligenschein umgeben und „Bund der Völker" genannt haben. Doch wie man ihn auch nennen oder sein Wesen verkleiden mag, er bleibt eine Allianz der fünf großen Militärmächte.

Wozu die Augen vor der Tatsache verschließen, dass die Macht, durch Anwendung vereinter Kraft der „Fünf" Gehorsam zu erzwingen, das Grundprinzip des Bundes ist. Gerechtigkeit kommt in zweiter Linie, die Macht geht vor.

Der Bund, wie er jetzt besteht, wird der Habgier und Intrige anheim fallen; und die Bestimmung der Einstimmigkeit im Rate, die eine Schranke hiergegen bieten könnte, wird durchbrochen werden oder die Organisation machtlos machen. Sie soll dem Unrecht den Stempel des Rechts aufdrücken.

Wir haben einen Friedensvertrag, aber er wird keinen dauernden Frieden bringen, weil er auf dem Treibsand des Eigennutzes gegründet ist.

(Günter Schönbrunn [Hg.], Geschichte in Quellen, Bd. 6, bsv, München ³1979, S. 128 f.)

1 *Mit welchen Argumenten begründet Lansing seine ablehnende Haltung gegenüber dem Völkerbund? Welche Tradition der amerikanischen Außenpolitik wird dadurch aufgegriffen?*

2 *Analysieren Sie M 13 mit Blick auf die Ziele der amerikanischen Außenpolitik nach dem I. Weltkrieg.*

2.2 Die „roaring twenties" – die „wilden Zwanziger"

Wirtschaftsaufschwung – Massenkonsumgesellschaft

Der Konjunkturverlauf seit 1922/23 bescherte den USA einen ungeheuren Aufschwung. Zwischen 1921 und 1929 gab es fast eine Verdoppelung der Industrieproduktion. Durch die Vergabe von Aktien war es für Unternehmer ein Leichtes, Kapital für Neuinvestitionen zu bekommen. Die Arbeitsplätze – so schien es – waren sicher und ständig kamen neue hinzu (M 14).
Die Leitbranchen des Aufschwungs bildeten die **Automobil- und** die **Elektroindustrie**. Technische Neuerungen und die Rationalisierung (z. B. Fließbandarbeit, automatische Bohrmaschinen) ließen die Preise sinken; das Automodell „Tin Lizzy" von Ford, das 1909 noch 950 Dollar gekostet hatte, konnte man 1925 für 290 Dollar erwerben (M 15).
Die Realeinkommen stiegen beträchtlich und brachten einen riesigen Binnenmarkt hervor, der aufnahmefähig für Konsumgüter aller Art war. Schon 1926 kam ein Auto auf fünf Einwohner – ein Verhältnis, das in der Bundesrepublik erst 1965 erreicht wurde (B 7).
Niedrige Zinsen erlaubten es den Banken, großzügig Konsumentenkredite zu vergeben und den **Ratenkauf** einzuführen. Tatsächlich wurden in den USA Ende der 1920er-Jahre 60 % aller Kraftfahrzeuge und 75 % aller Möbel „auf Pump" gekauft. Ladengesellschaften für Lebensmittel oder Drogeriewaren breiteten sich mit ihren Filialen im ganzen Land aus und veränderten die Verteilungswege. Das Gleiche galt für die Warenhäuser.
Die Massenmotorisierung gab allen Industrien, die als Zubringer mit der Autoproduktion verbunden waren, neue Wachstumsimpulse. Auch die **Baubranche** wurde zu einer Stütze des konjunkturellen Aufschwungs. Bundesregierung und Einzelstaaten steckten nämlich große Summen in den Ausbau der Straßen. Und wer es sich leisten konnte, erwarb ein Eigenheim in der Vorstadt, denn die Arbeitsplätze in den Citys, die sich zu Zentren von Handel, Verwaltung und Dienstleistung entwickelten, waren ja mit dem Auto schnell zu erreichen. Überall in den Städten entstanden Wolkenkratzer. Die heute noch charakteristischen Silhouetten von Manhattan und Chicago, die sich in den 1920er-Jahren herausgebildet haben, gelten immer noch als Manifestation amerikanischen Selbstbewusstseins und amerikanischer Leistungsfähigkeit.
Der wirtschaftliche Aufschwung beschleunigte den Wandel der Berufsstruktur. Neue Berufsfelder entstanden vor allem im **Dienstleistungsbereich** (z. B. Banken, Verkehr, Handel). Neue Jobs entwickelten sich auch in der neuen Werbeindustrie (B 11), die über Radio und Filme, Plakate und Anzeigen die Verbraucher zum Kauf massenproduzierter Konsumgüter wie Autos, Radios oder elektrischer Küchengeräte animieren sollte. Die Inhaber der neuen **„white-collar-jobs"**

B 6 King Oliver's Creole Jazz Band Anfang der 1920er-Jahre in Chicago, zeitgenössische Fotografie. – Die Band wurde die erste bedeutende schwarze Jazzgruppe, zu der der junge Louis Armstrong (im Vordergrund kniend) gehörte.

– *Informieren Sie sich über Louis Armstrong und bereiten Sie anhand seiner Biografie ein Referat über die gesellschaftliche Entwicklung der USA in seiner Zeit vor.*

B 7 Verkehrsstau an einem Sonntagnachmittag in St. Louis/Missouri, Fotografie, 1920er-Jahre

– *Diskutieren Sie anhand des Bildes und der Darstellung über die wirtschaftliche und soziale Rolle, die das Auto in den 1920er-Jahren in den USA spielte.*

(engl. white collar = weißer Kragen; Büroarbeiter) fühlten sich der Mittelschicht zugehörig. In Abgrenzung zu den Arbeitern mit „blauem Kragen“ (engl. blue collar; Industriearbeiter) entwickelten sie sich als eigene soziale Gruppe und wurden zu Trägern der modernen Massenkultur.

Massenkultur und „American Dream“

Die erhebliche Verbesserung der Einkommen und des Lebensstandards brachten in den 1920er-Jahren eine **Massenkonsumgesellschaft** hervor, in der sich der „American Dream“ zu verwirklichen schien: Jeder, der leistungswillig und -fähig war und gewisse Risiken auf sich nahm, konnte an diesem Leben teilhaben (M 16).
Zu dieser Welt, die in Europa für viele Menschen zum bewunderten Vorbild wurde, gehörte auch die Massenkultur der Städte mit ihren Jazzlokalen (B 6), Shows und Musicals, mit Radios und vor allem den Hollywoodfilmen. Schon 1926 war die **Filmindustrie** der fünftgrößte Industriezweig des Landes, der mit seinen Exporten den amerikanischen Lebensstil in die Welt hinaustrug. Filmstars verkörperten die Träume und Sehnsüchte der Zeit. Die Stars des zunehmend kommerzialisierten Sports wurden zu Helden der Moderne, die boxend, Baseball oder Football spielend den

B 8 „Flapper“, Fotografie, 1925. – „Flapper“ nannten sich vor allem junge Frauen, die in den 1920er-Jahren in den USA durch modische Kleidung und unkonventionelles Verhalten mit alten gesellschaftlichen Rollenmustern brechen wollten.

– *Erläutern Sie, ausgehend von den Abbildungen B 6 bis B 8, den Begriff der „roaring twenties“.*

B 9 Grant Wood, „American Gothic", 1930, Öl auf Leinwand

– *Beschreiben Sie B 9 und interpretieren Sie es als Dokument der US-Gesellschaft.*
– *Vergleichen Sie B 9 mit B 6 bis 8 und interpretieren Sie die Bilder im Hinblick auf die Struktur der US-Gesellschaft in den 1920er-/30er-Jahren.*

Aufstieg schafften und es manchmal sogar bis zum Millionär brachten. Neben den Sport- und Filmstars wurden auch diejenigen bewundert, die in herausragender Weise individuellen Leistungswillen und die Beherrschung komplizierter Techniken zeigten, so z. B. **Charles Lindbergh**, ein Postpilot, der sich ein einmotoriges Flugzeug selbst baute und damit 1927 als erster Mensch allein den Atlantik überquerte.

Die Ausgeschlossenen des Wirtschaftsaufschwungs

Vom wirtschaftlichen Boom der Zwanzigerjahre und von der Massenkultur konnten weder alle Zweige der Wirtschaft noch alle Gruppen der Gesellschaft profitieren. Im Gegenteil: Der **Kohlebergbau** und die früher so wichtige **Eisenbahnindustrie** unterlagen der Konkurrenz des Autos und der Mineralölindustrie und nahmen daher am Aufschwung nicht teil.
Vor allem aber überdeckte der Boom die **Krise der Landwirtschaft**, deren Anteil am Sozialprodukt zwischen 1919 und 1929 von 16 auf 8 % zurückging. Waren die Einkommen der Farmer während des Ersten Weltkriegs durch die Lebensmittelexporte an die Alliierten zunächst gestiegen und hatten viele Farmer aus ebendiesem Grund die Anbauflächen ausgeweitet und die Produktivität durch den Einsatz moderner Agrartechnologie gesteigert, geriet die Landwirtschaft nun in eine Überproduktionskrise, die die Preise drückte. Auch gaben die Menschen, deren Löhne gestiegen waren, ihr Geld für Konsumgüter und nicht für mehr Brot und Rindfleisch aus. Viele Farmer konnten daher wegen fehlender Absatzmöglichkeiten und stagnierender Agrarpreise die Kredite nicht mehr zurückzahlen, mit denen sie die Modernisierungsmaßnahmen finanziert hatten. Allein während der Umstellungskrise 1919/21 gaben so eine halbe Million Farmer ihre Betriebe auf. 1929 erreichte ihr Realeinkommen nur 89 % des Vorkriegsstandes. Die auf „Laisser-faire"-Wirtschaft eingestellte Bundesregierung griff ihnen nicht unter die Arme.
Von Massenkonsum und Massenkultur profitierten hauptsächlich die weißen Mittelschichten in den Ballungsgebieten. Viele **Schwarze** und **Einwanderer** konnten zwar in manch früheres Wohngebiet der weißen Mittelschichten nachrücken, blieben aber alles in allem wesentlich ärmer.

Stadt-Land-Gegensatz und „wahres" Amerika

Der Unterschied zwischen ländlich-kleinstädtischen Regionen, in denen immer noch knapp die Hälfte der amerikanischen Bevölkerung lebte, und der großstädtisch-industriellen Gesellschaft war nicht nur ein Gegensatz, der auf der unterschiedlichen Wirtschaftskraft beruhte. Hier prallten gegensätzliche Erfahrungen, Wertvorstellungen und Lebensweisen aufeinander: auf der einen Seite das freie, auf Konsum, Jugendlichkeit und individuelle Selbstverwirklichung orientierte Leben der Großstadt, auf der anderen Seite der traditionelle **Puritanismus der Landbevölkerung**, die in überschaubaren Kreisen lebte, eine traditionelle Verteilung der Geschlechterrollen befürwortete und den Glauben an Gott und Moral bekräftigte (B 9). Im ländlichen Süden waren diese Vertreter des so genannten wahren Amerika am häufigsten zu finden. Sie lehnten den Materialismus der Moderne ab und propagiertenWerte wie Frömmigkeit, Fleiß und Bescheidenheit. Scherzhaft nannte man diese Region daher auch **„Bibeldistrikt"**. Auf den Einfluss des „wahren" Amerika ging auch das 1919 erlassene Bundesgesetz zum **Alkoholverbot** zurück (engl. kurz „das Verbot" = prohibition), das jedoch ohne große Durchsetzungskraft blieb (daher 1933 wieder aufgehoben).

M14 Wirtschaft und Gesellschaft der USA 1910–1940

Jahr	Stadtbevölkerung (in Mio.)	Landbevölkerung (in Mio.)	Erwerbspersonen (in Mio.)	Anteil (in Prozent) der Beschäftigten in		
				Landwirtschaft	Industrie	Handel, Transport
1910	42,0	50,0	37,5	31,4	22,2	14,2
1920	54,2	51,6	41,6	25,9	26,9	14,0
1930	69,0	53,8	48,8	21,6	20,2	16,6
1940	74,4	57,2	56,3	17,0	20,1	16,6

Jahr	Personal der Bundesreg. (in 1000)	Personal der Streitkräfte (in 1000)	Bruttosozialprodukt (in Mrd. US-$)	Elektrizität (in Mrd. kWh)	Zugelassene Pkw (in Mio.)	Arbeitslosenquote (in Prozent)
1910	–	–	120,1	25	0,5	5,9
1920	655	343	140,0	57	8,1	5,2
1930	601	256	183,5	115	23,0	8,7
1940	1042	458	227,2	180	27,5	14,6

(Willi P. Adams [Hg.], Die Vereinigten Staaten von Amerika, Frankfurt/Main 1977, S. 502 ff.; Erich Angermann, Die Vereinigten Staaten von Amerika als Weltmacht, Klett, Stuttgart 1987, S. 9 f.; B. R. Mitchell, International Historical Statistics, Barsingstoke u. a. 1983)

M15 Massenproduktion und Arbeitsverhältnisse in den USA: das Beispiel Ford

a) Der Autohersteller Henry Ford (1863–1947) in seinen Memoiren über die Grundprinzipien seines Unternehmens (1923)

Gäbe es ein Mittel, um zehn Prozent Zeit zu sparen oder die Resultate um zehn Prozent zu erhöhen, so bedeutete die Nichtanwendung dieses Mittels eine zehnprozentige Steuer (auf alle Produktion): [...] Man erspare zwölftausend Angestellten täglich zehn Schritte und man hat eine Weg- und Kraftersparnis von fünfzig Meilen erzielt. Dies waren die Methoden, nach denen die Produktion meines Unternehmens eingerichtet wurde. [...] Unsere gelernten Arbeiter und Angestellten sind die Werkzeughersteller, die experimentellen Arbeiter, die Maschinisten und die Musterhersteller. Sie können es mit jedem Arbeiter auf der Welt aufnehmen – ja, sie sind viel zu gut, um ihre Zeit in Dinge zu vergeuden, die mit Hilfe der von ihnen gefertigten Maschinen besser verrichtet werden. Die große Masse der bei uns angestellten Arbeiter ist ungeschult; sie lernen ihre Aufgabe innerhalb weniger

B 10 Charles Chaplin in dem Film „Moderne Zeiten", USA, 1936

Stunden oder Tage. Haben sie sie nicht innerhalb dieser Zeit begriffen, so können wir sie nicht gebrauchen. [...]
Ein Fordwagen besteht aus rund 5000 Teilen – Schrauben, Muttern usw. mitgerechnet. Einige sind ziemlich umfangreich, andere hingegen nicht größer als Uhrteilchen. Bei den ersten Wagen, die wir zusammensetzten, fingen wir an, den Wagen an einem beliebigen Teil am Fußboden zusammenzusetzen, und die Arbeiter schafften die dazu erforderlichen Teile in der Reihenfolge zur Stelle, in der sie verlangt wurden, ganz so, wie man ein Haus baut. [...] Das rasche Wachstum und Tempo der Produktion machte jedoch sehr bald das Ersinnen neuer Produktionspläne erforderlich, um zu vermeiden, dass die verschiedenen Arbeiter übereinander stolperten. Der ungelernte Arbeiter verwendet mehr Zeit mit Suchen und Heranholen von Material und Werkzeugen als mit Arbeit und erhält dafür geringen Lohn, da das Spazierengehen bisher immer noch nicht sonderlich hoch bezahlt wird. Der erste Fortschritt in der Montage bestand darin, dass wir die Arbeit zu den Arbeitern hinschafften statt umgekehrt.
(Henry Ford, Mein Leben und Werk, Leipzig 1923, S. 89 ff.)

b) Der amerikanische Wirtschaftswissenschaftler John K. Galbraith über Ford (1964)

Ford gehörte nur wenige Jahre zu den Arbeitgebern, die hohe Löhne zahlten. [...] Auch angesichts der Inflation während des Ersten Weltkriegs blieben die Löhne bei Ford lange Zeit auf gleicher Höhe. [...] Inzwischen war Fords Wagen veraltet, aber Ford war weiterhin überzeugt, dass die Leute ihn kaufen würden, wenn nur der Preis niedrig genug blieb. Der lag tatsächlich niedrig. [...] Ebenso niedrig lagen die Kosten. Sie wurden herabgedrückt, indem man die Leute ausnützte. Sorenson[1] und seine Mitarbeiter waren Meister in der Beschleunigung des Arbeitstempos. [...]
Als die Wirtschaftskrise kam und die Schlangen vor den Volksküchen länger wurden, konnte Ford aus seiner sozialen Schau zu dem Schluss gelangen, dies seien „heilsame" und die „besten Zeiten, die wir je erlebten".
(John K. Galbraith, Tabus in Wirtschaft und Politik der USA, Rowohlt, Reinbek 1964, S. 116 ff.)

1 Produktionsleiter bei Ford

c) Der amerikanische Schriftsteller John Dos Passos (1896–1970) über die Arbeit bei Ford (1936)

Das ist die amerikanische Idee: Wohlstand durch das Auto, der von oben herab rieselt; es stellt sich heraus, dass er an Fäden wie Marionetten hing.
Dass 5 $ am Tag,
bezahlt an gute, saubere amerikanische Arbeiter, die nicht tranken oder rauchten oder lasen oder selbst dachten,
die nicht Ehebruch begingen
und deren Frauen keine [männlichen] Untermieter aufnahmen,
Amerika einmal mehr zum Yukon[1] der schweißgebadeten Arbeiter der Welt machten und alle tin lizzies[2] und das Automobilzeitalter und nebenbei Henry Ford machten, den Automobilkönig, den Bewunderer von Edison[3], den Vogelliebhaber, zum großen Amerikaner seiner Zeit machten. [...]
Bei Ford wurde die Produktion ständig verbessert: Weniger Ausschuss, mehr Aufseher, mehr kontrollierende Vorarbeiter, mehr Überwacher (15 Minuten Frühstückspause, drei Minuten auf den Gang zur Toilette, überall die tayloristische Antreiberei, greife darunter, setze die Unterlegscheibe auf, ziehe die Schraube fest, schlage den Bolzen fest, greifedarunter, setzedieunterlegscheibe auf, ziehedieschraubefest, greifedaruntersetzeaufschraubefestgreifedaruntersetzeauf, bis jeder Funke Leben für die Produktion aufgesaugt wurde und die Arbeiter in der Nacht nach Hause gehen wie graue, zitternde, leere Hülsen).
(John Dos Passos, The Big Money, New York 1969, S. 73 u. 75. Übers. v. H. Wunderer.)

1 Fluss in Kanada/Alaska mit großen Goldadern am Oberlauf
2 Modell der Ford-Autos
3 Thomas Alva Edison (1847–1931), amerikanischer Erfinder und Unternehmer, erbaute das erste Elektrizitätswerk (1882).

1 *Beschreiben Sie anhand der Darstellung die Entwicklung der Produktionskosten bei Ford und* *erläutern Sie anhand von M 15a und b, wie es Ford gelang die Kosten zu senken.*

2 *Definieren Sie kurz den Begriff „Fordismus" (Handbücher, Lexika).*

3 *Fassen Sie die Kritik von Dos Passos am Fordismus zusammen (M 15c).*

4 *Diskutieren Sie anhand von B 10 die Auswirkungen der Massenproduktion.*

M16 Massenkonsumgesellschaft

a) Verkaufte Kühlschränke und Radiogeräte in den USA 1920–1929

Jahr	Kühlschränke	Jahr	Radios
1920/21	5 000	1920/21	k. A.
1922/23	18 000	1922/23	600 000
1924/25	75 000	1923/24	3 500 000
1926/27	390 000	1926/27	4 100 000
1928/29	890 000	1928/29	7 678 000

(Bernd Mütter u. a. [Hg.], Geschichtsbuch 4, Neue Ausgabe, Cornelsen, Berlin 1996, S. 23)

b) Der Historiker Hartmut Petzold über den Beginn der Massenproduktion von Elektronenröhren (1987)

Die nicht vorgesehene und zumindest am Anfang nicht geplante schnelle Verbreitung des Broadcasting Systems ermöglichte seit Beginn der 20er-Jahre […] eine ständig weiterwachsende Röhrenproduktion. Erst mit der Massenproduktion von Elektronenröhren entstand der austauschbare Universalbaustein eines neuen technischen Systems und damit einer neuen Technologie, der nach wenigen Jahren in allen industrialisierten Ländern für immer neue Verwendungsvarianten zur Verfügung stand und ständig weiterentwickelt wurde. […]

Weltweit gab es 1931 nach damaliger Schätzung über dreißig Millionen Rundfunkhörer, die sich etwa zu gleichen Teilen auf die USA und Europa aufteilten. 1929 gab es weltweit 1100 Rundfunksender, die mit 1730 kW sendeten, davon 810 in Amerika und 201 in Europa. 1931 wurden schätzungsweise acht Millionen Radioempfänger im Wert von 1,75 Mrd. RM, davon vier Millionen in Europa im Wert von 0,6 Mrd. RM, produziert. […]

In Deutschland war die Jahresproduktion an Röhren von 102 125 im Jahre 1923 auf 5,875 Mio. im Jahre 1931 gestiegen, in den USA im gleichen Zeitraum von 4,5 Mio. auf 52 Mio. Der technischen Weiterentwicklung stand dabei ein Absinken der Preise gegenüber. Der durchschnittliche Preis für einen serienmäßig hergestellten Dreiröhrenempfänger, der 1923 325 RM betragen hatte, sank bis 1928 auf 21 RM. […]

Nachdem die AT & T[1]-Röhren im Labor Mitte 1913 eine Lebensdauer von 1000 Stunden erreichten, begann man mit Feldversuchen, bei denen im Oktober 1913 auf der Linie zwischen Washington und New York in Philadelphia ein Röhren-Telefonverstärker eingesetzt wurde.

Während in Europa Forschung und Entwicklung unter die Kriegsbedingungen gerieten, wurden die Programme in den USA zielstrebig weitergeführt. Das herausragende Ereignis war die Eröffnung der transkontinentalen Telefonlinie der AT & T zwischen New York und San Francisco am 25. Januar 1915 […].

Die Bedeutung des Krieges für die technische Beherrschung der Massenproduktion elektrischer Geräte, Komponenten und insbesondere Röhren betraf vor allem die Standardisierung und die Erfahrungen für die Herstellungsverfahren. Bei AT & T lag der Röhrenausstoß pro Woche im August 1917 bei knapp 200, bei Kriegsende im November 1918 bei 25 000.

(Hartmut Petzold, Zur Entstehung der elektronischen Technologie in Deutschland und den USA, in: Geschichte und Gesellschaft , Vandenhoeck, Jg. 13, 1987, S. 344 ff.)

1 American Telephone and Telegraph Company

1 *Erarbeiten Sie aus M 16a und b und B 11 Merkmale der Massenkonsumgesellschaft.*

2 *Setzen Sie sich anhand von M 16b mit der These auseinander, die Elektrizität habe in den 1920er-Jahren den amerikanischen Alltag modernisiert.*

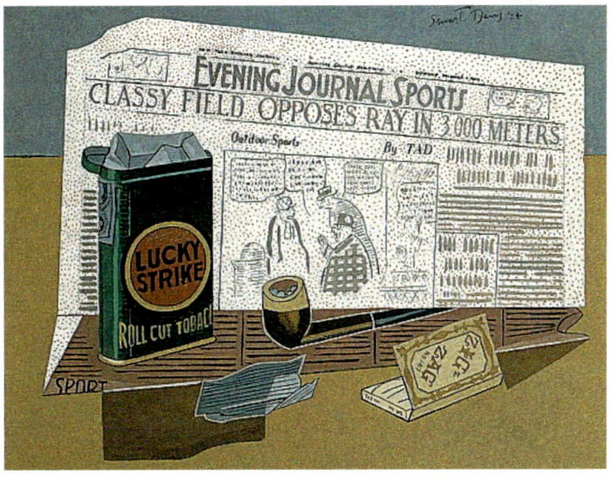

B 11 Stuart Davis, „Lucky Strike", 1924, Öl auf Leinwand

2.3 „Great Depression" – die Weltwirtschaftskrise in den USA

Börsenkrach 1929: Beginn der Weltwirtschaftskrise

In der Woche zwischen dem 23. und dem 29. Oktober 1929 erlebten die Kurse an der New Yorker Börse einen bis dahin unbekannten Kurseinbruch. Der häufig auf den 25. Oktober 1929 datierte Kurssturz („Schwarzer Donnerstag" in den USA, in Europa wegen der Zeitverschiebung **„Schwarzer Freitag"**) ließ die Aktien in ihrem Wert in weiteren Kursstürzen bis 1932 um bis zu 90 % sinken, d.h., eine Aktie, die man für 100 Dollar gekauft hatte, war dann nur noch 10 Dollar wert. Der Einbruch wirkte auch deshalb so massiv, weil ihm seit 1928 ein extremes **Spekulationsfieber** vorausgegangen war. Das bedeutete: Unternehmen hatten ihre Gewinne nicht mehr investiert, sondern in Börsenwerten angelegt. Breite Kreise der Bevölkerung waren ins Aktiengeschäft eingestiegen, weil der Geldmarkt flüssig war und die Banken Kredite zu niedrigen Zinsen vergaben. Die schnell steigenden Aktienwerte boten die verlockende Aussicht, Kredite zu finanzieren und zugleich Kursgewinne zu erzielen. Investmentgesellschaften und Banken spekulierten an der Börse auf diese Art mit dem Geld ihrer Kunden. Und niemand fragte mehr, ob die Kurse überhaupt noch in **Relation zur Produktionsleistung der Wirtschaft** standen, was bis zum Sommer 1928 tatsächlich der Fall gewesen war. Erste Unruhen an der Börse hatten sich zwar schon Mitte 1929 gezeigt, als die Bundesbank den Zinssatz angehoben und damit eine Verknappung des bislang reichlich angebotenen Geldes erwirkt hatte. Aber im Großen und Ganzen hielt das Spekulationsfieber an.

Zusammenbruch der Wirtschaft

Die Börsenkrise leitete in der Art eines Dominoeffektes den gesamten Zusammenbruch der Wirtschaft ein, da alle Wirtschaftsbereiche eng mit Banken und Börse verbunden waren. Das Bruttosozialprodukt sank zwischen 1929 und 1933 von 104 auf 56 Mrd. Dollar; die Industrieproduktion fiel um die Hälfte (M 17). Jetzt traten auch die Fehlentwicklungen an den Tag, die der Boom der vergangenen Jahre überdeckt hatte. Anschaffungen auf Kredit und Ratenbasis hatten ein **verzerrtes Bild von der tatsächlichen Kaufkraft** der Konsumenten vermittelt. Firmen, deren Produkte sich als unverkäuflich erwiesen, konnten ihren Kreditverpflichtungen nicht mehr nachkommen und viele Investitionsvorhaben waren ohnehin unsolide finanziert.

Wem es als verunsichertem Kunden noch gelang, seine Einlagen nach stundenlangem Schlangestehen von den Banken abzuziehen, hatte Glück gehabt. Denn insgesamt verloren 9 von rund 120 Mio. Amerikanern durch die Konkurse vieler Geldinstitute ihre Ersparnisse.

Firmenzusammenbrüche und Massenentlassungen ließen die Arbeitslosenquote in die Höhe schnellen: zwischen 1929 und 1933 von rund 3 auf 25 % (M 18). Die Nominallöhne sanken um mehr als die Hälfte und mit ihnen die Nachfrage (M 19). Das wiederum ließ die bereits relativ niedrigen Agrarpreise so weit abrutschen, dass diese nicht einmal mehr die Produktionskosten deckten. Massenweise vernichteten Farmer ihre Ernte. In den Großstädten breiteten sich **Elendsquartiere** aus. **Obdachlosigkeit** und **Hunger** wurden zum Schicksal vieler **Arbeitsloser** und **bankrotter Farmer**. Das Fehlen einer Arbeitslosenversicherung und die Unzulänglichkeit der Leistungen örtlicher Wohlfahrtseinrichtungen machten sich schmerzlich bemerkbar (B 12). Im Sommer 1932 ging die Armee mit Tränengas und Panzern gegen arbeitslose Kriegsveteranen vor, die wochenlang in Washington demonstrierten.

Der Zusammenbruch amerikanischer Großbanken und ihrer weltweiten Kreditverbindungen beschleunigte auch die **Talfahrt der europäischen Volkswirtschaften**. Denn US-Banken kündigten nun ihre ins Ausland vergebenen Kredite, um ihre Zahlungsfähigkeit im Inland wiederherzustellen. Die Wirtschaftskrise der USA weitete sich zur Weltwirtschaftskrise aus (M 17).

B 12 Isaac Soyer, Agentur für Stellenvermittlung, 1937, Öl auf Leinwand

– *Interpretieren Sie das Gemälde von Soyer im Hinblick auf Ausmaß und Dauer der Wirtschaftskrise in den USA. Vergleichen Sie mit den Aussagen, die das statistische Material zu dieser Frage nahelegt (M 17– M 20).*
– *Diskutieren Sie über den Wert, den Gemälde und Statistiken als historische Quellen bieten.*

Die politische Reaktion der Republikaner

Der republikanische Präsident **Herbert Hoover** (1929–1933) und die hinter ihm stehende konservative Geschäftswelt gingen zunächst davon aus, dass man es mit einer „Reinigungskrise“ zu tun habe, die Fehlentwicklungen der Wirtschaft korrigiere; die Produktionskapazität würde sich bald dem tatsächlichen Bedarf angleichen. Selbst als 1932 das ganze Ausmaß der Krise sichtbar wurde, bewilligte die Regierung nur zögernd Gelder, um die Arbeitslosigkeit zu bekämpfen und die schlimmste Not zu lindern. Hoover hielt weiterhin am Ideal eines ausgeglichenen Haushalts fest und **widersetzte sich einer höheren Staatsverschuldung** (M 20, 21). Auch verteidigte er die rigorose, den Welthandel eindämmende Schutzzollpolitik; 1930 wurden die Zollsätze sogar erhöht, um die krisengeschüttelte Industrie vor Konkurrenz abzuschirmen. Und Großbanken und führende Unternehmer weigerten sich, gemeinsam mit der Regierung Sanierungsaktionen einzuleiten, um das Bankensystem wiederherzustellen und die Arbeitslosigkeit abzubauen. Aber die Einschätzungen waren falsch. Furcht vor sozialer Unruhe und politischer Radikalisierung brachten das Ansehen der Republikaner 1932 auf den Tiefpunkt: „Hoovervilles“ nannte man die Lagerstätten am Rande der Städte, „Hoover-Bettdecken“ alte Zeitungen, mit denen sich Obdachlose notdürftig gegen Kälte schützten.

M17 Industrieproduktion in den USA im Vergleich zu anderen Ländern 1913–1938 (Index 1913 = 100)

Jahr	USA	Dtld.	Großbr.	UdSSR
1913	100	100	100	100
1920	122	59	93	13
1921	98	75	55	23
1922	126	82	74	29
1923	141	55	79	35
1924	133	82	88	48
1925	148	95	86	70
1926	156	91	79	100
1927	155	122	96	115
1928	163	118	95	144
1929	181	117	100	181
1930	148	102	91	236
1931	122	85	82	294
1932	94	70	83	326
1933	112	79	83	363
1934	122	102	100	437
1935	140	117	108	534
1936	171	128	119	693
1937	186	138	128	772
1938	143	149	118	857

(Paul Kennedy, Aufstieg und Fall der großen Mächte, Fischer, Frankfurt/Main 1991, S. 451)

M18 Arbeitslosenquote in den USA 1913–1945 (in Prozent der zivilen Erwerbspersonen über 16 Jahren)

Jahr	Prozent	Jahr	Prozent
1913	4,3	1929	3,2
1914	7,9	1930	8,7
1915	8,5	1931	15,9
1916	5,1	1932	23,6
1917	4,6	1933	24,9
1918	1,4	1934	21,7
1919	1,4	1935	20,1
1920	5,2	1936	16,9
1921	11,7	1937	14,3
1922	6,7	1938	19,0
1923	2,4	1939	17,2
1924	5,0	1940	14,6
1925	3,2	1941	9,9
1926	1,8	1942	4,7
1927	3,3	1943	1,9
1928	4,2	1944	1,2
		1945	1,9

(Willi P. Adams [Hg.], Die Vereinigten Staaten von Amerika, Fischer, Frankfurt/Main 1977, S. 505)

M19 Großhandelspreise, Beschäftigung und Lohnsumme in den USA 1926–1933 (Index 1926 = 100)

Jahr	Großhandelspreise	Beschäftigung	Lohnsumme
1926	100,0	100,0	100,0
1929	95,3	97,5	100,5
1930	86,4	84,7	81,5
1931	73,0	72,2	61,5
1932	64,8	60,1	64,1
1933	65,9	64,6	44,0

(Berthold Wiegand [Hg.], Geschichte, Politik und Gesellschaft, Bd. 2, Cornelsen, Berlin 1993, S. 43)

M20 Einnahmen, Ausgaben und Verschuldung der USA 1929–1941 (in Mrd. Dollar)

Jahr	Einnahmen	Ausgaben	Staatsschuld
1929	4,0	3,3	16,9
1930	4,2	3,4	16,2
1931	3,1	3,6	16,8
1932	1,9	4,7	19,5
1933	2,0	4,6	22,5
1934	3,1	6,7	27,0
1935	3,7	6,5	28,7
1936	4,1	8,5	33,8
1937	5,0	7,8	36,4
1938	5,6	6,8	37,2
1939	5,0	8,9	40,4
1940	5,1	9,1	43,0
1941	7,1	13,3	49,0

(Historical Statistics of the United States. Colonial Times to 1957, Washington 1960, S. 711)

1 *Untersuchen Sie anhand von M 17–M 20 die Auswirkungen der Wirtschaftskrise auf die Gesellschaft der USA in der Zwischenkriegszeit.*

2 *Vergleichen Sie die wirtschaftliche Entwicklung in den USA mit derjenigen in Deutschland, Großbritannien und der UdSSR anhand von M 17:*
a) in den 1920er-Jahren,
b) während der Weltwirtschaftskrise,
c) nach 1933. Erörtern Sie dabei Vor- und Nachteile der statistischen Angaben in M 17.

3 *Diskutieren Sie die Frage, warum die industrielle Entwicklung in der UdSSR (s. auch Darstellung S. 271) während der Weltwirtschaftskrise und in den 1930er-Jahren eine ganz andere Richtung einschlug als in den USA.*

M21 Aus einer Rede des für eine zweite Amtszeit kandidierenden republikanischen Präsidenten Herbert Hoover vom November 1932

Verweilen wir einen Augenblick und betrachten wir die Staatsordnung, das soziale und wirtschaftliche Leben Amerikas, die wir nun, wie unsere Gegner es möchten, verändern sollen. Unsere Ordnung ist ein Werk unseres Volkes und unserer Erfahrung im Aufbau einer Nation, die wir auf eine Höhe geführt haben, für die es in der Weltgeschichte keine Parallele gibt. Es ist eine Ordnung, die nur dem amerikanischen Volk eigen ist. [...] Sie beruht auf der Vorstellung, dass nur durch disziplinierte Freiheit, durch Freiheit und gleiche Möglichkeiten für alle, die Initiative und der Unternehmungsgeist so angeregt werden, dass sie jeden Einzelnen dazu bringen, den Fortschritt noch schneller voranzutreiben. [...] Eins kann ich ohne jeglichen Zweifel sagen: Dass es der Geist des Liberalismus ist, der freie Menschen hervorbringt, und nicht die Reglementierung der Menschen oder die Ausweitung der Bürokratie. Ich habe in dieser Stadt schon früher erklärt, dass man die Herrschaft der Regierung oder des Staates nicht auf das tägliche Leben der Menschen ausdehnen kann, ohne sie an irgendeinem Punkt zum Herrn der Seelen und Gedanken des Volkes zu machen. Das Übergreifen der staatlichen Tätigkeit auf wirtschaftliches Gebiet bedeutet, dass der Staat, um sich vor den politischen Folgen seiner Irrtümer zu schützen, unweigerlich zu einer immer größeren Beherrschung der Presse und der Redefreiheit getrieben wird, ohne je Frieden zu finden. Die Freiheit der Meinungsäußerung wird den Tod der freien Wirtschaft nicht lange überleben.

Echter Liberalismus ist nicht das Bestreben, die Bürokratie weiter auszubreiten, sondern ihr Schranken zu setzen. Echter Liberalismus sucht die richtigen Freiheiten als Erstes in dem vertrauensvollen Glauben, dass ohne solche Freiheit das Trachten nach anderen Segnungen vergeblich ist. Der Liberalismus ist eine wahrhaftig geistige Kraft, die der tiefen Erkenntnis entspringt, dass die wirtschaftliche Freiheit nicht geopfert werden kann, wenn die politische Freiheit erhalten bleiben soll. Selbst wenn die Führung der Wirtschaft durch den Staat uns ein Höchstmaß an Leistungsfähigkeit sicherte, so wäre diese auf Kosten der Freiheit erkauft. Sie würde Missbrauch und Korruption eher vergrößern als verringern, keine wirklich führenden Köpfe hervorbringen, die geistigen und seelischen Kräfte unseres Volkes verkümmern lassen, die Gleichheit der Möglichkeiten auslöschen und den Geist der Freiheit und des Fortschritts zum Verdorren bringen.

(Herbert Hoover, Memoiren, Bd. 3, Mainz 1952, S. 329 ff.)

1 *Erläutern Sie, warum Hoover staatliche Eingriffe in die Wirtschaft zur Lösung der Krise ablehnte.*

2 *Untersuchen Sie Hoovers Vorstellungen vom „sozialen und wirtschaftlichen Leben Amerikas" unter folgenden Gesichtspunkten:*

a) Verhältnis von Staat und Individuum,

b) Verhältnis von Staat und Wirtschaft,

c) Selbstverständnis der amerikanischen Gesellschaft.

2.4 Roosevelt und der „New Deal"

Demokratischer Ausweg aus der Krise

Die wirtschaftliche und soziale Not der Weltwirtschaftskrise löste in den USA heftige Kritik an der republikanischen „Laisser-faire"-Politik aus. Eine tatkräftige, energische Führung zur Überwindung der Probleme wurde nun eingefordert, ohne allerdings das politische System, d. h. die Demokratie, in Frage zu stellen – wie zu dieser Zeit in Deutschland (s. S. 403 ff.). Kommunisten und Sozialisten schnitten bei den Wahlen 1932 schlecht ab und auch gewalttätige Proteste blieben die Ausnahme. Vielmehr wurde ein gescheiterter Präsident durch demokratische Wahlen von einem anderen abgelöst.

Franklin D. Roosevelt (Präsident 1933–1945) hatte als Kandidat der Demokraten das Protestpotenzial auf sich vereinigen können, da er der Nation ein umfassendes und mit einer zugkräftigen Formel betiteltes Reformprogramm anbot: den **„New Deal"**. Mit diesem Begriff bezog er sich auf die Neuausgabe von Spielkarten und suggerierte, dass es Möglichkeiten für einen Neuanfang gab, d. h. für ein „neues Spiel" zwischen der Regierung, der Wirtschaft und der Gesellschaft (M 22, B 13).

Erste Phase des „New Deal" (1933–1935)

In den ersten 100 Tagen gelang es Roosevelt, ein Bündel wichtiger Maßnahmen zur Bekämpfung der Krise durch den Kongress zu bringen. Dabei handelte es sich allerdings weniger um ein langfristiges, einer Gesamtstrategie verpflichtetes Programm als vielmehr um Einzelprojekte, die aus dem Augenblick heraus geboren waren. Entworfen hatten sie enge Mitarbeiter des Präsidenten in Zusammenarbeit mit Experten aus verschiedenen Wirtschaftsbereichen.

Die Reformen gruppierten sich um die so genannten **drei großen „R"**: **„Relief"** (Hilfestellung des Staates für die sozial Schwachen, vor allem die Arbeitslosen); **„Recovery"** (Erholung der Wirtschaft); **„Reform"** (vorbeugende Maßnahmen, um ähnliche Krisen in Zukunft zu verhindern).

Am Anfang des Maßnahmenbündels stand die Konsolidierung der Börse und des Bankenwesens. Staatliche Garantien sicherten das Kreditsystem, d. h., Banken konnten die Gelder ihrer Kunden jetzt nicht mehr für Spekulationsgeschäfte einsetzen. Ferner sicherten sich Regierung und Zentralbank weit reichende Befugnisse bei der Regelung des Geld- und Kreditmarktes und bei der Überwachung der Börse. Zudem wurden der Dollar abgewertet und der Goldstandard aufgehoben. Schließlich sollten die Vergrößerung des Geldvolumens und niedrige Zinsen die Konjunktur ankurbeln.

Ähnlich dirigistisch, d. h. von den Eingriffen der Regierung geprägt, waren die Hilfsmaßnahmen für die Farmer und die Industrie. Der „Agricultural Adjustment Act" (engl. act = Gesetz) sah Subventionen für den Abbau der Überproduktion vor, um damit die Preise zu stabilisieren. Der „National Recovery Act" hatte zum Ziel, durch Kooperation von Staat, Arbeitgebern und Arbeitnehmern die Erholung der Industrie einzuleiten; er schrieb Regelungen für Mindestlöhne, Arbeitsbedingungen und Arbeitszeiten vor, um die Chancengleichheit der Unternehmen im Wettbewerb zu verbessern. Unter dem Schirm der „National Recovery Administration", einer eigens zur Reorganisation der Industrie geschaffenen staatlichen Behörde, sollten Arbeitgeber und Arbeitnehmer ein System wirtschaftlicher Selbstverwaltung aufbauen.

Der „Federal Emergency Relief Act" leitete Maßnahmen zur Linderung der Arbeitslosigkeit ein. Eine in diesem Zusammenhang neu geschaffene Bundesbehörde organisierte und koordinierte Arbeitsbeschaffungsmaßnahmen. Staaten und Gemeinden erhielten auf diesem Wege Zuschüsse für Notstandsarbeiten; das „Civilian Conservation Corps" beispielsweise, ein freiwilliger Arbeitsdienst für 250 000 junge Männer, wurde eingesetzt, um Umweltschäden zu beseitigen, Wälder wieder aufzuforsten und Nationalparks anzulegen. Eine der wichtigsten Maßnahmen im

B 13 John Miller Baer, „We demand a New Deal", Karikatur, USA, 1931

– *Ordnen Sie die Personen in B 13 sozialen Schichten bzw. Institutionen zu. Bilden Sie zwei Gruppen und begründen Sie Ihre Zuordnungen.*
– *Interpretieren Sie die Karikatur vor dem Hintergrund der wirtschaftlichen und politischen Entwicklung der USA Anfang der 1930er-Jahre.*

Kampf gegen die Arbeitslosigkeit war der Aufbau eines riesigen Energieversorgungsnetzes durch die „Tennessee Valley Authority". Der Bau von Staudämmen, Kraftwerken, Fabriken und Straßen verbesserte die Infrastruktur in einer der ärmsten Regionen der USA. Zügig trieb man seit 1934/35 auch die Elektrifizierung ländlicher Gebiete voran.
Obwohl das konservative Oberste Bundesgericht 1935 den „Agricultural Adjustment Act" und den „National Industrial Recovery Act" wieder aufhob, weil sie die unternehmerische Freiheit einschränkten und der Regierung zu große Eingriffs- und Regulierungsrechte in Wirtschaft und Gesellschaft gaben, und obwohl die Wirtschaftsdaten zunächst keine besondere Besserung der

Lage anzeigten und die Arbeitsbeschaffungsmaßnahmen wegen organisatorischer Schwierigkeiten langsamer als erhofft anliefen: Die Kongresswahlen von 1934 zeigten, dass die Mutlosigkeit überwunden war und die Wähler Roosevelts die Reformen mit dem Ziel der sozialen Sicherheit unterstützten.

Zweite Phase des „New Deal“ (ab 1935)

1935 begann die zweite Phase des „New Deal“. Die Einzelmaßnahmen wurden nun stärker zu einem Paket geschnürt und erhielten Struktur. Neben weiteren Vorhaben, die der Arbeitsbeschaffung und der wirtschaftlichen Sicherung hoch verschuldeter Farmer dienten, standen im Mittelpunkt die Probleme der Industrie und der Ballungszentren. Um die soziale Lage der Industriearbeiterschaft grundlegend zu verbessern, sollten erstens die Beziehungen zwischen Arbeitgebern und Arbeitnehmern nicht mehr gänzlich dem freien Spiel der Kräfte überlassen bleiben, sondern eine neue Basis erhalten. Die Gewerkschaften, die noch in den Zwanzigerjahren in den USA im Gegensatz zu den europäischen Ländern sehr schwach waren, wurden jetzt endgültig legalisiert und als **Tarifpartner** anerkannt. Der „Social Security Act“ legte zweitens die Grundlage für ein **Sozialversicherungssystem**, dessen Finanzierung Arbeitgeber und Arbeitnehmer zu gleichen Teilen übernahmen. Drittens sollten die ungleiche **Einkommens- und Vermögensverteilung** abgebaut und die Massenkaufkraft gestärkt werden, und zwar durch eine Steuerreform, die die unteren Einkommensgruppen entlastete. Um schließlich die Wohnungssituation zu verbessern, übernahm der Bund, viertens, die Förderung des **sozialen Wohnungsbaus**.

Bedeutung des „New Deal“: Übergang zum Sozialstaat

Das Programm von Präsident Roosevelt bedeutete für die USA den Übergang vom „Laisser-faire“-Staat des klassischen Liberalismus zum **modernen Interventions- und Sozialstaat**, wenn auch nicht ganz mit der umgreifenden Absicherung des europäischen, insbesondere deutschen Vorbildes (s. S. 162). Der „New Deal“ wurde von der überwiegenden Mehrheit der Bevölkerung getragen, ungeachtet der Tatsache, dass er Wirtschaftskrise und Arbeitslosigkeit bis zum Ausbruch des Zweiten Weltkriegs nicht in dem Maße beseitigen konnte, wie es sich die Menschen erhofft hatten (M 24). Er wurde auch nicht als ein Bruch mit der amerikanischen Tradition empfunden, die staatlichen Eingriffen in das Leben und Wirtschaften des Einzelnen stets zurückhaltend gegenübersteht. Dass der Staat es war, der sich in Form der Finanz- und Sozialpolitik der Bundesregierung (M 23) ein breites Instrumentarium zur Lenkung der Konjunktur und damit eine vorher unbekannte Machtfülle gegenüber dem Kongress und den Einzelstaaten verschafft hat, wurde als notwendige Modernisierung des Wirtschafts- und Gesellschaftssystems betrachtet und als Wandel der „Realverfassung“ auf breiter Basis akzeptiert.

M22 Aus einer Wahlrede des Präsidentschaftskandidaten Franklin D. Roosevelt (Demokrat) vom 23. September 1932

Jedermann hat ein Recht zu leben; und das bedeutet, dass er auch das Recht hat, einen auskömmlichen Lebensunterhalt zu verdienen. Er mag durch Trägheit oder Verbrechen der Ausübung dieses Rechtes absagen; aber es darf ihm nicht verweigert werden. […] Unser formelles und informelles, politisches und wirtschaftliches Regierungssystem ist jedem einen Weg schuldig, sich durch seine eigene Arbeit in den Besitz einer Portion von diesem Überfluss zu setzen, die für seine Bedürfnisse genügt.

Jedermann hat ein Recht auf sein eigenes Eigentum; was ein Recht bedeutet, so weit wie möglich der Sicherheit seiner Ersparnisse gewiss zu sein. Auf keine andere Weise können Menschen die Lasten jener Teile des Lebens tragen, die naturgemäß keine Möglichkeit zur Arbeit geben: Kindheit, Krankheit und Alter. In allem Denken über das Eigentum ist dieses Recht das höchste; alle anderen Eigentumsrechte müssen ihm nachstehen. Wenn wir im Einklang mit diesem Prinzip die Operationen

des Spekulanten, des Manipulators, ja selbst des Finanziers einschränken müssen, so, glaube ich, müssen wir die Restriktion als notwendig akzeptieren, nicht um den Individualismus zu beeinträchtigen, sondern um ihn zu schützen. […] [Die] Folgerung ist, in kurzen Worten, dass die Häupter von Finanz und Industrie, anstatt je für sich zu handeln, zusammenarbeiten müssen, um das gemeinsame Ziel zu verwirklichen. Sie müssen, wo nötig, diesen oder jenen privaten Vorteil opfern und müssen in wechselseitiger Selbstverleugnung nach einem gemeinsamen Vorteil suchen. Hier ist es, wo die formelle Regierung – die politische Regierung, wenn Sie wollen – hereinkommt. Wann immer im Verfolg dieser Absicht der Einzelgänger-Wolf, der unmoralische Konkurrent, der rücksichtslose Geschäftemacher […] sich weigert, sich zur Erreichung eines Zweckes zusammenzutun, der als im öffentlichen Wohl liegend betrachtet wird, und wenn er die Industrie in einen Zustand der Anarchie zurückzuzerren droht, kann die Regierung zu Recht ersucht werden, Beschränkungen aufzuerlegen. Gleichermaßen: Sollte die Gruppe je ihre kollektive Macht entgegen der öffentlichen Wohlfahrt gebrauchen, muss die Regierung schleunig einschreiten und das öffentliche Interesse schützen.
Die Regierung sollte die Funktion wirtschaftlichen Regulierens nur übernehmen als ein äußerstes Mittel, das erst dann ausprobiert werden soll, wenn die Privatinitiative, angeregt durch hohe Verantwortlichkeit, mit aller Unterstützung und allem Ausgleich, die die Regierung zu geben vermag, am Ende doch versagt. Bisher hat es kein endliches Versagen gegeben, weil es noch keinen Versuch gab; und ich weigere mich anzunehmen, diese Nation sei unfähig, mit der Situation fertig zu werden.

(Erich Angermann, Die Vereinigten Staaten von Amerika als Weltmacht, Klett, Stuttgart 1987, S. 25 f.)

1 *Untersuchen Sie Roosevelts gesellschaftspolitische Vorstellungen unter folgenden Gesichtspunkten:*
a) Verhältnis von Staat und Individuum,
b) Verhältnis von Staat und Wirtschaft,
c) Selbstverständnis der amerikanischen Gesellschaft.

2 *Vergleichen Sie das Programm Roosevelts mit dem von Hoover (s. M 21, S. 205) und fassen Sie die Gemeinsamkeiten und Unterschiede zusammen. Ziehen Sie auch S. 235 und 240 heran.*

3 *Erklären Sie, inwieweit das Programm von Roosevelt einen Bruch mit dem bisherigen politischen System der USA darstellte. Ziehen Sie dazu auch M 20 (s. S. 204) heran.*

M23 Der Wirtschaftswissenschaftler und Journalist Volker Wörl über John Maynard Keynes und dessen Konzept des „deficit spending" (1996)

Keynes [1883–1946] war ein Produkt seiner Zeit und seiner Gesellschaft und zugleich ein Vordenker. Er übertrug dem Staat wichtige gestaltende wirtschaftliche Funktionen und war zugleich in eigener Sache ein erfolgreicher Kapitalist. Er war ein theoretischer Kopf und ein versierter Praktiker, ein Schöngeist und ein kühler Rechner. Sein wissenschaftliches Werk ist nicht zu lösen von seinem politischen Denken und seinen wirtschaftspolitischen Funktionen. Er war davon überzeugt, dass die Massen und deren Gewohnheiten den Ablauf der Wirtschaftsprozesse entscheidend beeinflussen. Inmitten der Weltwirtschaftskrise erschien 1930 sein zweibändiges Werk „A Treatise in Money" (deutsch: „Vom Geld"), das noch heute zu den Standardwerken der Geldlehre zählt. […]
Sein zweites großes wissenschaftliches Werk war die 1936 erschienene „General Theory of Employment, Interest and Money" („Allgemeine Theorie der Beschäftigung, des Zinses und des Geldes"). Keynes wies darin nach, dass das freie Spiel der wirtschaftlichen Kräfte keineswegs, wie die Klassiker meinten, immer wieder gleichsam automatisch zur Vollbeschäftigung führe. Er schreibt: „Die größten Schwächen des Wirtschaftssystems, in dem wir leben, sind seine Unfähigkeit, für Vollbeschäftigung zu sorgen, und seine willkürliche, ungerechte Art der Einkommens- und Vermögensverteilung."
Die Gedanken dieses Buches führten zu einem Überdenken nicht nur in der wissenschaftlichen Theorie, sondern auch in der Wirtschaftspolitik. Keynes plädierte in gewissen wirtschaftlichen Krisensituationen für Geldschöpfung und staatliches Schuldenmachen (deficit spending), also für eine bewusste Vermehrung der staatlichen Schulden. Damit soll über eine vergrößerte Geldmenge für mehr Nachfrage und mehr Investitionen gesorgt werden. Dieses Plädoyer für eine antizyklische öffentliche Ausgaben-, Steuer- und Kreditpolitik ist vor allem zu verstehen vor dem Hintergrund der Weltwirtschaftskrise ab 1929 und es bestimmt in wesentlichen Elementen die Wirtschaftspolitik der großen Industriestaaten bis auf den heutigen Tag.

(Volker Wörl, John Maynard Keynes – Revolutionär und Vordenker, in: Hilke Günther-Arndt u. a. [Hg.], Geschichtsbuch Oberstufe, Bd. 2, Cornelsen, Berlin 1996, S. 179 f.)

1 *Erläutern Sie das Konzept des „deficit spending".*

2 *Erklären Sie, inwieweit der „New Deal" die Wirtschaftstheorie von Keynes widerspiegelt.*

M24 Der Historiker D. E. Baines über den „New Deal" (1977)

Eine Beurteilung der einzelnen Maßnahmen des New Deal und des New Deal im Ganzen ist äußerst schwierig. [...]

Wenn man die Entwicklung objektiv betrachtet, ist es schwer zu erklären, wie die New-Deal-Maßnahmen die Industrieproduktion von 1933 bis 1934 um 15 Prozent steigern konnten. Besserte sich die Lage trotz der getroffenen Maßnahmen? Höchstwahrscheinlich hat die Wahl eines neuen Präsidenten, der offensichtlich entschlossen war zu handeln, die Unternehmer und andere davon überzeugt, dass die Lage durchaus nicht so hoffnungslos war, wie sie im Winter 1932/33 zu sein schien.

Jedenfalls war der New Deal kein voller Erfolg. Das Realeinkommen pro Kopf der Bevölkerung erreichte erst 1940 wieder den Stand von 1929 und zu dieser Zeit wurde das wirtschaftliche Wachstum durch die Aufrüstung angeregt [...]. Die 1930er-Jahre waren wirtschaftlich gesprochen ein „verlorenes Jahrzehnt". In jedem Winter gab es neun bis zehn Millionen Arbeitslose und noch 1941 hatten 5,5 Millionen Menschen keine Arbeit. Die privaten Investitionen, von denen die Wirtschaft abhing, waren die ganze Zeit über sehr gering. Die Gesamtproduktion ging bei dem ersten Zusammenbruch so weit zurück (um etwa 30 Prozent), dass die Industriekapazität sich erst steigerte, als die Wiederaufrüstung in vollem Gang war. Aber es ist natürlich denkbar, dass die Wirtschaftsdepression ohne den New Deal noch schlimmer gewesen wäre. [...]

Um einer neuen derartigen Wirtschaftskrise vorzubeugen, versuchte Roosevelt das politische System zu reformieren – insbesondere das Verhältnis von Wirtschaft und Regierung.

Viele dieser Ziele, die an sich alle erstrebenswert waren, schlossen sich gegenseitig aus. [...]

Die National Recovery Administration stellt einen ähnlichen Fall dar. Roosevelt argumentierte, wenn die Regierung der Industrie helfe, die Preise durch Absprachen festzulegen, dann müsste sie auch die Gewerkschaften ermutigen, höhere Löhne zu fordern. Da es jedoch darum ging, die Gewinne der Unternehmen zu steigern, ließ sich beides nicht miteinander verbinden. [...]

In Wirklichkeit war der New Deal keineswegs unternehmerfeindlich. Er setzte seine Bürokraten nur dort ein, wo die privaten Unternehmer versagt hatten, und auch nur so lange, bis sich die Privatwirtschaft wieder erholt hatte. Indem er einer radikaleren Lösung zuvorkam, war er der Retter und nicht der Zerstörer des Kapitalismus. Es gab keine kollektivistische Planung und keine klar umrissene Ideologie, weder eine sozialistische noch eine andere. Schon mit dem Schlagwort vom New Deal war gesagt, dass der Einzelne seine Karten selbst ausspielen sollte.

Eine der dauerhaftesten Nachwirkungen des New Deal bestand in dem Machtzuwachs der Bundesregierung im Allgemeinen und des Präsidenten im Besonderen. Vor 1933 war „die Regierung" für den Durchschnittsamerikaner die Regierung seines Einzelstaates oder gar der Bürgermeister und der Gemeinderat. Nun war die Bundesregierung bereit, die Dinge selbst in die Hand zu nehmen. Um das zu tun, musste sie den Zuständigkeitsbereich der Einzelstaaten und der privaten Wirtschaft einschränken. Der Präsident und die Behörden der Exekutive wurden an Stelle des Kongresses die Initiatoren von Gesetzesvorlagen. Als diese Veränderungen fest etabliert waren, vollzog sich in der amerikanischen Gesellschaft ein grundlegender Wandel.

(D. E. Baines, Die Vereinigten Staaten zwischen den Weltkriegen, 1919–1941, in: Willi P. Adams [Hg.], Die Vereinigten Staaten von Amerika, Fischer, Frankfurt/Main 1977, S. 350 ff.)

1 *Fassen Sie das Urteil des Historikers Baines über den „New Deal" zusammen und geben Sie die Argumente wieder, mit denen er seine Theorie stützt.*

2 *Erläutern Sie, woran Baines den großen politischen Wert des „New Deal" festmacht.*

3 *Beurteilen Sie anhand von Baines (M 24) und der Statistiken M 17, M 18 und M 20, S. 204, die tatsächliche Besserung der wirtschaftlichen und sozialen Lage der amerikanischen Bevölkerung seit Beginn des „New Deal" bis zum Zweiten Weltkrieg.*

2.5 Die USA im Zweiten Weltkrieg

Rückkehr in die Weltpolitik

Das nationalsozialistische Deutschland, das faschistische Italien und das sich zur asiatischen Großmacht entwickelnde Japan haben mit ihrer expansiven Politik im Laufe der 1930er-Jahre in den USA ein **Abrücken vom Isolationismus** bewirkt. Japan wurde obendrein zur Herausforderung, weil damals der Textilmarkt in den USA von japanischen Produkten gleichsam überschwemmt wurde, etwa so wie heute die amerikanische Autoindustrie von der japanischen Konkurrenz überholt wird. Außerdem versuchten die USA im pazifischen Raum und in China, der eigenen Industrie gegenüber der japanischen den Vorrang zu verschaffen. Deutschland wiederum geriet wegen seines antidemokratischen Systems zunehmend zur Herausforderung. Mit der so genannten Quarantäne-Rede (M 25) signalisierte Präsident Roosevelt 1937, dass die USA bereit waren, zur Verteidigung der Demokratie von ihrer Zurückhaltung in der internationalen Politik abzurücken.
Nach dem japanischen Angriff auf China (1937) und der Konferenz von München (1938), auf der die westlichen Demokratien vor Hitler zurückgewichen waren und die Tschechoslowakei geopfert hatten, begannen die USA mit der Aufrüstung (M 27). Zwar verfügten die Vertreter des Isolationismus noch über starken Rückhalt in der öffentlichen Meinung und im Kongress und auch die Regierung wahrte bis zum Kriegseintritt im Dezember 1941 offiziell ihre Neutralität (B 16). Aber gleich nach Ausbruch des Krieges in Europa 1939 erhielt Großbritannien Rüstungs- und Wirtschaftshilfe (M 28) und die Atlantikcharta vom August 1941 war auch eine Erklärung britisch-amerikanischer Kriegsziele. Eine Umfrage unter der amerikanischen Bevölkerung vom Sommer 1941 ergab, dass die Amerikaner es nun für wichtiger hielten, Deutschland zu besiegen als die Vereinigten Staaten aus dem europäischen Krieg herauszuhalten (M 26).

Eintritt in den Weltkrieg

Die Amerikaner haben mit einem Kriegseintritt gerechnet, obwohl der Auslöser viele überraschte. Während im Atlantik die britische Flotte die Nachschublinien in die USA offen halten und dieses Weltmeer gemeinsam mit den USA kontrollieren konnte, war die Entwicklung für die USA in Ostasien bedrohlicher. Durch den Sieg Deutschlands über die Kolonialmächte Frankreich und Niederlande (1940) war nämlich in Ostasien, wo Franzosen und Niederländer Kolonien besaßen, ein Machtvakuum entstanden. Gegenüber der Sowjetunion mit einem Neutralitätspakt abgesichert, nutzte Japan diese strategisch günstige Lage, um in die rohstoffreichen Kolonien Südostasiens vorzudringen. Als die USA den Rückzug Japans aus China verlangten und ihre Öl- und Erzlieferungen einstellten, griffen japanische Flugzeuge am **7. Dezember 1941** den amerikanischen Flottenstützpunkt **Pearl Harbor** im Pazifik an. Drei Tage später erklärten Deutschland und auch Italien den USA den Krieg.

Die US-Gesellschaft während des Krieges

Obwohl die Amerikaner während des Krieges **kaum militärischen Angriffen** ausgesetzt waren, hat der Krieg auch die amerikanische Gesellschaft verändert. Rund 14 Mio. Männer und Frauen dienten in den Streitkräften, weitere 10 Mio. kamen in neu geschaffenen zivilen Arbeitsplätzen unter. Durch die Mobilisierung der wirtschaftlichen und militärischen Kräfte des Landes (M 28) **wuchs die Industrieproduktion** auf das Zweieinhalbfache des Vorkriegsniveaus und bewirkte einen **Abbau der Arbeitslosigkeit**. Im Westen, vor allem in Kalifornien, entstanden durch Schiff- und Flugzeugbau neue Industriezentren, die Arbeitskräfte aus den ländlichen Regionen des Südens anzogen. Die Einkommen stiegen: Betrug der durchschnittliche Wochenlohn 1939 rund 24 Dollar, waren es 1945 rund 44 Dollar. Trotz der kriegsbedingten Knappheit von Konsumgütern stieg erstmals seit der Weltwirtschaftskrise wieder in breiten Bevölkerungskreisen der Lebensstandard.

B 14 Plakat aus den USA, um 1942

B 15 Fotografie aus den USA, um 1942

– *Analysieren Sie die Rolle der Frauen in der amerikanischen Gesellschaft während des Zweiten Weltkriegs.*

Der Krieg unterbrach zwar den Ausbau des Sozialversicherungssystems, New-Deal-Behörden wurden teilweise aufgelöst und einige Historiker sprechen sogar vom „Ende des New Deal" (N. A. Wynn). Aber die Kombination von staatlicher Lenkung und privatkapitalistischem Wirtschaftssystem hatte ihre Effizienz zur Bewältigung der Kriegslasten bewiesen. Die scharfe, für die Kriegsfinanzierung 1942 eingeführte Steuerprogression führte sogar dazu, dass nun fast jeder Amerikaner Steuern zahlen musste und dass sich die Einkommen gleicher verteilten: Der Anteil der reichsten 5 % der Amerikaner am Volkseinkommen sank zwischen 1939 und 1945 von rund 24 auf 17 %. Auch wurden durch den Krieg mehr Frauen in den Erwerbsprozess integriert, und zwar im Gegensatz zum Ersten Weltkrieg nun dauerhaft (B 14, B 15). Der Grundsatz der gleichen Bezahlung für gleiche Arbeit konnte sich in der Praxis jedoch nicht durchsetzen.
Der Krieg hatte die **Spannungen zwischen den ethnischen Gruppen** erhöht. Zwar gab es im Unterschied zum Ersten Weltkrieg keine Übergriffe auf Amerikaner deutscher oder italienischer Herkunft, aber Amerikaner japanischer Herkunft mussten sich rassistischer Übergriffe erwehren und behördliche Internierung in Lagern erdulden. Amerikaner mexikanischer Herkunft und die 13 Mio. schwarzen Amerikaner litten weiterhin unter den Diskriminierungen und der Nichtberücksichtigung durch die Maßnahmen des „New Deal". 1940 forderten daher Bürgerrechtsorganisationen den Abbau aller Diskriminierungen in der Wirtschaft und in den Streitkräften. Tatsächlich ordnete die Bundesregierung im Juni 1941 an, Diskriminierungen in der Rüstungsindustrie zu beenden; 1940 wurde der erste schwarze General in die Armee berufen. Auch verbesserte sich die wirtschaftliche Lage der Schwarzen vor dem Hintergrund des 1942 einsetzenden Arbeitskräftemangels. Aber immer noch verdiente 1945 eine schwarze Familie nur halb so viel wie eine weiße.

B 16 Die USA am Scheideweg, Karikatur, USA, März 1939

– *Interpretieren Sie die Karikatur vor dem Hintergrund der weltpolitischen Lage Ende der 1930er-Jahre (s. Darstellung S. 211).*

M25 Franklin D. Roosevelt in einer Rede am 5. Oktober 1937 in Chicago („Quarantäne-Rede")

Ich bin gezwungen und Sie sind gezwungen, in die Zukunft zu blicken. Friede, Freiheit und Sicherheit von neunzig Prozent der Menschheit werden von den übrigen zehn Prozent gefährdet, durch die der Zusammenbruch aller Ordnung und allen Rechts im internationalen Leben droht.

Die Situation ist zweifellos für die ganze Welt von größter Bedeutung. Unglückseligerweise scheint die Epidemie der Gesetzlosigkeit sich auf der Welt auszubreiten.

Wenn eine Krankheit sich epidemisch ausbreitet, beschließt die Gemeinschaft, um sich vor Ansteckung zu schützen, die Patienten in Quarantäne zu legen. Der Krieg ist eine Seuche, ob er nun erklärt ist oder nicht. Er kann Staaten und Völker verschlingen, die vom ursprünglichen Schauplatz der Feindseligkeit weit entfernt sind.

Wenn die Zivilisation bestehen bleiben soll, müssen die Grundsätze des Friedensfürsten wieder hochgehalten werden. Das Vertrauen zwischen den Völkern muss wiederhergestellt werden.

Am allerwichtigsten ist, dass der Wille zum Frieden von Seiten der friedliebenden Völker so deutlich zum Ausdruck kommt, dass Völker, die vielleicht in Versuchung geraten, ihre Verträge und die Rechte anderer Völker zu verletzen, davon Abstand nehmen. Es müssen positive Bestrebungen vorhanden sein, den Frieden zu bewahren.

(Franklin D. Roosevelt, Links von der Mitte. Briefe, Reden, Konferenzen, hg. v. D. Day, Fischer, Frankfurt/Main 1951)

1 *Fassen Sie den Inhalt der Rede kurz zusammen.*

2 *Erklären Sie, ob und inwieweit sich in dieser Rede ein Wandel in der Außenpolitik der USA nach dem Ersten Weltkrieg zeigt (s. auch Darstellung S. 192 f. und S. 211).*

M26 Franklin D. Roosevelt in einer Rede am 6. Januar 1941

Unsere Politik läuft auf Folgendes hinaus:

Erstens haben wir uns zu einer allumfassenden Landesverteidigung verpflichtet. – Zweitens haben wir uns zur vollen Unterstützung aller jener standhaften Völker verpflichtet, die überall den Angreifern entschlossenen Widerstand leisten und hierdurch den Krieg von unserem Erdteil fern halten. – Drittens haben wir uns aus Moralprinzipien und in der Sorge um unsere eigene Sicherheit dazu verpflichtet, niemals zu einem Frieden unser Einverständnis zu geben, der von den Angreifern diktiert und von Beschwichtigungspolitikern unterstützt wird. Wir wissen, dass ein dauernder Friede nicht um den Preis der Freiheit anderer Völker erkauft werden kann.

Für die Zukunft, die wir zu sichern versuchen, erhoffen wir eine Welt, die sich auf vier wesentliche menschliche Freiheitsrechte gründet.

Das erste ist die Freiheit der Rede und der Meinungsäußerung – überall in der Welt.

Das zweite ist die Freiheit für jeden, Gott auf seine Weise zu verehren – überall in der Welt.

Das dritte ist die Freiheit von Not – was, international gesehen, so viel heißt wie wirtschaftliche Abkommen, die der Bevölkerung jedes Landes gesunde Friedensverhältnisse sichern – überall in der Welt.

Das vierte ist die Freiheit von Furcht – was, international gesehen, so viel heißt wie eine die ganze Welt betreffende Abrüstung bis zu dem Grade und so gründlich, dass keine Nation in der Lage sein wird, einen Angriffsakt gegen ein Nachbarland zu begehen – überall in der Welt.

(Ebd.)

1 *Beschreiben Sie die Ziele der US-Außenpolitik.*

2 *Vergleichen Sie die Rede Roosevelts mit M 25 und interpretieren Sie sie im Hinblick auf*
a) Prinzipien der US-Außenpolitik und
b) deren Wandlungen angesichts der weltpolitischen Veränderungen zwischen 1937 und Januar 1941.

M27 Rüstungsausgaben der USA 1930–1938 (in Mio. Dollar zum Wert von 1990)

Jahr	Ausgaben	Jahr	Ausgaben
1930	699	1936	932
1933	570	1937	1 032
1934	803	1938	1 131
1935	806		

(Paul Kennedy, Aufstieg und Fall der großen Mächte, Fischer, Frankfurt/Main 1991, S. 451)

M28 Rüstungsausgaben der USA im Vergleich zu anderen Ländern 1940–1943 (in Mio. Dollar zum Wert von 1944)

Jahr	USA	Großbr.	UdSSR	Summe der Alliierten
1940	(1 500)	3 500	(5 000)	3 500
1941	4 500	6 500	8 500	19 500
1943	37 500	11 100	13 900	62 500
	Dtld.	Ital.	Japan	
1940	6 000	750	(1 000)	6 750
1941	6 000	1 000	2 000	9 000
1943	13 800	(k. A.)	4 500	18 300

(Ebd., S. 530)

1 *Erläutern Sie die Entwicklung der Rüstungsausgaben in den USA in den 1930er-/40er-Jahren (M 27, M 28).*

2 *Welche Auswirkungen hatten die Rüstungsanstrengungen auf Wirtschaft und Gesellschaft der USA (s. auch Darstellung S. 211 f.)?*

3 *Bewerten Sie, ausgehend von M 28, das politische Gewicht und Engagement der USA unter den Alliierten im Zweiten Weltkrieg.*

3 Die Vereinigten Staaten nach dem Zweiten Weltkrieg

Außenpolitik

1945 waren die USA die stärkste Militärmacht der Welt und – zunächst – im alleinigen Besitz der Atombombe. Anders als nach dem Ersten Weltkrieg wollte sie nun aktive Weltpolitik betreiben. Wirksamer als der Völkerbund der Zwischenkriegszeit sollten die 1945 gegründeten **Vereinten Nationen (UNO)** mit Sitz in New York dafür sorgen, dass das Selbstbestimmungsrecht der Völker und die Souveränität der Staaten eingehalten werden. Nach den Vorstellungen von Präsident Roosevelt (gest. 1945) galt es in dem neuen Weltsystem der „One world" jedem Staat Zugang zu allen Märkten zu garantieren; kein Staat durfte sich machtpolitische Einflusssphären verschaffen. Um in Zukunft eine Weltwirtschaftskrise wie zu Beginn der Dreißigerjahre zu verhindern, legte die **Konferenz von Bretton Woods** 1944 den Grundstein für ein internationales Handels- und Währungssystem.

Mit der allmählichen Vereinnahmung der ost- und südosteuropäischen Staaten durch die Sowjetunion seit 1944/45 nahm in den USA die Furcht vor dem Kommunismus zu. Deren Politik zielte aus amerikanischer Sicht auf den Untergang des Kapitalismus und die Eroberung des gesamten europäischen Kontinents. Scharf grenzte sich daher aus diesen und anderen Gründen im September 1946 Außenminister James F. Byrnes von der Sowjetunion ab, indem er für den raschen wirtschaftlichen und politischen Wiederaufbau Deutschlands eintrat. Ein Jahr später bekannte sich der demokratische Präsident Harry S. Truman (1945–1953) zur Verpflichtung der USA, allen vom Kommunismus bedrohten demokratischen Staaten beizustehen (**Truman-Doktrin**, M 29). Damit leitete er die so genannte Politik der „Eindämmung" (engl. = **containment**) ein. Der **Marshallplan**, ein Programm zum Wiederaufbau Europas, versprach 1948 allen kooperationswilligen Staaten amerikanische Finanz- und Wirtschaftshilfe. 1949 wurde der Plan um ein Hilfsprogramm für die unterentwickelten Länder der Dritten Welt erweitert und im gleichen Jahr mit der **NATO** die militärische Sicherheitsgarantie für die westeuropäischen Staaten übernommen.

Als die USA 1950 im Auftrag der UNO in Korea eingriffen, um den Vormarsch des kommunistischen Nordkorea nach Süden aufzuhalten, unterlag ihre Außenpolitik endgültig den Bedingungen des Kalten Krieges. Im „Kampf der Systeme" sahen sie sich endgültig als Vormacht der „freien Welt", die Demokratie, Menschenrechte und die Freiheit des Individuums gegen den totalitären Herrschaftsanspruch des Sozialismus sowjetischer Prägung verteidigte.

Der Antikommunismus wirkte sich unter dem Einfluss des republikanischen Senators **Joseph McCarthy** zwischen 1950 und 1954 aber auch auf die inneren Verhältnisse der USA aus. Wahllos und oft zu Unrecht beschuldigten McCarthy und seine Anhänger Vertreter des liberalen Flügels der Demokraten, Ausländer, Intellektuelle oder Bürgerrechtsorganisationen, kommunistische Bestrebungen zu verfolgen oder gar für die UdSSR zu spionieren. Der Präsident erweiterte sogar die Loyalitätsprüfung für Bundesbeamte durch den weiter gefassten Begriff des „Sicherheitsrisikos" und holte Einkünfte über Alkoholkonsum, sexuelles Verhalten oder Drogenabhängigkeit ein. Zwar leitete das Ende des Koreakrieges 1953 auch das politische Ende McCarthys ein, aber der Antikommunismus blieb ein prägendes Merkmal der amerikanischen Gesellschaft.

Wirtschaft

Die USA verfügten 1945 über die größte Wirtschaftsmacht, d. h. über zwei Drittel der Weltindustriekapazität sowie über 75% des weltweit verfügbaren Investitionskapitals. Das jährliche Pro-Kopf-Einkommen lag bei 1500 Dollar, während es in keinem Land Europas über 800 Dollar hinausreichte (M 30). Präsident Truman nutzte während der Umstellungsphase auf Friedensproduktion die Kompetenzen, welche die Regierung seit dem „New Deal" und der staatlichen Lenkung der Kriegswirtschaft besaß.

Finanzhilfen, Existenzgründungen und die Subventionierung von Arbeitsplätzen im öffentlichen Dienst erleichterten die Wiedereingliederung entlassener Soldaten. Mit dem „Fair Deal", einem breit angelegten Reformprogramm, wollte Truman die Gesellschaftspolitik des „New Deal" wieder aufnehmen und die Chancengleichheit aller Amerikaner verbessern sowie die Bürgerrechte der Schwarzen sichern. Außerdem wollte sich die Regierung durch Preis- und Lohnkontrollen die Möglichkeit des direkten Eingriffs in die Wirtschaft erhalten. Aber das Programm scheiterte weitgehend am Widerstand der Republikaner. Vom **„Fair Deal"** blieben nur der Ausbau des Gesundheitswesens und der Sozialversicherung sowie einige Wohnungs- und Straßenbauprogramme.

Die Präsidentschaft des Republikaners **Dwight D. Eisenhower** (1953–1961) beendete die 20-jährige Epoche der demokratischen Präsidenten. Gleichwohl hielten es jetzt auch die Republikaner für selbstverständlich, dass die Regierung mitverantwortlich war für die Sicherung der Arbeitsplätze, für Wirtschaftswachstum und für die soziale Absicherung der Arbeitnehmer. Einige Programmpunkte des „Fair Deal" wurden daher auch von Eisenhower noch umgesetzt.

Die expandierende Wirtschaft der Nachkriegsjahre, der Marshallplan, vor allem aber der Koreakrieg führten in den USA der Fünfzigerjahre zu einem großen Aufschwung. Die amerikanische Wohlstandsgesellschaft (**„affluent society"**, B 17) und die Spitzenstellung in der Hochtechnologie waren das Ergebnis der erfolgreichen Bewältigung der dritten Industriellen Revolution mit Automatisierung, Mikroelektronik und Computer. Im **Rüstungswettlauf** mit der Sowjetunion flossen große Teile des Staatshaushalts in die Entwicklung moderner Waffensysteme, in den Bau von Flugzeugen und Raketen sowie in die Erforschung des Weltraums. Allerdings löste der Start des ersten künstlichen Erdsatelliten (Sputnik) durch die Sowjetunion 1957 in den USA den so genannten Sputnikschock aus, da die UdSSR nach einer erfolgreichen Aufholjagd im Rüstungswettlauf nun in der Lage war, die USA mit Langstreckenraketen direkt nuklear zu bedrohen. Die Stationierung sowjetischer Mittelstreckenraketen auf das seit 1959 kommunistische Kuba bedeutete Ende 1962 für kurze Zeit eine direkte Einmischung der UdSSR in den amerikanischen „Vorgarten".

Gesellschaft

In den Fünfziger- und Sechzigerjahren traten jedoch die Schattenseiten des „American Dream" immer deutlicher ins Bewusstsein. Schriftsteller, Soziologen und Wirtschaftswissenschaftler beklagten die wachsende Entfremdung und Vereinsamung der Menschen in der Wohlstandsgesellschaft und machten auf die verfallenden Großstädte, vor allem aber auf die zunehmenden sozialen Probleme aufmerksam: Armut, Rassismus, ungerechte Vermögensverteilung, fehlende Bildungschancen sowie eine Wirtschaftsrezession mit steigender Arbeitslosigkeit, von der um 1960 einmal mehr vor allem Schwarze und andere Minderheiten betroffen waren.

Der demokratische Präsident **John F. Kennedy** (1961–1963) reagierte darauf mit dem Programm der **„New Frontier"**, das sein Nachfolger, **Lyndon B. Johnson** (1963–1969), fortführte und unter dem Schlagwort der **„Great Society"** erweiterte. Im eigenen Land sollten die soziale Gerechtigkeit befördert sowie Technik und Naturwissenschaften zum Wohle aller weiterentwickelt werden. Ganz im Stil des „New Deal" griff daher die Regierung in die Wirtschaft ein und förderte rückständige Regionen sowie den Wohnungsbau. Mit Steuersenkungen, Investitionsförderungen und einer Erhöhung der Staatsverschuldung gelang es, die Wirtschaft Mitte der Sechzigerjahre wieder in Schwung zu bringen. Sozialreformerische Projekte, d. h. der Ausbau des Gesundheitswesens und der Altersversorgung, wurden unter Kennedy allerdings noch von einer Koalition aus konservativen Demokraten und Republikanern blockiert. Erst Johnson konnte sich auf eine breite demokratische Mehrheit im Kongress stützen und neben der sozialen Absicherung auch das

Erziehungssystem und die berufliche Aus- und Weiterbildung im Sinne der Chancengleichheit ausbauen. Ende der Sechzigerjahre zeigte sich jedoch, dass viele Reformvorhaben, vor allem im Bereich der Armutsbekämpfung, schlecht organisiert waren, die Gelder verschwendet wurden und Gesetze häufig um Jahre zu spät kamen, um die Innenstädte noch vor dem Verfall zu retten. Mit der **Ölkrise** 1973/74 verschärften sich die wirtschaftlichen und sozialen Probleme. Die Energiepreise explodierten, Haushaltsdefizit und Zinsen erreichten Rekordhöhen, die Arbeitslosenzahlen gingen in die Höhe und die Realeinkommen in die Tiefe. Anders als in den Sechzigern war in den Siebzigerjahren allerdings bei den Regierungen (Gerald Ford 1974–1977; Jimmy Carter 1977–1981) keine Gesamtkonzeption zur Lösung der Probleme zu erkennen.

Das Rassenproblem

Nach dem Sieg über den nationalsozialistischen Rassismus wollten die US-Regierungen die Rassendiskriminierung im eigenen Land beseitigen. Verstärkt wurde der Reformdruck durch die ideologische Konfrontation mit der Sowjetunion, die sich in der Weltpolitik gleichfalls als Vorkämpferin für die Freiheit unterdrückter Völker verstand. In den Fünfzigerjahren entwickelte sich das Oberste Bundesgericht zur vorwärts treibenden Kraft, indem es 1954 die Rassentrennung an öffentlichen Schulen aufhob (M 31). Konservative Regierungen der Südstaaten versuchten jedoch die Integration hinauszuzögern. 1957 musste Präsident Eisenhower sogar Truppen der Nationalgarde in die Stadt Little Rock, Arkansas, entsenden, um die Aufnahme schwarzer Schüler in eine öffentliche „weiße“ Schule zu erzwingen.
In den Fünfzigerjahren verstärkten die Schwarzen selbst den politischen Druck. 1955 organisierte der Prediger **Martin Luther King** (1929–1968) den Boykott einer Buslinie in Montgomery/ Alabama, die, wie im Süden allgemein üblich, Schwarze nur auf den hinteren Sitzreihen beförderte. Nach einem Jahr hob die Busgesellschaft ihre diskriminierende Beförderungspraxis auf. Der Erfolg machte Martin Luther King zur moralischen Autorität und setzte ihn an die Spitze der schwarzen Bürgerrechtsbewegung. Organisationen der Schwarzen, in denen Geistliche zahlreich vertreten waren, riefen nun überall zum gewaltfreien Kampf auf: Sie organisierten Demonstrationsmärsche und Streiks, boykottierten Geschäfte und Unternehmen, deren Inhaber als Gegner der Integration bekannt waren, und veranstalteten so genannte Sit-ins in Restaurants, die Schwarzen den Zugang verwehrten. Ein Höhepunkt dieser nun auch von Weißen unterstützten Aktionen war 1963 der „Marsch auf Washington“, an dem 200 000 Menschen teilnahmen. Ihr Druck bewirkte, dass die Regierung Kennedy umfassende Maßnahmen zur Integration einleitete. Das Bürgerrechtsgesetz von 1964 verbot jede Form der Rassendiskriminierung und das Wahlrechtsgesetz 1965 jede Benachteiligung der Schwarzen bei der Ausübung des Wahlrechts; bis dahin hatten Schwarze in manchen Südstaaten noch wie im 19. Jahrhundert Wahlsteuern zahlen oder Bildungstests ablegen müssen.
Den Schwarzen in den Großstädten des Nordens und Westens ging es aber nicht nur um die formale Gleichberechtigung, sondern auch um die tatsächliche Gleichstellung im wirtschaftlichen und sozialen Leben. In dieser Hinsicht blieben die staatlichen Reformen der Nachkriegsjahrzehnte aber weit hinter den Forderungen und Erwartungen der Schwarzen zurück. Einige jüngere radikale Schwarzenführer, wie z. B. **Stokeley Carmichael** und **Malcolm X**, kündigten daher Martin Luther Kings Politik des friedlichen Weges zur Integration auf; die „**Black Power**“-Bewegung und die „**Black Panthers**“ riefen zu aktivem Widerstand und gewaltsamem Vorgehen auf. 1965 bis 1968 kam es in den Großstädten zu schweren Rassenkrawallen, bei denen ein weißer Fanatiker auch Martin Luther King ermordete (1968).
In den Siebzigerjahren kehrten die Schwarzen zu einer pragmatischen Reformpolitik zurück. Langsam begann ihr Anteil an den Studenten, Bürgermeistern und Kongressabgeordneten zu

steigen; öfter als früher gelang auch der Aufstieg in die Mittelschicht. 1984 war der Prediger **Jesse Jackson** der erste schwarze Präsidentschaftskandidat, der eine breitere Unterstützung erfuhr. Gleichwohl ist die Rassendiskriminierung bis heute eines der Grundprobleme der amerikanischen Gesellschaft geblieben.

Vietnamkrieg

Der Kampf gegen den Kommunismus bestimmte auch in den Sechzigerjahren die amerikanische Außenpolitik. Zwar hatte sich Kennedy 1963 für einen amerikanischen Neutralismus ausgesprochen, der von der Vielfalt der politischen Systeme in der Welt ausging. Auch hatte er 1962 in der Kubakrise durch erfolgreiches Taktieren eine drohende gewaltsame Konfrontation der Supermächte vermeiden können. Dennoch schickten er und dann Johnson seit 1963 Soldaten nach Vietnam, um das westlich orientierte, aber von korrupten Militärs regierte Südvietnam im Krieg gegen das kommunistische, von der UdSSR und China beeinflusste Nordvietnam zu unterstützen.
Von anfänglich 16 000 stieg die Zahl der Soldaten bis 1969 auf 541 000. Mehr als die Hälfte des Bundeshaushalts floss 1968 in die Militärausgaben. Da der Kongress 1967 Steuererhöhungen ablehnte, steigerten die Kriegskosten die Inflation und entzogen der amerikanischen Sozialpolitik die finanzielle Basis. Während des Krieges schwand das Vertrauen in die Regierung. Die Verwendung von Napalm und anderen giftigen chemischen Kampfmitteln rief heftige Kritik hervor. Über 300 000 Soldaten wurden verwundet, über 50 000 starben, zahlreiche Soldaten wurden drogenabhängig. Der Protest erwuchs aus dem Widerspruch, dass unter dem Vorwand der Verteidigung der Demokratie ein armes Entwicklungsland zerbombt wurde, während man im eigenen Land die demokratischen Ideale des „American Dream" nicht verwirklichte. Für die Intellektuellen der neuen Linken (**„New Left"**) war das Eingreifen in Vietnam ein Beweis für die Aggressivität des amerikanischen Imperialismus, der von einem Bündnis von Großkapital, Militär und politischer Elite ohne Rücksicht auf die gesellschaftlichen Probleme der USA gelenkt werde.
Besonders von den Universitäten ging seit 1965 eine breite Protestwelle gegen Vietnamkrieg und Rassismus aus und entwickelte sich zu einer bis dahin unbekannten Fundamentalkritik des amerikanischen Systems. Aus der Sicht der „Students for a Democratic Society (SDS)" waren der Materialismus, der Konformismus und die Selbstgerechtigkeit ihrer vom Zweiten Weltkrieg und der Nachkriegszeit geprägten Elterngeneration verantwortlich für den moralischen Zerfall des Landes. Gruppierungen wie die Hippies lehnten die Anwendung von Gewalt grundsätzlich ab. Ihre Versuche, in Kommunen neue Lebens- und Gemeinschaftsformen zu finden, schockierten die Älteren. Auch verweigerten erstmals viele Amerikaner den Kriegsdienst.
Als die öffentlichen Proteste gegen den Krieg immer stärker wurden, erklärte Johnson, er werde die Bombardierung Nordvietnams einstellen. Mit dem Versprechen, den Krieg schnell zu beenden, konnte der Republikaner Nixon den Präsidentschaftswahlkampf 1969 für sich gewinnen, obwohl es bis 1973 dauern sollte, bis die letzten US-Soldaten Vietnam verließen (M 32).

Watergate-Skandal

Im Juni 1972 wurde ein Einbruch in das Wahlkampf-Hauptquartier der Demokraten aufgedeckt, das während des Präsidentschaftswahlkampfes im Watergate-Hotel in Washington untergebracht war. Bald stellte sich heraus, dass Hintermänner des republikanischen Präsidenten **Richard M. Nixon** (1969–1973) die Aktion gesteuert hatten. Dieser Amtsmissbrauch zwang erstmals einen Präsidenten zum Rücktritt, wobei Nixon damit aber nur der bereits eingeleiteten, Erfolg versprechenden Amtsenthebung (impeachment = Staatsanklage) zuvorkam. Die Autorität des Präsidentenamtes war schwer beschädigt.

Nach dem Watergate-Skandal beschnitt der Kongress die Kompetenzen des Präsidentenamtes: Der Kongress widerrief 1976 eine Reihe von Notstandsrechten, die dem Präsidenten vor allem seit dem Vietnamkrieg eingeräumt worden waren; er schränkte das Recht des Präsidenten ein, Truppen ins Ausland zu entsenden, und er stärkte in der Haushaltsgesetzgebung und Finanzpolitik seine eigenen Kompetenzen gegenüber der Exekutive. Gleichwohl ist bei vielen Amerikanern der Glaube an die Vorbildhaftigkeit des eigenen politischen Systems tief erschüttert worden.

Die USA am Ende des 20. Jahrhunderts

Ende der 1970er-Jahre erlebte die amerikanische Nation, durch Rassenunruhen, Vietnamkrieg, Watergate und Ölkrise erschüttert, eine tiefe Identitätskrise. Das politische Pendel begann zu den Konservativen zurückzuschlagen. Die Anhänger der neuen Rechten („**New Right**") kamen vor allem aus den unteren Mittelschichten. Sie wollten die alten amerikanischen Tugenden mit strengen Moralvorstellungen gegen die liberalen „Exzesse" verteidigen, wandten sich gegen Erleichterungen bei der Abtreibung und gegen die Integration ethnischer Minderheiten und Randgruppen.

Der Republikaner **Ronald Reagan** (Präsident 1981–1989) versuchte Familie und Kirche einen entscheidenden Einfluss im öffentlichen Leben zu erhalten, die staatlichen Sozialleistungen abzubauen und die Wirtschaft zur freien Marktwirtschaft zurückzuführen. Aus konservativer Sicht trugen die seit dem „New Deal" ständig ausgeweiteten Kompetenzen der Bundesregierung die Hauptschuld an den sozialen Problemen. Diese zu beseitigen war ihrer Meinung nach Aufgabe der einzelnen Bundesstaaten, der Städte und privaten Wohlfahrtsorganisationen („New Federalism"). Der Bund habe sich auf seine Hauptaufgaben, Außen- und Verteidigungspolitik, zu beschränken, wobei in diesem Bereich Aufrüstung und eine klare Frontstellung zur UdSSR das Regierungsprogramm bestimmten. Diesen Kurs behielt auch Reagans Nachfolger **George Bush** (Präsident 1989–1993) bei, unter dessen Führung Amerika 1991 in den Golfkrieg eingriff.

Kern der konservativen Wende in den USA war eine Wirtschaftspolitik, die das Wachstum der Wirtschaft ins Zentrum der Politik rückte und deren Anhänger nach dem Präsidenten als „**Reaganomics**" bezeichnet wurden. Das Wachstum sollte ihrer Ansicht nach nicht mehr durch staatliche, die Verschuldung vergrößernde Investitionen, sondern durch eine angebotsorientierte Wirtschaftspolitik gesichert werden. Die Inflation war durch Beschneidung des Geldmengenvolumens zu bremsen, die Steuern waren zu senken und Wettbewerbsbeschränkungen und investitionshemmende Vorschriften im Umwelt-und Arbeitsschutzbereich abzubauen. Um die Einnahmeausfälle bis zum Aufschwung der Wirtschaft auszugleichen, gab es drastische Kürzungen im Sozial- und Bildungsbereich. Zur Entfaltung der Eigeninitiative wurde sogar das „Stimulans der Armut" politisch in Kauf genommen, ebenso Gewalt und Drogenprobleme in den Städten.

Das Ergebnis dieser Politik war zwiespältig. Einerseits gab es nach einer scharfen Rezession 1983 einen kräftigen Aufschwung, gestützt durch Investoren aus Europa und Japan; der Kongress, der zwar den Steuersenkungen zustimmte, verhinderte bei den Sozialprogrammen immerhin einen Kahlschlag. Andererseits wurde gerade das Haushaltsdefizit nicht abgebaut. Im Endeffekt führten die immens gesteigerten Militärausgaben sogar zu einem rasanten Ansteigen der Staatsverschuldung (M 30), während die soziale Bilanz eine klare Umverteilung zu Gunsten der Reichen auswies. Die Zahl der unter der offiziellen Armutsgrenze lebenden Amerikaner war 1990 höher als 1970, wobei die große Mehrheit der Armen in den Großstadtslums weiterhin zu den Schwarzen zählten. Gewinner war die neue Klasse der gut verdienenden, karriere- und konsumbewussten „**Yuppies**" (young urban professionals) aus den Zentren der Großstädte.

Anfang der 1990er-Jahre war das Alltagsleben für viele Amerikaner ohne staatliche Hilfe nicht mehr zu bewältigen. Immer drängender rückte daher die alte Frage in den Vordergrund, ob die Probleme durch Rückbesinnung auf individuelle Leistung oder durch staatliche Hilfsprogramme gelöst werden sollten. Im Präsidentschaftswahlkampf 1992 votierte die Mehrheit der Amerikaner für den Demokraten **Bill Clinton**, der mit seinem Motto „time for a change“ dem Bedürfnis vor allem der sozial Schwachen nach einem neuen Aufbruch entgegenkam. Er hat mit einem großen sozialen Reformwerk begonnen, das vor allem die gesetzliche Verankerung einer allgemeinen Krankenversicherung in die Wege geleitet hat, das aber von der republikanischen Opposition im Senat wieder in konservativer Richtung abgeändert wurde.

M29 Aus einem Bericht des amerikanischen Präsidenten Harry S. Truman an den Kongress vom 12. März 1947 („Truman-Doktrin“)

Im gegenwärtigen Abschnitt der Weltgeschichte muss fast jede Nation ihre Wahl in Bezug auf ihre Lebensweise treffen. Nur allzu oft ist es keine freie Wahl. Die eine Lebensweise gründet sich auf den Willen der Mehrheit und zeichnet sich durch freie Einrichtungen, freie Wahlen, Garantie der individuellen Freiheit, Rede- und Religionsfreiheit und Freiheit von politischer Unterdrückung aus.

Die zweite Lebensweise gründet sich auf den Willen einer Minderheit, der der Mehrheit aufgezwungen wird. Terror und Unterdrückung, kontrollierte Presse und Rundfunk, fingierte Wahlen und Unterdrückung der persönlichen Freiheiten sind ihre Kennzeichen.

Ich bin der Ansicht, dass es die Politik der Vereinigten Staaten sein muss, die freien Völker zu unterstützen, die sich der Unterwerfung durch bewaffnete Minderheiten oder durch Druck von außen widersetzen. Ich glaube, dass wir den freien Völkern helfen müssen, sich ihr eigenes Geschick nach ihrer eigenen Art zu gestalten.

(Europa-Archiv, 1947, S. 820)

1 *Ordnen Sie den Bericht von Truman (M 29) in den historischen Zusammenhang ein und interpretieren Sie diese Quellen unter dem Gesichtspunkt der außenpolitischen Ziele der USA.*

M30 Wirtschaft und Gesellschaft der USA 1950–1990

Jahr	Stadtbevölkerung (in Mio.)	Landbevölkerung (in Mio.)	Erwerbspersonen (in Mio.)	Anteil (in Prozent) der Beschäftigten in Landwirtschaft	Industrie	Handel, Transport
1950	96,5	54,2	65,5	12,0	23,9	18,6
1960	125,3	54,1	74,1	8,1	23,2	19,0
1970	149,6	53,6	78,7	4,5	24,6	24,8
1980	167,1	59,5	106,9	3,7	22,1	26,9
1990	187,1	61,7	124,8	2,7	18,0	27,4

Jahr	Personal der Bundesreg. (in 1 000)	Personal der Streitkräfte (in 1 000)	Bruttosozialprodukt (in Mrd. US-$[1])	Elektrizität (in Mrd. kWh)	Zugelassene Pkw (in Mio.)	Arbeitslosenquote (in Prozent[2])
1950	1 961	1 460	355,3	389	40,3	5,3
1960	2 399	2 476	487,7	844	61,7	5,5
1970	2 921	3 294	722,5	1 640	89,3	4,9
1980	2 782	2 050	933,6	2 286	121,6	7,1
1990	2 653	1 919	1 218,7	2 797	143,6	5,5

1 in Preisen von 1958
2 bis 1947 in Prozent der zivilen Erwerbspersonen über 14 Jahre, ab 1947 über 16 Jahre

(Willi P. Adams [Hg.], Die Vereinigten Staaten von Amerika, Fischer, Frankfurt/M. 1977, S. 502 ff.; Erich Angermann, Die Vereinigten Staaten von Amerika als Weltmacht, Klett, Stuttgart 1987, S. 9 f.; Statistisches Bundesamt, Länderbericht Vereinigte Staaten 1994, Wiesbaden 1995; B. R. Mitchell, International Historical Statistics, Barsingstoke u. a. 1983; Statistical Abstracts of the United States; Nato-Brief 2/1995, S. 35)

1 *Untersuchen Sie die Statistiken M 30 in Bezug auf die strukturellen Veränderungen der US-Wirtschaft nach dem Zweiten Weltkrieg. Unterteilen Sie die Entwicklung in Phasen und begründen Sie diese.*

M31 Aus dem Urteil des Obersten Bundesgerichts zur Aufhebung der Rassentrennung an Schulen von 1954

[Schulbildung] wird für die Erfüllung unserer grundlegendsten öffentlichen Pflichten, sogar für den Wehrdienst, verlangt. Ja, sie ist die Grundlage guten Staatsbürgertums selbst. Heutzutage ist sie ein Hauptmittel dafür, das Kind für Kulturwerte empfänglich zu machen, es für seine spätere Berufsausbildung vorzubereiten und ihm bei der normalen Anpassung an seine Umgebung zu helfen. In unseren Tagen ist es zweifelhaft, ob man von irgendeinem Kind vernünftigerweise erwarten kann, dass es im Leben Erfolg habe, wenn ihm die Gelegenheit zu einer Schulbildung versagt wird. [...]

Damit kommen wir zu der aufgeworfenen Frage: Beraubt die Trennung von Kindern in öffentlichen Schulen einzig auf Grund der Rasse die Kinder der Minderheitsgruppe gleicher Bildungsmöglichkeiten, obwohl die sachlichen Einrichtungen und anderen „greifbaren" Faktoren gleich sein mögen? Wir glauben, dass sie es tut. [...]

Solche Erwägungen treffen mit verstärkter Kraft für Kinder in Grund- und höheren Schulen zu. Sie allein wegen ihrer Rasse von anderen ähnlicher Altersstufe und Befähigung zu trennen erzeugt ein Unterlegenheitsgefühl hinsichtlich ihrer Stellung in der Gemeinschaft, das Herz und Sinn bei ihnen in einer Weise in Mitleidenschaft ziehen kann, dass es wahrscheinlich nie mehr ungeschehen gemacht werden kann. [...]

Wir ziehen den Schluss, dass auf dem Gebiet des öffentlichen Bildungswesens die Doktrin des „separate but equal" keinen Platz mehr hat. Getrennten Bildungseinrichtungen ist die Ungleichheit inhärent. Deshalb halten wir dafür, dass die Kläger [...] durch die Rassentrennung, wegen derer sie klagen, des gleichmäßigen Schutzes der Gesetze beraubt sind, der durch das Vierzehnte Amendent gewährleistet wird.

(H. Wasser, Die USA – der unbekannte Partner, Paderborn 1983, S. 95)

1 Urteil im Fall Plessy gegen Ferguson von 1896 („separate but equal"; s. M 10, S. 185 f.)

1 *Fassen Sie die Begründungen, die das Gericht für seine Entscheidung vorbringt, zusammen. Welche Faktoren haben sich nach Meinung des Gerichts im Gegensatz zu 1896 grundlegend gewandelt?*

2 *Bemessen Sie Leistungen und Grenzen des Urteils im Kontext der Entwicklung der Rassentrennung in der Geschichte der USA.*

M32 Der Politologe Paul Kennedy über den Vietnamkrieg im historischen Rückblick (1991)

In vieler Hinsicht, symbolisch wie praktisch, wäre es schwierig, die Auswirkungen des langen Kampfes in Vietnam und in anderen Teilen Südostasiens auf das internationale Machtsystem – und auf die Psyche des amerikanischen Volkes – zu übertreiben. Dieser Krieg wurde von einer „offenen Gesellschaft" ausgefochten – und er wurde noch offener durch die Enthüllungen der „Pentagon Papers" und durch die tägliche Fernseh- und Presseberichterstattung über das Blutbad und die offensichtliche Sinnlosigkeit des Krieges. Und es war eine Tatsache, dass dies der erste Krieg war, den die Vereinigten Staaten unzweideutig verloren. Dadurch wurden die Erinnerungen an den Zweiten Weltkrieg überschattet und das Ansehen vieler Menschen von Vier-Sterne-Generälen bis zu hoch gelobten Intellektuellen im Dienste des Staates ruiniert. Der Krieg zerstörte den Konsens in der amerikanischen Gesellschaft über die Ziele und Prioritäten der Nation. Er wurde begleitet von hoher Inflation, beispiellosen Studentenprotesten und Unruhen in den Städten. Und ihm folgte die Watergate-Krise, welche die Präsidentschaft selbst auf einige Zeit diskreditierte. Der Vietnamkrieg stand für viele Amerikaner in einem bitteren und ironischen Widerspruch zu allem, was die Gründungsväter des Landes gelehrt hatten. Er machte die Vereinigten Staaten auf der ganzen Welt unbeliebt. Und schließlich sollte die schamvolle und lieblose Behandlung der aus Vietnam zurückkehrenden Soldaten ein Jahrzehnt später eine kulturelle Reaktion verursachen, welche die breite Beschäftigung mit diesem Konflikt in Form von Kriegsdenkmälern, Büchern und Fernsehdokumentationen erzwang. All dies bedeutete, dass der Vietnamkrieg trotz weit geringerer Verluste eine ähnliche Auswirkung auf das amerikanische Volk hatte wie der Erste Weltkrieg auf die Europäer. Die Folgen wurden hauptsächlich auf der persönlichen und auf der psychologischen Ebene sichtbar; etwas weiter gefasst wurden sie als eine Krise der amerikanischen Zivilisation und Verfassung gedeutet. Als solche sollten sie auch weiterhin Wirkung zeigen – ganz unabhängig von den strategischen Dimensionen dieses Konflikts und seinem Effekt auf das System der Großmächte.

(Paul Kennedy, Aufstieg und Fall der großen Mächte, Fischer, Frankfurt/Main 1991, S. 601)

1 *Bestimmen Sie, welche Folgen der Vietnamkrieg nach M 32 für die US-Gesellschaft hatte.*

2 *Erläutern Sie die These von Kennedy, wonach der Krieg auch strategische Folgen und Auswirkungen auf das System der Großmächte gehabt habe.*

Die USA: Demokratie und Nation

Zusammenhänge und Perspektiven

1 *Zeigen Sie an Beispielen, inwieweit in der Geschichte der USA ein Spannungsverhältnis zwischen den Ansprüchen der Menschen- und Bürgerrechte und der gesellschaftlichen Realität festzustellen ist.*
2 *Erläutern Sie die Bedeutung der Frontierbewegung, des Sezessionskriegs und des politischen Systems der USA für die Herausbildung der amerikanischen Nation.*
3 *Benennen Sie die wichtigsten Schritte der USA auf dem Weg zur Weltmacht vor 1917 und setzen Sie sich mit dem Widerspruch von imperialistischer Politik und demokratisch-antikolonialem Anspruch der USA auseinander.*
4 *Bestimmen Sie das Ausmaß, in dem Wirtschaft und Gesellschaft der USA vom Ausgang des Ersten Weltkrieges beeinflusst worden sind.*
5 *Bewerten Sie Weltwirtschaftskrise und „New Deal" im Hinblick auf die Veränderungen der grundlegenden Strukturen der amerikanischen Gesellschaft.*
6 *Fassen Sie noch einmal rückblickend die politischen und gesellschaftlichen Leitbilder der USA („American Dream") zusammen sowie jene Ereignisse, die zu den Herausforderungen dieser Leitbilder zählten.*

Zeittafel

1776	Die **Unabhängigkeitserklärung** bringt die vollständige Loslösung der englischen Kolonien vom Mutterland; die Präambel beinhaltet eine naturrechtliche Argumentation: Freiheit und Gleichheit der Menschen, Einsetzung der Regierung durch die Regierten, Recht zum Widerruf der Regierung durch das Volk; König Georg III. wird des Herrschaftsmissbrauchs bezichtigt.
1823	Die **Monroe-Doktrin** entstammt der jährlichen Botschaft von Präsident James Monroe an den Kongress und legt die Außenpolitik der USA fest: 1. Der amerikanische Doppelkontinent darf nicht mehr Ziel europäischer Expansion sein; 2. Das politische System der Alten Welt ist von dem der USA wesensverschieden; 3. Bestehender Kolonialbesitz in Amerika bleibt unangetastet; 4. Die USA mischen sich nicht in europäische Kriege ein.
seit ca. 1840	Einsetzen der **Industriellen Revolution** in den USA (vor allem in den Nordstaaten); Beginn der ersten Einwanderungswelle.
1861–65	**Sezession der Südstaaten** löst den Bürgerkrieg zwischen der Konföderation der Südstaaten und der Union aus; Sieg der Union.
1863	Abschaffung der Sklaverei.
Nach 1890	**Wirtschaftskrisen** und Wende zum **Imperialismus**.
1896	Entscheid „separate but equal" des Obersten Gerichtshofes schreibt die Ungleichbehandlung der Schwarzen fest.
1917	**Eintritt der USA in den Ersten Weltkrieg** (1914–18). Die USA werden stärkste Wirtschaftsmacht und lösen Großbritannien in dieser Position ab. USA werden zum wichtigsten Geldgeber auf der Welt.
1918	„14 Punkte": Internationales Friedensprogramm Präsident Woodrow Wilsons, das die Einrichtung des Völkerbundes vorsieht und das Ende von Kolonialismus und Imperialismus fordert.
1921	US-Kongress lehnt den Vertrag von Versailles und den Beitritt der USA zum Völkerbund ab; entgegen den Zielen Wilsons kehren die USA zwischen 1920 und 1936 außenpolitisch zum Isolationismus zurück.

1922–29 Die USA erleben einen beispiellosen Wirtschaftsaufschwung; dieser geht mit der Herausbildung der Massenkonsumgesellschaft einher, die zum Vorbild für alle Industriestaaten wird.

1929 **Beginn der Weltwirtschaftskrise:** ausgehend vom New Yorker Börsenkrach Zusammenbruch des Weltfinanzsystems und hohe Arbeitslosigkeit in allen Industrieländern; wird für die demokratischen Staaten zur politischen Herausforderung.

1933 „New Deal“: Reformprogramm Präsident Franklin D. Roosevelts zur Überwindung der Wirtschaftskrise.

1935 „Social Security Act“ – Sozialversicherungsgesetz: bedeut für die USA den Übergang zum Sozialstaat.

1937 „Quarantäne-Rede“ Roosevelts: Die USA rücken von der isolationistischen Außenpolitik wieder ab.

1941 Dem japanischen Angriff auf Pearl Harbor/Hawaii folgt der **Eintritt der USA in den Zweiten Weltkrieg** (Dez.). Die USA hatten 1939 zunächst ihre Neutralität erklärt, aber schon ab Okt. 1939 Großbritannien finanziell und materiell unterstützt.

1945 Abwurf der ersten Atombomben über den japanischen Städten Hiroshima und Nagasaki durch die USA (Aug.).

1947 „Containment“-Politik (Eindämmung) gegenüber der UdSSR (Truman-Doktrin).

1950–53 Koreakrieg: bewirkt einen großen wirtschaftlichen Aufschwung.

1950–54 Hysterische antikommunistische Hetzkampagnen, angeführt von dem republikanischen Senator Joseph McCarthy.

1954 Das Oberste Bundesgericht hebt die Rassentrennung an öffentlichen Schulen auf.

1961 **„New Frontier“-Programm von John F. Kennedy**: knüpft an den Frontiergeist des 19. Jh.s an und befürwortet Eingriffe der Regierung in die Wirtschaft. Ziele: Schaffung sozialer Gerechtigkeit und Förderung technologischen Fortschritts zum Wohle aller.

1962 Kubakrise: ausgelöst durch die Stationierung sowjetischer Mittelstreckenraketen auf Kuba, das seit 1959 von Castro regiert wird; wird durch Druck Kennedys auf die Sowjetunion beigelegt.

1963–73 Militärische Intervention der USA in Vietnam.

1964/65 Bürgerrechtsgesetze: Aufhebung aller Diskriminierungen gegen Schwarze.

1968 **Ermordung Martin Luther Kings**, der zum wichtigsten Repräsentanten der Bürgerrechtsbewegung geworden war.

1969 US-Astronauten landen als erste Menschen auf dem Mond.

1974 **Watergate-Affäre** um Präsident Richard M. Nixon (Republikaner): erster Rücktritt eines amerikanischen Präsidenten.

1981–89 Präsident Reagan leitet während seiner Regierungszeit eine konservative Wende ein.

1993–2000 Präsident Bill Clinton (Demokrat).

2001 Präsident George W. Bush, Sohn des früheren Präsidenten George Bush, übernimmt die Regierungsgeschäfte.

VII Russland im 19. und 20. Jahrhundert: Nation und Gesellschaft

Vera Muchina, Der Arbeiter und die Kolchosbäuerin, Denkmal für den sowjetischen Pavillon auf der Weltausstellung in Paris 1937 „Exposition internationale des arts et des techniques dans la vie moderne"

Ähnlich wie heute war Russland im 19. Jahrhundert eine Großmacht, es wies aber im Vergleich zu den Staaten des Westens viele Entwicklungsrückstände im wirtschaftlich-sozialen und politischen Bereich auf. Dass die Angleichung an das industrialisierte und liberale Westeuropa zu den vordringlichsten Aufgaben der Politik gehörte, wusste nicht nur die von der Aufklärung beeinflusste russische Oberschicht. Auch die Zaren, besonders Alexander II. (1855–1881), bemühten sich, durch tief greifende Reformen die Rückständigkeit Russlands zu überwinden. Mit der Bauernbefreiung von 1861 und einer vom Staat sehr stark geförderten Industrialisierungspolitik sollte Russland den Sprung von einer feudalen Agrar- zu einer modernen Industriegesellschaft schaffen. Die Modernisierungspolitik durfte jedoch nicht zur Demokratisierung des politisch-sozialen Systems führen. Vielmehr sollten durch die Entfesselung der Wirtschaftskraft und die Erhöhung der sozialen Mobilität die zaristische Alleinherrschaft gefestigt und die internationale Machtstellung des Reiches erhalten bzw. ausgebaut werden.
An diesem Widerspruch zwischen politisch-staatlichem Beharren einerseits und beschleunigtem wirtschaftlich-sozialem Wandel andererseits scheiterte das russische Modernisierungsexperiment. Russland gelang es zwar, seine gesellschaftlichen und wirtschaftlichen Kräfte so stark zu aktivieren, dass es die internationale Politik maßgeblich mitgestalten konnte. Im Innern verschärften sich aber die politisch-sozialen Gegensätze, die sich in der Revolution von 1905 entluden. Viele der befreiten Bauern und das durch die Industrialisierung entstandene Industrieproletariat führten ein materiell elendes Dasein. Als die Niederlage Russlands im Krieg gegen Japan von 1905 die Autorität des Zaren nachhaltig erschütterte, begehrten diese Schichten gegen den Zarismus auf und forderten sowohl die Verbesserung ihrer sozialen Situation als auch politische Mitspracherechte. Nicht vergessen werden darf, dass auch die unterschiedlichen Nationalitäten im russischen Vielvölkerstaat nach Autonomie strebten und sich der Revolution anschlossen.
Nicht die Revolution von 1905, die mit einer fast vollständigen Niederlage der fortschrittlichen Kräfte endete, sondern die Oktoberrevolution von 1917 bewirkte einen Systemwechsel: In Russland entstand mit dem Ende der 400-jährigen Zarenherrschaft allerdings keine Demokratie. Vielmehr setzten sich die Bolschewiki durch, die eine totalitäre Diktatur im russischen Reich errichteten, das 1922 in Sowjetunion umbenannt wurde. Kennzeichnend für den russischen Kommunismus war die Alleinherrschaft der Staatspartei und ihrer allmächtigen Bürokratie, die, gestützt auf Personenkult, das gesamte gesellschaftliche Leben kontrollierte. Das planwirtschaftliche Vorantreiben der Industrialisierung und die Kollektivierung der Landwirtschaft bildeten die Eckpfeiler der wirtschaftlichen „Modernisierung von oben“ mit enormen sozialen Kosten. Dem Terror der Zwangskollektivierung und den Säuberungen in Partei und Militär fielen Millionen Menschen zum Opfer. Um Kapital für die Industrialisierung freizusetzen, wurde der größte Teil der Bevölkerung auf einem äußerst niedrigen Lebensstandard gehalten und der Investitionsgüterindustrie absoluter Vorrang eingeräumt, vor allem dem Rüstungsgütersektor. Ein ausschließlich technizistisches Entwicklungskonzept und der skrupellose Machtbehauptungswille der Führungselite lähmten die Kräfte der Gesellschaft und beschnitten die Rechte des Einzelnen. Aber auch die Selbstständigkeitsbestrebungen der zahlreichen Nationalitäten in dem Vielvölkerstaat wurden nach wie vor radikal unterdrückt.
Auf welch tönernen Füßen der totalitäre Machtkoloss Sowjetunion in Wirklichkeit stand, zeigt sein Ende. Glasnost und Perestroika, das Reformprogramm Gorbatschows zur Überwindung der Stagnation des Sowjetsystems riefen an Stelle des angestrebten System*wandels* einen System*wechsel* hervor, der in atemberaubender Geschwindigkeit den Zusammenbruch und die Auflösung der Sowjetunion im Jahre 1991 nach sich zog und das kommunistische Gesellschaftsprojekt unter sich begrub.

1 Russland im 19. Jahrhundert

Vielvölkerstaat und Reichsbewusstsein

Seit seiner territorialen Expansion im 16. Jahrhundert entwickelte sich Russland zu einem Vielvölkerstaat, in dem eine Vielzahl von Stämmen und Völkern auf zum Teil sehr unterschiedlicher Kulturstufe zusammenlebten. Bereits die frühesten Staatsbildungen auf ostslawischem Boden wie die Kiewer Rus im frühen Mittelalter besaßen eine gemischte Bevölkerung, die außer slawischen auch finnische, baltische und türkische Volksgruppen umfasste. Bis zum 19. Jahrhundert kamen aber noch **zahlreiche** neue **nicht russische Völker** hinzu: Neben kleineren Völkern in Sibirien oder an der mittleren Wolga sind dabei besonders die Tataren, Ost-Ukrainer, Kalmücken, Baschkiren sowie Esten, Letten, Deutschbalten, Litauer, Polen und Juden zu nennen. Um das Jahr 1700 waren über 25 % der russischen Untertanen Nichtrussen, um 1800 lag ihr Anteil an der Reichsbevölkerung bei über 45 % und die Volkszählung von 1897 erfasste eine nicht russische Mehrheit von über 55 % bei einer Gesamtbevölkerung von 125 Mio. (M 1).

Das russische nationale Selbstbewusstsein war bis weit ins 19. Jahrhundert hinein nicht auf das russische Volk, sondern in erster Linie auf den Staat und auf das Reich bezogen, also stets der **Reichsideologie** untergeordnet, die vornational und dynastisch ausgerichtet war: Aus den unterworfenen Völkern sollten keine Russen, sondern Untertanen des Zaren gemacht werden, die das russische Reich als ihre Heimat betrachteten (M 2). Abgesehen von der Ukraine betrieb die russische Politik daher keine konsequente Russifizierungspolitik. Rebellierten dennoch einzelne Völker oder Volksgruppen gegen den Herrschaftsanspruch des Zaren, wurde der Widerstand rücksichtslos mit militärischer Gewalt gebrochen. Nach der Niederwerfung der Aufstände kehrten die Zaren allerdings wieder zu einer flexibleren und rücksichtsvolleren Integrationspolitik zurück.

Die russische **Nationalitätenpolitik** verhärtete sich allerdings während der zweiten Hälfte des 19. Jahrhunderts. Das wichtigste Beispiel war Polen, das unter dem sich verstärkenden Russifizierungsdruck besonders zu leiden hatte und während der Dreißigerjahre sowie 1848/49 gegen die russische Herrschaft aufbegehrte. Mit brutaler Härte schlug Russland dann im Jahr 1863 den Unabhängigkeitskampf des polnischen Adels nieder. Die russische Regierung zerschlug den polnischen Großgrundbesitz, indem sie die Bauern reichlich mit Land ausstattete, um dadurch ihre Sympathien gegen die polnische Unabhängigkeitsbewegung zu gewinnen.

Polen verlor alle Autonomierechte und wurde wie eine Provinz behandelt. Russisch wurde zur Verwaltungssprache, die staatlich geförderte Ausbildung auf russische Schulen beschränkt und polnische Privatschulen wurden verboten. Mit rücksichtsloser Härte bekämpfte die russische Regierung die katholische Kirche. Sie behinderte die religiöse Erziehung, hob Klöster auf und untersagte den polnischen Bischöfen jeglichen Kontakt mit Rom, sodass 1870 von den 15 Diözesen nur noch drei besetzt waren.

Staat und Gesellschaft

Der russische Staat war im 19. Jahrhundert eine **Autokratie**. An der Spitze stand der absolut herrschende Zar. Die durch das Gottesgnadentum legitimierte und von jeder gesetzlichen oder konstitutionellen Begrenzung freie Herrschergewalt schien den Zaren die beste Gewähr dafür zu bieten, dass die überkommene Sozialstruktur bewahrt und revolutionäre Erschütterungen von Russland fern gehalten werden konnten. Die orthodoxe Kirche, die Armee und die übergroße Beamtenschaft waren die wichtigsten Stützen der zaristischen Herrschaft. Im russischen Polizeistaat, dessen Ziel die lückenlose Überwachung der Untertanen war, blieb kaum Spielraum für eine öffentliche Diskussion über die

Probleme des Vielvölkerstaates, geschweige denn über dringend gebotene Reformen von Staat, Gesellschaft und Wirtschaft.

Die russische Gesellschaft wurde im 18. und beginnenden 19. Jahrhundert maßgeblich von Krone, **Adel** und Leibeigenen geprägt. Der Adel besaß keine ständischen und politischen Mitbestimmungsrechte, sondern war völlig von der Gunst des jeweiligen Herrschers abhängig. Besonders erfolgreich baute Peter der Große (1689–1725) seine Machtposition aus: Er verlieh der Hierarchie im Staatsdienst einen höheren Rang als der Hierarchie der Geburt und verpflichtete die Adeligen dazu, dem Staat als Beamte oder Soldaten zu dienen.

Mitte des 19. Jahrhunderts waren mehr als drei Viertel der russischen Bevölkerung **Bauern**, die überwiegend zu den Leibeigenen gehörten. Diese Leibeigenen arbeiteten entweder als Kronbauern auf Gütern der Krone bzw. des Staates oder als Gutsbauern auf dem Privatbesitz des Erbadels. Sie waren Eigentum ihrer Herren, besaßen keinerlei Rechte und fristeten ihr Dasein unter elenden Verhältnissen.

Ein wirtschaftlich starkes und politisch selbstbewusstes **Bürgertum** gab es in Russland zu Beginn des 19. Jahrhunderts nicht; Kaufleute, Handwerker oder auch Geistliche blieben im Agrarland Russland zahlenmäßig und gesellschaftlich unbedeutend. Die Funktionen des revolutionär gestimmten westeuropäischen Bürgertums übernahm im russischen Reich seit den Dreißigerjahren des 19. Jahrhunderts die „**Intelligentsia**“ (der Begriff kam allerdings erst 1860 auf), die sich an den Universitäten zusammenfand. Sie bestand vor allem aus jungen Adeligen, die die Leibeigenschaft und ihre eigenen Privilegien nicht mehr als selbstverständlich hinnahmen und angesichts der bedrückenden Lebensbedingungen im Lande Schuldgefühle empfanden. Hinzu kamen junge Menschen aller Stände, die den Zugang zur Bildung mühsam erzwungen hatten. Aber die Absonderung vom offiziellen Russland und die erzwungene Passivität in einem Polizeistaat, der keine staatsbürgerlichen und sozialpolitischen Initiativen erlaubte, machten die „Entfremdung“ und Kritik dieser schmalen Schicht radikaler und ihre Zukunftsentwürfe utopisch.

Russische Zukunftsvisionen

In der Diskussion der „Intelligentsia“ über die Zukunft Russlands bildeten sich während der ersten Hälfte des 19. Jahrhunderts zwei Strömungen heraus. Die **Slawophilen** betrachteten die Modernisierungsreformen Peters des Großen als Beginn einer verhängnisvollen Fehlentwicklung und forderten eine Rückbesinnung auf die russischen Traditionen. Sie entwarfen ein verklärendes Bild von der guten alten Zeit, in der das Leben harmonisch durch volkstümliche Frömmigkeit und friedlichen Gemeinsinn der Bauern bestimmt gewesen sei. Die Slawophilen idealisierten die sich selbst verwaltende Dorfkommune (russ. = mir) als Keimzelle eines neuen russischen „Sozialismus“ und hielten das orthodoxe Christentum Russlands für die reinste Form des Christentums. Scharf verurteilten sie das Gewinn- und Konkurrenzstreben sowie den aus ihrer Sicht die gesellschaftliche Gemeinschaft auflösenden Individualismus der westlichen Gesellschaft. Der Übergang von den Slawophilen zum **Panslawismus**, der einen Bund aller Slawen anstrebte, vollzog sich, als ihre Utopie konkrete politische Ziele aufnahm. Seit Mitte des 19. Jahrhunderts wandelte er sich zu einer militanten nationalistischen Bewegung, die die Unabhängigkeit aller slawischen „Brudervölker“ forderte. Russland sollte die Schutzmacht aller Slawen sein und deren Befreiung durchsetzen.

Eine politisch-publizistische Gegenbewegung zu den Slawophilen entstand um 1840. Sie trat für einen engen Anschluss Russlands an die westeuropäische Kultur ein. Diese Westler lehnten das autokratische Herrschaftssystem ab, forderten die Übernahme liberal-demokratischer Regierungsformen und prangerten die sozialen Missstände in der russischen Gesellschaft an. Zu den bedeutendsten Vertretern gehörte **Alexander Herzen** (1812–1870). Seine anfänglich positive Einstellung zum westlichen Fortschritt wurde allerdings auf einer Frankreichreise erschüttert.

B 1 Deutsche Karikatur auf den drohenden Zerfall des russischen Reichs, 1905. – Der Untertitel lautet: „Festhalten, festhalten! Wir kriegen die Geschichte schon wieder zusammen."

– *Beschreiben und interpretieren Sie die Karikatur (B 1) in ihrem historischen Kontext.*

Für ihn war die Französische Revolution gescheitert, weil sie ihr Ideal von einer freien, gleichen und brüderlichen Gesellschaft nicht habe verwirklichen können. Die verbleibende Zukunftshoffnung sah er nun in der von den Slawophilen verherrlichten Dorfgemeinde. Sie wurde zum Ausgangspunkt eines durch individuelle Freiheit und demokratische Freiheit getragenen „russischen Sozialismus".

Machtverfall und Reformpolitik

Seit dem 18. Jahrhundert wollte Russland seinen Einfluss im Osmanischen Reich verstärken. England versuchte dagegen einen Machtgewinn Russlands zu verhindern. Als Russland im Juli 1853 in die türkischen Donaufürstentümer Moldau und Walachei (das spätere Rumänien) einmarschierte und außerdem die türkische Flotte vernichtete, löste es den **Krimkrieg** (1853–1856) aus, in dem es England, Frankreich und Piemont-Sardinien zum Gegner hatte. Österreich, das mit Russland eng verbündet war, aber durch den russischen Vorstoß auf den Balkan seinen Vormachtanspruch im Südosten gefährdet sah, stellte deshalb im Sommer 1854 zusammen mit Preußen ein Ultimatum an Russland. Das Zarenreich räumte daraufhin die Donaufürstentümer. Im September 1855 fiel nach verlustreichen Kämpfen Sewastopol. Im Frieden von Paris 1856 wurden die Donaufürstentümer unter europäischer Garantie unabhängig, die Meerengen und das Schwarze Meer neutralisiert, die Türkei blieb unabhängig.
Die Niederlage im Krimkrieg (B 1) bedeutete einen schweren Schlag für das russische Selbstbewusstsein. Zar und Regierung mussten erkennen, dass Russland den westlichen Großmächten unterlegen war. Wollte Russland seine führende Rolle in der europäischen Politik zurückgewinnen, musste es seine Wirtschaftskraft stärken und seine gesellschaftliche Mobilität erhöhen. Alexander II. (1855–1881) leitete daher grundlegende Reformen im sozialen und wirtschaftlichen Bereich ein, ohne allerdings die Autokratie anzutasten.

Der Krieg hatte die Schwäche einer Armee bewiesen, die sich aus leibeigenen Bauern rekrutierte. Daher wurde in aller Öffentlichkeit die Leibeigenschaft als die Wurzel allen Unglücks bezeichnet und als nationale Schmach empfunden. Die Regierung reagierte darauf mit der **Bauernbefreiung**, die am 19. Februar 1861 verkündet wurde: 1. Die Bauern erhielten die persönliche Freiheit im Sinne voller individueller Rechtsfähigkeit. 2. Das Land blieb Eigentum der Grundherren. 3. Die Bauern erhielten Landanteile zur Nutzung, deren Größe sich je nach Bodenbeschaffenheit und Klima richtete. 4. Die Bauern waren zu Ablösungszahlungen und zu Diensten verpflichtet, bis sie den Landanteil käuflich erwerben konnten. 5. Die Regierung legte den Grundbesitzern die Loskaufsumme in Form von Darlehen vor. 6. Dafür entrichteten die Bauern 49 Jahre lang 6 % des Bodenwertes an den Staat.
Unmittelbar vor Verkündung des Gesetzes hatte die Regierung einen Passus aufgenommen, der den Bauern die Ablösungsschulden erließ, wenn sie sich mit einem Viertel der normalen Landzuteilung für immer begnügten. Es war der „Bettelanteil"; viele machten von dieser Regelung Gebrauch. Damit hatte der Adel seine Interessen gegenüber den liberalen Kräften durchgesetzt. Weil die Regierung eine unkontrollierte Mobilität der Bauern verhindern wollte, blieb die Dorfkommune bestehen. Ihre allgemeinen Regeln des Zusammenlebens wurden jetzt allerdings im Gesetzestext genau festgelegt. Die Bauern waren weiterhin wirtschaftlich von der Gemeinde abhängig, denn sie teilte ihnen nach wie vor Land zur zeitweiligen Nutzung zu. Außerdem durften sie nur mit ihrer Zustimmung das Dorf verlassen. Hier fiel das Interesse des Staates mit dem der Gutsbesitzer und in gewissem Sinn auch mit dem der Bauern zusammen: Wer hätte die Garantie für die Steuerleistungen und die Ablösungsverpflichtungen übernehmen sollen und bei Missernten und Viehseuchen den Bauern einen Rückhalt geben können, wenn man die Dorfgemeinschaft auflöste? Von dem bürgerlichen Freiheitsrecht der Freizügigkeit war im Gesetz keine Rede: Es befreite die Bauern zwar von leibherrlicher Willkür, aber sie durften weder über das von ihnen bewirtschaftete Land verfügen noch ihren Beruf frei wählen. Wegen dieser Einschränkungen gab die Bauernbefreiung wenig Anreiz zur Modernisierung der Landwirtschaft (M 3).
Obwohl das Ende der Leibeigenschaft einen bedeutenden Einschnitt darstellte, waren die Bauern allgemein über die Bestimmungen des Befreiungsgesetzes enttäuscht. Sie hatten auf einen unentgeltlichen und größeren Landanteil sowie auf die sofortige Abschaffung der Frondienste gehofft. Stattdessen gerieten die Bauern in einen unabsehbaren Ablösungsprozess. Sehr rasch wurde deutlich, dass das den Bauern zeitweilig zugeteilte Land viel zu klein war und die finanzielle Belastung zu groß. So stieg von 1861 bis 1905 die Zahl der bäuerlichen Bevölkerung um mehr als das Doppelte, während sich das Bauernland nur um ein Zehntel der Bodenfläche vermehrte. Das bedeutete für die große Mehrheit der Bauern härtesten Existenzkampf und wachsende Verelendung.

Industrialisierung und soziale Konflikte

Der Verfall der russischen Macht zeigte sich auch im wirtschaftlichen Bereich. Zwar erlebte die Wirtschaft des Zarenreiches im frühen 19. Jahrhundert einen beträchtlichen Aufschwung. Aber im Vergleich zu den westlichen Staaten verlor die russische Wirtschaft kontinuierlich an Boden, weil deren Wirtschaften schneller wuchsen (s. S. 150). Während Russland seine Eisenproduktion im frühen 19. Jahrhundert verdoppelte, konnte Großbritannien seine Produktion um das 30fache steigern. Auch beim Eisenbahnbau blieb das Zarenreich weit hinter den westlichen Mächten zurück: Um 1850 besaß Russland mehr als 800 km Eisenbahnstrecken, die USA hatten damals schon ein Schienennetz von 13 600 km fertiggestellt. Die meisten russischen Fabriken und Industrieunternehmen beschäftigten weniger als 16 Menschen und waren kaum mechanisiert, sodass die Produktivität der Betriebe gering blieb.
Das Agrarland Russland konnte seinen Rückstand gegenüber dem Westen nur dadurch überwinden, dass es eine kapitalistische Industriewirtschaft aufbaute. Diese Aufgabe übernahm seit den

Sechzigerjahren des 19. Jahrhunderts der Staat durch direkte Eingriffe in das Wirtschaftsleben. Daher sprechen die Historiker von einer „**Modernisierung von oben**". Die Regierung gründete Staatsbetriebe und griff investitionsbereiten Unternehmern finanziell unter die Arme. Entweder beteiligte sich die Regierung selbst an Unternehmen und Gesellschaften oder sie gewährte besonders Großbetrieben im Hüttenwesen und im Transportmaschinenbau Geldmittel zur Starthilfe und sorgte für den Absatz ihrer Produkte. Durch hohe Importzölle versuchte der Staat einheimische Unternehmer vor ausländischer Konkurrenz und damit oft auch vor dem Bankrott zu schützen. Der Staat reorganisierte das Kreditwesen, indem er Regierungsbanken ins Leben rief, und er schuf die Voraussetzungen für den Import westlichen Kapitals. Der Zufluss ausländischer Gelder wurde garantiert durch staatliche bzw. staatlich abgesicherte Anleihen; ausländische Banken und Unternehmen konnten aber auch direkt in Russland investieren. Von ausländischen Geldern profitierte vor allem der staatlich geförderte Eisenbahnbau. Mitte der Achtziger und in den Neunzigerjahren verstaatlichte Russland die meisten Eisenbahnen, die die entstehenden Industriezentren mit den Eisen- und Kohlerevieren sowie mit den zentralen Agrarregionen und den Ausfuhrhäfen an der Ostsee und am Schwarzen Meer verbanden. Auf diese Weise wurden die zügige wirtschaftliche Erschließung des Landes und die Bildung eines großen Binnenmarktes möglich. Mit dem beschleunigten Eisenbahnbau bekamen gleichzeitig die Schwerindustrie und der Maschinenbau Auftrieb, die zu Leitsektoren der Industrialisierung wurden.

Trotz der fieberhaften Industrialisierung blieb Russland ein Bauernland. Um die Wende zum 20. Jahrhundert standen den ungefähr 100 Mio. Bauern lediglich 3 Mio. Arbeiter, also weniger als 2 % der Bevölkerung, gegenüber. Den Anteil der Großbourgeoisie an der Bevölkerung schätzt man auf 1 %, das kleine und mittlere Bürgertum machten etwa 4 % aus. Die Industrie konzentrierte sich besonders in St. Petersburg und Moskau, in der Ukraine und in den Ölgebieten Transkaukasiens. Hier waren die sozialen Verhältnisse so katastrophal wie in der frühen Phase des Industriezeitalters im europäischen Westen: Es gab Arbeiterkasernen, unkontrollierte Frauen- und Kinderarbeit, Hungerlöhne und 13-stündige Arbeitstage. Gewerkschaftliche Zusammenschlüsse waren verboten, aber illegale Organisationen machten sich in den 90er-Jahren durch ausgedehnte Streikbewegungen bemerkbar. Diese Streiks zwangen die Regierung dazu, einige Maßnahmen des Arbeitsschutzes zu ergreifen; so wurde 1897 die Arbeitszeit auf 11,5 Stunden begrenzt.

In den Jahren 1891, 1892, 1897 und 1902 verursachten Missernten einen nationalen Notstand. Von den Hungerkatastrophen waren 30 bis 40 Mio. Bauern betroffen. Scharen bettelnder Familien zogen mitten im Winter in die Städte des mittleren Wolgagebietes und wurden von den ratlosen Behörden in ihre verödeten Dörfer zurückgeschickt.

Die wachsende Unzufriedenheit breiter Bevölkerungsschichten über ihre soziale Situation schuf den Nährboden für neue **oppositionelle Bewegungen**, die den Herrschaftsanspruch des autokratischen Zaren in Frage stellten. Durch Aufklärung und Politisierung wollten die „Volkstümler" (russ. = narodniki) während der Siebzigerjahre die Bauern für den Kampf gegen die zaristische Autokratie gewinnen. Aber der „Gang ins Volk", den Hunderte von Intellektuellen antraten, zeigte, dass der Abstand zwischen ihnen und den Bauern zu groß war. Auch die Anarchisten, die eine Gesellschaft sich selbst verwaltender Produktionsgemeinschaften anstrebten, scheiterten. Beide Gruppierungen, die sich 1901/02 zur „Sozialrevolutionären Partei" zusammenschlossen, mussten ihre Hoffnungen auf ein revolutionäres Aufbegehren der Bauern begraben.

In St. Petersburg fand sich gegen Ende des 19. Jahrhunderts ein Kreis von jungen Intellektuellen zusammen, die die Lösung der sozialen Frage und die Abschaffung zaristischer Bevormundung vom entstehenden Industrieproletariat erwarteten. Sie studierten die Lehren von Marx und gelangten zu der Überzeugung, dass Russland erst die kapitalistische Industrialisierung Westeuropas nachholen müsse, um aus dem Teufelskreis von Unkultur, Unwissenheit und öko-

nomischer Rückständigkeit herauszukommen. Die Petersburger Marxisten, darunter der junge Lenin, organisierten sich im Jahre 1895 und gründeten den „Kampfbund für die Befreiung der Arbeiterklasse". Und 1898 beschlossen Vertreter verschiedener sozialistischer Gruppen in Minsk die Gründung der „Russischen Sozialdemokratischen Arbeiterpartei". Von Anfang an musste die Partei im Untergrund arbeiten.
Auch im russischen Bürgertum, ja sogar in Kreisen liberaler Adeliger formierte sich Opposition. Diese bürgerliche Reformbewegung widersetzte sich vor allem den Versuchen der Regierung, die Rechte der lokalen Selbstverwaltungen einzuschränken. Ihre Forderungen nach Rechtssicherheit und Beschneidung der Polizeibefugnisse sowie nach einer Verfassung und der Lösung der sozialen Frage boten durchaus Anknüpfungspunkte für eine Zusammenarbeit mit sozial-revolutionären und marxistischen Gruppen. Eine Zusammenführung aller oppositionellen Kräfte scheiterte aber an den Bolschewiki (s. S. 239f.), einer radikalen Richtung innerhalb der Sozialdemokraten, die das sozialdemokratische Programm zur alleinigen Grundlage des gemeinsamen Kampfes gegen das autokratische System machen wollten.

Revolution 1905

Seit Russland nach dem verlorenen Krimkrieg die Eroberung von Konstantinopel und der Meerengen aufgeben musste und eine Expansionspolitik in Ostasien betrieb, war es in Rivalität zu Japan geraten. Die Petersburger Militärexperten unterschätzten das japanische Kriegspotenzial und glaubten, dass ein „kleiner und siegreicher Krieg" auch von den innenpolitischen Schwierigkeiten ablenken werde – eine Ansicht, von der sich Nikolaus II. (1894–1917) gerne überzeugen ließ. Aber der **Russisch-Japanische Krieg** (1904/05) endete mit dem vollständigen Verlust der russischen Flotte in der Seeschlacht von Tsushima (14./15. Mai 1905). Russland musste Japans Interessen in Korea anerkennen, seine Rechte an der südmandschurischen Eisenbahn abtreten und auf den südlich des 50. Breitengrades gelegenen Teil Sachalins verzichten. Damit hatte Japan eine vorherrschende Stellung im Fernen Osten errungen.
Der leichtfertig begonnene und schmählich verlorene Krieg erschütterte nachhaltig die Autorität des zaristischen Regimes im Inneren und bedeutete nach außen einen herben Prestigeverlust für das russische Reich. Gleichzeitig verschlechterte sich zu Beginn des 20. Jahrhunderts wegen einer Rezession die wirtschaftliche Situation im Lande. Die Arbeitslosigkeit in den Industriezentren stieg rasch an, weil Staatsaufträge ausblieben, und auch die Landwirtschaft geriet in Schwierigkeiten, weil die Exportmärkte zusammenbrachen. Staatlicher Autoritätsverlust und wirtschaftliche Krise lösten eine Revolution aus, die das Zarenregime zutiefst erschütterte. Seine Ablehnung hatte die unterschiedlichsten politisch-gesellschaftlichen Gruppen zusammengeführt: bürgerliche und adelige Liberale in den Organen der lokalen Selbstverwaltung, die gegen bürokratische Gängelung kämpften; Land begehrende Bauern, Sozialrevolutionäre, die sich für eine radikale Reform der Landwirtschaft einsetzten, die sozialistische Arbeiterbewegung und viele nationale Fremdvölker, die innerhalb des russischen Imperiums nach Autonomie strebten.
Am 9. Januar, der als Petersburger „Blutsonntag" in die Geschichte eingegangen ist, zogen fast 140 000 Menschen mit Fahnen und Bildern des Zaren unter Führung eines Popen vor das Winterpalais, um den Zaren zu veranlassen, bürgerliche Freiheiten und ein Parlament sowie wirtschaftliche Erleichterungen wie den Achtstundentag zu gewähren. Die Staatsmacht reagierte mit brutaler Härte; ihr gewaltsames Vorgehen forderte über 1000 Opfer und löste eine ungeheure Empörung aus.
Das Ereignis führte zur Mobilisierung und Radikalisierung der Bevölkerung: Aus patriarchalisch denkenden Arbeitern wurden moderne klassenbewusste Proletarier und bei den Bauern verblasste der Zarenmythos. Während der nächsten Monate gab es in den Dörfern wilde Enteignungen

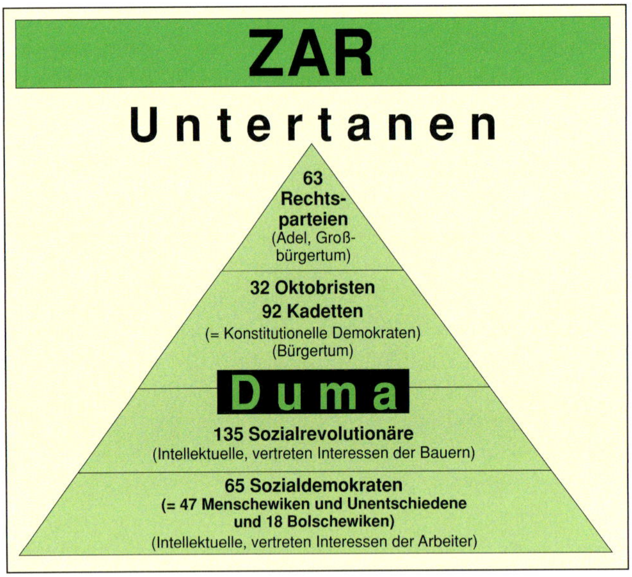

Schema 1 Das zaristische Herrschaftssystem nach der Revolution von 1905 und die Sitzverteilung in der Duma nach den Wahlen von 1906

– *Untersuchen Sie anhand von Schema 1 und der Darstellung die Möglichkeiten der Duma, als Volksvertretung wirksam zu werden.*

von Ackerland, in den Städten Arbeiterstreiks und in der Flotte Meutereien. Auch Professoren und Studenten schlossen sich an. Da die Regierung die Kontrolle verloren hatte, entstand zum ersten Mal eine Art von öffentlichem Leben. Auch die Presse äußerte sich frei.

Innerhalb der unterschiedlichen politisch-sozialen Strömungen war die Streikbewegung der Arbeiter die stärkste Kraft. Sie erlebte ihren Höhepunkt, als im Oktober 1905 ein **Eisenbahnerstreik** den Verkehr sowie Post und Telegraf lahm legte. Der Streik wurde von allen oppositionellen Schichten unterstützt. So gewann er den Charakter eines Generalstreiks und zwang die Regierung, die bisher zwischen Repressalien und kopflosen Zugeständnissen geschwankt hatte, zu einem zentralen Zugeständnis: Der Zar erließ am 17. Oktober ein von Minister Witte verfasstes Manifest, das die bürgerlichen Freiheitsrechte und eine gesetzgebende Versammlung von gewählten Volksvertretern (Duma) versprach.

Inzwischen waren aus den Streikkomitees in Moskau und St. Petersburg die ersten **Sowjets** (russ. = Räte) hervorgegangen. Die Führung der Streiks lag bei den spontan gebildeten Arbeiterausschüssen einzelner Betriebe. Sie schlossen sich hier und da zu gesamtstädtischen Streikkomitees zusammen, die zu einer dauernd gewählten Arbeiterversammlung („Rat der Deputierten") mit politischer Zielsetzung werden konnten, z. B. im Moskauer Textilbezirk, dem „russischen Manchester". Der Petersburger Sowjet entwickelte sich für kurze Zeit zu einem „Arbeiterparlament" der Hauptstadt. Weil die Arbeiter keine legalen Interessenvertretungen besaßen, waren die Sowjets eine Schöpfung spontaner Selbsthilfe. Sie wurden gewählt, unterlagen ständiger Kontrolle und konnten jederzeit abberufen werden. Die Sowjets waren ursprünglich parteilos. Allerdings bemühten sich die sozialistischen Gruppen um ihre Kontrolle. Das Oktobermanifest des Zaren hatte die Opposition gespalten und die Revolution schien zu verebben. Da rief der Moskauer Sowjet auf Drängen der Bolschewiki zum bewaffneten Aufstand auf. Zarentreue Garderegimenter schlugen nach elf Tagen die Revolte nieder. Im Dezember 1905 wurden die Deputierten verhaftet, die Tätigkeit der Sowjets war damit beendet. Jetzt hatte die Reaktion das Wort: Sie richtete Militärtribunale ein und erlaubte den ultrareaktionären „Schwarzen Hundertschaften", Terroraktionen auf dem Lande durchzuführen.

Mit der Verabschiedung einer Verfassung und der Eröffnung der Gesetzgebenden Versammlung (Duma) im April 1906 durch Nikolaus II. begann in der russischen Geschichte eine kurze konstitutionelle Periode. Das russische Parlament war ein **Scheinparlament** (Schema 1), das weder die Macht noch genügend Rechte besaß, um die politischen Geschicke des Landes mitzugestalten. Die Gesetze über die Versammlungs- und Meinungsfreiheit wurden restriktiv abgefasst und die Abgeordneten besaßen keine Immunität. Außerdem war das Gesetzgebungsrecht der Duma an die Zustimmung eines konservativen Oberhauses (Reichsrat) und an die Unterschrift des Zaren gebunden, also doppelt blockiert. Zar und Regierung hatten das Recht, Gesetze zu erlassen und sie erst nachträglich dem Parlament zur Genehmigung vorzulegen. Armee und Außenpolitik blieben in der Zuständigkeit des Herrschers. In seinen Händen lag überdies das Recht, den Notstand auszurufen. Die Regierung war allein dem Zaren verantwortlich.
Obwohl das Wahlrecht Adel und Besitzbürgertum bevorzugte und die Bolschewiki die Wahlen boykottierten, stand die Mehrheit der Duma-Mitglieder in Opposition zur Regierung. Stärkste Fraktion wurden die Konstitutionellen Demokraten, die Russland in eine parlamentarische Monarchie umwandeln, rechtsstaatliche Prinzipien einführen und die Agrarfrage durch die Enteignung von Gutsbesitz zu Gunsten der Bauern lösen wollten. Nikolaus II. war zu derart einschneidenden Strukturveränderungen nicht bereit und löste die Duma bereits im November 1906 wieder auf. Die nach einem halben Jahr gewählte zweite Duma erwies sich als viel radikaler und wurde deshalb ebenfalls aufgelöst. Die Regierung ließ die 65 sozialdemokratischen Abgeordneten verhaften und verbannte sie nach Sibirien. Ein neues Wahlgesetz sorgte dafür, dass der größte Teil der Bevölkerung künftig von der Wahl ausgeschlossen blieb und eine konservative Mehrheit gesichert war. Damit war der Versuch gescheitert, die zaristische Autokratie zu beseitigen und den russischen Staat westlichen Verfassungsverhältnissen anzugleichen.
Die Revolution bewirkte auch keine grundlegende Umgestaltung der sozialen und wirtschaftlichen Strukturen. Allein im Agrarbereich zeigte sich das zaristische Regime zu wenigen Zugeständnissen bereit. Zar und Regierung wussten nur zu gut, dass die Bauern bisher die wichtigste Stütze der Autokratie waren, und das sollte auch so bleiben. Dringlichste Aufgabe war daher die Verbesserung der wirtschaftlichen Situation der Bauern, vor allem die Schaffung eines bäuerlichen Mittelstandes. In seinem Gesetzgebungswerk (1906–1911) strich Ministerpräsident und Innenminister Pjotr A. **Stolypin** die Staatsschulden der Bauern und erlaubte ihnen den Austritt aus der Dorfkommune. Die Bauern sollten das von ihnen bewirtschaftete Land als Eigentum erhalten und durch eine umfassende Flurbereinigung wollte man die Bodenzersplitterung abschaffen. Das Programm war eine Antwort auf die radikalen Pläne der Linksparteien und der Konstitutionellen Demokraten, die die Auflösung des adeligen Grundbesitzes zu Gunsten der Bauern vorsahen.
Zwar entwickelte sich eine mäßig wohlhabende Bauernklasse (Kulaken), aber auch das Landproletariat vermehrte sich beträchtlich. Die Reform schritt sehr langsam voran; die lebensfähigen und rentablen Eigentumswirtschaften machten im Jahre 1913 erst 10 % des bäuerlichen Gesamtbesitzes an Land aus. Deshalb sollte Neuland in Sibirien, Zentralasien und Kaukasien gewonnen und besiedelt werden. Zwischen 1906 und 1915 fanden 2 Mio. Bauern eine neue Existenz als Siedler in den zugewiesenen Gebieten. Der Bevölkerungszuwachs konnte dennoch nicht nachhaltig aufgefangen werden.
So endete die Revolution von 1905, die von den Zeitgenossen als hoffnungsvoller Auftakt zu einer neuen Epoche Russlands empfunden wurde, mit einer nahezu vollständigen Niederlage der reformbereiten Kräfte, die Russlands Anschluss an den Westen anstrebten. Profitiert haben davon nicht der Zar und die ihn stützenden Schichten, sondern die radikalen Gruppen, die den Sturz des Zarismus und des alten Systems vorantrieben (M 4).

M1 Vielvölkerstaat Russland: Ausgewählte ethnische Gruppen in Russland um 1850 nach Region, Sprache, Religion und Tätigkeiten

	Region + Gruppe	Sprache	Religion	Jäger u. Sammler	Viehzüchter	Staatsbauern	Gutsbauern	Adelige	Geistliche	Beamte u. Militärs	Dienstboten	Bankiers u. Fabrikanten	Arbeiter	Kosaken	Handwerker	Kaufleute
Russen		slawisch	orthodox	–	x	x	x	x	x	x	x	x	x	x	x	x
			altgläubig	–	–	x	x	–	x	–	x	x	x	x	x	x
Ukrainer		slawisch	orthodox	–	x	x	x	x	x	x	x	–	–	x	–	–
Polen	Königreich östl.	slawisch	katholisch	–	–	x	x	x	x	x	x	–	x	–	x	–
	des Bug			–	–	–	–	x	x	x	x	–	–	–	x	–
Weißrussen		slawisch	orthodox (uniert)	–	–	x	x	–	–	–	x	–	–	–	x	–
Juden	Aschkenasi	germanisch	mosaisch													
	– Altpolen			–	–	–	–	–	x	–	x	x	x	–	x	x
	– Neurussland		–	–	x	–	–	x	–	x	x	x	–	x	x	
	Bergjuden	iranisch		–	–	x	–	–	x	–	–	–	–	–	x	x
	Karaiten	türkisch		–	–	x	–	–	x	–	–	–	–	–	x	x
Letten		baltisch	lutherisch	–	–	–	x	–	–	–	x	–	x	–	x	–
Deutsche	Baltikum	germanisch	lutherisch	–	–	–	–	x	x	x	–	x	–	–	x	x
	St. Petersburg		luth./calv. + kath.	–	–	–	–	x	x	x	–	x	–	–	x	x
	Lodz		katholisch	–	–	–	–	–	–	–	–	x	x	–	x	x
	Wolga		luth. + kath.	–	–	x	–	–	x	–	–	–	–	–	x	x
	Schwarzmeer		luth./kath./ mennonit.	–	x	x	–	–	x	–	–	–	–	–	x	x
	Kaukasus		separiert	–	–	x	–	–	x	–	–	–	–	–	x	x
Tataren	Kasymov	türkisch	muslimisch	–	–	x	–	x	x	–	–	–	–	–	–	–
	Wolga			–	x	x	–	x	x	–	x	x	x	x	x	x
	Krim			–	x	x	–	x	x	–	–	–	–	–	x	x
Nogaier		türkisch	muslimisch	–	x	–	–	x	–	–	x	–	–	x	x	x
Ostjaken		finno-ugrisch	orthodox/ animist.	x	x	–	–	–	–	–	–	–	–	–	–	–
Komi-Syrjänen		finno-ugrisch	orthodox	x	x	x	–	–	–	–	–	–	–	–	–	–
Armenier	Armenien	iranisch	monophysit.	–	–	x	x	x	x	x	x	x	x	–	x	x
	außerhalb			–	–	–	–	x	x	x	x	x	x	–	x	x
Kalmücken		mongolisch	buddhistisch	–	x	–	–	x	x	–	x	–	–	x	–	x

(Hans-Heinrich Nolte u. a., Nationenbildung östlich des Bug, hg. v. d. Niedersächsischen Landeszentrale für politische Bildung, Hannover 1994, S. 28)

1 *Stellen Sie nach M 1 die wichtigsten Unterschiede hinsichtlich Sprache und Religion bei den verschiedenen Völkern und Volksgruppen zusammen.*

2 *Untersuchen Sie die Verteilung der Tätigkeitsbereiche auf die verschiedenen Ethnien.*

M2 Andreas Kappeler, Historiker, über den vormodernen russischen Vielvölkerstaat, 1992

Priorität hatten die Herrschaftsstabilisierung und die Loyalität der nicht russischen Untertanen gegenüber dem Herrscher und seiner Dynastie. Der Zusammenhalt des Vielvölkerreiches konnte durch eine ethnisch oder konfessionell exklusive[1] Ideologie nicht gesichert werden. Es waren die Prinzipien der Dynastie, des autokratischen, göttlich legitimierten Herrschers und seines Reiches, die den Staat und seine Institutionen bestimmten, und das ständische Prinzip, das für die sozialen Verbände maßgebend war.

Die Rückprojektion[2] des exklusiven nationalen Prinzips auf die Vergangenheit versperrt auch den Blick auf die Tatsache, dass der Mensch der Vormoderne (und auch der Moderne) nicht eine einzige Identität und Loyalität, sondern eine Vielzahl von situativen Identitäten hatte (und hat). Die Adligen des Russischen Reiches waren dem Herrscher Russlands und seiner Dynastie verbunden und sie waren Angehörige ihres Standes. Diesen primären Loyalitäten untergeordnet waren in der Regel die Loyalitäten zu einer Region und zu einer Glaubensgemeinschaft. Eine noch geringere Rolle spielte so dagegen die Zugehörigkeit zu einer Sprach- und Kulturgemeinschaft. In Ober- und Mittelschichten waren doppelte ethnische Identitäten und Mehrsprachigkeit häufig. Was den Adel Russlands seit dem 18. Jahrhundert integrierte, waren nicht die russische Sprache und Kultur und nicht der orthodoxe Glaube, sondern die vornehme Abkunft, der Dienst für den Herrscher und die auf westlicher Bildung beruhende Lebensform. Der Staat kooperierte mit adligen Eliten unterschiedlichen Bekenntnisses, nicht aber mit orthodoxen Bauern. Der deutschbaltische Adlige war zunächst Mitglied der Ritterschaft seiner Region und loyaler Untertan des Zaren, dann Angehöriger der lutherischen Konfession und erst am Ende auch der deutschen Sprach- und Kulturgemeinschaft. Die russischen, ukrainischen oder polnischen Bauern und Stadtbewohner waren dem russischen, ukrainischen oder polnischen Adligen fremder als der einer anderen ethnischen oder konfessionellen Gruppe zugehörige Standesgenosse. Auch für die Mittel- und Unterschichten spielte die Zugehörigkeit zu einer ständisch-sozialen Gruppe, einer Region und einer Glaubensgemeinschaft eine größere Rolle als die zu einer Ethnie. Für Nomaden, Jäger und Sammler waren die Lebens- und Wirtschaftsform und die daraus hervorgehenden sozialen und kulturellen Traditionen wichtiger als Religion oder Sprache.

1 hier: alle anderen Religionen ausschließende Ideologie
2 Rückübertragung

(Andreas Kappeler; Russland als Vielvölkerstaat. Entstehung, Geschichte, Zerfall, C. H. Beck, München 1992, S. 135 f.)

1 *Nennen Sie die wichtigsten Faktoren, die das zaristische Vielvölkerreich zusammenhielten (M 1).*

2 *Untersuchen Sie die Loyalitäten und Identitäten der unterschiedlichen Völker und sozialen Gruppen und bringen Sie diese in eine Rangfolge.*

M3 Der Historiker Richard Lorenz zu den sozialen und wirtschaftlichen Folgen der Bauernbefreiung, 1976

In der Regel waren die Gutsbesitzer kaum an einer Rationalisierung ihrer Betriebe interessiert; sie versuchten stattdessen an der althergebrachten Wirtschaftsweise festzuhalten. Da es ihnen häufig an Inventar und Geldmitteln fehlte, zugleich aber in Gestalt der landarmen Bauern ausreichend Arbeitskräfte zur Verfügung standen, lag es nahe, die Gutsländereien von diesen Bauern mit deren eigenem Inventar bearbeiten zu lassen und ihnen dafür Land zu verpachten. Die Pachtbeziehungen, die sich auf diese Weise herausbildeten, unterschieden sich in sozialökonomischer Hinsicht nur wenig von dem Agrarsystem, das vor der Reform bestanden hatte. Während die Bauern bisher durch außerökonomischen Zwang zur Arbeit auf den Ländereien der Gutsbesitzer genötigt wurden, trieb sie jetzt die wirtschaftliche Not dazu, die gleiche Arbeit für die Überlassung von Pachtland zu verrichten. Dabei kamen in erster Linie die Mittelbauern als Pächter in Frage, da diese – im Unterschied zur Dorfarmut – die erforderlichen Ackergeräte und Zugtiere besaßen. Bei den ärmeren Bauern, die kaum noch über eigenes Inventar verfügten, war die Abarbeit in der Weise verbreitet, dass sie für ihre Arbeit in der Gutswirtschaft mit einem Ernteanteil entlohnt wurden. Soweit auch wohlhabendere Bauern oder Kaufleute Land vom Großgrundbesitzer pachteten, handelte es sich in der Regel um kapitalistische Pachtbeziehungen. Häufig wurde dann das Land in kleine Parzellen aufgeteilt und zu einem weitaus höheren Preis an arme Bauern, Dorfgemeinden oder Genossenschaften weiterverpachtet. Vorkapitalistische Pachtbeziehungen und Abarbeit waren in erster Linie in den zentralen Schwarzerdegouvernements, an der mittleren Wolga sowie in einem großen Teil des russischen Nicht-Schwarzerdegebietes verbreitet. Derartige Verhältnisse, die in mehr oder weniger modifizierter Form bis 1917 fortbestanden, bildeten das grundlegende Hinder-

nis für die Entwicklung des Kapitalismus in der russischen Landwirtschaft. Die schweren Pachtbedingungen – Abarbeit, hohe Pachtabgaben, Halbpacht – bedeuteten für die Bauern in der Regel wirtschaftliche Abhängigkeit und Verelendung.
(Richard Lorenz, Sozialgeschichte der Sowjetunion I. 1917–1945, Suhrkamp Verlag, Frankfurt/Main 1976, S. 19ff.)

1 *Erörtern Sie die Vor- und Nachteile der Bauernbefreiung für das Leben der Bauern (M 3).*

2 *Untersuchen Sie die Folgen der Bauernbefreiung für die rückständige russische Landwirtschaft (M 3).*

M4 Der Historiker Oskar Anweiler zur Frage, woran das konstitutionelle Experiment in Russland scheiterte, 1955

Versucht man diese schwierige Frage zu beantworten, so muss man ausgehen von der Tatsache, dass „Verfassung" und Duma das Ergebnis der Revolution waren. Die revolutionäre Volksbewegung hatte dem Zarismus das Oktobermanifest mit dem Versprechen einer Verfassung und eines Parlaments abgerungen. In dem Maße aber, wie seit der Dezemberniederlage die Kräfte der Revolution schwächer wurden, konnte die zaristische Regierung darangehen, die Versprechungen Stück für Stück zurückzunehmen und hinter der Fassade des „Scheinkonstitutionalismus" (Max Weber) Russland in alter Weise zu regieren. Der Zar und seine Ratgeber waren der Meinung, Russland sei nicht „reif" für eine konstitutionelle Monarchie mit einer parlamentarischen Regierung und könne nur durch die starke Hand eines Alleinherrschers geführt werden. Die Probe auf diese Behauptung – das war entscheidend – wurde nicht gemacht. Da der Zarismus den gemäßigten Kräften der russischen Gesellschaft nicht entgegenkam, verpassten diese ihre geschichtliche Chance, Russland in politisch-verfassungsrechtlicher Hinsicht an „Europa anzugleichen", wie es das auf wirtschaftlichem Gebiet durch die Industrialisierung und Auflösung der alten Agrarordnung zu tun im Begriffe stand. Der russische Liberalismus, zahlenmäßig ohnehin viel schwächer als sein westeuropäischer Bruder, kam nicht zum Zuge und blieb außerhalb der staatlichen Verantwortung in Opposition gegen die zaristische Autokratie, während von unten schon radikale soziale und politische Kräfte nachdrängten.
(Oskar Anweiler, Die russische Revolution von 1905, in: Jahrbücher für die Geschichte Osteuropas, Neue Folge, Bd. 3, Klett, 1955, S. 182f.)

1 *Ziehen Sie eine Bilanz aus der Revolution: Welche Gründe führten nach M 4 zum Scheitern der politischen und sozialen Ziele der liberalen Kräfte?*

2 Die Errichtung der bolschewistischen Herrschaft

2.1 Februarrevolution 1917 – das Ende des Zarismus

Militärische Niederlage

Nur wenige Monate nach dem Eintritt Russlands in den Ersten Weltkrieg zeigte sich, dass sein militärisches Potenzial dem der Mittelmächte deutlich unterlegen war. Anfangserfolge in Ostpreußen und Galizien riefen entschlossene Gegenoffensiven hervor; ab 1915 verlief die Front im eigenen Land und erstarrte zu einem zermürbenden **Stellungskrieg** (Karte 1, S. 249). Zunehmend machten sich Rohstoff- und Energiemangel, Transport- sowie Versorgungsprobleme bemerkbar. Die heimische Industrie konnte den Materialbedarf des modernen Krieges nur unzureichend befriedigen. Die neu eingezogenen Mannschaften kamen immer schlechter ausgerüstet und oft kaum ausgebildet an die Front. Kriegsopfer in Millionenhöhe führten zu einem Vertrauensverlust in die militärische Führung. Nach dem Scheitern der Brussilow-Offensive im Sommer 1916 glaubten nurmehr wenige an einen Sieg. Seither häuften sich die Befehlsverweigerungen, die Zahl der Fahnenflüchtigen nahm zu.

Not der Zivilbevölkerung

Auch hinter der Front führte der Verlauf des Krieges zu Unmut und Kriegsmüdigkeit (M 5a, b). Die Landbevölkerung, aus der sich der weitaus größte Teil des russischen Heeres rekrutierte, musste die Einberufung von fast 50 % aller männlichen Dorfbewohner im arbeitsfähigen Alter verkraften. Die Erträge ihrer Höfe gingen zurück, weil Pferde und oft auch Milchkühe an die Armee abgetreten werden mussten. Die Armut in den Dörfern verschlimmerte sich und führte zu einer steigenden Zahl **bäuerlicher Unruhen**.

Bedrohlicher noch für die Stabilität des Zarenreiches war die soziale Entwicklung in den Städten, wo zwar die Löhne stiegen, durch eine galoppierende Inflation jedoch entwertet wurden. Parallel dazu verschlechterte die Anspannung aller kriegswichtigen Bereiche die Arbeitsbedingungen drastisch. Die kriegsbedingt anhaltende Zuwanderung ländlicher Arbeiter und die Flüchtlingsströme aus den Kampfgebieten verschärften die Wohnungsnot, zumal in den Industrievororten. Die größten Probleme schuf die sich zuspitzende Versorgungslage. Lebensmittel wurden zur Mangelware (B 2). Behördliche Maßnahmen, die Not zu lindern, schlugen fehl und führten ab

B 2 Schlangestehen für Lebensmittel in Moskau, Fotografie, 1916

B 3a Zar Nikolaus II. und die aus Deutschland stammende Zarin Alexandra Feodorowna in altrussischer Tracht, Fotografie, 1894

B 3b N. Iwanow, „Das russische Zarenhaus", Karikatur über Rasputin und das russische Zarenpaar, um 1914

– *Interpretieren Sie die Karikatur B 3b mit Hilfe des Darstellungstexts und B 3a.*

Herbst 1916 zu einer schweren Krise. Die gesellschaftlichen Gegensätze verschärften sich dramatisch und riefen eine Welle von **Streiks und Demonstrationen** hervor (M 7).

Zerfall des Burgfriedens

Die wachsende Protestbereitschaft der russischen Bevölkerung zeigte sich auch in der Duma, die von den Vertretern des Bürgertums und Adels dominiert wurde. Das Verlangen nach politischer Mitsprache beantwortete der Zar mit der Auflösung der Duma. Abgeordnete wurden, ungeachtet ihrer Immunität, der polizeilichen Überwachung unterstellt. Wie groß die Erbitterung über den autokratischen Kurs Nikolaus' II. (1894–1917) war, zeigte schon 1915 die Bildung des **„Progressiven Blocks"**, der mit Ausnahme der radikalen Rechten und Linken alle Abgeordneten der Duma umfasste und die Liberalisierung Russlands forderte. Obwohl zentrale Probleme wie z. B. die Lösung der Agrarfrage ausgeklammert wurden, um die Einheit des Bündnisses nicht zu gefährden, wurde der „Progressive Block" zur stärksten parlamentarischen Opposition seit der Januarrevolution 1905. Schon bald schlossen sich ihm die Organisationen der ländlichen Selbstverwaltung (Semstwo) und der Kongress des Städteverbandes an. Auch sie forderten eine Abkehr von der Autokratie und sahen darin eine notwendige Voraussetzung für die siegreiche Beendigung des Krieges.

Autoritätsverlust des Zaren

Nikolaus II. verspielte während der Kriegsjahre den letzten Kredit der russischen Monarchie. Kritiker seines autokratischen Regimes und Gegner des Krieges wurden gewaltsam ausgeschaltet. Ein **Spitzelsystem** überzog das ganze Land. Gegen den Rat seiner Minister übernahm der Zar 1915 den militärischen Oberbefehl und wurde seither nicht nur für das Versagen seiner Regierungen, sondern auch für die katastrophale Entwicklung an der Front verantwortlich gemacht. Während sich der Zar im Hauptquartier der Armee aufhielt, geriet die Politik der Krone zunehmend unter den Einfluss der unbeliebten Kaiserin, die von einem zwielichtigen und reaktionären Beraterkreis umgeben war. Zu ihm gehörte auch der sibirische Prediger **Grigori J. Rasputin** (1864–1916), der im Dezember 1916 von Mitgliedern des um sein Ansehen bangenden Hochadels ermordet wurde (B 3a, b). Wie ihr Gemahl lehnte die Zarin jegliche Zugeständnisse an Parlament und Gesellschaft ab. Verständigungsbereite Minister wurden in rascher Folge entlassen, was das Ansehen der Regierung selbst in bürgerlich-konservativen Kreisen untergrub. Ende 1916 war das Prestige der russischen Monarchie dermaßen in Mitleidenschaft gezogen, dass selbst große Teile der Armeeführung und die Alliierten den Zar fallen ließen. Auch sie sahen nun im starrköpfigen Regiment Nikolaus' II. und seiner Gemahlin ein Hindernis für den sozialen Ausgleich, ein Regime, das durch die **Abwehr jeglicher Reformansätze** die Fortsetzung des Krieges in Frage stellte.

Februarrevolution 1917

Ausschlaggebend für das Schicksal der russischen Monarchie war die drastische Verschlechterung der Versorgungslage im harten Winter 1916/17. Versuche der Regierung, durch Zwangseintreibungen und ein neues Ablieferungssystem den Mangel zu beheben, schlugen fehl und führten im Januar 1917 in fast allen Industriezentren Russlands zu **Hungerrevolten, Streiks** und **Demonstrationen**. Anlass war der zwölfte Jahrestag der Revolution von 1905 und somit auch die Erinnerung an den „Petersburger Blutsonntag" (s. S. 231). Seither kam das Land nicht mehr zur Ruhe. Aussperrungen streikender Arbeiter und die erneute Verhaftung von Regimekritikern beschleunigten die Radikalisierung der um ihre Existenz bangenden Bevölkerung.
Besonders brisant entwickelte sich die Situation in der Hauptstadt St. Petersburg. Angesichts zur Neige gehender Lebensmittelvorräte entwickelte sich dort seit dem (nach dem julianischen Kalender) 23. Februar ein Massenaufruhr, dem auch der Schießbefehl des Zaren nicht mehr Einhalt gebieten konnte. Binnen kurzer Zeit verbrüderten sich fast alle Garnisonssoldaten mit den Demonstranten (M 6). Sie stürmten die Waffenarsenale des Heeres und übernahmen die Macht in der Stadt. **Polizei und Regierung des Zaren lösten sich auf.**

Petrograder Sowjet

Zum Sprachrohr des Aufstands, der wenig später auch Moskau und alle anderen Städte des Landes erfasste, entwickelte sich der **Petrograder Arbeiter- und Soldatenrat**, dem nach umgehend durchgeführten Wahlen überwiegend Deputierte der gemäßigten Linken angehörten. Dem Vorbild der Räte (Sowjets) der Revolution von 1905 folgend, sollte er eine Form der Selbstorganisation der proletarischen Bevölkerung darstellen. An seiner Spitze stand ein **Exekutivkomitee**, das sich mehrheitlich aus **Menschewiki** und Parteilosen zusammensetzte. Ziel des Sowjets war es, die Ordnung wiederherzustellen, die Versorgung sicherzustellen und die endgültige Beseitigung der Zarenherrschaft vorzubereiten. Über die zukünftige Regierung und Regierungsform sollte erst eine auf der Basis allgemeiner Wahlen einzuberufende Konstituierende Versammlung entscheiden. Radikaler dagegen muteten die Anordnungen für den militärischen Bereich an, die die Handschrift der Soldatenvertreter trugen. **Befehl Nr. 1 des Sowjets** forderte alle russischen Soldaten dazu auf, die Kontrolle über ihre Einheiten zu übernehmen und das Regiment ihrer Offiziere abzuschütteln.
Hinsichtlich der **Machtfrage** herrschte weitgehend Uneinigkeit: Während sich das gemäßigte Lager für eine Koalition mit den bürgerlich-liberalen Kräften der Duma aussprach, forderten **linke Sozialrevolutionäre** und **Bolschewiki** die Bildung einer allein vom Sowjet getragenen „Provisorischen Revolutionären Regierung". Die Mehrheit der Delegierten entschied, die Macht

B 4 Das Ende des Zarismus. Das gestürzte Denkmal Alexanders III. in Moskau, Fotografie, 1917

der bisherigen parlamentarischen Opposition zu überlassen. Sie fürchteten ein Umsichgreifen der anarchischen Zustände und hingen wie die meisten Deputierten der Lehre Karl Marx' an, wonach der Agrarstaat Russland für eine sozialistische Umwälzung noch nicht reif sei. Dieser müsse erst die bürgerliche Revolution vorangehen.

Staatsstreich der Duma

Aufgeschreckt durch die revolutionäre Entwicklung und mit Blick auf die Bildung des Arbeiter- und Soldatenrates kündigte am 27. Februar auch die Duma ihren Gehorsam auf. Nach anfänglichem Zögern weigerte sie sich, einem erneuten Auflösungsbefehl des Zaren nachzukommen. Gleichwohl begnügten sich die Abgeordneten mit der Einsetzung eines **Provisorischen Duma-Komitees**, das unter der Führung des „Progressiven Blocks" stand und noch immer auf eine Kehrtwendung des Zaren hoffte. Erst als diese ausblieb und der Druck der Straße immer stärker wurde, kam es zur Machtergreifung des Parlaments. Es ließ die Regierung des Zaren und die regionalen Militärbefehlshaber **verhaften** und ernannte einen neuen Oberkommandierenden. Zur kommissarischen Leitung der Ministerien wurden Duma-Bevollmächtigte bestellt.

Abdankung des Zaren

Nikolaus II. versäumte es bis zuletzt, den Forderungen der Aufständischen entgegenzukommen. Stattdessen setzte er Fronttruppen in Richtung Petrograd in Marsch. Erst der Druck der Armeeführung zwang den Zaren dazu, der Bildung einer „Regierung des gesellschaftlichen Vertrauens" zuzustimmen. Die Revolution, die Ende Februar/Anfang März das ganze Land erfasste, war hierdurch jedoch nicht mehr aufzuhalten. In Anbetracht dieser Lage sahen sich daraufhin sämtliche Generäle dazu veranlasst, dem Zaren die Abdankung nahe zu legen, um ein Übergreifen der Revolution auf die Truppen zu verhindern und die Fortsetzung des Krieges zu gewährleisten. Damit hatte Nikolaus II. die entscheidende Machtstütze verloren. Am 2. März verzichtete er für sich und seinen Sohn auf den Thron. Anderntags weigerte sich sein zum Nachfolger bestimmter Bruder, die ihm angetragene Kaiserwürde zu übernehmen. Dies bedeutete das **Ende der** 300-jährigen Geschichte der Dynastie Romanow und der über 400-jährigen der **russischen Monarchie** (B 4).

M5 Russland im Ersten Weltkrieg

a) Erinnerungen des Duma-Präsidenten M. W. Rodsjanko an den Kriegsausbruch 1914

An dem Tage, an dem das Manifest über den Kriegsausbruch mit Deutschland erschien, hatte sich vor dem Winterpalais eine riesige Volksmenge versammelt. Der Kaiser sprach nach dem Gottesdienst im Palais einige Worte und schloss mit dem feierlichen Versprechen, den Krieg nicht eher beenden zu wollen, als auch nur eine einzige Spanne russischer Erde vom Feinde besetzt sei. Ein donnerndes Hurra dröhnte durch die Säle des Palais und die Menge draußen auf dem Platze stimmte begeistert ein. Der Kaiser trat auf den Balkon hinaus, gefolgt von der Kaiserin. Als das Volk, das den großen Platz und die einmündenden Straßen besetzt hielt, seinen Kaiser erblickte, ging es wie ein elektrischer Funke durch alle Herzen und ein nicht enden wollendes Hurra erschütterte die Lüfte. Die Fahnen, die Tafeln mit Aufschriften: „Es lebe Russland und das Slawentum!" senkten sich zur Erde, und die Menge beugte das Knie vor dem Zaren [...].

Als wir das Palais verließen, mischten wir uns unter die Volksmenge. Ich gesellte mich zu einem Trupp Arbeiter und erinnerte sie daran, dass sie doch vor kurzem erst noch gestreikt und beinahe mit der Waffe in der Hand ihre politischen und wirtschaftlichen Forderungen gestellt hätten. Sie sagten: „Das waren unsere Privatangelegenheiten! Wir glaubten, dass die Reformen der Duma auf die lange Bank geschoben würden, jetzt aber handelt es sich um ganz Russland! Wir haben uns um unseren Zaren wie um unsere Fahne geschart und werden ihm folgen und über die Deutschen siegen!"

Die Dinge in Petersburg gestalteten sich günstig. Mit der Mobilmachung hörten alle Arbeitsausstände plötzlich auf. Auf den Putilow-Werken lehnten die Arbeiter alle Arbeitspausen ab, arbeiteten Tag und Nacht, und die Aufträge für die Armee wurden nicht, wie versprochen, in 23 Tagen, sondern in 11 Tagen ausgeführt.

(Manfred Hellmann [Hg.], Die russische Revolution 1917, dtv, München 1964, S. 47)

b) Russland im Spätherbst 1916 – Aus einem Brief des Hauptbevollmächtigten des allrussischen Semstwo-Verbandes, Fürst G. J. Lwow, an den Präsidenten der Reichsduma, M. W. Rodsjanko, vom 29. Oktober 1916

Vor einem Jahr haben die Bevollmächtigten der Semstwo-Verwaltungen der Gouvernements auf ihrer Septembersitzung im Bewusstsein ihrer Pflicht gegenüber dem Vaterlande auf die Gefährlichkeit der durch die Regierung hervorgerufenen Spannungen zwischen Staatsmacht und Volk hingewiesen. Die damals ausgesprochenen Befürchtungen haben sich inzwischen bewahrheitet und die Politik der Regierung hat ihre schlechten Früchte getragen. Die gewaltige patriotische Erhebung des Volkes ist von der Staatsmacht nicht ausgenützt worden, die Regierung hat sich nicht einmal zur Zusammenarbeit mit der Reichsduma aufraffen können, die Widerhall in allen Ständen des Volkes gefunden und sie hätte einigen können. Seit Kriegsausbruch befindet sich die Regierung in einem zuerst offenen, dann verdeckten, aber nicht weniger deutlichen Kampf gegen die Volksvertretung und alle organisierten Kräfte der Gesellschaft. Das Feuer des Weltkrieges greift immer mehr um sich. Für Russland erwachsen neue und schwere Aufgaben. Das Land erleidet eine besonders schwere Krise auf dem Gebiet des Transportwesens, der Versorgung der Bevölkerung mit den notwendigsten Versorgungsgütern und sogar mit Lebensmitteln.

Die unzusammenhängenden, einander widersprechenden, jeden Plan und jede klare Konzeption vermissen lassenden Maßnahmen der Regierung erhöhen unablässig die allgemeine Zerrüttung des staatlichen Lebens. In der Provinz erregen diese Maßnahmen Gefühle des Zweifels, der Gereiztheit, ja sogar der Empörung und der Wut. Alle Maßnahmen der obersten Gewalt scheinen darauf abzuzielen, die Lage des Landes weiter zu erschweren. Dazu gehören etwa die Maßnahmen der obersten Verwaltung in Fragen der Lebensmittelversorgung, die die Lage mehr und mehr verschärft und gefährdet haben. Die Verabsäumung einer ganzen Reihe von Maßnahmen, die der Krieg erfordert, führt ganz von selbst zu der Folgerung, dass die Regierung nicht nur ziellos, sondern sogar verbrecherisch Menschen und Material des Landes aufs Spiel setzt. Der ununterbrochene Ministerwechsel und der Wechsel in den höchsten Staatsämtern, jedenfalls unter den Umständen, unter denen er sich vollzieht, damit zugleich ein ständiger Wechsel der Politik, führten zur Paralyse[1] der staatlichen Macht. Im Lande ist die Auffassung verbreitet, dass die an der Macht befindliche Regierung nicht in der Lage ist, den Krieg zu beenden und beim bevorstehenden Friedensschluss die wahren Interessen Russlands zu vertreten. Der häufige Wechsel der Personen in der Regierung bringt keinen Wechsel des allgemeinen Kurses. Er führt lediglich zur vollständigen Desorganisation der Regierungsgewalt und

beseitigt die letzten Reste ihrer Autorität. Das ist jedoch nicht alles. Quälende, entsetzliche Verdachtsmomente, schreckliche Gerüchte von Verrat und Betrug, von geheimen Kräften, die zu Gunsten Deutschlands arbeiten und die versuchen, durch Zerstörung der Einigkeit des Volkes und durch Schürung von Zwietracht den Boden für einen schmählichen Frieden vorzubereiten, haben sich zu der Erkenntnis verdichtet, dass eine feindliche Hand insgeheim den Gang unserer Staatsgeschäfte lenkt.
(Ebd., S. 86f.)

1 Lähmung

1 *Beschreiben Sie den politischen Stimmungswandel in Russland während des Ersten Weltkriegs.*
2 *Arbeiten Sie die hierfür verantwortlichen Gründe heraus.*

M6 Die Lage in den Kasernen von Petrograd am Vorabend der Februarrevolution 1917

Man kaufte Brot von den Soldaten, aus den Kasernen waren Rinden und Brotreste verschwunden, die früher neben dem säuerlichen Geruch der Sklaverei die „örtlichen Kennzeichen" aller Kasernen gewesen waren.
„Brot" schrie es oft vor den Fenstern und Toren der nur noch nachlässig bewachten Kasernen; die Posten ließen ihre Kameraden ungehindert passieren. Die Kaserne, die ihren Glauben an das alte Regime verloren hatte, die nur noch von der harten, aber bereits unsicheren Hand der Vorgesetzten niedergehalten wurde, war in Gärung geraten. Zu dieser Zeit waren Berufssoldaten, überhaupt Soldaten von zweiundzwanzig bis fünfundzwanzig Jahren, eine Seltenheit. Sie alle waren viehisch und sinnlos an der Front niedergemetzelt worden. [...] Der Petersburger Soldat jener Tage war ein unzufriedener Bauer oder ein unzufriedener Kleinbürger.
Diese Männer wurden nicht einmal ordentlich eingekleidet [...]. In Wahrheit waren die Kasernen nichts anderes als ziegelummauerte Viehgatter, in die mit Hilfe immer neuer grüner und roter Gestellungsbefehle Herden von Menschen als Kanonenfutter hineingetrieben wurden. [...]
Rings um die Kasernenmauern kursierten Gerüchte wie folgende: „Die Arbeiter planen einen Aufstand" und „Die Arbeiter von Kolpino wollen am 18. Februar die Duma stürmen".
Die halb bäuerliche, halb kleinbürgerliche Masse der Soldaten hatte wenig Kontakt zur Arbeiterschaft, aber die allgemeine Situation war so, dass eine Explosion durchaus im Bereich des Möglichen lag. [...] Ich weiß noch, dass wir etwa zwei Wochen vor der Revolution in Reih und Glied durch die Straßen marschierten (200 Mann) und dabei eine Abteilung Gendarmen laut verhöhnten und schrien: „Halunken! Polizistenschweine!"
(Viktor Šklovskij, Sentimentale Reise, Suhrkamp, Frankfurt/Main 1964, S. 10f.)

1 *Erläutern Sie anhand von M 6, warum während der Februarrevolution fast alle Petrograder Garnisonssoldaten zu den Aufständischen überliefen.*
2 *Diskutieren Sie die Bedeutung dieser Entscheidung für den Verlauf der Revolution.*

M7 Anzahl und Art der Streiks in Russland 1910–1916

Jahr	ökonomisch		politisch		insgesamt	
	Zahl der Streiks	Zahl der Streikenden	Zahl der Streiks	Zahl der Streikenden	Zahl der Streiks	Zahl der Streikenden
1910	214	42 846	8	3 777	222	46 623
1911	442	96 730	24	8 380	466	105 110
1912	732	175 678	1 300	549 813	2 032	725 491
1913	1 370	384 654	1 034	502 442	2 404	887 096
1914						
Jan.–Juli	1 560	413 972	2 538	1 035 312	4 098	1 449 248
Aug.–Dez.	61	31 907	7	2 845	68	34 752
1915	819	397 259	215	155 835	1 034	553 094
1916	1 167	776 064	243	310 300	1 410	1 086 364

(M. T. Florinsky, The End of the Russian Empire, New Haven 1931, S. 165)

1 *Untersuchen Sie die These vom Zerfall des 1914 geschlossenen Burgfriedens. Ziehen Sie hierzu auch die entsprechenden Daten von M 23a auf S. 268 heran.*

2.2 Der Kampf um die Staatsform während der „Doppelherrschaft"

„Doppelherrschaft"

Noch während des Februarumsturzes begannen Verhandlungen zwischen Dumavertretern und dem Exekutivkomitee des Petrograder Sowjets. Man einigte sich auf ein gemeinsames **Reformprogramm** (M 8), wonach Russland eine Republik nach westeuropäischem Vorbild werden sollte. Radikalere Vorstellungen der Rätedeputierten im Hinblick auf die Demokratisierung von Staat, Gesellschaft und Heer konnten sich nicht durchsetzen. Ein weiteres Ergebnis der Unterredungen stellte die Bildung einer **Provisorischen Regierung** unter Ministerpräsident Fürst Lwow dar. War das Provisorische Duma-Komitee noch von gemäßigten Liberalen geprägt, so hatten in der seit dem 2. März amtierenden Provisorischen Regierung Linksliberale die Mehrheit. Von den Mitgliedern des Exekutivkomitees gehörte allein der gemäßigte Sozialist Alexander Kerenski (1881–1970) der Regierung an, die in der Folge von der Zustimmung des **Petrograder Sowjets** abhängig war (M 9). Somit lag die tatsächliche Macht im Staat beim Arbeiter- und Soldatenrat der Hauptstadt (B 5). Russland befand sich fortan im Stadium der Doppelherrschaft.

Russland im Umbruch

Die politischen Verhältnisse änderten sich in Russland jetzt grundlegend: Es galten Koalitions-, Versammlungs- und Pressefreiheit, das Recht auf politische Betätigung sowie alle anderen Grund- und Menschenrechte. Eine Amnestie für politische Gefangene ermöglichte deren Rückkehr aus Haft, Verbannung und Emigration. Die Todesstrafe wurde abgeschafft, der Strafvollzug humanisiert. Rechtliche Diskriminierungen aus ständischen, nationalen und religiösen Gründen gab es nicht mehr. Das Land bildete erstmals eine Gemeinschaft freier, gleicher und souveräner Staatsbürger.

In allen Städten – etwas später auch auf dem Land – bildete sich eine unüberschaubare Fülle von Bürgerkomitees sowie Arbeiter-, Soldaten- und Bauernräten, die sich binnen kurzem zu überörtlichen Organisationen zusammenschlossen und in Konkurrenz zu den von der Regierung bestimmten Staatsorganen traten. Auf zahllosen Versammlungen taten sie ihre Forderungen kund und verlangten dabei jene Rechte, die ihnen der alte Staat verweigert hatte. Sie waren Organe einer **Massenbewegung**, die sich weitgehend der Kontrolle durch die Regierung entzog. In kurzer Zeit war Russland „das freieste Land der Welt" (Lenin) geworden.

Die für den Großteil der Bevölkerung wichtigsten Probleme wurden jedoch von der Regierung nicht in Angriff genommen. Sie entschied sich für die Fortsetzung des Krieges bis zu dessen siegreicher Beendigung. Über die von den Bauern ersehnte Landreform und das Verhältnis von Arbeit und Kapital sollte erst später befunden werden. Die endgültige Entscheidung über die künftige Regierung und Staatsform wurde einer Konstituierenden Versammlung vorbehalten.

Aprilkrise

Ergebnis dieser Haltung, die die Interessenlage von Adel und Besitzbürgertum widerspiegelte, war ein wachsender **Druck der unteren Gesellschaftsschichten**. Das im Kampf gegen den Zarismus geschlossene Zweckbündnis zwischen Liberalen und Sozialisten bröckelte. Die der neuen Regierung eingeräumte Schonfrist war bald vorbei: Die Unzufriedenheit der Bauern entlud sich in Zerstörungsaktionen, Diebstahl und Pachtverweigerung, die der Arbeiter in Streiks für den Achtstundentag, Lohnerhöhungen und innerbetriebliche Mitbestimmungsrechte. In der Armee griffen mangelnder Kampfeswille und Disziplinlosigkeit um sich, die mitunter in offene Aggression gegen die Offiziere umschlug. Auffälligstes Indiz für die Zuspitzung des sozialen und politischen Klimas war die Entwicklung in Petrograd, wo es im April 1917 zu Massendemonstrationen für einen sofortigen Friedensschluss

B 5 Sitzung des Petrograder Arbeiter- und Soldatenrates im Februar 1917, zeitgenössische Fotografie

kam. Nur mit polizeistaatlichen Mitteln gelang es, die Bevölkerung unter Kontrolle zu halten. Schießereien führten zu den ersten Todesopfern seit der Februarrevolution von 1905.
Folge der Aprilkrise war die Bildung der **1. Koalitionsregierung**, die die erregten Massen beruhigen sollte. Mit Zustimmung des Sowjets übernahmen Sozialisten das Kriegs-, Landwirtschafts- und Arbeitsministerium. Der Kurs der Regierung blieb jedoch der alte, wodurch nun auch Menschewiki und Sozialrevolutionäre sowie die von ihnen beherrschten Sowjets an Glaubwürdigkeit einbüßten.

Menschewiki – Sozialrevolutionäre – Bolschewiki

Der Verlust an Glaubwürdigkeit, den Menschewiki und Sozialrevolutionäre durch die Bildung der 1. Koalitionsregierung erlitten hatten, und die Rückkehr der sozialistischen Emigranten seit Anfang April 1917 bewirkten, dass der Einfluss der Bolschewiki, die bis dahin kaum in Erscheinung getreten waren, wuchs. Namentlich der Führer des radikalen Flügels der Bolschewiki, Wladimir I. **Lenin** (1870–1924), spielte dabei eine herausragende Rolle. Noch am Tag seiner Ankunft in Petrograd verkündete er seine **„Aprilthesen"** (M 10), die der Provisorischen Regierung und den gemäßigten Sozialisten unmissverständlich den Kampf ansagten. Die russische Innenpolitik begann sich zu radikalisieren.
Lenins Thesen, die zunächst heftigen innerparteilichen Widerspruch hervorriefen, Ende April aber von der I. Allrussischen Parteikonferenz der Bolschewiki in das **offizielle Parteiprogramm** aufgenommen wurden, fielen bei Arbeitern, Soldaten und Bauern auf fruchtbaren Boden. Die Mitgliederzahl der Bolschewiki, die Anfang 1917 noch knapp 24000 betrug, erhöhte sich beträchtlich. Ihre Partei wurde zum Hoffnungsträger der von Regierung und Sowjets gleichermaßen enttäuschten Proletarier. Bereits auf einer Massenkundgebung in Petrograd Mitte Juni marschierte die überwältigende Mehrheit der rund 500000 Demonstranten unter den bolschewistischen Parolen „Nieder mit der Provisorischen Regierung", „Alle Macht den Räten", „Friede, Land und Brot".

B 6 Demonstrationszug in Petrograd nach dem Scheitern der Kerenski-Offensive Anfang Juli 1917, zeitgenössische Fotografie. – Die Parolen auf den Spruchbändern lauten: „Schluss mit dem Krieg!" – „Es lebe die Internationale!" – „Es lebe die Volksrepublik!"

Julikrise

Die bolschewistische Propaganda verstärkte den **Linksruck der proletarischen Bewegung**: In den Betrieben verschärften sich die Auseinandersetzungen zwischen Fabrikkomitees und Firmenleitungen; die Zahl der Streiks und Aussperrungen nahm zu. Eine galoppierende Inflation (s. S. 268, M 23a) und die sich rapide verschlechternde Versorgungslage führten zu regierungsfeindlichen Demonstrationen, an der in Petrograd Mitte Juni erneut Hunderttausende teilnahmen. In den Dörfern gingen die Bauern vielerorts zur spontanen Landnahme über und vertrieben ihre Grundherren. An der Front und in den Garnisonen wuchs der Unmut über den ausbleibenden Friedensschluss.
Unterdessen setzte die Regierung auf einen militärischen Befreiungsschlag, um ihre erschütterte Stellung zu festigen und die Disziplin im Heer wiederherzustellen. Im Vertrauen auf den Sieg der Alliierten nach dem Kriegseintritt der USA und mit Zustimmung des in Petrograd tagenden I. Allrussischen Rätekongresses (3.–24. Juni) befahl der neue Kriegsminister Kerenski eine groß angelegte Frontoffensive. Angesichts der gesunkenen Kampfmoral des Heeres mündete sie jedoch in einen fluchtartigen Rückzug, der den Zerfall der Armee beschleunigte und die Autorität der Regierung zutiefst erschütterte. Nachrichten von der Front führten Anfang Juli in zahlreichen Städten aufs Neue zu Protestkundgebungen. In Petrograd entwickelte sich daraus ein spontaner **Aufstand**. Mehr als eine halbe Million Menschen forderten den Rücktritt der Regierung und die Übergabe der Macht an den Sowjet – allen voran Arbeiter und Garnisonssoldaten, die befürchteten, an die Front geschickt zu werden (B 6). Der Aufstand, bei dem auf Drängen ihrer Basis schließlich die Bolschewiki die Leitung übernahmen, scheiterte. Zurück blieben rund 400 Tote, die von der Heftigkeit der Straßenkämpfe zeugen (B 7).
Das Ende des Juliaufstands bedeutete einen erheblichen **Rückschlag für die revolutionäre Bewegung**. Ihre Anführer wurden verhaftet, die Roten Garden entwaffnet, am Aufstand beteiligte Militäreinheiten aufgelöst. Widersetzlichkeiten in der Armee sollten hinfort Standgerichte und die Wiedereinführung der Todesstrafe verhindern. Bauernerhebungen wurde mit bewaffneten Strafexpeditionen begegnet. Das Versammlungsrecht erfuhr drastische Einschränkungen. Die Stimmung der Massen schlug um in Resignation. Die Bolschewiki verloren erheblich an Einfluss. Sie wurden verfolgt und in den Untergrund gezwungen. Lenin floh nach Finnland. Der

B 7 Petrograd am 4. Juli 1917 nach dem Ende der Straßenkämpfe, Fotografie. – Der Putschversuch der Gegner der Provisorischen Regierung wird mithilfe hauptstädtischer Garnisonssoldaten blutig niedergeschlagen.

Petrograder Sowjet, der sich während des Aufstands dem Druck der Straße nicht beugen wollte und der Regierung Vollmachten zu seiner Niederschlagung erteilte, gab dadurch seine Machtposition preis. Für den Moment bedeutete dies das Ende der Doppelherrschaft.

Gegenrevolution und Linkswende

Gewinner der Julikrise war die Regierung, die nach dem Rücktritt Fürst Lwows von **Kerenski** angeführt wurde. Ende Juli bildete dieser die **2. Koalitionsregierung**, die sich nach außen hin als sozialistische präsentierte, in der Praxis jedoch die bisherige Politik weiterführte. Der durch die Fortsetzung des Krieges verursachte Verfall von Wirtschaft, Armee und Staat beschleunigte sich noch mehr und rief Ende August einen **Putsch von rechts** hervor. An seiner Spitze stand der eben erst zum militärischen Oberbefehlshaber berufene **General Kornilow**. Anlass für den versuchten Staatsstreich waren der Vormarsch der deutschen Truppen im Baltikum und ein hoher Stimmenzuwachs der Bolschewiki bei den Petrograder Kommunalwahlen. Hinzu traten unüberbrückbare Meinungsverschiedenheiten mit Kerenski, der sich den Forderungen des Militärs nach Übertragung der zivilen Gewalt und der Verhängung des Kriegsrechts über Petrograd nicht beugen wollte. Der Konflikt endete mit der Absetzung des Generals, der daraufhin den Marsch auf die Hauptstadt befahl. Das Unternehmen scheiterte jedoch schnell am Widerstand der Eisenbahnergewerkschaft, die den Transport der gegenrevolutionären Truppen verhinderte. Kornilow und sein Stab wurden verhaftet.
Ziel des Putsches war die Entmachtung der Linken gewesen, in der Folge erreichte er jedoch genau das Gegenteil: die **Aufwertung des Sowjets und der Bolschewiki**. Kerenski, der sich während der Generalsrevolte Hilfe suchend an den Arbeiter- und Soldatenrat der Hauptstadt gewandt hatte, sah sich zu Zugeständnissen gezwungen. Er amnestierte die nach dem Juliputsch inhaftierten Führer der radikalen Linken und ließ im Gegenzug Politiker der Rechten verhaften. Am 1. September wurde Russland zur Republik erklärt. Die „Roten Garden“ erhielten ihre Waffen zurück. Ende August nahm der Petrograder Sowjet erstmals eine gegen die Regierung gerichtete Resolution der Bolschewiki an, die seither einen hohen Mitgliederzuwachs verzeichneten und die zwischenzeitlich fallen gelassene Parole „Alle Macht den Räten“ wieder aufnahmen. Der Kampf um die Staatsform – bürgerliche oder sozialistische Demokratie – spitzte sich zu.

M8 Aus der Grundsatzerklärung der Provisorischen Regierung vom 3. März 1917

Bürger! Das Vollzugskomitee von Mitgliedern der Reichsduma hat nunmehr mit der wohlwollenden Hilfe der Truppen und der hauptstädtischen Bevölkerung eine derartige Überlegenheit über die finsteren Mächte des alten Regimes errungen, dass es an die festere Organisierung der Exekutivgewalt gehen kann. […] Bei seiner Tätigkeit wird sich das Kabinett von folgenden Prinzipien leiten lassen:

1. Vollständige und sofortige Amnestie aller politischen und religiösen Vergehen einschließlich terroristischer Angriffe, militärischer Revolten, Verbrechen in der Landwirtschaft usw.

2. Freiheit der Rede, der Presse, Vereins-, Versammlungs- und Streikfreiheit und Ausdehnung der politischen Freiheit auf Personen, die im Militärdienst stehen, soweit es die militärische Technik zulässt.

3. Abschaffung aller benachteiligenden Unterschiede infolge der Zugehörigkeit zu bestimmten Ständen, Religionsgemeinschaften und Nationalitäten.

4. Sofortige Vorbereitungen zur Einberufung einer Konstituierenden Versammlung auf der Grundlage des allgemeinen, gleichen, geheimen und direkten Wahlrechts, welche die Verwaltungs- und Verfassungsform des Landes bestimmen soll.

5. Ersetzung der Polizei durch eine Volksmiliz mit gewählter Leitung, die den Organen der lokalen Selbstverwaltung untersteht.

6. Wahlen zu den Organen der lokalen Selbstverwaltung auf der Grundlage allgemeiner, direkter, gleicher und geheimer Wahlen.

7. Die militärischen Einheiten, die an der revolutionären Bewegung teilgenommen haben, nicht zu entwaffnen und aus Petrograd zu entfernen.

8. Unter Aufrechterhaltung strenger militärischer Disziplin an der Front und im Militärdienst Befreiung der Soldaten von allen Beschränkungen allgemeiner Rechte, deren sich die anderen Bürger erfreuen.

(Manfred Hellmann [Hg.], Die russische Revolution 1917, dtv, München 1964, S. 153 f.)

1 *Arbeiten Sie anhand von M 8 die wichtigsten Reformvorhaben heraus und bestimmen Sie ihre historische Bedeutung vor dem Hintergrund der zaristischen Autokratie.*

2 *Erläutern Sie den Kompromisscharakter des Reformprogramms.*

3 *Diskutieren Sie, inwieweit das Aktionsprogramm der Provisorischen Regierung den Forderungen der revoltierenden Massen entsprach (s. Darstellung S. 243 f.).*

M9 Kriegsminister A. I. Guckov über die Machtverhältnisse zwischen Provisorischer Regierung und Sowjet am 9. März 1917

Die Provisorische Regierung hat keine wirkliche Streitmacht zu ihrer Verfügung und ihre Anweisungen werden nur in dem Maß ausgeführt, wie es der Sowjet der Arbeiter- und Soldatendeputierten zulässt, der die wichtigsten Elemente der wirklichen Macht, Truppen, Eisenbahnen, Post- und Telegrafenverbindung, auf seiner Seite hat. Man kann geradezu sagen, dass die Provisorische Regierung nur so lange existiert, als es der Sowjet erlaubt. Besonders auf militärischem Gebiet lassen sich jetzt nur solche Befehle erteilen, die nicht in striktem Widerspruch mit den Anordnungen des oben erwähnten Sowjets stehen.

(W. H. Chamberlin, Die russische Revolution 1917–1921, Bd. 1, EVA, Frankfurt/Main 1958, S. 403)

1 *Diskutieren Sie die staatlichen Machtverhältnisse während der „Doppelherrschaft".*

M10 Aus Lenins „Aprilthesen" von 1917

1. In unserer Stellung zum Krieg, der von Seiten Russlands auch unter der neuen Regierung Lwow und Co. – infolge des kapitalistischen Charakters dieser Regierung – unbedingt ein räuberischer, imperialistischer Krieg bleibt, sind auch die geringsten Zugeständnisse an die „revolutionäre Vaterlandsverteidigung" unzulässig.

Einem revolutionären Krieg, der die revolutionäre Vaterlandsverteidigung wirklich rechtfertigen würde, kann das klassenbewusste Proletariat seine Zustimmung nur unter folgenden Bedingungen geben: a) Übergang der Macht in die Hände des Proletariats und der sich ihm anschließenden ärmsten Teile der Bauernschaft; b) Verzicht auf alle Annexionen in der Tat und nicht nur in Worten; c) tatsächlicher und völliger Bruch mit allen Interessen des Kapitals. […]

Organisierung der allerbreitesten Propaganda dieser Auffassung unter den Fronttruppen.

Verbrüderung.

2. Die Eigenart der gegenwärtigen Lage in Russland besteht im Übergang von der ersten Etappe der Revolution, die infolge des ungenügend entwickelten Klassenbewusstseins und der ungenügenden Organisiertheit des Proletariats der Bourgeoisie die Macht gab, zur zweiten Etappe der Revolution, die die Macht in die Hände des Proletariats und der ärmsten Schichten der Bauernschaft legen muss.

Dieser Übergang ist gekennzeichnet einerseits durch ein Höchstmaß an Legalität (Russland ist zur

Zeit von allen Krieg führenden Ländern das freieste Land der Welt), andererseits dadurch, dass gegen die Massen keine Gewalt angewandt wird, und schließlich durch die blinde Vertrauensseligkeit der Massen gegenüber der Regierung der Kapitalisten, der ärgsten Feinde des Friedens und des Sozialismus.

Diese Eigenart fordert von uns die Fähigkeit, uns den besonderen Bedingungen der Parteiarbeit unter den unerhört breiten, eben erst zum politischen Leben erwachten Massen des Proletariats anzupassen.

3. Keinerlei Unterstützung der Provisorischen Regierung, Aufdeckung der ganzen Verlogenheit aller ihrer Versprechungen, insbesondere hinsichtlich des Verzichts auf Annexionen, Entlarvung der Provisorischen Regierung statt der unzulässigen, Illusionen erweckenden „Forderung", diese Regierung, die Regierung der Kapitalisten, solle aufhören, imperialistisch zu sein.

4. Anerkennung der Tatsache, dass unsere Partei in den meisten Sowjets der Arbeiterdeputierten in der Minderheit, vorläufig sogar in einer schwachen Minderheit ist gegenüber dem Block aller kleinbürgerlichen opportunistischen Elemente, die dem Einfluss der Bourgeoisie erlegen sind [...].

Aufklärung der Massen darüber, dass die Sowjets der Arbeiterdeputierten die einzig mögliche Form der revolutionären Regierung sind und dass daher unsere Aufgabe, solange sich diese Regierung von der Bourgeoisie beeinflussen lässt, nur in geduldiger, systematischer, beharrlicher, besonders den praktischen Bedürfnissen der Massen angepasster Aufklärung über die Fehler ihrer Taktik bestehen kann. Solange wir in der Minderheit sind, besteht unsere Arbeit in der Kritik und Klarstellung der Fehler, wobei wir gleichzeitig die Notwendigkeit des Übergangs der gesamten Staatsmacht an die Sowjets der Arbeiterdeputierten propagieren, damit die Massen sich durch die Erfahrung von ihren Irrtümern befreien.

5. Keine parlamentarische Republik – von den Sowjets der Arbeiterdeputierten zu dieser zurückzukehren wäre ein Schritt rückwärts –, sondern eine Republik der Sowjets der Arbeiter-, Landarbeiter- und Bauerndeputierten im ganzen Lande, von unten bis oben.

Abschaffung der Polizei, der Armee, der Beamtenschaft.[1]

Entlohnung aller Beamten, die durchweg wählbar und jederzeit absetzbar sein müssen, nicht über den Durchschnittslohn eines guten Arbeiters hinaus.

6. Im Agrarprogramm Verlegung des Schwergewichts auf die Sowjets der Landarbeiterdeputierten. Konfiskation[2] aller Gutsbesitzerländereien. Nationalisierung des gesamten Bodens im Lande; die Verfügungsgewalt über den Boden liegt in den Händen der örtlichen Sowjets der Landarbeiter- und Bauerndeputierten. Bildung besonderer Sowjets von Deputierten der armen Bauern. Schaffung von Musterwirtschaften aus allen großen Gütern unter Kontrolle der Landarbeiterdeputierten und für Rechnung der Gesellschaft.

7. Sofortige Verschmelzung aller Banken des Landes zu einer Nationalbank und Errichtung der Kontrolle über die Nationalbank durch den Sowjet der Arbeiterdeputierten.

8. Nicht „Einführung" des Sozialismus als unsere unmittelbare Aufgabe, sondern augenblicklich nur Übergang zur Kontrolle über die gesellschaftliche Produktion und die Verteilung der Erzeugnisse durch den Sowjet der Arbeiterdeputierten.

(Wladimir I. Lenin, Werke, Bd. 24, hg. v. Institut für Marxismus-Leninismus beim ZK der SED, Berlin 1979, S. 3 ff.)

1 Das heißt Ersetzung des stehenden Heeres durch die allgemeine Volksbewaffnung [Lenins Anmerkung]
2 Einziehung, Enteignung

1 *Bestimmen Sie Lenins Haltung gegenüber der Provisorischen Regierung in seinen Aprilthesen (M 10).*

2 *Skizzieren Sie die von Lenin geforderte Neuordnung Russlands. Gliedern Sie dabei nach den Bereichen Krieg, Staat und Wirtschaft.*

3 *Vergleichen Sie Lenins politische Ziele mit denen der Provisorischen Regierung (M 8). Arbeiten Sie die unterschiedlichen Demokratiekonzeptionen heraus.*

4 *Beschreiben Sie Lenins Revolutionsstrategie im April 1917 vor dem Hintergrund der politischen Lage seiner Partei.*

5 *Begründen Sie die große Resonanz der Thesen Lenins.*

2.3 Oktoberrevolution 1917 – die Machtergreifung der Bolschewiki

Herbst 1917

Im Herbst 1917 trieb die Krise von Wirtschaft, Armee und Staat ihrem Höhepunkt zu: Inflation und Versorgungsengpässe führten zu **Hungerkrawallen** zumal in den Städten, wo die Forderungen der Arbeiter vielfach mit Aussperrung oder der Stilllegung der Produktion beantwortet wurden. Der Zusammenbruch des Transportwesens, Rohstoffmangel, Streiks und die mitunter gewaltsame Übernahme der Fabriken durch die Belegschaften brachten die Industrie an den Rand des Kollapses. Auf dem Land entbrannte ein regelrechter **Bauernkrieg** um das gutsherrliche Land. Zerstörungen und Plünderungen wurden zu einer Massenerscheinung. Die **Auflösung des Heeres** nahm nach dem Kornilow-Putsch bedrohliche Ausmaße an. Die nicht russischen Völker, die seit dem zweiten Kriegsjahr ihre Rechte eingeklagt und nach dem Februarumsturz Regionalregierungen gebildet hatten, entzogen sich zunehmend den Anweisungen Petrograds. Von überall her erscholl der **Ruf nach Autonomie und Eigenstaatlichkeit**.
Kerenski, der nach dem Kornilow-Putsch (s. S. 246) den Oberbefehl über das Heer übernommen hatte, konnte der um sich greifenden Anarchie nichts mehr entgegensetzen. Truppeneinsätze gegen die landhungrigen Bauern scheiterten, da viele Soldaten zu den Aufständischen überliefen. Die Unruhen an den Rändern des Reiches waren durch vage Versprechungen, wie sie auf dem **Kongress der Völker** Mitte September in Kiew gegeben wurden, nicht mehr einzudämmen. Auch die Einsetzung eines **Demokratischen Rates** mit Vertretern aller politischen Lager vermochte die Lage nicht zu beruhigen (Karte 1).

Karte 1 Die Russische Revolution 1917

– *Erläutern Sie anhand der Karte Problemherde der Provisorischen Regierung.*
– *Beschreiben Sie das Herrschaftsgebiet der Bolschewiki nach der Oktoberrevolution.*

Oktoberrevolution

Nutznießer dieser Situation waren die **Bolschewiki**, die als einzige Partei die Forderungen der revoltierenden Massen vertraten und sich dem Krisenmanagement Kerenskis entzogen. Bei den Septemberwahlen zum Moskauer und Petrograder Sowjet erzielten sie erdrutschartige **Wahlsiege** und stellten seither Ratsmehrheit und Ratsvorsitz. Der gleiche Machtzuwachs zeigte sich in den übrigen Industriezentren, den frontnahen Städten, den meisten Soldaten- und Betriebskomitees sowie den Gewerkschaften. Angesichts dieser Entwicklung beschwor Lenin seine Partei, die Gelegenheit zur Machtergreifung nicht verstreichen zu lassen. Nach heftigen Debatten (M 11a, b) gelang es ihm schließlich, die Mehrheit des Zentralkomitees der Bolschewiki für den bewaffneten Aufstand zu gewinnen. Als Termin wurde der 25. Oktober gewählt, der Tag des Zusammentritts des II. Allrussischen Rätekongresses.

Leitstelle zur Vorbereitung des Putsches war das **Militärische Revolutionskomitee** des Petrograder Sowjets, das eben erst zur Abwehr konterrevolutionärer Angriffe gegründet worden war und weitgehend unter bolschewistischer Kontrolle stand. Am 20. Oktober veranlasste es die Ablösung missliebiger Truppenkommandeure und unterstellte die Soldaten des hauptstädtischen Militärbezirks seiner Verfügungsgewalt. Sowjettreue Einheiten besetzten die wichtigste Festung der Stadt samt ihrem Waffenarsenal. Als daraufhin Kerenski Maßnahmen gegen die Bolschewiki einleitete und die Schließung ihrer Druckereien verfügte, nahmen in der Nacht vom 24./25. Oktober militärische Einheiten und bewaffnete Arbeiterbrigaden strategische Punkte der Stadt ein. Die Regierung verhängte den Ausnahmezustand, konnte aber den Staatsstreich nicht mehr abwenden. In der Nacht zum 26. Oktober drangen die Putschisten in den Winterpalast ein und verhafteten die dort versammelten Mitglieder der Regierung Kerenski.

Von einem heroischen **„Sturm auf den Winterpalast"**, wie die Geschichtsschreibung der Sowjetunion später behauptete, kann keine Rede sein. Der Widerstand der Wachmannschaften war schnell überwunden. Ebenso wenig spielten die hauptstädtischen Massen eine entscheidende Rolle. Größtenteils erfuhren sie von der Machtergreifung der Bolschewiki erst aus der Zeitung. Der Alltag in Petrograd wurde durch die Oktoberrevolution kaum beeinträchtigt. Im Gegensatz zu den spontanen Volksaufständen des Februarumsturzes war sie das Werk einer entschlossenen Minderheit, die die Stimmung der unteren Schichten genau kalkulierte und ihr Vorgehen bis ins Detail plante. Auf die militärische Unterstützung durch die Roten Garden sowie der ihr ergebenen Militäreinheiten konnte sie sich verlassen. Organisator vor Ort war nicht Lenin (B 9), der erst Ende September aus Finnland zurückgekehrt war und seither aus dem Untergrund agitierte, sondern der Vorsitzende des hauptstädtischen Sowjets und Mitglied des Zentralkomitees der Bolschewiki, **Leo Trotzki** (1897–1940).

Die Oktoberrevolution war nur möglich, da das Februarregime letztlich an sich selbst scheiterte: an seinem Unvermögen, die Versorgungsprobleme zu bewältigen, und an seiner Blindheit gegenüber der Macht der Sozialrevolution. Entsprechend **schwach** gestaltete sich der **Widerstand gegen den Linksputsch**. Der aus Petrograd geflohene Kerenski vermochte nicht die Unterstützung der Generäle zu gewinnen. Nach dem vergeblichen Versuch, mit Hilfe von Kosakeneinheiten die Macht zurückzuerobern, setzte er sich ins Ausland ab. Bedrohlicher gestaltete sich die Lage in Moskau, wo sich die Bolschewiki erst Ende Oktober nach erbitterten Straßenkämpfen durchsetzen konnten. Mit Ausnahme des Südens des Landes, und hier vor allem in der Ukraine und den Gebieten der Donkosaken (Karte 1), war seither kein organisierter Widerstand mehr zu verzeichnen. Die Armeeführung hielt sich zurück. Als sie sich Mitte November weigerte, den Friedenskurs der Bolschewiki mitzutragen, eroberten bolschewistische Einheiten das Hauptquartier in Mogilew, ohne dabei auf nennenswerte Gegenwehr zu stoßen. Umgehend schlossen sich die Soldatenvertreter sämtlicher Frontabschnitte der Revolution an.

B 8 Konstantin Juon, Der neue Planet, 1921, Tempera auf Karton. – Die kommunistische Utopie von der Befreiung des Menschen zog viele Künstler an. Unter ihnen die Maler Chagall, Kandinsky und Malewitsch, die Dichter Majakowski und Jessenin, den Komponisten Schostakowitsch sowie die Theaterregisseure Meyerhold und Stanislawski. Unter dem Volkskommissar für Volksbildung, Anatoli Lunatscharski, erwarb sich die avantgardistische Sowjetkunst binnen kurzem internationales Ansehen.

Errichtung des Sowjetregimes

Der **II. Allrussische Rätekongress** sah sich am 25. Oktober vor vollendete Tatsachen gestellt. Die Provisorische Regierung war abgesetzt und verhaftet, die Bolschewiki im Besitz der Macht. Als Menschewiki, der rechte Flügel der Sozialrevolutionäre, und die Deputierten kleinerer sozialistischer Parteien gegen den Alleingang der Bolschewiki protestierten (M 12) und nach tumultartiger Debatte die Versammlung verließen, war der Weg frei für die Absegnung des Putsches und die **Ausrufung der Räteherrschaft** (M 13). Am 26./27. Oktober bestellte der Kongress, der nunmehr ausschließlich aus Bolschewiki und linken Sozialrevolutionären bestand, die **erste Sowjetregierung**, der bis zum Zusammentritt der Verfassunggebenden Versammlung die Regierungsverantwortung übertragen wurde. Dem **Rat der Volkskommissare** gehörten zunächst nur Bolschewiki an, u. a. Lenin, der den Vorsitz übernahm, Trotzki (Ressort für Außenpolitik) und Stalin (Kommissariat für Nationalitätenfragen).

Erste Schritte der Sowjetmacht

Die Bolschewiki machten sich umgehend daran, den Forderungen der revoltierenden Massen und aufbegehrenden Nationalitäten nachzukommen, um diese für sich zu gewinnen: Das **Dekret über den Frieden** schlug allen Regierungen der am Weltkrieg beteiligten Länder den sofortigen Abschluss eines Waffenstillstands vor und bot einen Frieden ohne Gebietsabtretungen und Entschädigungen an. Das **Dekret über den Grund und Boden** legalisierte die entschädigungslose Enteignung des Großgrundbesitzes und übergab

diesen zur Verteilung den Bauernsowjets. Adel, Klöster und Kirche verloren dadurch ihre wirtschaftliche Grundlage. Das **Dekret über die Rechte der Völker Russlands** sicherte allen Nationalitäten die freie Selbstbestimmung zu. Das **Gesetz über die Arbeiterkontrolle** ermöglichte eine umfassende innerbetriebliche Mitsprache der Belegschaften und die Bildung lokaler, regionaler und gesamtstaatlicher Instanzen der Arbeiterkontrolle. Letztere verloren jedoch an Einfluss durch die Einrichtung eines Obersten Volkswirtschaftsrats, der beim Rat der Volkskommissare ins Leben gerufen wurde. Ende 1917 begann die **Verstaatlichung des Bankwesens, des Handels und der Industrie**, nachdem es bereits vorher zu einer Welle „spontaner" Enteignungen durch die Fabrikkomitees gekommen war. Hinsichtlich der Armee wurden der **Befehl Nr. 1** (s. S. 239) erneuert, zahlreiche Bestimmungen für eine vorbehaltlose Demokratisierung getroffen und die Todesstrafe abgeschafft. Im Zusammenhang mit dem Landdekret führte dies zu einer weitgehenden Auflösung der Truppen. Kaum ein Bauernsoldat wollte die Landverteilung verpassen, die in manchen Gegenden Russlands bereits im Winter 1917/18 abgeschlossen war.
Die **revolutionäre Umgestaltung der Gesellschaft** umfasste am Ende nahezu alle Bereiche des sozialen Lebens: Die Bolschewiki dekretierten die Abschaffung der Ränge und Standesbezeichnungen wie die Trennung von Staat und Kirche. An die Stelle der Gerichtsordnung der Zarenzeit traten Volksgerichtshöfe mit Richterwahl durch die arbeitende Bevölkerung. Die Gleichberechtigung der Frau erfuhr durch eine Reihe sozial- und wirtschaftspolitischer Maßnahmen eine wesentliche Unterstützung. Uneheliche Kinder wurden ehelichen gleichgestellt, Ehescheidungen erleichtert. Schulen und Universitäten wurden den Unterschichten geöffnet, Kunst und Wissenschaft sollten fortan im Dienst der Erziehung des „neuen Menschen" stehen (B 8) – ein Programm, das bei linken Intellektuellen und Künstlern im In- und Ausland auf Interesse stieß.

M11 Der Meinungsstreit der Bolschewiki am Vorabend der Oktoberrevolution

a) Aus einem Brief Lenins an führende Parteigremien vom 3. Oktober 1917

Die Ereignisse schreiben uns so klar unsere Aufgabe vor, dass ein Zögern geradezu zum Verbrechen wird. Die Bauernbewegung breitet sich aus. Die Regierung verstärkt ihre brutalen Repressalien. Im Heer wachsen die Sympathien für uns. [...] In Deutschland ist der Beginn der Revolution offensichtlich. Die Wahlen in Moskau – 47 Prozent Bolschewiki – sind ein gewaltiger Sieg. Zusammen mit den linken Sozialrevolutionären die offenkundige Mehrheit im Land. Die Eisenbahner und die Postbeamten stehen in einem Konflikt mit der Regierung. Es wäre ein Verbrechen, unter solchen Umständen zu „warten". Die Bolschewiki haben nicht das Recht, den Sowjetkongress abzuwarten, sie müssen die Macht sofort ergreifen. Dadurch retten sie sowohl die Weltrevolution (denn sonst droht ein Pakt der Imperialisten aller Länder, die [...] einander entgegenkommen und sich gegen uns vereinigen werden) als auch die russische Revolution (sonst kann eine Welle wirklicher Anarchie stärker werden als wir) und das Leben von Hunderttausenden im Kriege.
Zögern wäre ein Verbrechen. Den Sowjetkongress abzuwarten wäre eine kindische, eine schändliche Formalitätsspielerei, ein Verrat an der Revolution. [...] Man muss nicht unbedingt mit Petrograd „anfangen". Wenn Moskau unblutig „anfängt", wird es bestimmt unterstützt werden: 1. durch die Sympathien der Armee an der Front, 2. durch die Bauern überall, 3. dadurch, dass die Flotte und die finnischen Truppen gegen Petrograd marschieren. Selbst wenn Kerenski vor Petrograd ein bis zwei Kavalleriedivisionen hat, muss er kapitulieren. Der Petrograder Sowjet kann abwarten und für die Moskauer Sowjet-Regierung agitieren. Losung: Macht den Sowjets, Land den Bauern, Friede den Völkern, Brot den Hungernden.
Der Sieg ist gesichert und zu neun Zehnteln auch die Aussicht, dass er unblutig sein wird.
Warten wäre ein Verbrechen an der Revolution.
(Manfred Hellmann [Hg.], Die russische Revolution 1917, dtv, München 1964, S. 289 ff.)

b) Aus dem Sondervotum Sinowjews und Kamenews zum Aufstandsbeschluss des ZK der Bolschewiki vom 10. Oktober 1917

Ohne Zweifel gibt es historische Situationen, in denen die unterdrückte Klasse erkennen muss, dass es besser ist, einer Niederlage entgegenzugehen, als sich kampflos zu unterwerfen. Befindet sich aber heute die russische Arbeiterklasse in einer solchen Lage? Nein, tausendmal nein!! [...]

Die Räte, die sich im Leben eingebürgert haben, können nicht vernichtet werden. Auch die Konstituante kann sich in ihrer revolutionären Arbeit nur auf die Räte stützen. Die Konstituierende Versammlung plus die Räte ist jener kombinierte Typ staatlicher Institutionen, dem wir entgegengehen. Auf dieser Grundlage hat die Politik unserer Partei außerordentlich starke Aussichten auf den wirklichen Sieg. [...]

Man sagt: 1. für uns ist schon die Mehrheit des Volkes in Russland, und 2. für uns ist die Mehrheit des internationalen Proletariats. Leider ist weder das eine noch das andere wahr und das ist der springende Punkt.

In Russland sind die Mehrheit der Arbeiter und ein ansehnlicher Teil der Soldaten für uns. Aber alles andere ist zweifelhaft. Wir sind z. B. alle überzeugt, dass, wenn es jetzt zu Wahlen zur Konstituierenden Versammlung kommt, die Bauern in ihrer Mehrheit für die Sozialrevolutionäre stimmen werden. Ist das etwa ein Zufall? [...]

Die Kräfte der proletarischen Partei sind freilich sehr bedeutend, aber die entscheidende Frage ist, ob die Stimmung unter den Arbeitern und Soldaten der Hauptstadt tatsächlich so ist, dass sie selbst nur im Straßenkampf ihre Rettung sehen, auf die Straße drängen. Nein. Eine solche Stimmung ist nicht vorhanden. Selbst die Anhänger der Aktion erklären, dass die Stimmung der Werktätigen und der Soldatenmassen keineswegs z. B. an die Stimmung vor dem 3. Juli erinnert. Eine in den tiefen Massen der hauptstädtischen Armut herrschende, kämpferische, auf die Straße drängende Stimmung könnte als Gewähr dafür dienen, dass eine Initiativ-Aktion jene großen Organisationen (Eisenbahner-, Post- und Telegrafenarbeiterverband usw.) mitreißen würde, in denen der Einfluss unserer Partei schwach ist. Da aber eine solche Stimmung nicht einmal in den Betrieben und Kasernen vorhanden ist, wäre es Selbstbetrug, darauf irgendwie zu rechnen.

Man sagt: Aber die Eisenbahner und die Post- und Telegrafenbeamten hungern, sind verelendet, murren gegen die Provisorische Regierung. Das ist alles natürlich wahr. Aber das bietet noch keine Gewähr dafür, dass sie einen Aufstand gegen die Regierung entgegen den Sozialrevolutionären und Menschewiki unterstützen würden. [...]

Unter solchen Umständen wäre es ein tiefes historisches Unrecht, die Frage des Übergangs der Macht in die Hände der proletarischen Partei so zu stellen: entweder jetzt oder nie.

Nein. Die Partei des Proletariats wird wachsen, ihr Programm wird immer breiteren Massen klar werden. [...] Und nur durch eins kann sie ihre Erfolge hemmen, und zwar dadurch, dass sie unter den jetzigen Umständen die Initiative der Aktion auf sich nimmt und so das Proletariat den Schlägen der vereinigten, von der kleinbürgerlichen Demokratie unterstützten Konterrevolution aussetzt.

Gegen diese verhängnisvolle Politik erheben wir die Stimme der Warnung.

(Ebd., S. 294 ff.)

1 *Arbeiten Sie die unterschiedlichen Standpunkte zur Frage des bewaffneten Aufstands heraus. Gehen Sie dabei auch auf die jeweilige Interpretation der politischen Lage ein.*

2 *Vergleichen Sie die auseinander gehenden Strategien des Machterwerbs der Verfasser.*

3 *Erläutern Sie die Rolle Lenins für die Oktoberrevolution und erörtern Sie die demokratische Legitimität seiner Haltung.*

M12 Die Spaltung des Zweiten Sowjetkongresses am Abend des 25. Oktober 1917 – Protest der menschewistischen Delegierten

Ausgehend davon,

1. dass die bolschewistische Partei im Namen des Sowjets hinter dem Rücken aller anderen in den Räten repräsentierten Parteien und Fraktionen eine militärische Verschwörung anzettelte und ihr Ziel verwirklichte;

2. dass die Machtergreifung durch den Petrograder Sowjet am Vorabend des Sowjetkongresses auf die Desorganisation und Zerschlagung der ganzen Sowjetorganisation hinausläuft und die Bedeutung des Kongresses als des legitimen Vertreters der revolutionären Demokratie untergräbt;

3. dass diese Verschwörung das Land in den Bürgerkrieg stürzt, den Plan einer Konstituierenden Versammlung vereitelt, die Gefahr einer militärischen Katastrophe heraufbeschwört und der Konterrevolution zum Sieg verhilft;

4. dass der einzig mögliche Ausweg aus der Situation darin besteht, mit der Provisorischen Regierung über die Bildung einer Regierung zu verhandeln, die sich auf alle Gruppen der Demokratie stützt;

5. dass die Vereinigte Russische Arbeiterpartei es der Arbeiterklasse gegenüber für ihre Pflicht erachtet, nicht nur selbst jegliche Verantwortung für die Tätigkeit der Bolschewiki, die sich hinter dem Sowjetbanner verstecken, abzulehnen, sondern auch

die Arbeiter und Soldaten vor einer Abenteurerpolitik zu warnen, die für das Land und die Revolution verhängnisvoll ist – verlässt die Fraktion der Vereinigten Russischen Sozialdemokratischen Arbeiterpartei den gegenwärtigen Kongress und fordert alle anderen Fraktionen, die wie sie selbst die Verantwortung für die Tätigkeit der Bolschewiki ablehnen, zu einer sofortigen Zusammenkunft auf, um sich über die Situation klar zu werden.
(Ebd., S. 310 f.)

1 *Fassen Sie die Kritikpunkte der Menschewiki zusammen und beurteilen Sie sie.*

M13 Aus dem Aufruf des Zweiten Sowjetkongresses der Arbeiter-, Soldaten- und Bauerndeputierten vom 26. Oktober 1917

An die Arbeiter, Soldaten und Bauern!

Der Zweite Allrussische Sowjetkongress der Arbeiter- und Soldatendeputierten ist eröffnet. Auf diesem Kongress ist die gewaltige Mehrheit der Sowjets vertreten. Auf dem Kongress ist auch eine Reihe von Delegierten der Bauernsowjets anwesend. Die Vollmachten des paktiererischen Zentralvollzugskomitees sind abgelaufen. Gestützt auf den Willen der gewaltigen Mehrheit der Arbeiter, Soldaten und Bauern, gestützt auf den in Petrograd vollzogenen siegreichen Aufstand der Arbeiter und der Garnison, nimmt der Kongress die Macht in seine Hände.

Die Provisorische Regierung ist gestürzt. Die meisten Mitglieder der Provisorischen Regierung sind bereits verhaftet.

Die Sowjetmacht wird sofort allen Völkern einen demokratischen Frieden und den sofortigen Waffenstillstand an allen Fronten vorschlagen. Sie wird die entschädigungslose Übergabe der Gutsbesitzer-, Kron- und Klosterländereien in die Verfügungsgewalt der Bauernkomitees sicherstellen, die Rechte der Soldaten schützen, indem sie die volle Demokratisierung der Armee durchführt, sie wird die Arbeiterkontrolle über die Produktion einführen und die rechtzeitige Einberufung der Konstituierenden Versammlung gewährleisten, sie wird dafür sorgen, dass die Städte mit Brot und die Dörfer mit Gegenständen des dringendsten Bedarfs beliefert werden, sie wird allen in Russland lebenden Völkern das wirkliche Recht auf Selbstbestimmung sichern.

Der Kongress beschließt: Die ganze Macht geht überall an die Sowjets der Arbeiter-, Soldaten- und Bauerndeputierten über, die eine wirkliche revolutionäre Ordnung zu gewährleisten haben.

B 9 Lenin, umringt von Rotgardisten, auf einem Panzerwagen verkündet den Sieg der Revolution; Szenenbild aus dem russischen Propagandafilm „Oktober" (1927) des Regisseurs Sergej Eisenstein

– *Beschreiben und interpretieren Sie die Szene in B 9 mit Hilfe der Darstellung S. 250.*

Der Kongress ruft die Soldaten in den Schützengräben zu Wachsamkeit und Standhaftigkeit auf. Der Sowjetkongress ist überzeugt, dass die revolutionäre Armee es verstehen wird, die Revolution gegen jegliche Anschläge des Imperialismus zu verteidigen, bis die neue Regierung den Abschluss eines demokratischen Friedens erzielt hat, den sie unmittelbar allen Völkern vorschlagen wird. Die neue Regierung wird alle Maßnahmen treffen, um durch eine entschlossene Politik von Requisitionen und Besteuerung der besitzenden Klassen die revolutionäre Armee mit allem Nötigen zu versorgen, und wird auch die Lage der Soldatenfamilien verbessern.
(Ebd., S. 318 f.)

1 *Beschreiben Sie, wie der Aufruf (M 13) die Machtergreifung der Bolschewiki zu legitimieren versucht.*

2 *Skizzieren Sie das versprochene Regierungsprogramm; bestimmen Sie Adressaten und Absichten.*

3 *Erläutern Sie, warum man den Aufruf als „Geburtsurkunde des Sowjetstaates" bezeichnen kann.*

2.4 Der Beginn der Sowjetdiktatur

Pluralismus oder Einparteienstaat?

Lenins Ziel nach dem Oktoberumsturz war die **Alleinherrschaft der Bolschewiki.** Er verfügte die Einschränkung der bürgerlichen Presse und weigerte sich strikt, Menschewiki und Sozialrevolutionäre an der Regierung zu beteiligen. Massive Proteste stürzten die Bolschewiki daraufhin in eine existenzielle Zerreißprobe. Führende Mitglieder des Zentralkomitees traten zurück und legten ihre Ämter als Volkskommissare nieder. Lenins Ausschlussdrohungen gegenüber den so genannten **Versöhnlern** riefen die Gefahr einer Spaltung hervor. Lenin musste nachgeben und Verhandlungen hinsichtlich einer Regierungsbeteiligung der linken Sozialrevolutionäre einleiten, die sich Ende November 1917 von ihrer Mutterpartei trennten und als eigenständige politische Kraft formierten. Erst danach wurden sie mit einigen, allerdings wenig bedeutsamen Volkskommissariaten bedacht. Die **Koalition von Bolschewiki und linken Sozialrevolutionären** scheiterte jedoch bereits nach wenigen Wochen.

Wahlen zur Konstituante

Auch im Hinblick auf die von der politischen Öffentlichkeit sehnlichst erhofften und von Lenin viele Male versprochenen Wahlen zur Verfassunggebenden Versammlung befand sich der Führer der Bolschewiki in einem Dilemma. Sie standen seinem Streben nach dem Einparteienstaat entgegen. Am liebsten hätte er sie verschoben; ein abermaliger Verzug hätte aber die Öffentlichkeit gegen ihn mobilisiert und die Glaubwürdigkeit seiner Partei erschüttert. Das Risiko einer Wahlschlappe musste in Kauf genommen werden.
Das Ergebnis dieser ersten und für Jahrzehnte auch letzten freien, allgemeinen und geheimen Wahlen in Russland vom 12. November, bei denen erstmals auch Frauen das aktive und passive Wahlrecht hatten, war eine herbe **Niederlage für die Bolschewiki** (Schema 2). Zwar gelang es ihnen in den Großstädten, an der Front und in den Garnisonen, z. T. mehr als 50 % der Stimmen zu gewinnen, insgesamt jedoch resultierten daraus lediglich 168 der 703 Sitze der Versammlung. Deutlicher Wahlsieger wurden die **Sozialrevolutionäre**, die sich auf die Masse der bäuerlichen

B 10 Wahlkampf zur Verfassunggebenden Versammlung Anfang November 1917: Verteilung von Zeitungen und Flugblättern, zeitgenössische Fotografie

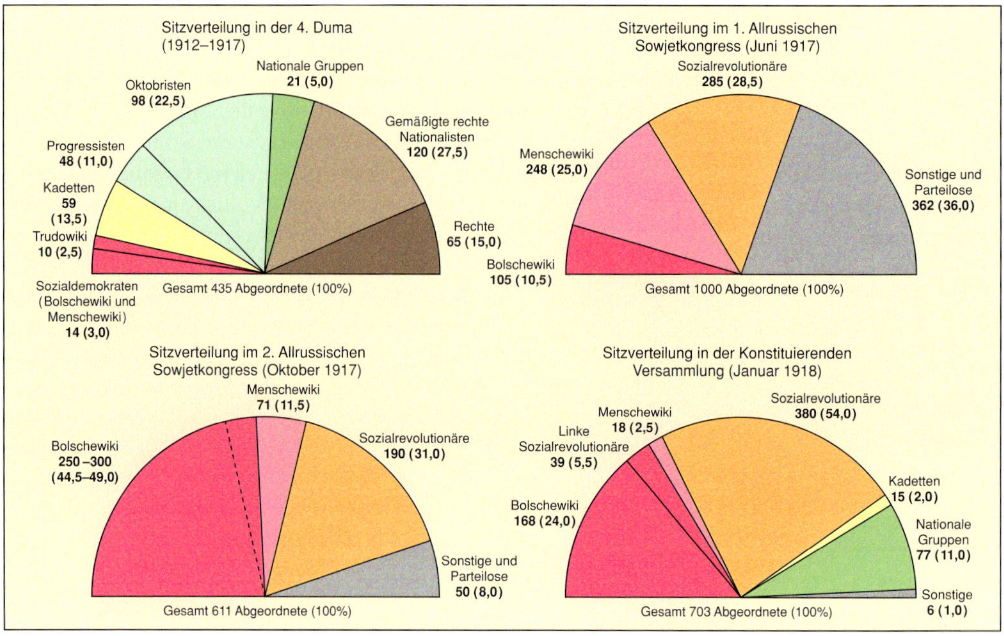

Schema 2 Wahlergebnisse in Russland 1917/18

– *Vergleichen Sie die Sitzverteilungen. Beschreiben und erklären Sie die wichtigsten Veränderungen vor allem im Hinblick auf die unterschiedliche Zusammensetzung des Zweiten Allrussischen Sowjetkongresses und der Konstituierenden Versammlung.*

Bevölkerung stützen konnten und mit 380 Sitzen die **absolute Mehrheit** errangen. Das Ergebnis zeigt einerseits die Schwäche der bürgerlichen Parteien, andererseits den starken Willen der Bevölkerung nach Veränderung – allerdings nicht zu Gunsten der Bolschewiki.

Roter Terror

Angesichts dieser Mehrheitsverhältnisse bestand für die Revolutionsregierung die Gefahr, von den gewählten Volksvertretern abgesetzt zu werden. Lenin ließ deshalb den Zusammentritt der Konstituante auf unbestimmte Zeit verschieben. Als daraufhin die liberale Kadettenpartei protestierte, wurden ihre Mandate aberkannt, ihre führenden Politiker verhaftet und zu „Volksfeinden" erklärt. Parallel zur Ausschaltung der bürgerlichen Opposition erfolgte die Einrichtung von **Revolutionstribunalen** und einer **„Außerordentlichen Kommission für den Kampf gegen die Konterrevolutionäre und Sabotage"** (Tscheka). Diese Geheimpolizei unter der Führung Felix Dserschinskis (1877–1926) wurde zum nahezu allmächtigen „Schwert und Schild der Partei" nach innen und zur Leitstelle des sowjetischen Terrorsystems.
Als am 5. Januar 1918 die Konstituante doch noch zusammentrat und sich mehrheitlich weigerte, die bisherigen Entscheidungen der Revolutionsregierung als bindend anzuerkennen, verließen die bolschewistische Fraktion und die linken Sozialrevolutionäre den Saal. Anderntags wurde den Abgeordneten der Zutritt zum Saal von Rotgardisten und Matrosen verwehrt, die bereits am Vortag ein Blutbad unter antibolschewistischen Demonstranten angerichtet und die Versammlung terrorisiert hatten. Das Zentralvollzugskomitee des von den Bolschewiki beherrschten

Sowjetkongresses dekretierte schließlich die **Auflösung der Verfassunggebenden Versammlung** (M 14). In der Folge wurden die meisten nicht bolschewistischen Abgeordneten verhaftet, ihre Presseorgane eingestellt. Lediglich den linken Sozialrevolutionären verblieb noch kurzzeitig ein kleiner politischer Spielraum.

Sowjetdiktatur

Lenins Gewaltpolitik, die für lange Zeit die Entwicklung Russlands zu einer parlamentarischen Demokratie verhinderte, rief **keinen nennenswerten Widerstand** hervor. Trotzdem bedurfte es noch der Legitimierung des Sowjetsystems und seiner endgültigen Ausgestaltung. Die Bolschewiki wählten hierzu den **III. Allrussischen Kongress** der Arbeiter- und Soldatendeputierten in Petrograd. Er billigte die Auflösung der Verfassunggebenden Versammlung und die von ihr abgelehnte „Deklaration der Rechte des werktätigen und ausgebeuteten Volkes". Diese schrieb wesentliche Prinzipien des neuen Sowjetstaats fest und wurde in die **Verfassung der Russischen Sozialistischen Föderativen Sowjetrepublik** (RSFSR) vom 10. Juni **1918** aufgenommen. Die Umwandlung der Revolutions- in Verfassungsorgane fand darin ihren Abschluss.
Oberste Prinzipien des Sowjetstaats waren das **Recht auf Selbstbestimmung der russischen Staatsvölker** und die **Diktatur des Proletariats** (M 15). Bürgerliche Personen und Angehörige der Kirche waren vom Wahlrecht ausgeschlossen. Die Gleichheit vor dem Gesetz wurde aufgehoben, wenig später auch im Bereich des Zivil- und Strafrechts. Die Ausübung der Staatsgewalt erfolgte seither durch ein pyramidenförmig aufgebautes **Rätesystem**, das Exekutive und Legislative in sich vereinigte. Nur auf höchster Ebene setzte sich scheinbar die Gewaltentrennung der bürgerlichen Demokratie durch. Hier teilte sich der Oberste Sowjet der Arbeiter-, Soldaten- und Bauernvertreter die Macht mit dem Rat der Volkskommissare. Das Rätesystem erstarrte allerdings in dem Moment zu einer scheindemokratischen Fassade, als Lenin mit Hilfe der Tscheka die Ausschaltung aller nicht bolschewistischen Kräfte aus den Räten begann und die Diktatur des Proletariats durch die Diktatur seiner Partei ersetzte (M 16). Während des V. Allrussischen Sowjetkongresses vom Juli 1918 entfielen bereits 745 der 1132 Sitze auf die Bolschewiki. Diese Entwicklung führte zu einem Machtmonopol, das der staatlichen Willkür Tür und Tor öffnete. Die Marxsche Prognose vom Absterben des Staates im Kommunismus und der Befreiung des Menschen in der klassenlosen Gesellschaft verkehrte sich in ihr Gegenteil.

M14 Aus dem von Lenin verfassten Dekret über die Auflösung der Verfassunggebenden Versammlung vom 6. Januar 1918

Die Konstituierende Versammlung, gewählt auf Grund von Kandidatenlisten, die vor der Oktoberrevolution aufgestellt worden waren, brachte das alte politische Kräfteverhältnis zum Ausdruck, aus einer Zeit, als die Kompromissler und die Kadetten an der Macht waren. Das Volk konnte damals, als es für die Kandidaten der Partei der Sozialrevolutionäre stimmte, nicht zwischen den rechten Sozialrevolutionären, den Anhängern der Bourgeoisie, und den linken Sozialrevolutionären, den Anhängern des Sozialismus, seine Wahl treffen. So kam es, dass diese Konstituierende Versammlung, die die Krönung der bürgerlichen parlamentarischen Republik sein sollte, sich der Oktoberrevolution und der Sowjetmacht unvermeidlich in den Weg stellen musste. […]
Die werktätigen Klassen mussten sich auf Grund der eigenen Erfahrung davon überzeugen, dass sich der alte bürgerliche Parlamentarismus überlebt hat, dass er mit den Aufgaben der Verwirklichung des Sozialismus absolut unvereinbar ist, dass nicht gesamtnationale, sondern nur Klasseninstitutionen (wie es die Sowjets sind) im Stande sind, den Widerstand der besitzenden Klassen zu brechen und das Fundament der sozialistischen Gesellschaft zu legen. Jeder Verzicht auf die uneingeschränkte Macht der Sowjets, auf die vom Volke eroberte Sowjetrepublik zu Gunsten des bürgerlichen Parlamentarismus und der Konstituierenden Versammlung wäre jetzt ein Schritt rückwärts, würde den Zusammenbruch der ganzen Oktober-

revolution der Arbeiter und Bauern bedeuten. [...] In der Tat führen die Parteien der rechten Sozialrevolutionäre und der Menschewiki außerhalb der Konstituierenden Versammlung den erbittertsten Kampf gegen die Sowjetmacht, fordern in ihrer Presse offen zum Sturz der Sowjetmacht auf, bezeichnen die zur Befreiung von der Ausbeutung notwendige gewaltsame Unterdrückung des Widerstandes der Ausbeuter durch die werktätigen Klassen als Willkür und Ungesetzlichkeit, nehmen die im Dienste des Kapitals stehenden Saboteure in Schutz und gehen so weit, dass sie unverhüllt zum Terror aufrufen, mit dessen Anwendung „unbekannte Gruppen" bereits begonnen haben. Es ist klar, dass der übrig gebliebene Teil der Konstituierenden Versammlung infolgedessen nur die Rolle einer Kulisse spielen könnte, hinter der der Kampf der Konterrevolutionäre für den Sturz der Sowjetmacht vor sich gehen würde.
Deshalb beschließt das Zentralvollzugskomitee: Die Konstituierende Versammlung wird aufgelöst.
(Manfred. Hellmann [Hg.], Die russische Revolution 1917, dtv, München 1964, S. 347f.)

1 *Fassen Sie Lenins Begründungen für die Auflösung der Konstituante zusammen und setzen Sie sich mit ihnen auseinander (s. auch Schema 2).*

M15 Aus Lenin: Über die Diktatur des Proletariats (1917)

Der Übergang von der kapitalistischen Gesellschaft [...] zur kommunistischen Gesellschaft ist unmöglich ohne eine „politische Übergangsperiode" und der Staat dieser Periode kann nur die revolutionäre Diktatur des Proletariats sein. [...] Die Diktatur des Proletariats aber, d. h. die Organisierung der Avantgarde der Unterdrückten zur herrschenden Klasse zwecks Niederhaltung der Unterdrücker, kann nicht einfach nur eine Erweiterung der Demokratie ergeben. Zugleich mit der gewaltigen Erweiterung des Demokratismus, der zum ersten Mal ein Demokratismus für die Armen, für das Volk wird und nicht ein Demokratismus für die Reichen, bringt die Diktatur des Proletariats eine Reihe von Freiheitsbeschränkungen für die Unterdrücker, die Ausbeuter, die Kapitalisten. Diese müssen wir niederhalten, um die Menschheit von der Lohnsklaverei zu befreien, ihr Widerstand muss mit Gewalt gebrochen werden – es ist klar, dass es dort, wo es Unterdrückung, wo es Gewalt gibt, keine Freiheit, keine Demokratie gibt. [...]
Erst in der kommunistischen Gesellschaft, wenn der Widerstand der Kapitalisten schon endgültig gebrochen ist, wenn die Kapitalisten verschwunden sind, wenn es keine Klassen (d. h. keinen Unterschied zwischen den Mitgliedern der Gesellschaft in ihrem Verhältnis zu den gesellschaftlichen Produktionsmitteln) mehr gibt – erst dann „hört der Staat auf zu bestehen" und „kann von Freiheit die Rede sein".
(Hermann Weber [Hg.], Lenin. Aus den Schriften 1895–1923, dtv, München 1967, S. 99ff.)

1 *Erläutern und beurteilen Sie Lenins Demokratieverständnis. Ziehen Sie hierzu auch M 14 heran.*

M16 Die Wirklichkeit des Rätesystems – Aus Maxim Gorkis Zeitschrift „Nowaja Schisn" vom Dezember 1917

Die Macht ist auf die Räte nur auf dem Papier, in der Fiktion, und nicht in Wirklichkeit übergegangen. Der 2. Allrussische Sowjetkongress wurde von den Bolschewiki vor die vollendete Tatsache der Machteroberung durch die Bolschewiki und nicht durch die Sowjets gestellt. Die Sitzungen des Kongresses gingen in einer Atmosphäre des Aufstandes vor sich, die Bolschewiki stützten sich auf die Gewalt der Bajonette und Gewehre. [...] In den Provinzorten, wo die Sowjets schwankten, wo keine bolschewistische Mehrheit gesichert war, suchten die Bolschewiki den Sowjets Angst einzujagen und sie vor die Alternative zu stellen, entweder sich zu unterwerfen oder den Bürgerkrieg in den Reihen der Demokratie hervorzurufen. So wurde die Losung „Alle Macht den Räten" verwirklicht, die sich in Wirklichkeit in die Losung „Die Macht einigen Bolschewiki" verwandelt hatte. [...] Die Räte verlieren schon ihre Bedeutung, die Rolle der Räte sinkt zu einem Nichts herab. [...] Eine Sowjetrepublik? Leere Worte! In Wahrheit ist es eine oligarchische Republik, eine Republik einiger Volkskommissare. Worin haben sich die lokalen Sowjets verwandelt? In unfreie, untätige Anhängsel der bolschewistischen „Kriegsrevolutionskomitees" oder von oben ernannter Kommissare. Und diejenigen Räte, die ihre Unabhängigkeit noch bewahren, die hartnäckig den „Rat der Volkskommissare" nicht anerkennen, kommen auf eine schwarze Liste der verdächtigen, opportunistischen, beinahe konterrevolutionären Einrichtungen. [...] Die Sowjets zerfallen, werden kraftlos und verlieren von Tag zu Tag mehr ihr Ansehen in den Reihen der Demokratie.
(Oskar Anweiler, Die Rätebewegung in Russland 1905–1921, Brill, Köln 1958, S. 158ff.)

1 *Arbeiten Sie die Methoden zur Entmachtung der Räte heraus und beschreiben Sie deren Folgen.*

2 *Beurteilen Sie die bolschewistische Parole „Alle Macht den Räten!"*

2.5 Bürgerkrieg und Kriegskommunismus

Friede von Brest-Litowsk

Um die Bevölkerung für seine Ziele einzunehmen und Zeit für deren Umsetzung zu gewinnen, brauchte Lenin nichts dringender als den Frieden. Er befürwortete deshalb die Annahme der überaus harten Friedensbedingungen, die Mitte Dezember 1917 von der deutschen Heeresleitung übermittelt wurden. Der Widerstand im Zentralkomitee der Bolschewiki war groß und verzögerte die Verhandlungen. Angesichts des völligen Zusammenbruchs der russischen Armee, des Ausbleibens der erhofften Revolution in Deutschland und Österreich-Ungarn sowie der Fortsetzung des Vormarsches der Mittelmächte gab es jedoch keine andere Wahl. Um ein Ende der Kampfhandlungen und die Räumung der mittlerweile besetzten Gebiete zu erreichen, musste Russland im **Frieden von Brest-Litowsk** vom 3. März 1918 der Abtretung von Finnland, Polen, Litauen und der Ukraine zustimmen. Es verlor damit 32 % des anbaufähigen Landes, 26 % seines Eisenbahnnetzes, 54 % der Textilindustrie und 89 % seiner Eisenindustrie und Kohlebergwerke.

Bürgerkrieg

Der Brester Diktatfriede erschütterte die Machtposition der Partei Lenins, der angesichts der neuen Westgrenze seinen Regierungssitz nach Moskau verlegte. Der Protest der linken Sozialrevolutionäre führte zum Bruch der Koalitionsregierung und im Sommer 1918 zu mehreren Putschversuchen, hinter denen der einstige Koalitionspartner stand. Hohe Parteifunktionäre, am Ende auch Lenin, wurden das Ziel von Attentaten, die das Regime mit einer Verschärfung des Terrors beantwortete. Ende September etablierte sich in Ufa ein gemeinsames **„Direktorium" aller nicht bolschewistischen Kräfte**, die mit militärischen Mitteln den Sturz des Sowjetregimes betrieben. Sie verbanden sich dabei mit den nationalen Minderheiten des Landes, die seit Ende 1917 aus dem russischen Staat herausdrängten. Mit Blick auf die gelungene Loslösung des Baltikums, der Ukraine, Polens und Weißrusslands erklärten im April/Mai 1918 der Nordkaukasus und die transkaukasischen Völker (Georgien, Armenien, Aserbeidschan) ihre Unabhängigkeit. Wenig später erfasste das **Streben nach Unabhängigkeit** auch weite Gebiete Mittelasiens und Sibiriens.

Der **Aufstand der Gegner Lenins** wurde von Beginn an durch die **Westalliierten gefördert**. Sie wollten das kommunistische Experiment der Bolschewiki bereits im Keim ersticken, um seine befürchtete Ausbreitung von vornherein zu verhindern. Sie hofften in Russland erneut patriotische Politiker an die Macht zu bringen, die durch den Wiedereintritt in den Krieg eine Truppenverlegung der Mittelmächte nach Westen verhindern würden. Die Entente unterstützte das antibolschewistische Lager mit Geld, Waffen, Munition und militärtechnischem Wissen. Bereits im März 1918 begann daneben die **direkte Intervention**, an der sich England, Japan, Frankreich, die USA und zahlreiche andere Staaten beteiligten. Hinzu trat der vertragswidrige **Vormarsch deutscher Truppen**, der erst durch die Novemberrevolution 1918 in Deutschland (s. S. 366 ff.) sein Ende fand.

Der russische Bürgerkrieg, der von einer Vielzahl von Bauernaufständen begleitet wurde, dauerte vom Frühjahr 1918 bis Oktober 1920 und endete nach einem überaus wechselvollen Verlauf (Karte 2) mit dem **Sieg der Bolschewiki**. Die Kämpfe stürzten das Land in die bislang größte Krise seiner Geschichte und wurden von allen Seiten mit höchster Grausamkeit geführt. Sie kosteten rund 11 Mio. Menschen das Leben, darunter etwa 6 Mio. Bauern, die die Nahrungskonfiskationen der Krieg führenden Parteien dem Hungertod preisgaben oder durch Gewaltmaßnahmen getötet wurden. 3 Mio. Angehörige des Adels und Bürgertums sahen sich gezwungen, ihre Heimat zu verlassen. Prominentestes Opfer war die Zarenfamilie, die im Juli 1918 von Mitgliedern der Tscheka exekutiert wurde.

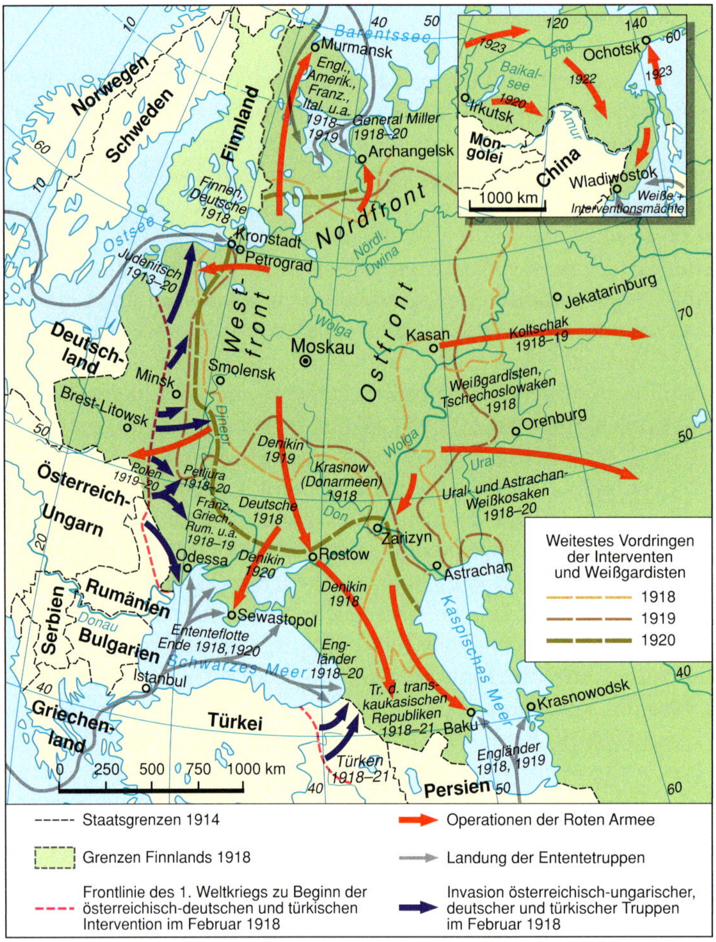

Karte 2 Bürgerkrieg und Intervention in Russland

– *Erarbeiten Sie anhand der Karte den Verlauf des Bürgerkriegs.*
– *Erstellen Sie eine Liste der intervenierenden Staaten und der Schauplätze ihrer Intervention.*

„Weiß" gegen „Rot"

Die Gründe für den Erfolg der „Roten" lagen zum einen in der Schwäche ihrer Gegner, der „Weißen", die sich zu keinem Zeitpunkt auf eine gemeinsame Strategie und ein gemeinsames Programm einigen konnten und dadurch nach und nach die Unterstützung der Westalliierten verloren. Die von ihnen eroberten Gebiete blieben ohne staatliche Ordnung. Korruption und Unvermögen gingen dabei Hand in Hand. Je länger der Krieg dauerte, desto deutlicher zeichnete sich eine **Rechtswende der Gegenrevolution** ab. Die Kräfte der Februarrevolution wurden zwischen den Fronten zerrieben. In ein zaristisches Russland indes wollte kaum jemand mehr zurück. All dies schwächte die „Weißen".
Die Bolschewiki hingegen konnten sich auf eine höchst motivierte **Rote Arbeiter- und Bauernarmee** stützen. Gegründet im Februar 1918, umfasste sie am Ende des Bürgerkriegs rund 5 Mio. Soldaten. In Trotzki fand sie einen überragenden und schier allgegenwärtigen Organisator und Führer. Im Augenblick der größten Bedrohung schränkte er alle Freiheiten ein, wie sie eben noch für die Armee erlassen worden waren, und führte wieder Disziplin, Hierarchie und Bestrafung bei Zuwiderhandlungen ein. Trotzki forderte die bedingungslose Unterwerfung und schreckte selbst vor der Wiedereinführung der Todesstrafe nicht zurück. Zur ideologischen Schulung

wurden politische Kommissare bestimmt, denen er zudem die Kontrolle der Einheiten übertrug. Um dem Mangel an qualifizierten Führungskräften abzuhelfen, griff Trotzki auf über 250 000 Offiziere der zaristischen Armee zurück, die durch patriotische Appelle und materielle Anreize für die Sache der Bolschewiki gewonnen werden konnten.

Kriegskommunismus

Voraussetzung für den militärischen Erfolg der Bolschewiki war die Umstellung der Wirtschaft auf die Bedürfnisse des Krieges und die Errichtung einer **Versorgungsdiktatur**. Angesichts eines ohnehin weitgehend darniederliegenden Wirtschafts- und Transportsystems, der totalen Blockade der Westmächte und des Verlusts riesiger Gebiete und ihrer Rohstoffe wurde das gesamte Wirtschaftsleben der staatlichen Lenkung unterworfen (M 17). Der Beschluss zur **Nationalisierung der Großbetriebe** war hierbei der erste Schritt.

Wichtigste Planungsinstanz wurde der **Oberste Volkswirtschaftsrat**, dem die Regierung die Gesamtorganisation der Kriegswirtschaft übertrug. Es entstand eine gigantische Bürokratie, die mit der Ersetzung der kollegialen Betriebsführung durch die **Einmannleitung** den Einfluss der Fabrikkomitees, Arbeiterräte und Gewerkschaften erheblich beschnitt. Für den Einzelnen galt seit Juli 1918 die **Arbeitspflicht**. Ein Arbeitsbuch dokumentierte seither Tätigkeiten und Löhne, aber auch Verstöße gegen die verschärfte Arbeitsdisziplin (M 18). Ab 1920 konnte jeder Werktätige zu Sonderaufgaben herangezogen werden. Zur selben Zeit begann der systematische Einsatz von Einheiten der Roten Armee für zivile Aufgaben, die sich dadurch zu **„Arbeiterarmeen"** entwickelten.

Infolge der um sich greifenden Not schloss die Sowjetregierung die gesamte Bevölkerung in **„Konsumkommunen"** zusammen. Die proletarische Bevölkerung wurde bei der Verteilung von Nahrungsmitteln und Konsumartikeln bevorzugt, das einstige Besitzbürgertum an das Existenzminimum getrieben.

In der Landwirtschaft erneuerte die Sowjetregierung das **Getreidemonopol** ihrer Vorgänger. Seitdem galten erneut staatlich festgelegte Preise. Um die Versorgung von Armee und Stadt sicherzustellen, ernannte man **Versorgungskommissare**, die bei ihrer Arbeit von bewaffneten Arbeiterbrigaden unterstützt wurden. Hatte die Sowjetregierung die Bauern anfangs noch dazu aufgefordert, nur ihre Überschüsse abzuliefern, so legten sie im Januar des Jahres 1919 aufgrund ihrer Bedarfsplanung fest, wie viel Getreide von den Versorgungsorganen aufgebracht werden sollte.

Das Verhältnis zwischen Bauern und Staat wurde seither mehr und mehr von Gewalt bestimmt. Die Anspannung aller Kräfte für den Krieg führte zur absoluten Machtkonzentration in den Händen der Bolschewiki und beseitigte sämtliche basisdemokratische Strukturen des Sowjetstaats. Neues Machtzentrum wurde der nur sechsköpfige **Rat für Arbeiter- und Bauernverteidigung**. Die Volkskommissare für Versorgung, Transport und Militärwesen erhielten diktatorische Vollmachten. Dies zog die Entmachtung der Sowjets nach sich, die seither kaum mehr in Erscheinung traten.

Wichtige Stütze des Kriegskommunismus wurde der **Terror der Tscheka**, die nach dem Attentat auf Lenin mit zusätzlichen Kompetenzen ausgestattet war. Das Dekret „Über den roten Terror" (5. September 1918) ermächtigte sie, Todesurteile auszusprechen und zu vollstrecken. Geiselnahmen und Massenerschießungen von Angehörigen der so genannten feindlichen Klassen gehörten seither zur Tagesordnung. Die rasch wachsende Zahl von Zwangsarbeitslagern (Gulags) sollte die Bevölkerung einschüchtern und gefügig machen. Die Zahl der Verhafteten ging in die Hunderttausende. Insgesamt war die Zahl der Opfer des Kriegskommunismus sehr groß. Allein aufgrund von Missernten und Hungersnöten sollen nach groben Schätzungen fünf Millionen Menschen verhungert sein.

M17 Der Kriegskommunismus – Auszug aus einem sowjetischen Lehrbuch von 1925

Die charakteristischen Merkmale der Wirtschaftspolitik in der Periode des Kriegskommunismus waren: 1) Abschaffung oder Reduzierung der nicht staatlichen Wirtschaft auf ein Minimum, der Ware-Geld-Beziehungen und der Vertragsverhältnisse in der gesamten Wirtschaft – in der Industrie, im Handel, in der Lebensmittelablieferung u. Ä.; 2) Durchsetzung einer staatlichen, geldfreien Natural- und Zwangswirtschaft sowie höchstmögliche Einführung von Monopolen und zentralistischen Elementen jeglicher Art; 3) spezifisch militärische Formen der Arbeitsorganisation, der Leitung der Wirtschaft und der Verwaltung.

Da die Sowjetmacht in der Periode des Kriegskommunismus einen langen, erbitterten Krieg an allen möglichen Fronten gegen die äußere und innere Konterrevolution führte, musste sie im Interesse dieses Kampfes vernichtende Schläge gegen die privatkapitalistischen Wirtschafts- und Besitzverhältnisse führen, indem sie diese der Nationalisierung, der Konfiskation und der Requirierung unterwarf. Andererseits war die Sowjetmacht, als Folge ebendieser Politik, gezwungen, die gesamte Organisation und Führung der Wirtschaft sowie die Versorgung der werktätigen Bevölkerung mit den existenznotwendigen Mitteln selbst zu übernehmen, und musste wegen des Mangels an Rohstoffen und anderen Materialien spezifisch militärische Formen der Arbeitsorganisation, der Wirtschaftsführung und der Verwaltung (Militarisierung) einführen.

(Hans Hecker, Staat zwischen Revolution und Reform, Klett, Stuttgart 1991, S. 43)

1 *Erläutern Sie in eigenen Worten das Wirtschaftssystem des Kriegskommunismus und vergleichen Sie dieses mit einer Marktwirtschaft.*

2 *Beurteilen Sie die Begründung des Kriegskommunismus im Lehrbuch.*

M18 Auszug aus Lenin: Die nächsten Aufgaben der Sowjetmacht (1918)

Arbeiten lernen – diese Aufgabe muss die Sowjetmacht dem Volk in ihrem ganzen Umfang stellen. Das letzte Wort des Kapitalismus in dieser Hinsicht, das Taylorsystem[1], vereinigt in sich – wie alle Fortschritte des Kapitalismus – die raffinierte Bestialität der bürgerlichen Ausbeutung und eine Reihe wertvollster wissenschaftlicher Errungenschaften in der Analyse der mechanischen Bewegungen bei der Arbeit, der Ausschaltung überflüssiger und ungeschickter Bewegungen, der Ausarbeitung der richtigsten Arbeitsmethoden, der Einführung der besten Systeme der Rechnungsführung und Kontrolle usw. Die Sowjetrepublik muss um jeden Preis alles Wertvolle übernehmen, was Wissenschaft und Technik auf diesem Gebiet errungen haben. Die Realisierbarkeit des Sozialismus hängt ab eben von unseren Erfolgen bei der Verbindung der Sowjetmacht und der sowjetischen Verwaltungsorganisation mit dem neuesten Fortschritt des Kapitalismus.

[...] Zur Bedeutung gerade der diktatorischen Macht einzelner Personen vom Standpunkt der spezifischen Aufgaben des gegebenen Moments muss man sagen, dass jede maschinelle Großindustrie – d. h. gerade die materielle, die produktive Quelle und das Fundament des Sozialismus – unbedingte und strengste Einheit des Willens erfordert, der die gemeinsame Arbeit von Hunderten, Tausenden und Zehntausenden von Menschen leitet. Sowohl technisch als auch ökonomisch und historisch leuchtet diese Notwendigkeit ein und ist von allen, die über den Sozialismus nachgedacht haben, stets als seine Voraussetzung anerkannt worden. Wie aber kann die strengste Einheit des Willens gesichert werden? Durch die Unterordnung des Willens von Tausenden unter den Willen eines Einzelnen.

Diese Unterordnung kann bei idealer Bewusstheit und Diszipliniertheit der an der gemeinsamen Arbeit Beteiligten mehr an die milde Leitung eines Dirigenten erinnern. Sie kann die scharfen Formen der Diktatur annehmen, wenn keine ideale Diszipliniertheit und Bewusstheit vorhanden ist. Aber wie dem auch sein mag, die widerspruchslose Unterordnung unter einen einheitlichen Willen ist für den Erfolg der Prozesse der Arbeit, die nach dem Typus der maschinellen Großindustrie organisiert wird, unbedingt notwendig.

(Hans Raupach, Geschichte der Sowjetwirtschaft, rororo, Reinbek 1964, S. 173 ff.)

1 Taylorsystem: wissenschaftliche Betriebsführung nach den Grundsätzen des amerikanischen Ingenieurs und Betriebsorganisators F. W. Taylor (1856–1915)

1 *Charakterisieren Sie Lenins Verhältnis zur kapitalistischen Betriebsführung. Berücksichtigen Sie dabei auch das Entwicklungsniveau der Sowjetunion.*

2 *Beschreiben und beurteilen Sie Lenins Vorstellung zur Stellung des Einzelnen in der sozialistischen Großindustrie.*

2.6 Von der proletarischen Naturalwirtschaft zur Neuen Ökonomischen Politik (NEP)

Proletarische Naturalwirtschaft

Der Kriegskommunismus konnte die Talfahrt der russischen Wirtschaft nicht aufhalten. Die landwirtschaftliche und die industrielle Produktion sanken auf einen Bruchteil der Vorkriegszeit. Der rapide Verfall des Geldwerts führte zum Übergang zu Tausch- und Naturalwirtschaft. Dennoch setzte die Sowjetregierung auch nach dem Ende des Bürgerkriegs ihren Kurs fort. Sie begrüßte die durch Inflation und Verstaatlichung entstandene Nivellierung der Gesellschaft und sah in der **Abschaffung von Markt- und Geldwirtschaft** einen wesentlichen Schritt zur Erreichung der klassenlosen Gesellschaft.
Erst im Winter 1920/21 erlebte das System des Kriegskommunismus seinen Höhepunkt: Klein- und Kleinstbetriebe wurden enteignet, Wohnungsmieten und Gebühren für öffentliche Dienstleistungen abgeschafft. Der Staat begann mit der kostenlosen Verteilung von Lebensmitteln und Dingen des täglichen Bedarfs. Unentgeltliche Gemeinschaftsküchen, Kindergärten und Kinderkrippen sollten die Frauen entlasten und für den industriellen Arbeitsprozess freistellen. „Kommunismus – das ist Sowjetmacht plus Elektrifizierung des Landes“, lautete das Versprechen Lenins (M 19), dessen ehrgeiziger Elektrifizierungsplan allerdings erst im Dezember 1921 durch den Rat der Volkskommissare gebilligt wurde.

Wirtschafts- und Staatskrise 1920/21

Lenins Versuch, das Stadium des Sozialismus abzukürzen und die kommunistische Utopie im Schnellschritt zu erreichen, scheiterte bereits nach wenigen Monaten. Kälte, Hunger und Krankheit bestimmten den Alltag des von Bürgerkrieg und Kriegskommunismus verwüsteten Landes. Das Zwangssystem der staatlichen Lebensmittelbeschaffung führte zu Bauernunruhen. In den Städten streikten Arbeiter und Gewerkschaften gegen die Verschlechterung der Arbeits- und Lebensbedingungen und verlangten ultimativ eine Liberalisierung des Staates. Selbst die kommunistische Partei erfasste der **Ruf nach Neuorientierung.** Es kam zu heftigen Meinungsverschiedenheiten und Fraktionsbildungen, die die Autorität der Parteiführung erschütterten.
Besonders kritisch erwies sich dabei die so genannte **„Arbeiter-Opposition“** um die Volkskommissarin A. Kollontai. Sie wandte sich entschieden gegen die Allmacht einer zentralistischen Wirtschaftsbürokratie und forderte die Rückkehr zur rätedemokratischen Willensbildung von unten nach oben; Regierungspläne, die Gewerkschaften zu verstaatlichen und das Streikrecht aufzuheben, riefen geballten Unmut hervor. Gegner der „Arbeiter-Opposition“ waren vor allem die Anhänger Trotzkis, die sich angesichts des Ausbleibens der Weltrevolution und der inneren wie äußeren Bedrohung des Sowjetstaats für eine bedingungslose Fortsetzung des Kriegskommunismus aussprachen. Den Ruf nach Basisdemokratie verurteilten sie als „anarchistisch-syndikalistische Abweichung“.

Matrosenaufstand in Kronstadt

Zum weithin beachteten Symbol der Opposition gegen die Diktatur wurde der Matrosenaufstand in Kronstadt, wo sich Ende Februar 1921 nach der gewaltsamen Unterdrückung eines Arbeiterstreiks die einstigen Elitesoldaten des Oktoberumsturzes gegen das Sowjetregime erhoben. **„Alle Macht den Sowjets, keine der Partei!“**, lautete die Parole des bewaffneten Aufstands, der sich für die Ziele eines **freiheitlichen Sozialismus** einsetzte (M 20a, b). Lenin und Trotzki zögerten keinen Augenblick. Nach blutigen Kämpfen gelang es Mitte März Eliteeinheiten der Roten Armee, die Meuterei niederzuschlagen und die politische Kontrolle am Stützpunkt der russischen Ostseeflotte wiederherzustellen. Tausende Soldaten wurden in Konzentrationslager verschleppt und hingerichtet. Zeitgleich erfolgte

B 11 Markt in einem russischen Dorf, Fotografie, Anfang 1920er-Jahre. – Die Neue Ökonomische Politik brachte ein – wenn auch bescheidenes – Angebot an Lebensmitteln und Gütern des täglichen Bedarfs.

die Verhaftung der letzten noch in Freiheit befindlichen Sozialrevolutionäre und die Auflösung der meisten örtlichen Sowjets. Im ganzen Land kam es zu Erschießungen von Regimegegnern, um die um sich greifende Opposition einzudämmen.

Gleichschaltung der Partei

Mit Blick auf die Richtungskämpfe in den eigenen Reihen und unter dem Eindruck der Ereignisse von Kronstadt erteilte Lenin auf dem X. Parteitag im März 1921 dem innerparteilichen Pluralismus eine unmissverständliche Absage. Die Forderungen der „Arbeiter-Opposition“ wurden scharf zurückgewiesen. Das **Verbot der Fraktionsbildung** (M 21) sollte in Zukunft die Entstehung oppositioneller Gruppierungen verhindern und die Einheit der Partei sichern. Von nun an bestimmte das vom Zentralkomitee (ZK) der Partei bestimmte **Politbüro** die politische „Generallinie“. Abweichler sahen sich vom Ausschluss bedroht und wurden Systemfeinden gleichgesetzt.
Diese Entwicklung förderte die **Erstarrung der Kommunistischen Partei**, die sich bereits zu Lebzeiten Lenins zu einem hierarchischen Macht- und Verwaltungsapparat wandelte. Seit Ende des Bürgerkriegs überzog sie das Land mit einem dichten Netz von Komitees, die nach und nach die Aufgaben der lokalen und regionalen Räteorganisationen an sich rissen und die Allgewalt der Staatspartei verkörperten. Repräsentanten vor Ort waren die hauptamtlichen Parteifunktionäre **(Apparatschiks)**. Die Berufsrevolutionäre von einst traten in den Hintergrund.

Neue Ökonomische Politik (NEP)

Angesichts der Massenproteste gegen die Fortsetzung des Kriegskommunismus musste Lenin das Ziel des unmittelbaren Übergangs zum Kommunismus aufgeben. Seit dem X. Parteitag propagierte die Parteiführung eine Politik der Versöhnung, um das „Klassenbündnis zwischen Arbeitern und Bauern“ wiederherzustellen. Voraussetzung hierfür war ein radikaler wirtschaftspolitischer Kurswechsel. Im auffälligen Gegensatz zum politischen Bereich lockerten sich die Zügel der Partei. Privates Unternehmertum, Markt, Wettbewerb, Geld und Profit, eben noch verdammt als Relikte des bürgerlichen Zeitalters, bekamen ihre Chance (M 22).
Das Zwangssystem der Lebensmittelrequirierung wurde abgelöst und durch eine **Naturalsteuer** ersetzt, der Umfang der bäuerlichen Abgaben gesenkt. Überschüsse durften seither frei verkauft werden. Die **Reprivatisierung** kleiner und mittlerer Betriebe sowie die Verpachtung größerer

Unternehmen sollte das produzierende Gewerbe ankurbeln und private Investitionen begünstigen. Die **Vergabe von Konzessionen** versprach den Zufluss ausländischen Kapitals für den Wiederaufbau Russlands. Größere Betriebe wurden auf das **Prinzip der wirtschaftlichen Rechnungsführung** verpflichtet, was eine Ausweitung der Kompetenzen der Betriebsleitung voraussetzte. Dementsprechend erfolgte ein Abbau der staatlichen Reglementierungen und Fürsorgeleistungen wie auch der Mitbestimmungsrechte der Belegschaften. Die Bezahlung der Werktätigen war hinfort nach deren Leistung auszurichten und die Arbeitspflicht wurde abgeschafft.
Noch 1921/22 begann eine **Währungsreform** den Geldwert zu stabilisieren (M 23a). Die Auflösung der während des Bürgerkriegs entstandenen außerordentlichen Organe wie auch die Durchführung einer **Justizreform** beabsichtigten die Verbesserung der Rechtssicherheit der Bürger. Die **Neufassung des Agrarrechts** stellte es den Bauern frei, den Boden im Kollektiv, als Einzelbauern oder im Rahmen der Gemeinde zu bewirtschaften, und ermöglichte die Einstellung von Hilfskräften sowie die Verpachtung von Feldern.

Ergebnisse der NEP

Die NEP führte zu einem **gemischten Wirtschaftssystem.** Privatwirtschaftliche Strukturen konnten sich jedoch in aller Regel nur in der Landwirtschaft, im Handwerk, im Kleinhandel und in der Kleinindustrie entfalten. Das Bank-, Währungs- und Verkehrswesen, der Außenhandel und weite Bereiche der großen und mittleren Industrie hingegen blieben weitgehend in der Hand des Staates. Dennoch bahnte die NEP den Weg für die wirtschaftliche Gesundung des Landes. Trotz mancher Rückschläge wie in der Hungersnot im Jahre 1921 oder der „Scherenkrise" 1922/23, als die Preise für Industriegüter überproportional anstiegen und das Verhältnis zwischen Staat und Bauern erneut schwer belasteten, stieg die Produktion stetig. Mitte der Zwanzigerjahre erreichte sie das Vorkriegsniveau (M 23b, c). Der Handel blühte auf und verbesserte die Versorgung der Bevölkerung mit Konsumgütern (B 11).
Nach wie vor aber dominierte der agrarische Sektor. Auch nach 1922, als die Bolschewiki die **Union der Sozialistischen Sowjetrepubliken (UdSSR)** gründeten und sich zur **Kommunistischen Partei der Sowjetunion (KPdSU)** umbenannten, stellte deshalb die Förderung der Industrie das Hauptziel der russischen Wirtschaftspolitik dar.

M19 Lenins Modernisierungskonzept – Aus einer Rede vor dem 8. Gesamtrussischen Sowjetkongress vom Dezember 1920

Kommunismus – das ist Sowjetmacht plus Elektrifizierung des ganzen Landes. Sonst wird das Land ein kleinbäuerliches Land bleiben und das müssen wir klar erkennen. Wir sind schwächer als der Kapitalismus, nicht nur im Weltmaßstab, sondern auch im Innern unseres Landes. Das ist allbekannt. Wir haben das erkannt und wir werden es dahin bringen, dass die wirtschaftliche Grundlage aus einer kleinbäuerlichen zu einer großindustriellen wird. Erst dann, wenn das Land elektrifiziert ist, wenn die Industrie, die Landwirtschaft und das Verkehrswesen eine moderne großindustrielle technische Grundlage erhalten, erst dann werden wir endgültig gesiegt haben. […] Man muss jedoch wissen und darf nicht vergessen, dass die Elektrifizierung nicht mit Analphabeten durchzuführen ist. […] Wir brauchen Menschen, die nicht nur des Lesens und Schreibens kundig sind, sondern kulturell hoch stehende, politisch bewusste, gebildete Werktätige; es ist notwendig, dass die Mehrheit der Bauern eine bestimmte Vorstellung von den Aufgaben hat, vor denen wir stehen. Dieses Programm der Partei muss das wichtigste Lehrbuch werden, das in allen Schulen eingeführt werden sollte.

(Hans Raupach, Geschichte der Sowjetwirtschaft, rororo, Reinbek 1964, S. 177 f.)

1 *Fassen Sie stichpunktartig die entscheidenden Elemente der Modernisierungskonzeption Lenins zusammen und beurteilen Sie diese.*

M20 „Kronstadt" 1921

a) Aus dem politischen Programm der Kronstädter Kommune vom 8. März 1921

Als die Arbeiterklasse die Oktoberrevolution machte, hoffte sie, ihre Befreiung zu erlangen. Das Resultat war aber eine noch größere Versklavung der menschlichen Persönlichkeit.

Die Macht der Polizeimonarchie ging in die Hände der Usurpatoren über, der Kommunisten, die, statt dem werktätigen Volk die Freiheit zu lassen, ihm die Angst der Tscheka-Kerker brachten, deren Greuel die Methoden der zaristischen Gendarmerie vielfach übertreffen.

Nach langen Jahren des Kampfes und der Leiden erhielten die Arbeiter Sowjetrusslands nur freche Befehle, Bajonettstiche und Kugeln der Tscheka-Kosaken. Die kommunistische Macht hat das glorreiche Abzeichen der Werktätigen, Hammer und Sichel, durch Bajonett und Kerkergitter ersetzt, wodurch die neue Bürokratie, die kommunistischen Kommissare und Beamten, sich ein ruhiges und sorgloses Leben sichern.

Die geistige Versklavung, die von den Kommunisten errichtet wurde, ist aber am meisten verabscheuungswürdig und verbrecherisch: Sie legten Hand auch an den Gedanken, das moralische Leben der Werktätigen und zwangen jeden, ausschließlich nach ihrer Vorschrift zu denken. Mit Hilfe der verstaatlichten Gewerkschaft fesselten sie die Arbeiter an die Maschinen und verwandelten die Arbeit, statt sie anziehend zu gestalten, in eine neue Sklaverei. Auf die Proteste der Bauern, die bis zu spontanen Revolten gingen, auf die Forderungen der Arbeiter, die durch die Lebensbedingungen zu Streiks gezwungen waren, antworteten sie mit Massenerschießungen und mit einer Brutalität, die die zaristischen Generäle beneidet hätten.

Das Arbeiterrussland, welches als Erstes die rote Fahne der Befreiung der Arbeit erhoben hat, wird im Blut der Märtyrer, zum höheren Ruhm der kommunistischen Herrschaft, verleugnet. Die Kommunisten ersäufen in diesem Meer von Blut alle großen und schönen Versprechungen und Möglichkeiten der proletarischen Revolution.

Es wurde immer klarer und wird jetzt offensichtlich, dass die Kommunistische Partei nicht, wie sie vorgab, die Werktätigen verteidigt. Die Interessen der Arbeiterklasse sind ihr fremd. Nachdem sie die Macht ergriffen hat, kennt sie nur eine Sorge: sie nicht wieder zu verlieren. Sie verwendet dazu alle Mittel: Verleumdung, Betrug, Gewalt, Mord, Rache an den Familienangehörigen der Aufständischen. [...]

Nein, es gibt kein Stehenbleiben auf halbem Wege! Das rote Kronstadt, der Schrecken der Konterrevolution von links und rechts, hat das Beispiel gegeben. Hier wurde der große Vorstoß der Revolution zur Tat. Hier wurde die Fahne der Revolte gegen die Tyrannei der letzten drei Jahre gehisst, gegen die Unterdrückung der kommunistischen Autokratie, die drei Jahrhunderte monarchistisches Joch verblassen ließ.

Hier in Kronstadt wurde der Grundstein zur Dritten Revolution gelegt, die die letzten Ketten des Arbeiters zerbrechen und ihm den neuen und breiten Weg des sozialistischen Aufbaues eröffnen wird.

Diese neue Revolution wird die arbeitenden Massen in Ost und West aufrütteln. Sie wird das Beispiel eines neuen sozialistischen Aufbaues im Gegensatz zum mechanischen und regierungsmäßigen kommunistischen „Aufbau" geben. Die arbeitenden Massen auf der anderen Seite unserer Grenzen werden durch die Tatsachen überzeugt werden, dass alles, was bei uns bis jetzt im Namen der Arbeiter und Bauern geschaffen wurde, kein Sozialismus war.

(Hans-J. Lieber/Karl-Heinz Ruffmann [Hg.], Der Sowjetkommunismus. Dokumente, Bd. I, Köln 1963, S. 160ff.)

b) Aus dem Aktionsprogramm der Kronstädter Matrosen vom 1. März 1921

1. Sofortige Neuwahl der Sowjets in geheimer Wahl: Die Wahlkampagne unter den Arbeitern und Bauern muss in voller Rede- und Aktionsfreiheit vor sich gehen.
2. Herstellung der Rede- und Pressefreiheit für alle Arbeiter und Bauern, für die Anarchisten und für die linken sozialistischen Parteien.
3. Versammlungsfreiheit für die Gewerkschaften und Bauernorganisationen.
4. Einberufung einer Konferenz der Arbeiter, Roten Soldaten und Matrosen Petrograds, Kronstadts und der Petrograder Provinz bis spätestens 10. März 1921, unabhängig von den politischen Parteien.
5. Freilassung aller sozialistischen politischen Gefangenen sowie aller Arbeiter, Bauern, Roten Soldaten und Matrosen, die auf Grund von Arbeiter- und Bauernbewegungen eingekerkert wurden.
6. Wahl einer Kommission zur Prüfung der Fälle derjenigen, die sich in den Gefängnissen und Konzentrationslagern befinden.
7. Abschaffung der „politischen Stellen", denn keine politische Partei darf Vorrechte für die Propagierung ihrer Ideen haben und vom Staat zu diesem Zweck Geldmittel empfangen. Stattdessen

Bildung von Schulungs- und Kulturkommissionen, die in jedem Ort gewählt und von der Regierung finanziert werden.

8. Sofortige Abschaffung aller Sperren[1].

9. Gleichheit der Rationen für alle Arbeiter außer für diejenigen, die gesundheitsschädliche oder gefährliche Berufe ausüben.

10. Abschaffung der kommunistischen Sturmabteilungen in allen Armeeeinheiten, Abschaffung der kommunistischen Garden in den Betrieben und Fabriken. Gegebenenfalls können diese Garden in der Armee von den Kompanien und in den Betrieben von den Arbeitern selbst bestimmt werden.

11. Volle Aktionsfreiheit für die Bauern zur Bearbeitung ihres Bodens, Recht auf Viehbesitz, sobald sie ihre Arbeit selbst ausführen, das heißt ohne Lohnarbeit.

12. Schaffung einer mobilen Kontrollkommission.

13. Zulassung des freien Handwerks ohne Lohnarbeit.

(Ebd., S. 159 f.)

1 Sperrketten gegen den Schleich- und Schwarzhandel

1 *Arbeiten Sie die Kritikpunkte der Aufständischen am bolschewistischen Staat heraus.*

2 *Erläutern Sie das Schlagwort der „Dritten Revolution".*

3 *Bestimmen Sie den politischen Standort der Kronstädter Matrosen.*

4 *Erklären Sie die Brutalität der Sowjetregierung, mit der sie den Aufstand niederschlug.*

M21 Aus der Resolution des X. Parteitages über die „Einheit der Partei" vom März 1921

Es ist notwendig, dass alle klassenbewussten Arbeiter sich des Schadens und der Unzulässigkeit jeder wie immer gearteten Fraktionsbildung klar bewusst werden, die, selbst wenn Vertreter der einzelnen Gruppen den besten Willen haben, die Parteieinheit zu wahren, in der Praxis unweigerlich dazu führt, dass die einmütige Arbeit geschwächt wird und dass die Feinde, die sich an die Regierungspartei heranmachen, erneut verstärkte Versuche unternehmen, die Zerklüftung zu vertiefen und sie für die Zwecke der Konterrevolution auszunutzen. Die Ausnutzung jeder Art Abweichung von der streng konsequenten kommunistischen Linie durch die Feinde des Proletariats hat sich mit größter Anschaulichkeit an dem Beispiel der Kronstädter Meuterei gezeigt, als die bürgerliche Konterrevolution und die Weißgardisten in allen Ländern der Welt sofort ihre Bereitschaft bekundeten, sich sogar der Losungen einer Sowjetordnung zu bedienen, um nur ja die Diktatur des Proletariats in Russland zu Fall zu bringen. [...]

Der Parteitag erklärt daher ausnahmslos alle Gruppen, die sich auf der einen oder anderen Plattform gebildet haben, für aufgelöst bzw. ordnet ihre sofortige Auflösung an. Die Nichterfüllung dieses Parteitagsbeschlusses zieht den unbedingten und sofortigen Ausschluss aus der Partei nach sich.

(Helmut Altrichter [Hg.], Die Sowjetunion, Bd. 1, C. H. Beck, München 1986, S. 76 ff.)

1 *Rekapitulieren Sie den historischen Hintergrund des „Fraktionsverbots".*

2 *Erläutern Sie seine Folgen.*

M22 Lenin über die Neue Ökonomische Politik 1922

Die überwiegende Masse der Produktionsmittel auf dem Gebiet der Industrie und des Verkehrswesens bleibt in Händen des proletarischen Staates. Zusammen mit der Nationalisierung des Grund und Bodens zeigt dieser Umstand, dass die Neue Ökonomische Politik das Wesen des Arbeiterstaates nicht verändert, die Methoden und Formen des sozialistischen Aufbaus jedoch wesentlich ändert, weil sie den ökonomischen Wettstreit zulässt zwischen dem im Aufbau befindlichen Sozialismus und dem zur Wiederherstellung strebenden Kapitalismus auf der Basis einer Befriedigung der vielmillionenköpfigen Bauernschaft durch Vermittlung des Marktes.

Die Änderungen der Form des sozialistischen Aufbaus werden durch den Umstand hervorgerufen, dass in der gesamten Politik des Überganges vom Kapitalismus zum Sozialismus die Kommunistische Partei und die Sowjetmacht jetzt besondere Methoden dieses Übergangs verwirklichen, in vieler Beziehung auf eine andere Art vorgehen als früher, eine Reihe von Positionen durch eine sozusagen „neue Umgebung" erobern, einen Rückzug durchführen, um besser vorbereitet wieder zur Offensive gegen den Kapitalismus überzugehen. Insbesondere sind gegenwärtig freier Handel und Kapitalismus, die der staatlichen Regulierung unterstehen, zugelassen und sie entwickeln sich, während andererseits die sozialisierten staatlichen Betriebe auf das so genannte Prinzip der Rentabilität, d. h. auf kommerzielle Grundlage, überführt werden. [...]

Ohne sein Wesen zu ändern, kann der proletarische Staat die Freiheit des Handels und die Entwicklung des Kapitalismus nur bis zu einem bestimmten Grade zulassen und nur unter der Bedingung der staatlichen Regulierung (Aufsicht, Kontrolle, Festsetzung der Formen, der Ordnung usw.) des Pri-

vathandels und des privatwirtschaftlichen Kapitalismus. [...] Unser Ziel ist, den Zusammenschluss herzustellen, dem Bauern durch Taten zu beweisen, dass wir mit dem beginnen, was ihm verständlich, vertraut und heute bei all seiner Armut erreichbar ist, nicht aber mit etwas, was dem Bauernstandpunkt fern liegt, fantastisch ist – zu beweisen, dass wir ihm zu helfen verstehen, dass die Kommunisten dem jetzt in einer schweren Lage befindlichen, verarmten, verelendeten, qualvoll hungernden Kleinbauern sofort wirklich helfen.
(Günter Schönbrunn [Hg.], Geschichte in Quellen, Bd. 6, bsv, München [3]1979, S. 139)

1 *Arbeiten Sie charakteristische Neuerungen der NEP heraus und nennen Sie ihre Ziele.*
2 *Beschreiben Sie, wie Lenin seinen wirtschaftspolitischen Kurswechsel zu legitimieren versucht.*
3 *Organisieren Sie ein Rollenspiel, in dem Vertreter der NEP bzw. des Kriegskommunismus streiten.*

M23 Wirtschaftsstatistik der frühen Sowjetunion

a) Preisentwicklung in Russland 1913/14–1921 (Index Juni 1918=100; für Moskau)

1913/14	1,00
1915	1,30
Januar 1916	1,41
April 1916	1,51
Juli 1916	1,83
Oktober 1916	2,24
Januar 1917	2,72
April 1917	3,33
Juli 1917	6,56
Oktober 1917	7,5
Januar 1918	23,2
April 1918	51,3
Juli 1918	103
Oktober 1918	109
Januar 1919	229
April 1919	468
Juli 1919	657
Oktober 1919	968
Januar 1920	3 460
April 1920	5 110
Juli 1920	9 390
Oktober 1920	10 240
Januar 1921	20 339
April 1921	40 100
Juli 1921	70 022
Oktober 1921	48 660

(S. G. Strumilin, Statistika i ekonomika, Bd. 1, Moskau 1963, S. 203)

b) Industrielle Bruttoproduktion (1913=100)

Jahr	Gesamtproduktion	Produktionsmittel	Konsumgüter
1913	100	100	100
1917	71	81	67
1921	31	29	33
1924	45	52	41
1925	73	80	69
1926	98	113	90
1927	111	128	102
1928	132	155	120
1929	158	200	137

c) Agrarische Bruttoproduktion (1913=100)

Jahr	Gesamtproduktion	Ackerbau	Viehzucht
1913	100	100	100
1917	88	81	100
1920	67	64	72
1921	60	55	67
1922	75	75	73
1923	86	84	88
1924	90	82	104
1925	112	107	121
1926	118	114	127
1927	121	113	134
1928	124	117	137
1929	121	116	129

(M 19b und c: R. A. Clarke, Soviet Economic Facts 1917–1970, Basingstoke 1972, S. 8f. und 10f.)

1 *Arbeiten Sie die Entwicklungsphasen der sowjetischen Wirtschaft heraus und ordnen Sie diese in den historischen Zusammenhang ein.*
2 *Beurteilen Sie die Resultate der NEP.*

3 Die Sowjetunion unter Stalin (1929–1953)

3.1 Stalins „Revolution von oben"

Kampf um die Nachfolge Lenins

Nach dem Tod Lenins im Januar 1924 begann in der Parteispitze der KPdSU ein erbitterter **Streit um die Fortsetzung der NEP**. Sie führte zur Erstarkung der Großbauern (Kulaken) und der städtischen Kleinbourgeoisie und widersprach dadurch der kommunistischen Gleichheitsideologie. Ebenfalls umstritten war die Frage, ob es der NEP gelingen könne, die schwerindustrielle Basis des Landes zu verbessern. Nicht zuletzt ging es den „rechten" Befürwortern (Bucharin, Rykow, Tomski) und den „linken" Gegnern (Trotzki, Sinowjew, Kamenew) der NEP aber auch um die Machtfrage.
Josef W. Stalin (1879–1953), seit 1922 Generalsekretär der Partei, hielt sich in diesen Auseinandersetzungen zunächst im Hintergrund. An Lenins Grab empfahl er sich als Wahrer von dessen geistigem Erbe. Lenin hingegen forderte in seinem **„Testament"** (M 24), das nach seinem Tod dem Parteitag vorgelegt werden sollte, die Ablösung Stalins, dem er stets mit Argwohn begegnet war. Für ihn stellte Trotzki den fähigsten Mann der Partei dar. Der rechte Flügel des ZK verhinderte jedoch im Mai 1924 die Vorlage des „Testaments". Sinowjew und Kamenew hatten sich mit Stalin gegen Trotzki zusammengeschlossen, weil sie dessen Vormacht fürchteten.

Ausschaltung der „linken" und „rechten" Opposition

Die politischen Forderungen des „linken" Flügels um **Trotzki** nach weniger Bürokratie, forcierter Industrialisierung und Zurückdrängung des privaten Sektors – und damit nach Aufgabe der NEP – stieß beim „rechten" Flügel auf erheblichen Widerstand. Allen voran verlangte **Bucharin,** die bäuerliche Privatwirtschaft aufrechtzuerhalten. Nur mit Hilfe der wohlhabenden Bauern, der Kulaken, könne die Ernährung der Bevölkerung sichergestellt und der industrielle Aufbau finanziert werden. Seine Parole „Bereichert euch" bescherte dem Land zwischen 1925 und 1927 eine bauernfreundliche Ära.
In dem nun folgenden **Machtkampf** unterlagen die Trotzki-Anhänger: Dem Vorwurf der „Linksopposition" und „Parteischädigung" folgte der Ausschluss aus dem Politbüro, dem ZK und schließlich 1927 aus der Partei. Trotzki und viele seiner Anhänger mussten Moskau verlassen. Trotzki selbst wurde nach Zentralasien verbannt, 1929 des Landes verwiesen und 1940 in Mexiko von einem Agenten Stalins ermordet.
Der **XV. Parteitag** von 1927 billigte Stalins Vorhaben, die privatwirtschaftlichen Tendenzen und damit die NEP aufzugeben und mit der Industrialisierung und landwirtschaftlichen Kollektivierung zu beginnen – paradoxerweise alles Forderungen des verbannten „linken" Flügels. Gleichzeitig begann die Ausarbeitung eines **Fünfjahresplanes.** Die brutale Umsetzung dieser Beschlüsse in der Zwangskollektivierung entsetzten jedoch Bucharin und seine Anhänger und veranlasste sie, mit der vertriebenen „Linksopposition" Kontakt aufzunehmen. Das aber gab Stalin eine Handhabe, sie als „Rechtsabweichler" politisch auszuschalten. Stalin ließ sich von Partei und Massen nunmehr als Alleinherrscher und direkter Erbe Lenins feiern. Der **Personenkult** um ihn beherrschte die politische Kultur der Sowjetunion bis zu seinem Tode (M 25).

Aufbau des Sozialismus in einem Land

Trotzkis bereits 1906 formulierte These von der **„permanenten Revolution"** ging davon aus, dass der Agrarstaat Russland unmöglich im Alleingang zum Sozialismus finden könne. Erforderlich hierzu sei die Unterstützung des internationalen Proletariats und die Weltrevolution. Dem stellte Stalin 1925 in seinen Thesen vom **„Aufbau des Sozialismus in einem Land"** eine nationale Antwort entgegen und betrieb damit

B 12 Bolschewistische Agitation auf dem Land: Versammlung der ersten Kolchosbauern im Feld, Fotografie, 1929. – Die Propaganda zur Kollektivierung sollte die Bauern zunächst freiwillig dazu bewegen, ihr Vieh, ihr Land und ihre Gerätschaften in die Kolchose einzubringen. Bei Verweigerungen wurde zwangskollektiviert.

eine entscheidende Weichenstellung für die sowjetische Entwicklung. Die Partei und ihre Anhänger motivierte Stalin durch diese nationale Einengung für eine optimistische und zugleich konkret erreichbare Perspektive. Zwar blieb die Hoffnung auf die Weltrevolution lebendig, doch sollte die russische Entwicklung nicht mehr vom feindlichen Ausland abhängen. Nationale Autarkie zu erreichen konnte nach Stalin in der rückständigen Sowjetunion nur auf zwei Wegen möglich sein: der Kollektivierung der Landwirtschaft und des massiven Ausbaus der Industrie.

Zwangskollektivierung der Landwirtschaft (1929–1932)

Den großen sozialen Umbruch in den Jahren zwischen 1928 und 1938 charakterisierte Stalin im Nachhinein als **„Revolution von oben“**. Im Widerspruch zur Marxschen Lehre wurde sie nicht von der sozialen Basis, sondern von den Herrschenden ausgelöst, wobei Stalin neben wirtschaftlichen und ideologischen insbesondere machtpolitische Motive leiteten. Der Zusammenschluss privat wirtschaftender bäuerlicher Betriebe zu Kollektiven stellte eine **Agrarrevolution** größten Ausmaßes dar (B 12). Ziel war die Errichtung einer modernen Agrarproduktion nach amerikanischem Vorbild, die Getreideproduktion und Getreideexporte erhöhen sollte. Damit konnten die wichtigen Devisen für den Ausbau der Großindustrie erwirtschaftet werden. Dieser **Modernisierungsschub** sollte zudem den Ausgleich der Produktions- und Lebensweise von Stadt und Land herstellen und damit zur Aufhebung des Gegensatzes zwischen Bauer und Arbeiter beitragen. Er beendete Lenins NEP und läutete die Phase des Stalinismus ein.
Vor allem die reichen Bauern, die **Kulaken**, leisteten heftigen Widerstand gegen die Zwangskollektivierung – so vor allem in der Ukraine. Sie verbrannten Getreide, zerschlugen ihre Geräte und schlachteten das Vieh. Ihre Einstufung als „Klassenfeinde“ rechtfertigte für das Regime jede

Strafmaßnahme. Sie wurden entschädigungslos enteignet, zu Hunderttausenden in Arbeitslager deportiert oder kurzerhand erschossen. Insgesamt kostete die Zwangskollektivierung Millionen Menschen das Leben.
In den **Kolchosen** herrschten strenge Arbeitspflicht, Disziplin und Kontrolle. Bespitzelung, Misstrauen und Denunziantentum bestimmten den Alltag und zerstörten das traditionelle Dorfleben, die alten Familienstrukturen und die gewachsenen Lebensformen. Durch die Ablieferungspflicht der Produktion an den Staat entwickelte sich ein schwerfälliger bürokratischer Apparat. Folge der Zwangskollektivierung der Landwirtschaft war die völlige **Zerrüttung der agrarischen Produktion**. Das Verbot der freien Märkte, die Vernichtung der effizient arbeitenden Bauern und ein aufgeblähter Verteilungsapparat lösten eine schwere **Versorgungskrise** aus.

Forcierte Industrialisierung

Parallel zur Zwangskollektivierung der Landwirtschaft betrieb Stalin eine beispiellose Industrialisierungspolitik mit einer einseitigen Förderung der Grundstoff- (Stahl, Erdöl, Kohle), Maschinen- und Rüstungsindustrien. Eisenbahn- und Schiffsverkehr wurden ausgebaut, in Sibirien und im Ural neue Kohle- und Erzgruben erschlossen. Gigantische Wasserwerke und riesige Industriekombinate entstanden (B 13, M 26). Die zum Aufbau nötigen Fachkräfte, die fehlenden Gelder und Maschinen holte man aus dem westlichen Ausland. Hierbei spielten vor allem die **USA** eine wichtige Rolle, die Stalin in technischer und ökonomischer Hinsicht als unausgesprochenes Vorbild dienten. Die Übernahme des **Fließbands** schien bis dahin ungeahnte Möglichkeiten zu eröffnen.
Mittels eines enormen Propagandaaufwands gelang es Stalin, besonders die Jugend für seine Ziele zu begeistern (M 27). Der Appell an den Sowjetpatriotismus mobilisierte die Leistungsbereit-

B 13 Bau des Magnitogorsker Hüttenkombinats: Vorbereitung der Baugrube für einen Hochofen, Fotografie, 1930. – Die meisten Industrieanlagen wurden ohne Hilfe von Maschinen gebaut. Tausende von Arbeitern heben hier nur mit menschlicher Arbeitskraft die Baugrube aus.

schaft und den Enthusiasmus. In der Arbeiterschaft entwickelte sich ein **„sozialistischer Wettbewerb“**, dem sich keiner entziehen konnte (B 14). In dieser sozialistischen Kulturrevolution verdrängten junge Arbeiter die alten Facheliten und verschafften sich Zugang zu den Universitäten, wo sie die traditionelle Lehre ablehnten und mehr Praxisbezug forderten. Der **„sozialistische Realismus“** wurde zur verbindlichen Maxime des offiziellen sowjetischen Kunstschaffens.

M24 Der sowjetische Historiker D. A. Wolkogonow über die Erben Lenins (1989)

Heute wissen wir, dass nach Lenins Tod auch Trotzki und Bucharin eine reale Chance hatten, sich an die Spitze der Partei zu stellen. Ich glaube, dass Sinowjew und Kamenew weitaus schlechtere Aussichten hatten. Es ist nicht unwahrscheinlich, dass uns vergleichbare Heimsuchungen erwartet hätten, wenn es Trotzki gelungen wäre, die Führung der Partei zu übernehmen. Er war ein Verfechter der sozialen Gewalt und er hatte kein klares, wissenschaftliches Konzept für den Aufbau des Sozialismus in der UdSSR. Bucharin hatte ein solches Konzept und er verstand die politischen Grundsätze der Partei. Aber bei all seiner persönlichen Anziehungskraft, bei all seiner Intelligenz, bei all seiner Menschlichkeit – während langer Jahre glaubte er nicht an die historische Notwendigkeit, die ökonomische Kraft des Landes schnell zu steigern. Und dies, obwohl die Sowjetunion eingekreist war durch imperialistische Staaten, die mit den Bolschewiki abrechnen wollten.
Nach Lenins Tod bis zum Beginn der Dreißigerjahre erwarb sich Stalin den Ruf, einer der konsequentesten und willensstärksten Verfechter der Politik einer Festigung des ersten sozialistischen Staates der Welt zu sein. Eine andere Frage ist es, wie Stalin selbst sich diesen Kurs vorstellte. Nein, Stalin besaß keine Eigenschaften, die es ihm ermöglicht hätten, Lenin zu ersetzen. Aber solche Eigenschaften besaß niemand. Stalin besaß nicht die Genialität Lenins, nicht die theoretische Tiefe Georgij Plechanows, nicht die Kultur Anatoli Lunatscharskis. [...] Als aber die Machtkämpfe um die Parteispitze begannen, zeigten sich Stalins Zielstrebigkeit, seine Härte, seine Schlauheit und seine Hinterlistigkeit. Trotz seiner Schwächen hatte Stalin etwas, was die anderen nicht hatten. Dazu gehörte die Fähigkeit, sich geschickt des Parteiapparats zu bedienen, um seine Ziele zu erreichen. Er sah im Apparat das ideale Instrument der Macht.

(Dimitri Wolkogonow, Stalin, Econ, Düsseldorf 1989, S. 20f.)

1 *Vergleichen Sie die Entwicklungen, die der Historiker Wolkogonow sieht, wenn Trotzki bzw. Bucharin Lenins Nachfolger geworden wären.*

2 *Wie erklärt er Stalins politischen Erfolg?*

M25 „Stalin – Vater, Lehrer und Führer“, aus der Zeitschrift „Bolschewik“ vom Juni 1941

Die Losung „Für die Heimat, für Stalin!“ ist der Schlachtruf der Regimenter der Roten Armee. Stalin ist das Symbol der Weisheit unseres Volkes. Stalin ist das Symbol der großen Einigkeit der Völker der UdSSR. Stalin – das ist Kühnheit, stählerner Wille.
Stalin ist unser Siegeszeichen. Stalin ist unser Vater, Lehrer und Führer! Denn er hat zusammen mit Lenin den gequälten Völkern des alten Russlands den Weg in eine neue, nie geschaute Welt – die Welt der Freiheit und des Glücks – gewiesen. Stalin führte die Regimenter der Roten Garde zum Sturm auf die alte, verfaulte Ordnung [...]. Wo Stalin auftauchte, da stählte sich der Wille zum Kampf, dort war und wird der Sieg sein.
Stalin rief das Volk zum Aufbau einer erstklassigen Industrie auf, die in der Lage ist, alle für die Rote Armee notwendigen Waffen zu produzieren. Dank der weisen Politik Stalins wurde die UdSSR eine erstklassige Industriemacht, ein Land fortschrittlicher Technik und der gewaltigsten mechanisierten Landwirtschaft. [...]
So zu sein wie Stalin – das ist das brennendste und leidenschaftlichste Streben des Sowjetmenschen. Heimat und Volk so zu lieben wie Stalin. Keine Schwierigkeiten zu fürchten, sie zu überwinden, fest und unerschütterlich, weise und kühn zu sein wie Stalin!
Die Feinde der UdSSR so zu hassen, wie sie Stalin hasst!
Stalin ist der große Feldherr unserer mächtigen Roten Armee, der Führer eines großen Volkes. Er sieht weiter als alle. Er bringt die tiefsten Gedanken und Gefühle von Millionen Werktätigen zum Ausdruck. [...]
Stalin ist zusammen mit Lenin der Schöpfer neuer, in der Geschichte der Menschheit bisher nie geschauter Beziehungen zwischen den Völkern – Beziehungen der Freundschaft, Brüderlichkeit und Liebe.

(Erwin Oberländer, Sowjetpatriotismus und Geschichte, Wiss. Politik, Köln 1967, S. 71)

1 *Analysieren Sie die Darstellung Stalins.*

2 *Untersuchen Sie den sprachlichen Stil des Artikels.*

M26 Kollektivierung der Landwirtschaft und industrielle Entwicklung in der UdSSR 1929–1938

a) Kollektivierte landwirtschaftliche Betriebe (in Prozent)

Okt. 1929	Jan. 1930	März 1930	1937
4,5	21	58	93

(Boris Meissner [Hg.], Sowjetgesellschaft im Wandel, Stuttgart 1966, S. 37)

b) Industrieentwicklung der UdSSR 1929–1938 im internationalen Vergleich

	Sowjetunion	Deutschland	Frankreich	Großbritannien	USA	Japan
			Kohleförderung in Mio. Tonnen			
1929	41,8	177,0	53,8	262,0	552,3	34,2
1937	122,6	184,5	44,3	244,3	448,4	45,3
1938	132,9	186,2	46,5	230,7	355,3	53,0
			Roheisenerzeugung in Mio. Tonnen			
1929	4,3	15,3	10,4	7,6	42,6	1,1
1937	14,5	16,0	7,9	8,6	37,7	2,6
1938	14,7	18,6	6,0	6,9	19,5	–
			Index der gesamten Industrieproduktion (1929=100)			
1929	100	100	100	100	100	100
1937	372,0	117,2	81,9	123,6	102,7	168,9
1938	413,0	126,2	76,1	115,5	80,0	174,7

(S. N. Prokopowitsch, Russlands Volkswirtschaft unter den Sowjets, Zürich/New York 1944, S. 223)

1 *Skizzieren Sie die Erfolge der Kollektivierung der Landwirtschaft und der Industrialisierung.*
2 *Vergleichen Sie die Industrieentwicklung der Sowjetunion mit der anderer Industriestaaten.*

M27 Der Publizist Klaus Mehnert 1932 über Jugend und industriellen Aufbau in der UdSSR

Ein stetiges Wachstum der Jugendkommunen ist offensichtlich. Die Zahl ihrer Mitglieder hat schon eine sechsstellige Ziffer erreicht, allein in Leningrad leben gegen 10 000 Studenten kollektiviert. Von wesentlich größerer Bedeutung für die gegenwärtige Entwicklung in der Sowjetunion als die Studentenkommunen sind die Kommunen, die sich an den industriellen Werken bilden. Auch hier ein Beispiel:
Auf einer Dampfmühle im Nordkaukasus arbeitete ein junger Bursche, Sorokin. Aus den Zeitungen las er vom Bau des „Autostroj", der Automobilfabrik der Sowjetunion. Der Wunsch erwachte in ihm, dort mitzuarbeiten. Er besuchte in der nächsten Stadt technische Kurse und organisierte unter den Studenten eine Stoßbrigade. Nach Kursschluss meldeten sich alle zweiundvierzig Absolventen, angesteckt von dem Enthusiasmus Sorokins, zum Autostroj. Am 18. Mai 1930 trafen sie ein. Zweiundzwanzig unter ihnen bildeten unter der Führung von Sorokin eine Arbeitskommune, jeder gab seinen Lohn in eine gemeinsame Kasse, aus der alle Ausgaben bestritten wurden. Es war eine ausgesprochene Jugendkommune, niemand war über zweiundzwanzig Jahre alt. Achtzehn gehörten dem Komsomol an, einer der Partei, drei waren parteilos.
Der jugendliche Enthusiasmus, mit dem sie sich an die Arbeit machten, ihr Ehrgeiz und ihre Unermüdlichkeit fielen bald den anderen Arbeitern auf die Nerven. Auch der Direktor schikanierte sie und hetzte sie überall herum, statt sie, wie es ihr Wunsch war, an einer einzigen Stelle geschlossen einzusetzen. Da gelang es Sorokin, die Absetzung des Direktors durchzudrücken. Der Nachfolger hatte mehr Verständnis für die Kommune. Sofort meldete sie sich auf einen besonders schwierigen Posten, an dem der Plan nur zu 30 Prozent erfüllt war. Ein Sumpfgelände musste trockengelegt werden. Sie arbeitete bis an die Knie im Wasser stehend. Vier Kommunarden, darunter die einzige Frau der Kommune, traten aus, sie waren den Strapazen nicht gewachsen. Die achtzehn übrig gebliebenen aber hatten sich zu einer festen, kampffrohen Schar zusammengeschweißt und arbeiteten wie die Wilden. Es herrschte unter ihnen

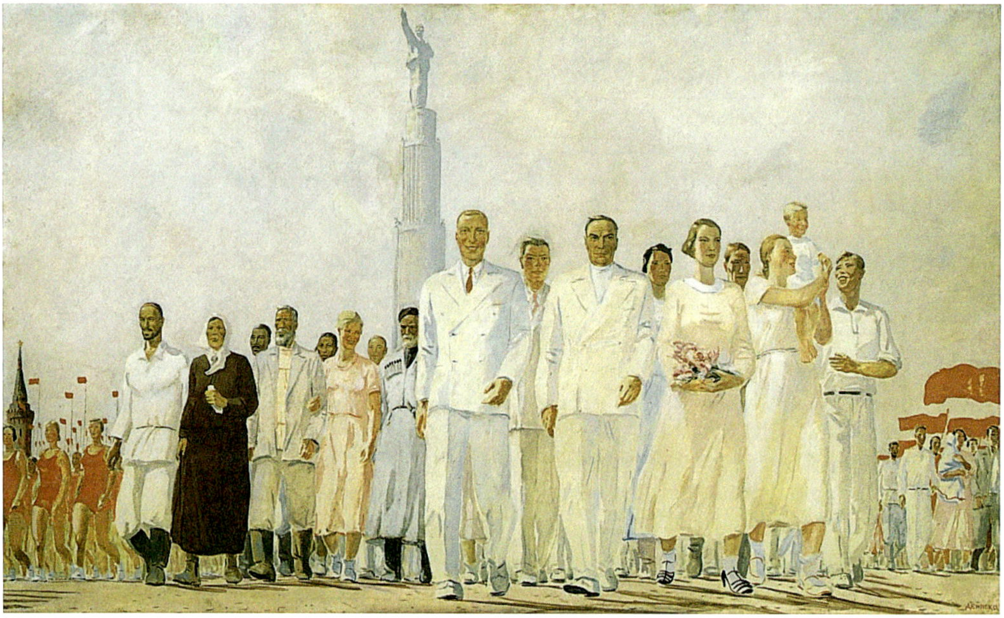

B 14 Alexander Deineka, Stachanow-Arbeiter, 1936, Öl auf Leinwand. – Der Bergmann A. Stachanow, der sein Plansoll tagelang übererfüllt hatte, war Vorbild für alle sowjetischen Arbeiterinnen und Arbeiter. Eine Stachanow-Bewegung breitete sich über das ganze Land aus mit der Parole „Macht es Stachanow nach! Werdet Stachanowisten!"

– *Untersuchen Sie die Aussage des Gemäldes vor dem Hintergrund der ökonomischen und sozialen Gegebenheiten der 1930er-Jahre.*

eine eiserne Disziplin. Sie beschlossen sogar, jeden, der länger als zwei Stunden die Arbeit versäumt, aus der Kommune zu werfen. Ein Kommunarde, der sich tatsächlich dieses Vergehen zu Schulden kommen ließ, wurde, obgleich alle ihn gern hatten, mitleidlos ausgeschlossen.

Bald war der Plan zu 200 Prozent erfüllt. Der Ruhm der Kommune Sorokin drang in die entferntesten Winkel des Werkes. Jetzt wurde sie systematisch an allen schwierigen und unbefriedigenden Punkten eingesetzt. Überall riss sie die anderen Arbeiter mit, so etwa wie einst im Kriege das Erscheinen einer ruhmgekrönten Jagdstaffel Zuversicht und Kampflust an die gefährdeten Frontabschnitte brachte. Es kam vor, dass die Kommunarden von den 24 Stunden des Tages 20 arbeiteten. Diese angespannte gemeinsame Tätigkeit schloss sie eng aneinander. Es gelang ihnen, zwei Zelte zu beschaffen, wo sie gemeinsam wohnen und essen konnten. So entwickelten sie sich zu einer Vollkommune.

Das Beispiel zündete. Als Sorokin und seine Kameraden kamen, hatte es auf dem ganzen Werk 68 Stoßbrigaden mit 1691 Udarniki[1] gegeben, die einzige Kommune bildeten sie selbst.

Ein halbes Jahr später, im Herbst 1930, bestanden schon 253 Brigaden, darunter sieben Kommunen. Im Frühjahr 1931 stieg die Zahl der Stoßbrigaden weiter auf 339, die der Udarniki auf 7023, die der Kommunen auf dreizehn. In Anerkennung seiner Verdienste erhielt der Brigadier Sorokin den Orden der Roten Fahne.

(Klaus Mehnert, Die Jugend in Sowjetrussland, Berlin 1932, S. 193 ff. [© Fischer, Frankfurt/Main])

1 Stoßarbeiter

1 *Beschreiben Sie das Verhalten der Jugendlichen und fragen Sie nach ihren Motiven.*

2 *Arbeiten Sie die Bedeutung der Kommunenbewegung für die Entwicklung der Sowjetunion heraus.*

3.2 Stalinismus als totalitäres System

Parteisäuberung

Die Wahl der Führungsorgane auf dem XVII. Parteitag von 1934 offenbarte, dass gegen Stalin immer noch eine oppositionelle Gruppe existierte. Der Leningrader Parteisekretär **Kirow**, der als „Liebling der Partei" und Liberaler galt, sollte Stalin wegen dessen Gewaltmethoden als Generalsekretär ablösen. Im gleichen Jahr wurde Kirow ermordet – angeblich von einem jungen Kommunisten. Doch ist anzunehmen, dass Stalin selbst den Befehl zur Ermordung Kirows gab. Stalin nahm Kirows Opposition zum Anlass, das Strafgesetz zu verschärfen. In den nächsten Jahren folgte eine Welle von Verhaftungen, Prozessen und Hinrichtungen. Den Höhepunkt erreichte diese „Säuberung" (Tschistka) in den **Schauprozessen** zwischen 1936 und 1938 (B 15). Den meist prominenten Angeklagten – unter ihnen Sinowjew, Kamenew, alten Kampfgefährten Lenins wie Radek, Bucharin – warf das Gericht vor, den Sturz der Regierung und die Ermordung Stalins in Zusammenhang mit einer trotzkistischen Verschwörung und im Interesse des Auslands betrieben zu haben. Für alle Angeklagten endete das Gerichtsverfahren mit der Todesstrafe.
Die Prozesse verliefen stets nach dem gleichen Schema: Pausenlose Verhöre brachen die psychische und physische Widerstandskraft der Angeklagten und zwangen sie zur Unterschrift unter eine fingierte Anklageschrift. Vor Gericht mussten sie dann ein „Schuldbekenntnis" ablegen (M 28), wobei viele die Namen anderer „Mitverschwörer" preisgaben. Vermutlich saßen in diesen Jahren etwa 8 bis 9 Mio. Menschen quer durch alle Bevölkerungsschichten in den Untersuchungsgefängnissen der gefürchteten Geheimpolizei (NKWD). Auch ausländische Kommunisten wurden in den Sog der Verfolgungen hineingezogen, darunter zahlreiche Deutsche, die in der Sowjetunion Zuflucht vor dem Nationalsozialismus gesucht hatten.

System der Gulags

Wer nicht zum Tode verurteilt wurde, kam in ein **Zwangsarbeitslager**. Ende der Dreißigerjahre überzog ein weites Netz von Gulags Nordrussland und Sibirien mit ca. 10 Mio. Gefangenen. Viele Facharbeiter, Ingenieure und Spezialisten wurden unter der Anklage, als „Saboteure" der Sowjetunion zu schaden, in die Zwangslager geschickt. Dieses immense Arbeitspotenzial baute ohne maschinellen Einsatz nahezu alle

B 15 Die Schauprozesse in einer Karikatur der satirischen Zeitschrift „Krokodil" von 1937. – Ein Mitglied des NKWD zerdrückt die gefährliche Schlange, als deren Köpfe Trotzki, Bucharin, Rykow u. a. zu erkennen sind. Ihr Schwanz bildet ein Hakenkreuz.

B 16 Wassili Swarog, J. W. Stalin und Mitglieder des Politbüros inmitten von Kindern im Gorkipark, 1939, Öl auf Leinwand

– *Analysieren Sie das Verhältnis zwischen politischen Führern und Bevölkerung, das dieses Bild vermitteln will. Vergleichen Sie dieses mit der gesellschaftlichen Situation Ende der 1930er-Jahre.*

Großprojekte der Stalinzeit, wie z. B. den Ostsee-Weißmeer-Kanal und den Wolga-Moskau-Kanal. Die Gulags stellten in der sowjetischen Wirtschaftsplanung eine feste Größe dar.

Säuberung der Armee

Die Verfolgungen erreichten 1937/38 auch die Führung der Roten Armee. Von Trotzki im Bürgerkrieg aufgestellt, waren von ihr immer noch alte Loyalitäten zu erwarten. Sie wäre die einzige Kraft gewesen, die dem Staatsterror Einhalt hätte bieten können. Stalin fürchtete die Einmischung der Roten Armee. In einer **Verhaftungs- und Prozesswelle** wurde fast die gesamte Armeespitze und etwa die Hälfte des Offizierskorps ausgelöscht. Die daraus resultierende Schwächung der militärischen Schlagkraft der Sowjetunion war für die anfänglichen Niederlagen im Zweiten Weltkrieg verantwortlich.

Stalins Motive

Die Beweggründe Stalins für diesen Terror sind vielfältig. Er hatte auf diese Weise alle Rivalen endgültig ausgeschaltet und jegliche Opposition in der Parteiführung zerschlagen. Die Bevölkerung war durch Angst gefügig gemacht worden. Für alle Fehlplanungen oder Misserfolge stellte man Sündenböcke vor Gericht, um die Schuld der Verantwortlichen zu kaschieren. Fraglos ist, dass die Säuberungen eine wichtige Voraussetzung für Stalins Weg zur Macht waren. Es fällt auf, dass die meisten Opfer enge Mitarbeiter und Kampfgefährten Lenins, also Revolutionäre der ersten Stunde, waren. Wie in der Französischen Revolution von 1789, so galt auch in der Sowjetunion: „Die Revolution frisst ihre

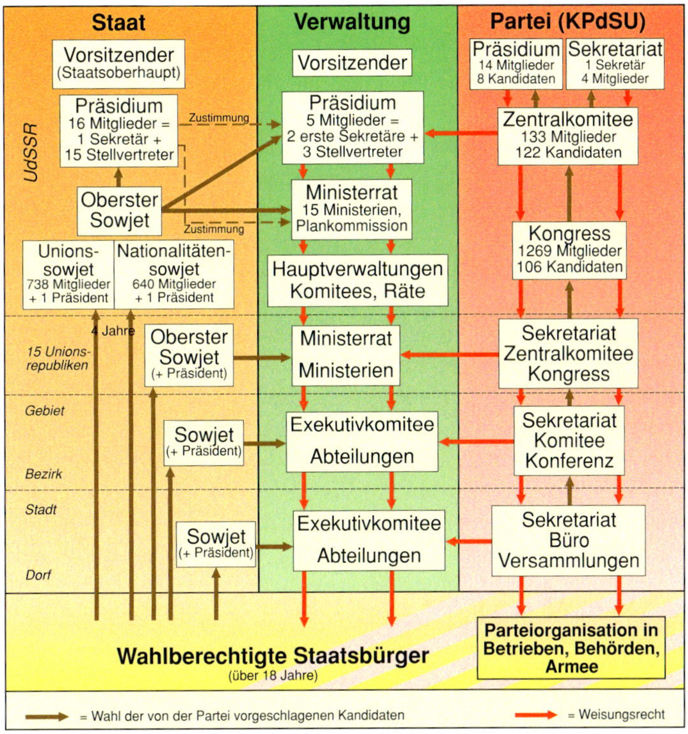

Schema 3 Staatsstruktur der Sowjetunion 1936

– *Erläutern Sie in groben Zügen den Staatsaufbau der UdSSR und vergleichen Sie mit der Grundstruktur der Verfassung der USA (s. S. 105, Schema 1).*

Kinder." Die alte Garde der Partei musste ausgelöscht werden, da sie den diktatorischen Machtwillen und den Unfehlbarkeitsanspruch Stalins auf Dauer nicht akzeptiert hätte (B 16).

Verfassung 1936

Während die Verfolgungswelle das Land in Atem hielt, ließ Stalin eine neue Verfassung ausarbeiten, die die Leninsche Verfassung reformieren sollte. Sie verzichtete auf eine weltrevolutionäre Zukunftsperspektive und hatte den **„sozialistischen Demokratismus"** zum Ziel. Der Staatsaufbau fixierte die UdSSR als **Bundesstaat**, der aus elf Sowjetrepubliken bestand. Ihr höchstes Organ, der **Oberste Sowjet**, gliederte sich in zwei Kammern, den Sowjet der Union und den Sowjet der Nationalitäten, die beide alle vier Jahre in allgemeiner, direkter und gleicher Wahl zu wählen waren. Der Oberste Sowjet wählte das Präsidium mit dem Vorsitzenden und dem Rat der Volkskommissare. Die Verfassung garantierte umfangreiche bürgerliche **Freiheitsrechte**, zu denen soziale Grundrechte wie das Recht auf Arbeit, Erholung, materielle Versorgung im Alter, Bildung und die Gleichstellung von Mann und Frau gehörten. Sie sollten nur „in Übereinstimmung mit den Interessen der Werktätigen und zum Zwecke der Festigung des sozialistischen Systems" Gültigkeit haben, bei Missachtung dieser Maxime konnten sie verweigert werden. Die Aufzählung der Bürgerpflichten – Wahrung der Arbeitsdisziplin, Einhaltung der gesellschaftlichen Pflichten, Achtung der Regeln des sozialistischen Gemeinschaftslebens – bot ebenso eine Handhabe zur Disziplinierung. Ausschlaggebend blieb die **führende Rolle der KPdSU**. Ihre Organe, besonders das Politbüro mit dem Sekretariat, bildeten die eigentliche Regierung des Landes. Ein Mehrparteiensystem westlicher Prägung war nicht möglich. Bei Wahlen existierten lediglich Einheitslisten mit kommunistischen oder so genannten parteilosen Kandidaten.

Folgen der totalitären Herrschaft

Die Zwangskollektivierung und die Industrialisierungspolitik unter Stalin veränderten die sowjetische Volkswirtschaft grundlegend. Die Landwirtschaft verlor ihre traditionelle Bedeutung, die Sowjetunion wurde zum **Industriestaat**. Die Statistiken zeigen eine enorme Zunahme der Schwerindustrie und Kohleproduktion, die z. T. das westeuropäische Wachstum übertraf. Der Gesamtindex der Industrie stieg von 100 im Jahre 1929 auf 413 im Jahre 1938 an. Die Urbanisierungspolitik ließ die Anzahl der Städte von 709 auf 922 anwachsen. Ihre Bevölkerung nahm um über 100 % zu. Etwa 24 Mio. Bauern wurden in Städten angesiedelt.
Kehrseite dieser stürmischen Entwicklung waren Klagen über die mangelnde Qualität der Waren, das Hetztempo, den Verschleiß von Arbeitskräften und -geräten. Die Tendenz zu überdimensionalen Maßstäben, zur **„Gigantomanie"**, wurde kritisiert. Auch hatte der Massenterror der „Säuberungen" zahlreiche negative wirtschaftliche Auswirkungen. Die Verhaftung der Mitglieder der neu gebildeten Führungs- und Finanzschicht in den Betrieben löste vielerorts Chaos und Lähmung aus. Es gab hohe Produktionsausfälle. Entsprechenden Vorwürfen der Arbeiterschaft begegnete man mit Verschärfung der Arbeitsdisziplin und Strafmaßnahmen, die von Lohnminderung über Urlaubsentzug bis zur Zwangsversetzung reichten. Arbeiter, die sich verweigerten, wurden inhaftiert. Dennoch wurde die Qualitätsverbesserung der Produkte zum neuen Ziel.
Der **Lebensstandard** der Bevölkerung **erhöhte sich nicht**. Die Industrialisierung wurde auf Kosten der Konsumgüterindustrie betrieben. Die ausreichende Versorgung mit täglichen Bedarfsgütern war nicht gesichert. Demgegenüber verschlangen Militär und Rüstungsproduktion seit 1938 etwa ein Viertel des Volkseinkommens. Durch die Massenumsiedlungen verknappte sich in den Städten der Wohnraum. In der Regel teilten sich drei bis vier Familien eine Drei- bis Vierzimmerwohnung. Die bürgerlichen Freiheiten existierten nur auf dem Papier. Im Alltag lernte man angesichts des Staatsterrors, mit dem Widerspruch zwischen Reden, Denken, Handeln und Wollen zu leben. Die „Säuberungen" hatten die private und politische Moral der Gesellschaft geschwächt.
Die **KPdSU** verlor Ende der Dreißigerjahre mehr und mehr ihren proletarischen Charakter. Im Verlauf der „Säuberungen" bildete sich eine neue Schicht mittlerer Funktionäre heraus. Intellektuelle aus Wirtschaft, Technik und Wissenschaft verdrängten die Arbeiter, deren Anteil in der Partei auf unter 30 % sank. Nicht mehr die alten Kämpfer stellten seither die Parteielite, sondern junge Parteifunktionäre. Stalins Parole vom Sowjetpatriotismus (M 29) wurde zu ihrem Bekenntnis. Der Stalinismus versprach ihnen eine goldene Zukunft.

M28 Auszug aus dem Schauprozess gegen Bucharin, Rykow u. a. vom März 1938

Vorsitzender: Bitte sich zu setzen. Angeklagter Bucharin, es wird Ihnen das letzte Wort erteilt.
Bucharin: Bürger Vorsitzender und Bürger Richter, ich bin mit dem Bürger Staatsanwalt vollständig einverstanden bezüglich der Bedeutung des Prozesses, auf dem unsere ruchlosen Verbrechen aufgedeckt wurden, die der „Block der Rechten und Trotzkisten" verübte, dessen einer Führer ich war und für dessen ganze Tätigkeit ich die Verantwortung trage.
Dieser Prozess, der in der Serie der anderen Prozesse den Abschluss bildete, deckt alle Verbrechen, deckt die verräterische Tätigkeit auf, den historischen Sinn und die Wurzel unseres Kampfes gegen die Partei und die Sowjetregierung.
Ich sitze schon mehr als ein Jahr im Gefängnis und weiß deswegen nicht, was in der Welt vorgeht, aber aus den zufälligen Bruchstücken der Wirklichkeit, die manchmal bis zu mir gelangen, sehe, fühle und verstehe ich, dass die Interessen, die wir so verbrecherisch verraten haben, in eine neue Phase ihrer gigantischen Entwicklung eintreten, jetzt bereits in die internationale Arena hinaustreten, als größter Machtfaktor der internationalen proletarischen Phase. [...]
Gleich zu Anfang des Prozesses antwortete ich bejahend auf die Frage des Bürgers Vorsitzenden, ob ich mich schuldig bekenne.

Auf die mir vom Bürger Vorsitzenden gestellte Frage, ob ich die von mir gemachten Aussagen bestätige, antwortete ich, dass ich sie voll und ganz bestätige.

Als ich am Ende der Voruntersuchung zum Verhör zum Staatlichen Ankläger gerufen wurde, der das gesamte Material der Untersuchung kontrollierte, da resümierte er diese Gesamtheit auf folgende Weise:

Frage: Waren Sie Mitglied des Zentrums der konterrevolutionären Organisation der Rechten? Ich antwortete: Ja, ich gebe das zu.

Zweite Frage: Gestehen Sie, dass das Zentrum der sowjetfeindlichen Organisation, dessen Mitglied Sie sind, eine konterrevolutionäre Tätigkeit betrieb und sich den gewaltsamen Sturz der Parteiführung und der Regierung zum Ziel gesetzt hat? Ich antwortete: Ja, ich gestehe das.

Dritte Frage: Gestehen Sie, dass dieses Zentrum eine terroristische Tätigkeit betrieb, Kulakenaufstände organisiert und weißgardistische Kulakenaufstände gegen die Mitglieder des Politbüros, gegen die Führung der Partei und der Sowjetmacht vorbereitet hat? Ich antwortete: Das ist richtig.

Vierte Frage: Bekennen Sie sich der verräterischen Tätigkeit schuldig, die sich in der Vorbereitung eines Staatsumsturzes ausdrückte? Ich antwortete: Auch das ist wahr.

Vor Gericht bekannte ich mich und bekenne ich mich der Verbrechen schuldig, die ich begangen habe und die mir vom Bürger Staatlicher Ankläger am Ende der gerichtlichen Untersuchung und auf Grund des dem Staatsanwalt vorliegenden Untersuchungsmaterials zur Last gelegt wurden. Vor Gericht erklärte ich auch und unterstreiche und wiederhole es jetzt, dass ich mich politisch für die ganze Gesamtheit der vom „Block der Rechten und Trockisten" verübten Verbrechen schuldig bekenne. Ich unterliege dem strengsten Strafmaß und ich bin mit dem Bürger Staatsanwalt einverstanden, der einige Male wiederholte, dass ich an der Schwelle meiner Todesstunde stehe.

[18 der 21 Angeklagten wurden zur Erschießung verurteilt und die Beschlagnahmung ihres ganzen persönlichen Eigentums wurde angeordnet.]

(Helmut Altrichter [Hg.], Die Sowjetunion, Bd. 1, C. H. Beck, München 1986, S. 252 ff.)

1 *Analysieren Sie M 28 nach Inhalt und Sprache.*

M29 Die „Prawda" vom 19. März 1935 über den Sowjetpatriotismus

Der Sowjetpatriotismus – das brennende Gefühl grenzenloser Liebe, rückhaltloser Ergebenheit gegenüber seiner Heimat, tiefer Verantwortlichkeit für ihr Schicksal und ihre Verteidigung – sprudelt wie ein mächtiger Quell aus der Tiefe unseres Volkes. Niemals und nirgends hat der Heroismus des Kampfes für sein Land solch himmelstürmende Höhen erreicht wie bei uns. Die ganze einmalige und hinreißende Geschichte der revolutionären Bewegung in Russland, die ganze Geschichte der Sowjetunion hat immer wieder gezeigt, wozu die Werktätigen fähig sind, wenn es um ihr Land geht. Im Untergrund, auf den Barrikaden, in der verwegenen Reiterei Budjennyjs, im Kugelhagel der eisernen Revolutionsarmeen, im Arbeitstakt der Fabriken und Werke der sozialistischen Industrie, im geschäftigen Rhythmus der Städte und Dörfer, in der Tätigkeit der Kommunistischen Partei – überall erklingt das große, unsterbliche Lied von unserer Heimat, unserem befreiten und erneuerten Land.

Das Sowjetland, gehegt und gepflegt von Lenin und Stalin! Wie wohl fühlt es sich unter den Strahlen des Oktoberfrühlings! Bäche begannen zu lärmen, gefesselte Ströme wurden befreit – alle Kräfte des arbeitenden Volkes gerieten in Bewegung, um durch die Größe der Sowjetunion, durch den Glanz ihres Ruhmes und ihrer Macht neue Wege der historischen Entwicklung zu bahnen. [...] Wir erheben die rote Fahne des Kommunismus auf neue Gipfel, in das tiefe Blau der Höhen.

Sowjetpatriotismus ist die Liebe unseres Volkes zu dem Land, das mit Blut und Eisen dem Kapitalismus und den Gutsbesitzern entrissen wurde; Sowjetpatriotismus ist die Liebe zu dem herrlichen Leben, dessen Schöpfer unser großes Volk ist; der Sowjetpatriotismus ist der kriegerische und mächtige Wächter im Westen und im Osten; Sowjetpatriotismus ist die Treue zum großen kulturellen Erbe des menschlichen Genius, das in echter Weise in unserem Lande und nur in unserem Lande blüht. Und wen nimmt es wunder, dass an die Grenzen der Sowjetunion Ausländer, Menschen anderer Erziehung, kommen, um ihr Haupt vor dieser Zufluchtsstätte der Kultur, vor dem Staat der roten Fahne zu neigen.

(Erwin Oberländer, Sowjetpatriotismus und Geschichte. Dokumentation, Wiss. Politik, Köln 1967, S. 62)

1 *Untersuchen Sie, welche Ideologie dieser Artikel verbreiten will.*

2 *Analysieren Sie seinen Stil.*

Fotografien: Manipulation politischer Fotografien

Bild 1a

Bild 1b

Bild 2a

Bild 2b

Bild 3a

Bild 3b

Wer politische Fotografien der Vergangenheit und Gegenwart betrachtet, sollte nie vergessen, dass es sich hierbei stets um Abbilder der Realität handelt, die nur scheinbar eine objektive Widerspiegelung der Wirklichkeit darstellen. Der Ideologieverdacht gilt dabei besonders den totalitären Regimen, in denen die Bewusstseinsmanipulation durch das Medium Fotografie seit je eine zentrale Rolle gespielt hat. Demnach müssen quellenkritische Fragen gestellt werden, um Glaubwürdigkeit, Aussagewert und Wirkung historischer Fotografien beurteilen zu können.

Die Notwendigkeit einer quellenkritischen Analyse historischer Fotografien unterstreicht nichts deutlicher als ein Blick auf das Bilderbe der Sowjetunion. Das bekannteste Bild aus der Frühzeit des Sowjetregimes ist Bild 1a. Es behauptet, den entscheidenden Augenblick der Oktoberrevolution festzuhalten. In Wahrheit handelt es sich dabei jedoch um ein Szenenfoto einer bei Tage inszenierten Nachstellung des nächtlichen Staatsstreichs der Bolschewiki unter der Leitung eines Petrograder Agitationstheaters anlässlich des dritten Jahrestages der Oktoberrevolution 1920. Um die Illusion einer Nachtaufnahme zu erzeugen, wurden in einer zweiten Version (Bild 1b) die Fenster des Winterpalasts mit weißer Deckfarbe hervorgehoben und abgedunkelte Abzüge des Bildes verbreitet. Ziel dieser Fälschung war die Erbringung eines bildlichen Nachweises, dass es sich bei der Oktoberrevolution um eine revolutionäre Tat aufbegehrender Massen gehandelt hat, die von Anfang an auf der Seite der Bolschewiki standen.

Ideologisches Gegenstück zur sorgfältig komponierten Heroisierung des angeblichen Massenaufstands vom Oktober 1917 bildete der fotografische Personenkult um Lenin, der in den frühen Dreißigerjahren seinen Höhepunkt erreichte, um danach schrittweise vom Kult um seinen Nachfolger Stalin (s. S. 269 ff.) überlagert zu werden. Die Erinnerung an andere führende Bolschewiki, die mittlerweile in Ungnade gefallen waren, wurde dabei rigoros getilgt, um die Macht Stalins zu sichern. Berühmtestes Beispiel hierfür ist die Fälschung des in Bild 2a festgehaltenen Ereignisses. Von Bild 2a wurden seit Beginn der Dreißigerjahre nur noch vergrößerte Lenin-Ausschnitte verbreitet, auf Bild 2b wurden Kamenew und Trotzki, die einstigen Machtrivalen Stalins, ausgeblendet oder wegretuschiert. Die Liquidierung im Bild nahm die tatsächliche Liquidierung des politischen Gegners vorweg (s. S. 269).

In welchem Maße sich Stalin als legitimer Erbe Lenins stilisierte, zeigt die retuschierte und collagierte Version (Bild 3b) von Bild 3a. Der seit 1921 erkrankte Lenin wird dabei zu einer fast bettlägerigen Person reduziert, Stalin übernimmt die Pose des Beschützers und Wahrers von dessen Vermächtnis. Absicht dieser Fälschung war es, eine enge Freundschaft zwischen Lenin und Stalin vorzugaukeln und die Warnung des Leninschen Testaments (s. S. 269) als Lüge abzutun.

Fragen zum kritischen Umgang mit Fotografien:

1 *Wann, wo und zu welchem Zweck ist die Fotografie entstanden und abgedruckt? Wer hat in wessen Auftrag fotografiert bzw. das Foto in Umlauf gebracht?*
2 *Für welche Adressaten ist die Fotografie? Was stellt sie dar?*
3 *Wie wurde sie aufgenommen?*
4 *Welche Einstellungsgröße (Detail-, Groß-, Nahaufnahme, Halbtotale, Totale), welche Einstellungsperspektive (Normal-, Seitensicht, Frosch-, Vogelperspektive) hat der Fotograf gewählt?*
5 *Welche Objektive (Weitwinkel, Tele, Froschauge), Verschlusszeiten, Blenden, Filter, Bildträger (Schwarzweiß- oder Farbfilm, weiche oder harte Filme bzw. Papierarten) werden verwendet?*
6 *Welche gestalterischen Eingriffe wie Belichtungen, Retuschen, Ausschnittsveränderungen, Bildmontagen wurden im Labor vorgenommen?*
7 *Welche Wahrnehmungslenkungen und Interpretationen beabsichtigen die Bildlegenden, die das Gezeigte in den geschichtlichen Zusammenhang einbetten und dadurch verständlich machen?*

3.3 Zweiter Weltkrieg und Ende der Stalin-Ära

Stalins Außenpolitik

Stalin betrieb eine doppelbödige Außenpolitik. Die radikalen Umbrüche in der Industrie und in der Landwirtschaft verlangten einerseits Ruhe und Sicherheit. So war die sowjetische Außenpolitik bis zum Zweiten Weltkrieg gekennzeichnet von Nichtangriffspakten, vom Eintritt in den Völkerbund (1934) und von Bemühungen um bessere wirtschaftliche Beziehungen zum Westen. Ende der Dreißigerjahre ließ Stalin sich auch von den Nationalsozialisten umwerben, gegen die er noch 1935/36 auf dem III. Weltkongress der Komintern eine antifaschistische Einheitsfront initiiert hatte (Kommunisten sollten darin zusammen mit Sozialdemokraten und bürgerlichen Parteien die Demokratie gegen den Faschismus verteidigen). Andererseits knüpfte die Sowjetführung mit dem Abschluss des **Hitler-Stalin-Paktes** (1939) an den Imperialismus des Zarenreiches an (Einmarsch in Polen und Bessarabien 1939, im Baltikum 1940).

„Großer Vaterländischer Krieg"

Die Kriegserklärung des „Dritten Reiches" an die Sowjetunion und der **Überfall deutscher Truppen** im Juni 1941 trafen Stalin trotz vorausgegangener westlicher Warnungen unvorbereitet. Die Armee Hitlers drang tief in die Sowjetunion ein und überzog das Land mit den Schrecken eines **grausamen Eroberungskrieges** (M 30). Leningrad wurde vom September 1941 bis Januar 1943 eingeschlossen und seine Bevölkerung dem Hungertod preisgegeben. Erst 50 km vor Moskau konnte der Vormarsch der deutschen Wehrmacht gestoppt werden.

Stalins erste Maßnahme bei Kriegsbeginn galt den Industriebetrieben. Etwa 1500 Fabriken wurden demontiert und unter höchstem Krafteinsatz hinter den Ural verlegt. Der Schwerpunkt der Industrie verlagerte sich in den Osten nach Westsibirien und Kasachstan. Mehr als 10 Mio. Menschen wurden aus den gefährdeten westlichen Gebieten evakuiert. Stalin rief dazu auf, den deutschen Soldaten **„verbrannte Erde"** zurückzulassen. Maschinen, Häuser – kurz, alles, was nicht mitgenommen werden konnte, sollte zerstört werden. Nicht überall jedoch wurde Stalins Losung befolgt. Mancherorts, wie etwa in der Ukraine, begrüßte die Bevölkerung die deutschen Besatzer als „Befreier" (B 18). Diese Einschätzung änderte sich aber meist im Laufe der Besatzung.

Während des weiteren Vordringens der deutschen Armee richtete Stalin einen Appell an die Bevölkerung, sich mit einer gewaltigen Anstrengung gegen Hitlers Truppen zu stellen. Der **Aufruf zum „Großen Vaterländischen Krieg"** – ein Begriff aus der Zeit der Befreiungskriege gegen Napoleon – beschwor die militärischen Helden der Vergangenheit (B 17) und wandte sich auch an die russisch-orthodoxe Kirche, die Stalin bisher verfolgt hatte. Er leitete dadurch die Normalisierung des Verhältnisses von Staat und Kirche ein, die das Kriegsende überdauern sollte. Kehrseite des Integrationsprozesses war die **Ausgrenzung nicht russischer Völkerschaften**, die verdächtigt wurden, den nationalen Verteidigungskampf zu sabotieren. Vertrieben und nach Mittelasien deportiert wurden so die Wolgadeutschen, Tschetschenen, Inguschen, Kalmücken und Krimtartaren.

Verfassungsrechtliches Resultat des Kampfes gegen Nazi-Deutschland war die Kriegsdiktatur. Das **Gesetz über den Ausnahmezustand** (Juni 1941) erlaubte dem Militär, die gesamte exekutive und judikative Gewalt auszuüben. Es konnte Razzien, Zwangseinquartierungen, Betriebsrequirierungen und Deportationen vornehmen. Die Staatsorgane mussten diese Maßnahmen „widerspruchslos" und „unverzüglich" ausführen. In der Armee bildete die Einführung von **„Kriegskommissaren"** – eines Instruments aus dem Bürgerkrieg – ein Überwachungs- und Kontrollorgan der Militärführung. Ein **„Staatskomitee zur Verteidigung"**, dem Stalin vorstand, konzentrierte alle Macht auf sich. Zugleich weitete Stalin seine eigenen Kompetenzen aus und überhäufte sich mit Ämtern: Im Juli 1941 wurde er „Volkskommissar für die Verteidigung", im

B 17 I. Toidse, „Die Mutter Heimat ruft!", 1941, Plakat zum „Großen Vaterländischen Krieg"

August 1941 „Oberkommandierender der Armee", im März 1943 „Marschall der Sowjetunion". Im Juni 1945 ließ er sich zum „Generalissimus der UdSSR" proklamieren.
Nach der Wende des Krieges in der Schlacht um Stalingrad im Winter 1942/43 verringerte sich jedoch der innere Druck und die verschärfte Kontrolle. Unliebsame Institutionen wie die Kriegskommissare wurden wieder aufgelöst. Ab Herbst 1943 begann eine Phase der Liberalisierung in Wirtschaft, Kultur und Bildung.

Sowjetunion nach 1945

Der siegreiche Kampf gegen den Nationalsozialismus verlieh dem russischen Nationalismus großen Aufschwung (M31). Aber die Sowjetunion hatte enorme Kriegsschäden zu tragen. Etwa 20 Mio. Menschen bezahlten den Kampf gegen Hitler-Deutschland mit ihrem Leben. Entsprechend schwierig gestaltete sich der Wiederaufbau des Landes nach 1945. Die Umstellung von Kriegs- auf Friedenswirtschaft bereitete große Mühe. Der kurzzeitige Vorrang der Konsumgüterindustrie wich im Fünfjahresplan von 1946 der gewohnten **Förderung der Schwerindustrie**, die dadurch schnell wieder das Vorkriegsniveau erreichte. Die äußerst prekäre Situation der im Krieg zerstörten Landwirtschaft sollte durch die **Reorganisation der Kolchosen** und eine straffere Parteiaufsicht verbessert werden. Die 1950 begonnene Zusammenlegung von Einzelkolchosen zu Großkollektiven aktivierte jedoch erneut den **bäuerlichen Widerstand** und führte zu einem weiteren Produktionsrückgang. Die Versorgung der Bevölkerung mit Bedarfsgütern und Lebensmitteln war dadurch aufs Neue gefährdet. Es zeigte sich, dass die bisherigen Instrumente der Wirtschaftspolitik den Anforderungen nicht mehr gewachsen waren. Der bürokratische Apparat und sein unrealistisches Planungssystem vermochten die Konsumwünsche der Bevölkerung nur unzureichend zu befriedigen.

B 18 Sympathiekundgebungen für die deutsche Wehrmacht, Fotografie, 1941. – Mancherorts, wie z. B. in der Ukraine, in Weißrussland, auf der Krim und im Kaukasus, begrüßte die russische Bevölkerung die deutschen Soldaten als Befreier vom Sozialismus.

Trotz liberaler Tendenzen während des Krieges blieb der Terror auch nach 1945 Kennzeichen für Stalins Innenpolitik. Wieder begann er mit einer **„Säuberung"** der Parteieliten. Eine scharfe Abgrenzung gegen westliche Einflüsse wurde verlangt. Wer immer mit dem Ausland Kontakt hatte, musste mit Bestrafung rechnen. So wurden auch geflohene und heimkehrende Kriegsgefangene in Straflager verbracht. An erster Stelle jedoch stand die Bekämpfung des **antirussischen Nationalismus** der Ukrainer und Balten. Der XIX. Parteitag von 1952, nach einer 13-jährigen Pause erstmals wieder einberufen, bestätigte die **Verschärfung des innenpolitischen Kurses**. Wer sich den wirtschaftspolitischen Vorstellungen oder ideologischen Dogmen Stalins widersetzte, fiel erneuten „Säuberungen" zum Opfer. In der so genannten Ärzteverschwörung (1953) zeigte sich eine deutlich antisemitische Haltung. Den jüdischen Kremlärzten wurde vorgeworfen, in Verbindung mit dem Ausland die Ermordung der sowjetischen Führer geplant zu haben. In der Folge wurden jüdische Intellektuelle als „heimatlose Kosmopoliten" beschimpft, die mit der westlichen Wissenschaft paktierten und einem „bürgerlichen Objektivismus" anhingen. Eine Welle von Verfolgungen begann, neue Schauprozesse wurden vorbereitet. Die **Betonung des Nationalen** sollte von inneren Schwächen ablenken, zugleich jedoch einen starken Staat legitimieren. Sie bewirkte eine ideologische Erstarrung des Systems. Wie 1936/38 beabsichtigte Stalin auch bei diesen „Säuberungen" die Schaffung neuer Loyalitäten und die Brechung von Machtpositionen, die ihm hätten gefährlich werden können. Doch vor Beginn des Prozesses gegen die Kremlärzte starb Stalin am 5. März 1953.

Ende der Stalin-Ära

Stalin, der die Sowjetunion in fast drei Jahrzehnten Alleinherrschaft in allen Bereichen radikaler verändert hatte als die Oktoberrevolution, hinterließ das Land in einem **katastrophalen Zustand**. Die Versorgungslage der Bevölkerung war dürftig, die Landwirtschaft drohte zusammenzubrechen. Die erneuten Säuberungen ließen, anders als 1936/38, Unmut und Protest in der Bevölkerung aufkommen. Seit Stalins Tod häuften sich die Beschwerden über eine erstarrte Bürokratie, über Arroganz und Unfähigkeit der Funktionäre. Insbesondere in den Gulags kam es in Erwartung eines baldigen Endes der Gefangenschaft unter den Häftlingen zu Aufständen. Die Nachfolger Stalins mussten sich entscheiden zwischen der Einführung wirtschaftlicher und gesellschaftlicher Reformen oder der Fortsetzung eines totalitären Herrschaftssystems (M 32).

M30 Aus dem Tagebuch von Jura Rjabinkin, einem 16-jährigen Schüler, während der deutschen Belagerung von Leningrad 1941–1943

6. und 7. November [1941].

Über die Lage der Fronten ist mir nichts bekannt. Stalin soll eine Rede gehalten und darin die Ursachen unseres Rückzugs erläutert und die USA und England auffallend scharf angegriffen haben, weil ihre Unterstützung zum gegenwärtigen Zeitpunkt wenig effektiv sei und wir praktisch allein gegen Deutschland kämpften. Ich müsste mich eingehender mit dieser Rede befassen.

Der Schulunterricht geht weiter, gefällt mir aber gar nicht. Wir sitzen in Pelzmänteln auf den Bänken, viele Schüler erledigen ihre Aufgaben überhaupt nicht. In Literatur ist bezeichnend, dass manche nur die im Lehrbuch abgedruckten Ausschnitte aus den ‚Toten Seelen' nacherzählen. Einige haben das Buch überhaupt nicht gelesen.

Wir haben keinen Reis für Brei mehr. Demnach werde ich drei Tage hungern müssen. Da werde ich mich kaum vom Fleck bewegen können, falls ich überhaupt gesund bleibe. Ich habe wieder Wasser. Werde wieder anschwellen, na, und wenn. [...] Mutter ist krank geworden. Es muss ernst sein, da sie keinen Hehl daraus macht. Husten, Schnupfen mit Brechreiz, Heiserkeit, Fieber und Kopfschmerzen. [...]

Ich kann den Unterrichtsstoff jetzt einfach nicht mehr aufnehmen und habe gar keine Lust zum Lernen. Ich denke immer nur ans Essen, an die Bombenangriffe und Geschosse. Gestern habe ich den Abfallkorb in den Hof getragen und bin kaum wieder zurück in unseren ersten Stock gekommen. Ich war so schlapp, als hätte ich eine geschlagene halbe Stunde zwei Pud geschleppt, musste mich hinsetzen und kriegte kaum Luft. Jetzt ist Alarm. Die Flak schießt aus allen Rohren. Auch ein paar Bomben haben eingeschlagen. An unsrer Uhr ist es fünf Minuten vor fünf. Mutter kommt kurz nach sechs.

9. und 10. November.

Wenn ich einschlafe, träume ich jedes Mal von Brot, Butter, Piroggen und Kartoffeln. Außerdem denke ich vor dem Schlafen stets daran, dass die Nacht in zwölf Stunden vorüber ist und ich dann ein Stück Brot essen kann. Mutter erklärt mir jeden Tag, dass sie und Ira täglich nur zwei Glas heißen Tee mit Zucker und einen halben Teller Suppe bekommen. Nicht mehr. Und noch einen Teller Suppe abends. Dennoch scheint mir ... Ira lehnt zum Beispiel abends eine zweite Portion Suppe ab. Beide behaupten, ich bekäme so viel wie ein Arbeiter, und verweisen darauf, dass ich in den Gaststätten zwei Teller Suppe kriege und mehr Brot als sie. Mein Charakter hat sich stark verändert. [...]

In der letzten Dekade mussten wir 400 g Graupen, 615 g Butter, 100 g Mehl verfallen lassen. Diese Dinge waren nirgends zu haben. Wo sie trotzdem verkauft wurden, bildeten sich sofort riesige Schlangen, Hunderte und Aberhunderte standen bei bitterer Kälte auf der Straße, dabei reichte die Lieferung allenfalls für 80 bis 100 Menschen. Die Leute aber blieben, froren und gingen mit leeren Händen weg. Um 4 Uhr morgens standen sie auf, warteten bis 21 Uhr vor den Verkaufsstellen und kriegten doch nichts. Das ist schlimm, aber nicht zu ändern. Jetzt ist Alarm. Er dauert schon an die zwei Stunden. Not und Hunger treiben die Leute zu den Läden, in die Kälte und in die langen Menschenschlangen, wo sie sich drängen und stoßen lassen. Und das wochenlang. Danach hat man keine Wünsche mehr. Es bleibt nur stumpfe, kalte Gleichgültigkeit gegenüber allem, was vor sich geht. Du isst dich nicht satt, schläfst nicht genug, frierst und sollst zu alledem noch lernen. Ich kann nicht. Soll Mutter entscheiden, wie's weitergeht. Ist sie außer Stande, das zu entscheiden, versuche ich es für sie. Und der Abend – was bringt er mir?

(H. Altrichter/H. Haumann [Hg.], Die Sowjetunion, Bd. 2, C. H. Beck, München 1987, S. 454 f.)

1 *Erörtern Sie die Probleme, mit denen die Leningrader Bevölkerung während der deutschen Belagerung konfrontiert war.*
2 *Beschreiben Sie, wie die in M 30 geschilderte Familie versuchte, das Leben in einer extremen Situation „normal" zu gestalten.*

(Erwin Oberländer, Sowjetpatriotismus und Geschichte, Wiss. Politik, Köln 1967, S. 80)
1 *Arbeiten Sie die Begründungen für die These Stalins heraus, die russische Nation sei die hervorragendste Kraft unter den Sowjetvölkern. Setzen Sie sich mit ihren Folgen auseinander.*

M31 Stalin bringt nach dem Sieg über Deutschland einen Toast auf das russische Volk aus (1945)

Genossen, erlauben Sie mir, noch einen letzten Trinkspruch anzubringen. Ich möchte einen Toast ausbringen auf das Wohl unseres Sowjetvolkes und vor allem auf das des russischen Volkes anbringen. *(Stürmischer, lang anhaltender Beifall, Hurrarufe.)*
Ich trinke vor allem auf das Wohl des russischen Volkes, weil es die hervorragendste Nation unter allen zur Sowjetunion gehörenden Nationen ist.
Ich bringe einen Toast auf das Wohl des russischen Volkes aus, weil es sich in diesem Krieg die allgemeine Anerkennung als die führende Kraft der Sowjetunion unter allen Völkern unseres Landes verdient hat.
Ich bringe einen Toast auf das Wohl des russischen Volkes aus, nicht nur, weil es das führende Volk ist, sondern auch, weil es einen klaren Verstand, einen standhaften Charakter und Geduld besitzt.
Unsere Regierung hat nicht wenige Fehler gemacht. In den Jahren 1941 bis 1942 gab es Augenblicke, in denen unsere Lage verzweifelt war: als unsere Armee zurückging und unsere heimatlichen Dörfer und Städte der Ukraine, Weißrusslands, der Moldau, des Leningrader Gebiets, der baltischen Länder und der Karelisch-Finnischen Republik räumte, weil es keinen anderen Ausweg gab. Ein anderes Volk hätte zu seiner Regierung sagen können: Ihr habt unsere Erwartungen nicht gerechtfertigt, macht, dass ihr fortkommt, wir werden eine andere Regierung einsetzen, die mit Deutschland Frieden schließt und uns Ruhe sichert. Doch das russische Volk hat nicht so gehandelt, denn es glaubte daran, dass die Politik seiner Regierung richtig war, und brachte Opfer, um die Niederwerfung Deutschlands zu gewährleisten. Und dieses Vertrauen des russischen Volkes zur Sowjetregierung hat sich als der entscheidende Faktor erwiesen, der den historischen Sieg über den Feind der Menschheit, über den Faschismus, gewährleistet hat.
Dem russischen Volk sei für dieses Vertrauen gedankt!
Auf das Wohl des russischen Volkes!
(Stürmischer, nicht enden wollender Beifall.)

M32 Der Verfassungshistoriker K. Loewenstein zum Unterschied von „autokratischen" und „totalitären" Herrschaftssystemen

Das totalitäre Regime: – Im Gegensatz zum Autoritarismus bezieht sich der Begriff „Totalitarismus" auf die gesamte politische, gesellschaftliche und moralische Ordnung der Staatsdynamik. Er ist eine Lebensgestaltung und nicht nur Regierungsapparatur. Die Regierungstechniken eines totalitären Regimes sind notwendigerweise autoritär. Aber das Regime erstrebt weit mehr als nur die Ausschaltung der Machtadressaten von ihrem legitimen Anteil an der Bildung des Staatswillens. Er versucht das Privatleben, die Seele, den Geist und die Sitten der Machtadressaten nach einer herrschenden Ideologie zu formen, einer Ideologie, die denen, die sich ihr nicht aus freien Stücken anpassen wollen, mit den verschiedenen Hilfsmitteln des Machtprozesses aufgezwungen wird. Die geltende Staatsideologie dringt in die letzten Winkel der Staatsgesellschaft ein; ihr Machtanspruch ist „total".
Es ist klar, dass ein totalitärer Staat nur mit den Mitteln des Befehlens und Gehorchens arbeiten kann. Das wichtigste Instrument zur Erzwingung der Gleichschaltung mit den ideologischen Grundsätzen ist der allgegenwärtige und allwissende Polizeiapparat, der die Sicherheit des Regimes zu garantieren und jeden potenziellen Widerstand auszumerzen hat. Nach innerer Notwendigkeit ist der totalitäre Staat ein Polizeistaat; daher die übliche Gleichstellung der beiden Begriffe. Ein anderes unentbehrliches Instrument der Herrschaftsausübung ist die Einheitspartei. Sie fungiert nicht nur als freiwilliger Polizeiapparat auf denkbar breiter Basis, sondern stellt auch das vom Staat gelenkte Werkzeug für die ideologische Indoktrination, Koordination und Integration dar. In der Einheitspartei unterscheiden sich die modernen totalitären Staaten von den historischen Formen der Autokratie.
(Karl Loewenstein, Verfassungslehre, Mohr, Tübingen [2]1969, S. 55)
1 *Worin unterscheidet sich nach M 32 die „Autokratie" vom „Totalitarismus"?*
2 *Inwieweit kann man die Begriffe auf Russland im 19. Jh. bzw. auf die UdSSR im 20. Jh. anwenden?*

4 Krise und Ende der Sowjetunion

Reformen Chruschtschows

Nikita Chruschtschow (1894–1971) setzte sich ab September 1953 als Nachfolger Stalins durch und leitete auf dem XX. Parteitag 1956 die Phase der **Entstalinisierung** ein. Er verurteilte den Terror der Säuberungen und distanzierte sich vom Personenkult um Stalin (M 33). Dabei ging es ihm allerdings nicht um eine grundsätzliche Infragestellung des stalinistischen Systems, sondern allein um die Person Stalins. Dessen Standbilder wurden gestürzt, seine Bilder verschwanden aus den Amtsstuben, seine Anhänger wurden aus den Ämtern entfernt, seine Schriften aus den Bibliotheken verbannt. 1961 veranlasste der XXII. Parteitag die Beseitigung des Leichnams Stalins aus dem Lenin-Mausoleum. Viele Menschen, ganze Bevölkerungsteile, besonders auch nationale Gruppen wie die im Krieg geächteten Wolgadeutschen, erfuhren durch den neuen Kremlchef ihre Rehabilitierung.

Chruschtschow wollte in allen Bereichen das in der Stalin-Zeit verloren gegangene Vertrauen in den kommunistischen Staat wiederherstellen. Eine umfangreiche Rechtsreform sollte größere Rechtssicherheit bringen. Er betrieb die Neuordnung des Bildungssystems, förderte die Landwirtschaft durch ein spektakuläres Programm zur Neulandgewinnung und gab den strikten Zentralismus in der Wirtschaftsverwaltung auf. Durch die Förderung der Forschung, insbesondere der Weltraumforschung, gelang der Sowjetunion der Aufstieg zur zweiten Weltmacht. Die Entsendung des ersten Erdsatelliten **„Sputnik“** (1957) ins All versetzte die Welt in Aufregung (B 19).

B 19 Der Sputnik, Fotografie, Anfang Oktober 1957. – Am 4. Oktober 1957 schoss die Sowjetunion den ersten künstlichen Satelliten in eine Erdumlaufbahn: Sputnik – der Weggefährte. Der Schock, den dieses Ereignis im Westen auslöste, bewirkte große Anstrengungen in den Bereichen der schulischen Bildung, insbesondere in den naturwissenschaftlichen Zweigen, und in der Industrie, um den sowjetischen Vorsprung aufzuholen.

Auch in der Kulturpolitik begann eine Phase der Liberalisierung, die sich in der Literatur oder auch im Filmschaffen als „**Tauwetter**" zeigte. In der so genannten Anklageliteratur setzten sich die Autoren mit den Erfahrungen des Gulags und dem Terror der Stalin-Zeit auseinander. Ab 1964 allerdings leiteten Strafverfahren gegen missliebige Autoren das Ende dieser Politik ein.
Besonders folgenreich sollte sich Chruschtschows **Parteireform** auswirken. Sie begann mit der Teilung der Parteiorganisation und entband diese von administrativen Aufgaben. Auch forcierte Chruschtschow die Ablösung der alten Nomenklatura. Zwischen 1956 und 1961 wechselte er zwei Drittel der Mitglieder des Ministerrats, des Parteipräsidiums und der Parteigebietssekretäre und die Hälfte des Zentralkomitees aus, sodass die alten Funktionäre um ihre Posten fürchten mussten und verunsichert waren.
1964 wurde Chruschtschow – von der Öffentlichkeit unerwartet – gestürzt. Neben seinen außenpolitischen Misserfolgen (Kuba-Krise, Berlin-Ultimatum) warf man ihm vor, die innenpolitischen Verhältnisse durch widersprüchliche und sprunghafte Maßnahmen destabilisiert, wieder mit Personenkult begonnen, Vetternwirtschaft betrieben sowie eigenmächtig und unberechenbar regiert zu haben. Er habe die Sowjetunion geführt wie einen „patriarchalischen Bauernhof".

Ära Breschnew

Nach dem Sturz Chruschtschows herrschte zunächst eine Troika, die sich auf das Prinzip der kollektiven Führung besann und bald eine beherrschende Figur hervorbrachte, die dem Land 18 Jahre lang ihren Stempel aufdrückte: Leonid Breschnew (1906–1982), der Erste Sekretär der Partei. Er verfestigte wieder die Parteihierarchie. Die Nomenklatura sicherte sich ihre Privilegien wie Auslandsreisen, Vergünstigungen beim Einkauf etc. Eine sich selbst genügende, von der Bevölkerung abgeschlossene Gruppe entstand, in der Korruption und gegenseitige Bevorzugung zum Alltag gehörten. Die meisten Reformen Chruschtschows wurden wieder zurückgenommen. Dies beschleunigte den wirtschaftlichen Niedergang und führte zu einer allgemeinen Senkung der Arbeitsmoral. Resignation und Lethargie breiteten sich in der Bevölkerung aus. Sie spiegelten die Stagnation und Reformunfähigkeit der politischen Führung wider, die zudem völlig überaltert war: Das Durchschnittsalter im Politbüro lag bei 70 Jahren.
Das große industrielle Potenzial des Landes konzentrierte sich auf die Hochrüstung, deren Ziel es war, den Westen ein- bzw. zu überholen. Dieses ehrgeizige Projekt verschlang viel Geld sowie menschliche und materielle Ressourcen, beschleunigte die wirtschaftliche Talfahrt des Landes und vernachlässigte die Versorgung der Bevölkerung mit Konsumgütern. Zur Ablenkung von diesen Problemen belebte Breschnew den sowjetischen Patriotismus. Die nicht russischen Nationalitäten wurden in ihren Autonomiebestrebungen behindert; sie sollten sich mit dem „Sowjetvolk" identifizieren.
Die Restauration im politischen Bereich ging einher mit einer teilweisen **Restalinisierung.** Die Liberalisierungen im kulturellen und literarischen Bereich wurden rückgängig gemacht. Ab 1966 erfolgte die neuerliche Verhaftung von Schriftstellern und ihre Verbannung in Straflager. Als Reaktion darauf organisierte der Atomphysiker Andrej Sacharow (1921–1990) 1970 zusammen mit anderen Dissidenten ein Komitee für Menschenrechte, warnte vor weiterer Aufrüstung und trat in einem offenen Brief für Demokratie ein. Vom Abschluss des KSZE-Gipfels in Helsinki 1975 erhoffte sich die **Dissidentenbewegung** Unterstützung durch das westliche Ausland.
Die Sowjetführung änderte daraufhin ihre Methoden der Bestrafung. Abtrünnige kamen nicht mehr in Lager, sondern in psychiatrische Kliniken. Kritiker isolierte man und schickte sie, wie z. B. Andrej Sacharow, in die Verbannung. Weltberühmte Schriftsteller wie Alexander Solschenizyn oder Lew Kopelew wurden ins Ausland abgeschoben.

Als Leonid Breschnew 1982 starb, hinterließ er ein schweres Erbe. Die Sowjetunion stagnierte in allen Bereichen. Sie hatte zwar militärisch mit dem Westen gleichgezogen, lag jedoch in der wirtschaftlichen und technologischen Entwicklung weit zurück. Das forcierte Wettrüsten war ökonomisch nicht mehr aufrechtzuhalten. Der zivile Investitions- und Konsumgüterbereich verlangte nach Modernisierung. Die von Lenin geprägte und von seinen Nachfolgern übernommene Fortschrittsideologie brachte dem Land durch die ungehemmte Industrialisierung immense Umweltschäden. An den Randgebieten – im asiatischen und im baltischen Raum – drohten Nationalitätenkonflikte auszubrechen. Die Russifizierung und die Zwangsassimilation konnten den Nationalgedanken nur vorübergehend und unter Zwang zum Schweigen bringen. Die Eindämmung der auseinander strebenden Kräfte in diesem riesigen Nationalitätenstaat war unmöglich geworden. Der Afghanistan-Krieg verschlang Unsummen und demoralisierte die Bevölkerung. Die Missachtung der Menschenrechte trug weiter zur internationalen Isolierung des Landes bei.

Auflösung der Sowjetunion – Politik Gorbatschows

Nach einer Interimsphase mit zwei überalterten Parteiführern wurde im März 1985 der erst 54-jährige Michail Gorbatschow (geb. 1931) zum neuen Generalsekretär der KPdSU gewählt, der ein breit angelegtes Erneuerungsprogramm in Angriff nahm und einen neuen politischen Stil pflegte. Er unternahm Informationsreisen durch das Land, hörte sich die Probleme der Menschen an und diskutierte mit ihnen über Lösungen. Im Interesse einer beschleunigten Modernisierung der Sowjetunion sollte die Herrschaft der „alten Männer im Kreml" überwunden werden. Durch die Stärkung der örtlichen und regionalen Sowjets versuchte Gorbatschow ein Gegengewicht gegen den schwerfälligen bürokratischen Mittelbau zu schaffen. Auf der Ebene von Parteispitze und Regierung besetzte er wichtige Positionen mit Reformbefürwortern. Auf dem XXVII. Parteitag 1986 stellte er erstmals sein radikales Reformprogramm vor, das auf zwei neuen, bald weltbekannten Schlagworten gründete: Glasnost und Perestroika (M 34).

Mit **„Glasnost"** (Offenheit, Öffentlichkeit, Transparenz) sollten unter der Beteiligung der Massenmedien in öffentlichen Diskussionen die staatlichen Entscheidungsprozesse durchschaubar gemacht werden. „Glasnost" war Teil einer Demokratisierungsstrategie, die das Regierungshandeln auf eine kritisch-loyale Öffentlichkeit stützen wollte. Mit **„Perestroika"** (Umgestaltung, Umbau) war die demokratische Modernisierung von Gesellschaft, Wirtschaft und Politik gemeint. Der Bevölkerung sollte dabei ein weitgehendes Mitspracherecht eingeräumt werden. Allerdings war Gorbatschow kein Befürworter des westlichen Systems. Die Grundzüge des Sozialismus (Eigentum an Produktionsmitteln, Planwirtschaft, führende Rolle der kommunistischen Partei) durften nicht angetastet werden. Er beabsichtigte, lediglich die Planwirtschaft durch die Aufnahme marktwirtschaftlicher Elemente effizienter und dadurch international konkurrenzfähiger zu gestalten, und gestand zu, dass die KPdSU kein „Wahrheitsmonopol" besitze.

Die Perestroika bewirkte, dass die Medien nun auch Kritisches berichten durften, wie z. B. über die Explosion im ukrainischen Kernkraftwerk Tschernobyl (1986). Kampagnen gegen hartnäckige Missstände (Alkoholismus, Disziplinlosigkeit am Arbeitsplatz, Korruption der Funktionäre, Versagen der Bürokratie) erregten große Aufmerksamkeit. Gorbatschow forderte zur Vergangenheitsbewältigung auf. Bislang verbotene Bücher und Filme über den stalinistischen Terror entfachten heftige öffentliche Diskussionen. Zahlreiche Regimekritiker wurden aus der Haft entlassen. Im Dezember 1986 hob Gorbatschow die Verbannung für Sacharow auf. Demonstrationen wurden geduldet. Die Kirchen erhielten eine Bewegungsfreiheit, die ihnen der atheistische Sowjetstaat jahrzehntelang vorenthalten hatte.

Zur Belebung der Wirtschaft gestand die Staatsführung den Fabrikdirektoren größere Entscheidungsbefugnisse zu. Ab 1987 durften Privatbetriebe gegründet werden. Kooperationsverträge

(Jointventures) mit dem Ausland sollten für westliches Know-how und Kapital sorgen. Der Produktion von Konsumgütern wurde der Vorrang eingeräumt, um die Engpässe im täglichen Leben zu überwinden. 1988 gelang es Gorbatschow, eine präsidiale Verfassung durchzusetzen. Das neue Wahlrechtsgesetz zum Kongress der Volksdeputierten sah vor, dass in Zukunft ein Drittel der Delegierten von öffentlichen Wählerversammlungen bestimmt werden müsste. Erstmals seit 70 Jahren sollte dabei in geheimer Wahl aus mehreren Kandidaten eine Auswahl getroffen werden können.
Von Anfang an wurde die Reformpolitik Gorbatschows heftig kritisiert. Die **Gegner der Reform** verlangten eine Begrenzung von Glasnost und Perestroika, da sie um die innere Sicherheit des Landes fürchteten. Vor allem aber warnten sie vor einer allzu kritischen Einschätzung der Stalin-Ära. Gorbatschow reagierte darauf mit einer **Politik der Machtkonzentration**: Der Generalsekretär der KPdSU übernahm 1988 zusätzlich das Amt des Präsidenten im Obersten Sowjet, 1990 das Amt des Staatspräsidenten. Doch konnte er nicht verhindern, dass die anfängliche Begeisterung in der Bevölkerung abflaute. Viele stimmten der neuen Politik zu, waren aber enttäuscht über die Verschlechterung ihrer Lebensverhältnisse. Auf allen Ebenen sabotierten Funktionäre die Reformmaßnahmen. Die Folge waren Produktionsrückgang, Ernteausfälle und Versorgungsengpässe. Die Zahl der Streiks nahm zu. Die Inflation stieg ständig. Nicht zuletzt eine hohe Arbeitslosigkeit führte zu wachsenden Spannungen. Überall in der Sowjetunion lebten nationale Bewegungen auf, die sich in Massendemonstrationen Luft machten, besonders in der Ukraine und in Aserbeidschan. Im Baltikum gab es offene Selbstständigkeitsbestrebungen.
Gorbatschow wollte vor diesem Hintergrund die Sowjetunion in eine „Union souveräner Staaten“ auf der Grundlage eines Unionsvertrages umwandeln. In einem Abkommen mit neun Sowjetrepubliken wurde deren Souveränität anerkannt, insbesondere die Verwaltungs-, Finanz- und Steuerhoheit. Der Erhalt der Sowjetunion in Form einer lockeren Konföderation sollte jedoch festgeschrieben werden. Sie sollte für Landesverteidigung, Außenpolitik und Außenhandel zuständig bleiben. Dieser **Unionsvertrag** wurde aber nicht unterzeichnet, weil am Tag zuvor, am 19. August 1991, Reformgegner einen Putschversuch unternahmen.
Das „Komitee für den Ausnahmezustand“ scheiterte allerdings rasch am Widerstand der Moskauer Bevölkerung unter der Führung des ersten frei gewählten Präsidenten der russischen Konföderation, **Boris Jelzin** (geb. 1931), der aus der KPdSU ausgetreten war, weil er das kommunistische System nicht für reformierbar hielt. Nach Gorbatschows Rückkehr in den Kreml verlor dieser wegen seiner undurchsichtigen Haltung während des Putsches zusehends an Einfluss und konnte das Verbot der KPdSU durch Jelzin nicht mehr verhindern. Anfang September beschloss der Volksdeputiertenkongress in seiner letzten Amtshandlung die Auflösung der UdSSR zu Gunsten eines Bundes souveräner Staaten. Am 21. Dezember 1991 bildeten daraufhin elf ehemalige Sowjetrepubliken (außer Georgien) eine **„Gemeinschaft unabhängiger Staaten“** (GUS), um die aus dem Zusammenbruch der Sowjetunion resultierenden Probleme gemeinsam zu lösen. Die baltischen Staaten hatten sich bereits im August für unabhängig erklärt.
Gorbatschow, dessen politisches Schicksal mit dem Erhalt der Union verknüpft war, trat angesichts dieser Entwicklung am 25. Dezember 1991 als Staatspräsident zurück. In der Silvesternacht wurde das Ende der Sowjetunion offiziell besiegelt; seitdem weht auf dem Kreml die Fahne Russlands.

Russland unter Präsident Jelzin

Präsident Jelzin trat als **Radikalreformer** an, der Russland mit Hilfe von US-Wirtschaftsexperten möglichst rasch auf den Weg zu Marktwirtschaft und Demokratie führen wollte. Aber die Privatisierung von Betrieben endete in einem Debakel. Niemand wollte die zum Kauf angebotenen Betriebe erwerben, deren Maschinen veraltet und deren Produkte auf dem Markt nicht gefragt waren. Die Produktivität blieb gering und die Mentalität der russischen Arbeitnehmer leistungsfeindlich. Es fehlten ausgebildete Manager. Die Wirtschaftskriminalität wuchs. Besonders die Freigabe der Preise erwies sich als Katastrophe. Die Prognose, dass der Markt sich durch Angebot und Nachfrage von alleine regele, konnte nicht greifen, da keine Konkurrenz vorhanden war. Stattdessen produzierten die Staatsbetriebe noch weniger in noch schlechterer Qualität, aber zu höheren Preisen. Die Inflationsrate stieg an und die Bevölkerung verarmte rasch.

Die **Reformgegner** organisierten sich und bewirkten ab 1992 eine Machtverschiebung in der russischen Politik. Die Kommunisten traten gemeinsam mit den Nationalisten und Rechtsradikalen in der „Front der Nationalen Rettung" auf, um sich gegen westlichen Einfluss, gegen Demokratie und Marktwirtschaft und gegen den „Ausverkauf" des Landes an den Westen zu wehren. Ihr Ziel war die Wiederherstellung der Sowjetunion bzw. der zaristischen russischen Großmacht. Diese Gruppierung beherrschte den Volksdeputiertenkongress und den Obersten Sowjet und veranstaltete Massendemonstrationen gegen Jelzins Reformen. Die „Bürgerunion" agierte zwar gemäßigter, wandte sich aber ebenso entschieden gegen die radikalen Wirtschaftsreformen. Sie plädierte für den Erhalt der staatlichen Schwer- und Rüstungsindustrie. Diese beiden Blöcke erschwerten Jelzin und seiner Bewegung „Demokratisches Russland", hinter der die Mehrheit der Regierung stand, die Umsetzung der Reformen. Die „Doppelherrschaft" zwischen Regierungsmehrheit einerseits und Volksdeputiertenkongress und Oberstem Sowjet andererseits hoffte Jelzin durch ein Referendum (April 1993) beenden zu können. Die russische Bevölkerung beantwortete die Vertrauensfrage ihres Präsidenten positiv, sodass Jelzins Position gestärkt schien. Die Opposition betrieb jedoch weiter die Entmachtung des Präsidenten. In der Hoffnung auf eine Klärung der Machtverhältnisse löste Jelzin den Volksdeputiertenkongress und das Parlament auf und verfügte für Dezember 1993 Neuwahlen. Parlamentspräsident Chasbulatow erklärte diese Maßnahme Jelzins als nicht verfassungskonform und verfügte kurzerhand die Absetzung des Präsidenten. Die Ereignisse eskalierten, als Anhänger der Opposition im September 1993 das Parlamentsgebäude in Moskau besetzten. Die Armee beendete im Oktober diesen Putsch, die Anführer wurden inhaftiert. Die Bevölkerung blieb in diesen Auseinandersetzungen im Gegensatz zum Putsch von 1991 teilnahmslos und distanziert.

Um die Reformen auf einen festen Boden zu stellen und Machtkämpfe in Zukunft auszuschließen, ließ Präsident Jelzin eine demokratische Verfassung ausarbeiten. Der Verfassungsentwurf, den er im November 1993 verkündete, kann als die **erste demokratische Verfassung Russlands** gelten. Russland wurde zu einem demokratischen föderativen Rechtsstaat mit republikanischer Regierungsform, der das Recht auf Eigentum garantierte. Die Gewaltenteilung wurde festgeschrieben und eine eigenständige Gerichtsbarkeit mit unabhängigen Richtern eingesetzt. Die Regierungsmacht liegt beim Präsidenten, der über das Parlament verfügen kann und insgesamt eine problematische Machtfülle besitzt. Im Dezember 1993 billigte die russische Bevölkerung, wenn auch nur mit knapper Mehrheit, in einem Referendum die neue Verfassung.

Die 1993 gleichzeitig mit dem Referendum stattfindende **Parlamentswahl** galt als die erste Mehrkandidatenwahl seit 1917. Dreizehn Parteien und Gruppierungen stellten sich den Wählern und deckten vier große politische Richtungen ab: die Reformparteien mit demokratischer Ausrichtung, die Zentristen, die ein gemäßigteres Tempo der Reformen verlangten, Kommunisten und Rechtsnationalisten. Die Wahl brachte für den hinter Jelzin stehenden Block „Wahl Russlands" eine Niederlage. Sieger wurden die Kommunisten und die Liberaldemokratische Partei unter ihrem nationalistischen Führer Wladimir Schirinowski. Das Wahlergebnis lässt sich auf die äußerst unsichere soziale Situation zurückführen. Viele Russen leben unter dem Existenzminimum bei Zunahme der Arbeitslosigkeit und enormen Preissteigerungen. Der Verlust der

ehemaligen Weltstellung der Sowjetunion hat eine Identitätskrise hervorgerufen, die eine Sehnsucht nach alter Größe offenbart – sei sie nun kommunistisch oder zaristisch.
Der zunehmende Druck von Seiten der Reformgegner zwang Präsident Jelzin zu politischen Zugeständnissen. Seit 1994 drosselte er das Tempo der Wirtschaftsreformen und suchte nach einem Mittelweg zwischen freiem Markt und staatlicher Reglementierung. Doch die Parlamentswahlen 1995 endeten mit einer Niederlage der Reformer. Die erste Präsidentschaftswahl nach der Verfassung von 1993 konnte der amtierende Präsident Jelzin im Sommer 1996 erst nach einer Stichwahl gegen den Kommunistenführer Sjuganow für sich entscheiden. Jelzin war es gelungen, die Stimmen der drittstärksten Partei des populären Ex-Generals Alexander Lebed an sich zu binden. Die Rückkehr der Kommunisten war damit abgewehrt. Sie hätte die weitere Demokratisierung verhindert, die Wirtschaft stark erschüttert und Russland außenpolitisch isoliert.
Heftige Kritik brachte Jelzin der **Tschetschenien-Krieg** ein. Der Präsident der Kaukasusrepublik Dudajew erklärte im November 1991 einseitig die Unabhängigkeit seines Landes. Russland jedoch wollte sich dort die Ölvorkommen sichern und in den muslimischen Staaten des Kaukasus nicht weiter an Einfluss einbüßen. Auch sollte deutlich gemacht werden, dass Russland keine weiteren Unabhängigkeitserklärungen hinnehmen werde; insofern kann der Tschetschenien-Krieg für Russland als Stellvertreterkrieg gelten. Im Dezember 1994 ordnete Jelzin die militärische Intervention in Tschetschenien an und ließ die Hauptstadt Grosny massiv bombardieren. Die westliche Welt verurteilte dieses Vorgehen. Trotz seiner Beteuerungen, nach friedlichen Lösungswegen zu suchen, setzte Jelzin die Armee als machtpolitisches Instrument ein. Ihr gesellschaftlicher Stellenwert erhöhte sich dadurch beträchtlich. Zwar fand der Krieg im Herbst 1996 ein vorläufiges Ende, die Kämpfe flammten im Herbst 1999 aber erneut auf. Am 31. Dezember 1999 trat Jelzin vom Präsidentenamt zurück.

Bilanz und Ausblick

Nach 74 Jahren kommunistischer Herrschaft befindet sich Russland seit 1991 auf dem schwierigen Weg zu Marktwirtschaft und pluralistisch-parlamentarischer Demokratie. Dieser Prozess wirft immer noch zahlreiche Probleme auf (M 35): Wird es möglich sein, die Nationalitätenkonflikte und Unabhängigkeitsbestrebungen des Vielvölkerstaates friedlich zu regeln? Wie können die Schwierigkeiten der wirtschaftlichen Liberalisierung gemeistert werden? Wie kann der Demokratisierungsprozess angesichts massiver ökonomischer Probleme vorankommen? Welche Rolle wird künftig das Militär spielen, welche Rolle der islamische Fundamentalismus in den muslimischen Staaten Mittelasiens? Wie sollen die ökologischen Probleme gelöst werden? Wird die erste demokratische Verfassung Russlands Bestand haben?

M33 Aus der Rede Nikita Chruschtschows auf dem XX. Parteitag der KPdSU vom 25. Februar 1956

Genossen! Im Bericht des Zentralkomitees der Partei an den XX. Parteitag, in einer Anzahl von Reden der Parteidelegierten und schon zuvor auf den Plenarsitzungen des ZK der KPdSU ist vieles über den Personenkult und seine schädlichen Folgen gesagt worden.
Nach dem Tode Stalins leitete das ZK der Partei eine Aufklärungspolitik ein, um mit zwingender Konsequenz nachzuweisen, dass es unzulässig und dem Geist des Marxismus-Leninismus zuwider ist, eine Person herauszuheben und sie zu einem Übermenschen zu machen, der gottähnliche, übernatürliche Eigenschaften besitzt, zu einem Menschen, der angeblich alles weiß, alles sieht, für alle denkt, alles kann und in seinem ganzen Verhalten unfehlbar ist. Ein solcher Glaube an einen Menschen, und zwar an Stalin, ist bei uns viele Jahre lang kultiviert worden. [...]
Stalin hielt sich nicht damit auf, die Menschen zu überzeugen, aufzuklären und geduldig mit ihnen zusammenzuarbeiten, sondern er zwang anderen seine Ansichten auf und verlangte absolute Unterwerfung unter seine Meinung. Wer sich seiner

Konzeption widersetzte oder einen eigenen Standpunkt zu vertreten, die Korrektheit der eigenen Position zu beweisen suchte, wurde unweigerlich aus dem Führungskollektiv ausgeschlossen und anschließend sowohl moralisch als auch physisch vernichtet. Dies zeigte sich in besonderem Maße in der Zeit nach dem XVII. Parteitag, als zahlreiche prominente Parteiführer und einfache Parteimitglieder, die der Sache des Kommunismus mit aufrichtiger Hingebung dienten, dem Despotismus Stalins zum Opfer fielen. [...]
Von Stalin stammt der Begriff des „Volksfeindes". Dieser Terminus machte es von vornherein überflüssig, einer Person oder einer Personengruppe, die sich mit ihm im Widerspruch befand, ideologische Irrtümer nachzuweisen. Dieser Terminus ermöglichte die Anwendung grausamster Unterdrückung, die Verletzung aller Normen der revolutionären Gesetzlichkeit zum Nachteil derer, die in irgendeinem Punkt nicht mit Stalin übereinstimmten, bei denen auch nur der geringste Verdacht feindlicher Absichten bestand und die nicht gut angeschrieben waren. Dieser Begriff des „Volksfeindes" machte jede Form des ideologischen Kampfes bzw. jede freie Meinungsäußerung zu dieser oder jener Frage, auch wenn sie rein praktischer Natur war, unmöglich. In der Regel genügte als einziger Schuldbeweis, im Widerspruch zu allen Normen der Rechtswissenschaft, das „Geständnis" des Angeklagten selbst; wie sich später herausstellte, wurden die „Geständnisse" durch physischen Druck von den Angeklagten erpresst.
(Die geschichtlichen Grundlagen der Gegenwart. 1776 bis heute, Schöningh, Paderborn u. a. 1970, S. 314 f.)

1 *Stellen Sie die Kritik Chruschtschows an der Politik Stalins zusammen (M 33).*

2 *Erläutern Sie die Änderungen, die Chruschtschow durchführen will (M 33).*

M34 Die Reformvorstellungen Michail Gorbatschows

a) Glasnost

Glasnost verlangt bei allen Fragen der Innen- und Außenpolitik Meinungsvielfalt, offene Diskussionen und die freie Gegenüberstellung unterschiedlicher Ansichten. Nur unter einer solchen Voraussetzung kann sie ihre gesellschaftliche Pflicht erfüllen und dem Volk sowie dem Sozialismus von Nutzen sein.

b) Perestroika

Perestroika bedeutet, die stagnierenden Prozesse zu überwinden, alles zu beseitigen, was bremst, einen zuverlässigen und wirksamen Mechanismus zur Beschleunigung der sozialökonomischen Entwicklung zu schaffen und diesem eine größere Dynamik zu verleihen.
Perestroika bedeutet Initiative der Massen; Entwicklung der Demokratie auf breiter Basis, sozialistische Selbstverwaltung, Förderung von Initiative und schöpferischer Arbeit, Stärkung von Ordnung und Disziplin, mehr Offenheit, Kritik und Selbstkritik in allen Bereichen unserer Gesellschaft; ein Höchstmaß an Achtung des Individuums und Wahrung seiner persönlichen Würde.
(Michail Gorbatschow, Perestroika – die zweite russische Revolution, Droemer, München 1987, S. 39 f.)

1 *Vergleichen Sie die Reformvorstellungen Gorbatschows (M 34) mit den bisherigen Staatsprinzipien des Sowjetsystems. Worin besteht die Sprengkraft von Gorbatschows Reformvorstellungen?*

2 *Erörtern Sie das systemerhaltende bzw. systemüberwindende Potenzial von Glasnost und Perestroika.*

M35 Russland Ende des 20. Jahrhunderts

a) Der Journalist C. B. Sucher über die „Neuen Reichen" in einem Reisebericht von 1996

Nichts Neues im Osten? Oh doch! Das Geld regiert! Die Novyje Russkije, die Neuen Russen, jene Neureichen, die selbst für westliche Verhältnisse außergewöhnlich vermögend sind, über die besten Kontakte zur Mafia verfügen oder ihr selbst angehören, haben die Macht übernommen. Überall.
Kein Geschäft läuft ohne sie. Man begegnet ihnen ständig. Auf den Märkten, wo sie am Mittag abkassieren, in den Hotels [...].
Für Touristen aber, die in der Regel ja nicht mit Koffern voller Dollarnoten anreisen, ist Moskau eine ziemlich sichere Stadt. Und die verstärkte Präsenz der Miliz gibt selbst den Einheimischen das Gefühl, behütet zu sein. Umsorgt sind sie jedoch nicht. Es gibt kein soziales Netz; und die Reichen brüsten sich offen der Steuerhinterziehung. Bettler stehen, singen, kauern überall. Nicht wenige von ihnen bekreuzigen sich im Sekundentakt, um jene zu rühren, die den neuen Führer in Gott gefunden haben. [...] Wer den Fernseher anmacht, wähnt sich in einem anderen Land – bei Goldfingers, in Denver oder Dallas. Das Musikprogramm ist von MTV übernommen worden; Ratespiele haben Hochkon-

junktur; und in der Werbung werden Brillanten und Junghans-Uhren, Autos und Parfüms angeboten, die sich kein Arzt, kein Universitätsprofessor, kein Taxifahrer, kein Übersetzer je wird leisten können. Das Stipendium für einen hoch begabten Studenten reicht für Brot, Butter, Bücher und die Metro. Die meisten arbeiten als Putzfrauen oder Lagerarbeiter, um sich ein bisschen mehr leisten zu können: Bananen, Kaffee, Konserven. [...]
Im Baugeschäft geht es rüder zu. Es stimmt: Moskau wird schöner. Nicht zuletzt, weil Bürgermeister Juri Luschkow, nach der Manier seiner französischen Kollegen, sich für den Wiederaufbau einstiger Moskauer Pracht engagiert. Und gut daran verdient. Luschkow hat die besten Beziehungen – und ihm gehören nicht wenige der prachtvollsten Häuser in der Innenstadt.
(Christian B. Sucher, Die Neuen Reichen an der Macht, in: Süddeutsche Zeitung, 30./31. März 1996)

b) Aus einem Bericht des „Spiegel" über die russische Armee vom Oktober 1996
Sie schoss den ersten Hund in den Weltraum, Laika (1957), und vier Jahre später den ersten Menschen, Juri Gagarin. Ihre Raketen hatten Washington im Visier und Wiesbaden, ihre Panzer rollten auf Kreml-Knopfdruck in Berlin, Budapest und Prag. Ihre Generäle waren wohlgenährt, hoch dekoriert und hatten den Mund voller goldener Zähne: Die Sowjetarmee war eine sehr mächtige Firma.
Für sie arbeitete in den fetten Jahren des Kalten Krieges jeder zweite der besten sowjetischen Wissenschaftler und Ingenieure. Weit über 50 Prozent aller dauerhaften Industriegüter, ein Sechstel der vaterländischen Energieerzeugung flossen dem Militär zu. [...]
Nach dem Afghanistan-Syndrom droht nun das tschetschenische Trauma: „Die Folgen dieses sinnlosen und mörderischen Bürgerkrieges", ahnt ein Moskauer Militärpsychologe, „werden sich auf Moral und Selbstverständnis unserer Soldaten verheerend auswirken." [...]
Im vorigen Herbst entzogen sich 31 000 junge Männer der Musterung oder kauften sich eine Bestätigung der Dienstunfähigkeit, die in Moskau rund 500 Dollar kostet. Binnen sechs Monaten gerieten 3000 Armeeangehörige als Fahnenflüchtige in die Fahndungslisten.
Ein offizielles Recht, den Wehrdienst zu verweigern, existiert in Russland trotz Auflagen des Europarats noch immer nicht. [...]
Die 600 000 Zivilbediensteten der Armee, ebenso unbezahlt, wollen streiken; ihre Gewerkschaften haben angekündigt, Werkstätten und Werften für fahrendes und schwimmendes Kriegsgerät lahm zu legen. „Wir meinen es ernst", warnte eine Delegierte aus dem Leningrader Wehrbezirk: „Kommt kein Geld, überleben wir den nächsten Winter nicht."
Im Juli erhielt die Truppe gerade mal 4,4 Prozent der im Etat vorgesehenen Mittel. Im August wurde nicht ein einziger Rubel angewiesen. [...]
Vollmundig hat Präsident Boris Jelzin angekündigt, bis zum Jahr 2000 werde seine angeschlagene Wehr von 1,7 Mio. Soldaten zu einer kompakten Berufsarmee umgebaut. Der Minister beschied seinen Oberbefehlshaber trocken: „Träumen darf man." Eine auf 1,2 Mio. Mann verschlankte Profitruppe sei frühestens in neun Jahren zu erwarten.
(Eine Armee hungert, in: Der Spiegel Nr. 41 vom Oktober 1996, S. 168 f.)

1 *Skizzieren Sie anhand von M 35a und b die gesellschaftlichen Probleme, vor denen Russland fünf Jahre nach dem Ende des Kommunismus stand.*

Russland im 19. und 20. Jahrhundert: Nation und Gesellschaft

Zusammenhänge und Perspektiven

1 *Stellen Sie die zentralen Merkmale der Rückständigkeit des Zarenreiches im 19. Jahrhundert zusammen und setzen Sie sich mit den Ursachen dafür auseinander.*
2 *Bewerten Sie die Reformen der zaristischen Regierungen (Bauernbefreiung, Industrialisierungsprogramme) im 19. Jahrhundert unter dem Gesichtspunkt, ob und inwieweit sie die gesellschaftliche Rückständigkeit des Zarenreiches beheben konnten.*
3 *Erläutern Sie, inwiefern die Errichtung der bolschewistischen Herrschaft einen Versuch darstellte, die Hinterlassenschaft des Zarenreiches unter Ausschaltung demokratischer Alternativen zu überwinden.*
4 *Setzen Sie sich mit den Formen und Folgen der totalitären Diktatur Stalins auseinander.*
5 *Erläutern Sie den Zerfall der Sowjetunion unter den Aspekten „Reformfeindlichkeit des sowjetischen Systems" und „gesellschaftlicher Reformdruck". Beurteilen Sie, welchem Gesichtspunkt die größere Bedeutung im Hinblick auf das Ende des Sowjetsystems beizumessen ist.*

Zeittafel

16.–19. Jh. Im Zuge seiner Expansion entwickelt sich Russland zu einem Vielvölkerstaat.

1853–56 Niederlage Russlands im **Krimkrieg**; die politischen Eliten sehen in der Rückständigkeit Russlands die Ursache für die Niederlage; Zar Alexander II. (1855–81) leitet **Reformen** ein.

ab 1860 Russland beginnt eine staatliche Industrialisierungspolitik.

1861 **Bauernbefreiung:** Sie bedeutet die Aufhebung der Leibeigenschaft, belässt aber die Bauern in wirtschaftlicher Abhängigkeit von den Gutsbesitzern.

1895 Die Russische Sozialdemokratische Arbeiterpartei wird gegründet.

1905 **Erste russische Revolution:** Die Niederlage im russisch-japanischen Krieg (1904/05) erschüttert das innere Gefüge des Zarismus und löst revolutionäre Unruhen aus. Russland erhält erstmals eine Verfassung (vom Zar oktroyiert); die Duma wird als beratendes parlamentarisches Organ eingesetzt; die zaristische Autokratie bleibt aber im Wesentlichen erhalten (1906–17: Epoche des Scheinparlamentarismus).

1914 **30. Juli:** Russland leitet die Generalmobilmachung ein.

1917 **Revolutionen in Russland**
Die **Februarrevolution** führt das Ende des Zarentums herbei. Bolschewiki, bürgerliche Demokraten und rechtsgerichtete Kreise kämpfen um die Staatsform.
Oktoberrevolution: Nach seiner Rückkehr aus dem Exil ruft Lenin die Räte-(Sowjet-)herrschaft aus. Nach ihrer Niederlage bei den Wahlen zur Verfassunggebenden Versammlung (Nov.) schalten die Bolschewiki bürgerliche und andere Oppositionelle aus und lösen die Verfassunggebende Versammlung auf (Jan. 1918).

1918 Der Friede von Brest-Litowsk im letzten Kriegsjahr des Ersten Weltkriegs (1914–18) bringt Russland den Frieden, aber auch Gebietsverluste.

März 1918– Okt. 1920 Die Bolschewiki erringen im Bürgerkrieg den Sieg.

1929–53 Kennzeichen der **Alleinherrschaft Stalins** sind eine verschärfte Industrialisierungspolitik, Zwangskollektivierung mit Millionen Opfern, Personenkult und politische Säuberungen.

1939 Der Hitler-Stalin-Pakt wird abgeschlossen.

1941–45 Nach der Kriegserklärung Deutschlands an die UdSSR ruft Stalin zum „Großen Vaterländischen Krieg" auf und verschärft bis zu seinem Tod 1953 den innenpolitischen Kurs.

1956 Chruschtschow (1953–64) beginnt die Entstalinisierung.

1964–82 Breschnew leitet die Restalinisierung ein und treibt eine Politik der Hochrüstung (Einmarsch in Afghanistan 1979)

1985 **Gorbatschow** wird Generalsekretär der KPdSU und betreibt eine entschiedene Reformpolitik (Glasnost, Perestroika)

1986 In Tschernobyl ereignet sich ein schwer wiegender Reaktorunfall.

1991 Gorbatschow wird abgesetzt, die **Sowjetunion aufgelöst.** Die Rechtsnachfolge der UdSSR übernimmt die Russische Föderation (ehem. Russische Sowjetrepublik), deren Präsident 1990–1999 Boris Jelzin war.

seit 2000 Präsident Russlands: Wladimir Putin.

VIII Nationalismus und Liberalismus: Deutschland im „langen" 19. Jh.

Philipp Veit, Germania, 1848, Öl auf Leinwand. – Das Bild hing über dem Präsidentensitz der Frankfurter Paulskirche (s. S. 315); heute im Germanischen Nationalmuseum.

Im Jahre 1800, also gut zwanzig Jahre nach der Französischen Revolution, bot sich im „Heiligen Römischen Reich Deutscher Nation“ immer noch folgendes Bild: Die mehr als 300 Staaten und über 1 000 kleinen Territorien wurden teils von absolutistischen, teils von aufgeklärt-absolutistischen Monarchen regiert; der Adel verfügte über gesellschaftliche und politische Privilegien, während das wirtschaftlich bedeutsame Bürgertum wenig politischen Einfluss besaß und die Bauern in Abhängigkeit von den Grundherren lebten. Zwar gab es auch in Deutschland eine aufklärerische Tradition. Aber die Ideen der Menschenrechte und der parlamentarischen Nationalrepräsentation – Gedanken, die zu den Grundpfeilern des späteren Liberalismus zählten – blieben in Deutschland politische Theorie. Denn das Bürgertum fürchtete jene Auswüchse der Revolution, die Frankreich mit Königsmord und Terrorherrschaft erlebt hatte.
Die alten Loyalitäten und Staatsordnungen wurden erst erschüttert, als Napoleon die Länder des Heiligen Römischen Reiches besetzte, 1806 das Alte Reich auflöste, den Rheinbund gründete und die Zentralisierung der Staatsverwaltungen vorantrieb. Vom Bürgertum ausgehend, formierte sich nun eine Nationalbewegung, die den Kampf gegen Napoleon mit dem Wunsch nach Gründung eines deutschen Nationalstaates verband. Durch die Besatzung kam zugleich die Liberalisierung voran, da einzelne Staatsmänner die Niederlage vornehmlich als eine Folge ausgebliebener Modernisierungen betrachteten. Die von Stein und Hardenberg in Preußen eingeleiteten Reformen wurden so zum Beispiel einer „Revolution von oben“, während die Fürsten der süddeutschen, einst mit Napoleon verbündeten Staaten Verfassungen erließen.
Der aus dem Wiener Kongress 1814/15 hervorgegangene Deutsche Bund, der an die Stelle des Alten Reiches trat, befriedigte die Nationalbewegung nicht. In eine nationalistische Mobilisierung schlug diese Unzufriedenheit allerdings nicht um. Denn seit 1819 wurden auf Initiative des österreichischen Staatskanzlers Metternich Verfassunggebung und Liberalisierung massiv unterdrückt und damit auch die Nationalbewegung beeinträchtigt, die „Einheit und Freiheit“ zu einer einzigen Forderung verschmolz. Erst mit der französischen Julirevolution 1830 bekam sie neuen Auftrieb, erhielt Zulauf aus breiteren Schichten und mündete während des „Vormärz“ – unterstützt von Industrialisierungsfolgen und Hungerkrisen – in die Revolution von 1848.
Die Nationalbewegung wurde in der Revolutionszeit 1848/49 durch die Debatte um die „großdeutsche“ oder „kleindeutsche“ Lösung gespalten und dadurch in ihrer politischen Stoßkraft geschwächt. Territorialordnung und Verfassungsordnung zugleich diskutieren und festlegen, zumal unter den Bedingungen der einsetzenden Industrialisierung und dem Aufkommen der Arbeiterbewegung, das war zu viel auf einmal. In Deutschland, so lautet inzwischen die Meinung vieler Historiker, lagen 1848/49 zu viele Modernisierungsfragen zugleich auf dem Tisch. Die Einzelmonarchen konnten aus diesem Grund sowie dank ihrer militärischen Macht ihre Herrschaft wieder stabilisieren, wenn auch, wie in Preußen, nur mit dem Zugeständnis einer Verfassung.
Die von Bismarck initiierte Reichsgründung 1871 war nicht das, was die Nationalbewegung des Vormärz erhofft hatte. Denn der neue Nationalstaat wurde nicht von einem Nationalparlament, sondern von den Fürsten gegründet. Die Verfassung kannte (im Gegensatz zur Paulskirche) keine Grundrechte; der Reichstag hatte eine schwache Position und der König besaß uneingeschränkte Gewalt über das Militär. Reichskanzler Bismarck, ein adeliger Junker aus Preußen, bekämpfte Katholiken, Arbeiterbewegung und z. T. die Liberalen und schloss die österreichischen Habsburger als traditionelle Inhaber der deutschen Kaiserkrone aus dem Reich aus. Die daraus resultierenden politischen Spannungen wurden allerdings von einer erfolgreichen Industrialisierung und der Einführung eines Sozialversicherungssystems abgefedert. Zudem entfalteten die drei militärischen Siege Preußens, die der Reichsgründung vorangegangen waren, große Integrationskräfte. Sie förderten die Akzeptanz des neuen Nationalstaats sowie des „Reichsnationalismus“, der unter Wilhelm II. in Großmachtstreben überging und 1914 in den Weltkrieg führte.

1 Liberalismus und Nationalismus bis zur Reichsgründung

1.1 Revolution „von oben"

Die napoleonische Herrschaft in Deutschland

Anders als in Frankreich hatten sich in den deutschen Staaten die alten sozialen und politischen Verhältnisse bis zur Jahrhundertwende im Wesentlichen erhalten. Die Gesellschaft war nach wie vor nach Ständen gegliedert. Adel und Geistlichkeit genossen Privilegien und waren die großen Grundherren. Die Bauern lebten in weitgehender Abhängigkeit, bebauten den Boden, der ihnen nicht gehörte, und leisteten dem Grundeigentümer Abgaben und Dienste. Das Bürgertum profitierte zwar durch Handel und Gewerbe vom Merkantilismus und wurde wirtschaftlich einflussreich, war aber weiterhin politisch rechtlos. Seine politischen Ideen waren wie in Frankreich von der Aufklärung geprägt, blieben aber in der praktischen Politik größtenteils ohne Wirkung.

Die Französische Revolution führte in Deutschland weder zu einer revolutionären Situation noch zu unmittelbaren Veränderungen. Erst die Kriege des revolutionären Frankreich und Napoleons (1792–1809) erzwangen einen tief greifenden gesellschaftspolitischen Wandel. Die militärischen Erfolge gaben Frankreich die Möglichkeit, eine vollständige territoriale und politische Neuorganisation zu erzwingen. Die so genannte napoleonische Flurbereinigung erfolgte in zwei Etappen: Bereits 1801 hatten Kaiser und Reich die linksrheinischen Gebiete an Frankreich abgetreten. Für ihre Verluste wurden die weltlichen Fürsten 1803 im Reichsdeputationshauptschluss entschädigt. Unter dem Druck Napoleons geschah das durch **Säkularisierung** der geistlichen Herrschaften (Fürstbistümer, Reichsabteien, Klöster) und durch **Mediatisierung** der reichstreuen und reichsunmittelbaren Territorien (Reichsstädte, Reichsdörfer, kleinere Fürstentümer). Sie wurden als politische Einheiten aufgelöst und den größeren und mittleren Staaten zugeschlagen. Die politische Landkarte vereinfachte sich; es entstanden geschlossene und lebensfähige Flächenstaaten (Karte 1a, b). Nach der Niederlage Österreichs bei Austerlitz und dem Österreich 1805 aufgezwungenen Pressburger Frieden setzte Napoleon weitere territoriale Veränderungen durch. Zahlreiche Reichsritter wurden mediatisiert, ihre Herrschaften in die südwestdeutschen Staaten eingegliedert. Diese hatten sich mittlerweile auf die Seite Frankreichs gestellt und dessen Feldzug unterstützt. Napoleon zeigte sich erkenntlich, indem er z.B. 1805 Württemberg zum Königreich und 1806 Baden zum Großherzogtum erhob. Beide schlossen sich mit anderen deutschen Staaten im **Rheinbund** zusammen, der mit dem mächtigen Frankreich verbündet war. Mit dem Zusammenschluss von 16 süd- und norddeutschen Staaten zum Rheinbund im Juli 1806 endete das Heilige Römische Reich Deutscher Nation. Die Rheinbundfürsten traten aus dem Reichsverband aus, der deutsche Kaiser erkärte daraufhin sein Amt für erloschen. Bis 1812 schlossen sich alle deutschen Staaten bis auf Preußen und Österreich dem Rheinbund an. Die Rheinbundstaaten verpflichteten sich, Napoleon Truppen zu stellen. Im Gegenzug erhielten diese Staaten die lang ersehnte Souveränität über ihr Territorium.

Reformen in den Rheinbundstaaten

Napoleon wollte seine Herrschaft durch möglichst einheitliche Institutionen und Rechtsformen absichern und verlangte aus diesem Grunde von den Rheinbundstaaten eine Angleichung ihrer politischen und gesellschaftlichen Strukturen an das französische Vorbild. Das lag jedoch auch im Eigeninteresse dieser Länder. Das französische System mit seinen allgemein verbindlichen, rationalen Prinzipien war ein geeignetes Mittel, um die bunt zusammengewürfelten Staaten zu einem Ganzen verschmelzen zu können. Durchgesetzt wurde die umfassende Erneuerung von Staat und Gesellschaft, die zur Übernahme

Karte 1 Die „napoleonische Flurbereinigung" in Deutschland

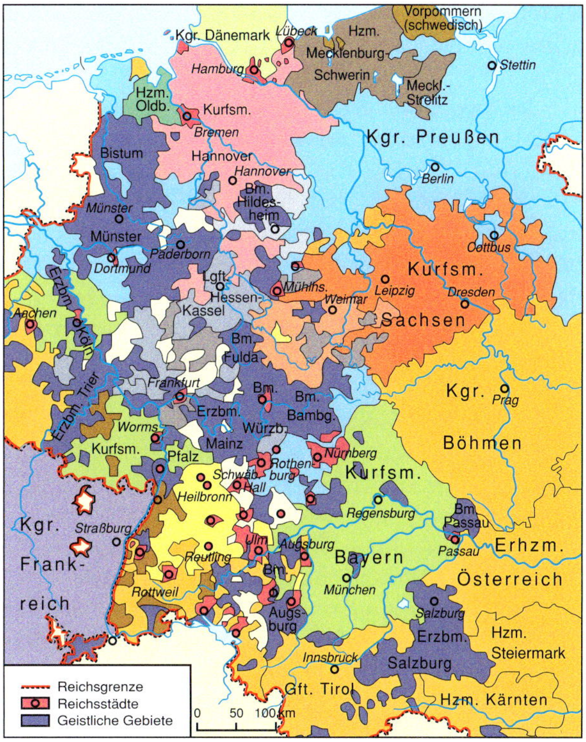

1 a Karte von 1789

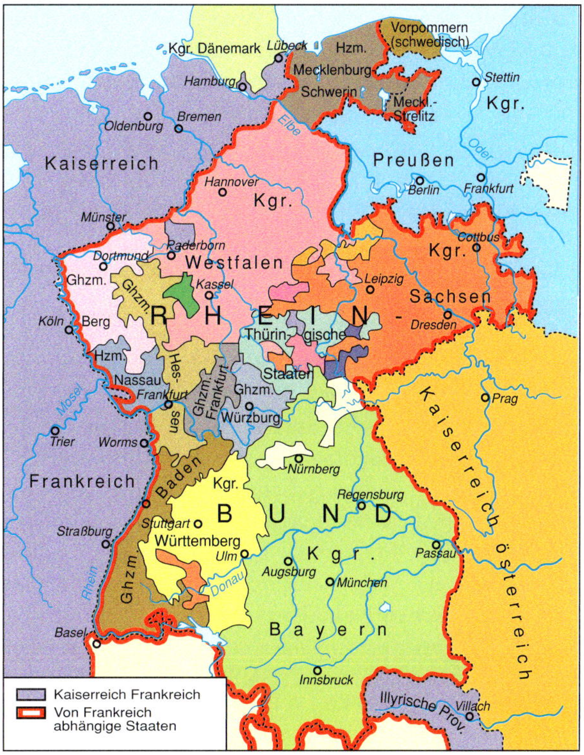

1 b Karte von 1810

wichtiger Errungenschaften der Französischen Revolution führte, vom Staat und seiner Bürokratie, d.h. nicht vom Volk. Aus diesem Grunde sprechen die Historiker von einer Revolution „von oben“.
Mit der Integration der linksrheinischen deutschen Gebiete in die französische Departementsverwaltung galt dort französisches Recht und damit Napoleons Gesetzessammlung, der **Code civil** (1804). Nach der Gründung des Rheinbundes und Preußens Niederlage bei Jena und Auerstedt wurde er auch rechtsrheinisch wirksam. In den Hansestädten, in den neu gegründeten französischen Musterstaaten Westfalen und Berg und, modifiziert, in Baden und Frankfurt am Main trat der Code civil in Kraft. Die Regierungen von Bayern, Würzburg und Hessen-Darmstadt bereiteten die Einführung vor; Napoleon lehnte 1810 eine weitere Verbreitung ab.
Der Code civil brachte eine **Vereinheitlichung der Rechtsauffassung** und bereitete den Boden für die Entwicklung einer an **Wirtschaftsfreiheit** und **Leistungsprinzip** orientierten Gesellschaft. Mit der Durchsetzung allgemeiner bürgerlicher **Freiheitsrechte** und der **Gleichheit** der Männer **vor dem Gesetz** bewirkte er nicht nur eine Erneuerung der Rechts-, sondern auch der Gesellschaftsordnung. Die Vereinfachung und Vereinheitlichung der Besitzrechte und Vertragsarten sowie die Säkularisation des Zivillebens (z.B. Zivilehe statt kirchlicher Ehe) wirkten vorbildhaft. Linksrheinisch war der Code civil bis zur Einführung des Bürgerlichen Gesetzbuches (BGB) im Jahre 1900 in Kraft.
Die süddeutschen Rheinbundstaaten beseitigten die Stände und gewährleisteten einen strikten Verwaltungszentralismus und einen autokratischen Absolutismus. Die Integration der neuen Landesteile zum Zentralstaat Bayern wurde damit ebenso gefördert wie die zum württembergischen Gesamtstaat und die zum badischen „Musterland“. Mit den Befreiungskriegen, dem Ende des Rheinbundes und der Herrschaft Napoleons (1813–15) entstand die Gefahr erneuter Gebietsveränderungen. Gleichzeitig erwies sich eine ausschließlich bürokratische Integration der neuen Landesteile als wenig tragfähig. Angesichts drohender Gebiets- und Machtverluste waren die süddeutschen Herrscher bereit, ein württembergisches oder badisches **Nationalbewusstsein** ihrer Untertanen zu fördern. Hauptmittel zur politischen Integration der Untertanen war die Überführung des monarchischen Verwaltungsstaats in einen **liberalen Verfassungsstaat**. In diesem tritt an die Stelle des Untertanen der Staatsbürger mit bestimmten Rechten und Freiheiten. Kernstück des Verfassungsstaats ist eine gewählte Nationalrepräsentation, in der dem Monarchen ein Mitbestimmungsrecht des Volkes entgegentritt. Die französische Charte constitutionnelle von 1814 stellte mit ihrem Zweikammersystem und der Garantie der Menschen- und Bürgerrechte das Vorbild für die so genannten frühkonstitutionellen Verfassungen in Baden, Württemberg und Bayern 1818/19.
In Baden verordnete (oktroyierte) Großherzog Carl 1818 eine Verfassung (Schema 1), in der jeder männliche Bürger das aktive Wahlrecht besaß (nur das passive war an eine bestimmte Steuerleistung gebunden = Zensus). Die württembergische Verfassung von 1819 kannte nur ein eingeschränktes Wahlrecht (Zensuswahl), war aber die einzige, die nicht vom Landesherrn oktroyiert, sondern mit dem Landtag ausgehandelt war. Insofern bedeutete sie eine Rückkehr zum „alten Recht“. In allen süddeutschen Verfassungen (einschließlich der Bayerns 1818) war mit den Grundrechten die Gleichheit der Männer und damit der Zugang aller männlichen Bürger zu den Staatsämtern, die Freiheit der Person und der Meinung sowie das Recht auf Eigentum gewährleistet; neben der Wehr- wurde auch die Steuerpflicht eingeführt.
Den **süddeutschen Konstitutionalismus** kennzeichnen aber auch typische Mängel. Im Zweikammersystem setzte sich die alte Gesellschaftsteilung fort: Der Adel hatte in ihnen ebenso wie in der Gesellschaft eine Sonderstellung inne. Die Kammern waren kein Parlament, denn sie konnten keine Regierungen bilden bzw. entlassen; einzig die Regierungskontrolle und die Mitwirkung

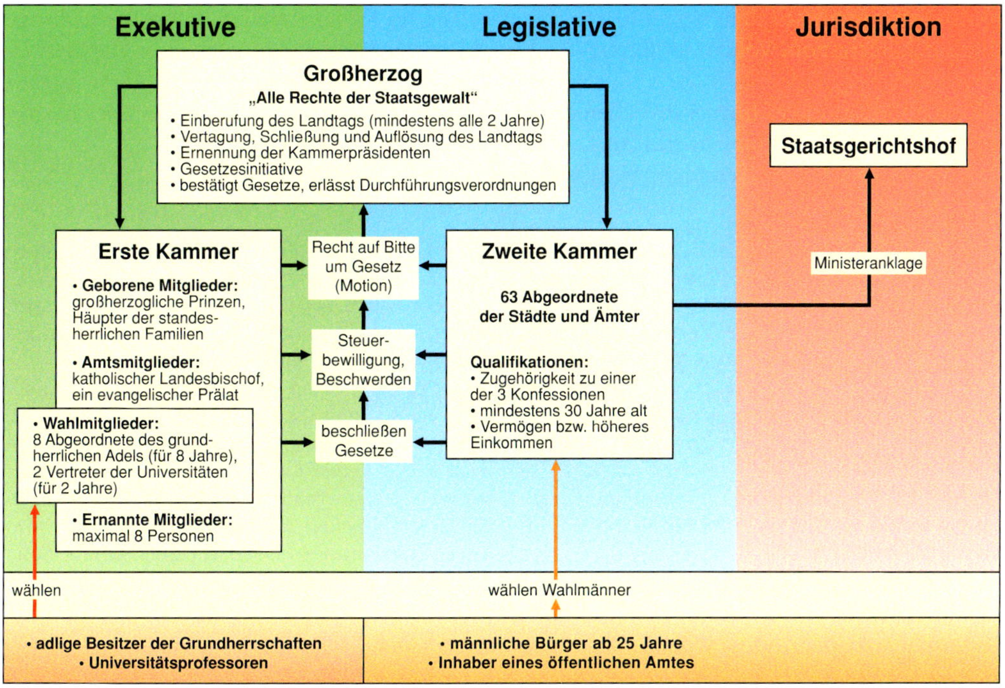

Schema 1 Die Staatsorgane in der badischen Verfassung von 1818

bei der Gesetzgebung waren ihre Aufgaben. Die Gewaltenteilung war ebenso unvollständig wie die Ministerverantwortlichkeit. Dennoch haben diese Verfassungen die Einheit der süddeutschen Länder so befördert, dass sie auch die Revolution von 1848/49 überstanden.

Reformen in Preußen

Napoleon hatte nach der Niederlage Preußens bei Jena und Auerstedt 1806 dessen westliche und östliche Gebiete abgetrennt und zu selbstständigen Staaten erhoben (z. B. Westfalen, Warschau); bei einer erneuten Niederlage musste das nurmehr aus Brandenburg, Pommern, Schlesien und Ostpreußen bestehende Preußen mit seinem Ende rechnen. Angesichts dieser Lage setzten sich in Preußens Staatsspitze immer mehr Männer durch, die in einer gründlichen Staatsreform das einzige Heilmittel für ein wirtschaftliches und militärisches Wiedererstarken ihres Landes sahen. Zu diesen Reformern gehörten der ehemalige Finanzminister und seit 1807 erste Minister Preußens, Freiherr vom und zum Stein (M 1), und sein Nachfolger von Hardenberg. Nach ihrer Auffassung sollten alle Landesteile unmittelbar dem König unterstellt, durch die Beseitigung der Adelsprivilegien, die Befreiung der Bauern, durch Reformen im Heeres- und Rechtswesen, ferner durch ein Mitspracherecht der Untertanen in Staat und Gemeinde und durch ein allgemeines Erziehungswesen ein nationales Bewusstsein geschaffen werden. Aus dem so geförderten **preußischen Nationalbewusstsein** sollte die Kraft zu einer neuen Größe Preußens gewonnen werden.
Alle diese Reformpunkte waren von den Errungenschaften der Französischen Revolution und Napoleons Staatsauffassung inspiriert worden. Dem preußischen Adel waren deshalb die Reformer als Jakobiner verdächtig. Dennoch leitete der preußische König mit dem Oktoberedikt 1807 (s. S. 146) eine Revolution „von oben" ein, die mit einer Sozial-, Rechts-, Wirtschafts-, Verwal-

tungs-, Militär-und Erziehungsreform für Deutschland im 19. Jahrhundert Maßstäbe setzte. In der Verwaltungsreform vom Dezember 1808 wurde nach französischem Vorbild eine zentralistische Verwaltungsorganisation eingeführt, die den preußischen Staat über ein Jahrhundert prägte. So legten die Reformer den Grundstein für eine liberale Entwicklung in Preußen ebenso wie für den preußischen Nationalismus.

M1 Aus dem Rundschreiben des Ministers vom Stein an die obersten Verwaltungsbehörden vom 24. November 1808

Es kam darauf an, die Disharmonie, die im Volke stattfindet, aufzuheben, den Kampf der Stände unter sich, der uns unglücklich machte, zu vernichten, gesetzlich die Möglichkeit aufzustellen, dass jeder im Volke seine Kräfte frey in moralischer Richtung entwickeln könne, und auf solche Weise das Volk zu nöthigen, König und Vaterland dergestalt zu lieben, dass es Gut und Leben ihnen gern zum Opfer bringe. [...]

1) Regierung kann nur von der höchsten Gewalt ausgehen. [...] Nur der König sei Herr, in so fern diese Benennung die Polizeigewalt bezeichnet, und sein Recht übe nur der aus, dem er es jedes Mal überträgt. [...]

2) Derjenige, der Recht sprechen soll, hänge nur von der höchsten Gewalt ab. [...] Die Aufhebung der Patrimonial-Jurisdiktion ist bereits eingeleitet.

3) Die Erbunterthänigkeit ist vernichtet. [...]

Das nächste Beförderungsmittel scheint mir

4) eine allgemeine Nationalrepräsentation.

Heilig war mir, und bleibe uns, das Recht und die Gewalt unseres Königs. Aber damit dieses Recht und diese unumschränkte Gewalt das Gute wirken kann, was in ihr liegt, schien es mir nothwendig, der höchsten Gewalt ein Mittel zu geben, wodurch sie die Wünsche des Volks kennen lernen und ihren Bestimmungen Leben geben kann.

Wenn dem Volke alle Theilnahme an den Operationen des Staates entzogen wird, wenn man ihm sogar die Verwaltung seiner Kommunalangelegenheiten entzieht, kommt es bald dahin, die Regierung theils gleichgültig, theils in einzelnen Fällen in Opposition mit sich zu betrachten. [...]

5) Zwischen unsern beiden Hauptständen, dem Adel und dem Bürgerstande, herrscht durchaus keine Verbindung. Wer aus dem einen in den andern übergeht, entsagt seinem vorigen Stande ganz. [...]

So leidet der Gemeingeist und das Vertrauen zur Regierung. Diese Ansicht hat mir die Meinung von der Nothwendigkeit der Reformation des Adels veranlasst. Die Verhandlungen darüber liegen Ihnen vor. Durch eine Verbindung des Adels mit den andern Ständen wird die Nation zu einem Ganzen verkettet, und dabei kann das Andenken an edle Handlungen, welche der Ewigkeit werth sind, in einem höhern Grade erhalten werden. Diese Verbindung wird zugleich

6) die allgemeine Pflicht zur Vertheidigung des Vaterlandes lebhaft begründen, und auch diese Allgemeinheit muss nothwendig gleichen Eifer für die Regierung in jedem Stande erzeugen. Nur der Bauernstand wird deshalb, weil er durch Erbunterthänigkeit so lange zurückgehalten wurde, einiger positiven Unterstützung zur Erhöhung seines persönlichen Werthes noch bedürfen.

(Johann Friedrich Benzenberg, Ueber Provinzialverfassung; mit bes. Rücksicht auf die vier Länder Jülich, Cleve, Berg und Mark, Erster Theil, Hamm 1819, S. 86–92)

1 *Erstellen Sie eine Liste der Reformprogrammpunkte vom Steins (M 1).*

2 *Die preußische Reform sei eine „idealistisch-moralische Bewegung" gewesen, schrieb einmal der Historiker Thomas Nipperdey. Diskutieren Sie diese These anhand von M 1 und der Darstellung.*

1.2 Wiener Kongress, Deutscher Bund und Restauration

Erhebung gegen Napoleon

Im Jahre 1808 hatte Napoleon den Gipfel seiner Macht über Europa erreicht. Mehrfach hatte er die Koalitionen der europäischen Fürstentümer besiegt. Nun erwuchs ihm im erwachenden Nationalgefühl in den besetzten Ländern eine neue Gefahr. Nach dem Sieg über Preußen 1806 und der Besetzung Spaniens 1808 nahm der Widerstand gegen die napoleonische Fremdherrschaft zu; auch Entscheidungsschlachten konnten den Widerstandswillen nicht brechen.

Nachdem Napoleons Strafexpedition gegen Russland 1812 fehlgeschlagen war, bildete England mit Preußen, Österreich und Russland eine neue Koalition; zu ihr gesellten sich noch die Länder des Rheinbundes. In ganz Deutschland bildeten sich Freikorps aus Studenten und jungen Handwerkern, die im Kampf gegen Napoleon einen **Befreiungskrieg** zur Herstellung eines neuen, politisch vereinten Deutschlands mit liberaler Prägung erblickten. Diese militärische Koalition siegte über Napoleons neu ausgehobene Armee in der **Völkerschlacht bei Leipzig** (1813). Napoleon

Karte 2 Der Deutsche Bund 1815–1866

wurde über den Rhein bis nach Paris verfolgt und dort vom Senat abgesetzt, der die Macht dem Bourbonen Ludwig XVIII. übertrug. Dieser erließ eine neue Verfassung mit der Garantie der Menschenrechte (Charte). Dem nach Elba verbannten Napoleon verschaffte die Misswirtschaft der Bourbonen eine Gelegenheit zur Rückkehr nach Paris. Seine Niederlage bei **Waterloo** (1815) aber besiegelte sein Schicksal bereits nach 100 Tagen. Er starb in der Verbannung auf St. Helena im südlichen Atlantik.

Wiener Kongress und Restauration

Nach der Völkerschlacht bei Leipzig und Napoleons Abdankung wurde auf einem Kongress in Wien über die Neuordnung Europas nach der Französischen Revolution verhandelt; die Konferenzen zogen sich bis 1815 hin. England, Österreich, Preußen und Russland beherrschten diese Verhandlungen, bei denen der österreichische Staatskanzler Fürst von Metternich einen entscheidenden Einfluss ausübte. Alle Mächte hatten nicht nur ein Interesse an einer Sicherung des Friedens, sondern auch an der Auslöschung der staatsrechtlichen und gesellschaftlichen Errungenschaften der Französischen Revolution. Deshalb sollte das europäische **Gleichgewicht** durch annähernd gleich mächtige Staaten auf dem Kontinent wiederhergestellt und die alte Gesellschaftsordnung wieder belebt werden. Diese **Restauration** sollte nach dem Grundsatz der althergebrachten Rechtmäßigkeit (Legitimität) der Herrschaft erfolgen. Die Monarchen im Sinne des Gottesgnadentums wollten sich ihre Herrschaft durch Solidarität der Throne sichern. Sie schlossen sich 1815 zur **Heiligen Allianz** zusammen, die sich gegen den von der Französischen Revolution ausgelösten Liberalismus in Europa richtete und eine Phase der Unterdrückung einleitete (B 1).
Dieses politische System, das Metternich bis 1848 mit Überlegenheit zu handhaben wusste (System Metternich), begründete und stützte den **Konservativismus** in Deutschland. Die Konservativen erblickten in jedem Liberalismus die Gefahr, dem Radikalismus, d. h. dem Streben nach Volkssouveränität, Tür und Tor zu öffnen. Der Konservativismus setzte allem Freiheitsstreben das Prinzip der Ordnung entgegen, weil der Mensch seiner Meinung nach nicht gut sei. Autorität, Tradition und Bindung an Gruppennormen bildeten Ideale des Konservativismus.

Deutscher Bund (1815) und enttäuschte Reformer

Für Deutschland sah die Wiener Schlussakte die Gründung eines Staatenbundes von 35 souveränen Fürsten und vier freien Städten vor **(Deutscher Bund)**. Österreich und Preußen waren die größten Mitglieder des Deutschen Bundes. Österreich, das den Vorsitz führte, verlor seine alten Gebiete am Oberrhein und in den Niederlanden und verlagerte seinen territorialen Schwerpunkt nach Südosten (aus Deutschland heraus). Preußen hingegen gewann Gebiete am Rhein und dehnte sich nach Westen aus (nach Deutschland hinein). Mit der Gründung eines losen Fürstenbundes, in dem statt einer Verfassung lediglich landständische Verfassungen in den Einzelstaaten angekündigt wurden, waren die Hoffnungen liberaler Reformer und der jungen Deutschen, die sich in den Befreiungskriegen gegen Napoleon für die deutsche Einheit eingesetzt hatten, zunichte gemacht worden (M 2). Von nun an richtete sich eine liberal und national denkende Opposition gegen die restaurative Herrschaft der deutschen Fürsten und verlangte statt der kleinstaatlichen Zersplitterung Deutschlands den deutschen Einheitsstaat, den **Nationalstaat** mit einer liberalen Verfassung. Die liberale und die nationale Opposition hatten im Bürgertum ihren gesellschaftlichen Rückhalt, beide bezogen vom revolutionären Frankreich ihre Vorbilder.

Gründung der Burschenschaften und Wartburgfest

Ihre jüngsten Vertreter fanden die liberale und die nationale Bewegung in der deutschen Studentenschaft. Ihre Teilnehmer an den Befreiungskriegen gründeten 1815 die ersten gesamtdeutschen Studentenverbindungen, die Burschen-

B 1 Heinrich Olivier, Die Heilige Allianz, 1815, Öl auf Leinwand. – In dieser gotisierenden Allegorie auf die Restauration wird das idealisierte Bild der katholischen Romantiker vom Mittelalter beschworen.

– *Deuten Sie die drei Gestalten. Erschließen Sie den Sinn der gotischen Formen.*

schaften. Sie forderten die politische Einheit Deutschlands, die Abschaffung der Privilegien, Meinungsfreiheit und Gesetzgebung durch eine Volksvertretung.
Ihre Opposition zur Fürstenherrschaft in Deutschland demonstrierten 500 Studenten aller deutschen Universitäten 1817 bei einem Treffen auf der **Wartburg** anlässlich des 300. Jahrestages der Reformation und der vierten Jährung des Sieges über Napoleon. Eine Veranstaltung nach dem offiziellen Teil erregte die Repräsentanten der Heiligen Allianz im Deutschen Bund in besonderem Maße: Nach Luthers Vorbild von der Verbrennung der Bannbulle übergaben die Studenten Restaurationsschriften wie die Bundesakte ebenso den Flammen wie den Code civil. Auch eine „Geschichte des Deutschen Reiches" des deutschen Erfolgsdramatikers und russischen Staatsrates August von Kotzebue war unter den geächteten Texten des Wartburgfestes.

Karlsbader Beschlüsse und Demagogenverfolgungen

Die Ermordung Kotzebues durch den Theologiestudenten und Burschenschafter Karl Sand im März 1819 gab Metternich die Gelegenheit, die nationalen und liberalen Gruppen in Deutschland zu unterdrücken. Österreich und Preußen einigten sich im August 1819 im böhmischen Karlsbad auf ein Überwachungs- und **Zensursystem**, das die **Burschenschaften verbot** und eine **Kontrolle über die Universitäten** und andere Institutionen einrichtete (M 4). Da die **Karlsbader Beschlüsse** Bestandteil der Bundesakte des Deutschen Bundes wurden, waren bis 1848 alle Aktivitäten, die als „revolutionär" oder „demagogisch" verdächtigt werden konnten, der Verfolgung ausgesetzt. Von den drohenden Berufsverboten waren in erster Linie Professoren an Universitäten und Gymnasien sowie Studenten betroffen. Dieses Unterdrückungssystem bewirkte jenen **biedermeierlichen** Rückzug in Haus, Garten und Privatgesellschaft, welcher die 1820er- bis 1840er-Jahre prägte.

M2 Aus einer Denkschrift des Freiherrn vom Stein zum Deutschen Bund 1815

Unsere neuen Gesetzgeber haben an die Stelle des alten Deutschen Reiches mit einem Haupte, gesetzgebender Versammlung, Gerichtshöfen, einer innern Einrichtung, die ein Ganzes bildete – einen Deutschen Bund gesetzt, ohne Haupt, ohne Gerichtshöfe, schwach verbunden für die gemeine Verteidigung. Die Rechte der Einzelnen sind durch nichts gesichert als die unbestimmte Erklärung, „dass es Landstände geben solle"; ohne dass etwas über deren Befugnisse festgestellt ist (Art. 13); und durch eine Reihe Grundsätze (Art. 18) über die Rechte jedes Deutschen [Eigentums- und Freizügigkeitsrecht], worunter man die Habeas corpus, die Abschaffung der Leibeigenschaft, ausgelassen hat und welche durch keine schützende Einrichtung verbürgt werden.

Die Bildung des Bundestages, mag er als Bundesversammlung oder als Plenum handeln, gestattet nur schwer eine für alle verbindliche Handlung, da die Fälle, welche Einstimmigkeit erheischen, so zahlreich und so unbestimmt ausgedrückt sind. Sie wird erfordert jedes Mal, wenn es sich darum handelt, a) Grundgesetze zu geben oder zu verändern, b) organische Bundes-Einrichtungen zu schaffen, c) über Rechte Einzelner zu beschließen d) oder über Gegenstände der Religion.

Das Recht der Bündnisse einzelner Staaten mit Fremden wird allein durch die Verpflichtung beschränkt, keine Verbindungen einzugehen, welche gegen den Bund oder eines seiner Glieder gerichtet sind (Art. 11). – Der Deutsche wird also sein Blut vergießen für seinem Lande fremde Streitigkeiten, wenn sein Fürst sich mit Frankreich oder England gegen eine andere Macht verbündet – er wird sogar verpflichtet sein, seinen Landsmann zu bekämpfen, wenn dessen Fürst sich mit dem Gegner verbunden hat.

(E. Botzenhart/G. Ipsen [Hg.], Freiherr vom Stein, Aalen 1955, S. 351 f.)

1 *Fassen Sie vom Steins Kritikpunkte zusammen. Worin erblickt er die größten Fehler der Verfassung?*

2 *Erläutern Sie, wer in Deutschland vom Steins Kritik des Deutschen Bundes teilte (M 2). Nennen Sie die Erwartungen, von denen diese Deutschen ausgingen.*

M3 Aus den Karlsbader Beschlüssen 1819

a) Aus dem Universitätsgesetz.

§ 1. Es soll bei jeder Universität ein mit zweckmäßigen Instruktionen und ausgedehnten Befugnissen versehener [...] landesherrlicher Bevollmächtigter [...] von der Regierung [...] angestellt werden. [...]

§ 2. Die Bundesregierungen verpflichten sich gegeneinander, Universitäts- und andere öffentliche Lehrer, die durch erweisliche Abweichung von ihrer Pflicht oder Überschreitung der Grenzen ihres Berufes, durch Missbrauch ihres rechtmäßigen Einflusses auf die Gemüter der Jugend, durch Verbreitung verderblicher, der öffentlichen Ordnung und Ruhe feindseliger oder die Grundlagen der bestehenden Staatseinrichtungen untergrabender Lehren, ihre Unfähigkeit zur Verwaltung des ihnen anvertrauten wichtigen Amtes unverkennbar an den Tag gelegt haben, von den Universitäten und sonstigen Lehranstalten zu entfernen [...].

Ein auf solche Weise ausgeschlossener Lehrer darf in keinem andern Bundesstaate bei irgendeinem öffentlichen Lehrinstitut wieder angestellt werden.

§ 3. Die seit langer Zeit bestehenden Gesetze gegen geheime oder nicht autorisierte Verbindungen auf den Universitäten sollen in ihrer ganzen Kraft und Strenge aufrechterhalten und insbesondere auf den seit einigen Jahren gestifteten, unter dem Namen der allgemeinen Burschenschaft bekannten Verein [...] ausgedehnt werden [...].

Die Regierungen vereinigen sich darüber, dass Individuen, die nach Bekanntmachung des gegenwärtigen Beschlusses erweislich in geheimen oder nicht autorisierten Verbindungen geblieben oder in solche getreten sind, bei keinem öffentlichen Amte zugelassen werden sollen.

b) Aus dem Pressgesetz.

§ 1. Solange der gegenwärtige Beschluss in Kraft bleiben wird, dürfen Schriften, die in der Form täglicher Blätter oder heftweise erscheinen, desgleichen solche, die nicht über 20 Bogen im Druck stark sind, in keinem deutschen Bundesstaate ohne Vorwissen und vorgängige Genehmhaltung der Landesbehörden zum Druck befördert werden.

c) Aus dem Untersuchungsgesetz.

Art. 2. Der Zweck [der Außerordentlichen Zentral-Untersuchungskommission des Dt. Bundes] ist gemeinschaftliche, möglichst gründliche und umfassende Untersuchung und Feststellung des Tatbestandes, des Ursprungs und der mannigfachen Verzweigungen der gegen die bestehende Verfassung und innere Ruhe, sowohl des ganzen Bundes als einzelner Bundesstaaten, gerichteten revolutionären Umtriebe [...].

(E. R. Huber [Hg.], Dokumente zur deutschen Verfassungsgeschichte, Bd. 1, W. Kohlhammer, Stuttgart [3]1978, S. 100 ff.)

1 *Formulieren Sie die Zielsetzung der Karlsbader Beschlüsse (M 3).*

2 *Erläutern Sie, wie sich solche Maßnahmen auf die Zeitstimmung auswirkten (M 3).*

1.3 Liberalismus, Nationalismus und die bürgerliche Öffentlichkeit

Entstehung der Öffentlichkeit

Seit Ende des 18. Jahrhunderts löste sich die Hochkultur immer mehr von Hof und Kirche und wurde vom Bürgertum geprägt und finanziert. Dabei entwickelten sich ganz neue Organisationsformen für kulturelle und künstlerische Zwecke. Statt der exklusiven adligen Gesellschaft oder der kirchlichen Räume bot nun die Öffentlichkeit des Cafés, des Theaters, des Museums, des Parks oder Platzes den Ort für das kulturelle Ereignis. Diskussion, Zeitung und Zeitschrift übernahmen die Aufgabe der öffentlichen Meinungsbildung. Wo diese Medien wie in der Restaurationszeit eingeschränkt waren, rückte an ihre Stelle der bereits im 18. Jahrhundert bekannte private **Salon**. Der Salon Rahel Varnhagens wurde zum wichtigsten kulturellen Zentrum der Restaurationszeit in Berlin.
In politischer Hinsicht stellte die Herausbildung einer bürgerlichen Öffentlichkeit einen Machtfaktor gegenüber der Herrschaft von Regierung, Verwaltung und Kirche dar. Infolge der allgemeinen Schulpflicht und der Ausweitung der Gymnasien und Universitäten vollzog sich Anfang des 19. Jahrhunderts in Deutschland eine **Leserevolution**, die immer mehr Menschen befähigte, an der öffentlichen Diskussion über die Gesellschafts- und Staatsverfassung teilzunehmen. **Tageszeitungen** und Zeitschriften erlebten eine ungeahnte Blütezeit (B 2). Parallel dazu entwickelte sich explosionsartig das **Vereinswesen**, wenn es auch auf Grund der Karlsbader Beschlüsse auf nach außen hin unpolitische Bereiche beschränkt blieb. Innerhalb der gewerblichen, technischen und Gesangsvereine wurde aber die Politisierung der Gesellschaft vorangetrieben.

Deutscher Liberalismus der Restaurationszeit

Um 1800 war der Liberalismus des gebildeten Bürgertums und des Reformadels in Deutschland noch aus der Breite der Aufklärungsströmungen und den Anregungen aller Phasen der Französischen Revolution gespeist. Unter dem Einfluss der Nachstellungen in der Restaurationszeit verengten sich allerdings die Zielvorstellungen der meisten Liberalen. Nach 1820 orientierten sie sich hauptsächlich an den Grundsätzen der Französischen Revolution von 1789–91, wollten also vor allem den **Rechts- und Verfassungsstaat** verwirklichen. Der Staat sollte nur so viel Macht besitzen, dass er die Bürger vor äußeren Gefahren schützen und in Konfliktfällen als Schlichter auftreten könnte („Nachtwächterstaat“). Damit grenzte sich der Liberalismus gegen den starken Willkürstaat des Absolutismus wie der Restauration ab und stellte sich in die Verfassungstradition Englands seit 1688 (M 5). Dieser Liberalismus darf nicht mit den Zielen der demokratischen und republikanischen Bewegung verwechselt werden. Im Gegensatz zu den Demokraten, die sich auf Rousseau und die französische Verfassung von 1793 beriefen, hielten die Liberalen am Zensuswahlrecht nach Vermögenslage fest; ein Frauenwahlrecht war nicht vorgesehen. Ebenso wenig strebten sie nach einer generellen Abschaffung des monarchischen Prinzips (Republik). Ihr Ideal war ein Verfassungsstaat, in dem der Monarch die Exekutive, eine gewählte Volksvertretung, eventuell nach Ständen gebildet, die Gesetzgebung und unabhängige Richter die Rechtspflege innehaben. Im Unterschied zu den süddeutschen Staaten war dieser **Konstitutionalismus** in Norddeutschland (Preußen) ebenso wenig verwirklicht wie in Österreich – und das, obwohl die Deutsche Bundesakte die Bildung „landständischer Verfassungen“ in allen deutschen Staaten vorgesehen und Preußen 1815 ausdrücklich eine Verfassung versprochen hatte.

Deutscher Nationalismus

Neben dem Liberalismus war während der napoleonischen Besatzung in Deutschland eine nationale Bewegung entstanden. Sie löste das Nationalbewusstsein des Bildungsbürgertums ab, das aus der Mitte des 18. Jahrhunderts stammte. Dieses hatte im staatlich zersplitterten Deutschland eine **Kulturnation** gesehen (Sprache,

B 2 Johann Peter Hasenclever, Das Lesekabinett, 1843, Öl auf Leinwand. – Die Leserevolution stand am Beginn der Entwicklung bürgerlicher Öffentlichkeit. Tageszeitungen und Caféhäuser boten den Rahmen für das Gespräch über allgemeine Belange als Grundlage für den politischen Prozess.

Geschichte). Nun forderten die meist jungen Patrioten der Befreiungskriege eine einheitliche deutsche **Staatsnation** nach französischem und englischem Vorbild. Das neue Gesamtdeutschland sollte erstmals seit 1648 wieder zu einem Machtfaktor europäischer Politik werden, wie England und Frankreich auch, wenn es diesen nicht gar überlegen sein sollte. Obwohl in der Franzosenfeindlichkeit der Befreiungskriege eine Tendenz zur Verabsolutierung der eigenen Nation angelegt war (M 4), behielt der deutsche Nationalismus bis zur Reichsgründung 1871 im Wesentlichen seine freiheitliche Grundtendenz. In dieser Zeit gehörte zu seinen wesentlichen Merkmalen seine enge Verbindung mit dem Liberalismus. Diese gemeinsame Zielsetzung lässt sich in der Formel **„Einheit und Freiheit"** für Deutschland fassen. Der Weg von der Befreiung von Fremdherrschaft führte die Nationalisten zur Forderung nach Mitbestimmung im Inneren. Wie der revolutionäre französische Nationalismus, so schuf sich auch das deutsche Nationalbewusstsein Symbole. Aus dem alten Reichswappen und der Uniform des Freikorps Lützow der Befreiungskriege entnahmen Studenten die Farben Schwarz-Rot-Gold als Zeichen für die Einheit der Nation in politischer, wirtschaftlicher und kultureller Hinsicht.

Vormärz 1830–1848

Die französische Julirevolution 1830 schwächte die Kräfte der Restauration und stärkte die liberale und nationale Bewegung in Europa. In Deutschland erzwangen Unruhen **Verfassungen** in Braunschweig, Kurhessen, Hannover und im Königreich Sachsen. Die gestärkte nationalliberale Bewegung nutzte die Möglichkeiten, die

B 3 Der Zug der 30 000 Oppositionellen zum Hambacher Schloss am 27. Mai 1832, anonymer kolorierter Kupferstich, 1830er-Jahre

– *Erklären Sie Herkunft und Bedeutung der nationalen Symbole auf dem Bild.*
– *Erläutern Sie, weshalb diese Versammlung, ungeachtet der Repressionen aus der Restaurationszeit, in der bayerischen Pfalz möglich war.*

die bayerische Verfassung und der Code civil ihr boten, und versammelte im Mai 1832 etwa 30 000 Menschen auf einer Burgruine in der Pfalz zum **Hambacher Fest** (M 6, B 3). Stürmisch forderten die zahlreichen Redner nationale Einheit, Pressefreiheit und vereinzelt auch Demokratie für Deutschland.
Radikalen Studenten allerdings genügte das nicht. Sie versuchten 1833 in Frankfurt am Main mit der Erstürmung der Hauptwache den verhassten Deutschen Bund zu treffen. Dieser Putschversuch aber misslang ebenso wie die sozialrevolutionären Bestrebungen Georg Büchners, der als Mitglied der „Gesellschaft der Menschenrechte" 1834 in Hessen-Darmstadt mit einer Flugschrift („Der Hessische Landbote") die Bauern zur Erhebung gegen Adel und Landesherrn aufrief (M 7).
Wie 1819 reagierte Metternich mit zahlreichen Maßnahmen des Deutschen Bundes zur Verschärfung der politischen Überwachung (60 Artikel von Wien 1834). Traurigen Ruhm erlangte das **Verbot des „Jungen Deutschland"** 1835, mit dem einer Gruppe politisch und sozial engagierter Schriftsteller die Möglichkeit genommen werden sollte, ihre Texte in Deutschland zu vertreiben. Betroffen waren u. a. Heinrich Heine, Ludwig Börne und Karl Gutzkow. Nicht alle deutschen Länder aber waren bereit, diesen Beschluss umzusetzen.
Als eine Erschütterung der Übermacht der Restauration zeigte sich auch der Fall der **„Göttinger Sieben"** in Hannover 1837. Dort hatte der neue Herrscher den Eid auf die Verfassung von 1830 verweigert und sie dann außer Kraft gesetzt. Sieben Göttinger Professoren, unter ihnen die

Gebrüder Grimm, erklärten sich weiter an ihren Eid auf diese Verfassung gebunden und wurden daraufhin wegen Ungehorsams aus dem Dienst entlassen. Die allgemeine Empörung über das Vorgehen des Hannoveraner Fürsten war groß und die widersetzlichen Professoren wurden als Nationalhelden gefeiert.
Nachdem sich die Hoffnungen der nationalliberalen Bewegung nicht erfüllten, die sie an die Thronbesteigung Friedrich Wilhelms IV. von Preußen 1840 geknüpft hatten, belebte Frankreichs Forderung nach dem linken Rheinufer im selben Jahr die nationalen Gefühle in Deutschland. In zahlreichen Liedern wurde in dieser so genannten **Rheinkrise** der Rhein als „Deutschlands Strom, nicht Deutschlands Grenze" beschworen (M 8 a, b).

M4 Johann Gottlieb Fichtes Nationalismus: Aus der 14. Rede an die deutsche Nation (1807/08)

Lasset vor euch vorübergehen die verschiedenen Zustände, zwischen denen ihr eine Wahl zu treffen habt. Gehet ihr ferner so hin in eurer Dumpfheit und Achtlosigkeit, so erwarten euch zunächst alle Übel der Knechtschaft, Entbehrungen, Demütigungen, der Hohn und Übermut des Überwinders; ihr werdet herumgestoßen werden in allen Winkeln, weil ihr allenthalben nicht recht und im Wege seid, so lange, bis ihr, durch Aufopferung eurer Nationalität und Sprache, euch irgendein untergeordnetes Plätzchen erkauft und bis auf diese Weise allmählich euer Volk auslöscht. Wenn ihr euch dagegen ermannt zum Aufmerken, so findet ihr zuvorderst eine erträgliche und ehrenvolle Fortdauer und sehet noch unter euch und um euch herum ein Geschlecht aufblühen, das euch und den Deutschen das rühmlichste Andenken verspricht. Ihr sehet im Geiste durch dieses Geschlecht den deutschen Namen zum glorreichsten unter allen Völkern erheben, ihr sehet diese Nation als Wiedergebärerin und Wiederherstellerin der Welt.

(Fichtes Reden an die deutsche Nation, hg. v. R. Eucken, Leipzig 1915, S. 253 f.)

1 *Definieren Sie Nationalismus nach Fichtes Appell (M 4).*

2 *Erklären Sie, was am Nationalismus im 19. Jahrhundert revolutionär war.*

M5 Paul Achatius Pfizer: Der Liberalismus, 1832 (Auszug)

Pfizer (1801–1867) war von 1831 bis 1838 Führer der liberalen Opposition in Württemberg

Der Liberalismus ist es, der den erwachsenen Geist der Freiheit auf vernünftige Prinzipien zurück- und seinem höheren Ziel entgegenführt oder, wo er noch schlummert, durch bildende Institutionen und durch Aufklärung des Volks über seine Rechte und Interessen hin zu wecken sucht. Er will den trüb gewordenen Strom der Menschensatzungen von seinem Schlamme säubern und das verdorbene Recht aus seinem ewig frischen, immer reinen Urquell, der Vernunft, erneuern. Wenn an die Stelle des Gemeinwohles das egoistische Sonderinteresse eines einzelnen Gewalthabers, einer herrschenden Partei oder einer bevorrechteten Kaste sich gesetzt hat, so leitet der Liberalismus den Staatszweck wieder auf das zurück, was die Gesamtheit in ihrem vernünftigen Interesse will oder wollen muss, und diesen Staatszweck sucht er mit möglichst geringer und möglichst gleicher Beschränkung der Freiheit aller zu erreichen. Eben deshalb bleibt auch sein letztes Ziel, auf dem Wege naturgemäßer Entwicklung des Volkslebens die Stufe zu erreichen, auf welcher die höchste und die gleichste Freiheit aller möglich ist. Welcher Grad von Freiheit und Gleichheit aber möglich sei, ohne die vernünftigen Zwecke des Staates und namentlich den, alle anderen Staatszwecke bedingenden der friedlichen Koexistenz der Staatsgenossen zu gefährden oder zu vereiteln, ist nach der Verschiedenheit des Nationalcharakters, der Kulturperiode und der übrigen Momente des Volkslebens sehr verschieden. Dieselben Institutionen, welche bei einem gebildeten Volke die Schutzwehr aller Freiheit und die Lebensbedingungen des Fortschritts sind, Pressfreiheit, Volksvertretung, Schwurgericht, Nationalbewaffnung, können bei einem ungebildeten, noch auf der Kindheitsstufe der Entwicklung stehenden Volke eine Quelle der Zerrüttung und Gesetzlosigkeit, ein Werkzeug der Gewalt und Unterdrückung werden, und von der bloß privatrechtlichen Freiheit und der rein passiven Gleichheit eines von jeder Teilnahme an der Staatsgewalt ausgeschlossenen Volks bis zur demokratischen Selbstregierung liegt eine weite Stufenreihe liberaler Institutionen in der Mitte, von denen der vernünftige Liberalismus keine weder unbedingt verwerfen noch für die absolut heilbringende erklären wird.

(P. A. Pfizer, Politische Aufsätze und Briefe. Nach: Dokumente zur deutschen Politik 1806–1870, hg. v. H. Pross, Frankfurt/Main 1961, S. 215 ff.)

1 *Fassen Sie Pfizers Grundgedanken zusammen.*

2 *Ordnen Sie Pfizers Programm in den historischen Zusammenhang ein (M 5).*

M6 Aus der Rede von Philipp Jakob Siebenpfeiffer auf dem Hambacher Fest 1832

Und es wird kommen der Tag, der Tag des edelsten Siegstolzes, wo der Deutsche vom Alpengebirg und der Nordsee, vom Rhein, der Donau und der Elbe den Bruder im Bruder umarmt, wo die Zollstöcke und die Schlagbäume, wo alle Hoheitszeichen der Trennung und Hemmung und Bedrückung verschwinden samt den Konstitutiönchen, die man etlichen mürrischen Kindern der großen Familie als Spielzeug verlieh; wo freie Straßen und freie Ströme den freien Umschwung aller Nationalkräfte und Säfte bezeugen; wo die Fürsten die bunten Hermeline feudalistischer Gottstatthalterschaft mit der männlichen Toga deutscher Nationalwürde vertauschen und der Beamte, der Krieger, statt mit der Bedientenjacke des Herrn und Meisters mit der Volksbinde sich schmückt.

[...] wo jeder Stamm, im Innern frei und selbstständig, zu bürgerlicher Freiheit sich entwickelt und ein starkes selbst gewobenes Bruderband alle umschließt zu politischer Einheit und Kraft; wo die deutsche Flagge, statt Tribut an Barbaren zu bringen, die Erzeugnisse unseres Gewerbefleißes in fremde Weltteile geleitet.

[...] wo das deutsche Weib, nicht mehr die dienstpflichtige Magd des herrschenden Mannes, sondern die freie Genossin des freien Bürgers, unsern Söhnen und Töchtern schon als stammelnden Säuglingen die Freiheit einflößt.

[...] wo der Bürger nicht in höriger Untertänigkeit den Launen des Herrschers, [...] sondern dem Gesetze gehorcht und auf den Tafeln des Gesetzes den eigenen Willen liest und im Richter den frei erwählten Mann seines Vertrauens erblickt;

[...] es lebe das freie, das einige Deutschland!

Hoch leben die Polen, der Deutschen Verbündete!

Hoch leben die Franken, der Deutschen Brüder, die unsere Nationalität und Selbstständigkeit achten!

Hoch lebe jedes Volk, das seine Ketten bricht und mit uns den Bund der Freiheit schwört!

Vaterland – Volkshoheit – Völkerbund hoch!

(Das Nationalfest der Deutschen zu Hambach, beschr. v. J. G. A. Wirth, Landau 1832, S. 34 ff.)

1 *Stellen Sie Siebenpfeiffers nationale und liberale Ziele zusammen (M 6).*

2 *Grenzen Sie die politischen Programme von Siebenpfeiffer (M 6) und Pfizer (M 5) gegeneinander ab.*

M7 Aus Georg Büchner: „Der hessische Landbote" (1834)

Dieses Blatt soll dem hessischen Lande die Wahrheit melden, aber wer die Wahrheit sagt, wird gehängt, ja sogar der, welcher die Wahrheit liest, wird durch meineidige Richter vielleicht gestraft. Darum haben die, welchen dies Blatt zukommt, Folgendes zu beachten:

1. Sie müssen das Blatt sorgfältig außerhalb ihres Hauses vor der Polizei verwahren;
2. sie dürfen es nur an treue Freunde mitteilen;
3. denen, welchen sie nicht trauen wie sich selbst, dürfen sie es nur heimlich hinlegen;
4. würde das Blatt dennoch bei einem gefunden, der es gelesen hat, so muss er gestehen, dass er es eben dem Kreisrat habe bringen wollen;
5. wer das Blatt nicht gelesen hat, wenn man es bei ihm findet, der ist natürlich ohne Schuld.

FRIEDE DEN HUTTEN!

KRIEG DEN PALASTEN!

Im Jahre 1834 siehet es aus, als würde die Bibel Lügen gestraft. Es sieht aus, als hätte Gott die Bauern und Handwerker am fünften Tage und die Fürsten und Vornehmen am sechsten gemacht und als hätte der Herr zu diesen gesagt: „Herrschet über alles Getier, das auf Erden kriecht" und hätte die Bauern und Bürger zum Gewürm gezählt.

Das Leben der Vornehmen ist ein langer Sonntag: Sie wohnen in schönen Häusern, sie tragen zierliche Kleider, sie haben feiste Gesichter und reden eine eigene Sprache; das Volk aber liegt vor ihnen wie Dünger auf dem Acker. Der Bauer geht hinter dem Pflug, der Vornehme aber geht hinter ihm und dem Pflug und treibt ihn mit den Ochsen am Pflug, er nimmt das Korn und lässt ihm die Stoppeln. Das Leben des Bauern ist ein langer Werktag: Fremde verzehren seine Äcker vor seinen Augen, sein Leib ist eine Schwiele, sein Schweiß ist das Salz auf dem Tische des Vornehmen.

(Georg Büchner, Werke und Briefe, Frankfurt/Main 1953, S. 171)

1 *Charakterisieren Sie Büchners politisches Programm (M 7).*

2 *Bestimmen Sie seine Position innerhalb der liberalen Bewegung.*

M8 Die Wirkung der Rheinkrise 1840

a) Max Schneckenburger, Die Wacht am Rhein (1840)

Es braust ein Ruf wie Donnerhall,
Wie Schwertgeklirr und Wogenprall:
Zum Rhein, zum Rhein, zum deutschen Rhein,
Wer will des Stromes Hüter sein?
Lieb Vaterland, magst ruhig sein.
Fest steht und treu die Wacht am Rhein.

Durch hunderttausend zuckt es schnell,
Und aller Augen blitzen hell:
Der deutsche Jüngling, fromm und stark,
Beschirmt die heil'ge Landesmark.
Lieb Vaterland usw.

Auf blickt er, wo der Himmel blaut,
Wo Vater Hermann niederschaut,
Und schwört mit stolzer Kampfeslust:
„Du, Rhein, bleibst deutsch, wie meine Brust!"
Lieb Vaterland usw.

„Und ob mein Herz im Tode bricht,
Wirst du doch drum ein Welscher nicht,
Reich wie an Wasser deine Flut,
Ist Deutschland ja an Heldenblut."
Lieb Vaterland usw.

„Solang ein Tröpfchen Blut noch glüht,
Noch eine Faust den Degen zieht
Und noch ein Arm die Büchse spannt,
Betritt kein Welscher deinen Strand."
Lieb Vaterland usw.

Der Schwur erschallt, die Woge rinnt,
Die Fahnen flattern in dem Wind.
Am Rhein, am Rhein, am deutschen Rhein
Wir alle wollen Hüter sein!
Lieb Vaterland usw.

(Jost Hermand [Hg.], Der deutsche Vormärz. Texte und Dokumente, Stuttgart 1967, S. 130 f.)

b) August Heinrich Hoffmann von Fallersleben, Lied der Deutschen (1841; geschrieben im Exil auf der damals englischen Insel Helgoland)

(Mel.: Gott erhalte Franz den Kaiser etc.)

Deutschland, Deutschland über alles,
Über alles in der Welt,
Wenn es stets zu Schutz und Trutze
Brüderlich zusammenhält.
Von der Maas bis zu der Memel,
Von der Etsch bis zu dem Belt,
Deutschland, Deutschland über alles,
Über alles in der Welt!

Deutsche Frauen, deutsche Treue,
Deutscher Wein und deutscher Sang
Sollen in der Welt behalten
Ihren alten, schönen Klang
Und zu edler Tat begeistern
Unser ganzes Leben lang –
Deutsche Frauen, deutsche Treue,
Deutscher Wein und deutscher Sang!

Einigkeit und Recht und Freiheit
Für das deutsche Vaterland!
Danach lasst uns alle streben
Brüderlich mit Herz und Hand.
Einigkeit und Recht und Freiheit
Sind des Glückes Unterpfand –
Blüh im Glanze dieses Glückes.
Blühe, deutsches Vaterland.

(August Heinrich Hoffmann von Fallersleben, Freiheitsklänge, Berlin [2]1850, S. 117)

1 *Bestimmen Sie die Art des Nationalismus bei Schneckenburger (M 8a) und Hoffmann von Fallersleben (M 8b).*

2 *Stellen Sie Vermutungen an, warum Schneckenburgers Lied (M 8a) zur heimlichen Nationalhymne im Deutschen Kaiserreich nach 1871 wurde.*

3 *Berichten Sie in einem Referat über den Weg des „Liedes der Deutschen" zur Nationalhymne (erste Informationen finden Sie in einem Konversationslexikon).*

4 *Diskutieren Sie, ob die dritte Strophe des „Liedes der Deutschen" zu Recht die Nationalhymne des vereinten Deutschlands ist.*

1.4 Die Revolution von 1848/49

Ursachen der Revolution

Im Februar 1848 brach in Paris ein Aufstand von Kleinbürgern, Studenten und Arbeitern gegen den Bürgerkönig Louis Philippe aus. Die Franzosen stürzten diesen Repräsentanten des Besitzbürgertums und führten die Republik ein. Diese Februarrevolution ermunterte auch die mit den bestehenden Verhältnissen unzufriedenen politisch-sozialen Gruppen in Deutschland zur Revolution, wo sich viel politischer Zündstoff angesammelt hatte. Die Bauern erbitterte die Weigerung des Adels, die Agrarreformen und die Abschaffung der feudalen Privilegien durchzuführen. In der Heimindustrie zeigte der Weberaufstand in Schlesien 1844 die verzweifelte Lage der Handweber angesichts der industriellen Konkurrenz. Unter dieser litt auch das Handwerk, wodurch die Arbeitslosigkeit in dieser Branche wuchs. Das in den Fabriken arbeitende Proletariat wiederum hatte den Eindruck, der neue industrielle Reichtum werde auf seine Kosten erwirtschaftet. Hinzu kam, dass weder traditionelle Landwirtschaft, Heimindustrie oder Handwerk noch die neu entstehende Industrie der wachsenden Bevölkerung ausreichend Arbeitsplätze boten, was zur **Verarmung** breiterer Schichten (Pauperismus) führte. Zusätzlich verschärft wurde diese Situation durch zwei Missernten, die 1845 und 1846 die „goldenen Jahre der Landwirtschaft" unterbrachen und die 1847 die Verdoppelung der Getreidepreise bewirkten. Im krisengeschüttelten Handwerk, in der Heimindustrie und bei den Arbeitslosen brach der Hunger aus. Die Agrarkrise traf aber auch die Banken und die junge, noch im Entstehen begriffene Industrie: Kredite wurden gekündigt, die Zinsen stiegen, die Industrieproduktion stockte. Bei Eisenbahnen und Fabriken brachen Streiks aus. Hungernde aus den Elendsquartieren der Städte revoltierten. In Bürgertum und Adel griff eine panische Angst vor den „Paupern" um sich (Kommunistenfurcht); man fühlte sich am Vorabend einer Revolution. Dieser Eindruck wurde durch eine politische **Radikalisierung** der oppositionellen Kräfte seit 1830 verstärkt. Die Demokraten traten hervor, die im Gegensatz zu den Liberalen Volkssouveränität durch gleiches Wahlrecht, Parlamentarismus und auch eine deutsche Republik forderten. Neben diesen verlangten die Sozialisten eine gerechte Eigentums- und Gesellschaftsordnung, um das Problem des Pauperismus zu beseitigen. Kommunisten wie Karl Marx und Friedrich Engels sahen die Lösung in der Abschaffung des Privateigentums an Produktionsmitteln (Kommunistisches Manifest 1848). Die Schärfe der politischen Auseinandersetzung nahm zu, weil die Konservativen auch die gemäßigten Bemühungen um Reformen als demokratischen und kommunistischen Radikalismus bekämpften.

Entstehung der Revolution

Die wirtschaftlichen und sozialen Spannungen in der Landbevölkerung entluden sich bereits wenige Tage nach Bekanntwerden der Revolution in Frankreich. Anfang März versammelten sich in den alten Bauernkriegsgebieten von Thüringen bis Baden, aber auch in Schlesien, die Bauern mit der Forderung nach Aufhebung der Feudallasten, des adligen Jagdrechts und des beschränkten Holzeinschlags. Sie stürmten die Archive mit den Grundbüchern und Lastenverzeichnissen und zwangen Adlige zum schriftlichen Verzicht auf ihre grundherrlichen Rechte. Bis Mitte April waren ihre Forderungen in Baden, Württemberg und Bayern von den Konservativen akzeptiert und gesetzlich verankert, im November auch in Schlesien.

Mit diesem **Ende des Feudalismus** entstand die revolutionsentscheidende Allianz zwischen frei gewordenen Bauern und adlig-konservativen Grundherren. Besonders die wohlhabenden Bauern bildeten von nun an eine tragende Säule des Konservatismus.

Auch in den Städten kam es im März 1848 zu Massendemonstrationen, ohne dass die Demonstranten nach der Macht gegriffen hätten. Die Regierungen wichen einem Konflikt aus. Die so

genannten **Märzforderungen** nach einem gleichen Männerwahlrecht, nach Freiheitsrechten (Versammlungs-, Vereins-, Pressefreiheit), nach mehr Rechten für die Landtage, nach Volksbewaffnung, Schwurgerichten, kostenloser Schulbildung und Recht auf Arbeit stießen ebenso wenig auf Widerstand wie die nach Verfassung, gesamtdeutschem Parlament und deutschem Nationalstaat. In den meisten Ländern wurden Liberale in die Regierungen berufen. Selbst der reaktionäre Bundestag hob seine Repressionsgesetze auf, insbesondere die Zensur, und erklärte die revolutionären Farben Schwarz-Rot-Gold zur Bundesfahne. Die Liberalen und die Mehrheit der Demokraten sahen die Revolution als siegreich beendet an.
Entscheidend aber wurde die Entwicklung in der preußischen Hauptstadt. In **Berlin** (400 000 Einwohner) stieß die wachsende Volksbewegung am 13. März erstmals mit dem Militär zusammen. Nach Straßengefechten erlaubte die Regierung am 16. März eine unbewaffnete Bürgerwehr, versprach eine Verfassung für Preußen, eine Bundesreform, Aufhebung der Zensur und einen neuen Vereinigten Landtag. Als die dankbaren Berliner sich am 18. März vor dem Schloss versammelten, schoss die übernervöse Wache in die Menge. Gesellen und Arbeiter errichteten spontan Barrikaden und lieferten sich mit dem Militär erbitterte Kämpfe, sodass der preußische König Friedrich Wilhelm IV. den Rückzug der Truppen gebot und sich bei seinen „lieben Berlinern“ entschuldigte. Er setzte eine liberale Regierung ein, berief eine preußische verfassunggebende Nationalversammlung und versprach die deutsche Einheit. Das Militär und der Landadel Preußens aber standen nicht hinter der Revolution und konnten im November 1848 nach einem Staatsstreich die preußischen Revolutionäre entmachten.

Demokratische Bewegung

Nach der Aufhebung der Repressionsgesetze des Deutschen Bundes entstanden 1848 zahllose Vereine und Verbände, die eine interne Interessenklärung ihrer Mitglieder leisteten und eine außerparlamentarische politische Funktion erfüllten. In der **Vereinsbildung** bereitete sich die Parteienentwicklung der zweiten Jahrhunderthälfte vor. Liberale, Demokraten, Konservative, Katholiken und Arbeiter organisierten sich hier regional und gesamtdeutsch und trafen sich zu großen Kongressen. Ebenso schlossen sich Protestanten, Industrielle und Handwerker zusammen. (Frauen s. S. 340)

Paulskirchenparlament

Zwei revolutionäre Hauptziele konnten weder regionale Revolutionsbewegungen noch gesamtdeutsche Verbände verwirklichen: die Bildung eines deutschen Nationalstaats und die Ausarbeitung einer gesamtdeutschen Verfassung. Zu diesem Zweck hatten sich bereits am 5. März 1848 fünfzig Abgeordnete aus süddeutschen Landtagen in Heidelberg für die Einberufung einer Nationalversammlung entschieden und damit gegen die Fortsetzung der revolutionären Bewegung. Am 31. März kamen 574 Landtagsabgeordnete aus den deutschen Staaten (nur zwei aus Österreich) in Frankfurt am Main zum so genannten Vorparlament zusammen. Die liberale Mehrheit trat für eine Zusammenarbeit mit den Fürsten und eine schnelle Wahl der Nationalversammlung ein. Im April wurde dafür bereits das Wahlrecht ausgearbeitet, das gleiches Wahlrecht für alle Männer über 25 Jahren vorsah; nur Dienstboten und Gesinde blieben ausgeschlossen. Damit waren über 80 % der Männer wahlberechtigt. Ebenfalls etwa 80 % der Wahlberechtigten beteiligten sich an der Wahl.
Als am 18. Mai 1848 die Nationalversammlung in der Frankfurter Paulskirche (B 4) zusammentrat, gehörten ihr vor allem Bildungsbürger an (95 % mit Gymnasialabschluss). Sie war aber kein „Professorenparlament“, wie häufig behauptet, sondern ein männliches „Beamten“- und „Juristenparlament“ (je knapp 50 %), wenn man auch die Stellvertreter der ca. 600 Abgeordneten mit einrechnet. Unterrepräsentiert waren Großgrundbesitzer und Bauern sowie Unternehmer und Handwerker. Arbeiter, überhaupt Unterschichten, waren nicht vertreten.

B 4 Die deutsche Nationalversammlung 1848/49 im Rund der Frankfurter Paulskirche, kolorierter zeitgenössischer Stich. – Blick auf den Präsidententisch, über dem das Gemälde „Germania" von Philipp Veit sich erhebt.

Im Paulskirchenparlament bildeten sich rasch Gruppen heraus, die sich in bestimmten Cafés und Gasthäusern Frankfurts trafen und gemeinsame Vorstellungen entwickelten, die z. T. die Programme der Parteien der 1860er-Jahre vorwegnahmen. Die konservativen Liberalen hatten wegen ihrer Stärke von 40 % eine Schlüsselstellung inne. Die linken Liberalen stellten 30 % der Parlamentarier. Die Demokraten besaßen 18 % der Sitze, wobei auf die gemäßigte Mehrheit 12 % und die radikale Minderheit 6 % entfielen. 12 % der Abgeordnetensitze hatten die Konservativen.
Die Hauptaufgabe der Nationalversammlung bestand darin, einen deutschen Nationalstaat zu schaffen und ihm eine Verfassung zu geben. Zu den schwierigsten Fragen gehörte das Problem der **Staatsgrenzen**. Das deutschsprachige Schleswig hatte, obwohl verfassungsrechtlich zu Dänemark gehörig, stillschweigend an den Wahlen zur Paulskirchenversammlung teilgenommen. Dänemark wollte diesen faktischen Anschluss an Deutschland nicht hinnehmen, zumal der Norden Schleswigs von Dänen bewohnt war. Einen Teilungsvorschlag für Schleswig entlang der Sprachgrenze schlug das Paulskirchenparlament aber empört aus und befürwortete den Krieg, mit dessen Führung es Preußen beauftragte. Aber bereits im August 1848 musste Preußen einen Waffenstillstand eingehen. Dieser Vorgang zeigt, dass der Paulskirchennationalismus auch expansive Züge trug. Die erdrückende Mehrheit der Abgeordneten dachte **großdeutsch** und befürwortete ein mächtiges Reich unter Einschluss auch nicht deutscher Völker. Allerdings ergaben sich daraus gerade im Vielvölkerstaat Österreich unübersehbare Probleme für einen deutschen Nationalstaat. Die kleindeutsche Lösung ohne Österreich war für die Deutsch-Österreicher undenkbar. Der Kompromiss hätte in einer losen Föderation der deutschen Staaten mit Österreich bestehen können, etwa in einem Staatenbund. Einen solchen aber lehnte die Mehrheit, die Unitarier (lat. unitas: die Einheit), ab.
Die Frage, ob der deutsche Nationalstaat als **Monarchie oder Republik** verfasst sein sollte, war praktisch vorentschieden. Die Liberalen wollten keinen Nationalstaat ohne die Mitwirkung der

Fürsten, und selbst die äußerste Linke dachte bei Republik an eine parlamentarische Monarchie, in der der Monarch als Präsident nur repräsentative Aufgaben besitzt. Offen war, ob das künftige Deutschland ein Erbkaisertum oder ein Wahlkaisertum wie im Mittelalter haben sollte.

Paulskirchenverfassung

Am 27./28. Oktober 1848 verabschiedete die Nationalversammlung vorab die Grundrechte (M 9). Deren Hauptinhalte waren die klassischen individuellen Freiheits- und Eigentumsrechte, die Gleichheit vor dem Gesetz und damit die Aufhebung der Sonderstellung des Adels wie aller Feudallasten, Sicherung vor willkürlicher Verhaftung, Abschaffung der Todesstrafe und die Unabhängigkeit der Justiz. Die Demokraten hatten auch sozialstaatliche Sicherungsrechte festschreiben wollen, die Liberalen aber lehnten dies ab.
Die Staatsorganisation im Verfassungswerk (Schema 2), das am 28. März 1849 verkündet wurde, stellte einen Kompromiss zwischen Monarchie und Republik, zwischen Unitariern und Föderalisten dar. Der deutsche Nationalstaat sollte einen Erbkaiser an der Spitze haben, dem nur ein aufschiebendes Veto zustand. Gegenüber der Regierung besaß damit das Parlament, also der **Reichstag**, das Übergewicht. Er bestand aus zwei Kammern und bildete die Klammer um den aus verschiedenen deutschen Ländern zusammengesetzten Einheitsstaat. Sein Volkshaus wurde nach gleichem Männerwahlrecht gebildet, sein Staatenhaus wurde je zur Hälfte aus Abgeordneten der Landtage wie der Länderregierungen besetzt.
In einer äußerst knappen Abstimmung (267:263) entschieden sich die Abgeordneten für die **kleindeutsche Lösung**. Folgerichtig wählte die Nationalversammlung den preußischen König Friedrich Wilhelm IV. zum Kaiser der Deutschen (290:248).

Scheitern der Revolution

Als der preußische König Anfang April 1849 die Annahme der Kaiserkrone ablehnte (M 10), war das Werk der Paulskirche gescheitert. Im Mai und Juni 1849 gab es ein letztes Aufbäumen zur Durchsetzung der Reichsverfassung in einzelnen Staaten. Die so genannte **Reichsverfassungskampagne** führte zu letzten Barri-

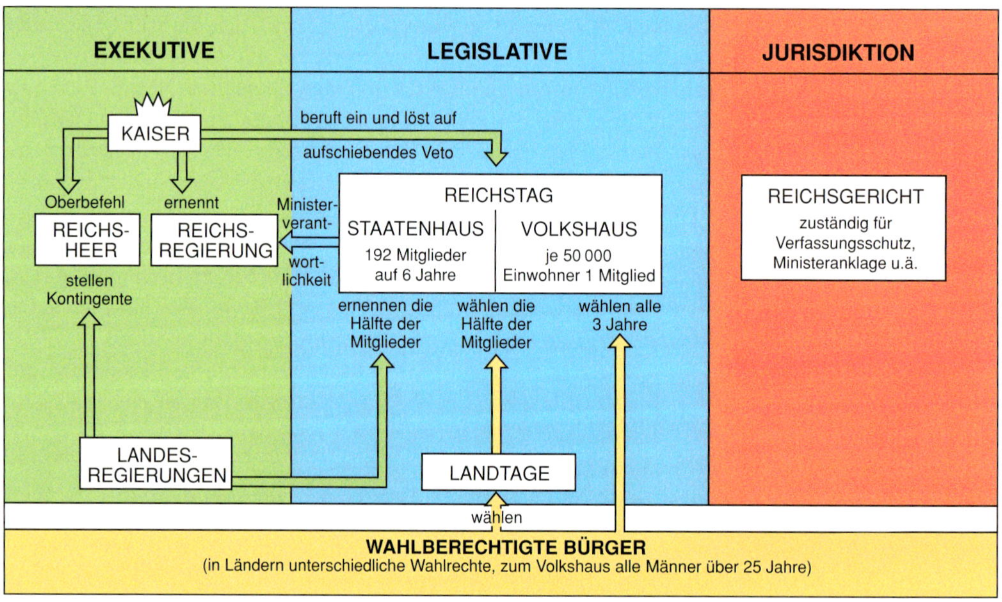

Schema 2 Verfassung der deutschen Nationalversammlung vom 28. März 1849

kadenkämpfen, vor allem in Südwestdeutschland, der bayerischen Pfalz und Baden. Preußisches Militär schlug die Aufstände nieder.
Die Reichsverfassungskampagne wurde vom Paulskirchenparlament abgelehnt. Die Mehrheit der Abgeordneten resignierte. Ein verbleibendes Rumpfparlament war Ende Mai nach Stuttgart gezogen. Als die konservativen Regierungen ihre Beamten unter den Parlamentariern abberiefen, war die Nationalversammlung am Ende. Die Vertreibung ihres Restes durch württembergische Truppen am 18. Juni 1849 setzte den äußerlichen Schlusspunkt. Nach dem Scheitern der Revolution wurde 1851 der Deutsche Bund wiederhergestellt, und zwar mit dem Ziel, den konservativen Obrigkeitsstaat zu restaurieren. In der nun beginnenden **Reaktionszeit** wurden überall Autorität, Polizei, Regierung und Verwaltung gestärkt, Beamtenschaft, Schule und Lehrerausbildung „gesäubert", Presse und Vereine überwacht, um vor allem Sozialisten und Demokraten zu unterdrücken. Gleichwohl gab es keine vollständige Rückkehr zu den vorrevolutionären Verhältnissen. Der Nationalismus mit seinem Bestreben, eine deutsche Nation und einen deutschen Nationalstaat zu schaffen, ließ sich nicht mehr unterdrücken (M 11).

M9 Die Verfassung der deutschen Nationalversammlung vom 28. März 1849

Aus den bereits am 27. Dezember 1848 in Kraft gesetzten Grundrechten des deutschen Volkes

§ 133 Jeder Deutsche hat das Recht, an jedem Orte des Reichsgebietes seinen Aufenthalt und Wohnsitz zu nehmen, Liegenschaften jeder Art zu erwerben und darüber zu verfügen, jeden Nahrungszweig zu betreiben, das Gemeindebürgerrecht zu gewinnen.
Artikel II.
§ 137 Vor dem Gesetz gilt kein Unterschied der Stände. Der Adel als Stand ist aufgehoben.
Alle Standesvorrechte sind abgeschafft.
Die Deutschen sind vor dem Gesetze gleich.
Alle Titel, insoweit sie nicht mit einem Amte verbunden sind, sind aufgehoben und dürfen nie wieder eingeführt werden.
Kein Staatsangehöriger darf von einem auswärtigen Staate einen Orden annehmen.
Die öffentlichen Ämter sind für alle Befähigten gleich zugänglich.
Die Wehrpflicht ist für alle gleich; Stellvertretung bei derselben findet nicht statt.
Artikel III.
§ 138 Die Freiheit der Person ist unverletzlich.
Die Verhaftung einer Person soll, außer im Falle der Ergreifung auf frischer Tat, nur geschehen in Kraft richterlichen, mit Gründen versehenen Befehls. Dieser Befehl muss im Augenblicke der Verhaftung oder innerhalb der nächsten vierundzwanzig Stunden dem Verhafteten zugestellt werden.
§ 139 Die Todesstrafe, ausgenommen, wo das Kriegsrecht sie vorschreibt oder das Seerecht im Fall von Meutereien sie zulässt, sowie die Strafen des Prangers, der Brandmarkung und der körperlichen Züchtigung sind abgeschafft.
§ 140 Die Wohnung ist unverletzlich.
Eine Haussuchung ist nur zulässig:
1. in Kraft eines richterlichen, mit Gründen versehenen Befehls [...].
Artikel IV.
§ 144 Jeder Deutsche hat volle Glaubens- und Gewissensfreiheit. Niemand ist verpflichtet, seine religiöse Überzeugung zu offenbaren.
§ 145 Jeder Deutsche ist unbeschränkt in der gemeinsamen häuslichen und öffentlichen Übung seiner Religion [...].
§ 146 Durch das religiöse Bekenntnis wird der Genuss der bürgerlichen und staatsbürgerlichen Rechte weder bedingt noch beschränkt. Den staatsbürgerlichen Pflichten darf dasselbe keinen Abbruch tun. [...]
Artikel VI.
§ 152 Die Wissenschaft und ihre Lehre ist frei.
§ 153 Das Unterrichts- und Erziehungswesen steht unter der Oberaufsicht des Staats. [...]
Artikel VIII.
§ 161 Die Deutschen haben das Recht, sich friedlich und ohne Waffen zu versammeln. [...]
§ 162 Die Deutschen haben das Recht, Vereine zu bilden. [...]
Artikel IX.
§ 164 Das Eigentum ist unverletzlich.
Eine Enteignung kann nur aus Rücksichten des gemeinen Besten, nur auf Grund eines Gesetzes und gegen gerechte Entschädigung vorgenommen werden.

(E. R. Huber [Hg.], Dokumente zur deutschen Verfassungsgeschichte, Bd. 1, W. Kohlhammer, Stuttgart ^{3}1978, S. 375 ff.)

1 *Fassen Sie den Grundrechtekatalog der Paulskirchenversammlung zusammen (M 9).*
2 *Erklären Sie die Ausführlichkeit der Formulierungen vor dem Hintergrund der Situation in Deutschland.*

M10 Die Einstellung des preußischen Königs Friedrich Wilhelm IV. zu seiner voraussichtlichen Wahl zum deutschen Kaiser durch die Nationalversammlung

Aus einem Brief an den Gesandten Bunsen am 13. Dezember 1848

Ich will weder der Fürsten Zustimmung zu *der* Wahl noch *die* Krone. Verstehen Sie die markierten Worte? Ich will Ihnen das Licht darüber so kurz und hell als möglich schaffen. Die Krone ist erstlich keine Krone. Die Krone, die ein Hohenzoller nehmen dürfte, *wenn* die Umstände es möglich machen *könnten*, ist keine, die eine, wenn auch mit fürstlicher Zustimmung eingesetzte, aber in die revolutionäre Saat geschossene Versammlung macht (dans le genre de la couronne des pavés de Louis-Philippe[1]), sondern eine, die den Stempel Gottes trägt, die den, dem sie aufgesetzt wird nach der heiligen Ölung, „von Gottes Gnaden" macht, weil und wie sie mehr denn 34 Fürsten zu Königen der Deutschen von Gottes Gnaden gemacht und den Letzten immer der alten Reihe gestellt. Die Krone, die die Ottonen, die Hohenstaufen, die Habsburger getragen, kann natürlich ein Hohenzoller tragen; sie ehrt ihn überschwänglich mit tausendjährigem Glanze. *Die* aber, die Sie – leider – meinen, verunehrt überschwänglich mit ihrem Ludergeruch der Revolution von 1848, der albernsten, dümmsten, schlechtesten –, wenn auch, gottlob, nicht bösesten dieses Jahrhunderts. Einen solchen imginären Reif, aus Dreck und Letten gebacken, soll ein legitimer König von Gottes Gnaden und nun gar der König von Preußen sich geben lassen, der den Segen hat, wenn auch nicht die älteste, doch die edelste Krone, die niemand gestohlen worden ist, zu tragen?

(L. v. Ranke, Aus dem Briefwechsel Friedrich Wilhelms IV. mit Bunsen, in: Ders., Sämtliche Werke, Bd. 50, Leipzig 1887, S. 493 f.)

1 In der Art der Krone von der Straße eines Louis-Philippe [des frz. Bürgerkönigs 1830–48]

1 *Stellen Sie Friedrich Wilhelms IV. Vorstellungen von Kaisertum (M 10) den Vorstellungen der Paulskirchenversammlung gegenüber (s. S. 315 f.). Benennen Sie die Wurzeln seiner Vorstellungen.*

M11 Der Historiker Wolfram Siemann schreibt 1995 über die Wirkungen der Revolution von 1848/49

[Die Revolution entwickelte] einen zweiten zukunftsweisenden Handlungsstrang, der sie zugleich zur politischen Emanzipationskrise werden ließ. Denn in der Gesellschaft von 1848 reiften Formen heran, die besser geeignet waren, die Probleme der Zukunft zu bewältigen: wirtschaftliche und gewerbliche Interessenverbände, politische Parteien, eine wirkungsvolle Tagespresse, gemeindeutsche Wahlen nach allgemeinem Männerwahlrecht; auf dem Feld der Parteien, Presse, Parlamente und Verbände zeichnete sich eine politische Emanzipation der deutschen Gesellschaft ab, die unter der Vorherrschaft der vorrevolutionären Eliten nicht möglich gewesen war. Aber nach der Revolution folgte die Reaktion. Was 1848/49 angebahnt war, wurde für ein Jahrzehnt verzögert. Erst die 1860er-Jahre ließen die herrschenden Eliten zu der Erkenntnis kommen, dass eine konkurrierende öffentliche Meinung und politische Vereine den Staat nicht gleich der Revolution und dem Untergang nahe brachten. Was man 1848 nur unwillig in der Stunde der angeblichen Schwäche geduldet, was man danach schnellstens zurückgenommen hatte: damit zu operieren, war man seit den 1860er-Jahren bereit. Die Regierungen suchten in Presse und Parteien willkommene Bündnispartner. Hier kündigte sich ein grundlegender Wandel an, für den es auf dem Boden des Deutschen Bundes zuvor nur wenig Spielraum gegeben hatte.

(Wolfram Siemann, Vom Staatenbund zum Nationalstaat. Deutschland 1806–1871, C. H. Beck, München 1995, S. 387 f.)

1 *Erläutern Sie die zentrale These des Textes von Siemann (M 11).*
2 *Diskutieren Sie anhand des Textes von Siemann (M 11) und der Darstellung über die Frage, ob und inwieweit die Revolution 1848/49 gescheitert sei. Berücksichtigen Sie dabei auch die längerfristigen Folgen für die deutsche Geschichte: Vergleichen Sie zu diesem Zweck die Verfassung des Paulskirchenparlamentes (M 9) mit der Bismarckschen Reichsverfassung (S. 324 ff.)*

1.5 Der Weg zur Gründung des Deutschen Reiches

Wirtschaftliche Dynamik

Verfassungsbewegung, Parlamentarisierungsforderungen, Grundrechtesicherung und Nationalstaatsbestrebungen – diese liberalen Programmpunkte bilden den politischen Teil des Modernisierungsprozesses im Deutschland des 19. Jahrhunderts, blieben aber in weiten Teilen politische Theorie. Im Gegensatz dazu kam die wirtschaftliche Modernisierung in der Praxis wesentlich schneller voran und brachte mit der Industriellen Revolution von den Vierzigerjahren bis 1873 den Übergang von der feudalen Agrargesellschaft in die kapitalistische Industriegesellschaft (s. S. 143 ff.). Der Durchbruch der Industrialisierung wurde ermöglicht und beschleunigt durch den Ausbau des Binnenmarktes in Deutschland. Der 1834 gegründete Zollverein, der die Zollschranken zwischen den einzelnen Staaten des Deutschen Bundes abbaute, war ein wichtiger Schritt auf dem Weg zur wirtschaftlichen Integration Deutschlands. Die ökonomische Einheit führte jedoch nicht automatisch zur politischen Einheit, sondern hat diese allenfalls begünstigt.

Wandel des Liberalismus

In der Reaktionszeit verstand sich der Konservativismus nach wie vor als Gralshüter der alten Ordnung, von Gottesgnadentum, Staatsmacht, Privilegienordnung und deutschem Partikularismus. Die Verlierer der Revolution, die **Altliberalen**, hielten ebenfalls an ihren Idealen (Parlament als Gegenpol zur Regierung, staatsfreier Raum für die Bürger durch Grundrechte, Einheit der deutschen Nation) fest. Dagegen gaben die durch die Industrialisierung gestärkten Wirtschaftsbürger (Bourgeoisie) ihre Distanz zum monarchischen Obrigkeitsstaat auf und suchten nach Kompromissen mit den Konservativen **(Realpolitiker)**. Die Regentschaft von Kronprinz Wilhelm in Preußen seit 1858 (1861 König) eröffnete ihnen ganz neue Möglichkeiten: Die so genannte Neue Ära in Preußen begann mit der Berufung einer konservativ-liberalen Regierung. Die Altliberalen errangen 55% der Sitze in der Zweiten Kammer, die Konservativen verloren fast alle. Das vom Junkeradel beherrschte Herrenhaus aber blockierte alle künftigen Reformgesetze.

Bei der Auseinandersetzung um die Reform des Heeres kam es zu einem Konflikt zwischen Liberalen und Konservativen, dem so genannten **preußischen Verfassungskonflikt**. Das preußische Heer war nicht nur Garant der preußischen, sondern auch der deutschen Sicherheit. Mit der Regierung befürworteten auch die Liberalen der preußischen Volksvertretung eine Vermehrung der Rekruten um 50 % jährlich und entsprechend mehr Offiziersstellen. Aber die Verlängerung der Dienstzeit von zwei auf drei Jahre und die Verstärkung des vom Adel kommandierten Feldheeres auf Kosten der vorwiegend von Bürgerlichen geführten Landwehr nährte zu Recht ihren Verdacht, die konservativen Junker und Militärs wollten eine Verbürgerlichung der Armee verhindern, die bürgerliche Landwehr ausschalten und die Militarisierung der Gesellschaft zur Sicherung ihrer eigenen Vormachtstellung vorantreiben. Die liberalen Abgeordneten der Zweiten Kammer bewilligten deshalb nur einen provisorischen Haushalt für 1860 und 1861. Das nahmen die Konservativen zum Anlass, einen Regierungswechsel zu erzwingen. Sie lehnten eine Mitsprache des Parlaments in Militärangelegenheiten grundsätzlich ab; das Heer sollte nicht auf dem Gesetz, sondern allein auf dem Willen des Königs beruhen (Königsheer statt Parlamentsheer). Damit wurde das zentrale Recht des Parlaments, das Budgetrecht, ausgehebelt und ein Kernpunkt der preußischen Verfassung angegriffen.

Während dieses Konflikts spalteten sich die Linksliberalen von den Altliberalen ab und gründeten zusammen mit 1848er Demokraten im Juni 1861 die **Deutsche Fortschrittspartei**. In ihrem Programm forderte sie den liberalen Ausbau der Verfassung, eine Reform des Herrenhauses, Ministerverantwortlichkeit und den deutschen Nationalstaat. Als der König die Zweite Kammer

auflöste und Neuwahlen ausschrieb, weil er auf eine konservative Mehrheit hoffte, erhielten die Fortschrittler auf Anhieb 29,5 % der Sitze (Altliberale 40 %). Eine erneute Auflösung der Kammer im März 1862 und die Berufung einer konservativen Regierung brachten keine Änderung: In der neu gewählten Kammer hatte nun der Fortschritt 38 % und das linke Zentrum 32 %; beide waren entschlossen, den neuen Haushalt abzulehnen.
Weil die neue Regierung weitere Wahlen für sinnlos hielt, wollte König Wilhelm abdanken. Da erbot sich der Konservative **Otto von Bismarck**, preußischer Gesandter in Paris und Gegner der dreijährigen Dienstpflicht, die Festigung der königlichen Macht gegen das Parlament durchzusetzen. Wilhelm ernannte ihn am 22. September 1862 zum preußischen Ministerpräsidenten. Als die Zweite Kammer den Militärhaushalt ablehnte, erklärte Bismarck, notfalls auch ohne Budget regieren zu wollen, weil erstens die Verfassung für einen solchen Konflikt zwischen Regierung und Parlament keine Lösung vorsehe und damit der König als Verfassunggeber ein Notrecht zur letzten Entscheidung habe **(Lückentheorie)**; zweitens vertrat er die Auffassung, dass „die großen Fragen der Zeit nicht durch Reden und Mehrheitsbeschlüsse, sondern durch Blut und Eisen entschieden werden". Die Regierung arbeitete seitdem ohne gesetzlichen Haushalt, erklärte die Landtagsbeschlüsse für ungültig, löste 1863 erneut den Landtag auf und setzte einzelne Altliberale Schikanen und Prozessen aus. Die Liberalen erklärten das Regierungshandeln für verfassungswidrig und errangen bei den Neuwahlen zwei Drittel der Sitze. Im Übrigen kooperierten sie mit der Regierung in der Wirtschaftspolitik, suchten also nicht die Regierung auf revolutionärem Weg zu stürzen, weil ihnen dafür die Massenbasis fehlte.
Die Regierung Bismarck besaß nicht nur die entscheidenden Machtmittel im Staat, sondern konnte die Liberalen auch in der nationalen Frage ausbooten. Der militärische Sieg über Österreich 1866, die folgende Auflösung des Deutschen Bundes und die Weichenstellung zu einer Reichsgründung über den Norddeutschen Bund wurden von linken wie rechten Zeitgenossen als deutsche Revolution von oben verstanden. Die Konservativen wandten sich von Bismarck ab, weil er die nationale Politik der Liberalen betrieb. Die Liberalen wiederum, die in der nationalen Frage in Großdeutsche und Kleindeutsche gespalten waren und die Einigung nach der Erringung der Freiheit durch Verhandlung anstrebten, sahen ihre Politik als gescheitert an. Bismarck nutzte den militärischen Erfolg von 1866 zu einem Versöhnungsangebot an die Liberalen. Er unterbreitete dem Landtag ein Gesetz, das den Haushalt der vergangenen Jahre nachträglich legalisieren sollte. Diese **Indemnitätsvorlage** fand eine Mehrheit. Zwei Drittel der Abgeordneten des linken Zentrums und die Hälfte der Abgeordneten des Fortschritts nahmen die Zusammenarbeit mit der Regierung Bismarck auf; einige Liberale schlossen sich an.
Aus der Spaltung der Fortschrittspartei ging eine rechtsliberale Partei hervor: die **Nationalliberalen**, die die Priorität der nationalen Einheit betonten. Um ihretwillen waren sie bereit, auf eine Führungsposition im Parlament zu verzichten und Kompromisse mit der konservativen Regierung einzugehen. Sie wollten durch Regierungsbeteiligung einen schrittweisen Ausbau des Verfassungsstaates und der bürgerlichen Gesellschaft erreichen.

Einigungskriege und Reichsgründung

Der Wiener Kongress hatte 1815 die Herrschaft der alten Mächte im Innern wieder errichtet und mit dem Staatensystem der Pentarchie (griech. pentas=fünf) außenpolitisch abgesichert: Ein Gleichgewicht der fünf Großmächte England, Frankreich, Österreich, Preußen und Russland garantierte bis zum **Krimkrieg** (1853–1856) (s. S. 228) Frieden und Stabilität. In diesem Krieg kämpfte Russland gegen eine Allianz aus Frankreich, England und Piemont-Sardinien, Preußen blieb neutral und Österreich trat in die antirussische Allianz ein, ohne sich jedoch aktiv am Krieg zu beteiligen. Weil einzelne Staaten im Interesse außenpolitischer Machterhaltung die nationalen Einigungsbewegungen anderer

Länder unterstützten, verbesserten sich die Chancen der Nationalbewegungen. So konnte die Koalition aus Franzosen und Engländern 1861 die Begründung des italienischen Nationalstaats im Krieg gegen Österreich durchsetzen. Die preußisch-russische Annäherung und die Gegensätze Österreichs zu den anderen Großmächten wiederum boten Preußen die Chance, eine deutsche Nationalstaatsgründung unter eigener Führung voranzutreiben.

Preußen hatte sich 1849/50 das Ziel gesetzt, die kleindeutsche Einheit durch eine Union von 28 norddeutschen Staaten zu verwirklichen. Doch Österreich drohte mit Krieg und Preußen kehrte daraufhin in den wieder belebten Deutschen Bund zurück, dessen Politik von nun an durch den Führungskampf der beiden Großmächte bestimmt wurde (Dualismus). Österreich wollte seine Stellung als Präsidialmacht gebrauchen, um durch die Aufnahme aller Völker der Donaumonarchie seine Führung im Bund zu sichern (Mitteleuropa- bzw. 70-Millionen-Plan). Preußen nutzte zur Blockierung der österreichischen Pläne sein Vetorecht und baute seine wirtschaftliche Vormacht aus. Seit 1859 erhielt Preußen Unterstützung vom **Deutschen Nationalverein**, der ein liberales kleindeutsches Reich anstrebte. Weil Österreich eine Kooperation der beiden Führungsmächte im Deutschen Bund ablehnte, wurde das preußische Militärkönigtum paradoxerweise auf eine kleindeutsche Politik im Sinne der Liberalen gedrängt, freilich ohne den liberalen Weg zu übernehmen, der über Freiheit und parlamentarische Mehrheitsbeschlüsse zur Einheit führen sollte.

Schleswig und Holstein hatten seit 1850/52 eine Sonderstellung in der dänischen Verfassung (Personalunion, aber unauflöslich mit Holstein verbunden). 1863 beseitigte eine Verfassungsänderung diese Sonderstellung, integrierte Schleswig in den dänischen Staat und trennte es von Holstein ab, das zum Deutschen Bund gehörte. Gegen diesen Vorgang wandten sich die deutsche Nationalbewegung und Bismarck, wenn auch aus unterschiedlichen Motiven. Die Nationalbewegung wollte ein unabhängiges Schleswig und Holstein, Bismarck aber suchte über diesen Konflikt die Bindung Österreichs an die preußische Politik zu erreichen, die insgeheim auf die Annexion Schleswigs und Holsteins durch Preußen hinauslief. Dank Bismarcks Diplomatie intervenierten England und Russland nicht, als Preußen und Österreich 1864 erfolgreich **Krieg gegen Dänemark** führten. Dänemark trat Schleswig und Holstein ab, Preußen besetzte Schleswig, Österreich okkupierte Holstein.

Bismarck suchte über Differenzen in der Besatzungspolitik den **Krieg mit Österreich**. Dazu erreichte er die Zusage der Neutralität Frankreichs und Russlands sowie ein Bündnis mit Italien. Österreich brachte Preußens Verstöße gegen die gemeinsamen Verwaltungsgrundsätze vor den Bundestag und verlangte Maßnahmen des Deutschen Bundes gegen Preußen. Preußen besetzte daraufhin Teile Holsteins, wogegen Österreich im Bundestag die Mobilmachung eines Teils der Bundesarmee durchsetzte. Nun sah Preußen den Deutschen Bund als beendet an und begann den Angriff auf einzelne Bundesstaaten. Die Entscheidung fiel in Böhmen. Der preußische Generalstabschef Helmuth von Moltke dirigierte seine Armee auf den neuen Eisenbahnen zur Schlacht bei Königgrätz. Dort errangen die gut geführten und durch die Heeresreform modernisierten preußischen Truppen den Sieg über Österreich.

Bismarck setzte bei König Wilhelm durch, gegenüber Österreich auf Gebietsforderungen zu verzichten, falls es Preußen bei einer Neugestaltung Deutschlands freie Hand lassen würde. Auf dieser Basis schritt Preußen nicht nur zur Annexion von Schleswig und Holstein, sondern auch von Hannover, Kurhessen, Nassau und der Stadt Frankfurt am Main. Mit den übrigen Staaten nördlich des Mains schloss Preußen den **Norddeutschen Bund**, den ersten deutschen Bundesstaat mit Reichstag, Reichskanzler, Bundesheer, Verfassung und einem erdrückenden Übergewicht Preußens. Die süddeutschen Staaten blieben zwar souverän, waren aber an Preußen wirtschaftlich (Zollverein) und militärisch (Schutz-und-Trutz-Bündnisse) gebunden.

B 5 Anton von Werner, Kaiserproklamation in Versailles, 1885, Öl auf Leinwand (3. Fassung zu Bismarcks 70. Geburtstag).

– *Der Historiker Volker Ullrich beginnt sein Buch zur Geschichte des deutschen Kaiserreiches mit den folgenden Sätzen: „Es war bitterkalt im Spiegelsaal des Schlosses von Versailles, an jenem 18. Januar 1871, als das deutsche Kaiserreich ausgerufen wurde. Das Ganze war eine militärische Veranstaltung. Wohin der Blick auch fiel – Uniformen, Säbel, Fahnen und Standarten; die wenigen Gestalten im Frack verloren sich inmitten dieser kriegerischen Gesellschaft. Das Volk war nicht vertreten, nicht einmal durch seine Abgeordneten des gewählten Parlaments, des norddeutschen Reichstags – ein getreues Abbild der Tatsache, dass der kleindeutsch-preußische Nationalstaat nicht durch demokratischen Willensentscheid, sondern durch Siege auf dem Schlachtfeld zu Stande gekommen war." Nehmen Sie zu diesem Urteil über die Reichsgründung Stellung. Berücksichtigen Sie dabei sowohl das Gemälde von Anton von Werner (B 5) als auch die Darstellung.*

Aus Deutschland verdrängt, orientierte sich Österreich in der Folgezeit zum Balkan hin. Obwohl die Entthronung der norddeutschen Fürsten durch Preußen die Legitimitätsprinzipien verletzte und das europäische Gleichgewicht veränderte, akzeptierten die Großmächte die neue Ordnung. Bismarck benutzte Frankreichs Versuch, den vakanten spanischen Königsthron 1870 mit einem ihm genehmen Kandidaten zu besetzen, um Napoleon III. zu einer Kriegserklärung zu provozieren. Die Hohenzollern verzichteten zwar angesichts einer französischen Kriegsdrohung

darauf, dass ein katholisches Mitglied ihres Hauses spanischer König wurde. Als aber Napoleon III. Preußen durch eine Verzichtserklärung auf alle Zeit zu demütigen versuchte, erweckte Bismarck in der so genannten Emser Depesche den Eindruck, König Wilhelm habe den französischen Botschafter düpiert (s. Methodenseiten, S. 328 f.). Als Frankreich daraufhin Preußen den Krieg erklärte, entschlossen sich neben dem Norddeutschen Bund auch die süddeutschen Staaten zum Kriegsbündnis. Dieser **Deutsch-Französische Krieg** galt als nationale Aufgabe. Den weit überlegenen deutschen Truppen unterlag Frankreich in kürzester Zeit. Napoleon wurde gefangen genommen und kapitulierte. Im Frieden von Frankfurt (Mai 1871) musste Frankreich Elsass und Lothringen an Deutschland abtreten und eine hohe Kriegsentschädigung zahlen.
Mit Frankreich war der entschiedenste Gegner einer deutschen Einheit unter den europäischen Großmächten besiegt. Damit stand angesichts der allgemeinen Siegesfreude einem Beitritt der süddeutschen Staaten zum Norddeutschen Bund nichts mehr im Wege. Als der bayerische König Ludwig II. von Bismarck mit der Zahlung von jährlich 100 000 Goldmark dazu bewegt werden konnte, dem preußischen König Wilhelm die deutsche Kaiserkrone anzubieten, war der Weg frei für die Gründung eines kleindeutschen Reichs als Bundesstaat der deutschen Fürsten. Im Spiegelsaal Ludwigs XIV. im Schloss zu Versailles wurde am 18. Januar 1871 das Deutsche Reich (B 5) ausgerufen und der preußische König zum deutschen Kaiser Wilhelm I. proklamiert.

2 Obrigkeitsstaat und Nation im deutschen Kaiserreich

2.1 Bismarcks Reichsverfassung

Kompromisscharakter der Verfassung

Bismarck legte die Reichsverfassung als Kompromiss zwischen revolutionär umgeformter konservativer Monarchie und nationalem bzw. liberalem Bürgertum an. Er wollte die Monarchie sichern, das demokratisch gewählte Parlament abblocken und den Großstaat der bürgerlichen Gesellschaft schaffen. Die Spannungen dieser Konstruktion schlugen sich in Konflikten zwischen Kanzler und Parteien nieder. Die Verfassung des Kaiserreiches entstand aus Ergänzungen und Änderungen der Verfassung des Norddeutschen Bundes. Nach der Reichsgründung wurden in ihr vom Reichstag die Begriffe „Bundespräsident" und „Deutscher Bund" in „Deutscher Kaiser" und „Deutsches Reich" geändert.

Balance von Unitarismus und Föderalismus

Das Deutsche Reich war ein **Bundesstaat** aus 25 Einzelstaaten (vier Königreiche, sechs Großherzogtümer, fünf Herzogtümer, sieben Fürstentümer, drei freie Städte; hinzu kam das Reichsland Elsass-Lothringen). In ihm hielten sich die Rechte des Bundes und der Einzelstaaten die Waage. Die Souveränität lag bei den 22 Monarchen und den drei Senaten der freien Städte. Der Kaiser war erblicher Präsident des Bundes, aber nur nach außen der Souverän; die Einzelstaaten besaßen weiterhin das Recht auf eigene Gesandtschaften. Das Reichsheer bestand aus Kontingenten der Bundesstaaten und der Kaiser führte nur im Kriegsfall über alle Truppen den Oberbefehl. Finanziell war das Reich „Kostgänger der Einzelstaaten" (Bismarck): Die Länder entrichteten so genannte **Matrikularbeiträge**, die durch Zölle und Verbrauchssteuern ergänzt wurden. Die Einzelstaaten waren ungleichgewichtig. Preußen umfasste zwei Drittel des Reichsgebietes und drei Fünftel seiner Einwohner. Zum Ausgleich verfügte es im **Bundesrat**, dem zentralen Entscheidungsorgan der Reichsverfassung, nur über 17 von 58 Stimmen der weisungsgebundenen Vertreter der Einzelstaaten. Allerdings konnte dort mit 14 Stimmen die Sperrminorität bei Verfassungsänderungen ausgeübt werden (Schema 3). Auch die so genannten **Reservatrechte** stellten ein Entgegenkommen an die mittleren und kleineren Staaten des Bundes dar: Baden und Württemberg z. B. behielten das Recht zur Bier- und Branntweinbesteuerung, Württemberg sicherte sich ein eigenes Postwesen.
Preußen schien durch sein Bestreben zur Entwicklung eines preußischen Bewusstseins ein Garant des Föderalismus zu sein. Aber wegen seines geografischen und politischen Gewichtes konnte Preußen die Praxis der Reichspolitik in einem Maße bestimmen, das sein allmähliches Aufgehen im Reich zur Folge hatte. Auch das Prinzip der Personalunion von preußischen und Reichsfunktionen trug dazu bei. Der preußische König war zugleich deutscher Kaiser und der **Reichskanzler** und Vorsitzende des Bundesrates in der Regel preußischer Ministerpräsident.

Probleme der Verfassung

Der **Kaiser** hatte sowohl die politische als auch die militärische Führung inne. Der Kanzler, sein oberster Beamter, musste zwar die kaiserlichen Anordnungen gegenzeichnen, war aber gänzlich vom Kaiser abhängig und leitete die Reichspolitik nur im zivilen Bereich. Seine Mitwirkung im Militärischen beschränkte sich auf die Militärverwaltung, kaiserliche Kommandoakte waren ausgenommen. Weil die Monarchen der Hohenzollern zwar eine militärische, aber keine Ausbildung in ziviler Verwaltung erhielten, wurde ihre Politik stark von den Vorstellungen des Militärs bestimmt. Die Chefs des Heeres und der Marine konnten sich als Nebenregierung etablieren, weil sie jederzeit Vortragsrecht beim Kaiser besaßen, dem sie unmittelbar unterstellt waren.

B 6 Anton von Werner, Die Eröffnung des Reichstages im Weißen Saal des Berliner Schlosses durch Wilhelm II., 1888, Öl auf Leinwand

- *Vergleichen Sie die Reichstagseröffnung 1888 im Deutschen Kaiserreich mit einer Bundestagseröffnung.*
- *Interpretieren Sie, ausgehend von diesem Bild, die Stellung des Parlaments im Kaiserreich.*

Der **Reichstag** wurde als Volksvertretung nach einem gleichen, geheimen, direkten **Mehrheitswahlrecht** für **Männer** über 25 Jahre gewählt, hatte in der Verfassung jedoch nur eine schwache Stellung. Er konnte vom Bundesrat aufgelöst werden, wenn der Kaiser zustimmte. Er besaß zwar ein Gesetzesinitiativrecht, aber alle Gesetze bedurften auch der Zustimmung des Bundesrates. Der Reichstag musste jährlich den Haushalt bewilligen, ohne dabei allerdings über alle Einnahmen und Ausgaben, hier besonders den Militäretat, frei verfügen zu können. Der Kanzler war dem Reichstag lediglich theoretisch verantwortlich: In der Praxis musste er nur einer Auskunftspflicht genügen, der Reichstag konnte ihm kein Misstrauen aussprechen. Das Deutsche Reich war eine konstitutionelle Monarchie mit dem Monarchen als alleinigem Inhaber der Souveränität, es besaß **keine parlamentarische Regierung**. Das Parlament hatte bei auswärtigen Verträgen nur dann ein Mitwirkungsrecht, wenn es um Handel, Verkehr oder Zölle ging. Selbst Kriegserklärungen waren allein Sache des Kaisers und des Bundesrates. Diese Bestimmungen standen in der Tradition der Geheimdiplomatie. Der Schwäche der Volksvertretung gegenüber der Monarchie entsprach das Fehlen von Grundrechten in der Reichsverfassung (M 12a).

Arbeiterfrage und nationale Minderheiten

Die Schwäche der Volksvertretung wirkte sich besonders nachteilig auf die Integration der Arbeiterschaft in das Kaiserreich aus. Bei der Reichsgründung stellten die Industriearbeiter erst 20 %, 1907 aber bereits über 30 % der Bevölkerung, ohne dass die Verfassung ihnen eine Interessenvertretung eingeräumt hätte, die ihrer

Stärke entsprach. Im Gegensatz zu den Unternehmer- und Arbeitgeberverbänden beeinträchtigte die Gewerbeordnung zusätzlich ihr Koalitions- und Streikrecht: Die Gewerkschaften wurden lediglich toleriert, konnten wohl angeklagt werden, besaßen aber selbst kein Klagerecht. So wurde die politische und soziale **Eingliederung der Arbeiter** in die Gesellschaft des Kaiserreiches **versäumt**.

Das Deutsche Reich als Nationalstaat veränderte die Lebensbedingungen der nationalen Minderheiten. In Preußen lebten 2,4 Mio. Polen und 60 000 Litauer, in Schleswig 80 000 Dänen. Durch die Annexion Elsass-Lothringens kamen 1,5 Mio. Bewohner zum Reich, die nur noch zum Teil deutsch sprachen. Eine Sprachpolitik, die das Deutsche für alle zur Schul-, Geschäfts- und Amtssprache erhob, missachtete die nationalen Eigenarten. Polen und Dänen wehrten sich gegen die **Germanisierungspolitik** und wollten das Reich verlassen, die Lothringer ihr französisch geprägtes Eigenleben bewahren (M 12b, c). Weil die Verfassung keinen Minderheitenschutz bot, verschärften sich unter dem aggressiven Nationalismus des imperialistischen Zeitalters die Nationalitätenprobleme im Kaiserreich.

In wirtschaftlicher und rechtlicher Hinsicht aber vereinheitlichte das Deutsche Reich den Verkehr zwischen seinen Bewohnern. Dazu trugen das **Handelsgesetzbuch** (1865), das **Strafgesetzbuch** (1872) und das **Bürgerliche Gesetzbuch** (1900) bei, die heute im Wesentlichen immer noch gültig sind. Die Juden wurden mit der Reichsverfassung des Deutschen Reiches erstmals rechtlich gleichgestellt.

M12 Probleme der Verfassung des Deutschen Reiches von 1871

a) August Bebel (SPD) im Reichstag über die Reichsverfassung (8. November 1871)

Meine Herren, das Volk ist nicht der Regierung wegen da, sondern die Regierung des Volkes wegen; die Regierung soll den Willen des Volkes ausführen, sie soll nichts weiter sein als die vollziehende Gewalt. Wie steht es aber in Wahrheit? Die Regierungen haben die Macht, die Regierungen haben den Willen und die Volksvertretung hat einfach Ja zu sagen und zu gehorchen, und wenn sie das nicht tut, so gibt man ihr moralische Fußtritte, wie sie dieselben schon so oft bekommen hat. Wir haben das ja erlebt in der vorigen Session, beispielsweise bei der Beratung über die Annexion von Elsass, wo der Reichskanzler brüsk wie in der schönsten Konfliktszeit aufgetreten ist. Es fällt mir ein anderes Beispiel für die Machtlosigkeit des Parlamentarismus da ein. Der Herr Reichskanzler äußerte in den letzten Tagen, er glaube nach jedem Kriege konstitutioneller geworden zu sein. Ja, meine Herren, auf den ersten Blick könnte das allerdings so scheinen, und jedenfalls der Glaube an die Richtigkeit dieser Ansicht ist es, die den Abgeordneten Lasker neulich zu seinem berühmten Ausspruche veranlasst hat[1]. Wie steht es in Wahrheit, meine Herren? Nicht der Reichskanzler ist seit dem Jahre 1866 konstitutioneller geworden, sondern die liberalen Parteien, die parlamentarischen Versammlungen sind nachgiebiger geworden, das ist des Pudels Kern. *(Große Unruhe.)*
Sie treten nicht mehr mit den Forderungen heraus, welche sie noch vor dem Jahre 1866 aufgestellt haben. Sie haben dem Reichskanzler eine Verfassung gegeben, die deutsche Reichsverfassung, wie sie reaktionärer gar nicht gedacht werden kann. *(Gelächter.)* Meine Herren, mit einer solchen Verfassung kann allerdings ein jeder Minister regieren, das ist keine Verfassung für das Volk, das ist weiter nichts als der Scheinkonstitutionalismus in rohester Form, das ist der nackte Cäsarismus. Das ist ein Cäsarismus, der die parlamentarische Form gebraucht, weil die öffentliche Meinung sie für notwendig hält, der auf Grund einer solchen Verfassung scheinbar konstitutionell regieren kann.

1 Der Liberale Lasker hatte gesagt, eine kräftige Regierung müsse der Freiheit nicht feindselig sein, unter einer starken Regierung könne die Freiheit am besten gedeihen.

1 *Erklären Sie, was Bebel mit „Cäsarismus" und „Scheinkonstitutionalismus" meint (M 12a).*
2 *Erörtern Sie die Berechtigung von Bebels Urteil über die Reichsverfassung und über die Liberalen seit 1866.*

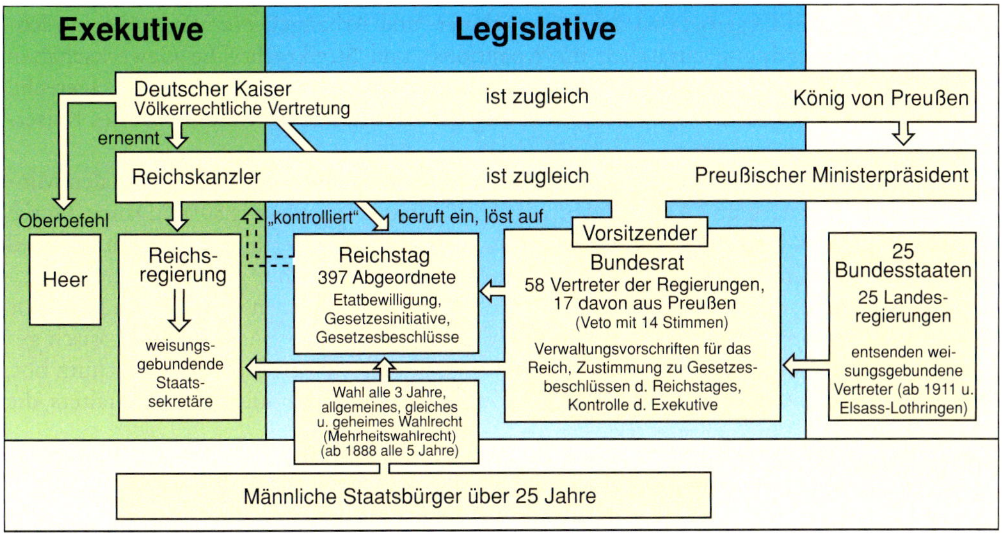

Schema 3 Die Verfassung des Deutschen Reiches von 1871

b) Aus der Erklärung der polnischen Fraktion im Reichstag vom 1. April 1871

Meine Herren, in der Thronrede sind folgende Worte ausdrücklich aufgenommen: Die Achtung, welche Deutschland für seine eigene Selbstständigkeit in Anspruch nimmt, zollt es bereitwillig der Unabhängigkeit aller anderen Staaten und Völker, der schwachen wie der starken.

In diesem erhabenen Worte erblicken wir nun, meine Herren, eine sichere Bürgschaft dafür, dass gleichzeitig mit der Neugestaltung des Deutschen Reiches auf nationalem Gebiete auch unsere gerechten nationalen Forderungen, namentlich die uns Deutschland gegenüber durch die Wiener Kongressakte feierlich gewährleistete nationale Sonderstellung, wieder zur Geltung gelangen werden. [...] Wir können uns daher unmöglich mit einem Verfassungsentwurf zufrieden erklären, welcher das Werk der nationalen Konstituierung Deutschlands damit beginnt, dass er den Polen die ihnen auf Grund internationaler Verträge unbestritten zustehenden Rechte verkennt.

1 *Untersuchen Sie, welche Rechte die Polen in Anspruch nehmen und welche Befürchtungen hier durchklingen (M 12b).*

c) Aus der Protesterklärung der Abgeordneten von Elsass-Lothringen im Reichstag (18. Februar 1874)

Abg. Teutsch: Den Antrag, von dem soeben die Rede war, habe ich nicht für meine eigene Person gemacht; ich machte ihn im Interesse einiger Lothringer Kollegen, welche die deutsche Sprache nicht sprechen und nicht verstehen.[1] Diese Kollegen und wir selbst, alle Abgeordneten von Elsass-Lothringen, glaubten, da Deutschland zum ersten Male sich ein französisches Volk, das nicht deutsch spricht, *(Oho, Oho!)* annektiert hat, dass der Reichstag zum wenigsten heute ausnahmsweise gestatten würde *(Glocke des Präsidenten* [...]*)*. Es handelt sich, meine Herren, von dem Antrage, den am 16. dieses Monats 15 Abgeordnete von Elsass-Lothringen gestellt haben. Diesen Antrag[2] werde ich die Ehre haben jetzt zu begründen. Da die deutsche Sprache nicht meine Muttersprache ist, *(Oho! Gelächter. Ruf: Sie sprechen es ja!)* ich lese, spreche und schreibe deutsch, ich improvisiere es aber nicht – *(Unruhe)* – meine Herren, so erbitte ich mir einige Nachsicht.

(M 12a bis c: H. Fenske [Hg.], Im Bismarckschen Reich 1871–1890, Wissenschaftliche Buchgesellschaft, Darmstadt 1978, S. 64, 44f., 119f.)

1 Antrag auf Zulassung des Französischen für Abgeordnete aus Elsass-Lothringen
2 In Elsass-Lothringen eine Abstimmung über die Einverleibung durch Deutschland abzuhalten

1 *Erläutern Sie Anlass, Ziel und sachliche Grundlage dieser Erklärung (M 12c).*

2 *Diskutieren Sie, ausgehend von den nationalen Problemen der Reichsverfassung, noch einmal über das Problem von kulturellem und politischem Nationalismus in Deutschland (s. Darstellung S. 304f. und S. 307f.).*

Emser Depesche

Der Begleiter König Wilhelms I. beim Kuraufenthalt in Bad Ems telegrafierte Bismarck am 13. Juli 1870 ein Schreiben des Königs (Text 1). Bismarck verfertigte daraus eine kurze Pressemitteilung (Text 2):

Text 1

S. M. der König schreibt mir:
„Graf Benedetti fing mich auf der Promenade ab, um auf zuletzt sehr zudringliche Art zu verlangen, ich sollte ihn autorisieren, sofort zu telegraphieren, dass ich für alle Zukunft mich verpflichtete, niemals wieder meine Zustimmung zu geben, wenn die Hohenzollern auf ihre Kandidatur zurückkämen. Ich wies ihn, zuletzt etwas ernst, zurück, da man à tout jamais[1] dergleichen Engagement nicht nehmen dürfte noch könne. Natürlich sagte ich ihm, dass ich noch nichts erhalten hätte und, da er über Paris und Madrid früher benachrichtigt sei als ich, er wohl einsähe, dass mein Gouvernement wiederum außer Spiel sei." S. M. hat seitdem ein Schreiben des Fürsten[2] bekommen. Da S. M. dem Grafen Benedetti gesagt, dass er Nachricht vom Fürsten erwarte, hat Allerhöchstderselbe, mit Rücksicht auf die obige Zumutung, auf des Grafen Eulenburg[3] und meinen Vortrag beschlossen, den Grafen Benedetti nicht mehr zu empfangen, sondern ihm nur durch seinen Adjudanten sagen zu lassen, dass S. M. jetzt vom Fürsten die Bestätigung der Nachricht erhalten, die Benedetti aus Paris schon gehabt, und dem Botschafter nichts weiter zu sagen habe.
S. M. stellt Ew. Exzellenz anheim, ob nicht die neue Forderung Benedettis und ihre Zurückweisung sogleich sowohl unseren Gesandten als in der Presse mitgeteilt werden sollte.

1 für alle Zukunft
2 Fürst von Hohenzollern-Sigmaringen
3 persönlicher Referent Wilhelms I.

Text 2

Nachdem die Nachrichten von der Entsagung des Erbprinzen von Hohenzollern der Kaiserlich französischen Regierung von der Königlich spanischen amtlich mitgeteilt worden sind, hat der französische Botschafter in Ems an S. M. den König noch die Forderung gestellt, ihn zu autorisieren, dass er nach Paris telegraphiere, dass S. M. der König sich für alle Zukunft verpflichte, niemals wieder seine Zustimmung zu geben, wenn die Hohenzollern auf ihre Kandidatur zurückkommen sollten. S. M. hat es darauf abgelehnt, den französischen Botschafter nochmals zu empfangen, und demselben durch den Adjudanten vom Dienst sagen lassen, dass S. M. dem Botschafter nichts weiter mitzuteilen haben.
(Otto v. Bismarck, Die gesammelten Werke, Bd. 6b, Berlin 1928, S. 369, 371)

– *Untersuchen Sie Text 1, um den tatsächlichen Vorgang zu rekonstruieren (s. auch S. 323).*
– *Analysieren Sie die Textredaktion Bismarcks (Text 2). Wo nahm Bismarck Veränderungen vor? Welche Intention vermuten Sie bei ihm?*
– *Der Veröffentlichung von Text 2 folgte die Kriegserklärung Frankreichs an Preußen. Worauf beruhte diese Wirkung?*

Textsorten

Seit den Anfängen der historischen Wissenschaften im 18. Jahrhundert ist das schriftliche Relikt die Hauptquelle der Kenntnis des Historikers von der Vergangenheit. Die Erfindung des Buchdrucks im 15. Jahrhundert und die Alphabetisierung breiter Bevölkerungskreise (zuerst durch die Reformation im 16. Jahrhundert, dann durch die allgemeine Schulpflicht seit dem Ende des 18. Jahrhunderts) hat eine unübersehbare Fülle schriftlicher Äußerungen hinterlassen.

Je nach Entstehungssituation und -anlass sind schriftliche Quellen von unterschiedlichem historischem Wert. Texte, die geschrieben wurden, um der Nachwelt eine bestimmte Nachricht zu hinterlassen, sind anders zu bewerten als Texte, die nur für die augenblickliche Situation und die Zeitgenossen verfasst sind. Wir nennen Erstere **Tradition** (z. B. Autobiografien, Chroniken), Letztere **Überrest** (z. B. Briefe, Zeitungen). Die Andersartigkeit dieser Textsorten sagt noch nichts über ihren Wahrheitsgehalt.

Ähnlich steht es mit **normativen** und **deskriptiven Texten**. Zu den normativen gehören Gesetze und Verträge. Diese stellen nur fest, was sein soll, nicht, was tatsächlich ist. Deskriptive Texte, wie etwa Berichte, wollen festhalten, was der Fall ist; aber auch sie können Irrtümern erliegen.

Gleichermaßen sind **Selbstzeugnisse** (wie Tagebücher) und **Fremdzeugnisse** (z. B. Gutachten) in ihrer Erkenntnismöglichkeit beschränkt. Dennoch kann sich ein Selbstzeugnis durch seine Lebendigkeit auszeichnen, einen dichten Eindruck von einer Atmosphäre vermitteln und damit ganz andere Aspekte eines historischen Prozesses beleuchten als ein Fremdzeugnis mit seinem bewussten Willen zur „Objektivität".

Ein Schriftstück, das für die Öffentlichkeit verfasst wurde, ist anders zu bewerten als eines, das nur für den privaten oder internen Gebrauch bestimmt war. Wir sprechen daher von **öffentlichen** und **internen Dokumenten**. Das öffentliche Dokument zielt auf eine bestimmte Wirkung beim Adressaten, vor allem was den Eindruck angeht, den der Autor von sich selbst oder seinem Gegenstand vermitteln will. Interne Dokumente sind gewöhnlich unverstellter und weniger arrangiert, obwohl auch bei diesen Vorsicht vor heimlichen Autorenabsichten am Platze ist.

Bei allen schriftlichen Quellen ist die Kenntnis des Entstehungsumfeldes, des Vorher und Nachher wichtig. Voraussetzung wie Wirkung machen den historischen Stellenwert aus. Alle Texte sind an die Wahrnehmungsmöglichkeiten, Interessen und Erkenntnisfähigkeit ihres Autors gebunden. Sie können nicht „objektiv" sein.

2.2 Die Parteien im Obrigkeitsstaat

Die Parteien im Kaiserreich

Die **staatstragenden** Parteien im Kaiserreich waren die liberalen und konservativen (M 13). Unter den liberalen gaben die Nationalliberalen den Ton an. Sie repräsentierten das protestantische Bildungsbürgertum und das industrielle Großbürgertum und traten für die preußische Hegemonie im Reich ein. Die Linksliberalen waren bis 1910 in mehrere Parteien zersplittert (Fortschritt, Deutsche Volkspartei, Liberale Vereinigung) und gingen wechselnde Verbindungen ein. Die Deutsche Freisinnige Partei vertrat Freiberufler und Handwerker und wollte eine parlamentarische Monarchie. Gemeinsam war den Liberalen der Wunsch nach einem starken Zentralismus. Die Altkonservativen, die sich während der Reichsgründung gegen Bismarcks Bündnis mit der nationalen und liberalen Bewegung gestellt hatten, söhnten sich mit dem Kanzler aus und traten an die Seite der freikonservativen und preußisch-konservativen Bismarck-Anhänger. Die Christlich-Soziale Partei von 1878 führte den Antisemitismus in ein deutsches Parteiprogramm ein.
Im Gegensatz zu Konservativen und Liberalen wurden die Parteien der Katholiken und Sozialdemokraten als **Staatsfeinde** ausgegrenzt (M 14). Das Zentrum und die bayerische Patriotenpartei wurden zur Abwehr des protestantischen Übergewichts im kleindeutschen Fürstenstaat und des Liberalismus gegründet. Beide waren antipreußisch und partikularistisch. Die Sozialisten waren bis 1875 in großdeutsche Revolutionäre (Eisenacher) und kleindeutsche Reformer (Lassalleaner) gespalten. Nach ihrer Vereinigung überwogen die Lassalleaner (Gothaer Programm). Bismarck sah in ihnen eine revolutionäre Gefährdung von Staat und Gesellschaft.
Bismarck akzeptierte nur solche Parteien, die sich seiner Politik fügten. Andererseits brauchte der Kanzler die Parteien zur Mehrheitsbildung für seine Gesetzesvorlagen. Deshalb verfolgte er die Strategie des „divide et impera“ (lat. = teile und herrsche) gegenüber den Reichstagsfraktionen, um sich mit wechselnden Partnern im Reichstag Mehrheiten zu verschaffen.

Kampf gegen den Katholizismus

Die italienische Einigung 1861 hatte zur Entmachtung des Papstes geführt. Dieser antwortete mit der dogmatischen Festigung der katholischen Kirche. Sein Unfehlbarkeitsdogma von 1870 löste aber eine ungeheure Erregung bei den deutschen Protestanten und Liberalen aus. Als die Altkatholiken sich vom Papst lossagten, verlangte der Papst vom preußischen Staat die Entlassung dieser Staatsbeamten. Bismarck lehnte dies ab und benutzte den Vorgang, um die **Autonomie des Staates** gegen jeden geistlichen Einfluss durchzusetzen, auch den protestantischen. Er konzentrierte sich zunächst auf Preußen und hob hier die geistliche Schulinspektion auf und unterstellte die Schulen staatlicher Aufsicht. Diese wurde später auf die Kirchen selbst ausgeweitet: Voraussetzung für ein geistliches Amt waren ein deutsches Abitur, ein Studium in Deutschland und ein Kulturexamen (M 15b).
Weil Bismarck beim Zentrum eine reichsfeindliche Haltung vermutete und dessen Verbindungen mit den preußischen Polen und den Elsässern beargwöhnte, weitete er den Konflikt mit den preußischen Kirchen bald zum reichsweiten Kampf mit der katholischen Kirche aus. Unterstützung fand er bei den Liberalen, die in der Zentrumspartei die Gegenaufklärung und den Sachwalter des Papstes erblickten: **Ultramontane**, von jenseits der Alpen gesteuert. Der alte preußische **Kanzelparagraf** wurde so auf das Reich ausgedehnt und das Behandeln staatlicher Angelegenheiten in aufwieglerischer Weise im geistlichen Amt (M 15a, 1) zum Straftatbestand erhoben. Im gleichen Jahr erfolgte das **Verbot des Jesuitenordens** in Deutschland (M 15a, 2), 1875 die Einführung der obligatorischen **Zivilehe**. Widersetzliche Geistliche konnten aus dem Reich verbannt werden (Expatriierungsgesetz 1874). In Preußen wurden alle staatlichen Gelder an die katholische Kirche gesperrt und alle Orden bis auf die der Krankenpflege aufgehoben.

B 7 Ernst Henseler, Sitzung des Deutschen Reichstages, 6. Februar 1888, 1901, Öl auf Leinwand

– *Analysieren Sie das Erscheinungsbild von Kanzler und Abgeordneten im Reichstag der Kaiserzeit.*
– *Vergleichen Sie das Erscheinungsbild des Reichstages mit dem heutigen Bundestag. Arbeiten Sie das jeweilige Parlamentarismusverständnis heraus.*

Obwohl damit der Staat alle Mittel ausschöpfte, geriet diese Machtprobe mit der katholischen Kirche – auch **Kulturkampf** genannt – zu einer schweren **Niederlage Bismarcks und der Liberalen**. Der Papst erklärte alle preußischen Kirchengesetze für ungültig und stärkte den Widerstand der Mehrzahl der Gläubigen. So waren zwar 1876 alle preußischen katholischen Bischöfe verhaftet oder ausgewiesen und ein Viertel der Pfarreien verwaist. Aber in den Landtags- und den Reichstagswahlen 1873/74 konnte das Zentrum seine Sitze verdoppeln und wurde 1881 sogar die stärkste Partei im Reichstag. Nach der Trennung von den Liberalen und dem Tod Pius IX. legte Bismarck den Kulturkampf in Form eines Kompromisses bei: Die Kirchengesetze wurden gemildert (Abschaffung des Kulturexamens, Zulassung der Orden mit Ausnahme der Jesuiten); Kanzelparagraf und Zivilehe hingegen blieben erhalten.

Sozialistengesetz

Hatte Bismarck das Zentrum mit Hilfe des Strafgesetzbuches vergeblich auszuschalten versucht, so schlug er im Falle der Sozialdemokratie eine Doppelstrategie ein: Verbote sollten die Handlungsmöglichkeiten der Partei beschränken und eine Sozialpolitik die Existenzgrundlage der Partei vernichten.
Nach der Vereinigung der Eisenacher mit den Lassalleanern 1875 erblickte Bismarck in den Sozialisten die stärkste Gefahr für das neue Reich. Wie im Falle des Zentrums erlag er hier einer **Überschätzung der Revolutionsgefahr**. Gerade das Gothaer Programm der neuen Sozialistischen Arbeiterpartei war reformorientiert, die Lassalleaner stellten die Mehrheit in der Partei. Die liberale Reichtagsmehrheit hatte deshalb Bismarcks Forderung nach Ausnahmegesetzen

B 8 Bismarck-Karikatur aus der französischen Zeitung „Figaro" von 1870. – Die Bildunterschrift lautete: „Entschieden ist er – und ein gewaltiger Redner, das muss man ihm lassen."

– *Interpretieren Sie die Karikatur in ihrem historischen Kontext.*

gegen die Sozialdemokratie abgelehnt. Nach zwei Attentaten auf den Kaiser im Juni 1878 herrschte indes eine große allgemeine Erregung, die Bismarck zum Schüren einer allgemeinen „Sozialistenfurcht" nutzte, obwohl diese mit den Attentaten nichts zu tun hatten (M 16). Er ließ den Reichstag auflösen. Bei den Neuwahlen errangen die Konservativen den Sieg auf Kosten der Liberalen und verabschiedeten zusammen mit den Nationalliberalen (und gegen die Stimmen von Zentrum, Fortschritt, Sozialisten und Polen) das **Sozialistengesetz**. Das Gesetz enthielt folgende Bestimmungen: 1. Verbot aller sozialistischen Vereine, Versammlungen und Druckschriften; 2. Ausweisungsmöglichkeit für alle sozialistischen Agitatoren aus Orten und Bezirken; 3. Möglichkeit verschärfter polizeilicher Kontrollen durch kleinen Belagerungszustand. Die SPD als Partei wurde nicht verboten und konnte daher weiterhin bei den Reichstagswahlen kandidieren. Das Gesetz war zunächst für zweieinhalb Jahre gültig und wurde bis 1890 verlängert.
Die Sozialistengesetze verfehlten ihren Sinn in jeder Hinsicht. Die Nationalliberalen zerfielen, weil sie mit diesen Gesetzen gegen ihre eigenen Prinzipien verstießen: Sie hatten eine Partei nicht wegen etwaiger Verbrechen, sondern wegen ihrer Überzeugungen unter Sonderstrafrecht gestellt. Die Sozialisten wählten ihre Reichstagsabgeordneten weiter und Arbeitersport- und -gesangvereine ersetzten Parteiversammlungen; die Parteipresse wurde im Ausland gedruckt. Bei ständig wachsender Arbeiterschaft nahm aber die Wählerschaft der Partei während der Verbotszeit sprunghaft zu (1887 über 700000, 1890 dann 1,4 Mio.). Gleichzeitig führte das Verbot zur **Radikalisierung** der Partei; sie gab sich 1891 das marxistische Erfurter Programm. 1890 bereits hatte sie die meisten Stimmen errungen, wegen der Benachteiligung durch die Stimmkreiseinteilung aber erst 1912 auch die meisten Sitze erhalten (M 13).

M13 Wahlergebnisse der Reichstagswahlen seit 1871 (in Prozent und Anzahl der Mandate)

Wahljahr	Wahl-beteiligung	SPD	Linksliberale Parteien	Zentrum	Rechts-liberale	Konservative Parteien	Minderh., sonst., regional. Grupp.
1871	52,0	3,2	9,3	18,6	37,3	23,0	8,6
1874	61,2	6,8	9,0	27,9	30,7	14,1	11,4
1877	61,6	9,1	8,5	24,8	29,7	17,6	10,1
1878	63,4	7,6	7,8	23,1	25,8	26,6	9,0
1881	56,3	6,1	23,1	23,2	14,7	23,7	9,1
1884	60,5	9,7	19,3	22,6	17,6	22,1	8,7
1887	77,5	10,1	14,1	20,1	22,3	25,2	8,1
1890	71,5	19,8	18,0	18,6	16,3	19,8	7,6
1893	72,4	23,3	14,8	19,1	13,0	22,7	7,7
1898	68,1	27,2	11,1	18,8	12,5	18,8	11,5
1903	76,1	31,7	9,3	19,8	13,9	16,1	9,5
1907	84,7	28,9	10,9	19,4	14,5	17,5	8,8
1912	84,2	34,8	12,3	16,4	13,6	15,1	7,7

(G. A. Ritter [Hg.], Gesellschaft, Parlament und Regierung, Droste, Düsseldorf 1974, S. 220 f., und G. Hohorst u. a. [Hg.], Sozialgeschichtliches Arbeitsbuch, Bd. 2, C. H. Beck, München [2]1978, S. 173 ff.)

	Mandatsverteilung							
	1871	1874	1877	1878	1881	1884	1887	1890
Konservative	57	22	40	59	50	78	80	73
Freikonservative	37	33	38	57	28	28	41	20
Zentrum	63	91	93	94	100	99	98	106
Liberale Reichspartei	30	3	13	10	–	–	–	–
Nationalliberale	125	155	128	99	47	51	99	42
Liberale Vereinigung	–	–	–	–	46	–	–	–
Fortschrittspartei	46	49	35	26	60	67	32	66
Minderheiten	14	30	30	30	35	32	29	27
Sozialisten	2	9	12	9	12	24	11	35
andere + DVP	8	5	8	13	19	18	7	28

(H. Fenske [Hg.], Im Bismarckschen Reich 1871–1890, Wissenschaftliche Buchgesellschaft, Darmstadt 1978, S. 30)

M14 Bismarck in einer Rede im preußischen Herrenhaus über seine Gegner im neuen Deutschen Reich (24. April 1873)

Ich verweise darauf, […] dass der Staat in seinen Fundamenten bedroht und gefährdet ist von zwei Parteien, die beide das gemeinsam haben, dass sie ihre Gegnerschaft gegen die nationale Entwicklung in internationaler Weise betätigen, dass sie Nation und nationale Staatenbildung bekämpfen. Gegen diese beiden Parteien müssen meines Erachtens alle diejenigen, denen die Kräftigung des staatlichen Elements, die Wehrhaftigkeit des Staats am Herzen liegen, gegen die, die ihn angreifen und bedrohen, zusammenstehen, und deshalb müssen sich alle Elemente zusammenscharen, die ein Interesse haben an der Erhaltung des Staats und an seiner Verteidigung, teils gegen diejenigen, welche offen sagen, was sie an der Stelle des Staates wollen, teils gegen diejenigen, welche einstweilen den Staat untergraben, sich aber noch vorbehalten, was sie an seine Stelle setzen wollen – gegen diese Gegner müssen sich alle treuen Anhänger des Königs, müssen sich alle treuen Anhänger des preußischen Staates, in dem wir leben, zusammenscharen.

(Otto v. Bismarck, Die gesammelten Werke, Bd. 11, Berlin 1929, S. 298)

1 *Bestimmen Sie die beiden „internationalen" Parteien, die Bismarck in M 14 nennt.*

2 *Untersuchen Sie, welche Gefahren Bismarck für das neue Reich sieht. Erörtern Sie die Berechtigung von Bismarcks Lagebeurteilung.*

M15 Aus den Kulturkampfgesetzen

a) Kulturkampfgesetze für das Deutsche Reich

1) Ergänzung des Strafgesetzbuchs vom 10. Dezember 1871 (Kanzelparagraf) (Auszug).

Ein Geistlicher oder anderer Religionsdiener, welcher in Ausübung oder in Veranlassung der Ausübung seines Berufes öffentlich vor einer Menschenmenge oder welcher in einer Kirche oder an einem andern zu religiösen Versammlungen bestimmten Orte vor mehreren Angelegenheiten des Staates in einer den öffentlichen Frieden gefährdenden Weise zum Gegenstande einer Verkündigung oder Erörterung macht, wird mit Gefängnis oder Festungshaft bis zu zwei Jahren bestraft.

2) Gesetz, betreffend den Orden der Gesellschaft Jesu, vom 4. Juli 1872.

§ 1. Der Orden der Gesellschaft Jesu und die ihm verwandten Orden und ordensähnlichen Kongregationen sind vom Gebiete des Deutschen Reiches ausgeschlossen. [...]

§ 2. Die Angehörigen des Ordens der Gesellschaft Jesu [...] können, wenn sie Ausländer sind, aus dem Bundesgebiete ausgewiesen werden; wenn sie Inländer sind, kann ihnen der Aufenthalt in bestimmten Bezirken oder Orten versagt oder angewiesen werden.

b) Aus den Kulturkampfgesetzen für das Königreich Preußen

1) Gesetz, betreffend die Beaufsichtigung des Unterrichts- und Erziehungswesens, vom 11. März 1872 (preußisches Schulaufsichtsgesetz).

§ 1. Unter Aufhebung aller in einzelnen Landesteilen entgegenstehenden Bestimmungen steht die Aufsicht über alle öffentlichen und Privat-Unterrichts- und Erziehungsanstalten dem Staate zu. [...]

§ 2. Die Ernennung der Lokal- und Kreisschulinspektoren und die Abgrenzung ihrer Aufsichtsbezirke gebührt dem Staate allein.

2) Gesetz über die Vorbildung und Anstellung der Geistlichen vom 11. Mai 1873.

§ 1. Ein geistliches Amt darf in einer der christlichen Kirchen nur einem Deutschen übertragen werden, welcher seine wissenschaftliche Vorbildung nach den Vorschriften dieses Gesetzes dargetan hat und gegen dessen Anstellung kein Einspruch von der Staatsregierung erhoben worden ist. [...]

§ 4. Zur Bekleidung eines geistlichen Amts ist die Ablegung der Entlassungsprüfung auf einem deutschen Gymnasium, die Zurücklegung eines dreijährigen theologischen Studiums auf einer deutschen Staatsuniversität sowie die Ablegung einer wissenschaftlichen Staatsprüfung erforderlich. [...]

§ 8. Die Staatsprüfung [...] wird darauf gerichtet, ob der Kandidat sich die für seinen Beruf erforderliche allgemeine wissenschaftliche Bildung, insbesondere auf dem Gebiet der Philosophie, der Geschichte und der deutschen Literatur, erworben habe.

(J. B. Kißling, Geschichte des Kulturkampfes im Deutschen Reiche, Bd. 2, Freiburg 1911, S. 460 ff.)

1 *Erklären Sie die Motive für die Gesetze in M 15. Berücksichtigen Sie die jeweiligen Konfessionen.*

2 *Bestimmen Sie, welche Bevölkerungsgruppe in Preußen von dem Gesetz über die Vorbildung von Geistlichen besonders getroffen werden sollte.*

M16 Bismarck in einem Brief an Ludwig II. von Bayern über Reichstag und SPD vom 12. August 1878

Das Anwachsen der socialdemokratischen Gefahr, die jährliche Vermehrung der bedrohlichen Räuberbande, mit der wir gemeinsam unsere größeren Städte bewohnen, die Versagung der Unterstützung gegen diese Gefahr von Seiten der Mehrheit des Reichstags drängt schließlich den deutschen Fürsten, ihren Regirungen und allen Anhängern der staatlichen Ordnung eine Solidarität der Nothwehr auf, welcher die Demagogie der Redner und der Presse nicht gewachsen sein wird, so lange die Regirungen einig und entschlossen bleiben, wie sie es gegenwärtig sind. Der Zweck des Deutschen Reiches ist der Rechtsschutz; die parlamentarische Thätigkeit ist bei Stiftung des bestehenden Bundes der Fürsten und Städte als ein Mittel zur Erreichung des Bundeszweckes, aber nicht als Selbstzweck aufgefasst worden. Ich hoffe, dass das Verhalten des Reichstages die verbündeten Regirungen der Notwendigkeit überheben wird, die Consequenzen dieser Rechtslage jemals practisch zu ziehen. Aber ich bin nicht gewiss, dass die Mehrheit des jetzt gewählten Reichstages schon der richtige Ausdruck der zweifellos loyal und monarchisch gesinnten Mehrheit der deutschen Wähler sein werde. Sollte es nicht der Fall sein, so wird die Frage einer neuen Auflösung in die Tagesordnung treten.

(M. Stürmer [Hg.], Bismarck und die preußisch-deutsche Politik 1871–1890, München [3]1978, S. 128 f.)

1 *Untersuchen Sie die Haltung Bismarcks gegenüber dem Parlament und seinen Parteien (M 16).*

2 *Wie sieht Bismarck das Verhältnis von Parlament und Souverän?*

2.3 Probleme der gesellschaftlichen Integration

Das neue Reich als nationales Identifikationsangebot

Ungeachtet der politischen, gesellschaftlichen und wirtschaftlichen Spannungen entstand im Kaiserreich eine (klein-)deutsche Identität, die breite gesellschaftliche Schichten umfasste. Denn für viele stellte die Reichsgründung eine Erfüllung des jahrzehntelangen Strebens der deutschen Nationalbewegung nach staatlicher Einheit in einem Rechts- und Verfassungsstaat dar. Gleichwohl darf nicht übersehen werden, dass die Reichsgründung „von oben" noch keine innere Integration der Gesellschaft bedeutete.
Bismarck hatte mit dem kleindeutschen Nationalstaat einen Kompromiss zwischen Militärmonarchie und nationalliberaler Bewegung geschaffen. So war der deutsche Nationalstaat sowohl ein **Obrigkeitsstaat** (Macht- und Militärstaat) als auch ein **Verfassungsstaat** (Rechts- und Kulturstaat). Grundlage von Wirtschaft und Gesellschaft waren Marktwirtschaft und Machtstaat. In dieser Konstruktion stellte das neue Reich ein Identifikationsangebot an Nationale und Liberale, also an das Bürgertum, dar, durch die militärische Gründung und die Fürstenmacht aber auch an Militär und Adel. Die Volksmassen (Bauern und Kleinbürger) waren zunächst weniger politisch, ihr Patriotismus war regional begrenzt. Eine Integration der wachsenden Arbeiterschaft wurde erst durch die Sozialstaats- und Reallohnentwicklung der 1880er-/90er-Jahre angebahnt. 1878 hatte Bismarck die Arbeiter durch das Sozialistengesetz zunächst ausgegrenzt (s. S. 331 f.).

Militarismus und Reichsnationalismus

Hervorgegangen aus siegreichen Kriegen und beeinflusst von den Traditionen der preußischen Militärmonarchie geriet, die Gesellschaft des Deutschen Reiches in den Sog des Militarismus. Dies führte nicht nur dazu, dass das Offizierskorps eine privilegierte Stellung in der Gesellschaft erhielt, ein ausgeprägtes Klassenbewusstsein entwickelte und sich zunehmend als Staat im Staate verstand, sondern der Militarismus begann auch das Alltagsbewusstsein der Bevölkerung zu bestimmen. Militärische Prachtentfaltung durch Paraden und Uniformen, militärisches Gehabe in Schule und Verwaltung idealisierten den

B 9 Gruß von der Kaiserparade, Postkarte, 1909

Offizier und die Armee als „Schule der Nation“ (B 9). Schriftsteller wie Carl Zuckmayer („Der Hauptmann von Köpenick“) und Heinrich Mann („Der Untertan“) haben den Zeitgeist des Kaiserreiches in ihren Theaterstücken und Romanen treffend karikiert.
Die Grundlage für eine allgemeine Identifikation mit dem kleindeutschen Reich bei den kleinbürgerlichen und bäuerlichen Massen wurde erst durch einen veränderten Nationalismus geschaffen, den **Reichsnationalismus**. In ihm ging die alte Monarchieanhänglichkeit des Adels, der evangelischen Kirche und der Volksmassen auf. Es wurden die nicht liberalen Züge des Nationalismus betont: Überordnung der Gemeinschaft, Zustimmung zu Macht und Autorität, Selbstüberhebung und Abwertung anderer, Ablehnung von Parlamentarismus und Grundrechten. Obwohl auch die politische Linke des Kaiserreiches national gesinnt war, wurde Nationalismus zu einem Phänomen der politischen Rechten. Man identifizierte die bestehende Gesellschaftsordnung mit der Nation und Systemveränderer wurden als „Vaterlandslose“ gebrandmarkt.
Nationaldenkmäler rückten den Reichsnationalismus ins allgemeine Bewusstsein (B 11). Eine Wendung des Reichsnationalismus nach außen, d.h. die Beanspruchung einer deutschen Machtstellung in Europa nach der Reichsgründung, wurde von Bismarck gebremst. Erst unter

B 10 Titelblatt des Prachtwerks „Deutsche Gedenkhalle“, 1900

B 11 Plakatentwurf mit Spendenaufruf für das Bismarck-Nationaldenkmal „Auf der Elisenhöhe“ bei Bingen-Bingerbrück, 1909

– *Untersuchen Sie die Bildelemente in B 10. Was symbolisiert die Frauengestalt? Womit ist sie ausgestattet? Welchen Bezug hat sie zum Titel des Buches?*
– *Analysieren Sie B 11.*
– *Interpretieren Sie beide Abbildungen im Hinblick auf den neuen Nationalismus im Deutschen Reich.*

B 12 Gruß aus dem „Kölner Hof", Postkarte, 1897. – Der handschriftliche Text lautet: „22. Sept. 1897. Geehrter Herr Pfarrer! Da ich mich aus dem Judengewimmel der Stadt in obiges Lokal geflüchtet habe, um in Ruhe ein Pilsner zu schlürfen, gedenke ich Ihrer und sende die besten Grüße ..."

Wilhelm II. bildete das deutsche Weltmachtstreben die Grundlage für das neue deutsche Selbstbewusstsein. Es wurde von mitgliederstarken Verbänden, wie dem Kolonialverein, Flottenverein und Alldeutschen Verband, propagiert und in die Öffentlichkeit getragen.

Antisemitismus

Im Laufe des 19. Jahrhunderts hatte sich die rechtliche Stellung der Juden in Deutschland zunächst verbessert und die neue Reichsverfassung 1871 deren völlige Gleichberechtigung festgeschrieben. Mit dem Aufkommen des Reichnationalismus änderte sich dies. Unterstützt von der 1873 einsetzenden wirtschaftlichen Rezession, entwickelte sich eine neue Feindschaft gegen die Angehörigen der jüdischen Religion, von denen viele erfolgreich in der Industrie, in Banken, künstlerischen und freien Berufen tätig waren. Anders als die ältere, religiös, wirtschaftlich oder kulturell begründete Judenfeindschaft wurde die neue Judenfeindschaft „rassisch" abgeleitet und als **Antisemitismus** zu einem **Bestandteil des neuen, rechtskonservativen Reichsnationalismus**. Universelle ethische Prinzipien, die, wie z. B. die Würde des Menschen, lange Zeit unumstritten gewesen waren, konnten damit geleugnet werden. Indem konservative Kulturkritiker in der Öffentlichkeit das Judentum immer wieder mit Parlamentarismus und Liberalismus in Verbindung brachten, geriet der Antisemitismus auch zum Träger antidemokratischer Staatsvorstellungen. Nationale „Einheit" wurde jetzt, im Gegensatz zum Nationalismus des frühen 19. Jahrhunderts, auch ohne „Freiheit" gedacht.
Der Antisemitismus war weit verbreitet (B 12). Viele Vereine und Organisationen grenzten Juden direkt oder indirekt aus. Zwischen 1873 und 1894 bildeten sich antisemitische Parteien, die zeitweise bis zur Fraktionsstärke im Reichstag vertreten waren.

Ausgrenzung nationaler Minderheiten

Im deutschen Nationalstaat von 1871 gab es auch nicht deutsche Bevölkerungsgruppen wie die dänischen, polnischen und französischen Minderheiten. Ebenso wie Bismarck den Katholizismus und die Sozialisten zu „Reichsfeinden“ erklärte und damit aus der Gesellschaft ausgegrenzt hatte, enthielt er auch den nationalen Minderheiten die gesellschaftliche Integration vor: Er verweigerte ihnen politische Mitwirkung und gesellschaftliche Anerkennung und untersagte weitgehend die Pflege ihrer Kultur, Religion und Sprache (s. S. 325 f. und S. 330 ff.).

Fortschrittsbewusstsein

Neben Militarismus, Reichsnationalismus und Fremdenfeindlichkeit bildete der Glaube an eine bessere, wenn nicht gar große Zukunft ein wichtiges Integrationsmoment des Kaiserreichs. Wurde dies beim Adel durch Vertrauen auf Militärkönigtum und militärische Kraft getragen, so beim Wirtschaftsbürgertum durch die expansive Entwicklung von Handel und Industrie. Für die Arbeiterschaft versprachen die Sozialgesetzgebung und die Mitte der 1890er-Jahre einsetzende Verbesserung der Realeinkommen eine Perspektive für den Ausbruch aus einer unbefriedigenden Gegenwart.

Organisierung der Interessen: Verbände

Politische und soziale Verbände und Interessengruppen hatte es bereits zur Zeit des Deutschen Bundes gegeben. Aber erst mit der Reichsgründung erhielten sie wesentlich größere Mitgliederzahlen und es kam zu einer **politischen Mobilisierung** breiter Volksschichten. Unter den Arbeitnehmerorganisationen waren die sozialistischen, die **Freien Gewerkschaften** die kämpferischsten und die bedeutendsten. Sie bildeten den Rückhalt für die Reformer in der SPD, konnten bis 1910 auf eine 100-prozentige Reallohnsteigerung zurückblicken und bildeten 1913 mit 2,5 Mio. Mitgliedern die größte Gewerkschaft Europas (M 17).
Auch Unternehmer und Landwirte organisierten sich. Sowohl der **„Centralverband Deutscher Industrieller“** als auch der **„Bund der Landwirte“** wussten eine Interessengemeinschaft mit dem neuen Reich einzugehen und das wirtschaftliche Gedeihen ihrer Mitglieder durch die Forderung nach einer Schutzzollpolitik abzusichern.

M17 Gewerkschaften

Aus der Resolution des Gewerkschaftskongresses in Hamburg zur sozialen Gesetzgebung in Deutschland (1908)

Insbesondere fordert der Kongress:

I. Zur Sicherung der Rechtsverhältnisse:

1. Arbeiterkammern;
2. volle Koalitionsfreiheit für alle gegen Lohn und Gehalt beschäftigten Personen;
3. zwingendes Recht für alle zum Schutze der Arbeiter erlassenen Gesetzesbestimmungen, damit sie nicht durch Verträge aufgehoben werden können;
4. eine gesetzliche Grundlage für kollektive Arbeitsverträge (Tarifverträge);
5. Verbot des Trucksystems[1] in allen Formen.

II. Zum Schutze von Leben und Gesundheit:

1. Festsetzung eines höchstens acht Stunden betragenden Normalarbeitstages;
2. Verbot der Erwerbsarbeit für Kinder unter vierzehn Jahren;
3. Verbot der Nachtarbeit, außer für solche Arbeiten, die ihrer Natur nach, aus technischen Gründen oder aus Gründen der öffentlichen Wohlfahrt des Nachts getan werden müssen;
4. eine ununterbrochene Ruhepause von mindestens sechsunddreißig Stunden in der Woche für jeden Arbeiter;
5. durchgreifende gewerbliche Hygiene; Erlass von wirksamen Krankheitsverhütungsvorschriften;
6. Unfallverhütung, unter Beteiligung der Arbeiter an der Kontrolle.

III. Zur Bewahrung vor Versinken in Pauperismus:

Vereinheitlichung und Ausdehnung der Arbeiterversicherung unter der Selbstverwaltung der Versicherten:

a) Entschädigungsbeträge bei den bestehenden Versicherungszweigen in der Höhe, dass die Kranken, Verunglückten und Invaliden vor Not geschützt sind;
b) Schaffung einer Mutterschaftsversicherung;
c) Schaffung einer Arbeitslosenversicherung;
d) Witwen- und Waisenversorgung.

(Handbuch der deutschen Gewerkschaftskongresse, bearb. v. P. Barthel, Dresden 1916, S. 28f.)

1 Bezahlung der Arbeiter mit Waren anstatt mit Geld

1 *Worin erblicken Sie spezifisch sozialistische Zielsetzungen in der Resolution?*

2 *Welche dieser Forderungen sind bis heute erfüllt worden?*

11 Milliarden Mark

wurden in der deutschen Arbeiterversicherung-Sozialfürsorge- in der Zeit von 1885 bis 1913 aufgewendet.

Krankenversicherung 1912 in	Deutschland	England	Frankreich
Beiträge in Millionen Mark	464	besitzt	41
Leistungen in Millionen Mark	426	ähnliche	24
Verhältnis von Leistung zu Beitrag	92%	Einrichtungen	59%
Leistung pro Fall in Mark	65	erst seit 1912	40

B 13 Ausschnitt aus einem Plakat zur Sozialversicherung, 1914. – Das Plakat trägt die Überschrift: „Die deutsche Sozialversicherung steht in der ganzen Welt vorbildlich und unerreicht da."

– *Erläutern Sie, auf welche Weise in B 13 Nationalstolz ausgedrückt wird.*

2.4 Die Anfänge der deutschen Frauenbewegung

Bürgerliche Frauenbewegung

Bereits in der Revolution 1848/49 hatten Frauen Vereine ins Leben gerufen und waren öffentlich für ihre Gleichberechtigung in Politik und Gesellschaft eingetreten. Als sich seit Mitte der 1860er-Jahre eine organisierte Frauenbewegung formierte, spielten ehemalige Achtundvierzigerinnen dabei eine herausragende Rolle. Hierzu gehörte Louise Otto-Peters, die 1865 den „Allgemeinen Deutschen Frauenverein" (ADF) gründete, um die Bildungschancen von Frauen zu verbessern und deren Berufstätigkeit zu fördern. Nicht die allgemeine politische und soziale Emanzipation, sondern eine verstärkte Integration von Frauen in das Erwerbsleben hatte der 1866 von Adolf Lette eingerichtete „Verein zur Förderung der Erwerbstätigkeit des weiblichen Geschlechts" zum Ziel, aus dem 1869 der „Verein Deutscher Frauenbildungs- und Erwerbsvereine" hervorging.
In den 1890er-Jahren waren es erneut politisch aktive Frauen aus der Revolution 1848/49, die sich in Frauenverbänden organisierten und außerdem die Beschränkung ihres Kampfes auf Bildung und Erwerbstätigkeit aufgaben zu Gunsten weiter gehender emanzipatorischer Forderungen. Das gilt sowohl für den 1890 entstandenen „Allgemeinen Deutschen Lehrerinnenverein", der um die Jahrhundertwende 16 000 Mitglieder besaß, als auch für die Vereinigung verschiedener Frauenorganisationen zum „**Bund Deutscher Frauenvereine**" (BDF) im Jahre 1894 (M 18a, b). Bis zum Ersten Weltkrieg konnte der BDF über 2000 Vereine mit fast 500 000 Mitgliedern unter seinem Dach zusammenfassen. Er entwickelte sich zum Mittelpunkt der bürgerlichen Frauenbewegung. Allerdings vereinigte er in sich unterschiedliche Strömungen. Die gemäßigte Mehrheit vertraute auf die wachsende Einsicht der Männer besonders aus dem liberalen Bürgertum und betonte die Mütterlichkeit als weibliche Eigenart. Die Frauen sollten nach dieser Sicht vor allem über den engeren Kreis der Familie hinaus das Denken in der Gesellschaft durch die Betonung des weiblichen Elementes zivilisieren. Dagegen klagte der kleinere radikale Flügel entschieden alle staatsbürgerlichen Rechte für die Frauen ein und verlangte eine Reform des Paragrafen 218. Diese Forderungen kamen in erster Linie aus dem „Verein Volkswohl" und später dem „Verband fortschrittlicher Frauenvereine".

Proletarische Frauenbewegung

Im kaiserlichen Deutschland konstituierte sich neben der bürgerlichen auch eine sozialdemokratische bzw. proletarische Frauenbewegung. Die theoretischen Grundlagen hatte August Bebel in seinem Buch „**Die Frau und der Sozialismus**" aus dem Jahre 1879 gelegt, das zu den meist gelesenen Büchern in der deutschen Sozialdemokratie gehörte. Aus der Sicht Bebels war die Frau in der kapitalistischen Gesellschaft doppelt unterdrückt: zum einen durch ihre soziale Abhängigkeit von den Männern im Privaten, zum anderen durch ihre wirtschaftliche Abhängigkeit im Bereich des Arbeitslebens. Diese zweifache Unterdrückung könne nur durch die Umgestaltung der kapitalistischen in eine sozialistische Wirtschafts- und Gesellschaftsordnung beseitigt werden. Folgerichtig verstanden die sozialdemokratischen Frauen ihr frauenpolitisches Engagement gleichzeitig als antikapitalistischen Kampf. Selbstverständlich war es für sie, dass sie die im Erfurter Programm von 1891 verankerte Forderung nach einem Wahlrecht für alle Staatsbürger „ohne Unterschied des Geschlechts" unterstützten. Darüber hinaus machten sie sich für die Verankerung des Rechts auf Arbeit in der Verfassung und eine gesellschaftliche Verantwortung für die Kindererziehung stark (B 14).

M18 Frauenbewegung

a) Das Programm des „Bundes Deutscher Frauenvereine", 1905

I. Bildung […].
a) obligatorische Fortbildungsschulen für alle aus der Volksschule entlassenen Mädchen; […]
c) unbeschränkte Zulassung ordnungsmäßig vorgebildeter Frauen zu allen wissenschaftlichen, technischen und künstlerischen Hochschulen.
II. Berufstätigkeit: Die Frauenbewegung betrachtet für die verheiratete Frau den in der Ehe und Mutterschaft beschlossenen Pflichtenkreis als ersten und nächstliegenden Beruf. […] Die Arbeit der Frau in der Erfüllung dieses Berufs ist wirtschaftlich und rechtlich als vollgültige Kulturleistung zu bewerten. […] Die Berufsarbeit der Frau [ist] eine wirtschaftliche und sittliche Notwendigkeit. […] – In Bezug auf die wirtschaftliche Bewertung der beruflichen Frauenarbeit vertritt die Frauenbewegung den Grundsatz: Gleicher Lohn für gleiche Leistung […].
III. Ehe und Familie […].
b) Sie verlangt eine Reform der Ehegesetze, durch welche beiden Ehegatten das gleiche Verfügungsrecht in allen gemeinsamen Angelegenheiten, insbesondere der gleiche Anteil an der elterlichen Gewalt, gesichert wird.
c) Sie verlangt gesetzliche Reformen, betreffend die Rechte unehelicher Kinder, Reformen, durch welche dem unehelichen Vater größere Verpflichtungen gegen Mutter und Kind auferlegt werden.
IV. Öffentliches Leben, Gemeinde und Staat […].
a) Zulassung der Frauen zu verantwortlichen Ämtern in Gemeinde und Staat […].
c) Beseitigung der vereinsrechtlichen Beschränkungen der Frau.
d) Teilnahme der Frauen am kirchlichen Wahlrecht.
e) Teilnahme der Frauen am kommunalen Wahlrecht.
f) Teilnahme der Frauen am politischen Wahlrecht.
(H. Lange, Die Frauenbewegung in ihren gegenwärtigen Problemen, Leipzig ²1914, S. 134 ff.)

1 *Charakterisieren Sie die Schwerpunkte des Programms (M 18a).*

2 *Inwiefern kennzeichnet das Programm (M 18a) die Interessen einer bestimmten Frauengruppe (s. Punkt IV. des Programms)?*

b) Eduard Windthorst zur Frage der Gleichberechtigung der Frau 1912

Die Organisation ist eben beim Weibe anders geartet als beim Manne, und ihre Kräfte reichen nicht aus, die schweren Arbeiten zu verrichten, die dem Manne obliegen und von seiner kräftigeren Natur leicht zu bewältigen sind […]. Und wie gewaltig zeigt sich Ungleichheit in der inneren Veranlagung, in der intellektuellen und moralischen Begabung! Die Männer sind die Vertreter der Kraft und zeichnen sich aus durch die darauf beruhenden aktiven Tugenden des Heldenmutes und der Standhaftigkeit, der Vaterlandsliebe und der Gerechtigkeit. Die Frauen sind die Vertreterinnen der Schönheit und der Liebe und ragen in unerreichbarer Überlegenheit über die Männer hinaus in den mehr passiven Tugenden der Demut und der Milde, der aufopfernden Hingebung und Barmherzigkeit. Die fast ausschließliche männliche Schöpfungskraft in Wissenschaft und Kunst wird ausgeglichen durch die unglaublich steigerungsfähige Empfänglichkeit der Frauen für die höchsten Ideale des Lebens. Der Mann wird in seinem Denken und Handeln bestimmt von seinem scharfen, alles durchdringenden Verstande, das Weib lässt sich leiten von den Regungen des bei ihm stärker entwickelten Gefühls.
(E. Windthorst, Lebenserfahrungen eines Idealisten, Bonn 1912, S. 464 ff.)

1 *Analysieren Sie das Bild der Frau bei Windthorst (M 18b).*

2 *Klären Sie die historische Bedingtheit dieses Frauenbilds und seine Langzeitwirkung.*

B 14 Carl Koch, Sozialdemokratische Frauenversammlung in Berlin, Holzstich aus der Leipziger Illustrierten Zeitung vom 8. März 1890 (Ausschnitt)

3 Imperialismus und Erster Weltkrieg

3.1 Europäisches Mächtesystem und Bismarcks Außenpolitik

Neue Lage: „Halbe Hegemonie"

Die Gründung des Deutschen Reiches und dessen Aufstieg zum Industriestaat hatte eine neue Lage unter den europäischen Großmächten geschaffen. Das System der Pentarchie, bereits erschüttert im Krimkrieg, war nun aufgelöst. Nach dem Sieg über Frankreich nahm das Deutsche Reich eine „halbhegemoniale Stellung" in der Mitte Europas ein.
Die militärischen Siege von 1864, 1866 und 1871 hatten bei den Großmächten Befürchtungen geweckt vor einem preußisch-deutschen Militarismus, den es nach Gebietserweiterungen wie im Falle Elsass-Lothringens gelüsten könnte. Deshalb bildete die Möglichkeit feindlicher Bündnisse die Hauptgefahr für das neue Reich.

Bismarcks außenpolitisches Konzept

Für Bismarck war die Sicherung von Ruhe und Frieden in Europa die Lebens- und Überlebensbedingung des Deutschen Reiches. Die Erhaltung des Erreichten im Konzert der Großmächte, des **Status quo**, war das oberste Ziel seiner Außenpolitik. Er suchte es auf dreierlei Wegen zu verwirklichen: Erstens demonstrierte er immer wieder Deutschlands **Saturiertheit**, d. h., dass Deutschland keine expansiven Wünsche mehr habe. Zweitens schloss er konsequent **defensive Bündnisse** mit möglichen Gegnern, um einen Kriegsfall auszuschließen und drittens betrieb er so erfolgreich **Frankreichs Isolierung**, dass dieses keine Angriffsbündnisse gegen Deutschland schließen konnte. Hierbei nützte Bismarck die Gegensätze zwischen den europäischen Großmächten aus, wie er sie im Kissinger Diktat 1877 beschrieben hat (M 19).

Bismarcks Bündnissystem

Um den „herrschenden Friedenszustand zu befestigen", arrangierte sich das Deutsche Reich 1872/73 mit Österreich-Ungarn und Russland im **Dreikaiserabkommen** (Schema 5). Es war ein Konsultativabkommen, das für den Konfliktfall zwar keinen militärischen Beistand, wohl aber Beratungen vorsah. Der Vertrag mit den beiden Kontrahenten auf dem Balkan verhinderte, dass sich Deutschland einen von beiden zum Feind machte, was bei einem bloß zweiseitigen Abkommen eine notwendige Folge gewesen wäre. 1875 kam es zu der so genannten „Krieg-in-Sicht-Krise", hervorgerufen durch deutsche Besorgnisse über die unerwartet rasche militärische Erholung Frankreichs. Die englische und die russische Regierung machten Bismarck klar, dass sie angesichts der neu geschaffenen Mächtekonstellation einen weiteren Krieg in Mitteleuropa im Stil der vorherigen Auseinandersetzung nicht hinnehmen würden. Bismarck zeigte Europas Mächten jetzt jene Zurückhaltung, die notwendig war, um gegen die halbhegemoniale Stellung des Reiches keine Koalition zu provozieren und Ängste vor Deutschland zu zerstreuen. Zur Entspannung des deutsch-französischen Verhältnisses war Bismarck sogar bereit, Frankreichs Kolonialpolitik in Afrika zu unterstützen.
Zwischen 1875 und 1879 erlebte Europa eine Periode der „Hochspannung", die erst um 1885 abklang. Ausgangspunkt war der Interessenkonflikt zwischen Russland, der Türkei und Österreich-Ungarn auf dem Balkan. Der russische Erfolg im Russisch-Türkischen Krieg 1877/78 alarmierte Österreich. Auf dem **Berliner Kongress** 1878 vermittelte Bismarck als „ehrlicher Makler" einen Kompromiss zur Friedenserhaltung ohne für das Reich irgendwelche Gebietsansprüche zu stellen (B 15). Rumänien, Serbien, Montenegro und Bulgarien wurden selbstständig. Bulgarien aber verlor Makedonien und Russland strebte vergeblich nach Anerkennung als

B 15 Anton von Werner, Schlusssitzung des Berliner Kongresses 1878, 1881, Öl auf Leinwand. – Die europäischen Großmächte und die Türkei beendeten unter dem Vorsitz von Bismarck auf diesem Kongress den Russisch-Türkischen Krieg und beseitigten das russische Übergewicht auf dem Balkan.

Bulgariens Schutzmacht. Bismarcks Kompromisslösung verstimmte Russland, stärkte den Panslawismus und schuf einen Belastungsfaktor für die deutsche Außenpolitik.

Gegen einen nun möglichen russischen Angriff schloss das Deutsche Reich 1879 den **Zweibund** mit Österreich-Ungarn, an den über einen österreichisch-rumänischen Beistandsvertrag 1883 Rumänien und 1888 Italien lose angebunden wurden (M 42). Es handelte sich um Defensivbündnisse, d. h., die Beistandspflicht galt nur für den Fall eines feindlichen Angriffs auf die Bündnispartner. Mit Russland suchte Bismarck im **Dreikaiservertrag** 1881 die Entspannung. Deutschland, Russland und Österreich-Ungarn verpflichteten sich hierin zur Neutralität, falls einer der drei Bündnispartner einen Krieg mit einer vierten Macht führe.

Als im Krieg zwischen Bulgarien und Serbien 1885 der Dreikaiservertrag an Österreich zerbrach, führte Bismarck 1887 gegen die allgemeine russlandfeindliche Stimmung einen geheimen **Rückversicherungsvertrag** zwischen Deutschland und Russland herbei, in dem wechselseitige Neutralität für einen Verteidigungskrieg vereinbart wurde und Deutschland Russlands Interesse an Bosporus und Bulgarien anerkannte. Damit hinderte er Russland, der populären Forderung vieler Russen nach einem Bündnis mit Frankreich nachzukommen. Gleichzeitig unterstützte Bismarck das **Mittelmeerabkommen** zwischen England, Italien und Österreich-Ungarn, in dem diese sich gegen Russlands Expansion im Bereich des Schwarzen und des Mittelmeers absicherten. Das angestrebte Defensivbündnis mit England gelang Bismarck nicht (Schema 5).

Kolonialpolitik

Eine neue Gefahr erwuchs für Bismarcks Politik der Friedenssicherung aus der Kolonialpolitik nach 1880. Im Gegensatz zu anderen europäischen Nationen besaß Deutschland als „verspätete Nation“ keine Kolonien. Während für alle anderen Großmächte Expansion in Afrika, Asien oder Amerika als normal galt, trug deutsche

B 16 Das heutige Europa, Karikatur aus dem Züricher „Nebelspalter" Nr. 45 von 1887

– *Beschreiben Sie die Karikatur und deuten Sie ihren Sinn.*

Kolonialpolitik die Gefahr von Konflikten in sich, die den Status quo in Europa gefährdet hätten. Bismarck war deshalb gegen den Erwerb von Kolonien durch das Deutsche Reich. Dennoch kam es, unterstützt vom Deutschen Kolonialverein von 1882, zur Errichtung von Handelsniederlassungen durch deutsche Kaufleute, die große Gebiete in Afrika und Neuguinea aufgekauft hatten. Als sich Frankreich und England in Afrika sowie Russland und England in Asien in ihrer Erwerbspolitik lähmten, fand 1884 in Berlin die Kongo-Konferenz statt, auf der wesentliche Grenzen Afrikas festgelegt wurden (Karte 3, S. 350). Deutschlands kaufmännische Erwerbungen wurden hier anerkannt und unter Reichsschutz gestellt. So kamen 1884 Togo, Kamerun, Südwestafrika (heute Namibia) und 1885 Ostafrika (heute Tansania), Kaiser-Wilhelm-Land in Neuguinea und der nördlich davon gelegene Bismarck-Archipel in deutschen Besitz.
Für Bismarck blieb diese Politik nur eine Episode. Er erklärte 1888: „Meine Karte von Afrika liegt in Europa." Kolonien schienen ihm lediglich als Verhandlungsmasse im diplomatischen Spiel, als nationale Identifikationspunkte im Zeitalter des Imperialismus und als Handelsstützpunkte nützlich, nicht aber als Siedlungsgebiete oder Militärstützpunkte.

M19 Aus Bismarcks Kissinger Diktat vom 15. Juni 1877

Ich wünsche, dass wir, ohne es zu auffällig zu machen, doch die Engländer ermutigen, wenn sie Absichten auf Ägypten haben: Ich halte es in unserem Interesse [...], einen Ausgleich zwischen England und Russland zu fördern, der ähnlich gute Beziehungen zwischen beiden, wie im Beginn dieses Jahrhunderts, und demnächst Freundschaft beider mit uns in Aussicht stellt. [...] Wenn England und Russland auf der Basis, dass Ersteres Ägypten, Letzteres das Schwarze Meer hat, einig würden, so wären beide in der Lage, auf lange Zeit mit Erhaltung des Status quo zufrieden zu sein, und doch wieder in ihren größten Interessen auf eine Rivalität angewiesen, die sie zur Teilnahme an Koalitionen

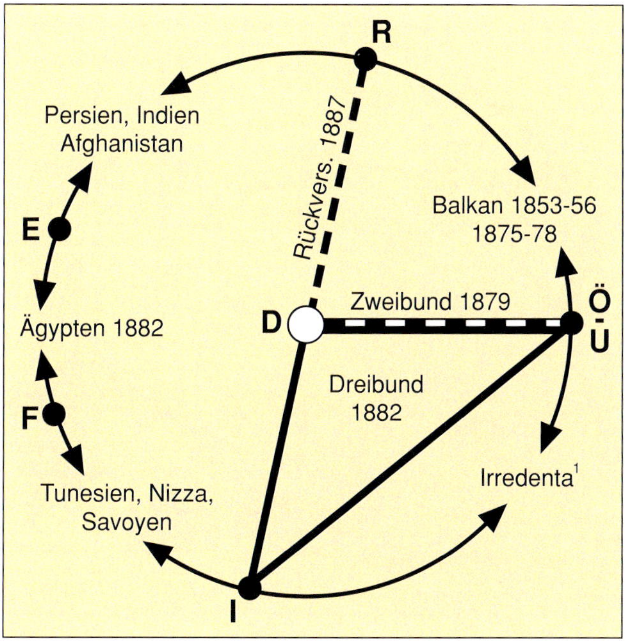

Schema 4 Die Konfliktherde der europäischen Großmächte

1 Bewegung der italienischsprachigen Gebiete Österreich-Ungarns, die nach der Einigung Italiens 1866 entstand und die den Anschluss an Italien anstrebte.

gegen uns, abgesehn von den inneren Schwierigkeiten Englands für dergleichen, kaum fähig macht.

Ein französisches Blatt sagte neulich von mir, ich hätte „le cauchemar des coalitions"[1], diese Art Alb wird für einen deutschen Minister noch lange, und vielleicht immer, ein sehr berechtigter bleiben. Koalitionen gegen uns können auf westmächtlicher Basis mit Zutritt Österreichs sich bilden, gefährlicher vielleicht noch auf russisch-österreichisch-französischer: Eine große Intimität zwischen zweien der drei letztgenannten Mächte würde der dritten unter ihnen jederzeit das Mittel zu einem sehr empfindlichen Drucke auf uns bieten. In der Sorge vor diesen Eventualitäten, nicht sofort, aber im Lauf der Jahre, würde ich als wünschenswerte Ergebnisse der orientalischen Krisis für uns ansehn: 1. Gravitierung[2] der russischen und der österreichischen Interessen und gegenseitigen Rivalitäten nach Osten hin, 2. der Anlass für Russland, eine starke Defensivstellung im Orient und an seinen Küsten zu nehmen und unseres Bündnisses zu bedürfen, 3. für England und Russland ein befriedigender Status quo, der ihnen dasselbe Interesse an Erhaltung des Bestehenden gibt, welches wir haben, 4. Loslösung Englands von dem uns feindlich bleibenden Frankreich wegen Ägyptens und des Mittelmeers, 5. Beziehungen zwischen Russland und Österreich, welche es beiden schwierig machen, die antideutsche Konspiration gegen uns gemeinsam herzustellen, zu welcher zentralistische oder klerikale Elemente in Österreich etwas geneigt sein möchten. Wenn ich arbeitsfähig wäre, könnte ich das Bild vervollständigen und feiner ausarbeiten, welches mir vorschwebt: nicht das irgendeines Ländererwerbs, sondern das einer politischen Gesamtsituation, in welcher alle Mächte außer Frankreich unsrer bedürfen und von Koalitionen gegen uns durch ihre Beziehungen zueinander nach Möglichkeit abgehalten werden.

(Michael Stürmer [Hg.], Bismarck und die preußisch-deutsche Politik 1871–1890, München 1970, S. 100 f.)

1 franz.: der Albtraum der Koalitionen
2 Neigung

1 *Stellen Sie die Gegensätze der europäischen Mächte zusammen, die Bismarck hier nennt (M 19). Vergleichen Sie sie mit Schema 4.*

2 *Bestimmen Sie die Ziele von Bismarcks Außenpolitik und die ihr zu Grunde liegenden Befürchtungen nach M 19.*

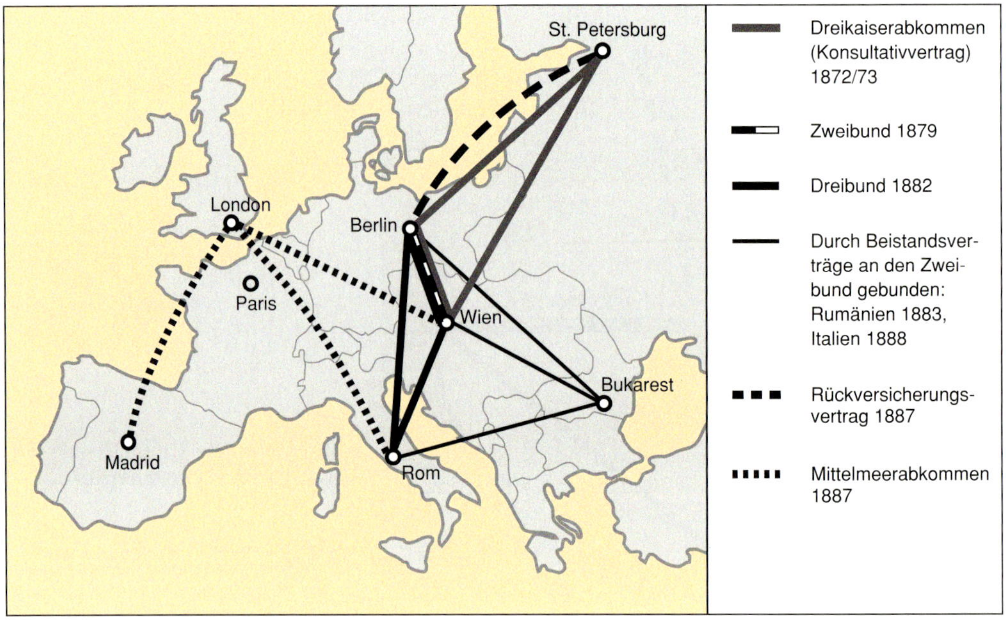

Schema 5 Bismarcks Bündnissystem 1879–1890

M20 Aus dem Dreibundvertrag vom 20. Mai 1882

Artikel I

Die Hohen Vertragschließenden Parteien sagen sich gegenseitig Frieden und Freundschaft zu und werden keine gegen einen ihrer Staaten gerichtete Allianz oder Verpflichtung eingehen. [...]

Artikel II

Im Falle, dass Italien ohne unmittelbare Herausforderung seinerseits von Frankreich, gleichviel aus welchem Grunde, angegriffen werden sollte, sind die beiden anderen Vertragschließenden Parteien gehalten, der angegriffenen Partei mit allen ihren Kräften Hilfe und Beistand zu gewähren.

Die gleiche Verpflichtung trifft Italien für den Fall eines nicht unmittelbar herausgeforderten Angriffs Frankreichs gegen Deutschland.

Artikel III

Wenn eine oder zwei der Hohen Vertragschließenden Parteien, ohne unmittelbare Herausforderung ihrerseits, angegriffen werden und sich in einen Krieg mit zwei oder mehreren Großmächten verwickelt sehen sollten, die nicht Signatare des gegenwärtigen Vertrages sind, so tritt der Bündnisfall gleichzeitig für alle Hohen Vertragschließenden Parteien ein.

Artikel IV

Im Falle, dass eine Großmacht, die nicht Signatar des gegenwärtigen Vertrages ist, die Sicherheit der Staaten einer der Hohen Vertragschließenden Parteien bedrohen sollte und die bedrohte Partei sich dadurch gezwungen sehen würde, sie zu bekriegen, verpflichten sich die beiden anderen, ihrem Verbündeten gegenüber wohlwollende Neutralität zu wahren. Jeder behält sich in diesem Fall vor, wenn sie dies für angebracht halten sollte, am Kriege teilzunehmen, um gemeinsame Sache mit ihrem Verbündeten zu machen.

Artikel V

[...] Sie verpflichten sich, hinfort in allen Fällen gemeinsamer Beteiligung an einem Krieg nur auf Grund einer gemeinsamen Übereinkunft Waffenstillstand, Frieden oder einen Vertrag zu schließen.

(J. Hohlfeld [Hg.], Dokumente der deutschen Politik und Geschichte von 1848 bis zur Gegenwart, Bd. 1, Wendler, Berlin 1952, S. 400f.)

1 *Fassen Sie die Vertragsbestimmungen zusammen (M 20).*

2 *Erklären Sie die Bedeutung des Vertrages (M 20) aus der Lage des Deutschen Reiches im europäischen Gleichgewicht.*

3.2 Imperialismus und Weltmachtpolitik unter Wilhelm II.

Bismarcks Rücktritt 1890

Die Machtstellung Bismarcks als Reichskanzler beruhte auf dem Vertrauen Wilhelms I., der als Kaiser und preußischer König das eigentliche Machtzentrum verkörperte. Dessen Verzicht auf ein persönliches Regieren erlaubte es Bismarck, der Zeit seinen Stempel aufzudrücken. Als nach demTod Wilhelms I. 1888 dessen liberaler Sohn Friedrich III. bereits 99 Tage nach der Thronbesteigung starb, wurde der junge Wilhelm II. unverhofft deutscher Kaiser. Der vorsichtige alte Kanzler und der impulsive junge Kaiser verstanden sich nicht.Wilhelm betrieb einen **Wandel der deutschen Politik** in Inhalt und Methode. Im Gegensatz zu seinem Großvater wollte Wilhelm II. selbst regieren, eine Aussöhnung mit der Arbeiterschaft und ein Bündnis mit England statt mit Russland herbeiführen, also eine Abkehr von Bismarcks Politik im Äußeren wie im Inneren einleiten. Um eine Beschneidung seiner Handlungsfreiheit oder eine Entlassung zu vermeiden und auf die Differenzen zu den Plänen des Kaisers hinzuweisen, reichte Bismarck im März 1890 seinen Abschied ein. Caprivi wurde sein Nachfolger als Reichskanzler.

B 17 Zwei Karikaturen zum Machtwechsel in Deutschland aus der englischen satirischen Zeitschrift „Punch“: a) Dädalus warnt Ikarus, Oktober 1888; b) Der Lotse geht von Bord, März 1890

– *Interpretieren Sie, wie man in England die Thronbesteigung Wilhelms II. aufgenommen hat.*

Wilhelms II. „persönliches Regiment"

Wilhelm II. war ein Monarch, der mit seinem Zeitalter Stärken und Schwächen teilte. Sein Fortschrittsoptimismus, seine Technik- und Industriebegeisterung waren vom Bürgertum geprägt, seine Überschätzung militärischen Denkens entsprach ganz seinem Haus und der Adelstradition. Auf derselben Linie lagen seine Verachtung des Parlaments und seine Neigung zur Selbstherrschaft, die im Ausland den Anschein des Absolutismus erweckte. Vorübergehend trug er sich mit Plänen, die Reichskanzlerschaft in mehrere Ämter aufzulösen. Wilhelms Selbstbewusstsein war allerdings gepaart mit einer fundamentalen Unsicherheit und Unreife, die sich in Sprunghaftigkeit und Beeinflussbarkeit niederschlugen. Hatte Bismarcks Außenpolitik Frankreichs und Englands Empfindlichkeiten durch Zurückhaltung und Bagatellisierung der deutschen Machtposition besänftigt, so beunruhigte Wilhelm II. die Großmächte durch vollmundige Sprüche, säbelrasselnde Reden und lautstarke Machtansprüche. Dieser Wandel machte Deutschland zum Unruhestifter in Europa.

Imperialismus und „Neuer Kurs" im Deutschen Reich

Wilhelms II. Amtsantritt fiel in die Zeit des beginnenden **Imperialismus.** Imperialismus bedeutet, dass ein Staat das Ziel verfolgt, seine Herrschaft zu einem Groß- oder Weltreich (lat. imperium) auszudehnen. Hatte bis zum Krimkrieg das europäische Gleichgewicht als Orientierungsrahmen die Außenpolitik bestimmt, so bestimmte nun die Konkurrenz der Weltmächte um die Kolonien die internationale Politik. Der Imperialismus schien den Industriestaaten neue Absatzmärkte für ihre Überproduktion, billige Rohstoffe für die Weiterverarbeitung und Siedlungsgebiete für die Übervölkerung, also weiteres und höheres Wirtschaftswachstum zu eröffnen. Der Imperialismus gründete damit in der wirtschaftlichen Überlegenheit der Industriestaaten, war aber auch durch nationale und rassistische Überlegenheitsgefühle motiviert.

B 18 „Das erste Kaiserwort im neuen Jahrhundert", Postkarte zum Flottenbauprogramm, 1900

Wilhelm II. trat im Gegensatz zu Bismarck mit Entschiedenheit für eine deutsche **Weltmachtpolitik** ein, beanspruchte die Gleichstellung mit imperialistischen Nationen wie England, Frankreich, Russland und den USA und forderte für Deutschland „einen Platz an der Sonne". Er fand darin die Unterstützung des Bürgertums und imperialistischer Vereine wie der Deutschen Kolonialgesellschaft von 1887 (vorher Kolonialverein), des Alldeutschen Verbandes von 1891 oder des Flottenvereins von 1898. Genau diese Weltmachtpolitik verhinderte aber ein Gelingen der neuen Außenpolitik, die ein Bündnis mit England gegen Frankreich und Russland zum Ziel hatte.

Selbstisolierung des Reiches

Wilhelm gab Caprivis Rat nach, den Rückversicherungsvertrag mit Russland nicht zu verlängern (M 21), obwohl Russland sein lebhaftes Interesse an der Vertragserneuerung bekundete und zu allen Zugeständnissen bereit war. Da Deutschland sich gleichzeitig beeilte, mit England das ostafrikanische Sansibar gegen Helgoland zu tauschen, obwohl in Deutschland wie in England dieser Vorgang heftigst kritisiert wurde, so entstand in Russland der Eindruck, Deutschland habe sich gegen Russland und für England entschieden. Deshalb gab die russische Regierung der öffentlichen Meinung nach und näherte sich Frankreich an, mit dem es 1892 eine Militärkonvention und 1894 ein Bündnis zur Waffenhilfe bei einem deutschen Angriff schloss. Das **französisch-russische Verteidigungsbündnis** befreite Frankreich nach zwei Jahrzehnten aus seiner Isolierung und führte für Deutschland jene **Zweifrontenlage** herbei, welche Bismarck hatte vermeiden wollen.

Ein von Wilhelm gewünschtes Bündnis mit England kam indes nicht zu Stande, weil sich Kräfte in der deutschen Regierung durchsetzten, die in der Kolonialpolitik 1894 den Konflikt mit England aufnahmen (Samoa, Kap-Kairo-Bahn, Transvaalbahn). Auch in den Folgejahren verhinderten diplomatische Ungeschicklichkeiten (Krüger-Depesche 1896) und Konflikte aus Wirtschaftsinteressen (Bagdadbahn 1898, 1902) Bündnisverhandlungen. England zeigte kein Interesse, in den Dreibund einzutreten; es erneuerte 1897 auch das Mittelmeerabkommen nicht mehr. Um nun England zu einem Beitritt zum Dreibund zu zwingen und damit zu einem Verteidigungsbündnis gegen Frankreich und Russland, legte Großadmiral von Tirpitz 1898 den Plan vor, eine deutsche Kriegsflotte von solcher Stärke aufzubauen, dass sie für England zu einem Kriegsrisiko werde (M 22). Die deutsche **„Risikoflotte"** sollte zwei Drittel der englischen Stärke erreichen. Kaiser, Großindustrie, imperialistische Vereine und Reichstagsmehrheit unterstützten den Plan, der zu den Vorstellungen von einer deutschen Weltmacht passte. England freilich erblickte im energischen deutschen Flottenbau einen Angriff auf seine Seeherrschaft. Als sein Angebot eines begrenzten Abkommens mit Deutschland auf das Misstrauen des Kaisers stieß, veränderte England seine Außenpolitik grundlegend.

Neues europäisches Bündnissystem

Nachdem England 1902 mit Japan ein Bündnis gegen Russlands Marsch zum Stillen Ozean eingegangen war, näherte es sich Frankreich an. Es stellte seine Interessen in Nordafrika hintan und erklärte 1904 sein herzliches Einvernehmen mit Frankreich. Im Rahmen dieser **Entente cordiale**, die kein Bündnis, aber eine diplomatisch bedeutsame Plattform war, anerkannte England Frankreichs Zugriff auf Marokko. Als nach Russlands Niederlage gegen Japan (Seeschlacht bei Tsushima 1905) 1907 ein **englisch-russischer Interessenausgleich** zu Stande kam, war Bismarcks Albtraum der feindlichen Koalitionen Wirklichkeit geworden (Schema 6): Der Dreibund Deutschland–Österreich/Ungarn–Italien stand gegen das Bündnis Frankreich–Russland–England.

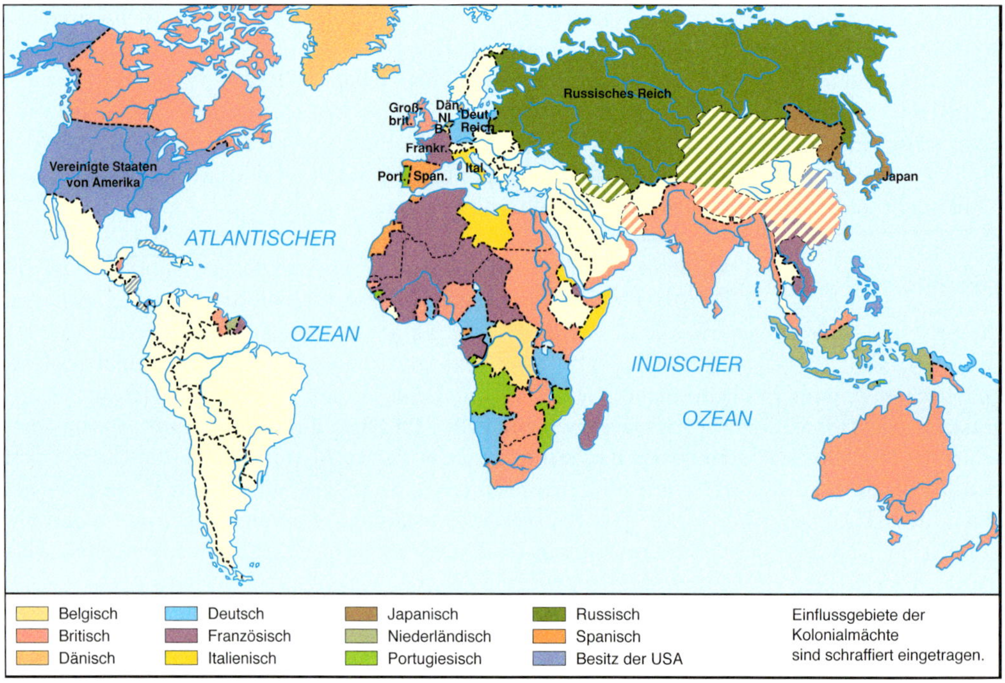

Karte 3 Die Aufteilung der Welt im Zeitalter des Imperialismus bis 1914

M21 Reichskanzler Caprivis Überlegungen zur Nichtverlängerung des Rückversicherungsvertrages mit Russland vom 22. Mai 1890

Italien wird nicht berücksichtigt. Dies und das Verhalten Russlands auf der Brüsseler Konferenz rechtfertigt den Schluss: Man will den Dreibund sprengen und mit Italien auch England uns entfremden. Wäre diese Folgerung falsch, wollte Russland in der Tat nur den Frieden, so bedürfte es eines Bündnisses nicht, denn eine Störung des Friedens hätte die Welt zur Zeit nur von Russland zu erwarten; eine „bulgarische Gefahr" liegt nicht vor, wenn Russland nicht will. […] Die übrigen Andeutungen des Herrn von Giers laufen alle auf geheime Abmachungen, sei es in Form eines Vertrages, Notenaustausches oder Briefwechsels der Monarchen, hinaus. Solches Geheimnis aber legte eine Mine unter den jetzigen Dreibund, die Russland alle Tage zünden kann.

Eine Annäherung Deutschlands an Russland also würde unsere Verbündeten nur entfremden, England schädigen und unserer eigenen Bevölkerung, die sich in den Gedanken des Dreibundes immer mehr eingelebt hat, unverständlich und unsympathisch sein. […] Russland selbst hat früher durch die öffentliche Meinung sowohl als durch den Mund des Fürsten Gortschakow jeden Zweifel darüber beseitigt, dass es von Bündnissen wenig hält. Aber wie Herr von Schweinitz sich treffend ausdrückt: Russland sieht jetzt einen Zustand zu Ende gehen, welcher ihm Sicherheit gewährte, ohne ihm Opfer aufzuerlegen.

Was aber die Möglichkeit angeht, dass Russland die Anlehnung, die es bei uns nicht findet, anderswo suchen könnte, so kommen hierfür nur Frankreich und England in Betracht. Für den Schritt, den Russland jetzt vorzuhaben scheint und den es sicherlich tun möchte, ohne einen allgemeinen Krieg herbeizuführen, ist die französische Allianz ihm wertlos, solange die englische Mittelmeerflotte dazwischentreten kann. Durch eine englische Allianz würde Russland das, was es von uns kostenfrei zu erhalten wünscht, nur durch Opfer an andern Stellen (Asien?) gewinnen können und seine Beziehungen zu Frankreich voraussichtlich lockern. Eine Allianz aber, die England mit Frankreich umschlösse, ist der englischen Interessen im Mittelmeer wegen durchaus unwahrscheinlich.

(J. Hohlfeld [Hg.], Dokumente der deutschen Politik und Geschichte von 1848 bis zur Gegenwart, Bd. 2, Wendler, Berlin 1952, S. 5 f.)

1 *Stellen Sie Caprivis Argumente (M 21) zu seiner Ablehnung des Rückversicherungsvertrages zusammen.*

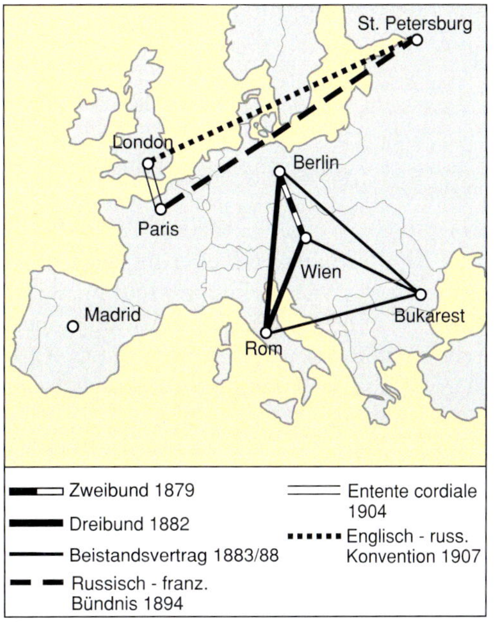

Schema 6 Europäisches Bündnissystem vor dem Ersten Weltkrieg

M22 Aus den Stichpunkten des Admirals von Tirpitz zu einem Vortrag beim Kaiser vom 28. September 1899

7. Ziel in 2 Etappen zu erreichen.

Erste Etappe. III. Geschwader, Auslandsschiffe und Tross. Modernisierung des alten Materials, exl. Ersatzbauten Badenklasse pp.

8. Zweite Etappe. Ersatz Siegfriedklasse durch Linienschiffe.

9. Sobald Ziel erreicht ist, haben Euer Majestät eine effektive Macht von 45 Linienschiffen nebst komplettem Zubehör. So gewaltige Macht, dass nur noch England überlegen. Aber auch England gegenüber durch geografische Lage, Wehrsystem, Mobilmachung, Torpedoboote, taktische Ausbildung, planmäßigen organisatorischen Aufbau, einheitliche Führung durch den Monarchen haben wir zweifellos gute Chance.

Abgesehen von den für uns durchaus nicht aussichtslosen Kampfverhältnissen, wird England aus allgemein politischen Gründen und von rein nüchternem Standpunkt des Geschäftsmannes aus jede Neigung, uns anzugreifen, verloren haben und infolgedessen Euer Majestät ein solches Maß von Seegeltung zugestehen und Euer Majestät ermöglichen, eine große überseeische Politik zu führen.

10. […] 4 Weltmächte. Russland, England, Amerika und Deutschland. Weil 2 dieser Weltmächte nur über See erreichbar, so Staatsmacht zur See in den Vordergrund.

Ausspruch Salisbury: Die großen Staaten werden größer und stärker, die kleinen kleiner und schwächer, auch meine Ansicht. Entsprechend moderner Entwicklung, Trustsystem. Da Deutschland in Bezug auf Seemacht besonders zurückgeblieben, so Lebensfrage für Deutschland als Weltmacht und großer Kulturstaat, das Versäumte nachzuholen. Sowohl, um die Seemacht im engeren Sinne (Flotte) schaffen und erhalten zu können, als auch, weil es Macht an sich bedeutet, muss Deutschland seine Bevölkerung deutsch erhalten und sich weiter zum Weltindustrie- und Handelsstaat ausbilden. In Letzterem liegt augenblicklich das stärkste Mittel, den Überschuss seiner Bevölkerung deutsch zu erhalten. […]

Seine Majestät erklärten Sich mit dem entwickelten Standpunkt einverstanden und ermächtigten mich, in diesem Sinne vorzugehen.

(M. Behnen [Hg.], Quellen zur deutschen Außenpolitik im Zeitalter des Imperialismus 1890–1911, Wissenschaftliche Buchgesellschaft, Darmstadt 1977, S. 222 ff.)

1 *Benennen Sie Umfang und Ziel der Flottenpolitik.*

2 *Erklären Sie, weshalb Tirpitz die deutsche Seemacht als „Lebensfrage" Deutschlands ansieht (M 22).*

3 *Diskutieren Sie die Motive von Reichstags- und Bevölkerungsmehrheit, das Flottenprogramm zu unterstützen.*

3.3 Entstehung und Ausbruch des Ersten Weltkrieges

Marokkokrisen 1906/11

Die Veränderung im europäischen Kräftespiel durch die Entente cordiale (s. S. 351) zeigte sich erstmals in der Marokkofrage. Auf Grund der Einigung mit England begann Frankreich mit der Okkupation Marokkos. Dagegen beharrte Deutschland auf der Einhaltung eines Abkommens von 1880, das die Unabhängigkeit Marokkos zusicherte.
Es setzte eine Konferenz über die Marokko-Verträge durch, die 1906 in Algeciras stattfand, aber lediglich **Deutschlands Isolierung** zeigte: Nur Österreich-Ungarn und Marokko unterstützten die deutsche Position. England und Frankreich schlossen ein Militärbündnis. Als Deutschland sich 1911 bereit zeigte, gegen Abtretung des französischen Kongo die Erwerbung Marokkos durch Frankreich anzuerkennen, festigte es durch seine Drohung mit einem Kanonenboot vor Marokkos Küste („Panthersprung nach Agadir") das englisch-französische Bündnis.

Spannungen in der Donaumonarchie

Neben dem imperialen Expansionsdrang der Großmächte und den polarisierenden Bündnissystemen bildeten die **nationalstaatlichen Bewegungen** vor allem auf dem Balkan die Hauptursachen für den Ersten Weltkrieg. Von den nationalen Spannungen war vor allem die Donaumonarchie betroffen.
Mit dem Wiener Kongress war die habsburgische Monarchie 1815 aus Deutschland hinausgewachsen. In diesem **Vielvölkerstaat** (Karte 4) hielt die deutsche Minderheit die politische Führung, sah sich aber seit 1848 den Selbstständigkeitsbestrebungen der Polen, Tschechen, Ungarn und Italiener gegenüber. Mit dem Zerbrechen des Deutschen Bundes 1866 mussten die Deutschösterreicher Konsequenzen aus ihrer Minderheitenposition ziehen. Mit der Reichsreform von 1867 wurde die **Doppelmonarchie** begründet. Eine deutsche und eine ungarische Reichshälfte wurden von der Personalunion des österreichischen Kaisers und des ungarischen Königs zusammengehalten (kaiserliche und königliche Monarchie: k. u. k.). Nach der Jahrhundertwende bahnte sich eine Dreiteilung der Monarchie an, als 1905 die Tschechen als dritte dominierende Gruppe im Reich anerkannt wurden.
Andererseits entwickelte sich nun der offene Konflikt mit den südslawischen Völkern. Serbien war seit 1903 das Zentrum der großserbischen Bewegung. Mit Russlands Hilfe verfolgte es das Ziel, einen südslawischen Staat (ohne Bulgarien) außerhalb der Donaumonarchie zu bilden. Gegen diese Absichten hegte der österreichische Thronfolger Franz Ferdinand die Absicht, die Monarchie in einen deutschen, ungarischen und slawischen Teil zu gliedern. Dieser **Trialismus** hätte das Ende der großserbischen Pläne bedeutet.

Balkankriege 1912/13

Wie die meisten Krisen seit dem Krimkrieg hatte auch der Erste Weltkrieg mit der **Expansionspolitik** Österreich-Ungarns und Russlands auf dem **Balkan** zu tun, wo der Einfluss des Osmanischen Reiches, des „kranken Mannes am Bosporus", Stück für Stück demontiert wurde.
Obwohl der Dreibund (s. S. 351) mit der Türkei verbündet war, machten sich Österreich-Ungarn, Italien und Bulgarien die Schwäche der Türkei zu Nutze. Als die Türkei 1908 durch die **jungtürkische Revolution** erschüttert wurde, annektierte Österreich-Ungarn Bosnien und Herzegowina, die unter türkischer Oberhoheit standen. Angesichts von Deutschlands „Nibelungentreue" zu Österreich hatte Serbien mit seinen Einsprüchen hiergegen keine Chance. Italien eroberte 1911 die libysche Küste und besetzte Inseln vor der türkischen Küste (Dodekanes 1912). Bulgarien verbündete sich 1912 mit Serbien, Montenegro und Griechenland gegen die Türkei und warf die türkischen Streitkräfte bis Konstantinopel zurück.

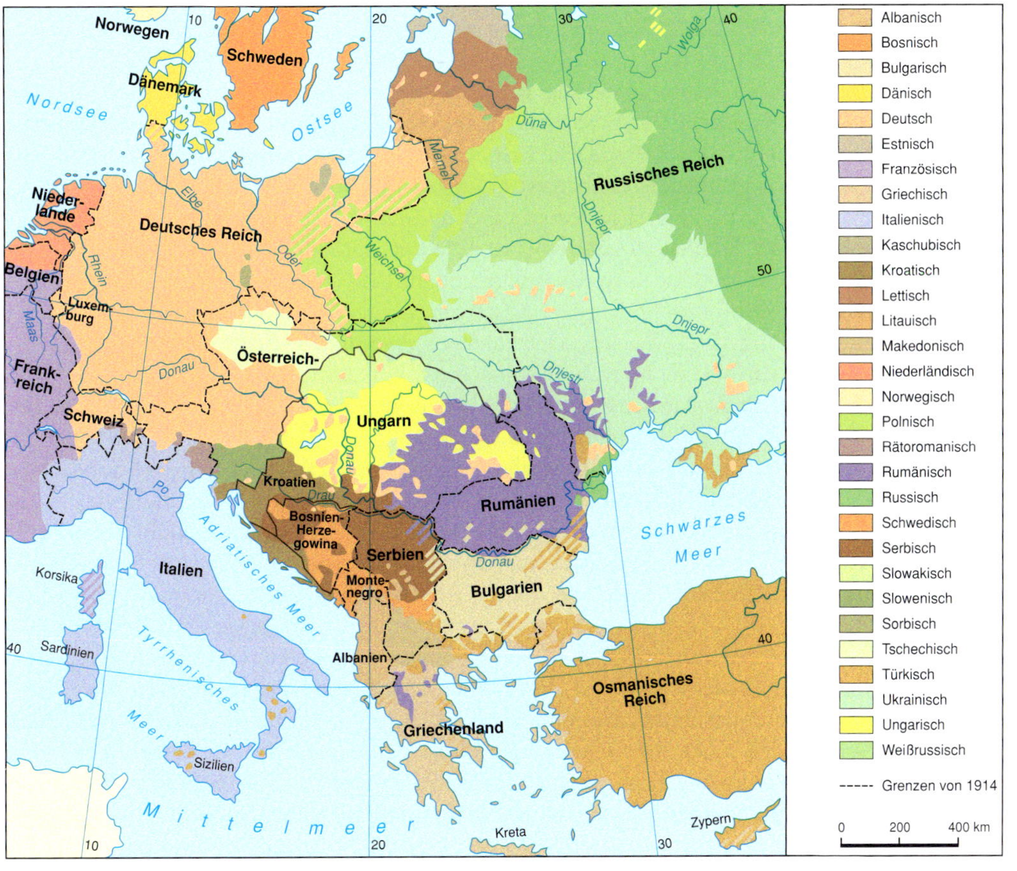

Karte 4 Verteilung der Sprachen und Staaten in Europa 1914

Bei den Friedensverhandlungen verhinderte Österreich-Ungarn durch die Gründung Albaniens, dass Serbien Zugang zum Mittelmeer erhielt. So ging Serbien als Feind Österreich-Ungarns aus dem ersten Balkankrieg hervor. Im zweiten Balkankrieg 1913 versuchte Bulgarien, Serbien einen Teil der Siegesbeute abzujagen, wurde aber auch von Rumänien, Griechenland, Montenegro und der Türkei angegriffen und besiegt. Es verlor mehr, als es gewonnen hatte. Serbien hingegen konnte sein Gebiet verdoppeln. Insgesamt gingen **Serbien und Russland gestärkt** aus diesen Konflikten hervor, denn Serbien war Russlands Stellvertreter auf dem Balkan.

Julikrise 1914 und Kriegserklärungen

Zu den Ursachen des Ersten Weltkrieges gehören nicht nur imperialistische Machtinteressen, Wettrüsten, feindliche Bündnissysteme und aggressive Nationalbewegungen, sondern auch eine allgemeine **Kriegsbereitschaft** und schwere Fehler verantwortlicher Politiker. Der **Mord am österreichischen Thronfolger Franz Ferdinand** am 28. Juni 1914 im bosnischen Sarajewo durch den Angehörigen einer großserbischen Geheimorganisation hätte nicht mit Notwendigkeit den Krieg zur Folge haben müssen.
Österreich-Ungarn wollte den Mord an seinem Thronfolger zum Anlass nehmen, Serbien, das die verantwortliche Geheimorganisation geduldet hatte, mit kriegerischen Mitteln auszuschalten. Weil aber hinter Serbien die Schutzmacht Russland stand, musste es ein russisches Eingrei-

fen zu verhindern suchen. Das schien nur durch ein gemeinsames Vorgehen mit Deutschland möglich. Eine entsprechende Anfrage beantwortete das Deutsche Reich am 5. Juli mit dem so genannten **Blankoscheck**, einer Zusicherung eines gemeinsamen Vorgehens auch für den Angriffsfall, der vom Zweibund (s. S. 351) nicht gedeckt war: Das Defensivbündnis wurde ohne Not zum Offensivbündnis erweitert (M 23). Ermutigt durch die deutsche Zusage, stellte Österreich-Ungarn Serbien ein **Ultimatum** zur Bestrafung der Mörder Franz Ferdinands. Unter dem Eindruck der Zusicherung der französischen Bündnistreue (Frankreichs Blankoscheck) beschloss nun Russland, Serbien zu unterstützen. Obwohl Serbien das Ultimatum bis auf eine Nebensache akzeptierte, erklärte Österreich-Ungarn ihm am 28. Juli den Krieg. Tags darauf ordnete Russland die Mobilmachung gegen Österreich-Ungarn an. Weil Kaiser Wilhelm die russische Mobilmachung als Bedrohung Deutschlands empfand, stellte er Russland das Ultimatum, diese zurückzunehmen, und an Frankreich das Ultimatum, in einem deutsch-russischen Konflikt neutral zu bleiben. Als beide erfolglos blieben, **erklärte Deutschland am 1. August Russland und am 3. August Frankreich den Krieg.**
In diesem Zweifrontenkrieg galt für die deutsche Oberste Heeresleitung (OHL) der **Schlieffenplan**, der eine rasche Niederwerfung Frankreichs durch einen Vormarsch über Belgien vorsah, ehe ein russischer Angriff abgewehrt werden sollte. Als England erfolglos die Wahrung der **belgischen Neutralität** forderte, war Deutschland am 4. August auch mit England im Kriegszustand. Die Bündnisverpflichtungen weiteten diesen Konflikt zum Weltkrieg aus.

Kriegsziele

Die heute kaum nachvollziehbare Kriegsbereitschaft der Regierungen, die sich in einer allgemeinen Kriegsbegeisterung der Massen in Europa spiegelte, hing damit zusammen, dass nun zum Teil lang gehegte Pläne realisierbar schienen. Für Frankreich bot der Krieg die Gelegenheit, Elsass-Lothringen zurückzubekommen, das Saarland hinzuzugewinnen und Einfluss auf das linke Rheinufer zu erhalten. Russland ließ sich von der Entente (s. S. 351) seinen seit Jahrzehnten gewünschten Einfluss auf dem Balkan und die Meerengen zusichern. England wollte seine Seeherrschaft wiederherstellen und die deutschen Kolonien übernehmen, während Österreich-Ungarn den Krieg zur Befriedung seiner Nationalitätenkonflikte und zur Annexion Serbiens, Montenegros und Rumäniens zu nutzen gedachte. Nachdem die Reichsregierung unter von Bethmann Hollweg sich angesichts des angeschlagenen Zweibunds entschlossen hatte, zur Sicherung der deutschen Großmachtstellung auch einen Krieg in Kauf zu nehmen, tat das Reich den Schritt vom kalkulierten Risiko der Konfliktverschärfung zum Präventivkrieg, um sich in der Zweifrontenlage militärische Vorteile vor allem gegenüber Russland zu verschaffen. Begonnen ohne Gebietserweiterungsabsichten, führten die Anfangserfolge bald zur Ausweitung der Kriegsziele. Die deutsche Halbhegemonie in der Mitte Europas sollte nach den Vorstellungen der Militärs im Septemberprogramm durch einen Vasallenstatus von Belgien und Polen für immer gesichert und die Kolonien vermehrt werden.
Alle Krieg führenden Mächte sahen in ihren Kriegszielen die Bedingungen für einen dauerhaften Frieden, sodass die Absichten, die die einzelnen Staaten mit dem Krieg verbanden, sich als die eigentlichen Hindernisse auf einem Weg zu Waffenstillstand und Frieden erwiesen.

M23 Das Problem des deutschen „Blankoschecks" für Österreich-Ungarn

a) Aus dem Handschreiben Kaiser Franz Josephs an Kaiser Wilhelm vom 2. Juli 1914, in Berlin überreicht am 5. Juli 1914

Das gegen meinen Neffen verübte Attentat ist die direkte Folge der von den russischen und serbischen Panslawisten betriebenen Agitation, deren einziges Ziel die Schwächung des Dreibundes und die Zertrümmerung meines Reiches ist.

Nach allen bisherigen Erhebungen hat es sich in Sarajewo nicht um die Bluttat eines Einzelnen, sondern um ein wohlorganisiertes Komplott gehandelt, dessen Fäden nach Belgrad reichen, und wenn es auch vermutlich unmöglich sein wird, die Komplizität der serbischen Regierung nachzuweisen, so kann man wohl nicht im Zweifel darüber sein, dass ihre auf die Vereinigung aller Südslawen unter serbischer Flagge gerichtete Politik solche Verbrechen fördert und dass die Andauer dieses Zustandes eine dauernde Gefahr für mein Haus und für meine Länder bildet.

(J. Hohlfeld [Hg.], Dokumente der Deutschen Politik und Geschichte von 1848 bis zur Gegenwart, Bd. 2, Wendler, Berlin 1952, S. 276ff.)

1 *Fassen Sie die Ansicht des österreichischen Kaisers (M 23a) von den Hintergründen des Attentats von Sarajewo zusammen.*

b) Aus dem Handschreiben Kaiser Wilhelms an Kaiser Franz Joseph vom 14. Juli 1914 („Blankoscheck")

Durch Deinen [...] Botschafter wird Dir meine Versicherung übermittelt worden sein, dass Du auch in den Stunden des Ernstes mich und mein Reich in vollem Einklang mit unserer altbewährten Freundschaft und unseren Bundespflichten treu an Euerer Seite finden wirst. Dir dies an dieser Stelle zu wiederholen ist mir eine freudige Pflicht.

Die Grauen erregende Freveltat von Sarajewo hat ein grelles Schlaglicht auf das unheilvolle Treiben wahnwitziger Fanatiker und die den staatlichen Bau bedrohende panslawistische Hetzarbeit geworfen. [...] Ich erachte es [...] nicht nur für eine moralische Pflicht aller Kulturstaaten, sondern als ein Gebot für ihre Selbsterhaltung, der Propaganda der Tat, die sich vornehmlich das feste Gefüge der Monarchien als Angriffsobjekt ausersieht, mit allen Machtmitteln entgegenzutreten. Ich verschließe mich auch nicht der ernsten Gefahr, die Deinen Ländern und in der Folgewirkung dem Dreibund aus der von russischen und serbischen Panslawisten betriebenen Agitation droht, und erkenne die Notwendigkeit, die südlichen Grenzen Deiner Staaten von diesem schweren Druck zu befreien.

(J. Hohlfeld [Hg.], Dokumente der deutschen Politik und Geschichte von 1848 bis zur Gegenwart, Bd. 2, Wendler, Berlin 1952, S. 278ff.)

1 *Benennen Sie die Kernaussage dieses Briefes.*

2 *Erläutern Sie den Sinn der Vorgehensweise des deutschen Kaisers und die möglichen Folgen seiner Zusagen.*

3 *Inwiefern kann man bei diesem Brief (M 23b) von einem „Blankoscheck" sprechen?*

c) Aus dem Bericht des deutschen Botschafters in Wien an den Reichskanzler vom 14. Juli 1914

Graf Tisza suchte mich heute nach seiner Besprechung mit Graf Berchtold[1] auf. Der Graf sagte, er sei bisher stets derjenige gewesen, der zur Vorsicht ermahnt habe, aber jeder Tag habe ihn nach der Richtung hin mehr bestärkt, dass die Monarchie zu einem energischen Entschlusse kommen müsse[2], um ihre Lebenskraft zu beweisen und den unhaltbaren Zuständen im Südosten ein Ende zu machen. Die Sprache der serbischen Presse und der serbischen Diplomaten sei in ihrer Anmaßung geradezu unerträglich. [...]

Glücklicherweise herrsche jetzt unter den hier maßgebenden Persönlichkeiten volles Einvernehmen und Entschlossenheit. S. M. Kaiser Franz Joseph beurteile [...] die Lage sehr ruhig und werde sicher bis zum letzten Ende durchhalten. Graf Tisza fügte hinzu, die bedingungslose Stellungnahme Deutschlands an der Seite der Monarchie sei entschieden für die feste Haltung des Kaisers von großem Einfluss gewesen.

(G. Schönbrunn [Hg.], Weltkriege und Revolutionen 1914–1945, bsv, München [3]1979, S. 16)

1 österreichisch-ungarischer Diplomat und Außenminister
2 Randbemerkung des Kaisers: unbedingt!

1 *Charakterisieren Sie die Stimmung in der österreichischen Regierung und die Wirkung des deutschen „Blankoschecks" (M 23c). Welches Vorgehen Österreichs ist auf Grund dieses Berichtes zu erwarten gewesen?*

Zum Problem deutscher Kriegsziele

a) Aus dem so genannten Septemberprogramm

Die „vorläufige Aufzeichnung über die Richtlinien unserer Politik beim Friedensschluss" von Reichskanzler von Bethmann Hollweg vom 9. September 1914 (Auszug):

Sicherung des Deutschen Reiches nach West und Ost auf erdenkliche Zeit. Zu diesem Zweck muss Frankreich so geschwächt werden, dass es als Großmacht nicht neu erstehen kann, Russland von der deutschen Grenze nach Möglichkeit abgedrängt und seine Herrschaft über die nicht russischen Vasallenvölker gebrochen werden. [...]

1. Frankreich. Von den militärischen Stellen zu beurteilen, ob die Abtretung von Belfort, des Westabhangs der Vogesen, die Schleifung der Festungen und die Abtretung des Küstenstrichs von Dünkirchen bis Boulogne zu fordern ist. In jedem Falle abzutreten, weil für die Erzgewinnung unserer Industrie nötig, das Erzbecken von Briey. Ferner eine in Raten zahlbare Kriegsentschädigung; sie muss so hoch sein, dass Frankreich nicht im Stande ist, in den nächsten fünfzehn bis zwanzig Jahren erhebliche Mittel für Rüstung anzuwenden. Des Weiteren: ein Handelsvertrag, der Frankreich in wirtschaftliche Abhängigkeit von Deutschland bringt [...].

2. Belgien. Angliederung von Lüttich und Verviers an Preußen, eines Grenzstriches der Provinz Luxemburg an Luxemburg. Zweifelhaft bleibt, ob Antwerpen mit einer Verbindung nach Lüttich gleichfalls zu annektieren ist. Gleichviel, jedenfalls muss Belgien, wenn es auch als Staat äußerlich bestehen bleibt, zu einem Vasallenstaat herabsinken [...].

3. Luxemburg. Wird deutscher Bundesstaat und erhält einen Streifen aus der jetzt belgischen Provinz Luxemburg und eventuell die Ecke von Longwy.

4. Es ist zu erreichen die Gründung eines mitteleuropäischen Wirtschaftsverbandes durch gemeinsame Zollabmachungen, unter Einschluss von Frankreich, Belgien, Holland, Dänemark, Österreich-Ungarn, Polen (!) und eventuell Italien, Schweden und Norwegen. Dieser Verband, wohl ohne gemeinsame konstitutionelle Spitze, unter äußerlicher Gleichberechtigung seiner Mitglieder, aber tatsächlich unter deutscher Führung, muss die wirtschaftliche Vorherrschaft Deutschlands über Mitteleuropa stabilisieren.

5. Die Frage der kolonialen Erwerbungen, unter denen in erster Linie die Schaffung eines zusammenhängenden mittelafrikanischen Kolonialreichs anzustreben ist, desgleichen die Russland gegenüber zu erreichenden Ziele werden später geprüft.

(F. Fischer, Griff nach der Weltmacht. Die Kriegszielpolitik des kaiserlichen Deutschland 1914/18, Droste, Düsseldorf 1967, S. 93 f.)

b) Der Historiker Fritz Fischer 1961 zum Septemberprogramm

Der rückschauende Betrachter erkennt in dem Kriegszielprogramm des Kanzlers unschwer Objekte deutscher Wirtschaftsbestrebungen der Vorkriegszeit, wie z. B. die in Belgien, Luxemburg und Lothringen, die aber nunmehr durch die Mitteleuropakonzeption und eine antienglische Spitze gekennzeichnet waren.

Neben den wirtschaftlichen Momenten traten die strategischen und maritimen Ziele zurück, deren Verwirklichung endgültig den Ring um die „Festung Deutschland" sprengen sollte, womit gleichzeitig die zwei westlichen Großmächte als künftige Gegner Deutschlands militärisch ausgeschaltet werden sollten.

Die Durchsetzung dieses Programms hätte eine vollständige Umwälzung der staatlichen und wirtschaftlichen Machtverhältnisse in Europa herbeigeführt. Die besondere Bedeutung des Septemberprogramms für die politische Willensbildung innerhalb Deutschlands im Ersten Weltkrieg lag in zwei Punkten. Einmal stellte das Programm keine isolierten Forderungen des Kanzlers dar, sondern repräsentierte Ideen führender Köpfe der Wirtschaft, Politik und des Militärs. Zum anderen waren [...] die in dem Programm niedergelegten Richtlinien im Prinzip Grundlage der gesamten deutschen Kriegszielpolitik bis zum Ende des Krieges, wenn sich auch je nach der Gesamtlage einzelne Modifikationen ergaben.

(Ebd., S. 94 f.)

c) Der Historiker Karl Dietrich Erdmann 1986 zum Septemberprogramm

Zechlin hat aus der äußeren Form des Dokumentes und den Umständen von Zeit und Ort eine mir einleuchtende Deutung seiner Entstehung gegeben: Es ist das Sammelbecken aller möglichen, nicht miteinander ausgeglichenen Vorstellungen über das bei einem plötzlichen Zusammenbruch Frankreichs vielleicht Erreichbare, wie es die verschiedensten Männer in der Umgebung des Kanzlers in Eile als ihren Beitrag zum Friedensprogramm hinwarfen, eine Wunschzettelliste gleichsam. [...] Dieses Programm ist keineswegs Ausdruck eines Siegesbewusstseins. Nichts von Triumphgefühl und Eroberungsgeste bei Bethmann Hollweg in jenen ganzen Augustwochen des deutschen Voranstürmens. [...] Solche Gedanken, die auf einen Ausbau der Machtstellung Deutschlands zielen, tauchen bei Bethmann Hollweg aber bezeichnenderweise erst im Kriege auf, nicht vorher und auch nicht während der Julikrise 1914. Sie sind ein Produkt des Krieges, aber sie gehören nicht zu seiner Verursachung. Der defensive Akzent ist der ursprüngliche: Als Garantie dagegen, dass sich in Zukunft nicht noch einmal Ost und West mit Aussicht auf Erfolg verbünden, ist es wünschenswert, dass das Reich mit seinen politischen, wirtschaftlichen und militärischen Sicherungen über die eigenen Grenzen hinausgreift.

(K. D. Erdmann, Geschichte, Politik und Pädagogik, Bd. 2, Klett, Stuttgart 1986, S. 109)

– *Charakterisieren Sie Tendenz und Gesamtziel dieses Programms in Quelle a.*
– *Diskutieren Sie Sinn und Verbindlichkeitsgrad eines solchen Programms.*
– *Vergleichen Sie Ihre Ergebnisse mit den wissenschaftlichen Positionen in b und c.*

Quellenkritik

Unerlässliche Voraussetzung für den Historiker bei der Arbeit mit schriftlichen Quellen ist die Korrektheit des Textes, die Sicherheit seiner Herkunft, aber auch die Zuverlässigkeit seines Inhaltes, kurz die Frage der Quellenkritik.
Die Beschäftigung mit der Zuverlässigkeit der Überlieferung und der Ausräumung aller Zweifel über die Autorenschaft eines Textes nennt man äußere Quellenkritik. Sie hat eine Tradition, die bis zu den Humanisten des 15. Jahrhunderts zurückreicht. Die **äußere Quellenkritik** ist vor allem bei alten Texten wichtig, weil im Mittelalter die Fälschung von Dokumenten und Urkunden eine wichtige politische Rolle spielte. Verlässliche Kenntnisse über Entstehungszeit und -anlass, über Autorenschaft, Vorarbeiten, Informanten sind wichtige Hilfen für die Einschätzung der Zuverlässigkeit einer Quelle. In der Neuzeit, vor allem im 19. und 20. Jahrhundert, ist dank der Arbeit von Historikern auf die Textüberlieferung in der Regel großer Verlass.
Die Beschäftigung mit der inhaltlichen Zuverlässigkeit, dem Aussagewert einer Quelle nennt man **innere Quellenkritik**. Hier ist die Vertrautheit mit den allgemeinen Verhältnissen einer Zeit und dem Autor unerlässlich. Aus dem Vergleich allgemein bekannter Quellen, Institutionen, Vorgängen der Zeit, aus der eine bestimmte Quelle stammt, und der Biografie, sozialen Position, dem politischen Standort, dem Verhältnis zu den wichtigsten Bezugspersonen des Autors kann deren Aussagewert erhärtet werden. Nur der allgemeine Vergleich kann vor Fehleinschätzungen und Irrtümern bewahren, Auslassungen und Zusätze erkennbar machen oder Fälschungen entlarven.

3.4 Der Erste Weltkrieg: Die Europäische Moderne in der Krise

Der Fortschrittsoptimismus des 19. Jahrhunderts

1886 hielt der Unternehmer Werner von Siemens vor 2700 Teilnehmern der Naturforscherversammlung eine Rede, die er mit den Worten beendete: „Und so, meine Herren, wollen wir uns nicht irremachen lassen in unserem Glauben, dass unsere Forschungs- und Erfindungstätigkeit die Menschheit höheren Kulturstufen zuführt, sie veredelt und idealen Bestrebungen zugänglicher macht, dass das hereinbrechende naturwissenschaftliche Zeitalter ihre Lebensnot, ihr Siechtum mindern, ihren Lebensgenuss erhöhen, sie besser, glücklicher und mit ihrem Geschick zufriedener machen wird. Und wenn wir auch nicht immer den Weg klar erkennen können, der zu diesen besseren Zuständen führt, so wollen wir doch an unserer Überzeugung festhalten, dass das Licht der Wahrheit, die wir erforschen, nicht auf Irrwege führen und dass die Machtfülle, die es der Menschheit zuführt, sie nicht erniedrigen kann, sondern sie auf eine höhere Stufe des Daseins erheben muss!“
Dieser Glaube an den unaufhaltsamen Fortschritt der Menschheit entstand im ausgehenden 18. Jahrhundert und prägte das bürgerlich-liberale Denken während des gesamten 19. Jahrhunderts. Seine Wurzeln hatte dieser **Fortschrittsoptimismus** einerseits in der Philosophie der Aufklärung mit ihren universalen Ideen der individuellen Freiheit, der Gleichheit und der Rationalität. Andererseits speiste er sich aus den wachsenden wissenschaftlichen Erkenntnissen, der technischen Beherrschung der Natur und einer zunehmenden Produktion von Gütern. Diese Erfahrungen ließen ein Bewusstsein entstehen, das den Glauben an die **unbegrenzte Gestaltbarkeit der Natur** sowie an die **Veränderbarkeit** der bis dahin als unumstößlich geltenden **gesellschaftlichen Ordnungen** förderte.

Die Katastrophe des Ersten Weltkrieges

Im Ersten Weltkrieg wurde dieser Fortschrittsoptimismus nachhaltig erschüttert. Noch im Sommer 1914 hatten die Menschen in St. Petersburg, Wien und Berlin, in Paris und London den Ausbruch des „Großen Krieges“ jubelnd und mit den unterschiedlichsten Hoffnungen begrüßt. Aber bereits nach wenigen Wochen mussten sie erkennen, dass dieser Krieg ein bis dahin ungeahntes Ausmaß an Grausamkeit entfaltete. Die Erfahrung dieser Katastrophe zerstörte nicht nur die Hoffnungen, die in die Wissenschaft und die Industriezivilisation als Träger einer besseren, modernen Welt gesetzt worden waren, sondern stellte auch den Glauben an die Humanität des Menschen überhaupt in Frage (M 24). Die **Neuartigkeit des Krieges** zeigte sich vor allem in vier Bereichen:
– Beide Kriegsparteien mobilisierten eine bis dahin unbekannte Anzahl von Soldaten für ihren Kampf und verwendeten dabei **modernste Waffentechnik**. Im Jahre 1914 gab es auf beiden Seiten etwa 10 Mio., später etwa 74 Mio. Soldaten, die eine gigantische „Kriegsmaschine“ bedienten.

B 19 Louis Schmidt, Allgemeine Elektrizitäts-Gesellschaft Berlin, 1888, Plakat

B 20 Christopher R. W. Nevison, Das Maschinengewehr, 1915, Öl auf Leinwand

– *Interpretieren Sie die Abbildungen B 19 und B 20 im Hinblick auf die These vom Ende des Fortschrittsoptimismus (s. S. 358).*

Artillerie und Maschinengewehre, Schlachtkreuzer und Unterseeboote sowie die ersten Panzer und Bombenflugzeuge führten zu einer Vernichtung von Menschen und Material, die alle bisherigen Vorstellungen überstieg. Zu den besonders grausamen Kampfmitteln gehörte das erstmals 1915 eingesetzte Giftgas. Im Bewusstsein der Zeitgenossen machte es den tiefen Fall zivilisatorischer Werte deutlich.

– Der Erste Weltkrieg trug von Anfang an Züge eines **totalen Krieges**. Die Krieg führenden Nationen aktivierten jedes Mitglied ihrer Gesellschaften für den Kampf an Front und „Heimatfront", wodurch die Trennung von Militär- und Zivilbereich ins Wanken geriet. Im Verlaufe des Krieges wurde praktisch die gesamte männliche und weibliche Zivilbevölkerung in den Krieg einbezogen, sei es in den Rüstungsfabriken, sei es an den „normalen" Arbeitsplätzen, an denen Frauen die Männer ersetzten, die zum Militär einberufen wurden.

– „Der jetzige Krieg", notierte der französische Botschafter in St. Petersburg am 20. August 1914, „gehört nicht zu denjenigen, die durch einen politischen Vertrag beendet werden [...]; es ist ein Krieg auf Leben und Tod, in welchem jeder Kämpfende seine nationale Existenz aufs Spiel setzt." Der Erste Weltkrieg bedeutete den **Zusammenbruch des Staatensystems** nicht nur deshalb, weil an ihm, wie hundert Jahre zuvor in den napoleonischen Kriegen, alle Großmächte beteiligt waren. Vielmehr empfanden und erlebten ihn alle beteiligten Staaten und Völker als einen **existenziellen Überlebenskampf**. Die Kriegsziele, wie unterschiedlich sie im Detail auch waren, liefen auf beiden Seiten auf eine Zerstörung der bisherigen internationalen Ordnung hinaus: Dem Deutschen Reich ging es nicht bloß um territoriale Gewinne, sondern um eine unangefochtene Hegemonie in Europa als Ausgangsstellung für die Erringung einer Weltmachtposition; die gegnerische Koalition wollte die europäische Großmachtstellung des Deutschen Reiches für immer zerstören, da es sich in ihren Augen als notorischer Friedensstörer erwiesen hatte. Das einzige Kriegsziel, das zählte, war also die vollständige Unterwerfung der feindlichen Nation.

– Zu Beginn des Krieges gab es in allen Ländern eine große Kriegsbegeisterung. Als sich jedoch der ursprünglich erwartete kurze Krieg in einen langen Krieg mit unabsehbarem Ende verwandelte, setzte auf allen Krieg führenden Seiten eine gezielte **Kriegspropaganda** ein. Sie versuchte der Bevölkerung einzuhämmern, dass es nicht bloß um politische Interessen gehe, sondern um kollektive nationale Wertesysteme: um das „Wesen" der eigenen Nation gegen das als bedrohlich empfundene Fremde, um Zivilisation gegen Barbarei, um Germanen gegen Slawen. Auf diese Weise hoffte man den „Durchhaltewillen" des eigenen Volkes zu stärken und den Kampfwillen der feindlichen Truppen und Zivilbevölkerung zu lähmen. Tatsächlich entwickelte dieser Kriegspatriotismus eine ungeheure Integrationskraft, der die Spannungen innerhalb der Völker verdeckte und gerade dadurch die Gräben zwischen den Nationen vertiefte. Seit den Religionskriegen des 16./17. Jahrhunderts war die Bevölkerung nicht mehr in solchem Maße in das Kriegsgeschehen als Kämpfende und Leidende einbezogen worden – und das bedeutete **Mobilisierung, Nationalisierung, Fanatisierung** in völlig neuen Dimensionen.

Der gefährdete Friede

„Wie alles Gute ist der Krieg am Anfang halt schwer zu machen. Wenn er dann erst floriert, ist er auch zäh; dann schrecken die Leut' zurück vorm Frieden wie die Würfler vorm Aufhören, weil dann müssens zählen, was sie verloren haben." Der Schriftsteller Bertolt Brecht (1898–1956) legte diese Worte in einem seiner Theaterstücke einem Landsknecht aus dem Dreißigjährigen Krieg in den Mund. Aber sie beschreiben ebenso treffend den Ersten Weltkrieg und die anschließenden Bemühungen um einen stabilen Frieden zwischen den Völkern.

Zunächst gab es große Hoffnung auf eine friedlichere und bessere Welt, die noch während der Kriegshandlungen durch zwei Ereignisse genährt wurde: 1917 traten die Vereinigten Staaten von Amerika in den Krieg ein, und zwar auf Seiten der Entente, die Frankreich und Großbritannien (neben anderen) gegen die Mittelmächte Deutschland, Österreich-Ungarn und Bulgarien vereint hatte; die USA entschieden den Krieg auf diese Weise zu Gunsten der Franzosen und Briten. In diesem Zusammenhang formulierte der amerikanische Präsident **Woodrow T. Wilson** (1856–1924, Präsident 1913–1921) in einem **14-Punkte-Programm für den Weltfrieden** Ziele für die internationale Politik. Sie waren aus heutiger Sicht wegweisend, bedeuteten aber seinerzeit eine radikale Abkehr von den alten Prinzipien europäischer Großmachtpolitik. Er forderte nämlich die allgemeine Durchsetzung der liberalen Demokratie, die Achtung des Selbstbestimmungsrechts der Völker, die Schaffung eines Völkerbundes als Schiedsrichter zwischen den Nationen sowie Gerechtigkeit auch für die Kolonialvölker. Das zweite, für die internationale Politik bedeutsame Ereignis des Jahres 1917 war die **Revolution in Russland**, aus der die Kommunisten als Sieger hervorgingen. Zum ersten Mal gab es in der Welt einen sozialistischen Staat. Die neue Sowjetmacht unter **Wladimir I. Lenin** (1870–1924) verkündete den sofortigen Rückzug aus dem Krieg, trat für einen Frieden aller Seiten ohne Gebietsabtretungen und Kriegsentschädigungen ein sowie für die Befreiung aller Kolonialvölker.

Die hoch gesteckten Ziele von Präsident Wilson gerieten auf den **Friedensverhandlungen**, die die Siegermächte **1919** in Schloss **Versailles** bei Paris ohne Beteiligung Russlands aufgenommen hatten, rasch in den Hintergrund und dämpften die Hoffnungen. Denn die europäischen Siegerstaaten hielten an ihren nationalen und machtpolitischen Vorstellungen aus der Vorkriegszeit fest, wollten sich militärisch vor Deutschland schützen und drängten auf Reparationszahlungen. Mit den besiegten Mächten wurde nicht verhandelt; ihnen wurden die Beschlüsse der Friedenskonferenz verkündet. Dieses Verfahren sowie die Höhe der Reparationen lösten besonders in Deutschland eine große Empörung aus, die innenpolitisch immer wieder mobilisiert werden konnte. Der Ruf nach Revision des Versailler „Schmach- und Diktatfriedens" entwickelte sich zur massenwirksamen Kampfparole und geriet zur schweren Hypothek für die junge Demokratie von Weimar.

Der **Völkerbund**, gegründet auf Anregung von Präsident Wilson, konnte die Praxis der internationalen Politik kaum beeinflussen. Sowohl den besiegten Mächten als auch dem kommunistischen Russland wurde der Zutritt zunächst verwehrt. Aus Enttäuschung über den ihrer Meinung nach falschen Friedensvertrag blieben ihm dann die USA fern – gegen den Willen Wilsons. Und der Zwang zur Einstimmigkeit machte den Bund praktisch hilflos und zu nichts mehr als einem Forum internationaler Diskussion.

Der **Nationalitätenstreit** war eine der Ursachen für den Ausbruch des Ersten Weltkrieges gewesen, hatten doch schon lange zuvor europäische Völker wie die Polen, Tschechen, Slowaken,

Serben und Kroaten sowie die arabischen Völker im Osmanischen Reich nach **nationaler Selbstbestimmung** gestrebt. Um dem Nationalstaatsprinzip nun auch in diesen Teilen der Welt zum Durchbruch zu verhelfen, lösten die Siegermächte Österreich-Ungarn und das Osmanische Reich auf bzw. gliederten Teile aus dem alten russischen Reich aus und schufen völlig neue Staaten. Gleichwohl stieß der Grundsatz der Selbstbestimmung der Völker, der als neues Staaten bildendes und Frieden verbürgendes Ordnungsprinzip verkündet worden war, schnell an seine Grenzen. Denn in der Realität gab es überall nationale Gemengelagen. Zudem betrachteten viele Menschen in den neuen und alten Staaten die gesellschaftspolitischen Verfassungen und Grenzziehungen nicht als die ihren. Zum Beispiel fanden sich viele Deutsche nicht mit den neuen Grenzen zu Polen, zur Tschechoslowakei und zu Österreich ab. Die arabischen Völker wiederum erhielten das in Aussicht gestellte Selbstbestimmungsrecht dann doch wieder nicht und wurden unter britische und französische Verwaltung gestellt; im östlichen Mittelmeerraum entstanden auf diese Weise Konfliktherde, die bis in die Gegenwart hinein Anlass zu kriegerischen Auseinandersetzungen sind.

Wirtschaftlich betrachtet hatten alle europäischen Staaten – ganz im Gegensatz zu den USA – den Ersten Weltkrieg verloren. Und auch die **politische Vorherrschaft der Europäer in der Welt war gebrochen.** Hatten doch die europäischen Großmächte die Menschen in den Kolonien für ihren Krieg in Anspruch genommen und ihnen dafür das Versprechen größerer Selbstständigkeit gegeben. Da die Einlösung ausblieb, begann sich in den Kolonien Widerstand zu regen, der den langen Prozess der **Dekolonisierung** in Gang setzte.

Die **Führungsrolle in der Weltpolitik** übernahmen nach dem Ersten Weltkrieg die so genannten **Flügelmächte USA und Sowjetunion**, die das gesamte 20. Jahrhundert hindurch die internationale Politik bestimmen sollten, bis zu den politischen Umbrüchen der Jahre 1989/91.

M24 Über den Ersten Weltkrieg

Der Schriftsteller und Kriegsfreiwillige des Ersten Weltkrieges, Erich Maria Remarque (1898–1970), in seinem Roman „Im Westen nichts Neues" (1929)

Ich bin jung, ich bin zwanzig Jahre alt; aber ich kenne vom Leben nichts anderes als die Verzweiflung, den Tod, die Angst und die Verkettung sinnlosester Oberflächlichkeit mit einem Abgrund des Leidens. Ich sehe, dass Völker gegeneinander getrieben werden und sich schweigend, unwissend, töricht, gehorsam, unschuldig töten. Ich sehe, dass die klügsten Gehirne der Welt Waffen und Worte erfinden, um das alles noch raffinierter und länger dauernd zu machen. Und mit mir sehen das alle Menschen meines Alters hier und drüben, in der ganzen Welt, mit mir erlebt das meine Generation. Was werden unsere Väter tun, wenn wir einmal aufstehen und vor sie hintreten und Rechenschaft fordern? Was erwarten sie von uns, wenn eine Zeit kommt, wo kein Krieg ist? Jahre hindurch war unsere Beschäftigung Töten – es war unser erster Beruf im Dasein. Unser Wissen vom Leben beschränkt sich auf den Tod. Was soll danach noch geschehen? Und was soll aus uns werden?

(Erich M. Remarque, Im Westen nichts Neues, Kiepenheuer & Witsch, Köln 1976, S. 184)

1 *Erörtern Sie anhand der Biografie von Erich Maria Remarque die grundsätzlichen Folgen, die der Erste Weltkrieg in den Einstellungen und Haltungen vieler Menschen auslöste.*

Nationalismus und Liberalismus: Deutschland im „langen" 19. Jh.

Zusammenhänge und Perspektiven

1 *Erläutern Sie, warum und in welcher Weise sich in Deutschland Anfang des 19. Jahrhunderts eine nationale und liberale Öffentlichkeit herausbildete.*
2 *Setzen Sie sich mit den Ursachen und Ergebnissen der Revolution von 1848/49 in Deutschland auseinander und klären Sie, inwieweit die Revolution trotz ihres Scheiterns bis in die Gegenwart hinein nachwirkt.*
3 *Erläutern Sie, warum die Gründung des deutschen Kaiserreiches in Art und Weise der Verwirklichung eines autoritären Nationalstaats entspricht.*
4 *Fassen Sie die Defizite der inneren Integration des Kaiserreiches zusammen und setzen Sie sich mit den Mitteln und Folgen der auf Integration ausgerichteten Politik Bismarcks auseinander.*
5 *Erläutern Sie den Zusammenhang zwischen der gesellschaftlichen Einbindung breiter Bevölkerungsschichten einerseits und der wirtschaftlichen Modernisierung und der außenpolitischen Aufwertung des deutschen Kaiserreiches andererseits. Ziehen Sie dafür auch die Darstellung zur Industrialisierung (S. 143 ff.) heran.*

Zeittafel

1804	**Code civil** (= **Code Napoléon**): Bürgerliches Gesetzbuch in Frankreich. Es kodifiziert, ungeachtet der Rückkehr zur Monarchie, die sozialen Errungenschaften der Französischen Revolution (persönliche Freiheit, Rechtsgleichheit, privates Eigentum, Zivilehe, Ehescheidung).
1806	Gründung des Rheinbundes: Nachdem Napoleon weite Teile Europas erobert hat, treten 16 Reichsfürsten aus dem Reich aus. Kaiser Franz II. legt unter dem Druck Napoleons die Reichskrone nieder; dies bedeutet die Auflösung des Heiligen Römischen Reiches. Unter dem Eindruck der napoleonischen Besatzung formiert sich die deutsche Nationalbewegung und kämpft für „Einheit und Freiheit".
1807	Beginn der preußischen Reformen: Bauernbefreiung, Selbstverwaltung der Städte, Judenemanzipation, Einrichtung von Fachministerien, Heeresreform zur Entwicklung eines patriotischen Volksheeres, Bildungsreform, Freiheit der Wissenschaften. Die Reformen liberalisieren Wirtschaft und Gesellschaft und bedeuten eine „Revolution von oben".
1813–15	Befreiungskriege in Deutschland; Ende der Herrschaft Napoleons in Europa.
1815	Der Wiener Kongress beschließt die **Gründung des Deutschen Bundes** (Bundesverfassung ohne Volksvertretung), die Restauration der vorrevolutionären Herrschaftssysteme und erklärt unter dem Einfluss Metternichs Liberalismus und Nationalismus zu staatsgefährdenden Ideen. Gründung der Deutschen Burschenschaft in Reaktion auf das System Metternich; die Burschenschaften werden zu Vorreitern des Nationalismus in Deutschland.
1818/19	**Verfassungen in Baden und Württemberg**, zwischen 1814 und 1821 auch in anderen ehemaligen Rheinbundstaaten; Baden wird zum Vorreiter des so genannten süddeutschen Liberalismus.
1819	Karlsbader Beschlüsse: Verbot der Burschenschaften, Verfolgung der „Demagogen", Überwachung von Presse und Universitäten, Unterdrückung der nationalen Bewegung.
1830	Julirevolution in Frankreich gibt der nationalliberalen Bewegung Auftrieb (1830–48: „Vormärz").
1832	Hambacher Fest: Großdemonstration für liberale, nationale und demokratische Ziele.
1834	Gründung des Deutschen Zollvereins unter preußischer Führung. Er wird zur wirtschaftlichen Vorstufe der politischen Einigung.

1840	Belebung des deutschen Nationalismus durch die Rheinkrise.
ca. 1840–70	Industrielle Revolution in Deutschland.
1844–47	Agrarkrise und Hungeraufstände in Deutschland (1844: Weberaufstand in Schlesien)
1848/49	**Revolutionäre Vorgänge in Europa und Deutschland** Deutschland: März 1848: „Märzrevolution". Mai: Zusammentreten der Verfassunggebenden Nationalversammlung. Dez.: Verkündung der Grundrechte. Im März 1849 Verkündung der Verfassung: Der vorausgegangene Streit um die „großdeutsche" und „kleindeutsche" Lösung in der Territorialfrage, der das Parlament politisch schwächt, wird zu Gunsten der Kleindeutschen entschieden. April: Der preußische König Wilhelm IV. lehnt die ihm vom Parlament angetragene Kaiserwürde ab. Mai: Auflösung der Paulskirchenversammlung. Bis Juli 1849: letzte Aufstände und militärische Niederschlagung der Revolution (1851: Aufhebung der Grundrechte, aber Verfassunggebung in Preußen).
1864	Deutsch-Dänischer Krieg um Schleswig und Holstein.
1866	Deutscher Krieg zwischen Preußen und Österreich um Schleswig und Holstein; Ende des Deutschen Bundes und Gründung des Norddeutschen Bundes unter Preußens Führung: erster deutscher Bundesstaat.
1870–1914	Epoche der Hochindustrialisierung.
1870/71	Deutsch-Französischer Krieg endet mit Sieg Deutschlands.
1871	**Gründung des Deutschen Reiches:** Verfassung: schwache Stellung des Reichstags gegenüber der Regierung, Erbkaisertum, Alleingewalt des Kaisers über das Militär. Kaiser: Wilhelm I. (1871–1888); Reichskanzler: Bismarck (1871–1890).
seit ca. 1870	Aufkommen des Antisemitismus; der freiheitlich-liberale Nationalismus des Vormärz geht in einen rechtskonservativen Reichsnationalismus über; Militarisierung der Gesellschaft.
1871–1873	Gründerjahre: Zahlreiche Unternehmensgründungen, rasantes Wirtschaftswachstum.
1871–1877	Zeitweise Zusammenarbeit Bismarcks mit den Liberalen.
1871–1880	Kulturkampf Bismarcks gegen den Einfluss der Kirchen, insbesondere der katholischen Kirche, auf den Staat.
1874	Gründerkrach; Beginn einer Phase niedrigen Wirtschaftswachstums (1874–1895: Große Depression).
1878–1890	Sozialistengesetz.
1883–1889	**Sozialgesetzgebung** durch Bismarck: staatliche Kranken-, Unfall-, Alters- und Invalidenversicherung. Ziel: die Arbeiter durch soziale Absicherung gesellschaftlich integrieren.
nach 1890	**Weltmachtpolitik unter Wilhelm II.** (1888–1918): Nachdem Bismarck die deutsche Außenpolitik auf die Wahrung des Erreichten ausgerichtet hat, beginnt mit Wilhelm II. eine impulsive, imperiale Machtpolitik („Neuer Kurs"; Flottenbauprogramm).
Mitte 1890er	Beginn der Hochkonjunkturphase.
1914–1918	**Erster Weltkrieg:** Juni 1914: Ermordung des österreichischen Thronfolgers in Sarajewo. Juli 1914: Österreich-Ungarn erklärt Serbien den Krieg; **1./3. Aug. 1914: Deutschland erklärt Russland und Frankreich den Krieg**.

IX Die Weimarer Republik: Die erste deutsche Demokratie

Thomas Theodor Heine, „Sie tragen die Buchstaben der Firma – aber wer trägt den Geist?“, Karikatur aus dem „Simplicissimus“ von 1927

Als am 11. November 1918 die Unterzeichnung des Waffenstillstands den Ersten Weltkrieg beendete, war das Deutsche Reich auf Druck der Alliierten nicht nur erstmals mit einer parlamentarischen Regierung ausgestattet, es war auch durch den Rücktritt des Kaisers und aller Fürsten eine Republik geworden. Wer aber in Deutschland gehofft hatte, dass sich die demokratische Republik stabilisieren würde, sah sich getäuscht.
Zwar wurden die französischen Pläne zur Auflösung des Deutschen Reiches auf den Pariser Friedenskonferenzen von den USA und von England durchkreuzt. Doch die Bestimmungen des Versailler Vertrages bedeuteten eine schwere Hypothek für die regierenden Demokraten, die sich in der Nationalversammlung in Weimar 1919 auf einen Grundkonsens verständigt hatten. Dieser Konsens war für Sozialdemokraten, Katholiken und Liberale gleichermaßen tragbar, vereinte drei Viertel der Wählerstimmen auf sich und basierte auf der parlamentarischen Demokratie, dem Sozialstaat und der Republik. Der Versailler Vertrag belastete die junge Demokratie nicht so sehr durch die Reparationsbestimmungen; nicht einmal der Verlust von 90 Prozent der Handelsflotte beeinträchtigte auf Dauer die Industrieentwicklung in Deutschland. Aber der Umstand, dass die Alliierten im Zusammenhang mit den Reparationsforderungen Deutschland zum Kriegsverursacher erklärten, belastete die junge Demokratie ebenso wie die Tatsache, dass die Republik alle Konsequenzen des Krieges zu bewältigen hatte. Auch dass die Ursachen von Krieg und Niederlage nicht offen gelegt wurden, machte es den Republikfeinden leicht, die neue Staatsform für alle Probleme verantwortlich zu machen.
Es bestand die paradoxe Situation, dass die Weimarer Republik gerade in ihren schwersten Jahren 1919 bis 1923 noch den meisten Rückhalt in der Wählerschaft hatte und alle wirtschaftlichen und politischen Krisen, Arbeitslosigkeit und Inflation, Separatismus und Putschversuche bewältigen konnte. Die Wahl Paul von Hindenburgs 1925 zum Reichspräsidenten, d.h. eines Repräsentanten des kaiserlichen Deutschlands, der erklärtermaßen Monarchist war, zeigte aber, dass in den so genannten Stabilisierungsjahren der Republik nach 1923/24 der Kredit der Demokraten bei der Wählermehrheit erschöpft war. Die wirtschaftliche Erholung bis 1928 kam der Weimarer Koalition aus SPD, Zentrum und DDP kaum zugute. Danach absorbierte die Hitlerbewegung, die noch 1928 relativ bedeutungslos war, die durch die Wirtschaftskrise mobilisierten bisherigen Nicht- und die Neuwähler und konnte letztlich aus allen Schichten Wähler gewinnen.
So konnte in einer Republik, der ein Repräsentant der Kaiserzeit vorstand, die Frage aufkommen, wo denn in dieser Republik die Republikaner seien. Hindenburgs Wahl war symptomatisch für das Erstarken der republikfeindlichen alten Eliten in Verwaltung, Militär, Justiz, Universität, Großindustrie und Adel seit der Revolution. Was fehlte, war eine Akzeptanz aus der Mitte heraus, von der aus gegen rechte und linke Radikalisierungen hätte vorgegangen werden können. Zudem waren die Jahre der relativen wirtschaftlichen Stabilisierung 1924 bis 1929 zu kurz, um die Spannungen aufzufangen, die aus der Auflösung der alten Klassengesellschaft, der Rationalisierung der Wirtschaft und den kulturellen Konflikten zwischen Moderne und Tradition resultierten.
Die Wirtschaftskrise, die Ende 1929 begann, zerbrach das Fundament der Epoche der „relativen Stabilisierung“. Die Aufkündigung des Grundkonsenses zwischen SPD, Zentrum, DDP und DVP anlässlich der Finanzierung der Arbeitslosenversicherung 1930 stellte die parlamentarische Regierungsform zur Disposition und gab den Weg frei in eine Diktatur. Dass diese Entwicklung zur NS-Diktatur führte, lag zum einen an den ungeheuren Wahlerfolgen der Hitlerbewegung 1930 bis 1932, zum anderen aber an dem entschiedenen Versuch der alten Eliten, die NSDAP als Mehrheitsbeschaffer zur Beseitigung der demokratischen Republik zu benutzen. Reichspräsident Hindenburg machte sich dabei zum Erfüllungsgehilfen: Mit seiner „Machtübergabe“ an Adolf Hitler am 30. Januar 1933 ebnete er den Weg für die „Machtergreifung“ der NSDAP.

1 Belastungen des demokratischen Anfangs

1.1 Novemberrevolution

Krieg und innere Entwicklung 1914–1917

Die deutsche Kriegserklärung hatte 1914 zum Zweifrontenkrieg mit Frankreich und Russland, der deutsche Durchmarsch durch das neutrale Belgien zur englischen Kriegserklärung geführt. Während im Westen der Schlieffen-Plan scheiterte und sich der Krieg vom Stellungskrieg zur blutigsten Materialschlacht der Geschichte ausweitete, konnte der russische Angriff abgewehrt und die Front nach Osten verschoben werden. Infolge der englischen Seeblockade wurden bald nicht nur Rohstoffe, sondern auch Nahrungsmittel knapp; im **„Hungerwinter" 1916/17** litt der Kampfeswille der deutschen Bevölkerung erheblich. Der Versuch der Obersten Heeresleitung (OHL), durch den uneingeschränkten U-Boot-Krieg im Februar 1917 die englische Umklammerung zu sprengen, führte zum **Kriegseintritt der USA** im April.
Hatte die Kriegserklärung 1914 den Reichstag und seine Parteien zu einem Burgfrieden veranlasst, in dessen Rahmen alljährlich alle Parteien die Kriegskredite genehmigten, so spaltete die neue Kriegslage die SPD: Die im April 1917 neu gegründete **Unabhängige Sozialdemokratische Partei Deutschlands (USPD)** lehnte weitere Kriegsanleihen ab und forderte einen sofortigen Friedensschluss ohne Annexionen und ein Ende der faktischen Militärdiktatur der OHL unter Hindenburg und Ludendorff.
Die alte SPD, nun MSPD genannt, trug zwar die kaiserliche Kriegspolitik auch weiterhin mit, schloss sich aber im Juli 1917 mit dem Zentrum, den Freisinnigen und Nationalliberalen zum **Interfraktionellen Ausschuss** zusammen, um eine Parlamentarisierung der Reichsverfassung zu erreichen; er verhalf einer Friedensresolution im Reichstag zur Mehrheit, die einen Frieden ohne Eroberung forderte.

Wilsons „14 Punkte" und die Kriegslage 1918

Auf den Kriegsverlauf hatte die Friedensresolution keinen Einfluss, sie löste aber eine Debatte über „Verständigungsfrieden" und „Siegfrieden" aus. Jene Kräfte, die einen Frieden nur bei Gebietsgewinnen akzeptieren wollten, gründeten die **Deutsche Vaterlandspartei**. Ihren schärfsten Gegner fand diese in der Arbeiterschaft, die – kriegsmüde und beeinflusst von der russischen Revolution 1917 – ihre Proteste in der Welle der **Januarstreiks 1918** münden ließ und neben Frieden Vereins- und Versammlungsfreiheit sowie Demokratie forderte. Die Verhaftung der meist SPD-unabhängigen Wortführer beendete die Streiks.
Die Friedensdebatte erhielt im Januar 1918 neue Nahrung, als der amerikanische Präsident Woodrow Wilson „14 Punkte" veröffentlichte, die für ihn die **Friedensbedingungen** darstellten. Demnach sollte – ohne Sieger oder Besiegte festzustellen – eine demokratische Nachkriegsordnung auf der Grundlage eines freien Welthandels und auf dem Selbstbestimmungsrecht der Völker ruhen und von einem Völkerbund gesichert werden (M 1).
Entgegen diesen Prinzipien schloss das Reich im März 1918 mit Russland den (Sieg-)**Frieden von Brest-Litowsk**, der Finnland und die Ukraine unabhängig und ein besetztes Polen und das Baltikum zum deutschen Interessengebiet machte. Jetzt hoffte die OHL, die im Osten frei gewordenen Kräfte im Westen zur Entscheidungsschlacht einsetzen zu können. Diese Hoffnung zerplatzte am 8. August 1918, als die deutsche Großoffensive angesichts der stetig aus den USA verstärkten alliierten Truppen zusammenbrach und mit einer katastrophalen Lage Österreich-Ungarns zusammenfiel, das kurz vor der Kapitulation stand.

B 1 Der Kaiser verlässt Berlin, Fotografie, 1918. – Wilhelm II. verließ bereits Ende Oktober 1918 Berlin und hielt sich in seinem Hauptquartier im belgischen Spa auf. Seine Abdankung wurde am 9. November ohne seine Zustimmung verkündet.

Die Oktoberverfassung: Reform „von oben"

Angesichts der bedrückenden Lage seit August 1918 zweifelte auch die OHL am Sieg und forderte im September einen Waffenstillstand auf der Grundlage von Wilsons „14 Punkten". Da diese eine Demokratisierung der Reichsverfassung einschlossen, sollte eine Verfassungsreform den Weg zum Frieden öffnen. Der liberale **Prinz Max von Baden** wurde deshalb am 3. Oktober 1918 von Kaiser Wilhelm II. zum neuen Reichskanzler ernannt. Er berief umgehend Abgeordnete der MSPD, des Zentrums und der Fortschrittlichen Volkspartei in Regierungsämter und bildete damit die **erste parlamentarische Regierung** des Kaiserreiches.
Der Übergang von der konstitutionellen zur parlamentarischen Monarchie war hierdurch vollzogen und wurde durch die so genannten **Oktoberreformen** verfassungsrechtlich verankert: Reichskanzler und Reichsregierung bedurften fortan des Vertrauens des Parlaments und nicht mehr des Kaisers (M 2). Dessen Kommandogewalt über das Militär wurde einem parlamentarisch verantwortlichen Minister übertragen. Kriegserklärungen und Friedensschlüsse erforderten von nun an die Zustimmung von Reichstag und Bundesrat. Parallel zu diesen Beschlüssen des Reichstags schaffte das Preußische Herrenhaus das seit langem überkommene Dreiklassenwahlrecht ab.

November 1918: Revolution „von unten"

Nicht die Oktoberreform, sondern das Eingeständnis der Niederlage setzte nun eine Revolutionsbewegung in Gang: Tag für Tag vergrößerten sich die Hunger- und Friedensrebellionen. Am 25. Oktober musste Ludendorff entlassen werden. Wilhelm II. floh vor Rufen nach seiner Abdankung ins Kriegshauptquartier nach Spa (B 1). Als am 29. Oktober die Admiralität das Auslaufen ihrer seit 1916 nicht mehr eingesetzten Hochseeflotte befahl, um in einem zur Entscheidungsschlacht hochstilisierten Kampf mit England ihre militärische Ehre zu retten, kam es zur **Meuterei der Matrosen**. Die daraufhin angeordneten Verhaftungen lösten Solidarisierungskampagnen in Kiel und an anderen Orten des nordwestdeutschen Küstengebiets aus. Binnen weniger Tage führten sie zu spontanen Aufständen, die Soldaten, Arbeiter und große Teile der kriegsmüden Bevölkerung zusammenführten und in der ersten Novemberwoche das gesamte Reichsgebiet erfassten. Der zur Niederschlagung der Rebellion eingesetzte Militär- und Polizeiapparat kapitulierte weitgehend widerstandslos oder lief zu den Aufständischen über. Die deutschen Fürsten wurden vertrieben oder dankten ab. In den meisten Städten übernahmen **Arbeiter- und Soldatenräte** die Macht (Karte 1). Massenkundgebungen forderten eindringlicher denn je den sofortigen Frieden und die Abdankung des Kaisers.

B 2 Aufständische vor dem Brandenburger Tor in Berlin am 9. November 1918, zeitgenössische Fotografie. – Ausgehend vom Kieler Matrosenaufstand erfasste die Revolutionsbewegung die Reichshauptstadt am 9. November 1918.

– *Untersuchen Sie die Zusammensetzung der Demonstranten. Welche Symbole führen sie mit sich?*

Das Ende der Monarchie

Am 9. November erreichte die Aufstandsbewegung Berlin, wo sich die Ereignisse innerhalb weniger Stunden überstürzten: Zur Beruhigung der Demonstrationszüge, die sich auf das Regierungsviertel zubewegten (B 2, M 3), gab Max von Baden gegen Mittag eigenmächtig den Thronverzicht des Kaisers bekannt. Zahlreiche Versuche des Reichskanzlers, hierfür das Einverständnis des Monarchen zu erhalten, waren bis zuletzt ohne Antwort geblieben.

Wenig später wurde Max von Baden von einer Abordnung der Mehrheitssozialdemokratie bedrängt, die Regierungsgewalt in die Hände der MSPD zu legen, die als stärkste Partei des Reichstages das Vertrauen des Volkes besitze (M 4). Daraufhin übergab Prinz Max sein **Kanzleramt an den MSPD-Vorsitzenden Friedrich Ebert**, der seine Skrupel ob dieses verfassungswidrigen Machtwechsels hintanstellte, da er den Einfluss seiner Partei auf die radikalisierten Massen nicht verlieren wollte.

In der Zwischenzeit hatten die Demonstranten den Reichstag erreicht und drohten die politische Initiative an sich zu reißen. Dies zwang **Philipp Scheidemann** vom Vorstand der MSPD zur **Ausrufung der Republik**. Ebert missbilligte diesen Schritt, doch die Dramatik der Situation erlaubte keine langwierigen innerparteilichen Abstimmungen. Kurz nach Scheidemann verkündete der Spartakistenführer **Karl Liebknecht** vor dem Berliner Schloss die **Sozialistische Republik Deutschland** und versprach: „Alle Macht den Arbeiter- und Soldatenräten!“

Das Ende des Krieges

Unter dem Druck der Ereignisse begab sich Wilhelm II. am Morgen des 10. November ins holländische Exil. Das Ergebnis der Kriegspolitik von Kaiser und OHL musste indes der Zentrumspolitiker Matthias Erzberger besiegeln, der am 11. November als Führer der deutschen Verhandlungskommission den von der Entente vorgelegten **Waffenstillstandsvertrag** unterzeichnete: Binnen weniger Wochen waren die besetzten Gebiete in Frankreich, Belgien und Luxemburg einschließlich Elsass-Lothringens zu räumen. Die Armee musste sich hinter den Rhein zurückziehen, das linke Rheinufer würde von den Alliierten besetzt werden. Der Friedensvertrag von Brest-Litowsk wurde aufgehoben.

M1 Aus der Botschaft des amerikanischen Präsidenten Woodrow Wilson an den Kongress vom 8. Januar 1918 („14 Punkte")

I. Öffentliche Friedensverträge, öffentlich beschlossen, nach denen es keine privaten internationalen Abmachungen irgendwelcher Art geben darf. Vielmehr soll die Diplomatie stets frei und vor aller Öffentlichkeit sich abspielen.

II. Absolute Freiheit der Schifffahrt auf der See [...].

III. So weit wie möglich die Aufhebung sämtlicher wirtschaftlicher Schranken [...].

IV. Angemessene Garantien, gegeben und genommen, dass die nationalen Rüstungen auf den niedrigsten Grad, der mit der inneren Sicherheit vereinbar ist, herabgesetzt werden.

V. Eine freie, offenherzige und absolut unparteiische Ordnung aller kolonialen Ansprüche. [...]

VI. Die Räumung des gesamten russischen Gebietes und eine derartige Erledigung aller Russland berührenden Fragen, um die beste und freieste Zusammenarbeit der übrigen Nationen der Welt zu sichern. [...]

VII. Belgien, dem wird die ganze Welt zustimmen, muss ohne jeden Versuch, die Souveränität, deren es sich gleich allen anderen freien Nationen erfreut, zu beschränken, geräumt und wiederhergestellt werden. [...]

VIII. Das gesamte französische Gebiet muss befreit und die verwüsteten Teile wiederhergestellt werden. Ebenso müsste das Frankreich durch Preußen 1871 in Sachen Elsass-Lothringen angetane Unrecht, das den Weltfrieden nahezu fünfzig Jahre bedroht hat, berichtigt werden, um dem Frieden im Interesse aller wieder Sicherheit zu verleihen.

IX. Eine Berichtigung der Grenzen Italiens sollte gemäß den klar erkennbaren Nationalitätenlinien bewirkt werden.

X. Den Völkern Österreich-Ungarns, deren Platz unter den Nationen wir gefestigt und gesichert zu sehen wünschen, sollte die freieste Möglichkeit autonomer Entwicklung gewährt werden.

XI. Rumänien, Serbien und Montenegro sollten geräumt werden, besetzte Gebiete wiederhergestellt, Serbien freier und gesicherter Zugang zum Meere gewährt werden. [...]

XII. Dem türkischen Teil des gegenwärtigen Ottomanischen Reiches sollte eine gesicherte Souveränität gewährleistet werden, aber den anderen Nationalitäten, die sich jetzt unter türkischer Herrschaft befinden, sollte eine unzweifelhafte Sicherung des Lebens und eine absolute und ungestörte Möglichkeit der autonomen Entwicklung verbürgt und die Dardanellen sollten dauernd als freier Durchgang für die Schiffe und den Handel aller Nationen unter internationalen Garantien geöffnet werden.

XIII. Ein unabhängiger polnischer Staat sollte errichtet werden, der die von unbestreitbar polnischer Bevölkerung bewohnten Gebiete umfassen soll, denen ein freier und sicherer Zugang zum Meere gewährleistet und dessen politische und ökonomische Unabhängigkeit sowie dessen territoriale Integrität durch internationalen Vertrag garantiert werden sollen.

XIV. Eine allgemeine Gesellschaft der Nationen muss auf Grund eines besonderen Bundesvertrages gebildet werden zum Zweck der Gewährung gegenseitiger Garantien für politische Unabhängigkeit und territoriale Integrität in gleicher Weise für die großen und kleinen Staaten. In Bezug auf diese notwendige Berichtigung von Unrecht und Sicherung des Rechtes betrachten wir uns als intime Genossen sämtlicher Regierungen und Völker, die sich gegen die Imperialisten zusammengeschlossen haben. Es gibt für uns keine Sonderinteressen oder andersartige Ziele. Bis zum Ende stehen wir zusammen.

(J. Hohlfeld [Hg.], Dokumente der Deutschen Politik und Geschichte von 1848 bis zur Gegenwart, Bd. 2, Wendler, Berlin 1951, S. 393 ff.)

1 *Erstellen Sie eine Übersicht über Wilsons Friedensbedingungen: a) allgemeine Prinzipien und b) Bestimmungen für einzelne Länder.*

2 *Erörtern Sie die Folgen der „14 Punkte" für Deutschland, Österreich-Ungarn und das Osmanische Reich.*

Karte 1 Die revolutionären Ereignisse in Deutschland 1918

- *Untersuchen Sie anhand der Karte, wo sich Arbeiter- und Soldatenräte bildeten.*
- *Welche Dynastien wurden gestürzt? Wo gab es revolutionäre Vorgänge?*

M2 Aus dem Gesetz zur Abänderung der Reichsverfassung vom 28. Oktober 1918 (Oktoberverfassung)

Die Reichsverfassung wird wie folgt abgeändert:
1. Im Artikel 11 werden die Absätze 2 und 3 durch folgende Bestimmungen ersetzt: Zur Erklärung des Krieges im Namen des Reichs ist die Zustimmung des Bundesrats und des Reichstags erforderlich. Friedensverträge sowie diejenigen Verträge mit fremden Staaten, welche sich auf Gegenstände der Reichsgesetzgebung beziehen, bedürfen der Zustimmung des Bundesrats und des Reichstags.
2. Im Artikel 15 werden folgende Absätze hinzugefügt: Der Reichskanzler bedarf zu seiner Amtsführung des Vertrauens des Reichstags. Der Reichskanzler trägt die Verantwortung für alle Handlungen von politischer Bedeutung, die der Kaiser in Ausübung der ihm nach der Reichsverfassung zustehenden Befugnisse vornimmt.
Der Reichskanzler und seine Stellvertreter sind für ihre Amtsführung dem Bundesrat und dem Reichstag verantwortlich.

(J. Hohlfeld [Hg.], Dokumente der Deutschen Politik und Geschichte von 1848 bis zur Gegenwart, Bd. 2, Wendler, Berlin 1951, S. 385)

1 *Untersuchen Sie, welche Veränderung die Bismarcksche Reichsverfassung (s. S. 327) hier erfährt. Wie nennt man die hier eingeführte Regierungsform?*
2 *Erörtern Sie die Gründe für diese Verfassungsreform.*

B 3 Mitglieder des Rats der Volksbeauftragten, Postkarte, 1918. – USPD: Wilhelm Dittmann, Hugo Haase, Emil Barth; SPD: Otto Landsberg, Friedrich Ebert, Philipp Scheidemann.

– *Erläutern Sie, ausgehend von B 3, Konstituierung und Funktion des Rats der Volksbeauftragten.*

M3 Das „Berliner Tageblatt“ am 10. November 1918 über die revolutionären Ereignisse vom Vortag

Die größte aller Revolutionen hat wie ein plötzlich losbrechender Sturmwind das kaiserliche Regime mit allem, was oben und unten dazugehörte, gestürzt. Man kann sie die größte aller Revolutionen nennen, weil niemals eine so fest gebaute, mit so soliden Mauern umgebene Bastille so in einem Anlauf genommen worden ist. Es gab noch vor einer Woche einen militärischen und zivilen Verwaltungsapparat, der so verzweigt, so ineinander verfädelt, so tief eingewurzelt war, dass er über den Wechsel der Zeiten hinaus seine Herrschaft gesichert zu haben schien. Durch die Straßen von Berlin jagten die grauen Autos der Offiziere, auf den Plätzen standen wie Säulen der Macht die Schutzleute, eine riesige Militärorganisation schien alles zu umfassen, in den Ämtern und Ministerien thronte eine scheinbar unbesiegbare Bürokratie. Gestern früh war das alles noch da, gestern Nachmittag existierte nichts mehr davon.
Wer gestern in den Nachmittagsstunden Berlin gesehen hat, trägt Eindrücke und Bilder in sich, die unauslöschbar sind. Dort, wo bisher noch das Leben nach preußischem Zuschnitt sich abspielte, feierte die Revolution ihren Triumph. Endlos lange Züge von Arbeitern, Soldaten und Frauen marschierten vorbei. Rote Fahnen wurden vorangetragen. Ordner gingen neben den Reihen. Die Soldaten und auch viele Zivilisten hatten die Gewehre über die Schulter gehängt. Die schweren Lastautos der Militärdepots und die grauen Autos, in denen eben noch die Offiziere gesessen hatten, jagten herum, bis zum letzten Stehplatz mit bewaffneten Soldaten, Zivilpersonen, Trägern großer roter Fahnen gefüllt. Vieles erinnerte an Zeichnungen der alten französischen Revolutionsmaler, ein Schauspiel für Nervenschwache war es mitunter nicht.

(Berliner Tageblatt Nr. 579 vom 10. November 1918)

1 *Wer ist Träger der Revolution?*
2 *Wo sind die Parteien? Erklären Sie ihre Abwesenheit.*

M4 Reichskanzler Prinz Max von Baden in seinen in den 1920er-Jahren geschriebenen Memoiren über den 9. November 1918

Ich sagte mir: Die Revolution ist im Begriff, siegreich zu sein; wir können sie nicht niederschlagen, vielleicht aber ersticken. Jetzt heraus mit der Abdankung, mit der Berufung Eberts, mit dem Appell an das Volk, durch die Verfassunggebende Nationalversammlung seine eigene Staatsform zu bestimmen; wird Ebert mir als Volkstribun von der Straße präsentiert, dann kommt die Republik, ist es Liebknecht, auch der Bolschewismus. Aber wenn der abdankende Kaiser Ebert zum Reichskanzler ernennt, dann besteht noch eine schmale Hoffnung für die Monarchie. Vielleicht gelingt es, die revolutionären Energien in die legalen Bahnen des Wahlkampfes zu lenken.

(Prinz Max von Baden, Erinnerungen und Dokumente, Stuttgart 1968, S. 597)

1 *Von welchen Motiven lässt sich der Reichskanzler bei seinem Rücktritt leiten?*

1.2 Rätesystem oder Parlamentarismus

Das Neuordnungskonzept der MSPD

Die MSPD hatte sich mit den Oktoberreformen am Ziel ihrer Wünsche gesehen und sich nur widerwillig am Sturz der Monarchie beteiligt. Arbeiter- und Soldatenräte lehnte sie ab. Zum einen schienen sie ihr nur unzureichend legitimiert, zum anderen als Hindernis für die Lösung der durch die militärische Niederlage entstandenen Probleme: Innerhalb kürzester Fristen war ein Millionenheer in die Heimat zurückzuführen und zu demobilisieren. Die Kriegswirtschaft musste hierzu so schnell wie möglich in eine Friedenswirtschaft umgestellt werden. Angesichts der fortdauernden Seeblockade drohte ein weiterer Hungerwinter. Gegenüber separatistischen Strömungen galt es die Reichseinheit zu bewahren. Schließlich mussten Friedensverhandlungen vorbereitet werden, die für die Errichtung einer bürgerlich-liberalen Republik Voraussetzung waren.

Die MSPD-Führung glaubte diese Aufgaben nur mit Hilfe der traditionellen Eliten in Militär, Wirtschaft und Verwaltung meistern zu können. Sie betrieb deshalb die **Eindämmung der Revolutionsbewegung**. Alle Entscheidungen über die gesellschaftliche und politische Neuordnung sollten von einer möglichst rasch zu wählenden **Nationalversammlung** getroffen werden. Bis dahin führte sie die Regierungsgeschäfte in dem Bewusstsein einer Notverwaltung (M 5a).

Das Neuordnungskonzept der Linkssozialisten

Der Spartakusbund und der ihm nahe stehende linke Flügel der USPD sowie die Revolutionären Obleute der Berliner Großbetriebe sahen in den Novemberereignissen eine Chance zur Errichtung einer sozialistischen Räterepublik nach sowjetischem Vorbild. Sie agitierten deshalb für die **Fortsetzung der Revolution** und forderten die Herrschaft der Arbeiter in Betrieb und Kaserne durch ein Rätesystem, durch die Volksbewaffnung und die Sozialisierung von Industrie und Boden (M 5b). Das Rätemodell beruhte auf dem Prinzip der direkten Demokratie. Parteien, Verbände und Parlament würden dadurch als Institutionen der öffentlichen Willensbildung überflüssig. Den stufenförmig aufeinander aufbauenden Räten in Betrieb, Land und Reich wurden dabei legislative, exekutive und judikative Kompetenzen zugesprochen. Die Möglichkeit zur Abberufung durch das imperative Mandat der Delegierten und die Öffentlichkeit aller Beratungen sollten die größtmögliche Kontrolle durch die Urwählerschaft sichern.

Der Weg in die soziale Demokratie

Angesichts des wachsenden Einflusses des linkssozialistischen Lagers gab die Führung der MSPD ihren Plan eines sozialdemokratisch-bürgerlichen Koalitionskabinetts umgehend auf. Stattdessen bildete sie bereits am frühen Nachmittag des 10. November mit dem gemäßigten Flügel der USPD den so genannten **Rat der Volksbeauftragten**, der aus je drei Vertretern der beiden Parteien bestand.

Nur wenige Stunden später bestätigten die am Morgen des Tages gewählten Vertreter der Berliner Arbeiter und Soldaten im Zirkus Busch mehrheitlich die neue Regierung. Gleichzeitig wurde ihr jedoch auf Drängen der Linkssozialisten ein so genannter **Vollzugsrat** zur Seite gestellt, dem die Aufgabe zukam, den „Rat der Volksbeauftragten" zu kontrollieren. Da jedoch auch dieses Gremium zu gleichen Teilen mit Vertretern von MSPD und USPD besetzt wurde, hatte die MSPD in der Folgezeit ein leichtes Spiel, diese Gegenregierung in Schach zu halten.

Zur Entspannung der innenpolitischen Situation veröffentlichte der „Rat der Volksbeauftragten" bereits am 12. November ein **Neunpunkteprogramm**: Durch Aufhebung des Belagerungszustandes und des Gesetzes über den vaterländischen Hilfsdienst wurden die Freiheitsrechte wiederhergestellt, der Achtstundentag und das Verhältniswahlrecht eingeführt und das Frauenwahlrecht versprochen. Denselben Zweck erfüllte die am 15. November vereinbarte **Zentral-**

B 4 Tagung des Soldatenrates von Groß-Berlin Anfang November 1918 im Reichstag, zeitgenössische Fotografie. – Am Rednerpult der Stadtkommandant von Berlin, Otto Wels (MSPD).

arbeitsgemeinschaft von Gewerkschaften und Unternehmerverbänden. Dieses **„Stinnes-Legien-Abkommen"** erkannte erstmalig die Gewerkschaften als legitime Partner für den Abschluss kollektiver Tarifverträge an und gestand den Achtstundentag bei vollem Lohnausgleich zu. Des Weiteren sollte in allen Betrieben mit mindestens 50 Beschäftigten ein Arbeiterausschuss eingerichtet werden. Die Arbeitgeber sahen in dieser Sozialpartnerschaft ein Mittel, die drohende Sozialisierung ihrer Betriebe abzuwenden.

Die Haltung der Arbeiter- und Soldatenräte

Ausschlaggebend für die Neuordnung Deutschlands wurden schließlich die **Ergebnisse des ersten Rätekongresses**, der vom 16. bis 20. Dezember 1918 in Berlin tagte und von 514 Delegierten aller deutschen Arbeiter- und Soldatenräte besucht wurde. Rund zwei Drittel der Teilnehmer waren wider Erwarten in der MSPD organisiert, dem Spartakusbund gehörten weniger als ein Dutzend an. Seine Führer, Rosa Luxemburg und Karl Liebknecht, hatten kein Mandat erhalten.
Der Kongress bestätigte nach erbitterten Wortgefechten die MSPD-Linie: Ein Rätesystem als Grundlage einer zukünftigen Verfassung wurde abgelehnt. Nicht ein Nationalkongress der Arbeiter- und Soldatenräte sollte über die Neuordnung Deutschlands entscheiden, sondern eine aus allgemeinen Wahlen hervorgegangene Nationalversammlung. Als Wahltermin setzten die Delegierten den 19. Januar 1919 fest. Bis dahin wurde der „Rat der Volksbeauftragten" als provisorische Revolutionsregierung im Amt bestätigt.

Der Aufstand der Linkssozialisten

Am 28. Dezember erfolgte der **Austritt der USPD-Vertreter aus dem Rat der Volksbeauftragten.** Jetzt agitierten die linksrevolutionären Kräfte vehementer denn je und erhielten großen Zulauf. Innerhalb der USPD übernahmen die Radikalen die Führung und aus dem Zusammenschluss von Spartakusbund und den „Bremer Linksradikalen" ging am 1. Januar 1919 die **Kommunistische Partei Deutschlands** (KPD) hervor. Die angestauten Spannungen entluden sich im so genannten **Januar- oder Spartakusaufstand** (5.–12. Januar 1919). Zu dessen Niederschlagung mobilisierte die Reichsregierung Reichswehrtruppen, zu denen Ebert bereits seit dem 10. November engen Kontakt hielt (Ebert-Groener-

Bündnis). Reichswehr und so genannte **Freikorps** schlugen den Januaraufstand nieder. Die Freikorps rekrutierten sich aus entlassenen Soldaten und unterstanden ausschließlich ihren Offizieren; sie wurden aus konservativen Kreisen von Industrie und Großagrariern bezahlt. Sie kämpften bedingungslos gegen Bolschewismus, Separatismus und später gegen die Republik. Die mit Härte betriebene Niederschlagung des Berliner Januaraufstands sowie die heimtückische Ermordung der Kommunistenführer Rosa Luxemburg und Karl Liebknecht (15. Januar) zogen in allen Teilen des Reichs **Streikaktionen und Putschversuche der radikalen Linken** („Erhaltet die Räte!") nach sich, die jedoch die Wahlen zur Nationalversammlung nicht verhindern konnten. Von Februar bis Mai 1919 tobte in Deutschland vielerorts ein mit großer Brutalität geführter Bürgerkrieg, aus dem die Regierungstruppen und Freikorps als Sieger hervorgingen.

Die Folgen

Dieses Ende der deutschen Revolution von 1918/19 belastete die Weimarer Republik mit schwer wiegenden Hypotheken: Durch ihren Pakt mit dem Militär verlor die MSPD große Teile ihrer Anhängerschaft. Erbittert über den Verlauf des sozialistischen Bruderkampfs flüchteten sich viele Arbeiter in die politische Apathie, andere schlossen sich den Linksradikalen an. Diese standen der Weimarer Republik mit entschiedener Ablehnung gegenüber. Zwischen den Parteien der deutschen Arbeiterschaft herrschte fortan eine unüberbrückbare Feindschaft. In den Freikorps, deren sich die MSPD zur Verhinderung einer sozialistischen Revolution bedient hatte, erwuchs der jungen Republik eine unübersehbare Gegnerschaft von rechts.

B 5 MSPD-Plakat zur Wahl der Nationalversammlung vom Januar 1919

– *An wen appelliert dieses Plakat?*
– *Interpretieren Sie die Botschaft des Plakates.*

M5 MSPD gegen Spartakus

a) Aufruf der neuen Reichsregierung vom 9. November 1918

Volksgenossen!

Der heutige Tag hat die Befreiung des Volkes vollendet. Der Kaiser hat abgedankt, sein ältester Sohn auf den Thron verzichtet. Die sozialdemokratische Partei hat die Regierung übernommen und der unabhängigen sozialdemokratischen Partei den Eintritt in die Regierung auf dem Boden voller Gleichberechtigung angeboten. Die neue Regierung wird sich für die Wahlen zu einer konstituierenden Nationalversammlung organisieren, an denen alle über 20 Jahre alten Bürger beider Geschlechter mit vollkommen gleichen Rechten teilnehmen werden. Sie wird sodann ihre Machtbefugnisse in die Hände der neuen Vertretung des Volkes zurücklegen. Bis dahin hat sie die Aufgabe, Waffenstillstand zu schließen und Friedensverhandlungen zu führen, die Volksernährung zu sichern, den Volksgenossen in Waffen den raschesten geordneten Weg zu ihrer Familie und zu lohnendem Erwerb zu sichern. Dazu muss die demokratische Verwaltung sofort glatt zu arbeiten beginnen. Nur durch ihr tadelloses Funktionieren kann schwerstes Unheil vermieden werden. Sei sich darum jeder seiner Verantwortung am Ganzen bewusst.

Menschenleben sind heilig. Das Eigentum ist vor willkürlichen Eingriffen zu schützen. Wer diese herrliche Bewegung durch gemeine Verbrechen entehrt, ist ein Feind des Volkes und muss als solcher behandelt werden. Wer aber in ehrlicher Hingabe an unserem Werke mitschafft, von dem alle Zukunft abhängt, der darf von sich sagen, dass er im größten Augenblick der Weltgeschichte als

Schaffender zu des Volkes Heil mit dabei gewesen ist. Wir stehen vor ungeheuren Aufgaben. Werktätige Männer und Frauen in Stadt und Land, Männer in Waffenrock und Arbeitsblusen, helft alle mit!

Ebert, Scheidemann, Landsberg.

b) Aus dem Aufruf der Spartakusgruppe an die Arbeiter und Soldaten Berlins vom 10. November 1918

Sorget, dass die Macht, die ihr jetzt errungen habt, nicht euren Händen entgleite und dass ihr sie gebraucht für euer Ziel. Denn euer Ziel ist die sofortige Herbeiführung eines proletarisch-sozialistischen Friedens, der sich gegen den Imperialismus aller Länder wendet, und die Umwandlung der Gesellschaft in eine sozialistische.

Zur Erlangung dieses Zieles ist es vor allem notwendig, dass das Berliner Proletariat in Bluse und Feldgrau erklärt, folgende Forderungen mit aller Entschlossenheit und unbezähmbarem Kampfwillen zu verfolgen:

1. Entwaffnung der gesamten Polizei, sämtlicher Offiziere sowie der Soldaten, die nicht auf dem Boden der neuen Ordnung stehen; Bewaffnung des Volkes; alle Soldaten und Proletarier, die bewaffnet sind, behalten ihre Waffen.
2. Übernahme sämtlicher militärischer und ziviler Behörden und Kommandostellen durch Vertrauensmänner des Arbeiter- und Soldatenrates.
3. Übergabe aller Waffen- und Munitionsbestände sowie aller Rüstungsbetriebe an den Arbeiter- und Soldatenrat.
4. Kontrolle über alle Verkehrsmittel durch den Arbeiter- und Soldatenrat.
5. Abschaffung der Militärgerichtsbarkeit; Ersetzung des militärischen Kadavergehorsams durch freiwillige Disziplin der Soldaten unter Kontrolle des Arbeiter- und Soldatenrates.
6. Beseitigung des Reichstages und aller Parlamente sowie der bestehenden Reichsregierung; Übernahme der Regierung durch den Berliner Arbeiter- und Soldatenrat bis zur Errichtung eines Reichs-Arbeiter- und Soldatenrates.
7. Wahl von Arbeiter- und Soldatenräten in ganz Deutschland, in deren Hand ausschließlich Gesetzgebung und Verwaltung liegen. Zur Wahl der Arbeiter- und Soldatenräte schreitet das gesamte erwachsene werktätige Volk in Stadt und Land und ohne Unterschied der Geschlechter.
8. Abschaffung aller Dynastien und Einzelstaaten; unsere Parole lautet: einheitliche sozialistische Republik Deutschland.
9. Sofortige Aufnahme der Verbindung mit allen in Deutschland bestehenden Arbeiter-und Soldatenräten und den sozialistischen Bruderparteien des Auslandes.

(Gerhard A. Ritter/Susanne Miller, Die deutsche Revolution 1918–1919. Dokumente, Hamburg 1975, S. 80 ff.)

1 *Stellen Sie die Hauptprogrammpunkte der Reichsregierung und der Spartakusgruppe in einer Übersicht gegenüber. Suchen Sie dazu geeignete Vergleichsgesichtspunkte.*

2 *An welchem politischen Ideal orientiert sich die neue Regierung, an welchem die Spartakusgruppe?*

B 6 Plakat zum Boykott der Wahlen zur Nationalversammlung vom Januar 1919

– *Analysieren Sie den grafischen Aufbau des Plakates.*

– *Fassen Sie die Begründung des Wahlboykotts zusammen.*

1.3 Die Weimarer Reichsverfassung

Parteienspektrum der Weimarer Republik

Im Gefolge des Zusammenbruchs des Kaiserreichs veränderte sich die deutsche Parteienlandschaft merklich: Die Fortschrittliche Volkspartei und Teile der Nationalliberalen fanden im Dezember 1918 zur linksliberalen, die Republik tragenden **Deutschen Demokratischen Partei** (DDP) zusammen. Vertreter des Bankkapitals und der Exportindustrie gaben ihr das Profil. Die **Deutsche Volkspartei** (DVP) vereinigte rechte Gruppierungen der Nationalliberalen Partei. Als Vertreterin der Monarchie und der Großindustrie stand sie der neuen Staatsform ablehnend gegenüber. Im **Zentrum** gewannen die sozialpolitisch und demokratisch orientierten Kräfte mit Matthias Erzberger die Oberhand. Allerdings erfuhr die Partei durch die Abspaltung des bayerischen Flügels der **BVP** unter Georg Heim eine deutliche Schwächung. Aus verschiedenen konservativen und monarchistischen Kreisen entstand die **Deutschnationale Volkspartei** (DNVP), die unter ihrem Parteiführer Alfred Hugenberg eine antirepublikanische und antidemokratische Hetze betrieb. Die Linke war Ende 1918 durch **SPD** und **USPD** repräsentiert.

Wahl zur Nationalversammlung

Das Wahlergebnis vom 19. Januar 1919 zeigt auf den ersten Blick keine Radikalisierung der Bevölkerung (M 6). Aber in vielen Fällen gab wohl mehr die Angst vor einem revolutionären Umsturz den Ausschlag bei der Wahlentscheidung als eine grundsätzlich positive Einstellung zu einem neuen demokratischen Staat.
Die Sozialdemokraten blieben mit knapp 38 % die stärkste Partei. Ein Zusammengehen mit der USPD, die lediglich 7,6 % der Stimmen gewann, war angesichts ihrer Radikalisierung unmöglich. Die bürgerlichen Parteien besaßen zusammen die Mehrheit, wobei das Zentrum mit knapp 20 % die stärkste Gruppe bildete, dicht gefolgt von der DDP mit 18,5 %. Der neu entstehende Staat konnte sich demnach nur aus einem Kompromiss zwischen den Linken und der bürgerlichen Mitte konstituieren.

Nationalversammlung in Weimar

Die neu gewählte Nationalversammlung sah sich vor drei große Aufgaben gestellt. Sie sollte zunächst eine provisorische Zentralregierung bilden, die bis zur Wahl einer ordentlichen Regierung die **Friedensverhandlungen** mit den Alliierten zu führen hatte. Zuvorderst galt es jedoch, eine **demokratische Verfassung** auszuarbeiten. Wegen der unruhigen Verhältnisse in Berlin hatte man sich in der Abgeschiedenheit des thüringischen Weimar versammelt, da die Verfassung nicht unter dem Druck der Straße beraten werden sollte. Überdies wollte man sich durch die Wahl des Tagungsortes von den machtstaatlichen Traditionen Preußens absetzen und in die geistige Tradition der Weimarer Klassiker Schiller und Goethe stellen. Am 11. Februar 1919 wählte die Nationalversammlung **Friedrich Ebert** mit ca. 73 % der Stimmen zum **Reichspräsidenten**. Aus MSPD, DDP und Zentrum bildete Ebert die so genannte **Weimarer Koalition**, die unter der Leitung Philipp Scheidemanns (MSPD) stand.

Repräsentative Demokratie, Föderalismus, Verhältniswahl

Die am 31. Juli 1919 verabschiedete und am 11. August vom Reichspräsidenten unterzeichnete **Weimarer Reichsverfassung** zeigte das Ringen der Abgeordneten um eine möglichst freiheitliche Verfassungsstruktur (M 7): Das **Volk** galt als **Souverän**. Repräsentiert im Reichstag, wirkte es durch Volksbegehren und Volksentscheid selbst an der Legislative mit. Ebenso legitimierte es den Reichspräsidenten durch eine direkte Wahl, das Gleiche galt für die Abgeordneten des Reichstages.
Das Verhältnis von **Reich und Ländern** wurde lange kontrovers diskutiert und endlich zu Gunsten der Zentralmacht entschieden. Damit verloren die einzelnen Staaten ihre Souveränität und

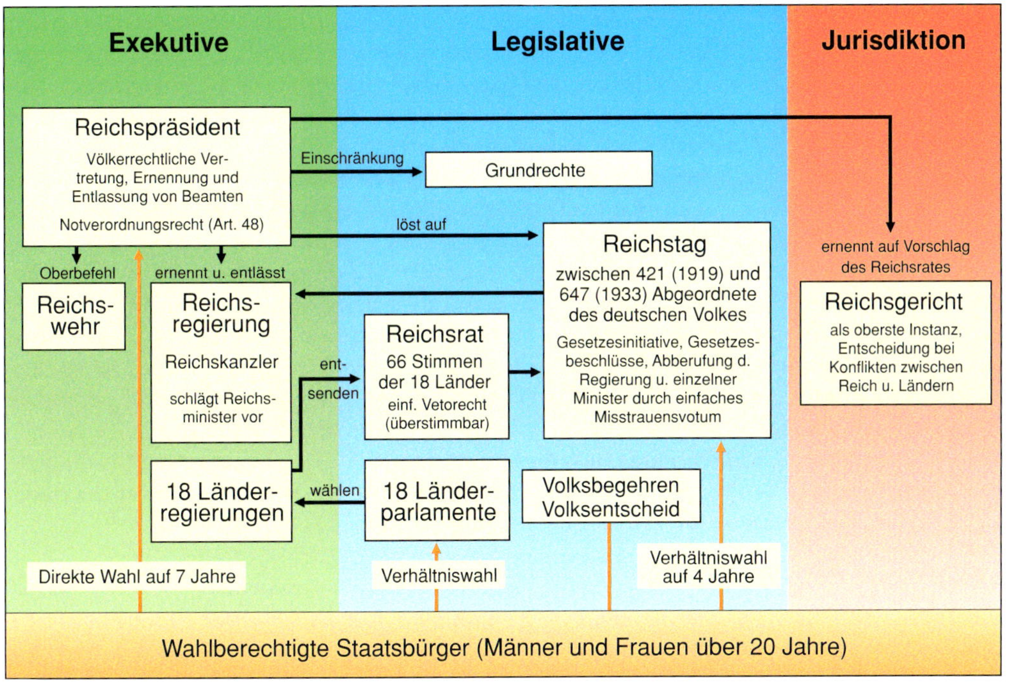

Schema 1 Die Weimarer Reichsverfassung von 1919

- *Untersuchen Sie die horizontale Gewaltenteilung, die Rechte des Reichstages und des Reichspräsidenten.*
- *Vergleichen Sie die Grundzüge der Weimarer Reichsverfassung mit Bismarcks Reichsverfassung (s. S. 327).*

wurden zu „Ländern", die zwar Landesregierung und Landtag beibehielten, aber vor allem die Steuerhoheit verloren und von nun an dem Reichsrecht unterworfen waren. Auch durch den Reichsrat war kaum eine Beteiligung an der Legislative möglich; er besaß lediglich ein aufschiebendes Vetorecht. Im Konfliktfall konnte das Reich sogar durch ein Reichsexekutionsorgan mit Gewalt eingreifen.

Die Funktion der Parteien wurde in der Verfassung nicht definiert – im Gegensatz zur Verfassung der Bundesrepublik, die ihnen die Mitarbeit bei der politischen Willensbildung zuweist. Das Fehlen einer solchen Funktionszuweisung war ein deutliches Zeichen dafür, dass man sie nicht besonders schätzte. Ihnen oblag die Organisation von Wahlen.

Das **Wahlrecht** sah im Vergleich zur Verfassung von 1871 das Frauenwahlrecht vor. Das Wahlalter wurde von 25 auf 20 Jahre herabgesetzt. Die Wahlen waren allgemein, geheim, direkt und gleich. Um eine weitgehende Repräsentation des Volkes im Reichstag zu sichern, einigte man sich auf ein reines **Verhältniswahlrecht** ohne Sperrklausel. Wie die politische Praxis in der Weimarer Republik zeigte, begünstigte es kleine und kleinste Parteien, sodass sich der Reichstag aus einer großen Anzahl von Parteien zusammensetzte. Deren weltanschauliche und klassenmäßige Bindung war in der praktischen politischen Arbeit so eng, dass im Reichstag Koalitionsfähigkeit, Konsensfindung und demokratischer Kompromiss kaum zu erreichen waren.

Die Weimarer Verfassung war dem Grundsatz der Wertneutralität verpflichtet. Das bedeutete, dass Verfassungsrechte keinen höheren Rang besaßen als einfache Gesetze. Die Verfassung war daher gegen Aushöhlung und Verfassungsfeinde wenig geschützt.

Reichspräsident und Reichsregierung

Vor allem die mächtige Position des Reichspräsidenten zeugt von dem Misstrauen, das die Verfassungsberater gegen Parlament, Parteien und Demokratie hegten. Deshalb stattete man den Reichspräsidenten mit einer Fülle von Kompetenzen aus, die ihn zu einem **Gegengewicht zum Parlament** und zu einer Art „Ersatzkaiser" werden ließen. Durch einen Aufruf zum Volksentscheid konnte er die vom Reichstag bereits verabschiedeten Gesetze aufheben. Er besaß die Befugnis, den Reichstag aufzulösen. Auch die Reichsregierung blieb unter seiner Kontrolle: Er ernannte und entließ Reichskanzler und Reichsminister. Neben dem Oberbefehl der Streitkräfte konnte er sich durch den **Artikel 48** der Weimarer Verfassung zum „Diktator auf Zeit" ernennen. Mit diesem „Notverordnungsrecht" wurden bei Gefährdung der „öffentlichen Sicherheit und Ordnung" Grundrechte außer Kraft gesetzt und der Ausnahmezustand ausgerufen. Es gestattete dem Reichspräsidenten, „Präsidialkabinette" zu bilden, die ohne Mehrheit des Reichstages regierten. Die Gefahr für die Demokratie durch diesen Artikel erkannte die Nationalversammlung nicht, obwohl die USPD eindringlich vor diesem „Blankoscheck" warnte.
Die schwächste Position unter den Verfassungsorganen nahm die **Reichsregierung** ein, die doppelt abhängig war. Neben der Kontrolle durch den Reichspräsidenten konnte ihr Kanzler durch ein einfaches Misstrauensvotum des Reichstages gestürzt werden.

Grundrechte

Die **Grundrechte** besaßen einen geringen Stellenwert. Anders als im Grundgesetz der Bundesrepublik galten sie nicht als vorstaatlich, d. h., sie waren nicht als unmittelbar geltendes Recht einklagbar. Neben den liberalen Freiheitsrechten umfasste der Grundrechtekatalog auch soziale Rechte, in denen der Einfluss der Arbeiter- und Rätebewegung deutlich wird. Die Gleichberechtigung der Frau, der Schutz der Jugend und der Achtstundentag wurden ebenfalls aufgenommen. Organisationen der Arbeitnehmer und der Unternehmer fanden zur Regelung der Lohn- und Arbeitsbedingungen staatliche Anerkennung. Artikel 153 beschränkte das Eigentumsrecht: Zum Wohle der Allgemeinheit bestand die Möglichkeit, Privatunternehmen zu sozialisieren und betriebliche Mitbestimmung einzuführen. Die Verfassung zeigt in sich kein gesellschaftspolitisch stimmiges Bild. Sie stellt einen Kompromiss aus sozialdemokratischer Arbeiterbewegung und demokratisch gesinntem Bürgertum dar.

M6 Ergebnisse der Reichstagswahlen 1919–1933 (in % der abgeg. gültigen Wählerstimmen)

	Jan. 1919	Juni 1920	Mai 1924	Dez. 1924	Mai 1928	Sept. 1930	Juli 1932	Nov. 1932	März 1933
KPD	–	2,1	12,6	9,0	10,6	13,1	14,3	16,9	12,3
USPD	7,6	17,9	0,8	0,3	–	–	–	–	–
SPD	37,9	21,7	20,5	26,0	29,8	24,5	21,6	20,4	18,3
Zentrum/BVP	19,7	18,2	16,6	17,3	15,2	14,8	15,7	15,0	13,9
DDP	18,5	8,3	5,7	6,3	4,9	3,8	1,0	1,0	0,9
DVP	4,4	13,9	9,2	10,1	8,7	4,5	1,2	1,9	1,1
DNVP	10,3	15,1	19,5	20,5	14,2	7,0	5,9	8,3	8,0
NSDAP	–	–	6,5	3,0	2,6	18,3	37,3	33,1	43,9
Sonstige	1,6	2,8	8,6	6,5	14,0	14,0	3,0	3,4	1,6

(Statistisches Jahrbuch für das Deutsche Reich, 52. Jg., 1933, S. 599)

1 *Untersuchen Sie die Ergebnisse der Wahlen zur Nationalversammlung im Januar 1919. Welche Koalitionen boten sich an?*

2 *Verfolgen Sie die Stärke von KPD/USPD und NSDAP einerseits und SPD/Zentrum/DDP andererseits im Verlauf der Weimarer Republik.*

M7 Aus der Weimarer Reichsverfassung (WRV) von 1919

Art. 1. Das Deutsche Reich ist eine Republik. Die Staatsgewalt geht vom Volke aus. [...]

Art. 20. Der Reichstag besteht aus den Abgeordneten des deutschen Volkes.

Art. 21. Die Abgeordneten sind Vertreter des ganzen Volkes. Sie sind nur ihrem Gewissen unterworfen und an Aufträge nicht gebunden.

Art. 22. Die Abgeordneten werden in allgemeiner, gleicher, unmittelbarer und geheimer Wahl von den über zwanzig Jahre alten Männern und Frauen nach den Grundsätzen der Verhältniswahl gewählt. [...]

Art. 25. Der Reichspräsident kann den Reichstag auflösen, jedoch nur einmal aus dem gleichen Anlass. Die Neuwahl findet spätestens am sechzigsten Tag nach der Auflösung statt. [...]

Art. 41. Der Reichspräsident wird vom ganzen deutschen Volke gewählt. [...]

Art. 48. Wenn ein Land die ihm nach der Reichsverfassung oder den Reichsgesetzen obliegenden Pflichten nicht erfüllt, kann der Reichspräsident es dazu mit Hilfe der bewaffneten Macht anhalten. Der Reichspräsident kann, wenn im Deutschen Reiche die öffentliche Sicherheit und Ordnung erheblich gestört oder gefährdet wird, die zur Wiederherstellung der öffentlichen Sicherheit und Ordnung nötigen Maßnahmen treffen, erforderlichenfalls mit Hilfe der bewaffneten Macht einschreiten. Zu diesem Zwecke darf er vorübergehend die in den Artikeln 114, 115, 117, 118, 123, 124 und 153 festgesetzten Grundrechte ganz oder zum Teil außer Kraft setzen. Von allen gemäß Abs. 1 oder Abs. 2 dieses Artikels getroffenen Maßnahmen hat der Reichspräsident unverzüglich dem Reichstag Kenntnis zu geben. Die Maßnahmen sind auf Verlangen des Reichstags außer Kraft zu setzen. [...] Das Nähere bestimmt ein Reichsgesetz[1]. [...]

Art. 50. Alle Anordnungen und Verfügungen des Reichspräsidenten, auch solche auf dem Gebiet der Wehrmacht, bedürfen zu ihrer Gültigkeit der Gegenzeichnung durch den Reichskanzler oder den zuständigen Reichsminister. [...]

Art. 53. Der Reichskanzler und auf seinen Vorschlag die Reichsminister werden vom Reichspräsidenten ernannt und entlassen.

Art. 54. Der Reichskanzler und die Reichsminister bedürfen zu ihrer Amtsführung des Vertrauens des Reichstags. Jeder von ihnen muss zurücktreten, wenn ihm der Reichstag durch ausdrücklichen Beschluss sein Vertrauen entzieht. [...]

Art. 73. Ein vom Reichstag beschlossenes Gesetz ist vor seiner Verkündung zum Volksentscheid zu bringen, wenn der Reichspräsident binnen eines Monats es bestimmt. Ein Gesetz, dessen Verkündung auf Antrag von mindestens einem Drittel des Reichstags ausgesetzt ist, ist dem Volksentscheid zu unterbreiten, wenn ein Zwanzigstel der Stimmberechtigten es beantragt. Ein Volksentscheid ist ferner herbeizuführen, wenn ein Zehntel der Stimmberechtigten das Begehren nach Vorlegung eines Gesetzentwurfs stellt. [...]

Art. 109. Alle Deutschen sind vor dem Gesetze gleich. Männer und Frauen haben grundsätzlich dieselben staatsbürgerlichen Rechte und Pflichten. Öffentlich-rechtliche Vorrechte oder Nachteile der Geburt oder des Standes sind aufzuheben. [...]

Art. 114. Die Freiheit der Person ist unverletzlich. Eine Beeinträchtigung oder Entziehung der persönlichen Freiheit durch die öffentliche Gewalt ist nur auf Grund von Gesetzen zulässig. [...]

Art. 151. Die Ordnung des Wirtschaftslebens muss den Grundsätzen der Gerechtigkeit mit dem Ziele der Gewährleistung eines menschenwürdigen Daseins für alle entsprechen. In diesen Grenzen ist die wirtschaftliche Freiheit des Einzelnen zu sichern. Gesetzlicher Zwang ist nur zulässig zur Verwirklichung bedrohter Rechte oder im Dienst überragender Forderungen des Gemeinwohls. [...]

Art. 165. Die Arbeiter und Angestellten sind dazu berufen, gleichberechtigt in Gemeinschaft mit den Unternehmern an der Regelung der Lohn- und Arbeitsbedingungen sowie an der gesamten wirtschaftlichen Entwicklung der produktiven Kräfte mitzuwirken. Die beiderseitigen Organisationen und ihre Vereinbarungen werden anerkannt. Die Arbeiter und Angestellten erhalten zur Wahrnehmung ihrer sozialen und wirtschaftlichen Interessen gesetzliche Vertretungen in Betriebsarbeiterräten sowie in nach Wirtschaftsgebieten gegliederten Bezirksarbeiterräten und in einem Reichsarbeiterrat.[2]

(E. R. Huber [Hg.], Dokumente der Novemberrevolution und der Weimarer Republik 1918–1932, Stuttgart ²1966, S. 129 ff.)

1 Das hier vorgesehene Reichsgesetz ist nie ergangen.
2 Die hier vorgesehenen Bezirksarbeiterräte und der Reichsarbeiterrat wurden nicht gebildet. Es entstanden lediglich die Betriebsarbeiterräte nach Maßgabe des Betriebsratsgesetzes vom 4.2.1920 (RGBl. S. 147).

1 *Bestimmen Sie das Verhältnis von Reichstag, Reichsregierung und Reichspräsident.*

2 *Erläutern Sie die Funktion des Reichspräsidenten.*

3 *Vergleichen Sie die Stellung der Frauen in der WRV mit derjenigen im Grundgesetz.*

1.4 Auswirkungen des Versailler Vertrages auf Deutschland

Pariser Friedenskonferenz

Während in Deutschland die Nationalversammlung mit der Arbeit an der Verfassung einer parlamentarisch-demokratischen Staatsordnung begann, tagte in Paris die Friedenskonferenz der Siegermächte, um eine internationale Nachkriegsordnung zu schaffen.
Anders als bei früheren Friedenskonferenzen, etwa dem Wiener Kongress 1814/15, waren in Paris die besiegten Staaten von den Verhandlungen ausgeschlossen und konnten nur schriftlich zu den Vertragsentwürfen Stellung nehmen. Die Plenarversammlung der 32 auf der Konferenz vertretenen Staaten hatte dabei nur geringe Bedeutung. Die Entscheidungen fielen im **Obersten Rat der Großmächte**, bestehend aus den Regierungschefs und Außenministern der USA, Großbritanniens, Frankreichs, Italiens und Japans. Japan schied bald nach Beginn der Konferenz aus und auch Italien nahm zeitweise aus Protest gegen ihm ungenügend erscheinende Regelungen nicht teil. Die Bestimmungen der Nachkriegsordnung waren deshalb geprägt von den Interessen der drei Hauptmächte: USA, Großbritannien und Frankreich.

Interessenlage der Hauptsiegermächte

Obwohl Wilson in seinen „14 Punkten“ ein Programm für den Weltfrieden entworfen hatte, konnte sich die amerikanische Perspektive einer globalen Friedensordnung in Paris nicht oder doch nur in Bruchstücken durchsetzen. Frankreich vertrat unter **Präsident Clemenceau** eine Politik, die auf größtmögliche Sicherheit gegenüber Deutschland abzielte, was territoriale Abtretungen, wirtschaftliche Sanktionen und militärische Schwächung beinhaltete. Der britische **Premierminister Lloyd George** unterstützte zwar die französische Sicherheitspolitik, wandte sich aber in der Tendenz gegen eine kontinentale Hegemonialstellung Frankreichs. Mit den USA war er sich darin einig, den Kontinent gegen die russische Revolution abschirmen zu wollen. Dafür war Deutschland als Mittelmacht-Bollwerk unabdingbar. Lloyd George warnte deshalb vor einem für Deutschland unannehmbaren Frieden (M 10). In der britischen Perspektive stellte sich die Sicherheitsfrage zuerst gegenüber Russland und an zweiter Stelle gegenüber Deutschland. Am Ende erhielt das französische Interesse an einer deutlichen Schwächung Deutschlands gegenüber seiner Einbindung in eine neue europäische Ordnung den Vorzug.

Kernpunkte des Versailler Vertrages

Die territorialen Bestimmungen des Versailler Vertrages vom 28. Juni 1919 in Bezug auf Deutschland waren teilweise an **Volksabstimmungen** in den betroffenen Gebieten gebunden, die erst nach der Unterzeichnung des Versailler Vertrages durchgeführt wurden. Bezieht man die Entscheidungen der Alliierten nach den Abstimmungen in die territoriale Bilanz mit ein, so verlor Deutschland 13 % seines Staatsgebietes. Neben Elsass-Lothringen, das an Frankreich zurückgegeben werden musste, machten die Gebietsabtretungen an Polen den Hauptanteil aus. Der Verlust von Industriegebieten und Rohstofflagern bedeutete eine erhebliche Beeinträchtigung der Wirtschaftskraft: 15 % der Anbaufläche, 17 % der Kartoffel- und 13 % der Weizenernte, 75 % der Eisenerze, 68 % der Zinkvorkommen, 26 % der Steinkohleförderung und das Kalimonopol gingen verloren.
Im **Artikel 231**, dem so genannten **Kriegsschuldartikel**, wurde Deutschland als Urheber für alle Kriegsverluste und -schäden der Alliierten verantwortlich gemacht. Artikel 231 bildete somit die Grundlage für die wirtschaftlichen Entschädigungsleistungen **(Reparationen)**, deren endgültigen Umfang – neben sofort zu entrichtenden Leistungen – eine Reparationskommission noch festlegen sollte.

B 7 Zeitgenössische Übersichtskarte über die Folgen des Versailler Vertrages. – Die Karte wurde in vielen Lehrbüchern der Weimarer Republik abgedruckt.

– *Untersuchen Sie die Intention des Versailler Vertrags anhand dieser Karte.*
– *Analysieren Sie den politischen Standort des Kartenautors.*

Deutschland musste seine schweren Waffen, Panzer, Luftwaffe, U-Boote und seine Kriegsflotte, aber auch 90 % seiner Handelsflotte abtreten. Die Armee wurde auf ein Freiwilligenheer von 100 000 Mann eingeschränkt, die westliche Rheinseite Deutschlands entmilitarisiert und besetzt.

Deutsche Kritik am Versailler Vertrag

Im Versailler Vertrag gelang es nicht, eine dauerhafte, stabile Ordnung für Europa zu schaffen. In Deutschland führten die Umstände der Vertragsverhandlungen, bei denen Deutschland ausgeschlossen blieb, und die Unterzeichnung unter dem Druck der Drohung einer Kriegsfortsetzung zur **einhelligen Ablehnung des Vertrages** als „Diktatfrieden" oder – in der Sprache der Rechten – zum „Schanddiktat" von Versailles.
Die Vertragsinhalte selbst riefen eine nicht enden wollende Diskussion hervor. Dabei waren es nicht Entschädigungszahlungen und Gebietsverluste überhaupt, die die Öffentlichkeit erregten;

dazu hatte Deutschland sich bereits im Waffenstillstand verpflichtet. Es war vor allem die **Missachtung Wilsonscher Prinzipien** gegenüber Deutschland, die den Vertrag als bekämpfenswert erscheinen ließen. Vor allem Frankreich hatte durch eine kurzsichtige Politik, die ihm die Hegemonie in Europa um jeden Preis sichern sollte, eine jahrzehntelange Empörung im deutschsprachigen Raum geschürt, und zwar seit der Wehrlosmachung Deutschlands durch die Entwaffnungsbestimmungen und der erheblichen Beeinträchtigung der deutschen Exportmöglichkeiten durch die Wegnahme von 90 % der Handelsflotte. Als besonders skandalös empfand man die **Missachtung des Selbstbestimmungsrechts** der Deutschen im Memelland, in Oberschlesien, im Sudentenland und in Deutsch-Österreich, waren doch alle neuen Nationalstaaten der Pariser Verträge im Namen des Selbstbestimmungsrechts der Völker gebildet worden (B 7, B 8).

Kriegsschuldfrage

„Welche Hand müsste nicht verdorren, die sich und uns in solche Fesseln legte?“ Diese Formulierung in der Rede von Ministerpräsident Scheidemann in der Nationalversammlung am 12. Mai 1919 spiegelt die Stimmungslage im Reich beim Bekanntwerden des Versailler Vertragsentwurfs wider (M 9). Gegen den Versailler Vertrag gab es praktisch eine Allparteienkoalition, wenn auch das Engagement in den Reihen der Parteien für die Revisionspolitik unterschiedlich ausgeprägt war. Kritische Stimmen in der SPD konnten sich nicht durchsetzen. Selbst die Kommunisten, für die der Kapitalismus bzw. Imperialismus insgesamt die Verantwortung für den Weltkrieg trug, sprachen im Zusammenhang mit den Reparationen vom „räuberischen Friedensvertrag“. Die Feindschaft gegen „Versailles“ wurde so zum wirksamsten negativen Integrationsmittel der Weimarer Republik.

Reparationen

Für die materiellen Schadensersatzleistungen hatte der Versailler Vertrag nur einen Rahmen geschaffen, der durch spätere Abkommen ausgefüllt werden sollte (M 8). Bei der Festlegung der Reparationen kamen zwar interalliierte Interessengegensätze wieder zum Ausdruck, aber ohne dass damit die Reparationen generell in Frage gestellt wurden. Eine grundsätzliche Erwägung der ökonomischen Folgen, wie sie der amerikanische Wissenschaftler Keynes kritisch erörterte (M 11), blieb aus.
Frankreich erschienen die Reparationen ein wirksames Instrument, um ein Wiedererstarken Deutschlands auf Dauer zu verhindern. Zudem waren Reparationszahlungen für die Alliierten eine willkommene Quelle zur **Rückzahlung der Kriegsanleihen an die USA**. Jedoch musste angesichts der inneren ökonomischen Probleme Deutschlands jede Durchsetzung hoher Zahlungsverpflichtungen krisenverschärfend wirken. Da erst mit dem Dawes-Plan 1924 die Höhe der Reparationen von der Leistungsfähigkeit der deutschen Wirtschaft abhängig gemacht wurde, konnten die wirtschaftlichen und sozialen Probleme der Weimarer Zeit leicht allein auf die Reparationsverpflichtungen abgeschoben werden.

M8 Alliierte Reparationsforderungen und innenpolitische Entwicklungen in Deutschland

a) Entwicklung der Reparationsfrage

1919	vorläufige Zahlung von 20 Mrd. Goldmark bis April 1921; Forderungen unbestimmter Höhe auf unbestimmte Zeit (Sachleistungen, Geldzahlungen)
1920	Juni: Konferenz von Boulogne: Forderung von 269 Mrd. Goldmark in 42 Jahresraten
Januar 1921	Pariser Konferenz bestätigt Forderung von 269 Mrd., Reichstag lehnt ab – alliierte Besetzung von Duisburg, Ruhrort, Düsseldorf
Mai 1921	Londoner Ultimatum: jährlich 2 Mrd. plus 25 % Ausfuhr, d. h. Forderung von 132 Mrd. Goldmark –Drohung mit Besetzung des Ruhrgebietes; Reichstag akzeptiert
1922	Zweite Londoner Konferenz: Ablehnung der deutschen Vorschläge
1923	Januar 1923: Besetzung des Ruhrgebietes (bis Juli 1925); galoppierende Inflation
1924	Dawes-Plan: 5,4 Mrd. bis 1928, dann zeitlich begrenzt 2,5 Mrd. jährlich zuzüglich eines Wohlstandsindex
1929	Young-Plan: 59 Jahre lang durchschnittlich 2 Mrd.jährlich; nicht finanzierbar durch Exportgewinne; Rückgabe des Rheinlandes 1930 statt 1935
1931	Hoover-Moratorium (internationales Schuldenfeierjahr)
1932	Konferenz von Lausanne: Ende der Reparationszahlungen gegen Schlusszahlung von 3 Mrd.

Fazit: bis 1931 bezahlt: 67 Mrd. (nach alliierter Sicht nur 20 Mrd.)

b) Ereignisse und Entwicklungen in Deutschland

1920	Kapp-Putsch; Generalstreik (März)
1921	Rücktritt Regierung Fehrenbach (Zentrum; Juni); Ermordung Erzbergers (Aug.); Stärkung der nationalistisch-völkischen Bewegung; Stärkung des Separatismus
1922	Ermordung Rathenaus (Juni); Anstieg der Inflation
1923	Putsch der „Schwarzen Reichswehr" in Küstrin; Hitler-Putsch (Nov.); Separatismus (z. B. Rheinrepublik im Okt./Nov.)
1929	Hitlers Wiedereintritt in die Reichspolitik

1 *Untersuchen Sie die Entwicklung der alliierten Reparationsforderungen in M 8a.*

2 *Erörtern Sie die Beweggründe der Alliierten für ihre Politik, vor allem 1919 bis 1923.*

3 *Lassen sich Ihrer Meinung nach Zusammenhänge zwischen den Entwicklungen in M 8a und M 8b herstellen? Begründen Sie Ihre Stellungnahmen.*

4 *Diskutieren Sie über Leistungen und Grenzen der tabellenartigen Übersichten in M 8a und b.*

B 8 Die Folgen des Versailler Vertrages, Schulbuch-Illustration, 1933

M9 Aus der Rede des Reichskanzlers Philipp Scheidemann (SPD) in der Nationalversammlung vom 12. Mai 1919

Die deutsche Nationalversammlung ist heute zusammengetreten, um am Wendepunkte im Dasein unseres Volkes gemeinsam mit der Reichsregierung Stellung zu nehmen zu dem, was unsere Gegner Friedensbedingungen nennen [...].
Heute, wo jeder die erdrosselnde Hand an der Gurgel fühlt, lassen Sie mich ganz ohne taktisches Erwägen reden: Was unseren Beratungen zu Grunde liegt, ist dies dicke Buch, in dem 100 Absätze beginnen: Deutschland verzichtet, verzichtet, verzichtet! Dieser schauerliche und mörderische Hexenhammer, mit dem einem großen Volke das Bekenntnis der eigenen Unwürdigkeit, die Zustimmung zur erbarmungslosen Zerstückelung abgepresst werden soll, dies Buch darf nicht zum Gesetzbuch der Zukunft werden. Seit ich die Forderungen in ihrer Gesamtheit kenne, käme es mir wie eine Lästerung vor, das Wilson-Programm, diese Grundlagen des ersten Waffenstillstandsvertrages, mit ihnen auch nur vergleichen zu wollen! Aber eine Bemerkung kann ich nicht unterdrücken: Die Welt ist wieder einmal um eine Illusion ärmer geworden. Die Völker haben in dieser an Idealen armen Zeit wieder einmal den Glauben verloren [...]. Ich frage Sie: Wer kann als ehrlicher Mann – ich will gar nicht sagen als Deutscher – nur als ehrlicher, vertragstreuer Mann solche Bedingungen eingehen? Welche Hand müsste nicht verdorren, die sich und uns in solche Fesseln legte?

(J. Hohlfeld [Hg.], Dokumente der deutschen Politik und Geschichte von 1848 bis zur Gegenwart, Bd. 3, Wendler, Berlin o. J., S. 35)

1 *Erklären Sie Scheidemanns Erbitterung beim Vergleich des Versailler Vertrages mit Wilsons „14 Punkten" von 1918.*

2 *Erörtern Sie die möglichen Folgen einer deutschen Ablehnung des Friedensvertrages.*

M10 Aus der Versailler Denkschrift von David Lloyd George an Georges Clemenceau und Woodrow Wilson vom 26. März 1919

Sie mögen Deutschland seiner Kolonien berauben, seine Rüstungen zu einer bloßen Polizeimacht und seine Flotte zu einer Macht fünften Grades herabsetzen. Es ist schließlich alles gleich; wenn es sich im Frieden von 1919 ungerecht behandelt fühlt, wird es Mittel finden, um an seinen Besiegern Rache zu nehmen [...]. Unsere Bedingungen dürfen hart, sogar erbarmungslos sein, aber gleichzeitig können sie so gerecht sein, dass das Land, dem sie auferlegt werden, in seinem Herzen fühlen wird, dass es kein Recht zur Klage hat. Aber Ungerechtigkeit und Anmaßung, ausgespielt in der Stunde des Triumphes, werden nie vergessen und vergeben werden.
Aus diesem Grunde bin ich auf das Schärfste dagegen, mehr Deutsche, als unerlässlich nötig ist, der deutschen Herrschaft zu entziehen, um sie einer anderen Nation zu unterstellen. Ich kann kaum eine stärkere Ursache für einen künftigen Krieg erblicken, als dass das deutsche Volk, das sich zweifellos als eine der kraftvollsten und mächtigsten Rassen der Welt erwiesen hat, rings von einer Anzahl kleiner Staaten umgeben werden soll, von denen viele aus Völkern bestehen, die noch nie vorher eine selbstständige Regierung aufgestellt haben, aber jedes breite Massen von Deutschen umschließen, die die Vereinigung mit ihrem

Heimatland fordern. Der Vorschlag der polnischen Kommission, 2 100 000 Deutsche der Aufsicht eines Volkes von anderer Religion zu unterstellen, das noch nie im Laufe seiner Geschichte die Fähigkeit zur Selbstregierung bewiesen hat, muss meiner Beurteilung nach früher oder später zu einem neuen Kriege in Osteuropa führen.

[...] Von jedem Standpunkt aus, will mir daher erscheinen, müssen wir uns bemühen, eine Ordnung des Friedens zu entwerfen, als wären wir unparteiische Schiedsrichter, die die Leidenschaften des Krieges vergessen haben.

(G. Soldan, Zeitgeschichte in Wort und Bild, Bd. 1, München 1931, S. 312 ff.)

1 *Vergleichen Sie die Vorschläge Lloyd Georges mit den Ergebnissen des Versailler Vertrages (s. S. 380 ff.).*

2 *In welchen Befürchtungen nimmt die Denkschrift spätere Entwicklungen vorweg? Führen Sie diese Entwicklungen genauer aus.*

3 *Definieren Sie Lloyd Georges Position in der Kriegsschuldfrage.*

M11 Die Kritik des Wirtschaftswissenschaftlers John Maynard Keynes am Versailler Vertrag (1920)

Der Friedensvertrag enthält keine Bestimmungen zur wirtschaftlichen Wiederherstellung Europas, nichts, um die geschlagenen Mittelmächte wieder zu guten Nachbarn zu machen, nichts, um die neuen Staaten Europas zu festigen, nichts, um Russland zu retten. Auch fördert er in keiner Weise die wirtschaftliche Interessengemeinschaft unter den Verbündeten selbst. Über die Ordnung der zerrütteten Finanzen Frankreichs und Italiens oder den Ausgleich zwischen den Systemen der Alten und der Neuen Welt konnte man sich in Paris nicht verständigen. Der Rat der Vier[1] schenkte diesen Fragen keine Aufmerksamkeit, da er mit anderem beschäftigt war – Clemenceau, das Wirtschaftsleben seiner Feinde zu vernichten, Lloyd George, ein Geschäft zu machen und etwas nach Hause zu bringen, was wenigstens eine Woche lang sich sehen lassen konnte, der Präsident [Wilson], nur das Gerechte und Rechte zu tun. Es ist eine bemerkenswerte Tatsache, dass das wirtschaftliche Grundproblem eines vor ihren Augen verhungernden und verfallenden Europas die einzige Frage war, für die es nicht möglich war, die Teilnahme der Vier zu erwecken.

[...] Vor uns steht ein leistungsunfähiges, arbeitsloses, desorganisiertes Europa, zerrissen vom Hass der Völker und von innerem Aufruhr, kämpfend, hungernd, plündernd und schwindelnd, wo soll man weniger düstere Farben hernehmen?

(John M. Keynes, Die wirtschaftlichen Folgen des Friedensvertrages, München u. a. 1920, S. 184 ff.)

1 neben den „Großen Drei" noch der italienische Ministerpräsident Vittorio Emmanuele Orlando (1860–1952)

1 *Worin erblickt Keynes das Hauptproblem im Nachkriegseuropa?*

2 *Von welchen Motiven ließen sich nach Keynes die Siegermächte beim Versailler Vertrag leiten?*

3 *Erschließen Sie Keynes' Prognose und überprüfen Sie sie anhand Ihrer augenblicklichen Kenntnisse.*

1.5 Krisenjahre 1919–1923

Die militärische Niederlage, der Sturz der Monarchien, die Friedensbedingungen der Alliierten und die Arbeitslosigkeit der heimkehrenden Soldaten leiteten eine fünfjährige Krisenperiode der ersten deutschen Republik ein, die erst mit der Bewältigung der Inflation und der Regulierung des Reparationsproblems 1923/24 ein Ende fand.

Morde von rechts

Obwohl der Anfang des Jahres 1919 vor allem durch die Kämpfe zwischen MSPD und Linkssozialisten geprägt war, griffen nun auch rechts gerichtete Kreise gewaltsam in die politischen Auseinandersetzungen ein. Der Rechtsradikalismus suchte sich zunächst einzelne Opfer unter Repräsentanten der **Räteanhänger**, später dann auch unter Vertretern der Regierungspolitik. Im Januar 1919 ermordeten Freikorpsoffiziere die Vorsitzenden der neu gegründeten KPD, Karl Liebknecht und Rosa Luxemburg; der bayerische Ministerpräsident Kurt Eisner wurde ihr nächstes Opfer (Karte 2). Im Juni 1921 wurde auch der Vorsitzende der USPD in Bayern, Karl Gareis, von rechts gerichteten Tätern ermordet, die im Räteanhänger und „Bolschewisten“ ihren Hauptfeind erblickten. Ein ähnliches Feindbild lieferten die **„Erfüllungspolitiker“**. Als Repräsentanten einer flexiblen Politik zur Erfüllung des Versailler Vertrages wurden 1921 der ehemalige Reichsfinanzminister Matthias Erzberger und 1922 Reichsaußenminister Walter Rathenau von Attentätern getötet. Zwar wurde nun unter der Parole „Der Feind steht rechts“ ein **Republikschutzgesetz** verabschiedet, aber die Fülle politischer Morde blieb unbestraft. Die Justiz hegte Sympathien für die rechten Täter (M 14).

Kapp-Putsch 1920

Als 1920 die Bestimmungen des Versailler Vertrages in Kraft traten und auch die aus dem Baltikum heimkehrenden Truppen entwaffnet werden sollten, versuchten rechtskonservative Kreise zusammen mit Truppen der Marinebrigade Ehrhardt einen Putsch. Freikorpseinheiten rückten am 13. März 1920 in Berlin ein (B 9), die Reichsregierung floh und der deutschnationale, alldeutsche Wolfgang Kapp ernannte sich zum Reichskanzler. Doch die Reichswehr und die Beamtenschaft erkannten ihn nicht an, obwohl die Reichswehr sich weigerte, die Putschisten zu bekämpfen. Der Chef der Heeresleitung, von Seeckt, vertrat den Standpunkt: „Reichswehr schießt nicht auf Reichswehr.“ Deshalb riefen Reichsregierung und Gewerkschaften erfolgreich zum **Generalstreik** auf und der Kapp-Putsch brach am 17. März zusammen. Eine Strafverfolgung der Putschisten unterblieb.

Ruhr- und mitteldeutscher Aufstand „Deutscher Oktober“

Die KPD-Leitung versuchte den Widerstand gegen Kapp für ihre Ziele zu nutzen, rief zur Wahl von Räten im ganzen Reichsgebiet auf und organisierte im Ruhrgebiet eine **„Rote Ruhr-Armee“** von 50 000 Mann, die als Keimzelle einer deutschen Räterepublik wirken sollte (M 12). Dieser Versuch wurde mit Hilfe von Reichswehr und Freikorps, welche eben noch für Kapp marschiert waren, blutig niedergeschlagen.
Die **Märzkämpfe in Mitteldeutschland** 1921 bildeten den nächsten Anlauf der KPD zu einer deutschen Räterepublik. Die Entwaffnung der Arbeiterschaft im Industriedreieck Eisleben-Leuna-Bitterfeld durch preußische Sicherheitspolizei machte aber der vorübergehenden Arbeiterautonomie dort ein Ende. Im **Krisenjahr 1923** unternahm die KPD ihren letzten Versuch zur Errichtung einer Räteherrschaft. Im Oktober 1923 hatten in Thüringen und Sachsen **SPD und KPD** in einer **Volksfront** Koalitionsregierungen gebildet. In ihrem Schutz formierte die KPD bewaffnete Einheiten zur Machtübernahme in einem reichsweiten „Deutschen Oktober“. Weil der SPD-Ministerpräsident von Sachsen sich weigerte, die KPD aus der Regierung zu entlassen, wurde er vom Reichskanzler abgesetzt. Jetzt nahm die KPD von ihrem Aufstandsplan Abstand.

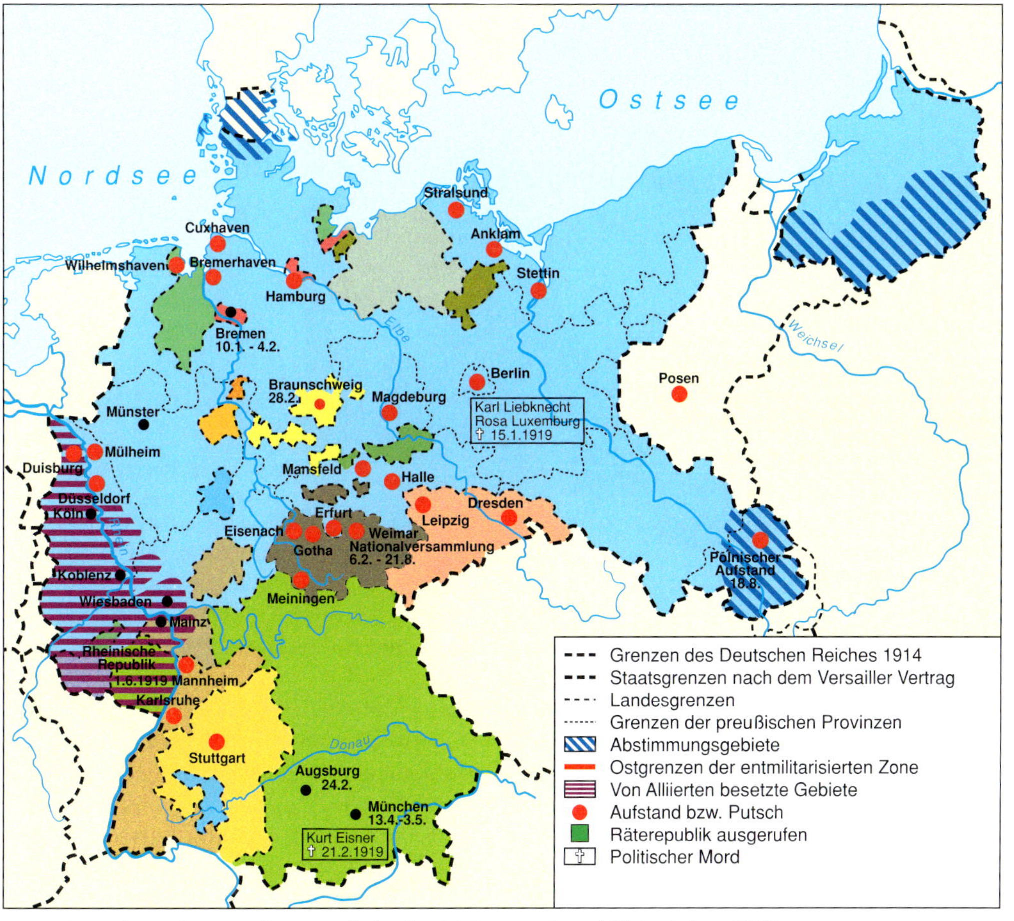

Karte 2 Aufstände, Putsche, Morde in der Weimarer Republik im Jahre 1919

Hitler-Putsch 1923

Bayern war nach der Niederschlagung der Räterepublik im Mai 1919 zum Zentrum des Rechtsradikalismus geworden, in das sich die politischen Attentäter vor einer Verfolgung durch das Reich flüchten konnten. Reichsexekutionen gegen solche Rechtsbrüche waren wirkungslos. Der bayerische Ministerpräsident Gustav Ritter von Kahr steuerte seit 1920/21 einen Kurs gegen das Reich. Im Herbst 1923 wurde er zum Generalstaatskommissar mit diktatorischen Vollmachten ernannt. **Erich Ludendorff**, Reichswehrgeneral, und **Adolf Hitler**, Führer der bereits 150 000 Mann starken NSDAP, versuchten, von Kahr zu einem **„Marsch auf Berlin"** zu bewegen (B 10). Weil von Kahr sich im letzten Moment gegen diese „nationale Revolution" stellte, brach der Hitler-Putsch am 9. November 1923 vor der Münchener **Feldherrnhalle** unter den Schüssen der Landespolizei (M 13) zusammen.

Separatismus

Die Putsch- und Aufstandsversuche der Linken wie der Rechten richteten sich gleichermaßen gegen Kernpunkte der Weimarer Reichsverfassung. Parlamentarische Demokratie und Grundrechte bildeten die Hauptangriffspunkte. Die Kommunisten wollten den Parlamentarismus durch die Rätediktatur und die Eigentumsgarantie

B 9 Kapp-Putschisten in Berlin unter der kaiserlichen Kriegsfahne, Fotografie, März 1920

durch die Sozialisierung ersetzen. Kapp und Hitler versuchten indes eine Militär- bzw. Führerdiktatur und Ständeprinzipien zu verwirklichen.
Gegen die Ordnung des Verhältnisses von Reich und Ländern in der Reichsverfassung richtete sich der Separatismus. Dieser trat in mehr oder weniger erfolgreicher Form auf. Erfolglos blieben die Autonomieversuche in Ostpreußen und Oberschlesien, aber auch die Bestrebungen zur Bildung einer Alpenrepublik mit Österreich und Bayern. Anders lagen die Dinge im **Rheinland**. Bereits am 4. Dezember 1918 hatten die rheinischen Katholiken in Köln die Ausrufung einer rheinischen Republik ins Auge gefasst, um das katholische Rheinland vom protestantischen Preußen zu trennen. Weil sie damit den französischen Bestrebungen zur Auflösung des Deutschen Reiches in die Hände arbeiteten, riefen sie den Widerstand beim Rat der Volksbeauftragten und beim Reichsrätekongress in Berlin hervor. Daraufhin suchten die Separatisten die Zusammenarbeit mit der französischen Besatzungsmacht auf dem linksrheinischen Gebiet und den Brückenköpfen.
1923 hatten Frankreich und Belgien neben dem linksrheinischen auch das Ruhrgebiet besetzt und hofften mit Hilfe der Separatisten diese Gebiete endgültig kontrollieren zu können. Am 21. Oktober 1923 proklamierten letztere in Aachen die **Rheinische Republik** und am 24. Oktober betrachtete der Speyerer Kreistag die **Pfalz** als autonom. Alle pfälzischen öffentlichen Gebäude wurden besetzt. Der Widerstand Englands gegen den Separatismus und das englische Engagement für eine Lösung des Reparations- und Inflationsproblems in Deutschland machten die rheinischen Separationsversuche zunichte. Belgien und später Frankreich entzogen ihnen ihre Hilfe.

Inflation

Mit der Niederschlagung der Putschversuche und der separatistischen Bewegungen hatte das Reich den Gipfel seiner politischen, nicht aber den seiner wirtschaftlichen Krise überwunden. Die Kriegsfolgelasten und die Umstellung von Kriegs- auf Friedensproduktion brachten Inflation und Arbeitslosigkeit mit sich, d. h. schwere soziale Belastungen. Die „galoppierende Inflation" 1920 bis 1923 war ohne Vorbild.
Zur Finanzierung des Krieges hatte das Deutsche Reich nicht nur zwischen 1914 und 1918

Kriegsanleihen aufgenommen, sondern auch die Geldmenge verzehnfacht und die Golddeckung der Mark aufgegeben. Die Folge war die Halbierung des internationalen Kurses der Mark. Nach Abschluss des Waffenstillstandes mussten die Kriegswirtschaft auf Friedensproduktion umgestellt und die dafür notwendigen Investitionen über Kreditaufnahme finanziert werden. Dies führte zu einer weiteren **Geldmengenvermehrung**. Auch die innenpolitischen Kämpfe bewirkten einen Vertrauens- und Kursverlust der Mark, sodass im Januar 1923 für den Dollar bereits weit über 10 000 Mark bezahlt werden mussten. Als in diesem Moment Frankreich infolge verzögerter Reparationslieferungen das Ruhrgebiet besetzte, reagierte die Reichsregierung mit der Proklamation des **passiven Widerstandes**, sodass nicht nur die Reparationsleistungen, sondern überhaupt alle Arbeit im Ruhrgebiet eingestellt wurde. Die Einkommensausfälle zahlte die Reichsregierung und finanzierte die Kosten über die Notenpresse. Dies kostete das Reich täglich 60 Mio. Goldmark und ruinierte die deutsche Währung (M 15).

Obrigkeitsstaatliche Traditionen

Im Gegensatz zu den kurzzeitigen Krisen der Anfangsjahre erwies sich das Fortleben der obrigkeitsstaatlichen Traditionen aus der Kaiserzeit als eine langfristige Belastung für die erste deutsche Demokratie. Zum einen wirkte die monarchisch-autoritäre Staatsordnung der Kaiserzeit im Selbstverständnis der Parteien nach. Weil sie bis zu den Oktoberreformen 1918 von der Regierungsverantwortung ausgeschlossen blieben – der Kanzler also nur dem Kaiser und nicht dem Parlament verantwortlich war –, standen die Parteien nie unter dem Zwang, Kompromisse schließen zu müssen oder Koalitionen zu bilden. Als **Weltanschauungs- und Interessenparteien** (im Gegensatz zur Volkspartei) konnten sie sich daher damit begnügen, die Interessen der hinter ihnen stehenden Gruppen herauszustellen.

Durch eine solche Ausrichtung verfestigten die Weimarer Parteien, zum Zweiten, die **Aufspaltung der Gesellschaft in Milieus**, die sich relativ fest voneinander abschotteten: das sozialdemokratische, das katholische, diverse bürgerliche, das mittelständische und das ländliche Milieu, die ihre Weltanschauungen häufig höher bewerteten als demokratische Grundwerte.

Eine weitere belastende Tradition war das verfassungsmäßig abgesicherte Berufsbeamtentum: Die Beamten fühlten sich als **„Staatsdiener“** mehr den überzeitlichen Werten des Staates als den Geboten einer demokratischen Verfassung verpflichtet. Der **autoritäre Charakter der politischen Kultur** im Allgemeinen schlug sich auch im Bildungssystem nieder, das von einer modernen Erziehung der Kinder zu mündigen, demokratischen Staatsbürgern weit entfernt war. Und der selbstherrliche Militärapparat entzog sich weiterhin der demokratischen Kontrolle und konnte Züge des aggressiven Reichsnationalismus (s. S. 335 ff.) in die Republik weitertragen.

M12 Rundschreiben der kommunistischen Parteileitung zum Kapp-Putsch 1920

Werte Genossen!

Wie ihr wisst, ist die Regierung gestürzt. [...]

Genossen! Was ist zu tun? Zunächst eins: Heraus aus den Betrieben! Auf zum Generalstreik über ganz Deutschland! Damit aber nicht genug. Das Proletariat muss sich seine Organe schaffen, mit denen es die volle Herrschaft übernehmen, halten und sichern kann. Darum gilt es als Zweites: Sofortige Versammlung in den Betrieben. Wahl revolutionärer Arbeiterräte, wobei unbedingt erzielt werden muss, dass sich in ihnen, in den Räten, nicht ein Verräter befindet. Kein Anhänger der so genannten Mehrheitspartei, kein Vertreter der bürgerlichen Demokratie darf gewählt werden! Nur von neuem würden diese Verräter ihr schurkisches Spiel aufnehmen. Gewählt darf nur werden, wer sich voll und ganz zur Diktatur des Proletariats bekennt und bereit ist, unter Opferung seiner ganzen Person diese Diktatur durchzuführen. Es kommen also nur in Frage Mitglieder der Kommunistischen Partei und, falls sie sich verpflichten, den Losungen und Parolen des Kommunismus zu folgen, die Anhänger des linken Flügels der U.S.P. Die so gewählten Arbeiterräte treten sofort zur Volksversammlung zusammen und bestimmen ihre Exekutive. Falls es gelingt, diese Maßnahmen einheitlich und möglichst über ganz Deutschland durchzuführen, werden die exekutiven Organe zur Landes- und Reichsexekutive zusammengefasst. Genossen! In allen größeren Orten Deutschlands sind die Arbeiter im Begriff, diese Maßnahmen durchzuführen.

(H. Spethmann, Zwölf Jahre Ruhrbergbau, Bd. 2, Berlin 1928, S. 80f.)

1 *Untersuchen Sie Anlass und Ziel dieser KPD-Initiative.*

2 *Vergleichen Sie die KPD-Strategie hier mit der vom Januar 1919.*

M13 Amtlicher bayerischer Bericht vom 9. November 1923 über den Hitler-Putsch im Bürgerbräukeller

Am 8. November nachmittags von 4 Uhr bis 5.30 Uhr fand eine Besprechung zwischen v. Kahr, General Ludendorff, General v. Lossow und Oberst v. Seißer im Generalstaatskommissariat statt. Bei dieser Besprechung wurde Einheitlichkeit in Bezug auf die erstrebenswerten Ziele festgestellt, wenn auch General Ludendorff in Bezug auf das Tempo drängte, angesichts der großen Notlage, in der sich weite Kreise des deutschen Volkes befänden. Wenige Stunden später gegen 1/2 9 Uhr abends erfolgte in der überfüllten Versammlung im Bürgerbräukeller, während Kahr seine angekündigte Rede hielt, ein verbrecherischer Überfall durch Hitler mit einem stark bewaffneten Anhang, wobei Kahr, Lossow und Seißer mit vorgehaltener Pistole gezwungen wurden, an der Verwirklichung der von Hitler schon lange gehegten Pläne, namentlich der Aufstellung einer Reichsdiktatur Hitler-Ludendorff, mitzutun. [...] Wenn Kahr, Lossow und Seißer unter dem Zwang der Verhältnisse die von ihnen erpresste Erklärung abgaben, so geschah dies, weil die Herren von der Überzeugung erfüllt waren, dass nur in einem einheitlichen Zusammengehen und Vorgehen dieser drei Personen noch die Möglichkeit gelegen war, die Staatsautorität innerhalb Bayerns aufrechtzuerhalten und das Auseinanderfallen aller Machtmittel zu verhindern. [...] Von Hitler wurde im Saal verkündet, das Kabinett Knilling sei abgesetzt, als Landesverweser werde Exzellenz v. Kahr fungieren. Bayerischer Ministerpräsident solle Poehner werden; die Reichsregierung und Präsident Ebert seien abgesetzt, eine deutsche Nationalarmee werde gebildet und General Ludendorff unterstellt. Reichswehrminister und militärischer Diktator werde General v. Lossow, während Oberst v. Seißer Reichspolizeiminister sein solle. Die Leitung der Politik übernehme ich, sagte Hitler. Es werde nun der Kampf gegen Berlin aufgenommen werden. Kahr gab darauf die folgende Erklärung ab: In des Vaterlandes höchster Not übernehme ich die Leitung der Staatsgeschäfte als Statthalter der Monarchie (stürmisches Bravo), der Monarchie, die heute vor fünf Jahren so schmählich zerschlagen wurde. Ich tue dies schweren Herzens und, wie ich hoffe, zum Segen unserer bayerischen Heimat und unseres lieben deutschen Vaterlandes. (Brausende Zustimmung der Versammlung.) Auch die übrigen auf dem Podium Stehenden gaben Erklärungen ab, die bei den Herren von Lossow und v. Seißer sichtlich dem Bestreben entsprangen, aus der Situation herauszukommen. [...] Auf diese Weise gelang es dem Generalstaatskommissar, dem Wehrkommandanten und dem Polizeiobersten, die Bewegungsfreiheit wieder zu gewinnen, die im ersten günstigen Augenblick dazu benutzt wurde, um in der Kaserne des 19. Infanterieregiments in Oberwiesenfeld die Regierungsgewalt wieder in die Hand zu nehmen, sofort die Truppen und die Polizeiwehr zu mobilisieren und Verstärkungen aus den Standorten der Umgebung heranzuziehen. Es wurde auch sofort für Aufklärung nach außen gesorgt und ein Funktelegramm folgenden Inhalts aufgegeben:

An alle deutschen Funkstationen: Generalstaatskommissar v. Kahr, General v. Lossow und Oberst v. Seißer lehnen den Hitler-Putsch ab. Die mit Waffengewalt erpresste Stellungnahme im Bürgerbräuhaus ungültig. Vorsicht gegen den Missbrauch obiger Namen geboten. gez. v. Kahr, gez. v. Lossow, gez. v. Seißer. Dies geschah noch in den ersten Nachtstunden des 9. November.

(Günter Schönbrunn [Hg.], Geschichte in Quellen. Weltkriege und Revolutionen, bsv, München [3]1979, S. 197f.)

1 *Stellen Sie Hitlers Ziele zusammen. Erklären Sie den Putschversuch aus den Zeitumständen.*

2 *Welche Gründe könnten die Machthaber in München veranlasst haben, Hitlers Putsch nicht mitzumachen, wo sie ihn doch zunächst unterstützten?*

M14 Aus Kurt Tucholsky: Das Buch von der deutschen Schande (1921)

E. J. Gumbel hat die politischen Mordtaten der Jahre 1918 bis 1920 kühl und sachlich gesammelt, alle, die von rechts und die von links, und er hat gleichzeitig ihre gerichtliche Aburteilung aufgezeichnet. [...] Das aktenmäßige Material Gumbels

B 10 Plakat zum Hitler-Putsch vom 9. November 1923

– *Untersuchen Sie die Absicht der Hitler-Putschisten. Wer sind die „Novemberverbrecher"?*

– *Klären Sie, um wen es sich bei den Unterzeichnenden handelt (s. M 13).*

versetzt uns in die Lage, klipp und klar festzustellen: Wie da – in den Jahren 1913 bis 1921 – politische Morde von deutschen Richtern beurteilt worden sind, das hat mit Justiz überhaupt nichts zu tun. Das ist gar keine.

Verschwendet ist jede differenzierte Kritik an einer Rechtsprechung, die Folgendes ausgesprochen hat: Für 314 Morde von rechts 31 Jahre 3 Monate Freiheitsstrafe sowie eine lebenslängliche Festungshaft. Für 13 Morde von links 8 Todesurteile, 176 Jahre 10 Monate Freiheitsstrafe.

Das ist alles Mögliche. Justiz ist das nicht.

Ganz klar wird das, wenn wir das Schicksal der beiden Umsturzversuche, Kapps und der Münchner Kommunisten, vergleichen, zweier Versuche, die sich juristisch in nichts unterscheiden:

Die Kommunisten haben für ihren Hochverrat 519 Jahre 9 Monate Freiheitsstrafe erhalten. Eine Todesstrafe hat man vollstreckt.

Die Kapp-Leute sind frei ausgegangen.

Hier kann ich nicht kritisch folgen. Ich weise es von mir, mich mit Männern – Staatsanwälten und Richtern – ernsthaft auseinander zu setzen, die das fertig bekommen haben. Sie haben nicht gerichtet. Sie sind es. Sie sind es leider nicht.

(Kurt Tucholsky, Gesammelte Werke, Bd. 1, Rowohlt, Reinbek 1960, S. 818)

1 *Arbeiten Sie heraus, von welcher Position aus Tucholsky die deutsche Justiz kritisiert.*

2 *Wie erklärt sich die Parteilichkeit der Justiz?*

M15 Der Wertverfall der Mark

a) Dollarnotierungen 1914–1923

Juli 1914	4,20 Mark
Januar 1919	8,90 Mark
Juli 1919	14,– Mark
Januar 1920	64,80 Mark
Juli 1920	39,50 Mark
Januar 1921	64,90 Mark
Juli 1921	76,70 Mark
Januar 1922	191,80 Mark
Juli 1922	493,20 Mark
Januar 1923	17 972,– Mark
Juli 1923	353 412,– Mark
August 1923	4 620 455,– Mark
September 1923	98 860 000,– Mark
Oktober 1923	25 260 208 000,– Mark
15. November 1923	4 200 000 000 000,– Mark

b) Die Entwicklung des Preises für 1 kg Brot

Dezember 1919	–,80 Mark
Dezember 1920	2,37 Mark
Dezember 1921	3,90 Mark
Dezember 1922	163,15 Mark
Januar 1923	250,– Mark
April 1923	474,– Mark
Juli 1923	3 465,– Mark
August 1923	69 000,– Mark
September 1923	1 512 000,– Mark
Oktober 1923	1 743 000 000,– Mark
November 1923	201 000 000 000,– Mark
Dezember 1923	399 000 000 000,– Mark
Januar 1924	–,30 Mark

(G. Stolper u. a., Deutsche Wirtschaft seit 1870, Mohr, Tübingen [2]1966, S. 98)

1 *Untersuchen Sie in beiden Tabellen die Zeiträume der Halbierung des Markwertes. Ab wann kann von einer „galoppierenden" Inflation gesprochen werden?*

2 *Erklären Sie den Funktionszusammenhang einer Inflation. Welche Gründe führten 1914 bis 1923 zur unkontrollierten Geldmengenvermehrung?*

2 Die Phase der „relativen Stabilisierung"

2.1 Gesellschaftliche Konsolidierung in den „Goldenen Zwanzigern"

Bewältigung des Währungs- und Reparationsproblems

Im September 1923 wurde der Ruhrkampf abgebrochen, weil er neben der Währung die deutsche Wirtschaft zerstörte und weil England eine Neuregelung des Reparationsproblems von der Währungsstabilisierung abhängig machte. Zur Wiederherstellung des Vertrauens in die Währung schuf die Reichsbank im November 1923 die **Rentenmark**, deren Parität zum Dollar 4,2 Mark betrug. Sie war gedeckt durch Rentenbriefe in Form von Hypotheken auf Land und Industrieanlagen. Die Geldumlaufmenge wurde fixiert und weiteren Spekulationen vorgebeugt (M 17).

Inflationsgewinner war in erster Linie der Staat. Die staatlichen Kriegsschulden von 154 Mrd. Mark betrugen am 15. November 1923 nur noch 15,4 Pfennige von 1914. Bezahlt wurden diese Schulden mit der **Verarmung des Mittelstandes**, der bisher den deutschen Nationalstaat getragen hatte: Er verlor all sein Vermögen, das er in festen Geldwerten angelegt hatte. Das trug zu seinem Misstrauen gegen den neuen Staat bei. Zweiter Gewinner der Inflation und Währungsreform waren Sachwertbesitzer, vor allem solche, die mit Krediten während der Inflationszeit Sachwerte kaufen konnten und mit wertlosem Papier bezahlten.

B 11 Wilhelm Heise, Stiglmaierplatz in München, 1929, Öl auf Leinwand

Neuregelung der Reparationen

Die Bewältigung des Währungsproblems eröffnete die Möglichkeit, die Reparationen neu zu regeln. Im **Dawesplan** von 1924 wurden jährliche Zahlungen von zunächst 1,6 Mrd. RM festgelegt (ab 1928 dann 2,4 Mrd.), was für die deutsche Volkswirtschaft tragbar war und einen kalkulierbaren Faktor darstellte. Die spätere Festlegung der deutschen Gesamtschuld im **Youngplan** von 1929/30, wonach das Reich bis 1987/88 jährlich 2 Mrd. RM hätte zahlen sollen, blieb wirtschaftlich bedeutungslos, weil infolge der Weltwirtschaftskrise 1931 zunächst ein einjähriger Zahlungsaufschub gewährt und 1932 auf der Konferenz von Lausanne die Reparationen vollständig eingestellt wurden.
Währungsreform und Dawes-Plan beendeten ein Jahrfünft der Krisen in der deutschen Innenpolitik. Dadurch eröffneten sich in der Außenpolitik neue Perspektiven (s. S. 380 ff.). Die innenpolitische Stabilisierung brachte allerdings eine konservative Wende (Wahl Hindenburgs zum Reichspräsidenten 1925). Wirtschaftspolitisch schuf die Neuordnung der Reparationen die Grundlage für eine Erholung, die durch amerikanische Kredite beschleunigt wurde.

„Relative Stabilisierung" der Wirtschaft

Ab 1924 begann sich die Wirtschaft zu konsolidieren, obwohl die Verschuldung durch ausländische Kredite volkswirtschaftlich problematisch war. Die Industrieproduktion überschritt infolge intensiver Modernisierungsprozesse 1927–1929 das Vorkriegsniveau (M 16). Die Handelsflotte wurde wieder aufgebaut, die Energieversorgung ausgeweitet und das Verkehrsnetz durch Bau und Einsatz von Omnibussen um mehr als das Doppelte verdichtet. Ebenso wuchsen die **sozialen Investitionen**. Vor allem die Kommunen gaben im Vergleich zur Vorkriegszeit hohe Summen für den Bau von Wohnungen, Schulen, Krankenhäusern, Sport- und Grünanlagen aus (B 12), oft aber zum Preis einer hohen Verschuldung. Elektrotechnische, chemische und optische Industrie erlangten wieder eine führende Stellung auf dem Weltmarkt. Gleichwohl darf auch hier nicht übersehen werden, dass der deutsche Anteil am Weltexport insgesamt zwischen 1913 und 1929 um ein Drittel zurückgegangen war. Das Gleiche galt für die Investitionen: Zwar wandte die deutsche Wirtschaft zwischen 1924 und 1929 rund 70 Mrd. Mark für Neu- und Ersatzinvestitionen auf, blieb jedoch mit der jährlichen Nettoinvestitionsquote um mehr als ein Drittel hinter den Vorkriegsjahren zurück. Historiker haben daher die Phase 1924–1929 auch als eine Phase der „relativen Stabilisierung" bezeichnet.
In diese Jahre fällt auch ein tief greifender Strukturwandel, der sich vor allem in der **Rationalisierung** zeigte. Wurden beispielsweise 1913 nur 5 % der Ruhrkohle maschinell abgebaut, lag der Anteil 1926 bei rund 67 %. Amerikanische Massenproduktionstechniken, insbesondere die Fließbandarbeit, organisierten den Arbeitsplatz neu und intensivierten die Arbeitsvorgänge. Frauen, an- und ungelernte Arbeitskräfte traten im Produktionsprozess vermehrt an die Stelle handwerklich ausgebildeter Facharbeiter. Die Ausweitung der Wirtschaftsbereiche Handel, Verkehr und öffentliche Dienste hatte zur Folge, dass sich der Anteil der Beamten und Angestellten an der erwerbstätigen Bevölkerung im Vergleich zur Vorkriegszeit fast verdoppelte.

Sozialpolitische Entwicklungen in den 1920er-Jahren

Die Weimarer Republik hatte ein erhöhtes Maß an sozialer Sicherheit gebracht und Umrisse einer umfassenden sozialstaatlichen Absicherung gezeigt. Die Leistungen der bereits in die 1880er-Jahre zurückreichenden Sozialversicherung wurden verbessert und im Juli 1927 die gesetzliche **Arbeitslosenversicherung** eingeführt. Erstmals gab es auch für Arbeiter einen, wenn auch nur drei- bis sechstägigen, **Mindestjahresurlaub**. Die Reallöhne erreichten 1928 wieder Vorkriegsniveau. Aber auch in ihren „besten" Jahren erlebte die Republik eine bis dahin unbekannte **Arbeitslosigkeit**, die wenig geeignet war, Identifikation mit einer jungen Demokratie herzustellen, in der der Sozialstaat erstmals Verfassungsrang erhalten hatte. Auch die soziale Stabilisierung hatte ihre trügerischen Seiten.

B 12 Reinhold Nägele, Weißenhofsiedlung in Stuttgart, 1927, Tempera auf Karton. – Die Weißenhofsiedlung entstand 1927 unter Leitung des Bauhaus-Architekten Mies van der Rohe.

– *Informieren Sie sich ausführlich über die Wohnbauprojekte des Bauhauses und ordnen Sie das Schaffen der Bauhaus-Architekten in den gesellschaftlichen Kontext der Weimarer Republik ein.*

Gesellschaft im Umbruch

Die Gesellschaft der Weimarer Republik war eine Gesellschaft im Umbruch. Einerseits blieben die alten Milieus prägend für alltägliche Wahrnehmungen und Einstellungen. Andererseits wurden sie ansatzweise aufgebrochen, und zwar durch die aufkommende **Massenkultur**. Insbesondere Kino und Rundfunk wurden zu Massenvergnügen, die Teilhabe am „American way of life" versprachen und potenziell jedem offen standen: Im Dunkel des Zuschauerraums war der eine wie der andere nur ein Zuschauer (M 18). Ihre Grenzen hatte diese Entwicklung im ökonomischen Bereich: Viele Angebote der Moderne, Haushaltsgeräte, Auto oder gar eine Urlaubsreise, waren für viele unerschwinglich.
Neben dem modernen Leben der Großstadt gab es weiterhin das nicht moderne Leben: vor allem im alten Mittelstand der Handwerker und Kleinhändler, bei Studenten und Akademikern und nicht zuletzt auf dem Lande. Hier bestimmten weiterhin die alten Gesangs- und Kriegervereine das Alltagsleben, in dem sich Nationalismus, Antiamerikanismus und Antisemitismus als **Abwehrhaltungen gegenüber der Moderne** kräftig entfalteten.
Kontrovers waren auch die **Frauenbilder** (B 14, 15): einmal das „moderne" Frauenbild der konsumorientierten, unpolitischen Angestellten mit Bubikopf und Zigarette; daneben die „Frau als Mutter"; ferner das Bild der „rationalen Hausfrau", das in der bürgerlichen Frauenbewegung ebenso wie bei SPD-Kulturpolitikern verbreitet war; und schließlich die erwerbstätige Arbeiterin mit ihrer Dreifachbelastung durch Beruf und häusliche Versorgung von Mann und Kindern.
Im **Konflikt zwischen Moderne und Tradition** fiel den **Jugendlichen** eine besondere Rolle zu. Typisch für Jugendliche der Weimarer Republik waren schwere Konflikte um persönliche Normen und Lebensperspektiven. Viele wandten sich der städtischen Massenkultur zu, aber ebenso viele flüchteten in die Reihen der Modernitätsgegner oder der paramilitärischen Kampfbünde.

M16 **Wirtschaftsdaten zur Weimarer Republik**

a) Industriegüterproduktion 1913–1933 (Index 1928 = 100)

	Ins-gesamt	Ver-brauchs-güter	Produktionsgüter ins-gesamt	Berg-bau
1913	98	97	99	120
1918	56	–	–	100
1919	37	–	32	73
1921	65	69	65	86
1923	46	57	43	48
1925	81	85	80	86
1927	98	103	97	99
1929	100	97	102	108
1930	87	91	84	94
1931	70	82	62	79
1932	58	74	47	70
1933	66	80	56	74

(Dietmar Petzina u. a., Sozialgeschichtliches Arbeitsbuch, Bd. 3, C. H. Beck, München 1978, S. 61)

1 *Bestimmen Sie die Jahre der Prosperität und der Depression.*

2 *Versuchen Sie eine kurze Bestimmung der Ursachen für die Konjunkturbeschränkung der 1920er-Jahre.*

b) Welthandel 1913–1933 (in Mrd. RM)

	1913	1925	1928	1930	1932	1933
Welthandel						
Einfuhr	83,4	138,3	144,2	120,0	57,8	52,1
Ausfuhr	76,8	129,9	135,0	108,7	52,0	48,8
Deutschland						
Einfuhr	10,8	12,4	14,0	10,4	4,7	4,2
Ausfuhr	10,1	9,3	12,3	12,0	5,7	4,9
Frankreich						
Einfuhr	6,8	8,9	8,8	8,6	4,9	4,7
Ausfuhr	5,6	9,4	8,6	7,1	3,3	3,0
Großbritannien						
Einfuhr	13,5	23,6	21,9	19,5	10,4	9,4
Ausfuhr	10,7	15,7	14,8	11,6	5,4	5,1
USA						
Einfuhr	7,5	17,6	17,7	12,6	5,6	5,0
Ausfuhr	10,3	20,2	21,1	15,8	6,8	5,7

(Statistisches Jahrbuch für das Deutsche Reich. Internationale Übersichten, Jg. 1932 und 1934)

1 *Vergleichen Sie die Handelsentwicklungen in Deutschland, Frankreich, England und den USA.*

2 *Bestimmen Sie die Stellung Deutschlands im Welthandel 1913 bis 1933.*

M17 **Reichswährungskommissar Hjalmar Schacht über die Maßnahmen zur Stabilisierung des Geldes (1948)**

Drei entscheidende Maßnahmen waren es in der Inflation des Jahres 1923, die für die Stabilisierung der Mark entscheidend waren. Es waren dies die Beseitigung des privaten Notgeldes, die Verknappung der gesetzlichen Zahlungsmittel und die Kreditsperre. [...] Meine erste Maßnahme als Reichswährungskommissar war, dass ich jede weitere Entgegennahme von Notgeld bei der Reichsbank inhibierte. Damit war der privaten Notgeldausgabe jeder Boden entzogen. Ein Geld, das die Reichsbank nicht annahm, hatte seinen Wert eingebüßt. [...]

Meine zweite Maßnahme galt der Devisenspekulation. Am 20. November 1923 hatte die Reichsbank den Kurs des amerikanischen Dollars bis auf 4,2 Billionen Mark heraufgehen lassen, in der festen Absicht, ihn auf diesem Niveau festzuhalten. Die private Spekulation fuhr jedoch fort, auch zu höheren Preisen weiter Dollars aufzukaufen. Diese Wirtschaftskreise glaubten nicht, dass ich in der Lage sein würde, den Satz durchzuhalten, und kauften lustig per Termin weiter fremde Valuten zu steigendem Kurs bis zu 12 Billionen Mark für den Dollar. „Per Termin" bedeutet, dass diese Dollars am Monatsende mit dem gesetzlichen Zahlungsmittel, also mit Reichsbanknoten, zu bezahlen waren. Als nun das Monatsende herankam, brauchten die Käufer die Mark von der Reichsbank zur Bezahlung, und hier verweigerte ihnen die Reichsbank die erbetenen Kredite in Banknoten. Sie erhielten nur Rentenbankscheine. Die Rentenbank war als ein Hilfsmittel für die Stabilisierung der Mark errichtet worden, ihre Noten besaßen aber nicht den Charakter des gesetzlichen Zahlungsmittels. Das Ausland, welches die Dollars verkauft hatte, verlangte aber natürlich gesetzliche Zahlungsmittel, die nun die deutschen Käufer nicht liefern konnten. So blieb nichts anderes übrig, als die gekauften fremden Valuten wieder zu verkaufen, und die Reichsbank erwarb die bis zu 12 Billionen Mark gesteigerten Dollars zum Kurse von 4,2 Billionen Mark zurück. Die Spekulation verlor an diesen Transaktionen viele Millionen. [...]

Das dritte und letztlich entscheidende Eingreifen geschah Anfang April 1924. Die Wirtschaft hatte die etwas zu reichlich erbetenen und erlangten Kredite aufs Neue dazu benutzt, um fremde Valuten zu hamstern. Um nun der Wirtschaft ein für alle Mal begreiflich zu machen, dass sie sich in die Währungspolitik der Reichsbank zu fügen habe, sperrte ich kurzerhand jeden weiteren Wechselkredit. [...]

B 13 Georg Scholz, Selbstbildnis vor der Litfaßsäule, 1926, Öl auf Pappe. – Nach den Farbexplosionen der Expressionisten kehrte in die gegenständliche Malerei der 1920er-Jahre die Neue Sachlichkeit ein mit einem ungeschönten, unpathetischen Realismus.

– *Informieren Sie sich über die Malerei des Expressionismus und der Neuen Sachlichkeit und grenzen Sie beide gegeneinander ab.*

Dies Mittel wirkte unverzüglich. Soweit die Wirtschaft Geld brauchte, musste sie ihre gehamsterten Devisen an die Reichsbank verkaufen, und binnen zwei Monaten war das Gleichgewicht in einem solchen Umfang wiederhergestellt, dass die Mark von nun an durch die ganze weitere Zeit meiner Amtstätigkeit stabil blieb.
(Hjalmar Schacht, Abrechnung mit Hitler, Norddt. Verlagsanstalt, Hamburg 1948, S. 2f.)

1 *Beschreiben Sie die Instrumente des Währungskommissars zur Stabilisierung der Rentenmark.*

2 *Welche internationalen Voraussetzungen hatte die Beendigung der Inflation in Deutschland?*

M18 Gesellschaft im Umbruch

a) Der Journalist und Soziologe Siegfried Kracauer über den Autokult (1931)

Wenn ich es noch nicht gewusst hätte, so wäre ich jetzt, nach dem Besuch der Internationalen Auto-Schau am Kaiserdamm [in Berlin], endgültig davon überzeugt, dass das Auto einer der wenigen Gegenstände ist, die heute allgemeine Verehrung genießen. Ich kenne kaum ein anderes Objekt, das so in der Volksgunst steht. Taxichauffeure und Herrenfahrer, junge Burschen proletarischen Aussehens und Schupomannschaften, elegante Schnösel und Motorradanwärter: Sie alle, die sich sonst gar nicht miteinander vertragen, pilgern gemeinschaftlich durch die Hallen und verrichten ihre Andacht vor Kühlern, Zündungen und Karosserien. Es ist, als seien angesichts des Fertigprodukts die sozialen Klassenunterschiede aufgehoben, die […] bei seiner Fabrikation eine beträchtliche Rolle spielen. Eine Wallfahrt wie die zu Lourdes, die sich langsam von Station zu Station bewegt und immer neue Offenbarungen erlebt. Vermutlich werden viele die Ausstellung in erleuchtetem Zustand verlassen.
Auf ihn vorbereitet sind jedenfalls die meisten Besucher. Noch niemals bin ich in eine Menge verschlagen worden, die so viel von den Dingen verstünde, um deretwillen sie sich angeschart hat. Mag man in Volksversammlungen ihr alles Mögliche aufschwatzen können: Hier lässt sie sich nicht betrügen, hier dringt sie bis ins Innere der Motoren vor. […]
Vor den billigen Volkswagen staut sich die Menschenmenge besonders dicht. Sie erwecken die Begehrlichkeit und werden mit einem Wohlgefallen angestaunt, das keineswegs interesselos ist. Man erklärt sich gegenseitig ihre Bestandteile, zwängt sich in sie hinein und findet sie so komfortabel, als hätte man sie bereits erworben.
(Siegfried Kracauer, Autokult, in: Frankfurter Zeitung vom 24. Februar 1931)

b) Der Schriftsteller und Publizist Adolf Stein über die Popularität der Schlager (1932)

Wenn ein Tanzliedchen blitzartig „einschlägt", sodass alsbald die Leute lichterloh entbrennen und

B 14 Jeanne Mammen, Langweilige Puppen, um 1927/30, Aquarell und Bleistift auf Papier

B 15 Hans Baluschek, Berlin – 13 Uhr, 1931, Pastell und Kreide auf Karton

– *Erläutern Sie anhand von B 14 und 15 die Spannung zwischen Tradition und Moderne in der Gesellschaft der Weimarer Republik.*

die feurige Musik sich mit Windeseile verbreitet, dann ist es ein richtiger „Schlager". Sogar der Oberregierungsrat summt ihn auf dem Wege zum Amtszimmer, obwohl er keine Tanzdielen besucht und selber vielleicht keine Ahnung hat, was er summt und woher ihm die Kenntnis kam. Er summt die Melodie von „Das gibt's nur einmal, das kommt nicht wieder", die ihm seit der Filmvorstellung „Der Kongress tanzt" anhängt, die er mit seiner Gattin ausnahmsweise besucht hat. Richtig: Die Waschfrau hat neulich in der Küche dasselbe Liedchen geträllert. Und im Rundfunk ist es ertönt. Und der Türsteher im Ministerium hat es gepfiffen. Natürlich: Auch die Tochter des Oberregierungsrats, die sich zur Zeit auf die spanische Dolmetscherprüfung vorbereitet, hat in einer Arbeitspause diesen Schlager über die Klaviertasten gejagt. Und beim Austeilen des Puddings am vorigen Sonntag hat die Gattin mit schalkhaftem Mundspitzen erklärt: „Das gibt's nur einmal, das kommt nicht wieder!"
Sehen Sie, das ist Popularität! Und heute macht sie in erster Linie der Film. Der frühere Einzelschlager hat Konkurrenz bekommen. Die Masse im Film schlägt durch. Früher kaufte man sich im Laden die neuen Noten. Heute schmettert sie der Film in 1400 Lichtspielhäusern ins Volk. Welche Reklame! Heute ist die Ufa der größte Schlagerverleger Deutschlands. Sie hat Ende 1929 ihren Ufa-Ton-Verlag begründet und Anfang 1931 den schon lange auf gleichem Gebiete tätigen Wiener Bohème-Verlag übernommen. [...] So besitzt die Ufa jetzt die Verlagsrechte, von den alten Tanzliedchen [...] „Ich hab mein Herz in Heidelberg verloren", „Valencia", „Veronika, der Lenz ist da" [...] usw. angefangen bis zu den neueren wie „Das ist die Liebe der Matrosen", [...] „Ich bin von Kopf bis Fuß auf Liebe eingestellt", „Das gibt's nur einmal".
(Adolf Stein, Rumpelstilzchen. Nu wenn schon!, Brunnen Verlag, Berlin 1932, S. 154 f.)

1 *Interpretieren Sie M 18a und b im Kontext des gesellschaftlichen Modernisierungsprozesses der 1920er-Jahre.*

2.2 Deutschland in der internationalen Politik der Zwanzigerjahre

Das neue Staatensystem in Europa

Die Pariser Friedenskonferenzen von 1919/20 schufen ein neues Staatensystem in Europa. Die Donaumonarchie wurde aufgelöst. Der **Vertrag von St. Germain** reduzierte Österreich auf die habsburgischen Kernlande des Alpengebietes, bildete aus Böhmen und Mähren sowie der Slowakei die Tschechoslowakei mit einer deutschsprachigen Minderheit von ca. 30 %, schlug Südtirol zu Italien, Galizien zu Polen und Slowenien wie Bosnien und Dalmatien zum späteren Jugoslawien. Ungarn wurde auf ein Drittel seines Gebietes verkleinert, seine südlichen Teile Jugoslawien, sein östlicher Teil Rumänien, sein nördlicher der Tschechoslowakei zugeschlagen (**Vertrag von Trianon**). Aus Preußens Provinzen Posen und Westpreußen, aus Österreichisch-Galizien und Teilen Weißrusslands und der Ukraine sowie der russischen Provinz Polen entstand nach eineinhalb Jahrhunderten wieder ein polnischer Staat (Karte 4). Die neu gegründeten Staaten im Westen Russlands sollten eine Ausbreitung der bolschewistischen Revolution verhindern („Cordon sanitaire").

Die isolierten Staaten und Rapallo

Infolge des britischen und amerikanischen Widerstandes war das Deutsche Reich im Gegensatz zu Österreich-Ungarn nicht aufgelöst worden. Aber ebenso wie Österreich hatte es nach dem Weltkrieg Gebiete verloren und musste Reparationen zahlen. Damit befand es sich in derselben Lage wie Österreich und Ungarn. Da das verbliebene Österreich an seiner Überlebensfähigkeit zweifelte, beschloss seine Nationalversammlung die Vereinigung mit dem Deutschen Reich. Dem traten die Alliierten mit einem ausdrücklichen **Anschlussverbot** im Vertrag von St. Germain entgegen (M 19).

Waren Deutschland, Österreich und Ungarn auf Grund der Pariser Verträge in Europa isoliert, so war es Russland als Folge von Revolution und Bürgerkrieg. Die Gemeinsamkeiten der jahrelangen innenpolitischen Dauerkrise und der außenpolitischen Isolation führten die gegründete Union der Sozialistischen Sowjetrepubliken (UdSSR) und das Deutsche Reich zum **Vertrag von Rapallo** (1922), in dem sie sich Reparationsverzicht, Aufnahme diplomatischer Beziehungen und die Meistbegünstigung in den Wirtschaftsbeziehungen zusicherten. Der Vertrag besiegelte auch nach außen hin eine wirtschaftliche Zusammenarbeit, die bereits 1920 begonnen wurde und die Grundlage bildete für geheime militärische Übungen der Reichswehr auf russischem Boden. Dadurch konnten die Bestimmungen des Versailler Vertrages unterlaufen werden.

Rapallo wirkte auf die Siegermächte des Weltkrieges wie ein Donnerschlag. Eine Zusammenarbeit von Sowjetunion und Deutschem Reich konnte die neue Staatenordnung im östlichen Mitteleuropa gefährden. Polen und die Tschechoslowakei befanden sich damit in einer Zweifrontenlage, und waren diese gefährdet, so war Frankreichs Vorherrschaft in Europa die Grundlage entzogen (M 20). Um diese Gefahr abzuwenden, mussten England und Frankreich ihre Politik gegenüber Deutschland ändern. Dies war die Stunde der Stresemannschen Außenpolitik.

Stresemanns Revisionspolitik

Gustav Stresemann, deutscher Außenminister von 1923 bis zu seinem Tode 1929, war im Krieg Annexionspolitiker gewesen, wurde als Republikfeind nicht in die DDP aufgenommen, worauf er die DVP gründete. Erst nach dem Kapp-Putsch ergriff er Partei für den Weimarer Staat. Als Kanzler im Sommer und Herbst 1923 stellte er die Weichen für eine innenpolitische Stabilisierung der Weimarer Republik. Seine Außenpolitik sollte die deutsche Gleichberechtigung unter den europäischen Großmächten ermöglichen.

Für Stresemann bildete die **Revision des Versailler Vertrages** und die Lösung des Reparationsproblems die Grundlage für ein Wiedererstarken Deutschlands. Im Gegensatz zur politischen

Karte 3 Die Staaten Europas 1914

– Erstellen Sie eine Übersicht über die neuen Staaten Europas von Finnland bis zur Türkei.

– Klären Sie, aus welchen alten Staaten die neuen hervorgingen.

– Untersuchen Sie, wo das Nationalitätenprinzip bei der Staatenbildung beachtet wurde und wo nicht.

Karte 4 Das neue Staatensystem in Europa infolge der Pariser Verträge von 1919/20

– Identifizieren Sie die Krisengebiete und benennen Sie den jeweiligen Konfliktgrund.

– Welche Krisenherde kommen nach dem Zweiten Weltkrieg hinzu?

Rechten sah er in der **Friedenssicherung** die einzige Möglichkeit, sein Ziel zu erreichen. Nur der Friede konnte für ihn zur Korrektur der Ostgrenzen, zur Vereinigung mit Österreich und zum Schutz der Auslandsdeutschen führen. Deswegen besaßen für ihn eine **Aussöhnung mit Frankreich** und der Eintritt in den Völkerbund zentrale Bedeutung.

Sicherheitspakt im Westen: Locarno und Völkerbund

Bereits im Februar 1923 hatte Stresemann die Initiative ergriffen und einen Sicherheitspakt zwischen Frankreich, Belgien und Deutschland vorgeschlagen. Dieser Pakt mit den Westmächten wurde 1925 auf der **Konferenz von Locarno** abgeschlossen (M 21). In dem Vertragswerk verpflichteten sich die Partner, auf jede gewaltsame Veränderung der bestehenden Grenzen zu verzichten und den **Status quo** des Versailler Vertrages anzuerkennen. Anstehende Probleme sollten dem Völkerbund als oberster Schiedsinstanz

B 16 Stresemanns erste Rede vor dem Völkerbund am 10. September 1926, zeitgenössische Fotografie

– *Untersuchen Sie die Haltung der Zuhörer und erschließen Sie die Atmosphäre der Sitzung.*

unterbreitet werden. Das Inkrafttreten der Locarno-Verträge wurde mit dem im September 1926 vollzogenen **Beitritt Deutschlands in den Völkerbund** gekoppelt, wo das Reich einen ständigen Sitz erhielt (B16). Es war damit wieder ein gleichberechtigter Partner im Konzert der Großmächte. Deutschland lehnte jedoch für seine Ostgrenzen eine vergleichbare Garantie ab und behielt sich eine revisionistische Politik vor. Der Sowjetunion allerdings wurde im **Berliner Vertrag** 1926 die deutsche Neutralität zugesichert, falls sie von den Westmächten angegriffen werden würde.

Europaidee und internationale Politik

Auf der Völkerbundstagung im Herbst 1929 entwarf der französische Außenminister Aristide Briand, der die Stresemannsche Politik der Verständigung mit Frankreich auf französischer Seite getragen hatte, die Vision einer „solidarischen Gemeinschaft" der europäischen Staaten. Gustav Stresemann stimmte in seiner letzten großen Rede vor dem Völkerbund diesem Plan nur teilweise zu. Er befürwortete einen europäischen Wirtschaftsraum, lehnte aber jede politische Integration Europas ab und blieb trotz seines Eintretens für eine Verständigungspolitik ein Verfechter des souveränen Nationalstaates.
Briand initiierte zusammen mit dem amerikanischen Staatssekretär Kellogg auch ein internationales Vertragswerk zur Ächtung des Krieges. Diesen **„Briand-Kellogg-Pakt"** von 1928 unterzeichneten 15 Staaten, darunter auch Deutschland.
Die spektakulärsten Erfolge seiner Politik erlebte Stresemann nicht mehr. Die vorzeitige Räu-

mung des Rheinlandes erfolgte 1930. Auf der Konferenz von Lausanne 1932 wurden die Reparationen praktisch gestrichen, und auf der Konferenz in Genf im November 1932 wurde Deutschland militärisch wieder ein gleichberechtigter Staat, dessen Versöhnungsangebot allerdings eine Revision der Gebietsabtretungen nicht ausschloss.

M19 Das Verhältnis Deutsches Reich und Deutsch-Österreich

a) Grußadresse der Deutschösterreichischen Nationalversammlung an die Deutsche Nationalversammlung vom 4. Februar 1919

Die deutschösterreichische Provisorische Nationalversammlung entbietet der verfassunggebenden Nationalversammlung bei ihrem Zusammentritt in Weimar, dieser jedem Deutschen teuren Stätte, ihren Gruß und spricht die Hoffnung und Überzeugung aus, dass es der verfassunggebenden deutschen Nationalversammlung im Verein mit der deutschösterreichischen Volksvertretung gelingen wird, das Band, das die Gewalt im Jahre 1866 zerrissen hat, wieder zu knüpfen, die Einheit und Freiheit des deutschen Volkes zu verwirklichen und Deutschösterreich mit dem deutschen Mutterland für alle Zeiten zu vereinigen.

b) Note der Alliierten an die deutsche Regierung vom 2. September 1919

Die verbündeten und assoziierten Mächte haben von der deutschen Verfassung [...] Kenntnis genommen. [...]

1. Indem Artikel 61 die Zulassung Österreichs zum Reichsrat ausspricht, stellt er diese Republik den das Deutsche Reich bildenden „deutschen Ländern" gleich – eine Gleichstellung, die mit der Achtung der österreichischen Unabhängigkeit nicht vereinbar ist.
2. Indem er die Teilnahme Österreichs zum Reichsrat zulässt und regelt, schafft der Artikel 61 ein politisches Band zwischen Deutschland und Österreich und eine gemeinsame politische Betätigung in vollkommenem Widerspruch mit der Unabhängigkeit Österreichs.

Die verbündeten und assoziierten Mächte [...] erklären [...], dass diese Verletzung ihrer Verpflichtungen in einem wesentlichen Punkte die Mächte zwingen wird, unmittelbar die Ausdehnung ihrer Besetzung auf dem rechten Rheinufer zu befehlen, falls ihre gerechte Forderung nicht innerhalb vierzehn Tagen, vom Datum der vorliegenden Note gerechnet, erfüllt ist.

c) Aus der Protesterklärung der Deutschösterreichischen Nationalversammlung vom 9. September 1919 gegen die Friedensbedingungen von St. Germain

Die Nationalversammlung erhebt vor aller Welt feierlich ihren Protest dagegen, dass der Friedensvertrag von St. Germain unter dem Vorwande, die Unabhängigkeit Deutschösterreichs zu schützen, dem deutschösterreichischen Volke sein Selbstbestimmungsrecht nimmt, ihm die Erfüllung seines Herzenswunsches, seine wirtschaftliche, kulturelle und politische Lebensnotwendigkeit, die Vereinigung Deutschösterreichs mit dem deutschen Mutterland, verweigert. [...]

In schmerzlicher Enttäuschung legt sie Verwahrung ein gegen den leider unwiderruflichen Beschluss der alliierten und assoziierten Mächte, dreieinhalb Millionen Sudetendeutsche von den Alpendeutschen, mit denen sie seit Jahrhunderten eine politische und wirtschaftliche Gemeinschaft bilden, gewaltsam loszureißen, ihrer nationalen Freiheit zu berauben und unter die Fremdherrschaft eines Volkes zu stellen, das sich in demselben Friedensvertrag als ihr Feind bekennt. [...]

(Herbert Michaelis/Ernst Schraepler [Hg.], Ursachen und Folgen, Berlin 1959, Bd. 3, S. 288 ff. [a, b]; Bd. 8, S. 233 [c])

1 *Beschreiben Sie die Position Deutschösterreichs in der Frage der deutschen Nation.*

2 *Erklären Sie die Position der Alliierten.*

M20 Der Chef der Heeresleitung, General Hans von Seeckt, nach dem Vertrag von Rapallo[1] (11. September 1922)

Mit Polen kommen wir nun zum Kern des Ostproblems. Polens Existenz ist unerträglich, unvereinbar mit den Lebensbedingungen Deutschlands. Es muss verschwinden und wird verschwinden durch eigene, innere Schwäche und durch Russland – mit unserer Hilfe. Polen ist für Russland noch unerträglicher als für uns; kein Russland findet sich mit Polen ab. Mit Polen fällt eine der stärksten Säulen des Versailler Friedens, die Vormachtstellung Frankreichs. Dieses Ziel zu erreichen muss einer der festesten Richtungspunkte der deutschen Politik sein,

weil er ein erreichbarer ist. Erreichbar nur durch Russland oder mit seiner Hilfe. [...]
Das deutsche Volk soll in seiner sozialistischen Mehrheit einer aktiven Politik, die mit Kriegsmöglichkeiten rechnen muss, abgeneigt sein. Es ist zuzugeben, dass der Geist, der über der Versailler Friedensdelegation schwebte, noch nicht verschwunden ist und dass der törichte Ruf: „Nie wieder Krieg!" verbreiteten Nachhall findet. Er findet ihn auch in manchen pazifistisch-bürgerlichen Kreisen, aber es gibt auch unter den Arbeiterkreisen, auch in der offiziellen Sozialdemokratischen Partei viele, die nicht gewillt sind, den Franzosen und Polen aus der Hand zu fressen. [...]
Kommt es zu kriegerischen Verwicklungen – und sie erscheinen heute schon greifbar nah –, dann wird es nicht Aufgabe der leitenden Staatsmänner bei uns sein, Deutschland aus dem Konflikt herauszuhalten – das wird vergeblich oder Selbstmord sein –, sondern so stark wie möglich auf die richtige Seite zu treten.
(O.-E. Schüddekopf, Das Heer und die Republik. Quellen zur Politik der Reichswehrführung 1918–1933, Hannover 1955, S. 160ff.)

1 In Rapallo vereinbarten das Deutsche Reich und die Sowjetunion am 16. April 1922 einen pauschalen Reparationsverzicht, die Aufnahme diplomatischer Beziehungen und die Meistbegünstigungsklausel im Handel.

1 *Erläutern Sie Seeckts Thesen im Zusammenhang mit dem Vertrag von Rapallo.*
2 *Charakterisieren Sie Seeckts politische Position im Parteienspektrum.*

M21 Stimmen zum Vertrag von Locarno[1]

a) Otto Wels (SPD) am 24. November 1925

Wie man auch zu den Verträgen von Locarno und zu dem Eintritt Deutschlands in den Völkerbund stehen mag, das fühlt ein jeder: Wir stehen jetzt am Scheidepunkte der europäischen Politik. Es fragt sich jetzt, ob eine neue Welt, in der der Gedanke des Friedens lebendige Kraft haben soll, das Leben der Völker Europas in Zukunft beherrschen wird oder ob die Mächte, die, auf Gewalt und kriegerischen Auseinandersetzungen fußend, dem Fortschritt, dem moralischen und materiellen Wiederaufbau den Weg dauernd versperren sollen.
Es handelt sich gerade darum, das Bündnissystem der Vorkriegszeit und damit den Gegensatz, der zwischen Alliierten und Deutschland bestand, aus der Welt zu schaffen. Deutschland soll in Zukunft gleichberechtigt neben jenen Mächten stehen, nicht um mit ihnen gegen Russland zu marschieren, sondern um den Völkerbund aufzubauen, der schließlich auch Russland umfassen wird.

b) Wolfgang Bartels (KPD) am 30. Oktober 1925

Was ist Locarno? Wenn man die einzelnen Verträge und ihre Paragrafen durchgeht, so sehen wir, dass Deutschland hinreichend Garantie gibt, aber dafür lediglich die Garantie erhält, dass es Kriegsbütteldienste leisten darf und andererseits Deutschland als Kriegsschauplatz ausliefern muss. Locarno bedeutet in Wirklichkeit [...] die Auslieferung der Rheinlande, es bedeutet direkt ein Verschenken preußisch-deutschen Gebietes, es bedeutet die Garantie des Einmarsch- und Durchmarschrechtes durch Deutschland, es bedeutet die Kriegsdienstverpflichtung der deutschen Bevölkerung für die Entente gegen Russland, es bedeutet vor allem die Anerkennung der Aufrechterhaltung des Besatzungsregimes und es bedeutet erneut das Bekenntnis zu dem Versailler Vertrag. Es bedeutet darüber hinaus verschärfte Ausbeutung, verschärfte Entrechtung, Unterdrückung, Elend, Übel, Not und alles, was im Gefolge des neuen Krieges eben zu erwarten ist.

c) Alfred Hugenberg (DNVP) am 15. November 1925

Sachlich betrachtet ist vor allem die Auffassung falsch, dass Locarno einen zehn- bis zwanzigjährigen Frieden bedeute. Gerade das Gegenteil ist richtig. Ich bin kein Pazifist, aber ich muss der Tatsache Rechnung tragen, dass Deutschland waffenlos ist, und muss deshalb verlangen, dass die deutsche auswärtige Politik mit einer dieser Tatsache Rechnung tragenden Vorsicht geführt wird! Seit unserem Zusammenbruch hat mir immer als größte Sorge vorgeschwebt, dass Deutschland der Kriegsschauplatz zwischen Russland und dem Westen werden, dass Deutschland den Fehler einer Verfeindung mit Russland wiederholen könnte.
(Herbert Michaelis/Ernst Schraepler [Hg.], Ursachen und Folgen, Bd. 6, Berlin 1958ff., S. 396ff.)

1 In Locarno vereinbarten am 16. Oktober 1925 Deutschland, Belgien und Frankreich eine Garantie der Westgrenze des Deutschen Reiches, einen Angriffsverzicht und eine deutsch-französische Annäherung als Vorbedingung für den Eintritt Deutschlands in den Völkerbund.

1 *Fassen Sie die Urteile zur Bedeutung des Locarno-Vertrages zusammen. Arbeiten Sie dabei die politische Position des jeweiligen Autors heraus.*
2 *Erklären Sie die Bedenken von KPD und DNVP.*

3 Das Scheitern der Demokratie

3.1 Weltwirtschaftskrise und antidemokratische Kräfte

Ausbruch der Weltwirtschaftskrise

Die wirtschaftliche Erholung in der zweiten Hälfte der 1920er-Jahre war eine **Erholung „auf Pump"**. Denn die insbesondere aus den USA nach Europa geflossenen Kredite hatten Auslandsverschuldung und Einfuhrüberschüsse in die Höhe getrieben, während sich die USA selbst durch Schutzzölle gegen Importe abschotteten. In Deutschland waren darüber hinaus Unternehmen und Kommunen immer häufiger dazu übergegangen, kurzfristige Kredite zur Finanzierung langfristiger Projekte einzusetzen, sodass sich Störungen im internationalen Finanzkreislauf hier besonders nachhaltig auswirken mussten. Am 25. Oktober 1929 brachen an der New Yorker Börse die Kurse zusammen. Da New York seit Ende des Ersten Weltkriegs das Weltfinanzzentrum bildete und das internationale Finanzsystem von den amerikanischen Krediten abhing, war der später so genannte **Schwarze Freitag** mit tief greifenden Folgen verbunden. In den Vereinigten Staaten wurden zahlreiche Banken zahlungsunfähig und forderten, dass das Ausland seine kurzfristigen Anleihen und Kredite sofort zurückzahle. Unter den in Amerika stark verschuldeten Industrienationen Europas wurde Deutschland hiervon am schwersten getroffen. Die Geldverknappung führte zu einer Konkurswelle. Vor allem im Produktionsgüterbereich sank der Produktionsindex bis 1932 auf 47 Punkte. Im Mai 1931 brach die österreichische Kreditanstalt zusammen, im Juli folgte die Darmstädter Nationalbank.

Massenarbeitslosigkeit – soziale und politische Folgen

Am drängendsten auf die alltägliche Lebensweise wirkte sich in Deutschland die **Arbeitslosigkeit** aus. Bereits in der Phase der Stabilisierung hatte sie zeitweise ein relativ hohes Niveau erreicht. Nach einem dramatischen Anstieg im Winter 1929/30 erreichte die Arbeitslosigkeit der Erwerbstätigen insgesamt im Jahresdurchschnitt 1932 schließlich 29,9 % (5,6 Mio. Personen; M 22). Vor allem die Folgen der Dauerarbeitslosigkeit konnten von der Arbeitslosenversicherung, die noch keine größeren Reserven gebildet hatte, kaum aufgefangen werden. Gerade die von Arbeitslosigkeit überdurchschnittlich betroffene Jugend erfuhr die Wirtschaftskrise als Lebenskatastrophe. Paramilitärische Männerbünde der rechten wie der linken Parteien, die mit dem Anspruch auftraten, neue persönliche und politische Perspektiven zu bieten, erhielten daher großen Zulauf. Die KPD wurde so bis 1932 zu einer Arbeitslosenpartei, während es der NSDAP gelang, in besonderem Maß auch orientierungslos gewordene Gruppen aus dem „neuen Mittelstand" der Angestellten und Beamten, dem „alten Mittelstand" der Einzelhändler und selbstständigen Handwerker sowie der Bauern und Landarbeiter als Wähler zu gewinnen. Wenn auch der **„Zangengriff" der radikalen Parteien**, in den die Weimarer Republik durch die Radikalisierung der Wählermassen geraten war, nicht mit Zwangsläufigkeit zu ihrem Untergang führen musste, so schraubte er doch den Handlungsspielraum der Mittelparteien zusammen.

1930: Scheitern der Großen Koalition

Ein relativ unbedeutender Anlass genügte jetzt, um am 27. März 1930 das **Ende der „Großen Koalition"** herbeizuführen: Bei der Frage, welchen Prozentsatz Arbeitgeber bzw. Arbeitnehmer zur Arbeitslosenversicherung zu leisten hätten, lagen die widerstreitenden Parteien nur um ein halbes Prozent auseinander. Ein Kompromiss des Zentrumsführers Heinrich Brüning fand nicht die Zustimmung der SPD, bei der sich der Einfluss des Gewerkschaftsflügels durchgesetzt hatte. Infolgedessen trat das letzte parlamentarisch funktionierende Kabinett der Weimarer Republik zurück (M 23).

Republik ohne Republikaner? – Parteien und Wähler

Immer schon war die Mehrheit der Republikaner in der ersten deutschen Demokratie gefährdet gewesen. Nie mehr erreichte die Weimarer Koalition ihr Ergebnis von 1919. Bereits **1925** wählte die Mehrheit der Deutschen einen Repräsentanten der Kaiserzeit, den politisch zunächst desinteressierten ehemaligen Generalfeldmarschall **Hindenburg, zum Reichspräsidenten** und damit zum Nachfolger des verstorbenen Sozialdemokraten Friedrich Ebert.
Betrachtet man die Wahlergebnisse der Reichstagswahlen seit 1924, so waren hierbei drei Entwicklungen von besonderer Bedeutung (s. Methodenseiten 408 f.).
Erstens verschwanden die liberalen Parteien allmählich aus dem politischen Spektrum. Zweitens konnte daher, ungeachtet des Anstiegs der SPD von rund 21 auf 30 % zwischen 1924 und 1928, die verfassunggebende Weimarer Koalition von 1919 auch in der Phase der relativen Stabilisierung die Mehrheit nicht wiedererlangen. Regierungsbildungen waren mit DVP und DNVP auf Mehrheitsbeschaffer von „rechts" angewiesen. Und drittens avancierte nach dem Bruch der „Großen Koalition" bei der Reichstagswahl im September 1930 Hitlers **Nationalsozialistische Deutsche Arbeiterpartei** (NSDAP) neben der nun arg verkleinerten DNVP zum parteipolitischen Hauptträger des Rechtsradikalismus. Auf linksradikaler Seite entsprach dieser Entwicklung ein starker Anstieg der KPD-Stimmen.
Gleichwohl hatte die Republik in SPD, Zentrum und DDP ihre Stützen, 1930 noch 44 % und 1932 39 bzw. 36 % der Reichstagssitze. Dass die Republikaner dies nicht zu nutzen wussten, liegt z. T. an den obrigkeitsstaatlichen Traditionen (s. S. 389). Auch der Artikel 48 der Reichsverfassung erleichterte es den Parteien, sich ihrer Verantwortung zu entziehen.

Republikfeindschaft der alten Eliten

Eine der stärksten Belastungen für die Demokratie resultierte aus der Republikfeindschaft der alten Eliten: Adel, Beamtenschaft, Justiz, Universität, Militär, Großindustrie und Großagrarier. Die **Schwerindustrie** versuchte im Ruhreisenstreit von 1928 und damit schon einige Jahre vor den Präsidialkabinetten ihre autoritären Staatsvorstellungen durchzudrücken und sich von der „Last des Sozialstaates" und den „Fesseln des Gewerkschaftsstaates" zu befreien. Und die **ostelbischen Junker** bestärkten den ostpreußischen Gutsbesitzer Hindenburg bereits nach seiner Wahl zum Reichspräsidenten 1925 in seinem Kurs gegen den Parlamentarismus und befürworteten gemeinsam mit der **Reichswehr** (General Kurt von Schleicher) die Errichtung einer Präsidialdiktatur.
Das innenpolitische Klima der Weimarer Republik war also nicht von Konsens und Kompromiss, sondern von Polarisierung und Abgrenzung bestimmt. Bekräftigt wurde diese Entwicklung auch durch die Tätigkeit von **Straßenkampforganisationen** der Parteien oder auch von Politikern wie Alfred Hugenberg, der – Besitzer eines Presse- und Filmkonzerns – 1928 den Vorsitz der DNVP übernommen und mit der **„Harzburger Front"** 1931 eine antirepublikanische Sammlung der rechten Parteien und Verbände erreicht hatte (M 24).

Krisenreaktionen im internationalen Vergleich

Auch die westlichen Demokratien, USA, Frankreich und Großbritannien, sahen sich durch die gesellschaftlichen Umbrüche und die Weltwirtschaftskrise einer Bewährungs-, wenn nicht gar Zerreißprobe ausgesetzt. Großbritannien hatte bereits seit Anfang der Zwanzigerjahre mit einer Arbeitslosenquote von rund zehn Prozent und mehr zu kämpfen. In der gesamten Zwischenkriegszeit bewältigte es aber seine politischen und wirtschaftlichen Konflikte, ohne dass „ein einziges Menschenleben" dabei verloren ging, wie der Historiker R. A. C. Parker hervorhebt. In den USA fand das New-Deal-Programm von Franklin D. Roosevelt Ende 1932 eine breite Mehrheit (s. S. 206 ff.). Und Frankreich begegnete 1936 dem politischen Extremismus, insbesondere auf der extremen Rechten, mit der Bildung der

B 17 a) SPD-Plakat von 1930

b) Zentrumsplakat von 1932

c) KPD-Plakat von 1932

d) NSDAP-Plakat von 1932

– *Vergleichen Sie die Plakate hinsichtlich der Stellung der Parteien zur Weimarer Republik. Welche darstellerischen Mittel werden benutzt, um die Wähler anzusprechen?*

Volksfrontregierung: Diese trat zur „Verteidigung der Demokratie" an und wurde von Sozialisten, Liberalen und Kommunisten getragen. In diesen Ländern gab es offensichtlich einen tief verwurzelten Konsens über die Werte und Grundprinzipien der Demokratie, die auch in der Krise nicht aufgegeben wurden: Menschen- und Bürgerrechte, Teilung der Gewalten, Rechtsstaatlichkeit, Pluralismus und Mehrheitsprinzip, Volkssouveränität und Repräsentation.
Anders in Deutschland: Kriegsniederlage, Revolution und Putschversuche, Rheinlandbesetzung, Reparationen und Inflation, Wirtschaftskrisen, Arbeitslosigkeit und häufiger Regierungswechsel stellten in den Zwanzigerjahren eine rasche Folge sozialer Katastrophen dar. In ihrer Summe bewirkten sie, dass das republikanische Experiment „Weimar" bereits bei Ausbruch der Weltwirtschaftskrise in Misskredit geriet – bei der Masse der Wähler ebenso wie bei den Eliten. Damit fiel in Deutschland die 1929 einsetzende Weltwirtschaftskrise mit einer Legitimationskrise des politischen Systems der Demokratie zusammen. Darin lag ihre Einzigartigkeit.

M22 Arbeitslosigkeit in Deutschland 1926–1933 im internationalen Vergleich

Jahr	Deutschland			Großbritannien	USA
	Abhängige Erwerbspersonen (in 1 000)	Arbeitslose (in 1 000)	Arbeitslosigkeit (in % der abhängigen Erwerbspersonen)	(in % der Erwerbslosenversicherten)	(in % der zivilen Erwerbspersonen über 16 J.)
1926	20 287	2 025	10,0	12,5	1,8
1927	21 207	1 312	6,2	9,7	3,3
1928	21 995	1 291	6,3	10,8	4,2
1929	22 418	1 899	8,5	10,4	3,2
1930	21 916	3 076	14,0	16,1	8,7
1931	20 616	4 520	21,9	21,3	15,9
1932	18 711	5 603	29,9	22,1	23,6
1933	18 540	4 804	25,9	19,9	24,9

(Dietmar Petzina u. a., Sozialgeschichtliches Arbeitsbuch, Bd. 3, C. H. Beck, München 1978, S. 119; ders., Arbeitslosigkeit in der Weimarer Republik, in: Werner Abelshauser [Hg.], Die Weimarer Republik als Wohlfahrtsstaat, Wiesbaden 1987, S. 242; Willi P. Adams [Hg.], Die Vereinigten Staaten von Amerika, Fischer, Frankfurt/Main 1977, S. 505)

1 *Skizzieren Sie die Entwicklung der Arbeitslosigkeit in Deutschland 1926 bis 1933.*
2 *Erörtern Sie die Folgen von Arbeitslosigkeit 1929 bis 1933 und heute.*
3 *Bewerten Sie die Entwicklung der Arbeitslosigkeit in Deutschland während der Weltwirtschaftskrise im Vergleich zu anderen Ländern und im Hinblick auf die Machtübertragung an die Nationalsozialisten 1933.*

M23 Aus dem Bericht des sozialdemokratischen Journalisten Friedrich Stampfer zum Scheitern der Großen Koalition vom 27. März 1930

Im März 1930 hatte die Regierung Hermann Müller eine Vorlage eingebracht, die den Vorstand der Reichsanstalt ermächtigte, die Beiträge von $3\frac{1}{2}$ auf 4 Prozent des Lohnes zu erhöhen. Eine Änderung der gesetzlich festgelegten Leistungen sollte nur im Wege der Gesetzgebung möglich sein. Die sozialdemokratische Reichstagsfraktion stimmte dieser Vorlage zu, obwohl die Erhöhung der Beiträge auf zwei Prozent – die anderen zwei Prozent zahlten die Arbeitgeber – auch für die Arbeiter kein geringes Opfer bedeutete. Die Volkspartei lehnte ab. Es gab also neue Verhandlungen, die in großer Erregung geführt wurden, und schließlich kam unter entscheidender Mitwirkung des Vorsitzenden der Zentrumsfraktion, Brüning, ein Kompromissvorschlag zu Stande. Danach sollte der Beitrag zur Arbeitslosenversicherung wie bisher nur $3\frac{1}{2}$ Prozent betragen und das Reich sollte 150 Millionen zuschießen. […]
Im Kabinett saßen vier Sozialdemokraten: neben

dem Reichskanzler Hermann Müller der Innenminister Severing, der Wirtschaftsminister Robert Schmidt und der Arbeitsminister Wissell. Die ersten drei waren der Meinung, dass der Kompromiss nicht tragisch zu nehmen sei. Der Arbeitsminister Wissell widersetzte sich auf das leidenschaftlichste. Er tat das aus sehr anerkennenswerten Motiven. Er sah als Ressortminister die große Bedeutung des Problems, er wollte dem Teufel auch nicht den kleinen Finger reichen. Wissell fand die volle Unterstützung der Gewerkschaften. Auch sie sahen in der Arbeitslosenversicherung nicht bloß eine mühsam erkämpfte wichtige Position, sondern auch den Schutzwall für das ganze Lohntarifsystem. Sie waren darum entschlossen, jeden Fußbreit Boden zu halten. Aber in der Feuerlinie standen nicht sie, sondern die Partei.

Da es nicht um eine sozialpolitische Einzelfrage ging, sondern um eine politische Entscheidung von höchster Bedeutung, hätte die Partei die Führung haben müssen. Es wäre ihre Aufgabe gewesen, zwischen den nur gewerkschaftlichen und den allgemein politischen Gesichtspunkten den notwendigen Ausgleich zu schaffen und daraus die entsprechenden Konsequenzen für die Taktik zu ziehen. Die Partei war aber dazu nicht im Stande, denn eine Minderheit bekämpfte die Koalitionspolitik Hermann Müllers heftig und wünschte ihr ein baldiges Ende. Die Parteiführung sah sich, zwischen dem linken Parteiflügel und den Gewerkschaften eingeklemmt, jeder Bewegungsfreiheit beraubt. Ein Eingehen auf den Kompromiss hätte den Ausbruch eines offenen Konflikts zur Folge gehabt, in dem Wissell gegen seine drei Ministerkollegen, Gewerkschaften und Parteilinke vereint gegen die Parteirechte gestanden hätten. Ein solcher Konflikt konnte in einer Zeit schwerster wirtschaftlicher und politischer Krise umso weniger riskiert werden, als die Partei von Feinden rings umgeben war, denn die bürgerliche Mitte ging immer weiter nach rechts, im Rücken der Partei aber standen die Kommunisten. In dieser Zwangslage, die durch die intransigente[1] Haltung der Gewerkschaft entstanden war, blieb nichts anderes übrig, als den Kompromiss ohne Rücksicht auf die sich daraus ergebenden Konsequenzen abzulehnen.

(Friedrich Stampfer, Die vierzehn Jahre der ersten deutschen Republik, Hamburg 1953, S. 560ff.)

1 intransigent: starr, unnachgiebig

1 *Was fürchtet der Gewerkschaftsflügel der SPD beim Kompromissvorschlag?*

2 *Warum lehnt die DVP die Erhöhung in Vorschlag 1 ab?*

3 *Erläutern Sie, warum das Ende der „Großen Koalition" zugleich das Ende der parlamentarischen Demokratie bedeutete.*

M24 Aus der Rede Alfred Hugenbergs auf der Kundgebung der „Harzburger Front" vom 11. Oktober 1931

Hier ist die Mehrheit des deutschen Volkes. Sie ruft den Pächtern der Ämter und Pfründen, den Machtgenießern und politischen Bonzen, den Inhabern und Ausbeutern absterbender Organisationen, sie ruft den regierenden Parteien zu: Es ist eine neue Welt im Aufstieg – wir wollen euch nicht mehr!

In dem Volke, das in hellen Scharen hinter dieser Versammlung steht und durch sie verkörpert wird, stehen die tragenden Kräfte der Zukunft. Aus ihnen heraus wird ein neues, wahres und jüngeres Deutschland wachsen. [...]

Die bisherigen Machthaber hinterlassen Berge von Sünden und Scherben. Es ist die bittere und doch erhebende Aufgabe eines notgestählten Volkes, die Scherbenberge abzuarbeiten und die überkommenen Sünden zu büßen. Aber dieses Volk betet nicht zu einem Gott des Schreckens und der Knechtschaft. Es betet nur zu dem wahren Gott des Friedens und der Freiheit. Ernst Moritz Arndt nannte ihn den „Gott, der Eisen wachsen ließ". Dies Volk front noch als Sklavenvolk. Aber es sehnt sich nach Arbeit – sehnt sich danach, als adliges Volk vollen Rechtes im Stolz auf seine Väter für Heim und Herd des freien Mannes zu schaffen. [...]

Niemand möge sich täuschen: Wir wissen, dass eine unerbittliche geschichtliche und moralische Logik auf unserer Seite ficht. Aus dem Neuen, das Technik und Industrie für die Welt bedeutete, hatte sich ein Wahn mit doppeltem Gesichte entwickelt – der so genannte internationale Marxismus und der eigentlich erst aus den marxistischen Konstruktionen heraus Wirklichkeit gewordene internationale Kapitalismus. Dieser Wahn bricht jetzt in der Weltwirtschaftskrise und in der davon scharf zu unterscheidenden deutschen Krise zusammen. Die Frage ist nur, ob daraus Zerstörung und Elend nach russischem Muster oder neuer Aufstieg nach unseren Plänen und unter unserer Führung hervorgehen soll. [...]

Da gibt es keinen Mittelweg und keine Konzentration widerstrebender Kräfte. Da gibt es nur ein Entweder-oder.

(Herbert Michaelis/Ernst Schraepler [Hg.], Ursachen und Folgen, Bd. 8, Berlin 1958ff., S. 364)

1 *Klären Sie, wer zur „Harzburger Front" gehört.*

2 *Welche Ziele proklamiert Hugenberg, für wen spricht er, worin erblickt er den Feind?*

Diagramme: Wahlergebnisse

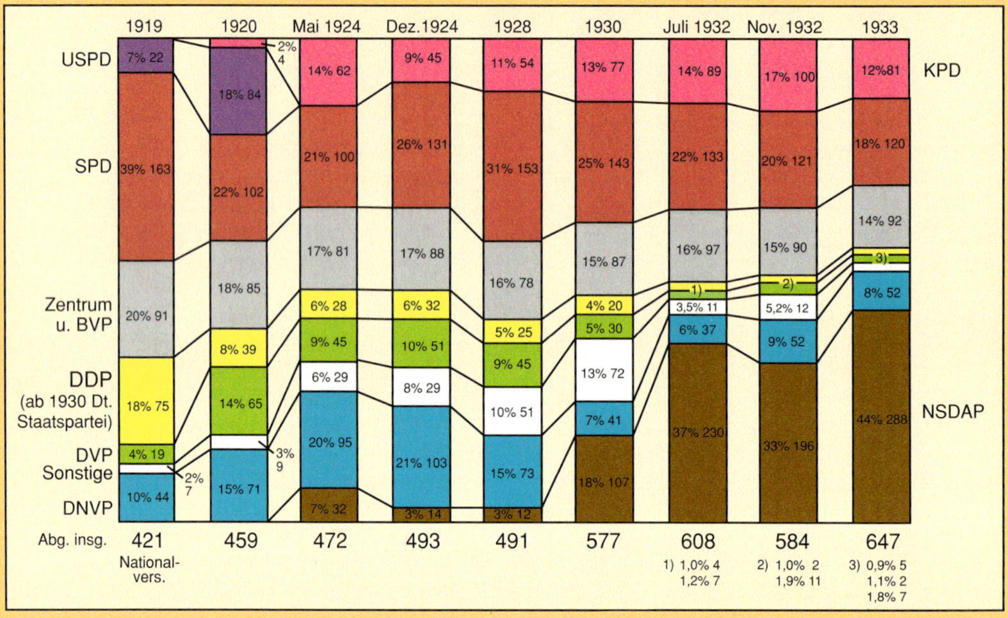

Diagramm 1 Ergebnisse der Reichstagswahlen 1919–1933

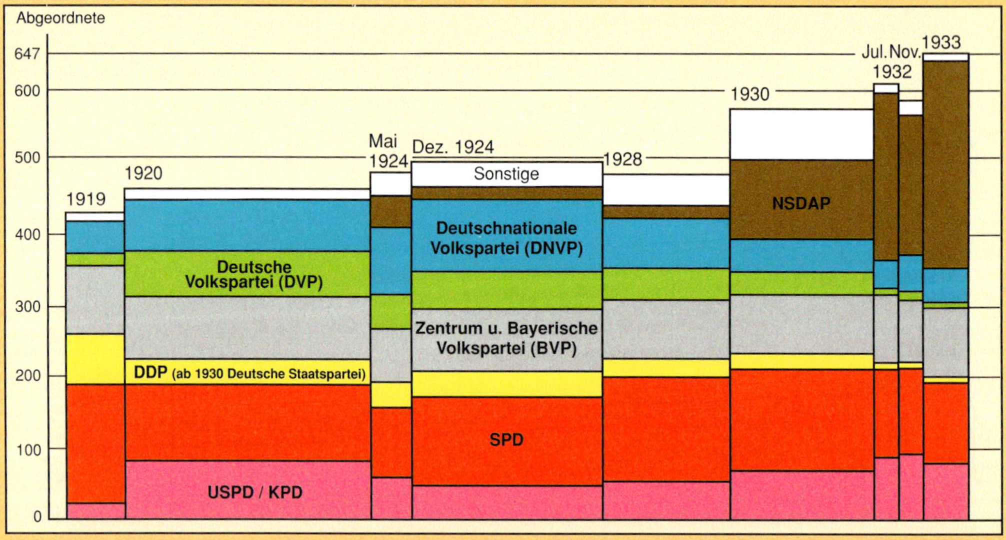

Diagramm 2 Parteien im Deutschen Reichstag 1919–1933

Historiker verwenden gerne Statistiken zur Beschreibung von Wahlvorgängen und -ergebnissen. Statistiken bieten eine geordnete Menge von Informationen in Form empirischer Daten. Bei Wahlergebnissen kann es sich dabei zum Beispiel um die absoluten Zahlen aller abgegebenen Stimmen oder auch die für jede einzelne Partei handeln. Da hierbei aber in der Regel mehr als sechsstellige Ziffern zu bewältigen sind, ist eine solche Information nur schwer handhabbar. Das gilt vor allem dann, wenn nicht nur der Wahlsieger, sondern auch das Verhältnis der abgegebenen Stimmen zur Zahl der Wahlberechtigten oder das der gewählten Parteien untereinander interessiert. Deshalb haben wir uns angewöhnt, Wahlergebnisse in Prozenträngen von der Wahlstatistik zu erwarten. Die Statistiker bieten uns heute bereits am Wahlabend die Ergebnisse in Prozenten bezüglich der abgegebenen Stimmen pro Partei und die dazugehörende Sitzverteilung, und zwar üblicherweise in der Form von Diagrammen.
Diagramme sind grafische Darstellungsweisen zur Veranschaulichung statistischer Daten. Zur Verdeutlichung der Parteienanteile einer Wahl wird häufig ein Kreisdiagramm verwendet (rund oder halbrund), wobei die Größe des Segmentes den Anteil der einzelnen Partei widerspiegelt. Sollen mehrere Wahlen über einen bestimmten Zeitraum abgebildet werden, macht man sich üblicherweise die Möglichkeiten von **Flächen- oder Säulendiagrammen** (Diagramm 2 auf der gegenüberliegenden Seite) oder des **Kurvendiagramms** zu Nutze. Hier werden die Bezüge zwischen zwei Gesichtspunkten durch ein Koordinatensystem optisch erfasst: die Häufigkeit der abgegebenen Stimmen pro Partei (hier auf der vertikalen oder y-Achse) im Verhältnis zur Zeit (hier auf der horizontalen oder x-Achse). Bei Diagramm 1 handelt es sich um eine Kombination aus Säulen- und Kurvendiagramm, weil hier die Säulen durch Geraden verbunden sind, um die Entwicklung der Trends leichter optisch erfassen zu können.
Diagramme erleichtern den Umgang mit empirischen Daten, können aber auch eine problematische Verführungskraft besitzen. Es ist üblich geworden, Wahlergebnisse stets auf die Summe der abgegebenen Stimmen zu beziehen. Man übersieht aber damit leicht den Anteil der Nichtwähler, was nur bei sehr hohen Wahlbeteiligungen unproblematisch ist. Eine andere Tücke entsteht bei der Umrechnung der Wahlergebnisse auf die zur Verfügung stehenden Sitze in Prozent. Hierbei wird stets angenommen, dass die Anzahl der zu verteilenden Sitze konstant sei. Im Deutschen Bundestag ist dies auch zwischen 1949 und 1990 der Fall gewesen. Aber in der Weimarer Republik änderte sich die Zahl der Reichstagssitze infolge des reinen Verhältniswahlrechts bei jeder Wahl. Jeweils auf 40 000 abgegebene Stimmen entfiel ein Sitz. Bei hohen Wahlbeteiligungen gab es viele Reichstagssitze, bei schwachen eben weniger. Dieser Umstand fällt bei Diagrammen, die alle Wahlergebnisse auf 100 % der Sitze beziehen, unter den Tisch. Damit scheinen Parteien, die ihre Stimmenzahl bei steigender Wahlbeteiligung lediglich konstant halten, an Wählern zu verlieren. Sie verlieren aber nur relativ, nämlich bezogen auf die Gesamtzahl der Sitze. Für die Interpretation der Entwicklung der Weimarer Koalition ist dies ein nicht unerheblicher Faktor.

– *Betrachten Sie Diagramm 1. Interpretieren Sie seine Botschaft hinsichtlich der Entwicklung der staatstragenden Parteien der Weimarer Koalition.*
– *Untersuchen Sie Diagramm 2. Interpretieren Sie die Entwicklung der Weimarer Koalition. Vergleichen Sie Ihr Ergebnis hier mit dem von Diagramm 1.*
– *Erörtern Sie die Gründe für die unterschiedlichen Aussagen der beiden Diagramme.*
– *Woher kommen die Stimmen der bisherigen Nichtwähler nach 1928?*

3.2 Die Präsidialkabinette und die Hitlerbewegung

Brünings Präsidialkabinett – Notverordnungen

Nach dem Auseinanderbrechen der „Großen Koalition" im März 1930 beauftragte Reichspräsident Hindenburg den Zentrumspolitiker Heinrich Brüning mit der Bildung einer Regierung. Diesem **Kabinett Brüning** gehörte die SPD nicht mehr an, es besaß auch keine Reichstagsmehrheit. Sollten sich für Gesetze keine Mehrheiten mehr finden, so hatte Brüning von Hindenburg die Vollmacht erhalten, gegebenenfalls mit dem **Notverordnungsartikel 48** zu regieren und den Reichstag aufzulösen.
Die Vorgehensweise des Reichspräsidenten war zunächst ein durchaus im Rahmen der Verfassung liegendes politisches Verfahren. Denn die Weimarer Reichsverfassung hatte Präsidialkabinette von vornherein als **Notprogramm** zugelassen: Nach Artikel 53 ernannte und entließ der Reichspräsident den Reichskanzler. Artikel 25 legte fest, dass der Reichspräsident den Reichstag auflösen konnte. Und Artikel 48 bot die Möglichkeit, zur Wiederherstellung der öffentlichen Ordnung Militär einzusetzen und Grundrechte aufzuheben. Aber der Reichstag hatte auch das Recht, Notverordnungen durch Mehrheitsbeschluss aufzuheben. Eine generelle Ausschaltung des Reichstages war daher nicht möglich. Wollte also Brüning ausschließlich mit Hilfe von **Notverordnungen** regieren, musste die Reichstagsmehrheit dieses Verfahren dulden. Die **SPD** ließ sich auf diese **Tolerierungspolitik** ein, um die Grundstrukturen der demokratischen Republik zu retten (M 25).

Die Ziele von Brüning, Papen, Schleicher

Die Weimarer Demokratie zu retten war nicht das Ziel der republikfeindlichen alten Eliten um Hindenburg, welche die **„autoritäre Wende"** eingeleitet hatten. Durch eine Konzentration der Entscheidungen im Kanzleramt sollte die SPD an den Rand gedrängt und eine generelle Senkung der Einkommen durchgesetzt werden. Brüning verfolgte dieses Ziel über einen Sparkurs bei Löhnen, Gehältern und Sozialleistungen (Deflationspolitik) und schwächte damit die gesamte Volkswirtschaft. Ihm schwebte eine Restauration der Hohenzollern-Monarchie vor. Er leitete sein politisches Ende mit dem Verbot der nationalsozialistischen Kampfverbände SA und SS ein.
Franz von Papens „Kabinett der Barone" wollte eine modernisierte Form der Ständeregierung verwirklichen (M 26) und begegnete der Arbeitslosigkeit mit einem Arbeitsbeschaffungsprogramm. Die sozialdemokratisch geführte Regierung Preußens beseitigte Papen im Juli 1932 durch einen Staatsstreich („Preußenschlag"). Als Papen nach fünfmonatiger Regierungszeit im November 1932 von Hindenburg die Militärdiktatur forderte, entließ ihn dieser und ernannte den **Reichswehrgeneral Kurt von Schleicher** zum Reichskanzler. Dieser setzte die Arbeitsbeschaffungsprogramme fort, scheiterte aber bei dem Versuch, durch ein Bündnis mit dem linken NSDAP-Flügel die Hitlerbewegung zu spalten. Weil damit auch Schleicher keine Alternative mehr zur Militärdiktatur sah, entließ ihn der Reichspräsident im Januar 1933.

Die alten Eliten und Hitler

Bis zu diesem Zeitpunkt hatten die alten Eliten Hitler von der Macht fern gehalten. Gleichwohl nahmen sie durch die häufigen Neuwahlen 1928 bis 1932 in Kauf, dass die NSDAP ihre Stimmen vermehren konnte. Ihre straff organisierte Propaganda war geschickt auf soziale Not und politische Orientierungslosigkeit der Massen abgestimmt und präsentierte sich unter dem schillernden Begriff der „Volksgemeinschaft" erfolgreich als politischer Hoffnungsträger „jenseits von Weimar". Hatte die alte konservative Elite auch Vorbehalte gegen die junge, sich revolutionär gebende NSDAP, so kam diese doch als Mehrheitsbeschaffer in Betracht. Jetzt musste sich entscheiden, ob Hitler als Nachfolger Schleichers in Frage kam, auch wenn es gelten sollte, „den Tiger zu reiten".

B 18 Elk Eber, So war die SA, 1936, Öl auf Leinwand

– *Untersuchen Sie Erscheinungsbild und Haltung der SA-Männer. Vergleichen Sie diese mit den Zuschauern und interpretieren Sie dieses Gemälde.*

Hitlerbewegung

Der Erste Weltkrieg bedeutete das Ende der alten Welt der Fürsten und Höfe, der Donaumonarchie und der europäischen Gleichgewichtspolitik. Mit der traditionellen politischen Ordnung verschwanden auch ihre Werte. Ein Krisenbewusstsein erfasste ganz Europa. Ihm entsprangen überall rechts gerichtete autoritäre und totalitäre Massenbewegungen wie der Faschismus in Italien oder die „Heimwehr" in Österreich. Der Nationalsozialismus der Hitlerbewegung war solch ein **Krisenphänomen der Nachkriegszeit** in Deutschland. Er versuchte alle Unzufriedenen und Entwurzelten von den Konservativen bis zu den Sozialisten in einer autoritär geführten Massenpartei zu versammeln, um ohne Parlament und Demokratie den Weg aus der wirtschaftlichen, politischen und moralischen Krise zu nationaler Größe zu weisen. Der Antisemitismus sollte durch die Schaffung eines jüdischen Sündenbocks das nationale Zusammengehörigkeitsgefühl stärken und die Masse der wirtschaftlich Unzufriedenen mit populären Versprechungen gewinnen. Trotz dieser populären Zielsetzung blieb die NSDAP zunächst relativ bedeutungslos. Nach dem missglückten Hitlerputsch 1923 verschwand die Partei auf Jahre, sodass es schien, als würde sie dasselbe Schicksal wie die meisten ihrer europäischen Schwesterparteien ereilen (1924–1928: 3 %). Mit der Wirtschaftskrise allerdings explodierten die **Wählerstimmen** für die NSDAP (s. S. 408).

NSDAP-Wähler und Grundlage des Massenerfolgs

Die Wählerschaft der NSDAP zeigte vor 1929 kein deutliches Profil, sie wandelte sich ständig. Ab 1929 gelang es der NSDAP aber, vor allem den **alten und neuen Mittelstand** anzusprechen, also Händler, Kaufleute und Handwerker ebenso wie die wachsende Zahl der Angestellten. Neben diesen erreichte die Parteipropaganda auch nicht organisierte Arbeiter und Bauern. Sie alle fürchteten in der Wirtschaftskrise den sozialen Abstieg und sahen in der NSDAP den dritten Weg zwischen Kapitalismus und Sozialismus. Ab 1930 machte der Antimarxismus die Partei auch für die obere Mittelschicht und den Adel interessant. 1933 traten in der NSDAP-Wählerschaft die Frauen hervor.

Der NSDAP-Wähler unterschied sich deutlich vom NSDAP-Mitglied. Typisch für die NSDAP-Mitgliedschaft ist nicht die Suche nach materiellem oder sozialem Vorteil, sondern die traumatische Erfahrung des Verlustes der nationalen Größe, von Niederlage und Revolution bei der Generation der **Frontsoldaten** des Ersten Weltkrieges. Niederlage, Friedensvertrag und Revolution schienen für diese Männer die Opfer des Krieges sinnlos zu machen. Deshalb bekämpften sie den Versailler Vertrag und ihre demokratischen Unterzeichner und nährten die **„Dolchstoßlegende"**. Die NSDAP war die Partei, die die Erfahrungen dieser Männergeneration in Ideologie und Aktion umsetzte. Männerkameradschaft und gewalttätige Aktion prägten deshalb den Parteistil (B 18). Bei **Jugendlichen** befriedigte die NSDAP das Verlangen nach heroischen Taten. Marschkolonne und politische Gewalt befriedigten die Wunschvorstellungen einer Generation, die unter der Vorbildwirkung der Frontsoldaten stand. Die Partei bot ihnen die Plattform zur Entfaltung der Mission, das deutsche Volk mit mehr Gleichheit zu erneuern als in der Welt der Alten.

M25 SPD-Abgeordneter Wilhelm Keil zum Deflationsprogramm Brünings am 15. Juli 1930

Eine Sparpolitik, die das große Heer jener Menschen, die gegen ihren Willen aus dem Produktionsprozess ausgeschlossen oder in diesem Prozess krank, siech und verstümmelt worden sind, dem Hunger und dem Untergang preisgeben würde, machen wir nicht mit. Da wir aber wissen, dass mit Etatabstrichen allein der Ausgleich nicht zu erreichen ist, schlagen wir steuerliche Maßnahmen vor, die dem Grundsatz der steuerlichen Gerechtigkeit Rechnung tragen. Wir fordern in erster Linie einen zehnprozentigen Zuschlag zur Einkommensteuer für alle Einkommen mit einer angemessenen Freigrenze. [...] Der Reichskanzler Dr. Brüning [hat] „mit allen verfassungsmäßigen Mitteln" gedroht. Er hat nicht klar gesagt, was er damit meint. Ein verfassungsmäßiges Mittel wäre der Rücktritt der Regierung, ein anderes wäre die Auflösung des Reichstags. Sollte der Reichskanzler aber keines dieser Mittel im Auge haben, sondern etwa den viel zitierten Artikel 48 der Reichsverfassung im Auge haben, so müssen wir noch einmal laut unsere warnende Stimme erheben [...]. Der Artikel 48 ist nach seiner Entstehungsgeschichte, seinem Sinn und Wortlaut kein Instrument zur Rettung einer Regierung, die sich verrechnet hat. Artikel 48 kann unmöglich Anwendung finden zur Durchsetzung von Gesetzen, die der Reichstag nicht genehmigen will. Eine solche Anwendung wäre ein Missbrauch des Artikels 48 und dieser Missbrauch würde heißen: die Verfassung außer Kraft setzen. Das aber, Herr Reichskanzler, wäre ein Vabanquespiel, von dem niemand sagen kann, wo und wie es enden wird.

(Wilhelm Keil, Erlebnisse eines Sozialdemokraten, Bd. 2, Stuttgart 1948, S. 390)

1 *Erschließen Sie Ziel und Vorgehensweise der Regierung Brüning in der Wirtschaftskrise.*

2 *Welche Krisenpolitik verfolgt die SPD?*

M26 Franz von Papen berichtet über seine Ernennung zum Reichskanzler 1932

Wie immer empfing er [Reichspräsident Hindenburg] mich mit väterlicher Güte. „Nun, mein lieber Papen, werden Sie mir in dieser schwierigen Lage helfen?", fragte er mit seiner sonoren Stimme. „Ich fürchte, ich kann es nicht, Herr Reichspräsident." [...]

Die Szene, die sich nun abspielte, habe ich oft geschildert.

Schwerfällig erhebt sich der alte Marschall aus seinem Sessel und ergreift meine beiden Hände. „Wie können Sie einen alten Mann, der trotz der Bürde seiner Jahre die Verantwortung für das Reich noch einmal übernommen hat, jetzt im Stiche lassen wollen, wo er Sie berufen will, eine für die Zukunft des Reiches entscheidende Frage zu lösen? Ich erwarte von Ihrem vaterländischen Pflichtgefühl, dass Sie sich meinem Rufe nicht versagen."

Schwer atmend und fast stockend, aber wie beschwörend, höre ich diese tiefe Stimme, die so viel Wärme ausstrahlt: „Mir ist es völlig gleich, ob Sie die Missbilligung oder gar die Feindschaft Ihrer Partei ernten. Ich will endlich von den Parteien unabhängige Männer um mich sehen, die nach bestem Wissen und Gewissen versuchen, das Land aus der entsetzlichen Krise zu befreien, in der es sich befindet." Und mit erhobener Stimme: „Sie waren Soldat und haben im Kriege Ihre Pflicht getan. In Preußen kennen wir nur Gehorsam, wenn das Vaterland ruft!"

Vor dieser Berufung auf Gehorsam und Loyalität strich ich die Segel. Gab es nicht höhere Interessen als Parteidisziplin? Ich schlug in die mir dargebotene Hand des Marschalls.

(Franz v. Papen, Der Wahrheit eine Gasse, München o. J., S. 189 ff.)

1 *Welche Motive leiteten Hindenburg bei seinem Weg der Bildung von Präsidialkabinetten?*

2 *Definieren Sie „Präsidialkabinett".*

3 *Wie verhält sich dieser Weg Hindenburgs zu Geist und Buchstaben der Weimarer Verfassung?*

B 19 John Heartfield, Das tote Parlament, 1929, Plakat

– *Deuten Sie die Elemente des Bildes.*

B 20 E. Schilling, Ein neuer Rütlischwur der Parteien, Karikatur aus dem „Simplicissimus" vom 16. Oktober 1932. – Die Bildunterschrift lautet: „Wir wollen einig kämpfen gegen Papen – doch trotzdem treu uns hassen allezeit!"

– *Identifizieren Sie die Parteienvertreter nach ihren Emblemen und interpretieren Sie die Karikatur im Zusammenhang mit der politischen Krise der Republik.*

M27 Joseph Goebbels über „Legalität" im „Angriff" vom April/Mai 1928

Wir gehen in den Reichstag hinein, um uns im Waffenarsenal der Demokratie mit deren eigenen Waffen zu versorgen. Wir werden Reichstagsabgeordnete, um die Weimarer Gesinnung mit ihrer eigenen Unterstützung lahm zu legen. Wenn die Demokratie so dumm ist, uns für diesen Bärendienst Freifahrkarten und Diäten zu geben, so ist das ihre eigene Sache. […] Uns ist jedes gesetzliche Mittel recht, den Zustand von heute zu revolutionieren. Wenn es uns gelingt, bei diesen Wahlen [1928] sechzig bis siebzig Agitatoren unserer Parteien in die verschiedenen Parlamente hineinzustecken, so wird der Staat selbst in Zukunft unseren Kampfapparat ausstatten und besolden. […]
Auch Mussolini ging ins Parlament. Trotzdem marschierte er nicht lange darauf mit seinen Schwarzhemden nach Rom. […]
Man soll nicht glauben, der Parlamentarismus sei unser Damaskus. […] Wir kommen als Feinde! Wie der Wolf in die Schafherde einbricht, so kommen wir. Jetzt seid ihr nicht mehr unter euch!
Ich bin kein Mitglied des Reichstags. Ich bin ein IdI, ein IdF. Ein Inhaber der Immunität, ein Inhaber der Freifahrkarte. […] Wir sind gegen den Reichstag gewählt worden und wir werden auch unser Mandat im Sinne unserer Auftraggeber ausüben. […] Ein IdI hat freien Eintritt zum Reichstag, ohne Vergnügungssteuer zahlen zu müssen. Er kann, wenn Herr Stresemann von Genf erzählt, unsachgemäße Zwischenfragen stellen, zum Beispiel, ob es den Tatsachen entspricht, dass besagter Stresemann Freimaurer und mit einer Jüdin verheiratet ist.

(Karl D. Bracher, Die Auflösung der Weimarer Republik, Villingen [3]1960, S. 375, Anm. 39f.)

1 *Erklären Sie, weshalb Goebbels in den Reichstag kommen konnte; skizzieren Sie seine Haltung zur Weimarer Republik.*

2 *Wie regelt das Grundgesetz der Bundesrepublik den Umgang mit Verfassungsfeinden?*

3.3 Die Machtübertragung auf Hitler

Das Ende von Weimar

Die **Reichstagswahl** vom November 1932 hatte der NSDAP erste **Verluste** eingebracht, ohne dass die rechtskonservativen Parteien DVP und DNVP größere Gewinne verbuchen konnten. Ebenso war gegen Ende 1932 ein Abflauen der Straßenkämpfe zu verzeichnen. Damit zeigte sich zum einen, dass die alten Eliten weiterhin keine Massenbasis besaßen, die Massen blieben in der NSDAP, der SPD und der KPD versammelt. Zum anderen wurde deutlich, dass die NSDAP ihren Höhepunkt offensichtlich überschritten und sich ihr Wählerreservoir erschöpft hatte. Zur Jahreswende 1932/33 bildete sich daher jene **Kompromissbereitschaft** heraus, der sich die Nationalsozialisten bislang verweigert hatten.

Ernennung Hitlers zum Reichskanzler: 30. Januar 1933

Als Reichskanzler von Schleicher im Januar 1933 vom Reichspräsidenten die Militärdiktatur verlangte, war die Stunde der monarchistischen und völkischen Republikfeinde gekommen. Die Kamarilla um Hindenburg setzte den Führer der NSDAP, Adolf Hitler, als Reichskanzler durch (M 28). Am **30. Januar 1933 ernannte Reichspräsident Hindenburg Adolf Hitler zum Reichskanzler** und Franz von Papen zum Vizekanzler. Mit dieser „Machtübergabe" konnte die „Machtergreifung" beginnen.
Mit Adolf Hitler war am 30. Januar 1933 ein erklärter Feind der liberalen und demokratischen Reichsverfassung Kanzler geworden. Das war ein klarer **Verfassungsbruch** des Reichspräsidenten, der damit Hitler die Möglichkeit gab, durch Aushöhlung des Verfassungskerns die Weimarer Reichsverfassung praktisch bedeutungslos zu machen. Aber in dieser „nationalen Erhebung" erblickten die konservativ-bürgerlichen Koalitionspartner keine Gefahr. Zum einen hatte Hitler versprochen, von illegalen Mitteln Abstand zu nehmen (Legalitätseid), und zum anderen galt die NSDAP nach der letzten Reichstagswahl als geschwächt. Denn in den Wahlen im November 1932 hatte sie zwei Millionen Stimmen eingebüßt, ihr Höhenflug schien vorbei. Deshalb war die NSDAP in Hitlers Koalitionsregierung in der Minderheit.

B 21 Reichskanzler Hitler, Wehrminister von Blomberg und Reichspräsident von Hindenburg am 21. März 1933 vor der Garnisonkirche in Potsdam, zeitgenössische Fotografie. – Die Garnisonkirche war die Grablege der preußischen Könige, wo der am 5. März gewählte Reichstag feierlich eröffnet wurde.

Norddeutsche Ausgabe

Norddeutsche Ausgabe

VÖLKISCHER BEOBACHTER

Herausgeber Adolf Hitler

Die Brennessel

Das Maß ist voll!

Jetzt wird rücksichtslos durchgegriffen

Kommunistische Brandstifter zünden das Reichstagsgebäude an – Der Mitteltrakt mit dem großen Sitzungssaal vernichtet – Kommunistischer Brandstifter verhaftet – Das Zeichen zur Entfesselung des kommunistischen Aufruhrs – Schärfste Maßnahmen gegen die Terroristen – Alle kommunistischen Abgeordneten in Haft – Alle marxistischen Zeitungen verboten

Der Wallot-Bau in Flammen

Das Fanal!

Der amtliche Bericht:

B 22 Titelseite des „Völkischen Beobachters" vom 1. März 1933. – Der „Völkische Beobachter" war das Zentralorgan der NSDAP. Am 28. Februar, dem Tag nach dem Brand des Reichstagsgebäudes, hob Reichspräsident von Hindenburg die Grundrechte durch Notverordnung auf. Dies war die Grundlage für die Verfolgung der Opposition und die Beseitigung des Rechtsstaats bis 1945.

Der Regierung gehörten neben Hitler nur noch Wilhelm Frick und Hermann Göring aus der NSDAP an (Joseph Goebbels erst ab März), während fünf Minister bereits dem Kabinett Papen angehörten. Die **„Regierung der nationalen Konzentration"** galt den Konservativen als das lang ersehnte Ende der „Erfüllungspolitik" der Weimarer Republik; nicht Hitler, sondern Hindenburg war für sie der Mann der Stunde. Hitlers NSDAP schien zähmbar zu sein, ganz wie es der Staatsakt zur Eröffnung des neuen Reichstages am 21. März 1933 in der Potsdamer Garnisonkirche versinnbildlichen sollte (B 21).

Reichstagsbrand und „Machtergreifung"

Um eine absolute oder gar verfassungsändernde Mehrheit für die NSDAP zu erzielen, strebte Hitler bereits vor seiner Vereidigung als Kanzler Neuwahlen an und setzte diese gegen den Widerstand der DNVP durch. Am 1. Februar wurde der Reichstag aufgelöst, am 5. März sollte gewählt werden. Am 4. Februar erging eine Notverordnung des Reichspräsidenten zur Kontrolle von Zeitungen und politischen Versammlungen und zur Auflösung der preußischen Gemeindeparlamente. Göring wurde kommissarischer Innenminister und setzte als Polizeichef in Preußen SA und Stahlhelm als Hilfspolizei ein.
Der Wahlkampf wurde von der NSDAP mit allen Mitteln der Propaganda und des Straßenterrors durch SA und SS geführt (Schießbefehl gegenüber „Staatsfeinden"). Als am 27. Februar das **Reichstagsgebäude** in Berlin **in Flammen** aufging, benutzte Hitler den bis heute in seiner Urheberschaft umstrittenen Brandanschlag, um über den Reichspräsidenten Hindenburg Notverordnungen nach Art. 48 der Weimarer Verfassung erlassen zu können (B 22). In der **„Verordnung zum Schutz von Volk und Staat"**, der so genannten Brandverordnung (M 29), vom 28. Februar wurden die klassischen Grundrechte der Verfassung einschließlich des Appellationsrechts außer Kraft gesetzt und die Todesstrafe für Hoch- und Landesverrat eingeführt. Das materiale Rechtsstaatsprinzip war damit auf Grund eines formalen Rechtsaktes bis 1945 aufgehoben; d. h. unter Wahrung des gesetzmäßigen Weges wurde der **Kern des Rechtsstaates beseitigt**, nämlich der Schutz der Privatsphäre des Bürgers vor willkürlichem Zugriff durch den Staat. So wurde die **staatliche Willkürherrschaft** zur eigentlichen Verfassung des Dritten Reiches (B 23). Die „Brandverordnung" verschaffte der NSDAP die Möglichkeit, die KPD als angebliche Brand-

B 23 Straßenszene in München 1933, zeitgenössische Fotografie. – Ein jüdischer Rechtsanwalt, der im Vertrauen auf den Rechtsstaat in Deutschland bei der Polizei um Hilfe gebeten hatte, wurde von der SS mit abgeschnittenen Hosenbeinen durch die Straßen geführt. Die Aufhebung der Grundrechte hatte der Willkürherrschaft der Staatsorgane und der Parteiorganisationen Tür und Tor geöffnet. Der Schutzhaftbefehl war Teil dieser Willkürherrschaft.

stifterin durch Massenverhaftungen von Funktionären zu zerschlagen. Zwar wurden im Reichstagsbrandprozess alle kommunistischen Angeklagten freigesprochen und allein der Holländer van der Lubbe für schuldig befunden, aber die Hälfte aller KPD-Funktionäre wurde willkürlich verhaftet; die KPD-Organisationen konnten nur in der Illegalität des Widerstands und im Exil fortbestehen. Auch die Sozialdemokratie war noch während des Wahlkampfes von Verhaftungen und Verboten betroffen.

Reichstagswahl März 1933

Trotz massiver Unterstützung durch den Staatsapparat und erheblicher Spenden der deutschen Schwerindustrie (über 3 Mio. RM) erreichte die **NSDAP** in den Wahlen vom 5. März 1933 **keine absolute Mehrheit**. Ihr Stimmenanteil von 43,9 % reichte mit den Stimmen der DNVP aber zu einer Mehrheit von 51,9 %. Zentrum, SPD und selbst KPD konnten ihre Stimmenanteile in etwa behaupten.

Ende des Parlamentarismus

Obwohl nun Reichskanzler Hitler seine Regierung auf eine ausreichende Mehrheit im Reichstag hätte stützen können, verlangte er ein **Ermächtigungsgesetz**. Damit sollte der Reichstag auf seine Kontroll- und alleinige Gesetzgebungsaufgabe verzichten und der **Regierung schrankenlose Gesetzgebungsmöglichkeiten** einräumen. Von den im Reichstag noch verbliebenen Fraktionen – alle 81 kommunistischen und ein Teil der sozialdemokratischen Abgeordneten waren bereits Ende Februar nach der Brandverordnung verhaftet worden – setzten sich nur die Sozialdemokraten entschieden gegen die am 23. März drohende Beseitigung des parlamentarischen Regierungssystems zur Wehr (M 30b). Das Zentrum gab sich wie alle bürgerlichen Parteien mit Hitlers Beschwichtigungen (M 30a), der Reichspräsident und die Länder würden unangetastet bleiben, zufrieden. Es unterstützte die NSDAP sogar noch durch Zustimmung zu einer Geschäftsordnungsänderung, die die SPD an der

Ausübung einer Sperrminorität hindern sollte. Für das verfassungsändernde Gesetz waren nämlich nicht nur eine Zweidrittelmehrheit der abgegebenen Stimmen, sondern auch die Anwesenheit von zwei Dritteln der Abgeordneten notwendig. Die Änderung der Geschäftsordnung mit Hilfe der bürgerlichen Parteien ließ es nun zu, dass alle „unentschuldigt" Abwesenden als Anwesende gezählt wurden. So sollten auch ungewollt die verhafteten Abgeordneten zur Verabschiedung des Ermächtigungsgesetzes beitragen. Am 24. März 1933 billigten 444 von 647 Abgeordneten das Gesetz (M 31). Damit hatte sich das Parlament selbst ausgeschaltet.
Durch die **Beseitigung der horizontalen Gewaltenteilung** wurde die Reichsregierung mit diktatorischen Vollmachten ausgestattet. Ihre Gesetzgebungstätigkeit war nicht einmal mehr an die Verfassungsbestimmungen gebunden, solange nur Reichstag, Reichsrat und die Rechte des Reichspräsidenten unangetastet blieben. So war durch die Aushöhlung der Weimarer Reichsverfassung Deutschland zu einer **formalrechtlich legitimierten Diktatur** geworden. Das Ermächtigungsgesetz sollte zunächst nur vier Jahre gelten, wurde aber 1937 und 1939 verlängert und 1943 von jeder Befristung befreit.

M28 Die Ernennung Hitlers zum Reichskanzler in den Aufzeichnungen Ribbentrops – persönliches Diktat Joachim von Ribbentrops

Ich habe Hitler noch nie in einem solchen Zustand gesehen; ich schlage ihm und Göring vor, Papen abends allein zu sprechen und ihm die ganze Situation klarzulegen. Abends spreche ich mit Papen und überzeuge ihn schließlich, dass nur die Kanzlerschaft Hitlers, für die er sich ganz einsetzen müsse, einen Sinn hätte. Papen sagt, dass die Hugenbergsche Sache nur eine untergeordnete Rolle spiele, und erklärt, dass er sich jetzt voll und ganz zur Kanzlerschaft Hitlers bekenne, was den entscheidenden Wendepunkt in der Haltung Papens bedeutete. Papen wird sich seiner Verantwortung bewusst – drei Möglichkeiten: entweder Präsidialkabinett mit nachfolgender [unleserlich] oder Rückkehr des Marxismus unter Schleicher oder Rücktritt Hindenburgs. Dagegen die wirklich einzige klare Lösung: Kanzlerschaft Hitlers. Papen wird sich nun restlos klar, dass er jetzt unter allen Umständen Hitlers Kanzlerschaft durchsetzen muss und nicht wie bisher glauben darf, sich Hindenburg auf jeden Fall zur Verfügung halten zu müssen. Diese Erkenntnis Papens ist meines Erachtens der Wendepunkt der ganzen Frage. Papen ist am Sonnabendvormittag für 10 Uhr bei Hindenburg angesagt. [...]
Sonntag, 29.1.: Um 11 Uhr lange Aussprache Hitler– Papen. Hitler erklärt, dass im großen Ganzen alles im Klaren sei. Es müssten aber Neuwahlen angesetzt werden und ein Ermächtigungsgesetz müsse kommen. Papen begibt sich sofort zu Hindenburg. Ich frühstücke im Kaiserhof mit Hitler. Die Frage der Neuwahlen wird besprochen. Da Hindenburg nicht wählen lassen will, bittet er mich, Hindenburg zu sagen, dass dies die letzten Wahlen seien. Nachmittags gehen Göring und ich zu Papen. Papen erklärt, dass alle Hindernisse beseitigt seien und dass Hindenburg Hitler morgen um 11 Uhr erwartet.
Montag, 30.1.: Hitler ist zum Kanzler ernannt.
(Joachim v. Ribbentrop, Zwischen London und Moskau, Leoni 1961, S. 41 f.)

1 *Stellen Sie die Faktoren zusammen, denen Hitler seine Ernennung zum Reichskanzler verdankte.*
2 *Vergleichen Sie die Stellung des Reichskanzlers in der Weimarer Reichsverfassung mit der Praxis der Regierungsbildung 1930 bis 1933.*

M29 Aus der Notverordnung zum „Schutz von Volk und Staat" vom 28. Februar 1933, erlassen anlässlich des Reichstagsbrandes vom Vortag („Brandverordnung")

Auf Grund des Artikels 48 Abs. 2 der Reichsverfassung wird zur Abwehr kommunistischer staatsgefährdender Gewaltakte Folgendes verordnet:
§ 1. Die Artikel 114, 115, 117, 118, 123, 124 und 153 der Verfassung des Deutschen Reiches werden bis auf weiteres außer Kraft gesetzt. Es sind daher Beschränkungen der persönlichen Freiheit, des Rechts der freien Meinungsäußerung einschließlich der Pressefreiheit, des Vereins- und Versammlungsrechts, Eingriffe in das Brief-, Post-, Telegrafen- und Fernsprechgeheimnis, Anordnungen von Haussuchungen und von Beschlagnahmen sowie Beschränkungen des Eigentums auch außerhalb der sonst hierfür bestimmten gesetzlichen Grenzen zulässig.
§ 2. Werden in einem Lande die zur Wiederherstellung der öffentlichen Sicherheit und Ordnung nötigen Maßnahmen nicht getroffen, so kann die

Reichsregierung insoweit die Befugnisse der obersten Landesbehörde vorübergehend wahrnehmen.
§ 3. Die Behörden der Länder und Gemeinden (Gemeindeverbände) haben den auf Grund des § 2 erlassenen Anordnungen der Reichsregierung im Rahmen ihrer Zuständigkeit Folge zu leisten. [...]
§ 5. Mit dem Tode sind die Verbrechen zu bestrafen, die das Strafgesetzbuch in den §§ 81 (Hochverrat), 229 (Giftbeibringung), 307 (Brandstiftung), 311 (Explosion), 312 (Überschwemmung), 315 Abs. 2 (Beschädigung von Eisenbahnanlagen), 324 (gemeingefährliche Vergiftung) mit lebenslangem Zuchthaus bedroht.
Mit dem Tode oder, soweit nicht bisher eine schwerere Strafe angedroht ist, mit lebenslangem Zuchthaus oder mit Zuchthaus bis zu 15 Jahren wird bestraft,
1. wer es unternimmt, den Reichspräsidenten oder ein Mitglied oder einen Kommissar der Reichsregierung oder einer Landesregierung zu töten oder wer zu einer solchen Tötung auffordert, sich erbietet, ein solches Erbieten annimmt oder eine solche Tötung mit einem anderen verabredet;
2. wer in den Fällen des § 115 Abs. 2 des Strafgesetzbuchs (schwerer Aufruhr) oder des § 125 Abs. 2 des Strafgesetzbuchs (schwerer Landfriedensbruch) die Tat mit Waffen oder in bewusstem und gewolltem Zusammenwirken mit einem Bewaffneten begeht;
3. wer eine Freiheitsberaubung (§ 239 des Strafgesetzbuchs) in der Absicht begeht, sich des der Freiheit Beraubten als Geisel im politischen Kampfe zu bedienen.
§ 6. Diese Verordnung tritt mit dem Tage der Verkündung in Kraft.
(Reichsgesetzblatt 1933, Teil I, Nr. 17, S. 83)

1 *Nennen Sie die Rechte, die in der Reichstagsbrandverordnung außer Kraft gesetzt werden. Wo stehen diese im Grundgesetz?*

2 *Welche Möglichkeiten hat nun der Staat?*

3 *Erörtern Sie die Verhältnismäßigkeit von angeblicher Zielsetzung der Notverordnung und den tatsächlichen Möglichkeiten, die sie eröffnet.*

M30 Zur Auseinandersetzung um das Ermächtigungsgesetz im Reichstag am 23. März 1933

a) Aus der Rede Adolf Hitlers

Um die Regierung in die Lage zu versetzen, die Aufgaben zu erfüllen, die innerhalb dieses allgemein gekennzeichneten Rahmens liegen, hat sie im Reichstag durch die beiden Parteien der Nationalsozialisten und der Deutschnationalen das Ermächtigungsgesetz einbringen lassen. Ein Teil der beabsichtigten Maßnahmen erfordert die verfassungsändernde Mehrheit. Die Durchführung dieser Aufgaben bzw. ihre Lösung ist notwendig. Es würde dem Sinn der nationalen Erhebung widersprechen und dem beabsichtigten Zweck nicht genügen, wollte die Regierung sich für ihre Maßnahmen von Fall zu Fall die Genehmigung des Reichstags erhandeln und erbitten. Die Regierung wird dabei nicht von der Absicht getrieben, den Reichstag als solchen aufzuheben; im Gegenteil, sie behält sich auch für die Zukunft, vor ihn von Zeit zu Zeit über ihre Maßnahmen zu unterrichten oder aus bestimmten Gründen, wenn zweckmäßig, auch seine Zustimmung einzuholen. Die Autorität und damit die Erfüllung der Aufgaben der Regierung würden aber leiden, wenn im Volke Zweifel an der Stabilität des neuen Regiments entstehen könnten. Sie hält vor allem eine weitere Tagung des Reichstags im heutigen Zustand der tief gehenden Erregung der Nation für unmöglich. Es ist kaum eine Revolution von so großem Ausmaß so diszipliniert und unblutig verlaufen wie diese Erhebung des deutschen Volkes in diesen Wochen. Es ist mein Wille und meine feste Absicht, für diese ruhige Entwicklung auch in Zukunft zu sorgen. Allein umso nötiger ist es, dass der nationalen Regierung jene souveräne Stellung gegeben wird, die in einer solchen Zeit allein geeignet ist, eine andere Entwicklung zu verhindern. Die Regierung beabsichtigt dabei von diesem Gesetz nur insoweit Gebrauch zu machen, als es zur Durchführung der lebensnotwendigen Maßnahmen erforderlich ist. [...]
Sie bietet den Parteien des Reichstags die Möglichkeit einer ruhigen deutschen Entwicklung und einer sich daraus in der Zukunft anbahnenden Verständigung; sie ist aber ebenso entschlossen und bereit, die Bekundung der Ablehnung und damit die Ansage des Widerstandes entgegenzunehmen. Mögen Sie, meine Herren, nunmehr selbst die Entscheidung treffen über Frieden oder Krieg.

1 *Interpretieren Sie die Rede Hitlers in ihrem historischen Kontext.*

b) Aus der Rede des sozialdemokratischen Fraktionsvorsitzenden Otto Wels

Nach den Verfolgungen, die die Sozialdemokratische Partei in der letzten Zeit erfahren hat, wird billigerweise niemand von ihr verlangen oder erwarten können, dass sie für das hier eingebrachte Ermächtigungsgesetz stimmt. Die Wahlen vom 5. März haben den Regierungsparteien die Mehrheit gebracht und damit die Möglichkeit gegeben, streng nach Wortlaut und Sinn der Verfassung zu regieren. Wo diese Möglichkeit besteht, besteht auch die Pflicht. Kritik ist heilsam und notwendig. Noch niemals, seit es einen Deutschen Reichstag gibt, ist die Kontrolle der öffentlichen Angelegenheiten durch die gewählten Vertreter des Volkes in solchem Maße ausgeschaltet worden, wie es jetzt geschieht und wie es durch das neue Ermächtigungsgesetz noch mehr geschehen soll. Eine solche Allmacht der Regierung muss sich umso schwerer auswirken, als auch die Presse jeder Bewegungsfreiheit entbehrt. [...]

Wir Sozialdemokraten wissen, dass man machtpolitische Tatsachen durch bloße Rechtsverwahrungen nicht beseitigen kann. Wir sehen die machtpolitische Tatsache Ihrer augenblicklichen Herrschaft, aber auch das Rechtsbewusstsein des Volkes ist eine politische Macht und wir werden nicht aufhören, an dieses Rechtsbewusstsein zu appellieren.

Die Verfassung von Weimar ist keine sozialistische Verfassung. Aber wir stehen zu den Grundsätzen des Rechtsstaates, der Gleichberechtigung, des sozialen Rechtes, die in ihr festgelegt sind. Wir deutschen Sozialdemokraten bekennen uns in dieser geschichtlichen Stunde feierlich zu den Grundsätzen der Menschlichkeit und der Gerechtigkeit, der Freiheit und des Sozialismus. Kein Ermächtigungsgesetz gibt Ihnen die Macht, Ideen, die ewig und unzerstörbar sind, zu vernichten. Sie selbst haben sich ja zum Sozialismus bekannt. Das Sozialistengesetz hat die Sozialdemokratie nicht vernichtet. Auch aus neuen Verfolgungen kann die deutsche Sozialdemokratie neue Kraft schöpfen.

(M 30a und b: J. u. K. Hohlfeld [Hg.], Dokumente der Deutschen Politik und Geschichte von 1848 bis zur Gegenwart, Bd. 4, Berlin o. J., S. 35 f. und 38 ff.)

1 *Skizzieren Sie die Argumente des SPD-Abgeordneten Wels.*

M31 „Gesetz zur Behebung der Not von Volk und Reich" vom 24. März 1933 (Ermächtigungsgesetz)

Der Reichstag hat das folgende Gesetz beschlossen, das mit Zustimmung des Reichsrats hiermit verkündet wird, nachdem festgestellt ist, dass die Erfordernisse verfassungsändernder Gesetzgebung erfüllt sind:

Artikel 1. Reichsgesetze können außer in dem in der Reichsverfassung vorgesehenen Verfahren auch durch die Reichsregierung beschlossen werden. Dies gilt auch für die in den Artikeln 85 Abs. 2 und 87 der Reichsverfassung bezeichneten Gesetze.[1]

Artikel 2. Die von der Reichsregierung beschlossenen Reichsgesetze können von der Reichsverfassung abweichen, soweit sie nicht die Einrichtung des Reichstags und des Reichsrats als solche zum Gegenstand haben. Die Rechte des Reichspräsidenten bleiben unberührt.

Artikel 3. Die von der Reichsregierung beschlossenen Reichsgesetze werden vom Reichskanzler ausgefertigt und im Reichsgesetzblatt verkündet. Sie treten, soweit sie nichts anderes bestimmen, mit dem auf die Verkündung folgenden Tage in Kraft. Die Artikel 68 und 77 der Reichsverfassung[2] finden auf die von der Reichsregierung beschlossenen Gesetze keine Anwendung.

Artikel 4. Verträge des Reiches mit fremden Staaten, die sich auf Gegenstände der Reichsgesetzgebung beziehen, bedürfen für die Dauer der Geltung dieser Gesetze nicht der Zustimmung der an der Gesetzgebung beteiligten Körperschaften. Die Reichsregierung erlässt die zur Durchführung dieser Verträge erforderlichen Vorschriften.

Artikel 5. Dieses Gesetz tritt mit dem Tage seiner Verkündung in Kraft. Es tritt mit dem 1. April 1937 außer Kraft; es tritt ferner außer Kraft, wenn die gegenwärtige Reichsregierung durch eine andere abgelöst wird.

(Reichsgesetzblatt 1933, Teil I, Nr. 25, S. 141)

1 Art. 85 Abs. 2 und Art. 87 der Weimarer Reichsverfassung (WRV) banden Haushalt und Kreditaufnahme an die Gesetzesform.

2 Art. 68–77 WRV legten das Gesetzgebungsverfahren einschließlich Einspruchsrecht des Reichsrates, des Volksentscheids und der Verfassungsänderung fest.

1 *Fassen Sie die Bestimmungen des Ermächtigungsgesetzes zusammen.*

2 *Welche verfassungsrechtliche Bedeutung hat das Gesetz?*

3 *Diskutieren Sie, warum diese Bestimmungen nicht als Notverordnung des Reichspräsidenten eingeführt wurden.*

Die Weimarer Republik: Die erste deutsche Demokratie

Zusammenhänge und Perspektiven

1 *Analysieren Sie, inwieweit Traditionen des Kaiserreiches und Folgen des verlorenen Ersten Weltkriegs den Aufbau der ersten deutschen Demokratie erschwerten.*
2 *Erläutern Sie, warum die Weimarer Republik trotz äußerer und innerer Stabilisierung nach 1923 durch antidemokratisches Denken, soziale Gegensätze und wirtschaftliche Unsicherheit gefährdet blieb.*
3 *Diskutieren Sie die These, dass weder das demokratische System noch die politische Öffentlichkeit zur Bewältigung der Grundkrise der Republik in der Lage waren.*
4 *Benennen Sie die Hauptgründe, die zum Untergang der Weimarer Demokratie führten, und gewichten Sie den Anteil der politischen, der wirtschaftlichen und der gesellschaftlichen Gründe.*
5 *Vergleichen Sie das Scheitern der deutschen Bemühungen, mit den Auswirkungen der weltweiten Krise nach 1929 fertig zu werden, mit dem Vorgehen in anderen Ländern.*

Zeittafel

1914–18 Erster Weltkrieg; Kriegsfinanzierung durch Anleihen leitet Geldentwertung ein.

1917 Gründung der Unabhängigen Sozialdemokratischen Partei Deutschlands (USPD) als linksradikale Absplitterung der SPD.

1918 Oktoberreform: bedeutet den Übergang von der konstitutionellen zur parlamentarischen Monarchie.
Novemberrevolution: Ausrufung der Republik bedeutet das Ende der Monarchie in Deutschland (9. Nov.); Friedrich Ebert (SPD) wird von Max von Baden mit der Wahrnehmung der Geschäfte des Reichskanzlers beauftragt; Bildung eines „Rates der Volksbeauftragten" aus SPD- und USPD-Mitgliedern; Einführung des Frauenwahlrechts; Unterzeichnung des Waffenstillstands in Compiègne (11. Nov.).
Gründung der Zentralarbeitsgemeinschaft zwischen Arbeitgebern und Gewerkschaften im Sinne einer Tarifpartnerschaft („Stinnes-Legien-Abkommen"); Gründung der Bayerischen Volkspartei (BVP), der Deutschen Demokratischen Partei (DDP), der Deutschnationalen Volkspartei (DNVP), der Deutschen Volkspartei (DVP; Nov.).

1919 Gründung der Revolutionären Kommunistischen Arbeiterpartei (Jan.; später KPD), Gründung der Deutschen Arbeiterpartei (DAP; 1920 in NSDAP umbenannt).
Spartakusaufstand: unter Oberbefehl des Volksbeauftragten Gustav Noske (SPD) niedergeschlagen; Freikorpsoffiziere ermorden Rosa Luxemburg und Karl Liebknecht (Jan.).
Wahlen zur Nationalversammlung im Jan. enden mit einer Dreiviertelmehrheit der Parteien, die eine repräsentative Demokratie anstreben (SPD, DDP, Zentrum = „Weimarer Koalition").
Kurt Eisner, Führer der bayerischen Revolutionsregierung, wird ermordet (Febr.).
Niederschlagung der Münchner Räterepublik (Mai).
Versailler Vertrag (Juni).
Weimarer Reichsverfassung (Aug.)

1920 Kapp-Putsch; Generalstreik der Gewerkschaften (März).
Kommunistische Aufstände in Thüringen, Sachsen und im Ruhrgebiet (März–Mai).
Festsetzung der deutschen Reparationen.

1921 Rechtsextremisten ermorden Finanzminister Matthias Erzberger (Zentrum).

1922 Vertrag von Rapallo zwischen dem Deutschen Reich und Sowjetrussland.
Rechtsextremisten ermorden Außenminister Walter Rathenau (DDP).
Beginn der schnellen Geldentwertung (Aug.).

1923 **Krisenjahr:** Höhepunkt der politischen und wirtschaftlichen Krisenjahre 1919–1923 mit der Besetzung des Ruhrgebietes durch Frankreich und Belgien (Jan.; passiver Widerstand bis Sept.), dem Ausnahmezustand in Bayern unter Generalstaatskommissar von Kahr (Sept.), der Reichsexekution gegen Sachsen und Thüringen (Okt.), dem Hitler-Putsch in München (Nov.), dem Separatismus im Rheinland und der galoppierenden Inflation (am 16. Nov. mit der Ausgabe der Rentenmark beendet).

1924–29 Phase der „relativen Stabilisierung" der Weimarer Republik.

1924 Annahme des Dawes-Plans (legt Höhe und Laufzeit der Reparationen fest).

1925 Generalfeldmarschall Paul von Hindenburg als Kandidat der Rechtsparteien zum Reichspräsidenten gewählt.
Räumung des Ruhrgebietes durch die Alliierten.
Vertrag von Locarno: bedeutet das Ende der deutschen Isolation in der internationalen Politik.

1926 Aufnahme Deutschlands in den Völkerbund.

1927 Gesetz zur Arbeitslosenversicherung.

1928–30 Große Koalition unter Hermann Müller (SPD).

1928 Briand-Kellogg-Pakt zur Kriegsächtung.

1929 Young-Plan zur Neuregelung der Reparationen (Juni).
Börsenkrach in New York (Okt.): bedeutet den Beginn der Weltwirtschaftskrise mit Produktionseinbrüchen und Massenarbeitslosigkeit.

1930 **Scheitern der Großen Koalition** unter SPD-Kanzler Hermann Müller über die Frage einer Beitragserhöhung zur Arbeitslosenversicherung; Grund: angesichts der sich zuspitzenden Wirtschaftskrise sind SPD und DVP unter dem Druck der Gewerkschaften einerseits, der Arbeitgeber andererseits nicht mehr in einer Koalition zusammenzuhalten (März).

1930–33 **Präsidialkabinette** unter Heinrich Brüning (Zentrum; März 1930–Juni 1932), Franz von Papen (bis Juni Zentrumsmitglied; Juni–Nov. 1932) und General Kurt von Schleicher (parteilos; Dez. 1932–Jan. 1933) regieren mit der Autorität des Reichspräsidenten (Notverordnungsartikel 48 WRV) und unter parlamentarischer Duldung durch die nicht an der Regierung beteiligte SPD.

1930 Räumung des Rheinlandes durch die Alliierten (Juni).
NSDAP wird bei der Reichstagswahl zweitstärkste Partei (Sept.).

1931 Hoover-Moratorium: bringt vorübergehende Aussetzung der Reparationen.

1932 Wiederwahl Hindenburgs zum Reichspräsidenten (April).
Ende der deutschen Reparationen auf der Konferenz von Lausanne (Juli).
NSDAP stärkste Partei bei der Reichstagswahl (Juli).
Stimmenverluste der NSDAP bei der Reichstagswahl (Nov.).

1933 **Ernennung Adolf Hitlers zum Reichskanzler (30. Jan.)** durch Hindenburg auf Druck der rechts-konservativen „Kamarilla" um Hindenburg.
„Brandverordnung" (28. Febr.).
Ermächtigungsgesetz (24. März).

X Die nationalsozialistische Diktatur in Europa

Karl Hofer, Frau in Ruinen, 1945, Öl auf Leinwand

„Am 30. April 1945 war ich zufällig Soldat in jenem Teil der US-Army, der als erster in München eintraf", berichtete der amerikanische Historiker Raul Hilberg 1989 in einer Diskussion über den Nationalsozialismus. „Dort habe ich einen ganz besonderen Fund gemacht: die persönliche Bibliothek von Adolf Hitler. Darin fand ich viele Bücher über Friedrich den Großen und über Architektur; über Juden kaum etwas! Hitler war Architekt – natürlich nicht im engsten Wortsinne –, er dachte, dass er es war. Die Zerstörung war seine Kunst."

Die zerstörerischen Kräfte des NS-Regimes entfalteten sich nach innen und außen: Die Außenpolitik war von Anfang an auf Eroberung und Unterwerfung anderer Völker ausgerichtet, die Entfesselung des Zweiten Weltkrieges war ein bewusster und planmäßiger Akt der Politik. Konsequent verwirklichten die Nationalsozialisten ihre auf Ausgrenzung und Tötung von Menschen zielende Ideologie, deren Grundpfeiler ein fanatischer Rassismus und Antisemitismus waren. Der NS-Rassenkrieg begann mit der so genannten „Euthanasie" und gipfelte während des Weltkrieges in der Vernichtung der deutschen und europäischen Juden. Dieses Verbrechen ist einzigartig in der Geschichte. Noch nie zuvor hatte, so der Historiker Eberhard Jäckel, „ein Staat mit der Autorität seines verantwortlichen Führers beschlossen und angekündigt [...], eine bestimmte Menschengruppe einschließlich der Alten, der Frauen, der Kinder und der Säuglinge möglichst restlos zu töten, und diesen Beschluss mit allen nur möglichen staatlichen Machtmitteln in die Tat" umgesetzt.

Immer wieder ist nach 1945 die Frage nach den Ursachen der NS-Verbrechen gestellt worden: Wie konnte ein zivilisiertes, an rechtsstaatliches Denken gewöhntes Volk den Völkermord an den Juden und anderen als „rassisch minderwertig" eingestuften Menschen „verwaltungsmäßig" mit vollziehen oder zumindest stillschweigend dulden? Warum haben sich die Deutschen nach der Katastrophe des Ersten Weltkrieges erneut zu einem Krieg verleiten lassen?

Auf diese Fragen gibt es keine einfachen Antworten. Aber man findet durchaus Erklärungen, wenn man das Gedankensystem analysiert, mit dem die Nationalsozialisten ihr Handeln begründeten, und dabei untersucht, auf welche Traditionen in der deutschen Geschichte die NS-Ideologie zurückgriff. Es ist ebenso wichtig zu verstehen, dass die nationalsozialistische Diktatur zwar auf Gewalt und Willkür beruhte. Aber der NS-Staat arbeitete auch mit den bereits bestehenden Gesetzen und Verwaltungseinrichtungen und hielt so den Schein legaler Herrschaft aufrecht. Bei der Beantwortung der Frage, warum der überwiegende Teil der Bevölkerung dem Regime folgte und diejenigen, die sich widersetzten, bis zum Schluss in der Minderheit blieben, muss überdies die öffentliche Wirkung Hitlers zur Sprache kommen. Seine Macht und Durchsetzungsfähigkeit beruhten sicherlich zum großen Teil auf seinem besonderen propagandistischen Geschick. Doch auch der langsame wirtschaftliche Aufstieg Deutschlands nach der Weltwirtschaftskrise wurde ihm zugeschrieben und sicherte seine Popularität. Und nicht zuletzt befriedigte die Wiedergewinnung militärischer und außenpolitischer Stärke weit verbreitete nationale Sehnsüchte.

Der Abscheu vor den Untaten des NS-Regimes erschwert eine nüchterne und sachliche Beschäftigung mit dem Nationalsozialismus, dem man sich nur mit innerer Abwehr und kritischer Distanz nähern kann. Und dennoch darf das lähmende Entsetzen nicht zur Verdrängung dieser Katastrophe führen. „Was geschah, ist eine Warnung", schrieb 1950 der deutsche Philosoph Karl Jaspers über die nationalsozialistische Vergangenheit. „Sie zu vergessen ist Schuld. Man soll ständig an sie erinnern. Es war möglich, dass dies geschah, und es bleibt jederzeit möglich. Nur im Wissen kann es verhindert werden."

1 Das totalitäre NS-Herrschaftssystem

1.1 Ideologische Grundlagen

Was ist Faschismus?

Der Begriff „Faschismus“ (von lat. fascis = Rutenbündel: Symbol der Macht römischer Beamter) bezeichnete ursprünglich die seit dem Ersten Weltkrieg in Italien aufkommende politische Bewegung unter Benito Mussolini (s. S. 497 ff.), die für eine nationalistische, autoritäre und imperialistische Politik eintrat. Das Wort wurde bald auf andere **extrem nationalistische und totalitäre Parteien und Bewegungen** in Europa ausgedehnt (Deutschland: Nationalsozialismus; Spanien: Falange). Nach 1930 wurde der deutsche Faschismus immer mehr zum Vorbild für Faschismen in anderen Ländern. Gemeinsame Merkmale faschistischer Parteien und Regimes sind eine antidemokratische, antiparlamentarische, antiliberale und antimarxistische Ideologie, die Militarismus und Kampf verherrlicht. Außerdem werden Organisationen der Arbeiterbewegung ausgeschaltet und rassische, nationale oder religiöse Minderheiten aus der Gesellschaft ausgegrenzt. Ziel ist die Errichtung einer modernen Diktatur, in der alle individuellen und demokratischen Freiheiten aufgehoben sind, während die Entwicklung von industrieller Macht gefördert wird.
Faschistische Staaten beruhen auf dem **Führerprinzip**, das die bedingungslose Unterwerfung des Einzelnen unter die Ziele des Staates fordert. Opposition ist daher verboten. Der Führer, in Deutschland Adolf Hitler (1889–1945) und in Italien der „Duce“ (ital. = Führer) Benito Mussolini (1883–1945), vereint in sich die oberste vollziehende, gesetzgebende und richterliche Gewalt und kennt somit keine Gewaltenteilung; er bedarf keiner Legitimation und verlangt unbedingten Gehorsam. Seine Person wird quasi-religiös verehrt (Führerkult; B 1). Im Führerstaat wird Autorität in der Staats- und Parteiorganisation von oben nach unten ausgeübt, Verantwortung von unten nach oben verlagert.

Besonderheiten des Nationalsozialismus

Der Nationalsozialismus stellte die deutsche Spielart des Faschismus dar. Die politischen Ziele und Methoden der 1919/20 gegründeten NSDAP, deren Parteivorsitzender seit 1921 Hitler war, glichen denen der faschistischen Partei in Italien. Auch der Nationalsozialismus wollte alle individuellen und demokratischen Freiheiten beseitigen, die seit der Französischen Revolution erkämpft worden waren. Radikaler Nationalismus, Antiliberalismus und Antimarxismus, Führerstaat und Einparteienherrschaft gehörten zu den zentralen Forderungen der NSDAP. Die herausgehobene politisch-ideologische Bedeutung der **Rassenlehre** mit der Übersteigerung des „germanischen Herrenmenschen“, der radikale **Antisemitismus** und der Aufbau eines umfassenden Terror- und Vernichtungsapparates sowie die aggressiv-expansionistische Forderung nach mehr „Lebensraum“ für die Deutschen heben den Nationalsozialismus jedoch von anderen faschistischen Diktaturen ab. Nur der Nationalsozialismus bildete Rassenlehre und Antisemitismus zu einer umfassenden Weltanschauung aus; über Verfolgung und Entrechtung führte diese schließlich zur systematischen Vernichtung der jüdischen Bevölkerung. Nur der Nationalsozialismus steigerte die Politik der Revision der Versailler Friedensordnung bis zum Zweiten Weltkrieg.

Rassenlehre und Antisemitismus

Der Rassismus war einer der Grundpfeiler der NS-Weltanschauung. Kennzeichnend für rassistisches Denken ist erstens die pseudowissenschaftliche Auffassung, dass biologische und damit erbliche Merkmale das gesamte menschliche, also auch das politisch-gesellschaftliche Verhalten bestimmen. Zweitens unterstellt

der Rassismus die Höher- bzw. Minderwertigkeit unterschiedlicher „Rassen". Mit dieser Annahme untrennbar verbunden ist eine **sozialdarwinistische Interpretation der Geschichte**: Sie erscheint als ständiger Kampf der Individuen und Völker, der Staaten und „Rassen", wobei sich stets die Stärkeren gegenüber den Schwächeren durchsetzen.
Der Rassismus war keine „Erfindung" der Nationalsozialisten, sondern hatte sich im späten 19. Jahrhundert entwickelt. Damals entstand aus einer Verbindung von Wissenschaftsgläubigkeit, Erbbiologie und Medizin die Lehre von der **Rassenhygiene**. Ihr lag in der Regel der Glaube zu Grunde, dass biologische Erkenntnisse über das Wesen des Menschen gesellschaftliche Prozesse beeinflussen könnten. Die von der modernen Rassenlehre ausgehende Biologisierung des Sozialen hatte einschneidende Folgen: Unter Berufung auf die Naturwissenschaften konnten christliche oder humanistische bzw. auf dem bürgerlichen Gleichheitspostulat beruhende Forderungen nach besonderer Hilfe für die Schwachen und Bedürftigen abgewehrt werden. Die Anhänger der Rassenhygiene brauchten nur auf die „schlechten" Erbanlagen dieser Menschen zu verweisen, die angeblich die Weiter- und Höherentwicklung des Volkes oder sogar der Menschheit bedrohten. In letzter Konsequenz gab die Rassenlehre damit das Recht der Individuen auf Unversehrtheit und Leben preis, zu Gunsten des vermeintlich höheren Wertes der „Volksgemeinschaft". Die Rassenhygiene war in Teilen der Wissenschaft vor 1933 als Eliteideologie tief verwurzelt. Aus diesen Eliten – Biologen, Genetikern, Medizinern, Kriminologen, Hygienikern, Psychiatern, Pädagogen und Juristen – rekrutierten sich nach 1933 die Expertenstäbe für die nationalsozialistische Vernichtungspolitik.
Das rassistische Denken verband sich im ausgehenden 19. Jahrhundert mit dem Antisemitismus. Anders als in früheren Zeiten wurde die Ablehnung oder Bekämpfung der Juden nun nicht mehr allein mit religiösen oder sozialen Gründen gerechtfertigt, sondern mit dem Hinweis auf ihre „rassisch" bedingte Verderbtheit. Die Anhänger des modernen **Rassenantisemitismus** versuchten anhand äußerer Merkmale eine jüdische Rasse zu konstruieren, die gegenüber der „arischen" bzw. germanischen minderwertig und kulturzersetzend sei, keine eigenen Leistungen vollbringe und nur an den geistigen wie materiellen Gütern höher stehender Rassen und Völker schmarotze (M 1, B 2). Der Rassenantisemitismus betrachtete daher „den Juden" bzw. „das Judentum" als Feind der Menschheit.
Entstanden aus der Verunsicherung durch den raschen Wandel des industriellen Zeitalters, boten sich Rassismus und Antisemitismus als Erlöser aus den Krisen der Moderne an und prägten sich tief in das Bewusstsein großer Teile der Bevölkerung ein. Historisch neu und beispiellos am nationalsozialistischen Rassedenken und Antisemitismus aber war, dass diese Ideologie seit der NS-Machtübernahme zum Inhalt staatlicher Politik, zum Dreh- und Angelpunkt staatlichen Handelns wurde. Dem antisemitischen Rassenwahn standen nun die Machtmittel eines diktatorischen Regimes zur Verfügung. Die biologistische Utopie einer nach den Prinzipien der Rassen- und Sozialhygiene durchgeformten Gesellschaft führte in ihrer Konsequenz zum staatlichen Massenmord.

„Lebensraumpolitik"

Die Niederlage des Deutschen Reiches im Ersten Weltkrieg bewirkte keine radikale Abwendung vom **Imperialismus**. Im Gegenteil: Die Vorstellungen des imperialistischen Zeitalters prägten auch noch in der Weimarer Zeit das Denken großer Teile des Bürgertums. Die Eroberung neuer Märkte, nationale Größe, Unterdrückung der wirtschaftlich Schwachen, Konkurrenz der Großmächte untereinander galten als zentrale Handlungsnormen der Außenpolitik, selbst wenn dies das Risiko eines Krieges einschloss.
Aus diesen Überzeugungen formte sich auch die Gedankenwelt Hitlers und seiner Anhänger: Kampf, nicht Verständigung erschien ihnen als das eigentliche Lebensprinzip der internationalen

B 1 „Ein Volk, ein Reich, ein Führer", Plakat für deutsche Amts- und Schulräume seit 1938/39

B 2 H. Stalüter, „Der ewige Jude", 1937, Plakat zur gleichnamigen Ausstellung

– *Interpretieren Sie die Selbststilisierung Hitlers und die Plakatparole in B 1.*
– *Untersuchen Sie die Attribute des Juden auf dem Plakat in B 2 und erläutern Sie die Herkunft dieser Zuweisungen.*
– *Ordnen Sie B 1 und 2 historisch ein und interpretieren Sie sie im Kontext der NS-Ideologie.*

Staatenwelt. Alle Bemühungen der deutschen Außenpolitik sollten auf die Revision des Versailler Friedens bzw. die Wiederherstellung der deutschen **Groß- und Weltmachtposition** ausgerichtet werden. Dabei waren die Nationalsozialisten von Anfang an fest entschlossen, skrupelloser als die Weimarer Außenpolitiker vorzugehen. Die Notwendigkeit einer aggressiven Außen- und Kriegspolitik begründeten die Nationalsozialisten mit ihrer Rassenideologie. Dabei setzten sie die Auseinandersetzung der Staaten um Macht mit dem Überlebenskampf gleich, der sich unter den Tieren in der Natur abspiele. Wie die Tiere nach erblich festgelegten Arten eingeteilt seien, sah die NS-Propaganda die Menschen in erblich festgelegte Rassen unterteilt, deren Gaben von Natur aus unterschiedlich seien: Die besten Anlagen besaß aus nationalsozialistischer Sicht die „germanische Rasse" und damit rechtfertigten sie ihren Herrschaftsanspruch nach außen. Die Deutschen wurden zum „arischen" Herrenvolk stilisiert, das im Interesse der „Höherentwicklung" der Menschheit zur Herrschaft über andere berufen sei. Die Slawen hingegen stempelte man zu einer den „Ariern" untergeordneten Rasse, die in Gebieten lebten, die zum „natürlichen Lebensraum" der deutschen Bevölkerung gehörten. Das angeblich biologistische Prinzip des Lebenskampfes wurde so zur Legitimation einer **expansionistischen Kriegspolitik** herangezogen und mit dem Begriff „Lebensraumpolitik" verharmlost (M 2).

Volksgemeinschafts-ideologie

Der **„nationale Sozialismus"**, den die NSDAP propagierte, zielte nicht auf die sozialistische Umgestaltung der wirtschaftlichen und sozialen Verhältnisse, wie sie von den Gewerkschaften und den Arbeiterparteien angestrebt wurde. Im Gegenteil: Die Nationalsozialisten lehnten Sozialismus und Kommunismus ab, weil diese Anschauungen nur Zwietracht ins deutsche Volk brächten. Die nationale Wiedergeburt des Deutschen Reiches konnte nach ihrer Auffassung nur gelingen, wenn Staat und Gesellschaft nicht länger von Klassengegensätzen oder Interessenkonflikten bestimmt würden. Als Alternative zu sozialistischen und demokratischen Ordnungsvorstellungen formulierte die NS-Propaganda das Ideal der Volksgemeinschaft, in der alle sozialen Gruppen, sofern sie nicht zu den Gegnern zählten, zu einem einheitlichen Ganzen verschmolzen seien. In der Volksgemeinschaft sollten alle Berufsstände zum gemeinsamen Nutzen beitragen. Der „Volkswille" werde dabei vom Führer formuliert und jeder Einzelne habe sich dem Führerwillen bedingungslos unterzuordnen (M 3). Volksgemeinschaftsideologie und Führerprinzip ergänzten sich gegenseitig und wurden vom NS-Regime benutzt, um das Verbot von Interessengruppen, besonders der Gewerkschaften, und aller Parteien außer der NSDAP zu rechtfertigen und die Verfolgung politischer und anderer Gegner zu legitimieren. Geschickt machten die Nationalsozialisten in ihrer Propaganda die Parteienzersplitterung, vor allem aber die Gewerkschaften und Arbeiterparteien für die Schwäche Deutschlands im Ersten Weltkrieg sowie für die Wirtschaftskrise (seit 1929) verantwortlich.

M1 Antisemitismus – Adolf Hitler über Juden in „Mein Kampf" (1925)

Nein, der Jude ist kein Nomade; denn auch der Nomade hatte schon eine bestimmte Stellung zum Begriff „Arbeit" […]. Er ist und bleibt der ewige Parasit, ein Schmarotzer, der wie ein schädlicher Bazillus sich immer mehr ausbreitet, sowie nur ein günstiger Nährboden dazu einlädt. Die Wirkung seines Daseins aber gleicht ebenfalls der von Schmarotzern: Wo er auftritt, stirbt das Wirtsvolk nach kürzerer oder längerer Zeit ab. […]

Das Judentum war immer ein Volk mit bestimmten rassischen Eigenarten und niemals eine Religion, nur sein Fortkommen ließ es schon frühzeitig nach einem Mittel suchen, das die unangenehme Aufmerksamkeit in Bezug auf seine Angehörigen zu zerstreuen vermochte. Welches Mittel aber wäre zweckmäßiger und zugleich harmloser gewesen als die Einschiebung des geborgten Begriffs der Religionsgemeinschaft? Denn auch hier ist alles entlehnt, besser gestohlen – aus dem ursprünglich eigenen Wesen kann der Jude eine religiöse Einrichtung schon deshalb nicht besitzen, da ihm der Idealismus in jeder Form fehlt und damit auch der Glaube an ein Jenseits vollkommen fremd ist. Man kann sich aber eine Religion nach arischer Auffassung nicht vorstellen, der die Überzeugung des Fortlebens nach dem Tode in irgendeiner Form mangelt. Tatsächlich ist auch der Talmud kein Buch der Vorbereitung für das Jenseits, sondern nur für ein praktisches und erträgliches Leben im Diesseits. Die jüdische Religionslehre ist in erster Linie eine Anweisung zur Reinhaltung des Blutes des Judentums sowie zur Regelung des Verkehrs der Juden untereinander, mehr aber noch mit der übrigen Welt, mit den Nichtjuden also. Aber auch hier handelt es sich keineswegs um ethische Probleme, sondern um außerordentlich bescheidene wirtschaftliche.

(Adolf Hitler, Mein Kampf, München 1942, S. 333 ff.)

1 *Fassen Sie Hitlers Definition von Jude zusammen. Wie begründet er sie?*

2 *Erläutern Sie die Konsequenzen seiner Definition für Juden in Deutschland und seine Politik.*

M2 Adolf Hitler über „Lebensraumpolitik" in „Mein Kampf" (1925)

Die Forderung nach Wiederherstellung der Grenzen des Jahres 1914 ist ein politischer Unsinn von Ausmaßen und Folgen, die ihn als Verbrechen erscheinen lassen. Ganz abgesehen davon, dass die Grenzen des Reiches im Jahre 1914 alles andere eher als logische waren. Denn sie waren in Wirklichkeit weder vollständig in Bezug auf die Zusammenfassung der Menschen deutscher Nationalität noch vernünftig in Hinsicht auf ihre militärgeografische Zweckmäßigkeit. Sie waren nicht das Ergebnis eines überlegten politischen Handelns, sondern Augenblicksgrenzen eines in keinerlei Weise abgeschlossenen Ringens, ja zum Teil Folgen eines Zufallsspieles. […]

B 3 Postkarte, 1933

– *Interpretieren Sie die Propaganda-Postkarte mit Blick auf die NS-Ideologie.*

Das Recht auf Grund und Boden kann zur Pflicht werden, wenn ohne Bodenerweiterung ein großes Volk dem Untergang geweiht erscheint. Noch ganz besonders dann, wenn es sich dabei nicht um ein x-beliebiges Negervölkchen handelt, sondern um die germanische Mutter all des Lebens, das der heutigen Welt ihr kulturelles Bild gegeben hat. Deutschland wird entweder Weltmacht oder überhaupt nicht sein. Zur Weltmacht aber braucht es jene Größe, die ihm in der heutigen Zeit die notwendige Bedeutung und seinen Bürgern das Leben gibt. Damit ziehen wir Nationalsozialisten bewusst einen Strich unter die außenpolitische Richtung unserer Vorkriegszeit. Wir setzen dort an, wo man vor sechs Jahrhunderten endete. Wir stoppen den ewigen Germanenzug nach dem Süden und Westen Europas und weisen den Blick nach dem Land im Osten. Wir schließen endlich ab die Kolonial- und Handelspolitik der Vorkriegszeit und gehen über zur Bodenpolitik der Zukunft.
Wenn wir aber heute in Europa von neuem Grund und Boden reden, können wir in erster Linie nur an Russland und die ihm untertanen Randstaaten denken.
(Ebd., S. 736 und 742)

1 *Skizzieren Sie Hitlers Grundsätze zur Nation.*

2 *Entwickeln Sie die Konsequenzen von Hitlers Nationalismus für die Außen- und die Innenpolitik.*

M3 Das Führerprinzip in Partei und Staat nach Hitlers „Mein Kampf" (1925)

Die junge Bewegung ist ihrem Wesen und ihrer inneren Organisation nach antiparlamentarisch, d. h., sie lehnt im Allgemeinen wie in ihrem eigenen inneren Aufbau ein Prinzip der Majoritätsbestimmung ab, in dem der Führer nur zum Vollstrecker des Willens und der Meinung anderer degradiert wird. Die Bewegung vertritt im Kleinsten wie im Größten den Grundsatz der unbedingten Führerautorität, gepaart mit höchster Verantwortung.
Die praktischen Folgen dieses Grundsatzes in der Bewegung sind nachstehende: Der erste Vorsitzende einer Ortsgruppe wird durch den nächsthöheren Führer eingesetzt, er ist der verantwortliche Leiter der Ortsgruppe. Sämtliche Ausschüsse unterstehen ihm und nicht er umgekehrt einem Ausschuss. Abstimmungs-Ausschüsse gibt es nicht, sondern nur Arbeits-Ausschüsse. Die Arbeit teilt der verantwortliche Leiter, der erste Vorsitzende, ein. Der gleiche Grundsatz gilt für die nächsthöhere Organisation, den Bezirk, den Kreis oder den Gau. Immer wird der Führer von oben eingesetzt und gleichzeitig mit unbeschränkter Vollmacht und Autorität bekleidet. Nur der Führer der Gesamtpartei wird aus vereinsgesetzlichen Gründen in der Generalmitgliederversammlung gewählt. Er ist aber der ausschließliche Führer der Bewegung. Sämtliche Ausschüsse unterstehen ihm und nicht er den Ausschüssen. Er bestimmt und trägt damit aber auch auf seinen Schultern die Verantwortung. Es steht den Anhängern der Bewegung frei, vor dem Forum einer neuen Wahl ihn zur Verantwortung zu ziehen, ihn seines Amtes zu entkleiden, insofern er gegen die Grundsätze der Bewegung verstoßen oder ihren Interessen schlecht gedient hat. An seine Stelle tritt dann der besser könnende neue Mann, jedoch mit gleicher Autorität und mit gleicher Verantwortlichkeit. Es ist eine der obersten Aufgaben der Bewegung, dieses Prinzip zum bestimmenden nicht nur innerhalb ihrer eigenen Reihe, sondern auch für den gesamten Staat zu machen.
(Ebd., S. 378 f.)

1 *Erläutern Sie die Unterschiede zwischen dem „Führerprinzip" und demokratischen Entscheidungsprozessen.*

2 *Erörtern Sie historische Wurzeln des Führerprinzips und bestimmen Sie seine grundlegende Bedeutung für die NS-Ideologie.*

3 *Diskutieren Sie folgende These: Der Aufbau von NS-Staat und NS-Partei nach dem Führerprinzip hat vielen die Möglichkeit eröffnet, ein Führer im Kleinen zu werden. Dies hat die Akzeptanz des NS-Regimes in weiten Teilen der Bevölkerung gefördert.*

1.2 Die Errichtung der Diktatur 1933/34

Die gescheiterte Zähmung der Nationalsozialisten

Am 30. Januar 1933 ernannte Reichspräsident Paul von Hindenburg (1847–1934, Präsident 1925–1934) Adolf Hitler zum Reichskanzler. Dem Kabinett gehörten außer Hitler nur zwei nationalsozialistische Minister an, die allerdings über den Zugriff auf die Polizei verfügten. Neben Vertretern anderer rechter Gruppierungen traten Alfred Hugenberg (1865–1951) von der Deutschnationalen Volkspartei/DNVP und Franz Seldte (1882–1947) vom „Stahlhelm" in die Regierung ein. Ziel dieser **„Regierung der nationalen Konzentration"** schien zunächst die dauerhafte Errichtung eines autoritären Präsidialregimes und die „Befreiung Deutschlands vom Marxismus" zu sein: Die Kommunisten sollten völlig ausgeschaltet, die Sozialdemokratie und die Gewerkschaften an den Rand gedrängt werden. Die bürgerlichen Koalitionspartner Hitlers glaubten, dass sie die Nationalsozialisten zähmen könnten, und versicherten: „Wir rahmen Hitler ein."
Hitler und die NSDAP dachten jedoch nicht daran, sich kontrollieren zu lassen. Ihnen ging es um die ganze Macht, um einen neuen Staat. Bereis nach einem Jahr hatten sie Staat und Gesellschaft von einer föderalistischen Demokratie in eine zentralstaatliche Diktatur umgewandelt (M 4).

Märzwahlen 1933

Eine der ersten Regierungsentscheidungen war die Festlegung von Neuwahlen auf den 5. März 1933. Hitler rechnete mit einem großen Wahlerfolg, da er als neuer Reichskanzler den Wahlkampf aus der Regierung heraus führen konnte. Ungeniert bedienten sich die Nationalsozialisten des staatlichen Machtapparates. Sie schränkten die Presse- und Versammlungsfreiheit ein und sicherten sich besonders den direkten Zugriff auf den Rundfunk. Mit der Notverordnung vom 4. Februar 1933 gelang es überdies, die kommunistische und sozialdemokratische Presse fast gänzlich zu verbieten. Die **staatliche Repression** wurde durch **Terror** ergänzt. Bereits Anfang Februar sicherte sich der Nationalsozialist Hermann Göring (1893–1946) als geschäftsführender preußischer Innenminister die Kontrolle über die dortige Polizei und verpflichtete deren Beamte auf den Schutz nationalistischer Verbände und Propaganda. Bei Überfällen von SA und SS griff die Polizei nun in der Regel nicht mehr ein. Auf Weisung Görings wurden sogar 50 000 Mann von SA, SS und „Stahlhelm" als Hilfspolizisten eingesetzt. Der Terror der „Braunhemden" eskalierte im Frühsommer derart, dass sogar Hitler zur Disziplin mahnte.
Die Wahlen am 5. März 1933 brachten den Regierungsparteien den erhofften Erfolg. Sie besaßen jetzt die absolute Mehrheit der Reichstagsstimmen. Das Erstaunliche am Wahlergebnis war jedoch nicht, dass die NSDAP ihren Stimmenanteil auf 43,9 % verbessern konnte, sondern dass sie nach wie vor auf ihre Bündnispartner angewiesen blieb. Besonders in den Industriezentren hatten die Arbeiterparteien zusammen mehr Stimmen als die NSDAP. Deren Hochburgen waren nach wie vor die protestantischen Agrargebiete in Nord- und Ostdeutschland. Entscheidend für den NSDAP-Wahlerfolg war die große Mobilisierung: Die NSDAP hatte Neu- und Nichtwähler erreicht und konnte letztlich in alle Schichten eindringen.

Abschaffung der Grundrechte

Das Schicksal der Kommunisten war endgültig besiegelt, als ein Zufall den Nationalsozialisten in die Hände spielte. Vermutlich war es ein geistesgestörter Holländer, der ehemalige Kommunist Marinus van der Lubbe, der in der Nacht des 27. Februar 1933 den Reichstag in Berlin anzündete. Bis heute ist umstritten, ob dies tatsächlich das Werk eines Einzelnen war oder ob nicht gar die Nationalsozialisten selbst die Tat begangen hatten. Dessen ungeachtet nutzte Hitler den Reichstagsbrand zum Ausbau seiner Macht: Die Nationalsozialisten erklärten, der Brand sei der Beginn eines lange gehegten Aufstands der KPD,

Münchner Neueste Nachrichten

Handels- und Industrie-Zeitung, Alpine und Sport-Zeitung, Theater- und Kunst-Chronik

Jahrgang | Dienstag, 21. März 1933 | Nr. 7

Ein Konzentrationslager für politische Gefangene

In der Nähe von Dachau

In einer Pressebesprechung teilte der kommissarische Polizeipräsident von München Himmler mit:

Am Mittwoch wird in der Nähe von Dachau das erste Konzentrationslager eröffnet. Es hat ein Fassungsvermögen von 5000 Menschen. Hier werden die gesamten kommunistischen und — soweit notwendig — Reichsbanner- und marxistischen Funktionäre, die die Sicherheit des Staates gefährden, zusammengezogen, da es auf die Dauer nicht möglich ist, wenn der Staatsapparat nicht so sehr belastet werden soll, die einzelnen kommunistischen Funktionäre in den Gerichtsgefängnissen zu lassen, während es andererseits auch nicht angängig ist, diese Funktionäre wieder in die Freiheit zu lassen. Bei einzelnen Versuchen, die wir gemacht haben, war der Erfolg der, daß sie weiter hetzen und zu organisieren versuchen. Wir haben diese Maßnahme ohne jede Rücksicht auf kleinliche Bedenken getroffen in der Ueberzeugung, damit zur Beruhigung der nationalen Bevölkerung und in ihrem Sinn zu handeln.

Weiter versicherte Polizeipräsident Himmler, daß die Schutzhaft in den einzelnen Fällen nicht länger aufrechterhalten werde, als notwendig sei. Es sei aber selbstverständlich, daß das Material, das in ungeahnter Menge beschlagnahmt wurde, zur Sichtung längere Zeit benötigt. Die Polizei werde dabei nur aufgehalten, wenn dauernd angefragt werde, wann dieser oder jener Schutzhäftling freigelassen werde. Wie unrichtig die vielfach verbreiteten Gerüchte über die Behandlung von Schutzhäftlingen seien, gehe daraus hervor, daß einigen Schutzhäftlingen, die es wünschten, wie z. B. Dr. Gerlich und Frhr. v. Aretin, priesterlicher Zuspruch anstandslos genehmigt worden sei.

B 4 Artikel aus der Zeitung „Münchner Neueste Nachrichten" vom 21. März 1933

– *Fassen sie den Inhalt der Zeitungsmeldung in B 4 zusammen und diskutieren Sie über die Gründe, die zur Veröffentlichung dieser Meldung geführt haben könnten.*

und setzten am **28. Februar 1933 die „Verordnung zum Schutz von Volk und Staat" (Reichstagsbrandverordnung)** durch. Diese Verordnung, die noch am gleichen Tag von Reichspräsident Hindenburg unterzeichnet wurde, kann als die eigentliche „Verfassungsurkunde" des NS-Staates bezeichnet werden. Sie setzte die Grundrechte der Weimarer Verfassung außer Kraft: die Freiheit der Person, die Meinungs-, Presse-, Vereins- und Versammlungsfreiheit, das Post- und Telefongeheimnis sowie die Unverletzlichkeit von Eigentum und Wohnung. Politische Gefangene durften ohne gerichtliche Überprüfung festgehalten werden. Überdies ermächtigte das Gesetz die Reichsregierung, in den Ländern vorübergehend die Befugnisse der oberen Behörden wahrzunehmen. Damit war die rechtliche Basis für die nationalsozialistische Machtübernahme in den Ländern gelegt. Dieser unerklärte Ausnahmezustand dauerte bis 1945.

Gleichschaltung der Länder und Gemeinden

Noch am Tag der Wahlen, am 5. März, begann die von Hitler geführte Reichsregierung damit, die Selbstverwaltungsrechte der Länder und Kommunen zu beseitigen. Dieser Prozess der Gleichschaltung, wie die Durchsetzung diktatorischer Herrschaft bis zur kleinsten Dorfgemeinde hinunter oft allzu verharmlosend bezeichnet wird, erfolgte überall nach dem gleichen Muster. Die NS-Gauleitungen ließen die SA aufmarschieren und so den angeblichen „Unwillen der Bevölkerung" wegen unhaltbarer Zustände kundtun. Zum Anlass dafür nahmen die Nationalsozialisten in der Regel das Fehlen der NS-Flagge auf dem Rathaus. Unter Berufung auf die „Verordnung zum Schutz von Volk und Staat" befahl Reichsinnenminister Wilhelm Frick (1877–1946) daraufhin zumeist telegrafisch die Einsetzung so genannter **Staatskommissare**. Am 31. März 1933 wurden die Länderparlamente entmachtet, indem die Reichsregierung die Anpassung der Mandatsverteilung an die Ergebnisse der Reichstagswahlen vom 5. März verfügte. Da die Sitze der Kommunisten nicht mehr berücksichtigt werden durften, fiel der Regierungskoalition oder der NSDAP automatisch die Mehrheit zu. Allerdings waren die Landtage ohnehin bereits politisch bedeutungslos geworden, da die Länderregierungen jetzt ohne Beteiligung der Parlamente Gesetze erlassen durften. Eine Woche später schließlich wurden **„Reichsstatthalter"** in den Ländern eingesetzt. Sie waren dem Reichskanzler unterstellt und kontrollierten in dessen Auftrag die Länder. Das bedeutete das Ende des Föderalismus.

Pseudolegale Machtsicherung

Schon während des Wahlkampfes und bei der Eroberung der Macht in den Kommunen und Ländern hatten die lokalen SA- und Parteiorganisationen eine wichtige Rolle gespielt. Aber auch danach blieben sie für das NS-Regime unentbehrlich. Nun übernahmen sie entscheidende Aufgaben bei der Zerschlagung der Opposition. In den Städten und Dörfern begann die Abrechnung mit den „Gegnern" des Regimes, vornehmlich mit den Führern der Arbeiterbewegung und jüdischen Bürgern. Viele von ihnen wurden verhaftet, zusammengeschlagen und in den Kellern der SA gequält.
Die NS-Führung wusste jedoch sehr genau, dass ihre Bewegung nur an der Macht bleiben konnte, wenn es gelang, sie mit den alten Eliten zu verschränken und in breiteren Schichten der Bevölkerung zumindest Akzeptanz herzustellen. Deswegen war sie immer auf eine **gesetzliche Absicherung der unrechtmäßigen SA-Aktionen** bedacht. Sogar die Einrichtung der ersten Konzentrationslager stützte sich auf die „Verordnung zum Schutz von Volk und Staat" und wurde öffentlich bekannt gegeben (B 4). Zum anderen versuchte sie mit Hilfe propagandistischer Inszenierungen die Bevölkerung zu beeindrucken. Die Gestaltung des **„Tages von Potsdam" am 21. März 1933** unter der Regie des Reichspropagandaministers Joseph Goebbels ist dafür das klassische Beispiel. Das gemeinsame Auftreten Hindenburgs und Hitlers am Grabe Friedrichs des Großen mit dem Segen der protestantischen Kirche sollte die Verschmelzung von politischer Tradition und dynamischem Aufbruch symbolisieren und das „alte" mit dem „neuen" Deutschland vereinen.

Ermächtigungsgesetz

Nur zwei Tage später, am **23. März 1933**, verabschiedete der Reichstag gegen die 94 Stimmen der SPD das von Hitler schon vor seiner Machtübernahme geforderte Ermächtigungsgesetz mit mehr als der nötigen Zweidrittelmehrheit. Die 81 KPD-Abgeordneten sowie 26 Abgeordnete der SPD konnten an der Abstimmung nicht teilnehmen, weil sie in „Schutzhaft" gehalten wurden oder vor der Verfolgung geflohen waren. Die bürgerlichen Parteien, besonders das Zentrum, stimmten auf Grund ungewisser Zusicherungen Hitlers für das Gesetz. Mit dem Ermächtigungsgesetz konnte die Reichsregierung Gesetze, auch verfassungsändernden Inhalts, unter Ausschluss des Reichstages und des Reichspräsidenten durch einfachen Beschluss der Regierung in Kraft setzen. Das Ermächtigungsgesetz bildete die scheinbar **rechtliche Grundlage für die systematische Zerstörung des Verfassungsstaates** von Weimar. Es wurde wiederholt verlängert und galt bis Kriegsende.

Auflösung von Parteien

Im Sommer 1933 begann die Parteienauflösung. Als erste Partei war die SPD am 22. Juni zur volks- und staatsfeindlichen Organisation erklärt und verboten worden, nachdem bereits im Mai ihr Vermögen eingezogen worden war. Zu diesem Zeitpunkt bestand die Partei in vielen Städten kaum noch; ihre Funktionäre waren geflüchtet oder saßen in Konzentrationslagern. Die bürgerlichen Parteien mussten ihre Illusion von der Zähmbarkeit Hitlers erkennen und lösten sich Ende Juni/Anfang Juli selbst auf. Sie wichen dem Druck Hitlers, der trotz weitgehender Anpassungsbestrebungen auf der Ausschaltung aller konkurrierenden Parteien bestand. Ein Ende der Demokratie, das die Mehrzahl der bürgerlichen Parteien im Einverständnis mit Hitler gefordert hatten, war ohne die Beseitigung der viel gescholtenen Parteienzersplitterung der Weimarer Zeit eben nicht zu haben. Damit verblieb als einzige Partei die NSDAP. Sie wurde im „Gesetz zur Sicherung der Einheit

B 5 Der deutsche Reichstag nach Ermächtigungsgesetz und Auflösung der Parteien, Fotografie, zweite Hälfte 1930er-Jahre. – Seit dem Reichstagsbrand tagte das Plenum in der Kroll-Oper. In der NS-Zeit hatte der Reichstag seine Funktion als Legislative verloren.

– *Erläutern Sie, ausgehend von B 5 und mit Hilfe der Darstellung, das Ende des Parlamentarismus in Deutschland.*
– *Vergleichen Sie die Aufgaben des Reichstages während der NS-Zeit mit der Funktion von Parlamenten in demokratischen Verfassungsstaaten.*

von Partei und Staat“ vom 1. Dezember 1933 als alles beherrschende Staatspartei bestätigt. Der Reichstag war nur mehr theatralische Kulisse für die Reden des Führers (B 5).

Auflösung der Gewerkschaften

Bis 1933 war es der NSDAP nicht gelungen, die freien Gewerkschaften nationalsozialistisch zu durchsetzen. Noch in den Betriebsratswahlen vom März 1933 hatten sie in Konkurrenz zu nationalsozialistischen Betriebsorganisationen mehr als drei Viertel der Stimmen erhalten. Anfangs schwankten die Nationalsozialisten zwischen Duldung einer entpolitisierten Gewerkschaft und einem Verbot. Die Gewerkschaften hofften ihrerseits, dass sie ihre Organisationen durch Anpassung an das NS-Regime vor der Zerschlagung retten könnten. Sie verkannten die Lage völlig. Während sich der Allgemeine Deutsche Gewerkschaftsbund und die Christlichen Gewerkschaften noch durch Loyalitätserklärungen das Wohlwollen der Nationalsozialisten sichern wollten, wurde die Auflösung der Arbeitnehmerorganisationen von der NSDAP bereits systematisch vorbereitet. Um Funktionäre wie Arbeiter zu täuschen, erklärte die Regierung durch ein Reichsgesetz den **1. Mai zum „Feiertag der nationalen Arbeit“** und erfüllte damit eine alte Forderung der Arbeiterbewegung. Aber schon am Tag nach den großen gemeinsamen Mai-Feiern von NS- und Arbeiterorganisationen wurden am **2. Mai 1933** alle **Gewerkschaftshäuser von SA und SS besetzt**, die Gewerkschaftsführer in „Schutzhaft“ genommen und das Gewerkschaftsvermögen beschlagnahmt.

Gründung der DAF

Die Nationalsozialisten schufen keine neue Einheitsgewerkschaft, sondern gründeten am 6. Mai 1933 die **Deutsche Arbeitsfront/DAF**. Alle Arbeiter- und Angestelltenverbände wurden ihr eingegliedert, die Arbeitgebervereine aufgelöst und die Tarifautonomie beseitigt. Staatliche „Treuhänder der Arbeit" regelten nun Tarifverträge. Mit Hilfe der DAF wollte die NSDAP die Arbeiter für ihren Staat gewinnen; entsprechend entwickelte sie die DAF zu einer riesigen Propagandaorganisation. Gleichzeitig, und dies war die praktische Umsetzung ihrer ideologischen Funktion, trug die DAF durch Wahrnehmung von Aufgaben im betrieblich-sozialpolitischen Bereich dazu bei, den Arbeitsfrieden zu sichern. Eines ihrer Mittel waren preiswerte Urlaubsreisen mit der Organisation **„Kraft durch Freude/KdF"**, die zu Dumpingpreisen angeboten wurden. Das als „touristische Emanzipation des Arbeiters" inszenierte Propagandastück sollte Klassengegensätze und Unzufriedenheiten abmildern, ohne an den bestehenden Sozialverhältnissen etwas zu ändern. Tatsächlich lag die Zahl der Arbeiter weit unter dem Durchschnitt und vor allem Arbeiterinnen waren kaum vertreten.

M4 Die wichtigsten Gesetze zur Errichtung der NS-Diktatur 1933/34

Datum	Gesetz	Bestimmungen	Verfassungsmäßige Grundlagen
1933			
4.2.	Verordnung zum „Schutz des deutschen Volkes"	Die Regierung erhält das Recht, die Presse- und Versammlungsfreiheit einzuschränken (Auflösung und Verbot von politischen Versammlungen, Beschlagnahmung und Verbot von Presseerzeugnissen).	Art. 48 WRV
28.2.	„Verordnung zum Schutz von Volk und Staat" (Reichstagsbrandverordnung)	„Zur Abwehr kommunistischer, staatsgefährdender Gewaltakte": Einschränkung der Grundrechte (u. a. persönliche Freiheit, freie Meinungsäußerung, Pressefreiheit, Vereins- und Versammlungsfreiheit. Eingriffe in Brief- und Fernsprechgeheimnis, Haussuchungen und Beschränkung des Eigentums zulässig).	Art. 48 WRV
24.3.	„Gesetz zur Behebung der Not von Volk und Reich" (Ermächtigungsgesetz)	Reichsgesetze können von der Regierung beschlossen werden und dürfen von der Verfassung abweichen.	Art. 68–76 WRV
31.3.	Erstes Gesetz „zur Gleichschaltung der Länder mit dem Reich"	Alle Landtage und kommunalen Selbstverwaltungsorgane werden aufgelöst und entsprechend dem Reichstagswahlergebnis neu zusammengesetzt.	Regierungsbeschluss
7.4.	Zweites Gleichschaltungsgesetz	„Reichsstatthalter" sind für die Durchführung der Richtlinien des Reichskanzlers in den Ländern verantwortlich.	Regierungsbeschluss
7.4.	Gesetz „zur Wiederherstellung des Berufsbeamtentums"	Beamte können entlassen werden, wenn sie „nicht arischer Abstammung sind" und wenn sie „nach ihrer bisherigen politischen Betätigung nicht die Gewähr dafür bieten, dass sie jederzeit rückhaltlos für den nationalen Staat eintreten".	Regierungsbeschluss
14.7.	Gesetz „gegen die Neubildung von Parteien"	Als „einzige politische Partei in Deutschland" wird die NSDAP zugelassen.	Regierungsbeschluss
1.12.	Gesetz „zur Sicherung der Einheit von Partei und Staat"	Die NSDAP wird „nach dem Sieg der nationalsozialistischen Revolution" als „die Trägerin des deutschen Staatsgedankens und mit dem Staat unlöslich verbunden" anerkannt; „Stellvertreter des Führers" und SA-Chef werden Mitglieder der Reichsregierung.	Regierungsbeschluss
1934			
30.1.	Gesetz „über den Neuaufbau des Reiches"	Volksvertretungen der Länder werden aufgehoben, die Hoheitsrechte der Länder gehen auf das Reich über, die Landesregierungen unterstehen der Reichsregierung, die neues Verfassungsrecht setzen kann.	Regierungsbeschluss
14.2.	Gesetz „über die Aufhebung des Reichsrates"	Der Reichsrat als Verfassungsorgan wird aufgehoben.	Regierungsbeschluss
1.8.	Gesetz „über das Staatsoberhaupt des Deutschen Reiches"	„Das Amt des Reichspräsidenten wird mit dem des Reichskanzlers vereinigt." Die „bisherigen Befugnisse des Reichspräsidenten (gehen) auf den Führer und Reichskanzler Adolf Hitler über".	Regierungsbeschluss

1 *Erklären Sie, warum die Nationalsozialisten ihrer Politik den Schein einer verfassungsmäßigen Grundlage geben wollten.*

1.3 Die Organisation der NS-Herrschaft

Hitler, die NSDAP und der Staat

Schon vor der Machtübernahme im Jahr 1933 herrschte Hitler fast unumschränkt über die NSDAP. Sie verdankte den überragenden propagandistischen Fähigkeiten ihres Parteiführers den Aufstieg von einer lokalen Splitterpartei zur stärksten politischen Kraft und zur Regierungspartei. Auch nach der nationalsozialistischen „Machtergreifung" blieb Hitler für seine Partei ein unersetzlicher Magnet, sodass die NSDAP weiterhin von ihm abhängig war.

Zur Verwirklichung seiner politischen Ziele war Hitler aber auf die NSDAP angewiesen, die neben der staatlichen Verwaltung stand (Schema 1). Nur mit Hilfe seiner Partei konnte Hitler auf allen Ebenen in die Behörden „hineinregieren". Was sich über die Verwaltungen nicht durchsetzen ließ, wurde über die Partei in Gang gesetzt. Mit dem **„Gesetz zur Wiederherstellung des Berufsbeamtentums"** vom 7. April 1933 schufen die Nationalsozialisten die Voraussetzungen für eine effiziente Kontrolle der Staatsbürokratie. Alle jüdischen, sozialdemokratischen, kommunistischen oder betont christlichen Beamten wurden aus dem Staatsdienst entfernt und nahezu alle höheren Funktionen mit NSDAP-Mitgliedern besetzt. Eine der wirksamsten Methoden zur Ausrichtung der Exekutive auf die NSDAP-Linie war die Vereinigung von Partei- und Staatsämtern in einer Person. Reichspropagandaminister Joseph Goebbels (1897–1945) war z. B. Gauleiter von Berlin, d. h., er leitete die NSDAP in Berlin und war direkt Hitler unterstellt. Dem „Reichsführer SS", Heinrich Himmler (1900–1945), unterstand ab 1936 die gesamte Polizei. Nach Hindenburgs Tod am 2. August 1934 übernahm Hitler, Reichskanzler und NSDAP-Führer, auch das Amt des Reichspräsidenten und wurde damit zugleich Oberbefehlshaber der Reichswehr.

Diese konsequente Personalpolitik zeigt, dass Hitler von Anfang an fest entschlossen war, seine Politik mit diktatorischen Mitteln durchzusetzen und einen Staat aufzubauen, in dem Weisungen nur nach unten – an die „Gefolgschaft" – gegeben wurden. Praktisch konnte nach 1934 keine Instanz innerhalb des Reiches mehr kontrollierend die Entscheidungsfindung im Umkreis Hitlers beeinflussen. Dennoch ist die Vorstellung, dass Hitler und die obersten NSDAP-Instanzen „alles" entschieden hätten, nicht ganz zutreffend. Hitler war der unangefochtene Führer in Staat und Partei, aber Polizei, Armee, SS, Wirtschaft, Verwaltung und Partei bemühten sich, ihren Einfluss auf politische Entscheidungen auszubauen oder zumindest zu erhalten (M 5).

Die SA

Die wichtigste Organisation, mit der Hitler unmittelbar nach der Machtübernahme seinen Terror entfaltete, war die SA (Sturmabteilung). Sie war im Jahre 1920 als politische Kampftruppe der NSDAP gegründet worden und rekrutierte sich vor allem aus Angehörigen von Freikorps und Bürgerwehrverbänden. Nach 1921 wurde die SA konsequent zur paramilitärischen Organisation umgeformt und diente seitdem zur Terrorisierung von politischen Gegnern (B 6) und Juden. Für Teile der SA waren mit der von Hitler in den Jahren 1933/34 durchgesetzten Politik die Ziele der Nationalsozialisten noch lange nicht erreicht. Sie forderten die Erweiterung der „nationalen" durch eine **„soziale Revolution"**, die eine antikapitalistische Politik verwirklichen und die Wirtschaft unter direkte Kontrolle des NS-Staates stellen sollte. Das rief den Protest vieler Unternehmer hervor, die sich gegen einen zu großen Einfluss der SA im Staat wehrten.

Noch schärfer war der Gegensatz zwischen der Reichswehr und der SA. Da Hitler aufrüsten und die Wehrmacht vergrößern wollte, drängte die SA-Führung unter ihrem mächtigen Chef Ernst Röhm (1887–1934) darauf, die führende Rolle in diesem neu aufzubauenden „Volksheer" zu übernehmen. Dieses Konzept widersprach jedoch Hitlers Absicht, mit den bewährten Kräften der alten Reichswehr auf den geplanten Krieg hinzuarbeiten.

Schema 1 **Staatsstruktur des NS-Staates.** – NSKK: Nationalsozialistisches Kraftfahrerkorps, HJ: Hitlerjugend, NSDStB: Nationalsozialistischer Deutscher Studentenbund. Der Partei angeschlossene Organisationen: Deutsches Frauenwerk, Deutsche Arbeitsfront, NS-Volkswohlfahrt, NS-Kriegsopferversorgung, NSD-Ärztebund, NS-Lehrerbund, NS-Rechtwahrerbund, Reichsbund der Dt. Beamten.

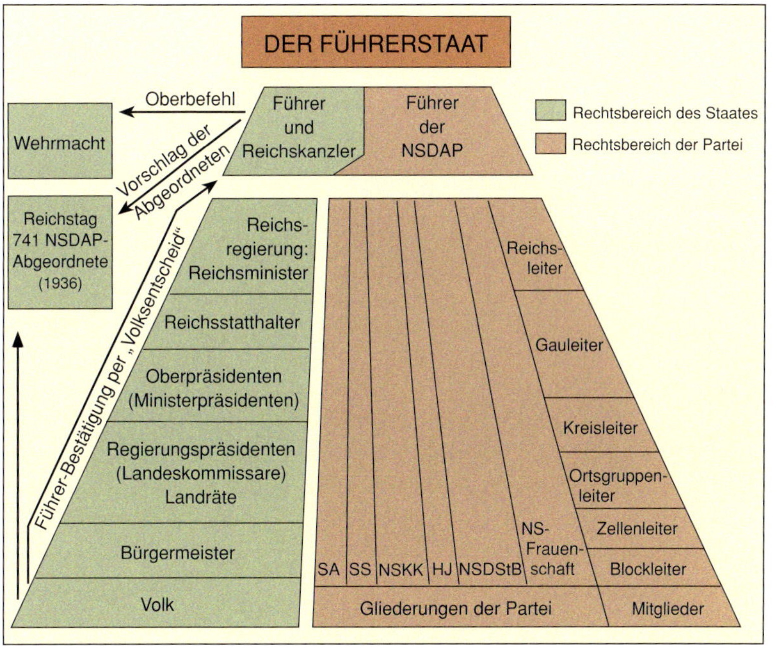

Hitler suchte den Machtkampf innerhalb der eigenen Reihen und führte ihn mit der gleichen Brutalität, mit der er auch die oppositionellen Kräfte in Politik und Gesellschaft ausgeschaltet hatte. Am 30. Juni 1934 ließ er den Stabschef der SA, Röhm, weitere SA-Führer und einige konservative Gegner wie den ehemaligen Reichskanzler Kurt von Schleicher (1882–1934) durch SS-Kommandos ohne Gerichtsurteil erschießen. Wehrmachtseinheiten standen bereit, um die SS zu unterstützen, falls sich die SA erheben würde. Offiziell wurde die Ermordung der SA-Führer als Niederschlagung eines Umsturzversuches gerechtfertigt (M 6a, b). Damit war nicht nur Hitlers Autorität innerhalb der Partei wiederhergestellt, sondern auch der parteiinterne Machtkampf zwischen der eher „sozialrevolutionären" SA und der „elitären" SS entschieden worden.

SS-Staat

Keine Organisation verfügte zwischen 1933 und 1945 über einen derart gut organisierten Überwachungs- und Terrorapparat wie die SS. Weil diese NS-Organisation alle anderen staatlichen und militärischen Institutionen an Macht übertraf, wird die Nazi-Diktatur auch als SS-Staat bezeichnet. Und der SS wurden alle die Aufgaben übertragen, auf die es Hitler ankam: die Sicherung der Macht in Deutschland und während des Krieges in den besetzten Gebieten sowie die Verfolgung und Vernichtung der Gegner. Die SS war daher die eigentliche Exekutive des Führers. Die 1925 ins Leben gerufene SS (Schutzstaffel) war ursprünglich eine Art Parteipolizei, die Himmler seit 1929 befehligte. Im Januar 1933 umfasste sie 56 000 Mann. Eine Unterorganisation bildete der **„Sicherheitsdienst/SD"** unter Reinhard Heydrich (1904–1942), der geheime Nachrichten über politische Gegner sammelte und oppositionelle Parteimitglieder überwachte. Nach der Übernahme der Konzentrationslager von der entmachteten SA im Sommer 1934 konnte Himmler seine Macht weiter vergrößern: Seit Juni 1936 war er Chef der SS und der allgemeinen Polizei. Auf Grund der personellen und institutionellen Verschmelzung dieser Machtapparate besaß er damit die Möglichkeit, den Terror gegen die Regimegegner bürokratisch zu organisieren und außerhalb der Legalität durchzuführen.

B 6 SA-Truppen besetzen am 2. Mai 1933 das Gewerkschaftshaus am Engelufer in Berlin, Fotografie

- *Analysieren Sie B 6 mit Blick auf die Organisation der NS-Herrschaft.*
- *Beschreiben Sie das Verhalten der abgebildeten Personen. Beurteilen Sie das Verhalten der Passanten.*

Die sich als Elite verstehende SS baute ihre Organisation in zahlreichen Unterorganisationen ständig aus und stellte auch eigene bewaffnete Verbände auf (Schema 2). Die SS-Totenkopfverbände übernahmen die Bewachung der Konzentrationslager. Im Kriege dienten besonders die in Polen und Russland von der SS errichteten Konzentrationslager, wie z. B. Auschwitz, der bürokratisch organisierten Tötung von Juden und anderen Menschen. Aus den SS-Verfügungstruppen entstanden modern bewaffnete Divisionen, die im Krieg dann zur Waffen-SS ausgebaut wurden. 1944 umfasste die Waffen-SS rund 600 000 Mann, die allgemeine SS ungefähr 200 000 Mann. Die Wachmannschaften der Konzentrationslager hatten eine Stärke von 24 000 Mann.

Gestapo

Die Nationalsozialisten unterstellten nach ihrer Machtübernahme die Länderpolizei dem Reich. Im April 1933 wurden diese Einheiten der neu gebildeten **Geheimen Staatspolizei/Gestapo** untergeordnet. Seit April 1934 lag die Befehlsgewalt über die Gestapo in den Händen von Himmler. Im Jahre 1936 organisierte Hitler diese Behörde völlig um: Die regionalen Gestapo-Stellen erhielten nun ihre Weisungen direkt von der Berliner Leitung des „Reichsführers SS und Chefs der deutschen Polizei im Reichsministerium des Innern“. Das bedeutete keine Kontrolle Himmlers durch den Reichsinnenminister. Im Gegenteil: Es brachte eine Erweiterung seines Machtbereiches durch Übernahme von Funktionen, die bis dahin dem Innenminister zugestanden hatten. Die Verzahnung von staatlicher Verwaltung und SS wurde mit der Einrichtung des **Reichssicherheitshauptamtes/RSHA** am 17. September 1939, kurz nach Kriegsbeginn, weiter vorangetrieben. Das Reichssicherheitshauptamt nahm unter anderem die Aufgabe wahr, die so genannte „Gesamtlösung der Judenfrage“ umzusetzen. Die konkrete Durchführung lag bei den lokalen Polizeibehörden.

Denunziation

Lange Zeit erschien die Gestapo den Historikern, gestützt auf Aussagen von Zeitgenossen, als eine übermächtige Geheimorganisation, die alles und jeden bespitzeln ließ und die allmächtig und effizient gewesen sei. Tatsächlich war ihr unterster Arm, die **Blockwarte** (1939 rund 463 000 „Blocks“ mit je 40–60 Haushalten) sowie andere NSDAP-Mitglieder, sehr umfangreich. Hinsichtlich ihrer Effizienz zeigen Untersuchungen einzelner Gestapo-Stellen aber ein anderes Bild. Die Erfolgsbilanzen der Gestapo beruhten, nach zuverlässigen Schätzungen, zu 80 % auf Anzeigen aus der Bevölkerung. Zwar etablierten die Nationalsozialisten einen formalen Mechanismus der Denunziation über die Block- und Zellenorganisation der Partei. Aber weder leisteten alle NSDAP-Mitglieder Spitzeldienste noch denunzierten nur Parteigenossen. Im Gegenteil: Jeder „Volksgenosse“, der einen anderen verriet oder anzeigte, konnte sich in Übereinstimmung mit dem „Führerwillen“ wähnen; das setzte die Hemmschwellen des Verrats deutlich herab. Innerhalb kurzer Zeit gelang es dem Regime, neben dem institutionalisierten Terror ein informelles Unterstützungssystem zu schaffen und die Kontrolle der Bürger effizienter zu gestalten. Außerdem erreichten die Nationalsozialisten auf diese Weise, dass ihre Vorstellungen von gefährlichen oder minderwertigen Gegnern sowie ihre politische und rassische Hierarchisierung von vielen Menschen übernommen wurden.

Normen- und Maßnahmenstaat

Die von den Nationalsozialisten skrupellos und brutal durchgeführte Unterdrückung und Verfolgung all jener, die sie zu ihren Gegnern erklärt hatten, war mit rechtsstaatlichen Normen und Werten unvereinbar. Obwohl das Parteiprogramm der NSDAP 1920 davon sprach, dass das nationalsozialistische Deutschland ein neues „germanisches“ Rechtssystem erhalten solle, verzichtete der NS-Staat auf die Verabschiedung einer nationalsozialistischen Rechtsordnung. Die von führenden NS-Juristen vorgelegten Entwürfe gingen dem NS-Regime nicht weit genug und hätten es bei der Durchführung seiner weit reichenden Pläne nur einengen können.
Stattdessen bevorzugte der NS-Staat einen opportunistischen und prinzipienlosen Umgang mit dem bisherigen Recht. Wenn einzelne Rechtsnormen den Nazis nutzten, wurden sie angewandt. Waren gesetzliche Bestimmungen jedoch hinderlich, wurden sie umgangen, ignoriert oder einfach fallen gelassen. Ernst Fraenkel (1898–1975), ein emigrierter Rechtsanwalt und Politikwissenschaftler, hat daher bereits 1941 von einem **Nebeneinander von Normen- und Maßnahmenstaat** gesprochen: In der NS-Diktatur wurde das bestehende Recht nicht abgeschafft, sondern zunehmend ausgehöhlt und überlagert von den diktatorischen Maßnahmen des Führers. Sein Wille war nach nationalsozialistischer Auffassung allgemein verbindliches Recht (M 7).

Aushöhlung des Rechtsstaates

Die Aushöhlung des rechtsstaatlichen Legalitätsprinzips, das das gesamte staatliche Handeln an gesetzliche Normen bindet, zeigte sich am deutlichsten im Zuständigkeitsbereich von SA, SS und Polizei. Ihre Willkürmaßnahmen wurden stets mit dem Hinweis auf den „Führerwillen“ begründet und dadurch „legalisiert“. Aber auch der Strafjustiz konnten die Nationalsozialisten ihren Stempel aufdrücken. Ein eindrucksvolles Beispiel dafür ist die so genannte **„Heimtückeverordnung“** vom März 1933, die jede Kritik an der Regierung mit schweren Strafen belegte und die Aufgaben und Funktionen der bereits in der Weimarer Republik bestehenden Sondergerichte ausweitete. Nach 1933 wurden sie zuständig für alle „Verbrechen“, die unter die „Verordnung zum Schutz von Volk und Staat“ und die „Heimtückeverordnung“ fielen. Während des Krieges erweiterte der NS-Staat die Zuständigkeit der Sondergerichte: Hinzu kamen jetzt Delikte wie das Abhören feindlicher Sender, Schwarzschlachten oder Plündern bei Verdunkelung (Kriegssonderstrafrechtsordnung). Alle diese Delikte konnten mit dem Tod bestraft werden. Zur „Aburteilung von Hoch- und Landesverratssachen“ schufen die Nationalsozialisten im Jahre 1934 den **Volksgerichtshof**, dessen Richter von Hitler ernannt wurden und gegen dessen Entscheidungen keine Rechtsmittel zulässig waren. Gleichzeitig wurde der Begriff des „Hochverrats“ neu gefasst: Schon der „Verdacht hochverräterischer Bestrebungen“ reichte fortan für eine Verurteilung. Bereits im Juli 1933 waren **Erbgesundheitsgerichte** eingerichtet worden, die über die Zwangssterilisation von Behinderten zu urteilen hatten. Damit war die Justiz unmittelbar in den Maßnahmenstaat integriert und sie ließ sich in ihrer überwiegenden Mehrheit zum Handlanger des NS-Regimes machen. Die Mehrzahl der Richter war in einem erschreckenden Maße willfährig.

M5 Der Leipziger Oberbürgermeister Carl-Friedrich Goerdeler zur Konkurrenz zwischen unterschiedlichen Machtzentren im NS-Staat (1937)

Auf dem Gebiet der inneren Verwaltung herrscht ein heilloses Durcheinander. Außenstehende können sich davon überhaupt keine Vorstellung machen. […]

Neben dem Staat versucht die Partei das öffentliche Leben zu beherrschen. Der öffentliche Diener weiß nicht mehr, an welche klaren Gesetze er sich zu halten hat. Viel schlimmer aber ist, dass der Beamte nicht mehr weiß, an welche Anstandsregeln er sich zu halten hat.

Die Zuständigkeiten, die früher klar geregelt waren, werden dauernd geändert. Hat man sich heute zum Grundsatz der Selbstverwaltung bekannt, so beraubt man morgen Provinzen und Gemeinden wichtiger, organisch ihnen zufallender Funktionen. Die Folge ist, dass sich die Zahl der öffentlichen oder halb öffentlichen Beamten und Angestellten um einige Hunderttausend vermehrt hat, dass das Geld des deutschen Steuerzahlers benutzt wird, um mit diesen Kräften irgendetwas zu tun, zumindest untereinander Krieg zu führen, und dass das moralische Bewusstsein sowie die Verantwortungsfreudigkeit ebenso schnell verblassen wie der Mannesmut. Der preußische Beamte war darauf erzogen, seinem Vorgesetzten zu gehorchen; aber er war auch verpflichtet, ihm gegenüber seine eigene Meinung unerschrocken zu vertreten. Beamte, die das heute noch wagen, kann man in Deutschland allmählich mit der Laterne suchen. Damit aber ist die öffentliche Verwaltung unterminiert, muss immer haltloser werden und wird eines Tages dem Volke nur noch als Last erscheinen.

Im Übrigen ist die Entwicklung zielbewusst darauf gerichtet, immer mehr Macht in den Händen der Polizei, einschließlich der Geheimen Staatspolizei, zu vereinigen. Das ist logisch. Ein System, das es sich zur Aufgabe gesetzt hat, unter allen Umständen an der Macht zu bleiben, muss mehr und mehr auf das Mittel der Überzeugung verzichten und zu Mitteln des Zwanges greifen.

(Friedrich Krause [Hg.], Goerdelers politisches Testament. Dokumente des anderen Deutschland, F. Krause 1945, New York City, S. 19ff.)

1 *Untersuchen Sie die Auswirkungen des Parteieinflusses auf die innere Verwaltung Deutschlands aus der Perspektive des Leipziger Oberbürgermeisters.*

2 *Erörtern Sie anhand von M 5 die grundsätzlichen Probleme des „Führerstaates“.*

M6 Die Entmachtung der SA am 30. Juni 1934

a) Der offizielle Kommentar der Reichspressestelle

Seit vielen Monaten wurde von einzelnen Elementen versucht, zwischen SA und Partei sowohl wie zwischen SA und Staat Keile zu treiben und Gegensätze zu erzeugen. Der Verdacht, dass diese Versuche einer beschränkten, bestimmt eingestellten Clique zuzuschreiben sind, wurde mehr und mehr bestätigt. Stabschef Röhm, der vom Führer mit seltenem Vertrauen ausgestattet worden war, trat diesen Erscheinungen nicht nur nicht entgegen, sondern förderte sie unzweifelhaft. Seine bekannte unglückliche Veranlagung führte allmählich zu so unerträglichen Belastungen, dass der Führer der Bewegung und Oberste Führer der SA selbst in schwerste Gewissenskonflikte getrieben wurde. Stabschef Röhm trat ohne Wissen des Führers mit General Schleicher in Beziehungen. Er

bediente sich dabei neben einem anderen SA-Führer einer von Adolf Hitler schärfstens abgelehnten, in Berlin bekannten obskuren Persönlichkeit. Da diese Verhandlungen endlich – natürlich ebenfalls ohne Wissen des Führers – zu einer auswärtigen Macht bzw. zu deren Vertretung sich hin erstreckten, war sowohl vom Standpunkt der Partei als auch vom Standpunkt des Staates ein Einschreiten nicht mehr zu umgehen.
(Völkischer Beobachter [Berliner Ausgabe, A], 47. Jg., Nr. 182/83 vom 1./2. Juli 1934, S. 2)

b) Erinnerungen des Staatssekretärs Otto Meissner (1950)

Der Plan Hitlers, unangemeldet und überraschend in Wiessee anzukommen, gelingt. Der Mann des Flugplatzes Hangelar, der von Röhm gewonnen war, Flüge des Führers und deren Ziel sofort zu melden, war plötzlich erkrankt und konnte die verabredete Nachricht nicht – wie verabredet – an den Adjutanten Röhms durchsagen. So trifft Hitler mit seiner Begleitung und Sicherheitseskorte in den frühen Morgenstunden des 30. Juni völlig überraschend in München ein, wo er einige der Mitverschwörer Röhms verhaften und erschießen lässt, fährt mit seinem Führerbegleitkommando nach Wiessee weiter und verhaftet dort unter persönlichen Beschimpfungen Röhm und die um ihn versammelten SA-Führer; sie werden in die Strafanstalt Stadelheim bei München überführt und dort ohne Verfahren erschossen. Röhm hatte es abgelehnt, von der ihm gegebenen Möglichkeit, Selbstmord zu begehen, Gebrauch zu machen, und ein gerichtliches Verfahren gefordert.
(Otto Meissner, Staatssekretär unter Ebert – Hindenburg – Hitler, Hamburg [3]1950, S. 366 ff.)

1 *Vergleichen Sie die offizielle Darstellung über das Vorgehen gegen die SA mit den Erinnerungen Meissners.*

2 *Diskutieren Sie die Bedeutung des 30. Juni 1934 für die Geschichte der NS-Diktatur.*

M7 Carl Schmitt, einer der führenden NS-Staatsrechtslehrer, über die Funktion des Rechts im NS-Staat anlässlich der Entmachtung der SA (Aug. 1934)

Der Führer schützt das Recht vor dem schlimmsten Missbrauch, wenn er im Augenblick der Gefahr kraft seines Führertums als oberster Gerichtsherr unmittelbar Recht schafft. [...] Der wahre Führer ist immer auch Richter. Aus dem Führertum fließt das Richtertum. Wer beides voneinander trennen oder gar entgegensetzen will, macht den Richter

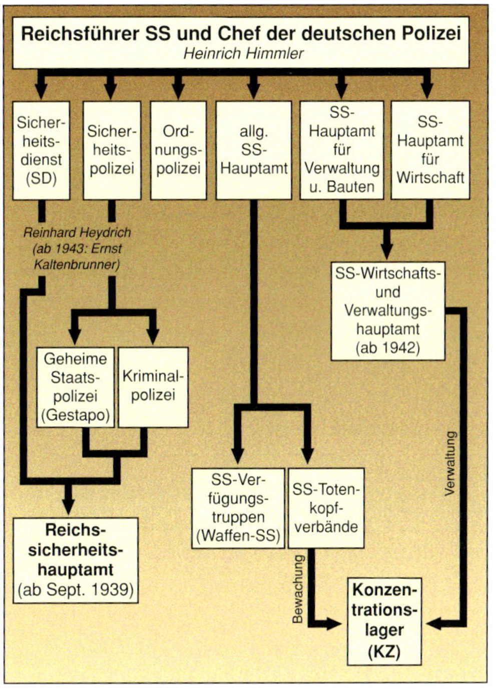

Schema 2 Die Organisation der SS

– *Erläutern und beurteilen Sie die Stellung der SS im NS-Herrschaftssystem.*

entweder zum Gegenführer oder zum Werkzeug eines Gegenführers und sucht den Staat mit Hilfe der Justiz aus den Angeln zu heben. [...]
In Wahrheit war die Tat des Führers echte Gerichtsbarkeit. Sie untersteht nicht der Justiz, sondern war selbst höchste Justiz. [...]
Das Richtertum des Führers entspringt derselben Rechtsquelle, der alles Recht jedes Volkes entspringt. In der höchsten Not bewährt sich das höchste Recht und erscheint der höchste Grad richterlich rächender Verwirklichung des Rechts. Alles Recht stammt aus dem Lebensrecht des Volkes.
(Carl Schmitt, Der Führer schützt das Recht, in: Deutsche Juristenzeitung vom 1. Aug. 1934, S. 945 ff.)

1 *Beschreiben Sie das nationalsozialistische Verständnis von Recht und Unrecht.*

2 *Analysieren Sie die Folgen, die dieses Rechtsverständnis für den einzelnen Menschen hat, und vergleichen Sie dieses mit der Praxis in demokratisch-liberalen Verfassungsstaaten.*

1.4 Die Herrschaftsmethoden des NS-Staates

Politische Gegner – der „innere Feind"

Die nationalsozialistische Ideologie kannte eigentlich keine Gegner, sondern nur Freund oder Feind. Mit den zu Feinden des Regimes erklärten Menschen gab es keine politische oder geistige Auseinandersetzung, sie mussten vernichtet werden (M 8a, b). So herrschte für den Nationalsozialismus auch im Frieden schon Krieg gegen den „inneren Feind". In diesem Krieg wurden die Regeln der modernen Zivilisation außer Kraft gesetzt.

Zu den „inneren Feinden" zählten die Nationalsozialisten Kommunisten und Sozialdemokraten. Aber auch Liberale, Christen und Konservative, die mit dem Regime nicht einverstanden waren, wurden verfolgt. Mit der Machtübernahme begannen Diskriminierung, Entrechtung und Verfolgung von Juden, von Sinti und Roma. Aus der nationalsozialistischen „Volksgemeinschaft" ausgeschlossen wurden überdies Straftäter, allen voran die so genannten „Berufs-" und „Gewohnheitsverbrecher", sowie später Homosexuelle, Geisteskranke, Behinderte und Gebrechliche.

Schutzhaft

Eine der ersten Maßnahmen bei der Verfolgung der „Reichsfeinde" war die Einführung der „Schutzhaft" durch die Reichstagsbrandverordnung (s. S. 430). Die politische Polizei bzw. die Gestapo konnte nun politische Gegner „zur vorbeugenden Bekämpfung" ohne gerichtliches Verfahren und gerichtliche Nachprüfung in Haft nehmen. Für diese illegale Freiheitsberaubung, die in der Regel eine zeitlich unbegrenzte Inhaftierung bedeutete, genügte in vielen Fällen schon der bloße Verdacht, Mitglied in einer von den Nazis als „feindlich" eingestuften Organisationen zu sein oder zu bestimmten „Feindgruppen" zu gehören. Oft wurden diese politischen Gefangenen nach Verbüßung einer von einem ordentlichen Gericht verhängten Strafe erneut von der Gestapo festgenommen und in ein Konzentrationslager gebracht. Diese Herrschaftspraxis führte zu einem sprunghaften Anstieg der Gefangenen: Bereits im März/April 1933 lag die Zahl der Festnahmen in Preußen bei 25 000 bis 30 000. Da die Haftanstalten rasch überfüllt waren, brachte man diese Gefangenen in alten Feldscheunen, Lagerhallen oder Hinterzimmern unter, die so zu den ersten „wilden" Konzentrationslagern wurden (M 9).

Konzentrationslager

Die bereits im Frühjahr 1933 errichteten Konzentrationslager (KZ) bildeten die eigentlichen Terror- und Zwangsinstrumente des NS-Regimes. Konzentrationslager waren Massenlager, in denen Menschen aus politischen, religiösen, rassischen oder anderen Gründen eingesperrt, misshandelt und ermordet wurden. Die Lager dienten den Nationalsozialisten zur Einschüchterung, Ausschaltung und Vernichtung ihrer „Feinde". Vom Jahre 1941 an wurden Vernichtungslager eingerichtet, in denen systematisch Menschen getötet wurden (s. Karte 2, S. 473).

Zunächst waren Kommunisten, Sozialdemokraten und andere Gegner für relativ kurze Zeit ohne jede rechtliche Grundlage in die schnell errichteten Barackenlager eingesperrt worden (B 7). Die Lebensverhältnisse der Häftlinge waren beträchtlich schlechter als in den normalen Gefängnissen und Zuchthäusern. Vor allem blieben die Gefangenen hilflos der Willkür der Wachmannschaften ausgeliefert.

Seit 1934 unterstanden die Konzentrationslager der SS, die die Lager nach einheitlichen bürokratischen Vorschriften organisierte (M 10). 1939 betrug die Zahl der Häftlinge etwa 25 000, 1944 waren es 397 000 Männer und 145 000 Frauen. Doch kann hinter diesen Zahlen weder das unsägliche Leid sichtbar werden, das den Gefangenen angetan wurde, noch geben sie Auskunft, wie viele Menschen insgesamt die Konzentrationslager „durchliefen".

B 7 Verhaftete im Konzentrationslager Oranienburg bei Berlin, August 1933, Fotografie. – Die Verhafteten sind von links nach rechts: Ernst Heilmann, Vorsitzender der preußischen SPD-Landtagsfraktion, Fritz Ebert, Sohn des ehemaligen Reichspräsidenten, Adolf Braun, Sekretär des SPD-Vorstandes in Berlin und Rundfunkreporter, Ministerialrat Giesecke vom Reichsrundfunk, Dr. Magnus, Direktor der Reichsrundfunkgesellschaft, und Dr. Flesch, Intendant der Berliner Funkstunde. Die Königsberger „Hartungsche Zeitung" schrieb zu der Verhaftung eine Meldung unter der Überschrift: „Rundfunksünder ins Konzentrationslager".

- *Interpretieren Sie die in B 7 dargestellte Gefangennahme im Hinblick auf die Herrschaftsmethoden des NS-Staates.*
- *Informieren Sie sich über Persönlichkeiten der 1950er-/60er-Jahre und deren Leben während der NS-Zeit (z. B. Politiker wie Konrad Adenauer, Walter Ulbricht, Kurt Schumacher, Willy Brandt, Theodor Heuss oder auch Filmstars). Besorgen Sie sich in der Schul- oder Stadtbibliothek Biografien oder Autobiografien der entsprechenden Personen und bereiten Sie ein Referat über deren Erfahrungen während der Zeit des Nationalsozialismus vor.*

Die **Vernichtungslager** dienten der bürokratisch organisierten Tötung der Juden und anderer als „minderwertig" betrachteter Menschen. Arbeitsfähige KZ-Häftlinge mussten Zwangsarbeit leisten oder wurden zu Sklavenarbeiten verpflichtet. SS-Ärzte führten grausame medizinische und andere Menschenversuche an den todgeweihten Opfern durch. Die mit Güterwagen der Reichsbahn antransportierten Juden aus allen Teilen Europas wurden in den Vernichtungslagern kurz nach ihrer Ankunft durch Gas oder durch Massenerschießungen getötet oder, soweit sie noch gesund und kräftig waren, zur Zwangsarbeit befohlen. Auf Grund der mangelhaften Ernährung und Unterbringung starben viele von diesen Häftlingen an der körperlichen und physischen

Belastung. Die Nationalsozialisten nannten das zynisch „Vernichtung durch Arbeit". Bis Kriegsende wurden in den Vernichtungslagern etwa 6 Mio. Juden und 500 000 Polen, Sinti und Roma und andere Menschen ermordet.

Zwangsarbeit

Der NS-Staat benötigte vor allem in der Rüstungsindustrie Arbeitskräfte, die wegen des Arbeitskräftemangels nicht auf dem normalen Arbeitsmarkt zur Verfügung standen. Seit 1938 machte die SS regelrecht Jagd auf die arbeitsfähigen KZ-Häftlinge, um sie als Arbeitssklaven in Rüstungsbetrieben und SS-eigenen Produktionsstätten für Baustoffe oder in Steinbrüchen einzusetzen. In unmittelbarer Nähe von Granitsteinbrüchen errichtete die SS neue Konzentrationslager (Flossenburg in der Oberpfalz, Mauthausen bei Linz, Groß-Rosen in Niederschlesien und Natzweiler im Elsass) und bei den Konzentrationslagern Sachsenhausen und Buchenwald entstanden Großziegelwerke. Die Zwangsarbeit besaß für das NS-Regime in der Regel eine doppelte Funktion: Man wollte die Arbeitskraft der Häftlinge nutzen und gleichzeitig „unproduktive" und „minderwertige" Menschen durch Arbeit töten.

Propaganda

Die nationalsozialistische Herrschaft beruhte auf Gewalt, Terror und Unterdrückung, aber auch auf Verführung. Durch glanzvolle Feiern und Inszenierungen wie am „Tag von Potsdam" (s. S. 431) sollten die Mitglieder und Anhänger der NSDAP in ihrem Glauben an die siegreiche Mission der Partei und ihres Führers bestärkt werden; gleichzeitig wollte man diejenigen Teile der Bevölkerung, die dem Regime skeptisch oder gleichgültig gegenüberstanden, für sich gewinnen. Denn die Nationalsozialisten wussten, dass sie mit Zwang allein ihre Herrschaft nicht sichern konnten. Das wichtigste Mittel zur Mobilisierung der öffentlichen Meinung zu Gunsten der Nationalsozialisten war die Propaganda. Das Wort (lat. propagare = ausbreiten) war ursprünglich ein Synonym für Werbung und bezeichnete vor allem die schriftliche und mündliche Verbreitung politischer Lehren und Ideen. Mit diesem Begriff verband sich zudem die Vorstellung von werbender und einseitiger Beeinflussung der öffentlichen Meinung (M 11).

Die NSDAP hatte bereits für ihren Aufstieg neue Werbemedien zur Mobilisierung der Bevölkerung zu nutzen gewusst. Wirkungsvoll inszenierte Großkundgebungen mit großen Lautsprecheranlagen, spektakuläre Flugzeugeinsätze für Hitlers reichsweite Wahlkampfeinsätze, der Ausbau einer aufwändigen Parteipresse sowie der Einsatz der Plakatkunst kennzeichnen den Stil der nationalsozialistischen Propaganda vor 1933 – und diese zeigte Wirkung.

Mit der NSDAP zogen die Mittel der modernen Verkaufswerbung in die politische Propaganda ein. Hitler und Propagandaminister Goebbels, die wirkungsvollsten Redner der Partei, verstanden es, in der Schulung der Parteiredner durchschlagende Stilmittel der Werbesprache zu verbreiten. Unter Ausnutzung der Mechanismen der Massenpsychologie wurden Volkstümlichkeit und extreme Vereinfachung zur Grundlage der Parteisprache erhoben. Die Beschränkung auf wenige einprägsame Merksprüche, die reklamehafte Wiederholung, die Wahl eingängiger Symbole, die Benutzung grobschlächtiger Freund-Feind-Bilder sowie eine zwischen Einfühlsamkeit und Gewalttätigkeit pendelnde Rhetorik sollten zur Identifikation mit der anscheinend allmächtigen NSDAP und ihrem Führer beitragen.

Presse, Rundfunk, Film

Nach Hitlers Machtübernahme wurde die Propaganda zur Unterstützung der nationalsozialistischen Politik in allen Bereichen des politisch-gesellschaftlichen Lebens eingesetzt. Das von Goebbels geleitete neu eingerichtete **„Reichsministerium für Volksaufklärung und Propaganda"** überwachte alle Nachrichten-

büros, hielt in den Redaktionen interne Besprechungen ab, gab allgemein verbindliche Sprachregelungen und Weisungen aus und veranstaltete täglich eine Reichspressekonferenz. Bereits im Sommer 1933 hatten die Nationalsozialisten auf diese Weise die organisatorische und inhaltliche Gleichschaltung der Presse durchgesetzt.
Der halbstaatliche **Rundfunk**, der eben erst als Massenmedium aufgebaut worden war, wurde ebenfalls sehr schnell personell und inhaltlich gleichgeschaltet und vom NS-Staat für seine Propaganda erstmals voll genutzt. Eine Werbekampagne für den preiswerten so genannten Volksempfänger verbreitete das Radio auch in den einfachen Haushalten – 1933 wurden über eine Million Geräte abgesetzt (B 8). Eine ähnlich große Bedeutung bei der Massenbeeinflussung kam der **„Wochenschau“** zu. Dieser filmische Nachrichtenüberblick im Vorprogramm der Kinos wurde eine eigene Kunstform und diente der Werbung für das NS-Regime.
Mit Hilfe aller dieser geschickt genutzten Medien versuchte die NS-Propaganda der Bevölkerung ihre Ideologie einzuhämmern. Bis zur totalen Niederlage des „Dritten Reiches“ im Mai 1945 versuchten die Nationalsozialisten bei den Bürgern den „blinden“ Glauben daran zu erwecken und zu erhalten, dass die Geschichte des NS-Staates eine beispiellose Erfolgsgeschichte sei.

M8 Der Umgang des NS-Regimes mit politischen Gegnern

a) Adolf Hitler in „Mein Kampf“ (1925)

Die Gewinnung der Seele des Volkes kann nur gelingen, wenn man neben der Führung des positiven Kampfes für die eigenen Ziele den Gegner dieser Ziele vernichtet.
Das Volk sieht zu allen Zeiten im rücksichtslosen Angriff auf einen Widersacher den Beweis des eigenen Rechtes und es empfindet den Verzicht auf die Vernichtung des anderen als Unsicherheit in Bezug auf das eigene Recht, wenn nicht als Zeichen des eigenen Unrechtes.
Die breite Masse ist nur ein Stück der Natur und ihr Empfinden versteht nicht den gegenseitigen Händedruck von Menschen, die behaupten, Gegensätzliches zu wollen. Was sie wünscht, ist der Sieg des Stärkeren und die Vernichtung des Schwachen oder seine bedingungslose Unterwerfung. Die Nationalisierung unserer Masse wird nur gelingen, wenn bei allem positiven Kampf um die Seele unseres Volkes ihre internationalen Vergifter ausgerottet werden.
(Adolf Hitler, Mein Kampf, München 1942, S. 371 f.)

b) Schießerlass Hermann Görings an alle Polizeibehörden vom 17. Februar 1933

[D]em Treiben staatsfeindlicher Organisationen [ist] mit den schärfsten Mitteln entgegenzutreten. Polizeibeamte, die in Ausübung dieser Pflichten von der Schusswaffe Gebrauch machen, werden ohne Rücksicht auf die Folgen des Schusswaffengebrauchs von mir gedeckt; wer hingegen in falscher Rücksichtnahme versagt, hat dienststrafrechtliche Folgen zu gewärtigen.
(Günter Schönbrunn [Hg.], Weltkriege und Revolutionen 1914–1945, bsv, München [2]1970, S. 279)

1 *Analysieren Sie das Gesellschaftsbild Hitlers anhand von M 8a.*

2 *Ordnen Sie M 8b in den historischen Kontext ein und interpretieren Sie die Quelle im Hinblick auf den Umgang der Nationalsozialisten mit ihren Gegnern.*

M9 Rudolf Diels, der erste Chef der Gestapo, über das Columbiagefängnis der SS in Berlin im Jahr 1933 (1950)

Nach den Berichten von Beamten und Freunden trat die SA mit eigenen „Vernehmungsstellen“ in Berlin selbst in eine grauenvolle Tätigkeit ein. In den einzelnen Stadtteilen entstanden „Privatgefängnisse“. Die „Bunker“ in der Hedemann- und Voßstraße wurden zu infernalischen Stätten der Menschenquälerei. Es entstand das Columbiagefängnis der SS, die allerschlimmste Marterstätte. [...]
Ich konnte nun mit den Polizeimannschaften die Marterhöhle betreten. Dort waren die Fußböden einiger leerer Zimmer, in denen sich die Folterknechte betätigten, mit einer Strohschütte bedeckt worden. Die Opfer, die wir vorfanden, waren dem Hungertod nahe. Sie waren tagelang stehend in enge Schränke gesperrt worden, um ihnen „Geständnisse“ zu erpressen. Die „Vernehmungen“ hatten mit Prügeln begonnen und geendet; dabei

B 8 „Ganz Deutschland hört den Führer", 1936, Werbeplakat. – 1935/36 wurde in Firmenkooperation der erste preiswerte und leistungsfähige Rundfunkempfänger, der „Volksempfänger" VE 301, entwickelt. Er kostete 76 RM, was etwa dem Wochenlohn eines Facharbeiters entsprach.

– *Untersuchen Sie B 8 im Hinblick auf die Bedeutung der Propaganda im NS-Staat.*
– *Diskutieren Sie über das Thema: „Rundfunk – Fernsehen – Computer: Fluch oder Segen für unsere heutige Demokratie?"*

hatte ein Dutzend Kerle in Abständen von Stunden mit Eisenstäben, Gummiknüppeln und Peitschen auf die Opfer eingedroschen. Eingeschlagene Zähne und gebrochene Knochen legten von den Torturen Zeugnis ab. Als wir eintraten, lagen diese lebenden Skelette reihenweise mit eiternden Wunden auf dem faulenden Stroh. Es gab keinen, dessen Körper nicht vom Kopf bis zu den Füßen die blauen, gelben und grünen Male der unmenschlichen Prügel an sich trug. Bei vielen waren die Augen zugeschwollen und unter den Nasenlöchern klebten Krusten geronnenen Blutes. Es gab kein Stöhnen und Klagen mehr; nur starres Warten auf das Ende oder neue Prügel. Jeder Einzelne musste auf die bereitgestellten Einsatzwagen getragen werden; sie waren des Gehens nicht mehr fähig. Wie große Lehmklumpen, komische Puppen mit toten Augen und wackelnden Köpfen, hingen sie wie aneinander geklebt auf den Bänken der Polizeiwagen. Die Schutzpolizisten hatte der Anblick dieser Hölle stumm gemacht.

(Rudolf Diels, Lucifer ante portas. Es spricht der erste Chef der Gestapo, Deutsche Verlags-Anstalt, Stuttgart 1950, S. 220 und 254 ff.)

1 *Arbeiten Sie aus M 9 das Vorgehen der Gestapo gegen die Gegner des NS-Regimes heraus.*

2 *Untersuchen Sie das Menschenbild und das Rechts- bzw. Unrechtsbewusstsein des Gestapo-Wachpersonals.*

M10 Aus der „Disziplin- und Strafordnung des Konzentrationslagers Esterwegen" (1933/34)

Paragraf 8

Mit 14 Tagen strengem Arrest und mit je 25 Stockhieben zu Beginn und am Ende der Strafe wird bestraft: […]

2. Wer in Briefen oder sonstigen Mitteilungen

abfällige Bemerkungen über nationalsozialistische Führer, über Staat und Regierung, Behörden und Einrichtungen zum Ausdruck bringt, marxistische ober liberalistische Führer oder Novemberparteien verherrlicht, Vorgänge im Konzentrationslager mitteilt. [...]

Paragraf 11

Wer im Lager, an der Arbeitsstelle, in den Unterkünften, in Küchen und Werkstätten, Aborten und Ruheplätzen zum Zwecke der Aufwiegelung politisiert, aufreizende Reden hält, sich mit anderen zu diesem Zwecke zusammenfindet, Cliquen bildet oder umhertreibt, wahre oder unwahre Nachrichten zum Zwecke der gegnerischen Gräuelpropaganda über das Konzentrationslager oder dessen Einrichtungen sammelt, empfängt, vergräbt, weitererzählt, mittels Kassiber oder auf andere Weise aus dem Lager hinausschmuggelt, Entlassenen oder Überstellten schriftlich oder mündlich mitgibt, mittels Steinen usw. über die Lagermauer wirft oder Geheimschriften anfertigt, ferner, wer zum Zwecke der Aufwiegelung auf Barackendächer steigt, durch Lichtsignale oder auf andere Weise Zeichen gibt oder nach außen Verbindung sucht oder wer andere zur Flucht oder einem Verbrechen verleitet, hierzu Ratschläge erteilt oder durch andere Mittel unterstützt, wird kraft revolutionären Rechts als Aufwiegler gehängt!

(Kurt Richard Grossmann, Ossietzky, ein deutscher Patriot, Kindler, München 1963, S. 483 f.)

1 *Diskutieren Sie über die Motive und Ziele dieser Vorschriften.*

2 *Erörtern Sie die Verhältnismäßigkeit von Strafen und Vergehen.*

M11 Adolf Hitler in „Mein Kampf" über Propaganda (1925)

Jede Propaganda hat volkstümlich zu sein und ihr geistiges Niveau einzustellen nach der Aufnahmefähigkeit des Beschränktesten unter denen, an die sie sich zu richten gedenkt. Damit wird ihre rein geistige Höhe umso tiefer zu stellen sein, je größer die zu erfassende Masse der Menschen sein soll. Handelt es sich aber, wie bei der Propaganda für die Durchhaltung eines Krieges, darum, ein ganzes Volk in ihren Wirkungsbereich zu ziehen, so kann die Vorsicht bei der Vermeidung zu hoher geistiger Voraussetzungen gar nicht groß genug sein.

Je bescheidener dann ihr wissenschaftlicher Ballast ist und je mehr sie ausschließlich auf das Fühlen der Masse Rücksicht nimmt, umso durchschlagender der Erfolg. Dieser aber ist der beste Beweis für die Richtigkeit oder Unrichtigkeit einer Propaganda und nicht die gelungene Befriedigung einiger Gelehrter oder ästhetischer Jünglinge.

Gerade darin liegt die Kunst der Propaganda, dass sie, die gefühlsmäßige Vorstellungswelt der großen Masse begreifend, in psychologisch richtiger Form den Weg zur Aufmerksamkeit und weiter zum Herzen der breiten Masse findet. Dass dies von unseren Neunmalklugen nicht begriffen wird, beweist nur deren Denkfaulheit oder Einbildung.

Versteht man aber die Notwendigkeit der Einstellung der Werbekunst der Propaganda auf die breite Masse, so ergibt sich weiter schon daraus folgende Lehre:

Es ist falsch, der Propaganda die Vielseitigkeit etwa des wissenschaftlichen Unterrichts geben zu wollen. Die Aufnahmefähigkeit der großen Masse ist nur sehr beschränkt, das Verständnis klein, dafür jedoch die Vergesslichkeit groß. Aus diesen Tatsachen heraus hat sich jede wirkungsvolle Propaganda auf nur sehr wenige Punkte zu beschränken und diese schlagwortartig so lange zu verwerten, bis auch bestimmt der Letzte unter einem solchen Worte das Gewollte sich vorzustellen vermag. Sowie man diesen Grundsatz opfert und vielseitig werden will, wird man die Wirkung zum Zerflattern bringen, da die Menge den gebotenen Stoff weder zu verdauen noch zu behalten vermag. Damit aber wird das Ergebnis wieder abgeschwächt und endlich aufgehoben.

Je größer so die Linie ihrer Darstellung zu sein hat, umso psychologisch richtiger muss die Feststellung ihrer Taktik sein.

(Adolf Hitler, Mein Kampf, München 1942, S. 197 f.)

1 *Bestimmen Sie die Zielgruppe in Hitlers Konzept politischer Propaganda.*

2 *Erläutern Sie die Mittel, die zu diesem Zweck eingesetzt werden sollen.*

1.5 Alltag und Frauen

Widersprüchliche Erfahrungen

Das alltägliche Leben der Menschen unter der nationalsozialistischen Herrschaft, ihr Denken, Fühlen und Handeln sind nicht auf eine einfache Formel zu bringen. Einerseits wurde der „schöne Schein" des „Dritten Reiches" von vielen Deutschen zur Wirklichkeit umgedeutet, etwa die Inszenierung der „Volksgemeinschaft" bei den Feiern zum 1. Mai oder des Völkerfriedens anlässlich der Olympischen Spiele 1936 in Berlin. Auch der Abbau der Arbeitslosigkeit durch die Rüstungskonjunktur und die außenpolitischen Erfolge wie die Angliederung des Saarlandes im Jahr 1935 beeindruckten die Zeitgenossen und ließen die Vorkriegsjahre als Jahre der „Normalisierung" oder gar des glanzvollen Aufbruches in eine bessere Zeit erscheinen.

Andererseits höhlte das Regime die traditionellen Milieus, die schon in der Weimarer Republik an Bedeutung verloren hatten, weiter aus. Zwar konnte eine intakte Familie im katholischen Raum ebenso Schutz vor den Zugriffen des NS-Staates bieten wie die Milieus in den Arbeitersiedlungen; hier entstand sogar gelegentlich eine gewisse Gegenöffentlichkeit, die der Propaganda der NSDAP eine andere, kritische Sicht der Wirklichkeit entgegensetzte. Aber der Rückzug in private Nischen bedeutete ein passives Hinnehmen der herrschenden Ordnung. Zugleich stellte sich für jeden im Alltag immer neu die Frage, in welcher Weise und in welchem Umfang er sich anpassen sollte oder nicht: Für das Winterhilfswerk seinen Beitrag geben oder nicht? Die Fahne heraushängen oder nicht, und wenn ja, in welcher Größe?

Der Kriegsalltag, das Leben in den Luftschutzbunkern, verstärkte die widerspruchsvollen Erfahrungen. Die einen hofften nur, dass bald alles vorbei sei, die anderen glaubten wie Kinder an die Allmacht Hitlers und den Endsieg.

Spaltung des Bewusstseins

Das Bewusstsein vieler Menschen spaltete sich häufig auf, um die einander widersprechenden Erfahrungen zu verarbeiten. Zum einen galten die Vorkriegsjahre eher als Jahre der „Normalität", was durch die Angebote an Unterhaltung und durch die Rückzugsmöglichkeiten ins Privatleben begünstigt wurde. Zum anderen gab es immer auch die Öffentlichkeit des NS-Terrors und des Rassismus, zumal die Nationalsozialisten bewusst auf die Abschreckungswirkung ihrer Maßnahmen bzw. auf die Zustimmung zu ihrer rassistischen Diskriminierung und Verfolgung setzten. Viele wussten außerdem von den Arbeits- und Konzentrationslagern.

Dieses Nebeneinander von positiven und negativen Eindrücken führte in den Köpfen der Menschen dazu, dass Einzelerscheinungen immer weniger aufeinander bezogen wurden. „Politik" erschien zunehmend als etwas Bedrohliches und sollte möglichst vom „normalen" Leben ausgeschlossen bleiben.

Arbeiterschaft

Innerhalb der Arbeiterschaft gab es große soziale Unterschiede. Die Arbeiter in den Rüstungsbetrieben erhielten sehr viel höhere Löhne als die Landarbeiter, die immer am unteren Ende der Lohnskala blieben. Bis 1936 war der Alltag eines Arbeiters in der Regel von Entbehrungen gekennzeichnet (M 13). Die kontinuierliche Abnahme der Arbeitslosenzahl und die Aussicht, überhaupt Arbeit zu finden (M 12c), weckte bei vielen Arbeitern jedoch die Bereitschaft, sich auf das Regime einzulassen. Ähnlich wirkten Modernisierungen im Alltag, wenn z. B. Vorortsiedlungen endlich an das Stromnetz angeschlossen wurden. Auch sozialpolitische Verbesserungen oder die Reise- und Wanderangebote von KdF sorgten für eine günstige Stimmung oder erleichterten zumindest den Rückzug ins „Unpolitische" (B 13, M 16). Mit dem Einsatz von 7 Mio. ausländischer Zwangsarbeiter im Krieg verstärkte sich die

Aufwertung des deutschen Arbeiters, der dadurch im Betrieb seinen Status erhöhen konnte. Dennoch war der Zugriff des Regimes auf die Arbeiterschaft längst nicht so total, wie es seine Führer proklamierten und wie es Zeitgenossen im Rückblick schilderten. Besonders die ehemals politisch Organisierten und die in den Gewerkschaften verwurzelten Arbeiter blieben trotz der nationalsozialistischen Sozialpolitik gegenüber dem NS-Staat auf Distanz.

Bürgertum und Mittelstand

Auch große Teile des **Bürgertums** verhielten sich gegenüber den Nationalsozialisten durchaus reserviert, nicht selten aus einem ständischen Überlegenheitsgefühl gegenüber den „Massen" heraus. Allerdings arrangierten sich die alten Eliten mit dem Regime, zumal sich viele ihrer politischen und sozialen Ziele erfüllten. Nur wenige nahmen einen Karriereknick in Kauf, um nicht als Richter an einem Sondergericht oder als Arzt an Euthanasieaktionen mitzuwirken. Die Nationalsozialisten zwangen keinen Deutschen, am „Maßnahmenstaat" (s. S. 437) gerade auf höherer Ebene teilzunehmen.
Die Mittelschichten, die vor 1933 die Nationalsozialisten besonders unterstützt hatten, blieben ihnen auch nach 1933 weitgehend treu, wenngleich das NS-Regime die Forderungen des **alten Mittelstandes** der Handwerker und Einzelhändler auf Schutz vor der Konkurrenz von Industrie und Kaufhäusern nicht erfüllte. Lediglich im Handel zeigte sich größere Unzufriedenheit, da die versprochene Auflösung der „jüdischen" Warenhäuser zunächst ausblieb. Später entschädigten die „Arisierungen" (Übertragungen jüdischer Betriebe an Deutsche; M 14a; s. auch S. 456) für die negativen Auswirkungen des industriellen Booms auf den Mittelstand.
Die **Bauern** schwankten trotz der nationalsozialistischen Blut-und-Boden-Ideologie zwischen Zustimmung und Ablehnung. Viele Wünsche der Bauern wurden zwar im Reichserbhofgesetz vom September 1933 berücksichtigt, das nur deutschen Bauern mit „arischer" Abstammung die Führung eines Hofes erlaubte und zur Erzeugungssteigerung die Erbteilung untersagte. Doch führte besonders der zunehmende Arbeitskräftemangel in der Landwirtschaft als Folge der Rüstungskonjunktur zu gewissen bäuerlichen Unmutsäußerungen, die die Nationalsozialisten in Verlegenheit brachten.
Am ehesten profitierten die **neuen Mittelschichten** der Angestellten und Beamten vom NS-Staat (M 14b). Der Bedarf an Technikern nahm zu, ihr Berufsstand wurde aufgewertet. Die auf Leistung orientierten Unternehmen boten neue Chancen an individueller Mobilität. Zudem kam die Verdrängung der Juden aus dem Berufsleben auch hier den anderen zugute.

Frauen

Lange Zeit prägte in der historischen Forschung die Männerideologie und die Männerbündelei des Nationalsozialismus mit seinem **Mutterkult** das Bild der Frauen im „Dritten Reich". Frauen wurden wegen ihres Geschlechts meist als Opfer der Männerherrschaft gesehen. In letzter Zeit zeichnet sich ein differenzierteres Bild ab (B 9 bis 12). Zwar erschwerte das Regime den Zugang der Frauen zur Universität und in die Beamtenlaufbahn. Generell wurden Frauen aus dem Erwerbsleben zu Gunsten der Männer zurückgedrängt – dies aber auch schon seit der Ende 1929 einsetzenden Wirtschaftskrise in der späten Weimarer Republik.
Die Krise bedrohte die Familie und die Frauen waren in einem besonderen Maße betroffen. Viele bürgerliche Frauen reagierten mit einer Flucht zurück in die vermeintliche Sicherheit der Rolle als Ehefrau und Mutter. Das NS-Regime förderte diesen Rückzug ins Private, eröffnete den Frauen jedoch gleichzeitig ein reiches Betätigungsfeld im karitativen Bereich (Winterhilfswerk, Nationalsozialistische Volkswohlfahrt). Von großer propagandistischer Bedeutung war anfangs das Ehestandsdarlehen, dessen Rückzahlung sich mit der Anzahl der Kinder verringerte. Weil die Gewährung der Darlehen außer der Nichtberufstätigkeit der Ehefrau eine Untersuchung beider

B 9 Ludwig Hohlwein, Bund Deutscher Mädel in der Hitlerjugend, um 1935, Plakat

B 10 Verleihung des Mutterkreuzes, 1939, Fotografie

B 11 „Hilf auch Du mit!", 1943, Plakat

B 12 Hans Toepper, Deutsche Symphonie, ca. 1938, Öl auf Leinwand

– *Analysieren Sie die in B 9 bis B 12 dargestellten nationalsozialistischen Frauenbilder.*
– *Erörtern Sie anhand der Abbildungen und unter Zuhilfenahme des Darstellungstextes die Frage, ob bzw. inwieweit es unter emanzipatorischen Gesichtspunkten während der NS-Zeit zu Modernisierungstendenzen gekommen ist.*

Ehepartner auf erbbiologische Unbedenklichkeit voraussetzte, nahmen es allerdings viel weniger junge Ehepaare in Anspruch als von den Nationalsozialisten erwartet.
Doch bald geriet das NS-Frauenbild in Widerspruch zur Wirklichkeit. Die Rüstungskonjunktur verlangte die Eingliederung von Frauen in die Industrie, wenn auch meist auf Arbeitsplätze, die wenig oder keine Qualifikation erforderten und die schlechter bezahlt waren. Gleichwohl hielten die Nationalsozialisten an ihrem Frauenbild fest. Einer der beliebtesten Schlager jener Zeit, das Lied von der „lieben kleinen Schaffnerin", ist ein Zeugnis der pseudoemanzipatorischen Ideologie der Zeit. Aufstiegschancen eröffneten sich Frauen vor allem in den typischen „fürsorgenden" Frauenberufen.
Frauen waren auch an der Durchsetzung von rassenhygienischen Maßnahmen beteiligt. Ihr Engagement in diesem Bereich unterschied sich nicht grundsätzlich von dem der Männer; sie waren häufig Opfer und Täterinnen zugleich. Weil sie nur in Ausnahmefällen in Entscheidungspositionen standen oder direkt als Aufseherinnen in den Konzentrationslagern an Gewalttaten beteiligt waren, bestand ihr Mittun aber in der Regel mehr in Anpassung und im Unterlassen als im aktiven Handeln.

Jugend

Um keine Gruppe kümmerte sich das NS-Regime intensiver als um die Jugend – und zwar mit Erfolg. Es trug dadurch zur weiteren Auflösung der Familie und anderer Solidargemeinschaften bei. Der Eintritt in die **„Hitlerjugend/HJ"** bzw. den **„Bund Deutscher Mädel/BDM"** unterlag bis 1936 keinem Zwang; Jugendliche und Eltern konnten entscheiden.
Für die meisten Jugendlichen waren die NS-Jugendorganisationen attraktiv (M 15). Sie ermöglichten es ihnen, die Generations- und Autoritätskonflikte mit Billigung des Staates zu lösen. Das galt für Jungen und Mädchen (B 9). Manchem Mädchen bot der BDM eine verstärkte Chance zur Emanzipation, da es hier dem häuslichen Zugriff entfliehen konnte und als Funktionärin den männlichen HJ-Funktionären gleichgestellt war.
Mit der Verfestigung von bürokratischen Strukturen in HJ und BDM verflachte allerdings die Attraktivität für Jugendliche, zumal der militärische Drill in der HJ zunahm. So lässt sich seit Ende der Dreißigerjahre in den Großstädten vermehrt eine Ablehnung der NS-Organisationen unter Jugendlichen feststellen, die wilde Cliquen gründeten und autonome Formen von Jugendkultur praktizierten.

Identifizierung und Distanzierung

Der kurze Blick in das Alltagsleben der verschiedenen sozialen Gruppen zeigt, dass das Leben der Deutschen in der NS-Zeit nicht einfach „regimekonformer nationalsozialistischer Alltag" oder der Alltag einer vom Terror bedrohten ohnmächtigen Bevölkerung war. Vielmehr gab es, wie der Historiker Alf Lüdtke formuliert hat, „eine langfristig formierte Gemengelage von Hinnehmen und eigensinniger Distanzierung, von Zustimmung, aber auch Sich-Widersetzen". Es dominierten die vielen Grauzonen zwischen Mitmachen und Widerstand.
Und nur allzu oft wird bis heute in unserem herkömmlichen „Alltags"-Verständnis das Leben all jener ausgeblendet, die die Nationalsozialisten nicht zur Volksgemeinschaft zählten und deren Leben bedroht war: Juden (s. S. 454 ff., 471 ff.), Behinderte und Kranke, Homosexuelle, jene, die sich der Lebensgemeinschaft verweigerten, und die Minderheit derer, die Widerstand (s. S. 483 ff.) leisteten.

M12 Soziale Verhältnisse im nationalsozialistischen Deutschland

a) Amtlicher Index der Lebenshaltungskosten 1929–1939 (Index 1913/14 = 100)

Amtlicher Index	1929	1932	1933	1935	1936	1939
Gesamt	154,0	120,6	118,0	123,0	124,5	126,2
Ernährung	155,7	115,5	113,3	120,4	122,4	122,8
Kleidung	172,0	112,2	106,7	117,8	120,3	133,3

(Eberhard Aleff [Hg.], Das Dritte Reich, Verlag für Literatur, Hannover 1973, S. 120)

b) Renten 1931–1939 (in RM)

Durchschnittliche Monatsrenten	1931	1933	1936	1938	1939
Sozialrentner-Fürsorge	18,47	16,22	16,37	17,05	16,96
Invaliden-Witwenrente	23,40	21,10	19,30	19,00	19,20
Invalidenrente	37,20	33,40	30,90	31,25	32,10
Angestelltenrente	65,51	56,98	54,69	54,01	68,46

(Ebd., S. 119)

c) Arbeitslosigkeit 1933–1938

Oktober	Beschäftigte	Arbeitslose (in Mio.)
1933 (Jan.)	*	6,0
1933 (Dez.)	15,5	3,7
1934	16,1	2,3
1935	17,0	1,8
1936	18,3	1,1
1937	19,7	0,5
1938	20,8	0,2

(Gustav Stolper, Deutsche Wirtschaft seit 1870, Mohr, Tübingen 1964, S. 155)

1 *Erläutern Sie, welche Aussagen Sie anhand der Statistiken M 12a bis c über die sozialen Verhältnisse während der NS-Zeit treffen können.*

2 *Auf welche sozialen Aspekte geben die Statistiken keine Antwort?*

M13 Zur sozialen Lage der Arbeiter

a) Arbeiter-Jahreseinkommen 1932 und 1940

Lohn (in RM; brutto)	%-Anteil aller Arbeiter 1932	1940
unter 1 500	31	35
1 500 bis 2 400	35	27
2 400 bis 4 800	28	34
über 4 800	6	4

(Eberhard Aleff [Hg.], Das Dritte Reich, Fackelträger-Verlag, Hannover [5]1973, S. 120)

b) Der Historiker Timothy W. Mason zur Lebenslage der Arbeiter 1933–1936 (1975)

Noch 1936 war der Alltag wohl der meisten deutschen Arbeiter von Armut und Entbehrung gezeichnet, ganz abgesehen von dem Druck des politischen Terrors. Einen ungefähren Eindruck von den damals noch vorherrschenden materiellen Lebensbedingungen mag der Versuch vermitteln, das Haushaltsbudget einer Arbeiterfamilie zu rekonstruieren. Nach einer etwas schematischen Kalkulation des Wirtschaftsreferenten in der Reichskanzlei hätte sich im Jahr 1934 der Lohn eines niedrig bezahlten städtischen Arbeiters (25 RM pro Woche) in einem Fünf-Personen-Haushalt (Ehefrau und drei schulpflichtige Kinder) auf folgende Posten verteilen müssen: Abzüge 11 %; Nahrungsmittel 54 %; Miete, Heizung und Beleuchtung 30 %; Bekleidung 2 %. Zur besonderen Verwendung blieben ganze 73 Pf. übrig. Auffallend daran ist, dass Ausgaben für Verkehrsmittel, Bildung, Erholung oder für die Rückzahlung von Darlehen in der Aufstellung gar nicht vorkommen. Die bei diesem Einkommen mögliche Ernährung war außerordentlich karg bemessen: So entfielen pro Woche auf fünf Personen nicht mehr als zwei Pfund Fett und zweieinhalb Pfund Fleisch. Eier, Käse, Obst und Gemüse werden in der Statistik gar nicht aufgeführt. Wie sich fünf Personen mit zwei RM im Monat bekleiden sollten, wagte der Referent nicht zu schildern. Mochte auch in dieser Aufstellung, bei der die Zahlenangaben nur geschätzt waren, das Preisniveau zu hoch angesetzt worden sein, so vermittelt für das Jahr 1936 eine exakte Untersuchung der Haushaltsführung von Familien mit einem Durchschnittseinkommen von 32 RM pro Woche ein ähnliches Bild: Nur 1,5 % des Einkommens blieben für Getränke übrig, nur 3,1 % für Bildung, Unterhaltung und Erholung. Fast alle Familien dieser Einkommensgruppe waren hin und wieder auf öffentliche und private Unterstützungsquellen angewiesen. Es ist nicht möglich, die Zahl der Arbeiterhaushalte genau zu errechnen, die mit 32 RM pro Woche oder weniger auskommen mussten, sie war bestimmt nicht gering.

Zu dieser Schicht der Not Leidenden gehörten ohne Zweifel die Arbeitslosen, im Herbst 1936 noch immer über 1 Mill. Personen, zu denen im Winter weitere 800 000 beschäftigungslose Saisonarbeiter hinzukamen.

(Timothy W. Mason, Arbeiterklasse und Volksgemeinschaft, Westdeutscher Verlag, Wiesbaden 1975, S. 72)

1 *Untersuchen Sie mit Hilfe von M 13a und b die Entwicklung der wirtschaftlichen Lage der Arbeiter während der NS-Zeit (s. auch M 12b und c).*

M14 Mittelstand

a) Der Historiker B. Keller zur Bedeutung der „Arisierung" für den alten Mittelstand

Die „Arisierung" bot zunächst die Gelegenheit, mittellose Handwerker und Kleinhändler mit einem Betrieb zu „beschenken". In einem Erlass vom 2. 8. 1938 an alle Gauleiter erklärte Heß: „Ich weise besonders darauf hin, dass die Überführung jüdischer Betriebe in deutsche Hände der Partei die Möglichkeit gibt, eine gesunde Mittelstandspolitik zu betreiben und Volksgenossen, die politisch und fachlich geeignet sind, zu einer selbstständigen Existenz zu verhelfen, auch wenn sie finanziell nicht über die entsprechenden Mittel verfügen."

Durch die Vergabe jüdischer Werkstätten und Geschäfte sowie durch die Beteiligung an jüdischem Haus- und Grundbesitz konnten die Nazis somit zahlreiche Kleingewerbetreibende korrumpieren und an das System binden. Mit Freuden eigneten sich die Betreffenden die Werte ihrer jüdischen Mitbürger an.

Die Mehrzahl der Handwerker und Einzelhändler war jedoch an der Auflösung der jüdischen Betriebe interessiert, weil die Zahl der Unternehmungen dadurch verringert und die eigenen Absatzchancen erhöht werden konnten. Die NS-Führung hat diesem Wunsch weitgehend entsprochen, zumal sie die Überbesetzung einiger Wirtschaftszweige beseitigen wollte. In Berlin z. B. wurden nur 700 der 3750 jüdischen Einzelhandelsgeschäfte in „arische" Hände übergeben. Von den jüdischen Handwerksbetrieben, die im Dezember 1938 noch bestanden, wurden lediglich 6 % „arisiert" und der Rest kurzerhand geschlossen.

(Bernhard Keller, Das Handwerk im faschistischen Deutschland. Zum Problem der Massenbasis, Pahl-Rugenstein, Köln 1980, S. 129)

1 *Beschreiben Sie die soziale Funktion der NS-„Arisierungspolitik".*

2 *Diskutieren Sie die Wirkungen der „Arisierung" auf den Mittelstand.*

b) Ein Marburger Gymnasiallehrer nach dem Zweiten Weltkrieg über seine soziale Stellung im „Dritten Reich"

Zum ersten Mal in meinem Leben stand ich wirklich auf gleichem Fuße mit Menschen, die in der Kaiserzeit und in der Weimarer Zeit immer höheren oder niedrigeren Klassen angehört hatten, Menschen, zu denen man hinaufgeschaut oder auf die man hinabgeschaut, denen man aber nie in die Augen gesehen hatte [...]. Der Nationalsozialismus löste diese Klassenunterschiede auf. Die Demokratie – soweit wir eine hatten – brachte das nicht zu Wege und bringt es auch heute nicht zu Wege.

(David Schoenbaum, Die braune Revolution. Eine Sozialgeschichte des Dritten Reiches, dtv, München 1980, S. 349)

1 *Diskutieren Sie diese Äußerung unter Berücksichtigung des Schicksals anderer sozialer Gruppen, z. B. der jüdischen Beamten und Schüler.*

2 *Bewerten Sie die These, dass der Nationalsozialismus die Klassenunterschiede aufgelöst hätte (s. auch M 13a).*

M15 Jugend

a) Die Hitlerjugend eines Abiturienten im historischen Rückblick (1950)

Diese Kameradschaft, das war es auch, was ich an der Hitlerjugend liebte. Als ich mit zehn Jahren in die Reihen des Jungvolks eintrat, war ich begeistert. Denn welcher Junge ist nicht entflammt, wenn ihm Ideale, hohe Ideale wie Kameradschaft, Treue und Ehre, entgegengehalten werden. Ich weiß noch, wie tief ergriffen ich dasaß, als wir die Schwertworte des Pimpfen lernten: „Jungvolkjungen sind hart, schweigsam und treu; Jungvolkjungen sind Kameraden; des Jungvolkjungen Höchstes ist die Ehre!" Sie schienen mir etwas Heiliges zu sein. – Und dann die Fahrten! Gibt es etwas Schöneres, als im Kreis von Kameraden die Herrlichkeiten der Heimat zu genießen? Oft zogen wir am Wochenende in die nächste Umgebung von K. hinaus, um den Sonntag dort zu verleben. Welche Freude empfanden wir, wenn wir an irgendeinem blauen See Holz sammelten, Feuer machten und darauf dann eine Erbsensuppe kochten! [...] Und es ist immer wieder ein tiefer Eindruck, abends in der freien Natur im Kreise um ein kleines Feuer zu sitzen und Lieder zu singen oder Erlebnisse zu erzählen! Diese Stunden waren wohl die schönsten, die uns die Hitlerjugend geboten hat. Hier saßen dann Lehrlinge und Schüler, Arbeitersöhne und Beamtensöhne zusammen und lernten sich gegenseitig verstehen und schätzen.

(Kurt Haß [Hg.], Jugend unterm Schicksal. Lebensberichte junger Deutscher 1946–1949, Hamburg 1950, S. 61 ff.)

1 *Beschreiben Sie die Einstellung dieses Jugendlichen zur HJ.*

2 *Unterscheiden Sie die Ideale der HJ und erklären Sie deren Faszination für viele Jugendliche.*

3 *Informieren Sie sich über die demokratischen Jugendverbände der Weimarer Republik und arbeiten Sie in einem Referat insbesondere deren Schicksal seit der „Machtergreifung" heraus.*

b) Aus einer Aufzeichnung zu einer Tagung des Bundes Deutscher Mädel von 1935

Die vielen Kameradinnen, die in den Fabriken arbeiten, müssen in ihren Ferien herausgeholt werden aus den Betrieben und in eines der Freizeitlager des BDM gebracht werden. Gemeinsame Arbeit und Spiel verbindet sie dort alle miteinander und lässt sie für einige Zeit ihre Arbeit vergessen. Dort erleben sie auch die Kameradschaft. Mit dem Guten und Schönen, das sie in einem solchen Lager aufgenommen haben, können sie mit neuer Kraft an ihre schwere Arbeit gehen.

Und dann sind da noch die Umschulungslager des BDM. Die Mädchen aus Fabrik und Büro lernen dort die Arbeiten des Haushalts oder der Landwirtschaft kennen. Die Lagerleitung sorgt für gute Unterbringung der Mädchen in geprüften Haushalten, wo sie sich dann nutzbringend in einer ihrer Art entsprechenden Arbeit betätigen können. Ihr alle, die ihr keine feste Beschäftigung habt, lasst eure Kraft nicht brach liegen, wendet euch an die Sozialreferentin des BDM, meldet euch zu einem Umschulungskurs in eines unserer Lager! Ihr werdet viel Freude an der neuen Arbeit haben!

(Margarete Hannsmann, Der helle Tag bricht an. Ein Kind wird Nazi, Knaus, München 1984, S. 74)

1 *Definieren Sie die selbst gestellte Aufgabe des BDM gegenüber den jungen Arbeiterinnen.*

2 *Beschreiben Sie nach M 15b die Rolle der Frau in der NS-Weltanschauung; vergleichen Sie mit B 9 bis B 12.*

M16 Die NS-Freizeitorganisation „Kraft durch Freude" – aus einem Bericht an den Exilvorstand der SPD über „Kraft durch Freude" (1936)

Einen Einblick in die Vielgestaltigkeit des KdF-Programms bieten die von den einzelnen Gauen herausgegebenen Prospekte und Monatshefte. So veranstaltet der Gau Sachsen vom Januar bis September 1936 46 Gaufahrten, darunter 4 Seefahrten, außerdem 104 Bezirksfahrten, darunter ebenfalls 4 Seefahrten. Der Gau München-Oberbayern, der allein in München 83 Geschäftsstellen unterhält, hat im Mai 1936 neben Urlaubs- und Wanderfahrten folgende Veranstaltungen durchgeführt:

Theateraufführungen, Frauennachmittage, Kinderfeste, fröhliche Samstagsnachmittage, Gymnastikkurse, Leichtathletik (Reichssportabz.), Sportspiele (auch Tennis), Schwimmkurse, Reitunterricht, Segelsportfahren an d. Ostsee, Vorträge, Führungen d. Museen usw., Bildungs-Arbeitsgemeinschaften, Fachkurse (Stenografie, Deutsch, Rechnen, Musik usw.), Kochkurse. Unseren Berichten entnehmen wir:

Bayern. [...] Die KdF hat jetzt ihre Wanderfahrten sehr ausgebaut. Es werden Tages- und Halbtagswanderungen, Radtouren usw. unternommen. Diese Wanderfahrten haben einen sehr großen Zuspruch, weil sie ausgezeichnet vorbereitet sind und glänzende Führer haben. Geologische und botanische Exkursionen, auch Führungen durch Kunstsammlungen sind in der letzten Zeit stark ausgebaut worden. Eigene KdF-Jugendwandergruppen haben sich gebildet. Die Beliebtheit der KdF-Veranstaltungen ist sehr groß geworden. Auch der einfache Arbeiter kann sich solche Wanderungen leisten, denn sie kommen meist billiger als jede Privatwanderung.

Die KdF wird bei fast allen Volksgenossen als eine wirklich anerkennenswerte Leistung des Nationalsozialismus gewertet. [...]

Über Kraft durch Freude geht hier das geflügelte Wort um: „Die Bonzen fahren nach Madeira. Die Kleinen erhalten eine Straßenbahnrundfahrt in Dresden."

In Sachsen haben mehrere Korruptionsfälle bei der KdF viel Gemecker hervorgerufen. Die Art, wie die KdF Exkursionen durchführt, stößt viele Arbeiter ab. Man fährt aus wie eine Hammelherde und die

B 13 Axter Heudtlass, „Auch Du kannst jetzt reisen!", 1937, Plakat der NS-Organisation „Kraft durch Freude"

alberne Erklärerei vor jedem Denkmal und jedem Bild, die der Vertiefung der nationalsozialistischen Weltanschauung dienen soll, widert manchen an. Für KdF hat man einige kräftige Namen gefunden: Bonzenbordell, Posten-Vermittlungs A. G., Ehevermittlung usw. […] Auf einem Schwimmkursus der „Kraft durch Freude", an dem über 50 Frauen teilnahmen, habe ich die Erfahrung machen müssen, dass es dort sehr wenig parteimäßig zugeht. Es handelt sich bei den Teilnehmerinnen durchweg um einfache Leute. Man hörte kaum ein „Heil Hitler" und wir, die wir früher bei den Arbeitssportlern waren, fühlten uns sozusagen zu Hause. Ich hatte zunächst Bedenken, an einer KdF-Veranstaltung teilzunehmen, aber es bleibt einem ja nichts anderes mehr übrig. Umso mehr war ich angenehm überrascht, bei der Zusammensetzung und der Handhabung dieses Kurses gar nichts Nationalsozialistisches zu finden.

Die Tatsache, dass man um KdF kaum noch herumkommt, wenn man Sport treiben oder Reisen machen will, ist ziemlich allgemein. So nehmen z. B. viele unserer Genossen, die früher bei den Naturfreunden waren, heute die Gelegenheit wahr, die Reisen mit KdF zu machen. Es bleibt einfach keine andere Möglichkeit. […]

Kraft durch Freude hat viel Zuspruch. Man kann doch für billiges Geld allerhand haben. Im Central-Theater in Dresden erhält man einen Platz im I. Rang, Tribüne, für 1,25 Mk., regulär kostet er 2,50 Mk., im III. Rang einen Platz für 40 Pf. Auch die Ferienreisen sind preiswert. […]

KdF arbeitet sehr ruhig. Die Ansichten über diese Organisation sind sehr geteilt. Es ist oft sehr schwer, den Leuten die demagogischen Absichten, die die Nazis damit verfolgen, klarzumachen. Benutzt wird KdF nur von Leuten mit mittleren Einkommen, da ja die schlecht bezahlten Arbeiter nicht einmal 20 Mk für eine Fahrt ins Erzgebirge sparen können.

(Deutschlandberichte der Sozialdemokratischen Partei Deutschlands 3/1936, Frankfurt/Main 1980, S. 880 ff.)

1 *Arbeiten Sie aus M 16 und B 13 die sozialpolitische Funktion der KdF-Organisation heraus (s. auch Darstellung S. 433).*

2 *Nehmen Sie, ausgehend von M 16, Stellung zu der These, KdF hätte einen großen Beitrag zur Akzeptanz des NS-Regimes in der Bevölkerung geleistet.*

1.6 Die Ausgrenzung und Entrechtung der deutschen Juden 1933–1939

Entwicklung der NS-Rassenpolitik

Fast alle Juden betrachteten die Machtübernahme durch die Nationalsozialisten mit großer Sorge (M 17). Doch ahnte im Januar 1933 wohl noch niemand, zu welch schrecklichen Konsequenzen der Judenhass in den nächsten Jahren führen sollte. Nur wenige jüdische Organisationen machten sich Illusionen über die Nationalsozialisten und zweifelten an deren Entschlossenheit, den Rassenantisemitismus tatsächlich in die politische Praxis umzusetzen.
Die nationalsozialistische Rassenpolitik entwickelte sich schrittweise, wobei sie sich Schritt für Schritt radikalisierte: Nach dem Boykott jüdischer Geschäfte und der Praxen von jüdischen Ärzten und Rechtsanwälten sowie der Entfernung jüdischer Beamter aus dem öffentlichen Dienst im April 1933 begann 1935 mit den „Nürnberger Gesetzen" die systematische **Ausgrenzung** aller Juden, die zu Staatsbürgern minderen Rechts herabgestuft wurden. In den folgenden Jahren wurden die Juden praktisch vollständig aus dem Berufs- und Kulturleben verdrängt, jüdische Schülerinnen und Schüler mussten die allgemein bildenden Schulen verlassen.
Die von der NSDAP und der SA initiierten und durchgeführten gewaltsamen Ausschreitungen gegen die Juden in der Nacht vom 9. auf den 10. November 1938, die so genannte „Reichskristallnacht", zeigte dreierlei: den unverhüllten Vernichtungswillen des NS-Regimes, die inzwischen vollständige **Rechtlosigkeit** der Juden in Deutschland und das „Wegsehen" der deutschen Bevölkerung. Seit 1939 wurde schließlich der Krieg zum Motor der Vernichtung für die deutschen und europäischen Juden, aber auch für viele andere Gruppen von Verfolgten.

Judenboykott und antisemitische Gesetzgebung 1933

Die Diskriminierung und Verfolgung der Juden begann bereits unmittelbar nach den Reichstagswahlen vom 5. März 1933. Örtliche Führer von NSDAP und SA sowie militante Funktionsträger des „Stahlhelm" verlangten die Umsetzung der antisemitischen Propaganda in konkrete politische Maßnahmen und organisierten Ausschreitungen gegen Juden.
Den NS-Machthabern kamen diese Unruhen ungelegen, weil sie den Prozess der Konsolidierung ihrer Herrschaft stören konnten. Noch musste Hitler Rücksicht nehmen auf seine bürgerlich-konservativen Koalitionspartner, den Reichspräsidenten, die Reichswehr, die staatliche Verwaltung und die Wirtschaft, deren Vertrauen er gewinnen wollte. Die antisemitischen Ausschreitungen belasteten außerdem die Beziehungen zum westlichen Ausland und schränkten die außenpolitischen Handlungsspielräume der neuen Regierung ein. Um den auf antijüdische Aktionen drängenden Gruppen entgegenzukommen, entschloss sich Hitler am 1. April 1933 zu einem straff organisierten Boykott (M 18). Auf diese Weise sollte den Juden deutlich gemacht werden, dass sie in Deutschland unerwünscht seien (B 14).
Im April 1933 verabschiedete die Regierung verschiedene Gesetze und Verordnungen, die mit Hilfe des **„Arierparagrafen"** den Ausschluss der Juden aus bestimmten Berufen vorantrieben. Der NS-Staat schloss jüdische Ärzte von der Zulassung zu den Krankenkassen aus und verbot jüdischen Rechtsanwälten, Richtern und Staatsanwälten die Berufsausübung. Vor allem aber versperrte das Regime den Juden die Beamtenlaufbahn bzw. es ordnete ihre Versetzung in den Ruhestand an. Auf die Intervention Hindenburgs hin wurden jedoch ehemalige Frontsoldaten von dieser Regelung ausgenommen. Überdies schränkten die Nationalsozialisten die Ausbildungs- und Studienmöglichkeiten für Juden stark ein. Ihr Anteil durfte an den einzelnen Schulen und Universitäten nicht höher als 5 % und im gesamten Reichsgebiet nicht höher als 1,5 % betragen.

B 14, Öffentliche Diskriminierung eines Paares in Cuxhaven, Juli 1933, Fotografie

– *Ordnen Sie B 14 in den historischen Kontext ein und interpretieren Sie die Abbildung unter dem Thema „Alltagsleben von Deutschen im Sommer 1933“.*

„Nürnberger Gesetze“ 1935

Der Judenboykott und die Aprilgesetze von 1933 hatten darauf abgezielt, die Juden zu entrechten und sie aus der Gesellschaft auszugrenzen. Mit den Nürnberger Gesetzen aus dem Jahre 1935 ging das NS-Regime noch einen Schritt weiter: Durch sie wurden die Juden aus der Gemeinschaft der Staatsbürger ausgeschlossen und zu Menschen zweiter Klasse degradiert. Das „Reichsbürgergesetz“ vom 15. September 1935 nahm den Juden alle politischen Bürgerrechte; sie waren nur noch „Staatsangehörige“, nicht mehr „Reichsbürger“. Gleichzeitig verbot das Regime im „Gesetz zum Schutz des deutschen Blutes und der deutschen Ehre“, dem so genannten **„Blutschutzgesetz“**, die Mischehe und auch außereheliche Beziehungen zwischen „Ariern“ und Juden. „Rassische“ Mischehen konnten für nichtig erklärt werden. Die Beschäftigung „arischer“ Dienstmädchen unter 45 Jahren in jüdischen Haushalten wurde für strafbar erklärt, ebenso das Hissen der Hakenkreuzfahne durch Juden (M 19).
In einer Vielzahl von Sonderverordnungen schränkte der NS-Staat in den nächsten Jahren die Lebensmöglichkeiten der jüdischen Bevölkerung ein. Die Juden wurden nun vollständig aus Beamtenpositionen entfernt und die bereits Entlassenen verloren ihre Pensionen. Jüdische Geschäftsleute und Industrielle bekamen keine Aufträge mehr oder wurden von Rohstofflieferungen abgeschnitten, sodass viele von ihnen ihre Unternehmen aufgeben mussten. Mit der Vernichtung der beruflichen Existenz ging die **Entrechtung der Juden und ihre völlige gesellschaftliche Isolierung** einher. Der NS-Staat entzog den Juden jeglichen Rechtsschutz. Verträge, die mit Juden abgeschlossen worden waren, wurden von Gerichten für ungültig erklärt. Juden durften nicht mehr in Hotels oder Pensionen übernachten, der Besuch von Theater-, Konzert- und Filmvorführungen, ja sogar das Betreten von Parkanlagen wurde ihnen vom NS-Regime verboten.
Als Reaktion auf diese Entwicklung beschlossen viele der Juden, die finanziell dazu in der Lage waren, auszuwandern. Die jüdischen Organisationen versuchten durch Information und Gegenpropaganda im Rahmen der noch vorhandenen Möglichkeiten auf das Unrecht hinzuweisen, das ihnen widerfuhr. Den Prozess der fortschreitenden Diskriminierung, Verfolgung und Entrechtung konnten sie dadurch jedoch nicht aufhalten.

Novemberpogrom 9./10. November 1938

Das Jahr 1938 bedeutete eine weitere Verschärfung der Judenverfolgungen in Deutschland. Schon seit Jahresbeginn hatte der NS-Staat einige Verordnungen erlassen, die auf eine Enteignung und Ausplünderung der noch in Deutschland lebenden jüdischen Bevölkerung zielten. Hauptzweck dieser Maßnahmen war die Aneignung jüdischer Vermögen und Wirtschaftsbetriebe. Diese planmäßige und praktisch entschädigungslose Enteignung der Juden wurde als **„Arisierungs"-Politik** deklariert.
In engem Zusammenhang mit dem „Arisierungs"-Programm standen auch die Abschiebung aller Juden mit polnischer Staatsangehörigkeit aus dem Deutschen Reich und die **Pogrome vom 9./10. November 1938**. Mit diesem Begriff wurden ursprünglich im zaristischen Russland die meist vom Staat ausgehenden Judenverfolgungen bezeichnet, die mit Plünderungen und Mord verbunden waren. Im 20. Jahrhundert versteht man unter Pogromen allgemein gewaltsame Ausschreitungen gegen Minderheiten, besonders aber gegen Juden. Zum Anlass für das Novemberpogrom (M 20) nahmen die Nationalsozialisten das Attentat des 17-jährigen Juden Herschel Grynszpan auf den Gesandtschaftsrat in der deutschen Botschaft in Paris am 7. November 1938. Aufgehetzt durch den Reichspropagandaminister Goebbels, der sein Vorgehen mit Hitler abgesprochen hatte, zerstörten nationalsozialistische Trupps 267 Synagogen durch Brandstiftung, 7500 Geschäfte, zahlreiche Wohnungen und jüdische Friedhöfe. Sie richteten einen Sachschaden von mindestens 25 Mio. Reichsmark an. Mehr als 20 000 vermögende Juden wurden verhaftet und in die KZs Buchenwald, Sachsenhausen und Dachau eingeliefert. Viele jüdische Mitbürger wurden misshandelt, manche gar ermordet: Die offizielle Statistik meldete 91 Tote. Nach diesen brutalen Pogromen bürdete das NS-Regime den Juden als „Sühneleistung" eine Sondersteuer von einer Milliarde Reichsmark sowie die Kosten für die entstandenen Schäden auf.
Nach den Novemberpogromen verschlechterten sich die Lebensbedingungen der Juden dramatisch (B 15). Der NS-Staat zwang sie, ihren Schmuck und alle Edelmetalle abzuliefern sowie „arische" Wohnhäuser zu räumen, Radios abzugeben und ihre Telefone zu kündigen. Ab 1. September 1941 mussten auch Juden in Deutschland öffentlich einen gelben Stern tragen. Im eroberten Polen, dem „Generalgouvernement", war dies schon seit dem 23. November 1939 Pflicht.

M17 Stellungnahme des „Centralvereins der Juden" zur Ernennung des Kabinetts Hitler am 30. Januar 1933

Wir stehen einem Ministerium, in dem Nationalsozialisten maßgebendste Stellungen einnehmen, selbstverständlich mit größtem Misstrauen gegenüber, wenn uns auch bei der gegebenen Lage nichts anderes übrig bleibt, als seine Taten abzuwarten. Wir sehen als den ruhenden Pol [...] den Herrn Reichspräsidenten an, zu dessen Gerechtigkeitssinn und Verfassungstreue wir Vertrauen haben. Aber auch abgesehen davon sind wir überzeugt, dass niemand es wagen wird, unsere verfassungsmäßigen Rechte anzutasten. Jeder nachteilige Versuch wird uns in entschiedener Abwehr auf dem Posten finden.
Im Übrigen gilt heute ganz besonders die Parole: Ruhig abwarten!

(Wieland Eschenhagen [Hg.], Die „Machtergreifung". Tagebuch einer Wende nach Presseberichten vom 1. 1.–6. 3. 1933, Darmstadt 1982, S. 151)

1 *Charakterisieren Sie die Reaktion der Juden in M 17 auf die NS-Machtübernahme.*
2 *Diskutieren Sie die Möglichkeiten der jüdischen Bevölkerung, Widerstand zu leisten.*

M18 Aus der Anordnung der Parteileitung der NSDAP über die Durchführung antisemitischer Maßnahmen vom 28. März 1933

1. In jeder Ortsgruppe und Organisationsgliederung der NSDAP sind sofort Aktionskomitees zu bilden zur praktischen, planmäßigen Durchführung des Boykotts jüdischer Waren, jüdischer Ärzte und jüdischer Rechtsanwälte. Die Aktionskomitees sind verantwortlich dafür, dass der Boykott keinen Unschuldigen, umso härter aber die Schuldigen trifft. [...]
3. Die Aktionskomitees haben sofort durch Propaganda und Aufklärung den Boykott zu popularisieren. Grundsatz: Kein Deutscher kauft noch bei einem Juden. [...]

8. Der Boykott setzt nicht verzettelt ein, sondern schlagartig; in dem Sinne sind augenblicklich alle Vorarbeiten zu treffen. Es ergehen Anordnungen an die SA und SS, um vom Augenblick des Boykotts ab durch Posten die Bevölkerung vor dem Betreten der jüdischen Geschäfte zu warnen. Der Boykottbeginn ist durch Plakatanschlag und durch die Presse, durch Flugblätter usw. bekannt zu geben. Der Boykott setzt schlagartig Samstag, den 1. April, Punkt 10 Uhr vormittags ein. [...]

9. Die Aktionskomitees organisieren sofort in Zehntausenden von Massenversammlungen, die bis in das kleinste Dorf hineinzureichen haben, die Forderung nach Einführung einer relativen Zahl für die Beschäftigung der Juden in allen Berufen entsprechend ihrer Beteiligung an der deutschen Volkszahl. Um die Stoßkraft der Aktion zu erhöhen, ist diese Forderung zunächst auf drei Gebiete zu beschränken: a) auf den Besuch an den deutschen Mittel- und Hochschulen, b) für den Beruf der Ärzte, c) für den Beruf der Rechtsanwälte.

(Völkischer Beobachter vom 30. März 1933)

1 *Erklären Sie die Wirkung dieses Boykotts auf die nicht jüdische und jüdische Bevölkerung.*

M19 Aus den Rassengesetzen des „Reichsparteitages der Freiheit" in Nürnberg 1935 (die so genannten „Nürnberger Gesetze")

a) Das „Reichsbürgergesetz" vom 15. September 1935

§ 1 (1) Staatsangehöriger ist, wer dem Schutzverband des Deutschen Reiches angehört und ihm dafür besonders verpflichtet ist.

(2) Die Staatsangehörigkeit wird nach den Vorschriften des Reichs- und Staatsangehörigkeitsgesetzes erworben.

§ 2 (1) Reichsbürger ist nur der Staatsangehörige deutschen oder artverwandten Blutes, der durch sein Verhalten beweist, dass er gewillt und geeignet ist, in Treue dem deutschen Volk und Reich zu dienen.

(2) Das Reichsbürgerrecht wird durch Verleihung des Reichsbürgerbriefes erworben.

(3) Der Reichsbürger ist der alleinige Träger der vollen politischen Rechte nach Maßgabe der Gesetze.

§ 3 Der Reichsminister des Innern erlässt im Einvernehmen mit dem Stellvertreter des Führers die zur Durchführung und Ergänzung des Gesetzes erforderlichen Rechts- und Verwaltungsvorschriften.

(Reichsgesetzblatt, Jg. 1935, Teil 1, Nr. 100, S. 1146 f.)

b) Aus dem „Gesetz zum Schutze des deutschen Blutes und der deutschen Ehre" vom 15. September 1935

Durchdrungen von der Erkenntnis, dass die Reinheit des deutschen Blutes die Voraussetzung für den Fortbestand des deutschen Volkes ist, und beseelt von dem unbeugsamen Willen, die deutsche Nation für alle Zukunft zu sichern, hat der Reichstag einstimmig das folgende Gesetz beschlossen, das hiermit verkündet wird:

§ 1 (1) Eheschließungen zwischen Juden und Staatsangehörigen deutschen oder artverwandten Blutes sind verboten. Trotzdem geschlossene Ehen sind nichtig, auch wenn sie zur Umgehung dieses Gesetzes im Ausland geschlossen sind. [...]

§ 2 Außerehelicher Verkehr zwischen Juden und Staatsangehörigen deutschen oder artverwandten Blutes ist verboten.

§ 3 Juden dürfen weibliche Staatsangehörige deutschen oder artverwandten Blutes unter 45 Jahren in ihrem Haushalt nicht beschäftigen.

§ 4 (1) Juden ist das Hissen der Reichs- und Nationalflagge und das Zeigen der Reichsfarben verboten.

(2) Dagegen ist ihnen das Zeigen der jüdischen Farben gestattet. Die Ausübung dieser Befugnis steht unter staatlichem Schutz.

§ 5 (1) Wer dem Verbot des § 1 zuwiderhandelt, wird mit Zuchthaus bestraft.

(2) Der Mann, der dem Verbot des § 2 zuwiderhandelt, wird mit Gefängnis oder mit Zuchthaus bestraft.

(3) Wer den Bestimmungen der §§ 3 oder 4 zuwiderhandelt, wird mit Gefängnis bis zu einem Jahr und mit Geldstrafe oder mit einer dieser Strafen bestraft.

(Reichsgesetzblatt, Jg. 1935, Teil 1, Nr. 100, S. 1146 f.)

1 *Erklären Sie die Auswirkungen des „Reichsbürgergesetzes" für Juden.*

2 *Untersuchen Sie die Folgen des „Gesetzes zum Schutz des deutschen Blutes" für das Zusammenleben der jüdischen und nicht jüdischen Bevölkerung.*

c) Juristischer Kommentar zu den Nürnberger Gesetzen von Staatssekretär Wilhelm Stuckart (1902–1953) und Ministerialrat Hans Globke (1898–1973) (Auszug; 1935)

Die nationalsozialistische Staatsführung hat den unerschütterlichen Glauben, im Sinne des allmächtigen Schöpfers zu handeln, wenn sie den Versuch macht, die ewigen ehernen Gesetze des Lebens und der Natur, die das Einzelschicksal wie das der Gesamtheit beherrschen und bestimmen,

B 15 Praxisschild eines jüdischen Arztes in Berlin, 1938

– *Untersuchen Sie B 15 im Kontext der Entrechtung der Juden vor dem Zweiten Weltkrieg (s. auch die Chronologie in M 31, S. 477).*

in der staatlich-völkischen Ordnung des Dritten Reiches wieder zum Ausdruck zu bringen, soweit dies mit den unvollkommenen, Menschen zu Gebote stehenden Mitteln möglich ist. Die Rechts- und Staatsordnung des Dritten Reiches soll mit den Lebensgesetzen, den für Körper, Geist und Seele des deutschen Menschen ewig geltenden Naturgesetzen wieder in Einklang gebracht werden. Es geht also bei der völkischen und staatlichen Neuordnung unserer Tage um nicht mehr und nicht weniger als um die Wiederanerkennung der im tiefsten Sinne gottgewollten organischen Lebensordnung im deutschen Volks- und Staatsleben. [...] Das Blutschutzgesetz zieht die Trennung zwischen jüdischem und deutschem Blut in biologischer Hinsicht. Der in dem Jahrzehnt vor dem Umbruch um sich greifende Verfall des Gefühls für die Bedeutung der Reinheit des Blutes und die damit verbundene Auflösung aller völkischen Werte ließ ein gesetzliches Eingreifen besonders dringend erscheinen. Da hierfür dem deutschen Volk nur von Seiten des Judentums eine akute Gefahr drohte, bezweckt das Gesetz in erster Linie die Verhinderung weiterer Blutmischung mit Juden. [...] Kein nach der nationalsozialistischen Revolution erlassenes Gesetz ist eine so vollkommene Abkehr von der Geisteshaltung und der Staatsauffassung des vergangenen Jahrhunderts wie das Reichsbürgergesetz. Den Lehren von der Gleichheit aller Menschen und von der grundsätzlich unbeschränkten Freiheit des Einzelnen gegenüber dem Staate setzt der Nationalsozialismus hier die harten, aber notwendigen Erkenntnisse von der naturgesetzlichen Ungleichheit und Verschiedenartigkeit der Menschen entgegen: Aus der Verschiedenartigkeit der Rassen, Völker und Menschen folgen zwangsläufig Unterscheidungen in den Rechten und Pflichten der Einzelnen. Diese auf dem Leben und den unabänderlichen Naturgesetzen beruhende Verschiedenheit führt das Reichsbürgergesetz in der politischen Grundordnung des deutschen Volkes durch.

(Gerhard Schoenberner, Der gelbe Stern. Judenverfolgung in Europa 1933–1945, Bertelsmann, München 1978, S. 11)

1 *Untersuchen Sie die ideologischen Grundlagen der „Nürnberger Gesetze".*

2 *Erörtern Sie den Begriff von „Naturgesetz", der diesem Kommentar zu Grunde liegt.*

M20 Die antijüdischen Ausschreitungen der so genannten „Reichskristallnacht" (9. November 1938) – aus einem geheimen Schreiben der Gestapo an alle Staatspolizeistellen vom 9. November 1938

1. Es werden in kürzester Frist in ganz Deutschland Aktionen gegen Juden, insbesondere gegen deren Synagogen, stattfinden. Sie sind nicht zu stören. Jedoch ist im Benehmen mit der Ordnungspolizei sicherzustellen, dass Plünderungen und sonstige besondere Ausschreitungen unterbunden werden können.

2. Sofern sich in Synagogen wichtiges Archivmaterial befindet, ist dieses durch sofortige Maßnahmen sicherzustellen.

3. Es ist vorzubereiten die Festnahme von etwa 20 000 bis 30 000 Juden im Reiche. Es sind auszuwählen vor allem vermögende Juden. Nähere Anordnungen ergehen noch im Laufe dieser Nacht.

4. Sollten bei den kommenden Aktionen Juden im Besitz von Waffen angetroffen werden, so sind die schärfsten Maßnahmen durchzuführen. Zu den Gesamtaktionen können herangezogen werden Verfügungstruppen der SS sowie Allgemeine SS. Durch entsprechende Maßnahmen ist die Führung der Aktionen durch die Stapo auf jeden Fall sicherzustellen.

(Ebd., S. 12)

1 *Analysieren Sie Motive und Ziele des Novemberpogroms.*

2 *Bewerten Sie das Vorgehen der Nationalsozialisten bei der Vorbereitung der Novemberpogrome, besonders die Geheimhaltung der Planungen.*

2 Die nationalsozialistische Kriegs- und Vernichtungspolitik

2.1 Vorbereitung und Entfesselung des Zweiten Weltkrieges

Aufrüstung und Risikopolitik

Schon lange vor der Machtübernahme im Jahr 1933 war Hitler für eine kompromisslose Aufrüstung und die außenpolitische Konfrontation eingetreten. Als neuer Reichskanzler umriss er bereits am 3. Februar 1933 die Nah- und Fernziele seiner Außenpolitik (M 21). Der Versailler Vertrag sollte nicht mehr revidiert, sondern bekämpft werden, und zwar mit Hilfe des Militärs. Gleichzeitig dachte Hitler über die Zeit nach der Abschüttelung der Einschränkungen des Versailler Vertrages nach und kündigte Eroberungen im Osten und eine rücksichtslose Germanisierung dieser Länder an. Über die Risiken seiner aggressiven Außenpolitik, vor allem über die möglichen Reaktionen Frankreichs, war er sich von Anfang an im Klaren und kalkulierte sie bewusst ein.

Um die Risiken dieser Politik zu begrenzen, folgte dem **Austritt aus dem Völkerbund** 1933 im Januar 1934 ein **Nichtangriffspakt mit Polen**. Damit war einer der stärksten französischen Verbündeten unter den osteuropäischen Staaten neutralisiert. Zugleich betonte Hitler nach außen in mehreren großen Reden den Friedenswillen der nationalsozialistischen Regierung (M 22). Dem aufmerksamen Beobachter blieb jedoch die starke militärische Ausrichtung der NS-Außenpolitik nicht verborgen (M 23a, b). Als 1935 die allgemeine Wehrpflicht wieder eingeführt wurde, hatte die Armee die vom Versailler Vertrag vorgeschriebene Höchstgrenze von 100 000 Mann um mehr als das Dreifache überstiegen und Marine und Luftwaffe befanden sich in einem schnellen Neuaufbau. Hitler besaß keinerlei Skrupel, die durch die Aufrüstung gewonnene außenpolitische Beweglichkeit für seine Macht- und Gewaltpolitik zu nutzen. Das zeigte nicht nur der Einmarsch deutscher Truppen in die entmilitarisierte **Rheinlandzone** im März 1936, sondern auch die militärische Unterstützung, die Deutschland gemeinsam mit Italien der Falange Francos im spanischen Bürgerkrieg gewährte. Und im **März 1938** überschritten Wehrmachtseinheiten gar die Grenze zu **Österreich**. Unter Ausnutzung innerer Schwierigkeiten hatten die Nationalsozialisten mit dazu beigetragen, die österreichische Republik zu destabilisieren. Die demokratischen Kräfte, insbesondere die der Sozialdemokraten, waren zu schwach, um sich der deutschen „Schutzmacht" zu widersetzen; die Mehrheit der österreichischen Bevölkerung hatte das Vereinigungsverbot mit Deutschland aus dem Versailler Vertrag ohnehin nicht akzeptiert. Österreich wurde als „Ostmark" dem Deutschen Reich eingegliedert. Damit war der letzte Souveränitätsvorbehalt für das Deutsche Reich aus dem Versailler Vertrag beseitigt worden.

Kriegskurs und Reaktionen des Auslands

Anders als die von Außenminister Gustav Stresemann (1878–1929, Außenminister 1923–1929) bevorzugte Verhandlungsdiplomatie während der Weimarer Zeit, die Deutschland durch eine Ausgleichspolitik neue Bewegungsfreiheit verschafft hatte, spaltete die nationalsozialistische Machtpolitik die europäischen Mächte in zwei Lager: Deutschland und Italien auf der einen und Frankreich und England auf der anderen Seite. Für Frankreich war diese Politik angesichts der Rückgliederung des Saargebietes 1935 und der Aufhebung der entmilitarisierten Zone 1936 am gefährlichsten. Die englische Regierung aber, und sie konnte sich hier auf die Stimmung in der Bevölkerung berufen, versuchte jeden offenen Konflikt mit dem NS-Staat zu vermeiden. Im Grunde genommen akzeptierten die englischen Politiker seit der Weltwirtschaftskrise, dass Schritt für Schritt der Versailler Vertrag faktisch aufgehoben wurde. Sie suchten nach einem neuen europäischen Ordnungssystem. Ein Gleichgewicht der Mächte auf dem Kontinent konnte aus britischer Sicht auf friedlichem Wege am besten

dadurch erreicht werden, dass England der deutschen Revisionspolitik nachgab, allerdings in gegenseitigem Einverständnis und abgesichert durch entsprechende internationale Vereinbarungen: Diese englische „Appeasement"-Politik (engl. = Beschwichtigung; s. S. 598 f.) kehrte zurück zu den Methoden der Bündnispolitik vor dem Ersten Weltkrieg.
Selbst Repräsentanten der nationalsozialistischen Außenpolitik wie der deutsche Botschafter in London und spätere Außenminister Joachim von Ribbentrop (1893–1946) hofften auf einen diplomatischen Ausgleich mit England. In Hitlers Konzept allerdings passte eine solche Vorstellung nicht mehr. Nachdem es ihm gelungen war, „durch die Risikozone ungehindert hindurch" zu gehen, wie es Propagandaminister Joseph Goebbels formulierte, war er bereit, Friedenspropaganda und diplomatische Rücksichten fallen zu lassen.

Vierjahresplan und offene Konfrontation

Im Vierjahresplan von 1936 hatte Hitler bereits deutlich zum Ausdruck gebracht, dass es ihm um eine militärische Entscheidung ging (M 24). Das bedeutete eine Kraftprobe nach innen und nach außen. Die wirtschaftlichen Folgen dieser planmäßigen und bewussten Kriegspolitik bestanden in der endgültigen Abkehr von Export- und Weltmarktorientierung sowie in der Beschränkung des privaten Konsums und der zunehmenden Lenkung von Produktion und Verteilung der Güter. Deutschland konnte seinen Bedarf an Agrarprodukten, vor allem an Fett und Fleisch, traditionell nicht decken. Um aus dieser wirtschaftlichen Abhängigkeit vom Ausland nicht eine politische Schwäche entstehen zu lassen, importierte die Regierung verstärkt Agrargüter aus den politisch schwachen, unter sich rivalisierenden südosteuropäischen Ländern. Im Gegenzug legte sie diese auf den Bezug von deutschen Industriegütern fest. Auf diese Weise schuf sie einen von deutschen Interessen abhängigen Wirtschaftsraum, der zunehmend englische und französische Interessen berührte.
Diplomatisch und militärisch trat seit 1937/38 die offene Konfrontation an die Stelle einer diplomatisch verbrämten „Gleichberechtigungspolitik". Gegen diesen wirtschaftlichen und militärischen Risikokurs sprachen sich Repräsentanten der konservativen Elite wie Reichsbankpräsident Hjalmar Schacht (1877–1970) und Generalstabschef Ludwig Beck (1880–1944) aus, die bisher die Aufrüstung unterstützt hatten. Wie andere auch, wurden sie durch Personen ausgewechselt, die weder moralische noch politische Bedenken gegen den Kriegskurs besaßen.

Zerschlagung der Tschechoslowakei 1938/39

Hitler nahm Konflikte um die Rechte der Sudetendeutschen in der Tschechoslowakei zum Anlass, auf diese Druck auszuüben. Nur vordergründig ging es darum, einen autonomen Status für die dortige deutsche Minderheit zu erreichen. Hitlers Ziel war es, die Tschechoslowakei zu „zerschlagen", wie er in einer Rede am 30. Mai 1938 äußerte. Die Drohung eines militärischen Eingreifens führte zu diplomatischen Initiativen Frankreichs und Englands, die der Tschechoslowakei bei einem Angriff Beistand hätten leisten müssen. Der italienische Diktator Benito Mussolini (1883–1945) unterstützte Frankreich und England, weil er für sein Regime keinen Sinn in einem europäischen Krieg um einen Teil der Tschechoslowakei sah. So ließ sich Hitler unter diplomatischem Druck auf eine Konferenz mit dem britischen Premierminister Neville Chamberlain (1869–1940), dem französischen Ministerpräsidenten Edouard Daladier (1884–1970) und Mussolini ein, die 1938 in München stattfand.
Das **Münchener Abkommen** vom 29. September 1938 legte die Abtretung des Sudetenlandes an Deutschland fest. Unter dem Deckmantel des Selbstbestimmungsrechtes beschnitt es die territoriale Eigenständigkeit der Tschechoslowakei. Außerdem sollte der slowakische Landesteil gegenüber der Zentralregierung in Prag mehr Rechte erhalten; gleichzeitig wollte man das „Problem der ungarischen und polnischen Minderheit" „lösen", was zu weiteren Gebietsabtretungen führen musste. Die Regierung in Prag wurde von den Vertragsmächten gezwungen,

dem Abkommen zuzustimmen. Innenpolitische Konflikte waren unvermeidbar, insbesondere Spannungen zwischen Tschechen und den Slowaken; Letztere konnten sich nun deutscher Unterstützung sicher sein.
Als die Prager Regierung Militär einsetzte, um die Einheit des Landes zu erhalten, nahm Hitler dies zum Anlass, den militärischen Angriff auszuführen, den das Abkommen von München noch verhindert hatte. Am 15. März 1939 marschierten deutsche Truppen in die Tschechoslowakei ein. Das „Protektorat Böhmen und Mähren" wurde dem Reich eingegliedert. Die Slowakei wurde formal souverän, war politisch und wirtschaftlich aber völlig vom nationalsozialistischen Deutschland abhängig (s. Karte 3, S. 497).

Vorbereitung des Krieges gegen Polen

Der faktische Erfolg seiner Politik von Drohung und schnellem militärischen Eingreifen verleitete Hitler dazu, unmittelbar nach dem Einmarsch in die Tschechoslowakei das nächste Konfliktfeld auf ähnliche Weise zu behandeln. Jetzt richteten sich die deutschen Pressionen gegen Polen, das der Wiedereingliederung **Danzigs** ins Reich zustimmen sollte. Hitler beauftragte die Wehrmacht am 11. April 1939 mit der Vorbereitung eines „vernichtenden" Angriffs auf Polen.
Seit der Tschechoslowakei-Krise hatte sich das internationale Umfeld aber gewandelt. England und Frankreich waren nicht länger bereit, der immer skrupelloser vorgehenden Machtpolitik Hitlers tatenlos zuzusehen, und garantierten Polens Unabhängigkeit. Allerdings war dieses Versprechen nicht leicht einzulösen, da Polen für die Truppen beider Länder nicht unmittelbar erreichbar war. Deswegen nahmen Paris und London Verhandlungen mit der Sowjetunion auf. Ein militärisches Bündnis zwischen diesen drei Staaten schien jedoch nur möglich, wenn Polen der sowjetischen Armee ein Durchmarschrecht zugestand. Hiervor fürchtete sich Polen aber nicht weniger als vor einer deutschen Aggression. Die polnische Regierung versuchte daher ihre Unabhängigkeit zu wahren; die Verhandlungen der Westmächte mit der sowjetischen Führung zogen sich hin – von Stalin durchaus nicht ungewollt.

August 1939: Hitler-Stalin-Pakt

Während Polen um seine Unabhängigkeit bangen musste, verhandelte die sowjetische Regierung mit dem deutschen Außenminister. Dieser schien Stalin mehr bieten zu können als die Westmächte. Der am 23. August 1939 abgeschlossene deutsch-sowjetische Nichtangriffspakt, der so genannte **Hitler-Stalin-Pakt** (B 16), schloss ein geheimes Zusatzabkommen ein, in dem beide Mächte ihre Interessensphären absteckten (M 25): Finnland, die baltischen Staaten sowie das rumänische Bessarabien wurden der sowjetischen Interessensphäre zuerkannt. Das Zusatzprotokoll stellte den Fortbestand Polens historisch erneut in Frage und sah eine Aufteilung zwischen Deutschland und der UdSSR vor.

Überfall auf Polen – Beginn des Weltkrieges

Durch die deutsch-sowjetische Bündniskonstellation vom August 1939 sah Hitler die Bedingungen für den Überfall auf Polen als gegeben an. Am **1. September 1939** überschritten die deutschen Truppen die polnische Grenze. England und Frankreich ließen sich durch den deutsch-sowjetischen Pakt – vermutlich gegen Hitlers Erwartungen – nicht davon abhalten, ihre Garantieerklärung einzulösen. Am 3. September erklärten sie Deutschland den Krieg.

Deutsche Gesellschaft und Kriegskurs

Im Gegensatz zur Kriegsschulddebatte 1914 gab und gibt es in der Geschichtswissenschaft keine Debatte über die deutsche Verantwortung für den Zweiten Weltkrieg, die von keinem ernsthaften Forscher angezweifelt wird. Wohl aber streiten Historiker darüber, wie konsequent der Weg in den Krieg von vornherein durch

B 16 „Mal sehen, wie lange die Flitterwochen dauern werden!", amerikanische Karikatur, September 1939

– *Erörtern Sie, ausgehend von B 16 und der Darstellung, die Haltung des Auslands zum deutschen Kriegskurs.*

Hitlers „Lebensraum"- und Rassenideologie sowie durch seine außenpolitischen Auffassungen und seine Weltsicht vorgezeichnet war. Hitlers programmatische Schrift „Mein Kampf" lässt keinen Zweifel daran, dass sich nach seiner Überzeugung Nationen im Krieg zu bewähren hätten. Und die Rassenideologie zeichnete die „germanischen" Deutschen vor anderen Völkern aus und gab die Richtung von Expansion und Unterwerfungsanspruch vor: „Lebensraum im Osten". Warum aber haben sich die Deutschen bereitwillig in den Krieg führen lassen, warum die anderen Mächte nicht frühzeitig ein Abwehrkonzept gegen eine deutsche Aggression entwickelt, die so offensichtlich festlag?
Die innere und äußere Machtentfaltung des nationalsozialistischen Staates beruhte vor allem darauf, dass die einzelnen Schritte von Machtsicherung und Expansion von der Masse der Bevölkerung und von einflussreichen Gruppen der Elite mitgetragen wurden, wie auch immer sie das Gesamtgebäude der nationalsozialistischen Ideologie beurteilten: Das Militär begrüßte die Aufrüstung, ohne dabei das Spiel mit dem großen Risiko gutzuheißen; aber es war bereit, den Erfolg zu honorieren, denn die Ehre, die der faktische Erfolg der Hitlerschen Politik mit sich brachte, kam auch ihm zugute. Ähnliches gilt für die Großindustrie, die an der Rüstungskonjunktur gut verdiente. Auch hier regte sich in den Jahren 1936 bis 1938 Widerstand gegen den direkten Weg in den Krieg und den Rückzug vom internationalen Warenaustausch. Doch es gab auch mächtige Firmen wie die IG Farben, die eine nach Osten gerichtete Expansionspolitik als Garantie für den Absatz ihrer Chemieprodukte begriffen.
Hitlers Außenpolitik war in Deutschland populär (B 17), selbst bei solchen Männern und Frauen, die in einer gewissen Distanz zum Nationalsozialismus standen. Die Abschüttelung der Versailler Vertragsauflagen, die Wiederherstellung „nationaler Größe" ließen viele den „Führer" auf den großen Kundgebungen mit feiern. Nicht, als Kommunisten und Sozialdemokraten verhaftet wurden, nicht, als die Synagogen brannten, verbreitete sich Angst unter den Deutschen, sondern erst, als in der Krise um die Tschechoslowakei der große Krieg bevorstand. Doch wie hätte sich damals Angst in politisches Handeln, in Protest gegen die Regierung umsetzen können? Und schließlich prägte der Erfolg wieder die Emotionen, wandelte Angst in Erleichterung oder gar Zustimmung. In den Tagen des Münchener Abkommens berichtete der „Sicherheitsdienst" der

SS Hitler, größere Teile der Bevölkerung seien politisch unsicher geworden. Auch hier ging Hitler zur Offensive über. Er verkündete vor der Presse, dass nun mit der aus taktischen Gründen offiziell betriebenen Friedenspropaganda Schluss sei. Den **außenpolitischen Aggressionskurs** begleitete so eine konsequente **Militarisierung der Gesellschaft.**

M21 Aus den Aufzeichnungen über eine Besprechung Adolf Hitlers mit den Befehlshabern von Heer und Marine („Liebmann-Aufzeichnung") vom 3. Februar 1933

Ziel der Gesamtpolitik allein: Wiedergewinnung der pol. Macht. Hierauf muss gesamte Staatsführung eingestellt werden (alle Ressorts!).

1. Im Innern. Völlige Umkehrung der gegenwärt. innenpol. Zustände in D. Keine Duldung der Betätigung irgendeiner Gesinnung, die dem Ziel entgegensteht (Pazifismus!). Wer sich nicht bekehren lässt, muss gebeugt werden. Ausrottung des Marxismus mit Stumpf und Stiel. Einstellung der Jugend u. des ganzen Volkes auf den Gedanken, dass nur d. Kampf uns retten kann u. diesem Gedanken gegenüber alles zurückzutreten hat.

[...] Ertüchtigung der Jugend u. Stärkung des Wehrwillens mit allen Mitteln. Todesstrafe für Landes- u. Volksverrat. Straffste autoritäre Staatsführung. Beseitigung des Krebsschadens der Demokratie!

2. Nach außen. Kampf gegen Versailles. Gleichberechtigung in Genf; aber zwecklos, wenn Volk nicht auf Wehrwillen eingestellt. Sorge für Bundesgenossen.

3. Wirtschaft! Der Bauer muss gerettet werden! Siedlungspolitik! Künft. Steigerung d. Ausfuhr zwecklos. Aufnahmefähigkeit d. Welt ist begrenzt u. Produktion ist überall übersteigert. Im Siedeln liegt einzige Mögl. Arbeitslosenheer z. T. wieder einzuspannen. Aber braucht Zeit u. radikale Änderung nicht zu erwarten, da Lebensraum für d[eutsches] Volk zu klein.

4. Aufbau der Wehrmacht wichtigste Voraussetzung für Erreichung des Ziels: Wiedererringung der pol. Macht. Allg. Wehrpflicht muss wieder kommen. Zuvor aber muss Staatsführung dafür sorgen, dass die Wehrpflichtigen vor Eintritt nicht schon durch Pazif., Marxismus, Bolschewismus vergiftet werden oder nach Dienstzeit diesem Gifte verfallen.

Wie soll pol. Macht, wenn sie gewonnen ist, gebraucht werden? Jetzt noch nicht zu sagen. Vielleicht Erkämpfung neuer Export-Mögl., vielleicht – und wohl besser – Eroberung neuen Lebensraums im Osten u. dessen rücksichtslose Germanisierung. Sicher, dass erst mit pol. Macht u. Kampf jetzige wirtsch. Zustände geändert werden können. Alles, was jetzt geschehen kann – Siedlung – Aushilfsmittel.

Wehrmacht wichtigste u. sozialistischste Einrichtung d. Staates. Sie soll unpol. u. überparteilich bleiben. Der Kampf im Innern nicht ihre Sache, sondern der Nazi-Organisationen. Anders als in Italien keine Verquickung v. Heer u. SA beabsichtigt. – Gefährlichste Zeit ist die des Aufbaus der Wehrmacht. Da wird sich zeigen, ob Fr[ankreich] Staatsmänner hat; wenn ja, wird es uns Zeit nicht lassen, sondern über uns herfallen (vermutlich mit Ost-Trabanten).

(Vierteljahreshefte für Zeitgeschichte, Jg. 2, 1954, S. 434 ff.)

1 *Nennen Sie Hitlers außenpolitische Ziele.*

2 *Skizzieren Sie die innenpolitischen Bedingungen dieses Programms.*

M22 Öffentliche Friedensbeteuerungen – aus der Reichstagsrede Adolf Hitlers vom 17. Mai 1933

Die Generation dieses jungen Deutschlands, die in ihrem bisherigen Leben nur die Not, das Elend und den Jammer des eigenen Volkes kennen lernte, hat zu sehr unter dem Wahnsinn gelitten, als dass sie beabsichtigen könnte, das Gleiche anderen zuzufügen. Unser Nationalismus ist ein Prinzip, das uns als Weltanschauung grundsätzlich allgemein verpflichtet. Indem wir in grenzenloser Liebe und Treue an unserem eigenen Volkstum hängen, respektieren wir die nationalen Rechte auch der anderen Völker aus dieser selben Gesinnung heraus und möchten aus tief innerstem Herzen mit ihnen in Frieden und Freundschaft leben. Wir kennen daher auch nicht den Begriff des „Germanisierens". Die geistige Mentalität des vergangenen Jahrhunderts, aus der man glaubte vielleicht, aus Polen oder Franzosen Deutsche machen zu können, ist uns genauso fremd, wie wir uns leidenschaftlich gegen jeden umgekehrten Versuch wenden. Wir sehen die europäischen Nationen um uns als gegebene Tatsachen. Franzosen, Polen usw. sind unsere Nachbarvölker und wir wissen, dass kein geschichtlich denkbarer Vorgang diese Wirklichkeit ändern könnte. [...]

Deutschland ist nun jederzeit bereit, auf Angriffswaffen zu verzichten, wenn auch die übrige Welt ihrer entsagt. Deutschland ist bereit, jedem feierlichen Nichtangriffspakt beizutreten; denn Deutschland denkt nicht an einen Angriff, sondern an seine Sicherheit! [...]. Die deutsche Regierung wünscht sich über alle schwierigen Fragen politischer und wirtschaftlicher Natur mit den anderen Nationen friedlich und vertraglich auseinander zu setzen. Sie weiß, dass jeder militärische Akt in Europa auch im Falle seines vollständigen Gelingens, gemessen an seinen Opfern, in keinem Verhältnis steht zum möglichen endgültigen Gewinn.
(Franz A. Six [Hg.], Dokumente der Deutschen Politik, Bd. 1, Junker Quennhaupt, Berlin [7]1942, S. 102 ff.)

1 *Erörtern Sie, inwiefern Hitler taktische und ernsthafte Argumente für eine Friedenspolitik vorbringt.*
2 *Vergleichen Sie die Ziele in M 21 und M 22.*

M23 Die Aufrüstung Deutschlands

a) Rüstungsausgaben und Volkseinkommen im Deutschen Reich 1932–1938 (in Mrd. RM)

Haushaltsjahr	Rüstungsausgaben	Volkseinkommen	Rüstungsausg. in % des Volkseinkommens
1932	0,6	45,2	1,3
1933	0,7	46,5	1,5
1934	4,1	52,8	7,8
1935	5,5	59,1	9,3
1936	10,3	65,8	15,7
1937	11,0	73,8	15,0
1938	17,2	82,1	21,0

(Fritz Blaich, Wirtschaft und Rüstung im „Dritten Reich",Cornelsen, Düsseldorf 1987, S. 83)

b) Öffentliche Ausgaben im Deutschen Reich 1928–1938

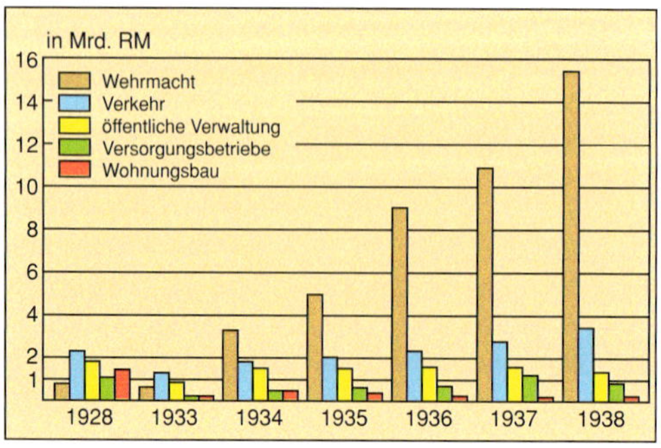

1 *Klären Sie die Begriffe „Volkseinkommen" und „öffentliche Ausgaben".*
2 *Untersuchen Sie anhand von M 23a und b die Bedeutung militärischer Rüstung für die NS-Politik.*
3 *Erörtern Sie die grundsätzliche Ausrichtung der nationalsozialistischen Wirtschaftspolitik.*

M24 Aus Adolf Hitlers geheimer Denkschrift zum Vierjahresplan 1936

Die wirtschaftliche Lage Deutschlands.
So wie die politische Bewegung in unserem Volk nur ein Ziel kennt, die Lebensbehauptung unseres Volkes und Reiches zu ermöglichen, d. h. alle geistigen und sonstigen Voraussetzungen für die Selbstbehauptung unseres Volkes sicherzustellen, so hat auch die Wirtschaft nur diesen einen Zweck. Das Volk lebt nicht für die Wirtschaft oder für die Wirtschaftsführer, Wirtschafts- oder Finanztheorien, sondern die Finanz und die Wirtschaft, die Wirtschaftsführer und alle Theorien haben ausschließlich diesem Selbstbehauptungskampf unseres Volkes zu dienen.
Die wirtschaftliche Lage Deutschlands ist aber, in kürzesten Umrissen gekennzeichnet, folgende:
1. Wir sind übervölkert und können uns auf der eigenen Grundlage nicht ernähren. [...] Zahlreiche Produktionen können ohne weiteres erhöht werden. Das Ergebnis unserer landwirtschaftlichen Produktion kann eine wesentliche Steigerung nicht mehr erfahren. Ebenso ist es uns unmöglich, einzelne Rohstoffe, die uns in Deutschland fehlen, zur Zeit auf einem künstlichen Wege herzustellen oder sonst zu ersetzen. [...]
5. Es ist aber gänzlich belanglos, diese Tatsachen immer wieder festzustellen, d. h. festzustellen, dass uns Lebensmittel oder Rohstoffe fehlen, sondern es ist entscheidend, jene Maßnahmen zu treffen, die für die Zukunft eine endgültige Lösung, für den Übergang eine vorübergehende Entlastung bringen können.
6. Die endgültige Lösung liegt in einer Erweiterung des Lebensraumes bzw. der Rohstoff- und Ernährungsbasis unseres Volkes. Es ist die Aufgabe der politischen Führung, diese Frage dereinst zu lösen. [...]
Und ich stelle daher zu einer endgültigen Lösung unserer Lebensnot folgendes Programm auf:
I. Ähnlich der militärischen und politischen Aufrüstung bzw. Mobilmachung unseres Volkes hat auch eine wirtschaftliche zu erfolgen, und zwar im selben Tempo, mit der gleichen Entschlossenheit und, wenn nötig, auch mit der gleichen Rücksichtslosigkeit. [...]

II. Zu diesem Zwecke sind auf all den Gebieten, auf denen eine eigene Befriedigung durch deutsche Produktionen zu erreichen ist, Devisen einzusparen, um sie jenen Erfordernissen zuzulenken, die unter allen Umständen ihre Deckung nur durch Import erfahren können.

III. In diesem Sinne ist die deutsche Brennstofferzeugung nunmehr im schnellsten Tempo vorwärtszutreiben und binnen 18 Monaten zum restlosen Abschluss zu bringen. Diese Aufgabe ist mit derselben Entschlossenheit wie die Rüstung eines Krieges anzufassen und durchzuführen; denn von ihrer Lösung hängt die kommende Kriegsführung ab und nicht von einer Bevorratung des Benzins. [...]

Ich stelle damit folgende Aufgabe:

I. Die deutsche Armee muss in 4 Jahren einsatzfähig sein.

II. Die deutsche Wirtschaft muss in 4 Jahren kriegsfähig sein.

(Vierteljahreshefte für Zeitgeschichte, Jg.3, 1955, S. 184 ff.)

1 *Fassen Sie die wirtschaftliche Lagebeurteilung Hitlers zusammen.*

2 *Analysieren Sie die Ziele, die Hitler Wirtschaft und Militär setzte.*

B 17 „1889–1939", Plakat zu Hitlers 50. Geburtstag

– *Interpretieren Sie das Plakat vor dem Hintergrund der deutschen Kriegspolitik.*

M25 Aus dem Geheimprotokoll zum Vertrag zwischen Deutschland und der UdSSR, dem so genannten Hitler-Stalin-Pakt, vom 23. August 1939

Aus Anlass der Unterzeichnung des Nichtangriffsvertrages zwischen dem Deutschen Reich und der Union der Sozialistischen Sowjetrepubliken haben die unterzeichneten Bevollmächtigten der beiden Teile in streng vertraulicher Aussprache die Frage der Abgrenzung der beiderseitigen Interessensphären in Osteuropa erörtert. Diese Aussprache hat zu folgendem Ergebnis geführt:

1. Für den Fall einer territorial-politischen Umgestaltung in den zu den baltischen Staaten (Finnland, Estland, Lettland, Litauen) gehörenden Gebieten bildet die nördliche Grenze Litauens zugleich die Grenze der Interessensphären Deutschlands und der UdSSR. Hierbei wird das Interesse Litauens am Wilnaer Gebiet beiderseits anerkannt.

2. Für den Fall einer territorial-politischen Umgestaltung der zum polnischen Staate gehörenden Gebiete werden die Interessensphären Deutschlands und der UdSSR ungefähr durch die Linie der Flüsse Narew, Weichsel und San abgegrenzt.

Die Frage, ob die beiderseitigen Interessen die Erhaltung eines unabhängigen polnischen Staates erwünscht erscheinen lassen und wie dieser Staat abzugrenzen wäre, kann endgültig erst im Laufe der weiteren politischen Entwicklung geklärt werden.

In jedem Falle werden beide Regierungen diese Frage im Wege einer freundschaftlichen Verständigung lösen.

3. Hinsichtlich des Südostens Europas wird von sowjetischer Seite das Interesse an Bessarabien betont. Von deutscher Seite wird das völlige politische Desinteressement an diesen Gebieten erklärt.

(Eber Malcolm Carroll/Fritz Theodor Epstein [Hg.], Das nationalsozialistische Deutschland und die Sowjetunion 1939–1941, Berlin 1948, S. 84 ff.)

1 *Nennen Sie die Vereinbarungen des Hitler-Stalin-Paktes. Wo stehen die entscheidenden Punkte?*

2 *Untersuchen Sie die Folgen, die der Vertrag für das Verhältnis von Kommunisten und Nationalsozialisten in Europa zwischen 1939 und 1941 hatte.*

2.2 Eroberungskrieg und Besatzungspolitik

Die Phase der „Blitzkriege“ bis 1941

Der Erfolg schien Hitlers Aggressionskurs auch im Krieg zu bestätigen. Die polnische Armee konnte den technisch weit überlegenen deutschen Truppen nicht standhalten. Schon Mitte September 1939 standen deutsche Einheiten an der im „Hitler-Stalin-Pakt“ markierten „Interessenlinie“ zur UdSSR. Daraufhin besetzten sowjetische Truppen den östlichen Teil Polens. Deutschland und die Sowjetunion teilten **Polen** vollständig unter sich auf. In London bildete sich eine Exilregierung, die die polnische Nation und den polnischen Staat vertrat.

Die militärischen Planungen der nationalsozialistischen Führung nach dem Polenfeldzug richteten sich gegen den Westen. Die Strategien Deutschlands auf der einen und Englands und Frankreichs auf der anderen Seite waren einander entgegengesetzt. Die Westmächte setzten auf einen Ermattungs- und Abwehrkrieg, der die deutschen Kräfte aufreiben und die eigenen stärken sollte, bevor eine direkte militärische Konfrontation mit Deutschland gewagt werden konnte. Die deutsche Strategie beruhte auf der in den Dreißigerjahren im deutschen Generalstab entwickelten Konzeption der kurzen „Blitzkriege“. Durch Überraschungsmomente und den massierten Einsatz von Panzern und Flugzeugen vor der eigentlichen kämpfenden Truppe sowie durch die Konzentration aller Kräfte für begrenzte Zeit auf jeweils ein strategisches Ziel sollte eine rasche

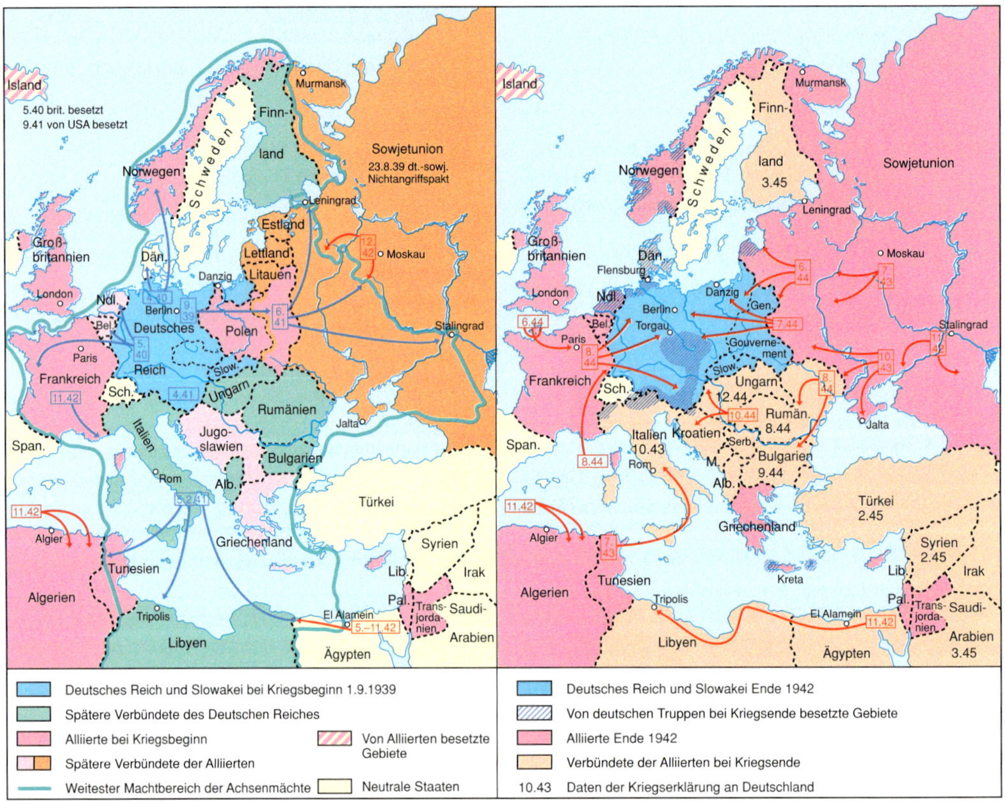

Karte 1 Der Zweite Weltkrieg in Europa 1939–1945

Entscheidung erzwungen werden. Nach und nach galt es dann die Ressourcen zu erobern, die Deutschland für eine langfristige Kriegführung bisher fehlten. Auf diese Weise wollten nationalsozialistische Führung und Generalstab die im Vergleich zu ihren Gegnern strukturelle militärische und industrielle Unterlegenheit des Deutschen Reiches ausgleichen.
Im April 1940 besetzten deutsche Truppen **Dänemark** und **Norwegen,** um die Ost- und Nordseeschifffahrt und den Zugriff auf das schwedische Erz zu kontrollieren. Im Mai 1940 begann die Offensive gegen **Frankreich**. Um die starken französischen Grenzbefestigungen der „Maginotlinie" zu umgehen, stießen die deutschen Truppen über Holland und Belgien, deren Neutralität brechend, rasch nach Paris (B 18) vor. Englisch-französische Truppeneinheiten konnten sich an der Kanalküste bei Dünkirchen nur knapp vor einer verheerenden Niederlage nach England absetzen. Frankreich, auf dem Kontinent auf sich allein gestellt, verfügte weder über ausreichende militärische Stärke noch über die innere Entschlossenheit, um dem deutschen Angriff standzuhalten.
Angesichts der Aussichtslosigkeit der Lage zerbrachen dessen Kampfbereitschaft und politische Einheit faktisch schon, bevor die nationalsozialistische Führung am 22. Juni 1940 die Teilung des Landes dekretierte: Mittel- und Südfrankreich blieben unter der Regierung des Marschalls Philippe Pétain (1856–1951) formal selbstständig; diese repräsentierte die nationalkonservativen Kräfte und war zu einer Zusammenarbeit mit den siegreichen Deutschen bereit („Vichy"-Frankreich). Der Norden mit der Atlantikküste und Paris kam unter deutsche Militärverwaltung. Ähnlich wie im Falle Polens versuchte General Charles de Gaulle (1890–1970) in London die nationalen Ansprüche Frankreichs gegenüber der Außenwelt zu wahren und den französischen Widerstand (frz. = résistance) gegen die deutschen Besatzer zu unterstützen.
Am 10. Juni 1940 trat Italien auf Seiten Deutschlands in den Krieg ein. Um die italienischen Kriegsziele in Nordafrika und im Mittelmeer zu unterstützen, besetzten deutsche Truppen **Jugoslawien** und **Griechenland** und ein **„Afrikakorps"** setzte nach Tunesien und Libyen über.

Der Krieg gegen England

Das Kriegskonzept schien nahezu überall aufzugehen. Bis hin zur sowjetischen Grenze kontrollierte das nationalsozialistische Deutschland im Frühjahr 1941 praktisch den gesamten Kontinent (Karte 1). Wie aber würde sich dieses riesige Gebiet sichern lassen? Die Grenzen deutscher Militärmacht waren bereits sichtbar geworden. Gegenüber England hatte sich das Konzept der „Blitzkriege" als untauglich erwiesen. Die Luftwaffe hatte im Bombenkrieg England nicht so schwächen können, dass dieses sich friedensbereit zeigte. Der Luftkampf gegen England musste ergebnislos abgebrochen werden. England wurde zu dieser Zeit schon durch bedeutende Rüstungslieferungen aus den USA unterstützt. Obwohl die Bevölkerung der USA überwiegend für die weitere Neutralität eintrat, hatte Präsident Franklin D. Roosevelt (1882–1945) im März 1941 im amerikanischen Kongress ein Gesetz durchgesetzt, das umfangreiche Warenlieferungen an Deutschlands Kriegsgegner erlaubte. Damit deutete sich – wie im Ersten Weltkrieg – die globale Dimension der europäischen Auseinandersetzung bereits an.

Überfall auf die Sowjetunion 1941

Obwohl Deutschland Anfang 1941 den europäischen Kontinent beherrschte, war weder der Krieg gewonnen noch ein Konzept sichtbar, wie er beendet werden könnte. Es entsprach Hitlers Denken, die Entscheidung in der Offensive, in der Ausweitung des Krieges zu suchen und nun das Land anzugreifen, das in der nationalsozialistischen Ideologie ohnehin als der Hauptfeind und das eigentliche Ziel der „Lebensraumpolitik" galt: die kommunistische Sowjetunion. Trotz des deutsch-sowjetischen Nicht-

B 18 Deutsche Truppen beim Einmarsch in Paris, 14. Juni 1941, Fotografie

B 19 Frauen in St. Petersburg bei der Trinkwasserbeschaffung während der Belagerung durch deutsche Truppen, Januar 1942, Fotografie

– *Analysieren Sie B 18 bis 20 im Hinblick auf die deutsche Besatzungspolitik (s. auch Darstellung S. 469 f.).*

angriffspaktes hatten die militärischen Planungen dazu bereits im Sommer 1940 begonnen. Der sowjetische Diktator Josef W. Stalin (1879–1953) und die Armeeführung der UdSSR, obgleich von den Alliierten vor einem bevorstehenden deutschen Angriff gewarnt, wurden vom Beginn der Kampfhandlungen am 22. Juni 1941 überrascht. In den ersten Monaten erlitten die sowjetischen Armeen ungeheure Verluste; der größte Teil der westlichen Sowjetunion musste aufgegeben werden.

Doch im Winter 1941/42 erwies sich, dass ebenso wenig wie gegen England die „Blitzkriegs"-Strategie gegen die Sowjetunion aufgegangen war. Hatten sich die deutschen Truppen gegen England weder zu Wasser noch in der Luft durchsetzen können, waren sie im Osten auf einen Gegner gestoßen, der stärkere Panzer, Panzer abwehrende Waffen und zahlenmäßig überlegene Bodentruppen einsetzen konnte. 1942 erreichten die deutschen Truppen nur noch geringe Landgewinne, wurde die Verlustbilanz unter den Soldaten immer verheerender.

Die Einkesselung und Kapitulation der 6. Armee in **Stalingrad im Januar 1943** wurde zum Symbol der **Kriegswende**: der Erschöpfung der Soldaten, der Unmöglichkeit, hinreichend Nachschub zur Verfügung zu stellen, und eines sinnlosen Durchhaltewillens der politischen und militärischen Führung.

Die Kriegserklärung an die USA

Zur Jahreswende 1942/43 war der Krieg schon lange nicht mehr auf Europa beschränkt. Die Konfrontation zwischen Japan und den Vereinigten Staaten von Amerika hatte sich zugespitzt, nachdem Japan 1940 den nördlichen Teil von Französisch-Indochina besetzt hatte und sich anschickte, die Öffnung Ostasiens für den Weltmarkt, die nicht zuletzt die USA im 19. Jahrhundert erzwungen hatten, wieder rückgängig zu machen. Als die USA ein Ölembargo gegen Japan verhängten und den Rückzug aus China verlangten, griffen japanische Flugzeuge überraschend am 7. Dezember 1941 den amerikanischen Stützpunkt **Pearl Harbor** auf Hawaii an. Die japanische Militärführung glaubte offenbar, mit einem dem deutschen ähnlichen „Blitzkriegs"-Konzept die USA aus dem ostasiatischen Raum vertreiben zu können, ohne das Risiko eines großen Krieges eingehen zu müssen.
In den USA und in Deutschland begriff man jedoch den japanisch-amerikanischen Konflikt als Teil des Machtkampfes um eine neue Weltordnung, der in Europa seit 1939 ausgefochten wurde. Der amerikanischen und britischen Kriegserklärung an Japan folgte die deutsche Kriegserklärung an die USA am 11. Dezember 1941, und zwar in der Erwartung, die USA zwingen zu können, ihre Kräfte zwischen Europa und Asien aufzusplittern – vergebens. England und die USA kamen überein, dass erst eine Entscheidung auf dem europäischen Kriegsschauplatz fallen müsse.
Nach der Niederlage der deutsch-italienischen Verbände in Afrika setzten die Alliierten im Sommer 1943 nach Italien über; das zog den Sturz Mussolinis nach sich, der sich auf das von deutschen Truppen gehaltene Gebiet in Norditalien zurückziehen musste. **1943** eröffneten England und die USA den **Luftkrieg**, dem die deutschen Städte bald schutzlos ausgeliefert waren. Im Osten mussten sich die deutschen Truppen schrittweise unter großen Verlusten zurückziehen. Im **Juni 1944** begann mit der **Invasion der westlichen Alliierten in der Normandie** die Rückeroberung des europäischen Kontinents.

Besatzungspolitik

Der NS-Staat strebte die absolute Vormachtstellung zumindest in Europa und bis weit nach Asien an, wo nach der gemeinsamen Vorstellung der deutschen und japanischen Führungsschicht etwa entlang der chinesischen Grenze das Einflussgebiet Japans begann. Das Ziel der nationalsozialistischen Politik bestand darin, die Wirtschaft aller unterworfenen Gebiete auf die Konsumbedürfnisse der deutschen Bevölkerung und die Produktion der deutschen Industrie auszurichten. Das setzte eine effiziente Kontrolle der

B 20 Pogrom in Kowno/Litauen, Juni 1941, Fotografie. Die deutsche Sicherheitspolizei hatte Zuchthäusler freigelassen und mit Eisenstangen bewaffnet, um Juden totschlagen zu lassen.

besetzten Gebiete voraus. Deren konkrete Ausgestaltung unterschied sich von Region zu Region und entsprechend der Kriegslage. Die rassenideologischen Annahmen spielten in der Ausprägung der jeweiligen Besatzungsherrschaft eine tragende Rolle (B 20). In Polen und in der Sowjetunion (M 26) wurden breite Bevölkerungsschichten regelrecht ausgehungert, in Razzien zusammengetrieben und erschossen oder zu Zehntausenden in Arbeits- und Konzentrationslager verschleppt, wo der größte Teil von ihnen innerhalb weniger Monate umkam. Die Dezimierung und Verschleppung der Bevölkerung war Teil des rassistischen Unterwerfungskonzeptes, nach dem „der Osten" vor allem Deutschen Siedlungsland zur Verfügung stellen sollte und der einheimischen Bevölkerung nur ein begrenztes Lebensrecht auf niedrigem Niveau zugestanden wurde. Auf ehemaligem polnischem und sowjetischem Gebiet übten deutsche Organe ihre Herrschaft unmittelbar aus. In den Ländern Nord- und Westeuropas dagegen versuchten die deutschen „Reichskommissare" oder die Wehrmachtsverwaltung mit kollaborationswilligen Kräften zusammenzuarbeiten. Terrormaßnahmen wie Geiselerschießungen oder die gezielte Zerstörung von ganzen Ortschaften richteten sich hier gegen den wachsenden Widerstand.

M26 Deutsche Besatzungspolitik

a) Aus dem so genannten Geiselmordbefehl vom 16. September 1941 zur Zerschlagung von Widerstand in den besetzten sowjetischen Gebieten

a) Bei jedem Vorfall der Auflehnung gegen die deutsche Besatzungsmacht, gleichgültig, wie die Umstände im Einzelnen liegen mögen, muss auf kommunistische Ursprünge geschlossen werden. b) Um die Umtriebe im Keime zu ersticken, sind beim ersten Anlass unverzüglich die schärfsten Mittel anzuwenden, um die Autorität der Besatzungsmacht durchzusetzen und einem weiteren Umsichgreifen vorzubeugen. Dabei ist zu bedenken, dass ein Menschenleben in den betroffenen Ländern vielfach nichts gilt und eine abschreckende Wirkung nur durch ungewöhnliche Härte erreicht werden kann. Als Sühne für ein deutsches Soldatenleben muss in diesen Fällen im Allgemeinen die Todesstrafe für 50–100 Kommunisten als angemessen gelten. Die Art der Vollstreckung muss die abschreckende Wirkung noch erhöhen.

(Der Prozess gegen die Hauptkriegsverbrecher vor dem Internationalen Militärgerichtshof, Bd. 2, Nürnberg 1946, S. 487 f.)

b) Aus Görings Richtlinien zur Ausbeutung der Sowjetunion, der so genannten Grünen Mappe, vom Juni 1941

I. Nach den vom Führer gegebenen Befehlen sind alle Maßnahmen zu treffen, die notwendig sind, um die sofortige und höchstmögliche Ausnutzung der besetzten Gebiete zu Gunsten Deutschlands herbeizuführen. Dagegen sind alle Maßnahmen zu unterlassen oder zurückzustellen, die dieses Ziel gefährden könnten.

II. Die Ausnutzung der neu zu besetzenden Gebiete hat sich in erster Linie auf den Gebieten der Ernährungs- und der Mineralölwirtschaft zu vollziehen. So viel wie möglich Lebensmittel und Mineralöl für Deutschland zu gewinnen ist das wirtschaftliche Hauptziel der Aktion. Daneben müssen sonstige Rohstoffe aus den besetzten Gebieten der deutschen Kriegswirtschaft zugeführt werden, soweit das technisch durchführbar und im Hinblick auf die draußen aufrechtzuerhaltende Produktion möglich ist. Was Art und Umfang der in den besetzten Gebieten zu erhaltenden, wiederherzustellenden oder neu zu ordnenden gewerblichen Produktion anlangt, so ist auch das in allererster Linie nach den Erfordernissen zu bestimmen, die die Ausnutzung der Landwirtschaft und der Mineralölwirtschaft für die deutsche Kriegswirtschaft stellt. […]

Völlig abwegig wäre die Auffassung, dass es darauf ankomme, in den besetzten Gebieten einheitlich die Linie zu verfolgen, dass sie baldigst wieder in Ordnung gebracht und tunlichst wieder aufgebaut werden müssten.

(Dietrich Eichholtz/Wolfgang Schumann [Hg.], Anatomie des Krieges, Deutscher Verlag der Wissenschaften, Berlin 1969, S. 333 f.)

1 *Erklären Sie Form und Ziel (s. auch B 20) der Ausbeutungspolitik.*

2 *Erschließen Sie Wirkungen der wirtschaftlichen Ausbeutung der Sowjetunion bei der sowjetischen Bevölkerung in M 26a und b.*

3 *Von welchem Endziel, die russische Bevölkerung betreffend, geht Göring in M 26b aus?*

2.3 Die Vernichtung der deutschen und europäischen Juden

„Lebensraumpolitik“ und Rassenkrieg

Zentrales Ziel des vom nationalsozialistischen Deutschland entfesselten Zweiten Weltkrieges war die Eroberung von „Lebensraum“ im Osten. Diese „Lebensraumpolitik“ verband sich bei Hitler eng mit der Rassenpolitik. Der rassenpolitische Charakter dieses Krieges macht seine Einzigartigkeit aus – nicht allein das bis dahin unvorstellbare Ausmaß der Zerstörung von Menschenleben sowie die globale Ausdehnung des Krieges.

Der Rassenkrieg war ein Krieg nach innen und außen. Zu seinen ersten Opfern gehörten die körperlich, seelisch und geistig Behinderten in Deutschland. Gleich nach Kriegsbeginn prüften Ärztekommissionen sie auf ihre „Arbeitstauglichkeit“. Wer nicht als arbeitsfähig galt, wurde in als „Heil- und Pflegeheime“ getarnten Vernichtungsanstalten ermordet – mitten in Deutschland. Die Vergasung der schwächsten und hilflosesten Mitglieder der Gesellschaft, die so genannte „**Euthanasie**“, war eine im nationalsozialistischen Sinne konsequente Folge der Rassenhygiene. Doch dagegen regte sich bei der deutschen Bevölkerung Widerstand, vor allem bei den Angehörigen der Ermordeten und bei den Kirchen. Die Vergasungsaktionen wurden deshalb offiziell eingestellt, doch starben weiterhin viele Behinderte an von Ärzten verabreichten Giftspritzen. Insgesamt wurden während des Krieges etwa 200 000 Behinderte getötet. Seit 1943 erfasste die systematische Vernichtung auch die als „rassisch minderwertig“ eingestuften „Zigeuner“, d. h. die **Sinti** und **Roma**. Mindestens 20 000, vielleicht sogar 40 000 von ihnen wurden nach Auschwitz transportiert und dort von der SS ermordet.

Die Systematisierung des Rassenkrieges erreichte mit der **Vernichtung der jüdischen Bevölkerung** ihren mörderischen Höhepunkt (M 27). Zuerst wurden die Juden in Gettos zusammengetrieben – später wurden sie planmäßig in die Vernichtungslager im Osten Europas deportiert. Etwa 6 Mio. Juden wurden umgebracht: durch Hungerrationen, durch Exekution, durch Gas – allein in Auschwitz etwa eine Million Menschen (B 21). An dieser Tötung haben in Deutschland und in Europa Hunderttausende mitgewirkt: als Ärzte, als Polizisten, als Eisenbahner, als Hersteller und Lieferanten von Giftgas, als Soldaten, als SS-Lagerpersonal. Nur wenige haben protestiert.

Die Vernichtung der deutschen und europäischen Juden war ein geplanter und systematisch durchgeführter Völkermord (M 31). Er schloss alle Juden vom Säugling bis zu den Alten ein. Und er richtete sich nicht nur gegen die Juden im eigenen Lande, sondern gegen alle in Europa lebenden Juden. Aus allen von deutschen Truppen eroberten und besetzten Gebieten wurden sie zusammengetrieben, deportiert und in die Konzentrations- und Vernichtungslager gebracht.

„Territoriale Endlösung“

Das Schicksal der deutschen und europäischen Juden war aufs engste mit dem Verlauf des Zweiten Weltkrieges verbunden. Vom Überfall auf Polen 1939 bis zum Stocken des deutschen Vormarsches an der russischen Front 1941 verfolgten die Nationalsozialisten verschiedene Pläne zur Deportation der Juden aus Deutschland und den eroberten Gebieten. Zunächst planten die NS-Machthaber die Zwangsumsiedlung der Juden nach Polen, wo sie in Gettos nach dem Muster von Warschau, Lodz und Lublin zusammengefasst und isoliert werden sollten. Nach dem Sieg über Frankreich 1940 schlug der Chef des Reichssicherheitshauptamtes, Heydrich, eine „territoriale Endlösung der Judenfrage“, den so genannten „**Madagaskar-Plan**“, vor: Heydrich wollte die Juden auf die Insel Madagaskar im Indischen Ozean umsiedeln, die Frankreich an Deutschland abtreten und die der Reichsführer SS verwalten sollte. Das hätte die Schaffung eines Großgettos unter nationalsozialistischer Herrschaft bedeutet. Doch dieses Vorhaben zerschlug sich mit dem Überfall auf die Sowjetunion 1941, der

B 21 Ankunft eines Deportationszuges aus Ungarn in Auschwitz, Frühjahr 1944, Fotografie

Millionen von Juden in die deutsche Machtsphäre brachte. Zwar überlegte der NS-Staat zeitweilig, die Juden nach Sibirien umzusiedeln. Aber die Ausweitung der deutschen Herrschaft in Europa machte schon allein wegen der völlig neuen quantitativen Dimension alle Umsiedlungsprojekte zunichte.

Beginn des Völkermords

Am 30. Januar 1939 hatte Hitler in prophetischen Worten vor dem Reichstag davon gesprochen, dass ein künftiger Krieg die „Vernichtung der jüdischen Rasse in Europa" zur Folge haben werde. Tatsächlich war mit dem Übergang vom außenpolitischen Aggressionskurs zum Weltkrieg eine Eskalation von Gewalt und Terror verbunden, die dem Völkermord an den Juden den Weg ebnete. Schon während der Eroberung Polens hatten SS-Einsatzgruppen hinter den Linien Massenerschießungen mit dem Ziel der Ausrottung der Juden begonnen. Den Gräueltaten dieser „Truppe des Weltanschauungskrieges" fielen in den ersten sechs Kriegswochen etwa 5000 Juden zum Opfer. Diese Praxis der „möglichst restlosen Beseitigung des Judentums", wie es in einem mündlichen Befehl Heydrichs an die Einsatzgruppen hieß, wurde beim Krieg gegen die Sowjetunion wieder aufgenommen und verschärft. Die Tötungsaktionen wurden in der Hauptsache von der SS durchgeführt. Doch waren auch andere Institutionen am Massenmord beteiligt. Hierzu gehörten z. B. die so genannten „**Reserve-Polizeibataillone**". Sie rekrutierten sich aus Männern, die zu alt für den Dienst in der Wehrmacht waren und aus allen Bevölkerungsschichten kamen – also aus „ganz normalen Männern", die keineswegs immer zu den engagierten Anhängern des Nationalsozialismus zählten. Hinzu traten bei den Vernichtungsaktionen weitere zivile und militärische Stellen sowie verbündete Truppen, besonders aus Weißrussland und Rumänien, die entsetzliche Massaker an-

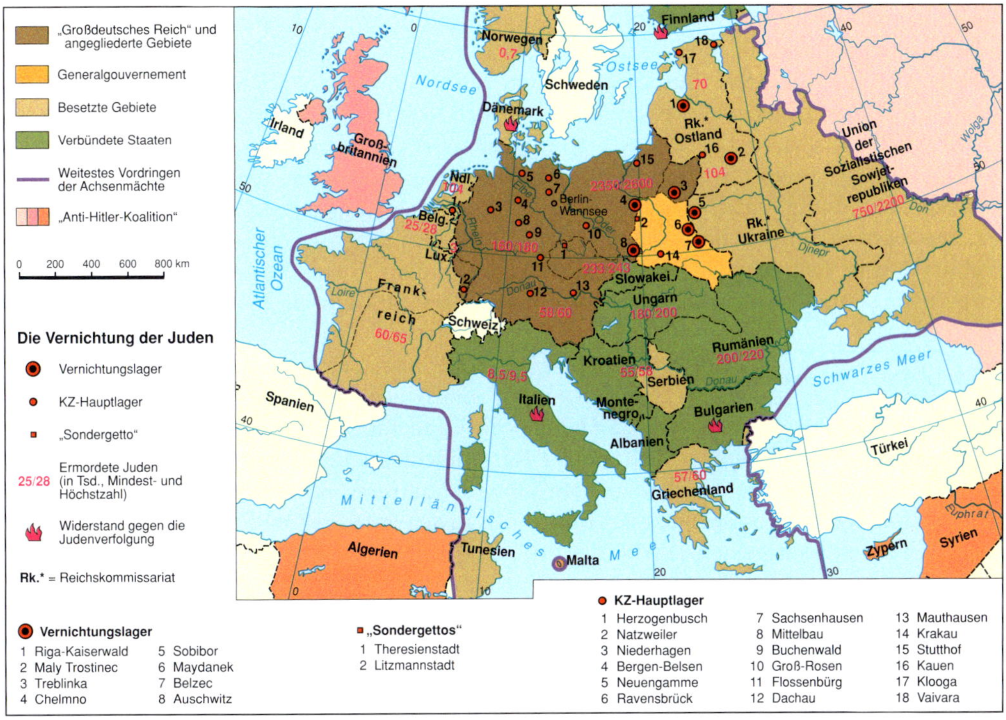

Karte 2 Die Vernichtung der europäischen Juden durch die Nationalsozialisten 1939–1945

– *Untersuchen Sie, welche Länder am stärksten von der Judenvernichtung betroffen waren.*
– *Erklären Sie den Umfang der Judenvernichtung in den einzelnen Ländern aus dem Kriegsverlauf und der Ideologie der Nationalsozialisten.*

richteten. Von den insgesamt 4,7 Mio. Juden, die im Sommer 1941 auf dem Territorium der Sowjetunion lebten, verloren bis zum Ende des Jahres 1942 2,2 Mio., also fast die Hälfte, bei diesen Terror- und Vernichtungsmaßnahmen ihr Leben.

Wannsee-Konferenz Januar 1942

Bis zum Sommer/Herbst 1941 kann man noch nicht von einem „planmäßigen" Vorgehen gegen die Juden sprechen. Die unterschiedlichsten Maßnahmen liefen unkoordiniert nebeneinander her: Deportationen, Umsiedlungen, Arbeitslager, Gettoisierung und Massenerschießungen. Zur besseren Organisation der Judenverfolgung beauftragte Göring am 31. Juli 1941 Heydrich im Namen des „Führers" mit den „Vorbereitungen für eine Gesamtlösung der Judenfrage im deutschen Einflussbereich in Europa". Auf Einladung Heydrichs trafen sich dann am 20. Januar 1942 die Staatssekretäre der betroffenen Stellen (Partei- und Reichskanzlei, Innen-, Justiz- und Ostministerium, Auswärtiges Amt, Organisation des Vierjahresplans und das Amt des Generalgouverneurs), um die weiteren Maßnahmen zu beraten. Die Besprechungen dieser „Wannsee-Konferenz" (M 28) führten zu dem Beschluss die Juden in ganz Europa zunächst als Arbeitskräfte optimal auszubeuten und sie anschließend zu ermorden. Der Völkermord an den Juden war bereits vor der Wannsee-Konferenz in vollem Gange. Im Juni 1941 hatte Himmler dem Kommandanten des Konzentrationslagers Auschwitz befohlen, große, im „Euthanasie"-Programm erprobte Vergasungsanlagen zu besorgen, und im Herbst

1941 begann dort die physische Vernichtung der Juden Europas (B 21, M 29). Nach Auschwitz-Birkenau folgten im Frühjahr/Sommer 1942 die Vernichtungslager Belzec, Sobibor und Treblinka und im Oktober 1942 wurde das KZ Majdanek mit einer Vergasungsanlage ausgestattet (Karte 2). Zu den Lagern, in denen jüdisches Leben technisch-fabrikmäßig vernichtet wurde, gehörte zudem Chelmno. Die Wannsee-Konferenz schuf jedoch erst die organisatorischen Voraussetzungen für diesen unvorstellbaren Massenmord, indem sie die Bürokratie auf die bevorstehende „Endlösung" einschwor. Sie koordinierte die Maßnahmen der zuständigen Ministerien und der obersten Reichsbehörden und stellte so deren reibungsloses Zusammenspiel sicher. Da man bei diesem verbrecherischen Vorhaben das Licht der Öffentlichkeit scheute, wurden alle Vorbereitungs- und Vernichtungsaktionen unter striktem Stillschweigen durchgeführt (M 30).

Ursachen des Völkermords

Welche Bedeutung die NS-Führung ihrem rassenideologisch begründeten Mordprogramm beimaß, zeigt sich nicht zuletzt daran, dass sie durch den Abzug von Transportkapazitäten für die Vernichtungslager sogar militärische Nachteile in Kauf nahm. Die Verwirklichung der **Rassenideologie** besaß gegen Kriegsende oberste Priorität vor militärischen Notwendigkeiten. Ohne den antisemitischen Rassenwahn Hitlers und seiner Gefolgsleute wäre es nicht zum Völkermord an den Juden gekommen.
Aber auch andere Faktoren müssen bei der Erklärung dieses Verbrechens mit herangezogen werden: Die Nationalsozialisten hatten seit ihrer Machtübernahme systematisch den Rechtsstaat ausgehöhlt und einen wirkungsvollen Apparat aufgebaut, der zur Überwachung der Bevölkerung sowie zur Unterdrückung und Verfolgung ihrer politischen Gegner wie der „rassisch minderwertigen" Bevölkerungsteile diente. Polizei, Gestapo und SS bildeten die Grundpfeiler dieses Systems. Von Anfang an indoktrinierten die Nationalsozialisten die Menschen mit rassischen Feindbildern, die die Juden und andere Gruppen bewusst aus der „Volksgemeinschaft" ausgrenzten. Diese Propaganda sowie der **Terror** von SA, Gestapo und SS zerstörten immer stärker das soziale Gefühl des Füreinander und damit solidarisches Denken und Handeln. Auch die Konkurrenz zwischen den unterschiedlichen Staats- und Parteiorganen trug entscheidend zur Radikalisierung der Judenverfolgung bei. Keiner der **großen und kleinen Entscheidungsträger** in den verschiedenen Organisationen des NS-Staates wollte sich bei der Erfüllung des „Führerwillens" von anderen übertreffen lassen, weil dies Machtzuwachs oder andere Vorteile bedeuten konnte. Der Völkermord an den Juden endete erst mit dem Selbstmord Hitlers und der bedingungslosen Kapitulation des nationalsozialistischen Deutschlands im Mai 1945.

M27 Der Politikwissenschaftler Alfred Grosser über die unterschiedlichen Begriffe, mit denen der Völkermord an den Juden bezeichnet wird (1993)

Lange Zeit sprach man von der „Endlösung" und nahm dabei einen von den für die „Judenfrage" verantwortlichen Nationalsozialisten gebrauchten Terminus auf. Dann kam das Wort „Holocaust" in Mode, ein griechischer Begriff, der den Vorteil hatte, eine Einzigartigkeit zu suggerieren. Sein Gebrauch beruht auf einer Sinnentstellung. In der Bibel stellt der Holocaust ein vollkommenes Brandopfer dar; der Opfernde war allerdings ein Priester, das Opfer war Gott geweiht und es war vollkommen, weil das ganze Opfertier verbrannt und kein Teil für den Priester oder den Opfernden zurückbehalten wurde. Die Verwendung des Begriffs „Shoah" entspringt dem Bedürfnis, ein hebräisches Wort zu gebrauchen, das die Einzigartigkeit des Geschehens zum Ausdruck bringt. Die Wortwurzel bedeutet Nichtexistenz, das Nichts, und in der Bibel, namentlich im Buch Hiob (III, 1), entspricht es der Idee der Verheerung, absoluter Leere, totaler Zerstörung.

(Alfred Grosser, Verbrechen und Erinnerung. Der Genozid im Gedächtnis der Völker, bsv, München 1993, S. 45)

1 *Diskutieren Sie die Vorzüge und Nachteile der zur Kennzeichnung der Judenvernichtung verwendeten Begriffe.*

M28 Aus dem Protokoll der „Wannsee-Konferenz" zur „Endlösung der Judenfrage" vom 20. Januar 1942

An Stelle der Auswanderung ist nunmehr als weitere Lösungsmöglichkeit nach entsprechender vorheriger Genehmigung durch den Führer die Evakuierung der Juden nach dem Osten getreten. Diese Aktionen sind jedoch lediglich als Ausweichmöglichkeiten anzusprechen, doch werden hier bereits jene praktischen Erfahrungen gesammelt, die im Hinblick auf die kommende Endlösung der Judenfrage von wichtiger Bedeutung sind.

Im Zuge dieser Endlösung der europäischen Judenfrage kommen rund 11 Millionen Juden in Betracht. [...]

Unter entsprechender Leitung sollen im Zuge der Endlösung die Juden in geeigneter Weise im Osten zum Arbeitseinsatz kommen. In großen Arbeitskolonnen, unter Trennung der Geschlechter, werden die arbeitsfähigen Juden Straßen bauend in diese Gebiete geführt, wobei zweifellos ein Großteil durch natürliche Verminderung ausfallen wird. Der allfällig endlich verbleibende Restbestand wird, da es sich bei diesen zweifellos um den widerstandsfähigsten Teil handelt, entsprechend behandelt werden müssen, da dieser, eine natürliche Auslese darstellend, bei Freilassung als Keimzelle eines neuen jüdischen Aufbaues anzusprechen ist. (Siehe die Erfahrung der Geschichte.)

Im Zuge der praktischen Durchführung der Endlösung wird Europa von Westen nach Osten durchgekämmt. Das Reichsgebiet, einschließlich Protektorat Böhmen und Mähren, wird allein schon aus Gründen der Wohnungsfrage und sonstiger sozialpolitischer Notwendigkeiten vorweggenommen werden müssen.

(Léon Poliakov/Josef Wulf [Hg.], Das Dritte Reich und die Juden, Ullstein, Berlin 1955, S. 119ff.)

1 *Arbeiten Sie die Kernaussagen des Dokuments heraus.*

2 *Analysieren Sie Sprache und Stil des Protokolls in M 28.*

3 *Beurteilen Sie den historischen Stellenwert des Protokolls.*

M29 Rudolf Höß, der Kommandant von Auschwitz, beschreibt nach 1945 seine Tätigkeit

4. Massenhinrichtungen durch Vergasung begannen im Laufe des Sommers 1941 und dauerten bis zum Herbst 1944. Ich beaufsichtigte persönlich die Hinrichtungen in Auschwitz bis zum 1. Dezember 1943 und weiß auf Grund meines laufenden Dienstes in der Überwachung der Konzentrationslager WVHA, dass diese Massenhinrichtungen wie vorerwähnt sich abwickelten. Alle Massenhinrichtungen durch Vergasung fanden unter dem direkten Befehl, unter der Aufsicht und Verantwortlichkeit der RSHA statt. Ich erhielt unmittelbar von der RSHA alle Befehle zur Ausführung dieser Massenhinrichtungen. [...]

6. Die „Endlösung" der jüdischen Frage bedeutete die vollständige Ausrottung aller Juden in Europa. Ich hatte den Befehl, Ausrottungserleichterungen in Auschwitz im Juni 1942 zu schaffen. Zu jener Zeit bestanden schon drei weitere Vernichtungslager im Generalgouvernement: Belzec, Treblinka und Wolzek. Diese Lager befanden sich unter dem Einsatzkommando der Sicherheitspolizei und des SD. Ich besuchte Treblinka, um festzustellen, wie die Vernichtungen ausgeführt wurden. Der Lagerkommandant von Treblinka sagte mir, dass er 80 000 im Laufe eines halben Jahres liquidiert hätte. Er hatte hauptsächlich mit der Liquidierung aller Juden aus dem Warschauer Getto zu tun. Er wandte Monoxid-Gas an und nach seiner Ansicht waren seine Methoden nicht sehr wirksam. Als ich das Vernichtungsgebäude in Auschwitz errichtete, gebrauchte ich also Zyclon B, eine kristallisierte Blausäure, die wir in die Todeskammer durch eine kleine Öffnung einwarfen. Es dauerte 3 bis 15 Minuten, je nach den klimatischen Verhältnissen, um die Menschen in der Todeskammer zu töten. Wir wussten, wann die Menschen tot waren, weil ihr Kreischen aufhörte. Wir warteten gewöhnlich eine halbe Stunde, bevor wir die Türen öffneten und die Leichen entfernten. Nachdem die Leichen fortgebracht waren, nahmen unsere Sonderkommandos die Ringe ab und zogen das Gold aus den Zähnen der Körper.

7. Eine andere Verbesserung gegenüber Treblinka war, dass wir Gaskammern bauten, die 2000 Menschen auf einmal fassen konnten, während die 10 Gaskammern in Treblinka nur je 200 Menschen fassten. Die Art und Weise, wie wir unsere Opfer auswählten, war folgendermaßen: Zwei SS-Ärzte waren in Auschwitz tätig, um die einlaufenden Gefangenentransporte zu untersuchen. Die Gefangenen mussten bei einem der Ärzte vorbeigehen, der bei ihrem Vorbeimarsch durch Zeichen die Entscheidung fällte. Diejenigen, die zur Arbeit taugten, wurden ins Lager geschickt. Andere wurden sofort in die Vernichtungsanlagen geschickt. Kinder im zarten Alter wurden unterschiedslos vernichtet, da auf Grund ihrer Jugend sie unfähig waren zu arbeiten. Noch eine andere Verbesserung, die wir gegenüber Treblinka machten, war diejenige, dass in Treblinka die Opfer fast immer wussten, dass sie vernichtet werden sollten, während in

B 22 Nandor Glid, Skulptur in der Gedenkstätte Yad Vashem in Jerusalem

– *Erklären Sie die besondere Verantwortung, die der deutschen Bevölkerung aus dem Völkermord an den Juden erwächst.*

Auschwitz wir uns bemühten, die Opfer zum Narren zu halten, indem sie glaubten, dass sie ein Entlausungsverfahren durchzumachen hätten. Natürlich erkannten sie auch häufig unsere wahren Absichten und wir hatten deswegen manchmal Aufruhr und Schwierigkeiten. Sehr häufig wollten Frauen ihre Kinder unter den Kleidern verbergen, aber wenn wir sie fanden, wurden die Kinder natürlich zur Vernichtung hineingesandt. Wir sollten diese Vernichtungen im Geheimen ausführen, aber der faule und Übelkeit erregende Gestank, der von der ununterbrochenen Körperverbrennung ausging, durchdrang die ganze Gegend, und alle Leute, die in den umliegenden Gemeinden lebten, wussten, dass in Auschwitz Vernichtungen im Gange waren.
8. Von Zeit zu Zeit kamen Sondergefangene an aus dem örtlichen Gestapo-Büro. Die SS-Ärzte töteten solche Gefangene durch Benzin-Einspritzungen. Die Ärzte hatten Anweisung, gewöhnliche Sterbeurkunden auszustellen, und konnten irgendeine Todesursache ganz nach Belieben angeben.
9. Von Zeit zu Zeit führten wir medizinische Experimente an weiblichen Insassen aus, zu denen Sterilisierung und den Krebs betreffende Experimente gehörten. Die meisten dieser Menschen, die unter diesen Experimenten starben, waren schon durch die Gestapo zum Tode verurteilt worden.
(Léon Poliakov/Josef Wulf [Hg.], Das Dritte Reich und die Juden, Ullstein, Berlin 1955, S. 127 ff.)

1 *Untersuchen Sie Ziel und Verhalten des Kommandanten von Auschwitz.*

2 *Erörtern Sie die Methoden des Massenmords an den Juden.*

3 *Nehmen Sie Stellung zur Duldsamkeit der Opfer, wie sie in M 29 dargestellt wird.*

M30 Heinrich Himmler zur Forderung „Die Juden müssen ausgerottet werden" vor Reichs- und Gauleitern in Posen am 6. Oktober 1943

Ich bitte Sie, das, was ich Ihnen in diesem Kreise sage, wirklich nur zu hören und nie darüber zu sprechen. Es trat an uns die Frage heran: Wie ist es mit den Frauen und Kindern? – Ich habe mich entschlossen, auch hier eine ganz klare Lösung zu finden. Ich hielt mich nämlich nicht für berechtigt, die Männer auszurotten – sprich also umzubringen oder umbringen zu lassen – und die Rächer in Gestalt der Kinder für unsere Söhne und Enkel groß werden zu lassen. Es musste der schwere Entschluss gefasst werden, dieses Volk von der Erde verschwinden zu lassen. Für die Organisation, die den Auftrag durchführen musste, war es der schwerste, den wir bisher hatten. Er ist durchgeführt worden, ohne dass – wie ich glaube sagen zu können – unsere Männer und unsere Führer einen Schaden an Geist und Seele erlitten hätten. [...] Damit möchte ich die Judenfrage abschließen. Sie wissen nun Bescheid und Sie behalten es für sich. Man wird vielleicht in ganz später Zeit einmal überlegen können, ob man dem deutschen Volke etwas mehr darüber sagt. Ich glaube, es ist besser, wir – wir insgesamt –

haben das für unser Volk getragen, haben die Verantwortung auf uns genommen (die Verantwortung für eine Tat, nicht nur für eine Idee) und nehmen dann das Geheimnis mit in unser Grab.

(Bradley F. Smith/Agnes F. Peterson [Hg.], Heinrich Himmler. Geheimreden 1933 bis 1945, Propyläen-Verlag, Frankfurt/Main u. a. 1974, S. 169 ff.)

1 *Erörtern Sie die Gründe dafür, dass Himmler das Vernichtungsprogramm einerseits als „Ruhmesblatt" bezeichnete, andererseits ewiges Stillschweigen darüber verhängte.*

M31 Chronik der nationalsozialistischen Judenverfolgung und -vernichtung 1933–1945

1933
Boykott jüdischer Geschäfte, Rechtsanwalts-, Arztpraxen (1. April);
Gesetz „zur Wiederherstellung des Berufsbeamtentums": jüdische Beamte (Ausnahme: Kriegsteilnehmer) in den Ruhestand versetzt (7. April);
Verbot des rituellen Schächtens (24. April).

1935
„Nürnberger Gesetze" (15. Sept.): Juden können keinen Reichsbürgerstatus erwerben, sie werden zu „Staatsangehörigen" herabgestuft; Verbot „rassischer Mischehen" und des „außerehelichen Verkehrs zwischen Juden und Staatsangehörigen deutschen oder ‚artverwandten' Blutes"; Entlassung aller Juden aus dem öffentlichen Dienst.

1938
Pflicht zur Angabe des jüdischen Vermögens über 5000 RM (26. April);
Kennzeichnung jüdischer Gewerbebetriebe (14. Juni);
Entzug der Zulassung für jüdische Ärzte und Rechtsanwälte (25. Juli bzw. 27. Sept.);
Zwangsvornamen „Sara" und „Israel" für weibliche bzw. männliche Juden (17. Aug.);
Ausweisung von mehr als 15 000 „staatenlosen" Juden nach Polen (Okt.);
Pogrom („Reichskristallnacht"): von NSDAP/SA initiiert und durchgeführt, den deutschen Juden wird eine „Sühneleistung" in Höhe von einer Milliarde RM auferlegt, Verhaftung von etwa 26 000 männlichen Juden und deren vorübergehende Einweisung in KZ (9./10./11. Nov.);
endgültige Verdrängung der Juden aus dem Wirtschaftsleben durch „Arisierung" ihrer Betriebe;
Verbot des Besuchs „nicht jüdischer" Schulen für jüdische Schüler (Nov.);
Einschränkung der allgemeinen Bewegungsfreiheit für jüdische Deutsche, z. B. Ausgangssperre, Verbot des Theater- und Kinobesuchs, Führerscheinentzug (Dez.).

1939
Zwangsarbeit für Juden, vor allem in der Rüstungsindustrie (ab Sept. 1939).

1940
Beginn der Deportationen einzelner Juden aus Österreich und Deutschland nach Polen (Febr.);
Gettoisierung polnischer Juden bzw. deren Verbringung in Arbeitslager.

1941
„Ermächtigung" des SS-Obergruppenführers Heydrich zur „Endlösung der Judenfrage" (31. Juli); Pflicht zum Tragen des „Judensterns" in Deutschland (1. Sept.);
Auswanderungsverbot für jüdische Deutsche (1. Okt.);
allgemeine Deportation der jüdischen Bevölkerung aus Deutschland (14. Okt.).

1942
„Wannsee-Konferenz" (20. Jan.): Festlegung des Vernichtungsplans;
Abtransport aller europäischen Juden nach Osten (Vernichtungslager Auschwitz, Chelmno, Belzec, Sobibor, Treblinka).

1942–1945
Systematische Vernichtung der meisten europäischen Juden: nach gesicherten Berechnungen zwischen 5,29 und knapp über 6 Mio.

2.4 Totaler Krieg und bedingungslose Kapitulation

Was ist ein totaler Krieg?

Der Begriff wurde von General Erich Ludendorff (1865–1937) in der Endphase des Ersten Weltkrieges geprägt. Er meinte die Missachtung der völkerrechtlich bindenden Unterscheidung von Krieg führenden Truppen und nicht kämpfender Zivilbevölkerung, aber auch die Mobilisierung der gesamten eigenen Bevölkerung und Wirtschaft für den Krieg. Dieses Konzept wurde im Zweiten Weltkrieg erstmals in Deutschland, dann aber teilweise auch in anderen Staaten verwirklicht. Es schließt die politische und psychologische Ausrichtung der gesamten Bevölkerung auf den Krieg, die vollständige Orientierung der Wirtschaft auf die Kriegserfordernisse sowie die Entwicklung und Anwendung von Massenvernichtungswaffen („Bombenkrieg") mit ein. In einer weiteren wissenschaftlichen Bedeutung umfasst der Begriff für Deutschland auch rassenideologisch begründeten und bewusst geplanten Terror- und Vernichtungskrieg in Osteuropa, das „Euthanasie"-Programm sowie den Holocaust.

Mobilisierung der Gesellschaft

Die Einstellung der Angriffsoperationen gegen Moskau Ende 1941 (wegen des einbrechenden Winters und der völligen Erschöpfung der deutschen Truppen) sowie der Kriegseintritt der USA zerstörten die Aussichten des nationalsozialistischen Deutschlands auf den „Endsieg". Die NS-Regierung war jedoch trotz der enormen Rüstungsanstrengungen auf einen lang andauernden Zermürbungskrieg nicht vorbereitet. In dieser Situation begannen die NS-Machthaber damit, alle gesellschaftlichen und wirtschaftlichen Kräfte für den totalen Krieg zu mobilisieren.

Ähnlich wie im Ersten Weltkrieg gab es eine **Tendenz zur Verstaatlichung** der Wirtschaft. Allerdings nicht beim Eigentum, sondern bei der Herstellung und Produktion von Gütern. Ein staatliches Zuteilungssystem sicherte die Versorgung der Menschen und die staatlichen Behörden regelten die Lebensmittel- und Rohstofflieferungen. Frauen wurden als „Luftwaffenhelferinnen" bei der Flugabwehr eingesetzt, zur Arbeit in der Rüstungsindustrie oder in der Verwaltung dienstverpflichtet. Viele Schulklassen wurden in Gebiete des Reiches evakuiert, die als weniger bombengefährdet galten. Diese „Kinderlandverschickung" hatte noch einen anderen Zweck: In diesen Lagern erprobte die NSDAP ihre Erziehungsmaßnahmen für die Zeit nach dem „Endsieg".

Zur Versorgung der eigenen Bevölkerung wurden Nahrungsmittel aus ganz Europa nach Deutschland geschafft. Im Reich selbst arbeiteten über 7 Mio. Zwangsarbeiterinnen und Zwangsarbeiter aus den besetzten Gebieten, die zusammen mit den Kriegsgefangenen bis zu 20 % aller Arbeitskräfte in Deutschland stellten (M 32d). Der massive Einsatz von **Zwangsarbeitern** in der Landwirtschaft ermöglichte für die gesamte Kriegsdauer eine ausreichende Grundversorgung der Bevölkerung mit Lebensmitteln. Anders als zwischen 1914 und 1918 führte die Kriegswirtschaft so nicht zu einer Massenverelendung. Die relative Gleichheit in der Versorgung trug sicher mit dazu bei, die **Loyalität der Deutschen gegenüber dem Regime** fast bis zum Kriegsende zu sichern. Der Bombenkrieg der Alliierten gegen die Wohngebiete deutscher Städte und die Zentren der Rüstungsindustrie zerstörte diese Loyalität kaum. Die innere Abkehr vom NS-Regime setzte erst ein, als Deutschland selbst zum Kampfgebiet wurde und Millionen vor der heranrückenden Roten Armee aus den östlichen Reichsgebieten flüchten mussten.

Proklamation des totalen Krieges

Die Trennung von Militär- und Zivilbereich geriet während des Zweiten Weltkrieges nicht nur dadurch ins Wanken, dass fast jedes Mitglied der Gesellschaft für den Kampf an Front und „Heimatfront" aktiviert wurde. Im Gegensatz zum Ersten Weltkrieg war auch die deutsche Zivilbevölkerung von den Kriegshandlungen direkt betroffen. Spätestens seit 1943 konnte die deutsche Luftwaffe den britischen und amerikanischen

B 23 „Harte Zeiten – Harte Pflichten – Harte Herzen", 1943, Plakat

B 24 Die zerstörte Innenstadt von Dresden. Blick vom Rathausturm, 1945, Fotografie

– *Arbeiten Sie aus B 23 und B 24 die unterschiedlichen Sichtweisen auf den Krieg heraus.*

Bomberverbänden nicht mehr wirksam begegnen. Neue Zielmittel wie Radar erhöhten die Treffsicherheit der Flugzeugangriffe, die auf die Wohngebiete großer Städte und – verstärkt seit 1944 – auf Rüstungsbetriebe zielten. Noch am 13./14. Februar 1945 flogen alliierte Verbände auf die mit Flüchtlingen überfüllte Stadt Dresden einen Luftangriff, dem mindestens 40 000 Menschen zum Opfer fielen und der die gesamte Innenstadt verwüstete (B 24). Mit diesen **Flächenbombardements** gegen deutsche Städte sollte die Bevölkerung zermürbt werden, was allerdings nur zum Teil gelang. Denn in einem Sieg der Alliierten sahen viele nicht die Lebensrettung, sondern die Auslieferung an den Feind. Die alliierte Forderung nach der „bedingungslosen Kapitulation" Deutschlands unterstützte diese Einstellung.
Die NS-Regierung benutzte ihrerseits Propaganda und Terror, um den Kriegseinsatz der Bevölkerung zu steigern und das Vertrauen auf den Sieg zu erhalten (B 23). An der „inneren Front" wurden die Strafen gegen „Wehrkraftzersetzer" und Saboteure sowie gegen Kritik und Opposition verschärft. Die Zahl der vom Volksgerichtshof verhängten Todesurteile stieg von 1941 bis 1942 von 102 auf 1192. Auf einer Großkundgebung im Berliner Sportpalast im Februar 1943 – drei Wochen nach der Niederlage von Stalingrad – rief Goebbels zum totalen Krieg auf (M 33).

Kriegskoalition der Alliierten

Der Überfall Deutschlands auf die Sowjetunion war im Juni 1941 auch für die gegnerischen Staaten ein tiefer Einschnitt in militärischer wie außenpolitischer Hinsicht. Die USA hoben die Beschränkungen für Waffenlieferungen an Krieg führende Staaten einschließlich der UdSSR auf. In der **Atlantikcharta** vom 14. August 1941 verständigten sich die USA und Großbritannien bereits auf die Prinzipien einer Nachkriegsordnung.

Sie sollte einerseits Grundsätze aus der Friedensordnung von Versailles übernehmen, andererseits aus deren Fehlern lernen. So sollten die Alliierten auf Gebietsgewinne verzichten, das Selbstbestimmungsrecht der Völker achten und einen freien Welthandel garantieren.
Nach dem Kriegseintritt der USA entstand aus dem Kern der englisch-amerikanischen Zusammenarbeit eine breite, politisch-wirtschaftliche Systemabgrenzungen übersteigende Kriegskoalition gegen Deutschland, Italien und deren Verbündete. Anfang 1942 umfassten diese so genannten **„Vereinten Nationen"** bereits 26 Staaten.
Von weltpolitischer Bedeutung sollte werden, dass die bis dahin außenpolitisch weitgehend isolierte Sowjetunion durch den Krieg gegen das nationalsozialistische Deutschland als eine der drei entscheidenden Großmächte unter den Alliierten bestimmenden Einfluss auf die Gestaltung der Machtverhältnisse in der Welt gewann. Schon früh machte Stalin deutlich, dass die in der Atlantikcharta niedergelegten Prinzipien in Osteuropa den sowjetischen Sicherheitsinteressen nachgeordnet seien und die Gebietsgewinne der Sowjetunion durch den Hitler-Stalin-Pakt im Baltikum und in Polen nicht rückgängig gemacht werden könnten. Auf der **Konferenz von Teheran im November/Dezember 1943** forderten Roosevelt und Churchill für die baltischen Staaten von Stalin korrekte Volksabstimmungen über ihre Zugehörigkeit zur Sowjetunion. Der Abtretung Ostpolens an die UdSSR stimmten sie zu, wobei Polen mit Gebieten im Westen, also mit Ostpreußen und der Oder als Westgrenze, entschädigt werden sollte. Churchill wollte zwar eine sowjetische Vormachtstellung im Nachkriegseuropa vermeiden, wusste aber nur zu gut, dass die Westmächte die Unterstützung Stalins zum Sieg über Deutschland brauchten.

Alliierte Nachkriegsplanungen

Nach der **Konferenz von Casablanca im Januar 1943** wurden Roosevelt und Churchill sich mit Stalin darin einig, dass Deutschland vollständig besetzt werden sollte. Ziel war es, den Siegern die Möglichkeit zu geben, dieses Mal direkt wirtschaftliche und politische Bedingungen durchzusetzen, die eine erneute Gefährdung des Weltfriedens durch Deutschland ausräumen sollten. Dem entsprach die Forderung nach der **„bedingungslosen Kapitulation"**. Das bedeutete die vollständige Unterwerfung unter den Siegerwillen und schloss für Deutschland die Möglichkeit aus, sich auf die Atlantikcharta zu berufen. Zeitweilig bestanden sogar Pläne, Deutschland in verschiedene kleinere Staaten aufzuteilen oder, wie der US-Finanzminister Henry Morgenthau (1891–1967) forderte, es in Verbindung mit einer durchgreifenden Abrüstung zu deindustrialisieren. Angesichts der schwer berechenbaren politischen und wirtschaftlichen Rückwirkungen auf ganz Europa und der Konkurrenz der Großmächte untereinander wurden diese Vorstellungen aber niemals offizielles Programm.
Kurz vor Kriegsende einigten sich Stalin, Roosevelt und Churchill Anfang **Februar 1945 auf der Konferenz von Jalta** (M 34) über die unmittelbar anstehenden Probleme: 1. Aufteilung Deutschlands in getrennte Besatzungszonen – womit faktisch die spätere **Teilung Deutschlands** in Ost und West vorgegeben wurde, ohne dass dies damals schon beabsichtigt worden wäre; 2. die **Westverschiebung Polens** auf Kosten Deutschlands und als Ausgleich für die von der Sowjetunion einbehaltenen Gebiete. Bereits 1944 hatte Großbritannien der Sowjetunion Rumänien, Ungarn und Bulgarien als Einflussgebiete zugestanden. Damit war der Sowjetunion während und unter dem Druck des Krieges ein bedeutender Machtzuwachs in Europa gelungen. Freilich gingen Churchill und Roosevelt wie auch der große Teil ihrer Berater davon aus, dass sich die Zusammenarbeit mit der sowjetischen Führung nach dem Kriege würde fortsetzen lassen – ungeachtet der unterschiedlichen politischen Systeme. Diese Zusammenarbeit sollte im Rahmen einer **übernationalen Organisation zur Sicherung des Friedens** erfolgen, deren Gründung 1943 beschlossen worden war. Sie sollte aus der Kriegsallianz der „Vereinten Nationen" hervorgehen. Im Gegensatz zum Völkerbund sollten die USA und die UdSSR ihr von Anfang an angehören.

Alle diese Planungen zeigen, dass die Alliierten von der langfristigen Überlegenheit ihrer eigenen Kräfte überzeugt und vom Willen getragen waren, den diktatorischen Bewegungen in Deutschland und Japan keine Chance mehr zu lassen. Die Frage, wie die inneren Verhältnisse in den von Italien und Deutschland beherrschten Ländern nach dem Kriege ausgestaltet werden sollten und ob die Konkurrenz der Systeme zwischen USA und UdSSR eine allgemeine Demokratisierung und wirtschaftliche Öffnung behindern könnte, entwickelte sich erst nach der deutschen und japanischen Kapitulation 1945 zum beherrschenden Problem der internationalen Politik.

Ende der NS-Diktatur

Zum Jahreswechsel 1944/45 standen die Truppen der Alliierten im Westen und Osten an den Reichsgrenzen. Aber noch fast weitere fünf Monate wurde erbittert gekämpft. Am 25. April 1945 endlich trafen sich amerikanische und sowjetische Verbände bei Torgau an der Elbe. Die deutsche Armeeführung kapitulierte erst vom 7. bis 9. Mai 1945, als Hitler bereits Selbstmord begangen hatte und die alliierten Truppen fast ganz Deutschland besetzt hielten. Auf Grund der **bedingungslosen Kapitulation** übernahmen die alliierten Militärbefehlshaber die Regierungsgewalt in Deutschland. Nach zwölf Jahren war damit die Diktatur der Nationalsozialisten zu Ende, nicht jedoch der Zweite Weltkrieg. Japan setzte den Kampf auch nach der deutschen Niederlage fort. US-Präsident Harry S. Truman (1884–1972, Präsident 1945–1953) gab daraufhin sein Einverständnis, die neu entwickelte **Atombombe** einzusetzen. Am 6. und 9. August 1945 wurden die ersten Bomben über **Hiroshima** und **Nagasaki** abgeworfen. Innerhalb von Minuten waren beide Städte fast völlig zerstört und über 100 000 Menschen sofort tot; viele weitere sollten den Langzeitwirkungen zum Opfer fallen. Am 2. September 1945 kapitulierte die japanische Regierung.

M32 Die Mobilisierung der gesellschaftlichen und wirtschaftlichen Kräfte für den Krieg

a) Rüstungsproduktion 1943

	Deutsches Reich	England	USA	Sowjetunion	Japan
in Mrd. Dollar	13,8	11,1	37,5	13,9	4,9
Flugzeuge	25 220	26 300	30 912	34 900	16 700
Panzer	12 100	7 500	16 508	24 100	800
Kanonen	109 300	132 100	38 386	178 700	29 400

(Hans-Ulrich Thamer, Verführung und Gewalt. Deutschland 1933–1945, Siedler Verlag, Berlin 1986, S. 718)

b) Deutsche Industrieproduktion 1939–1944 (Index 1939 = 100)

Jahr	Insges.	Waffen u. Gerät	Konsumgüter	Wohnungsbau
1940	97	176	95	95
1941	99	176	96	53
1942	100	254	86	23
1943	112	400	91	–
1944	110	500	86	14

(Ebd., S. 720 f.)

c) Tribute der okkupierten Gebiete und deutsche Staatsausgaben 1940–44 (in Mrd. Mark)

Jahr	Staatsausgaben	Kontributionen	Kontributionen in % der Gesamtausgaben
1940	62	8	11,4
1941	84	19	18,4
1942	100	28	21,9
1943	114	40	26,0
1944	134	48	26,4

(Jürgen Kuczynski, Die Geschichte der Lage der Arbeiter unter dem Kapitalismus, Bd. 2, Erster Teil, Verlag Tribüne, Berlin 1953, S. 110)

d) Mobilisierung der Arbeitskräfte im Deutschen Reich einschließlich Österreich, Sudeten- und Memelgebiet 1939–1944 (in Mio.)

Jahr	Zivile Arbeitskräfte Deutsche Männer	Frauen	Ausländer und Kriegsgefangene
1939 (Mai)	24,5	14,6	0,3
1940	20,4	14,4	1,2
1941	19,0	14,1	3,0
1942	16,9	14,4	4,2
1943	15,5	14,8	6,3
1944	14,2	14,8	7,1
1944 (Sept.)	13,5	14,9	7,5

Jahr	Wehrmacht insgesamt einberufen	kumulierte Verluste	Aktivbestand
1939 (Mai)	1,4	–	1,4
1940	5,7	0,1	5,6
1941	7,4	0,2	7,2
1942	9,4	0,8	8,6
1943	11,2	1,7	9,5
1944	12,4	3,3	9,1
1944 (Sept.)	13,0	3,9	9,1

(Hans-Adolf Jacobsen, Der Weg zur Teilung der Welt, Wehr und Wissen, Koblenz u. a. 1977, S. 269)

1 *Vergleichen Sie die Rüstung der Krieg führenden Nationen 1943 (M 32a und b).*

2 *Erklären Sie die Rolle ausländischer Arbeiter und Kriegsgefangener sowie die Kriegstribute für den „totalen Krieg" (M 32c und d).*

M33 Aus der Rede von Reichspropagandaminister Joseph Goebbels im Berliner Sportpalast am 18. Februar 1943

Wir haben die Gefahr, die uns aus dem Osten bedrohte, immer hoch, aber leider nicht immer hoch genug eingeschätzt. Der Krieg hat auch hier unsere nationalsozialistischen Anschauungen nicht nur bestätigt, sondern überbestätigt. Da wir die Gefahr zwar sahen, aber nicht in ihrer ganzen Größe erkannten, haben wir dementsprechend auch den Krieg, man möchte fast sagen, mit der linken Hand zu führen versucht. Das Ergebnis ist unbefriedigend. Wir müssen uns also zu dem Entschluss durchringen, nun ganze Sache zu machen, das heißt den Krieg um das Leben unseres Volkes auch mit dem Leben des ganzen Volkes zu bestreiten. Der totale Krieg ist also das Gebot der Stunde. […] Jedermann weiß, dass dieser Krieg, wenn wir ihn verlören, uns alle vernichten würde. Und darum ist das Volk mit seiner Führung entschlossen, nunmehr zur radikalsten Selbsthilfe zu greifen. […] Darum ist die totale Kriegführung eine Sache des ganzen Volkes.

(Archiv der Gegenwart 13, 1943, S. 5837f.)

1 *Beschreiben Sie die Ziele und Motive der Rede.*

2 *Erklären Sie Goebbels' Rede aus der Kriegslage.*

M34 Alliierte Aufteilungspläne für Deutschland auf der Konferenz der „Großen Drei" in Jalta, nach dem Protokoll des amerikanischen Diplomaten Charles Bohlen (5. Februar 1945)

Der Präsident [Roosevelt] eröffnete die Sitzung mit der Feststellung, dass nach seiner Auffassung heute die politischen Angelegenheiten, die Deutschland betreffen, besprochen werden sollten. […]

Der Premierminister [Churchill] sagte, dass nach seiner Meinung keine Notwendigkeit bestünde, mit irgendeinem Deutschen irgendeine Frage über ihre Zukunft zu besprechen – dass die bedingungslose Übergabe uns das Recht gäbe, die Zukunft Deutschlands zu bestimmen, was am besten im zweiten Stadium nach der bedingungslosen Übergabe geschehen könnte. Er betonte, dass die Alliierten unter diesen Bedingungen sich alle Rechte vorbehalten über das Leben, das Eigentum und die künftige Tätigkeit der Deutschen.

Marschall Stalin sagte, dass er nicht der Ansicht sei, dass die Frage der Aufteilung eine zusätzliche Frage sei, sondern eine von höchster Wichtigkeit. […]

Der Präsident sagte dann, es scheine ihm, dass beide über denselben Gegenstand sprächen und was Marschall Stalin meine, bedeute, ob wir nicht im Prinzip hier und jetzt uns über den Grundsatz einer Aufteilung Deutschlands einigen sollten. Er sagte, dass er persönlich, wie er schon in Teheran festgestellt habe, für eine Aufteilung Deutschlands sei. […]

Der Premierminister bemerkte, […] dass wir das Schicksal eines Achtzig-Millionen-Volkes behandelten und dass dies mehr als achtzig Minuten Überlegung erforderte. Dies könnte erst etwa einen Monat, nachdem unsere Truppen Deutschland besetzt hätten, entschieden werden.

(Die Konferenzen von Malta und Jalta. Dokumente. Department of State USA. Deutsche Ausgabe, Düsseldorf o. J., S. 573ff.)

1 *Fassen Sie die Standpunkte der „Großen Drei" zusammen.*

2 *Erklären Sie die Gründe für die Gemeinsamkeiten und die Unterschiede zwischen den „Großen Drei".*

2.5 Widerstand gegen den Nationalsozialismus

Formen oppositionellen Verhaltens

Unter der Herrschaft des Nationalsozialismus gab es keinen einheitlichen und breiten politischen Widerstand gegen das Regime. Das lag vor allem daran, dass die Sicherheitsorgane des NS-Staates, besonders die Gestapo, durch frühzeitige Verhaftungswellen die Gegner des Nationalsozialismus ausschalten und so das Entstehen einer wirksamen Opposition verhindern konnten. Hinzu kam, dass dem Widerstand der Rückhalt in der Bevölkerung fehlte, weil die Politik Hitlers lange Zeit, bis zu den Niederlagen im Russlandfeldzug 1943, durchaus populär war. Der Widerstand gegen den Nationalsozialismus war daher ein **„Widerstand ohne Volk"**.

Der **politische Widerstand** war in viele unabhängige kleine Gruppen gespalten, die sich uneinig in ihrer Strategie waren, nicht voneinander wussten oder auf Grund tiefer weltanschaulicher Gegensätze nicht zu gemeinsamem Handeln finden konnten. Im Wesentlichen wurde die politische Opposition von Mitgliedern der verbotenen Linksparteien (KPD, SPD), aus den Gewerkschaften und aus den Kreisen der evangelischen und katholischen Kirche gebildet. Aber auch bürgerlich-konservative Kreise entschlossen sich zum Widerstand, als ihnen bewusst wurde, dass Hitler mit seiner Kriegspolitik Deutschland in die Katastrophe führte. Ab 1938 entwickelte sich überdies eine militärische Opposition. Angesichts der Verfolgung durch das NS-Regime und der immer länger dauernden Herrschaft der Nationalsozialisten kam es zwischen den verschiedenen Widerstandsgruppen zu Kontakten, bei denen Fragen der Zukunftsgestaltung nach dem Sturz des NS-Regimes eine zentrale Rolle spielten.

Unterhalb der Ebene des politischen Kampfes gab es noch bestimmte Formen der **gesellschaftlichen Verweigerung**, bei der einzelne Menschen oder Gruppen versuchten, das Eindringen von Nationalsozialisten in ihre beruflichen Bereiche (Militär, Kirche, Bürokratie) zu verhindern. Eine andere Möglichkeit der Verweigerung bestand im Festhalten an dem hergebrachten Brauchtum, um so ein Zeichen gegen die Nationalsozialisten zu setzen.

Die Ablehnung der nationalsozialistischen Ideologie konnte sich darüber hinaus in vielfältigen Formen **nonkonformistischen Verhaltens** ausdrücken. Das Spektrum reichte von der Verweigerung des Hitlergrußes bis zur Nichtteilnahme an offiziell angesetzten NS-Feiern und NS-Kundgebungen, vom Eintreten für christliche Prinzipien im Alltag bis zur Aufrechterhaltung des Kontaktes mit Juden. Auch die Hilfe für Verfolgte oder die Versorgung von ausländischen Zwangsarbeitern mit Lebensmitteln gehörte zu diesem Widerstand im Kleinen, der ebenso wie das Attentat auf Hitler manchmal mit dem Tode bestraft wurde (Schema 3).

Widerstand der Arbeiterbewegung

Aktiven politischen Widerstand leisteten die Kommunisten, Sozialdemokraten und Gewerkschaften durch den Aufbau von Untergrundorganisationen, die vor allem Gegeninformationen zur nationalsozialistischen Propaganda verbreiten sollten und Informationen über die NS-Herrschaft an das Ausland weiterleiteten. Solche Gruppen versuchten durch das Verteilen von heimlich hergestellten Flugblättern und durch den Aufbau von Betriebszellen in den Industriebetrieben den politischen Kampf zu organisieren. Sehr schnell wurden fast alle diese Gruppen von der Gestapo entdeckt und zerschlagen. Dieses Schicksal erlitten besonders die streng hierarchisch aufgebauten Untergrundgruppen der verbotenen KPD; es brachte deren Widerstand nach 1938 fast zum Erliegen. Die Arbeit dieser oppositionellen Zirkel musste sich, wie auch die Arbeit der Gewerkschaftsgruppen, immer stärker auf interne Schulung und die Weitergabe von Informationen beschränken. Der von Sozialdemokraten getragene Widerstand konzentrierte sich zunächst auf die Verbreitung von im Ausland gedruckten Flugblättern und Broschüren, mit denen die Leser über den Charakter des Regimes aufgeklärt werden sollten. Vertrauensleute sammelten Informationen für den Exilvorstand der SPD in Prag, der damit die Weltöffentlichkeit über das NS-Regime aufzuklären versuchte (M 35).

Kirchlicher Widerstand

Die Haltung der kirchlichen Amtsträger und – mehr noch – der aktiven Gemeindemitglieder zum Nationalsozialismus war uneinheitlich. Die evangelischen Landeskirchen spalteten sich bereits im Sommer 1933 in zwei Flügel. Die Mehrheit der Kirchenführer wünschte keinen dauerhaften Konflikt mit Staat und Partei. Sie öffneten die Kirche dem Einfluss der „Deutschen Christen", die Christentum und nationalsozialistische Weltanschauung zu verbinden suchten. Diejenigen Pfarrer und Gemeindemitglieder hingegen, die christliches Bekenntnis mit dem nationalsozialistischen Rassismus, mit kriegerischem Nationalismus und dem Führerkult als unvereinbar ansahen, fanden sich 1934 in der „Bekennenden Kirche" zusammen. Sie verteidigten die Autorität der Heiligen Schrift und den unverfälschten Glauben gegen den totalen Herrschaftsanspruch der Nationalsozialisten. Dabei traten besonders die Pfarrer Martin Niemöller (1892–1984) und Dietrich Bonhoeffer (1906–1945) hervor. Die Gestapo beobachtete häufig die Gottesdienste und verhaftete Pfarrer der „Bekennenden Kirche".
In den katholischen Kirchengemeinden entwickelte sich vor allem dann Opposition, wenn Staat oder Partei die Autonomie der Kirche bedrohten oder in das religiöse Leben eingriffen. So protestierte die katholische Kirche bei der erzwungenen Auflösung der katholischen Jugendverbände, die sich bis 1936 gegen die „Hitlerjugend" hatten behaupten können, oder anlässlich des Verbotes, Kreuze in Klassenräumen aufzuhängen. Grundlegenden politischen Widerstand, gegründet auf die Überzeugung, dass Nationalsozialismus und katholische Glaubenslehre unvereinbar seien, leisteten anfangs nur wenige. Erst der Massenmord an den Behinderten führte eine Wende herbei. Der **Widerspruch gegen die „Euthanasie"** durch den Münsteraner Bischof Clemens Graf von Galen (1878–1946) vom August 1941 auf katholischer und von evangelischer Seite durch Landesbischof Theophil Wurm (1868–1953) im Jahr 1940 bewirkte die Einstellung der Morde (M 36).

Bürgerlicher Widerstand

Der bürgerliche Widerstand gegen das NS-Regime rekrutierte sich aus zwei Gruppen. Im **„Kreisauer Kreis"**, benannt nach dem schlesischen Gut des Grafen Helmuth von Moltke (1907–1945), fanden sich hohe Offiziere, Diplomaten, Christen und Sozialdemokraten zusammen. Die Diskussionen dieses weltanschaulich breit gefächerten Gesprächskreises drehten sich um eine Staats- und Gesellschaftsordnung für Deutschland nach der erwarteten politisch-militärischen Niederlage des NS-Staates. Die nicht abgeschlossenen Debatten um die innenpolitische Neuordnung zielten auf eine eher ständisch orientierte Staatsordnung hin. Allerdings gab es auch Vertreter eines christlichen Sozialismus. Einig war man sich weitgehend im Bekenntnis zu rechtsstaatlichen Prinzipien und zur Einhaltung der Menschenwürde. Wenngleich einige „Kreisauer" glaubten, die von Hitler errungenen außenpolitischen Positionen (Österreich, Sudetengebiete) erhalten zu können, lehnte man doch Hegemonialstreben ab. Als Fernziel visierte man die Eingliederung Deutschlands in eine europäische Union an. Zum „Tyrannenmord", also zur Ermordung Hitlers, konnte sich der „Kreisauer Kreis" nicht durchringen.
Ähnlich wie Moltke in Kreisau sammelte der ehemalige Leipziger Oberbürgermeister Carl Goerdeler (1884–1945) Oppositionelle unterschiedlichster ideologischer und gesellschaftlicher Herkunft um sich. Ehemalige Führer der freien, der christlichen, der Angestelltengewerkschaften und der SPD waren in seinem Kreis ebenso vertreten wie Offiziere, Mitglieder der militärischen Abwehr, der „Bekennenden Kirche" und der Polizei. Der **Goerdeler-Kreis** verfolgte das Ziel des

B 25 Die Geschwister Hans und Sophie Scholl mit Christoph Probst aus der Münchener Widerstandsgruppe „Die weiße Rose", 1942, Fotografie. – Der Widerstand aus Studentenkreisen war gering. Die deutschen Studenten zählten größtenteils zu den Anhängern des NS-Staates.

Staatsstreiches mit Hilfe des Militärs und hielt daher engen Kontakt zum Widerstand im Auswärtigen Amt und zu hohen Militärs, wie dem 1938 von Hitler entlassenen General Ludwig Beck (1880–1944). Bei allen Meinungsverschiedenheiten gab es einen Minimalkonsens darüber, dass das zukünftige Deutschland ein Rechtsstaat sein müsse, in dem der Grundsatz der Sozialpflichtigkeit des Eigentums gelten sollte. Außenpolitisch strebte man ein großes und machtvolles Deutschland an, das unter den europäischen Mächten eine Führungsrolle spielen sollte.

20. Juli 1944: Attentat auf Hitler

Seit 1938 bildete sich innerhalb des Militärs ein Kreis von oppositionellen Offizieren, die den Kriegskurs Hitlers ablehnten. Diese Offiziere planten die Absetzung Hitlers, um dadurch Deutschlands Niederlage in einem kommenden Krieg zu verhindern. Angesichts der außenpolitischen und militärischen Erfolge Hitlers scheiterten die Pläne der militärischen Verschwörung mehrmals.
Unter dem Eindruck der drohenden militärischen Niederlage nach der Landung der Alliierten in Frankreich, den Einbrüchen an der Ostfront, den Verhaftungen im „Kreisauer Kreis" und der Fahndung nach Goerdeler entschloss sich **Claus Graf Schenk von Stauffenberg** (1907–1944) im Juli 1944 zum Attentat auf Hitler. Der Oberst hatte sich noch vor dem Krieg vom Nationalsozialismus abgewandt, dessen Politik mit seinem religiösen Humanismus nicht vereinbar war. Die Rettung Deutschlands vor Hitler betrachtete Stauffenberg als moralische Pflicht. Er hielt engen Kontakt zu Beck und Goerdeler, die nach erfolgreichem Attentat und Putsch eine deutsche Regierung bilden sollten (M 37).
Als Stabschef beim Ersatzheer hatte Stauffenberg Zutritt zum Führerhauptquartier. Am 20. Juli 1944 wollte er im Führerbunker Hitler mit einer Zeitzünderbombe töten und dann in Berlin den Staatsstreich überwachen. Weil aber die Lagebesprechung vom Führerbunker in eine Ba-

racke verlegt worden war, verpuffte die Wirkung der Bombe und Hitler überlebte den Anschlag. Als sich die Nachricht von Hitlers Überleben verbreitete, brach der wohl vorbereitete Staatsstreich in Berlin wie in allen Reichsteilen zusammen. Die an der Verschwörung beteiligten Personen wurden verhaftet und entweder standrechtlich oder nach Volksgerichtsurteilen hingerichtet. Im Zusammenhang mit dem Attentatsversuch wurden etwa 7000 Personen verhaftet, Tausende von Menschen hingerichtet, keiner der Hauptbeteiligten, kaum einer der Mitwisser überlebte.

Andere Widerstandsaktionen

Mutigen Widerstand als Einzelner leistete der schwäbische Schreiner Georg Elser, der ohne Verbindung zu anderen Gruppen am 8. November 1939 versuchte, Hitler während der traditionellen Gedenkveranstaltung im Münchener Bürgerbräukeller durch eine Zeitbombe zu töten. Das Attentat misslang nur durch einen Zufall. Auch – wenige – Studenten und Jugendliche leisteten Widerstand. Besonders im Rheinland bildeten sich spontan jugendliche Protestgruppen – ohne gemeinsames Programm, aber einig in der Gegnerschaft zum Nationalsozialismus. Aus diesen Gruppen fanden sich die **„Edelweißpiraten"** (B 26) zusammen, die als Erkennungszeichen ein Edelweiß trugen und sich zunächst nur durch ihr nonkonformistisches Verhalten von der „HJ" abgrenzen wollten. Einige der „Edelweißpiraten" schlossen sich in Köln Widerstandsgruppen an, verteilten Flugblätter oder beteiligten sich an Sabotageakten und Attentaten. An der Münchener Universität bildete sich um die Geschwister Hans (1918–1943) und Sophie Scholl (1921–1943) eine studentische Widerstandsgruppe, die sich **„Weiße Rose"** (B 25) nannte. Vom Sommer 1942 bis zum Februar 1943 verbreitete sie Flugblätter, in denen die Studenten zur Abkehr vom Nationalsozialismus aufgefordert wurden. Nach dem Abwurf ihrer letzten Flugschrift am 18. Februar 1943 wurde die Gruppe verhaftet und vom Volksgerichtshof zum Tode verurteilt.
In ihrem vorletzten Flugblatt hatte die „Weiße Rose" die Fundamente für das zukünftige Europa präzisiert: „Freiheit der Rede, Freiheit des Bekenntnisses, Schutz des einzelnen Bürgers vor der Willkür verbrecherischer Gewaltstaaten, das sind die Grundlagen des neuen Europa." Dieses kompromisslose Eintreten für Freiheit und Menschenrechte bildet das **Vermächtnis des Widerstandes** nicht nur der „Weißen Rose". Gleichzeitig machte der mutige Widerstand einzelner Menschen und Gruppen deutlich, dass es auch „das andere Deutschland" gab, das nicht bereit war, die NS-Diktatur einfach hinzunehmen. Unter Einsatz ihres Lebens kämpften diese Menschen für die moralischen und politischen Prinzipien der modernen bürgerlich-liberalen Zivilisation (M 38).

M35 Aus einem Gestapo-Bericht über kommunistischen und sozialdemokratischen Widerstand 1937

Im Jahre 1937 wurden wegen illegaler kommunistischer Betätigung 8 068 Personen gegenüber 11 687 Personen im Jahre 1936 festgenommen. Davon ist über ca. 50 % im Jahre 1937 im Vergleich zu ca. 60 % im Jahre 1936 Haftbefehl verhängt worden. Hierbei handelt es sich nicht in allen Fällen um Personen, die bis zu ihrer Festnahme illegal tätig waren, sondern ein großer Teil von ihnen ist erst neuerdings einer staatsfeindlichen Tätigkeit in früheren Jahren überführt worden.
Aufgetauchte kommunistische und marxistische Hetzschriften:
Es sind im Jahre 1937: 927 430 (1936: 1 643 200) Hetzschriften zur Verbreitung gelangt, wovon ca. 70 % kommunistische Erzeugnisse sind.
Die Gesamtzahl setzt sich zusammen aus: 84 000 (1936: 222 000) getarnten Broschüren, 788 000 (1936: 1 234 000) anderen Schriften, die im Buchdruck, sowie aus 55 430 (1936: 187 200) Schriften, die im Abzugsverfahren hergestellt waren.
(Guenther Weisenborn [Hg.], Der lautlose Aufstand, Rowohlt, Reinbek 1953, S. 135)

1 *Analysieren Sie diesen Bericht unter der Frage, welche Rückschlüsse er auf Umfang und Strategie der Widerstandsaktionen der beiden Parteien zulässt.*

M36 Landesbischof Theophil Wurm an Reichsinnenminister Wilhelm Frick in einem Brief vom 19. Juli 1940

Aber immerhin – bis heute steht der Führer und die Partei auf dem Boden des positiven Christentums, das die Barmherzigkeit gegen leidende Volksgenossen und ihre menschenwürdige Behandlung als eine Selbstverständlichkeit betrachtet. Wird nun aber eine so ernste Sache wie die Fürsorge für hunderttausende leidende und pflegebedürftige Volksgenossen lediglich vom Gesichtspunkt des augenblicklichen Nutzens aus behandelt und im Sinne einer brutalen Ausrottung dieser Volksgenossen entschieden, dann ist damit der Schlussstrich unter eine verhängnisvolle Entwicklung gezogen und dem Christentum als einer das individuelle und das Gemeinschaftsleben des deutschen Volkes bestimmenden Lebensmacht endgültig der Abschied gegeben. Damit ist aber auch § 24 des Parteiprogrammes hinfällig geworden. Die Berufung darauf, dass nur das konfessionelle Christentum, nicht aber das Christentum als solches bekämpft werde, verfängt hier nicht; denn alle Konfessionen sind darin einig, dass der Mensch oder das Volk die ihm durch das Vorhandensein pflegebedürftiger Menschen auferlegte Last als von Gott auferlegt und zu tragen hat und nicht durch Tötung dieser Menschen beseitigen darf. Ich kann nur im Grausen daran denken, dass so, wie begonnen wurde, fortgefahren wird. Der etwaige Nutzen dieser Maßregel wird je länger je mehr aufgewogen werden durch den Schaden, den sie stiften werden. Wenn die Jugend sieht, dass dem Staat das Leben nicht mehr heilig ist, welche Folgerungen wird sie daraus für das Privatleben ziehen? Kann nicht jedes Rohheitsverbrechen damit begründet werden, dass für den Betreffenden die Beseitigung eines anderen von Nutzen war? Auf dieser schiefen Ebene gibt es kein Halten mehr. Gott lässt sich nicht spotten, er kann das, was wir auf der einen Seite als Vorteil gewonnen zu haben glauben, auf anderen Seiten zum Schaden und Fluch werden lassen. Entweder erkennt auch der nationalsozialistische Staat die Grenzen an, die ihm von Gott gesetzt sind, oder er begünstigt einen Sittenverfall, der auch den Verfall des Staates nach sich ziehen würde. Ich kann mir denken, Herr Minister, dass dieser Einspruch als unbequem empfunden wird. Ich wage auch kaum die Hoffnung auszusprechen, dass meine Stimme gehört werden wird. Wenn ich trotzdem diese Darlegungen gemacht habe, so tat ich es in erster Linie deshalb, weil die Angehörigen der betroffenen Volksgenossen von der Leitung einer Kirche einen solchen Schritt erwarten. Sodann bewegt mich allerdings auch der Gedanke, dass dieser Schritt vielleicht doch zu einer ernsten Nachprüfung und zum Verlassen dieses Weges Anlass geben könnte.

Dixi et salvavi animam meam! Heil Hitler
Ihr ergebener
gez. Wurm

(Joachim Beckmann, Kirchliches Jahrbuch für die evang. Kirche in Deutschland 60–71, Bertelsmann, Gütersloh 1948, S. 414f.)

1 *Untersuchen Sie die Begründung des Protestes gegen die Tötung von Behinderten.*

2 *Bestimmen Sie, ausgehend von M 36 und dem Darstellungstext, die Bedeutung des kirchlichen Widerstands gegen den Nationalsozialismus.*

B 26 „Einst wird kommen der Tag ...", Flugblatt der „Edelweißpiraten", undatiert. – Das Blatt wurde vor allem im Ruhrgebiet und im Rheinland bis Herbst 1942 verbreitet.

– *Analysieren Sie Text und Symbolik des Flugblatts.*
– *Bereiten Sie, ausgehend von B 26 und dem Darstellungstext, ein Referat über den Widerstand der „Edelweißpiraten" vor.*

M37 Der Widerstand des „20. Juli 1944"

a) Aus einem Gestapo-Bericht über Stauffenbergs politische Pläne vom 2. August 1944

Verbindung zum Ausland

Die neuere Vernehmung des Hauptmanns Kaiser gibt eine Reihe von Hinweisen, dass Stauffenberg über Mittelsmänner zwei Verbindungen zur englischen Seite hatte. Den Zusammenhängen wird im Augenblick im Einzelnen nachgegangen. Bereits am 25. Mai hat Kaiser für Stauffenberg eine Notiz ausgearbeitet, worüber mit der Feindseite verhandelt werden sollte:

1. Sofortiges Einstellen des Luftkrieges
2. Aufgabe der Invasionspläne
3. Vermeiden weiterer Blutopfer
4. Dauernde Verteidigungsfähigkeit im Osten, Räumung aller besetzten Gebiete im Norden, Westen und Süden
5. Vermeiden jeder Besetzung
6. Freie Regierung, selbstständige, selbst gewählte Verfassung
7. Vollkommene Mitwirkung bei der Durchführung der Waffenstillstandsbedingungen, bei der Vorbereitung der Gestaltung des Friedens
8. Reichsgrenze von 1914 im Osten.
Erhaltung Österreichs und der Sudeten beim Reich.
Autonomie Elsass-Lothringens.
Gewinnung Tirols bis Bozen, Meran
9. Tatkräftiger Wiederaufbau mit Mitwirkung am Wiederaufbau Europas
10. Selbstabrechnung mit Verbrechern am Volk
11. Wiedergewinnung von Ehre, Selbstachtung und Achtung

(Gerhard Ritter, Carl Goerdeler und die deutsche Widerstandsbewegung, Deutsche Verlags-Anstalt, Stuttgart 1954, S. 609)

b) Der Historiker Ludolf Herbst zum deutschen Widerstand des 20. Juli 1944 (1996)

[M]an darf ja nicht nur die Frage stellen, wogegen sich die Opposition wandte und wofür sie stritt, sondern muss umgekehrt auch fragen, wogegen sie sich nicht wandte und wofür sie nicht stritt. Dabei geht es nicht darum, die Vergangenheit in unhistorischer Weise an heutigen Normen und Vorstellungen zu messen, sondern darum, daran zu erinnern, dass Widerstand, der diesen Namen verdient, in einer abendländischen Tradition steht, die ohne die Rückbesinnung auf naturrechtliche Vorstellungen oder – wenn man noch weiter zurückgreifen will – auf göttliches Recht nicht auskommen kann. Zweifellos gab es im nationalsozialistischen Deutschland Widerstand im Sinne dieser Tradition, doch wird man skeptisch gegenüber allen Bemerkungen und Motivationen sein dürfen, die nicht deutlich erkennbar 1933 einsetzten, als gegenüber Kommunisten, Sozialdemokraten und Juden elementares Naturrecht verletzt wurde. Für große Teile des christlichen, sozialdemokratischen, gewerkschaftlichen und auch kommunistischen Widerstands trifft dieses Kriterium zweifellos zu. Bei jenen Kreisen, die den 20. Juli durchführten, bleibt Skepsis angebracht. Die Mehrzahl von ihnen begann als Parteigänger oder Sympathisant der Nationalsozialisten und nahm weder Anstoß an einem harten Durchgreifen gegen die Sozialdemokraten und Kommunisten noch gegen die Juden, auch wenn die Auswüchse keine Billigung fanden. [...]

Der 20. Juli 1944 schließlich war der Aufstand eines sehr privaten Gewissens; denn zu diesem Zeitpunkt hatte das nationalsozialistische Deutschland nahezu 10 Mio. Juden, Polen, Russen, Zigeuner, Behinderte und vermeintlich „Asoziale" getötet. Für sie wurde der Staatsstreich nicht geplant, auch wenn das Morden bei einem Gelingen beendet worden wäre und es als Motiv zum Handeln erhebliche Bedeutung besaß. Gewiss muss man bei der Beurteilung des Widerstandes die jeweils gegebenen Handlungsmöglichkeiten berücksichtigen. Das ethische Dilemma des Widerstandes, die Macht des Reiches zu bewahren und die Verbrechen zu beenden, mit denen sie erworben worden war, war durchaus auch ein objektives Dilemma. Die Erfolge lähmten nicht nur die Handlungsmöglichkeiten, sondern mussten auch bewahrt werden, sollte der Neuanfang nicht von vornherein mit dem Odium des Verzichts und der Niederlage belastet sein. Dieses Dilemma offenbart aber zugleich das Fehlen einer politischen Zielsetzung, die in der Lage gewesen wäre, den Gesichtspunkt der äußeren Macht zu kompensieren. Die im Widerstand engagierten „Honoratioren" besaßen sie nicht und politisch wäre sie – wie auch immer sie ausgesehen hätte –, auch kaum durchsetzbar gewesen, zu sehr hatte das nationalsozialistische Herrschaftssystem jede Alternative ad absurdum geführt. Daher war es nur konsequent, dass die ethische Orientierung der Träger des Widerstands erst zur Tat befähigte, als es nur noch darum gehen konnte, ein moralisches Zeichen zu setzen, und niemand mehr davon überzeugt war, dass die Machtstellung des Reichs noch zu bewahren war.

(Ludolf Herbst, Das nationalsozialistische Deutschland, Suhrkamp, Frankfurt/Main 1996, S. 447 ff.)

1 *Analysieren Sie die Ziele Stauffenbergs (M 37a).*

2 *Erörtern Sie, ausgehend von den Zielen, die Motive Stauffenbergs für das Attentat auf Hitler.*

3 *Erläutern Sie die Position des Historikers Herbst (M 37b) zum Widerstand des 20. Juli 1944.*
4 *Arbeiten Sie aus M 37b die Wertmaßstäbe heraus, an denen der Autor sein Urteil über den NS-Widerstand misst.*
5 *Nehmen Sie Stellung zur Position von Herbst und diskutieren Sie sie im Kurs.*

M38 Der Historiker Richard Löwenthal über das Vermächtnis des Widerstands gegen den Nationalsozialismus (1982)

Es hat Widerstandsbewegungen gegen autoritäre Diktaturen gegeben, die zu ihrem revolutionären Sturz geführt haben, wie in einigen Ländern Lateinamerikas und in Griechenland – oder sogar zu ihrer Abschaffung auf dem Wege der Reform, wie in Spanien nach Francos Tod. Während dies geschrieben wird, erleben wir, wie der von außen geschaffene polnische Einparteistaat, der schon seit langem unter dem Druck des Volkswiderstandes seinen totalitären Charakter verloren hatte, auf dem Wege der Reform auf sein Organisationsmonopol verzichtet und die Existenz autonomer gesellschaftlicher Organisationen anerkennt. Der deutsche Widerstand dagegen war immer die Leistung einer Vielzahl zersplitterter, wenn auch qualitativ und manchmal quantitativ bedeutender Minderheiten – niemals eine Massenbewegung mit umwälzender Wirkung. Die totalitäre Diktatur Hitlers, gleich der Mussolinis, hat sich so je länger, je mehr verhärtet, bis die Niederlage im Weltkrieg ihrer Herrschaft ein Ende setzte. War der deutsche Widerstand also umsonst?

Natürlich nicht. Die Entschlossenheit der Träger des Widerstandes, dass sich die unkontrollierte Herrschaft der aller moralischen Maßstäbe baren Führer einer fanatisierten Bewegung niemals auf deutschem Boden wiederholen dürfe, teilte sich unter dem Eindruck der schließlichen nationalen Katastrophe und des Bekanntwerdens des vollen Umfangs der Verbrechen des Regimes der großen Mehrheit der Bevölkerung mit. Sie wurde die Grundlage für einen neuen demokratischen Konsens, der sich in den Westzonen und Berlin auch institutionell verwirklichen konnte. Die Menschen, die aus den Gefängnissen und Lagern kamen, wie Kurt Schumacher und Fritz Erler, oder die aus der politischen Emigration heimkehrten, wie Ernst Reuter und Willy Brandt, leisteten einen entscheidenden Beitrag zum demokratischen Wiederaufbau – und das Gleiche gilt auch für jene, die ohne aktiven politischen Kampf in schweigender Verweigerung ihre Integrität bewahrt hatten, wie Konrad Adenauer, und für die Schriftsteller der „inneren Emigration", die nun ihre Schubladen öffnen konnten. Sie alle haben auch wesentlich zur Glaubwürdigkeit des neuen, demokratischen Deutschland gegenüber den Siegermächten und der Außenwelt im Allgemeinen beigetragen.

Sie alle haben so mitgeholfen, über die Jahre der Barbarei hinweg die moralischen und kulturellen Traditionen zu bewahren, die ein menschenwürdiges Deutschland braucht. Doch die meisten von uns Älteren, die sowohl die Schreckensjahre wie den Wiederaufbau erlebt haben, haben auch das Bewusstsein davongetragen, dass in einer Welt rapiden Wandels diese Traditionen immer wieder gefährdet sein werden und immer wieder erneuert werden müssen.

(Richard Löwenthal, Widerstand im totalen Staat, in: ders./Patrik von zur Mühlen [Hg.], Widerstand und Verweigerung in Deutschland 1933 bis 1945, Dietz Verlag, Berlin 1982, S. 24)

1 *Fassen Sie die These Löwenthals über die bleibende Wirkung des Widerstands zusammen.*
2 *Vergleichen Sie die Urteile von Löwenthal (M 38) und Herbst (M 37b).*
3 *Art. 20 Abs. 4 des Grundgesetzes lautet: „Gegen jeden, der es unternimmt, diese Ordnung zu beseitigen, haben alle Deutschen das Recht zum Widerstand, wenn andere Abhilfe nicht möglich ist." Erläutern Sie diese Grundgesetzbestimmung und stellen Sie dar, in welchen Situationen das „Recht zum Widerstand" gegeben sein könnte. Erörtern Sie, ob eine solche Bestimmung a) den Übergang von der Weimarer Republik zum „Dritten Reich" verhindert hätte, b) den Widerstand im Dritten Reich gestärkt hätte.*

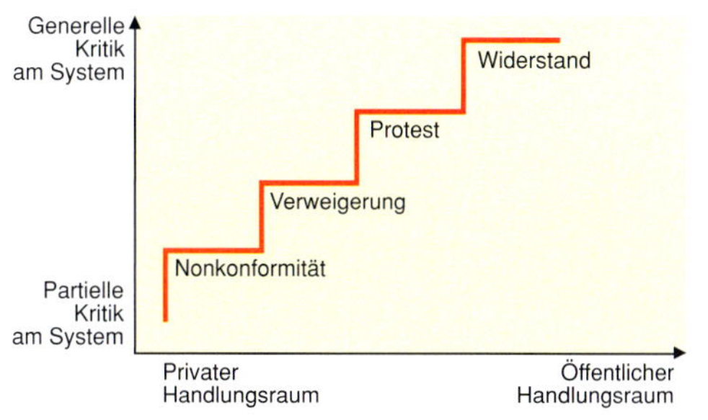

Schema 3 Stufen abweichenden Verhaltens 1933–1945 (entwickelt von dem Historiker Detlev Peukert)

- *Erläutern Sie das Schema.*
- *Diskutieren Sie über Leistungen und Grenzen solcher Darstellungsformen.*

Schriftliche Quellen im Abitur – Probeklausur

Um Sie mit dem schriftlichen Abitur vertraut zu machen, drucken wir auf dieser Methodenseite eine Probeklausur ab, die den Anforderungen an eine Abiturklausur im Grundkurs Geschichte entspricht, und geben Ihnen auf der gegenüberliegenden Seite Hinweise zur Bearbeitung.

Am 14. April 1939 warnt der amerikanische Präsident Roosevelt öffentlich vor einem großen Krieg und fordert zu einer friedlichen Konfliktlösung auf. Am 28. April 1939 antwortet Adolf Hitler vor dem eigens einberufenen Reichstag in einer zweieinhalbstündigen Rede dem amerikanischen Präsidenten:

Ich darf noch einmal feststellen, dass ich erstens keinen Krieg geführt habe, dass ich zweitens seit Jahren meinem Abscheu vor einem Krieg und allerdings auch meinem Abscheu vor einer Kriegshetze Ausdruck verleihe, und dass ich drittens nicht wüsste, für welchen Zweck ich überhaupt einen Krieg führen sollte. Ich wäre Herrn Roosevelt dankbar, wenn er mir darüber Auskunft geben wollte. [...]

Ich habe das Chaos in Deutschland überwunden, die Ordnung wiederhergestellt, die Produktion auf allen Gebieten unserer nationalen Wirtschaft ungeheuer gehoben, durch äußerste Anstrengungen für die zahlreichen uns fehlenden Stoffe Ersatz geschaffen, neuen Erfindungen die Wege geebnet, das Verkehrsleben entwickelt, gewaltige Straßen in Bau gegeben. Ich habe Kanäle graben lassen, riesenhafte neue Fabriken ins Leben gerufen und mich dabei bemüht, auch den Zwecken der sozialen Gemeinschaftsentwicklung, der Bildung und der Kultur meines Volkes zu dienen.

Es ist mir gelungen, die uns alle so zu Herzen gehenden 7 Mio. Erwerbslosen restlos wieder in nützliche Produktionen einzubauen, [...] den deutschen Handel wieder zur Blüte zu bringen und den Verkehr auf das Gewaltigste zu fördern. Um Bedrohungen durch eine andere Welt vorzubeugen, habe ich das deutsche Volk nicht nur politisch geeint, sondern auch militärisch aufgerüstet und ich habe weiter versucht, jenen Vertrag Blatt um Blatt zu beseitigen, der in seinen 448 Artikeln die gemeinste Vergewaltigung enthält, die jemals Völkern und Menschen zugemutet worden ist. Ich habe die uns 1919 geraubten Provinzen dem Reich wieder zurückgegeben, ich habe Millionen von uns weggerissener tief unglücklicher Deutscher wieder in die Heimat geführt, ich habe die tausendjährige historische Einheit des deutschen Lebensraumes wiederhergestellt und ich habe, Herr Präsident, mich bemüht, dieses alles zu tun, ohne Blut zu vergießen und ohne meinem Volk oder anderen daher das Leid des Krieges zuzufügen.

Ich habe dies, Herr Präsident, als ein noch vor 21 Jahren unbekannter Arbeiter und Soldat meines Volkes, aus meiner eigenen Kraft geschaffen und kann daher vor der Geschichte es in Anspruch nehmen, zu jenen Menschen gerechnet zu werden, die das Höchste leisteten, was von einem Einzelnen billiger- und gerechterweise verlangt werden kann.

Sie, Herr Präsident, haben es demgegenüber unendlich leichter. [...] Sie haben das Glück, kaum 15 Menschen auf den Quadratkilometer Ihres Landes ernähren zu müssen. Ihnen stehen die unendlichsten Bodenreichtümer der Welt zur Verfügung. Sie können durch die Weite Ihres Raumes und die Fruchtbarkeit Ihrer Felder jedem einzelnen Amerikaner das Zehnfache an Lebensgütern sichern, wie es in Deutschland möglich ist. Die Natur hat Ihnen dies jedenfalls gestattet. Obwohl die Zahl der Einwohner Ihres Landes kaum ein Drittel größer ist als die Zahl der Bewohner Großdeutschlands, steht Ihnen mehr als fünfzehnmal so viel Lebensfläche zur Verfügung.

1 *Ordnen Sie die Rede in den außenpolitischen Zusammenhang der Jahre 1938/39 ein und zeigen Sie, welche Absicht Hitler mit seiner Rede verfolgt.*

2 *Nennen Sie rhetorisch-propagandistische Mittel, die Hitler in dieser Rede einsetzt. Belegen Sie diese aus dem Text.*

3 *Hitler spricht vor dem Reichstag. Erläutern Sie, wie sich die Bedeutung des Reichstags seit der Ernennung Hitlers zum Reichskanzler gewandelt hat.*

4 *a) Nehmen Sie zu den von Hitler behaupteten wirtschaftlichen Erfolgen Stellung.*

b) Zeigen Sie an zwei Beispielen, wie Hitler die Versailler Nachkriegsordnung „beseitigt" hat.

5 *Erläutern Sie, was Hitler in dieser Rede unter „Lebensraum" versteht, und stellen Sie dar, welche Bedeutung diesem Begriff in Ideologie und Praxis des Nationalsozialismus zukommt.*

6 *Erklären Sie, warum das nationalsozialistische Regime in den Jahren nach 1933 bei der Mehrzahl der Deutschen auf Zustimmung stieß.*

Vorbemerkung: Kopieren Sie die Quelle, bevor Sie mit der Arbeit beginnen. Sie können dann beim Lesen Wichtiges unterstreichen.
Zu Aufgabe 1: Bei dem Arbeitsauftrag „Ordnen Sie ein“ sollen Sie aus Ihrem eigenen Wissen die Rede in den genannten zeitlichen Zusammenhang einbetten und dadurch verständlich machen. Grundlegend für den außenpolitischen Zusammenhang ist die thematische Einheit 2.1 zur Außenpolitik bis 1939, insbes. die Darstellung S. 459–463.
Zu Aufgabe 2: „Nennen Sie“ ist ein einfacher Arbeitsauftrag, bei dem Sie einen Sachverhalt mit eigenen Worten, gedanklich zugespitzt und mit Zitatbelegen, vorstellen. Unterstreichen Sie die rhetorischen Mittel beim Lesen der Quelle mit Schlangenlinien; dann können Sie sie von normalen Unterstreichungen, die den Inhalt betreffen, auf den ersten Blick unterscheiden. Zur NS-Propaganda s. den Darstellungstext S. 442.
Zu Aufgabe 3: Der Auftrag „Erläutern Sie“ verlangt von Ihnen, dass Sie einen Sachverhalt durch umfangreiche zusätzliche Informationen verständlich machen und mit Beispielen aus dem eigenen Wissen belegen. Um sich diese Informationen zu beschaffen, schauen Sie am besten im Register unter dem Stichwort „Reichstag“ nach. Es wird Sie zu den folgenden Seiten führen: Die thematische Einheit 1.1 (S. 424 ff.) gibt im Darstellungstext einen Überblick über die Entmachtung des Reichstags im Zuge der Errichtung der Diktatur 1933/34; Material 4 und Bild 5 (S. 432) vertiefen die Darstellung.
Zu Aufgabe 4a: Bei dem Arbeitsauftrag „Nehmen Sie Stellung“ sollen Behauptungen im Zusammenhang auf Richtigkeit und Stimmigkeit geprüft werden. Verschiedene Standpunkte sind aufzuführen und zu begründen, Argumente zu gewichten. Es sollen einmal die Maßstäbe der Epoche angelegt werden. Darüber hinaus – und vom „Beurteilen“ abgesetzt – ist aber auch ein persönlicher Wertbezug herzustellen, bei dem Sie Toleranz und Pluralität wahren und ihre eigenen Wertmaßstäbe klarlegen und begründen müssen. – Für eine Stellungnahme zur NS-Wirtschaftspolitik finden Sie in den Einheiten 1.5 und 2.1 zahlreiche Materialien (S. 450 f., M 12 bis 14), zur wirtschaftlichen Lage verschiedener sozialer Gruppen (S. 464, M 23, zur Aufrüstung); ferner Darstellungen zum Vierjahresplan (S. 460) und zur wirtschaftlichen Lage der deutschen Bevölkerung (S. 446 f.).
Zu Aufgabe 4b: Der Auftrag „Zeigen Sie“ entspricht ungefähr dem „Erläutern“. Beispiele für die Beseitigung der Versailler Nachkriegsordnung finden sich in der für die gesamte Prüfungsaufgabe grundlegenden Einheit 2.1 (S. 459–465).
Zu Aufgabe 5: Im Zentrum dieser Aufgabe steht eine begriffsgeschichtliche Auseinandersetzung. Um die ideologische Bedeutung herauszuarbeiten, sollten Sie die Einheit 1.1, „Ideologische Grundlagen“ (S. 424–428), durcharbeiten, insbesondere den Abschnitt „Lebensraumpolitik“ mit M 2 (Hitler in „Mein Kampf“ über Lebensraumpolitik). Zur praktischen Seite der so genannten Lebensraumpolitik gehören der Eroberungskrieg und die Besatzungspolitik in den eroberten Gebieten (Einheit 2.2, S. 466–470) sowie der Völkermord an den europäischen Juden (Einheit 2.3, S. 471–477).
Zu Aufgabe 6: „Erklären“ bedeutet einen Sachverhalt durch eigenes Wissen in einen Zusammenhang (Theorie, Modell, Funktionszusammenhang, Regel usw.) einordnen und dadurch kausal (=begründend) herleiten. Warum so viele Gruppen der deutschen Bevölkerung das NS-Regime akzeptierten, hat mit der Zustimmung zu außenpolitischen Erfolgen zu tun, aber auch mit Erfahrungen im Alltag; s. 1.5 (Alltag und Frauen, S. 446–453) und 2.1 (Außenpolitik bis 1939, insbes. S. 459–462).

3 Der Nationalsozialismus in der historischen Diskussion

Theorien über den Nationalsozialismus

Seit dem Entstehen der ersten faschistischen Bewegung in Italien (s. S. 497 ff.) in den Zwanzigerjahren hat es Versuche gegeben, diese Erscheinung des politisch-gesellschaftlichen Lebens auch theoretisch zu verstehen und zu erklären. Das galt und gilt besonders für die deutsche Variante einer faschistischen Bewegung, den Nationalsozialismus. Die Versuche, den Faschismus, insbesondere den deutschen Nationalsozialismus, theoretisch zu erklären, waren in erster Linie von dem Ziel geleitet, die Wiederholung eines solchen Herrschaftssystems in Deutschland frühzeitig zu verhindern. Mit den Theoriemodellen sollte aber auch versucht werden zu erklären, warum so viele Menschen sich von der NSDAP angezogen fühlten und bereit waren, sich für deren Ziele zu engagieren.

Totalitarismus und Faschismus

Marxistische Historiker begreifen den Nationalsozialismus als eine der radikalsten Formen bürgerlich-kapitalistischer Herrschaft. Sie richten ihr Augenmerk vor allem auf den Zusammenhang zwischen faschistischen Bewegungen und Kapital-/Industriegruppen. Sie verfolgen damit das Ziel, die gegenseitige Abhängigkeit bzw. die Vormachtstellung von politischer Bewegung oder Kapitalgruppen zu belegen (M 39a).
Nicht marxistische **westliche Forscher** untersuchen den Nationalsozialismus dagegen als Sonderfall und nicht als eine Form bürgerlicher Herrschaft. Einige Wissenschaftler bevorzugen den Begriff des Totalitarismus zur Charakterisierung nationalsozialistischer Herrschaft. Das NS-Regime wird von ihnen als totalitäre Herrschaftsform angesehen, in der Menschenwürde und Menschenrechte, liberales Gedankengut und demokratische Regierungsformen missachtet werden. Die Anhänger der Totalitarismustheorie betonen die Vorrangstellung der Politik, das heißt die relativ große Autonomie der NS-Bewegung gegenüber den Kapital- und Industriegruppen. Sie bezweifeln, dass Hitler und die NSDAP lediglich die Erfüllungsgehilfen der gesellschaftlich und wirtschaftlich mächtigen Gruppen im Bürgertum oder in der Industrie gewesen seien.
Gegen einen solchen Totalitarismusbegriff wenden andere westliche Forscher ein, dass er allzu einseitig die Herrschaftsorganisation und die Herrschaftsmethoden der Nationalsozialisten in den Blick nehme. Diese Historiker und Sozialwissenschaftler benutzen lieber den Begriff des Faschismus. Denn er sei besser als der Totalitarismusbegriff geeignet, die politisch-sozialen Grundlagen und Funktionen nationalsozialistischer Politik herauszustellen. Aus dieser Sicht erscheint der Nationalsozialismus als eine Krisenerscheinung des bürgerlich-kapitalistischen Systems, in dem die unter Druck geratenen Mittelschichten Zuflucht suchten bei einer rechtsradikalen Protestbewegung mit antikapitalistischen wie antisozialistischen Zielsetzungen. Auch die sich in ihrer Vormachtstellung bedroht fühlenden Oberschichten suchten nach dieser Interpretation Schutz bei der faschistischen Partei. Sie hätten sich von ihr eine Stabilisierung der bestehenden Herrschafts- und Machtverhältnisse versprochen (M 39b).

Modernisierung oder rückwärts gewandte Utopie

Einer der Hauptstreitpunkte der Forschung kreist um die Frage, ob der Nationalsozialismus moderne Züge aufwies. Einige Historiker vertreten dabei die Auffassung, dass vom NS-Regime Modernisierungsschübe ausgegangen seien. Besonders der amerikanische Geschichtswissenschaftler David Schoenbaum hat in seinem Aufsehen erregenden Buch über „Die **braune Revolution**. Eine Sozialgeschichte des Dritten Reiches“ aus dem Jahre 1968 die These zu untermauern versucht, dass in der Zeit zwischen 1933 und 1945 moderne wirtschaftliche und gesellschaftliche Entwicklungen beschleunigt wurden.

Hierzu zählt er die wachsende Industrialisierung Deutschlands, die zunehmende Kapitalkonzentration, die Erhöhung der sozialen Mobilität, verbunden mit Landflucht und Verstädterung, sowie beachtliche Fortschritte in der Technisierung. Bei diesen Modernisierungstendenzen handele es sich aber eher um unbeabsichtigte Folgen der NS-Politik, die nicht durch das NS-Parteiprogramm und den Willen Hitlers abgedeckt waren (M 40a).
Die Kritiker der Modernisierungsthese, die auch unter deutschen Historikern Zustimmung fand, erkennen die modernisierenden Wirkungen nationalsozialistischer Herrschaft durchaus an. Sie wenden jedoch ein, dass der Einsatz modernster Mittel, z. B. in der Propaganda, für die Nationalsozialisten von Anfang an im Dienst ihrer rückwärts gewandten Ideologie gestanden habe. Alles sei der reaktionären Agrarutopie sowie der rassistischen Volksgemeinschafts- und „Lebensraum"-Ideologie untergeordnet und zudem nur mit kriegerischen Methoden zu verwirklichen gewesen (M 40b).

Nationalsozialismus und Bolschewismus

Im so genannten **Historikerstreit** Mitte der Achtzigerjahre stand die Frage im Mittelpunkt, ob der Nationalsozialismus eine Folge der Furcht vor dem Bolschewismus gewesen sei. Ausgelöst wurde diese Kontroverse von dem Historiker **Ernst Nolte**, der den Erfolg der Nationalsozialisten und deren Politik auf die im deutschen Bürgertum tief verwurzelte Bolschewismusfurcht zurückführte. Ohne die Kenntnis dieses Motives könnten weder der Krieg gegen die Sowjetunion noch die nationalsozialistische Vernichtungspolitik erklärt werden. Dies dürfe jedoch nicht dazu führen, dass die nationalsozialistische Kriegs- und Vernichtungspolitik unter Hinweis auf die Taten und Absichten der Bolschewisten gerechtfertigt oder gar entschuldigt würden (M 41a).
Die Gegner Noltes warfen ihm aber gerade vor, dass er mit seiner Interpretation allzu einseitig den Bolschewismus zur Hauptursache des Nationalsozialismus erkläre; er trage auf diese Weise dazu bei, Deutschland von der historischen **Verantwortung für die Nazi-Barbarei** zu entlasten. Die deutsche Bevölkerung habe sich im Jahre 1933 nicht zwischen Bolschewismus und Nationalsozialismus, sondern zwischen Demokratie und Diktatur entscheiden müssen (M 41b).

M39 Totalitarismus und Faschismus

a) Wolfgang Ruge, ein führender Historiker der ehemaligen DDR, zur Deutung des Nationalsozialismus (1983)

Die Hauptaufmerksamkeit der marxistischen Forschung gilt [...] in erster Linie den sozialökonomischen Ursachen des Faschismus, den Bedingungen, die seinen Vormarsch ermöglichten, den pro- und antifaschistischen Haltungen und Aktivitäten der politischen Kräfte. Bei deren Analyse stützt sie sich auf Grunderkenntnisse der Klassiker des Marxismus und geht davon aus, dass – wie Engels hervorhob – die ökonomische Notwendigkeit wohl in letzter Instanz die historische Entwicklung bestimmt, aber in jenem Prozess der Wechselwirkung keineswegs allein aktiv ist, in dem politische, rechtliche, philosophische, religiöse, literarische, künstlerische etc. Faktoren aufeinander und auf die ökonomische Basis reagieren. [...]
Zu den Zufälligkeiten, die Engels als „Ergänzung und Erscheinungsform" der Notwendigkeit definiert, gehören nicht an letzter Stelle „die so genannten großen Männer" [...] mitsamt ihren persönlichen Eigenschaften. Indes können diese Männer nicht „an sich" interessieren, sondern nur im Kontext mit dem gesellschaftlichen Umfeld, aus dem sie hervorgehen und auf das sie tatsächlich einzuwirken im Stande sind. [...]
Diese Eigenschaften, die sich in zufälligen Konstellationen objektiv bedingter Auseinandersetzungen als Trümpfe erwiesen, ließen Hitler schließlich zur Galionsfigur der Oberschicht einer Klasse werden, die historisch abgewirtschaftet hatte und sich nur noch mit grenzenloser Brutalität und nicht mehr zu überbietender Unmenschlichkeit an der Macht halten konnte.
(Wolfgang Ruge, Das Ende von Weimar. Monopolkapital und Hitler, Deutscher Verlag der Wissenschaften, Berlin (Ost) [2]1983, S. 13ff.)

B 27 In der Gedenkstätte Bergen-Belsen, Fotografie, ca. 1996

– *Bereiten Sie den Besuch einer NS-Gedenkstätte oder einer laufenden Ausstellung zur Geschichte des Nationalsozialismus vor. Beurteilen Sie nach dem Besuch die Konzeption der Ausstellung bzw. Gedenkstätte und diskutieren Sie über Ihre persönlichen Eindrücke.*

b) Der Historiker Wolfgang Wippermann in seinen „Thesen zu einer Definition des Faschismus" (1981)

1. Historisch-beschreibende Elemente einer Definition des Faschismus

Faschistische Parteien waren nach dem Führerprinzip organisiert und verfügten über uniformierte und bewaffnete Abteilungen. Sie vertraten eine Ideologie, die sowohl antisozialistische wie antikapitalistische Momente enthielt, von der die Moderne sowohl bejaht wie radikal verneint wurde und die schließlich extrem nationalistisch, antidemokratisch und Gewalt verherrlichend war.

2. Strukturelle Faktoren

Faschistische Parteien konnten eine Massenbasis erreichen, wenn es ihnen gelang, Menschen mit bestimmten psychischen Merkmalen („autoritärer Charakter") und Bedürfnissen (Angst und Aggression) sowie vor allem Angehörige des Mittelstandes für ihre Ziele zu gewinnen und schließlich finanzielle Zuwendungen von einigen Industriellen zu erhalten.

Zur Macht gelangten sie nur dort, wo einflussreiche Kreise in Industrie, Landwirtschaft, Militär und Bürokratie bereit waren, mit der jeweiligen faschistischen Partei ein Bündnis zu schließen. Gemeinsames Ziel dieser Bündnispartner war es, durch einen Lohnstopp die Zerschlagung der Organisationen der Arbeiterbewegung, durch Arbeitsbeschaffungsmaßnahmen und schließlich durch Aufrüstung und Raubkriege die Krise zu überwinden, die diese Länder getroffen hatte. […]

Im Unterschied zum italienischen „Normal"-Faschismus gelang es jedoch dem deutschen „Radikal"-Faschismus, sich von seinen Bündnispartnern in der Industrie, Landwirtschaft, Bürokratie und Wehrmacht zumindest partiell und partikular so weit zu verselbstständigen, dass er seine „dogmatisch" geprägte Rassenpolitik mit ihrer Rassen züchterischen wie Rassen vernichtenden Komponente auch dann noch verwirklichte, als dies mit den rationalen Zielen der Sicherung der politischen und ökonomischen Macht nicht mehr zu vereinbaren war.

3. Historisch-singuläre Züge

Die genannten strukturellen Faktoren reichten jedoch nicht aus, um zu erklären, weshalb der Faschismus in einigen Ländern erfolgreich war, während er in anderen, die vergleichbare Strukturen aufwiesen, nicht erfolgreich war. […] In Deutschland konnte der Nationalsozialismus bei seinem Aufstieg folgende Momente ausnützen:

a) den verlorenen Krieg, die Erbitterung über den Versailler Vertrag […];

b) die antidemokratische Tradition und Haltung in Heer, Verwaltung und Justiz […];

c) das Vorhandensein starker verfassungsfeindlicher Parteien […] und das Versagen der demokratischen Parteien;

d) die Weltwirtschaftskrise, durch welche die permanente politische, soziale und ökonomische Krise der Weimarer Republik noch verschärft wurde.

(Wolfgang Wippermann, Zur Analyse des Faschismus. Die sozialistischen und kommunistischen Faschismustheorien 1921–1945, Suhrkamp, Frankfurt/Main 1981, S. 146f.)

1 *Erarbeiten Sie aus M 39a, b*
a) die jeweilige Definition der Begriffe,
b) Unterschiede und Übereinstimmungen mit Blick auf Hintergründe, Machterwerb und -ausübung,
c) die potenzielle Vergleichbarkeit verschiedener Systeme des 20. Jahrhunderts.
2 *Setzen Sie sich mit den Positionen von Ruge (M 39a) und Wippermann (M 39b) auseinander.*

M40 Modernisierungstendenzen im nationalsozialistischen Deutschland?

a) Der Historiker David Schoenbaum über die sozialen Folgen des Nationalsozialismus (1968)

Als konsequente Verlängerung der deutschen Geschichte setzte das Dritte Reich die historische Kluft zwischen der objektiven sozialen Wirklichkeit und ihrer Deutung fort. Die objektive soziale Wirklichkeit in den statistisch messbaren Folgen des Nationalsozialismus war gerade das Gegenteil von dem, was Hitler versprochen und die Mehrheit seiner Anhänger von ihm erwartet hatte. Im Jahre 1939 waren die Städte nicht kleiner, sondern größer als zuvor; die Kapitalkonzentration war größer; die Landbevölkerung hatte sich vermindert, nicht vermehrt; die Frauen standen nicht am häuslichen Herd, sondern im Büro und in der Fabrik; die ungleiche Verteilung von Einkommen und Vermögen war größer, nicht geringer geworden; der Anteil der Industrie am Bruttosozialprodukt war gestiegen, der Anteil der Landwirtschaft gesunken; der Industriearbeiterschaft ging es verhältnismäßig gut und den kleinen Geschäftsleuten immer schlechter. Auf den ostelbischen Gütern herrschte nach wie vor der Adel, im Beamtentum herrschten Doktoren, im Heer Generale mit Adelsnamen. So ist die Geschichte des Dritten Reiches eine Geschichte voller Enttäuschung, Zynismus und Resignation, die Geschichte einer scheinbar verratenen Revolution, deren einstige Anhänger, Otto Strasser, Rauschning, Feder und Rosenberg, sie einer nach dem anderen ebenso heftig brandmarkten wie die Gegner der Bewegung.
Andererseits bot sich diese Gesellschaft dem, der ihre wirkliche Sozialstruktur zu deuten unternahm, so einheitlich wie keine andere in der neueren deutschen Geschichte dar; es war eine Gesellschaft voller Möglichkeiten für Jung und Alt, für Klassen und Massen, die New Deal und gute alte Zeit zugleich war. Wie keine andere seit 1914 war dies eine Welt der Berufsbeamten und eines autoritären Patriarchats, eine Welt der nationalen Ziele und Erfolge, in der die Armee wieder einmal „die Schule der Nation" war und Offiziere wie Soldaten das Gleiche aßen und sich „von Mensch zu Mensch" unterhielten.
(David Schoenbaum, Die braune Revolution. Eine Sozialgeschichte des Dritten Reiches, dtv, München 1980, S. 348)

1 *Erläutern Sie die unterschiedlichen Erfahrungen im Dritten Reich nach M 40a.*
2 *Stellen Sie dar, welche Entwicklungen während der NS-Zeit modern waren.*

b) Der Historiker Bernd-Jürgen Wendt über die These, der Nationalsozialismus sei modern gewesen (1995)

Etiketts wie „modern" und rational" werden gerade im Zusammenhang mit Hitler und seiner Politik sinnentleert und beliebig, wenn man sie nicht in den Gesamtkontext dieser Weltanschauung und der aus ihr abgeleiteten Weltanschauungspolitik zwischen 1933 und 1945 stellt und von hier aus genau bestimmt. Moderne Faszination und Lockung waren eben nur die eine Seite der Medaille. Im Mittelpunkt der nationalsozialistischen Ideologie und auch im Mittelpunkt der fanatischen Gedankenwelt ihres „Führers" stand ein zutiefst inhumanes und nach den Kriterien moderner Sittlichkeit und Rechtsstaatlichkeit, wie sie sich auch in Deutschland längst vor 1933 herausgebildet hatten, verbrecherisches Wollen. Das nationalsozialistische Menschenbild wurde definiert nach den Prinzipien rassenbiologischer Wertigkeit und rassenhygienischer Gesundheit resp. Krankheit. Es konnte unter der Aura scheinbarer moderner Wissenschaftlichkeit kaum seine mehr als dürftige intellektuelle und erkenntnismäßige Substanz verbergen. Dessen ungeachtet entfaltete aber gerade das Rassedenken nach 1933 im „Vollzug einer Weltanschauung" (E. Jäckel) jene mörderische Konsequenz, die alle Bereiche von Politik und Gesellschaft durchdringen und bestimmen sollte. Mit dem Rassendogma verband sich ein zusätzlich radikalisierendes sozialdarwinistisches Politikverständnis. In ihm wurden das Recht des Stärkeren (und das meinte stets des „rassisch Höherwertigen") und seine brutale Durchsetzung als Grundgesetz menschlichen Zusammenlebens und des Zusammenlebens der Völker proklamiert.
Wenn wir also nur einzelne Segmente der nationalsozialistischen Herrschaft unter die Lupe nehmen und sie als „modern", als „fortschrittlich" und „attraktiv" herausstellen, ohne ihre funktionale Zwecksetzung und ihren Stellenwert im gesamten Ideologiegebäude des Nationalsozialismus zu untersuchen, verfallen wir demselben Irrtum wie die

„Volksgenossen" von damals. Sie vermochten dem Regime doch immer eine „gute Seite" abzugewinnen und sahen darüber die negative Kehrseite entweder wirklich nicht oder wollten sie nach dem Motto „wo gehobelt wird, fallen Späne" nicht sehen bzw. sie bagatellisieren. Es gehörte zur Lebenswirklichkeit des nationalsozialistischen Diktaturstaates, dass sich die Menschen in der Regel mit einem Teil seiner Angebote und Leistungen, etwa in der Außen-, der Wirtschafts- und Sozialpolitik, identifizierten, vor allem wenn sie selbst deren Nutznießer waren, und andere Wesenszüge durchaus ablehnen konnten.

(Bernd-Jürgen Wendt, Deutschland 1933–1945. Das „Dritte Reich". Handbuch zur Geschichte, Fackelträger-Verlag, Hannover 1995, S. 695)

1 *Stellen Sie dar, weshalb Wendt den Begriff „modern" zur Kennzeichnung des NS-Systems ablehnt.*

M41 Der Nationalsozialismus – eine Folge des Bolschewismus? („Historikerstreit")

a) Der Historiker Ernst Nolte zum „Zusammenhang" der biologischen Vernichtungsaktionen" des Nationalsozialismus und der „sozialen" des Bolschewismus (1986)

Es ist ein auffallender Mangel der Literatur über den Nationalsozialismus, dass sie nicht weiß oder nicht wahrhaben will, in welchem Ausmaß all dasjenige, was die Nationalsozialisten später taten, mit alleiniger Ausnahme des technischen Vorgangs der Vergasung, in einer umfangreichen Literatur der frühen zwanziger Jahre bereits beschrieben war. [...]

Es ist wahrscheinlich, dass viele dieser Berichte übertrieben waren. Es ist sicher, dass auch der „weiße Terror" fürchterliche Taten vollbrachte, obwohl es in seinem Rahmen keine Analogie zu der postulierten „Ausrottung der Bourgeoisie" [durch die Bolschewiki in der Sowjetunion] geben konnte. Aber gleichwohl muss die folgende Frage als zulässig, ja unvermeidbar erscheinen: Vollbrachten die Nationalsozialisten, vollbrachte Hitler eine „asiatische" Tat vielleicht nur deshalb, weil sie sich und ihresgleichen als potenzielle oder wirkliche Opfer einer „asiatischen" Tat betrachteten? War nicht der „Archipel GULag" ursprünglicher als Auschwitz? War nicht der „Klassenmord" der Bolschewiki das logische und faktische Prius[1] des „Rassenmords" der Nationalsozialisten? [...]

Aber so wenig wie ein Mord, und gar ein Massenmord, durch einen anderen Mord „gerechtfertigt" werden kann, so gründlich führt doch eine Einstellung in die Irre, die nur auf den einen Mord und den einen Massenmord hinblickt und den anderen nicht zur Kenntnis nehmen will, obwohl ein kausaler Nexus wahrscheinlich ist.

1 Prius (lat.): das Erstere, Vorausgehende

(Ernst Nolte, Vergangenheit, die nicht vergehen will, in: Frankfurter Allgemeine Zeitung, 6. Juni 1986)

b) Der Historiker Jürgen Kocka zur Position von Ernst Nolte (1993)

Die nationalsozialistische Unterdrückungs-, Aggressions- und Ausrottungspolitik hat vorwiegend andere Gründe als die Furcht vor der sowjetischen Revolutionierung Europas. Extremer Nationalismus, Antisemitismus, Sozialdarwinismus sind da zu nennen, das Streben nach „Lebensraum", soziale Konflikte und Verwerfungen im Inneren, Eigenarten der politischen Verfassung und der politischen Kultur in Deutschland, kulturelle Desorientierung und anderes mehr, allgemein die Krise Europas, die besonderen Belastungen der deutschen Tradition und die Auswirkungen des Weltkriegs. Das sind fast durchweg Faktoren, die in die Zeit vor der Oktoberrevolution zurückreichen oder kausal mit ihr nichts zu tun haben. [...]

Die Ursachen der deutschen Katastrophe waren größtenteils hausgemacht. Die Verantwortung lässt sich beim östlichen Nachbarn nicht so abladen, wie Nolte das will. Aus dem Kampf zwischen den westlichen Demokratien und dem östlichen Bolschewismus lässt sich ein historischer Sinn des deutschen Faschismus nicht begründen.

Überhaupt greift zu kurz, wer das „Wesen" der Epoche im Kampf zwischen Faschismus und Bolschewismus sieht. Zu Recht blickt Nolte auf die ganze Epoche vom Ersten Weltkrieg bis 1989/91. Diese war aber weniger vom Kampf zwischen Bolschewismus und Faschismus als vielmehr vom Kampf der westlichen Verfassungsstaaten gegen die faschistischen und kommunistischen Diktaturen geprägt, in dem sie sich am Ende als die überlegenen erwiesen – wie immer ihre Zukunft ohne die Diktaturen auch aussehen mag.

(Jürgen Kocka, Durch und durch brüchig, in: Die Zeit, 12. November 1993)

1 *Analysieren Sie M 41 a und b und arbeiten Sie die Unterschiede in der Argumentation heraus.*

2 *Diskutieren Sie Jürgen Kockas Prämisse (M 41 b), der Bezugspunkt eines historischen Urteils über Faschismus und Bolschewismus müsse die westliche Demokratie sein.*

4 Das faschistische Italien

Soziale Ursachen des Faschismus

Italien war mit das erste Land im Nachkriegseuropa, in dem das liberale System vor einer Diktatur kapitulierte (Karte 3). Die Wurzeln hierfür reichen bis in die Zeit der staatlichen Einigung Italiens Mitte des 19. Jahrhunderts zurück. Das Nord-Süd-Gefälle in der industriellen Entwicklung, die krasse unterschiedliche Besitzverteilung in der Landwirtschaft sowie die Gegnerschaft zwischen dem Königreich und der katholischen Kirche verhinderten eine innergesellschaftliche Einigung. Hinzu kamen die Defizite des parlamentarischen Systems, das auf Grund eines strengen Zensuswahlrechts – 1880 waren nur 2,2 % der Bevölkerung wahlberechtigt – eine Kluft zwischen der liberalen Honoratiorenschicht und der Masse der Bevölkerung entstehen ließ. Einschneidende soziale Reformen waren in dieser Situation kaum durchzusetzen.

Die ungelösten sozialen, ökonomischen und politischen Probleme erschwerten vor allem die Entstehung einer wirkungsvollen Opposition innerhalb des parlamentarischen Systems. Die Massenbewegungen der Arbeiterschaft und des politischen Katholizismus blieben von der

Karte 3 Europa zwischen Demokratie und Diktatur 1920–1939

– *Untersuchen Sie mit Hilfe von Karte 3 den Aufstieg diktatorischer Gewalten in Europa.*

– *Zeigen Sie, warum die Demokratien in Frankreich und Großbritannien den diktatorischen Herausforderungen der Zwischenkriegszeit widerstanden: Teilen Sie Ihren Kurs in zwei Gruppen; besorgen Sie sich historische Handbücher, die Ihnen Auskunft über die Geschichte Großbritanniens bzw. Frankreichs in der Zwischenkriegszeit geben, und bereiten Sie Ihre Ergebnisse in Form von Referaten auf.*

Mitwirkung an politischen Entscheidungen ausgeschlossen. Die nach 1900 einsetzenden Versuche des linksliberalen Regierungschefs Giovanni Giolotti (1842–1928), durch Ausweitung des Wahlrechts, soziale Reformen und den Verzicht auf den traditionellen Antiklerikalismus die Bevölkerung stärker zu integrieren, hatten nur begrenzt Erfolg. Mit Recht darf deshalb Italien als eine gesellschaftlich **gespaltene Nation** bezeichnet werden.

Politische Instabilität nach dem Ersten Weltkrieg

Während der Erste Weltkrieg in den meisten europäischen Ländern eine – zumindest vorübergehende – innere Einigung herbeiführte, blieb die Gesellschaft Italiens gespalten. Hier gewannen die „Interventionisten", die das Land in den Krieg führen wollten und mit dem sozialistischen Journalisten Mussolini und dem populären Dichter Gabriele D'Annunzio (1863–1938) an ihrer Spitze kämpften, die Auseinandersetzungen mit den „Neutralisten", die die Mehrheit im Parlament hielten. Sie nötigten die abwartende Staatsführung im Mai 1915 zum Eintritt in den Krieg auf der Seite der Entente. Damit hatten sich gewissermaßen die „Agitatoren der Straße" gegen die gewählten Volksvertreter durchgesetzt. Dies war ein Vorgang, der das System aus den Angeln heben konnte und 1922 in der erzwungenen Machtübertragung an Mussolini tatsächlich nachgeahmt wurde.
Der Krieg löste auch in Italien die Probleme nicht, sondern verschärfte die **Krise des liberalen politischen Systems**. Denn die Hoffnungen der Interventionisten auf große Gebietsgewinne Italiens erfüllten sich nicht. Das Land erhob Besitzansprüche auf Teile von Tunesien, die jugoslawische Adriaküste, Albanien, Korsika, Savoyen und Nizza, es erhielt von den „Großen Drei" aber nur Südtirol. So entstand das Wort vom „verstümmelten Sieg", das – ähnlich wie die Formel vom „Dolchstoß" in Deutschland – seine propagandistische Wirkung entfalten konnte. Nationalistischer Überschwang, gepaart mit Enttäuschungen über nicht erfüllte Hoffnungen, veranlassten D'Annunzio im September 1919, an der Spitze eines Freikorps in Fiume (Rijeka) einzumarschieren und einen 15 Monate lang existierenden, allen völkerrechtlichen Bestimmungen widersprechenden „Freistaat" zu errichten. Vorformen des faschistischen Regimes (Führerkult, Uniformierung, Massenaufmärsche) prägten sich hier bereits aus.
Die Regierung schritt gegen das „Fiume-Abenteuer" nicht ein. Für einen zusätzlichen Autoritätsschwund sorgten die von den Sozialisten initiierten Arbeitskämpfe und politischen Massenstreiks, die im Sommer 1920 in Fabrik- und Güterbesetzungen, besonders im Norden des Landes, ihren Höhepunkt fanden. Angesichts der chaotischen Zustände im Lande und nicht zuletzt deswegen, weil die Arbeiter mit dem Kampfruf „Viva Lenin" ihren wirtschaftlichen und politischen Forderungen Nachdruck verliehen, beschworen die bürgerlichen Kräfte die Gefahr einer bolschewistischen Revolution. Die Regierung verlor die Kontrolle über die Lage. Das Verhältniswahlrecht, erstmals in den Wahlen vom November 1919 angewandt, setzte neue politische Kräfte frei. Es brachte den Sozialisten und der katholischen Volkspartei, den „Populari", die Parlamentsmehrheit und bescherte den zersplitterten Liberalen eine Niederlage. Eine Kooperation der beiden Wahlsieger kam jedoch nicht zu Stande, sodass die Liberalen einen Teil ihres Einflusses wahren, aber nur lockere Regierungsbündnisse eingehen konnten. Die unsichere politische Situation äußerte sich in häufigen Regierungswechseln.

Faschistische Machtübernahme 1922

Die Lähmung des liberalen Systems wurde vollends deutlich, als der Terror der politischen Linken in der zweiten Hälfte des Jahres 1920 zu massivem Gegenterror von rechts führte: „Strafexpeditionen" gegen Arbeitskammern und Volkshäuser, aber auch gegen sozialistische Abgeordnete waren an der Tagesordnung – Aktionen, die oft Beifall in der bürgerlichen Presse, ja selbst bei der Polizei fanden. Die Regierung brachte nicht die Kraft auf, in diese **Bürgerkriegssituation**, die in den ersten Monaten des Jahres 1921 mehr als

B 28 Mussolini bei einer Versammlung der faschistischen Schwarzhemden in Rom, 1935, Fotografie

– *Untersuchen Sie die Symbolik der Fotografie. Vergleichen Sie sie mit Selbstdarstellungen Hitlers (B 1, S. 426).*

200 Todesopfer kostete, ordnend einzugreifen. Damit ermöglichte sie es der politischen Rechten, ihren Terror in der Öffentlichkeit als Verteidigung von Recht und Ordnung darzustellen.
Der rechte Terror wurde von den „Fasci di Combattimento", den faschistischen Kampfbünden, getragen. Mussolini hatte sie 1919 als Sammelbecken der Enttäuschten und Unzufriedenen gegründet. Ursprünglich in ihrer Programmatik links orientiert und an revolutionäre Landarbeiterbewegungen auf Sizilien anknüpfend, wandelten sie sich 1920 in eine **faschistische Organisation** und erhielten so ihr eigentümliches Doppelgesicht der „revolutionären Reaktion" (M 42). Antiliberalismus, Antimarxismus sowie Antiklerikalismus waren die Grundzüge dieser Bewegung. Von Anfang an setzte sie sich aus unterschiedlichen Gruppierungen zusammen (Nationalisten, Legionäre D'Annunzios, abtrünnige Sozialisten um Mussolini), die um verschiedene Kampftaktiken stritten: Sollte der Faschismus auf die direkte Aktion setzen und den Führern der paramilitärischen Squadren, der Kampftruppen, den Einfluss sichern? Oder sollte er als eine organisatorisch gefestigte und zentralistisch gelenkte Partei den Kampf gegen das „System" führen? Mussolini gelang es gegen innere Widerstände, beide Konzeptionen zu einer Doppelstrategie von Gewalt und Legalität zu verbinden: Als 1921 der Durchbruch zur Massenbewegung erfolgte – auch bürgerliche Kreise schlossen sich den Faschisten an –, leitete er die Umwandlung in eine Partei ein. Bei ihrer Gründung verfügte sie bereits über rund 300 000 Mitglieder.
Bei den vorzeitigen Neuwahlen im Mai 1921 versuchte Ministerpräsident Giolotti die Faschisten in einen **„nationalen Block"** einzubinden. Seine Strategie ging allerdings nicht auf. Sie ermöglichte vielmehr den Faschisten den Einzug ins Parlament, ohne dass diese sich an die parlamentarischen Spielregeln gebunden fühlten. Mussolini drohte etwa im Frühjahr 1922 mit einem

faschistischen Aufstand, wenn ein Ministerpräsident ernannt würde, der eine antifaschistische Koalition anstrebe. Die Sozialisten und die Popolari fanden sich auch jetzt nicht zur Zusammenarbeit mit der Regierung bereit. Stattdessen nutzte Mussolini im September 1922 einen fehlgeschlagenen sozialistischen Generalstreik dazu, die Mobilmachung der faschistischen Schwarzhemden anzuordnen und zum **„Marsch auf Rom“** aufzurufen. Gleichzeitig signalisierte er dem König und der Armee Verhandlungsbereitschaft. In dieser Situation verweigerte Viktor Emanuel III. dem Ministerpräsidenten Luigi Facta die Ausrufung des Belagerungszustandes und beauftragte Mussolini mit der Regierungsbildung. So ging das liberale System Italiens nach dem spektakulär inszenierten, dann aber stecken gebliebenen „Marsch auf Rom“ ganz untheatralisch zu Grunde.

Das faschistische Herrschaftssystem

Nach außen wirkte der halb legale Machtantritt Mussolinis nicht wie ein Bruch mit der Tradition, stand der neue Ministerpräsident doch einer Koalitionsregierung aus Faschisten, Liberalen, Popolari sowie unabhängigen Persönlichkeiten vor. Es schienen genügend Sicherungen gegen eine faschistische Diktatur eingebaut zu sein. Doch sie erwiesen sich bald als unwirksam. Die Umwandlung der faschistischen Squadren in eine staatliche Miliz, die nicht dem König, sondern Mussolini unterstellt wurde, konnte noch als Maßnahme zur Bändigung der „revolutionären“ Kräfte in den eigenen Reihen interpretiert werden. Aber schon das Wahlgesetz vom November 1923 zeigte, dass der „Duce“, wie Mussolini sich nennen ließ, mit seiner Partei das weiterhin bestehende Parlament majorisieren wollte: Die stärkste Partei erhielt automatisch zwei Drittel der Sitze, sofern sie mindestens 25 % der Stimmen bekam. Selbst Altliberale wie Giolotti stimmten diesem Gesetz zu, ein Beleg dafür, wie sehr Mussolinis Formeln von der „Normalisierung“ und der Sicherung der Regierungsfähigkeit das Bürgertum beeindruckt hatten. Dies, aber auch der Wahlterror sorgten im April 1924 für einen Stimmenanteil von 65 % für die faschistische Liste.

Doch bevor sich der Faschismus in Italien voll etablierte, durchlief er noch eine Krise. Als der populäre sozialistische Abgeordnete Giacomo Matteotti (1885–1924) kurz nach der Wahl 1924 von einem Squadristen ermordet wurde, reagierte die Öffentlichkeit mit Abscheu. Aber auch jetzt fand sich die Opposition nur zu einem symbolischen Akt bereit: Sie zog aus dem Parlament auf den Aventin und brachte mit dieser Anknüpfung an die altrömische Tradition ihren Protest zum Ausdruck. Praktisch manövrierte sie sich mit diesem Schritt ins Abseits. Nutznießer der **„Matteotti-Krise“** war der geschickt taktierende Mussolini, der die Initiative zurückgewann und 1925 die Opposition ebenso ausschaltete wie die bisherigen Bündnispartner (Parteienauflösung, Verbot von Oppositionszeitungen, Rücktritt der nicht faschistischen Regierungsmitglieder).

Der ersten Etappe der faschistischen Machtdurchdringung folgte die **Errichtung einer Diktatur** und eines Korporativsystems (M 43). Mit dessen Hilfe sollten sowohl der Individualismus des liberalen Staates als auch der Klassenkonflikt überwunden werden. Doch stimmten Anspruch und Wirklichkeit weniger überein, als es das Modell des „totalitären Staates“ glauben machen sollte, den das Italien Mussolinis zu verkörpern vorgab (M 44). Neben dem Duce bestanden als Machtzentren die Krone, die Kirche, der Industriellenverband und der Große Faschistische Rat weiter und wahrten eine gewisse Selbstständigkeit. Im damals bürokratisch noch wenig entwickelten Italien stieß zudem die Umsetzung der zentralistischen faschistischen Maßnahmen auf Schwierigkeiten. Der italienische Faschismus war weniger rassistisch als der Nationalsozialismus. In Italien setzte die Judenverfolgung erst 1938 ein und erfuhr niemals eine Systematisierung wie in Deutschland. Überdies erlaubte der italienische Faschismus eine größere Offenheit gegenüber modernen Strömungen in Kunst und Literatur (B 29). Er ist deshalb von manchen Intellektuellen in der Zwischenkriegszeit unterschätzt worden.

Karte 4 Expansion und Ziele des italienischen Faschismus zwischen den Weltkriegen

– *Arbeiten Sie mit Hilfe der Karte 4 die Ziele und die tatsächliche Expansion Italiens in der Zwischenkriegszeit heraus.*

Außenpolitik

Das außenpolitische Programm des italienischen Faschismus nahm die imperiale Tradition des alten Roms zum Vorbild und zielte darauf ab, rund um die Adria ein faschistisches Großreich zu errichten („mare nostro"; Karte 4). Die **Wiederherstellung der historischen „Größe Italiens"** wurde zum ideologischen Fundament des italienischen Faschismus (B 28).

Britische und französische Interessen im Mittelmeergebiet mahnten Mussolini bei der Verwirklichung seiner expansionistischen Pläne jedoch anfangs zur Vorsicht. Erst später verschafften ihm vier Ereignisse neuen Handlungsspielraum: Erstens, nach dem missglückten Putsch der Nationalsozialisten gegen die österreichische Regierung unter Engelbert Dollfuß (1892–1934) konnte Italien 1934 international als Garant für die Unabhängigkeit Österreichs auftreten. Zweitens, nach der Einführung der allgemeinen Wehrpflicht in Deutschland und, drittens, nach der Unterzeichnung eines deutsch-britischen Flottenabkommens im Jahr 1935 (das England mit der Hoffnung auf Rüstungsbegrenzungen abgeschlossen hatte) wurde Italien als möglicher Bündnispartner gegen das Deutsche Reich angesehen. Ein Abkommen mit Frankreich über Kolonialkompensationen in Nordfrankreich gab, viertens und letztens, den Rücken frei für den **Überfall Italiens auf Äthiopien im Oktober 1937**.

Dass das Land zwischen 1889 und 1896 für kurze Zeit als „Abessinien" italienische Kolonie gewesen war, genügte den Faschisten, um die Annexion zu legitimieren. Die Äthiopier hatten dem mit modernsten Waffen, Giftgas und äußerster Brutalität geführten Angriff nichts entgegenzusetzen. Bereits 1934 hatte das Völkerbundmitglied Äthiopien die Grenzverletzungen der von

Eritrea und Somalia aus operierenden italienischen Truppen beim Völkerbund angezeigt – ohne Folgen. Auch 1935 blieben die Beschlüsse des Bundes halbherzig, weil vor allem England und Frankreich die Voten nicht mit wirksamen Sanktionen verbanden. Der Suezkanal, der entscheidend für den italienischen Nachschub war, wurde nicht gesperrt. Mussolinis Rechnung ging auf. Die ausfallenden Kohlelieferungen an Italien ersetzte das Deutsche Reich, weil es Italien nun aus der Siegerkoalition des Ersten Weltkriegs herauslösen und als Bündnispartner gewinnen wollte. Die beiden großen europäischen Aggressoren, Italien und Deutschland, kamen einander näher.

M42 Mussolini über den Aktivismus der Faschisten am 20. September 1922

Gewalt ist nicht unmoralisch, sie ist im Gegenteil manchmal moralisch. Unsere Gegner haben gar kein Recht, sich über unsere Gewaltmaßnahmen zu beklagen, denn verglichen mit den Terrorakten in den Unglücksjahren 1919 und 1920 und mit denen der Bolschewisten in Russland – wo zwei Millionen Menschen hingerichtet worden sind und weitere zwei Millionen noch im Gefängnis schmachten – sind unsere Maßnahmen ein Kinderspiel.
Andererseits führt Gewalt zum Ziele; denn Ende Juli und im August haben wir nach systematischer Anwendung von Gewalt binnen 48 Stunden erreicht, was wir mit Predigten und Unterweisungen nicht in achtundvierzig Jahren erreicht hätten. Wenn daher Gewalt einen Seuchenherd beseitigt, dann ist sie moralisch, unantastbar und notwendig. [...]
Eine andere Größe, worauf unsere Gegner ihre Hoffnung stützten, bilden die Massen. Ihr wisst, ich bin kein Verehrer dieser neuen Gottheit der Masse. Sie ist eine Schöpfung der Demokraten und der Sozialisten. Nur weil sie zahlreich sind, sollten sie Recht haben. Das ist falsch; oft genug ist das Gegenteil bewiesen worden [...].
Wir verehren die Massen nicht, selbst wenn sie arbeitende Hände und Hirne haben. Wir werden vielmehr bei der Prüfung des sozialen Lebens von Ideen und Gesichtspunkten ausgehen, die allen italienischen Kreisen neu sein dürften. Wir konnten uns der Massen nicht erwehren, sie sind zu uns gekommen.

(Max H. Meyer [Hg.], Benito Mussolini. Reden, Leipzig 1925, S. 101 ff.)

1 *Untersuchen Sie Mussolinis Begründung für Gewaltanwendung.*
2 *Analysieren Sie das Feindbild Mussolinis.*
3 *Erklären Sie seine Haltung zur Masse.*

M43 Der Historiker Wolfgang Wippermann über den italienischen Faschismus (1983)

Auch das durch das Gesetz von 1926 und die Carta del Lavoro von 1927 eingeführte Korporativsystem entsprach nicht den Vorstellungen der faschistischen Syndikalisten von einer harmonischen und gleichberechtigten Zusammenarbeit von Arbeitgebern und Arbeitnehmern. Tatsächlich konnte von einer Gleichberechtigung der Vertreter der Arbeiterschaft und der Unternehmer in den zwölf verschiedenen Syndikaten, die wiederum zu Korporationen zusammengefasst waren, nicht die Rede sein. Die Unternehmer verfügten mit der „Confindustria" darüber hinaus über ein eigenes Vertretungsorgan, das über den Staatsapparat und den faschistischen Großrat die wirtschaftlichen und sozialen Interessen der Industrie geltend machen konnte. Auch in diesem Bereich kam es zu einem sehr labilen Gleichgewichtszustand. Einerseits konnte von einer Gleichschaltung der Industrie nicht die Rede sein, andererseits hatten die Industriellen den direkten Einfluss auf das politische Leben verloren und sahen sich in der Folgezeit zunehmend Eingriffen des Staates in das Wirtschaftsleben ausgesetzt.
Zusammenfassend wird man sagen können, dass der faschistische „stato totalitario" auf einem komplizierten und ambivalenten System wechselseitiger Kontrollen und Balancen basierte. [...] Mussolinis Stellung hing wesentlich davon ab, ob es ihm gelang, die Unterstützung der aus sehr unterschiedlichen Kräften und Personen bestehenden faschistischen Partei und die auf plebiszitärem Wege gewonnene Zustimmung großer Teile der Bevölkerung zu erhalten und zu stärken. Das war mit ausschließlich repressiven Maßnahmen, von denen neben den Führern der organisierten Arbeiterschaft vor allem die nationalen Minderheiten, die Deutschen in Südtirol und die Slowenen und Kroaten in Istrien und Triest, betroffen waren, nicht zu erreichen. Bestand und Zusammenhalt des faschistischen Regimes konnten nur dann aufrechterhalten werden, wenn Mussolini Erfolge im Bereich der Wirtschafts- und Außenpolitik erzielte. Das war zunächst der Fall.

(Wolfgang Wippermann, Europäischer Faschismus im Vergleich [1922–1982], Suhrkamp, Frankfurt/Main 1983, S. 34 f.)

1 *Untersuchen Sie das Herrschaftssystem des italienischen Faschismus.*
2 *Vergleichen Sie den „totalen Staat" Mussolinis mit dem nationalsozialistischen und beschreiben Sie Unterschiede und Gemeinsamkeiten.*

M44 Aus dem Statut des Partito Nazionale Fascista vom Dezember 1929

Die Nationale Faschistische Partei ist eine bürgerliche Miliz im Dienst des Staates. Ihr Ziel ist es, die Größe des italienischen Volkes zu verwirklichen. Von ihren Ursprüngen an, die mit der Wiedergeburt des italienischen Selbstbewusstseins und mit dem Willen zum Siege in eins gehen, hat sich die Partei immer als im Kriegszustand befindlich betrachtet: zuerst, um diejenigen niederzuschlagen, die den Geist der Nation herabwürdigten; heute und in alle Zukunft, um die Macht des italienischen Volkes zu verteidigen und zu entwickeln. Der Faschismus ist nicht nur eine Vereinigung von Italienern um ein bestimmtes Programm, das verwirklicht oder noch zu verwirklichen ist, sondern er ist vor allem ein Glaube, der seine Bekenner gehabt hat und in dessen Reihen die neuen Italiener als Soldaten wirken, welche von der Anstrengung des siegreichen Krieges und dem darauf folgenden Kampf zwischen Nation und Antination hervorgebracht worden sind. Die Partei ist der wesentliche Bestandteil dieser Reihen. [...]

Artikel 1: Die Nationale Faschistische Partei wird aus den Fasci di combattimento gebildet, die auf provinzieller Ebene zusammengefasst sind. Der Fascio ist der fundamentale Organismus und muss um sein Gagliardetto die Italiener vereinigen, die nach Treue, Ehrenhaftigkeit, Mut und Verstand die zuverlässigsten sind. Die Provinzsekretäre dürfen die Fasci, sofern dazu eine Notwendigkeit vorliegt, in Kreis- und Bezirksgruppen organisieren, welche von einem Vertrauensmann und einem Ausschuss von fünf Mitgliedern geleitet werden [...].

Artikel 2: Das Gagliardetto ist das Emblem des Fascio und das Symbol des Glaubens. Den Gagliardetti steht bei offiziellen Zeremonien ein Ehrengeleit unter Führung eines Offiziers zu. Dem Gagliardetto des Nationaldirektoriums und der Gaue sind auch die militärischen Ehrenbezeugungen zu erweisen.

Artikel 3: Die Nationale Faschistische Partei entfaltet ihre Tätigkeit unter der obersten Leitung des Duce und gemäß den Direktiven des Großrats mittels ihrer Führerschaft auf allen Ebenen. [...]

Artikel 13: Die Mitgliedskarten werden den jungen Männern des Faschistischen Aufgebots am Sitz eines jeden Fascio mit feierlicher Zeremonie am 21. April überreicht. Die neuen Mitglieder leisten ihren Eid vor dem Sekretär mit folgenden Worten: „Ich schwöre, die Befehle des Duce ohne Diskussion auszuführen und mit allen meinen Kräften, wenn nötig mit meinem Blut, der Sache der faschistischen Revolution zu dienen." Am gleichen Tage werden sie Mitglieder der Miliz.

(Ernst Nolte, Faschismus von Mussolini zu Hitler, Piper, München 1968, S. 19ff.)

1 *Untersuchen Sie im Programm der Nationalen Faschistischen Partei Ziele und Organisationsstrukturen.*
2 *Beschreiben Sie die Bestimmungen für das Parteimitglied.*

B 29 Plakat zum Treffen der faschistischen Studenten in Rom, 1929

– *Analysieren Sie die Bilder- und Formensprache des italienischen Faschismus (ziehen Sie auch B 28 und die Darstellung heran).*

Die nationalsozialistische Diktatur in Europa

Zusammenhänge und Perspektiven

1 *Erläutern Sie die zentralen Merkmale der NS-Ideologie und untersuchen Sie deren Verwirklichung während der nationalsozialistischen Diktatur.*

2 *Erörtern Sie die Rolle der Gewalt sowohl für die Innen- als auch für die Außenpolitik des NS-Regimes.*

3 *Benennen Sie die wichtigsten Methoden und Stationen der NS-Außenpolitik und erklären Sie das Vorgehen Hitlers aus seinen Zielen.*

4 *Diskutieren Sie über das historisch-politische Vermächtnis des Widerstandes gegen den Nationalsozialismus und berücksichtigen Sie dabei Motive, Organisationsformen und Wirkungsmöglichkeiten der unterschiedlichen Widerstandsgruppen.*

5 *Der deutsche Philosoph Karl Jaspers schrieb 1950: „Was geschah, ist eine Warnung. Sie zu vergessen ist Schuld. Man soll ständig an sie erinnern. Es war möglich, dass dies geschah, und es bleibt jederzeit möglich. Nur im Wissen kann es verhindert werden." – Diskutieren Sie, ausgehend von dieser Meinungsäußerung, über den Stellenwert des Nationalsozialismus in der deutschen Geschichte und erörtern Sie die historische Verantwortung, die sich aus der NS-Vergangenheit für die nachfolgenden Generationen ergibt.*

6 *Analysieren Sie die faschistische Herrschaftstechnik in Italien und vergleichen Sie diese mit jener des Nationalsozialismus.*

Zeittafel

1922	Mussolinis **„Marsch auf Rom"**: In Italien errichtet Mussolini eine faschistische Diktatur.
1933/34	**Errichtung der NS-Diktatur:** Staat und Gesellschaft werden von einer föderalistischen Demokratie in eine zentralstaatliche Diktatur umgewandelt; Reichsländer, Gemeinden, politische Parteien, Gewerkschaften und andere Verbände sowie Rundfunk und Presse verlieren ihre Selbstständigkeit und müssen den Weisungen der nationalsozialistischen Regierung und Partei gehorchen.
30. Jan. 1933	Adolf Hitler wird von Reichspräsident Hindenburg zum Reichskanzler ernannt. Dem Kabinett gehören außer Hitler nur zwei nationalsozialistische Minister an, die allerdings über den Zugriff auf die Polizei verfügen.
28. Febr. 1933	Nach dem Brand des Reichstages am 27. Febr. wird die Verordnung zum „Schutz von Volk und Staat" („Reichstagsbrandverordnung") erlassen. Sie setzt die Grundrechte der Weimarer Verfassung außer Kraft.
5. März 1933	Wahlen zum Reichstag: Die NSDAP erhält 43,9 % der Stimmen und besitzt mit ihren Koalitionspartnern die absolute Mehrheit.
21. März 1933	„Tag von Potsdam": Der Reichstag wird feierlich eröffnet und Hitler vereidigt. Das gemeinsame Auftreten von Hindenburg und Hitler am Grabe Friedrichs des Großen soll die Verschmelzung von politischer Tradition und dynamischem Aufbruch symbolisieren.
23. März 1933	„Ermächtigungsgesetz": Die Reichsregierung kann Gesetze, auch verfassungsändernden Inhalts, unter Ausschluss des Reichstages und des Reichspräsidenten durch einfachen Beschluss in Kraft setzen.
31. März 1933	Gleichschaltung der Länder, Entmachtung der Länderparlamente.
1.–3. April 1933	Befristeter Boykott jüdischer Geschäfte und Waren sowie jüdischer Arztpraxen und Rechtsanwaltskanzleien auf Anordnung von Hitler.
7. April 1933	„Gesetz zur Wiederherstellung des Berufsbeamtentums": Beamte können entlassen werden, wenn sie „nicht arischer Abstammung" sind und wenn sie „nach ihrer bisherigen politischen Betätigung nicht die Gewähr dafür bieten, dass sie jederzeit rückhaltlos für den nationalen Staat eintreten".

2. Mai 1933	Auflösung der Gewerkschaften.
6. Mai 1933	Gründung der Deutschen Arbeitsfront (DAF). Alle Arbeiter- und Angestelltenverbände werden dieser NS-Organisation eingegliedert.
1. Dez. 1933	Im „Gesetz zur Sicherung der Einheit von Partei und Staat" wird die NSDAP als alles beherrschende Staatspartei bestätigt.
30. Juni 1934	Ermordung von SA-Stabschef Ernst Röhm. Die SS baut ihre Machtposition auf Kosten der SA aus.
1935	**„Nürnberger Gesetze"** zur Diskriminierung und Entrechtung der Juden. Diese Gesetze bilden den Auftakt zur Verdrängung der Juden aus dem öffentlichen Leben in Deutschland.
März 1938	Deutsche Truppen besetzen Österreich, das als „Ostmark" dem Deutschen Reich eingegliedert wird.
9./10. Nov. 1938	**Novemberpogrom:** Staatlich verordnete Ausschreitungen gegen Juden in der so genannten „Reichskristallnacht". Nationalsozialistische Trupps zerstören 267 Synagogen, 7500 jüdische Geschäfte sowie zahlreiche Wohnungen und jüdische Friedhöfe. Mehr als 20 000 Juden werden verhaftet und in Konzentrationslager gebracht. Mindestens 91 Juden werden ermordet, viele misshandelt.
15. März 1939	Deutsche Truppen besetzen Tschechien, das als „Protektorat Böhmen und Mähren" dem Deutschen Reich eingegliedert wird.
Aug. 1939	**Hitler-Stalin-Pakt:** In einem geheimen Zusatzprotokoll werden Finnland, die baltischen Staaten und das rumänische Bessarabien der russischen Einflusssphäre zugeschlagen. Deutschland und die UdSSR vereinbaren die Aufteilung Polens unter sich.
1. Sept. 1939	**Deutsche Truppen überfallen Polen: Beginn des Zweiten Weltkriegs.**
Jan. 1940	Beginn der Vernichtung „lebensunwerten Lebens" im so genannten „Euthanasie"-Programm. Insgesamt werden während des Krieges etwa 20 000 Behinderte getötet.
April 1940	Deutsche Truppen besetzen Dänemark und Norwegen.
Mai 1940	Beginn der militärischen Offensive gegen Frankreich, das am 22. Juni geteilt wird: Mittel- und Südfrankreich bleiben unter Marschall Pétain formal selbstständig („Vichy"-Frankreich), der Norden mit der Atlantikküste und Paris kommen unter deutsche Militärverwaltung.
22. Juni 1941	**Deutsche Truppen überfallen die Sowjetunion.**
14. Aug. 1941	Atlantik-Charta: Die USA und Großbritannien verständigen sich auf die Prinzipien der Nachkriegsordnung. Die Alliierten sollen auf Gebietsgewinne verzichten, das Selbstbestimmungsrecht der Völker achten und einen freien Welthandel garantieren.
1. Sept. 1941	Einführung des Judensterns im Deutschen Reich.
11. Dez. 1941	Das Deutsche Reich erklärt den USA den Krieg.
20. Jan. 1942	**Wannsee-Konferenz:** Die Besprechung zwischen Heydrich und den Staatssekretären der mit der Judenverfolgung betrauten Ministerien und obersten Reichsbehörden dient dem Ziel, die Juden in ganz Europa zunächst als Arbeitskräfte auszubeuten und dann zu ermorden. Auf der Konferenz werden die Aktivitäten der Bürokratie für die Judenvernichtung koordiniert.
28. Nov.–1. Dez. 1943	Konferenz von Teheran: Stalin, Roosevelt und Churchill stimmen der Abtretung Ostpolens an die Sowjetunion zu.
20. Juli 1944	**Attentat auf Hitler:** Oberst Graf Schenk von Stauffenberg versucht Hitler mit einer Zeitzünderbombe zu töten. Das Attentat misslingt und führt zu zahlreichen Hinrichtungen der an der Widerstandsaktion Beteiligten.
4.–11. Febr. 1945	Konferenz von Jalta: Roosevelt, Churchill und Stalin beschließen die Aufteilung Deutschlands in Besatzungszonen.
7./9. Mai 1945	**Bedingungslose Kapitulation** der deutschen Wehrmacht; die alliierten Militärbefehlshaber übernehmen die Macht in Deutschland.

XI Deutschland nach 1945: Politik und Gesellschaft

Rainer Fetting, Durchgang Südstern, 1988, Öl auf Leinwand

Auf die Frage, was auf dem linken Gemälde zu sehen sei, antwortete 1997 eine 15-jährige Schülerin spontan: „Eine gelbe Linie, eine Stadt." Was noch sieben Jahre zuvor sofort erkannt worden wäre, kam bei ihr erst auf Nachfrage in Erinnerung: die Berliner Mauer – Symbol der seit 1945 „geteilten Geschichte" Deutschlands, die 1989/90 durch die ostdeutsche Revolution und die Vereinigung zu Ende gegangen ist. Acht Jahre nach dem Fall der Mauer beginnen sich die Erfahrungen zu überschneiden. Während die Erinnerungen vieler Menschen an das Leben in zwei Staaten noch in die gemeinsame Gegenwart hineinwirken, verblassen im Bewusstsein der nachwachsenden Generation die unmittelbaren Erfahrungen mit der Teilung.
Diese Teilung begann allerdings nicht 1949, als die beiden Staaten formal gegründet wurden. Im historischen Zusammenhang ist sie als eine Folge des Nationalsozialismus und des von Deutschland zu verantwortenden Zweiten Weltkriegs einzuordnen. Doch ergab sie sich nicht zwangsläufig. Erst als sich aus der Koalition der Siegermächte der Ost-West-Gegensatz entwickelt hatte, schien der Weg in zwei deutsche Staaten vorgezeichnet.
Die Geschichte Deutschlands nach 1945 kann in vier Phasen eingeteilt werden. Die unmittelbare Nachkriegszeit 1945–1949 war eine Zeit des Umbruchs. Gemäß den Zielen der Alliierten wurde Deutschland in vier Besatzungszonen aufgeteilt und der Beschluss gefasst, das Land zu demilitarisieren, zu denazifizieren und zu demokratisieren. Neben der Politik der jeweiligen Besatzungsmacht haben Flucht und Vertreibung aus den ehemaligen Ostgebieten und die Entwurzelung vieler Menschen die Gesellschaft in Ost und West verändert. Die Herausbildung von zwei getrennten Staaten, eines demokratisch verfassten Gemeinwesens im Westen und einer sozialistischen Diktatur im Osten, vollzog sich schließlich in engem Zusammenhang mit der Herausbildung des Kalten Krieges, den die UdSSR und die USA ideologisch und machtpolitisch ausfochten.
In den Fünfzigerjahren verfestigten und vertieften sich die Gegensätze. Die beiden neuen deutschen Staaten wurden in die beiden militärischen Blocksysteme integriert (1955). Die Bundesrepublik entwickelte sich zu einer westlich-modernen Gesellschaft, in der der Sozialstaat und die Bürgerrechte kontinuierlich ausgebaut wurden und das so genannte „Wirtschaftswunder" in rasantem Tempo für privaten Wohlstand sorgte. In der DDR wirkte die ökonomische Last des verlorenen Krieges durch die Reparationsleistungen an die UdSSR länger nach. Nur im Vergleich mit ihren östlichen „Bruderstaaten" konnte sich die DDR zu einer relativen Wohlstandsgesellschaft entwickeln und soziale Sicherheit bieten, was nach dem Mauerbau 1961, ungeachtet der Ablehnung der SED-Diktatur, zu einer Identifikation vieler DDR-Bürger mit ihrem Staat führte. Aber diese Identifikation blieb letztlich immer unsicher.
Mit der „neuen Ostpolitik" unter Bundeskanzler Willy Brandt begann eine Verbesserung des deutsch-deutschen Verhältnisses. Die Abschlüsse des Moskauer Vertrages und des Warschauer Vertrages (1970) führten schließlich 1971 zum Berlinabkommen und 1972 zum Grundlagenvertrag, in dem die Bundesrepublik erstmals den souveränen Status der DDR akzeptierte.
Die Sechziger- bis Achtzigerjahre konfrontierten beide Staaten mit neuen Herausforderungen. Im Westen brachten die Diskussion um die Notstandsgesetze und die Studentenunruhen in den Sechzigerjahren eine lang anhaltende Diskussion um politische und gesellschaftliche Reformen (vor allem im Bildungsbereich) in Gang, während es in den Siebziger- und Achtzigerjahren um ökologische Fragen und die gesellschaftliche Gleichstellung der Frau ging. Hatten sich in der DDR mit dem Antritt der Regierung Honecker 1972 Hoffnungen auf mehr Wohlstand und weniger Gängelung durch den SED-Staat verbreitet, kehrte gegen Ende der Siebzigerjahre die Mangelwirtschaft zurück und die ideologischen Auseinandersetzungen mit Regimekritikern verhärteten sich. Als sich die SED nach 1985 dem reformerischen „Perestroika"- und „Glasnost"-Programm von Michail Gorbatschow verschloss und Ende der Achtzigerjahre in unübersehbare wirtschaftliche Schwierigkeiten geriet, begann ihr Niedergang.

1 Der Weg zur Teilung Deutschlands im Zeichen des Ost-West-Gegensatzes (1945–1949)

1.1 Das Kriegsende und seine gesellschaftlichen Folgen

Bedingungslose Kapitulation und territoriale Veränderungen

Die Deutschen befreiten sich nicht aus eigener Kraft von der Herrschaft des Nationalsozialismus. Erst die von den alliierten Streitkräften erzwungene bedingungslose Kapitulation bewirkte den Zusammenbruch der NS-Diktatur. Am 7. Mai 1945 unterzeichnete Generaloberst Alfred Jodl (1890–1946) in Reims im Hauptquartier des Oberbefehlshabers der westalliierten Streitkräfte, General Dwight D. Eisenhower (1890– 1969), die Kapitulationsurkunde. Am 8./9. Mai wurde dieser Rechtsakt auf ausdrücklichen Wunsch der Sowjetunion in Berlin-Karlshorst wiederholt. Wenige Tage später wurde die Regierung des Großadmirals Karl Dönitz (1891–1980), den Hitler zu seinem Nachfolger bestimmt hatte, bei Flensburg abgesetzt. Die Regierungsgewalt in Deutschland ging auf die **Oberkommandierenden der alliierten Streitkräfte** über.

Das Territorium des Reiches wurde vollständig erobert und in eine sowjetische, amerikanische, britische und – etwas später – französische **Besatzungszone** aufgeteilt (Karte 1). General Eisen-

Karte 1 Deutschland und Mitteleuropa 1945–1948

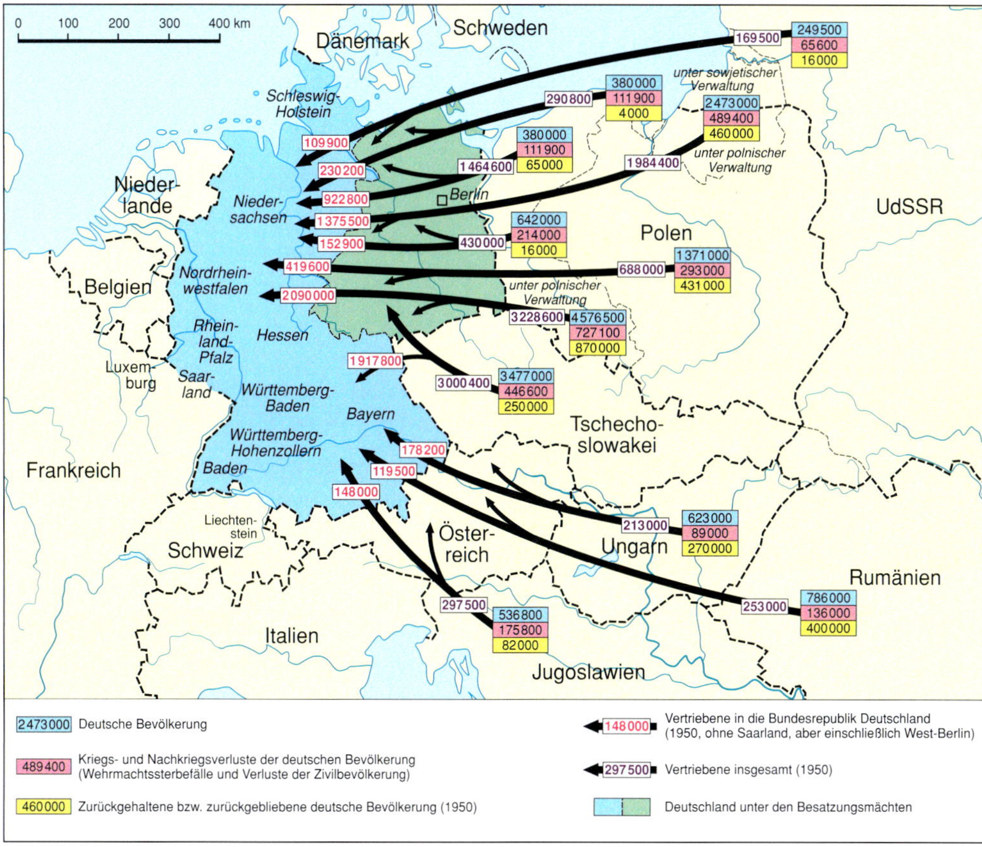

Karte 2 Umsiedlung, Flucht und Vertreibung der Deutschen aus Ost- und Südosteuropa 1939–1950

– *Analysieren Sie die Karte im Hinblick auf die gesellschaftlichen Folgen, die die NS-Herrschaft für Deutschland nach 1945 hatte.*

hower verbot jede Verbrüderung mit der deutschen Bevölkerung, da Deutschland nicht zum Zwecke seiner Befreiung, sondern als besiegter Feindstaat besetzt worden sei. Die Hauptstadt Berlin wurde ebenfalls viergeteilt. Die Gebiete östlich der Oder-Neiße-Linie waren von Stalin bereits im April eigenmächtig unter polnische und sowjetische Verwaltung gestellt worden.

Demographische Veränderungen und Zerstörungen

Die nationalsozialistische Herrschaft und der Zweite Weltkrieg veränderten Bevölkerung und Gesellschaft in Europa tief greifend: **55 Mio. Menschen waren gestorben,** 30 Mio. Menschen ohne Heimat und 35 Mio. verwundet. Mit über 20 Mio. Toten hatten die Bürger der Sowjetunion den größten Blutzoll gezahlt. Auf deutscher Seite mussten 4,3 Mio. Soldaten und 2,8 Mio. Zivilisten ihr Leben lassen.
Im Mai 1939 hatten in den Ostgebieten des Deutschen Reiches rund 9,6 Mio. Deutsche, in den anderen Staaten Ostmitteleuropas von der Ostsee bis nach Rumänien 7,4 Mio. gelebt. Mit dem Vorrücken der Roten Armee hatte im Herbst 1944 eine Flucht- und Vertreibungswelle dieser deutschen Bevölkerung nach Westen eingesetzt, die auch nach dem Ende des Krieges anhielt und

B 1 Otto Dix, Selbstbildnis als Kriegsgefangener, 1947, Öl auf Hartfaserplatte

– *Analysieren Sie B 1 und B 2 in Bezug auf die Erfahrungen der Deutschen in der unmittelbaren Nachkriegszeit und gehen Sie insbesondere auf geschlechterhistorische Probleme ein.*

der mindestens 2,2 Mio. Deutsche zum Opfer fielen (Karte 2). Die Integration der **Vertriebenen** wurde zu einer der größten sozialen Herausforderungen der deutschen Nachkriegsgeschichte und bewirkte längerfristig, dass die konfessionelle Geschlossenheit vieler Gemeinden in rein katholisch bzw. protestantisch geprägte Milieus aufbrach.
Am Ende des Krieges befanden sich außerdem 9 bis 10 Mio. Zwangsarbeiter, Kriegsgefangene und KZ-Häftlinge anderer Nationalitäten in Deutschland. Noch 1947 gab es eine Million solcher „displaced persons" in den vier Besatzungszonen. Nach Hause wollten auch die während des Krieges aus bombengefährdeten Städten evakuierten rund 10 Mio. Deutschen, überwiegend Frauen und Kinder, und die in Kriegsgefangenschaft geratenen Soldaten (B 1).
Die meisten Städte boten infolge der alliierten Luftangriffe ein Bild der Verwüstung. In Westdeutschland war ungefähr ein Viertel des Wohnraumes völlig zerstört, in der sowjetischen Besatzungszone ungefähr ein Zehntel. 40 % der Eisenbahnlinien und anderer Transportwege waren 1945 nicht mehr funktionsfähig, was die Verteilung von Nahrungs- und Versorgungsmitteln erheblich behinderte. Mit den seit April 1945 unter polnischer Verwaltung stehenden Ostgebieten verlor Deutschland ein Viertel seiner bisherigen landwirtschaftlichen Nutzfläche, 17 % der Steinkohlevorkommen und 6 % der Industrieanlagen.

Versorgungskrisen und Schwarzmarkt

Die Wohnraumnot, der Hunger und die Kälte der Winter prägten das Alltagsleben der Menschen in der Nachkriegszeit. Viele lebten am Existenzminimum oder darunter. Mindestens 2000 Kalorien täglich für jeden wären notwendig gewesen, doch 1946 betrug die amtliche Zuweisung in der amerikanischen Zone lediglich 1330, in der russischen 1083, in der britischen 1056 und in der französischen 900 Kalorien. Die Unterernährung schwächte die körperlichen Widerstandskräfte und führte zu Mangelkrankheiten und einer erhöhten Sterblichkeit. Vor allem der harte Winter 1946/47 blieb als **„Hungerwinter"** in den Erinnerungen der Menschen hängen. Die Not förderte Kriminalität und Prostitution. Viele Bewohner der größeren Städte fuhren auf das Land, um sich dort mit dem Notwendigsten einzudecken. Die Rationierung der Lebensmittel und der Mangel vor allem an Brennstoffen ließen

B 2 „Trümmerfrauen" bei Aufräumarbeiten in Dresden, 1945, Fotografie

– *Vergleichen Sie die Fotografie B 2 und das Ölgemälde auf S. 510. Arbeiten sie die dargestellten Erfahrungen aus der deutschen Nachkriegszeit heraus.*

zudem einen Schwarzmarkt entstehen, auf dem knappe Güter gegen hohe Preise erworben werden konnten. Dies geschah häufig auch im direkten Austausch von Naturalien, während Zigaretten allerorten zur „Währung" avancierten.

Frauenrollen – Männerrollen

Obwohl die nationalsozialistische Propaganda die Frau auf die Rolle als Mutter und Hausfrau festlegen wollte, hatte die Kriegswirtschaft die zunehmende Integration der Frauen ins Erwerbsleben erzwungen. In der unmittelbaren Nachkriegszeit herrschte Arbeitskräftemangel, da die Zahl der Männer in den leistungsfähigsten Altersgruppen zwischen dem 25. und 40. Lebensjahr durch Tod oder Kriegsgefangenschaft zurückgegangen war (B 1). Ein Großteil des Wiederaufbaus lag daher zunächst in den Händen der Frauen, die bei der Beseitigung der Trümmer halfen (B 2) und ihre Kinder alleine durchbringen mussten. Dass die Frauen im Erwerbsleben und in der Familie über Jahre hinweg die Aufgaben der Männer übernommen hatten, stärkte ihr Selbstbewusstsein, sodass viele nach der Rückkehr ihrer Männer nicht mehr bereit waren, sich wieder in die traditionelle Rollenverteilung zu fügen. Von 1939 bis 1948 stieg die Scheidungsrate von 9 auf 19 %. Aber auch das Gegenteil lässt sich beobachten: Angesichts materieller Not und einer ungewissen Zukunft suchten nicht wenige Frauen Schutz und Geborgenheit durch die Rückkehr zu alten Rollenbildern.

M1 Kriegsende in Deutschland

a) Eine Frau berichtet über ihre Ausweisung aus Brandenburg durch die Polen im Juni 1945 (berichtet am 5. Juli 1952):

Am 23. Juni 1945 wurden wir nun vollkommen überraschend binnen zehn Minuten vom Polen ausgewiesen. Ich lebte damals wieder in meinem Haus, das ging immer hin und her, mal wurde man herausgeschmissen, dann wagte man sich wieder hinein, schaffte den schlimmsten Schmutz heraus, um dann doch bald wieder herausgeworfen zu werden. Niemand von uns hatte mit einer Ausweisung gerechnet. Wohl kamen eine Woche vorher die Zivilpolen und uns wurde gesagt, dass wir nun polnisch verwaltet würden. Die Zivilpolen benahmen sich anständig, sie plünderten wohl auch noch, aber viel hatte der Russe ja nicht übrig gelassen. Aber Vergewaltigungen kamen da kaum vor. Bis dann am Morgen des 23. Juni 1945 die polnische Soldateska erschien, die so genannten Lubliner Polen, und die gesamte Bevölkerung Soraus, gegen 29 000 Menschen, an diesem Tag auswies. Nur ganz wenige, die in den Fabriken für den Russen arbeiteten, durften bleiben. Mir ließen sie wie allen genau zehn Minuten Zeit. […]

Es war ein Elendszug, denn Züge gingen ja nicht, und so zogen, man kann wohl sagen drei Monate lang, die Ausgewiesenen Schlesiens und Ostbrandenburgs auf diesen Landstraßen entlang: Kinderwagen, Leiterwagen, Schiebkarren, Sportwagen, man sah die unmöglichsten Gefährte.

(Dokumentation der Vertreibung, Band I/2, Bonn 1955, S. 688f.)

b) Richard von Weizsäcker, Bundespräsident, zum 40. Jahrestag des 8. Mai 1945 (1985)

Wir Deutsche begehen den Tag unter uns, und das ist notwendig. Wir müssen die Maßstäbe allein finden. Schonung unserer Gefühle durch uns selbst oder durch andere hilft nicht weiter. Wir brauchen und wir haben die Kraft, der Wahrheit, so gut wir es können, ins Auge zu sehen, ohne Beschönigung und ohne Einseitigkeit.

Der 8. Mai ist für uns vor allem ein Tag der Erinnerung an das, was Menschen erleiden mußten. Er ist zugleich ein Tag des Nachdenkens über den Gang unserer Geschichte. Je ehrlicher wir ihn begehen, desto freier sind wir, uns seinen Folgen verantwortlich zu stellen.

Der 8. Mai ist für uns Deutsche kein Tag zum Feiern. Die Menschen, die ihn bewußt erlebt haben, denken an ganz persönliche und damit ganz unterschiedliche Erfahrungen zurück. Der eine kehrte heim, der andere wurde heimatlos. Dieser wurde befreit, für jenen begann die Gefangenschaft. Viele waren einfach nur dafür dankbar, daß Bombennächte und Angst vorüber und sie mit dem Leben davongekommen waren. Andere empfanden Schmerz über die vollständige Niederlage des eigenen Vaterlandes. Verbittert standen Deutsche vor zerrissenen Illusionen, dankbar andere Deutsche für den geschenkten neuen Anfang.

Es war schwer, sich alsbald klar zu orientieren. Ungewißheit erfüllte das Land. Die militärische Kapitulation war bedingungslos. Unser Schicksal lag in der Hand der Feinde. Die Vergangenheit war furchtbar gewesen, zumal auch für viele dieser Feinde. Würden sie uns nun nicht vielfach entgelten lassen, was wir ihnen angetan hatten?

Die meisten Deutschen hatten geglaubt, für die gute Sache des eigenen Landes zu kämpfen und zu leiden. Und nun sollte sich herausstellen: Das alles war nicht nur vergeblich und sinnlos, sondern es hatte den unmenschlichen Zielen einer verbrecherischen Führung gedient. Erschöpfung, Ratlosigkeit und neue Sorgen kennzeichneten die Gefühle der meisten. Würde man noch eigene Angehörige finden? Hatte ein Neuaufbau in diesen Ruinen überhaupt Sinn?

Der Blick ging zurück in einen dunklen Abgrund der Vergangenheit und nach vorn in eine ungewisse dunkle Zukunft. Und dennoch wurde von Tag zu Tag klarer, was es heute für uns alle gemeinsam zu sagen gilt: Der 8. Mai war ein Tag der Befreiung. Er hat uns alle befreit von dem Menschen verachtenden System der nationalsozialistischen Gewaltherrschaft.

Niemand wird um dieser Befreiung willen vergessen, welche schweren Leiden für viele Menschen mit dem 8. Mai erst begannen und danach folgten. Aber wir dürfen nicht im Ende des Krieges die Ursache für Flucht, Vertreibung und Unfreiheit sehen. Sie liegt vielmehr in seinem Anfang und im Beginn jener Gewaltherrschaft, die zum Krieg führte. Wir dürfen den 8. Mai 1945 nicht vom 30. Januar 1933 trennen.

Wir haben wahrlich keinen Grund, uns am heutigen Tag an Siegesfesten zu beteiligen. Aber wir haben allen Grund den 8. Mai 1945 als das Ende eines Irrweges deutscher Geschichte zu erkennen, das den Keim der Hoffnung auf eine bessere Zukunft barg.

(Richard von Weizsäcker, Von Deutschland aus, dtv, München o. J., S. 13–15)

1 *Erklären Sie den Unterschied zwischen Flucht und Vertreibung (M 1a).*

2 *Woher rührte die in M 1a geschilderte Härte gegenüber den Deutschen?*

3 *Arbeiten Sie aus M 1b heraus, welche Schwerpunkte Richard von Weizsäcker in seinem Rückblick auf das Kriegsende setzt.*

4 *Nehmen Sie Stellung zu der These von Richard von Weizsäcker: Der 8. Mai war ein Tag der Befreiung.*

1.2 Die Konferenz von Potsdam und die Entnazifizierung

Die Deutschlandpläne der Alliierten während des Krieges

Während des Krieges wirkte der gemeinsame Kampf gegen das nationalsozialistische Deutschland integrierend auf das Bündnis der Alliierten. Die ideologischen und machtpolitischen Interessengegensätze zwischen der Sowjetunion einerseits und den westlichen Verbündeten andererseits traten in den Hintergrund.

Bereits im Sommer 1941, d.h. noch vor Eintritt der USA in den Krieg, erklärten der englische Premierminister Winston Churchill und der US-Präsident Franklin D. Roosevelt in der Atlantik-Charta, dass die **„endgültige Vernichtung der Nazityrannei"** die Voraussetzung für eine neue, friedliche und freie Weltordnung sei. Aus diesem Grunde wollte man das Selbstbestimmungsrecht der Völker, das in der Atlantik-Charta auch festgelegt war, für Deutschland zunächst nicht gelten lassen. Bei Gesprächen Ende des Jahres in Moskau einigten sich Stalin und der britische Außenminister auf die Zerstückelung Deutschlands nach dem Krieg. Auf der Konferenz von Casablanca Anfang 1943 wiederum verständigten sich Roosevelt und Churchill auf die Forderung nach der **bedingungslosen Kapitulation** Deutschlands. Das erste gemeinsame Gipfeltreffen von Churchill, Roosevelt und Stalin fand Ende 1943 in Teheran statt, bei dem die Sowjetunion Anspruch auf Ostpolen erhob.

Zu Beginn des Jahres 1944 beschlossen die Alliierten die Grundsätze der Besatzungspolitik der Siegermächte nach 1945: Deutschland sollte in den Grenzen von 1937 in drei **Besatzungszonen** aufgeteilt werden, in der der jeweilige militärische Oberbefehlshaber die Regierungsgewalt innehatte; für **Berlin** hingegen war eine **gemeinsame Verwaltung** der Siegermächte vorgesehen. Für alle Angelegenheiten, die Deutschland als Ganzes betrafen, wurde ein **alliierter Kontrollrat** mit Sitz in Berlin eingerichtet, der sich aus den Oberkommandierenden der Besatzungsmächte zusammensetzte und in dem Beschlüsse einstimmig gefasst werden mussten. Damit besaß jede der drei Siegermächte ein Vetorecht im Kontrollrat, in den – gemäß den Beschlüssen der Konferenz von Jalta Anfang 1945 – später auch die französische Besatzungsmacht aufgenommen werden sollte.

Die Potsdamer Beschlüsse

Vom 17. Juli bis zum 2. August 1945 trafen sich die Siegermächte in Potsdam, um über die Nachkriegsordnung in Deutschland und Europa zu beraten, allerdings noch ohne Frankreich (M 2). Der amerikanische Präsident Harry S. Truman erstrebte in Fortsetzung der Politik seines Vorgängers Franklin D. Roosevelt, der im April gestorben war, die Errichtung einer stabilen internationalen Friedensordnung unter dem Dach der Vereinten Nationen, zunächst in Kooperation mit der Sowjetunion. Nach der Wahlniederlage der konservativen Partei wurde Winston S. Churchill als Premierminister und Leiter der englischen Delegation in Potsdam von Clement Attlee abgelöst, der jedoch seit Beginn an den Verhandlungen teilgenommen hatte.

Nach dem Ende des Zweiten Weltkrieges verband die Siegermächte das Interesse, dass von Deutschland nie wieder eine Bedrohung für den Frieden in der Welt ausgehen sollte. Daher mussten die für den Krieg Verantwortlichen bestraft und dem Militarismus und Nationalsozialismus für immer die Grundlagen entzogen werden. Einig waren sich die Siegermächte auch darüber, dass Europa und die Welt nur dann in Sicherheit vor den Deutschen leben würden, wenn das deutsche Rüstungspotenzial zerschlagen würde. Aus diesen Beweggründen wurden auf der Potsdamer Konferenz **Entnazifizierung, Entmilitarisierung und Dezentralisierung** zu den großen deutschlandpolitischen Zielen erklärt. Dies waren auch die Voraussetzungen, um einen Prozess der Demokratisierung in Gang zu setzen.

Jedoch wurden diese Ziele von jeder Besatzungsmacht im Lichte ihrer politischen Wertvorstel-

B 3 Anton Paul Weber, Zwischen Ost und West, 1946, Karikatur

– *Ziehen Sie aus der Karikatur Rückschlüsse auf die Stimmungen und Erfahrungen der deutschen Bevölkerung 1945/46.*

lung und politischen Machtinteressen interpretiert, was bereits auf der Konferenz zu ersten Spannungen führte: Zwar wurde rein rechtlich die Festlegung der deutsch-polnischen Grenze auf eine zukünftige Friedenskonferenz vertagt, aber Stalins Rote Armee hatte bereits vor der Konferenz im sowjetischen Einflussgebiet vollendete Tatsachen geschaffen. Gegen den Widerstand Churchills wurde in Potsdam die Abtrennung der deutschen Ostgebiete, die Vertreibung der Deutschen und die **Oder-Neiße-Linie** als deutsche Ostgrenze festgeschrieben.
Für Interessenkonflikte unter den Siegermächten sorgte auch die Frage der **Reparationen**, da ein großer Teil des deutschen Wirtschaftspotenzials in den westlichen Zonen lag. Stalin forderte für die durch den Krieg besonders geschwächte Sowjetunion 10 Mrd. Dollar Entschädigungsleistungen und eine Viermächtekontrolle des Ruhrgebietes. Dies wurde von Briten und Amerikanern abgelehnt, da sie ein wirtschaftliches Chaos befürchteten und letztlich auch verhindern wollten, dass sie für die Zahlung der Reparationen an die Sowjetunion aufzukommen hätten. Daher schlug der amerikanische Außenminister James F. Byrnes vor, dass jede Besatzungsmacht ihre Reparationsansprüche aus ihrer eigenen Zone befriedigen sollte; die Sowjetunion sollte zudem von den Reparationen, die die Westmächte entnehmen würden, 10 % gratis und 15 % im Austausch gegen Sachlieferungen erhalten. Damit wurde Deutschland ökonomisch in ein östliches und ein westliches Reparationsgebiet geteilt, auch wenn im Abschlusskommunikee der Konferenz formal an der wirtschaftlichen Einheit Deutschlands festgehalten wurde.

Die Nürnberger Prozesse

Zu den ersten Maßnahmen der Siegermächte gehörten die Auflösung der NSDAP und die Verhaftung und Internierung führender Parteifunktionäre, SS-Offiziere und leitender Beamter. Am 8. August 1945 wurde in Nürnberg der **Internationale Militärgerichtshof** gegründet, vor dem sich die Hauptkriegsverbrecher zu verantworten hatten. Den Angeklagten wurden Verbrechen gegen den Frieden, Kriegsverbrechen und **Verbrechen gegen die Menschlichkeit** zur Last gelegt. Juristisch war sowohl die Einrichtung dieses Tribunals als auch die Begründung der Anklagepunkte problematisch. Bisher gab es noch kein völkerrechtlich sanktioniertes Verbot von Angriffskriegen. Kriegsverbrechen und Verbrechen gegen die Menschlichkeit konnten aus Sicht der Deutschen auch anderen kriegsbeteiligten Mächten vorgeworfen werden. Vielen Deutschen erschienen daher die Nürnberger Prozesse nicht als gerechte Bestrafung der Hauptverantwortlichen des NS-Regimes, sondern als Justiz der Sieger über die Besiegten.

Hitler, Himmler und Goebbels hatten sich bereits vor Kriegsende durch Selbstmord der Verantwortung entzogen. Von den 22 Angeklagten wurden zwölf zum Tode durch den Strang verurteilt, darunter Hermann Göring, der vor der Hinrichtung Selbstmord beging. Sieben Angeklagte erhielten Haftstrafen, drei wurden freigesprochen. Allein von den Militärgerichten der drei Westmächte wurden 5006 Angeklagte verurteilt, davon 794 zum Tode (486 vollstreckt). Von den fast 13 000 Verurteilten in der SBZ wurden bis Anfang 1947 436 mit dem Tode bestraft.

Entnazifizierung und Umerziehung in den Westzonen

In den Westzonen konzentrierte sich die Entnazifizierung zunächst auf staatliche Einrichtungen. Alle Beamten und Angestellten des öffentlichen Dienstes hatten in einem Fragebogen Auskunft über ihre Tätigkeit in der Zeit des Nationalsozialismus zu geben. Dieses Verfahren wurde dann auf andere Berufsgruppen und in der amerikanischen Zone auf die gesamte Bevölkerung ausgedehnt. Den Grad der **individuellen Verantwortung** drückten fünf Kategorien von I (Hauptschuldiger) bis V (Unbelasteter) aus. Verdächtige durften bis zur Entscheidung lediglich manuelle Arbeit ausüben.
Ab 1946/47 übertrugen die Militärbehörden in den westlichen Zonen die Entnazifizierung deutschen „Spruchkammern", die zahlreiche Entlassungen aus dem öffentlichen Dienst aufhoben. Noch ausstehende Verfahren endeten fast immer mit dem Spruch „Mitläufer" (Kategorie IV) oder „Unbelasteter". „Mitläuferfabriken" hat daher ein Historiker diese Spruchkammern genannt. Waren Wissenschaftler für die Sieger von Nutzen, fragten sie nicht nach deren Vergangenheit; und bei Fachleuten, die für den Fortgang der Wirtschaft, Verwaltung und Versorgung unentbehrlich waren, sahen die Prüfer nicht genau hin. Bis zum Februar 1950 wurden in den drei Westzonen insgesamt über 3,6 Mio. Fälle behandelt. Aber nur 5 % wurden in die ersten drei Kategorien eingestuft, hingegen über 60 % als Mitläufer oder Entlastete; die Übrigen kamen in den Genuss einer Amnestie oder einer Verfahrenseinstellung. Bis heute werden allerdings nationalsozialistische Gewaltverbrechen vor Gericht gebracht.
Nach amerikanischer Vorstellung konnte allerdings dem Nationalsozialismus nur dann dauerhaft der Boden entzogen werden, wenn die deutsche Bevölkerung mit demokratischen Verhaltensstrukturen vertraut gemacht wurde. Dazu bedurfte es eines Lernprozesses, der nur auf dem Wege der **Umerziehung** zu erreichen war („reeducation"). Presse, Rundfunk und Film wurden daher anfangs kontrolliert. Die Reformen an Schulen und Universitäten waren nur bedingt erfolgreich. Eine Rückkehr zu Vorkriegstraditionen gab es vor allem an den Universitäten.

„Antifaschismus" und Entnazifizierung in der SBZ

In der sowjetischen Besatzungszone wurde die Entnazifizierung insgesamt rascher und konsequenter durchgeführt als in den Westzonen. Von Anfang an bildete sie einen festen Bestandteil zur radikalen Umgestaltung der gesellschaftlichen und politischen Verhältnisse. Die **„Ausrottung der Überreste des Faschismus"** legitimierte die Entmachtung der traditionellen Eliten in Justiz, Verwaltung, Polizei und Wirtschaft, die man häufig durch Kommunisten ersetzte. Aber auch ca. 150 000 Menschen, die keine Nazis waren, wurden interniert, teilweise sogar in den ehemaligen Konzentrationslagern Buchenwald oder Sachsenhausen. Anders als in den Westzonen wurde von Anfang an eine klare Unterscheidung zwischen aktiven und nominellen Nazis getroffen. Die Entnazifizierung konzentrierte sich auf die ehemals führenden Nationalsozialisten, die man zum Großteil aus ihren Stellungen entfernte – bis 1948 insgesamt etwa 520 000 Personen. Bei der Justizreform im September 1945 wurden 85 % der Richter entlassen und durch „Volksrichter" ersetzt; in ähnlichem Umfang betraf dies auch die Lehrer an den Schulen. Im Februar 1948 wurde die Entnazifizierung in der SBZ für beendet erklärt. Für einen Großteil ehemaliger Parteigenossen blieben auch in Zukunft leitende Funktionen in Justiz, Polizei und Verwaltung verschlossen.

M2 Aus den Deutschland betreffenden Abschnitten des „Potsdamer Abkommens" vom 2. August 1945

Es ist nicht die Absicht der Alliierten, das deutsche Volk zu vernichten oder zu versklaven. Die Alliierten wollen dem deutschen Volke die Möglichkeit geben, sich darauf vorzubereiten, sein Leben auf einer demokratischen und friedlichen Grundlage von neuem wieder aufzubauen. Wenn die eigenen Anstrengungen des deutschen Volkes unablässig auf die Erreichung dieses Zieles gerichtet sein werden, wird es ihm möglich sein, zu gegebener Zeit seinen Platz unter den freien und friedlichen Völkern der Welt einzunehmen. [...]

A. Politische Grundsätze

1. Entsprechend der Übereinkunft über das Kontrollsystem in Deutschland wird die höchste Regierungsgewalt in Deutschland durch die Oberbefehlshaber der Streitkräfte der Vereinigten Staaten von Amerika, des Vereinigten Königreichs, der Union der Sozialistischen Sowjetrepubliken und der Französischen Republik nach den Weisungen ihrer entsprechenden Regierungen ausgeübt, und zwar von jedem in seiner Besatzungszone sowie gemeinsam in ihrer Eigenschaft als Mitglieder des Kontrollrates in den Deutschland als Ganzes betreffenden Fragen.

2. Soweit dieses praktisch durchführbar ist, muss die Behandlung der deutschen Bevölkerung in ganz Deutschland gleich sein.

3. Die Ziele der Besetzung Deutschlands, durch welche der Kontrollrat sich leiten lassen soll, sind:

(I.) Völlige Abrüstung und Entmilitarisierung Deutschlands und die Ausschaltung der gesamten deutschen Industrie, welche für eine Kriegsproduktion benutzt werden kann, oder deren Überwachung. [...]

(II.) Das deutsche Volk muss überzeugt werden, dass es eine totale militärische Niederlage erlitten hat und dass es sich nicht der Verantwortung entziehen kann für das, was es selbst dadurch auf sich geladen hat, dass seine eigene mitleidlose Kriegsführung und der fanatische Widerstand der Nazis die deutsche Wirtschaft zerstört und Chaos und Elend unvermeidlich gemacht haben.

(III.) Die Nationalsozialistische Partei mit ihren angeschlossenen Gliederungen und Unterorganisationen ist zu vernichten; [...] es sind Sicherheiten dafür zu schaffen, dass sie in keiner Form wieder auferstehen können, jeder nazistischen und militärischen Betätigung und Propaganda ist vorzubeugen.

(IV.) Die endgültige Umgestaltung des deutschen politischen Lebens auf demokratischer Grundlage und eine eventuelle friedliche Mitarbeit Deutschlands am internationalen Leben sind vorzubereiten. [...]

5. Kriegsverbrecher und alle diejenigen, die in der Planung oder Verwirklichung nazistischer Maßnahmen, die Greuel oder Kriegsverbrechen nach sich zogen oder als Ergebnis hatten, teilgenommen haben, sind zu verhaften und dem Gericht zu übergeben. Nazistische Parteiführer, einflussreiche Nazianhänger und die Leiter der nazistischen Ämter und Organisationen und alle anderen Personen, die für die Besetzung und ihre Ziele gefährlich sind, sind zu verhaften und zu internieren. [...]

9. Die Verwaltung Deutschlands muss in Richtung auf eine Dezentralisation der politischen Struktur und der Entwicklung einer örtlichen Selbstverwaltung durchgeführt werden. [...]

(II.) In ganz Deutschland sind alle demokratischen politischen Parteien zu erlauben und zu fördern, mit der Einräumung des Rechtes, Versammlungen einzuberufen und öffentliche Diskussionen durchzuführen. [...]

(IV.) Bis auf weiteres wird keine zentrale deutsche Regierung errichtet werden [...]

B. Wirtschaftliche Grundsätze

12. In praktisch kürzester Frist ist das deutsche Wirtschaftsleben zu dezentralisieren mit dem Ziel der Vernichtung der bestehenden übermäßigen Konzentration der Wirtschaftskraft, dargestellt insbesondere durch Kartelle, Syndikate, Trusts und andere Monopolvereinigungen. [...]

14. Während der Besatzungszeit ist Deutschland als eine wirtschaftliche Einheit zu betrachten [...].

(Ernst Deuerlein [Hg.], Potsdam 1945. Quellen zur Konferenz der „Großen Drei", München 1963, S. 354 ff.)

1 *Fassen Sie die gemeinsamen Ziele der Alliierten in M 2 stichwortartig zusammen.*

2 *Erläutern Sie, wie es trotz unterschiedlicher politischer und gesellschaftlicher Ziele in Potsdam möglich wurde, sich auf eine gemeinsame Deutschlandpolitik zu einigen.*

1.3 Politischer Neuaufbau

Antifaschismus und Parteiengründungen in der SBZ

Der politische Neuanfang in der Sowjetischen Besatzungszone (SBZ) erfolgte unter dem Vorzeichen der **Integrationsideologie des Antifaschismus** (B 5). Anfang Mai 1945 wurde eine Gruppe deutscher Kommunisten aus dem Moskauer Exil nach Berlin geflogen, der unter anderem Walter Ulbricht (1893–1973), der spätere Staatsratsvorsitzende der DDR, und Wilhelm Pieck (1876–1960), der spätere Staatspräsident der DDR, angehörten. Sie sollten die Besatzungsmacht beim Umbau der politischen und administrativen Strukturen unterstützen. Von Anfang an fehlte den Kommunisten im Gegensatz zu den Sozialdemokraten eine breite Basis in der Bevölkerung der SBZ. Sie konnten sich daher nur mit Hilfe der sowjetischen Besatzungsmacht etablieren und behaupten.

In der SBZ erfolgte die Zulassung von Parteien **zentral**. Bereits am 10. Juni 1945 erlaubte die sowjetische Militärverwaltung (SMAD) die „Bildung und Tätigkeit antifaschistischer Parteien". Am nächsten Tag wurde die KPD gegründet, am 15. Juni die SPD, am 26. Juni die Christlich-Demokratische Union (CDU) und am 5. Juli die Liberal-Demokratische Partei Deutschlands (LDPD); die Demokratische Bauernpartei Deutschlands (DBD) folgte erst am 29. April 1948. In ihrem Gründungsaufruf erklärte die KPD, ihr Ziel sei die Errichtung einer parlamentarisch-demokratischen Republik mit allen demokratischen Rechten und Freiheiten für das Volk. Zur Begründung hieß es, Deutschland dürfe nicht das Sowjetsystem aufgezwungen werden, da dieser Weg nicht den gegenwärtigen Entwicklungsbedingungen entspreche. Die ersten Bürgermeister in der SBZ waren daher vielfach Sozialdemokraten oder Vertreter bürgerlicher Parteien.

Von einer freien Entfaltung der Parteien konnte jedoch von Anfang an keine Rede sein. Am 14. Juli 1945 schlossen sich die vier Parteien zu einem **„Block antifaschistisch-demokratischer Parteien"** zusammen. Da Beschlüsse nur einstimmig gefasst werden konnten, wurde die Aktionsfreiheit von SPD, CDU und Liberalen entscheidend eingeschränkt; eine Koalitionsbildung gegen oder ohne die KPD war nicht mehr möglich.

Im Juni 1945 hatte sich der Vorsitzende des Zentralausschusses der Sozialdemokraten in der SBZ, Otto Grotewohl (1894–1964), vor dem Hintergrund der Erfahrungen der Weimarer Republik für die Vereinigung der Arbeiterparteien ausgesprochen. Dieses Angebot war von der KPD jedoch abgelehnt worden. Nach der vernichtenden Wahlniederlage der Kommunisten in Österreich im Oktober 1945 stand zu erwarten, dass auch in der SBZ freie Wahlen die fehlende demokratische Legitimation der KPD sichtbar machen würden. Ende 1945 lehnte nun seinerseits der SPD-Vorstand in der SBZ eine Fusion mit der KPD ab.

Am 22. April 1946 vollzogen 548 Delegierte der SPD und 507 Delegierte der KPD in Ostberlin unter dem Druck der sowjetischen Besatzungsmacht die **Gründung der Sozialistischen Einheitspartei Deutschlands (SED)**. Eine demokratische Urabstimmung in den Ortsverbänden der SBZ wurde verboten. Bei einer Urabstimmung in den Westsektoren Berlins sprachen sich jedoch im März 1946 über 80 % der SPD-Mitglieder gegen eine Fusion der beiden Arbeiterparteien aus und bewerteten die Fusion als **Zwangsvereinigung** (M 3).

Die Führungsposten der SED wurden zunächst paritätisch besetzt. Bei den Landtagswahlen 1946 in der SBZ erhielt die SED nach offiziellen Angaben 47,5 %, CDU und LDPD zusammen 49 % der Stimmen. Es waren die letzten Wahlen in der SBZ, bei der sich die Wähler zwischen den Kandidaten verschiedener Parteien entscheiden konnten. 1945 setzten die SED und mit ihr gemeinsam LDPD und Ost-CDU die Bodenreform und die Verstaatlichung großer Industriebetriebe durch (B 5). Aber die SED hatte längst die Schlüsselpositionen der staatlichen Macht in ihrer Hand. Spätestens seit 1948 wandelte sich die SED zu einer „Partei neuen Typs" nach sowjetischem Vorbild (M 4).

B 4 Carl Reiser, „In die Neue Zeit mit der Sozialdemokratie“, um 1946, Plakat

B 5 D. Fischer, „Volksentscheid gegen Kriegsverbrecher“, 1946, Plakat zum Volksentscheid über die Enteignung in Sachsen

– *Untersuchen Sie anhand von B 4, für welche politischen Ziele die SPD 1946 warb und welche Eindrücke das Plakat erzeugen sollte.*
– *Analysieren Sie die Gestaltungsmittel, mit denen der Betrachter von B 5 für die Enteignungen in der sowjetischen Besatzungzone gewonnen werden sollte.*
– *Informieren Sie sich über den Begriff des „Antifaschismus“ und arbeiten Sie in einem Kurzreferat heraus, inwieweit man das Plakat B 5 als eine bildnerische Umsetzung dieses Begriffs verstehen kann.*
– *Versetzen Sie sich in die Rolle einer Journalistin aus Großbritannien und schreiben Sie aus der Sicht des Jahres 1948 einen Zeitungsbericht über das Parteienspektrum in den Ost- und Westzonen. Bebildern Sie Ihren Bericht mit Parteiplakaten, die Ihrer Meinung nach typisch sind (s. Chroniken, historische Bildbände usw.), und begründen Sie die Auswahl gegenüber der Bildredaktion Ihrer Zeitung.*

Die Anfänge der politischen Parteien in den Westzonen

In den westlichen Zonen begann der politische Wiederaufbau der Parteien später als in der SBZ: ab August 1945 in der amerikanischen, ab September in der britischen und ab November in der französischen Zone. Anders als in der SBZ erfolgte der Aufbau **dezentral** und demokratisch von „unten nach oben“.
Lange bevor die Briten politische Parteien offiziell zuließen, trafen sich die **Sozialdemokraten** im April 1945 in Hannover auf Initiative von Kurt Schumacher (1895–1952), der kurze Zeit später zum Beauftragten der SPD für die Westzonen gewählt wurde. Sein Stellvertreter wurde im Mai 1946 Erich Ollenhauer (1901–1963). Mit der Berliner SPD unter Otto Grotewohl kam es zum

Konflikt in der Frage, ob sich SPD und KPD vereinigen sollten, denn Schumacher war ein radikaler Antikommunist und lehnte eine Fusion wegen der engen Bindung der KPD an die Sowjetunion ab. Damit zeichnete sich bereits 1945 innerhalb der SPD eine Spaltung in Ost und West ab. In ihren wirtschaftspolitischen Leitsätzen vom Oktober 1945 forderte die SPD die Sozialisierung der „Großindustrie, der Großfinanz und die Aufsiedlung des Großgrundbesitzes", um künftig die Konzentration ökonomischer und politischer Macht zu verhindern (B 4). Die Partei verfügte Ende 1947 zwar über rund 875 000 Mitglieder, aber bei den ersten Landtagswahlen gelang es ihr nur in Hessen, Württemberg-Baden, Bremen, Hamburg und Berlin, die CDU zu überflügeln. Bei den ersten Bundestagswahlen 1949 erreichte die SPD 29 % der Stimmen.

Die **Christlich-Demokratische Union (CDU)** entstand als überkonfessionelle bürgerliche Sammelpartei mit einem leichten Übergewicht der Katholiken. Der ehemalige Zentrumspolitiker und Kölner Oberbürgermeister Konrad Adenauer (1876–1967) wurde zum Vorsitzenden in der britischen Zone gewählt. Die Vereinigung der CDU zur Bundespartei erfolgte erst im Oktober 1950 in Goslar, da die alliierten Militärbehörden Zusammenschlüsse der Parteiorganisationen über die Zonengrenzen hinweg nicht zuließen. In der Partei gab es unterschiedliche Strömungen. Die politischen Zielvorstellungen derjenigen, die aus der christlichen Gewerkschaftsbewegung kamen, wie z. B. Jakob Kaiser (1888–1961), fanden ihren Niederschlag im **Ahlener Programm** vom 3. Februar 1947, das z. B. Sozialisierungen vorschlug. Andere, wie auch z. B. der spätere Bundeskanzler Konrad Adenauer, favorisierten die soziale Marktwirtschaft; diese setzte sich längerfristig in der Partei durch. In Bayern bildete sich als „Schwesterpartei" der CDU die Christlich-Soziale Union (CSU); bei den ersten Bundestagswahlen erreichten CDU und CSU zusammen 31 % der Stimmen.

Im Januar 1946 wurde in Nordbaden-Württemberg die Demokratische Volkspartei (DVP) gegründet, aber erst im Dezember 1948 schlossen sich die verschiedenen liberalen Landesverbände der drei Westzonen zur **Freien Demokratischen Partei/FDP** zusammen, nachdem sie sich von der LDPD in der Sowjetzone getrennt hatten. Die Liberalen setzten sich für eine liberal-kapitalistische Wirtschaftsordnung ein. Zum Vorsitzenden wählten sie Theodor Heuss (1884–1963), den späteren ersten Präsidenten der Bundesrepublik. 12 % der Wähler stimmten bei den ersten Bundestagswahlen für die Liberalen.

Bei den ersten Landtagswahlen in den Westzonen erzielte die **Kommunistische Partei Deutschlands (KPD)** in keinem Land mehr als 15 % der Stimmen. In den ersten Bundestag wurden sie lediglich mit 6 % gewählt.

Die Neuanfänge der Gewerkschaften

In der SBZ vollzog sich der Aufbau der Gewerkschaften zentralistisch von oben nach unten. Bereits im Juni 1945 hatte sich in Berlin ein „Initiativausschuss zur Gründung antifaschistisch-demokratischer Gewerkschaften" gebildet. Im Februar 1946 folgte die offizielle Gründung des **Freien Deutschen Gewerkschaftsbundes (FDGB)**. Obwohl alle Parteien in der Leitung des FDGB vertreten waren, sicherten sich die Kommunisten mit ihren straff geführten Betriebsgruppen rasch die Vorherrschaft und schufen eine **Einheitsorganisation**.

Als es im Herbst 1947 wegen eines neuen Leistungslohnsystems zu Konflikten zwischen den Arbeitern in den Betrieben einerseits und der SED und der sowjetischen Militäradministration andererseits kam, trat die Umwandlung des FDGB in ein politisches Instrument der SED zur Massenbeeinflussung klar zu Tage. Die noch überwiegend sozialdemokratisch gesonnenen Betriebsräte opponierten mit den Arbeitern gegen das neue Lohnsystem und beharrten auf ihrer Selbstständigkeit gegenüber Anweisungen von außen. Daraufhin installierte die SED in den Betrieben von der Partei abhängige Betriebsgewerkschaftsleitungen.

Im August 1950 schließlich formulierte die SED öffentlich ihren Führungsanspruch im FDGB. Die Militärverwaltungen in den **Westzonen** verzögerten den politischen Neuaufbau der Gewerkschaften, weil sie einerseits den Deutschen misstrauten und andererseits den Ausbruch einer sozialen Revolution befürchteten, von der die Kommunisten profitieren könnten. Im August 1945 wurden in der britischen Zone zunächst Betriebsräte zugelassen, im September dann die Bildung von Gewerkschaften auf lokaler Ebene genehmigt. Der Streit um die Organisationsform der Gewerkschaften verzögerte zunächst den Neuaufbau. Die britische Militärregierung befürchtete, dass eine möglicherweise kommunistisch geführte Einheitsgewerkschaft zu mächtig werden könnte. Auf Wunsch der Militärregierung intervenierte der britische Gewerkschaftsverband. Ende 1945 fiel in Düsseldorf der Entschluss für das **Industrieverbandsprinzip**. Die einzelnen autonomen Industriegewerkschaften sollten in einem Dachverband zusammengefasst werden. Dieses Modell wurde im August 1946 auf der Gewerkschaftskonferenz in Bielefeld beschlossen. Dagegen bildeten die Gewerkschaften „Erziehung und Wissenschaft" und „Kunst" Berufsverbände. 1947 wurde in Bielefeld mit dem **Deutschen Gewerkschaftsbund (DGB)** der erste westzonale Dachverband gegründet. Im Oktober 1949 konstituierte er sich dann als bundesweite Organisation. Nachdem das Interesse an einer Sozialisierung der Schlüsselindustrien in den westlichen Zonen sowohl bei den Besatzungsmächten als auch bei den Gewerkschaften nach dem Hungerwinter 1946/47 nachgelassen hatte, konzentrierten die Gewerkschaften ihre Tätigkeit auf die Tarifpolitik.

Reform der Länder und Aufbau der Verwaltungen

Nach der bedingungslosen Kapitulation und der Übernahme der Regierungsgewalt in Deutschland sahen sich die Siegermächte zunächst vor die Aufgabe gestellt, in ihren Besatzungszonen eine funktionierende Verwaltung zu organisieren, um in Anbetracht der Flüchtlingsströme und der Nahrungsmittel- und Wohnraumknappheit die Versorgung der Bevölkerung zu sichern und soziale Unruhen zu vermeiden. Dazu benötigten sie die Mitarbeit der Deutschen.

Bereits im Juli 1945 setzte die SMAD in der **Ostzone** Regierungen in den Ländern Sachsen, Mecklenburg und Thüringen sowie in den Provinzen Brandenburg und Sachsen-Anhalt ein. Noch im gleichen Monat wurde die Errichtung von **elf deutschen Zentralverwaltungen** angeordnet. Fünf der von der SMAD eingesetzten Präsidenten dieser Verwaltungen gehörten der KPD, drei der SPD, je einer der CDU und der LDPD an, einer war parteilos.

Auch in den **Westzonen** waren die Weichenstellungen der Besatzungsmächte entscheidend. Am frühesten begann die US-Militärregierung mit dem Aufbau einer deutschen Zentralverwaltung. Im Oktober 1945 bildete sie in ihrer Zone einen **Länderrat**, der sich aus den drei von ihr ernannten Ministerpräsidenten der Länder Bayern, Württemberg-Baden und Hessen zusammensetzte. Bereits Anfang August waren Nord-Württemberg und Nord-Baden zum Land Württemberg-Baden mit Stuttgart als Regierungssitz zusammengefasst worden. Erster Ministerpräsident wurde der Vorsitzende der liberalen DDP, Reinhold Maier (1889–1971).

Im August 1946 löste die britische Militärregierung die bisherigen preußischen Provinzen auf und errichtete an ihrer Stelle die Länder Schleswig-Holstein, Hannover und Nordrhein-Westfalen und wenig später Niedersachsen. Eine dem Länderrat in der amerikanischen Zone vergleichbare Zentralverwaltung lehnte sie jedoch ab. Am 25. Februar 1947 wurde **Preußen** dann formal durch ein Kontrollratsgesetz **aufgelöst**. Mit der Errichtung des Landes Nordrhein-Westfalen wollte die britische Regierung vollendete Tatsachen schaffen, um eine von Frankreich und der Sowjetunion geforderte internationale Kontrolle des Ruhrgebietes zu verhindern.

Frankreich riegelte seine Besatzungszone sofort von den übrigen ab und förderte dort einen extremen **Föderalismus**. Das Land Rheinland-Pfalz wurde neu gegründet und ein durch Grenzkorrekturen vergrößertes Saarland politisch und wirtschaftlich von Deutschland abgetrennt, kam aber 1955 nach einer Volksabstimmung zur Bundesrepublik. Bis Herbst 1947 entstanden die Länder Württemberg-Hohenzollern mit der Hauptstadt Tübingen, Baden mit der Hauptstadt Freiburg und separat der Kreis Lindau auf bayerischem Gebiet. Die Bildung des heutigen Landes **Baden-Württemberg** geht auf das Jahr 1952 zurück.

Bodenreform und Verstaatlichung in der SBZ

In der sowjetischen Besatzungszone, die einen beträchtlichen Anteil des ehemaligen ostelbischen Großgrundbesitzes umfasste, bildete die Bodenreform einen integralen Bestandteil der Entnazifizierungspolitik. Im September 1945 begann die sowjetische Militäradministration unter der Losung „Junkerland in Bauernhand“ mit der entschädigungslosen Enteignung des Grundbesitzes über 100 Hektar. Betroffen waren von den Maßnahmen rund 35 Prozent der landwirtschaftlichen Nutzfläche. Ungefähr zwei Drittel des enteigneten Bodens wurden an 599 000 Bauern, Landarbeiter und Umsiedlerfamilien in Parzellen zu 5 bis 10 Hektar verteilt. Die Mehrzahl der kleinen Betriebe erwies sich jedoch längerfristig als unrentabel. Ab 1952 mussten sie sich in **Landwirtschaftlichen Produktionsgenossenschaften (LPG)** zusammenschließen. Damit begann die Kollektivierung der Landwirtschaft nach sowjetischem Vorbild.
Nachdem im Juli 1945 bereits Banken und Sparkassen entschädigungslos enteignet worden waren, setzte gegen Ende des Jahres die Verstaatlichung der Industrie ein, die wie alle Sozialisierungsmaßnahmen mit der Enteignung von Kriegs- und Naziverbrechern legitimiert wurde (B 5). Nach Anfängen in Sachsen erfolgte die Umwandlung der Unternehmen in **Volkseigene Betriebe (VEB)** auch in den anderen Gebieten der SBZ, allerdings nicht mehr, wie in Sachsen, per Volksabstimmung, sondern nur noch per Verordnung. Bis Mitte 1948 wurden mehr als 9000 Betriebe sozialisiert. 213 der wichtigsten Betriebe, die alleine fast 25–30 % der sowjetzonalen Gesamtproduktion erzeugten, gingen zunächst in das Eigentum der Sowjetunion über und wurden in 25 **Sowjetische Aktiengesellschaften (SAG)** umgewandelt. 1953 wurden sie für rund 2,5 Mrd. Mark von der DDR zurückgekauft.

Reparationen und Demontagen

In Potsdam hatten die Alliierten vereinbart, dass jede Besatzungsmacht ihre Reparationen durch Entnahme von Produktionsgütern aus ihrer eigenen Zone befriedigen sollte. Die USA interessierten sich vor allem für **industrielles Know-how**. Ungefähr 1000 Techniker, wie z. B. der Raketenbauer Wernher von Braun (1912–1977), wurden in die USA gebracht, um dort an ihren Projekten weiterzuarbeiten. Der Technologieraub dürfte einen Wert von 10 Mrd. Dollar gehabt haben, zu dem auch die Verfilmung der wichtigsten deutschen Patente gehörte.
Am längsten plünderte die UdSSR ihre Zone aus. Bis Frühjahr 1948 wurden nicht nur kriegswichtige Industrien, sondern auch für die Friedenswirtschaft unentbehrliche industrielle Betriebe demontiert. Hinzu kam die Entnahme von Reparationen aus der laufenden Produktion und die Demontage von Gleisanlagen. Auch die UdSSR nahm eine große Zahl deutscher Forscher in ihre Dienste, bemühte sich allerdings vergeblich, einen Zugriff auf das Industriepotenzial und die Rohstoffe im britisch besetzten Ruhrgebiet zu erhalten. Die **rücksichtslose Entnahmepolitik** der **sowjetischen Besatzungsmacht** hat das Wirtschaftspotenzial der Ostzone mehr zerstört als die unmittelbaren Kriegseinwirkungen. Die Belastung, die rein rechnerisch jeder Deutsche zu tragen hatte, war in der Ostzone dreimal so hoch wie in den Westzonen.

M3 Zwangsvereinigung von SPD und KPD

Bericht von Christopher Steel, dem Leiter der politischen Abteilung der britischen Militärregierung in Deutschland, an das britische Außenministerium über ein Treffen mit den Ost-SPD-Mitgliedern Otto Grotewohl und Gustav Dahrendorf am 4. Februar 1946 (Auszug):

Was sie sagten, war nicht ermutigend. Grotewohl, anfangs noch guter Laune, sah mitgenommen und besorgt aus. Nach dem Essen kamen wir zur Sache, und als ich ihn nach den Einheitslisten fragte, sagte er, das Ende stehe kurz bevor. Ich sagte, wir könnten nicht verstehen, dass die SPD wirklich mit den Kommunisten zusammengehen könnte, es gebe doch wahrlich noch einen Unterschied zwischen Freiheit und Totalitarismus. Grotewohl sagte, das sei keine Frage von Programmen, sondern nackter Tatsachen. [...] Sie würden nicht nur persönlich unter stärksten Druck gesetzt [...], ihre Organisation in den Ländern sei vollkommen unterwandert. Männer, die ihm noch vor vier Tagen versichert hätten, sie seien entschlossen, Widerstand zu leisten, flehten ihn nun an, die Sache hinter sich zu bringen. Auf diese Leute sei jede nur mögliche Art von Druck ausgeübt worden, von dem Versprechen, ihnen einen Arbeitsplatz zu besorgen, bis zur Entführung am helllichten Tag, und wenn er, Grotewohl, zusammen mit dem Zentralausschuss den Widerstand fortsetzen würde, dann würden sie ganz einfach abgesetzt und durch Provinzausschüsse ersetzt werden. Im Übrigen habe weiterer Widerstand auch keinen Sinn mehr, da sie sich von uns keine Hilfe mehr erhofften.

Auf meine Frage, was er damit meine, sagte Grotewohl, offensichtlich sei der „Eiserne Vorhang" [...] unverrückbar. Die Franzosen würden jeden Ansatz zur Einheit Deutschlands abblocken und unter diesen Umständen sei jede Unterstützung wirkungslos. Ich fragte ihn, ob eine Einigung über die zentralen Verwaltungsstellen ihn ermutigen würde, an der Unabhängigkeit [der Partei] festzuhalten; darauf antwortete er mit großem Nachdruck, dass er das tun würde, selbst wenn die Behinderungen im Ost-West-Verkehr andauern würden. [...]

Dahrendorf sprach davon, sie hätten bis zum Einsatz ihres Lebens Widerstand geleistet. [...]

Dies alles hat mich sehr deprimiert; aber es sieht so aus, als würden die Russen jetzt ihre Glacéhandschuhe ausziehen.

(Rolf Steininger, Deutsche Geschichte seit 1945, Bd. 1, Fischer, Frankfurt/Main 1996, S. 191 f.)

1 *Ordnen Sie M 3 historisch ein.*

2 *Diskutieren Sie die Handlungsspielräume, die der Ost-SPD bei der Fusion mit der KPD blieben.*

3 *Überlegen Sie, welche Gründe die Ost-SPD zur Zusammenarbeit bewogen haben könnten.*

M4 Aus dem Beschluss der 1. Parteikonferenz der SED vom 28. Januar 1949

Die Kennzeichen einer Partei neuen Typs sind:

Die marxistisch-leninistische Partei ist die bewusste Vorhut der Arbeiterklasse. Das heißt, sie muss eine Arbeiterpartei sein, die in erster Linie die besten Elemente der Arbeiterklasse in ihren Reihen zählt, die ständig ihr Klassenbewusstsein erhöhen. Die Partei kann ihre führende Rolle als Vorhut des Proletariats nur erfüllen, wenn sie die marxistisch-leninistische Theorie beherrscht, die ihr die Einsicht in die gesellschaftlichen Entwicklungsgesetze vermittelt. Daher ist die erste Aufgabe zur Entwicklung der SED zu einer Partei neuen Typus die ideologisch-politische Erziehung der Parteimitglieder und besonders der Funktionäre im Geiste des Marxismus-Leninismus.

Die Rolle der Partei als Vorhut der Arbeiterklasse wird in der täglichen operativen Leitung der Parteiarbeit verwirklicht. Sie ermöglicht es, die gesamte Parteiarbeit auf den Gebieten des Staates, der Wirtschaft und des Kulturlebens allseitig zu leiten. Um dies zu erreichen, ist die Schaffung einer kollektiven operativen Führung der Partei durch die Wahl eines Politischen Büros (Politbüro) notwendig. [...]

Die marxistisch-leninistische Partei beruht auf dem Grundsatz des demokratischen Zentralismus. Dies bedeutet die strengste Einhaltung des Prinzips der Wählbarkeit der Leitungen und Funktionäre und der Rechnungslegung der Gewählten vor den Mitgliedern. Auf dieser innerparteilichen Demokratie beruht die straffe Parteidisziplin, die dem sozialistischen Bewusstsein der Mitglieder entspringt. Die Parteibeschlüsse haben ausnahmslos für alle Parteimitglieder Gültigkeit, insbesondere auch für die in Parlamenten, Regierung, Verwaltungsorganen und in den Leitungen der Massenorganisationen tätigen Parteimitglieder.

Demokratischer Zentralismus bedeutet die Entfaltung der Kritik und Selbstkritik in der Partei, die Kontrolle der konsequenten Durchführung der Beschlüsse durch die Leitungen und die Mitglieder.

Die Duldung von Fraktionen und Gruppierungen innerhalb der Partei ist unvereinbar mit ihrem marxistisch-leninistischen Charakter.

(Hermann Weber [Hg.], DDR, Oldenbourg, München 1986, S. 134)

1 *Beschreiben Sie die Merkmale der SED als einer Partei „neuen Typs". Prüfen Sie die These, die SED sei „stalinisiert" worden.*

1.4 Der Weg zur Gründung zweier deutscher Staaten

Der Zerfall der Kriegsallianz

Das Abschlusskommunikee der Konferenz von Potsdam ging noch von einem einvernehmlichen Handeln der Siegermächte gegenüber Deutschland aus. Die weltweit ausgetragenen machtpolitischen und ideologischen Gegensätze zwischen der Sowjetunion und den Westmächten führten jedoch zum Zerfall der Kriegsallianz und letztlich zur Spaltung Deutschlands. Die bedingungslose Kapitulation, durch die die Deutschen alle Souveränitätsrechte verloren hatten, erlaubte es den Besatzungsmächten, in ihren Zonen ihre unterschiedlichen Ordnungsvorstellungen durchzusetzen, was letztlich zur Ausbildung zweier verschiedener wirtschaftlicher, gesellschaftlicher und politischer Systeme und zur Gründung zweier deutscher Staaten führte.

Britische und amerikanische Außenpolitik

Bereits am 12. Mai 1945 sprach der englische Premierminister Winston Churchill von einer sich abzeichnenden Spaltung Deutschlands und Europas, als er in einem geheimen Telegramm erklärte, entlang der russischen Front verlaufe ein **„Eiserner Vorhang“**. Aber konkrete Initiativen zur Errichtung eines deutschen Teilstaates begannen erst ein Jahr später und gingen von Briten und Amerikanern aus, die ein vereintes Deutschland unter kommunistischer Herrschaft befürchteten (M 5a).

Die Wende in der britischen Deutschlandpolitik wurde mit der Erklärung des Außenministers **Ernest Bevin** in der geheimen Kabinettssitzung vom Mai 1946 eingeleitet. Wenig später ging auch die amerikanische Regierung auf Konfrontationskurs mit der Sowjetunion. Im Mai 1946 stellte sie die in Potsdam vereinbarten Reparationslieferungen aus ihrer Zone auf Grund fehlender Gegenleistungen ein, nachdem der sowjetische Außenminister Wjatscheslaw Molotow (1890–1986) eine Entmilitarisierung Deutschlands unter gemeinsamer Kontrolle der Alliierten auf der Pariser Außenministerkonferenz im April 1946 abgelehnt hatte. Im September stellte der amerikanische Außenminister Byrnes in Stuttgart die Rückgabe von Kompetenzen an die Länderregierungen und die Wiederherstellung der wirtschaftlichen Einheit in Aussicht, gegebenenfalls auch ohne die Sowjetunion (M 5b, c). Um den ökonomischen Aufschwung in ihren Zonen zu beschleunigen, vollzogen die Briten und Amerikaner am 1. Januar 1947 den wirtschaftlichen Zusammenschluss ihrer beiden Besatzungszonen **(Bizone)**. Im März 1947 machte Präsident Truman deutlich, dass sich die USA einer weiteren Expansion der Sowjetunion widersetzen würden. Mit dem Scheitern der Londoner Außenministerkonferenz im Dezember 1947 zeichnete sich schließlich immer deutlicher die Errichtung zweier deutscher Teilstaaten ab. Im März 1948 stimmte Frankreich der Vereinigung der drei westlichen Zonen zur **Trizone** zu.

Marshallplan

Vertieft wurde die Spaltung zwischen Ost und West durch zwei entscheidende wirtschaftspolitische Maßnahmen: den **Marshallplan** und die **Währungsreform**. Die US-Regierung hatte bereits 1945 ein Nothilfeprogramm zur Bekämpfung von Hunger und Seuchen in den von amerikanischen Truppen besetzten Gebieten begonnen. An die Stelle dieses Hilfsprogramms trat seit Ende 1948 der Marshallplan, der den ökonomischen Aufschwung in ganz Europa beschleunigen sollte **(European Recovery Program/ERP)**. Im April 1948 schlossen die daran beteiligten Länder einen Vertrag über die Gründung einer Organisation zur wirtschaftlichen Zusammenarbeit (OEEC).

Die westlichen Zonen erhielten insgesamt 1,56 Mrd. Dollar, wovon der größte Teil auf industrielle Rohstoffe entfiel, die die rohstoffabhängige westdeutsche Wirtschaft dringend benötigte. Die Lieferungen aus den USA wirkten als Anschub, der den Kreislauf zwischen Import und Export belebte und der westdeutschen Wirtschaft erlaubte, ihre alte Rolle als größter Exporteur von Werkzeugmaschinen und Fertigprodukten und als größter Importeur von Rohstoffen und Nahrungsmitteln in Europa wieder zurückzugewinnen. Der Marshallplan verlieh dem Aufschwung, der bereits zuvor eingesetzt hatte, Dynamik und Dauer und konnte das westliche politische Modell gegenüber dem kommunistischen als die erfolgreichere Alternative präsentieren. Weil die Staaten im sowjetischen Machtbereich unter dem Druck der UdSSR die Finanzhilfe nicht annehmen konnten, vertieften sich die Unterschiede zur SBZ.

Währungsreform und Berlinblockade

Die Entscheidung zur Errichtung eines deutschen Weststaates fiel 1948 auf der Londoner Sechsmächtekonferenz (März–Juni). Als am 20. März 1948 die Vertreter der Sowjetunion auf Weisung ihrer Regierung den Alliierten Kontrollrat in Berlin verließen, bedeutete dies den **endgültigen Zerfall der Kriegsallianz**.
Auf dem Weg zur Gründung zweier deutscher Staaten wurde die insbesondere von den Amerikanern forcierte und im Juni 1948 vollzogene **Währungsreform** zu einem weiteren entscheidenden Schritt. Um die Versorgung der Bevölkerung in den Westzonen zu sichern und den Wirtschaftsaufschwung zu konsolidieren, sollte und musste die Bevölkerung wieder Vertrauen in die Währung gewinnen.
Am **20. Juni 1948** brachten die Amerikaner 500 Tonnen neue Banknoten im Gesamtwert von 5,7 Milliarden DM (= rd. 2,9 Mrd. €) über das deutsche Bankensystem in allen drei westlichen Zonen in Umlauf. Bereits am 1. März 1948 war die **Bank deutscher Länder** als Bank der Landeszentralbanken durch eine britisch-amerikanische Gemeinschaftsinitiative gegründet worden, der die Landeszentralbank der französischen Zone am 16. Juni 1948 beigetreten war. Auf diese Weise wurde das Notenbanksystem zur ersten Einrichtung, die alle drei Westzonen umfasste. Die Umtauschrelation zwischen alter RM und neuer DM wurde auf 10:1 festgelegt. Jede Person erhielt einen „Kopfgeld"-Betrag von 60 DM (= rd. 30,60 €). Für Löhne, Gehälter, Miet- und Pachtzinsen, Pensionen und Renten galt eine Relation von 1:1. Während Bank- und Sparkassenguthaben im Verhältnis 10:1 abgewertet wurden, blieben Produktivvermögen, Haus- und Immobilienbesitz unangetastet. Dadurch wurden besonders Flüchtlinge und Vertriebene benachteiligt, was jedoch durch die bereits im August 1948 als „Soforthilfe" beginnende Lastenausgleichsgesetzgebung abgemildert wurde. Der **psychologische Effekt der westlichen Währungsreform** war enorm. Die Lebensmittelkarten verschwanden und die Schaufenster füllten sich. Die Liberalisierung des Warenverkehrs bot einen Leistungsanreiz und steigerte die Arbeitsmoral. Im November 1948 wurde der Lohnstopp aufgehoben, 1950 der Außenhandel liberalisiert. In der Erinnerung vieler Westdeutscher wurde die Währungsreform zum „eigentlichen" Gründungsdatum der späteren Bundesrepublik; der zunächst rasche Anstieg der Arbeitslosigkeit und der Preise und das geringe Lohnniveau traten dabei in den Hintergrund, da die „Gründungskrise" mit dem 1950 ausbrechenden Koreakrieg relativ rasch überwunden werden konnte.
Mit der Währungsreform endete im Westen zugleich die Zwangswirtschaft. Zwar wurde drei Tage später auch in der SBZ eine Währungsreform durchgeführt und die Ost-DM eingeführt, aber weniger erfolgreich. Die Rationierung von Fleisch, Fett und Zucker endete erst 1958. Erst jetzt verschwanden die Lebensmittelkarten aus dem Leben der DDR-Bürger.
Stalin reagierte auf den wirtschaftlichen und politischen Zusammenschluss der Westzonen und die Währungsreform mit der **Blockade aller Zufahrtswege nach Berlin** (24. Juni 1948–12. Mai 1949). Die Berlinblockade scheiterte jedoch an der amerikanisch-britischen **„Luftbrücke"** und am Durchhaltewillen der Westberliner Bevölkerung. Im Westen bewirkte sie endgültig einen Stimmungsumschwung, verstärkte den Antikommunismus und wurde zum Symbol deutsch-amerikanischer Freundschaft.

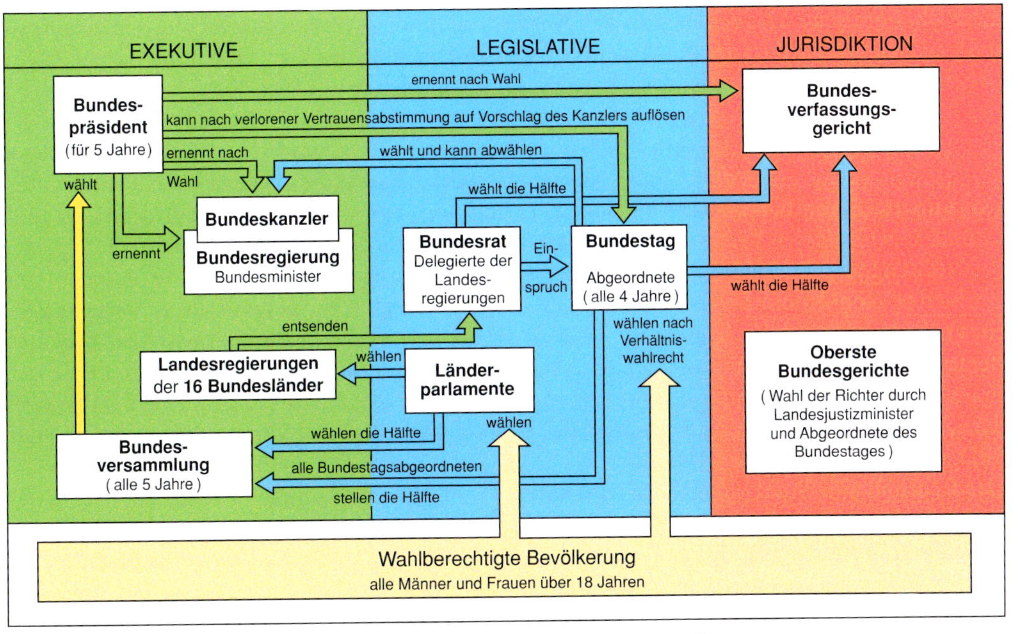

Schema 1 Das Grundgesetz der Bundesrepublik Deutschland (mit Änderungen auf Grund der Vereinigung 1990)

– *Erläutern Sie mit Hilfe des Schemas, wie in der Verfassung der Bundesrepublik folgende Prinzipien verankert wurden: a) parlamentarische Demokratie, b) Rechtsstaatlichkeit, c) Föderalismus, d) Gleichheit von Frau und Mann.*

– *Informieren Sie sich (s. S. 376 ff.) über die Verfassungsgrundsätze der Weimarer Republik und schreiben Sie – mit Blick auf die Veränderungen in der Verfassungsgebung – eine Erörterung zu der These „Bonn ist nicht Weimar".*

Währungsreform und Luftbrücke verstärkten bei den Westdeutschen den Wunsch nach Integration in den „erfolgreichen" Westen. Aus Siegern wurden Freunde, aus Besatzern die Schutzmacht gegen den Kommunismus.

Die „deutsche Frage": die Frage der Einheit

Die politische Initiative lag in der unmittelbaren Nachkriegszeit zunächst bei den Siegermächten. Aber auch unter den westdeutschen Politikern bestand Konsens, dass die Einheit nicht um den Preis einer Sowjetisierung ganz Deutschlands erkauft werden dürfe. Auf der **Konferenz der Ministerpräsidenten aller vier Zonen in München** im Juni 1947 sprachen die westdeutschen Regierungschefs, von denen die Mehrheit der SPD angehörten, den Vertretern der SBZ jede demokratische Legitimation ab. 1948 zogen 95 % der Westdeutschen einen Weststaat einem kommunistisch kontrollierten Gesamtdeutschland vor.

Im Mai 1947 hatte der SPD-Vorsitzende Kurt Schumacher die so genannte **„Magnettheorie"** begründet, die in den folgenden Jahren in der „deutschen Frage" auch die Politik der Regierung Adenauer bestimmen sollte: „Man muss soziale und ökonomische Tatsachen schaffen, die das Übergewicht der drei Westzonen über die Ostzone deklarieren ... Es ist realpolitisch vom deutschen Gesichtspunkt aus kein anderer Weg zur Erringung der deutschen Einheit möglich als diese ökonomische Magnetisierung des Westens, die ihre Anziehungskraft auf den Osten so stark ausüben muss, dass auf die Dauer die bloße Innehabung des Machtapparates dagegen kein sicheres Mittel ist. Es ist gewiss ein schwerer und vermutlich langer Weg."

Gründung der Bundesrepublik

Im Juli 1948 überreichten die drei westlichen Militärgouverneure den Ministerpräsidenten der Länder die so genannten **Frankfurter Dokumente**. Sie enthielten das Angebot zur Errichtung eines westdeutschen Bundesstaates und Grundsätze für dessen Verfassung. Die Regierungschefs wurden ermächtigt, bis zum 1. September von den Landtagen eine verfassunggebende Versammlung wählen zu lassen. Im August 1948 erarbeitete eine Kommission aus Sachverständigen auf Herrenchiemsee einen Verfassungsentwurf, der dem ab 1. September 1948 in Bonn tagenden **„Parlamentarischen Rat"** als Beratungsgrundlage diente. Von den 65 Abgeordneten dieses Rates waren 61 Männer und vier Frauen. Jeweils 27 gehörten den Fraktionen der CDU/CSU und der SPD an, fünf der FDP, je zwei dem Zentrum, der Deutschen Partei und der KPD; die fünf Berliner Vertreter, darunter drei der SPD, waren nicht stimmberechtigt.
Der zu gründende **Staat** war **als Provisorium** gedacht. Dies fand seinen Ausdruck bereits in der Wahl der Begriffe: „Parlamentarischer Rat" an Stelle von „Verfassunggebender Nationalversammlung" und „Grundgesetz" an Stelle von „Verfassung". Der Entwurf nahm die demokratischen Traditionen der deutschen Verfassungsgeschichte seit 1848 auf und reflektierte die Erfahrungen der Weimarer Republik und der nationalsozialistischen Diktatur. Durch Kompromisse musste ein Konsens gefunden werden, der schließlich die Grundlage für die Stabilität der demokratisch-pluralistischen Ordnung der Bundesrepublik bildete. Die im Grundgesetz verbrieften Menschen- und Bürgerrechte (Art. 1–17) dürfen „in ihrem Wesensgehalt" nicht verändert werden (Art. 19); Artikel 1 (Menschenrechte) sowie Artikel 20 (Demokratie, Bundes-, Rechts- und Sozialstaatsprinzip) sind unaufhebbar. Allerdings wurden keine sozialen Grundrechte (z. B. Recht auf Arbeit) aufgenommen.
Auf plebiszitäre Elemente wurde nach den Erfahrungen der Weimarer Republik zu Gunsten indirekter Formen der politischen Willensbildung fast vollständig verzichtet. Die Ziele der Parteien müssen mit dem Grundgesetz vereinbar sein und ihre innere Ordnung demokratischen Prinzipien entsprechen. Das **konstruktive Misstrauensvotum** (Art. 67) sollte nach den Erfahrungen der Weimarer Republik verhindern, dass es zu einer politischen Destabilisierung kommen kann. Danach kann ein Kanzler nur durch die Wahl eines neuen Kanzlers gestürzt werden. Eine allzu große Parteienvielfalt sollte durch das im Wahlgesetz festgelegte kombinierte Verhältnis- und Mehrheitswahlrecht verhindert werden. Die **Fünfprozentklausel** kam erst bei der zweiten Bundestagswahl 1953 hinzu. Um die Mitwirkung und Mitbestimmung der Länder bei der Gesetzgebung des Bundes zu stärken, erhielt der Bundesrat im Vergleich zur Weimarer Verfassung mehr Befugnisse. Erst nach massiver Mobilisierung der Öffentlichkeit konnte es den weiblichen Vertreterinnen, vor allem Elisabeth Selbert (1896–1986), gelingen, die **allgemeine rechtliche Gleichstellung von Mann und Frau** (im Gegensatz zur rein politischen wie in der Weimarer Verfassung) durchzusetzen. Weniger umstritten war die **soziale Marktwirtschaft**, d. h. ein kapitalistisch organisiertes Wirtschaftssystem mit sozialstaatlicher Bindung auf der Grundlage des Privateigentums an den Produktionsmitteln. Wie viel Kapitalismus und wie viel Sozialstaatlichkeit sie enthalten sollte, blieb aber umstritten.
Am 8. Mai 1949 wurde das Grundgesetz mit 53 zu elf Stimmen verabschiedet und trat am 23. Mai 1949 in Kraft, nachdem es von den Militärgouverneuren und zehn der insgesamt elf Landtage – mit Ausnahme Bayerns, dem die föderativen Elemente zu schwach erschienen – gebilligt worden war. Bonn wurde zum vorläufigen Sitz der Bundesorgane bestimmt.

Die Bundesrepublik erhielt mit der Staatsgründung keineswegs die volle Souveränität zurück. Am Tag nach der Regierungserklärung vom 20. September 1949 trat das **Besatzungsstatut** in Kraft. Es sicherte den Westmächten, vertreten durch zivile Hohe Kommissare, die an die Stelle der drei Militärgouverneure traten und die **Alliierte Hohe Kommission** bildeten, Vorbehaltsrechte. Wichtige Sektoren wie Abrüstung, Ruhrkontrolle und Außenhandel blieben der deutschen Zuständigkeit entzogen. Das Besatzungsstatut wurde erst durch den **Deutschlandvertrag** im Mai 1955 aufgehoben. Auch das **Ruhrstatut** schränkte die Handlungs- und Entscheidungsfreiheit der Bundesregierung ein; Förderung und Verteilung der Ruhrkohle unterstanden der Kontrolle einer internationalen Behörde. Die Westmächte garantierten durch ihre Streitkräfte die Sicherheit der Bundesrepublik, übten durch ihre Präsenz aber auch Kontrolle aus. Mit Verabschiedung des Grundgesetzes im Mai 1949 genehmigten die Westmächte seine Geltung für Westberlin, mit dem Vorbehalt, dass die Berliner Mitglieder des Bundestages und Bundesrates kein Stimmrecht erhielten. Am 14. August 1949 wählte die westdeutsche Bevölkerung die Abgeordneten des ersten Deutschen Bundestages, in dem die CDU/CSU und die SPD zwar fast gleich stark waren, insgesamt aber die bürgerlichen Parteien eine deutliche Mehrheit besaßen. Am 12. September wurde **Theodor Heuss** (FDP) zum ersten Bundespräsidenten gewählt, drei Tage später der damals 73-jährige **Konrad Adenauer** (CDU) zum ersten Bundeskanzler.

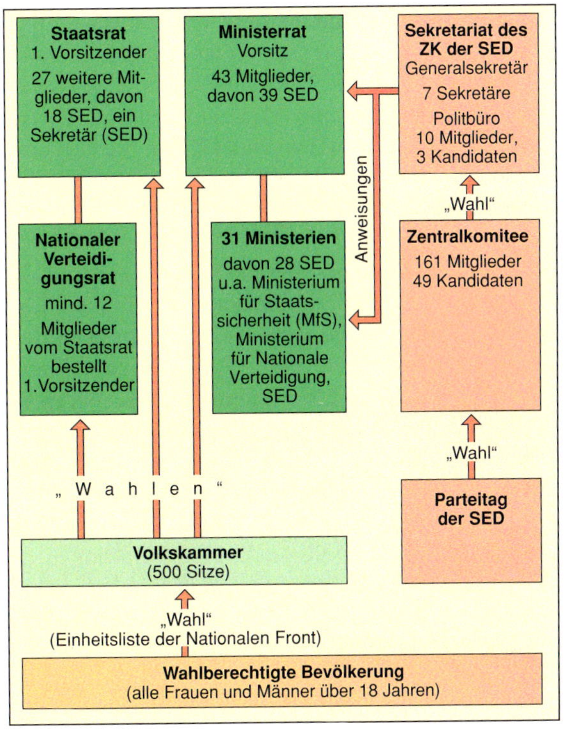

Schema 2 Partei und Staat in der DDR

– *Arbeiten Sie das Verhältnis von Partei, Volk und Staat heraus.*

– *Erläutern Sie mit Hilfe des Schemas den Begriff „demokratischer Zentralismus".*

Adenauer formulierte in seiner ersten Regierungserklärung den bereits in der Präambel des Grundgesetzes enthaltenen **Alleinvertretungsanspruch der Bundesrepublik** und begründete ihn mit der fehlenden demokratischen Willensbildung in der DDR. Dieser Anspruch, der einen überparteilichen Konsens artikulierte und von den Westmächten wiederholt vertraglich bestätigt wurde, bestimmte in den 1950er-/60er-Jahren die bundesdeutsche Position in der „deutschen Frage".

Gründung der DDR

Die Gründung der DDR vollzog sich parallel zur Herausbildung der Bundesrepublik. Konkrete Überlegungen zur Bildung einer eigenen Regierung in der sowjetischen Besatzungszone hatte es auf Seiten der SED-Führung seit Mitte 1948 gegeben. Die deutschen Kommunisten wollten die Errichtung eines eigenen Staates volksdemokratischen Typs wie in anderen Ländern Osteuropas forcieren, um die Herrschaft der SED zu konsolidieren. Stalin mahnte dagegen zur Mäßigung. Ob er tatsächlich noch immer auf eine gesamtdeutsche Lösung setzte, ist in der Forschung umstritten. Der Mitte März 1948 zusammengetretene Zweite Deutsche Volkskongress setzte sich aus knapp 2000 Delegierten der verschiedenen Parteien und Massenorganisationen zusammen. Er wählte aus seiner Mitte einen **„Deutschen Volksrat"**, der aus 400 Mitgliedern bestand und eine Verfassung für „eine unteilbare deutsche demokratische Republik" ausarbeiten sollte. Am 19. März 1949 verabschiedete der Volksrat seinen Verfassungsentwurf, der anschließend von der sowjetischen Besatzungsmacht genehmigt wurde.

Nachdem der Parlamentarische Rat in Bonn am 8. Mai 1949 das Grundgesetz gebilligt hatte und vier Tage später die Berlinblockade ihr Ende fand, wurde Mitte Mai der Dritte Deutsche Volkskongress von der Bevölkerung der sowjetischen Besatzungszone gewählt. Es gab eine Einheitsliste, die nur die Entscheidung zwischen Ja und Nein ließ. Der so „gewählte" 3. Volkskongress, in dem rund ein Drittel Nein-Stimmen gar nicht repräsentiert waren und auf dem keine westdeutschen Delegierten mehr vertreten waren, trat Ende Mai 1949 zusammen und wählte den Zweiten Deutschen Volksrat. Dieser erklärte sich am **7. Oktober 1949** zur **„Provisorischen Volkskammer"** und setzte die **„Verfassung der Deutschen Demokratischen Republik"** nach Bestätigung durch den Volkskongress in Kraft. Das Datum wurde offizieller Gründungstag der DDR. Die DDR-Regierung übernahm die Funktionen des sowjetischen Militärgouverneurs. Einige Tage später traten Volkskammer und Länderkammer zusammen. Letztere war provisorisch aus 34 Abgeordneten der fünf Länderparlamente gebildet worden. Sie wählten Wilhelm Pieck zum Präsidenten der DDR. Am folgenden Tag wählte die provisorische Volkskammer Otto Grotewohl zum Ministerpräsidenten und als einen der drei Stellvertreter Walter Ulbricht (SED). Berlin wurde zur Hauptstadt der DDR erklärt.

Wie das Grundgesetz erhob die Verfassung der Deutschen Demokratischen Republik den **Anspruch, für ganz Deutschland zu gelten**. Der Staatsaufbau sollte **zentralistisch** sein. Eine Trennung von Legislative, Exekutive und Judikative sollte es nicht geben. Grundsätzlich garantierte die DDR-Verfassung die bürgerlichen Grundrechte, freie Wahlen und das Streikrecht der Gewerkschaften (Schema 2). **Verfassungstext und -wirklichkeit** klafften jedoch weit auseinander. Artikel 6 stellte nicht nur Glaubens-, Rassen- und Völkerhass sowie Kriegshetze unter Strafe, sondern definierte auch „Boykotthetze gegen demokratische Einrichtungen und Organisationen" als „Verbrechen im Sinne des Strafgesetzbuches". Dies war die Rechtsgrundlage, um jede politische Opposition gegen die SED und die DDR zu verfolgen.

M5 Auf dem Weg zur deutschen Spaltung

a) Aus den Memoiren des amerikanischen Geschäftsträgers in Moskau, George F. Kennan, zur Lage Sommer 1945 (1968)

Die Idee, Deutschland gemeinsam mit den Russen regieren zu wollen, ist ein Wahn. Ein ebensolcher Wahn ist es, zu glauben, die Russen und wir könnten uns eines schönen Tages höflich zurückziehen und aus dem Vakuum werde ein gesundes und friedliches, stabiles und freundliches Deutschland steigen. Wir haben keine andere Wahl, als unseren Teil von Deutschland – den Teil, für den wir und die Briten die Verantwortung übernommen haben – zu einer Form von Unabhängigkeit zu führen, die so befriedigend, so gesichert, so überlegen ist, dass der Osten sie nicht gefährden kann [...]. Zugegeben, dass das Zerstückelung bedeutet. [...] Besser ein zerstückeltes Deutschland, von dem wenigstens der westliche Teil als Prellbock für die Kräfte des Totalitarismus wirkt, als ein geeintes Deutschland, das diese Kräfte wieder bis an die Nordsee vorlässt.

(George F. Kennan, Memoiren eines Diplomaten, Goverts, Stuttgart 1968, S. 262 f.)

1 *Vergleichen Sie Kennans Analyse der deutschen Frage (M 5a) mit den Beschlüssen von Potsdam (M 2).*

2 *Interpretieren Sie die Quelle im Hinblick auf die Spaltung Deutschlands.*

b) Aus der Rede des amerikanischen Außenministers James F. Byrnes in Stuttgart am 6. September 1946

Es liegt weder im Interesse des deutschen Volkes noch im Interesse des Weltfriedens, dass Deutschland eine Schachfigur oder ein Teilnehmer in einem militärischen Machtkampf zwischen dem Osten und dem Westen wird. [...]

Die jetzigen Verhältnisse in Deutschland machen es unmöglich, den Stand der industriellen Erzeugung zu erreichen, auf den sich die Besatzungsmächte als absolutes Mindestmaß einer deutschen Friedenswirtschaft geeinigt hatten. Es ist klar, dass wir, wenn die Industrie auf den vereinbarten Stand gebracht werden soll, nicht weiterhin den freien Austausch von Waren, Personen und Ideen innerhalb Deutschlands einschränken können. Die Zeit ist gekommen, wo die Zonengrenzen nur als Kennzeichnung der Gebiete angesehen werden sollten, die aus Sicherheitsgründen von den Streitkräften der Besatzungsmächte besetzt gehalten werden, und nicht als eine Kennzeichnung für in sich abgeschlossene wirtschaftliche oder politische Einheiten. [...]

Wir treten für die wirtschaftliche Vereinigung Deutschlands ein. Wenn eine völlige Vereinigung nicht erreicht werden kann, werden wir alles tun, was in unseren Kräften steht, um eine größtmögliche Vereinigung zu sichern.

Die amerikanische Regierung steht auf dem Standpunkt, dass jetzt dem deutschen Volk innerhalb ganz Deutschlands die Hauptverantwortung für die Behandlung seiner eigenen Angelegenheiten bei geeigneten Sicherungen übertragen werden sollte. [...]

Die Vereinigten Staaten treten für die baldige Bildung einer vorläufigen deutschen Regierung ein. Fortschritte in der Entwicklung der öffentlichen Selbstverwaltung und der Landesselbstverwaltungen sind in der amerikanischen Zone Deutschlands erzielt worden und die amerikanische Regierung glaubt, dass ein ähnlicher Fortschritt in allen Zonen möglich ist. [...]

Während wir darauf bestehen, dass Deutschland die Grundsätze des Friedens, der gutnachbarlichen Beziehungen und der Menschlichkeit befolgt, wollen wir nicht, dass es der Vasall irgendeiner Macht oder irgendwelcher Mächte wird oder unter einer in- oder ausländischen Diktatur lebt. Das amerikanische Volk hofft ein friedliches und demokratisches Deutschland zu sehen, das seine Freiheit und seine Unabhängigkeit erlangt und behält. [...]

Die Vereinigten Staaten können Deutschland die Leiden nicht abnehmen, die ihm der von seinen Führern angefangene Krieg zugefügt hat. Aber die Vereinigten Staaten haben nicht den Wunsch, diese Leiden zu vermehren oder dem deutschen Volk die Gelegenheit zu verweigern, sich aus diesen Nöten herauszuarbeiten, solange es menschliche Freiheit achtet und vom Wege des Friedens nicht abweicht.

Das amerikanische Volk wünscht, dem deutschen Volk die Regierung Deutschlands zurückzugeben. Das amerikanische Volk will dem deutschen Volk helfen, zurückzufinden zu einem ehrenvollen Platz unter den freien und friedliebenden Nationen der Welt.

(Rolf Steininger, Deutsche Geschichte seit 1945, Bd. 1, Fischer, Frankfurt/Main 1996, S. 264–266)

1 *Fassen Sie Byrnes' deutschlandpolitische Ziele zusammen. Erläutern Sie, inwiefern die Rede von Byrnes eine Wende in der amerikanischen Deutschlandpolitik darstellte.*

c) Beobachtungen des SED-Vorsitzenden Wilhelm Pieck im September 1946 (nach den Erinnerungen eines sowjetischen Offiziers)

Ich glaube, dass eine Teilung Deutschlands nicht vermeidbar ist. Praktisch ist das Land schon jetzt in zwei Teile gespalten. Die Westmächte fühlen schon heute, dass der östliche Teil Deutschlands für die Welt des Kapitalismus verloren ist. Deshalb werden sie alles versuchen, um wenigstens den westlichen Teil für ihre Gesellschaftsordnung zu retten [...]. Sie werden so aus ihren westdeutschen Besatzungszonen wieder einen bürgerlichen, einen kapitalistischen Staat zimmern. Uns in der sowjetischen Besatzungszone wird nur die Alternative bleiben, darauf mit der Bildung eines eigenen deutschen Staates, eines Staates der Arbeiter und Bauern, zu antworten.

(Dietrich Staritz, Pieck 1946 in Ballenstedt: Spaltung perfekt, in: Deutschland-Archiv 17, 1984, S. 305 f.)

1 *Erklären Sie, warum Pieck die Teilung Deutschlands für unvermeidbar hält.*

2 *Erläutern Sie anhand dieser Quelle den Begriff der „Systemkonkurrenz".*

Filme: „Schindlers Liste" – Vergangenheitsbewältigung im Spielfilm

Die Verarbeitung von Geschichte im Film kann idealtypisch in zwei Arten unterteilt werden: zum einen in **Dokumentarfilme**, die kritische Fragen an ihr Material stellen und Zeitzeugen und Fachleute befragen; sie setzen einen historisch interessierten Zuschauer voraus und verfolgen den Anspruch, historische Aufklärungsarbeit zu leisten; zum anderen in **historische Spielfilme**, die Geschichte nur als ein Mittel einsetzen, um das Massenpublikum anzuziehen.

Bild 1a Szene aus dem KZ Krakau-Plaszów: Amon Goeth (Ralph Fiennes) bedroht einen Juden; eine Ladehemmung verhindert den Mord.

Bild 1b Oskar Schindler (Liam Neeson) stellt mit dem Schriftgelehrten und Buchhalter Itzak Stern (Ben Kingsley) die rettende „Liste" zusammen.

Bild 1c Schlussszene: Oskar Schindler (Liam Neeson) im Kreise der geretteten Juden.

Szenenfotos aus dem amerikanischen Spielfilm „Schindlers Liste" von 1993

– *Analysieren und interpretieren Sie die Kamera- und Lichteinstellung in B 1c.*
– *Der Historiker Wolfgang Benz schrieb 1994 über „Schindlers Liste": „Die Zerstörung von Menschen durch Todesangst, die Mordlust der Täter, die Ambivalenzen der Moral in chaotischer Zeit und unter existenzieller Bedrohung kann man nicht dokumentieren. Um begreiflich zu machen, was geschah, braucht es eben die literarische und dramatische Form. […] Der Film ist über den Appell an die moralische Sensibilität des Betrachters hinaus ein dramatischer Beitrag zu Geschichtsschreibung und Aufklärung" (Die Zeit, 4. März 1994). Beziehen Sie Stellung.*

1994 kam in Deutschland ein historischer Spielfilm aus den USA auf den Markt (amerik. Erstaufführung 1993), der sein Massenpublikum nicht zuletzt dadurch erreichte, dass er beide Gattungen vermischte und in Deutschland eine breite Diskussion über die Vergangenheitsbewältigung auslöste: „Schindlers Liste“ (Bilder 1a–c). Gedreht hatte den Spielfilm der Hollywood-Regisseur Steven Spielberg. Spielberg stützte sich erstmals auf Wirkliches und produzierte einen Film, der zwei tatsächliche Geschichten erzählt: die Geschichte des deutschen Unternehmers Oskar Schindler, der elfhundert Juden vor der Ermordung in den Gaskammern deutscher Konzentrationslager gerettet hat, und die Vernichtung der Juden durch die Nationalsozialisten. Ohne große dramaturgische und technische Effekte erzählt der Film in Schwarzweißbildern, wie der Unternehmer und Bonvivant Schindler nach Krakau kommt, um Juden als billige Arbeitskräfte für seine Emailwarenfabrik zu bekommen. Seine Kontakte zu seinem Gegenspieler, dem SS-Lagerkommandanten Amon Goeth, nutzt er wohl kalkuliert und erhält „seine“ Arbeitskräfte, die er – zunächst nur aus unternehmerischem Kalkül, später auch aus moralischem Verantwortungsgefühl – schließlich vor der Deportation bewahrt. Am Schluss des Films, in Farbe, legen die Schauspieler gemeinsam mit den Überlebenden Steine auf das Grab Schindlers.
Die Resonanz auf den Film war in Deutschland enorm – und gespalten. Während die einen fasziniert waren von der Authentizität der Geschichte, von dem Bemühen um genaue Rekonstruktion und nicht zuletzt von der Kameraführung, die immer in Augenhöhe dabei ist, mitten unter den Opfern, im Dreck der Hinterhöfe und am Straßenrand, wo die Leichen sich stapeln, lehnten andere diese Ästhetik ab, weil sie die Distanz zum Geschehen auflöse und zur „Erlösung vom Holocaust“ führe (Wolfram Schütte); Trauer- und Erinnerungsarbeit könne nur durch Distanz schaffende Dokumentarfilme in Gang gesetzt werden, z. B. durch das Auschwitz-Dokument „Nacht und Nebel“ von Alain Resnais und Jean Cayrols (1952) oder die großen dokumentarischen Filme „Shoa“ von Claude Lanzmann (1986) und „Hotel Terminus“ von Marcel Ophüls.

Bildsprache des Films

Der Film spricht in einer besonderen Sprache – über Gestaltungsmittel (Szene, Sequenz, Schnitt, Blende), über Einstellungsgrößen (Totale, Halbtotale, Halbnah, Nah, Groß, Detail), über Kameraperspektiven (Normalsicht, Froschperspektive, Vogelperspektive), über Kamerabewegungen (Stand, Schwenk, Fahrt, Zoom), über Personenstellungen und Personenbewegungen (im Profil, Halbprofil, im Vorder-, Mittel- oder Hintergrund) und über Töne und Beleuchtungen (von hinten oder unten auftreffendes Licht wirkt dramatisierend).
Ausgangspunkt einer Filmanalyse können die folgenden Beobachtungen sein:

Beobachtung des Bildes:
- Wann gibt es auffällige Großaufnahmen?
- Wann nimmt die Kamera auffällige Positionen ein?
- Wie bewegt sich die Kamera?
- Welche Einstellungen sind gestaltet?
- Wann gibt es auffällige „Schnittstellen“?
- Wie ist das Verhältnis von kurzen und langen Einstellungen?
- Wo gibt es auffällige Beleuchtungseffekte?

Analyse des Tons:
- Wann dominieren Geräusche? Wann dominiert Sprache?
- Wann setzt Musik ein?
- Wie sind die Dialoge ausgestaltet?
- Wie umfangreich sind Kommentare?
- Wie verhält sich die Sprache zum Bild? Welche Kernsätze aus Dialogen und Kommentaren erscheinen mit welchen Bildern?

2 Die Konsolidierung der parlamentarischen Demokratie und die Errichtung der SED-Herrschaft (1949–1961)

2.1 Die Integration der beiden deutschen Staaten in die Blocksysteme und die Erlangung der vollen Souveränität

Systemkonkurrenz

Die Fünfzigerjahre waren für die Ausbildung der Identität der beiden deutschen Staaten und Gesellschaften von grundlegender Bedeutung. Die Westintegration der Bundesrepublik und die Ostintegration der DDR vertieften die Spaltung Deutschlands und führten zur Ausbildung zweier konkurrierender politischer, gesellschaftlicher und wirtschaftlicher Systeme, für die die Grundlagen durch die Besatzungsmächte 1945 bis 1949 gelegt worden waren. Ausdruck dieser Teilung wurde die 1961 auf Befehl der DDR-Regierung errichtete Mauer.

„Ära Adenauer", Antikommunismus

Von 1949 bis 1963 wurde die Politik der Bundesrepublik entscheidend von Konrad Adenauer geprägt, sodass man im historischen Rückblick von einer „Ära Adenauer" spricht. Ein Gutteil der Außenpolitik und alle Kontakte der Alliierten liefen über den Kanzler. Außenpolitisch erstrebte er die Wiedererlangung der Souveränität durch die feste Einbindung der Bundesrepublik in den Westen. Er setzte auf eine Politik der militärischen Stärke gegenüber Moskau, da seiner Ansicht nach nur auf diese Weise vermieden werden konnte, dass ganz Deutschland unter kommunistischen Einfluss kam. Für Adenauer hatte die **Westintegration der Bundesrepublik Priorität vor der Einheit** Deutschlands. Die SPD-Opposition unter Kurt Schumacher und Erich Ollenhauer bekämpfte dagegen bis 1960 diese Politik der engen Anbindung an den Westen (M 6a), da sie ihrer Ansicht nach die Teilung des Landes zementierte.

Westintegration der Bundesrepublik, Wiederbewaffnung

Das Besatzungsstatut vom September 1949 bedeutete zunächst das Ende der direkten alliierten Militärregierung. Im **Petersberger Abkommen** vom November 1949 wurde dann die Aufnahme der Bundesrepublik in die Internationale Ruhrbehörde, der Beitritt zum Europarat und die Einrichtung von Konsulats- und Handelsbeziehungen mit anderen westlichen Ländern vereinbart. Am 9. Juni 1951 beendeten die Westmächte den Kriegszustand mit Deutschland. Mit dem Beitritt zum Allgemeinen Zoll- und Handelsabkommen **(GATT)** einige Monate später gewann die Bundesrepublik größere Freiheit im Außenhandel. Im selben Jahr wurde sie in den Europarat aufgenommen. Mit dem Londoner Abkommen von 1953 gelang es, sowohl Vorkriegsschulden des Deutschen Reiches über 13,5 Mrd. DM als auch Nachkriegsschulden über 16 Mrd. zu regulieren und künftige Reparationszahlungen zu vermeiden.

Frankreich widersetzte sich zunächst einem erneuten Erstarken Deutschlands, konnte sich aber gegenüber Amerikanern und Engländern nicht durchsetzen, die an einem schnellen Wiederaufbau ganz Westeuropas unter Einbindung der Bundesrepublik als Bollwerk gegen eine befürchtete sowjetische Expansion nach Westen interessiert waren. Im Mai 1950 schlug der französische Außenminister Robert Schuman (1886–1963) die Bildung einer **westeuropäischen Montanunion** mit Einbindung der Bundesrepublik vor. Zwei Jahre später ratifizierte der Bundestag den Vertrag über die Gründung der **Europäischen Gemeinschaft für Kohle und Stahl/EGKS** (Montanunion), der das Ruhrstatut beendete.

Seit dem Ausbruch des Koreakrieges zeichnete sich die Mitgliedschaft der Bundesrepublik in

B 6 „Offene Türen in Bonn", Mai 1952, Karikatur

– *Analysieren Sie die Position des Karikaturisten zur „deutschen Frage".*

einem westlichen Verteidigungsbündnis ab. Dies veranlasste **Stalin am 10. März 1952 zu einer Note** an die USA, Großbritannien und Frankreich, in der er einen Friedensvertrag mit Deutschland und die Wiedervereinigung in Aussicht stellte. Innerhalb eines Jahres sollten die Streitkräfte der Besatzungsmächte abziehen. Das vereinigte Deutschland sollte zur bündnispolitischen Neutralität verpflichtet sein und eine demokratische Ordnung mit allen Grundrechten und politischer Freiheit erhalten. Hinzuweisen ist, dass Begriffe wie „demokratische Ordnung" aus marxistisch-leninistischer Sicht andere Inhalte besitzen als in westlich-bürgerlichen Gesellschaften. Das Territorium sollte in den Grenzen festgelegt werden, wie sie die Potsdamer Konferenz vorsah. Im Westen wurde die Stalin-Note als Versuch gedeutet, die Vertiefung der Westbindung der Bundesrepublik zu verhindern, um sie langfristig doch noch unter kommunistischen Einfluss zu bekommen. Weder die Westmächte noch die Regierung Adenauer waren daher bereit, die Chancen für eine Wiedervereinigung auszuloten (B 6).

Der Plan einer **Europäischen Verteidigungsgemeinschaft (EVG)** unter Einschluss Deutschlands scheiterte 1954 in der französischen Nationalversammlung. Im gleichen Jahr beschloss der Bundestag den Aufbau der Bundeswehr, im Jahr darauf wurde die Bundesrepublik in die NATO und die Westeuropäische Union (WEU) aufgenommen. Die **Pariser Verträge** vom **Mai 1955** hoben schließlich das Besatzungsstatut auf und die **Bundesrepublik** wurde zu einem **souveränen Staat**. Ein Jahr später folgte die Einführung der allgemeinen Wehrpflicht und Adenauer erreichte die Angliederung des Saarlandes an die Bundesrepublik. Die Zustimmung zum Kurs der Regierung spiegeln die Wahlergebnisse wider. Bei den Bundestagswahlen 1953 erreichten CDU und CSU über 45 % der Stimmen, 1957 sogar die absolute Mehrheit, obwohl die Wiederbewaffnung heftig umstritten gewesen war.

1957 gehörte die Bundesrepublik zu den Gründungsmitgliedern der Europäischen Wirtschaftsgemeinschaft (EWG) und der Europäischen Atomgemeinschaft (EURATOM). Der Elysée-Vertrag von 1963 besiegelte schließlich die Aussöhnung mit Frankreich.

Die wirtschaftliche Einbindung war der politischen und militärischen Integration der Bundesrepublik in die westliche Staatengemeinschaft vorausgegangen. Erst nachdem sie fest in den westlichen Block integriert war, hatte sie 1955 ihre staatliche Souveränität erhalten.

Ostintegration der DDR, Antifaschismus

Auch die DDR-Führung hielt nach der Gründung zweier deutscher Staaten offiziell an der Wiedervereinigung fest, betrieb gleichzeitig aber die ökonomische, politische und militärische Einbindung in den Ostblock (M 6b). Das vom anderen Staat entworfene Feindbild diente zur Legitimation des eigenen Handelns und hatte die Funktion einer Integrationsideologie, die auf dem Begriff des Antifaschismus basierte. Die Aufnahme der Bundesrepublik in die NATO und die Wiederbewaffnung verstärkten in der DDR und in der UdSSR die Furcht vor einer Aggression aus dem Westen. Die enge ökonomische Anbindung der Bundesrepublik an die USA, personelle Kontinuitäten zwischen Wehrmacht und Bundes wehr und die Aufrüstung wurden als Beweis für die imperialistischen Ziele des Westens betrachtet.
Die DDR erkannte 1950 in einem Vertrag mit Polen die Oder-Neiße-Grenze an und wurde in den Rat für Gegenseitige Wirtschaftshilfe (RGW) – im Westen COMECON genannt – aufgenommen. Bereits 1954 entfielen fast 75 % des DDR-Außenhandels auf den Ostblock.
Der Kurswechsel der sowjetischen Deutschlandpolitik begann nach dem Scheitern der Berliner Außenministerkonferenz der Großmächte von 1954. Die DDR erhielt „erweiterte Souveränitätsrechte“ und die Sowjetunion stellte ihre Demontagen in der DDR ein, um das Land nicht noch mehr zu destabilisieren. Schon im März 1954 hatte die sowjetische Regierung eine Erklärung über die Anerkennung der **Unabhängigkeit der DDR** veröffentlicht, die sie jedoch endgültig erst im **September 1955** bestätigte. Nachdem die Bundesrepublik Mitglied der NATO geworden war, trat die DDR im gleichen Jahr dem Warschauer Pakt bei. Nach der Aufstellung der Nationalen Volksarmee (NVA) 1956 integrierte sich die DDR auch militärisch in den Ostblock. Die allgemeine Wehrpflicht wurde aber erst 1962, d. h. nach dem Bau der Mauer, eingeführt.
Nach der Genfer Gipfelkonferenz der Großmächte 1955 – an der erstmals, wenn auch nicht gleichberechtigt, die Außenminister der Bundesrepublik und der DDR teilnahmen –, entstand auf östlicher Seite die **„Zwei-Staaten-Theorie“**. Sie besagte, dass mit der Gründung von BRD und DDR zwei selbstständige deutsche Staaten entstanden seien. Der Alleinvertretungsanspruch der Bundesrepublik in internationalen Beziehungen wurde damit in Frage gestellt. Mit der Erklärung der Sowjetunion und der DDR, dass eine Vereinigung der beiden deutschen Staaten nur unter Wahrung der „sozialistischen Errungenschaften“ in der DDR möglich sei, hörten die Wiedervereinigungsbestrebungen der DDR auf. Das außenpolitische Hauptziel war von nun an die völkerrechtliche Anerkennung als selbstständiger Staat. Die Bundesrepublik brach ihrerseits die diplomatischen Beziehungen zu allen Ländern ab, die die DDR anerkannten. Lediglich die UdSSR war von dieser „Hallstein-Doktrin“ ausgenommen.

M6 Westintegration, Ostintegration und Wiedervereinigung

a) Aus einem Brief des SPD-Vorsitzenden Erich Ollenhauer zu den Pariser Verträgen (23. Januar 1955)

Die Annahme des Vertragswerkes führt nach unserer Überzeugung zu einer verhängnisvollen Verhärtung der Spaltung Deutschlands. Der Deutsche Bundestag dagegen hat wiederholt einstimmig beschlossen, die Wiederherstellung der Einheit Deutschlands als die vordringlichste Aufgabe der deutschen Politik zu behandeln. […]
Die Haltung der Sowjetunion lässt erkennen, dass nach der Ratifizierung der Pariser Verträge Verhandlungen über die deutsche Einheit nicht mehr möglich sein werden.
Dies bedeutet: Die Bundesrepublik und die so genannte Deutsche Demokratische Republik bleiben gegen den Willen des deutschen Volkes nebeneinander bestehen. […]
Diese Lage erfordert nach Auffassung weitester Kreise des deutschen Volkes jede mögliche Anstrengung der Bundesrepublik, eine solche Entwicklung um der Einheit, der Freiheit und des Friedens unseres Volkes willen zu verhindern. […]
Die Sozialdemokratische Partei Deutschlands ist der Überzeugung, dass noch nicht alle Möglichkeiten erschöpft sind, um vor der Ratifizierung der Pariser Verträge endlich einen ernsthaften Versuch zu

unternehmen, auf dem Wege von Vier-Mächte-Verhandlungen die Einheit Deutschlands in Freiheit wiederherzustellen. Die Erklärung der Sowjetregierung vom 15. Januar 1955 enthält hinsichtlich der in allen vier Zonen Deutschlands und Berlin durchzuführenden Wahlen Vorschläge, die Verhandlungen über diesen Punkt aussichtsreicher machen als während der Berliner Konferenz im Januar 1954. Die Sowjetunion hat in ihrer Erklärung außerdem zum ersten Mal dem Gedanken einer internationalen Kontrolle der Wahlen zugestimmt.

b) Antwortbrief Adenauers vom 23. Jan. 1955

Es ist in dem Pariser Vertragswerk gelungen, die drei Westmächte für eine Form der Wiederherstellung der deutschen Einheit zu gewinnen, die unseren Auffassungen entspricht, nämlich für eine Wiedervereinigung in Frieden und Freiheit. Allerdings ist die Verpflichtung der Westmächte, gemeinsam mit uns die Wiedervereinigung in Frieden und Freiheit herbeizuführen, nicht bedingungslos eingegangen worden; sie ist an die Ratifizierung der Pariser Verträge geknüpft. Es kommt jetzt darauf an, die Sowjetunion zu einer Änderung ihrer bisher völlig negativen Haltung in der deutschen Frage zu bewegen. [...]

Die Sowjetregierung hat in der nicht an die drei Westmächte gerichteten, sondern gegenüber der Presse abgegebenen Erklärung vom 15. Januar gesagt, dass sie unter gewissen Bedingungen zu Verhandlungen über freie Wahlen bereit sei. [...]

Sie Sowjetunion hat bisher unserem Programm der Wiedervereinigung nicht zugestimmt. Im Gegenteil, sie hält offenbar, wie ihr Verlangen der Bündnislosigkeit des zukünftigen Deutschlands zeigt, an ihrer für uns unannehmbaren bisherigen Konzeption des zukünftigen Deutschlands fest. [...]

Über alles, was die Sowjetunion in den letzten Tagen und Wochen zur deutschen Frage geäußert hat, lässt sich nach der Ratifizierung genau so gut verhandeln wie vorher.

(M 6a, b: Christoph Kleßmann, Die doppelte Staatsgründung. Deutsche Geschichte 1945–1955, Vandenhoeck, Göttingen [5]1991, S. 479 ff.)

1 *Nennen Sie die Argumente, mit denen sich Ollenhauer gegen das Pariser Vertragswerk wendet, und skizzieren Sie seine Position zur Deutschland- und Außenpolitik (M 6a).*

2 *Vergleichen Sie die Positionen von Adenauer und Ollenhauer (M 6a, b).*

c) Bundeskanzler Konrad Adenauer, CDU, 1955 zur Frage der Westintegration

Nach der Genfer Außenministerkonferenz im Oktober 1955 hatte der Unterstaatssekretär im britischen Außenministerium, Sir Ivone Kirkpatrick, dem deutschen Botschafter in London, Herwarth von Bittenfeld, in einem Gespräch eine mögliche Veränderung der britischen Politik angedeutet, um die festgefahrenen Vier-Mächte-Verhandlungen über Deutschland wieder in Gang zu bringen: Die Briten könnten sich vorstellen, mit der UdSSR einen Sicherheitsvertrag zu schließen, wenn diese ihrerseits einer Wiedervereinigung Deutschlands nach westlichen Vorstellungen (freie gesamtdeutsche Wahlen, völlige Handlungsfreiheit einer gesamtdeutschen Regierung nach innen und außen) zustimmte. Bittenfeld teilte Adenauer die britischen Pläne mit und übermittelte dessen Reaktion Kirkpatrick am 15. Dezember 1955. Kirkpatrick schrieb am 16. Dezember 1955 in einem „streng geheimen" Bericht (Auszug):

2. Der Botschafter sagte mir, er habe diese Möglichkeit sehr vertraulich mit dem Kanzler erörtert. Dr. Adenauer wünschte mich (Kirkpatrick) wissen zu lassen, dass er es missbilligen würde. Der entscheidende Grund ist, dass Dr. Adenauer kein Vertrauen in das deutsche Volk habe. Er sei äußerst besorgt, dass sich eine künftige deutsche Regierung zu Lasten Deutschlands mit Russland verständigen könnte, wenn er von der politischen Bühne abgetreten sei. Folglich sei er der Meinung, dass die Integration Westdeutschlands in den Westen wichtiger als die Wiedervereinigung Deutschlands sei. Wir (die Briten) sollten wissen, dass er in der ihm noch verbleibenden Zeit alle Energien darauf verwenden werde, dieses zu erreichen, und er hoffe, dass wir alles in unserer Macht Stehende tun würden, um ihn bei dieser Aufgabe zu unterstützen.

3. Bei dieser Nachricht an mich betonte der Botschafter nachdrücklich, dass der Kanzler wünsche, dass ich seine Meinung kenne, aber es würde natürlich katastrophale Folgen für seine politische Position haben, wenn seine Ansichten, die er mir (Kirkpatrick) in solcher Offenheit mitgeteilt habe, jemals in Deutschland bekannt würden.

Handschriftlicher Zusatz des britischen Außenministers Harold Macmillan zu dem Bericht am 19. Dezember: Ich denke, er (Adenauer) hat Recht.

(Josef Foschepoth [Hg.], Adenauer und die Deutsche Frage, Göttingen 1988, S. 55 und 289 f.)

1 *Erörtern Sie – unter Zuhilfenahme von M 5a und b, M 6a bis c – die Möglichkeiten einer deutschen Wiedervereinigungspolitik in den Fünfzigerjahren.*

2 *Bewerten Sie die Positionen Ollenhauers und Adenauers.*

2.2 Soziale Marktwirtschaft und „Wirtschaftswunder“

Soziale Marktwirtschaft

Die Auseinandersetzung um die Wirtschaftsordnung beherrschte in der Bundesrepublik den Wahlkampf von 1949. Die Durchsetzung der von Ludwig Erhard (1897–1977) und seinem Mitarbeiter und späteren Staatssekretär im Wirtschaftsministerium, Alfred Müller-Armack (1901–1978), vertretenen sozialen Marktwirtschaft bildete eine der wichtigsten Voraussetzungen für die ökonomische und politische Konsolidierung der Bundesrepublik. Individuelle Freiheit und soziale Gerechtigkeit sollten zu Wohlstand für alle führen (M 7).

Mit dieser Wirtschaftsordnung wurde sowohl einem reinen liberalkapitalistischen Modell als auch der nationalsozialistischen oder sozialistischen Planwirtschaft eine Absage erteilt. Die Produktion müsse sich vielmehr an der Nachfrage ausrichten und nicht umgekehrt. Nur die freie Preisbildung durch den Markt garantiere die optimale Deckung der individuellen Bedürfnisse der Verbraucher. Der Markt müsse jedoch einer gesetzlichen Rahmenordnung unterworfen werden, um Absprachen zwischen den Unternehmern zu verhindern, die zu einer Wettbewerbsverzerrung führen und damit zu Lasten der Verbraucher gehen würden. Daher verbot ein Gesetz 1957 Wettbewerbsbeschränkungen durch marktwidrige Absprachen und Kartelle. Um das Konkurrenz- und Leistungsprinzip zu erhalten, müsse der Markt auch für neue Bewerber offen gehalten werden. Aufgabe des Staates sei es, den freien Wettbewerb durch kontrollierende Institutionen und eine aktive Wirtschaftspolitik zu schaffen. Dazu gehöre auch die Geldwertstabilität. 1957 verbriefte ein Gesetz über die Deutsche Bundesbank deren Unabhängigkeit. Das durch das Grundgesetz garantierte Recht auf Privateigentum an Produktionsmitteln, die Berufs- und Gewerbefreiheit, die Konsum- und Vertragsfreiheit einschließlich freier Preisgestaltung seien Voraussetzungen eines funktionierenden Leistungswettbewerbs, ohne die keine Marktwirtschaft sinnvoll überdauern kann.

Die staatliche Sozialpolitik sollte sich auf die Absicherung sozialer Härten beschränken. In seiner ersten Regierungserklärung sagte Bundeskanzler Adenauer: „Die beste Sozialpolitik ist eine gesunde Wirtschaftspolitik.“

„Wirtschaftswunder“

Eine wichtige Voraussetzung für die Akzeptanz und damit Konsolidierung der parlamentarischen Demokratie und den sozialen Konsens in der Bundesrepublik in den Fünfzigerjahren war das so genannte „Wirtschaftswunder“. Die Westdeutschen machten erstmals in ihrer Geschichte die Erfahrung, dass parlamentarische Demokratie mit politischer Stabilität und wachsender Prosperität breiter Bevölkerungsschichten einhergehen kann. Auch in der DDR und in anderen Staaten gab es nach dem Krieg einen „Rekonstruktionseffekt“, aber in keinem anderen westlichen Land waren die Wachstumsraten so hoch und dauerte der Aufschwung so lange wie in der Bundesrepublik. Die Leistung des ökonomischen Wiederaufbaus nach dem Krieg wurde zum **identitätsstiftenden Konsens** der Nachkriegsgeneration. Zwischen 1950 und 1960 verdreifachte sich das Bruttosozialprodukt, bis 1970 verdoppelte es sich nochmals. Das Wirtschaftswachstum führte zu einem Rückgang der Arbeitslosenquote fast bis zur Vollbeschäftigung (M 8a, b). Im gleichen Zeitraum stiegen die Reallöhne um das Zweieinhalbfache. Diese einmalige Phase der Hochkonjunktur endete erst mit der Rezession von 1966/67, sodass Historiker auch von den „langen Fünfzigern“ sprechen.

Die soziale Marktwirtschaft, die Währungsreform und die amerikanische Finanzhilfe im Rahmen des Marshallplans (s. S. 523 f.) bildeten wichtige Voraussetzungen für den schnellen Wiederaufbau der Bundesrepublik. Die Kriegswirtschaft hatte bereits einen Modernisierungsschub bewirkt, der sich nun in den Fünfzigerjahren fortsetzte. Die zerstörten oder demontierten alten Produktionsanlagen wurden durch moderne ersetzt. Das im „Dritten Reich" von Ferdinand Porsche entwickelte Projekt eines Volkswagens wurde zu einem Symbol des ökonomischen Wiederaufstiegs der Bundesrepublik. Der Koreakrieg löste 1950 eine weltweite Hochkonjunktur aus und eröffnete damit deutschen Produkten Exportmärkte. Dabei wirkte der starre Wechselkurs von 4,20 DM für 1 Dollar wie eine indirekte Exportsubvention. Eine wichtige Rolle spielte auch die hohe technische und wissenschaftliche Qualifikation der arbeitenden Menschen. Die Vertriebenen und Flüchtlinge aus den Ostgebieten und der DDR vergrößerten das Arbeitskräftepotenzial und die Nachfrage auf dem Binnenmarkt. Außerdem waren die Löhne und Sozialleistungen in der Bundesrepublik zunächst niedriger und die Arbeitszeiten länger als in anderen westlichen Industriestaaten.

B 7 „Messerschmitt KR 200", 1955, Plakat. – Nachdem Motorräder und Motorroller schon in der Zwischenkriegszeit ein Massenpublikum gefunden hatten, war es in den Fünfzigerjahren der preisgünstige Kleinwagen, der weite Verbreitung fand. Zum wichtigsten Verkehrsmittel für die private Urlaubsreise wurde der Pkw allerdings erst seit den Sechzigerjahren.

– *Interpretieren Sie B 7 auf dem Hintergrund des „Wirtschaftswunders".*

Gesellschaftlicher Strukturwandel und politische Folgen

Der Krieg und der Wiederaufbau bewirkten einen tief greifenden wirtschaftlichen und gesellschaftlichen Strukturwandel. Die Bundesrepublik entwickelte sich zu einer modernen **Dienstleistungs- und Massenkonsumgesellschaft** (M 8c, d, M 9). Der Lebensstandard stieg auch für die unteren sozialen Schichten und entzog, wie die Wahlergebnisse zeigen (M 10), Klassenkampfparolen den Boden. 1953 erhielten die Kommunisten bei der Bundestagswahl nur noch 2,2 %. In den Fünfzigerjahren kam es zu einem Prozess der **Parteienkonzentration**. Ursache war weniger die seit der Bundestagswahl von 1953 auf Bundesebene geltende Fünfprozentklausel als der grundlegende gesellschaftliche Wandel und das Verschwinden der traditionellen Klassen- und Konfessionslinien. Auf diese Veränderungen in der Gesellschaft reagierte die SPD durch ihr **Godesberger Programm** von 1959. Programmatische Grundlagen, die noch auf dem Marxismus beruhten, gab sie damit auf und öffnete sich endgültig den Mittelschichten. Sie vollzog die Wende von einer Arbeiter- zu einer Volkspartei und schuf eine der Voraussetzungen für ihre Wahlerfolge in den Sechzigerjahren (M 11).

Der Konsens der Fünfzigerjahre

Das „Wirtschaftswunder" darf nicht übersehen lassen, dass in den ersten Jahren der Bundesrepublik zunächst ein raues soziales Klima herrschte. Die Einführung der Mitbestimmung in der Montanindustrie 1951 und das Betriebsverfassungsgesetz von 1952, das den Betriebsräten Mitbestimmungsrechte in personellen und sozialen Angelegenheiten zusprach, erfolgte erst nach schweren Auseinandersetzungen zwischen

B 8 Friedensdemonstration in Düsseldorf, Mai 1955, Fotografie

– *Erörtern Sie, ausgehend von B 8, das Verhältnis von Konsens und Opposition in der Bundesrepublik der Fünfzigerjahre.*

Regierung und Gewerkschaften und unter britischem Druck. Die Gewerkschaften konzentrierten sich auf die Durchsetzung der sozialen Interessen der Arbeitnehmer. Im Rahmen der Tarifvertragsautonomie setzten sie höhere Löhne und Gehälter, kürzere Arbeitszeiten und verbesserte Arbeitsschutzbestimmungen durch. Den neuen kooperativen Stil drückte der Begriff **„Sozialpartnerschaft"** aus. Die ökonomische Dynamik, steigender Wohlstand breiter Bevölkerungsschichten und der Ausbau der sozialen Sicherungen stabilisierten die politische Ordnung.

Der Ausbau des Sozialstaates

Gewerkschaften, SPD, Teile der Kirchen und die Sozialausschüsse der CDU/CSU verlangten eine gerechtere Verteilung der Früchte des „Wirtschaftswunders". Schritt für Schritt kehrte die Bundesrepublik zur klassischen Sozialstaatspolitik zurück, weil die Mehrheit der Bevölkerung es wünschte und das Wirtschaftswachstum Verteilungsspielräume eröffnete.

Durch das **Lastenausgleichsgesetz** von 1952 erhielten Vertriebene, Flüchtlinge und Ausgebombte eine Entschädigung für den kriegsbedingten Verlust von Vermögen. Der Durchbruch zum Sozialstaat gelang 1957 mit dem von Regierung und Opposition gemeinsam erarbeiteten Rentenreformgesetz, das die bedrückende materielle Not im Alter verminderte. So betrug 1950 die durchschnittliche Arbeitsrente nur 60,50 DM (= rd. 30,90 €)im Monat. Kern der Rentenreform war die **„Dynamisierung" der Renten**. 1957 erhöhten sich die Renten mit einem Schlag um rund 60 % und folgen seitdem den durchschnittlichen Lohn- und Gehaltserhöhungen. Gleichzeitig trat an die Stelle des bis dahin gültigen Versicherungsprinzips, d. h. der Rentenzahlung aus angesparten Versicherungsbeiträgen, der **„Generationenvertrag"**, d. h., die Renten wurden aus den aktuellen Versicherungsbeiträgen der Arbeitnehmer gezahlt.

Die Opposition

Die politische Stabilität in der Bundesrepublik beruhte unter anderem darauf, dass Oppositionsparteien im Bundestag gleichzeitig Regierungsparteien in einem Bundesland waren und umgekehrt. Der notwendige innerparteiliche Interessenausgleich in den Volksparteien und zwischen Bundestag und Bundesrat führte in den

Fünfziger- und Sechzigerjahren zu einer Abschleifung der ideologischen Gegensätze und zu der in Deutschland bis dahin wenig verbreiteten Bereitschaft zum politischen Kompromiss.
Rechts- und linksradikale Parteien verloren mit der wirtschaftlichen Konsolidierung an Bedeutung. 1952 wurde die Sozialistische Reichspartei (SRP) vom Bundesverfassungsgericht als nationalsozialistische Nachfolgeorganisation verboten, 1956 auch die KPD für verfassungswidrig erklärt. Im Urteil des Bundesverfassungsgerichts hieß es, dass sowohl die proletarische Revolution als auch die Diktatur des Proletariats mit der freiheitlich-demokratischen Grundordnung unvereinbar seien.
Die zu Beginn der Fünfzigerjahre einsetzende Debatte um die Wiederaufrüstung und die NATO-Aufnahme der Bundesrepublik rief den Widerstand der **Friedensbewegung** hervor (B 8), der jedoch in der zweiten Hälfte der Fünfzigerjahre wieder abebbte. Der Kalte Krieg, die verbreitete Angst vor einem „kommunistischen Überfall" und eine allgemeine Tendenz zum Rückzug ins „Private" waren die hauptsächlichen Gründe dieser Entwicklung.

Mentalitäten in den Fünfzigerjahren

Nach den Jahren der Entbehrung sehnte sich die Kriegsgeneration nach einem intakten Familienleben, nach privatem Glück in einer konfliktfreien Welt. Heimatfilme propagierten das Idyll einer bürgerlich-patriarchalischen Familienordnung (B 9). Das Streben nach Sicherheit führte zur Rückwendung zu vertrauten Strukturen, die nicht durch die NS-Herrschaft diskreditiert worden waren. An die Vergangenheit wollte niemand gerne erinnert werden, man genoss die Konsummöglichkeiten, die das „Wirtschaftswunder" eröffnete. Die Wiederaufbauleistung wurde zum identitätsstiftenden Konsens dieser Generation. Erich Kästner hat daher die Fünfzigerjahre auch als **„motorisiertes Biedermaier"** bezeichnet. Viele konnten sich erstmals einen Urlaub leisten (B 10, M 9). Die Schlager der Fünfzigerjahre, wie z. B. „Capri-Fischer" oder „Zwei kleine Italiener", spiegeln die Sehnsüchte der Kriegsgeneration. Der Kommunismus wurde als Bedrohung dieser bürgerlichen Kultur gesehen. „Keine Experimente", lautete der Slogan der Adenauer-Regierung, mit dem sie die Wahlen von 1957 gewann. Gegen diese bürgerlich-patriarchalische Welt ihrer Eltern rebellierten viele Jugendliche. Ihre Bewunderung galt dem „American way of life" und dem Rock'n'Roll, den vor allem Elvis Presley in Deutschland populär machte.

M7 Alfred Müller-Armack über die soziale Marktwirtschaft (Mai 1948)

Die Lage unserer Wirtschaft zwingt uns zu der Erkenntnis, dass wir uns in Zukunft zwischen zwei grundsätzlich voneinander verschiedenen Wirtschaftssystemen zu entscheiden haben, nämlich dem System der antimarktwirtschaftlichen Wirtschaftslenkung und dem System der auf freie Preisbildung, echten Leistungswettbewerb und soziale Gerechtigkeit gegründeten Marktwirtschaft. Alle Erfahrungen mit wirtschaftlichen Lenkungssystemen verschiedenster Schattierungen haben erwiesen, dass sie unvermeidlich zu einer mehr oder weniger weit gehenden Vernichtung der Wirtschaftsfreiheit des Einzelnen führen, also mit demokratischen Grundsätzen unvereinbar sind, und zweitens mangels zuverlässiger Maßstäbe infolge der Aufhebung des Preismechanismus nicht in der Lage sind, die verschiedenen Knappheitsgrade zuverlässig zu erkennen. Jede Lenkungswirtschaft hat daher in der Praxis am wirklichen volkswirtschaftlichen Bedarf „vorbeigelenkt".
Die angestrebte moderne Marktwirtschaft soll betont sozial ausgerichtet und gebunden sein. Ihr sozialer Charakter liegt bereits in der Tatsache begründet, dass sie in der Lage, ist eine größere und mannigfaltigere Gütermenge zu Preisen anzubieten, die der Konsument durch seine Nachfrage entscheidend mitbestimmt und die durch niedrige Preise den Realwert des Lohnes erhöht und dadurch eine größere und breitere Befriedigung der menschlichen Bedürfnisse erlaubt.
Durch die freie Konsumwahl wird der Produzent gezwungen, hinsichtlich Qualität, Sortiment und

B 9 „Der Förster vom Silberwald", 1954, westdeutsches Filmplakat

– *Analysieren Sie B 9 unter alltagsgeschichtlichen Aspekten und vergleichen Sie diesbezüglich die Entwicklung der BRD mit der der DDR (s. S. 539 und 545 ff.).*

Preis seiner Produkte auf die Wünsche der Konsumenten einzugehen, die damit eine echte Marktdemokratie ausüben. Eine ähnliche, die Wirtschaft maßgeblich bestimmende Stellung vermag eine Lenkungswirtschaft der Masse der Verbraucher nicht einzuräumen. Demokratie und Lenkungswirtschaft sind eben nicht vereinbar.

Um den Umkreis der sozialen Marktwirtschaft ungefähr zu umreißen, sei folgendes Betätigungsfeld künftiger sozialer Gestaltung genannt:

1. Schaffung einer sozialen Betriebsordnung, die den Arbeitnehmer als Mensch und Mitarbeiter wertet, ihm ein soziales Mitgestaltungsrecht einräumt, ohne dabei die betriebliche Initiative und Verantwortung des Unternehmers einzuengen.
2. Verwirklichung einer als öffentliche Aufgabe begriffenen Wettbewerbsordnung, um dem Erwerbsstreben der Einzelnen die für das Gesamtwohl erforderliche Richtung zu geben.
3. Befolgung einer Antimonopolpolitik zur Bekämpfung möglichen Machtmissbrauches in der Wirtschaft.
4. Durchführung einer konjunkturpolitischen Beschäftigungspolitik mit dem Ziel, dem Arbeiter im Rahmen des Möglichen Sicherheit gegenüber Krisenrückschlägen zu geben. Hierbei ist außer kredit- und finanzpolitischen Maßnahmen auch ein mit sinnvollen Haushaltssicherungen versehenes Programm staatlicher Investitionen vorzusehen.
5. Marktwirtschaftlicher Einkommensausgleich zur Beseitigung ungesunder Einkommens- und Besitzverschiedenheiten, und zwar durch Besteuerung und durch Familienzuschüsse, Kinder- und Mietbeihilfen an sozial Bedürftige.
6. Siedlungspolitik und sozialer Wohnungsbau.
7. Soziale Betriebsstrukturpolitik durch Förderung kleinerer und mittlerer Betriebe und Schaffung sozialer Aufstiegschancen.
8. Einbau genossenschaftlicher Selbsthilfe in die Wirtschaftsordnung.
9. Ausbau der Sozialversicherung.
10. Städtebauplanung.
11. Minimallöhne und Sicherung der Einzellöhne durch Tarifvereinbarungen auf freier Grundlage. Es kommt also darauf an, zu erkennen, dass der Übergang zur Marktwirtschaft als einem System freiheitlicher und demokratischer Wirtschaftsordnung zugleich die Gewinnung der deutschen Menschen für die Ideale der persönlichen Freiheit und Selbstbestimmung in sich schließt. Die letzten Ziele staatsbürgerlicher Freiheit müssen mit den Zielen der wirtschaftlichen Freiheit des Einzelnen übereinstimmen.

(Alfred Müller-Armack, Vorschläge zur Verwirklichung der Sozialen Marktwirtschaft, in: Genealogie der Sozialen Marktwirtschaft, Paul Haupt, Bern 1974, S. 98 ff.)

1 *Nennen Sie Voraussetzungen und Ziele der sozialen Marktwirtschaft.*

2 *Erläutern Sie, von welchen Wirtschaftsformen sich die soziale Marktwirtschaft abgrenzt. Nennen Sie Beispiele aus der Geschichte.*

3 *Diskutieren Sie das Menschenbild, das der sozialen Marktwirtschaft zu Grunde liegt.*

4 *Erörtern Sie den Zusammenhang von sozialer Marktwirtschaft und Demokratie.*

M8 Die wirtschaftliche Entwicklung der Bundesrepublik Deutschland

a) Das jährliche Wirtschaftswachstum der Bundesrepublik 1950–1996[1] (in Prozent)

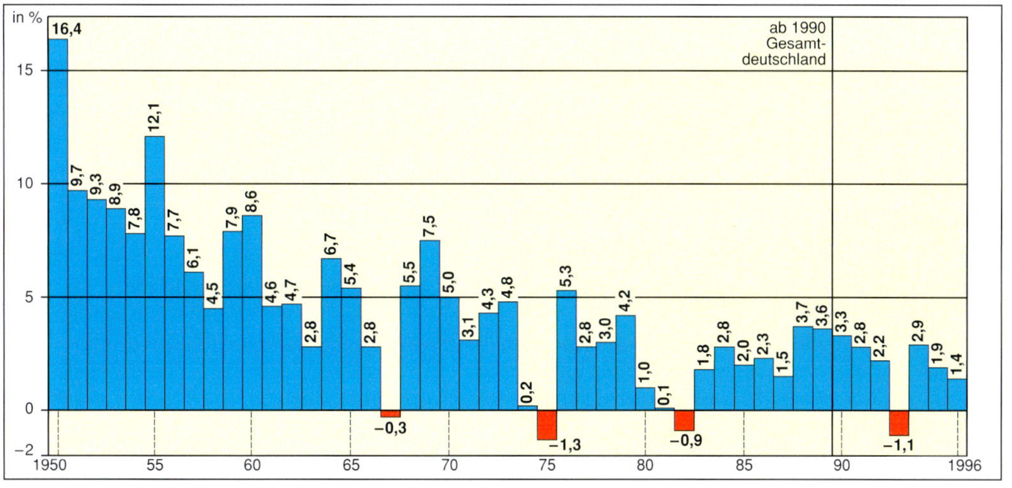

1 1997: 1,9 %; 1998: 2,2 %; 1999: 1,5 %.

b) Arbeitslose in der Bundesrepublik 1950–1996[1] (in Mio. Personen)

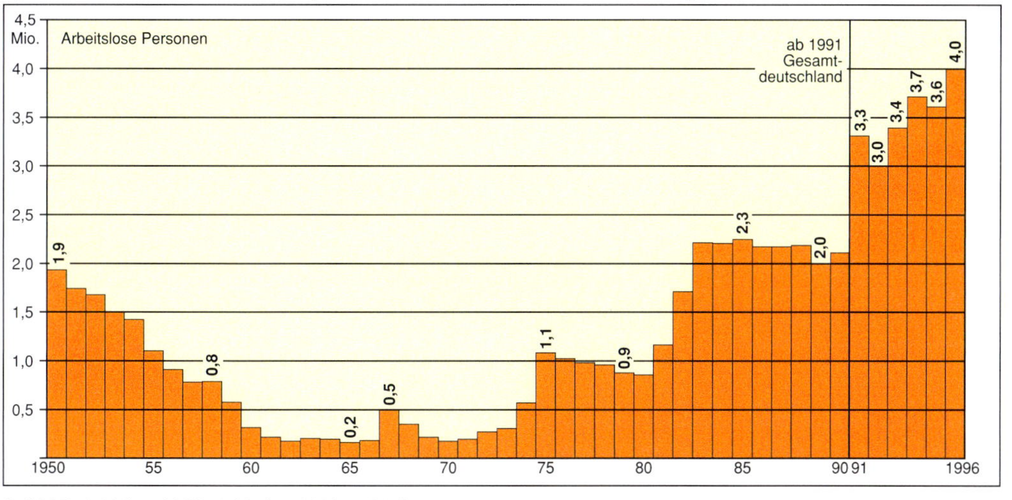

1 1997: 4,4 Mio.; 1998: 4,3 Mio.; 1999: 4,1 Mio.

c) Soziale Stellung der Erwerbsbevölkerung in der Bundesrepublik 1950–1990 (in Prozent)

	1950	1960	1970	1980	1990
Selbstständige/mithelfende Familienangehörige	28,3	22,2	17,1	12,0	10,8
Beamte/Angestellte	20,6	28,1	36,2	45,6	51,8
Arbeiter	51,0	49,7	46,5	42,3	37,4

(Werner Abelshauser, Die langen Fünfzigerjahre, Cornelsen, Düsseldorf 1987, S. 88; Statistisches Bundesamt [Hg.], Datenreport 1992, Bonn 1992, S. 98 f.)

d) Langlebige Konsumgüter in Haushalten der Bundesrepublik 1949–1962 (in Prozent)

Bestand im Jahr 1962		davon wurden angeschafft in den Jahren				
		vor 1949	1949–52	1953–57	1958–60	1961–62
Fernsehgerät	34,4			14,9	51,5	32,0
Radio	79,3	5,8	21,9	39,8	22,4	8,0
Plattenspieler	17,7	1,3	6,5	32,0	39,5	18,7
Kühlschrank	51,8	0,6	3,8	25,2	45,4	23,5
Staubsauger	64,7	6,9	13,7	36,1	28,8	12,2
Waschmaschine	25,3	2,0	7,7	38,2	33,7	16,3
Tiefkühltruhe	2,7		1,2	15,6	50,1	30,7
Fotoapparat	41,7	8,8	13,9	29,8	30,9	13,8

(Werner Abelshauser, Die langen Fünfzigerjahre, Cornelsen, Düsseldorf 1987, nach Tab. 15)

1 *Beschreiben Sie anhand von M 8a–d die wirtschaftliche Entwicklung der Bundesrepublik in der Ära Adenauer.*
2 *Erklären Sie in diesem Zusammenhang den Begriff des „Wirtschaftswunders" und setzen Sie sich kritisch mit ihm auseinander.*
3 *Erörtern Sie die politischen Folgen des „Wirtschaftswunders".*

M9 Urlaubsreiseintensität[1] in der Bundesrepublik 1949–1989 (in % der Bevölkerung)

Jahr	1949	1954	1957	1960	1964	1968	1972	1976	1980	1984	1987	1989
Urlaubsreise-intensität	21,0	24,0	27,0	28,0	39,0	39,0	49,0	53,0	57,7	55,3	64,6	66,8

1 Urlaubsreiseintensität: Zahl der über 14-jährigen Bundesbürger, die im Vorjahr eine mindestens 5-tägige Urlaubsreise unternommen haben.

(Christine Keitz, Reisen als Leitbild. Die Entstehung des modernen Massentourismus in Deutschland, dtv, München 1997, S. 336)

B 10 Westdeutsche Familie auf einer Urlaubsreise am Gardasee in Italien, 1955, Fotografie

– *Interpretieren Sie B 10 und M 9 mit Blick auf den gesellschaftlichen Stellenwert von Urlaubsreisen in der Bundesrepublik der Fünfzigerjahre; ziehen Sie auch B 7 heran.*

M10 **Bundestagswahlen 1949–1998 (Ergebnisse in Prozent der gültigen Zweitstimmen in dem jeweiligen Gebietsstand)**

	1949	1953	1957	1961	1965	1969	1972	1976	1980	1983	1987	1990	1994	1998
Wahlber. (Mio.)	31,2	33,1	35,4	37,4	38,5	38,7	41,4	42,1	43,2	44,1	45,3	60,9	60,5	60,8
Wahlbet. (%)	78,5	86,0	87,8	87,7	86,8	86,7	91,1	90,7	88,6	89,1	84,3	77,8	79,0	82,2
CDU/CSU	31,0	45,2	50,2	45,4	47,6	46,1	44,9	48,6	44,5	48,8	44,3	43,8	41,4	35,1
SPD	29,2	28,8	31,8	36,2	39,3	42,7	45,8	42,6	42,9	38,2	37,0	33,5	36,4	40,9
FDP	11,9	9,5	7,7	12,8	9,5	5,8	8,4	7,9	10,6	7,0	9,1	11,0	6,9	6,2
Die Grünen	–	–	–	–	–	–	–	–	1,5	5,6	8,3	3,8	} 7,3	6,7
Bündnis 90/Grüne	–	–	–	–	–	–	–	–	–	–	–	1,2		
PDS	–	–	–	–	–	–	–	–	–	–	–	2,4	4,4	5,1
DP	4,0	3,3	3,4											
GB/BHE	–	5,9	4,6	2,8	–	0,1	–	–	–	–	–	–	–	–
Zentrum	3,1	0,8	0,3	–	–	–	–	–	–	–	–	–	–	–
Bayernpartei	4,2	1,7	0,5	–	–	0,2	–	–	–	–	–	–	–	–
DRP, NPD, Republikaner	1,8	1,1	1,0	0,8	2,0	4,3	0,6	0,3	0,2	0,2	0,6	2,1	–	–
KPD, DFU, DKP	5,7	2,2	–	1,9	1,3	–	0,3	0,3	0,2	0,2	–	–	–	–
Sonstige	9,1	1,5	0,5	0,1	0,3	0,8	–	0,3	0,1	–	0,2	2,2	3,6	5,9

DP = Deutsche Partei; GB/BHE = Gesamtdeutscher Block/Bund der Heimatvertriebenen und Entrechteten; DRP = Deutsche Reichspartei; DFU = Deutsche Friedensunion

(Statistische Jahrbücher für die Bundesrepublik Deutschland)

M11 **Aus dem Godesberger Programm der SPD, beschlossen auf dem Parteitag 1959**

Freiheit, Gerechtigkeit und Solidarität, die aus der gemeinsamen Verbundenheit folgende gegenseitige Verpflichtung, sind die Grundwerte des sozialistischen Wollens. [...] Aus der Entscheidung für den demokratischen Sozialismus ergeben sich Grundforderungen, die in einer menschenwürdigen Gesellschaft erfüllt sein müssen:

Alle Völker müssen sich einer internationalen Rechtsordnung unterwerfen, die über eine ausreichende Exekutive verfügt. Der Krieg darf kein Mittel der Politik sein.

Alle Völker müssen die gleiche Chance haben, am Wohlstand der Welt teilzunehmen. Entwicklungsländer haben Anspruch auf die Solidarität der anderen Völker.

Wir streiten für die Demokratie. Sie muss die allgemeine Staats- und Lebensordnung werden, weil sie allein Ausdruck der Achtung vor der Würde des Menschen und seiner Eigenverantwortung ist.

Wir widerstehen jeder Diktatur, jeder Art totalitärer Herrschaft; denn diese missachten die Würde des Menschen, vernichten seine Freiheit und zerstören das Recht. Sozialismus wird nur durch die Demokratie verwirklicht, die Demokratie durch den Sozialismus erfüllt.

Zu Unrecht berufen sich die Kommunisten auf sozialistische Traditionen. In Wirklichkeit haben sie das sozialistische Gedankengut verfälscht. Die Sozialisten wollen Freiheit und Gerechtigkeit verwirklichen, während die Kommunisten die Zerrissenheit der Gesellschaft ausnutzen, um die Diktatur ihrer Partei zu errichten.

Im demokratischen Staat muss sich jede Macht öffentlicher Kontrolle fügen. Das Interesse der Gesamtheit muss über dem Einzelinteresse stehen. In der vom Gewinn- und Machtstreben bestimmten Wirtschaft und Gesellschaft sind Demokratie, soziale Sicherheit und freie Persönlichkeit gefährdet. Der demokratische Sozialismus erstrebt darum eine neue Wirtschafts- und Sozialordnung.

Alle Vorrechte im Zugang zu Bildungseinrichtungen müssen beseitigt werden. Nur Begabung und Leistung sollen jedem den Aufstieg ermöglichen.

(Heino Kaack, Geschichte und Struktur des deutschen Parteiensystems, Opladen 1971, S. 406 ff.)

1 *Fassen Sie die Grundforderungen des „demokratischen Sozialismus" aus M 11 zusammen.*

2 *Vergleichen Sie das Sozialismusverständnis im Godesberger Programm (M 11) mit der sozialen Marktwirtschaft (M 7) und dem Sozialismusverständnis der SED (M 4).*

2.3 Aufbau des Sozialismus im SED-Staat, Arbeiteraufstand und Mauerbau

Demokratischer Zentralismus

Die Sowjetisierung oder Stalinisierung der SED hatte bereits 1946 begonnen und verstärkte sich ab 1948 mit der Umwandlung der SED zu einer **„Partei neuen Typs“** (s. S. 522, M 4). Ihr Ziel war die Umgestaltung von Wirtschaft, Staat und Gesellschaft nach sowjetischem Vorbild. Die Partei legitimierte ihren Führungsanspruch mit den Lehren von Marx, Engels, Lenin und Stalin und der Notwendigkeit, den Aufbau des Sozialismus gegen den kapitalistischen Westen verteidigen zu müssen. Innerparteiliches Organisationsprinzip wurde der „demokratische Zentralismus“, d. h., der hierarchisch gegliederte Parteiapparat hatte die von den Spitzenfunktionären im Politbüro ausgegebenen Direktiven in Wirtschaft, Staat und Gesellschaft auszuführen.1950/51 kam es zu einer umfassenden Säuberungswelle innerhalb der SED. 150 000 nonkonforme Mitglieder wurden aus der Partei ausgeschlossen. Spätestens 1952 war die **Stalinisierung der SED** abgeschlossen.

Im Unterschied zur Sowjetunion und den Volksdemokratien Osteuropas blieb die DDR formal bis zu ihrer Auflösung ein Mehrparteiensystem, aber faktisch setzte die **SED** ihr **Macht- und Meinungsmonopol** durch. Am 4. Oktober 1949 proklamierte der Parteivorstand der SED die Zusammenfassung der Blockparteien und verschiedener gesellschaftlicher Massenorganisationen zur **„Nationalen Front des demokratischen Deutschland“**. Die Wahlen zur Volkskammer, den Land- und Kreistagen sowie den Gemeinden im Oktober 1950 erfolgten nach vorgegebenen Einheitslisten. Nach offiziellen Angaben betrug die Wahlbeteiligung 98,5 %. Davon sollen 99,7 % für die Nationale Front gestimmt haben. Die Blockparteien wurden systematisch gleichgeschaltet (M 12). Im Juni 1952 erkannte die CDU „die führende Rolle der SED als Partei der Arbeiterklasse vorbehaltlos an“ und erklärte den „Aufbau des Sozialismus in der DDR ... auf der Grundlage des Marxismus-Leninismus“ zu ihrem Ziel. Auch die **Massenorganisationen** – der Freie Gewerkschaftsbund (FDGB), die Freie Deutsche Jugend (FDJ), die Gesellschaft für Deutsch-sowjetische Freundschaft (DSF), der Kulturbund (KB), der Demokratische Frauenbund Deutschlands (DFD), die Vereinigung der gegenseitigen Bauernhilfe (VdgB) – wurden von hauptamtlichen SED-Funktionären geleitet und kontrolliert.

B 11 „Von den Sowjetmenschen lernen heißt siegen lernen!“, 1952, Plakat der SED

– *Erklären Sie, ausgehend von B 11, den „Aufbau des Sozialismus“.*

1952 wurde die Verwaltung durch **Abschaffung der Länder** zentralisiert. An ihre Stelle traten 14 Bezirke. Bei der Verteilung der Posten in den neu geschaffenen Räten und Kreisen dominierte seitdem die SED. Im Staats- und Militärapparat, in der Wirtschaft, der Justiz,in Schulen, Hochschulen und Massenmedien besetzten „Kader“ der SED nach und nach alle Leitungspositionen. Die Loyalität zur Partei war in der Regel wichtiger als Sachkompetenz. Diese neue Elite zählte ungefähr eine halbe Million Menschen. Ihre Linientreue wurde mit Privilegien wie besonderen Lebensmittel- und Wohnungszuweisungen prämiert.
Zu einem wichtigen Instrument der Herrschaftssicherung wurde das im Februar 1950 gegründete **Ministerium für Staatssicherheit (MfS),** („Stasi“), das direkt dem Politbüro der SED unterstellt war. Durch Einschüchterung und Verhaftungen von Oppositionellen und Belohnungen für kooperationswillige Kräfte baute die Partei ihre Macht aus.

B 12 „Die Kurorte gehören den Werktätigen“, 1954, Plakat des Feriendienstes des FDGB

– *Vergleichen Sie B 12 mit B 7 und B 10 im Hinblick auf alltägliche Hoffnungen und Wünsche der Bürger in der DDR und in der Bundesrepublik der Fünfzigerjahre.*

Aufbau des Sozialismus durch zentrale Planwirtschaft

Auch in der DDR waren bereits vor der Staatsgründung entscheidende ordnungspolitische Weichenstellungen erfolgt. Im Juni 1948 verabschiedete der Parteivorstand den ersten Zweijahresplan für die Jahre 1949/50, für 1951–1955 einen Fünfjahresplan. Auf der 2. Parteikonferenz im Juli 1952 erklärte Walter Ulbricht den **planmäßigen „Aufbau des Sozialismus“** in der DDR zur neuen Hauptaufgabe. Im friedlichen Wettstreit sollte der Beweis für die Überlegenheit der sozialistischen Wirtschafts- und Gesellschaftsordnung gegenüber dem kapitalistischen System im Westen erbracht werden (B 13). Als Vorbild diente die zentrale Planwirtschaft der Sowjetunion (B 11).
Die **Kollektivierung der Landwirtschaft** wurde in den Fünfzigerjahren systematisch vorangetrieben, auch mittlere Betriebe enteignet und die Bauern gegen ihren Willen in Landwirtschaftlichen Produktionsgenossenschaften zusammengeschlossen. Von 1950 bis 1960 stieg der Anteil der sozialistischen Betriebe an der landwirtschaftlichen Nutzfläche von 6 auf 92 %.
In der Industrie erfolgte nach sowjetischem Vorbild der **forcierte Aufbau der Schwerindustrie** auf Kosten der Leicht- und Konsumgüterindustrie. Bis Ende der Fünfzigerjahre stieg der Anteil der in „Volkseigenen Betrieben“ erzeugten Industrieproduktion auf über 90 %. Auch im Handel dominierte der staatliche oder quasi-staatliche genossenschaftliche Sektor, während das Handwerk von Verstaatlichungsmaßnahmen noch weitgehend ausgenommen blieb.
Mit der Änderung der Eigentumsverhältnisse vollzog sich ein grundlegender Wandel der Sozialstruktur (M 13). 1961 arbeiteten über 95 % der Erwerbstätigen in staatlich kontrollierten

B 13 Leipziger Messe, 1959, Fotografie

– *Ordnen Sie B 13 in den historischen Zusammenhang ein und interpretieren Sie die Parolen, mit denen die DDR auf der Leipziger Messe warb.*

Betrieben. Die große Mehrzahl der Beschäftigten war direkt oder indirekt vom Staat abhängig, die Betriebe wurden von den Parteifunktionären kontrolliert, die Arbeiter und Angestellten hatten keine eigenen unabhängigen Interessenvertretungen.
Um die Wirtschaftspläne zu erfüllen, schuf die SED seit 1948 Leistungsanreize für die Arbeiter. Der Staat honorierte das als freiwillig ausgegebene Engagement einzelner „Aktivisten“ oder Kollektive, die sich durch Leistungsrekorde, Betriebsverbesserungen und Erfindungen hervortaten. Frauen wie Männer wurden zu **„Helden der Arbeit“** stilisiert und mit Geldzulagen prämiert.
Auch in der DDR gab es in der Wiederaufbauphase ein beschleunigtes Wirtschaftswachstum, ein „kleines“ Wirtschaftswunder, auch wenn die Entwicklung nicht mit derjenigen der Bundesrepublik vergleichbar war. Denn der Wiederaufbau wurde erschwert durch die Demontage von Industrieanlagen und die Entnahme von Reparationen aus der laufenden Produktion, den Kapitalmangel, die Abwanderung qualifizierter Arbeitskräfte und das ökonomisch weniger effiziente System der zentralen Planwirtschaft; es kam zu Versorgungsengpässen. Dennoch wuchs das Bruttosozialprodukt in der zweiten Hälfte der Fünfzigerjahre jährlich um mehr als 10 %.
Obwohl die DDR im Ostblock eine Spitzenposition erringen konnte, gab es weiterhin Versorgungsmängel. Auch der Wohnraum blieb knapp und Preissteigerungen und Arbeitsnormerhöhungen verschlechterten die Stimmung in der Bevölkerung. Eine Reaktion war die **Flucht in den Westen**. Von 1949 bis zum Mauerbau im August 1961 verließen fast 3 Mio. Menschen die DDR, überwiegend jüngere und gut ausgebildete (M 14). Die Diskrepanz zwischen ideologischem Anspruch und politischer Realität wuchs, während im Westen der Wirtschaftsaufschwung mit rasantem Tempo die Befriedigung von Konsumwünschen für immer breitere Schichten der Bevölkerung ermöglichte. Propaganda und Repression überspielten das Legitimationsdefizit des SED-Staates (B 13), die Kluft zwischen der politischen Führung und der Bevölkerung der DDR.

Der DDR-Volksaufstand vom 17. Juni 1953

Die unklaren Machtverhältnisse in der Sowjetunion nach Stalins Tod im März 1953 und die wachsende Unzufriedenheit der Bevölkerung mit der SED-Herrschaft lösten den Volksaufstand vom 17. Juni 1953 aus (M 15a, b).
Am 9. Juni 1953 hatte das Politbüro den **„Neuen Kurs“** verkündet, mit dem einige Maßnahmen revidiert wurden, die zum „Aufbau des Sozialismus“ führen sollten. Die politischen Repressionen wurden gelockert, die Konsumgüterproduktion erhöht und Preissteigerungen zurückgenommen. In Kraft blieben jedoch die im Mai um 10 % **erhöhten Arbeitsnormen**. Am 16. Juni 1953 legten daher die Bauarbeiter in der Berliner Stalinallee die Arbeit nieder und zogen in Demonstrationszügen zum Sitz der SED. Die Bewegung breitete sich über das ganze Land aus. Neben wirtschaftliche traten von Anfang an auch politische Forderungen wie Rücktritt der Regierung, Wiederherstellung der Einheit Deutschlands auf der Grundlage freier Wahlen, die Freilassung politischer Gefangener sowie die Zulassung freier Parteien und Gewerkschaften. In mehr als 250 Orten der DDR kam es zu Streiks und Demonstrationen, insbesondere in den industriellen Zentren wie Magdeburg, Jena, Gera, Brandenburg und Görlitz.
In der Nacht zum 17. Juni zogen in Berlin sowjetische Panzer auf und drängten die Demonstranten mit Warnschüssen zurück. Mindestens 51 Menschen wurden bei den Demonstrationen getötet, 20 standrechtlich erschossen, über 6000 verhaftet, zwei zum Tode verurteilt. Fast zwei Drittel der Opfer des 17. Juni waren Arbeiter. Das sowjetische Militär hatte die DDR-Regierung vor dem Zusammenbruch gerettet. Die Westmächte schauten hingegen tatenlos zu – zur Enttäuschung der Aufständischen. In der Bundesrepublik wurde der 17. Juni zum Feiertag **(„Tag der deutschen Einheit“)** erklärt.
Die SED reagierte auf die Volkserhebung mit einer Säuberungswelle gegen „feindliche Elemente“ und baute den Repressionsapparat des Ministeriums für Staatssicherheit aus. Mit Paraden wurden bei Jahrestagen die sowjetische Waffenbrüderschaft und die Einheit von Partei und Volk beschworen. Andererseits drosselte die Partei das Tempo beim Aufbau der Schwerindustrie. Auch verzichtete die UdSSR ab 1954 auf direkte Reparationsleistungen. Die Versorgungslage der Bevölkerung verbesserte sich langsam, aber viele gaben die Hoffnung auf politische Reformen auf. Allein 1953 flohen über 330 000 Menschen aus der DDR in die Bundesrepublik.

Der Bau der Berliner Mauer 1961

Chruschtschows Versuch, Westberlin in das Hoheitsgebiet der DDR einzubeziehen, löste im November 1958 die zweite Berlinkrise aus – nach der Blockade 1948/49. Viele DDR-Bürger befürchteten, dass ihnen dadurch die Möglichkeit genommen würde, künftig ihren Wohnsitz frei zu wählen. Die Folge war ein erneuter **Anstieg der Flüchtlingszahlen**. Besonders hoch war der Anteil der Jugendlichen, Akademiker, Intellektuellen und qualifizierten Facharbeiter.
Der Beschluss zum Bau der Mauer erfolgte nach langen geheimen Beratungen in Gremien des Warschauer Paktes. Geleitet wurde die Aktion von Erich Honecker. Ulbricht legitimierte den Bau der Mauer als **„antifaschistischen und antiimperialistischen Schutzwall“**. In der Nacht vom 12. auf den 13. August 1961 sperrte die Nationale Volksarmee die Zonengrenze des Ostsektors mit Barrikaden und Stacheldrahtverhauen ab (B 14).
Die Westmächte protestierten zwar gegen den Bruch der Verträge von 1944/45, nahmen den Bau der Mauer aber letztlich hin. Drei Tage später sperrte die DDR auch die innerdeutsche Grenze für Einwohner der DDR und Ostberlins vollständig ab. Die Mauer wurde als Grenze zur BRD ausgebaut und ließ die Flucht in den Westen zu einem lebensgefährlichen Unternehmen werden. Diese Abschließung beendete die Massenflucht. Zugleich beendete der Bau der Mauer das Experiment, den Sozialismus in einem Land mit offener Grenze aufzubauen. Die Mehrheit der Bevölkerung musste sich mit dem Regime und der Teilung in zwei deutsche Staaten abfinden.

B 14 Flucht eines Soldaten der Nationalen Volksarmee am 15. August 1961, Fotografie

– *Vergleichen Sie B 13 und B 14.*
– *Skizzieren Sie, ausgehend von B 14, Ursachen, Verlauf und Folgen des Mauerbaus für die SED-Herrschaft.*

Akzeptanz und Widerstand

Während ein Teil der Ostdeutschen der DDR in den Fünfzigerjahren den Rücken kehrte und in Richtung Westen aufbrach, gab es viele Bürger, die dem SED-Staat loyal gegenüberstanden. Die Gründe waren zum einen der langsam, aber stetig wachsende Lebensstandard (B 12) und die **Arbeitsplatzgarantie**. Auch wurde das fehlende Leistungs- und Konkurrenzprinzip innerhalb des Systems als human empfunden. Die kostenlose **ärztliche Versorgung** wurde als wichtige soziale Errungenschaft betrachtet, auch wenn großen Teilen der Bevölkerung wichtige Medikamente vorenthalten wurden. Partei- und Staatsorgane sowie die Massenorganisationen (s. S. 544) boten darüber hinaus Möglichkeiten des **sozialen Aufstiegs** (M 16).
Das Schul- und Hochschulwesen wurde nach 1950 am Modell der Sowjetunion ausgerichtet, der Marxismus-Leninismus zur Grundlage von Unterricht und Studium gemacht, der russische Sprachunterricht obligatorisch eingeführt. Schon 1959/60 besuchten 65 % der Jugendlichen länger als acht Jahre die Schule. Der Akademisierungsgrad wuchs rasch; 1959/60 studierten über 20 % der jüngeren Jahrgänge an einer Universität oder Fachschule. Von 1950 bis 1970 stieg der Anteil der weiblichen Studenten von 21 % auf 35 %, in der Bundesrepublik dagegen lediglich von 21 % auf 26 %.
Wer sich dem Wahrheits- und Machtmonopol der SED beugte, konnte in Frieden leben und es zu bescheidenem Wohlstand bringen. Aktiven **Widerstand** gegen den dogmatischen Führungsanspruch der SED und die Gleichschaltung leisteten vor allem einzelne **Intellektuelle und die Kirchen** (Junge Gemeinde); sie waren daher in besonderer Weise Gegenstand der Überwachung und Infiltration durch den Staatssicherheitsdienst. Der Widerstand der evangelischen Kirche richtete sich gegen den totalen Machtanspruch der SED, die Abschaffung des Religionsunterrichts an den Schulen, die Diskriminierung und Verfolgung der jungen Gemeinden und die sozialistische Jugendweihe, die als Konkurrenz zur Konfirmation angesehen wurde. Anfang 1953 verhaftete die „Stasi“ etwa 50 Pfarrer, Diakone und Laien. Die Kirche blieb bis zum Ende der DDR die einzige gesellschaftliche Organisation, die nicht direkt von der SED beherrscht wurde.

M12 Parteien und Wahlen in der DDR

Für die Wahlen in der DDR stellte entsprechend Art. 3 Abs. 1 der DDR-Verfassung der „Demokratische Block", in dem alle Parteien und Massenorganisationen zusammengeschlossen waren, eine Einheitsliste auf. Ein weiteres Indiz für die Bedeutung der Parteien im Blockparteiensystem ist deren Mitgliederzahl (Abkürzungen s. S. 517 und 544).

a) Mitglieder der Parteien in der DDR 1987 (in Personen)

SED	2328000
LDPD	104000
NDPD	110000
DBD	115000
CDU	140000

b) Wahlbeteiligung bei den Wahlen zur Volkskammer der DDR 1950–1986 (in Prozent)

1950	98,53
1954	98,51
1958	98,90
1963	99,25
1967	98,82
1971	98,48
1976	98,58
1981	99,21
1986	99,74

c) Zusammensetzung der Volkskammer der DDR[1], 9. Wahlperiode, 1986–1990 (in Prozent)

SED	25,4
KB	4,2
FDGB	12,2
CDU	10,4
LDPD	10,4
NDPD	10,4
DBD	10,4
VdgB	2,8
DFD	6,4
FDJ	7,4

1 Die Zusammensetzung der Volkskammer blieb die längste Zeit in der DDR praktisch unverändert.

(Alexander Fischer [Hg.], Ploetz. Die Deutsche Demokratische Republik. Daten, Fakten, Analysen, Ploetz, Freiburg u. a. 1988, S. 191 f., 207 und 209; Hermann Weber, DDR. Grundriss der Geschichte 1945–1990, Fackelträger, Hannover 1991, S. 232)

1 *Vergleichen Sie anhand von M 12a–c die Funktion von Parteien und Wahlen in der DDR.*
2 *Erklären Sie mit Hilfe der Darstellung (s. S. 544) Wesen und Funktion des Systems der Blockparteien in der DDR.*

M13 Sozialökonomische Struktur der Erwerbsbevölkerung in der DDR 1955–1985 (in Prozent)

	1955	1970	1985
Arbeiter und Angestellte (einschl. Lehrlinge)	78,4	84,5	89,2
Mitglieder von Produktionsgenossenschaften[1]	2,4	12,3	8,9
Komplementäre und Kommissionshändler[2]	–	0,5	0,3
Übrige Berufstätige[2]	19,3	2,8	1,6
darunter:			
Einzelbauern und private Gärtner	12,6	0,1	0,1
private Handwerker	3,9	1,7	1,2
private Groß- und Einzelhändler	1,8	0,3	0,1
Freiberuflich Tätige	0,4	0,2	0,1

1 einschl. Mitglieder von Rechtsanwaltskollegien
2 einschl. mithelfende Familienangehörige

(Hermann Weber [Hg.], DDR, Oldenbourg, München 1986, S. 331; Gert Joachim Glaeßner, Am Ende der Klassengesellschaft? Sozialstruktur und Sozialstrukturforschung in der DDR, in: Aus Politik und Zeitgeschichte, Jg. 1988, B. 32, S. 32)

1 *Erläutern Sie den Begriff des „gesellschaftlichen Strukturwandels".*
2 *Skizzieren Sie anhand von M 13 den gesellschaftlichen Strukturwandel in der DDR zwischen den Fünfziger- und Achtzigerjahren. Berücksichtigen Sie auch M 14.*
3 *Vergleichen Sie diese Entwicklung mit der Entwicklung in der BRD (M 8c).*
4 *Diskutieren Sie die Bezeichnung der DDR als „Arbeiter-und-Bauern-Staat" ausgehend von den Daten in M 13.*

M14 Umfang und Struktur der DDR-Flüchtlinge[1] 1949–1961

Jahr	Alter: bis 3	14–17	18–24	25–44	45–65	über 65	Flüchtlinge[1] insgesamt (in Personen)
	(Angaben in %)						
1949	11,1	7,5	27,6	36,1	16,3	1,4	129 245
1950	10,7	7,7	23,4	38,8	17,9	1,5	197 788
1951	14,7	8,0	22,5	35,3	18,0	1,5	165 648
1952	19,9	8,7	19,1	32,2	18,6	1,5	182 393
1953	22,7	11,8	14,2	30,0	18,8	2,5	331 390
1954	21,0	12,9	15,2	29,4	17,2	4,3	184 198
1955	17,4	9,6	25,5	27,0	16,5	4,0	252 870
1956	17,5	9,4	22,1	27,4	18,9	4,7	279 189
1957	16,5	9,2	26,5	26,2	16,7	4,9	261 622
1958	17,3	8,1	22,7	25,2	20,5	6,2	204 092
1959	15,5	7,0	25,8	21,8	20,6	9,4	143 917
1960	17,4	5,7	25,6	23,4	20,7	7,1	199 188
1961	17,3	5,2	26,6	23,8	19,6	7,3	207 026
Anteil an der Bevölkerung der DDR 1957 (17,7 Mio.):	19,1	6,5	10,9	21,7	28,6	13,2	

Verteilung nach Berufsgruppen 1957 (in Prozent)	
Pflanzenb./Tierwirtsch.	6,0
Industrie u. Handwerk	23,6
technische Berufe	2,1
Handel und Verkehr	12,0
Haushalts- und Gesundheitsdienst/Körperpflege	5,2
Verwaltung und Recht	3,3
Geistes- und Kulturleben	1,4
unbestimmte Berufe	11,0
Erwerbstätige	**64,6**
Pensionäre/Rentner	5,8
Hausfrauen	10,0
Kinder und Schüler	18,9
Studenten	0,7
Nicht-Erwerbstätige	**35,4**

1 Zahl der Zuwanderer, die das Notaufnahmeverfahren durchlaufen haben.

(Helge Heidemeyer, Flucht und Zuwanderung aus der SBZ/DDR, Droste, Düsseldorf 1994, S. 51 f.)

M15 Der 17. Juni 1953

a) Die Ereignisse des 17. Juni 1953 in dem DDR-Schulbuch „Lehrbuch für Geschichte der 10. Klasse der Oberschule, Berlin 1960"

Das Beispiel des friedliebenden sozialistischen Aufbaus strahlte immer mehr auf Westdeutschland aus und die Anfangsschwierigkeiten sowie einige Mängel und Fehler beim Aufbau des Sozialismus wurden überwunden. Die reaktionären Kräfte erkannten, dass die Einheit zwischen der Partei der Arbei- terklasse, der Staatsmacht und den breiten Massen des Volkes sich immer enger gestaltete und dass damit ihre Absichten zur „Aufrollung" der Deutschen Demokratischen Republik immer aussichtsloser wurden. In dieser Situation versuchten sie am 17. Juni 1953 einen faschistischen Putsch anzuzetteln, der die Arbeiter- und-Bauern-Macht stürzen sollte.

Rowdys aus halbfaschistischen Organisationen, arbeitsscheue und kriminelle Elemente wurden von den Westsektoren her in den demokratischen Teil Berlins eingeschleust. Die Leitung lag in Händen des amerikanischen Geheimdienstes und Bonner Regierungsstellen.

Der Putsch wurde von unseren Staatsorganen gemeinsam mit den klassenbewussten Werktätigen niedergeschlagen. Die in der Deutschen Demokratischen Republik stationierten Streitkräfte der UdSSR verhinderten, dass es zu einem militärischen Überfall auf unseren Staat und damit zum Beginn eines neuen Krieges in Europa kam. [...]

In geradezu erschreckendem Ausmaß zeigte sich in den letzten Jahren die Durchdringung des gesamten Staatsapparates [der Bundesrepublik] [...] mit ehemaligen aktiven Nazis. In die Bundesregierung kamen ehemalige Nazis, wie Innenminister Schröder und die Minister Oberländer und Seebohm. Von über 70 Botschaften und Gesandtschaften des Bonner Staates werden 54 von Nazidiplomaten geleitet. Zwei Drittel aller westzonalen Richter und Staatsanwälte sind aktive Nazis gewesen. Darunter befinden sich auch etwa 1000 „Blutrichter", die in der Zeit des Faschismus an Sondergerichten oder als Wehrmachtsrichter zahlreiche Todesurteile gegen Widerstandskämpfer, ausländische Zwangsarbeiter oder Kriegsgegner verhängt haben. Der Bonner Staat beschäftigte 1956 über 180 000 Beamte und Angestellte, die sich schon während der faschistischen Zeit als ergebene Lakaien des deutschen Imperialismus und Militarismus erwiesen hatten.

Am deutlichsten drückte sich der neofaschistische Geist des westdeutschen Staates in seiner Revanchepolitik gegenüber den Nachbarstaaten Deutschlands aus.

(Hermann Langer, Der „Bonner Staat" – ein „militärisch-klerikales Regime", in: Praxis Geschichte [Westermann] 6/1996, S. 51)

b) Bertolt Brecht, „Die Lösung", 1953

Nach dem Aufstand des 17. Juni
Ließ der Sekretär des Schriftstellerverbandes
In der Stalinallee Flugblätter verteilen,
Auf denen zu lesen war, daß das Volk
Das Vertrauen der Regierung verscherzt habe
Und es nur durch verdoppelte Arbeit
Zurückerobern könne. Wäre es da
Nicht einfacher, die Regierung
Löste das Volk auf und
Wählte ein anderes?

(Bertolt Brecht, Gesammelte Werke 10, Suhrkamp, Frankfurt/Main 1967, S. 1009f.)

1 *Skizzieren Sie die offizielle Darstellung der DDR über die Ereignisse des 17. Juni 1953 (M 15a).*

2 *Vergleichen Sie M 15a mit der Darstellung in diesem Schulbuch (s. S. 547) und diskutieren Sie über die unterschiedlichen Funktionen des Geschichtsunterrichts in der ehemaligen DDR und der BRD.*

3 *Brecht schrieb am 20. August 1953 in seinem Arbeitsjournal über den 17. Juni:*
„Der 17. Juni hat die ganze Existenz verfremdet. In aller ihrer Richtungslosigkeit und jämmerlicher Hilflosigkeit zeigen die Demonstrationen der Arbeiterschaft immer noch, dass hier die aufsteigende Klasse ist. Nicht die Kleinbürger handeln, sondern die Arbeiter. Ihre Losungen sind verworren und kraftlos, eingeschleust durch den Klassenfeind, und es zeigt sich keinerlei Kraft der Organisation, es entstehen keine Räte, es formt sich kein Plan. Und doch hatten wir hier die Klasse vor uns, in ihrem depraviertesten Zustand, aber die Klasse."
Vergleichen Sie die Position mit der Haltung im Gedicht und beziehen Sie Stellung.

M16 Die Historikerin Ina Merkel über Wirtschaftsentwicklung und Alltagserfahrungen in der DDR der Fünfzigerjahre (1994)

Seit Ende der Vierzigerjahre lässt sich eine allmähliche Verbesserung der Lebenssituation konstatieren. Sie betraf vor allem die Ernährungs- und Versorgungslage und die Wohnraumsituation. [...] Die scheinbar unpolitischen Bilder aus dem ostdeutschen Familienleben verstehen sich als Illustrationen des erreichten sozialen Fortschritts. Es sind zugleich auch Propagandamittel im Kampf um das bessere soziale System. [...] In dem Ende der Fünfzigerjahre propagierten Slogan „Chemie gibt Brot, Wohlstand und Schönheit" kommt ein verändertes Konsumkonzept zum Vorschein. Es beginnt der Wettlauf mit der BRD um das bessere Auto, den billigeren Kühlschrank und den moderneren Fernseher. [...] Eine Generation, die in ihrer Kindheit nur Hunger und Entbehrung kennen gelernt hat und die jetzt endlich leben will. Der Lebensstil dieser zweiten Aufbaugeneration, der FDJ-Generation, wie ich sie zur Unterscheidung nennen will, war geprägt vom sozialen Aufstieg. Arbeiter- und Bauernkinder, darunter fast die Hälfte Frauen, erfuhren von diesem ersten deutschen Arbeiter-und-Bauern-Staat alle Förderung, die ihm möglich war. Stipendien, verbilligtes Mensaessen, Wohnheimplätze und Bücher. Sie lernten und studierten an den Hochschulen und Universitäten nach bildungsbürgerlichen Idealen und Maßstäben. Zugleich sollten sie der Klasse verbunden bleiben, der sie entstammten. Keine andere soziale Gruppe stand unter derartigem sozialem und ideologischem Druck wie die neue Intelligenz. Sie musste sich des Aufstiegs als würdig erweisen und wurde dabei schlechter bezahlt als die einfachen Produktionsarbeiter. [...] Zugleich begann die Auseinandersetzung mit der Elterngeneration. Und sie führte sie weniger auf dem Felde der Politik, wie die 68er in Westdeutschland, sondern auf dem Felde der Lebensweise. Die erste FDJ-Generation kämpfte gegen den „kleinbürgerlichen Muff und Mief". Sie wollte ein neues und modernes Leben beginnen. Sie befreite sich von altväterlichen Erziehungsvorstellungen und von traditionellen Geschlechterstereotypen. Sie propagierte die Gleichberechtigung in der Ehe, sie war für die Berufstätigkeit der Frau und für geteilte Hausarbeit. [...] Und so erlebte auch die DDR Ende der Fünfzigerjahre eine Modernisierung des Alltagslebens, allerdings in den ihr möglichen einfachen Standards. Es war eben eine Moderne der kleinen Leute, geprägt von der Gemeinschaftlichkeit des Aufstiegs. [...]
Die propagandistische Leitlinie jener Jahre war klar gezeichnet: Die moderne Frau, das ist die berufstätige Frau. Die Arbeitstätigkeit von Frauen wurde zum dominierenden Bildmotiv vor allem in Frauenzeitschriften.

(Ina Merkel, Leitbilder und Lebensweisen von Frauen in der DDR, in: Hartmut Kaelble u. a. [Hg.], Sozialgeschichte der DDR, Klett, Stuttgart 1994, S. 365–367.)

1 *Untersuchen Sie in M 16, worauf sich die Loyalität vieler Bürger zum SED-Staat begründete.*

2 *Vergleichen Sie anhand von M 16, B 12 und der Darstellung S. 544 ff. das Alltagsleben in der DDR der Fünfzigerjahre mit dem Alltagsleben in der Bundesrepublik (s. B 7–B 10 und die Darstellung S. 536 ff.).*

3 Grundzüge der Entwicklung und Herausforderungen im geteilten Deutschland (1961–1989)

3.1 Krise und Protest: Die Bundesrepublik 1961–1969

Das Ende der „Ära Adenauer"

Der Machtverfall der seit 1957 allein regierenden CDU/CSU begann eigentlich schon mit der **„Präsidentschaftskrise"** des Jahres 1959. Konrad Adenauer hatte als amtierender Bundeskanzler erklärt, er wolle Nachfolger des ersten Bundespräsidenten Theodor Heuss werden. Als sich dann abzeichnete, dass die CDU/CSU den populären Wirtschaftsminister Ludwig Erhard zum Bundeskanzler wählen würde, sprach Adenauer diesem öffentlich die Qualifikation zum Regierungschef ab und zog seine Präsidentschaftskandidatur zurück. Er beschädigte damit nicht nur Erhards Ansehen, sondern auch sein eigenes und das des Präsidentenamtes. Zum Bundespräsidenten wurde im Juli 1959 der Landwirtschaftsminister Heinrich Lübke (1894–1972; CDU) gewählt. Adenauers Reaktion auf den **Bau der Berliner Mauer** im August 1961 beschleunigte den Autoritätsverfall des Kanzlers. Es erbitterte nämlich viele Deutsche, dass Adenauer scheinbar ungerührt seinen Wahlkampf mit heftigen Angrif- fen gegen Willy Brandt (1913–1992), den Kanzlerkandidaten der SPD und Regierenden Bürgermeister von Berlin, fortsetzte und erst am 22. August Berlin besuchte. Die **„Spiegel"-Affäre** von 1962 mündete sogar in eine ernsthafte Regierungskrise: Nach einem kritischen Bericht des Nachrichtenmagazins über ein NATO-Manöver wurden auf Veranlassung des Verteidigungsministers Franz Josef Strauß (1915–1988) die Redaktionsräume des „Spiegel" besetzt und der Herausgeber Rudolf Augstein sowie mehrere Redakteure wegen des Verdachts auf Landesverrat verhaftet. Der Koalitionspartner FDP, auf den die CDU seit den Bundestagswahlen von 1961 wieder angewiesen war, sah darin eine Verletzung von Grundrechten und zog ihre Minister aus dem Kabinett zurück. Adenauer konnte die Krise nur dadurch überwinden, dass er Strauß zum Rücktritt drängte und einen raschen Wechsel im Kanzleramt ankündigte.

Die Regierung Erhard

1963–1966 folgte die kurze und glücklose Kanzlerschaft Ludwig Erhards, die überschattet war von der ersten **Wirtschaftsrezession** in der Geschichte der Bundesrepublik (s. S. 541, M 8a). Mit der Rezession und dem sie begleitenden Anstieg der Arbeitslosenzahlen traten die Versäumnisse der „Aufbaujahre" seit 1949, die bisher nur von Minderheiten diskutiert wurden, ins Bewusstsein breiterer Schichten der Bevölkerung: die Vernachlässigung der personellen und sozialen Infrastruktur, besonders des Bildungswesens; die ungleiche Verteilung der Früchte des „Wirtschaftswunders"; die Perspektivlosigkeit der Deutschland- und Ostpolitik; die Defizite in der politischen Beteiligung der Bürger; das Fortwirken autoritärer Verhaltensweisen und der Mangel an Kritik. Die Mitte der Sechzigerjahre bildete aber nicht nur wirtschafts- und mentalitätsgeschichtlich, sondern auch für die politische Entwicklung einen wichtigen Einschnitt in der westdeutschen Nachkriegsgeschichte: 1966 endete – mit dem Eintritt der SPD in die so genannte Große Koalition mit der CDU/CSU – die Führungsrolle der Unionsparteien auf Bundesebene.

Große Koalition und Notstandsgesetze

Die neue Regierung mit Kurt-Georg Kiesinger (1904–1988; CDU) als Bundeskanzler und Willy Brandt (SPD) als Außenminister war ausdrücklich eine Koalition auf Zeit. Sie sollte die Wirtschaftsrezession und den politischen „Reformstau" überwinden, die Notstandsgesetze verabschieden, auch dem erneut **aufflackernden Rechtsradikalismus** das Wasser abgraben, wenn nötig, durch die Einführung des Mehrheits-

B 15 Demonstration gegen die Notstandsgesetze, Anfang 1968, Fotografie

– *Arbeiten Sie mit Hilfe von B 15, M 17b und der Darstellung heraus, von wem der Protest gegen die Notstandsgesetze der Bundesrepublik getragen wurde.*

wahlrechts. Während der Wirtschaftsrezession hatte die neu gegründete NPD 1966 bei den Landtagswahlen in Hessen und Bayern mit 7,9 bzw. 7,4 % spektakuläre Wahlerfolge erzielt. Würde sich die Geschichte der Weimarer Republik wiederholen? War die Bundesrepublik nur eine „Schönwetterdemokratie"? Das fragten sich besorgt viele Bürger.

Die Wirtschaftskrise konnte bald mit Hilfe einer antizyklischen Wirtschaftspolitik überwunden werden, die auf den Lehren des englischen Ökonomen John Maynard Keynes beruhte und von dem populären Wirtschaftsminister Karl Schiller (1911–1995; SPD) durchgesetzt wurde. Statt den Markt „dem freien Spiel der Kräfte" zu überlassen, plädierte Schiller für eine staatliche Globalsteuerung der Wirtschaft, deren Ziele er gemeinsam mit Franz-Josef Strauß im **Stabilitätsgesetz** von 1967 umriss. Sie sind als das „magische Viereck" bekannt geworden: Preisstabilität, außenwirtschaftliches Gleichgewicht, gleichmäßiges Wirtschaftswachstum und hoher Beschäftigungsstand. Grundlegend für die antizyklische Konjunkturpolitik war, dass der Staat in Zeiten der Rezession durch Investitions- und Arbeitsbeschaffungsprogramme sowie durch Steuersenkungen die Wirtschaft ankurbelte; die dafür notwendigen Mittel sollten in Zeiten der Hochkonjunktur angespart werden. Ab 1968 stieg die Wachstumskurve der Wirtschaft wieder steil an, die Arbeitslosenquote sank bis 1970 auf 0,7 % (s. S. 541, M 8a, b).

Bei den **Notstandsgesetzen** ging es vor allem um die Ablösung noch bestehender Souveränitätsrechte der ehemaligen Besatzungsmächte (B 15, M 17a). Relativ unumstritten war, dass die Bundesrepublik Verfassungsregelungen für den „äußeren Spannungsfall" brauchte, umstritten waren hingegen besonders in der SPD die Notstandsregelungen für „innere Unruhen". Viele Bürger hatten Angst vor einem schleichenden Übergang in die Diktatur, die Gewerkschaften vor einem Einsatz von Polizei und Bundeswehr bei Streiks (M 17b). Nach langen Auseinandersetzungen verabschiedete der Bundestag im Mai 1968 schließlich die Notstandsgesetze (M 17c), nachdem in Artikel 9 des Grundgesetzes die Geltung von Notstandsregelungen für Arbeitskämpfe ausgeschlossen und in Artikel 20 Absatz 4 ein Widerstandsrecht der Bürger gegen eine missbräuchliche Anwendung der Notstandsgesetze eingeführt wurde.

Die **neue Außenpolitik** kam allerdings nur zögernd voran. Die „Hallstein-Doktrin" (s. S. 534) wurde 1967 mit der Aufnahme diplomatischer Beziehungen zu Rumänien zwar faktisch außer

Kraft gesetzt und mit einem Brief des Bundeskanzlers an die DDR-Führung auch der innerdeutsche Kontakt gesucht. Gegen diese Politik gab es in der CDU/CSU aber massiven Widerstand. Überdies verschlechterte sich nach dem Einmarsch der Sowjetunion in die Tschechoslowakei im August 1968 das Klima für die Entspannungspolitik. Vor allem aber mauerten nun die DDR und ihre Verbündeten. In einer Art umgekehrter „Hallstein-Doktrin“ wollten sie erst nach einer völkerrechtlichen Anerkennung der DDR verhandeln oder diplomatische Beziehungen zur Bundesrepublik aufnehmen. Die Befürworter der Entspannungspolitik in der Bundesrepublik waren jedoch nicht bereit, diesen Preis zu entrichten.
Die Einführung des angestrebten **Mehrheitswahlrechts** lehnte der SPD-Parteitag 1968 ab. Die Delegierten befürchteten, das Mehrheitswahlrecht werde die CDU/CSU begünstigen; außerdem verstoße es gegen die deutsche Verfassungstradition. Die CDU/CSU reagierte aufgebracht, das Ende der Gemeinsamkeiten der ungleichen Koalitionspartner deutete sich an.

Die „außerparlamentarische Opposition“ (APO)

Die „außerparlamentarische Opposition“ entstand in den frühen Sechzigerjahren und entwickelte sich in der Zeit der Großen Koalition zu einer Massenbewegung. Ihre sozialen Träger waren Intellektuelle, auch Gewerkschafter, vor allem jedoch Studenten und Studentinnen. Ein organisatorisches Zentrum gab es nicht; die APO bestand aus vielen kleinen Gruppen mit unterschiedlichen Zielen. Sie protestierten gegen rückständige Bildungspolitik, Notstandsgesetze (B 15) und das Verdrängen der NS-Vergangenheit, kritisierten die Vietnampolitik der USA, entdeckten erschreckt das Nord-Süd-Problem und solidarisierten sich mit Befreiungsbewegungen in der Dritten Welt, verurteilten das Konsum- und Wohlstandsdenken der Älteren ebenso wie deren Antikommunismus und forderten mehr gesellschaftliche Gleichheit. Vor allem aber war man **„antiautoritär“**. Die Studierenden lasen außer Karl Marx und Sigmund Freud die Schriften von Wissenschaftlern und Schriftstellern, die 1933 Deutschland hatten verlassen müssen. Das sowjetische Modell des Kommunismus befürworteten die wenigsten, reformsozialistische Vorstellungen faszinierten dagegen viele.
In mancher Hinsicht war es ein normaler Generationenkonflikt wie die gleichzeitigen Studentenbewegungen in Frankreich und den USA, von denen die deutschen Studierenden neue Protestformen wie Go-ins oder Sit-ins übernahmen. In Deutschland war es jedoch mehr. Zumindest die Kritik an Schulen und Hochschulen und die Demonstrationen gegen die Notstandsgesetze vereinten viele Bürger und Studierende. Das intellektuelle Klima veränderte sich, politisches Interesse und politische Beteiligung besonders der Jüngeren stiegen. Viele Bürger waren aber auch entsetzt über die Protestbewegung und sahen das Ende von Gesetz und Ordnung gekommen. Die konservative Massenpresse, an ihrer Spitze die „Bild“-Zeitung, heizte diese negative Stimmung an, vor allem im Zentrum der Studentenbewegung, in Berlin. Hier kam es im April 1968, als ein junges NPD-Mitglied einen der studentischen Sprecher, Rudi Dutschke (1940–1980), mit drei Schüssen lebensgefährlich verletzte, zu Straßenkrawallen, die auf westdeutsche Städte übergriffen.

Die Spaltung der APO

Der äußere Höhepunkt der „Studentenrevolte“ war gleichzeitig ihr Wendepunkt (daher die Bezeichnung „68er“); 1968 war das Jahr der Spaltung der Studentenbewegung. Am Gewaltproblem, der Beurteilung der parlamentarischen Demokratie nach der Verabschiedung der Notstandsgesetze Ende Mai 1968 und der militärischen Beendigung des „Prager Frühlings“ durch Truppen der Sowjetunion im August 1968 schieden sich die Geister. Ganz wenige der „68er“ gingen als **Rote Armee Fraktion (RAF)** in den Untergrund, nahmen – wie sie es nannten – den „militärischen Kampf“ gegen Staat und Gesellschaft auf, schreckten auch vor Mord nicht zurück. Eine Minderheit organisierte sich in einer Vielzahl von kleinen, sich gegenseitig befehdenden kommunistischen Splitterparteien. Die größte war die 1968 gegründete **Deutsche Kommunistische Partei/DKP**, die in der SED ihr Vorbild sah und von dieser finanziert wurde. Bundesweit hat die DKP bis 1990 kaum mehr als ein Prozent der Wählerstimmen gewinnen können. Die große Mehrheit aus der Studentenbewegung führte ein ganz normales bürgerliches Leben, bewahrte in der Regel aber ein überdurchschnittliches Interesse an Politik. Ein Teil von ihnen begann den **„Marsch durch die Institutionen"**, wollte die Reformvorstellungen auf parlamentarischem Wege durchsetzen. Insgesamt hat die „68er"-Bewegung die Entwicklung durchaus positiv beeinflusst: Sie stieß einen politischen und gesellschaftlichen Modernisierungsschub an, der, nach Meinung mancher Historiker, langfristig die Demokratie in der Bundesrepublik Deutschland stärkte.

M17 Die Notstandsgesetze

a) Bundesinnenminister Paul Lücke (CDU) zum Ziel der Notstandsgesetze (1967)

Das Ziel der Regierungsvorlage ist und bleibt die Sicherheit der äußeren und inneren Freiheit der Bundesrepublik Deutschland und die Schaffung ausreichender Rechtsgrundlagen für wirksame Schutzmaßnahmen zu Gunsten der deutschen Bevölkerung. Die Grundsätze des neuen Regierungsentwurfs sind:

Unter keinen Umständen werden die freiheitlichen, rechtsstaatlichen und bundesstaatlichen Grundlagen der Verfassung preisgegeben.

Die Entscheidungen über den Eintritt des äußeren Notstandes und seine Dauer liegen beim Parlament, also nicht bei der Bundesregierung.

Sollte das Parlament in einem Zustand der äußeren Gefahr gehindert sein, seine Aufgaben wahrzunehmen, so werden seine Befugnisse durch den „Gemeinsamen Ausschuss" – Notparlament – wahrgenommen. Dieser „Gemeinsame Ausschuss" besteht aus Vertretern des Bundestages und des Bundesrates.

Die Kontrollbefugnisse des Parlaments bleiben uneingeschränkt erhalten. Das Gleiche gilt für die Zuständigkeit des Bundesverfassungsgerichts. [...]

Mit der Notstandsverfassung sollen die alliierten Vorbehaltsrechte vollständig abgelöst werden, die noch der vollen Souveränität der Bundesrepublik Deutschland entgegenstehen.

(Vorbereitung auf den Notstand? 10 Antworten auf eine aktuelle Frage, Frankfurt/M. 1967, S. 10f.)

b) Aus der Rede des IG-Metall-Vorsitzenden Georg Benz auf der Jahrestagung des Kuratoriums „Notstand der Demokratie" (Okt. 1967)

Die Machtverschiebungen, die sich bereits mit der Gründung der Bundesrepublik zu Gunsten der Großindustrie abzeichneten und mit wechselnder Konzentration in der Zusammenballung wirtschaftlicher Kraft parallel mit der Einflussnahme einer konservativen Ministerialbürokratie und der Militärs weiterentwickelten, sollen durch Notstandsgesetze verfassungsrechtlich abgesichert werden. [...] Eine historisch-politische Analyse der im Notstandsverfassungsentwurf vorgesehenen Bestimmungen zeigt eindeutig, dass sich diese vor allem gegen die arbeitende Bevölkerung und die Gewerkschaften richten. Das gilt nicht nur für die Regelungen des so genannten inneren Notstands; auch der angeblich äußere Notstand kann jederzeit als Vorwand benutzt werden, um innere soziale Konflikte zu unterdrücken. [...] Insofern stellt die Notstandsverfassung ein Aktionsprogramm dar, mit dem die Folgen sozialer Erschütterung in der „Stunde der Exekutive" durch politische Gewalt von oben bekämpft und ernsthafte sozio-ökonomische Veränderungen grundsätzlich ausgeschlossen werden. Die politische Demokratie würde durch die Verwirklichung der vorliegenden Notstandsgesetzgebungspläne zu einem System formaler Spielregeln herabgewürdigt, die durch die Machtpositionen herrschender Gruppen beliebig außer Kraft gesetzt werden könnten. [...] Die seit nunmehr fast zehn Jahren ausreichend bekannten allzu eifrigen Notstandsplaner sehen in diesen zusätzlichen Notstandsgesetzen ein Instrument, mit dem sie in einer autoritären Leistungsgesellschaft den sozialen Konflikt [...] unterdrücken können. Nach ihren Vorstellungen sollen für alle Zukunft unveränderbar die durch die Phrase vom Gemeinwohl kaum noch verhüllten Interessen der gegenwärtigen Machteliten vorherrschen. Das ist das Gegenteil jenes „sozialen Bundesstaates", wie er in der Verfassung verankert ist und von uns verteidigt wird.

(Jahrestagung des Kuratoriums „Notstand der Demokratie", 24. Oktober 1967)

c) Aus der Notstandsgesetzgebung vom 24. Juni 1968

Artikel 12 a [...]

(3) Wehrpflichtige, die nicht zu einem Dienst nach Absatz 1 oder 2 [Militärdienst mit Waffe] herangezogen sind, können im Verteidigungsfalle durch Gesetz oder auf Grund eines Gesetzes zu zivilen Dienstleistungen für Zwecke der Verteidigung einschließlich des Schutzes der Zivilbevölkerung in Arbeitsverhältnisse verpflichtet werden; Verpflichtungen in öffentlich-rechtlichen Dienstverhältnissen sind nur zur Wahrnehmung polizeilicher Aufgaben oder solcher hoheitlichen Aufgaben der öffentlichen Verwaltung, die nur in einem öffentlich-rechtlichen Dienstverhältnis erfüllt werden können, zulässig. Arbeitsverhältnisse nach Satz 1 können bei den Streitkräften, im Bereich ihrer Versorgung sowie bei der öffentlichen Verwaltung begründet werden; Verpflichtungen in Arbeitsverhältnisse im Bereiche der Versorgung der Zivilbevölkerung sind nur zulässig, um ihren lebensnotwendigen Bedarf zu decken oder ihren Schutz sicherzustellen.

(4) Kann im Verteidigungsfalle der Bedarf an zivilen Dienstleistungen im zivilen Sanitäts- und Heilwesen sowie in der ortsfesten militärischen Lazarettorganisation nicht auf freiwilliger Grundlage gedeckt werden, so können Frauen vom vollendeten achtzehnten bis zum vollendeten fünfundfünfzigsten Lebensjahr durch Gesetz oder auf Grund eines Gesetzes zu derartigen Dienstleistungen herangezogen werden. Sie dürfen auf keinen Fall Dienst mit der Waffe leisten.

(5) Für die Zeit vor dem Verteidigungsfalle können Verpflichtungen nach Absatz 3 nur nach Maßgabe des Artikels 80 a Abs. 1 begründet werden. Zur Vorbereitung auf Dienstleistungen nach Absatz 3, für die besondere Kenntnisse oder Fertigkeiten erforderlich sind, kann durch Gesetz oder auf Grund eines Gesetzes die Teilnahme an Ausbildungsveranstaltungen zur Pflicht gemacht werden. Satz 1 findet insoweit keine Anwendung.

(6) Kann im Verteidigungsfalle der Bedarf an Arbeitskräften für die in Absatz 3 Satz 2 genannten Bereiche auf freiwilliger Grundlage nicht gedeckt werden, so kann zur Sicherung dieses Bedarfs der Deutschen, die Ausübung eines Berufs oder den Arbeitsplatz aufzugeben, durch Gesetz oder auf Grund eines Gesetzes eingeschränkt werden. Vor Eintritt des Verteidigungsfalles gilt Absatz 5 Satz 1 entsprechend. [...]

Artikel 87 a [...]

(4) Zur Abwehr einer drohenden Gefahr für den Bestand oder die freiheitliche demokratische Grundordnung des Bundes oder eines Landes kann die Bundesregierung, wenn die Voraussetzungen des Artikels 91 Abs. 2 und die Polizeikräfte sowie der Bundesgrenzschutz nicht ausreichen, Streitkräfte zur Unterstützung der Polizei und des Bundesgrenzschutzes beim Schutze von zivilen Objekten und bei der Bekämpfung organisierter und militärisch bewaffneter Aufständischer einsetzen. Der Einsatz von Streitkräften ist einzustellen, wenn der Bundestag oder der Bundesrat es verlangen. [...]

Artikel 91

(1) Zur Abwehr einer drohenden Gefahr für den Bestand oder die freiheitliche demokratische Grundordnung des Bundes oder eines Landes kann ein Land Polizeikräfte anderer Länder sowie Kräfte und Einrichtungen anderer Verwaltungen und des Bundesgrenzschutzes anfordern.

(2) Ist das Land, in dem die Gefahr droht, nicht selbst zur Bekämpfung der Gefahr bereit oder in der Lage, so kann die Bundesregierung die Polizei in diesem Lande und die Polizeikräfte anderer Länder ihren Weisungen unterstellen sowie Einheiten des Bundesgrenzschutzes einsetzen. Die Anordnung ist nach Beseitigung der Gefahr, im Übrigen jederzeit auf Verlangen des Bundesrates aufzuheben. Erstreckt sich die Gefahr auf das Gebiet mehr als eines Landes, so kann die Bundesregierung, soweit es zur wirksamen Bekämpfung erforderlich ist, den Landesregierungen Weisung erteilen; Satz 1 und Satz 2 bleiben unberührt.

(Ferdinand Siebert, Von Frankfurt nach Bonn. Hundert Jahre deutsche Verfassungen, Cornelsen, Frankfurt/M. [13]1982, S. 174 und 215 f.)

1 *Erörtern Sie Zielsetzung, Motive und Grundsätze, die die Bundesregierung bei der Ausarbeitung der Notstandsgesetze leiteten (M 17a und c).*

2 *Erörtern Sie, in welchen Fällen der Notstand erklärt werden kann (M 17c).*

3 *Nennen Sie die wichtigsten Einschränkungen der Grundrechte für die Fälle inneren und äußeren Notstandes (M 17c).*

4 *Fassen Sie die Bedenken der Gewerkschaften zusammen (M 17b).*

3.2 Aufbruch und Wandel: Die Bundesrepublik 1969–1982

Machtwechsel 1969: Die sozial-liberale Koalition

Die Bildung einer sozialliberalen Koalition aus SPD und FDP im Jahre 1969 veränderte das politische Kräfteverhältnis in der Bundespolitik nachhaltig. Nach zwanzig Jahren Regierungszeit stand die **CDU/CSU erstmals in der Opposition.** Ermöglicht wurde dieser Machtwechsel durch einen programmatischen Wandel der bis Mitte der Sechzigerjahre eher national-liberal geprägten FDP hin zu einer Reformpartei mit sozial-liberalem Profil, die sich neuen gesellschaftlichen Entwicklungen öffnen und mit außenpolitischen Tabus brechen wollte. Dieser Kurswechsel zeigte sich erstmals bei der Wahl des Bundespräsidenten im März 1969: Nachdem sich die Parteien der Großen Koalition auf keinen gemein- samen Kandidaten einigen konnten, unterstützte die FDP den Kandidaten der SPD, Gustav Heinemann (1899–1976). Dieser interpretierte seine Wahl bereits als „ein Stück Machtwechsel", der nach den Bundestagswahlen im Herbst 1969 weitergeführt werden sollte. Tatsächlich reichte die dünne Mehrheit im neu gewählten Parlament für einen Regierungswechsel: 251 von 495 Abgeordneten wählten im Oktober 1969 Willy Brandt zum Bundeskanzler; Vizekanzler und Außenminister wurde Walter Scheel (geb. 1919; FDP).

Die erste sozial-liberale Regierung verfügte nur über eine Mehrheit von zwölf Mandaten. Da einige Abgeordnete der Koalitionsfraktionen den entschiedenen Reformkurs der Regierung, besonders aber die neue Ostpolitik ablehnten und zur CDU wechselten, sank die Koalitionsmehrheit bis April 1972 auf zwei Stimmen. Die daraufhin von der CDU/CSU beantragte Wahl ihres Fraktionsvorsitzenden Rainer Barzel (CDU) zum Kanzler (über ein konstruktives Misstrauensvotum; s. S. 526) scheiterte jedoch. Nur Neuwahlen boten einen Ausweg aus der verfahrenen Situation. Die Wahlen im November 1972 wurden zu einem Votum über die Deutschland- und Ostpolitik: Die Wähler bestätigten klar den Regierungskurs. Die SPD wurde vor der CDU/ CSU stärkste Partei, die Koalition erhielt eine solide Mehrheit von 271 zu 225 Stimmen im Bundestag.

Im Mai 1974 erklärte Willy Brandt allerdings überraschend seinen Rücktritt. Anlass war die **Spionageaffäre Guillaume**, die Entdeckung eines von der DDR eingeschleusten Agenten in seinem engsten Mitarbeiterstab. Ein weiterer Grund für den Rücktritt war die durch den „Ölschock" ausgelöste Wirtschaftskrise, die die Politik der inneren Reformen vorübergehend lähmte.

Nachfolger von Brandt und dem im Mai 1974 zum Bundespräsidenten gewählten Scheel wurden Bundeskanzler Helmut Schmidt (geb. 1918; SPD) und Außenminister Hans-Dietrich Genscher (geb. 1927; FDP). Sie stellten ihre Regierungspolitik unter das Motto „Kontinuität und Konzentration". Die Reformpolitik wurde fortgesetzt, aber unter „Finanzierungsvorbehalt" gestellt. Belastet wurde die Regierung Schmidt/Genscher vor allem durch Probleme der inneren Sicherheit im Zusammenhang mit dem **Terrorismus** und den **Auswirkungen der weltweiten Wirtschaftskrise.** Als diese um 1980 auf Deutschland übergriff und durch eine Strukturkrise verschärft wurde, begann das Ende der sozial-liberalen Koalition.

Die sozial-liberale Deutschland- und Ostpolitik

Die Entspannungspolitik der sozial-liberalen Koalition verfolgte zwei grundlegende Ziele: Erstens sollten die durch den Zweiten Weltkrieg in Europa geschaffenen Realitäten, insbesondere die Oder-Neiße-Grenze, anerkannt werden. Es ging zweitens darum, die politischen, wirtschaftlichen und kulturellen Beziehungen zwischen Ost und West zu vertiefen, um dadurch die immer deutlicher werdende Entfremdung zwischen den Menschen aufzuhalten. Außerdem erschien ein „geregeltes Nebeneinander" eher als Boykott und Abgrenzung dazu geeignet, die Spannungen zwischen den Militärblöcken zu vermindern und ein Klima des Vertrauens für Verhandlungen und gesellschaftliche Veränderungen im Ostblock zu schaffen (M 18, B 16). Zwischen 1969 und 1979 vereinbarten die sozial-liberalen Regie-

B 16 Bundeskanzler Willy Brandt kniet anlässlich seines Warschaubesuches 1970 vor dem Denkmal der Gefallenen des Ghetto-Aufstandes nieder, Fotografie

– *Interpretieren Sie B 16 im Zusammenhang mit der neuen Ostpolitik der sozialliberalen Koalitionsregierung Brandt/Scheel.*

rungen mit allen Ostblockstaaten die Aufnahme diplomatischer Beziehungen und regelten in mehreren Verträgen die Deutschland- und Ostpolitik neu. Grundlage aller Verträge war der Verzicht auf Gewalt zur Durchsetzung von Grenzveränderungen und eine Garantie der Sicherheit Westberlins. Im **Moskauer Vertrag** vom August 1970 erkannte die Bundesrepublik gegenüber der UdSSR die bestehenden Grenzen in Europa einschließlich der Oder-Neiße-Grenze und der Demarkationslinie zwischen den beiden deutschen Staaten faktisch an. Die UdSSR verzichtete ihrerseits auf das ihr als Siegermacht noch zustehende Interventionsrecht in der Bundesrepublik. Im **Warschauer Vertrag** vom Dezember 1970 folgte die De-facto-Anerkennung der Oder-Neiße-Grenze gegenüber Polen. In einem separaten Abkommen wurde gleichzeitig den noch in Polen lebenden Deutschen das Recht auf Übersiedlung in die Bundesrepublik zugesichert. Das **Viermächteabkommen** vom September und das Transitabkommen zwischen der Bundesrepublik und der DDR vom Dezember 1971 garantierten die von der UdSSR und der DDR bisher immer bestrittenen Bindungen Westberlins an die Bundesrepublik und die Zugangswege zu dieser Stadt. Im **Grundlagenvertrag** vom November 1972 akzeptierte die Bundesrepublik den souveränen Status der DDR, vermied aber deren völkerrechtliche Anerkennung als Ausland.

Folgen der Entspannungspolitik

Ungeachtet der heftigen innenpolitischen Auseinandersetzungen um die Ostverträge ermöglichte die Entspannungspolitik in den Siebziger- und Achtzigerjahren zahlreiche Abkommen über Rüstungsbegrenzungen sowie intensivere kulturelle und wirtschaftliche Kontakte zwischen Ost und West. Deutliches Zeichen für die Normalisierung der Ost-West-Beziehungen war die bereits im Moskauer Vertrag angekündigte **Aufnahme der beiden deutschen Staaten in die UNO** im September 1973. Ein Höhepunkt der Entspannungspolitik war zweifellos die **Konferenz für Sicherheit und Zusammenarbeit in Europa (KSZE)** mit ihrer Gewaltverzichtserklärung und der Anerkennung der Menschenrechte (1975; s. S. 603). Allerdings verlief der Entspannungsprozess keineswegs geradlinig. Die DDR-Führung blockierte manche Bemühungen der Bundesregierung zu einer engeren Zusammenarbeit, weil sie die politischen Auswirkungen menschlicher Kontakte fürchtete und die Bundesregierung auf dem „besonderen Charakter" der Beziehungen zur DDR bestand. Nach 1975/76 verringerte sich der Spielraum für die Entspannungspolitik durch die Aufrüstung der Sowjetunion mit atomaren Mittelstreckenwaffen, die entsprechende „Nachrüstung" der NATO und den Einmarsch der Sowjetunion in Afghanistan 1980.

Die CDU/CSU-Opposition reagierte auf die sozial-liberale Entspannungspolitik unsicher und uneinheitlich. Einerseits unterstützten die Westmächte, die Kirchen, selbst die Mehrheit der CDU/CSU-Wähler die neue Deutschland- und Ostpolitik; andererseits drängten die Vertriebenenverbände und die CSU auf Ablehnung. Schließlich enthielten sich in der Bundestagsabstimmung zu den Moskauer und Warschauer Verträgen die meisten CDU/CSU-Abgeordneten der Stimme, einige lehnten sie ab, wenige stimmten zu, darunter der spätere Bundespräsident Richard von Weizsäcker (geb. 1920). Der Grundlagenvertrag mit der DDR wurde gegen die Stimmen der CDU/CSU verabschiedet. In den folgenden Jahren setzte die CDU/CSU ihre Ablehnungspolitik fort, sie verweigerte sogar als eine von wenigen europäischen Parteien dem KSZE-Vertrag die Zustimmung.

Konjunkturentwicklung und Wirtschaftspolitik

Die Wirtschaftsentwicklung der Siebzigerjahre (s. S. 541, M 8a, b) zerfällt in deutlich unterscheidbare Phasen:
- eine Hochkonjunktur mit Vollbeschäftigung bis 1974;
- ein scharfer Wachstumseinbruch 1974/75 mit einem Anstieg der Arbeitslosenzahl von 273 000 auf über eine Million, verursacht durch das Ende der Weltwirtschaftskonjunktur und den „Ölschock", der wiederum eine Folge der politisch begründeten Preiserhöhung der Ölländer war;
- eine Phase der konjunkturellen Stabilisierung bis 1980, in der jedoch die Arbeitslosenzahl nur auf 876 000 sank, weil die westdeutsche Wirtschaft in eine Strukturkrise geriet. Die umfassende Rationalisierung von Produktion und Dienstleistungen als Folge neuer mikroelektronischer Techniken, auch der Niedergang „alter" Industrien wie der Montanindustrie an Rhein, Ruhr und Saar oder der Textilindustrie führten zu einer hohen „Sockelarbeitslosigkeit";
- die **„Stagflation"** der Jahre 1980–1982, als die Weltwirtschaftskrise endgültig auf Deutschland übergriff, die Strukturkrise verschärfte, die Arbeitslosenzahl auf 1,8 Mio. hochschnellen ließ und die Inflation trotz der wirtschaftlichen Stagnation kaum zurückging.

Im Ganzen gelang es der Bundesregierung unter dem als Wirtschafts- und Finanzfachmann international geachteten Helmut Schmidt, die Auswirkungen der Weltwirtschaftskrise auf Deutschland bis 1980 durch staatliche Konjunkturprogramme zu mildern. Die Strukturkrise war jedoch staatlichen Konjunktursteuerungsmaßnahmen nicht zugänglich und nahm in der Bundesrepublik teilweise dramatische Ausmaße an, weil der industrielle Sektor größer war als in vergleichbaren Ländern und viele Möglichkeiten zur Rationalisierung bot.

Ökologische Probleme

Neben die Erfahrung der ökonomischen Grenzen des Wachstums trat in den Siebzigerjahren die der ökologischen Wachstumsgrenzen. Die Ölkrise verwies erstmals auf die Begrenztheit der Ressourcen für das Wachstum. Umweltzerstörende Produktionstechniken gerieten in die Kritik; die Auswirkungen des rasant ansteigenden Autoverkehrs auf die Wohnqualität in den Städten und auf die Natur traten mehr und mehr ins Bewusstsein. Das **Verhältnis von Ökonomie und Ökologie** entwickelte sich zu einem zentralen gesellschaftlichen Problem (B 17, B 18).

Ausbau des Sozialstaates und wachsender Lebensstandard

Der Ausbau des Sozialstaates war ein Kernstück der **sozial-liberalen Reformpolitik**. Zu Beginn dominierten kostenintensive Reformen: die zweite Rentenreform von 1972, die einkommensunabhängige Zahlung von Kindergeld, die Krankenhausreform, die Erhöhung des Wohngeldes. Für die ausländischen Arbeitnehmer wurden erstmals Mindeststandards für Wohnungen festgelegt, überhaupt wurden sie mehr in das deutsche Arbeits- und Sozialrecht integriert. Ein weiterer Reformschwerpunkt war das Programm zur Humanisierung der Arbeitswelt, z. B. das Betriebsärztegesetz von 1974. Trotz der negativen wirtschaftlichen Entwicklung nach dem „Ölschock" 1974/75 setzte die Regierung die Reformen

B 17 Bergkuppe im Oberharz vor und nach dem Waldsterben, ca. 1960 und 1983, Fotografien

in der Gesundheitsfürsorge und im Arbeitsschutz fort und erhöhte dadurch die Staatsverschuldung. Das 1976 verabschiedete Sozialgesetzbuch, das alle Sozialleistungen zusammenfasste, symbolisiert den hohen Stellenwert der Sozialpolitik in der sozial-liberalen Koalition. Mit dessen Paragraf 1 fanden erstmals die Begriffe **„soziale Gerechtigkeit"** und **„soziale Sicherheit"** Eingang in die deutsche Rechtssprache.
Die materiellen Lebensbedingungen für die große Mehrheit der Bevölkerung verbesserten sich in den Siebzigerjahren erheblich. Während 1969 erst 44 % aller Haushalte über ein Auto verfügten, waren es 1978 schon 62 %. Im gleichen Zeitraum stieg die Wohnfläche pro Person von rund 24 auf 32 qm; vor allem aber verbesserte sich die Qualität der Wohnungen; Bad und Heizung gehörten nun zum normalen Standard. Die wöchentliche Arbeitszeit sank, der Jahresurlaub verlängerte sich. Für Reisen und Bildung gaben die Bürger mehr aus als je zuvor und selbst der „kleine Mann" konnte sparen. Während Mitte der Sechzigerjahre nur rund ein Drittel der Arbeitnehmer ein Haus oder eine Wohnung als Eigentum besaß, war es Anfang der Achtzigerjahre fast die Hälfte. Insgesamt kam es in den Siebzigerjahren zwar nicht zu der von manchen befürchteten, von anderen geforderten „Vermögensumverteilung", aber die **„Verteilungsgerechtigkeit"** nahm zu. Das zeigte nicht nur der Anstieg der Sozialleistungsquote am Bruttosozialprodukt von gut 20 auf über 30 %. Auch die Lohnquote, d. h. der Anteil aller Arbeitnehmereinkommen am jährlichen Volkseinkommen, stieg 1970–1982 von 68 auf fast 77 %. Insgesamt hat der Ausbau des Sozialstaates die Identifikation der Bürger mit „ihrer" Bundesrepublik verstärkt. Aber, so fragten die Kritiker, war das alles zu bezahlen? Und sollte der Staat eigentlich für alles zuständig sein?

„Mehr Demokratie wagen"

„Mehr Demokratie wagen", hatte Bundeskanzler Willy Brandt in seiner ersten Regierungserklärung 1969 gefordert. Und die Bürger wagten mehr Demokratie, das Interesse an Politik und das politische Engagement nahmen zu (M 19). Das merkten die Parteien und Gewerkschaften, deren „Basis" immer aktiver wurde und sich bisweilen gegen die eigene Führung stellte. Neu war das „objektbezogene" politische Engagement: Der Bürgerprotest richtete sich gegen die Betonierung der Städte, den Bau von Atomkraftwerken, die Nachrüstung oder die Zerstörung der Natur. Es entstanden **„neue soziale" oder „alternative" Bewegungen**: die ökologische Bewegung, die Anti-Atomkraft-Bewegung, die

Friedensbewegung. Auch die Frauenbewegung erhielt großen Auftrieb (s. den historischen Längsschnitt S. 583 ff.). Die Tradition der Studentenbewegung fortsetzend (s. S. 554 f.) und weiterführend, waren Straßendemonstrationen, symbolische Besetzungen oder Mahnwachen Ausdruck und Mittel ihres Protests. Problematisch war die Beschränkung auf jeweils ein einziges Ziel, was in einzelnen Fällen zur kompromisslosen Interessenvertretung durch gewaltsame Aktionen führen, aber auch leicht in politische Resignation oder Apathie umschlagen konnte. In manchen Gruppen breitete sich Antiparlamentarismus und Mangel an Konsensdenken aus. Die meisten zogen jedoch aus der Schwäche der „reinen" außerparlamentarischen Protestpolitik den Schluss, selbst eine Partei zu gründen. Im Frühjahr 1979 entstand aus diesen Beweggründen die **„Grüne Partei"**, die bei Wahlen in Bremen und Baden-Württemberg auf Anhieb den Sprung in die Länderparlamente schaffte. Bei den Bundestagswahlen von 1980 scheiterte sie allerdings noch mit 4,3 % an der Fünfprozentklausel. Ursache des Erfolges der Grünen war deren entschiedenes Eintreten für Umweltfragen und die Enttäuschung besonders jüngerer Wählerinnen und Wähler über die immer vorsichtigere Politik der SPD, der mangelnder Reformeifer nachgesagt wurde.

Gefährdung der Demokratie?

Überschattet wurde die neue, den Regierenden oft unbequeme Bürgerpartizipation durch den **„Extremistenbeschluss"** und den **Terrorismus**. Die von Bundeskanzler Willy Brandt und den Ministerpräsidenten der Länder 1972 vereinbarten „Grundsätze über die Mitgliedschaft von Beamten in extremen Organisationen" zielten auf den Ausschluss von Rechts- und Linksextremisten aus dem öffentlichen Dienst. Weniger das Ziel als vielmehr die Überprüfungspraxis der Behörden riefen bald Misstrauen, ja massiven Protest hervor. Jeder Bewerber für den öffentlichen Dienst wurde vom Verfassungsschutz auf „verfassungsfeindliche" Aktivitäten hin überprüft. Auf Grund der öffentlichen Kritik kündigten SPD und FDP 1976 den „Extremistenbeschluss" formell auf. Nur bei begründeten Zweifeln an der Verfassungstreue eines Bewerbers sollte ermittelt werden. Bund und SPD-geführte Länder verzichteten seitdem auf die „Regelanfrage" beim Verfassungsschutz, in den CDU/CSU-Ländern bestand sie fort. Dieselben Frontstellungen ergaben sich bei der Bekämpfung des **RAF-Terrorismus (Rote-Armee-Fraktion)**, der in den Siebziger- und Achtzigerjahren mit Bombenanschlägen und Attentaten auf führende Personen des öffentlichen Lebens, wie z. B. 1977 auf den Arbeitgeberpräsidenten Hanns-Martin Schleyer, die Bundesrepublik erschütterte. So fragwürdig und wirklichkeitsfremd die Solidarisierung mancher alternativer und „autonomer" Gruppen mit den Terroristen war, so bedenklich war die Aushöhlung liberaler Rechtspositionen wie die Einschränkung der Rechte der Verteidiger von Terroristen durch den Bundestag. Der CDU/CSU-Opposition reichten die Maßnahmen der sozial-liberalen Koalition zur Terrorismusbekämpfung jedoch nicht aus; sie hielt härtere Maßnahmen für notwendig (M 20a, b).

Gesellschaftliche Veränderungen

Zu den herausragenden gesellschaftspolitischen Veränderungen der Siebzigerjahre gehört die „Bildungsrevolution", die sich in einer bis dahin beispiellosen **Expansion des Bildungswesens** und in einem Wandel der Erziehungsziele von Eltern und Lehrern niederschlug. Zwischen 1965 und 1980 stiegen die Bildungsausgaben von Bund, Ländern und Gemeinden von 15,7 auf 77,1 Mrd. DM. Kein anderes staatliches Aufgabengebiet wies vergleichbar hohe Steigerungsraten auf. Der Besuch einer höheren Schule und der Universität wurde für viele junge Menschen zur Selbstverständlichkeit. 1960 waren von allen 15- bis 19-Jährigen nur 19 % Schülerinnen, Schüler oder Studierende, 1980 schon 49 %. Wie es der Soziologe Ralf Dahrendorf 1965 gefordert hatte, avancierte Bildung zum „Bürgerrecht", ermöglicht durch steigende Einkommen der Eltern und die 1972 eingeführte Studienförderung für Schüler und Studierende (**BAföG**). Von dieser Expansion profitierten besonders die Arbeiter-

kinder und die Frauen. Der Anteil der Arbeiterkinder unter den Studierenden stieg von 1965 bis 1982 von sechs auf 16 %, der der Frauen von knapp 25 auf fast 40 %.
Parallel dazu vollzog sich ein **Wandel der Erziehungsziele.** Während in den Sechzigerjahren von den Eltern „Ordnungsliebe und Fleiß" als zentrale Ziele genannt wurden, hielten sie seit den Siebzigerjahren „Selbstständigkeit und freien Willen" für wichtiger. Überhaupt änderten sich die gesellschaftlichen Einstellungen und Alltagsnormen. Soziologen sprechen von einem **„Wertewandel"**, besonders bei den jüngeren Menschen. Die strengen Umgangsformen verschwanden, Frisur und Kleidung wurden lässiger und aus dem Urlaub brachte man griechische Essgewohnheiten mit. Wohngemeinschaften und „Ehen ohne Trauschein" zogen nicht länger gesellschaftliche Ächtung nach sich. Konflikt und Kritik galten als notwendige Elemente der Demokratie.

M18 Die neue Ostpolitik – aus dem Referat des Leiters des Presse- und Informationsamtes des Landes Berlin, Egon Bahr, vor der Evangelischen Akademie Tutzing am 15. Juli 1963

Die Änderung des Ost-West-Verhältnisses, die die USA versuchen wollen, dient der Überwindung des Status quo, indem der Status quo zunächst nicht verändert werden soll. Das klingt paradox, aber es eröffnet Aussichten, nachdem die bisherige Politik des Drucks und Gegendrucks nur zu einer Erstarrung des Status quo geführt hat. Das Vertrauen darauf, dass unsere Welt die bessere ist, die im friedlichen Sinne stärkere, die sich durchsetzen wird, macht den Versuch denkbar, sich selbst und die andere Seite zu öffnen und die bisherigen Befreiungsvorstellungen zurückzustellen. [...] Die erste Folgerung, die sich aus einer Übertragung der Strategie des Friedens auf Deutschland ergibt, ist, dass die Politik des „Alles oder nichts" ausscheidet. Entweder freie Wahlen oder gar nicht, entweder gesamtdeutsche Entscheidungsfreiheit oder ein hartes Nein, entweder Wahlen als erster Schritt oder Ablehnung, das alles ist nicht nur hoffnungslos antiquiert und unwirklich, sondern in einer Strategie des Friedens auch sinnlos. Heute ist klar, dass die Wiedervereinigung nicht ein einmaliger Akt ist, der durch einen historischen Beschluss an einem historischen Tag auf einer historischen Konferenz ins Werk gesetzt wird, sondern ein Prozess mit vielen Schritten und vielen Stationen. Wenn es richtig ist, was Kennedy sagte, dass man auch die Interessen der anderen Seite anerkennen und berücksichtigen müsse, so ist es sicher für die Sowjetunion unmöglich, sich die Zone zum Zwecke einer Verstärkung des westlichen Potenzials entreißen zu lassen. Die Zone muss mit Zustimmung der Sowjets transformiert werden. Wenn wir so weit wären, hätten wir einen großen Schritt zur Wiedervereinigung getan. [...] Das ist eine Politik, die man auf die Formel bringen könnte: Wandel durch Annäherung. Ich bin fest davon überzeugt, dass wir Selbstbewusstsein genug haben können, um eine solche Politik ohne Illusion zu verfolgen, die sich außerdem nahtlos in das westliche Konzept der Strategie des Friedens einpasst, denn sonst müssten wir auf Wunder warten, und das ist keine Politik.

(Archiv der Gegenwart 33, 1963, S. 10700 f.)

1 *Analysieren Sie die Aussagen von Bahr unter den Gesichtspunkten a) politische Grundpositionen, b) Beurteilung der „deutschen Frage", c) politische Strategie.*

2 *Der Historiker Timothy G. Ash bewertete die „Neue Ostpolitik" 1993 wie folgt: „Die menschlichen Erleichterungen waren groß... Doch diesen spezifischen Erleichterungen für einzelne Menschen muss man die Nachteile gegenüberstellen, die aus der Stabilisierung eines unreformierten kommunistischen Staates für alle entstanden, die in ihm lebten." Nehmen Sie Stellung.*

M19 „Mehr Demokratie wagen" – aus der Regierungserklärung von Bundeskanzler Willy Brandt (SPD) vom 28. Oktober 1969

Unsere parlamentarische Demokratie hat 20 Jahre nach ihrer Gründung ihre Fähigkeit zum Wandel bewiesen und damit ihre Probe bestanden. Dies ist auch außerhalb unserer Grenzen vermerkt worden und hat unserem Staat zu neuem Vertrauen in der Welt verholfen.
Die strikte Beachtung der Formen parlamentarischer Demokratie ist selbstverständlich für politische Gemeinschaften, die seit gut 100 Jahren für die deutsche Demokratie gekämpft, sie unter schweren Opfern verteidigt und unter großen Mühen wieder aufgebaut haben. Im sachlichen Gegeneinander und im nationalen Miteinander von Regierung und Opposition ist es unsere gemeinsame Verantwortung und Aufgabe, dieser Bundesrepublik eine gute Zukunft zu sichern. [...]

Unser Volk braucht, wie jedes andere, seine innere Ordnung. In den Siebzigerjahren werden wir aber in diesem Lande nur so viel Ordnung haben, wie wir an Mitverantwortung ermutigen. Solche demokratische Ordnung braucht außerordentliche Geduld im Zuhören und außerordentliche Anstrengung, sich gegenseitig zu verstehen. Wir wollen mehr Demokratie wagen. Wir werden unsere Arbeitsweise öffnen und dem kritischen Bedürfnis nach Information Genüge tun. Wir werden darauf hinwirken, dass durch Anhörungen im Bundestag, durch ständige Fühlungnahme mit den repräsentativen Gruppen unseres Volkes und durch eine umfassende Unterrichtung über die Regierungspolitik jeder Bürger die Möglichkeit erhält, an der Reform von Staat und Gesellschaft mitzuwirken.
Wir wenden uns an die im Frieden nachgewachsenen Generationen, die nicht mit den Hypotheken der Älteren belastet sind und belastet werden dürfen; jene jungen Menschen, die uns beim Wort nehmen wollen – und sollen. Diese jungen Menschen müssen aber verstehen, dass auch sie gegenüber Staat und Gesellschaft Verpflichtungen haben. Wir werden dem Hohen Hause ein Gesetz unterbreiten, wodurch das aktive Wahlalter von 21 auf 18, das passive von 25 auf 21 Jahre herabgesetzt wird. Wir werden auch die Volljährigkeitsgrenze überprüfen.
Mitbestimmung, Mitverantwortung in den verschiedenen Bereichen unserer Gesellschaft werden eine bewegende Kraft in den kommenden Jahren sein. Wir können nicht die perfekte Demokratie schaffen. Wir wollen eine Gesellschaft, die mehr Freiheit bietet und mehr Mitverantwortung fordert. Diese Regierung sucht das Gespräch, sie sucht die kritische Partnerschaft mit allen, die Verantwortung tragen, sei es in den Kirchen, der Kunst, der Wissenschaft und der Wirtschaft oder in anderen Bereichen der Gesellschaft.
(Bundeskanzler Brandt, Reden und Interviews, Hamburg 1971, S. 11 f.)

1 *Analysieren Sie M 19 und ordnen Sie es in die Geschichte der Sechziger- und Siebzigerjahre ein.*
2 *Erörtern Sie das Demokratieverständnis in Brandts Rede.*

M20 Bekämpfung des Terrorismus (1977)

a) Aus der Regierungserklärung Helmut Schmidts

Jedermann hat Anspruch auf ein ordnungsgemäßes Gesetzesverfahren. Ein Sonderprozessrecht für Terroristen darf es nicht geben. [...] Wer einer falschen und verhängnisvollen Solidarisierung mit Desperados von großer krimineller Energie entgegenwirken will und wer die Täter von der Gemeinschaft total isolieren will, darf dabei nicht riskieren, dass die Freiheit der Person zu einem Ausstellungsstück wird, das nicht mehr berührt, sondern nur noch in der Vitrine besichtigt werden kann. Wir haben in Wahrheit zwei Aufgaben zu leisten: zum Ersten den Terrorismus ohne Wenn und ohne Aber und ohne jede sentimentale Verklärung der Tätermotive zu verfolgen, bis er aufgehört haben wird, ein Problem zu sein. Aber die andere Aufgabe muss es sein, die Meinungsfreiheit kämpferisch und entschlossen zu verteidigen und über jeden Zweifel klarzumachen, dass Kritik an den vielerlei Obrigkeiten nicht nur statthaft ist, sondern dass sie für jeden demokratischen Staat prinzipiell erwünscht ist.

b) Aus der Antwort Helmut Kohls, des Vorsitzenden der CDU/CSU-Bundestagsfraktion

Leider müssen wir feststellen, dass bestimmte Kreise innerhalb der Sozialdemokratie immer noch ein gestörtes Verhältnis zur Ausübung rechtsstaatlicher Macht haben, die notwendig ist, um diesem Staat seine Zukunft zu garantieren. Staatliche Macht erscheint diesen Kreisen als etwas Anstößiges. Sie unterliegen immer noch dem Vorurteil, dass nur der Staat Freiheit und Sicherheit gefährden könne. Hier herrscht doch noch die Utopie von der herrschaftsfreien Gesellschaftsordnung, in der sich alle Bürger friedlich der Einsicht in das Notwendige beugen. Ideologisches Vorbild ist eine marxistische Doktrin vom Absterben des Staates. Der Staat erscheint solchen Leuten immer noch als ein Herrschaftsinstrument der Privilegierten, als eine Form gewaltsamer Unterdrückung.
[...] Die Gefahren, die von einzelnen Gruppen ausgehen, die sich verbunden haben, diesen Staat zu zerstören, werden [...] unterschätzt. Solche ideologischen Konzepte sind nicht geeignet, notwendiges Vertrauen in die Autorität des demokratischen Rechtsstaats zu stärken. Sie sind immer und stets der Versuchung ausgesetzt, die Legitimität der staatlichen Macht in Frage zu stellen. Sie sind ein ideologischer Nährboden auch für manchen Sympathisanten, der in der gewaltsamen Auflehnung gegen unseren Staat eine Fortsetzung der Politik mit anderen Mitteln sieht.
(M 20a und b: Keesings Archiv der Gegenwart, 1977, S. 20968 ff.)

1 *Charakterisieren Sie die beiden Standpunkte zur Terrorismusbekämpfung (M 20a, b).*
2 *Erörtern Sie die Lage, in die die Bundesrepublik durch den Terrorismus versetzt worden ist.*

3.3 „Wende“ und Kontinuität: Die Bundesrepublik 1982–1989

1982: Die christlich-liberale Koalition

Nicht ein Wählervotum, sondern ein Koalitionswechsel der FDP beendete im Oktober 1982 die sozial-liberale Ära und ermöglichte die Gründung einer christlich-liberalen Koalition unter Bundeskanzler Helmut Kohl (geb. 1930) und Außenminister Hans-Dietrich Genscher. Wie immer gab es dafür nicht nur einen Grund, sondern ein Ursachenbündel. Der Regierungswechsel hatte zum einen außenpolitische Gründe. Spätestens mit dem Einmarsch der Sowjetunion in Afghanistan 1979/80 war deutlich geworden, dass die Entspannungs- und Rüstungskontrollpolitik auf einem zerbrechlichen Konsens beruhte. Als sich die Sowjetunion Anfang der Achtzigerjahre weigerte ihre in Osteuropa stationierten nuklearen Mittelstreckenraketen abzubauen, reagierten die USA mit der Remilitarisierung ihrer Außenpolitik, die wieder auf eine Politik der Stärke gegenüber der UdSSR setzte. Das Scheitern der Abrüstungsverhandlungen der Weltmächte brachte die Regierung Schmidt in Bedrängnis. Sollte sie die **„Nachrüstung“** gegen drohende sowjetische Mittelstreckenraketen, konkret: die Lagerung von atomaren Raketensprengköpfen auf dem Territorium der Bundesrepublik erlauben? Dagegen lief die Friedensbewegung Sturm, aber auch in der SPD gab es heftigen Widerstand. Zum anderen stürzte die zweite Welle der Ölpreiserhöhungen seit 1979 das Land in wirtschaftliche Turbulenzen. Die FDP profilierte sich als Sparpartei, verlangte Kürzungen bei den Sozialleistungen. Das war für die SPD unannehmbar. Im Oktober 1982 wurde Helmut Schmidt durch ein konstruktives Misstrauensvotum gestürzt und Helmut Kohl, Fraktionsführer der CDU/CSU, zum neuen Bundeskanzler gewählt. Die FDP geriet durch den Koalitionswechsel in eine schwere Krise. Prominente Mitglieder verließen die Partei oder gingen zur SPD, Hans-Dietrich Genscher trat wegen der Kritik am Koalitionswechsel als FDP-Parteichef zurück. Dennoch erhielt die neue Regierung bei den vorgezogenen Bundestagswahlen 1983 eine Mehrheit.

„Sozialabbau“ und Arbeitslosigkeit

Ziel der neuen Koalition war eine „Wende“ in der Politik, aber das war in mancher Hinsicht mehr „Schlagwort als Ereignis“, wie der Zeithistoriker Wolfgang Benz meint. Als Regierungspartei setzte die CDU/CSU die von ihr vorher bekämpfte Deutschland- und Ostpolitik der sozial-liberalen Koalition fort (M 21a–d). Das rief Irritationen bei den rechten Wählern der CDU/CSU hervor. Stärker trat die **Wende in der Wirtschafts- und Sozialpolitik** hervor. Gegen die Stimmen der SPD-Opposition beschlossen die konservativ-liberalen Regierungsparteien einen Abbau sozialpolitischer Leistungen: das Schüler-BAföG wurde gestrichen, das für Studierende auf Darlehen umgestellt, der soziale Wohnungsbau eingestellt, die Rentenerhöhungen wurden reduziert. Bei steigenden Schüler- und Studentenzahlen sanken die Bildungsausgaben. Mit der staatlichen Sparpolitik und mit Steuersenkungen sollten Gewinne und Investitionskraft der Unternehmen gestärkt, Arbeitsplätze geschaffen und die Staatsverschuldung abgebaut werden. Das Erste gelang, das Zweite nicht. Während der Anteil der Unternehmer- und Vermögenseinkommen 1981 bis 1988 von knapp 26 auf 32 % des Volkseinkommens stieg, sank die Lohnquote von rund 74 auf 68 %. Seit 1985 wurde auch wieder mehr investiert, aber selbst 1990 erreichten die Investitionen mit 21 % des Bruttosozialprodukts noch nicht wieder die Höhe der Investitionen von 1980 mit 22 %. Und trotz eines durch die Weltwirtschaftskonjunktur der Achtzigerjahre begünstigten Aufschwungs von 1983 bis 1990 verschwand der hohe Sockel der Arbeitslosigkeit nicht. Mehr und mehr entwickelte sich die Bundesrepublik zu einer **„Zwei-Drittel-Gesellschaft“**: Der größere Teil der Bevölkerung verdiente gut, konnte sich mehr leisten als je zuvor. Ein kleinerer Teil war häufig von Arbeitslosigkeit und sozialem Abstieg bedroht und von Sozialleistungen wie Arbeitslosen- und Sozialhilfe abhängig (M 22b, c).

Die Gesellschaft der 1980er: Widersprüche

Als Kennzeichen der Achtzigerjahre wird in der Literatur häufig die „Zielunklarheit“ der Politik und eine Stimmung der Unsicherheit in der Gesellschaft genannt. Die Regierung habe sich Schwankungen der öffentlichen Meinung angepasst, keine Probleme gelöst. Beispiele seien die Umweltpolitik und die Begrenzung der Kostenexplosion im Gesundheitssystem. Zwar verkündete die Regierung der Bundesrepublik immer wieder entschlossenes Handeln, begnügte sich auf Grund von Protesten der Industrie- und Ärzteverbände aber stets mit bescheidenen Korrekturen. In der Umweltpolitik hatte sie allerdings erstmals ein eigenes Bundesministerium für Umwelt geschaffen. Auch wurde die europäische Integration konsequent vorangetrieben.

Die Gesellschaft der Achtzigerjahre bestimmten unterschiedliche Stimmungen. Soziologen kennzeichnen die Entwicklung als **„Pluralisierung der Lebensstile“**. Einerseits breitete sich ein wirtschaftsliberaler Zeitgeist aus, Leistung sollte sich wieder lohnen. Der wachsende Wohlstand der Mehrheit äußerte sich in einem demonstrativen Konsum. Niemals zuvor haben die Bundesbürger so viel Geld für Luxusgüter ausgegeben. Andererseits stieg das Verständnis für Fragen des Umweltschutzes (B 18), der Friedenspolitik, für Probleme der Dritten Welt. Das Bundesverfassungsgericht stärkte in verschiedenen Urteilen die Stellung der Bürger gegenüber dem Staat. So erhob es in einem Grundsatzurteil zur Sammlung und Verwertung von bei Volkszählungen erhobenen Daten das „informationelle Selbstbestimmungsrecht“ der Bürger zu einem Quasi-Grundrecht. Die Reformbewegung insgesamt war zwar schwächer, aber im Bundestag und in mehreren Länderparlamenten etablierten sich die Grünen als vierte Partei. Eine Mehrheit aus SPD und Grünen, ein „rot-grünes Bündnis“, schien gegen Ende der Achtzigerjahre nicht mehr ausgeschlossen. Meinungsumfragen reflektierten die komplizierte Gemengelage der Stimmungen. Generell nahm das politische Interesse ab; **Parteiverdrossenheit** breitete sich aus. Eine Parteispendenaffäre („Flick-Affäre“) Mitte der Achtzigerjahre, in die CDU und FDP verwickelt waren und in deren gerichtlicher Klärung zwei ehemalige Wirtschaftsminister der FDP rechtskräftig verurteilt wurden, trug dazu ebenso bei wie ein Finanzskandal des gewerkschaftseigenen „Neue Heimat“-Konzerns und die „Barschel-Affäre“ in Schleswig-Holstein, wo der CDU-Ministerpräsident im Wahlkampf staatliche Macht missbraucht haben soll. Gleichzeitig war die Zufriedenheit mit den eigenen Lebensumständen und die grundsätzliche Zustimmung zur Idee der Demokratie und zum wirtschaftlichen System der Bundesrepublik in der Bevölkerung groß.

B 18 Klaus Staeck, „Die Zukunft gehört dem Auto“, 1984, Plakat

– *Vergleichen Sie Plakat B 18 mit Plakat B 7 aus den Fünfzigerjahren und analysieren Sie die stilistischen Veränderungen. Inwieweit kommen in der Gegenüberstellung gesellschaftspolitische Wandlungen in der Geschichte der Bundesrepublik zum Ausdruck?*

M21 **Das Verhalten der bundesrepublikanischen Parteien zur DDR zehn Jahre nach Abschluss der Ostverträge**

a) Alois Mertes (CDU), 1982

Der wesentliche Unterschied zwischen menschlichen Erleichterungen und Menschenrechten besteht in der jederzeitigen Widerrufbarkeit der Gewährung solcher Erleichterungen. Die Erhöhung der Zwangsumtauschsätze für Besucher in der DDR, die schikanöse Behinderung der Arbeit westlicher Journalisten durch Ostberlin, die Störung von westlichen Rundfunksendungen, die Unterbrechungen des Telefonverkehrs, die brutale Zerschlagung der Helsinki-Gruppen durch Moskau sind Beispiele dafür, wie brüchig die These vom „Wandel durch Annäherung" ist.

Gleichzeitig offenbarten diese Vorgänge und anschließenden Auseinandersetzungen über notwendige westliche Reaktionen das grundlegende Dilemma der Entspannungspolitik. Mit der Stabilisierung östlicher Regime durch Hinnahme des Status quo [...] sollte den kommunistischen Herrschern der Spielraum für systemimmanente Lockerungen des Drucks im Inneren und nach außen eingeräumt werden. Die Grenzen dieser Konzeption wurden sehr bald deutlich. Nicht unsere Verteidigungswaffen, sondern die reale Existenz von Freiheit und Menschenrechten im Westen und die davon ausgehende Ansteckungsgefahr empfinden die kommunistischen Regime als fundamentale Bedrohung ihrer Herrschaft.

(Alois Mertes, Bilanz der Entspannungspolitik, in: Aus Politik und Zeitgeschichte, 18. Dez. 1982, S. 6)

b) Richard von Weizsäcker (CDU), 1984

Mein Eindruck ist, dass die Existenz von Berlin (West) im Grunde unter allen Elementen der einschneidende Motor für die Entwicklung der Beziehungen zwischen den beiden deutschen Staaten ist. Es gibt eine politische, verfassungsmäßige und menschliche Verantwortung der Bundesrepublik für Berlin (West). Ihr gerecht zu werden führt sie notwendigerweise, ganz unabhängig davon, was sie sonst denken und ansteuern mag, in Verhandlungen mit der Regierung der DDR, überdies auch in Verhandlungen mit anderen Regierungen des Warschauer-Pakt-Systems.

(Informationen zur politischen Bildung 1984, Heft 202, S. 35)

c) Hans-Jürgen Wischnewski (SPD), 1982

Mit Abschluss der Ostverträge und des Vier-Mächte-Abkommens über Berlin konnte sich die Bundesrepublik voll in die Entspannungspolitik des Westens einschalten und so die Isolierungsgefahr im Westen überwinden. Es gab wieder einen ostpolitischen Gleichklang im westlichen Bündnis. [...] Insgesamt kommen die Regelungen, die als Folge der neuen deutschen Ostpolitik in Bezug auf Berlin, Deutschland und die Verhältnisse in Europa getroffen werden konnten, einer friedensvertraglichen Regelung durchaus nahe. Dies gilt vor allem für die KSZE-Schlussakte, die Europa eine neue Perspektive der Zusammenarbeit gegeben hat. Die KSZE-Schlussakte ist bisher der umfassendste Versuch multilateraler Zusammenarbeit trotz unterschiedlicher Gesellschaftssysteme. Gerade weil die deutsche Frage auf der Konferenz über Sicherheit und Zusammenarbeit in Europa ausgeklammert wurde [...], konnte die Konferenz erfolgreich abgeschlossen werden.

(Hans-Jürgen Wischnewski, Vom Feindstaat zum Vertragspartner, in: Aus Politik und Zeitgeschichte, 18. Dez. 1982, S. 12ff.)

d) Uwe Ronneburger (FDP), 1982

Es war und konnte nicht die Absicht sein, die besondere Lage in Deutschland zu verändern, vor allem auch deshalb nicht, weil eine friedensvertragliche Regelung für Deutschland noch immer aussteht und weil bis zu diesem Zeitpunkt die Rechte und Verantwortlichkeit der vier Mächte in Bezug auf Berlin und Deutschland als Ganzes unverändert fortbestehen. Dessen ungeachtet war es möglich, von einer Politik der Konfrontation zu einem gemeinsamen Bemühen der Zusammenarbeit auf vielen Gebieten zu gelangen. Dennoch kann und darf nicht unberücksichtigt bleiben, dass Rückschläge und Enttäuschungen über Verhaltensweisen der Führung der DDR zu verzeichnen sind. [...] Es kann auch nicht übersehen werden, dass in den Bereichen des Umweltschutzes, der Rechts- und Amtshilfe zwischen Gerichten und Staatsanwaltschaften, der Wissenschaft und Technik sowie der Kultur bisher keine vertraglichen Regelungen möglich waren.

(Uwe Ronneburger, Die deutsch-deutschen Beziehungen in den 70er-Jahren, in: Aus Politik und Zeitgeschichte, 18. Dez. 1982, S. 21 f.)

1 *Fassen Sie die Positionen der einzelnen Politiker in M 21a bis d zusammen.*

2 *Untersuchen Sie Unterschiede und Gemeinsamkeiten.*

M22 Finanz- und Sozialpolitik in der Bundesrepublik der 1980er-Jahre

a) Ausgaben und Einnahmen des öffentlichen Haushalts in der Bundesrepublik 1982–1989 (in Mrd. DM; in laufenden Preisen)

Jahr	Ausgaben	Einnahmen	Finanzierungssaldo	Kredite (netto)
1982	561,61	491,64	–69,64	68,20
1983	570,08	514,77	–55,29	56,16
1984	583,58	537,06	–46,50	49,78
1985	604,40	565,07	–39,30	40,49
1986	628,60	586,27	–42,30	41,60
1987	651,33	600,24	–51,07	48,69
1988	671,47	619,66	–51,78	55,61
1989	701,48	674,38	–27,07	33,61

b) Sozialhilfeaufwand und Sozialhilfeempfänger in der Bundesrepublik 1965–1990 (in Mrd. DM; in laufenden Preisen)

Jahr	insg.	Hilfe zum Lebensunterhalt	Hilfe in besonderen Lebenslagen	Empfänger in 1000
1965	2,11	0,83	1,27	1404
1970	3,34	1,18	2,15	1491
1975	8,41	3,02	5,38	2049
1980	13,27	4,34	8,93	2144
1985	20,85	8,02	12,82	2814
1987	25,20	10,27	14,93	3136
1989	28,77	11,81	16,96	3626
1990	31,78	12,98	18,81	3754

c) Soziale Leistungen der öffentlichen Haushalte an private Haushalte in der Bundesrepublik 1960–1989 (ohne Sachleistungen; in laufenden DM-Preisen)

Jahr	insgesamt			vom Staat[1]		von Privat[3]	öffentl. Pensionen und Beihilfen insgesamt[4]
	Mio. DM	%	Anteil in %[2]	Sozialversicherung	Gebietskörperschaften		
	Früheres Bundesgebiet						
1960	40 140		13,2	24 750	7 020	1 260	7 110
1970	94 460	+9,2	14,0	59 970	14 100	3 360	17 030
1975	195 590	+24,2	19,0	125 600	34 940	6 330	28 720
1980	265 720	+6,4	18,0	174 390	43 210	9 830	38 290
1981	288 120	+8,4	18,7	188 440	48 420	10 680	40 580
1982	305 360	+6,0	19,2	203 430	48 700	11 560	41 670
1983	309 980	+1,5	18,5	206 830	48 400	12 350	42 400
1984	314 380	+1,4	17,8	210 200	48 340	13 160	42 680
1985	323 390	+2,9	17,6	215 260	49 070	15 120	43 940
1986	336 930	+4,2	17,4	220 980	52 980	17 100	45 870
1987	354 060	+5,1	17,7	232 050	55 500	18 690	47 820
1988	370 450	+4,6	17,6	245 000	55 950	20 180	49 320
1989	385 770	+4,1	17,2	254 320	58 350	21 800	51 300

1 Ohne Pensionen und Beihilfen.
2 Anteil am Bruttosozialprodukt.
3 Von Unternehmen, privaten Haushalten, privaten Organisationen ohne Erwerbszweck und Ausland ohne Pensionen und Beihilfen.
4 Vom Staat, von öffentlichen Unternehmen und privaten Organisationen ohne Erwerbszweck (z. B. Kirchen).

(M 22a bis c: Dieter Grosser u. a. [Hg.], Deutsche Geschichte in Quellen und Darstellung, Bd. 11, Reclam, Stuttgart 1996, S. 134 f. und 158)

1 *Vergleichen Sie die Entwicklung von Ausgaben und Einnahmen des Bundeshaushaltes 1980–1989.*

2 *Untersuchen Sie den Anteil der Sozialausgaben am Bundeshaushalt von 1960 bis 1989 und erklären Sie Anstieg und Rückgang dieser Ausgaben aus der politischen und wirtschaftlichen Situation.*

3 *Untersuchen Sie den Aufwand für Sozialhilfe von den Sechzigerjahren bis in die Achtzigerjahre und erörtern Sie dabei die wirtschaftlichen Ursachen und sozialen Folgen der Entwicklung.*

3.4 Abschottung und Resignation: Die DDR 1961–1982

Wirtschaftliche Reformversuche nach dem Mauerbau

Der Mauerbau beendete das Experiment, den Sozialismus in einem Land mit offener Grenze aufzubauen, und nicht zu Unrecht galt der 13. August 1961 als „heimlicher Gründungstag" der DDR. **„Wissenschaftlich-technische Revolution"** – das war der Schlüsselbegriff der nach dem Mauerbau in der DDR einsetzenden „Modernisierungs"-Politik. Mit wissenschaftlichen Planungs- und Produktionsmethoden sollte die Wirtschaft selbstverantwortlich und effizienter arbeiten, eine „sozialistische" Leistungsgesellschaft entstehen. Jüngere Fachleute und Wissenschaftler stiegen in die Führungen von Partei, Staat und Wirtschaft auf. Das 1963 verkündete **Neue Ökonomische System der Planung und Leitung (NÖSPL)** zeigte zunächst Erfolge. 1969 war die Industrieproduktion der DDR mit 17 Mio. Einwohnern größer als die des Deutschen Reiches 1936 mit 60 Mio. Einwohnern. Die Produktion von Konsumgütern stieg und damit der Lebensstandard sowie vorübergehend die Zufriedenheit der Bevölkerung. 1970 besaßen von 100 Haushalten 15 ein Auto, 53 eine Waschmaschine und 56 einen Kühlschrank. Der Erfolg der NÖSPL wurde jedoch von der SED selbst teilweise verspielt, um ihr Machtmonopol zu sichern. Zwischen den alten Parteifunktionären und den jungen Fachleuten gab es Zuständigkeitskonflikte. Als auch die Sowjetunion Druck auf die DDR-Führung ausübte, wurde ab 1967 die Planung wieder stärker zentralisiert.

Ausbau des Bildungswesens

Um das angestrebte „Weltniveau" in der Wirtschaft zu erreichen mobilisierte die SED alle Arbeitskraftreserven und baute das Bildungssystem aus. Schon 1960 übten rund 70 % aller Frauen im arbeitsfähigen Alter einen Beruf aus, bis 1970 stieg die Quote auf über 80 und bis 1988 auf mehr als 90 %. Seit den Sechzigerjahren strebte die DDR-Führung dazu eine bessere berufliche Ausbildung der Frauen an. Diesem Zweck diente auch das 1965 beschlossene „Gesetz über das einheitliche sozialistische Bildungssystem". Nach den neuen Lehrplänen hatten Mathematik und Naturwissenschaften als Basis der „wissenschaftlich-technischen Revolution" einen viel höheren Stellenwert als zur gleichen Zeit in der Bundesrepublik. Zudem führte die von allen Schülerinnen und Schülern besuchte zehnklassige „allgemein bildende polytechnische Oberschule" in die Grundlagen der Produktionstechnik ein. Übergeordnet blieb trotz allem der **ideologische Erziehungsauftrag**. Schüler und Studierende waren laut Gesetz „zur Liebe zur DDR und Stolz auf die Errungenschaften des Sozialismus zu erziehen, um bereit zu sein, alle Kräfte der Gesellschaft zur Verfügung zu stellen, den sozialistischen Staat zu stärken und zu verteidigen".

Resignation und Nischengesellschaft

Unmittelbar nach dem Mauerbau gab es Unruhen in der DDR-Bevölkerung, aber schon bald resignierten die DDR-Bürger und richteten sich notgedrungen in der neuen Situation ein. Die SED, durch die Mauer in ihrer Machtposition geschützt, konnte ihre Herrschaft festigen. 1967 zählte sie 1,8 Mio. Mitglieder. Trotz der weiter bestehenden stalinistischen Struktur der Partei veränderten sich unterdessen deren Herrschaftsmethoden. Der Terror nahm ab. Ideologische Überzeugungsarbeit und bessere Lebensverhältnisse sollten die Loyalität der Bevölkerung sichern.

In der durch die Mauer abgeschotteten DDR arrangierten sich Regierende und Regierte: Die Bevölkerung nahm den Herrschaftsanspruch der SED hin, bestätigte ihn auf den pflichtgemäßen Versammlungen und Demonstrationen sowie durch passives „Zettelfalten" bei den Wahlen. Dafür ließ die SED die Bevölkerung, soweit sie nicht offen gegen die kommunistische Herrschaft opponierte, weitgehend in Ruhe. Kennzeichnend für das Denken und Handeln vieler DDR-Bürger war ein gespaltenes Bewusstsein: Öffentlich heuchelte man Zustimmung zur DDR, privat zog

B 19 Aufmarsch von Betriebskampfgruppen zum 30. „Geburtstag der DDR" 1979, Fotografie. – Solche militärischen Aufmärsche überdeckten für Außenstehende das Alltagsleben in der DDR.

man sich in „Nischen" im Familien- und Freundeskreis zurück (B 19). Ansätze zu einer politischen Opposition zeigten sich erstmals wieder 1968 im Zusammenhang mit dem reformkommunistischen Kurs in der ČSSR. Der „Prager Frühling" wurde im August 1968 durch den Einmarsch von Soldaten des Warschauer Pakts beendet. Für die DDR-Opposition um den Philosophieprofessor Robert Havemann (1910–1982) und den Liedermacher Wolf Biermann (geb. 1936) aber blieb der „demokratische Kommunismus" die große Alternative zum SED-Staat.

Von Ulbricht zu Honecker

Die relativen ökonomischen Erfolge und die politische „Friedhofsruhe" in den Sechzigerjahren hatten das Selbstbewusstsein der DDR-Führung gestärkt; sie verstand sich mehr und mehr als **„Juniorpartner" der Sowjetunion** im Ostblock. Als diese um 1970 auf die Entspannungspolitik der sozial-liberalen Koalition in Bonn einging, verweigerte sich die SED. Wie wenig stabil deren Herrschaftssystem tatsächlich war, offenbarten Ovationen von DDR-Bürgern für Bundeskanzler Willy Brandt anlässlich seines Erfurtbesuches im Jahr 1970. Zur Sicherung ihrer eigenen Entspannungspolitik drängte die sowjetische Führung auf Ablösung Walter Ulbrichts. Im Mai 1971 trat dieser als 1. Sekretär der SED zurück, sein Nachfolger wurde Erich Honecker (1912–1994), der die Führungsrolle der UdSSR wieder als verbindlich anerkannte. 1971/72 wurden das Berlinabkommen und der Grundlagenvertrag vereinbart (s. S. 558).

B 20 Käuferschlange vor einer Fleischerei in Leipzig, 1980, Fotografie

„Real existierender Sozialismus"

Die ersten Amtsjahre Honeckers gelten heute noch manchem als die besten Jahre der DDR: Sie wurde als souveräner Staat weltweit diplomatisch anerkannt; der Wohlstand des „kleinen Mannes" stieg; die katastrophale Wohnungslage verbesserte sich durch den Neubau von zwei Millionen Wohnungen zwischen 1971 und 1984; die Jugendlichen spürten weniger Gängelung, durften lange Haare und Jeans tragen und westliche Musik hören; die Künstler und Intellektuellen forderte Honecker gar auf, kritischer und farbiger zu werden. Der **„real existierende Sozialismus"**, wie die kommunistischen Gesellschaften des Ostblocks in Abgrenzung zu freiheitlich-demokratischen Sozialismusvorstellungen bezeichnet werden, sollte verbessert, die Menschen nicht auf eine Utopie in ferner Zukunft vertröstet werden. Unverändert blieb jedoch der absolute Herrschaftsanspruch der SED bestehen. Von der neuen Sozialpolitik profitierten besonders die Frauen. Der Ausbau von Kindergärten und Vorschulklassen entlastete die überwiegend berufstätigen Mütter. Für Frauen mit Kindern verminderte sich die Wochenarbeitszeit auf 40 Stunden. 1976 wurde ein bezahltes „Babyjahr" ab dem zweiten und 1986 auch für das erste Kind eingeführt. Die Konzentration der Frauenförderung auf die Mütter verfestigte allerdings auch die traditionelle Rollenverteilung der Geschlechter und die Doppelbelastung der Frauen durch Familie und Beruf.

Wirtschaftliche Krisen und ideologische Verhärtungen

Die SED konnte ihre neue Sozialpolitik in der zweiten Hälfte der Siebzigerjahre nicht fortsetzen. Denn die Öl- und die Weltwirtschaftkrise brachten auch die seit 1972 praktisch völlig verstaatlichte DDR-Wirtschaft in Schwierigkeiten; hohe Auslandsschulden mussten getilgt werden. Der Lebensstandard stagnierte. Zwar war er so hoch wie nie und weit höher als in den anderen Ostblockstaaten. Dennoch kehrte die Unzufriedenheit über die sozialistische **Mangelwirtschaft** zurück (B 20, M 23).
Die vorsichtige Öffnung des Systems als Konsequenz der Entspannungspolitik und der KSZE-Schlussakte von Helsinki 1975 ermunterte die Opposition in der DDR zur Forderung nach einer Liberalisierung des Systems. **Robert Havemann** verlangte 1976 die Zulassung unabhängiger Oppositionsparteien und Zeitungen. **Rudolf Bahros** (geb. 1935) im Westen erschienenes Buch „Die Alternative" erregte Aufsehen, weil es vom marxistischen Standpunkt aus eine radikale Kritik am sozialistischen System der DDR formulierte. Die Unzufriedenheit mit den Verhältnissen soll 1976 100 000 Bürger dazu bewogen haben, einen Antrag auf Übersiedelung in die Bundesrepublik zu stellen. Die SED reagierte erneut mit Repression. Havemann wurde unter Hausarrest gestellt, Bahro zu acht Jahren Zuchthaus verurteilt, **Wolf Biermann** 1976 während einer Vortragsreise im Westen ausgebürgert; Proteste von Schriftstellern und Künstlern gegen die Ausbürgerung ihres Kollegen wurden bestraft und 1979 das politische Strafrecht verschärft.

M23 Die Unzufriedenheit der DDR-Bürger über die Mangelwirtschaft des Sozialismus

a) Zwei Gedichte zur Erfolgsideologie der Planwirtschaft von Wolfgang Hinkeldey

ERFOLGSMELDUNG

Auch in diesem Jahr traten
Beim Zersägen unserer Bretter
Keinerlei Späne auf

ERFOLG UNSER

ERFOLG UNSER, der
Du stehst in der Zeitung
Geheiligt werde dein Wortlaut
Deine Ziffer melde
Dein Optimismus blühe
Wie im Rundfunk
Also auch im Fernsehen
Unser ruhiges Gewissen
Gib uns täglich
Und vergib uns unsere Kritik
Wie wir vergeben
Unseren Kritikern
Und führe uns
Nicht in Versuchung
Sondern erlöse uns
Von allen Zweifeln
Denn dein ist die Genehmigung
Und unsere Karriere
Also auch unser Beifall
In Ewigkeit
Hurra

(Thomas Auerbach, DDR-Konkret, Berlin 1984, S. 61)

b) Der westdeutsche Journalist Theo Sommer beschreibt 1964 die Bedürfnisse der DDR-Bevölkerung

Die Wünsche der Zonenbevölkerung sind daher schon weniger auf das Elementare gerichtet als vielmehr auf ein bescheidenes Quäntchen Luxus, auf ein bisschen Exquisites: auf ein Stück französischer Seife oder eine bestimmte Marke amerikanischer Rasierklingen. Nicht Schokolade wollen sie, sondern gute Schokolade, vielleicht aus der Schweiz, nicht Zigaretten, sondern West-Zigaretten; nicht Nylons, sondern nahtlose Nylons. Und sie träumen vom eigenen Wagen wie die Menschen diesseits der Grenze – bloß dass die Wagen jahrelange Lieferfristen haben und dreimal so teuer sind wie bei uns.

(Theo Sommer, Zwischen Mauer und Plakatwand, in: Marion Gräfin Dönhoff, Reise in ein fernes Land, Hamburg 1965, S. 101)

c) Die „Frankfurter Rundschau" zur Mangelwirtschaft (1980)

„Aushalten" und „Durchstehen": Daran haben sich die Bürger [...] in 30 Jahren DDR durchaus gewöhnt. Man weiß längst, dass die beste Qualitätsarbeit der Betriebe des Landes nie auf den heimischen Markt kommt. Beliefert wird in der Regel in dieser Reihenfolge: Armee, NSW (nicht sozialistisches Wirtschaftsgebiet, also westliche Länder), Sowjetunion, SW (sozialistisches Wirtschaftsgebiet), DDR. Mit anderen Worten: Die DDR-Betriebe liefern ihre beste Qualitätsware [...] für den Westexport oder in die Sowjetunion, sieht man einmal von der Armee ab.

(Frankfurter Rundschau, 18. Febr. 1980)

d) Ausstattung privater Haushalte in der DDR mit hochwertigen Konsumgütern 1960–1987

	1960	1970	1980	1987	BRD 1987
Personenkraftwagen	3,2	15,6	36,8	49,9	94,8
Fernsehempfangsgeräte	16,7	69,1	88,1	95,2	100,0
darunter: Farbfernsehgeräte	–	0,2	16,8	46,5	91,2
Haushaltskälteschränke	6,1	56,4	99,0	99,0	100,0
darunter: Gefrierschränke	–	0,5	12,5	38,2	76,0
Haushaltswaschmaschinen	6,2	53,6	80,4	96,9	98,2
Telefon		9,7	11,6	15,5	96,5

(Werner Weidenfeld/Hartmut Zimmermann [Hg.], Deutschland-Handbuch, Bonn 1989, S. 300)

1 *Interpretieren Sie die beiden Gedichte zur DDR-Erfolgsideologie in M 23a und b:*
a) Beschreiben Sie, welche Mittel der Staat einsetzte, um die DDR-Bürger von der Richtigkeit der sozialistischen Planwirtschaft zu überzeugen.
b) Skizzieren Sie die wichtigsten Kritikpunkte des Dichters an der offiziellen Propaganda des DDR-Regimes.

2 *Untersuchen Sie nach M 23d die Erfolge der DDR-Wirtschaftspolitik.*

3 *Analysieren Sie nach M 23b und c die Ursachen für die Unzufriedenheit der DDR-Bürger (s. auch B 20).*

3.5 Niedergang und Verfall: Die DDR 1983–1988

Wirtschaftskrisen und soziale Unzufriedenheit

Die Stagnation seit 1976 mündete in den Achtzigerjahren in eine **allgemeine Systemkrise** der DDR ein, die lange verdeckt blieb: durch den weiterlaufenden Partei- und Staatsapparat, die Vorteile der von der EG privilegierten Wirtschaftsbeziehungen zur Bundesrepublik und glanzvolle Ereignisse wie die Eröffnung der wieder aufgebauten Semper-Oper in Dresden 1985 oder den Besuch Erich Honeckers in Bonn 1987 (B 21). Die Systemkrise zeigte sich erstens als Wirtschaftskrise. Schon 1982 drohte der DDR ein finanzieller Ruin, der durch einen vom CSU-Vorsitzenden Franz-Josef Strauß 1983 vermittelten Milliardenkredit abgewendet werden konnte. Diese finanzielle Unterstützung verhinderte jedoch nicht den **ökonomischen Niedergang** der veralteten und technologisch rückständigen DDR-Industrie und auch nicht die sich ausweitende **Umweltkatastrophe**, weil für Umweltschutz kein Geld vorhanden war. Die Bürger verdienten zwar gut, hochwertige Konsumgüter waren aber teuer und nur schwer zu bekommen.

Die Unzufriedenheit der DDR-Bürger mit der wirtschaftlichen und sozialen Situation führte zweitens zu einer **Glaubwürdigkeitskrise**. Viele Bürger gaben die Hoffnung auf bessere Verhältnisse auf. Die politische **Distanz zum Staat** wuchs, vor allem bei den Jüngeren. Mitverantwortlich dafür waren die „bedarfsgerecht" gelenkte Berufsausbildung und die eingeschränkte Möglichkeit zu studieren. 1972 gab es insgesamt rund 150 000 Studierende in der DDR, 1984 nur noch 130 000. Die Jüngeren fühlten sich um ihre Zukunft betrogen: Weder sozialen Aufstieg wie den Älteren noch die Verwirklichung individueller Lebensentwürfe gestand ihnen ihr „vormundschaftlicher" Staat zu. Es wurde immer deutlicher, dass das Regime nicht in der Lage war, die Versprechungen auf die Verbesserung der allgemeinen Lage einzulösen.

Die innere Krise wurde drittens verstärkt durch die zunehmende **außenpolitische Isolierung** der DDR. Ängstlich auf ihre Macht bedacht, vergaß sie, wer diese Macht garantierte: die Sowjet-

B 21 Empfang des Staatsratsvorsitzenden der DDR, Erich Honecker, durch die Bundesrepublik, 1987, Fotografie. – Als die Bundesrepublik Honecker erstmals mit militärischen Ehren und den nationalen Symbolen der DDR empfing, symbolisierte dies für die SED-Führung endgültig die Akzeptanz der DDR als gleichberechtigten, selbstständigen Staat – auch wenn die Bundesregierung an der deutschen Einheit als Ziel festhielt.

union. Zwar begrüßte die SED die vom sowjetischen Parteichef Michail Gorbatschow 1985 eingeleitete neue Runde der Entspannungspolitik, weigerte sich aber, die innenpolitischen Reformen, **„Perestroika" und „Glasnost"**, auf die DDR zu übertragen. „Keine Fehlerdiskussion", lautete die Devise. Damit begab sich die DDR-Führung in einen ideologischen Zweifrontenkrieg. Wie sollte sie ihren Bürgern klarmachen, dass nicht nur der „imperialistische Westen", sondern auch die „brüderliche Schutzmacht" Sowjetunion eine Gefahr für die DDR darstellte?
Welche Ursachen es auch für das schnelle Ende der DDR gegeben haben mag, ein Grund war das nie ausgelöschte Bewusstsein der Menschen zwischen Elbe und Oder, die DDR sei **ein Staat auf Zeit**, denn eigentlich gehörten sie einem größeren nationalen Zusammenhang an. Für die „Gründerväter" der DDR schlossen sich **„sozialistisch" und „deutsch"** nicht aus. Artikel 1 der DDR-Verfassung von 1949 lautete: „Deutschland ist eine unteilbare demokratische Republik." Wie die Bundesrepublik beanspruchte die DDR in den ersten Jahren, der eigentliche Kern eines gesamtdeutschen Nationalstaates zu sein. Die Verse „Wenn wir brüderlich uns einen, schlagen wir des Volkes Feind!" in der Nationalhymne der DDR reflektierten dieses Selbstverständnis.

„Zwei-Staaten-Theorie"

Nach 1955, nach der Verkündung der „Zwei-Staaten-Theorie" (s. S. 534), definierte sich die DDR mehr und mehr durch **Abgrenzung zur Bundesrepublik**. Schöpfer der Verfassung von 1968 war dann auch nicht mehr das „deutsche Volk", sondern das „Volk der Deutschen Demokratischen Republik" gab sich eine „sozialistische Verfassung" für einen „sozialistische[n] Staat deutscher Nation" (Artikel 1). Der Text der Nationalhymne wurde seit Anfang der Siebzigerjahre bei offiziellen Anlässen nicht mehr gesungen. Mit der Verfassung von 1974 entfiel jeder Hinweis auf die deutsche Nation. Artikel 1 bestimmte, die DDR sei ein „sozialistischer Staat der Arbeiter und Bauern". Das Wort „deutsch" ließ sich in der DDR zwar nicht vermeiden, aber der Begriff „Deutschland" verschwand weitgehend aus der offiziellen Sprache – mit drei Ausnahmen: Die Staatspartei hieß bis 1989 „Sozialistische Einheitspartei Deutschlands", ihr Zentralorgan „Neues Deutschland". Und die sowjetischen Truppen in der DDR bezeichneten sich weiterhin als „Gruppe der sowjetischen Streitkräfte in Deutschland".

Integrationsideologien des SED-Regimes

Allein mit dem Sozialismus ließ sich die Loyalität der Bevölkerung jedoch offensichtlich nicht begründen. Seit Anfang der Achtzigerjahre traten zwei Elemente hinzu. Zum einen versprach die DDR-Führung ihren Bürgern „Gesetzlichkeit, Ordnung und Sicherheit". **„Geborgenheit"** lautete die neue Losung. Zum anderen beschwor die DDR das **„Erbe" der ganzen deutschen Geschichte**. Das „Erbe" der revolutionären Traditionen hatte man stets für sich reklamiert, 1984 erklärte die DDR-Führung erstmals, die DDR sei „tief und fest" in der „ganzen deutschen Geschichte verwurzelt". Die DDR-Geschichtswissenschaft entdeckte an Martin Luther oder Otto von Bismarck plötzlich „progressive Züge". Unbefangener als westdeutsche Historiker bezeichnete Honecker den Preußenkönig Friedrich II. als „den Großen". Die Geschichte öffnete so ein Hintertürchen fürs Nationale.

Formen und Möglichkeiten der Opposition

Nach 1961, nach dem Mauerbau, artikulierte sich Widerstand oder Distanz zum System in der DDR in drei Formen: als Ausreisebegehren, als praktiziertes Christentum oder als politische Opposition. Zwischen den drei Gruppen bestand ein spannungsreiches Miteinander, manchmal auch Gegeneinander.
Die **Ausreisewelle** nahm in den Achtzigerjahren eine neue Qualität an. Die Zahl der Anträge auf „Entlassung aus der Staatsbürgerschaft" stieg. Ausreisewillige schlossen sich in Gruppen zusammen, suchten die Öffentlichkeit, besetzten spektakulär Botschaften westlicher Staaten (M 24).
Die **Kirchen** bildeten von jeher den einzigen staatsfreien Raum in der DDR, von der SED zwar

nicht geliebt, aber anders als in der Sowjetunion im Großen und Ganzen geduldet, solange sie sich auf kirchliche und karitative Aufgaben beschränkten. 1989 gehörte noch mehr als ein Drittel der DDR-Bürger einer Kirche an, allein 30 Prozent der evangelischen. Ihrem Verständnis von der Aufgabe der Christen in der Welt folgend, ließ sich die evangelische Kirche die Grenzen ihres Handelns nicht von der SED vorschreiben, geriet immer wieder in Konflikt mit der „Obrigkeit" DDR. Vor allem wegen ihrer Proteste führte die DDR 1964 als einziger Ostblockstaat eine Art zivilen Ersatzdienst ein. Statt als Soldaten wurden religiös motivierte Pazifisten als „Bausoldaten" eingesetzt. Bis 1969 bildeten die evangelischen Kirchen Deutschlands in der EKD sogar noch eine gesamtdeutsche Einheit, erst dann erfolgte mit der Gründung des „Bundes der evangelischen Kirchen in der DDR" eine kirchliche Spaltung. Seit 1971 benutzten die kirchlichen Vertreter die mehrdeutige Formel „Kirche im Sozialismus". Das eröffnete Freiräume der Kritik, auch am „real existierenden Sozialismus". Und obwohl die meisten evangelischen Gemeinden sich eher als „unpolitisch" verstanden, solange Staat und Partei sie in Ruhe ließen, engagierte sich eine wachsende Zahl überwiegend jüngerer Menschen in kirchlichen Bürgerrechts-, Ökologie- und Friedensgruppen. Kirchengruppen und -leitungen forderten Reisefreiheit und die Achtung von Menschenrechten und entwickelten sich zum Kristallisationspunkt oppositionellen Verhaltens.
Seit Ende der Siebzigerjahre entstanden auch **unabhängige Oppositionsgruppen**, so 1985 die „Initiative für Frieden und Menschenrechte".
Dem unterschiedlich motivierten Widerstand bzw. der eindeutigen Distanz zum System gesellte sich scheinbar **unpolitische Widersetzlichkeit** bei. In Leipzig organisierten 1985 einige Maler staatsunabhängige Ausstellungen, die Zehntausende besuchten. 1987 versammelten sich bei Rockkonzerten vor dem Berliner Reichstag auf Ostberliner Seite der Mauer Tausende von Jugendlichen und riefen: „Die Mauer muss weg!" Die DDR-Führung reagierte auf den neuen zivilen Ungehorsam wie gewohnt mit Verhaftungen und Ausweisungen. Das Ministerium für Staatssicherheit steigerte seine Macht; am Ende der DDR soll es 85 000 hauptamtliche und 108 000 Inoffizielle Mitarbeiter (IM) beschäftigt haben (M 25).

M24 Aus einem Lagebericht des Ministeriums für Staatssicherheit über die Motive für Ausreiseanträge und „Republikflucht" (1989)

Die zu diesem Komplex in den letzten Monaten zielgerichtet erarbeiteten Erkenntnisse beweisen erneut, dass die tatsächlichen Handlungsmotive zum Verlassen der DDR sowohl bei Antragstellungen auf ständige Ausreise als auch für das ungesetzliche Verlassen im Wesentlichen identisch sind. Sie haben sich in der Regel im Ergebnis eines längeren Prozesses der Entwicklung bestimmter Auffassungen und Haltungen und des Abwägens daraus abzuleitender persönlicher Schlussfolgerungen herausgebildet und sind häufig verfestigt. Im Wesentlichen handelt es sich um ein ganzes Bündel im Komplex wirkender Faktoren.
Es zeigt sich, dass diese Faktoren unter dem Einfluss der ideologischen Diversion des Gegners, insbesondere über die Massenmedien, und durch andere westliche Einflüsse – zunehmend vor allem über Rückverbindungen von ehemaligen Bürgern der DDR, Besuchsaufenthalte von DDR-Bürgern im westlichen Ausland bzw. von Personen des nicht sozialistischen Auslandes in der DDR usw. – bei einer nicht unerheblichen Anzahl von Bürgern der DDR als Gründe/Anlässe sowohl für Bestrebungen zur ständigen Ausreise als auch des ungesetzlichen Verlassens der DDR genommen werden.
Die überwiegende Anzahl dieser Personen wertet Probleme und Mängel in der gesellschaftlichen Entwicklung, vor allem im persönlichen Umfeld, in den persönlichen Lebensbedingungen und bezogen auf die so genannten täglichen Unzulänglichkeiten, im Wesentlichen negativ und kommt, davon ausgehend, insbesondere durch Vergleiche mit den Verhältnissen in der BRD und in Westberlin, zu einer negativen Bewertung der Entwicklung in der DDR.
Die Vorzüge des Sozialismus, wie z. B. soziale Sicherheit und Geborgenheit, werden zwar anerkannt, im Vergleich mit aufgetretenen Problemen und Mängeln jedoch als nicht mehr entscheidende Faktoren angesehen. Teilweise werden sie auch als

Selbstverständlichkeiten betrachtet und deshalb in die Beurteilung überhaupt nicht mehr einbezogen oder gänzlich negiert. Es kommt zu Zweifeln bzw. zu Unglauben hinsichtlich der Realisierbarkeit der Ziele und der Richtigkeit der Politik von Partei und Regierung, insbesondere bezogen auf die innenpolitische Entwicklung, die Gewährleistung entsprechender Lebensbedingungen und die Befriedigung der persönlichen Bedürfnisse. Das geht einher mit Auffassungen, dass die Entwicklung keine spürbaren Verbesserungen für die Bürger bringt, sondern es auf den verschiedensten Gebieten in der DDR schon einmal besser gewesen sei. Derartige Auffassungen zeigen sich besonders auch bei solchen Personen, die bisher gesellschaftlich aktiv waren, aus vorgenannten Gründen jedoch „müde" geworden seien, resigniert und schließlich kapituliert hätten.
Es zeigt sich ein ungenügendes Verständnis für die Kompliziertheit des sozialistischen Aufbaus in seiner objektiven Widersprüchlichkeit, wobei aus ihrer Sicht nicht erreichte Ziele und Ergebnisse sowie vorhandene Probleme, Mängel und Missstände dann als fehlerhafte Politik interpretiert und gewertet werden.
Diese Personen gelangen in einem längeren Prozess zu der Auffassung, dass eine spürbare, schnelle und dauerhafte Veränderung ihrer Lebensbedingungen, vor allem bezogen auf die Befriedigung ihrer persönlichen Bedürfnisse, nur in der BRD oder Westberlin realisierbar sei.
Obwohl in jedem Einzelfall ganz konkrete, individuelle Fakten, Erscheinungen, Ereignisse, Erlebnisse usw. im Komplex auf die Motivbildung zum Verlassen der DDR einwirken, wird im Folgenden eine Zusammenfassung wesentlicher, diesbezüglicher zur Motivation führender Faktoren vorgenommen.
Als wesentliche Gründe/Anlässe für Bestrebungen zur ständigen Ausreise bzw. das ungesetzliche Verlassen der DDR – die auch in Übereinstimmung mit einer Vielzahl Eingaben an zentrale und örtliche Organe/Einrichtungen stehen – werden angeführt:
- Unzufriedenheit über die Versorgungslage;
- Verärgerung über unzureichende Dienstleistungen;
- Unverständnis für Mängel in der medizinischen Betreuung und Versorgung;
- eingeschränkte Reisemöglichkeiten innerhalb der DDR und nach dem Ausland;
- unbefriedigende Arbeitsbedingungen und Diskontinuität im Produktionsablauf;
- Unzulänglichkeiten/Inkonsequenz bei der Anwendung / Durchsetzung des Leistungsprinzips sowie Unzufriedenheit über die Entwicklung der Löhne und Gehälter;
- Verärgerung über bürokratisches Verhalten von Leitern und Mitarbeitern staatlicher Organe, Betriebe und Einrichtungen sowie über Herzlosigkeit im Umgang mit den Bürgern;
- Unverständnis über die Medienpolitik der DDR.

(Dieter Grosser u. a. [Hg.], Deutsche Geschichte in Quellen und Darstellung, Bd. 11, Reclam, Stuttgart 1996, S. 320–323)

1 *Bewerten Sie diese Analyse der Stasi unter der Fragestellung, ob und inwieweit sie die Motive der Menschen angemessen berücksichtigt hat.*

M25 Das Stasi-Spitzelsystem – aus einem Interview mit einer ehemaligen „IM" (1990)

Monika H. war seit 1981 Inoffizielle Mitarbeiterin (IM) der Stasi. In deren Auftrag ging sie 1983 in die Oppositionsgruppe „Frauen für den Frieden" und später in die „Initiative für Frieden und Menschenrechte". Ende Mai 1989 offenbarte sie selbst ihre Stasi-Mitarbeit. Im Frühjahr 1990 führten Irena Kukutz und Kulju Havemann, über deren oppositionelle Aktivitäten sie jahrelang ebenfalls der Stasi berichtet hatte, mehrere Gespräche mit ihr.

Red.: Also, wie hast du dich eigentlich anfangs der Stasi verpflichtet?
Monika H.: Ich habe ganz zu Anfang eine Erklärung geschrieben. Die haben sie mir diktiert. Es stand darin, dass ich für sie arbeite, dass ich das freiwillig tue und dass ich mit niemandem darüber rede [...].
Red.: Ich stelle mir vor, dass sie dir auch gesagt haben, was auf dich zukommt.
Monika H.: Nein, die wollten nur, dass ich ihnen berichte, was ich höre.
Red.: Hast du zu dieser Zeit Zweifel gehabt, ob du das Richtige tust?
Monika H.: Offen gestanden, nein. Ich habe mich im Gegenteil gewundert, dass die Stasi nicht schon viel früher auf mich gekommen ist. Weil ich doch wirklich eine absolut zuverlässige Genossin war. [...]
Red.: Bist du später in Zweifel gekommen?
Monika H.: Na, und ob.
Red.: Wie kam das?
Monika H.: Ihr wart nicht die Feinde, wie ich mir Feinde vorgestellt hatte. Ich musste mir das immer wieder kräftig einreden, dass ihr was ganz Schlimmes gegen den Staat tut. [...]
Red.: Bei den „Frauen für den Frieden" und dann in der „Initiative für Frieden und Menschenrechte", welche speziellen Aufgaben hattest du da?
Monika H.: Ich bin nie auf jemanden angesetzt wor-

den. […] Natürlich habe ich von der „Initiative" erzählt, natürlich habe ich erzählt, was die „Frauen" vorhaben. Meine Aufgabe bestand darin, Gerüchte zu streuen und dies und jenes zu stören. […] Berichte schreiben musste ich nicht. Nur Frage, Gegenfrage. […]

Red.: Du hast uns für deine Feinde gehalten. War da Verachtung oder Überlegenheit? Ich kann mir nicht vorstellen, mit welchen Gefühlen du uns gesehen hast.

Monika H.: Ihr wart Feinde, obwohl ich wusste, dass ihr nicht den Staat stürzen wolltet. […] Ich habe doch viele Dinge, die wir gemeinsam gemacht haben, wirklich ehrlich mitgetragen. Das war ja auch die fiese Praxis, wie ich es heute sehe: Genossen, die innerhalb der Partei kritisch, aufmüpfig waren, zur Stasi zu bringen. Dann konnten die in den „feindlichen" Gruppen voll agieren, unter der schützenden Hand der Stasi ihr kritisches Potenzial verwirklichen. Das ist ja der Wahnsinn, diese Schizophrenie. […]

Red.: Fühlst du dich heute mehr als Täter oder als Opfer?

Monika H.: Das ist wirklich eine schwierige Frage. Ich bin Opfer meiner Erziehung, meines ganzen bisherigen Lebens. Und auf diesem Hintergrund war das eigentlich nur möglich. Zugleich fühle ich mich auch sehr als Täter. Ich empfinde mich immer stärker als Täter. Heute habe ich eine riesengroße Scham, die Schuld, Vertrauen benutzt zu haben. Ach, hör auf, ich finde das Ganze so schlimm. […]

Red.: Es waren ja nicht nur unsere politischen Aktivitäten, an denen du beteiligt warst. Auch persönlich hast du uns gut kennen gelernt. Welche Bedeutung hatte das für deine Auftraggeber?

Monika H.: Soweit ich über persönliche Dinge was erzählt habe, war das schon interessant für die. Aber ich habe mich da immer zurückgehalten. […] Es ging denen immer darum, in der Intimsphäre Zwiste zu säen, zu zerstören, wo man konnte.

Red.: Also war dieser Bereich für die Stasi sehr wohl interessant?

Monika H.: Er war äußerst interessant, wenn nicht interessanter als andere. Denn dort wart ihr ja zu treffen. […] Aber ich habe da nicht mitgemacht. […]

Red.: Hast du nicht selbst bemerkt, wie man entwurzelt wird, wenn man in diese Stasi-Arbeit einsteigt?

Monika H.: Ich war vorher entwurzelt. Und die Stasi hat mir die Wurzeln gegeben. Die hat mir scheinbar Geborgenheit gegeben. Für mich war das damals keine scheinbare Geborgenheit, sondern eine ganz reale Geborgenheit. Ich war ja wirklich mit Leib und Seele dabei: Ich war ja auch bei euch ganz dabei, aber renne gleichzeitig dahin und erzähle alles. […] Wenn ich mit euch spreche, schäme ich mich so. Ihr sitzt mir gegenüber, ich habe euch im Grunde genommen ständig missbraucht. […]

Red.: Ich habe einen schönen Satz gehört, der zu dem passt, worüber wir die ganze Zeit reden, und zwar: Geschichte kann man nicht bewältigen, weil Geschichte Erfahrung ist, mit der man täglich leben muss. Was sagt dir dieser Satz?

Monika H.: Das ist eine Aussage, die ich nicht teilen kann. Wenn ich aus der Geschichte, die ich erlebt habe, gewisse Erfahrungen ziehe, schlussfolgere, dann bewältige ich sie doch auch. […] Bewältigen würde für mich heißen, dass ich damit umgehen kann.

Red.: Was meinst du mit diesem Umgehenkönnen?

Monika H.: Dass ich jedem sagen kann, wer ich bin und was ich getan habe. Und auch welche Schlussfolgerungen ich aus meinen Erfahrungen gezogen habe, damit ich wieder ein normales Leben führen kann. Ich will offen sagen: Ich bin Monika H., ich habe für die Stasi gespitzelt, aus guten Gründen und bestem Gewissen heraus. Nun habe ich erkannt, dass es das Schlimmste war, was ich tun konnte. Eine ganz üble Geschichte. Mir hilft es, dass gerade du mit mir redest, der ich das angetan habe. Das ist der Versuch, dies gemeinsam zu bewältigen, denn es ist auch zugleich deine Erfahrung. – Jedoch wenn einer unter Bewältigung versteht, dass dann alles wieder gut ist und er genauso ein feiner Kerl ist wie vorher, dann ist das falsch. Mich bestraft ja nun keiner, ich kann mich nur selber bestrafen. Das kann mitunter quälender sein, als wenn du bestraft wirst. Dieses Schuldgefühl, ich weiß nicht, wie man das loswerden kann. Ich denke schon, ich muss an die Öffentlichkeit gehen, ich denke das wirklich. […] Mir helfen ja keine Ausflüchte. Ich habe ja auch mit dazu beigetragen, dass Leute in den Knast gekommen sind, egal, ob direkt oder nicht. Das ist so fürchterlich. Damit kann ich nur schlecht leben. Ich werde damit nicht fertig. Ich habe ja nicht im Affekt irgendjemandem geschadet, ich habe doch viel Schlimmeres gemacht. Das kann man nicht entschuldigen.

(Irena Kukutz/Katja Havemann, Geschützte Quelle. Gespräche mit Monika H. alias Karin Lenz, Basisdruck, Berlin 1990, S. 35 ff.)

1 *Untersuchen Sie anhand von M 25 die konkrete Praxis der Stasi-Arbeit.*

2 *Versetzen Sie sich in die Rolle eines ausländischen Journalisten, der einen Bericht über die Folgen der Aufdeckung privater Bespitzelungen durch „IMs" in der ehemaligen DDR schreiben will.*

4 Die friedliche Revolution in der DDR und das Ringen um die Einheit 1989/90

Wachsende Opposition

Am Anfang vom Ende der DDR standen die **Kommunalwahlen im Mai 1989**. Wie üblich stimmten nach dem offiziellen Wahlergebnis fast 99 Prozent der Bevölkerung dem „gemeinsamen Wahlvorschlag der Nationalen Front" zu und wie üblich war das Wahlergebnis gefälscht. Nicht üblich war der Protest von oppositionellen Gruppen und von Kirchengemeinden: Sie erstatteten Strafanzeigen gegen die Wahlfälscher. An manchen Orten sollen bis zu zwanzig Prozent der Wahlberechtigten mit Nein gestimmt haben.
Parallel zu den Konflikten um die Kommunalwahlen steigerte sich die **Ausreisewelle**. Tausende von DDR-Bürgern besetzten im Sommer 1989 die Ständige Vertretung der Bundesrepublik in Ostberlin und ihre Botschaften in Budapest, Prag und Warschau, ließen sich auch nicht von deren zeitweiliger Schließung abschrecken. Mitte Juni 1989 forderte die **„Initiative für Frieden und Menschenrechte"** öffentlich eine Diskussion über den Stalinismus in der DDR. Am 24. Juni rief eine Initiativgruppe zur Gründung einer sozialdemokratischen Partei in der DDR auf. Obwohl die Opposition wuchs und immer selbstbewusster auftrat, glaubte das DDR-Regime, dass es die innenpolitische Situation unter Kontrolle habe. In einer Dienstbesprechung des Ministeriums für Staatssicherheit am 31. August hieß es, trotz der sich häufenden Vorfälle und Kritik, selbst unter Parteigenossen, sei „die Gesamtlage stabil", ein neuer 17. Juni drohe nicht.

Die Opposition organisiert sich

Als **Ungarn** ab 10./11. September 1989 ohne Absprache mit der DDR-Regierung auch DDR-Bürger unbehelligt über die seit Mai **geöffnete Grenze nach Österreich** ausreisen ließ, brachen die Dämme. Noch im September wechselten über 25 000 Menschen in die Bundesrepublik über. Als ebenso bedrohlich für die Stabilität der DDR erwies sich die immer mutiger werdende Opposition, die häufig unter dem Dach und dem Schutz der evangelischen Kirche agierte. Die unabhängige Opposition setzte sich bis dahin im Grunde aus Hunderten von Freundesgruppen zusammen, ihr fehlte eine organisatorische Struktur. Das änderte sich. Am 12. September veröffentlichte die Bürgerbewegung **„Demokratie jetzt"** einen Gründungsaufruf; am 19. September beantragte das **„Neue Forum"** offiziell die Zulassung als politische Vereinigung. Das war in den Augen der DDR-Führung unglaublich und wurde wegen der „staatsfeindlichen" Ziele des „Neuen Forums" auch abgelehnt. Trotzdem trugen sich Tausende in die Mitgliederlisten ein. In Leipzig demonstrierten Montag für Montag immer mehr Bürger im Anschluss an ein Friedensgebet in der Nikolaikirche. Am 4. Oktober forderten die Oppositionsgruppen in einem gemeinsamen Aufruf erstmals freie Wahlen unter UN-Kontrolle und damit die Abschaffung der SED-Diktatur. Wegen der Feiern zum 40. Gründungstag der DDR am 7. Oktober 1989, aber nicht nur deshalb, reagierte der Staatsapparat hart. Oppositionelle wurden verhaftet, nicht genehmigte Massendemonstrationen gewaltsam aufgelöst.

Der Durchbruch der Opposition

Die Wende brachte die Teilnahme des sowjetischen Präsidenten Gorbatschow an den Gründungsfeierlichkeiten der DDR. Verklausuliert forderte er die DDR-Führung zu Reformen auf, warnte vor den Gefahren für „jene, die nicht auf das Leben reagieren". Der Volksmund machte daraus „Wer zu spät kommt, den bestraft das Leben" und drohte damit der SED auf Spruchtafeln. Am Tage der Gründungsfeierlichkeiten riefen DDR-Bürger die **„Sozialdemokratische Partei der DDR"** ins Leben.
Den Durchbruch für die Oppositionsbewegung brachte die **Leipziger Montagsdemonstration**

B 22 Jochen Knobloch, Leipzig, 9. Oktober 1989, Fotografie

– *Erläutern Sie, ausgehend von B 22, den Begriff der „friedlichen Revolution".*
– *Vergleichen Sie die Proteste des 17. Juni 1953 (s. S. 547) mit den Protesten von 1989 und erklären Sie den Erfolg von 1989.*

am 9. Oktober 1989 (B 22). 70 000 Menschen nahmen teil, obwohl Gerüchte über den Einsatz der Volksarmee gegen die Demonstration umliefen. „Keine Gewalt!", riefen die Menschen und: „Wir bleiben hier!", vor allem aber: **„Wir sind das Volk!"**. Am 17. Oktober setzte das Politbüro der SED Erich Honecker als Generalsekretär ab; sein Nachfolger wurde Egon Krenz (geb. 1937). Mit personellen Retuschen war die Systemkrise der DDR jedoch nicht mehr zu lösen. Allein in Leipzig demonstrierten jetzt jeden Montag Hunderttausende. Am 4. November erreichte die Demonstrationswelle in Ostberlin ihren Höhepunkt. Eine halbe Million Menschen forderte Presse-, Reise-, Meinungs- und Versammlungsfreiheit, Rechtsstaatlichkeit und freie Wahlen und damit eine grundlegende Umgestaltung von Staat und Gesellschaft.

Der Fall der Berliner Mauer

Am 9. November 1989 fiel die Mauer, wie sie am 13. August 1961 gekommen war: nachts und unerwartet. Es wird wohl kaum noch genau zu rekonstruieren sein, wie aus einer im beiläufigen Ton angekündigten Mitteilung des SED-Politbüromitglieds Günter Schabowski am Abend des 9. November, es werde sehr bald befriedigende Regelungen für Westreisen der DDR-Bürger geben, innerhalb weniger Stunden eine faktische Öffnung der DDR-Grenzen wurde. Jedenfalls strömten noch in der Nacht des 9. November Zehntausende von Ostberlinern in den Westen der Stadt.
Von einem zum anderen Tag änderte sich fast alles, auch für die Westdeutschen. Bis zum 9. November hatten sie die Ereignisse in der DDR fasziniert, aber in sicherer Entfernung am Fernsehschirm verfolgt. Plötzlich gingen die Ereignisse sie direkt an und sie ahnten, dass ihr Staat Bundesrepublik nicht unverändert bleiben würde. „Jetzt wächst zusammen, was zusammengehört", sagte Willy Brandt am 10. November auf einer Kundgebung in Berlin. Zumindest nachträglich erscheint es so, als habe mit dem Fall der Mauer auch die staatliche Souveränität der DDR geendet. Alles, was in den folgenden Wochen von den Politikern in Ost und West erdacht und besiegelt wurde, wie die Vereinbarungen zwischen der Bundesrepublik und der DDR zur Regelung des Grenzverkehrs, wirkte merkwürdig nachholend. Denn den Gang der Ereignisse bestimmten die Menschen auf den Demonstrationen in der DDR. Statt „Wir sind das Volk" riefen sie bald **„Wir sind ein Volk"**. Der sicherste Weg zu Wohlstand und Demokratie schien den meisten die

Vereinigung mit der Bundesrepublik zu sein. Nicht noch einmal sozialistische Experimente – das war die Stimmung bei der Mehrheit. Die Bürgerbewegungen erhielten viel Zulauf und Zuspruch, wenn sie alte Machtstrukturen beseitigten, in Städten und Gemeinden die Bürgermeister der Kontrolle eines Runden Tisches unterstellten, die Zentrale und die Zweigstellen der „Stasi" besetzten. Doch wenn sie von Reformen oder von einer neuen Verfassung für die DDR sprachen, vor einem zu schnellen Einigungstempo warnten, hörte niemand mehr hin.
Bis Ende Januar 1990 zerfiel die DDR zusehends. Die SED schrumpfte von 2,6 Mio. auf 700 000 Mitglieder. Sie wählte eine neue Führung, benannte sich zweimal um, zuletzt in **Partei des demokratischen Sozialismus (PDS)** – umsonst. Besser erging es den im November/Dezember 1989 rasch gewendeten Blockparteien, die sich nun den Bonner Regierungsparteien CDU und FDP als Partner empfahlen. Der neuen DDR-Regierung unter Hans Modrow (geb. 1928) fehlte es an Autorität; überall im Staatsapparat saßen noch die alten Kader. Ende Januar beschlossen die Vertreter des Runden Tisches bei der Regierung Modrow, die geplanten **Neuwahlen** für die Volkskammer auf den **18. März 1990** vorzuziehen. Der Wahlkampf drehte sich nur um die Frage „Wie schnell kommt die Einheit?" Wahlsieger am 18. März 1990 war die CDU und so sollte es auch bei den folgenden Wahlen des Jahres 1990 in der DDR oder dann ehemaligen DDR bleiben.

1989 – die friedliche Revolution

Viele Zeitgenossen und Historiker verwenden den Begriff der „friedlichen Revolution", um die dramatischen Ereignisse in der DDR 1989/90 zu charakterisieren. In der **Geschichtswissenschaft** kennzeichnet der Revolutionsbegriff Veränderungen, die vollständig mit der Vergangenheit brechen bzw. einen radikalen Neuanfang markieren, d. h.: Erstens sind Revolutionen bewusst angestrebte und erfahrene Umwälzungen, die auf umfassenden politischen und gesellschaftlichen Wandel zielen; zweitens werden sie von dem Bewusstsein getragen, dass die Umgestaltung der Verhältnisse zu einem Fortschritt der Menschheit führt; drittens werden Revolutionen häufig durch gewaltsame Aktionen ausgelöst, die offen Widerstand gegen die bestehende Ordnung leisten. Diese Definition lässt sich durchaus auf den Umbruch in der DDR anwenden. Zwar vertrat die Opposition in der DDR keine neuen, utopischen Ideen, aber ihre Forderung nach Abschaffung der Parteidiktatur und nach der Durchsetzung der Prinzipien der bürgerlichen Gesellschaft sowie einer demokratischen, rechts- und verfassungsstaatlichen Regierungsform bedeutete einen radikalen Bruch mit dem bisherigen kommunistischen System. Im Unterschied zu früheren Revolutionen (Französische Revolution 1789, Oktoberrevolution in Russland 1917) verzichtete die Opposition in der DDR allerdings auf die Anwendung von Gewalt – daher auch die Bezeichnung „friedliche Revolution".

Die Siegermächte und die Vereinigung

Die Vereinigung setzte die Zustimmung der Siegermächte des Zweiten Weltkrieges voraus. Und so wie der Beginn des Kalten Krieges zur deutschen Spaltung geführt hatte, war das **Ende des Ost-West-Konfliktes** 1990 die Voraussetzung für die Vereinigung. Nach der friedlichen Revolution in der DDR bereiteten die nach innen wie nach außen gerichteten Initiativen der Regierung Kohl/Genscher diese vor und sicherten sie ab (M 26). Die außenpolitische Absicherung der Vereinigung gelang der Bundesregierung überraschend schnell. Die uneingeschränkte **Unterstützung der USA** für den Vereinigungsprozess beseitigte auch einige Zweifel bei der französischen und britischen Regierung. Entscheidend war danach die **Zustimmung der Sowjetunion**. Würde sie die NATO-Mitgliedschaft eines vereinten Deutschlands und das Vorrücken des NATO-Gebietes bis an die Oder akzeptieren?
Die Einigung zwischen der deutschen und der sowjetischen Regierung Mitte Juli 1990, die nach einem persönlichen Treffen zwischen Kohl, Genscher und Gorbatschow im Kaukasus zu Stande kam, bestand darin, dass die Sowjetunion dem neuen Staat in der Frage der Bündniszugehörigkeit

freie Hand ließ. Die Bundesrepublik ihrerseits garantierte die Abrüstung der gesamtdeutschen Bundeswehr auf 370 000 Mann und die Finanzierung des Rückzugs der sowjetischen Truppen aus der DDR mit 14 Mrd. DM (= rd. 7,1 Mrd. €). Am 12. September 1990 unterzeichneten die Außenminister der Siegermächte und der beiden deutschen Staaten in Moskau den **„Vertrag über die abschließende Regelung in Bezug auf Deutschland"**. Die Nachkriegszeit war zu Ende.

3. Oktober 1990: Vereinigung des geteilten Deutschlands

Im innerdeutschen Verhältnis war seit den Wahlen in der DDR am 18. März 1990 alles klar. Gleichwohl gab es über die Modalitäten der Vereinigung zwischen der Regierung in Bonn und der neuen CDU-geführten Regierung in Ostberlin unter Lothar de Maizière (geb. 1940) manchen Streit. Sollte die Vereinigung nach Artikel 23 oder Artikel 146 des Grundgesetzes erfolgen, also mit oder ohne Verfassungsänderungen (M 27a,b)? Sollte Berlin Regierungssitz eines vereinten Deutschlands sein oder Bonn? Sollte die DDR ein Bundesland bilden oder sollten die alten Länder in der DDR wieder erstehen? Sollte für die Wiedergutmachung von Enteignungen in der DDR das Prinzip „Entschädigung statt Rückgabe" gelten, wie es die SPD forderte, oder sollten die Eigentumsrechte der westlichen Bürger Vorrang haben? Sollte die rechtliche und ökonomische Angleichung in einem Schritt erfolgen oder sollte es Übergangsregelungen geben, um einen Veränderungsschock zu vermeiden, wie viele Experten empfahlen? Außer in der Länderfrage setzte sich die Regierung Kohl durch.
Der erste Schritt zur Vereinigung war am 1. Juli 1990 die **Einführung von D-Mark und Marktwirtschaft** in der DDR. „Es wird niemandem schlechter gehen als zuvor – dafür vielen besser", versprach Bundeskanzler Kohl am Vorabend der Währungsumstellung im Fernsehen. Das war, wie sich zeigen sollte, eine viel zu optimistische und gegen den Rat von Wirtschaftsexperten abgegebene Prognose. Mit der Einführung der D-Mark verbesserte sich zwar schlagartig das Warenangebot, aber der ebenso plötzliche Sprung der rückständigen DDR-Wirtschaft in die Weltmarktkonkurrenz ließ die Arbeitslosenzahlen steigen. Die wirtschaftlichen Probleme der Vereinigung sind von vielen Politikern in Ost und West unterschätzt worden. Im Juli/August handelten die Regierungen unter Zeitdruck den **„Einigungsvertrag"** aus (M 27c), der manches ganz genau, manches ungenau und manches, wie die Regelung der Schwangerschaftsunterbrechung im vereinten Deutschland, gar nicht regelte. Unklar blieben vor allem die Finanzfragen. Am 20./21. September verabschiedeten der Bundestag in Bonn und die Volkskammer in Ostberlin sowie der Bundesrat den Einigungsvertrag. Er legte als Termin für den Beitritt nach Artikel 23 des Grundgesetzes den 3. Oktober 1990 fest, entsprechend dem Beschluss der Volkskammer vom 23. August. Seit diesem Tag ist Deutschland wieder ein souveräner Staat. Die Freude über das Ende der staatlichen Teilung und die neue Freiheit verdrängten freilich nur für kurze Zeit die Tatsache, dass der schwierigere Teil der Vereinigung noch bevorstand.

Neue Herausforderungen und Aufgaben

Der 3. Oktober 1990 markiert zwar das Ende der staatlichen Teilung, aber nicht das „Ende der Geschichte". Die Bürgerinnen und Bürger in Deutschland haben vielmehr eine Reihe von neuen und alten Problemen zu lösen – solche, die mit der Vereinigung entstanden sind, und solche, die von der Vereinigung nur kurzfristig überdeckt oder durch sie verändert wurden.
Zu den alten Problemen zählen der Umweltschutz oder die tatsächliche Gleichstellung der Frauen. Zu den vordringlichsten neuen Aufgaben der deutschen Politik gehört die gesellschaftliche Integration von Ost und West. Die ökonomische Angleichung der beiden ehemaligen Teilstaaten ist dabei ein wichtiger Punkt, doch nicht der einzige und langfristig vielleicht noch nicht einmal der schwierigste. Vierzig Jahre unterschiedliche Wertsysteme, Wirtschaftsformen, Rechtsvorschriften, Sozialregelungen und Bildungsinstitutionen haben unterschiedliche Lebenserfah-

rungen erzeugt, die nur langsam einer gemeinsamen Erfahrung weichen werden. Ferner hat das größere und vollständig souveräne Deutschland seinen Platz in der Staatengemeinschaft neu zu finden. Welche Position kann, muss und will die Bundesrepublik künftig in der UNO einnehmen? Sollen deutsche Soldaten für andere Zwecke als die Verteidigung mit Waffen kämpfen? Eine nicht weniger große Herausforderung stellt die europäische Einigung dar. Wie soll ein demokratisches und soziales Europa aussehen? Wie können die mittelost- und südosteuropäischen Staaten und die Nachfolgestaaten der ehemaligen Sowjetunion, in denen es nach 1990 zu einer Renaissance des Nationalismus kam, in ein neues Europa eingebunden werden? An der Schwelle zum 21. Jahrhundert gilt es mit den Erfahrungen der Geschichte neue Wege zu beschreiten.

M26 Der Politikwissenschaftler Klaus Schroeder über die Initiativen der Regierung Kohl/Genscher zur Wiedervereinigung, 2000

Kohl registrierte im Gegensatz zu vielen anderen westdeutschen Politikern die veränderte Stimmungslage in der ostdeutschen Bevölkerung und die Signale aus Moskau, die auf einen deutschlandpolitischen Kurswechsel Gorbatschows hinwiesen, und konzentrierte sich fortan auf die realpolitische Umsetzung der Vision von der „Einheit in Freiheit". Als ihm US-Präsident George Bush seine volle Unterstützung zusicherte und das Europäische Parlament bei nur zwei Gegenstimmen eine Resolution verabschiedete, die das Selbstbestimmungsrecht der Ostdeutschen dahingehend billigte, dass das DDR-Gebiet „Teil eines vereinten Deutschlands und eines einigen Europas" werden könnte, startete Kohl eine in dieser Deutlichkeit unerwartete deutschlandpolitische Offensive. [...] Das vom Bundeskanzler anlässlich der Haushaltsdebatte am 28. November der Öffentlichkeit vorgestellte deutschlandpolitische Zehn-Punkte-Programm für Deutschland sah als ersten Schritt Sofortmaßnahmen zur Unterstützung der DDR vor. Nach verschiedenen Schritten der innerdeutschen Zusammenarbeit, politischer und wirtschaftlicher Reformen in der DDR sowie der Einbettung des deutschen Vereinigungsprozesses in einen gesamteuropäischen Rahmen war als zehntes und letztes Ziel die Herstellung der staatlichen Einheit Deutschlands vorgesehen. [...] Die geplante Einführung der D-Mark in der DDR als erster Schritt der Transformation löste bei Bundesbankpräsident Karl-Otto Pöhl wie bei vielen prominenten Ökonomen und Teilen der Opposition massive Kritik aus. [...] Helmut Kohl, der auch von den SPD-Wirtschafts- und Finanzexperten Wolfgang Roth und Ingrid Matthäus-Meier Unterstützung erhielt, brachte den Primat der Politik in seiner Regierungserklärung vom 15. Februar 1990 präzise auf den Punkt: „Die krisenhafte Zuspitzung der Lage in der DDR macht mutige Antworten erforderlich." [...] Es gelang der Bundesregierung und Kanzler Kohl bei den nachfolgenden „Zwei-plus-Vier"-Verhandlungen, an denen die vier ehemaligen Siegermächte und die beiden deutschen Staaten teilnahmen, bei Gesprächen im Rahmen der EG und der NATO sowie bei bilateralen Verhandlungen die deutsche Position in einer Weise vorzutragen, die breite Zustimmung fand. [...] Trotz aller Fortschritte bei der innerdeutschen und internationalen Verhandlungen schien eine Hürde doch schier unüberwindbar: die Zustimmung der Sowjetunion zur NATO-Mitgliedschaft eines vereinten Deutschlands. [...] Der endgültige Durchbruch gelang während eines Besuchs von Bundeskanzler Kohl, Außenminister Hans-Dietrich Genscher und Finanzminister Theo Waigel in der Sowjetunion vom 14. bis zum 16. Juli 1990. In einem Vier-Augen-Gespräch eröffnete Michail Gorbatschow dem Kanzler, die Sowjetunion werde unter bestimmten Bedingungen einer NATO-Mitgliedschaft des vereinten Deutschland und dem Abzug der sowjetischen Truppen aus der DDR in einer angemessenen Frist zustimmen. Gleichzeitig versprach er, dass Deutschland nach dem Ende der Zwei-plus-Vier-Gespräche die volle Souveränität erhalten werde. Über nähere Einzelheiten und die zeitliche Dimension verhandelten Kohl und Gorbatschow am darauf folgenden Tag in der Heimat des sowjetischen Präsidenten im Kaukasus. Die Regelung der deutschen Frage sollte nach beidseitigem Verständnis in den Kontext eines umfassenden bilateralen Kooperationsvertrages gestellt werden. [...] Tatsächlich dürften vor allem zwei Aspekte für die Zustimmung Gorbatschows zur raschen Vereinigung Deutschlands und zu dessen NATO-Mitgliedschaft maßgeblich gewesen sein. Zum einen benötigte die Sowjetunion nicht nur kurzfristig und dringlich umfangreiche finanzielle und wirtschaftliche Hilfen, um dem sich abzeichnenden Zerfall des eigenen Staatswesens entgegentreten zu können. Da nur Deutschland überhaupt bereit und fähig war, die gewünschten Finanzhilfen ohne Vorbedingun-

gen zu leisten, blieb Gorbatschow keine Wahl, zumal der Zug in Richtung deutsche Einheit auch ohne NATO-Mitgliedschaft wahrscheinlich nicht mehr aufzuhalten gewesen wäre. Ein gutes Verhältnis zu Deutschland versprach zudem auch mittel- und langfristig Kooperation auf vielen Feldern und weitere wirtschaftliche Hilfe. Zum Zweiten wäre die Aufrechterhaltung des sowjetischen Imperiums in Osteuropa und in der DDR zu diesem Zeitpunkt nur noch durch den Einsatz massiver militärischer Gewalt möglich gewesen, und diesen Preis wollte Gorbatschow nicht zahlen.
(Klaus Schröder, Der Preis der Einheit. Eine Bilanz, Hanser, München 2000, S. 112–122)

1 *Erläutern und diskutieren Sie die Politik der Regierung Kohl/Genscher im Einigungsprozess.*

M27 Staatliche Vereinigung oder eine Verfassung durch das Volk?

a) Der Runde Tisch

Anlässlich der Einbringung eines Verfassungsentwurfes für den „Runden Tisch" in der DDR am 4. April 1990 führte Gerd Poppe, Vertreter der „Initiative für Frieden und Menschenrechte" und seit dem 5. Februar 1990 „Minister der nationalen Verantwortung", aus, die Kompetenz zum Erlass einer Verfassung liege „unmittelbar und unveräußerlich beim Volk" (Tonbandmitschnitt). [...]
Mit diesem Entwurf einer neuen Verfassung tritt der Runde Tisch Bestrebungen entgegen, sich durch die Abgabe von Beitrittserklärungen einer anderen Verfassungsordnung, dem Grundgesetz der BRD, nach Artikel 23 zu unterwerfen. Wer auf einen solchen Weg der Einheit Deutschlands zustrebt, verletzt [...] das Selbstwertgefühl und damit die Würde dieses Volkes [...].
(Uwe Thaysen, Der Runde Tisch, Opladen 1990, S. 146)

b) Josef Isensee, Rechtsprofessor (8. Juni 1990)

Das Grundgesetz hat in den vier Jahrzehnten seiner Geltung ein Maß an Zustimmung des Volkes erreicht wie keine deutsche Verfassung zuvor. [...] Was dem Grundgesetz in vier Jahrzehnten an demokratischer Akzeptanz zugewachsen ist, lässt sich nicht mit einer Volksabstimmung aufwiegen, die nicht mehr ist als Momentaufnahme einer bestimmten politischen Stimmungslage.
Ein Volksentscheid aber, der nichts entscheiden, sondern nur einlösen soll, was die führenden Kräfte im Lande vorgeben, kann nicht Integration fördern, wie manche Demokratietheoretiker erhoffen. Ein Volksentscheid, der nichts zu entscheiden hat, ist nicht Demokratie, sondern demokratisches Placebo. Die Deutschen der DDR, demnächst um ihrer demokratischen Integration willen zum gesamtdeutschen Volksentscheid vergattert, könnten böse erinnert werden an die Akklamationsprozedur des weiland real existierenden Sozialismus.
(Die Zeit, 8. Juni 1990)

1 *Stellen Sie aus M 27a, b Argumente für die Beitritts- und die Volksabstimmungslösung zusammen.*

c) Aus dem „Vertrag zwischen der Bundesrepublik Deutschland und der Deutschen Demokratischen Republik über die Herstellung der Einheit Deutschlands" vom 31. Aug. 1990

Art. 3 Inkrafttreten des Grundgesetzes.
Mit dem Wirksamwerden des Beitritts tritt das Grundgesetz für die Bundesrepublik Deutschland [...] in den Ländern Brandenburg, Mecklenburg-Vorpommern, Sachsen, Sachsen-Anhalt und Thüringen sowie in dem Teil des Landes Berlin, in dem es bisher nicht galt, mit den sich aus Artikel 4 ergebenden Änderungen in Kraft, soweit in diesem Vertrag nichts anderes bestimmt ist. [...]
Art. 4 Absatz 6
Artikel 146 wird wie folgt gefasst:
„Artikel 146
Dieses Grundgesetz, das nach Vollendung der Einheit und Freiheit Deutschlands für das gesamte deutsche Volk gilt, verliert seine Gültigkeit an dem Tage, an dem eine Verfassung in Kraft tritt, die von dem deutschen Volke in freier Entscheidung beschlossen worden ist."
Art. 5 Künftige Verfassungsänderungen.
Die Regierungen der beiden Vertragsparteien empfehlen den gesetzgebenden Körperschaften des vereinten Deutschlands, sich innerhalb von zwei Jahren mit den im Zusammenhang mit der deutschen Einigung aufgeworfenen Fragen zur Änderung oder Ergänzung des Grundgesetzes zu befassen, insbesondere
– in Bezug auf die Möglichkeit einer Neugliederung für den Raum Berlin-Brandenburg, abweichend von den Vorschriften des Artikels 29 des Grundgesetzes durch Vereinbarung der beteiligten Länder,
– mit den Überlegungen zur Aufnahme von Staatszielbestimmungen in das Grundgesetz sowie
– mit der Frage der Anwendung des Artikels 146 des Grundgesetzes und in deren Rahmen einer Volksabstimmung.
(Die Verträge zur Einheit Deutschlands [Stand: 15. Oktober 1990], München 1990, S. 44 ff.)

1 *Beurteilen Sie Verfahren und Lösung in M 27c.*

5 Längsschnitt: Frauen und Frauenbewegung

Alltagsprobleme von Frauen im Nachkriegsdeutschland

Nach Kriegsende verfügten die Alliierten die **Arbeitspflicht** für Frauen im Alter von 15 bis 50 Jahren und für Männer von 14 bis 65 Jahren. Überall verrichteten Frauen in der Nachkriegszeit Schwerstarbeit, so bei der Schuttbeseitigung („Trümmerfrauen"), in Fabriken und auf dem Bau. Die Familie, oftmals die einzige Institution, die Schutz und emotionalen Halt bot, war aufs Äußerste belastet: Nicht selten reduzierten sie sich auf eine verwandtschaftliche Zwangsgemeinschaft und ökonomische Notgemeinschaft, in denen die Frauen die Verantwortung für das „Durchkommen" trugen. Die aus dem Krieg heimkehrenden Männer, durch Betriebszerstörungen, Flucht und Vertreibung häufig ohne Arbeit und nicht mehr in der Rolle des Familienernährers, fühlten sich oft überflüssig, an den Rand gedrängt. Die Zahl der Ehescheidungen stieg zunächst stark an (s. auch S. 511).
Ein großer Teil der Frauen musste sich ohnehin alleine helfen, weil ihre Männer im Krieg getötet worden waren. Ihre Kinder waren früh selbstständig und sorgten für den Haushalt und die Geschwister. Trotz oder vielleicht wegen solcher Familienverhältnisse war das **Frauenideal** der Fünfziger- und frühen Sechzigerjahre in der Bundesrepublik die nicht berufstätige Hausfrau, die in der Sorge für ihren Ehemann und ihre Kinder aufging – ein Ideal, das die in den Kriegs- und Nachkriegsjahren extrem belasteten Frauen auch als Entlastung empfanden. Die Zurückdrängung bzw. der Rückzug der Frauen in die Familien zog jedoch die **Zurückdrängung aus dem öffentlichen Leben** nach sich: Der Anteil der Frauen an den Bundestagsabgeordneten sank zwischen 1957 und 1972 um ein Drittel (M 32). Langfristig veränderten die Kriegs- und Nachkriegserfahrungen dennoch die Rolle der Frauen: Mochten die Mütter für sich auch die alten Verhaltensmuster wählen, ihre Töchter sollten neue Selbstständigkeit gewinnen.

Rechtliche Gleichstellung der Frau

Die **Bundesrepublik** hat die Gleichberechtigung der Geschlechter in Artikel 3 des Grundgesetzes verankert. Geplant hatte die Mehrheit im Parlamentarischen Rat aber zunächst nur die politische Gleichberechtigung wie in der Weimarer Verfassung. Frauen hätten demnach zwar das Wahlrecht besessen, aber die wirtschaftliche Gleichberechtigung wäre außen vor geblieben, d. h., es wäre weiterhin rechtens gewesen, Frauen für gleiche Arbeit schlechter zu bezahlen als Männer. Der Gleichheitsgrundsatz **„Männer und Frauen sind gleichberechtigt"** kam erst nach massiven Protesten der vier „Mütter" des Grundgesetzes – Elisabeth Selbert (SPD, 1896–1986), Helene Wessel (Zentrum, 1898–1969), Helene Weber (CDU, 1881–1962) und Friederike Nadig (SPD, 1897–1970) – in die endgültige Fassung und ist seither für die gesamte Rechtsprechung verbindlich. Besonders das Bundesverfassungsgericht hat in der Folgezeit in einigen Entscheidungen die Anpassung des Rechts an den Gleichheitsgrundsatz erzwungen und dadurch die rechtliche Situation der Frauen verbessert. So musste der Gesetzgeber im Ehe- und Familienrecht die Gleichstellung der Ehefrauen sichern. Die Reformen des Ehe- und Familienrechts von 1957 und 1959 entzogen dem Patriarchat in der Familie die Rechtsgrundlage, aber erst die **Ehe- und Familienrechtsreform von 1977** gab die Hausfrauenehe als Leitbild auf (M 28a, b). Gleichzeitig sorgte diese Reform durch die Neuregelung des Scheidungsrechts für eine größere Unabhängigkeit des sozial Schwächeren. Das Zerrüttungsprinzip ersetzte das Verschuldungsprinzip, Unterhalt und Versorgung wurden nach sozialen Kriterien geregelt. Dieses Gesetz ermöglichte es vor allem Frauen, Beziehungen, die persönlichkeitszerstörend wurden oder in denen sich die Partner auseinander gelebt hatten, zu lösen, ohne ins soziale Abseits zu geraten und ohne in langwierigen und kostspieligen Prozessen die Schuld für das Scheitern der Ehe zu klären. Trotz rechtlicher Gleichstellung bestehen Benachteiligungen

B 23 Fritz Skade, Mutti kommt heim, 1964, Öl auf Leinwand

– *Untersuchen Sie Thema des Bildes, Bildaufbau, Farben und Symbole und die dargestellten Menschen und ihre Umgebung im Hinblick auf die Stellung der Frauen in der DDR.*

von Frauen jedoch weiter: Zwar hatte das Bundesarbeitsgericht 1955 „Frauenlohngruppen" verboten, aber es gab seitdem so genannte „Leichtlohngruppen", in denen fast ausschließlich Frauen vertreten waren. Dies bedeutete konkret: 1960 erhielten Industriearbeiterinnen rund 60 % des Verdienstes ihrer männlichen Kollegen, 1980 69 % und 1988 70 %.
Die rechtliche Gleichstellung der Frau wurde auch in der **DDR** durch die Verfassung garantiert, die darüber hinaus Staat und Gesellschaft zur besonderen Förderung der Berufsausbildung und der Erwerbstätigkeit von Frauen verpflichtete. Dieses Verfassungsgebot beruhte auf der **sozialistischen Emanzipationstheorie**, die die Lösung der „Frauenfrage" in der Abschaffung kapitalistischer Produktionsverhältnisse und ganz besonders in der vollständigen Integration der Frauen in das Erwerbsleben gewährleistet sah (M 29). Die starke Verengung der Frauenpolitik auf das Leitbild der berufstätigen Frau führte allerdings dazu, dass bestimmte Benachteiligungen wie die „Doppelbelastung" durch Haushalt und Beruf nicht öffentlich thematisiert wurden (B 23).

Frauenerwerbstätigkeit

Innerhalb der vergangenen Jahrzehnte hat sich die Erwerbstätigkeit von Frauen in der alten Bundesrepublik beträchtlich erhöht. 1950 war nur jede vierte Mutter mit Kindern unter 15 Jahren erwerbstätig, 1960 jede dritte und nunmehr fast jede zweite. Die **verstärkte Erwerbstätigkeit** resultierte weniger aus dem Zwang zum Geldverdienenmüssen, sondern vor allem aus dem Wunsch nach einer Berufstätigkeit, die größere Selbstständigkeit und Unabhängigkeit bedeutete. Aber auch das höhere Bildungsniveau trug zur wachsenden Berufsorientierung von Frauen bei (M 30b). Noch nie hat es so viele Frauen mit einem qualifizierten Bildungsabschluss gegeben wie in der Gegenwart: auf Grund des Wunsches nach finanzieller Selbstständigkeit und nach einem eigenen Rentenanspruch oder wegen der gefürchteten sozialen Isolierung der „Ganztags"-Hausfrau. Hinzu kam, dass sich die öffentliche Einstellung zur Erwerbstätigkeit von Frauen sehr stark gewandelt hat. Wurde die Berufstätigkeit von Müttern – vor allem mit Kleinkindern – in den Fünfziger- und Sechzigerjahren geradezu „bekämpft" und von den Frauen Gründe zur Rechtfertigung erwartet, so ist heute die Grundein-

stellung offener geworden. Allerdings bejahen Männer wesentlich weniger als die Frauen die mütterliche Erwerbstätigkeit und innerhalb der Gruppe der Frauen sind es wiederum die besser ausgebildeten und jene mit höherem Sozialstatus, die dieser „Doppelorientierung" (Erwerbs- und Familientätigkeit) positiv gegenüberstehen bzw. die sie für sich gewählt haben.
Dagegen war in der **DDR** mütterliche Erwerbstätigkeit wie selbstverständlich verbreitet und wurde durch die Einrichtung von Kinderkrippen, Horten und andere Maßnahmen **stark unterstützt**. Diese Maßnahmen und Vergünstigungen dienten aber weniger der Einlösung frauenpolitischer Ziele als wirtschaftlichen und bevölkerungspolitischen Zwecken. Der Mehrzahl der Mütter war dieses staatliche Interesse gleichgültig; sie konnten sich einfach ein Leben ohne Beruf nicht vorstellen. Ein solches Leben wäre auch keine denkbare und freiwillige Alternative für sie gewesen. Repräsentative Umfragen weisen auch für die Gegenwart eine hohe Berufsorientierung unter allen Frauen in allen Altersgruppen der neuen Bundesländer nach. Insofern sind hier – trotz Unterschieden in der Vergangenheit – nunmehr Angleichungen in den Einstellungen unter den jüngeren Frauengenerationen in den alten und neuen Bundesländern gegeben.
Die gestiegene Berufsorientierung und Erwerbstätigkeit von Frauen hat nicht zu einer Abnahme ihrer Familienorientierung geführt. Die meisten wollen heute beides: Familie und Beruf, so wie es vormals allein für die Männer galt.

Doppelbelastung von Frauen

Von allen Personengruppen verfügen erwerbstätige Mütter über die geringste Freizeit. Sie haben weiterhin neben ihrer Erwerbsarbeit die Hauptlast der Arbeiten im Haushalt zu tragen. Das galt sowohl für die **Bundesrepublik als auch für die DDR** (B 23). An dieser „Doppelbelastung" hat der Wandel der Hausarbeit wenig verändert. Die hauswirtschaftlichen Tätigkeiten sind stärker technisiert. Sie erfordern weniger Zeit – bei gestiegenen Ansprüchen an den Haushalt. Manche Hausarbeiten sind allerdings nur weniger körperlich anstrengend, nicht weniger zeitraubend geworden. So ist der durchschnittliche Hygienestandard höher als noch in den Fünfzigerjahren oder gar vor hundert Jahren; die Wäsche wird viel häufiger gewechselt und gewaschen. Und auch das Kochen dauert relativ länger, weil die Ernährung gesundheitsbewusster, aber auch luxuriöser geworden ist. Im Haushalt vollzog sich zudem immer stärker ein Wandel von der physischen zur psychischen Versorgungsleistung, für die den Müttern in allen modernen Massengesellschaften fast die Alleinzuständigkeit zugeschrieben wird. Für die Mütter unter den Erwerbstätigen gilt, was Regina Becker-Schmidt beschrieb: Beides, Erwerbstätigkeit und Hausarbeit, zu vereinen ist zu viel, aber nur auf einen Bereich verwiesen zu sein ist zu wenig. Eine Lösung der „Doppelbelastung" wird in Zukunft davon abhängen, wie sich die Lebenspartner über die Verteilung der Familien-, Haus- und Berufsarbeit einigen werden, welche Verteilungsmuster der Gesetzgeber befördern wird und welche die Wirtschaft (durch eine familienfreundliche oder -feindliche Organisation der Arbeitsplätze).

Frauenpolitik und Frauenbewegung

Obwohl Frauen gleichberechtigten Zugang zu allen politischen Positionen haben, sind sie auf allen Ebenen stark unterrepräsentiert, besonders in den höheren Entscheidungsgremien (M 31a, b). In der **DDR** gab es wegen des Organisationsmonopols der kommunistischen Partei für Frauen außerdem keine Möglichkeit, ihre Interessen mit Hilfe von Frauengruppen oder einer Frauenbewegung zu artikulieren und durchzusetzen. Die einzige offiziell zugelassene Interessenorganisation von Frauen war der **Demokratische Frauenbund Deutschlands (DFD)**. Er durfte jedoch keine eigenständige Politik betreiben, sondern war eine Vermittlungsinstanz zwischen SED und den Frauen. Der DFD hatte die marxistisch-leninistische Ideologie und die Beschlüsse der SED zu propagieren und sollte dabei vor allem die Frauen für den Einsatz in der Produktion mobilisieren.

Im westlichen Teil Deutschlands entwickelte sich dagegen Ende der Sechzigerjahre eine eigenständige und immer selbstbewusster auftretende Frauenbewegung. Sie entstand während der Studentenbewegung und trat in den frühen Siebzigerjahren hervor mit spektakulären Aktionen gegen den Paragrafen 218, der den Schwangerschaftsabbruch unter Strafe stellte. Entscheidend an dieser **neuen Frauenbewegung** war jedoch, dass sie sich eher still in allen Parteien und Organisationen ausbreitete, sich der politischen Einordnung nach „Männerkategorien" wie „links", „rechts" oder „alternativ" entzog (B 24). Überall forderten die Frauen Chancengleichheit in Beruf und Politik, die Vereinbarkeit von Familie und Beruf für Frauen und Männer. Als Erfolg der neuen Frauenbewegung in den Siebziger- und Achtzigerjahren gelten weniger konkrete Gesetze, ihr Erfolg lag in der Erzeugung eines neuen gesellschaftlichen Problembewusstseins. Trotz rechtlicher Gleichstellung werden Frauen nach wie vor in vielen gesellschaftlichen Bereichen benachteiligt. Aber die sozialen Ungleichheiten zwischen den Geschlechtern erscheinen heute nicht mehr als naturgegeben, sondern als begründungs- und korrekturbedürftig.

M28 Die Reformen des Ehe- und Familienrechts 1957 und 1977

a) Auszug aus dem Ehegesetz von 1957 (BGB)

§ 1356. (1) Die Frau führt den Haushalt in eigener Verantwortung. Sie ist berechtigt, erwerbstätig zu sein, soweit dies mit ihren Pflichten in Ehe und Familie vereinbar ist. [...]

§ 1360. Die Ehegatten sind einander verpflichtet, durch ihre Arbeit und mit ihrem Vermögen die Familie angemessen zu unterhalten. Die Frau erfüllt ihre Verpflichtung, durch Arbeit zum Unterhalt der Familie beizutragen, in der Regel durch die Führung des Haushalts; zu einer Erwerbsarbeit ist sie nur verpflichtet, soweit die Arbeitskraft des Mannes und die Einkünfte der Ehegatten zum Unterhalt der Familie nicht ausreichen.

b) Auszug aus dem Ehegesetz von 1977 (BGB)

§ 1356. Die Ehegatten regeln die Haushaltsführung in gegenseitigem Einvernehmen. Ist die Haushaltsführung einem der Ehegatten überlassen, so leitet dieser den Haushalt in eigener Verantwortung. Beide Ehegatten sind berechtigt, erwerbstätig zu sein. Bei der Wahl und Ausübung einer Erwerbstätigkeit haben sie auf die Belange des anderen Ehegatten und der Familie die gebotene Rücksicht zu nehmen. [...]

§ 1360. Die Ehegatten sind einander verpflichtet, durch ihre Arbeit und mit ihrem Vermögen die Familie angemessen zu unterhalten. Ist einem Ehegatten die Haushaltsführung überlassen, so erfüllt er seine Verpflichtung [...] in der Regel durch die Führung des Haushaltes.

(Susanne Asche/Anne Huschens, Frauen – Gleichberechtigung, Gleichstellung, Emanzipation?, Diesterweg, Frankfurt/Main 1990, S. 125)

1 *Fassen Sie die Neubestimmungen aus den Ehegesetzen von 1957 und 1977 zusammen.*

2 *Analysieren Sie die Unterschiede zwischen beiden Gesetzen.*

M29 Die Politikwissenschaftlerin Virginia Penrose über die Ziele und Defizite der Frauenpolitik in der DDR (1996)

Die Frauenpolitik der SED basierte auf der sozialistischen Emanzipationstheorie, die die Lösung der „Frauenfrage" in der Umwälzung der kapitalistischen Produktionsweise, der Aufhebung männlicher Vorrechte in Gesellschaft und Familie und der vollen Integration der Frauen in die Arbeitswelt

B 24 Frauenmotorradklub in Hainburg bei Offenbach, 1979, Fotografie

– *Interpretieren Sie die Abbildung mit Blick auf die Entstehung der neuen Frauenbewegung in der Bundesrepublik.*

sah. Nachdem die Partei die rechtliche Gleichstellung von Mann und Frau durch die Verfassung von 1949 und das Gesetz über Mutter- und Kinderschutz und die Rechte der Frau (1950) garantiert hatte, konzentrierte sie ihre Politik auf die Einbeziehung der Frauen in die Arbeitswelt und ab 1971 auf die Vereinbarkeit von Beruf und Familie für die Frau. [...]
Trotz beachtlicher Verbesserungen der Chancengleichheit und Erleichterungen weiblichen Daseins blieb die DDR-Frauenpolitik – wie inzwischen oft diskutiert – in verschiedener Hinsicht unzulänglich: Die traditionelle Arbeitsteilung wurde nur berufsbezogen thematisiert; die gesellschaftlich bedingte Verknüpfung der weiblichen generativen Reproduktionsrolle mit der Hauptverantwortung für die Versorgung von Kindern und Haushalt ist z. B. nie öffentlich diskutiert worden. Geschlechtsspezifische Machtstrukturen sowie der geltende gesellschaftliche Wertmaßstab des Mannes wurden nie in Frage gestellt [...]. Ein dogmatisiertes Emanzipationsverständnis, verbunden mit einem „geschlossenen" – also für alternative Leitbilder und Lebensstile fast undurchlässigen – Gesellschaftsverständnis und ein entsprechender gesellschaftlicher Konformitätszwang verstärkten die normative Wirkung staatlicher Erziehung und öffentlicher Frauenleitbilder in der DDR. Das Ergebnis solcher gesellschaftlichen Rahmenbedingungen war ein stark vereinheitlichtes Konzept der „idealen (sozialistischen) Frau", das sich über unterschiedliche Herkunft, Berufswege und Bildungsstände hinwegsetzte: hoch qualifizierte, erwerbstätige, politisch engagierte Frauen mit durchschnittlich zwei Kindern; das Weiblichkeitsbild der DDR war vor allem besonders eng an die Mutterschaft gebunden. Trotz der hohen Anforderungen im Beruf und in der politischen Tätigkeit waren Frauen die Organisatorinnen der Familie und des Haushalts. Ihre Männer übernahmen zu Hause meist nur die Rolle eines Handlangers. In Beruf und Politik aber ordnete sich die ideale Frau dennoch freiwillig dem Mann als Chef und „besserem Leiter" unter.
(Virginia Penrose, Der feine Unterschied. Staatsverständnis und politische Handlungsstrategien von Frauen in Deutschland, in: dies., Clarissa Rudolph [Hg.], Zwischen Machtkritik und Machtgewinn. Feministische Konzepte und politische Realität, Campus, Frankfurt/Main 1996, S. 115)

1 *Arbeiten Sie anhand von M 29 die Ziele der DDR-Frauenpolitik heraus.*

2 *Diskutieren Sie die tatsächliche Situation der Frauen in der DDR.*

3 *Beschreiben Sie das Frauenbild in B 23.*

M30 Frauenbildung in der Bundesrepublik und in der DDR 1960–1989

a) Qualifikation der weiblichen Berufstätigen in der DDR (in Prozent)

Jahr	Anteil der weiblichen Berufstätigen an den Hochschulabsolventen	Fachschulabsolventen	Meistern	Facharbeitern
1961	23,6	31,8	–	–
1965	25,3	34,5	–	–
1970	27,0	36,6	–	–
1975	31,1	43,3	9,5	45,8
1980	35,0	57,5	10,6	47,1
1983	36,8	60,1	11,6	47,4
1985	38,2	61,8	12,4	48,0

b) Schülerinnen an Gymnasien und Studentinnen in der Bundesrepublik (in Prozent)

Jahr	Gymnasien Klassenstufe 5 bis 10	Gymnasien Jahrgangsstufe 11 bis 13	Hochschulen (Deutsche u. Ausländer)
1960	41,1	36,5	23,9
1970	44,7	41,4	25,6
1975	48,5	46,4	33,7
1980	50,4	49,4	36,7
1985	50,9	49,9	37,9
1987	50,8	49,8	38,0
1988	50,9	50,1	38,2
1989	51,1	50,5	38,2

(Dieter Grosser u. a. [Hg.], Deutsche Geschichte in Quellen und Darstellung, Bd. 11, Reclam, Stuttgart 1996, S. 251 und 162)

1 *Untersuchen Sie anhand von M 30a die Qualifikation der weiblichen Berufstätigen in der DDR. Vergleichen Sie mit der Bundesrepublik (M 30b).*

M31 Frauen im öffentlichen Leben der Bundesrepublik und der DDR in den 1980er-Jahren

a) Die Historikerin Martha Ibrahim über Frauen im öffentlichen Leben der DDR (1988; Lexikonartikel, F. = Frau/en)

[In] der DDR hat es bisher keinen weiblichen Regierungschef gegeben. Nur rund 23 v. H. der Bürgermeister oder Ratsvorsitzenden sind F., das heißt, unter den fünfzehn Bezirksratsvorsitzenden findet sich nur eine F. Es gibt nur fünf weibliche Mitglieder des Staatsrats und im 45 Mitglieder zählenden Ministerrat nur eine Ministerin. [...]
In der DDR stellen F. zwischen 30 und 40 v. H. der

Parteimitglieder, der Frauenanteil in der führenden SED ist dabei mit einem Drittel (1981) am geringsten. Unter den 17 stimmberechtigten Vollmitgliedern des Politbüros befindet sich keine einzige F. Der Frauenanteil in den parlamentarischen Vertretungskörperschaften lag 1980 zwischen 33,6 v. H. in der Volkskammer und 41,7 v. H. in den Kreistagen und Stadtverordnetenversammlungen der kreisfreien Städte, womit die F. zwar relativ stärker, im Verhältnis zu ihrem Anteil an der Bevölkerung aber immer noch zu schwach repräsentiert sind. Im FDGB stellen die F. mehr als 50 v. H. der Mitglieder, aber gleichzeitig nur den stellvertretenden Vorsitzenden und eine von fünfzehn Bezirksvorsitzenden. Grundsätzlich ist die F. in der DDR in den führenden Positionen der gesellschaftlichen Organisationen, der Parteien und des Staatsapparates unterrepräsentiert, und zwar umso mehr, je einflussreicher diese Positionen sind. Die Dominanz des Mannes in der „hohen" Politik ist ein gemeinsames und hervorstechendes Merkmal beider politischer Systeme.

(Martha Ibrahim, Frau, in: Wolfgang R. Langenbücher u. a. [Hg.], Handbuch zur deutsch-deutschen Wirklichkeit, Metzler, Stuttgart 1988, S. 212)

b) Ausgewählte Daten zum Frauenanteil in beruflichen und politischen Positionen in der Bundesrepublik Deutschland (in Prozent)

Weibliche Abgeordnete im 10. Deutschen Bundestag 1983–1987	9,8
Frauen im Parteivorstand von Parteien (1982/83)	
– CDU	6,3
– CSU	7,0
– FDP	12,1
– SPD	17,5
– Grüne	30,0
Frauen in Führungspositionen von Gewerkschaften (1983)	
– Handel, Banken und Versicherungen (HBV)	22,7
– Öffentlicher Dienst, Transport und Verkehr (ÖTV)	6,6
Frauen in Hochschulen (1987)	
– Professorinnen	7,6
– Assistentinnen, Akademische Rätinnen etc.	21,0
– Studentinnen	38,0
Richterinnen (1989)	18,0
Ärztinnen (1987)	26,2
Führungspositionen in der Wirtschaft (1986)	4,0
Frauenanteil bei den	
– Teilzeitbeschäftigten (1987)	92,7
– Arbeitslosen (1987)	48,6

(Quotierung – Reizwort oder Lösung? Expertenanhörung der hessischen Landesregierung am 2. Mai 1985. Wortprotokoll, Wiesbaden [1985], S. 26 ff.; Rainer Geißler, Soziale Ungleichheit zwischen Frauen und Männern im geteilten und im vereinten Deutschland, in: Aus Politik und Zeitgeschichte, 1991, B 14/15, S. 17; Statistische Jahrbücher für die Bundesrepublik Deutschland 1987 ff.)

1 *Untersuchen Sie anhand von M 31 die Repräsentanz von Frauen in politischen und gesellschaftlichen Führungspositionen. Stellen Sie dabei die Bereiche heraus, in denen Frauen besonders häufig bzw. besonders gering vertreten sind.*

2 *Diskutieren Sie die Möglichkeiten und Grenzen von Frauen, spezifische Fraueninteressen in Politik und Gesellschaft zur Sprache zu bringen.*

M32 Frauen im deutschen Parlament 1919–1994[1]

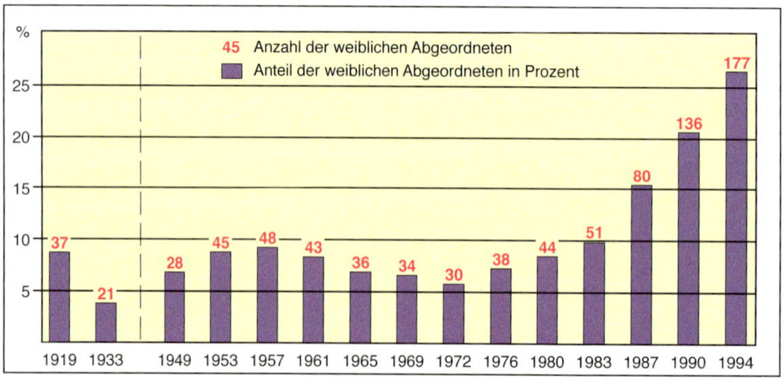

1 1919–1933: Reichstag; 1949–1994: Bundestag; 1949–1987: nur alte Bundesländer; Frauen im Bundestag 1998: 206 Frauen (= 30,8 %), 2002: 196 Frauen (= 32,5 %)

1 *Arbeiten Sie anhand von M 32 die Präsenz von Frauen im politischen Leben der Bundesrepublik im Vergleich zur Weimarer Republik heraus.*

Deutschland nach 1945: Politik und Gesellschaft

Zusammenhänge und Perspektiven

1 *Erklären Sie die Aussage Richard von Weizsäckers, dass die Teilung Deutschlands nicht auf das Jahr 1945, sondern auf das Jahr 1933 zurückgehe.*
2 *Diskutieren Sie die These: „Das Ende des Zweiten Weltkriegs ist für Deutschland eine ‚Stunde Null' gewesen."*
3 *Zeigen Sie, inwieweit die Teilung Deutschlands durch die ideologische und machtpolitische Blockbildung nach dem Zweiten Weltkrieg sowie durch die Weichenstellungen der Besatzungsmächte bestimmt wurde.*
4 *Zeigen Sie, wie sich in den Fünfzigerjahren in Deutschland zwei unterschiedliche politische Systeme herausbildeten und wie diese in die jeweiligen Blocksysteme in Ost und West integriert wurden.*
5 *Vergleichen Sie die Entwicklung von Politik und Gesellschaft in der Bundesrepublik Deutschland und in der DDR, und zwar vor allem im Hinblick darauf, wie beide Systeme a) mit den Problemen der NS-Vergangenheit und b) mit den Herausforderungen der modernen Industriegesellschaft umgegangen sind.*
6 *Untersuchen Sie Ursachen und Umstände, die zum Zusammenbruch des SED-Systems und zur Herstellung der staatlichen Einheit geführt haben.*

Zeittafel

1945 Bedingungslose Kapitulation der deutschen Wehrmacht (7./8./9. Mai). Aufteilung Deutschlands in vier Besatzungszonen: je eine sowjetische, französische, britische und amerikanische. Die vier Militärbefehlshaber übernehmen die oberste Gewalt in den jeweiligen Zonen und in Deutschland (Juni).

Potsdamer Beschlüsse: Auf der Potsdamer Konferenz vom 17. Juli bis 2. Aug. 1945 einigen sich die USA, Großbritannien und die Sowjetunion auf einige zentrale Prinzipien über die Behandlung Deutschlands: Demokratisierung, Entmilitarisierung, Entnazifizierung, Dezentralisierung. Die vier Oberbefehlshaber der Siegermächte übernehmen gemeinsam die oberste Gewalt in Deutschland. Die Gebiete östlich der Oder und der Neiße werden sowjetischer bzw. polnischer Verwaltung unterstellt.

1946 Zwangsvereinigung von SPD und KPD zur SED in der sowjet. Besatzungszone (April).

1947 Vereinigung der brit. und amerik. Zonen (Bizone); Marshallplan für Europa.

1948 Währungsreform (20. Juni): Durch Einführung der D-Mark in den Westzonen wird der Geldüberhang aus der NS-Zeit beseitigt und die Grundlage für den Aufschwung der bundesrepublikanischen Wirtschaft geschaffen. Auf dem Gebiet der sowjetischen Besatzungszone führt die sowjetische Militäradministration am 23. Juni ebenfalls eine Währungsreform durch.

1948/49 Berlinblockade der Sowjetunion (Juni 1948–Mai 1949) in Reaktion auf die westliche Währungsreform.

1949 **Gründung der beiden deutschen Staaten:** Mit der Verkündung des Grundgesetzes am 23. Mai wird die Bundesrepublik Deutschland gegründet. Die Verfassung war am 8. Mai vom Parlamentarischen Rat verabschiedet worden. Nach der Wahl zum 1. Deutschen Bundestag wird am 15. Sept. Konrad Adenauer (CDU) zum Bundeskanzler gewählt. Durch die Umbildung des Deutschen Volksrates in die Provisorische Volkskammer wird am 7. Okt. die DDR gegründet. Die am 18. März gebilligte Verfassung tritt am 7. Okt. in Kraft.

1949–1963 **Ära Adenauer:** Das Kürzel „Ära Adenauer" bezeichnet sowohl eine bestimmte Politik des von 1949 bis 1963 regierenden ersten Bundeskanzlers, deren wichtigste Merkmale der politische und wirtschaftliche Wiederaufstieg sowie die Westintegration und Wiedergewinnung staatlicher Souveränität der Bundesrepublik sind, als auch eine spezifische politische Kultur. In der frühen Zeit der Bundesrepublik besitzt Adenauer praktisch ein „Monopol" in der Außenpolitik, es gibt weder einen Außenminister noch einen Auswärtigen Ausschuss im Bundestag, alle Kontakte zu den Alliierten laufen über den Kanzler. Ebenso mächtig ist Adenauers Position als Parteivorsitzender der CDU, nicht weil die CDU besonders stark, sondern als Parteiorganisation besonders schwach ist. Der Erfolg Adenauers beruht schließlich darauf, dass er mit seinem großväterlich-strengen Auftreten und seinen volkstümlichen Formulierungen der Sehnsucht vieler in der westdeutschen Nachkriegsgesellschaft nach starker Führung entspricht.

1952 Stalin-Note (März): Angebot der Wiedervereinigung gegen die Neutralisierung Deutschlands.

1953 **Aufstand in der DDR (17. Juni):** Aus Streiks in Berlin entwickelt sich in der gesamten DDR eine Protestbewegung, die außer wirtschaftlichen Verbesserungen politische Forderungen nach freien Wahlen und der Befreiung politischer Gefangener erhebt. Der sowjetische Militärbefehlshaber übernimmt die Regierungsgewalt und schlägt mit Hilfe sowjetischer Truppen den Aufstand nieder.

1955 **Souveränität von Bundesrepublik und DDR:** Mit dem Inkrafttreten der Pariser Verträge erhält die Bundesrepublik die volle Souveränität. Die Alliierte Hohe Kommission wird aufgelöst, das Besatzungsstatut aufgehoben. Die Sowjetunion erklärt den Kriegszustand mit Deutschland für beendet und die DDR für souverän. – Die Bundesrepublik tritt der NATO bei, die DDR dem Warschauer Pakt.

1961 Beginn des Mauerbaus an der Demarkationslinie zwischen Ost- und Westberlin und Sperrung der Zugangswege nach Westberlin durch die DDR (13. Aug.).

1966 Große Koalition: Der Bundestag wählt den CDU-Politiker Kurt-Georg Kiesinger zum Bundeskanzler. Bildung einer Koalition aus CDU/CSU und SPD. Vizekanzler und Außenminister wird Willy Brandt (SPD).

1968 Notstandsgesetze (29. Mai): Nach heftigen Debatten billigt der Bundestag die Notstandsverfassung, die Regelungen für den inneren und äußeren Notstand trifft. Dadurch werden bestimmte Souveränitätsrechte der Alliierten abgelöst.

1969 **Sozial-liberale Koalition:** Nach den Wahlen zum 6. Deutschen Bundestag bilden Sozialdemokraten und Liberale eine Koalition unter Bundeskanzler Willy Brandt (SPD) und Vizekanzler und Außenminister Walter Scheel (FDP).

1970 Unterzeichnung des Moskauer Vertrages (Aug.): Vertrag zwischen der Bundesrepublik und der UdSSR über Gewaltverzicht und Normalisierung der Beziehungen. – Unterzeichnung des Warschauer Vertrages (Dez.): Vertrag zwischen der Bundesrepublik und der Volksrepublik Polen über Grundlagen der Normalisierung ihrer Beziehungen.

1971 Unterzeichnung des Viermächteabkommens über Berlin (Sept.): Auf der Grundlage des Viermächestatus werden die engen Bindungen Westberlins an die Bundesrepublik bestätigt. Die Sowjetunion garantiert den freien Zugang nach Westberlin.

1972 Unterzeichnung des Grundlagenvertrages (Nov.): In diesem Vertrag akzeptiert die Bundesrepublik den souveränen Status der DDR, vermeidet aber deren völkerrechtliche Anerkennung.

1973 Beitritt von Bundesrepublik und DDR zur UNO.

1982 **Christlich-liberale Koalition:** CDU/CSU und FDP bilden eine Koalition. Bundeskanzler Helmut Kohl (CDU) wird am 1. Oktober durch ein konstruktives Misstrauensvotum zum Regierungschef gewählt.

1985 Beginn von „Glasnost" und „Perestroika" in der UdSSR.

1989 **Friedliche Revolution:** Ungarn lässt ohne Absprache mit der DDR-Führung Bürger der DDR in den Westen ausreisen. Bis Ende Sept. nutzen rund 25 000 Flüchtlinge diese Möglichkeit. Am 9. Okt. demonstrieren in Leipzig etwa 70 000 Menschen für eine demokratische Erneuerung in der DDR, Massendemonstrationen in anderen Städten folgen. Die Massenproteste bewirken den Sturz Erich Honeckers durch das ZK. Nachfolger wird Erich Krenz. Am 9. Nov. öffnet die DDR ihre Grenzen nach Westberlin und zur Bundesrepublik. Mit dem Fall der Berliner Mauer beginnt die Auflösung der DDR: Die Parteidiktatur der SED zerfällt, die Bürger fordern demokratische und rechtsstaatliche Verhältnisse und schließlich den Beitritt zur Bundesrepublik.

1990 **Vereinigung des geteilten Deutschlands (3. Okt.):** Die am 18. März frei gewählte Volkskammer der DDR beschließt den Beitritt der DDR nach Artikel 23 des Grundgesetzes zur Bundesrepublik Deutschland. Seit der Vereinigung der beiden deutschen Teilstaaten gibt es wieder einen deutschen Nationalstaat.

1998 Bei der Wahl zum 14. Bundestag wird die christlich-liberale Koalition von der **rot-grünen Koalitionsregierung** unter Bundeskanzler Gerhard Schöder (SPD) und Außenminister Joschka Fischer (Die Grünen) abgelöst.

2002 Wiederwahl der rot-grünen Koalitionsregierung Schröder/Fischer.

XII Europa und die Welt: Wege und Strukturen im 20. Jahrhundert

Rudolf Schlichter, Blinde Macht, 1937, Öl auf Leinwand

Die internationale Politik des 20. Jahrhunderts wurde vor allem von widerstreitenden Tendenzen bestimmt. Ein aggressiver Nationalismus und die Bereitschaft zur gewaltsamen Durchsetzung territorialer, politischer und wirtschaftlicher Interessen entwickelten sich zu Grundstrukturen der Außenpolitik und führten zu zwei Weltkriegen. Diese schwächten die internationale Bedeutung Europas und bewirkten den Aufstieg der „Flügelmächte" USA und UdSSR zu den internationalen Führungsmächten.

Die Herausbildung einer neuen, stabilen internationalen Ordnung, die mit den Pariser Friedensverträgen 1919/20 initiiert werden sollte, wurde durch drei Faktoren behindert. Erstens, die systematische Propagierung von Feindbildern während des Ersten Weltkrieges (1914–1918) hatte die Verständigungsbereitschaft zwischen den Staaten und Völkern extrem belastet. Zweitens, die „Großen Drei" – Frankreich, Großbritannien, USA – konnten als Siegermächte ihre internationalen Interessen gegenüber anderen Staaten weitgehend durchsetzen. Drittens, mit den Staatsgründungen in Ost- und Südosteuropa, die als Folge der Auflösung des Habsburgerreiches, des Russischen Reiches und des Osmanischen Reiches neu bzw. wieder entstanden, vermehrte sich die Zahl der Staaten und Staatsinteressen und es entwickelten sich neue Nationalitätenkonflikte. Mit der 1929 einsetzenden Weltwirtschaftskrise schotteten sich die Staaten gegeneinander ab und versuchten die Krise auf Kosten anderer zu bewältigen. Zugleich entwickelten sich in den 1930er-Jahren die Diktaturen in Italien, Deutschland und Japan zu Aggressoren des internationalen Systems, das in dem von Deutschland entfachten Zweiten Weltkrieg erneut zusammenbrach. Das Bündnis der Anti-Hitler-Koalition, in dem sich die USA, Großbritannien und die UdSSR 1941 bis 1945 zusammengeschlossen hatten, war nicht von Bestand. Im Gegenteil, nach 1945 traten sich die Großmächte USA und UdSSR als machtpolitische, ideologische und militärische Konkurrenten gegenüber und bestimmten unter den Bedingungen des Kalten Krieges die internationale Politik bis zur Auflösung der UdSSR 1991.

Ganz allgemein waren die Bemühungen des 20. Jahrhunderts, nach den Erfahrungen der beiden Weltkriege die staatengemeinschaftlichen Elemente in den Vordergrund zu rücken und durch ein System kollektiver Sicherheit institutionell abzusichern – 1919 durch den Völkerbund, 1945 durch die UNO – nur wenig erfolgreich. Die Staaten waren nicht bereit, im Interesse der kollektiven Sicherheit Teile ihrer uneingeschränkten nationalen Souveränität abzutreten.

Die Bemühungen um ein kollektives Sicherheitssystem im 20. Jahrhundert betrafen auch die Kolonialvölker unmittelbar. Unter Berufung auf das nationale Selbstbestimmungsrecht forderten sie ihre Unabhängigkeit und beschleunigten dadurch den Prozess der Dekolonisation, der seit dem Ersten Weltkrieg eingesetzt hatte und nach dem Zweiten Weltkrieg zum Abschluss kam. Sicherlich sind Hunger, Armut, Unterdrückung und Kriege in der so genannten Dritten Welt zum Teil lang anhaltende Nachwirkungen des Kolonialismus und einer Weltwirtschaftsordnung, die nach wie vor von den Handelsinteressen und Versorgungsbedürfnissen der Industrieländer geprägt ist. Aber es sind auch die einheimischen Eliten der Dritten Welt verantwortlich dafür, dass viele Konflikte nicht gelöst werden. Denn häufig schmücken sie sich mit den Privilegien der früheren Kolonialherren, anstatt notwendige Reformen anzustoßen.

1 Strukturen der Weltpolitik im 20. Jahrhundert

Die Bedeutung des Ersten Weltkrieges

Der Erste Weltkrieg löste bei den Zeitgenossen einen tiefen **Zivilisationsschock** aus. Das lag nicht nur an den Millionen Toten, die der Krieg forderte, sondern auch an der besonderen Grausamkeit der Kriegsführung. Das Neuartige des Krieges zeigte sich in der Verwendung modernster Waffentechnik (Maschinengewehre, Schlachtkreuzer, Unterseeboote, Giftgas) mit einer bis dahin unbekannten Zerstörungskraft. Von Anfang an trug der Krieg auch Züge eines **totalen Krieges**, bei dem die Trennung von Front und „Heimatfront", von Militär- und Zivilbereich ins Wanken geriet. Nahezu alle Menschen mussten ihr Leben den Bedürfnissen des Krieges unterordnen. Um den „Durchhaltewillen" der eigenen Bevölkerung zu stärken und den Kampfwillen des Gegners zu schwächen, stellten alle Regierungen den Krieg als nationalen Überlebenskampf dar. Die Kriegspropaganda verbreitete **nationale Feindbilder** (Zivilisation gegen Barbarei, Germanen gegen Slawen), die die Gräben zwischen den Völkern vertieften.

Mit dem Ersten Weltkrieg brach das alte auf dem Wiener Kongress 1814/15 entstandene Staatensystem zusammen: Die Weltpolitik wurde nicht länger von Europa, sondern von den beiden Flügelmächten USA und Russland bestimmt. Die **USA** traten 1917 in den Krieg ein und mischten sich seitdem aktiv in die europäischen Angelegenheiten ein. Im gleichen Jahr begann mit der sozialistischen Revolution in **Russland** nicht nur ein Herrschaftswechsel, sondern auch ein tief greifender weltgeschichtlicher Umbruch, sollte doch diese Revolution der Auftakt zur Weltrevolution sein.

Der Versailler Friede

Am Ende des Ersten Weltkrieges gab es zunächst große Hoffnung auf eine friedlichere und bessere Welt. Die neue Sowjetmacht verkündete nach der Revolution den Rückzug aus dem Krieg, trat für einen allgemeinen Frieden ohne Gebietsabtretungen und Kriegsentschädigungen ein sowie für die Befreiung aller Kolonialvölker. US-Präsident **Woodrow T. Wilson**, der sein Land mit dem Versprechen in den Krieg auf Seiten der Entente geführt hatte, die Welt nach den Prinzipien der liberalen Demokratie umzugestalten und so sicherer zu machen („to make world safe for democracy"), arbeitete ein **14-Punkte-Programm für den Weltfrieden** aus. Es war aus heutiger Sicht wegweisend, bedeutete aber damals eine radikale Abkehr von den bislang geltenden Prinzipien europäischer Großmachtpolitik. Wilson forderte nämlich die allgemeine Durchsetzung der liberalen Demokratie, die Achtung des Selbstbestimmungsrechts der Völker, die Schaffung eines Völkerbundes als Schiedsrichter zwischen den Nationen sowie Gerechtigkeit auch für die Kolonialvölker.

Diese hoch gesteckten Wünsche gerieten jedoch auf den Friedensverhandlungen, die die Siegermächte 1919 im Schloss **Versailles** bei Paris ohne Beteiligung Russlands aufgenommen hatten, rasch in den Hintergrund. Denn die europäischen Siegerstaaten hielten an ihren nationalen und machtpolitischen Vorstellungen aus der Vorkriegszeit fest, wollten sich militärisch vor Deutschland schützen und drängten auf Reparationszahlungen. Die für die Friedensverhandlungen entscheidenden „Großen Drei", US-Präsident Wilson, der britische Premierminister **David Lloyd George** (1863–1945) und der französische Ministerpräsident **Georges Benjamin Clemenceau** (1841–1929), verhandelten nicht mit den besiegten Mächten; ihnen wurden die Beschlüsse der Friedenskonferenz verkündet.

Der Friedensschluss veränderte die politische Landkarte Europas grundlegend: Die Türkei (als Überbleibsel des Osmanischen Reiches) wurde fast vollständig vom europäischen Kontinent zurückgedrängt, die Union der Sowjetstaaten zog sich aus den Gebieten Polens und aus dem

Baltikum zurück, Deutschland musste Gebietsverluste (vor allem Elsass-Lothringen und Teile Preußens) hinnehmen und Österreich-Ungarn wurde aufgelöst. Obwohl die Siegermächte bei der Neuordnung Europas das Selbstbestimmungsrecht der Völker durchsetzen wollten, gelang ihnen das nicht immer. Bei der Errichtung der neuen Staaten in Ost- und Südosteuropa nahmen sie, um wirtschaftlich lebensfähige Länder zu schaffen, nicht auf alle Ansprüche der unterschiedlichen Nationalitäten Rücksicht, sodass in vielen Staaten **nationale Minderheiten** lebten (Karte 1). So vereinigte die Tschechoslowakei auf ihrem Staatsgebiet polnische, deutsche und ungarische Minderheiten, während die jugoslawische Staatskonstruktion römisch-katholische Kroaten, griechisch-orthodoxe Serben, bosnische Muslime zusammenführte.

Deutschland verlor neben einigen Gebieten von großer wirtschaftlicher Bedeutung (z. B. Lothringen) seine Kolonien und musste eine befristete Besetzung des linksrheinischen Territoriums hinnehmen; die Armee wurde auf 100 000 Mann reduziert und alle schweren Waffen wie Panzer, Luftwaffe, U-Boote und die Kriegsflotte waren abzutreten. Ein besonderes Problem war der Artikel 231, der Deutschland zum alleinigen Kriegsverursacher erklärte, das Land für alle Kriegsverluste und -schäden verantwortlich machte und ihm hohe Reparationszahlungen auferlegte. Die Siegerstaaten verfügten im Falle der Nichterfüllung über das Recht, Teile Deutschlands zu besetzen. Insofern war Deutschland wirtschaftlich und außenpolitisch in seiner Souveränität zumindest eingeschränkt worden, was innenpolitisch für Konfliktstoff sorgte.

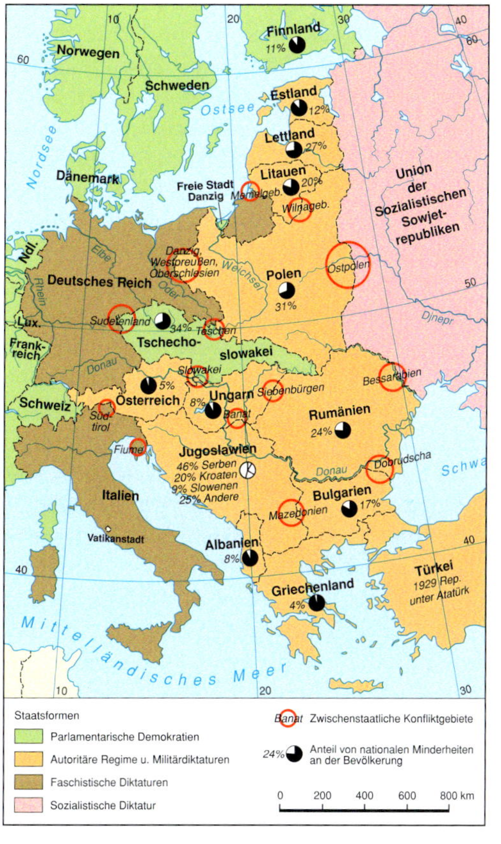

Karte 1 Mittel- und Südosteuropa 1919–1939

– *Fassen Sie die territorialen Veränderungen in Mittel- und Südosteuropa nach dem Ersten Weltkrieg zusammen.*

– *Wählen Sie sich einen der neu bzw. wieder errichteten Staaten aus und erarbeiten Sie in einem Referat die politische und gesellschaftliche Geschichte des Landes zwischen 1919 und 1939.*

– *Wählen Sie sich eines der in der Karte dargestellten Konfliktgebiete aus. Erarbeiten sie in einer Hausarbeit die Ursachen und Formen der Auseinandersetzungen in der Zwischenkriegszeit. Versuchen Sie über Recherchen in Zeitungen und Zeitschriften oder historisch-politischen Länderkunden herauszubekommen, ob die Konflikte heute immer noch bestehen.*

Der auf Anregung von Präsident Wilson 1919 gegründete und 1920 von der Versailler Friedenskonferenz eingerichtete **Völkerbund** sollte die internationale Zusammenarbeit fördern, die internationale Vertragstreue garantieren und militärische Konflikte verhindern. Jeder beitretende Staat musste sich verpflichten, auf den Krieg als Mittel der Politik zu verzichten, das internationale Recht anzuerkennen, die eigene Rüstung auf ein für die nationale Sicherheit notwendiges Maß zu begrenzen und die territoriale Integrität anderer Länder zu achten. Außerdem hatten sie sich den Schiedsverfahren zu stellen und die Urteile der internationalen Gerichtshöfe umzusetzen. Gegen Friedensbrecher sah die Satzung Sanktionen vor, die vom Abbruch der Handelsbeziehungen bis zu gemeinsamen militärischen Aktionen reichen sollten. Der Völkerbund konnte jedoch die Praxis der internationalen Politik kaum beeinflussen. Sowohl den besiegten Staaten als auch dem kommunistischen Russland wurde der Zutritt zunächst verwehrt. Aus Enttäuschung über den ihrer Meinung nach falschen Friedensvertrag blieben die USA fern – gegen den Willen Wilsons. Und der Zwang zur Einstimmigkeit in den Entscheidungsorganen machte den Bund praktisch hilflos und zu nichts mehr als einem Forum internationaler Diskussionen.

Staatsinteressen und internationale Ordnung

Die Siegermächte wollten die in Versailles geschaffene internationale Ordnung, besonders aber die Grenzziehungen, erhalten. Das galt in erster Linie für **Frankreich**, das den wirtschaftlichen und militärischen Rivalen Deutschland schwächen und isolieren wollte, um so seine eigene Sicherheit zu garantieren. Deshalb war man für harte Friedensbedingungen eingetreten (Reparationen, Gebietsabtretungen, Verkleinerung der Armee und Abspaltung des Rheinlandes); zudem schloss Frankreich zahlreiche Militärbündnisse mit ost- und südosteuropäischen Staaten. Hatte **Großbritannien** im Krieg und auf den Pariser Friedensverhandlungen Frankreich zunächst unterstützt, ging es nach dem Krieg auf Distanz zu den Franzosen, die sich zu einem starken Konkurrenten zu entwickeln schienen. Um das „Gleichgewicht der Kräfte“ auf dem Kontinent zu sichern, zeigten die Briten viel Verständnis für deutsche Forderungen nach einer Abmilderung der Friedensbedingungen. Mit dieser Gleichgewichtspolitik wollte sich Großbritannien für seine Kolonialpolitik den Rücken freihalten, da ein gleichzeitiges Engagement in Europa und Übersee die eigenen Kräfte überforderte. Wirtschaftspolitisch entwickelten sich die **USA** zu einem entscheidenden Machtfaktor in der europäischen wie in der Weltpolitik. Doch machtpolitisch kehrten die Amerikaner gegen den Willen von Präsident Wilson in der Zwischenkriegszeit zu einer Politik des Isolationismus zurück. Erst nach dem Zweiten Weltkrieg wurde jedoch klar, dass diese widersprüchliche Politik ein Fehler war.
Der Kriegsverlierer **Deutschland** kämpfte mit den unterschiedlichsten Mitteln gegen das „Diktat von Versailles“. Alle deutschen Parteien, alle Regierungen und die überwältigende Mehrheit der Bevölkerung unterstützten die Bemühungen um eine Revision des Friedensvertrages. Um keine Gegenmaßnahmen der Siegermächte wie die Besetzung von Teilen Deutschlands zu riskieren, waren die Reichsregierungen gehalten, den Vertrag immer so weit zu erfüllen, dass ihre Handlungsfähigkeit gegenüber den Vertragsmächten nicht gefährdet wurde.
Außer Deutschland schien auch die **UdSSR** die internationale Lage in Frage zu stellen. Russland erklärte zwar, dass seine Außenpolitik im Gegensatz zu den „imperialistischen Mächten“ nicht von Wirtschaftsinteressen, sondern von der Solidarität der internationalen Arbeiterklasse bestimmt werde. Aber durch die Zusammenfassung der kommunistischen Parteien in der „Kommunistischen Internationale“ (Komintern, gegründet 1919) erschien die UdSSR den westeuropäischen Länder als „rote Gefahr“, die die internationale Stabilität bedrohte. Im Prinzip hielten die anderen Staaten an der Ausgrenzung der Sowjetunion auch dann noch fest, als sich Moskau nach 1921 von Trotzkis „Permanenter Revolution“ verabschiedete und im Interesse der innenpolitischen Stabilisierung die Rückkehr in den Kreis der internationalen Diplomatie suchte.

Mit Misstrauen betrachteten die USA aber auch das Hegemonialstreben **Japans** in Asien, das die amerikanische Politik der „offenen Tür" (open door policy) störte. Japan hatte bereits um 1900 den Aufstieg zu einer industriellen Großmacht geschafft und war nach 1918 eine pazifische Großmacht sowie die drittgrößte Seemacht geworden. Es gelang den USA, auf einer internationalen Abrüstungskonferenz 1921 die Konkurrenz mit Japan zu entschärfen und vorerst den Frieden zu sichern.

Friedensvertragspolitik

Deutschland und die Sowjetunion wollten ihre außenpolitische Isolierung überwinden und suchten daher trotz ideologischer Gegensätze Kontakt zueinander. Das Ergebnis war der **Vertrag von Rapallo** aus dem Jahre **1922**, in dem die Wiederaufnahme diplomatischer Beziehungen, der Verzicht auf Forderungen aus dem Krieg und die Förderung von Handelsbeziehungen vereinbart wurde. Außerdem arbeiteten beide Staaten militärisch zusammen, was jedoch nicht im Vertrag stand.
Die Bemühungen um europäische Sicherheit und Entspannung führten **1925** zum Abschluss der **Verträge von Locarno** – maßgeblich initiiert durch den deutschen Außenminister **Gustav Stresemann** (1878–1929) und seinen französischen Amtskollegen **Aristide Briand** (1862–1932). Deutschland erkannte die Westgrenze an und sicherte die dauernde Entmilitarisierung des Rheinlandes zu. Damit kam es den Sicherheitsinteressen Frankreichs und Belgiens entgegen. Durch die Anerkennung der Westgrenze sollte auch verhindert werden, dass Frankreich noch einmal wie bei der Ruhrbesetzung 1923 militärisch auf deutsches Territorium vordrang.
Deutschland schloss auch mit Polen und der Tschechoslowakei Verträge, in denen es sich verpflichtete, Streitfragen vor den Internationalen Gerichtshof zu bringen. Die deutschen Ostgrenzen wurden allerdings nicht thematisiert, obwohl Stresemann an einer friedlichen Revision der deutschen Ostgrenze gelegen war. Um so erfolgreicher war er aber bei der Änderung anderer Bestimmungen des Versailler Vertrages: Die Reparationsverpflichtungen Deutschlands wurden im **Dawesplan** (1924) und im **Youngplan** (1930) weiter reduziert, Deutschland durch seinen Beitritt zum Völkerbund (1926) gleichberechtigtes Mitglied der Staatengemeinschaft. 1927 stellte die interalliierte Kontrollkommission, die Deutschlands Abrüstung beaufsichtigte, ihre Tätigkeit ein. Die einzige Einschränkung der deutschen Souveränität bestand in der Besetzung des Rheinlandes durch alliierte Truppen (1930 vorzeitig beendet).
In den Jahren nach Locarno war die internationale Politik von Optimismus und Verständigungsbereitschaft geprägt. So vereinbarten der amerikanische Außenminister **Frank B. Kellogg** (1856–1937) und der französische Außenminister Briand **1928** den **Briand-Kellogg-Pakt**. Bis Ende 1929 verpflichteten sich 54 Staaten, auf den Krieg als Mittel der Politik zu verzichten, sich aber gleichwohl das Recht vorzubehalten, Kriege zu Verteidigungszwecken zu führen. Was aber eine Angriffshandlung und was eine Verteidigung ist, darauf konnte man sich ebenso wenig einigen wie auf die Festlegung von Zwangsmitteln gegen Vertragsverletzer. Ebenso wie der Völkerbund blieb der Briand-Kellogg-Pakt ein stumpfes Instrument der internationalen Politik. So scheiterte auch die allgemeine Abrüstung, wie sie im Versailler Vertrag vorgesehen war und eine Aufgabe des Völkerbundes sein sollte. Lediglich bei den Seestreitkräften wurden auf der **Washingtoner (1922) und der Londoner Abrüstungskonferenz (1930)** Begrenzungen festgelegt – allerdings ohne praktische Folgen.
Auch wenn der Nationalismus als politische Ideologie das tatsächliche politische Verhalten der Staaten weitgehend bestimmte, gab es doch Bestrebungen, die im Weltkrieg entstandenen Gräben zwischen den europäischen Völkern zuzuschütten und Europa zu einigen. Außer der Friedensbewegung machte sich die **„Paneuropa-Union"** dafür stark. Unter den führenden Politikern Europas setzte sich besonders **Briand** für den Gedanken einer **europäischen Föderation** ein, die

den Frieden stabilisieren, die politisch-wirtschaftliche Zusammenarbeit fördern und Europa vor der Übermacht der USA schützen sollte. Er plante die Einrichtung einer parlamentarischen Beratungsgruppe innerhalb des Völkerbundes sowie die Errichtung einer Zollunion – und entwarf damit die Vorformen des Europarates und der Europäischen Wirtschaftsgemeinschaft.
Doch das Misstrauen der Regierungen, Ablehnung, ja Hass zwischen den Völkern waren zu groß und zu sehr durch historisch entstandene Feindbilder geprägt, als dass sie einvernehmlichen Regelungen zum Ausgleich der Interessen vertraut hätten. Die außenpolitischen Mittel der Zeit vor 1914 behielten Gültigkeit: zwei- und mehrseitige Wirtschaftsverträge, politische Bündnisse, Militärallianzen, die eben nicht allein die Verhältnisse zwischen den Vertragspartnern betrafen, sondern sich oft gegen andere richteten, die nicht am Vertrag beteiligt waren. Das Scheitern des Völkerbundes in den 1930er-Jahren war eine Folge dieser Politik, aber auch, dass die USA bzw. die Sowjetunion ihm gar nicht oder sehr spät beitraten.
Der Wendepunkt in der internationalen Politik zwischen 1919 und 1939 war allerdings nicht das Scheitern des Völkerbundes, sondern die **Weltwirtschaftskrise** seit 1929. Sie machte viele Ansätze zu friedlicher Konfliktregelung und freiem Handelsaustausch zunichte. Viele Staaten schotteten sich wirtschaftlich gegeneinander ab, während Deutschland, Japan und Italien versuchten, sich mit militärischen Mitteln wirtschaftliche Einflusszonen zu sichern. Dadurch untergruben sie den Völkerbund und den freien Handelsverkehr in gleicher Weise. Ihre Politik und ihr Bündnis, der „Antikominternpakt“, führten die ganze Welt in einen neuen Weltkrieg (s. S. 459 ff.).

Wandel des internationalen Systems

Spätestens im März 1939, als Hitler unter Androhung militärischer Gewalt von Polen die Wiedereingliederung Danzigs in das Deutsche Reich verlangte, wurde den Westmächten bewusst, dass der deutsche Diktator den Krieg wollte. England und Frankreich rückten jetzt von ihrer **Appeasementpolitik** (engl. = Beschwichtigung, Beruhigung) ab, die durch Zugeständnisse an Deutschland und Italien den Frieden zu erhalten hoffte. Sie verkündeten, dass jeder neue Angriff des Deutschen Reiches mit Gewalt beantwortet werden würde, und erneuerten ihre Garantieversprechen gegenüber Polen. Hatten die Westmächte aus Furcht vor einer Weltrevolution den sowjetischen Diktator Stalin noch 1938 von der Münchener Konferenz (s. S. 460) ausgeschlossen, nahmen Frankreich und Großbritannien jetzt Verhandlungen mit der Sowjetunion auf, die schon seit ihrem Beitritt zum Völkerbund 1934 versucht hatte, sich durch internationale Diplomatie gegen die wachsende Stärke des nationalsozialistischen Deutschland abzusichern. Polen sah die Verhandlungen der Westmächte mit der Sowjetunion mit gemischten Gefühlen. Man fürchtete ein Durchmarschrecht der sowjetischen Armee – für die Polen nicht weniger beunruhigend als eine deutsche Aggression. Dass die erst 1919 erlangte polnische Unabhängigkeit tatsächlich von zwei Seiten bedroht war, sollte der überraschend abgeschlossene Hitler-Stalin-Pakt (s. S. 461) zeigen.
Als Japan 1937 mit seiner zweiten Offensive gegen China begann, forderte der amerikanische Präsident Franklin D. Roosevelt am 5. Oktober 1937 in seiner so genannten **Quarantäne-Rede** von seinen Landsleuten, angesichts der internationalen Gefahren auf die Neutralität zu verzichten. Aggressoren wie das faschistische Italien, das nationalsozialistische Deutschland, das militaristische Japan oder die stalinistische Sowjetunion müssten unter Quarantäne gestellt, also isoliert werden. Nach dem Münchener Abkommen 1938 rüsteten die USA auf, bauten die Neutralitätsgesetzgebung ab und intensivierten ihre Beziehungen zu Großbritannien. Die „Lend-Lease-Act“ (Leih- und Pachtgesetz) ermächtigte 1941 den Präsidenten, all jene Staaten mit Kriegsmaterial zu beliefern, deren Verteidigung im amerikanischen Interesse lag. Davon profitierte vor allem England. Aber auch China und nach dem Juni 1941 die UdSSR erhielten umfangreiche Waffenlieferungen. Nach dem japanischen Angriff auf Pearl Harbor auf Hawaii

am 7. Dezember 1941 traten die USA in den Zweiten Weltkrieg ein, der zum Krieg um eine neue Weltordnung wurde. Auf verschiedenen Konferenzen legten die Alliierten ihre Politik für die Nachkriegszeit fest (s. S. 479 ff. und 513 ff.).

Die Entstehung des Ost-West-Konfliktes

Kurz vor Kriegsende, im Februar 1945, einigten sich der amerikanische Präsident Franklin D. Roosevelt, der britische Premierminister Winston Churchill und der sowjetische Staats- und Parteichef Josef W. Stalin in **Jalta** auf der Krim über die beiden drängendsten Probleme: erstens die Aufteilung Deutschlands in getrennte Besatzungszonen, zweitens die Westverschiebung Polens auf Kosten Deutschlands und als Kompensation für die von der UdSSR einbehaltenen Gebiete.
Bei Kriegsende hielten amerikanische Truppen nicht nur große Teile West-, Mittel- und Südeuropas besetzt, sondern standen auch in weiten Teilen Südostasiens und des pazifischen Raumes. Die militärische Überlegenheit der **USA** war unangefochten, nicht zuletzt weil sie über ein Atomwaffenmonopol verfügten. Auch auf Grund ihres wirtschaftlichen Potenzials waren die USA eindeutig die Führungsmacht. Außerdem wollte der 1945 gewählte amerikanische Präsident **Harry S. Truman** (1884–1972) dem Einfluss der USA weltweit Geltung verschaffen und die Chancen nutzen, um seine Vorstellungen von einer neuen Weltordnung nach den Prinzipien der liberalen Demokratie und des freien Welthandels durchzusetzen.
Demgegenüber sah die Ausgangslage der **Sowjetunion** keineswegs günstig aus: Über 20 Mio. Menschen hatten während des Krieges ihr Leben verloren, große Teile des Landes waren verwüstet, das Industrialisierungsprogramm war um Jahre zurückgeworfen, Kapital zum Wiederaufbau und zur Modernisierung fehlte. Die Weltmachtstellung Moskaus beschränkte sich deshalb zunächst auf die Stärke der Roten Armee sowie auf die von ihr eroberten Gebiete in Mittel-, Ost- und Südosteuropa sowie in Asien.
Die unterschiedlichen wirtschaftlichen Ausgangspositionen sowie die ideologischen Interessengegensätze begründeten ein wachsendes Misstrauen. Die UdSSR wurde aus zwei Gründen von einem extremen Sicherheitsbedürfnis geleitet: einerseits durch die leidvolle Erfahrung des Hitler-Überfalls, andererseits durch die ökonomische Schwäche der Sowjetunion bei Kriegsende. Die USA dagegen sahen in der UdSSR nicht die geschwächte Macht, sondern die Militärmacht, hinter der eine Ideologie stand, die auf aggressiven Export ihres Systems angelegt war.
Der Prozess der **Blockbildung**, der zum **Kalten Krieg** zwischen dem kommunistischen Osten und dem liberal-demokratischen Westen führte (Karte 2), ist an mehreren Ereignissen ablesbar.
1. Die **Konferenz von Potsdam** vom 17. Juli bis 2. August 1945, an der der neue amerikanische Präsident Truman, der britische Premierminister Churchill und – nach seiner Abwahl – der neue Premier **Clement R. Attlee** (1883–1967) sowie Stalin teilnahmen. Vereinbart wurde, dass Deutschland zeitlich unbegrenzt besetzt bleiben, aber ungeachtet der Besatzungszonen, in denen die Militärkommandanten die oberste politische Instanz waren, als wirtschaftliche Einheit bestehen bleiben sollte. Weitere Punkte waren die Entnazifizierung, die Demokratisierung, die Entmilitarisierung, die Entflechtung der Großindustrie, die Demontage kriegswichtiger Industrien, die Reparationen und die Bestrafung von Kriegsverbrechern.
In Potsdam zeigte sich, wie tief das Misstrauen zwischen den Siegermächten war. Briten und Amerikaner hielten den Nationalsozialismus für eine Sonderentwicklung, die durch eine Irreleitung des Denkens entstanden war; ihr müsse man daher mit einer Umerziehung zur Demokratie begegnen. Aus kommunistischer Sicht hingegen war der Nationalsozialismus die höchste Stufe des Kapitalismus; um diesen zu bekämpfen, müsse man die gesellschaftlichen und privatkapitalistischen Verhältnisse im sozialistischen Sinne verändern. So entwickelten sich die beiden unterschiedlichen Gesellschafts- und Demokratiemodelle zu unvereinbaren Systemgegensätzen, die

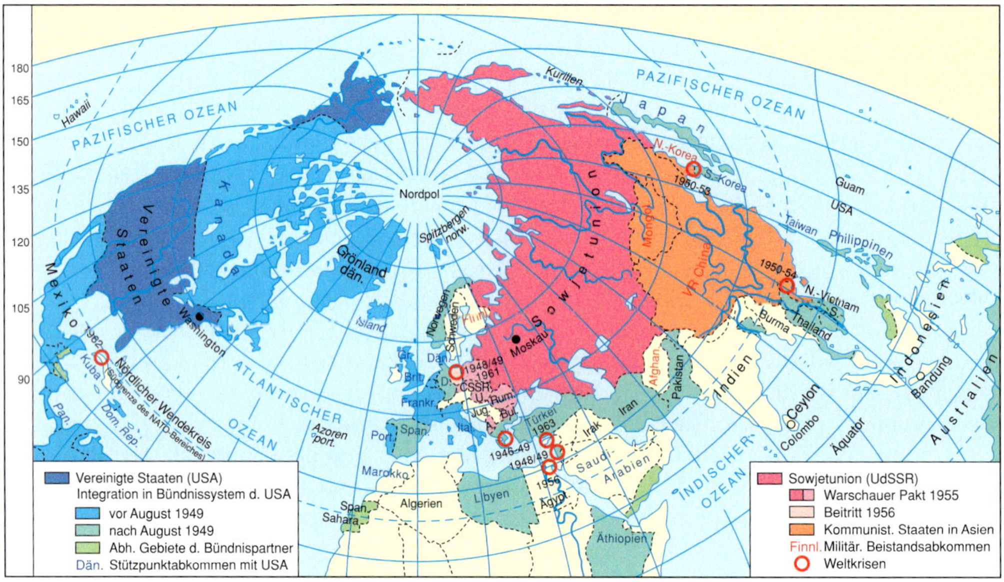

Karte 2 Die militärische Blockbildung im Kalten Krieg

– *Erarbeiten Sie mit Hilfe dieses Lehrwerks sowie von Lexika und historischen Handbüchern Kurzreferate zu den in Karte 2 eingezeichneten Weltkonflikten und erörtern Sie jeweils die Rolle der Supermächte.*

sich auch in den Vereinbarungen über die Ostgebiete niederschlugen. Diese stimmten mit der Atlantik-Charta von 1941 nicht mehr überein, da sie das Selbstbestimmungsrecht der betroffenen Bevölkerung nicht berücksichtigten. Die deutsche Bevölkerung aus Polen, Ungarn und der Tschechoslowakei wurde „umgesiedelt“ und vertrieben. Von 12 Mio. Menschen fanden 2 Mio. auf der Flucht den Tod. Polen brachte die Sowjetunion lange vor Kriegsende in ihren Einflussbereich; 1944/45 forcierte sie dort die Bildung der überwiegend kommunistischen „Provisorischen Regierung“, wogegen die Londoner Exilregierung der Polen vergeblich protestierte. Nach der Potsdamer Konferenz schien nicht nur Deutschland, sondern der ganze europäische Kontinent durch einen „Eisernen Vorhang“ (Churchill) geteilt zu sein.

2. Die **Byrnes-Rede**. Im September 1946 kündigte der amerikanische Außenminister Byrnes den raschen wirtschaftlichen und politischen Wiederaufbau Deutschlands an. Ob dies eine Wende in der amerikanischen Außenpolitik bedeutete, darüber ist die Forschung geteilter Meinung. In einem Memorandum des amerikanischen Außenministeriums vom 1. April 1946 hieß es, Moskau müsse „zunächst einmal mit diplomatischen Mitteln“, wenn notwendig, auch „mit militärischer Gewalt“ davon überzeugt werden, dass „sein gegenwärtiger außenpolitischer Kurs die Sowjetunion in eine Katastrophe führen“ könne.

3. Die **Truman-Doktrin**. Im März 1947 wurde der amerikanische Sicherheitsauftrag der Truman-Doktrin erstmals global in den Auftrag umgemünzt, alle demokratischen Staaten vor sowjetischer Aggression und kommunistischer Unterwanderung zu schützen.

4. Der „Hungerwinter“: Der extrem kalte Winter von 1946/47 verschlimmerte die ohnehin schwierige Ernährungslage in Deutschland dramatisch. Das festigte bei den Amerikanern die Überzeugung, dass nur eine rasche und deutlich sichtbare Verbesserung der wirtschaftlichen Verhältnisse den Weg für eine soziale und politische Neuordnung ebnen könne. Wirtschaftlicher

Wiederaufbau der Westzonen, auch um den Preis einer politischen Teilung und Konfrontation mit dem Osten, wurde zu einem wichtigen Ziel der US-Außenpolitik.

5. Der **Marshallplan** von 1948 sollte den wirtschaftlichen Wiederaufbau Europas einleiten. Allen kooperationswilligen Staaten Europas wurde amerikanische Finanz- und Wirtschaftshilfe zur Sanierung ihrer Volkswirtschaften angeboten. Die Sowjetunion lehnte für sich diese Hilfe ab und verbot auch den ursprünglich beitrittswilligen Ländern in Osteuropa die Teilnahme am Marshallplan, um ein vorgebliches amerikanisches Dominanzstreben zu verhindern.

6. Allerdings waren die Amerikaner keineswegs allein für die Verhärtung der Fronten verantwortlich. In Bulgarien, Ungarn und Rumänien errichtete die Sowjetunion als Besatzungsmacht 1946 bis 1948 rasch und rücksichtslos so genannte **„Volksdemokratien“** unter kommunistischer Führung; im Februar 1948 geschah dies in der Tschechoslowakei durch einen Staatsstreich. Bereits ein Jahr zuvor sah der sowjetische Chefdelegierte bei der Gründung der Kominform, Alexejew Shdanow, die Welt als in zwei feindliche Lager gespalten und nahm für die Sowjetunion die Führung des „antiimperialistischen Lagers“ in Anspruch.

7. Die **Berlinblockade**. Als Reaktion auf die westdeutsche Währungsreform vom Mai 1948 sperrte die Sowjetunion alle Zugangswege zu den drei Westsektoren Berlins. Mit der Berliner Blockade, die bis Mitte 1949 andauerte, griff die UdSSR indirekt die Rechte der westlichen Besatzungsmächte in Berlin an und riskierte einen militärischen Konflikt. Die Westmächte waren zunächst nicht bereit, diesen Vertragsbruch hinzunehmen, und erwogen eine gewaltsame Öffnung der Verkehrswege nach Berlin. Unter dem Einfluss des amerikanischen Militärgouverneurs **Lucius D. Clay** (1897–1978) entschied sich Amerika dann aber für die Einrichtung einer Luftbrücke.

Der Ost-West-Konflikt

Im Laufe der Entwicklung suchten beide Seiten ihr „Lager“ militärisch abzusichern. Während die Sowjetunion mit ihren Satellitenstaaten bilaterale „Freundschafts- und Beistandsverträge“ abschloss, entstand im Westen mit dem zwischen Großbritannien, Frankreich und den drei Beneluxstaaten geschlossenen Brüsseler Vertrag (Mai 1948) das erste Verteidigungsbündnis in Europa gegen einen möglichen Angriff der UdSSR. Die westeuropäischen Staaten mussten allerdings die amerikanische Nuklearmacht in ihr Sicherheitskonzept einbeziehen, da sie nur auf diese Weise die UdSSR wirksam abschrecken konnten. Mit dem Nordatlantikvertrag (North Atlantic Treaty Organization/ **NATO**) vom April 1949 übernahmen die USA diese Sicherheitsgarantie für die westeuropäischen Staaten (Schema 1).

Als 1950 nordkoreanische Truppen mit Unterstützung Chinas und der UdSSR Südkorea angriffen und damit den **Koreakrieg** auslösten (1950–1953), sah der Westen darin eine kommunistische Bedrohung „der freien Welt“, rüstete enorm auf und drängte auf einen Verteidigungsbeitrag der Bundesrepublik. Nachdem die Pläne für eine Europäische Verteidigungsgemeinschaft (EVG) unter deutscher Beteiligung am Veto Frankreichs gescheitert waren, trat die Bundesrepublik Deutschland 1955 der NATO bei.

Zuvor hatte die UdSSR noch versucht, die Integration Westdeutschlands in die NATO zu verhindern. In einer Note unterbreitete Stalin das Angebot, in ganz Deutschland freie Wahlen durchführen zu lassen und ein wieder vereinigtes Deutschland in die Neutralität zu entlassen. Die Westmächte gingen auf dieses Angebot allerdings nicht ein. Ob Stalin wirklich bereit war, die DDR aus seinem Machtbereich zu entlassen, wenn dadurch die Wiederaufrüstung der Bundesrepublik hätte verhindert werden können, bleibt eine unter Zeitgenossen und in der Forschung kontrovers diskutierte Frage. In Reaktion auf die Festigung des westlichen Lagers und die Aufnahme der Bundesrepublik in die NATO gründete die UdSSR 1955 den **Warschauer Pakt**. Ihm gehörten die UdSSR, Polen, die Tschechoslowakei, Bulgarien, Rumänien, Ungarn und Albanien an; 1956, nach Aufstellung der Nationalen Volksarmee (NVA), trat auch die DDR dem Pakt bei.

Bis zur Kubakrise im Jahr 1962 war die Weltpolitik von dem Ziel bestimmt, die bestehenden Machtverhältnisse zwischen Ost und West zu erhalten. Die **UdSSR** war bestrebt, aus ihrem Machtbereich einen ideologisch einheitlichen Block unter der alleinigen Führung der Kommunistischen Partei der Sowjetunion zu formen. Wer sich diesem Führungsanspruch widersetzte – wie etwa Jugoslawien 1948 unter Tito oder Mao Zedong in China –, geriet unter ideologischen und machtpolitischen Druck aus Moskau. Volksaufstände gegen die kommunistische Diktatur in der DDR 1953 und in Ungarn 1956 wurden gewaltsam niedergeschlagen.

Die **USA** verfolgten eine Doppelstrategie: Generell wollten sie die Ausdehnung des sowjetischen Machtbereichs aufhalten („Containment"-Politik = Politik der Eindämmung), nach Möglichkeit aber auch zurückdrängen („roll back"). Die Amerikaner verstärkten seit 1953 ihren militärischen Druck auf die UdSSR durch Ausbau ihres Bündnissystems. 1954 gründeten sie im pazifischen Raum die SEATO (South East Asia Treaty Organization), im Nahen und Mittleren Osten folgte 1955 der Bagdadpakt (Türkei, Irak, Großbritannien, Pakistan, Iran).

Die UdSSR verfügte seit 1949 ebenfalls über die **Atombombe** (die Amerikaner seit 1945), aber was ihr im Gegensatz zu den USA fehlte, waren Langstreckenraketen, mit denen das Gebiet der USA direkt bedroht werden konnte. Mit dem Bau und erfolgreichen Start des Satelliten „Sputnik", der 1957 auf einer Langstreckenrakete ins All geschossen wurde, zog die UdSSR nach. Dem amerikanischen Militärkonzept der „massiven Vergeltung" (d.h. auch auf einen mit konventionellen Waffen vorgetragenen Angriff massiv mit Nuklearwaffen zu antworten) konnte sie nun etwas entgegensetzen und eine Pattsituation herbeiführen. Wie dieses **„Gleichgewicht des Schreckens"** funktionierte, zeigte der Bau der Berliner Mauer 1961: Die Amerikaner protestierten zwar durch Aufmarsch von Panzern, ohne jedoch militärisch einzugreifen. Der Frieden war immer gefährdet, aber beide Weltmächte respektierten ihre Einflusszonen.

Eine gefährliche Zuspitzung erfuhr die Situation 1962 in der **Kubakrise**. Durch die Stationierung sowjetischer Mittelstreckenraketen auf Kuba, das nur wenige Seemeilen vom amerikanischen Festland entfernt liegt und seit 1959 von dem Sozialisten **Fidel Castro** (geb. 1927) regiert wird, hatte Moskau den machtpolitischen Status quo zu seinen Gunsten verändert. Das Staatsgebiet der USA war jetzt direkt bedroht. US-Präsident John F. Kennedy reagierte scharf: Die Streitkräfte wurden mobilisiert und der sowjetische Staats- und Parteichef Nikita S. Chruschtschow ultimativ aufgefordert, die Raketen wieder abzuziehen. Unter dem Druck eines drohenden atomaren Schlagabtausches gab die UdSSR nach und zog die Raketen ab. Die Amerikaner sicherten zu, auf Kuba nicht zu intervenieren und ihre Raketen in der Türkei abzubauen, da diese unmittelbar auf die UdSSR gerichtet waren.

Die Kubakrise markierte den **Wendepunkt im Kalten Krieg**, denn beide Mächte erkannten, dass die Konfrontation in einen Atomkrieg eskalieren könnte. Um dieses Risiko auszuschalten, waren sie zu militärpolitischen Absprachen und Verhandlungen gezwungen. Nach der Kubakrise ging man – ohne die Aufrüstung grundsätzlich zu stoppen – in kleinen Schritten aufeinander zu: So wurde 1963 eine direkte Nachrichtenverbindung zwischen Washington und Moskau („heißer Draht") eingerichtet. Im selben Jahr einigten sich die USA, Großbritannien und die UdSSR auf die Einstellung der Kernwaffenversuche in der Atmosphäre, im Weltraum und unter Wasser. Fünf Jahre später folgte der Atomwaffensperrvertrag, in dem sich die Mächte verpflichteten, keine Kernwaffen weiterzugeben. Er trat 1970 in Kraft und steht allen Staaten zum Beitritt offen.

Danach waren beide Weltmächte zu Verhandlungen über die strategischen Nuklearwaffen bereit. Im Zentrum stand dabei die Frage, wie man bei den strategischen Rüstungen zu einer Begrenzung kommen könne (Strategic Arms Limitation Talks/SALT). Selbst politische Spannungen, wie sie 1968 durch den Einmarsch der Warschauer-Pakt-Staaten in die Tschechoslowakei oder durch den

amerikanischen Kriegseinsatz in Vietnam auftraten, führten nur zu einer Verzögerung, nicht jedoch zu einem Abbruch der Verhandlungen.
Von entscheidender Bedeutung war 1972 die Unterzeichnung einer Grundsatzerklärung über die amerikanisch-sowjetischen Beziehungen. In ihr bekannten sich beide Staaten zu ihrer besonderen Verantwortung in der Weltpolitik und bekundeten ihre Bereitschaft, Konflikte mit friedlichen Mitteln beizulegen, auf den eigenen Vorteil zu verzichten und in gefährlichen Situationen Zurückhaltung zu üben. Die guten Vorsätze führten 1972 zur Beschränkung der land- und seegestützten Interkontinentalraketen und der Raketenabwehrsysteme (ABM-Vertrag) und 1973 dazu, bei Gefahr eines Nuklearkrieges „sofortige Konsultationen“ aufzunehmen.
Doch diese Bemühungen wurden von neuen Spannungen und regional begrenzten Konflikten begleitet. Dazu gehörte z. B. die sowjetisch-kubanische Intervention im Bürgerkrieg in Angola und die Besetzung Afghanistans durch russische Truppen Ende 1979. Die amerikanische Politik ging wieder auf Konfrontationskurs, erhöhte die Militärausgaben und verhängte ein Weizenembargo gegen die UdSSR.
1980 schien die bilaterale Entspannungspolitik der Supermächte am Ende zu sein. Nach der sowjetischen Weigerung, die in Osteuropa stationierten nuklearen Mittelstreckenraketen abzubauen, die die europäischen NATO-Staaten bedrohten, setzten die USA wieder auf eine Remilitarisierung ihrer Außenpolitik. Der Ende 1980 gewählte US-Präsident Ronald Reagan erhöhte 1981 die Militärausgaben und forcierte die Entwicklung eines weltraumgestützten Raketenabwehrsystems. Im Nahen Osten versuchten die USA, Israel und die arabischen Staaten in ihre Globalstrategie gegen die Sowjetunion einzubeziehen; für die Dritte Welt entwickelten die USA das Konzept einer „Kriegführung mit niedriger Intensität“. Der amerikanischen Exportindustrie wurden harte Beschränkungen im Osthandel auferlegt und die westeuropäischen Bündnispartner wurden aufgefordert, ihre Geschäfte mit Moskau aufzuschieben.

Das Ende des Ost-West-Konfliktes 1989/90

Der Abbau der Konfrontation zwischen den beiden Supermächten, der Mitte der Achtzigerjahre einsetzte, geht auf mehrere, zum Teil auch weiter zurückliegende Faktoren zurück. Einer davon war der KSZE-Prozess, d.h. die Arbeit der Konferenz für Sicherheit und Zusammenarbeit in Europa. Die **KSZE** begann 1972 ihre Tätigkeit und verabschiedete 1975 die „Schlussakte von Helsinki“. 35 Staaten Europas und Nordamerikas unterzeichneten dieses Dokument, das zwei Ziele miteinander verband: Der politische Status quo in Europa wurde garantiert und die Unterzeichnerländer verpflichteten sich zur Einhaltung der Menschenrechte – auch die Regierungen der Ostblockländer. Damit besaßen die dortigen Oppositionsgruppen eine anerkannte Grundlage, auf die sie ihre Forderungen nach Freiheit stützen konnten. Da man in Helsinki auch die Folgekonferenzen festlegte, blieb die KSZE ein Forum, auf dem, ungeachtet neuer politischer Turbulenzen, weiter verhandelt und zumindest das Gespräch miteinander aufrechterhalten wurde. Die MBFR-Verhandlungen (Mutual Balanced Force Reduction), die die Rüstung betrafen, scheiterten allerdings zunächst und kamen erst nach 1989 weiter voran.
Die amerikanische Politik der Stärke ab 1981 brachte zunächst einen Rüstungswettlauf in Gang, der für die Sowjetunion volkswirtschaftlich ruinös war. Erst Michail Gorbatschow, der 1985 in der UdSSR die Regierungsgeschäfte übernahm, leitete eine neue Politik ein. Er ging davon aus, dass die Erhaltung der sowjetischen Macht nur durch einen umfassenden innenpolitischen Umbau zu erreichen sei, der entsprechend außenpolitisch von einem Kurs der Entspannung begleitet werden müsse. Seine Leitbegriffe lauteten „**Perestroika**“ (= Umbau), „**Glasnost**“ (= Öffentlichkeit) und „**Neues Denken**“. Im Begriff des „Neuen Denkens“ wurde eine neue Konzeption der sowjetischen Außen- und Sicherheitspolitik erkennbar. Eine defensive Militärdoktrin sollte das

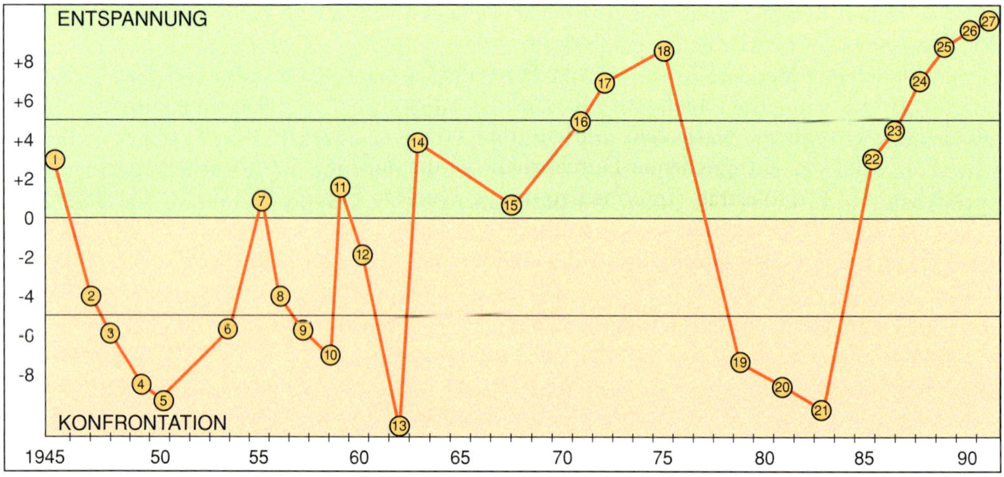

1 Ende des Zweiten Weltkriegs in Europa und Asien; Gründung der UNO (Mai–Sept. 1945)
2 Truman-Doktrin, Marshallplan; Zwei-Welten-Theorie (März–Sept. 1947)
3 Kommunistischer Umsturz in der ČSR; Beginn der sowjetischen Blockade Berlins (Febr./ Juni 1948)
4 Gründung der NATO; kommunistische Staatsgründungen in China und der DDR (April/Okt. 1949)
5 Ausbruch des Koreakrieges (Juni 1950)
6 Tod Stalins; Waffenstillstand in Korea (März/ Juli 1953)
7 Genfer Gipfelkonferenz der Siegermächte des Zweiten Weltkriegs (1955)
8 „Doppelkrise" von Ungarn und Suez (1956)
9 Sowjetischer Sputnik-Start (1957)
10 Berlin-Ultimatum der UdSSR (1958)
11 Gipfeltreffen Chruschtschow – Eisenhower in Camp David (1959)
12 Bau der Berliner Mauer (1961)
13 Kubakrise (1962)
14 Einrichtung des „heißen Drahts"; Teilstopp von Atomtests (Juni/Aug. 1963)
15 Kernwaffensperrvertrag; Ende des „Prager Frühlings" (Juli/Aug. 1968)
16 Viermächteabkommen über Berlin (1971)
17 SALT-I-Vertrag (1972)
18 KSZE-Schlussakte in Helsinki (1975)
19 NATO-Doppelbeschluss; UdSSR marschiert in Afghanistan ein (1979)
20 Kriegsrecht in Polen; US-Handelssanktionen gegen die UdSSR (1981)
21 Abbruch aller Rüstungskontrollverhandlungen in Genf (1983)
22 Gipfeltreffen Reagan – Gorbatschow in Genf (1985)
23 Gipfeltreffen Reagan – Gorbatschow in Reykjavik (1986)
24 INF-Vertrag über Abbau der Mittelstreckenraketen beim Gipfeltreffen Reagan – Gorbatschow in Washington unterzeichnet (1987)
25 Gipfeltreffen Reagan – Gorbatschow in Moskau; Rückzug der UdSSR aus Afghanistan; Waffenstillstand Iran – Irak; Waffenstillstand Südafrika – Angola – Kuba; Generalstabschefs der USA und UdSSR besuchen sich gegenseitig; Abbau von Mittelstreckenraketen (Mai–Aug. 1988)
26 Pariser KSZE-Gipfel: NATO- und Warschauer-Pakt-Staaten erklären Aufbau von Partnerschaften; Ende des Kalten Krieges (1990)
27 Auflösung des Warschauer Paktes; Auflösung der UdSSR und Gründung der GUS (1991)

Schema 1 „Fieberkurve" der amerikanisch-sowjetischen Beziehungen 1945–1991

– *Erläutern Sie den Verlauf der amerikanisch-sowjetischen Beziehungen bis 1991.*

– *Beziehen Sie Stellung zu der These: „Die Qualität der Konfrontation zwischen den Supermächten war nach der Kubakrise eine grundsätzlich andere."*

– *Führen Sie die Kurve nach 1991 weiter und begründen Sie den von Ihnen gewählten Verlauf.*

Streben nach militärischer Überlegenheit ablösen, da man nur so dem ruinösen Kostendruck der Rüstung entkommen konnte. Gorbatschow betonte die Einheit der Welt und das Prinzip der „friedlichen Koexistenz", das nicht nur zwischen der UdSSR und den USA, sondern global zu gelten habe. Seit 1987 begann Gorbatschow damit, das weltpolitische Engagement der UdSSR abzubauen. Die Sowjetunion zog sich aus Angola zurück, beendete den Krieg in Afghanistan und gab ihre Unterstützung für die links gerichtete sandinistische Regierung in Nicaragua auf. Der

neue politische Kurs von Michail Gorbatschow gehört zu den herausragenden Faktoren, die den internationalen Wandel 1989/91 begründeten.
Der Abbau internationaler Konfliktfelder durch die UdSSR ermöglichte es der amerikanischen Führung unter Ronald Reagan, seit Mitte der Achtzigerjahre wieder auf einen Kooperationskurs einzuschwenken. Nach dem Gipfeltreffen von **Reykjavik** im Herbst 1986 gelang beiden Politikern der entscheidende Durchbruch bei der nuklearen Abrüstung. Ein Jahr später besiegelte der INF-Vertrag (Intermediate-range Nuclear Forces) die weltweite Vernichtung aller nuklearen Mittelstreckenraketen kürzerer und längerer Reichweite. Damit wurde erstmals in der Geschichte der Rüstungskontrolle eine hochmoderne Waffenkategorie komplett abgerüstet.
Die fundamentale Neuorientierung der Politik zwischen den USA und der UdSSR eröffnete gegen Ende der Achtzigerjahre vor allem den kommunistischen Staaten Osteuropas Freiräume. Die Reformkräfte in Polen und Ungarn beriefen sich auf das sowjetische Vorbild der wirtschaftlichen und innenpolitischen Liberalisierung und öffneten sich nach Westen. Nach und nach brachen die kommunistischen Regierungen Osteuropas zusammen und wurden durch demokratische Herrschaftssysteme ersetzt. Seinen Anfang hatte dieser Prozess 1972 mit dem Beginn der KSZE genommen.
In Polen wurde die katholische Arbeiterbewegung der Gewerkschaft „**Solidarnosc**“ (= Solidarität), der sich viele Intellektuelle anschlossen, zur Trägerin des antikommunistischen Widerstands. Nach einer großen Streikwelle von Juli bis September 1980 geriet das kommunistische Regime immer weiter in die Defensive und verhängte 1981 das Kriegsrecht. Die Solidarnosc wurde wenige Wochen später, Anfang 1982, verboten. Aber die stalinistischen Unterdrückungsmethoden, die im Oktober/November 1984 in der Ermordung des Priesters Popieluszko gipfelten, konnten das Anwachsen der Oppositionsbewegung nicht stoppen. 1989 begannen Gespräche zwischen der Regierung und der verbotenen Gewerkschaft. Die friedliche Umwandlung eines kommunistischen Regimes in einen demokratischen und privatwirtschaftlichen Rechtsstaat war angestoßen. In den ersten freien Wahlen 1989 wurde **Tadeusz Mazowiecki** (geb. 1927), Chefredakteur der unabhängigen Gewerkschaftszeitung, erster nicht kommunistischer Ministerpräsident im Ostblock. **Lech Walesa** (geb. 1943), ein Elektriker von der Leninwerft in Danzig und Mitbegründer der Solidarnosc, wurde zum Staatspräsidenten gewählt.
Anders als in Polen ging die Umwandlung des Regimes in **Ungarn** von Intellektuellen aus. 1956, nach der Niederschlagung des Volksaufstands durch die UdSSR, hatte sich die Mehrheit der Bevölkerung mit dem relativ liberalen Regime arrangiert. Eine Wirtschaftskrise und die Reformpolitik Gorbatschows gaben der Oppositionsbewegung Ende der Achtzigerjahre neuen Auftrieb und leiteten wenige Monate später einen grundlegenden Systemwandel ein: Die Gespräche mit der Opposition führten 1989 zur Verfassungsreform, zum Aufbau eines Mehrparteiensystems und zu Wirtschaftsreformen in Richtung auf eine freie Marktwirtschaft. Der Abbau der Grenzsperren zu Österreich im September 1989 öffnete nicht nur den Ungarn den Weg in den Westen – auch den DDR-Bürgern.
Die Niederschlagung des „Prager Frühlings“ im August 1968 durch Truppen des Warschauer Paktes hatte der Bevölkerung in der Tschechoslowakei den Glauben an die Reformierbarkeit des sozialistischen Systems zu einem „Sozialismus mit menschlichem Antlitz“ zunächst geraubt. Aber nach der Unterzeichnung der KSZE-Schlussakte von Helsinki (1975) gründete sich die Bürgerrechtsbewegung „Charta 77“, führender Vertreter wurde der Schriftsteller **Vaclav Havel** (geb. 1936). Im Herbst 1989 gelang in der Tschechoslowakei eine „sanfte Revolution“, die durch Massendemonstrationen und Generalstreiks eine rasche Wende herbeiführte. Im Dezember 1989 wurde Vaclav Havel Staatspräsident. Die Forderung der slowakischen Nationalbewegung nach

Karte 3 Die Auflösung der Sowjetunion und die „Gemeinschaft Unabhängiger Staaten"/GUS

– *Fassen Sie anhand von Karte 3 den politischen Auflösungsprozess der UdSSR zusammen und bewerten Sie ihn mit Blick auf den Wandel in der internationalen Politik.*
– *Nehmen Sie Stellung zu der These: Die „Zweite Welt" gibt es nicht mehr (zu den Begriffen Erste, Zweite, Dritte Welt s. S. 626).*

einem eigenen Staat führte 1992 zur Trennung zwischen Tschechien und der Slowakei – eine in der europäischen Geschichte der Nationalstaatsbildung bemerkenswert friedliche Ausnahme.
Im Gegensatz zu den friedlichen Wandlungen in Polen, Ungarn, der Tschechoslowakei, der DDR und Bulgarien verliefen die Umstürze in **Rumänien** und **Jugoslawien** gewaltsam. **Nicolae Ceaucescu** (1908–1989) hatte jahrzehntelang das rumänische Volk mit Hilfe der Geheimpolizei „Securitate" brutal unterdrückt. 1989 löste dann die Verhaftung eines regimekritischen Pfarrers den Aufstand von Temesvar aus. Ceaucescu ließ Tausende von Regimegegnern ermorden. Als Teile der Armee sich auf die Seite der Aufständischen stellten, kam die Wende. Im Dezember 1989 wurden Nicolae Ceaucescu und seine Frau verhaftet, von einem Militärgericht zum Tod verurteilt und erschossen. Eine „Front zur Nationalen Rettung" aus ehemaligen Kommunisten und Teilen der Oppositionsbewegung leitete den Aufbau neuer, demokratischer Herrschaftsstrukturen ein; allerdings ist der Einfluss der alten Kräfte noch groß.
In **Jugoslawien** löste der Wandel einen fünfjährigen Bürgerkrieg aus, der erst seit kurzem auf einem – allerdings noch unsicheren – Friedensschluss ruht.
Das jahrzehntelang abgeschottete **Albanien** begann sich ab 1990 zu öffnen und einen Reformkurs einzuleiten. Unruhen und Massenflucht aus dem ärmsten Land Europas begleiteten diesen Prozess. Die freien Wahlen von 1991 gewannen zunächst die Kommunisten, sie wurden jedoch bei Neuwahlen 1992 von der demokratischen Opposition abgelöst.
In der **UdSSR** dagegen wurde die Liberalisierung von Wirtschaft und Gesellschaft und die Stärkung der Selbstständigkeit der einzelnen Republiken seit 1985 immer problematischer. Der allgemeine Lebensstandard sank, die Nahrungsmittelversorgung verschlechterte sich zunehmend und Nationalitätenkonflikte brachen aus, die den Bestand der Union der sozialistischen

Republiken gefährdeten. Gorbatschows internationale Kooperationsbereitschaft und seine Zugeständnisse bei den Abrüstungsverhandlungen weckten das Misstrauen der konservativen sowjetischen Militärkreise, die sich dem „Ausverkauf" sowjetischer Interessen widersetzten. Die Vorgänge in den baltischen Staaten schienen sie zu bestätigen: Estland, Lettland und Litauen verkündeten trotz Androhung von Gewalt 1990 ihre Unabhängigkeit; daraufhin forderten auch die übrigen zwölf Sowjetrepubliken weit reichende Autonomierechte von der Zentralregierung. Gorbatschows Versuch, mit einem neuen Unionsvertrag dem sowjetischen Gesamtstaat eine neue Basis zu geben, scheiterte. Im Dezember 1991 erklärten die Präsidenten von Russland, der Ukraine und Weißrussland die UdSSR für aufgelöst und gründeten die Gemeinschaft Unabhängiger Staaten (GUS). Kurze Zeit später traten die anderen Republiken mit Ausnahme der baltischen Staaten der GUS bei. Gorbatschow gab seine Ämter zurück, die Sowjetunion existierte nicht mehr.

Nach dem Ende des Kommunismus in Osteuropa, der Auflösung der DDR und dem Vollzug der deutschen Einheit 1990 waren mit dem Ende der Sowjetunion im Dezember 1991 der Kalte Krieg und der Ost-West-Konflikt beendet.

Mit dem Ende der bipolaren Welt ist eine **neue Unübersichtlichkeit** entstanden, die in Europa von gegensätzlichen Tendenzen geprägt wird. In der östlichen Hälfte Europas sind die alten Nationalstaaten wieder entstanden; manche wurden friedlich gebildet, wie zum Beispiel die Slowakei, Tschechien, Weißrussland, die Ukraine und Moldawien, andere, wie im ehemaligen Jugoslawien, durch Krieg. In anderen Regionen, wie zum Beispiel im Kaukasus, haben sich ethnische und religiöse Konflikte zu schwer entwirrbaren Problemknäueln verknüpft. Westeuropa wiederum ist unter dem Schutz der NATO und als marktwirtschaftlich-demokratisches Modell in der ideologischen Auseinandersetzung mit dem sozialistisch-autoritären Osten wirtschaftlich und politisch stärker zusammengewachsen. Verstärkt werden staatliche Souveränitätsrechte freiwillig an supranationale Einrichtungen abgegeben, um den neuen Herausforderungen der Globalisierung durch eine starke europäische Gemeinschaft gewachsen zu sein. Die Aufgaben der NATO, der WEU und der OSZE müssen neu überdacht werden. Das Gleiche gilt für die Frage, welche Staaten in naher Zukunft in die EU oder in die NATO aufgenommen werden sollen. Vor allem die Aufnahme ehemaliger Staaten des Warschauer Paktes in die NATO berührt die russischen Sicherheitsinteressen; die Aufnahme von Russland selbst wird kontrovers diskutiert.

Sekundärliteratur: Die Folgen des Ersten Weltkrieges

Historikerinnen und Historiker versuchen nicht nur aus Quellen zu erforschen, was in der Vergangenheit geschehen ist, sondern auch zu erklären, warum sich etwas zugetragen oder verändert hat und welche Bedeutung Geschehnisse für bestimmte Entwicklungen hatten. Dabei stützen sie sich auch auf die Forschungsergebnisse, die andere vor ihnen veröffentlicht haben. Sie verwenden sie für ihre Arbeit, indem sie sie ergänzen, weiterführen oder anders bewerten. Darstellungen, in denen Historikerinnen und Historiker ihre Quellenbefunde, Analysen und Beurteilungen der Vergangenheit veröffentlichen oder in denen sie selbst den fachlichen Kenntnisstand ergebnisorientiert zusammenfassen, werden als Sekundärliteratur bezeichnet. Jede historische Darstellung ist bei allem Bemühen um Objektivität eine perspektivisch gebundene Bewertung eines Sachverhaltes. Das hängt mit der Fragestellung und mit dem Erkenntnisinteresse zusammen, das die Verfasser verfolgen. Hinzu kommt, dass niemand frei von Weltanschauungen ist und erkenntnisleitenden Interessen verhaftet bleibt – egal, ob diese explizit erwähnt werden oder nicht.
Mit Sekundärtexten muss man sich ebenso kritisch auseinander setzen wie mit Quellen. Zunächst sollte man sich klarmachen, womit sich die Darstellung beschäftigt (Thema), welcher Fragestellung der Autor oder die Autorin nachgeht (Leitfrage, Zusammenhang) und zu welchem zentralen Ergebnis er oder sie gelangt (zentrale Aussage, These). Auf diese Weise kann man den Text überprüfen und kritisch würdigen. Die einzelnen Arbeitsschritte sind im unten aufgeführten Fragenkatalog zusammengefasst.
Ein Tipp: Markieren Sie bei der Lektüre Argumente, Begriffe und Thesen in drei verschiedenen Formen (z. B. Linie, Schlangenlinie, doppelte Unterstreichung) und notieren Sie sich den Gedankengang des Autors durch Schlagwörter am Rand (These, Argument 1, 2, 3 usw., Gegenthese, Behauptung, weiterführender/abschweifender Gedanke, Begriffserläuterung, Schlussfolgerung, Bewertung). So können Sie den Gedankengang des Autors/der Autorin besser erfassen.

Fragen zur Analyse von Sekundärliteratur

1 *Mit welchem Thema und welcher Fragestellung beschäftigt sich die Verfasserin/der Verfasser?*

2 *Was will der Autor/die Autorin erklären?*

3 *Welche zentralen Aussagen werden getroffen bzw. welche Thesen werden aufgestellt?*

4 *Mit welchen Argumenten belegt die Verfasserin/der Verfasser die Aussagen und Thesen?*

5 *Will sich der Autor/die Autorin möglicherweise gegen eine andere Position absetzen? Wenn ja, gegen welche und warum?*

6 *Von welchen (Wert-)Maßstäben aus werden Ereignisse, Entwicklungen und das Handeln von Personen beurteilt (= erkenntnisleitende Interessen)?*

Sprachliche Formulierungshilfen

Einleitende Formulierungen:
Die Historikerin X setzt sich in ihrem Text kritisch mit der Frage auseinander, ob …
Der Historiker Andreas Hillgruber befasst/beschäftigt sich mit der Frage/dem Thema …
Die Autorin X behandelt in ihrem Text das Problem der …
Zentraler Gegenstand des Textes von … ist …

Wiedergabe von Inhalten/Problemen/Ansichten:
Die Autorin betont/unterstreicht/hebt hervor/argumentiert/berücksichtigt …
Der Verfasser stellt neben diese Behauptung eine zweite: …
Er behauptet in diesem Zusammenhang weiter, dass …
Als Beleg ihrer These führt X an, dass …

In diesem Zusammenhang führt die Autorin folgende Sachverhalte/Ereignisse an: ...
Sie führt des Weiteren an/fügt hinzu, dass ...
Hillgruber belegt seine These mit ...
Großes Gewicht misst der Autor ... bei.
Weiterhin kritisiert der Verfasser ...
X ist der Ansicht/Meinung/Auffassung, ...

Aufgreifen zentraler Begriffe der Verfasser:
Der Autor operiert mit zwei zentralen Begriffen.
Zum einen mit dem Begriff ... Zum anderen ...
Die Autorin spricht in diesem Zusammenhang von ...

Absetzen von anderen Positionen:
Der Autor bestreitet/kritisiert/bemängelt, dass ...
Mit dieser Auffassung will sich die Verfasserin von ... absetzen.
Mit dieser These widerlegt der Autor die weit verbreitete Annahme, dass ...
Damit widerspricht die Autorin ...
Im Gegensatz zu .../Abweichend von ...

Abschließende Formulierungen:
Die Autorin schließt ihre Ausführungen mit ...
Die Verfasserin kommt zu dem Schluss ...
Der Autor unterstreicht am Ende noch einmal ...

Ein Beispiel

Der Historiker Andreas Hillgruber schreibt über die historische Bedeutung des Ersten Weltkriegs (1990):

Alles in allem drängt sich [...] als Haupteindruck auf, dass dieser Krieg (noch) keine klare Entscheidung gebracht hatte, die Dauer verhieß. Sein Ausgang ermöglichte vielmehr in vielfacher Weise eine Politik des „Als-ob“. Rückschauend steht uns deutlich vor Augen, dass Europa als Ganzes den Krieg verloren hatte, dass seine bis 1914 unangefochtene Weltvormachtstellung in Frage gestellt war, nicht nur durch die nun endgültige Einbeziehung der Vereinigten Staaten von Amerika und Japans als Großmächte in das sich formierende neue, erstmals wirklich global angelegte Weltstaatensystem, sondern auch durch die Erschütterung der imperialen Position der europäischen Mächte in Übersee. Der Kolonialbesitz der europäischen Mächte wurde nunmehr in dreifacher Weise in Frage gestellt: durch nationale Bewegungen, zunächst am stärksten in Indien und in der arabischen Welt, auch in China, sodann durch die kommunistische Weltbewegung, die sich mit der Emanzipation der Kolonialvölker zu verbünden trachtete, und schließlich von der amerikanischen Leitidee des Selbstbestimmungsrechts aller Völker, auch der unter europäischer Kolonialherrschaft lebenden. Es lag auf der Hand, dass ein zweiter großer Krieg der europäischen Mächte gegeneinander dann endgültig den Einsturz der Kolonialimperien zur Folge haben würde. Die „Weltgeschichte Europas“, wie Hans Freyer das kolonial-imperiale Zeitalter genannt hat, ging sichtbar ihrem Ende entgegen.
Der machtpolitische Rückzug der USA aus Europa in den Zwanzigerjahren, dem in der Weltwirtschaftskrise der finanzielle und wirtschaftspolitische Rückzug folgte, und die bis zur Weltwirtschaftskrise im Wesentlichen gelungene Separation Sowjetrusslands von dem Kernbereich Europas ermöglichten allerdings in den Zwanzigerjahren und darüber hinaus den Europäern noch einmal eine Fortsetzung der Politik des „Als-ob“, das heißt, als ob die europäischen Großmächte wie 1914 unter sich wären. [...] Erst in der Weltwirtschaftskrise vollzogen die „Have-not“-Mächte[1] jene Wendung, die einen zweiten Weltkrieg allmählich immer wahrscheinlicher machte, weil die außenpolitische Lähmung der etablierten Mächte eine frühzeitige Reaktion gegen erste Ausbruchsversuche der „Have-not“-Mächte aus der Ordnung von 1919/20 ausschloss und die in den Dreißigerjahren folgenden Anstrengungen der britischen Politik, die „Have-not“-Mächte durch Konzessionen im Interesse des von Auflösung bedrohten Empire und Commonwealth zu einer friedlichen Lösung zu gewinnen, scheiterten. Die im Ersten Weltkrieg zum Durchbruch gelangten dynamischen, das alte System sprengenden, 1918 nur vorübergehend zurückgedrängten Kräfte gelangten in Deutschland wieder zur Dominanz – und zwar in ihrer radikalsten Form.
(Andreas Hillgruber, Der historische Ort des Ersten Weltkriegs: Eine Urkatastrophe, in: Gregor Schöllgen [Hg.], Flucht in den Krieg?, Wiss. Buchgesellschaft, Darmstadt 1990, S. 244)

1 Gemeint sind Deutschland, Italien und auch Japan, weil Japan aus seiner 1918 gewonnenen Position in China wieder durch die USA abgedrängt wurde.

1 *Analysieren Sie den Text von Hillgruber mit Hilfe der Fragen auf S. 608.*

2 Europa in der Welt nach 1945

B 1 „Europäische Gemeinschaft souveräner Nationalstaaten", ca. 1980, Karikatur

– *Erarbeiten Sie aus B 1 die grundlegende Problemstellung des europäischen Einigungsprozesses und formulieren Sie Leitfragen, unter denen Sie die folgende Einheit untersuchen wollen.*

Europäische Einigungsgeschichte nach 1945

Der Erste und der Zweite Weltkrieg ließen in Europa die Erkenntnis reifen, dass diese Weltregion politisch und wirtschaftlich zusammenwachsen müsste, um Frieden, Wohlstand und Demokratie zu sichern und ihre Interessen neben den Großmächten USA und UdSSR durchzusetzen (M 1). Um zudem einen Rückfall in den Nationalismus zu verhindern, sollte Deutschland als gleichberechtigter Partner in ein europäisches Vertragsnetz eingebunden werden.

Die Integration der osteuropäischen Staaten in die sowjetische Einflusssphäre bewirkte allerdings, dass die europäischen Einigungsbestrebungen auf Westeuropa beschränkt blieben. Schon 1947 untersagte die UdSSR den Staaten ihres Machtbereiches die Teilnahme am Marshallplan; bei der Gründung der **Organization for European Economic Cooperation (OEEC)**, die die Marshallplangelder verteilte, blieben die westeuropäischen Staaten unter sich.

Als 1947/48 abzusehen war, dass die Gründung eines westdeutschen Staates bevorstand, drängte Frankreich in der 1948 in Brüssel gegründeten **„Europabewegung"** darauf, einen **Europarat** unter Einschluss Deutschlands einzurichten. Dieser wurde ein Jahr später auch tatsächlich gegründet, allerdings nur als eine beratende Versammlung ohne konkrete Machtbefugnisse. 1950/51 scheiterte das Ziel, eine föderalistisch organisierte „Europa-Union" zu gründen, erneut. Großbritannien hatte sein Veto eingelegt.

Der französische Außenminister **Robert Schuman** (1886–1963) entschloss sich daraufhin, erstens die politische Integration zunächst auf wirtschaftliche Ziele zu beschränken und zweitens die überstaatliche (supranationale) Einigung auch ohne Großbritannien voranzutreiben. Seine Bemühungen führten im Jahr 1951 zur Gründung der **Europäischen Gemeinschaft für Kohle und Stahl (EGKS/Montanunion)** und begründeten den ersten gemeinsamen Markt für die damaligen Schlüsselindustrien (M 2). Der deutsche Bundeskanzler Konrad Adenauer (1876–1967) hatte bei der Errichtung der Montanunion maßgeblich mitgewirkt, weil er die junge Bundesrepublik als gleichberechtigtes Mitglied in die westliche Staatengemeinschaft integrieren wollte (s. S. 532).

Aus Furcht vor der Sowjetunion suchten die westeuropäischen Staaten auch die gemeinsame militärische Organisation. Diese sollte die Vereinigten Staaten mit einbeziehen, da nur die wirtschaftliche und politische Stärke der USA eine glaubwürdige Abschreckung der Sowjetunion garantieren konnte. Nachdem die Beneluxstaaten, Großbritannien und Frankreich 1948 einen (zunächst gegen Deutschland gerichteten) westeuropäischen Verteidigungspakt (die spätere **Westeuropäische Union/WEU**) geschlossen hatten, gelang es ihnen 1949, die USA in einen Atlantikpakt einzubinden. Europa war seither militärisch in die NATO integriert. Praktisch wurde die militärische Integration Westeuropas vor allem durch den Koreakrieg 1950–1953 und durch die Aufnahme der Bundesrepublik in die NATO 1955 verstärkt.
Die nächsten Schritte im Integrationsprozess bildeten die **Europäische Wirtschaftsgemeinschaft (EWG)** und die **Europäische Atomgemeinschaft (EURATOM)**, beide 1957 in Rom gegründet. Da vorerst nur die sechs Gründungsmitglieder der EGKS beteiligt waren, standen hinter diesen Gründungen nur zum Teil wirtschaftliche Interessen an einem größeren europäischen Markt. Wichtiger war das Bestreben, die Bundesrepublik einzubinden und sich durch diesen Zusammenschluss als Europäer eigenständig gegenüber den Großmächten zu behaupten. Großbritannien, Dänemark, Norwegen, Schweden, Portugal, Österreich und die Schweiz beteiligten sich aus nationalpolitischen Vorbehalten nicht an der EWG, schlossen sich aber zu einer „Europäischen Freihandelszone" **(European Free Trade Association/EFTA)** zusammen, um den Rückgang ihres Handels mit der EWG teilweise zu kompensieren.
Der wirtschaftliche Zusammenschluss der „Sechs" in der EWG wurde zum Erfolg. Der Wettbewerb auf dem größer gewordenen europäischen Markt stärkte die internationale Konkurrenzfähigkeit. Der Außenhandel verdoppelte sich in den Jahren zwischen 1958 und 1968 und der Binnenhandel nahm sogar um über 230 % zu. Mit einem Anteil von ca. 30 % erreichte die EWG eine Spitzenstellung im Welthandel. Der Zusammenschluss wirkte sich auch positiv auf das Bruttosozialprodukt aus. Die Volkseinkommen stiegen um mehr als 50 %, die allgemeinen Einkommensverhältnisse verbesserten sich merklich.
Entsprechend gewann die Wirtschaftsgemeinschaft in der Bevölkerung ihrer Mitgliedsländer an Unterstützung und wurde auch für andere europäische Länder attraktiv. 1967 beschlossen die Sechs, EWG, EGKS und EURATOM zur **Europäischen Gemeinschaft (EG)** zusammenzufassen. Die Sogkraft ihres ökonomischen Erfolgs zeigte sich bei der Nord- und Süderweiterung in den Siebziger- und Achtzigerjahren. Durch den Beitritt von Irland, Großbritannien und Dänemark wurde aus dem Europa der Sechs ein Europa der Neun und schließlich – als Griechenland, Spanien und Portugal beitraten – ein Europa der Zwölf. Anfang 1995 schlossen sich dann auch Schweden, Finnland und Österreich an (Karte 4) und wurden Mitglied in der seit den **Verträgen von Maastricht** 1991 in **Europäische Union (EU)** umgewandelten EG.
Maastricht bedeutet aber mehr als nur eine Umbenennung. Der Vertrag legte Grundsätze für eine gemeinsame Wirtschafts-, Währungs- und Außen- bzw. Sicherheitspolitik fest und übertrug damit die klassischen Felder des modernen Nationalstaats auf das vereinigte Europa.

Europas neue Rolle in der internationalen Politik

Die Umbrüche in Osteuropa haben die Aufgaben der Konferenz für Sicherheit und Zusammenarbeit in Europa (KSZE, s. S. 603) bisher stärker verändert als die Aufgaben der NATO und der EU. Das liegt auch daran, dass die KSZE bisher das einzige Forum war, auf dem sich alle Staaten Europas und die USA und die UdSSR trafen. Mit der **Charta von Paris** vom November 1990 wurde die KSZE dergestalt weiterentwickelt, dass durch sie die Spaltung Europas beendet werden konnte: Vereinbart wurde die Einrichtung eines ständigen Sekretariats in Prag, eines Zentrums für Konfliktverhinderung in Wien und eines Büros für freie Wahlen in Warschau. Die Charta verpflichtete alle KSZE-Mitgliedsstaaten zur

Karte 4 Zusammenschlüsse in Europa nach dem Zweiten Weltkrieg

– *Skizzieren Sie das Zusammenwachsen Europas seit 1952.*

Verwirklichung von Menschenrechten, Demokratie und Marktwirtschaft als unverzichtbare Elemente einer europäischen Friedensordnung. Nach der offiziellen Auflösung des Warschauer Paktes im Juli 1991 und dem Ende der UdSSR im Dezember 1991 stieg die Zahl der Mitglieder auf 53 Staaten. Mit der **OSZE** – wie sich die KSZE seit 1995 nennt – ist jetzt ein Rahmen für eine europäische Sicherheitsstruktur geschaffen, die Konflikte innerhalb ihres Einzugsbereiches beeinflussen könnte (Schema 2). Von einer wirklich funktionierenden Sicherheitsstruktur zu sprechen wäre allerdings verfrüht. Dies zeigen die hilflosen Reaktionen auf die Nationalitätenkonflikte in der GUS und im ehemaligen Jugoslawien.

Neben der OSZE ist die EU die zweite europäische Sicherheitsarchitektur (Schema 3). Denn in den Verträgen von Maastricht (1991) verpflichtet sie sich neben wirtschaftspolitischen Grundsätzen auch zu einer **Gemeinsamen Außen- und Sicherheitspolitik (GASP)**. Als die EU versuchte, auf die Nationalitätenkonflikte in der GUS und im ehemaligen Jugoslawien deeskalierend einzuwirken, zeigten sich aber auch bei ihr wie bei der OSZE **Handlungsdefizite**. Im Jugoslawienkonflikt wurde deutlich, wie unvereinbar zum Beispiel britische und französische Interessen waren. Wie angesichts der unverändert hohen Bewertung nationaler Interessen eine funktionierende europäische Außenpolitik zu Stande kommen soll, stellt eines der großen Probleme der europäischen Integration dar.

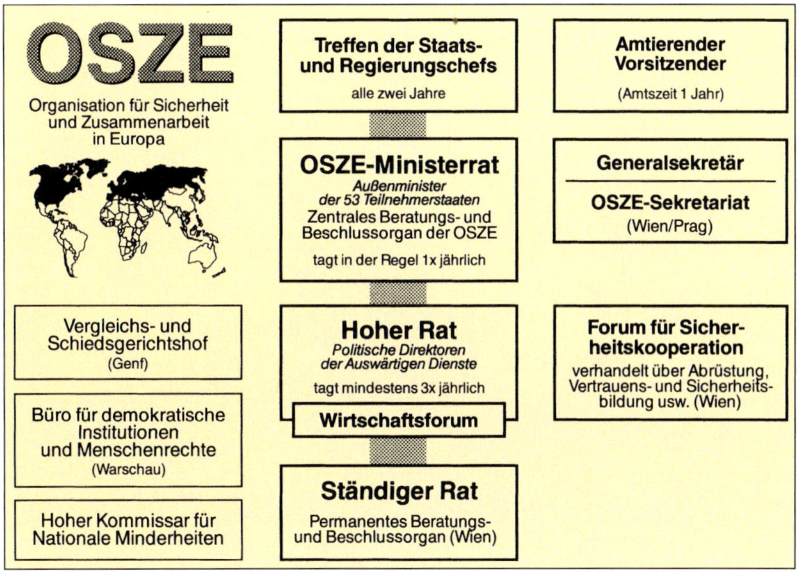

Schema 2 Die Organisation für Sicherheit und Zusammenarbeit in Europa (OSZE, bis 1994 KSZE; Stand: 1997)

– *Vergleichen Sie die Aufgaben der OSZE mit denen der WEU (s. Darstellung unten).*

Die Frage, ob die mit militärischen Zielen 1954 aus dem Brüsseler Pakt (s. oben) hervorgegangene **Westeuropäische Union (WEU)** als sicherheits- und verteidigungspolitische Institution zu einem dritten Pfeiler einer europäischen Friedensordnung werden kann, ist noch offen. Mit dem Vertrag von Maastricht haben die europäischen Politiker die Absicht bekundet, die WEU zu einem „bewaffneten Arm" der Europäischen Union auszubauen, und konkrete Planungen in die Wege geleitet. Da die WEU-Einsätze nicht an einstimmige Beschlüsse des WEU-Rates, sondern nur an die Zustimmung der sich beteiligenden Staaten gebunden sind, könnte mit der Aufwertung der WEU ein sicherheits-und militärpolitisches Instrument entstehen. Es soll allerdings die NATO nicht ersetzen; die NATO wird nach wie vor für die Verteidigung der Atlantischen Gemeinschaft zuständig bleiben. Für alle anderen Fälle innerhalb wie außerhalb des NATO-Einzugsbereiches steht indes mit der WEU ein rein europäisches Instrument zur Verfügung, da anders als in der NATO die USA nicht Mitglied der WEU sind (Schema 4). Manche europäische Staaten sehen darin einen Vorteil. Allerdings bleibt wie bei der GASP das Problem, wie die WEU-Staaten ihre außenpolitischen Ziele auf einen Nenner bringen. Der Krieg im ehemaligen Jugoslawien konnte erst durch militärisches Eingreifen der im NATO-Auftrag operierenden USA beendet werden.

Die USA und Europa

Die USA sahen die Versuche, mit der WEU und der EU eine spezifisch europäische Außen- und Sicherheitspolitik zu betreiben, sehr kritisch, hatten sie doch mehr als vierzig Jahre als Führungsmacht der NATO unter erheblichem Aufwand die Sicherheit Europas garantiert. Aus amerikanischer Sicht hatten die Auflösung des Warschauer Paktes und der Zerfall der Sowjetunion an der Funktion der NATO als Bindeglied zwischen Nordamerika und Westeuropa und als Strukturrahmen für die transatlantische Kooperation nichts geändert; die NATO blieb das Standbein für die amerikanische Europapolitik, über das Washington seinen Einfluss auf die zukünftige europäische Friedensordnung ausüben konnte. Allerdings versuchten die USA schnell der NATO eine stärkere politische Rolle zuzuschreiben:

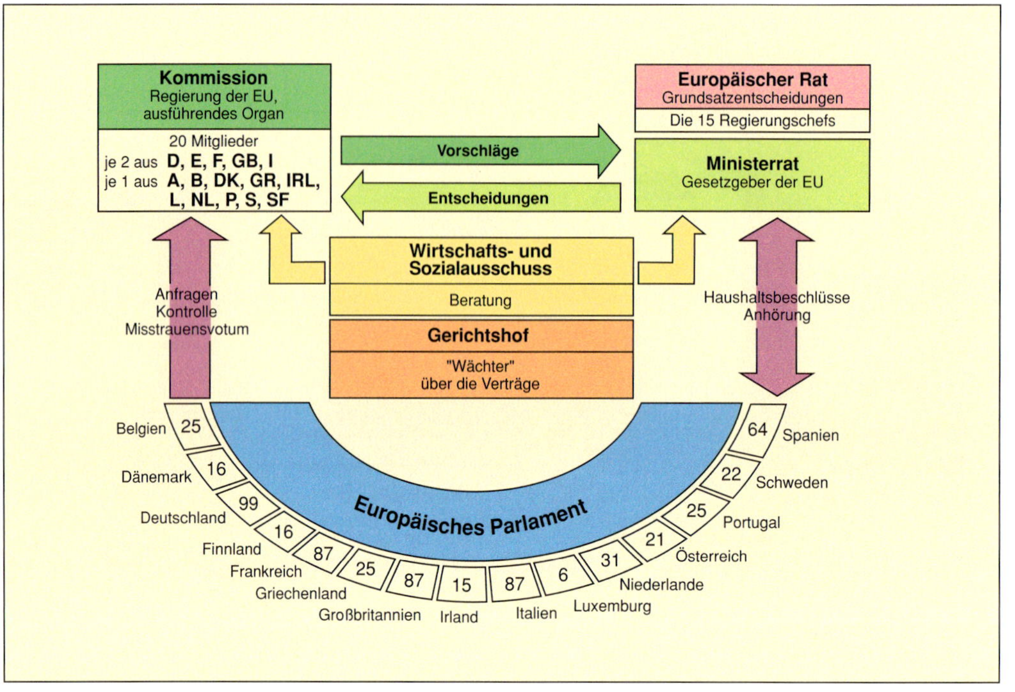

Schema 3 Die Europäische Union (Stand: 2000)

– *Arbeiten Sie heraus, welche Einrichtungen der Europäischen Union an der Formulierung einer gemeinsamen Außen- und Sicherheitspolitik beteiligt sind.*

zum Beispiel im Hinblick auf neue Herausforderungen durch regionale Konflikte oder auf das Problem der Nichtverbreitung von Massenvernichtungswaffen. Die USA und die EU lehnten – teilweise aus Rücksicht auf Russland – einen NATO-Beitritt der osteuropäischen Staaten zunächst ab. Mit der Gründung eines **Nordatlantischen Kooperationsrates** 1991 (seit 1997: Euro-Atlantischer Partnerschaftsrat) und der „Partnerschaft für den Frieden“ (der 1995 schon 26 europäische Nicht-NATO-Staaten beigetreten waren) wurden aber Foren geschaffen, die die Beziehungen zwischen der NATO, Russland und den osteuropäischen Staaten klären können. Ein erster Schritt war 1997 die Gründung des **NATO-Russland-Rats.** Damit wurde Russland ein privilegierter Sonderstatus zugebilligt und der Weg frei für die Aufnahme von Beitrittsverhandlungen mit Polen , Tschechien und Ungarn, die wie andere osteuropäische Länder in die NATO drängen.

M1 Auszug aus dem Projekt einer Deklaration, die im Frühjahr 1944 von europäischen Widerstandskämpfern entworfen wurde

I. Der Widerstand gegen die nationalsozialistische Unterdrückung, der die Völker Europas in einem gemeinsamen Kampf verbindet, hat zwischen ihnen eine Solidarität sowie eine Gemeinschaft der Ziele und Interessen geschaffen, die ihre ganze Bedeutung und ihre ganze Tragweite in der Tatsache sich haben niederschlagen lassen, dass die Delegierten der europäischen Widerstandsbewegungen sich zusammengefunden haben, um die gegenwärtige Deklaration zu formulieren […]. Indem sie die wesentlichen Bestimmungen der Atlantik-

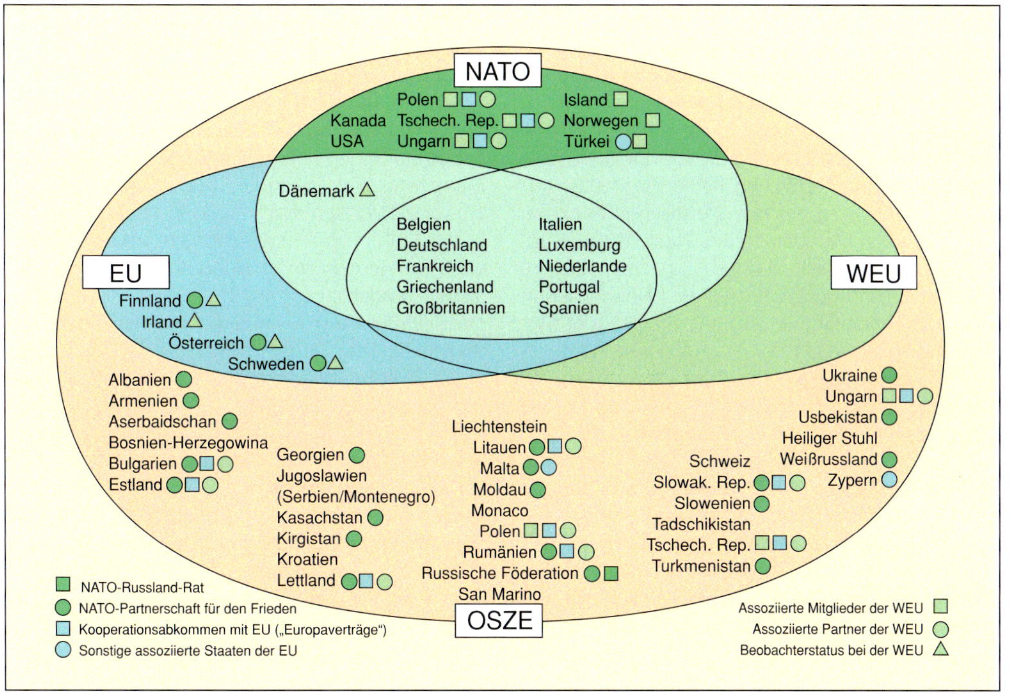

Schema 4 Mitgliedschaft in den Institutionen der euro-atlantischen Sicherheitsordnung (Stand: 2000)

– *Erörtern Sie mit Blick auf eine europäische Außen- und Sicherheitspolitik die Handlungsspielräume der EU, der WEU und der OSZE.*

Charta sich zu Eigen machen, erklären sie, dass das Leben der Völker, die sie vertreten, auf die Achtung der Person, die Sicherheit, die soziale Gerechtigkeit, die umfassende Nutzung der wirtschaftlichen Hilfsquellen zu Gunsten der Gemeinschaft in ihrer Gesamtheit und die autonome Entfaltung des nationalen Lebens begründet sein muss.

II. Diese Ziele können nur erreicht werden, wenn die verschiedenen Länder der Welt sich bereit erklären, das Dogma der absoluten Staatssouveränität abzustreifen, indem sie sich einer gemeinsamen Bundesorganisation eingliedern. […]

III. Der Frieden in Europa stellt den Schlüssel zum Frieden in der Welt dar. Tatsächlich ist Europa im Zeitraum einer einzigen Generation das Auslösezentrum zweier Weltkriege geworden, wobei hierfür wesentlich maßgebend war, dass auf diesem Kontinent 30 souveräne Staaten existierten. Es ist unerlässlich, gegen diese Anarchie anzugehen, indem eine Bundesordnung für die europäischen Völker geschaffen wird. Nur eine Bundesordnung wird die Teilnahme des deutschen Volkes am europäischen Leben gestatten, ohne dass es zur Gefahr für andere Völker würde. Nur eine Bundesordnung wird es gestatten, die Probleme der Grenzziehung in Gebieten mit gemischter Bevölkerung zu lösen, sodass diese Gebiete aufhören, Gegenstand irrer nationalistischer Begehrlichkeit zu sein. […] Nur eine Bundesordnung wird die Erhaltung der demokratischen Institutionen in solcher Weise gestatten, dass die noch nicht politisch voll gereiften Völker die allgemeine Ordnung nicht gefährden können. Nur eine Bundesordnung wird den wirtschaftlichen Wiederaufbau des Kontinents und die Ausschaltung der Monopole wie der nationalen Autarkie gestatten. […]

IV. Es ist nicht möglich, schon jetzt die geografischen Grenzen einer Bundesordnung vorzusehen, die den europäischen Frieden gewährleisten soll. Jedoch ist es angebracht festzustellen, dass diese Bundesordnung von Anfang an stark und umfassend genug sein muss, um der Gefahr zu entgehen, nur die Einflusszone eines fremden Staates zu sein oder das Instrument für die Hegemoniepo-

litik eines Mitgliedes. Darüber hinaus muss sie von Anfang an allen Ländern offen stehen, deren Gebiet ganz oder teilweise in Europa liegt und die Mitglieder werden können oder wollen.
Die Bundesordnung muss sich auf eine Deklaration der Menschenrechte gründen, die die freie Entwicklung der menschlichen Person und das normale Funktionieren der demokratischen Funktion gewährleisten. Darüber hinaus muss sie sich auf eine Deklaration der Minderheitsrechte stützen, die eine autonome Existenz dieser Minderheiten insoweit sicherstellt, wie dies mit der Integrität der Nationalstaaten vereinbar ist, auf deren Staatsgebiet sie sich befinden. Die Bundesordnung darf nicht das Recht eines jeden Mitgliedstaates einschränken, die ihm eigenen Probleme in Übereinstimmung mit seinen völkischen und kulturellen Eigenarten zu lösen. Jedoch werden die Staaten, in Erinnerung an die Erfahrungen und Fehlschläge des Völkerbundes, unwiderruflich an den Bund diejenigen Kompetenzen ihrer Souveränität abtreten müssen, die die Verteidigung des Territoriums, die Beziehungen mit Mächten außerhalb des Bundes, die Wirtschaftsbeziehungen und die internationalen Verbindungswege zum Gegenstand haben.
V. Der Frieden, der aus dem Krieg geboren werden soll, muss sich auf Gerechtigkeit und auf den Fortschritt gründen, nicht auf Rache und Reaktion. Dennoch wird eine unnachsichtige Einstellung gegenüber allen Kriegsverbrechen erforderlich sein, die ungestraft zu lassen eine Beleidigung für das Opfer der Kriegstoten und insbesondere der namenlosen Helden des europäischen Widerstandes wäre. Deutschland und seine Satelliten werden am wirtschaftlichen Wiederaufbau der Gebiete mitwirken müssen, die von ihnen verwüstet wurden, aber Deutschland muss geholfen werden, notwendigenfalls sogar gezwungen, seine politische und wirtschaftliche Struktur zu ändern, damit es sich dem europäischen Bunde eingliedern könne.
(Centre d'action pour la Féderation européenne [Hg.], L'Europe de demain, Neuchatel 1945, S. 70 ff.)

1 *Arbeiten Sie heraus, auf welchen Grundsätzen und mit welchen Zielen das neue Europa errichtet werden soll.*

2 *Welche Rückschlüsse kann man aus den Ergebnissen der Analyse hinsichtlich der politischen Position der Verfasser ziehen?*

3 *Nehmen Sie Stellung zu den Vorstellungen über die Kompetenzen der Bundesordnung und die Einbindung Deutschlands, die in M 1 dargelegt werden.*

M2 Auszug aus den „Römischen Verträgen", mit denen 1957 die Europäische Wirtschaftsgemeinschaft (EWG) gegründet wurde

Artikel 3: Die Tätigkeit der Gemeinschaft umfasst:
a) die Abschaffung der Zölle und mengenmäßigen Beschränkungen bei der Ein- und Ausfuhr von Waren sowie aller sonstigen Maßnahmen gleicher Wirkung zwischen den Mitgliedstaaten;
b) die Einführung eines gemeinsamen Zolltarifs und einer gemeinsamen Handelspolitik gegenüber dritten Ländern;
c) die Einführung einer gemeinsamen Politik auf dem Gebiet der Landwirtschaft; [...]
e) die Einführung einer gemeinsamen Politik auf dem Gebiet des Verkehrs;
f) die Errichtung eines Systems, das den Wettbewerb innerhalb des Gemeinsamen Marktes vor Verfälschungen schützt;
g) die Anwendung von Verfahren, welche die Koordinierung der Wirtschaftspolitik der Mitgliedstaaten und die Behebung von Störungen im Gleichgewicht ihrer Zahlungsbilanzen ermöglichen;
h) die Angleichung der innerstaatlichen Rechtsvorschriften, soweit dies für das ordnungsgemäße Funktionieren des Gemeinsamen Marktes erforderlich ist;
i) die Schaffung eines Europäischen Sozialfonds, um die Beschäftigungsmöglichkeiten der Arbeitnehmer zu verbessern und zur Hebung ihrer Lebenshaltung beizutragen;
j) die Errichtung einer Europäischen Investitionsbank, um durch Erschließung neuer Hilfsquellen die wirtschaftliche Ausweitung in der Gemeinschaft zu erleichtern;
k) die Assoziierung der überseeischen Länder und Hoheitsgebiete, um den Handelsverkehr zu steigern und die wirtschaftliche und soziale Entwicklung durch gemeinsame Bemühungen zu fördern.
(Europa, Verträge und Gesetze, Bonn 1972, S. 75 f.)

1 *Beurteilen Sie die Vereinbarungen, die in den Römischen Verträgen 1957 getroffen worden sind, für den weiteren Prozess der europäischen Integration.*

M3 Der Historiker Hagen Schulze leitet aus der europäischen Geschichte Grundsätze für die zukünftige Entwicklung Europas ab (1990)

Wie konnte es aber geschehen, dass trotz des dichten Geflechts westeuropäischer Institutionen, trotz des definitiven Endes jahrhundertealter „Erbfeindschaften", trotz der Aussicht auf die Entstehung eines europäischen Binnenmarktes von 1993 an die europäische Begeisterung der Nachkriegsjahre verflachte, dass in Krisensituationen der nationale Egoismus der europäischen Staaten stärker zu sein scheint als das gemeinsame Interesse Westeuropas, dass die Wahlen weitaus niedrigere Beteiligungen erkennen lassen als die nationalen Parlamentswahlen?

Der Blick auf die Entwicklung des europäischen „Wir"-Gefühls gibt darauf eine ebenso einfache wie bedrückende Antwort: Europa hat sich immer nur gegen etwas, nie für etwas zusammenschließen können, mit den Worten des britischen Historikers Geoffrey Barraclough: „Die auffälligste Schwäche der europäischen Idee ist, dass sie stark nur so lange bleibt, wie die Bedrohung Europas stark bleibt; es ist eine befristete Einheit, die auf einer zeitweiligen oder auch nur vermuteten Gemeinsamkeit der Interessen beruht und schnell zerfällt, sobald der unmittelbare Zweck weniger drängend ist."

Das ist die augenblickliche Situation Europas: Eine Generation, die weder die nationalsozialistische noch die stalinistische Diktatur erlebt hat, die sich zudem derzeit aus dem Osten nicht bedroht fühlt, neigt dazu, das reale Europa eher als Ärgernis anzusehen: ein Gewirr von bürokratischen Institutionen, deren Handeln oft schwer zu verstehen ist, ein Kontinent von Butterbergen und Milchseen, von mörderischen Konflikten zwischen holländischen und französischen Schweinezüchtern, aber ohne inneren, geistigen Zusammenhang, ohne wirkliche Notwendigkeit und Legitimation [...]. Europa ist nie anders als politisch zerstückelt zu denken gewesen [...]. Die Pluralität von Ideen, Kulturen, Religionen und Staaten zeichnet sich dadurch aus, dass sie Vielfalt bleibt, also nie für längere Zeit der Vorherrschaft einer Idee, einer Kultur oder eines Staates anheim fällt. Jeder Versuch der Hegemonie ruft Gegner auf den Plan und aus der Auseinandersetzung entsteht früher oder später neue Heterogenität. Das Überdauern der Vielfalt durch Selbstregulierung ist aber auch in einem weiteren Bereich zu beobachten: Der balance of power, also dem rechtsförmig geregelten Ausgleich zwischen den politischen Kräften im Staatensystem, entspricht das Prinzip der Demokratie: Hier geht es um den Ausgleich zwischen den Interessen der Bürger und ihrer Vereinigungen auf rechtsförmiger Grundlage, meist in Gestalt einer Verfassung: Nicht nur Rechte, Pflichten und Interessen der einzelnen Bürger werden ausbalanciert, sondern auch die Befugnisse der staatlichen Institutionen, um deren Macht zu begrenzen. [...]

Wenn Europa eine Zukunft haben soll, dann wird es unvermeidlich an das Europa der Vergangenheit anknüpfen müssen [...]. Die dauerhafte Einheit der Vielfalt – das ist nicht durch einen zentralistischen, mit allen modernen Machtbefugnissen ausgestatteten Einheitsstaat zu verwirklichen, wie er in der heutigen Brüsseler Kommission mit ihren weitreichenden wirtschaftspolitischen Kompetenzen bereits vorgegeben scheint. Dauerhaft kann eine europäische Verfassung nur sein, wenn sie mit den Nationen, ihrer langen Geschichte, ihren Sprachen und ihren Staaten rechnet. All dies kann nur zu einem Ganzen zusammengefügt werden, wenn das künftige Europa im Geist der Subsidiarität[1] errichtet wird: ein verhältnismäßig lockeres Staatengebilde aus mehreren politischen Etagen, „in dem nur das an die nächsthöhere Etage abgegeben werden darf, was auf der unteren nicht erledigt werden kann" (Joseph Rovan).

(Hagen Schulze, Die Wiederkehr Europas, Siedler, Berlin 1990, S. 37 und S. 64)

1 Gesellschaftspolitisches Prinzip, nach dem übergeordnete gesellschaftliche Einheiten (zum Beispiel der Staat) nur solche Aufgaben übernehmen sollen, zu deren Wahrnehmung untergeordnete Einheiten (zum Beispiel die Familie) nicht in der Lage sind.

1 *Fassen Sie die Überlegungen von Hagen Schulze thesenartig zusammen (M 3).*

2 *Diskutieren Sie in Ihrem Kurs über die Frage: „Was meinen wir eigentlich, wenn wir Europa sagen?"*

3 *Nehmen Sie Stellung zu der These des Soziologen Ralf Dahrendorf: „Nicht EG-Tennisturniere, sondern Grundrechtsgarantien stiften ein überzeugendes Europa der Bürger."*

4 *Organisieren Sie eine Podiumsdiskussion zu dem Thema „Für und wider eine europäische Einheitswährung".*

3 Die Entwicklung der Vereinten Nationen

Entstehung und Satzung

1943 beschlossen auf der Moskauer Außenministerkonferenz die Hauptmächte der Anti-Hitler-Koalition, die USA, Großbritannien und die UdSSR, dass „zur Gewährleistung des Friedens und der Sicherheit" eine internationale Organisation zu schaffen sei. Bereits 1944 wurde die Satzung dieser neuen Organisation auf der Konferenz von Dumbarton Oaks von den USA, der UdSSR, Großbritannien und Nationalchina (Taiwan) ausgearbeitet. Die **Charta der Vereinten Nationen (United Nations/UN oder UNO)** wurde schließlich von 50 Staaten unterzeichnet und trat am **24. Oktober 1945** in Kraft. Anders als beim 1919 gegründeten Völkerbund waren bei der UNO-Gründung die UdSSR und die USA von Anfang an dabei.
Auf der Konferenz von Jalta im Februar 1945 hatte die endgültige Charta gegenüber dem ersten Entwurf allerdings einen Passus erhalten, der vor allem die amerikanische Konzeption der Regelung von Konflikten und der Gewährleistung kollektiver Sicherheit widerspiegelte: Beschlussfassungen über Zwangsmaßnahmen gegen Mitgliedsländer bedurften stets der Zustimmung aller fünf ständigen Mitglieder des Sicherheitsrates, d. h. der USA, Großbritanniens, Frankreichs, der UdSSR und Nationalchinas (Taiwan; 1971 durch die Volksrepublik China ersetzt). Die fünf ständigen Mitglieder konnten also durch ihr **Vetorecht** jederzeit Beschlüsse verhindern.
Im nach 1945 rasch aufkommenden Ost-West-Konflikt wurde das Vetorecht zu einem Mittel, mit dem die Supermächte den Sicherheitsrat in seiner Handlungsfähigkeit blockierten. Zwischen 1946 und 1964 wurde das Veto von der UdSSR, die sich im Sicherheitsrat und in der Vollversammlung stets einer westlichen Mehrheit gegenübersah, 103-mal ausgesprochen, von Großbritannien vier- und von Frankreich dreimal.

Aktionen der UNO

Die Vereinten Nationen verfolgen insbesondere vier Ziele: Sicherung des Weltfriedens, Schutz der Menschenrechte, Gleichberechtigung aller Völker und Verbesserung des allgemeinen Lebensstandards in der Welt. Die Mitgliedstaaten verpflichten sich zu aktiver Friedenssicherung mit friedlichen Mitteln (Art. 35), durch politische und wirtschaftliche Sanktionen (Art. 41) oder durch den Einsatz von Streitkräften (Art. 42), die von den Mitgliedstaaten gestellt werden (Art. 43). Dabei wird zwischen dem Instrument der **Friedenssicherung** (peace keeping) durch Friedenstruppen („Blauhelme") und dem der **Friedenserzwingung** (peace enforcement) durch Kampftruppen unterschieden. Die Friedenstruppen werden nicht nur in zwischenstaatlichen, sondern auch in innerstaatlichen Konflikten eingesetzt (M 4). War lange Zeit die Verletzung der Menschenrechte in autoritären oder totalitären Staaten kein Interventionsgrund, so hat in diesem Punkt seit dem zweiten Golfkrieg (1990/91), in dem der Irak Kuwait überfiel und die Kurden im Norden seines Landes brutal bekämpfte, ein Umdenken eingesetzt.

Neue Aufgaben der UNO nach 1989/91

Die **Ausweitung von UN-Missionen auf innerstaatliche Konflikte** zeigt deutlich: Das allgemeine Völkerrechtsdenken ist so weit entwickelt worden, dass die Durchsetzung und Bewahrung der Menschenrechte dem innenpolitischen Gestaltungsmonopol des Staates ansatzweise übergeordnet wird. Der UN-Sicherheitsrat hat so z. B. mit seiner berühmten Resolution 688 vom 5. April 1991 und mit der Errichtung von Schutzzonen für die vom Völkermord bedrohten Kurden in die „inneren Angelegenheiten" des Iraks, eingegriffen. Ein weiteres Beispiel: Libyen weigerte sich 1992, zwei mutmaßliche Flugzeugattentäter auszuliefern. Als es sich nach der am 15. April 1992 erfolgten Androhung von

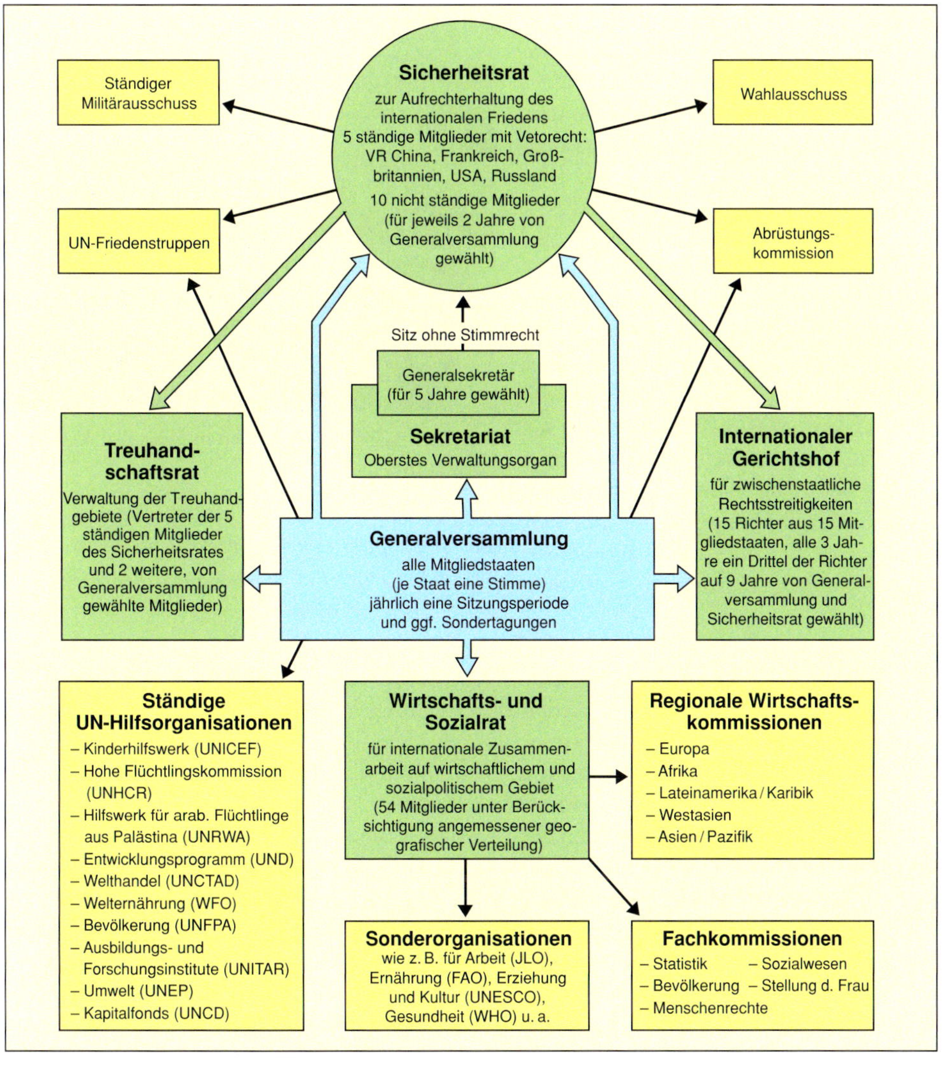

Schema 5 Der Aufbau der Vereinten Nationen (Stand: 2000)

– *Erschließen Sie aus der Grafik die Aufgaben der UNO.*
– *Gewichten Sie die politische Bedeutung des Sicherheitsrats, des Generalsekretariats und der Generalversammlung in der UNO.*
– *Beziehen Sie Stellung zu der These: Es ist nicht möglich, die UNO zu einer Weltregierung auszugestalten.*

Sanktionen durch den UN-Sicherheitsrat darauf berief, dass die Forderung nach Auslieferung eine Einmischung in seine inneren Angelegenheiten bedeute, wurde dies von der UNO unter Verweis auf die Internationalität des Terrorismus bestritten. Das aus dem Souveränitätsprinzip des Staates historisch hervorgegangene Verbot, das die äußere Einmischung in die inneren Angelegenheiten untersagt, gilt nun bei Menschenrechtsverletzungen, Terrorismus und verbotenem Nuklearbesitz nicht mehr uneingeschränkt.

Konzept einer Weltinnenpolitik

Die politische, die wirtschaftliche und die militärische Zusammenarbeit in der Welt erfolgte bis 1989/91 fast ausschließlich unter dem Freund-Feind-Aspekt der globalen Frontstellung zwischen Ost und West. Die Weltordnung nach dem Ende des Ost-West-Konfliktes wird sich von diesem Konzept grundlegend unterscheiden (M 5).
Konzepte für eine **Innenpolitik der „Einen Welt"** haben allerdings im Augenblick einer Vielzahl von Problemen Rechnung zu tragen:
– Die USA sind zwar die wirtschaftlich und militärisch stärkste Macht – alleine sind sie aber zu schwach, um der Welt eine neue stabile Ordnung geben zu können. Die immer wieder auftauchenden Unstimmigkeiten mit der UNO zeigen, dass sich die USA nur in Übereinstimmung mit ihren nationalen Interessen global engagieren.
– Die gescheiterte Mission in Somalia 1992–1995 (B 2) und das erfolglose Agieren im Jugoslawienkrieg haben gezeigt, dass auch die UNO kein hinreichendes Mittel zur Friedensdurchsetzung ist. Eine Reform der UNO wird verlangt; allerdings kann die UNO nur so viel Durchschlagskraft erlangen, wie die Staatengemeinschaft zu geben bereit ist. Und das bedeutet nicht nur Aufbringung finanzieller Ressourcen, sondern auch die Abtretung nationaler Souveränitätsrechte.
– Eine Vielzahl von regionalen Konflikten, Kriegen und Bürgerkriegen auf der ganzen Welt hat den Optimismus der Jahre nach 1989 gedämpft (Karte 5) und teilweise den Blick für die Zukunftsaufgaben der Menschheit verstellt. So ist die fortschreitende Umweltzerstörung längst zu einem globalen Problem geworden, das nicht mehr allein von den einzelnen Staaten gelöst werden kann. Alle Staaten stehen in der Verantwortung, gemeinsam auf den Erhalt der natürlichen Lebensgrundlagen aller Menschen hinzuwirken. Dazu bedarf es eines globalen Dialogs über Umweltfragen, der mit den Weltumweltkonferenzen von Rio de Janeiro 1992 und Berlin 1995 erneut aufgenommen wurde. Der dabei zu Tage getretene Widerspruch zwischen Entwicklung und Ökologie ist angesichts der Bevölkerungsexplosion und des westlichen Industrialisierungs- und Wachstumsmodells höchst brisant. Er wird sich nur dann auflösen lassen, wenn die Industriestaaten selbst eine glaubwürdige Umweltschutzpolitik betreiben. Und die Industrieländer müssen zu einem massiven Ressourcentransfer zu Gunsten von Entwicklung und Umweltschutz in die Entwicklungsländer und die ehemals sozialistischen Staaten Osteuropas bereit sein.
Das zweite Problem betrifft die Organisation der Weltwirtschaft. Es besteht die Gefahr, dass die Austauschbeziehungen zunehmend von vier miteinander in scharfem und ungeregeltem Wettbewerb stehenden Zentren – USA, EU, Japan und Südostasien – geprägt werden. Vor allem die seit 1961 in der „Organisation für Wirtschaftliche Zusammenarbeit und Entwicklung" (Organization for Economic Cooperation and Development/OECD) zusammengeschlossenen westlichen Industrieländer sind aufgefordert, Lösungen zu Gunsten der ehemaligen Ostblockstaaten und der Dritten und Vierten Welt zu finden.

B 2 Deutsche UN-Soldaten in Somalia, 1993, Fotografie

– *Informieren Sie sich über die UN-Mission in Somalia und diskutieren Sie den Einsatz deutscher Bundeswehrangehöriger als UN-Soldaten (s. auch M 4).*

M4 Friedensmissionen der UNO 1945–1999

Zeitraum	Einsatzgebiet	Funktion
1947–51	Griechenland	Spezialkommission zur Verhinderung ausländischer Einmischung in den Bürgerkrieg
1950–53	Korea	Alliierte Streitmacht der UNO (38 500 Soldaten) unter Oberkommando der USA
1956–67	Ägypten	Überwachung des Waffenstillstands nach dem Suezkrieg 1956 (6000 Soldaten)
1958	Libanon	Beobachtung des US-Truppenabzugs (600 Mann)
1960–64	Zaire	Militärintervention im Kongokonflikt (20 000 Soldaten)
1962–63	Westl. Neuguinea	UNO-Verwaltung, um Übergang in die Unabhängigkeit zu überwachen
1963–64	Nordjemen	Beobachtermission (Grenzzwischenfälle zwischen Nordjemen und Saudi-Arabien)
1967	Naher Osten (Suezkanal, Golan)	Waffenstillstandsüberwachung nach arabisch-israelischem Krieg 1967
1973–79	Naher Osten (Suezkanal)	UNO-Friedenstruppen (7000 Soldaten) zur Truppenentflechtung nach arabisch-israelischem Krieg 1973
1989–90	Nicaragua	Wahlbeobachtung (160 Mann) nach Bürgerkrieg
1989–91	Namibia	Überwachung des Rückzugs südafrikanischer Truppen und Sicherung einer demokratischen Entwicklung
1991	Irak/Kuwait	UNO billigt den Einsatz einer Streitmacht (über 700 000 Soldaten) unter Oberkommando der USA zur Befreiung des vom Irak besetzten Kuwait
1992–95	Somalia	UNO-Friedenstruppe (3000 Soldaten; bis Mai 1993 unter dem Oberkommando der USA) zur Rettung der Zivilbevölkerung im Bürgerkrieg; erste deutsche Beteiligung mit 1720 Soldaten; Scheitern nach der Verwicklung der UNO-Truppen in die Kriegshandlungen
seit 1992	Kambodscha	UNO-Friedenstruppe (18 900 Soldaten/Polizisten; 300 Zivilisten) zur Sicherung der öffentlichen Ordnung und demokratischer Wahlen nach dem Bürgerkrieg
seit 1992	Mosambik	UNO-Friedenstruppe (7500 Soldaten) zur Überwachung der Waffenruhe nach dem Bürgerkrieg und Sicherung demokratischer Wahlen
seit 1992	Kroatien	UNO-Truppe (14 000 Soldaten) zur Sicherung des kroatisch-serbischen Waffenstillstands und der Schutzzonen für die Bevölkerung; Scheitern der Aktion
seit 1992	Bosnien-Herzegowina	UNO-Friedenstruppe (24 000 Soldaten) unter Einschluss von NATO-Verbänden zum Schutz der Zivilbevölkerung und zur Überwachung der immer wieder zerbrechenden Waffenstillstandsvereinbarungen; NATO greift 1995 unter Billigung der UNO mit Bombern gegen die Serben in den Krieg ein; Ende 1995 wird die UNO-Friedenstruppe von der Bosnien-Friedenstruppe (60 000 Soldaten) unter dem Kommando der NATO abgelöst.
seit 1998	Sierra Leone	UNO-Friedenstruppe und zivile Mission
seit 1999	Jugoslawien/ Kosovo	Zivile Mission
seit 1999	Indonesien/ Ost-Timor	UNO-Friedenstruppe
seit 1999	DR Kongo	UNO-Friedenstruppe›

1 *Fassen Sie die UN-Friedensmissionen unter übergeordneten Stichworten zusammen. Auf welchen Kontinenten fanden die Einsätze statt?*

2 *Nicht in alle Konflikte auf der Welt mischt sich die UNO ein. Erörtern Sie anhand aktueller Fälle Möglichkeiten und Grenzen der UNO als „Weltpolizei".*

1. Vorbeugende Diplomatie

Ziel
- Verhinderung des Entstehens von Streitigkeiten
- Verhinderung des Ausbruchs offener Konflikte
- rasche Begrenzung ausgebrochener Konflikte

Mittel
- Diplomatische Gespräche
- vertrauensbildende Maßnahmen
- Frühwarnsysteme
- vorbeugender Einsatz von UN-Truppen
- vorsorgliche Einrichtung entmilitarisierter Zonen

2. Friedensschaffung

Ziel Nach Konfliktausbruch Herbeiführung einer Einigung der feindlichen Parteien

Mittel
- Friedliche Mittel (z. B. Vermittlung, Verhandlungen, Schiedsspruch, Entscheidungen durch Internationalen Gerichtshof)
- Gewaltlose Sanktionen (z. B. Wirtschafts- und Verkehrsblockade)
- Friedensdurchsetzung (Aufstellung von UN-Truppen)
- Militärische Gewalt

3. Friedenssicherung

Ziel
- Stabilisierung der Lage in den Konfliktzonen
- Überwachung der Vereinbarungen

Mittel
- Entsendung von Beobachtermissionen
- Einsatz von UN-Friedenstruppen
- Bildung von UN-Zonen zwischen den Konfliktparteien
- Wahrnehmung polizeilicher Aufgaben
- Sicherung humanitärer Maßnahmen
- Umfassendes Krisenmanagement

4. Friedenskonsolidierung

Ziel Stabilisierung des Friedens durch Diplomatie und friedlichen Wiederaufbau

Mittel
Nach einem Konflikt innerhalb eines Landes:
- Entwaffnung der verfeindeten Parteien
- Wiederherstellung der öffentlichen Ordnung
- Repatriierung von Flüchtlingen
- Neuaufbau staatlicher Institutionen

Nach einem internationalen Konflikt:
- Realisierung gemeinsamer Projekte zur Förderung der wirtschaftlichen und sozialen Entwicklung
- Abbau der Schranken zwischen den Nationen (z.B. Kulturaustausch, Reiseerleichterungen)

Schema 6 Vorschläge des ehemaligen UNO-Generalsekretärs Boutros-Ghali zur Friedens- und Sicherheitspolitik der UNO (1995)

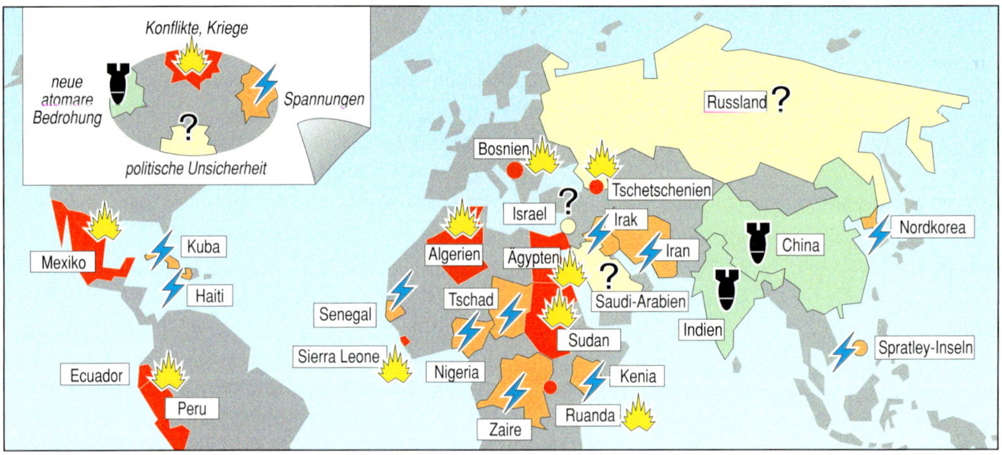

Karte 5 Kriege und Spannungen in der Welt 1994/95 (Jahresbericht des Internationalen Instituts für strategische Studien)

– *Stellen Sie aus Karte 5 die Regionen zusammen, von denen nach dem Ende des Ost-West-Konflikts eine besondere Gefährdung der internationalen Sicherheit ausgeht.*

– *Diskutieren Sie die Möglichkeiten, durch Maßnahmen der UNO (wie sie in Schema 6 vorgeschlagen werden) einen in Karte 5 angeführten Konflikt (oder einen aktuellen Konflikt) zu lösen.*

B 3 Norman Rockwell, Die goldene Regel, 1961, Öl auf Leinwand

– *Stellen Sie sich vor, die Stadt, in der Sie wohnen, hat das Gemälde B 3 angekauft und sucht einen geeigneten öffentlichen Standort. Diskutieren Sie mögliche Präsentationsorte und begründen Sie Ihre Meinung.*

M5 Der August-Bebel-Kreis, eine der SPD nahe stehende Institution namhafter Wissenschaftler, die Stellungnahmen zu aktuellen Fragen erarbeitet, schrieb zum Thema „Gefahren für den Frieden" (1990):

Frieden ist [...] nicht nur das Schweigen der Waffen, sondern auch der Prozess, der im Zusammenleben der Völker Gewalt, Ausbeutung, Hunger und Unterdrückung beseitigt und die natürlichen Lebensgrundlagen bewahrt bzw. wiederherstellt.

Nach wie vor stehen jedoch in der Dritten Welt Massenarmut und Massenelend auf der Tagesordnung. Jährlich sterben Millionen Menschen an Hunger und seinen Folgen, verknappen weiterhin Ressourcen, veröden [...] Weiden und Anbauflächen, werden Kriege geführt.

Nicht auszuschließen ist auf Dauer, dass einer dieser regionalen Kriege den grenzüberschreitenden Zündfunken für einen künftigen Weltkrieg [...] in sich birgt. Aber auch ohne offenen Ausbruch eines Weltkrieges sind die globalen grenzüberschreitenden Gefahren, die aus der Gewalt in Form der Armut in der Dritten Welt resultieren, nicht länger zu leugnen [...]. Insbesondere die immer krasser zu Tage tretende Ökologiekrise stellt für die nationale Sicherheit – ja für das nationale Überleben – unter Umständen eine größere Bedrohung dar als ein gut bewaffneter, übel wollender Nachbar oder feindliche Militärbündnisse. [...]

Angesichts der feststellbaren oder sich abzeichnenden Friedensgefährdungen sind alle Völker und Staaten, auch solche mit gegensätzlichen Ordnungen, Ideologien, Religionen, Interessen usw., bei der Sicherung des Überlebens auf Partnerschaft angewiesen. Die gemeinsamen grenzüberschreitenden Gefährdungen, Verletzlichkeiten, Verflechtungen und Abhängigkeiten machen neue Regeln des Zusammenlebens unerlässlich.

Erforderlich ist eine Ordnung des gemeinsamen Friedens, der sich als beständiger Prozess der umfassenden Verwirklichung demokratischer Strukturen und ökologischer Lebensweisen versteht, ferner die Autonomie und die eigenen Interessen der Völker des Südens anerkennt und eine partnerschaftliche und gleichberechtigte Kooperation unter allen Völkern ermöglicht.

Eine solchermaßen verwirklichte Ordnung des gemeinsamen Friedens hat akzeptiert, dass die einzige zivilisierte Form von Sicherheitspolitik die der zivilen Interaktion und Kooperation gleichberechtigter Partner ist; für Streitkräfte und Rüstung hat sie also keine Verwendung.

(August-Bebel-Kreis [Hg.], Brauchen wir noch deutsche Streitkräfte?, Bonn 1990, S. 9f.)

1 *Geben Sie eine Definition des Begriffs „Frieden", wie er in M 5 verstanden wird.*

2 *Stimmen Sie M 5 inhaltlich zu oder nicht? – Beziehen Sie Stellung und begründen Sie Ihre Meinung auf der Basis Ihrer Kenntnisse über die historischen Ereignisse und Strukturen in der internationalen Politik des 20. Jahrhunderts.*

4 Herausforderungen der Weltgemeinschaft: Dekolonisation und Dritte Welt

Die Anfänge der Dekolonisation

Die europäischen Kolonialreiche – entstanden seit der Entdeckung Amerikas und dem 1880 einsetzenden Imperialismus – erlangten zwischen den beiden Weltkriegen des 20. Jahrhunderts ihre größte Ausdehnung, zugleich begann aber auch ihr Verfall. Damit setzte der Prozess der Dekolonisierung ein (Karte 6), d.h. die Ablösung der Kolonien vom jeweiligen „Mutterland“ durch Verhandlungen, Aufstände oder Kriege. Der **Erste Weltkrieg** beschleunigte die Dekolonisation: Erstens mussten für den Einsatz von Indern und Afrikanern als Soldaten und Zwangsarbeiter Zusagen zur Dekolonisation gegeben werden. Zweitens erzeugten die „14 Punkte“ Wilsons und das „Dekret für den Frieden“ von Lenin internationalen Druck, da die Kolonien ihr Recht auf nationale Selbstbestimmung einklagen konnten(s. S. 366 und S. 594).

Die Siegerstaaten des Ersten Weltkrieges konstruierten in Artikel 22 des **Völkerbundvertrages** von 1919 einen mühsam ausgehandelten Kompromiss in der Kolonialfrage. Die Deutschland und Italien aberkannten Kolonien und die arabischen Teile des Osmanischen Reiches erhielten zwar kein Selbstbestimmungsrecht, wurden aber auch nicht mehr zu formellen Kolonien anderer Mächte. Sie wurden vielmehr als „Treuhandgebiete“ der internationalen Kontrolle des Völkerbunds unterstellt. Zudem übertrug der Völkerbundsvertrag den so genannten „fortgeschrittenen Nationen“ die Vormundschaft über „noch nicht reife“ Völker. Damit gab die Idee der Treuhandschaft der Kolonialherrschaft eine neue Zielsetzung. Der bisherige Gedanke der „Zivilisierung“ der Kolonialvölker hatte politische Unterdrückung und wirtschaftliche Ausbeutung leicht gemacht. Die Idee des Wohlergehens und der Entwicklung der neuen internationalen Vereinbarungen ließ dies nun nicht mehr zu.

Allerdings traten konservative britische Kolonialpolitiker wie Winston Churchill weiterhin für einen Fortbestand der Kolonialreiche ein. **Indien** wurde 1919 ein Stück Selbstverwaltung zugestanden, was die Inder allerdings nicht befriedigte. Deshalb begann **Mahatma Gandhi** (1869–1948) 1920 mit seinem gewaltfreien Widerstand gegen die britische Kolonialherrschaft und erregte weltweites Aufsehen.

Folgen des Zweiten Weltkrieges

Im Zweiten Weltkrieg erlitten Frankreich und Großbritannien, die bedeutendsten Kolonialmächte, demütigende Niederlagen, besonders in Südostasien und China, gegen die neue Industriemacht Japan. Beide mussten Konzessionen machen, die vor Kriegsbeginn noch undenkbar gewesen waren. Gleichzeitig versuchten die USA und die UdSSR, sich als antikoloniale Mächte zu profilieren und bei den Unabhängigkeitsbewegungen Sympathien zu sammeln. US-Präsident Franklin D. Roosevelt hatte schon in der Atlantik-Charta vom 14. August 1941 gegen heftigen britischen Widerstand das allgemeine Selbstbestimmungsrecht der Völker festgeschrieben. Die Politik der USA blieb jedoch halbherzig. Bei den Verhandlungen über die Gründungs-Charta der **UNO** 1945 verzichteten sie auf Druck der Briten auf die ursprünglich geplante Unterstellung aller Kolonien unter das neue UN-Treuhandsystem; sie setzten aber in Artikel 73 den Auftrag an die Kolonialmächte durch, das Wohl der noch abhängigen Völker „aufs Äußerste“ zu fördern und die „Selbstregierung zu entwickeln“, was 1948 durch die Allgemeine Erklärung der Menschenrechte noch einmal bekräftigt wurde.

Nach dem Zweiten Weltkrieg kamen die Antriebskräfte der Dekolonisation vornehmlich von innen. Der **antikoloniale Widerstand** wurde von nationalistischen Eliten getragen, verband sich jetzt häufig mit **sozialrevolutionären Bewegungen** und hatte u.a. in Gewerkschaften und

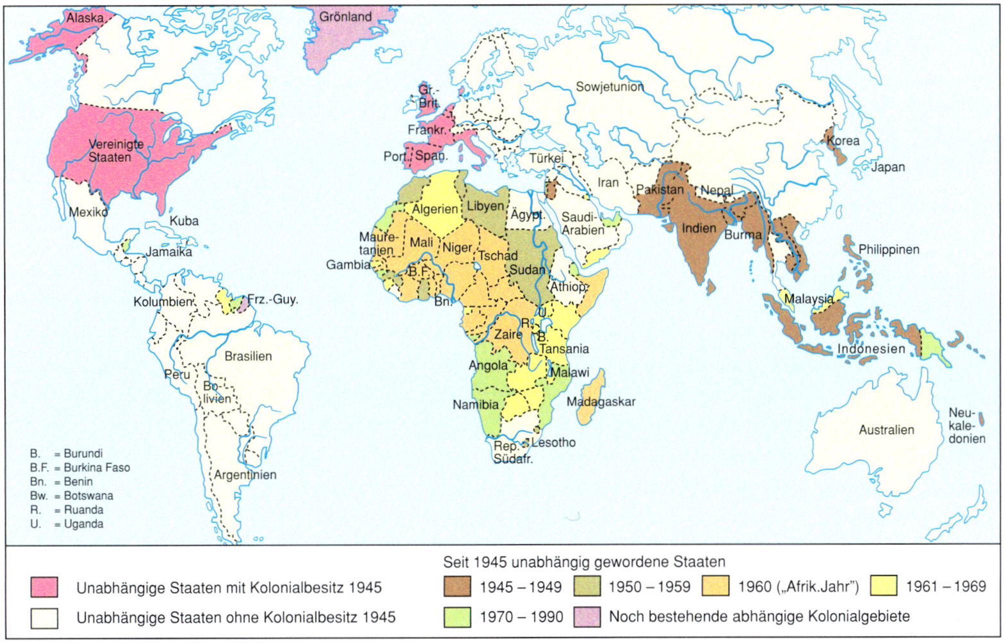

Karte 6 Dekolonisation seit 1918

– *Arbeiten Sie aus der Karte die wichtigsten Phasen der Dekolonisation heraus und beschreiben sie deren jeweilige Merkmale. Welche Phasen im Prozess der Dekolonisation gehen aus der Karte nicht hervor? Ziehen Sie auch die Darstellung hinzu.*

Bauernverbänden seine Basis. So konnte in China die von Mao Zedong angeführte kommunistische Partei seit ihrer Flucht auf dem „langen Marsch" 1934/35 unter der mehrheitlich bäuerlichen Bevölkerung zunehmend Fuß fassen. In Vietnam organisierte Ho Chi Minh den Kampf der „Vietminh" gegen Frankreich und verband dabei das Streben nach nationaler Unabhängigkeit mit einer sozialrevolutionären Zielsetzung.

Das in den Unabhängigkeitsbewegungen verstärkt auftretende sozialrevolutionäre Element mit seiner kommunistischen und antikapitalistischen Zielsetzung wurde in den westlichen Industriestaaten als Bedrohung empfunden und zunehmend als **Teil des Ost-West-Konflikts** gesehen. Tatsächlich bedeuteten die erfolgreiche kommunistische Revolution in China 1949, der vom kommunistischen Nordkorea ausgelöste Koreakrieg (1950–1953) und der Krieg um die Unabhängigkeit Vietnams (1946–1954 und 1965–1975) eine stückweise Ausweitung der kommunistischen Weltrevolution. Schon 1947 hatten die USA in der Truman-Doktrin die weltweite Eindämmung des Kommunismus angekündigt und in diesen Rahmen wurde auch die US-Entwicklungshilfe vergeben. Dadurch erhielt die Entwicklungshilfe von Anfang an eine besondere Funktion im Kalten Krieg. Ihrem obersten Ziel, der Bekämpfung von Armut, lief sie zuwider und begründete teilweise ihre Misserfolge. Die Eindämmungsstrategie verleitete den Westen dazu, ungeachtet der eigenen Ziele von Demokratie und Menschenrechten in der Dritten Welt alte Gesellschaftsstrukturen zu stabilisieren und selbst reaktionäre Diktatoren zu unterstützen.

Diese Verschränkung des Ost-West-Konflikts mit dem aufkommenden Nord-Süd-Konflikt bedeutete konkret: Die „Erste Welt" kämpfte mit der „Zweiten Welt" um die „**Dritte Welt**". Der

Begriff der „Dritten Welt“ kam nach dem Zweiten Weltkrieg mit dem erwachenden Selbstbewusstsein der jungen Staaten in Afrika und Asien auf. Als „Erste Welt“ bezeichnete man die industrialisierten, privatwirtschaftlich organisierten und demokratischen Länder in Europa und Nordamerika sowie Japan, Neuseeland und Australien (OECD-Staaten). Die „Zweite Welt“, das waren die staatssozialistischen Länder unter Führung der Sowjetunion. Die Länder der „Dritten Welt“ lehnten sich mehr oder weniger an das westliche oder östliche Lager an oder suchten einen eigenen Weg der Entwicklung.

Ende des Kolonialismus

In den Ländern **Südostasiens** waren im Zweiten Weltkrieg die Japaner häufig als Befreier vom kolonialen Joch gefeiert worden. Sie förderten während ihrer – oft brutalen – Besetzung nationalistische Bewegungen und gewährten lokale Autonomie. Nach ihrem Abzug traten westlich erzogene Eliten mit revolutionären Befreiungsprogrammen gegen die Kolonialmächte auf. Die Philippinen erhielten 1946 von den USA die Unabhängigkeit, die Niederlande entließen nach vier Jahren Krieg Indonesien unter Sukarno 1949 in die Unabhängigkeit.
Bereits im August 1947 waren Indien und Pakistan souveräne Staaten geworden, nachdem die neue, sozialistische Regierung der Labour Party die Konservativen unter Churchill abgelöst hatte. Dem waren im August 1942 und im November 1945 in allen größeren Städten Indiens antikoloniale Unruhen vorausgegangen und im Februar 1946 Meutereien in der britisch-indischen Marine, der Stütze der britischen Herrschaft. Übersehen wird häufig die unfriedliche Teilung Britisch-Indiens in die Staaten Indien und Pakistan, die von Gewalttaten zwischen Hindus und Muslimen – denen auch Gandhi zum Opfer fiel – und riesigen Flüchtlingswellen begleitet war.
Viele Länder der Dritten Welt versuchten aus der bipolaren Welt der beiden Machtblöcke auszuscheren, um endlich die eigenen Interessen in den Vordergrund rücken zu können. Der entscheidende Schritt hin zur Bewegung der **Blockfreien** war die **Bandung-Konferenz** in Indonesien im April **1955**, zu der sich bereits vierundzwanzig asiatische, aber erst fünf afrikanische Staaten versammelten, da die Dekolonisationswelle Afrika erst in den 1960er-Jahren erfassen sollte. Die Bewegung wurde vom ägyptischen Präsidenten **Gamal Abdel Nasser** (1918–1964), dem indonesischen Präsidenten Sukarno (1901–1970) sowie dem indischen Ministerpräsidenten **Jawaharlal Nehru** (1889–1964) angeführt; hinzu kam **Josip Tito**, der Präsident des blockfreien Jugoslawiens. Gemeinsam verurteilten sie den Kolonialismus, die Rassendiskriminierung und auch die Atomwaffen. Ihren politischen Handlungsspielraum sahen die blockfreien Staaten in der Konkurrenz der beiden Supermächte, die um Einflussgebiete in der Welt rangen und die „jungen Völker“ umwarben.
Afrika südlich der Sahara galt in der internationalen Kolonialdebatte auch nach dem Zweiten Weltkrieg als noch nicht „reif“ für eine Selbstregierung. Doch auch hier forderten die neuen Eliten, die an Missionsschulen und britischen oder französischen Universitäten die Ideen der Französischen Revolution, des britischen Parlamentarismus oder des Marxismus-Leninismus kennen gelernt und um sich herum den Zerfall der Kolonialreiche erlebt hatten, politische Mitsprache – auch gegen die traditionellen einheimischen Autoritäten. Zwar waren die frühen antikolonialen Aufstände auf Madagaskar (1947), in Kamerun (1955) und in Angola (seit 1961) eher die Ausnahme als die Regel in der afrikanischen Dekolonisation; aber der Prozess entwickelte eine Eigendynamik. Beginnend mit der Unabhängigkeit Ghanas 1957 wurde die letzte Dekolonisationswelle in den Sechzigerjahren eingeleitet.

Die Politik der Kolonialmächte

Um dem wachsenden Unabhängigkeitsstreben der Kolonialvölker die Spitze zu nehmen, erklärte **Frankreich** 1946 zunächst alle Einwohner seiner Kolonien zu gleichberechtigten französischen Bürgern. Die Unabhängigkeitsbestrebungen waren aber nicht mehr zu stoppen – auch nicht durch die Gewährung innerer Autonomie in einem von Frankreich geführten Staatenbund. Zum Trauma für Frankreich wurde der Algerienkrieg (1954–1962), der von Frankreich mit brutalen und terroristischen Mitteln geführt worden war und vor allem unter der Zivilbevölkerung unzählige Opfer forderte. Dieser Krieg führte in der Weltöffentlichkeit zu einem großen Ansehensverlust Frankreichs, das seine Kolonialpolitik immer mit dem Ziel der „zivilisatorischen Mission" verbunden hatte. Ähnlich verlief die Entwicklung 1958 in Guinea. Ungeachtet der harten kolonialpolitischen Haltung ist die Bindung der ehemaligen französischen Kolonien an Frankreich stärker geblieben als die der ehemals britischen Kolonien an Großbritannien im Rahmen des „Commonwealth of Nations". Bis in die Gegenwart spielt Frankreich daher in den Staaten West- und Zentralafrikas eine wichtige politische und wirtschaftliche Rolle.

Für den Prozess der schrittweisen „Entlassung" in die Unabhängigkeit von **Großbritannien** steht modellhaft das westafrikanische Ghana unter **Kwame Nkrumah** (1909–1972). Er gründete nach dem Zweiten Weltkrieg eine gewaltfreie Unabhängigkeitsbewegung und übernahm im Einvernehmen mit der britischen Kolonialmacht 1951 die Regierungsgewalt, die sich zunächst auf die innere Autonomie beschränkte und 1957 zur vollen Souveränität ausgeweitet wurde. Kwame Nkrumah war ein typischer Vertreter der Eliten in den jungen Staaten Afrikas, die an Missionsschulen ausgebildet wurden und an westlichen Universitäten studiert hatten.

Die Dekolonisation gestaltete sich vor allem dort schwierig, wo weiße Bevölkerungsgruppen Herrschaftspositionen räumen und Privilegien aufgeben mussten wie in Kenia, Rhodesien, Namibia (unabhängig seit 1990) und Südafrika. In Südafrika wurde erst 1994 nach Jahren der Apartheid die Vorherrschaft der weißen Buren (Nachfahren niederländischer Siedler) beendet. Freie und allgemeine Wahlen fanden statt, aus denen **Nelson Mandela** (geb. 1918), der Führer des ANC (African National Congress), der jahrzehntelang für die Gleichberechtigung der Schwarzen gekämpft hatte, als Präsident hervorging.

Portugal sperrte sich am längsten gegen die Auflösung seines Kolonialreiches. Als Gegenreaktion entstanden jahrelange Guerillakriege in Angola, Mosambik und Guinea-Bissau. Dabei unterstützten die Sowjetunion und das kommunistische Kuba die Befreiungsbewegungen, die Westmächte und Südafrika hingegen die Portugiesen. Die Niederlage der demoralisierten portugiesischen Armee hatte enorme Auswirkungen auf das Mutterland. In der so genannten „Nelkenrevolution" von 1974 wurde die Diktatur Salazars durch „linke" Militärs beendet, die den Aufbau einer Demokratie einleiteten.

Probleme der „Dritten Welt"

Die Dekolonisierungswelle in den Sechzigerjahren führte bald zu deutlich unterscheidbaren Entwicklungen in den Staaten der Dritten Welt. Als sich im Jahr 1960 die **Ölländer** zur Organization of the Petroleum Exporting Countries (OPEC) zusammenschlossen, lag die Erdölförderung noch ganz in den Händen großer multinationaler Konzerne der westlichen Länder. Seit 1950 hatten aber die Förderländer, die in kolonialen Zeiten kein Geld für ihre Rohstoffe bekommen hatten, nach und nach höhere Gewinn- und Kapitalbeteiligungen erkämpft. Entscheidend zur Neuordnung des Ölgeschäfts war der israelisch-arabische Krieg von 1973: Verstaatlichung des Kapitals der westlichen Ölgesellschaften, ein Ölembargo der arabischen Staaten gegen die USA, eine allgemeine Produktionsdrosselung und ein drastisches Anheben des Ölpreises sollten die USA und die westeuropäischen Staaten wegen ihrer Unterstützung des Erzfeindes Israel in ihrem industriellen Lebensnerv treffen.

Die nach dem „Ölschock" erzielten Ölpreissteigerungen ließen die Einnahmen der im OPEC-Kartell organisierten Staaten enorm ansteigen. Dieser neue Reichtum verteilt sich jedoch – bis heute – sehr ungleich, wenn man zwischen bevölkerungsarmen Ländern wie Saudi-Arabien bzw. den Scheichtümern auf der einen Seite und den bevölkerungsreichen Mitgliedern wie Irak, Algerien, Nigeria, Venezuela, Mexiko oder Indonesien auf der anderen Seite unterscheidet. Die Ölländer erlebten durch die Steigerung der Ölpreise zwar Einkommenssprünge, die Entwicklung der Produktivkräfte ihrer Gesellschaften zur eigenständigen Versorgung mit materiellen und kulturellen Gütern sowie Dienstleistungen blieb dennoch ungenügend.
Die Entwicklungsländer waren von den Ölpreiserhöhungen viel härter betroffen als die Industrieländer. Diese konnten flexibel reagieren: Sie förderten selbst Öl aus der Nordsee, importierten mehr Öl aus der Sowjetunion, setzten auf den Bau von Kernkraftwerken, erdachten Energiesparkonzepte. Eine wesentliche Erkenntnis des „Ölschocks" war jedoch, dass der „Süden" den „Norden" nicht erdrosseln kann, dass beide voneinander abhängig sind und dass Rohstoffe nur begrenzt vorhanden sind.
Zu einer weiteren Differenzierung der „Dritten Welt" trugen die **„Schwellenländer"** bei: Taiwan, Hongkong, Südkorea, Singapur , Malaysia, Thailand und Indonesien. Sie haben einen wachsenden Anteil an der weltweiten Industrieproduktion und am weltweiten Export von industriellen Fertigwaren. Im Energieverbrauch, in der Alphabetisierungsrate, bei der durchschnittlichen Lebenserwartung und im Pro-Kopf-Einkommen nähern sie sich zum Teil den Industrieländern an. Zu ihnen zählen rohstoffarme Länder mit hoher Exportquote („Billiglohnländer"), wie Hongkong und Südkorea, und rohstoffreiche Länder mit einer niedrigen Exportquote, wie z. B. Brasilien und Mexiko. Auch China, das sich seit den Achtzigerjahren der Marktwirtschaft öffnet, gehört dazu. Die Erfolge der Schwellenländer können jedoch nicht einfach nachgeahmt werden, da jedes Land über andere politische, wirtschaftliche, soziale und vor allem kulturelle Voraussetzungen zur Entwicklung verfügt.
Die am wenigsten entwickelten Länder der Erde, die **„Vierte Welt"**, hat nur einen Anteil am Welthandel von unter 1 %. Drei Merkmale sind für diese Länder entscheidend: 1. Das Pro-Kopf-Einkommen ist sehr niedrig. 2. Der Anteil der Industrieproduktion am Bruttosozialprodukt ist kleiner als 10 %. 3. Die Alphabetisierungsrate liegt unter 20 %. Überdurchschnittlich stark sind afrikanische Staaten in dieser Gruppe vertreten.
Für Rückständigkeit und Stagnation der Entwicklungsländer gibt es vielfältige Gründe. Da sind zum einen die **politischen Ursachen** zu nennen. Durch die Dekolonisation entstanden häufig zahlreiche kleine Staaten mit willkürlich gezogenen Grenzen. Die Bindung an den Stamm (Tribalismus) ist aber oft stärker als das Gefühl, einer Staatsnation anzugehören, wovon in Afrika zahlreiche Bürger- bzw. Stammeskriege zeugen. Die stärkste staatliche Klammer ist oft das Militär, das sich als „Ordnungsmacht" nach innen versteht und häufig gegen die Regierungen putscht. Parlamentarismus, Demokratie und Rechtsstaat (Einhaltung der Menschenrechte) sind ohne historische Wurzeln, sodass sich im nachkolonialen Afrika überwiegend autoritäre Staatsformen (Militärdiktatur, Einparteienherrschaft, „gelenkte Demokratie") herausbildeten. Eine historisch gewachsene bürgerliche Mittelschicht, die in Europa Garant für politische und wirtschaftliche Stabilität ist, fehlt in vielen Entwicklungsländern fast völlig.
Tiefe Spuren hat der Kolonialismus in Sprache und Kultur hinterlassen. Oftmals konnte man sich auf keine der einheimischen Sprachen einigen und die Sprache der ehemaligen Kolonialmacht wurde zur neuen Staatssprache. Dadurch verfestigten sich Strukturen der kulturellen Europäisierung und hinterließen Entfremdung, mangelndes Selbstwertgefühl und eine schwache kulturelle Identität.
Zu den **agrarpolitischen Ursachen**, die der Kolonialismus hinterließ, zählt vor allem die Lati-

B 4 Karikatur zur Entwicklungshilfe, 1978

– *Formulieren Sie die Kritik, die der Karikaturist an der Entwicklungshilfe äußert.*
– *Erörtern Sie, ausgehend von B 4, die Probleme der Konzepte der Entwicklungshilfe, Entwicklungspolitik und Entwicklungszusammenarbeit.*

fundienwirtschaft mit ihren exportorientierten Monokulturen. Einerseits sind diese Agrarexporte notwendig, um überhaupt Devisen zu erwirtschaften. Andererseits geht die unterschiedliche Preisentwicklung zwischen Grundstoffen aus den Entwicklungsländern und den Fertigwaren aus den Industrieländern eindeutig zu Lasten der Entwicklungsländer, die damit in Abhängigkeit von den entwickelten Ländern geraten (**Neokolonialismus**). Reformen scheitern oft daran, dass die herrschenden Eliten selbst zu den Nutznießern dieser feudalen Strukturen zählen. Ein weiterer Grund ist das enorm rasche Bevölkerungswachstum, das Ansätze von Modernisierung und Produktivitätssteigerung in der Landwirtschaft aufzehrt. Außerdem fehlt eine soziale und wirtschaftliche Infrastruktur, die vor allem den Zugang zu Krediten erleichtert. Zudem leiden die Länder unter einer armutsbedingten extrem niedrigen Kaufkraft. Hemmend wirkt auch die Subventionspolitik der westlichen Länder, die ihre Agrarproduktion teilweise hoch subventionieren und damit gegen Billigimporte abschotten.
Zu den **wirtschaftlichen Ursachen** zählt vor allem die technisch-industrielle Rückständigkeit, die sich in einem hohen Arbeitsaufwand und einer sehr geringen Produktivität niederschlägt. Gewinne, die in Entwicklungsländern erwirtschaftet werden, fließen oft den multinationalen Konzernen und den einheimischen Oberschichten zu. Diese legen ihr Geld in den hoch entwickelten Staaten an (Kapitalflucht) oder verwenden es für den Import von hochwertigen Konsumgütern oder den Kauf von Ländereien. Da das Eigenkapital fehlt, können keine qualifizierten Arbeitsplätze geschaffen werden. Ebenso fehlen häufig stabile politische und rechtliche Rahmenbedingungen als Voraussetzung für Wirtschaftswachstum; auch ein rationalistisches, ökonomisch orientiertes Gewinn-, Erfolgs- und Prestigedenken wie in Europa ist vor allem in Afrika fremd.
Der größte Anteil zur Existenzsicherung der Familien wird von Frauen und Kindern erbracht. **Analphabetismus** und **fehlende Ausbildung** sind die Folge. Ebenso wird das Verhältnis der Geschlechter bisher kaum problematisiert.
Viele Staaten Afrikas sind **klimatisch benachteiligt** (vor allem in der Sahelzone). Die Bevölkerungszunahme und die Verschuldung wiederum bewirken, dass ohne Rücksicht auf die Umwelt wirtschaftliches Wachstum bedingungslos gefördert wird. So nehmen die ökologischen Gefahren zu, unter denen die Entwicklungsländer besonders leiden (Abholzung, Bodenerosion, Überschwemmungs- und Dürrekatastrophen, Mangel an sauberem Trinkwasser).
Mit dem Begriff der „**Entwicklungshilfe**“ (B 4) verbindet man die durchaus richtige Vorstellung,

dass in Industrieländern Regierungen, Parteien, politische Stiftungen, kirchliche und private Hilfsorganisationen in Form von Geld- und Sachleistungen Hilfe zur Entwicklung der Dritten und Vierten Welt gewähren. Dieses Hilfskonzept, das in den 1950er-Jahren entstand, besaß aber von Anfang an eine ideologisch-politische Funktion im Ost-West-Konflikt. Zunächst förderte man den Bau von Großprojekten (z. B. des Assuan-Staudamms in Ägypten durch die Sowjetunion oder des Stahlwerks Rourkela in Indien durch die Bundesrepublik), um die Entwicklungsländer möglichst schnell zu industrialisieren und an das eigene Lager zu binden. Entscheidenden Einfluss auf die Entwicklungspolitik der Bundesrepublik übte lange Zeit die Hallstein-Doktrin aus, die diplomatische Beziehungen und Hilfe für Länder, die die DDR als selbstständigen Staat anerkannten, ausschloss. Auch Waffenlieferungen gerieten im Kalten Krieg zur „Entwicklungshilfe". Militärische Konflikte zwischen den Dritte-Welt-Ländern wurden häufig als „Stellvertreterkriege" zwischen den Großmächten geführt.
Seit etwa 1970 trat an die Stelle der Entwicklungshilfe das Konzept der „**Entwicklungspolitik**". Wachsende Verschuldung, Bevölkerungsanstieg und zahlreiche Hungerkatastrophen hatten zu einer schärferen Ausprägung des Nord-Süd-Gefälles beigetragen. Unterstützt von den parallel einsetzenden Entspannungs- und Abrüstungsgesprächen der Supermächte, wurden daher umfassende politische Konzepte gefordert, die auf eine Erhöhung des Pro-Kopf-Einkommens abzielten und Hilfe zur Selbsthilfe ermöglichten. Unterentwickelte Länder sollten in die Lage versetzt werden, ihre Grundbedürfnisse zu befriedigen und ihre soziale Ordnung unter Wahrung der Menschenrechte nach eigenen Zielen zu modernisieren.
Seit einigen Jahren wiederum dominiert der Begriff der „**Entwicklungszusammenarbeit**". Die Motive wurzeln zwar weiterhin in moralischen Begründungen („Wiedergutmachung" für koloniale Ausbeutung und Unterdrückung, humanitäre Verpflichtung gegenüber Armut, Not und Hunger in der Welt), doch verbinden sie sich mit der Einsicht, dass die Industrieländer eine globale Verantwortung tragen –auch aus einem wohl verstandenen Eigeninteresse heraus. Ein Land wie die Bundesrepublik, das arm an Rohstoffen und exportabhängig ist, braucht entwickelte Partnerstaaten, die Waren und Dienstleistungen einkaufen können. Außerdem scheint die weltweite wirtschaftliche und politische Interdependenz (= Vernetzung, gegenseitige Abhängigkeit) einen Beitrag zur Sicherung des Friedens leisten zu können.
Die tatsächliche Lage der Entwicklungsländer hat sich allerdings – mit Ausnahme der asiatischen Staaten – eher verschlechtert als verbessert. Die im Rahmen der Entwicklungszusammenarbeit zugesagten Hilfsleistungen in Höhe von 0,7 Prozent des Bruttosozialprodukts werden von den meisten Industriestaaten bis heute nicht eingehalten. Zudem haben sich viele Entwicklungsprojekte langfristig als negativ erwiesen: Großprojekte passten nicht in die vorhandenen Strukturen, intakte Wirtschaftszweige wurden ruiniert und die Abhängigkeit vom Weltmarkt verschärft. Geldmittel wurden von den politischen Eliten falsch eingesetzt und ließen eher nur die Verschuldung anwachsen anstatt die Entwicklung zu befördern. Exportinteressen der Industrie überlappten sich häufig mit den egoistischen Interessen der Herrschaftseliten, während Hilfsleistungen durch Korruption die Bedürftigen nicht mehr erreichten.
Die Frage, wie die „richtige" Hilfe zur Selbsthilfe aussehen muss, wird sich auch in Zukunft stellen. Vor allem für Afrika droht eine neue Gefahr: Der „Norden" könnte sich von den ärmsten Ländern der Welt resigniert abwenden und sein politisches Hauptaugenmerk den Staaten der ehemaligen Sowjetunion und dem neuen Weltmarkt China mit seinen rund 1 Mrd. Bewohnern zuwenden. Afrika würde zum „vergessenen Kontinent" werden.
Die wichtigste Institution, in der die Dritte-Welt-Länder ihre Forderungen artikulieren, ist neben der Bewegung der **Blockfreien** (s. S. 626) die **UNO-Generalversammlung**. Auf Letzterer forderten sie 1961 erstmals eine Welthandelsorganisation als Gegenmodell zum Internationalen

Währungsfonds um den Bedürfnissen der Entwicklungsländer besser gerecht zu werden. 1964 wurde als Organ der Vereinten Nationen die **United Nations Conference of Trade and Development (UNCTAD)** gegründet, die die wirtschaftliche Stellung der Dritten Welt verbessern sollte. 1967 schlossen sich 77 Entwicklungsländer zur **„Gruppe der 77"** zusammen, die bald auf 128 Staaten anwuchs. Sie versteht sich als Interessenverband der Dritten Welt zur Reform der Nord-Süd-Beziehungen, unabhängig von allen Unterschieden im Entwicklungsstand, der politischen Systeme und der außenpolitischen Orientierung ihrer Mitglieder.
Hauptforderungen der Entwicklungsländer sind höhere und stabile Preise für ihre Grundstoffe, höhere Entwicklungshilfegelder zu günstigeren Konditionen, Abschaffung verschiedener Zollschranken (z. B. die Einfuhrzölle der EU) und ein internationales Währungssystem ohne fluktuierende Wechselkurse, ein teilweiser Schuldenerlass sowie Umschuldungsprogramme. Eine zentrale Rolle beim Schuldenmanagement spielen der Internationale **Währungsfonds (IWF)** und die **Weltbank**, die beide 1945 als Sonderorganisationen der UNO gegründet wurden. Die Weltbank als wichtigster Kreditgeber der Dritten Welt vergibt Kapital zu kommerziellen Bedingungen und unter strengen Kontrollen der Kreditwürdigkeit und Rentabilität. Der IWF hilft Ländern mit hohen Zahlungsbilanzdefiziten durch so genannte „Sonderziehungsrechte" (= künstliches Weltgeld). Als Vorbedingung werden den Ländern aber harte Sparmaßnahmen abverlangt, die schon Brotunruhen auslösten. Alternative Finanzierungsmodelle entwickeln sich erst langsam.
Von den Industrieländern wird zwar inzwischen anerkannt, dass sie die Subventionen für ihre Agrarexporte abbauen, ihre Märkte weiter für Einfuhren aus Entwicklungsländern öffnen, die Schulden den Entwicklungsländern erlassen oder (z. B. für Umweltschutzmaßnahmen) umwandeln und ihre Rüstungsexporte in die Dritte Welt reduzieren müssen – umgesetzt werden die Maßnamen nur zögerlich. Die Fortschritte in Technologie und Kommunikation, die wirtschaftlichen Verflechtungen, die gemeinsame Abhängigkeit von knappen Rohstoffen, die globale Umweltgefährdung und das Streben nach Frieden haben in der Welt jedoch Abhängigkeiten entstehen lassen, die zunehmend eine „Weltinnenpolitik" einfordern. In diesem Zwang zur Kooperation liegt auch eine Chance verborgen. Dass in der Weltgemeinschaft zumindest das Bewusstsein für die globalen Probleme gewachsen ist, zeigt die steigende Zahl der Weltkonferenzen in den 1990er-Jahren: die Konferenz über Umwelt und Entwicklung in Rio (1992), die Menschenrechtskonferenz in Wien (1993), die Konferenz über Bevölkerung und Entwicklung in Kairo (1994), der Weltgipfel über soziale Entwicklung in Kopenhagen (1995) und nicht zuletzt die Weltfrauenkonferenz in Peking (1995), die deutlich gemacht hat, dass eine zentrale Achse sozialer Ungleichheit in der Welt nicht nur zwischen entwickelten und nicht entwickelten Ländern besteht, sondern – wenn auch auf unterschiedlichem Niveau – zwischen den Geschlechtern.

Europa und die Welt: Wege und Strukturen im 20. Jahrhundert

Zusammenhänge und Perspektiven

1 *Erörtern Sie, inwieweit der Widerspruch von nationalstaatlicher Großmachtpolitik und internationalen Ordnungsprinzipien ein Grundproblem der dauerhaften Friedenssicherung vor dem Zweiten Weltkrieg war.*
2 *Beschreiben Sie, wie Europa infolge der beiden Weltkriege im Laufe des 20. Jahrhunderts seine globale Führungsrolle verlor.*
3 *Arbeiten Sie heraus, inwieweit die Wege und Strukturen der internationalen Politik zwischen 1945 und 1989/91 von der ideologischen und machtpolitischen Blockbildung des Ost-West-Konfliktes geprägt war.*
4 *Die Jahre 1989/91 bedeuteten das Ende der ideologischen und machtpolitischen Blockbildung in der Weltpolitik. Nennen und beschreiben Sie Problembereiche der internationalen Politik, die sich aus diesem Wandel ergeben haben.*
5 *Charakterisieren Sie die Dekolonisation in ihrem räumlichen und zeitlichen Ablauf.*
6 *Die ehemalige indische Ministerpräsidentin Indira Gandhi hat einmal gesagt: „Für die entwickelten Länder geht es nicht darum, den Entwicklungsländern zu helfen, sondern um die Frage, ob sie es sich leisten können, ihnen nicht zu helfen." Nehmen Sie zu dieser These Stellung. Erörtern Sie in diesem Zusammenhang auch die zentralen Probleme der Entwicklungsländer, deren historische und aktuelle Ursachen.*

Zeittafel

1914–18	Erster Weltkrieg
1917	Die USA treten in den Ersten Weltkrieg ein; Russland schert infolge der Revolution von 1917 im März 1918 vorzeitig aus. Der Schwerpunkt der Weltpolitik verlagert sich von Europa auf die „Flügelmächte" USA und UdSSR. Mit der Forderung des Selbstbestimmungsrechts für alle Völker durch Lenin (1917) und Wilson (14-Punkte-Programm, 1918) wird die Kolonialherrschaft der europäischen Mächte geschwächt.
1919/20	Die Siegermächte des Ersten Weltkrieges arbeiten den **Versailler Vertrag** aus, den Deutschland am 28. Juni 1919 unterzeichnet. Es verliert Teile seines Staatsgebietes und muss Reparationen bezahlen. Weitere Friedensverträge: mit Österreich (u. a. Abtretung Südtirols) und Bulgarien, 1920 mit Ungarn und der Türkei (Ende des Osmanischen Reiches). In den Friedensverträgen werden die Kolonien der besiegten Mächte als Mandatsgebiete dem **Völkerbund** unterstellt, der 1919 gegründet wird.
1928	Im **Briand-Kellogg-Pakt** wird der Krieg als Mittel der Politik geächtet. Obwohl 15 Staaten, darunter Deutschland, den Vertrag unterzeichnen und bis 1929 54 Staaten beitreten, bleibt der Vertrag wirkungslos.
1938	Im **Münchener Abkommen** (Sept.) zwischen Deutschland, Italien, Großbritannien und Frankreich wird die Abtretung Böhmens (Sudetenland) von der Tschechoslowakei beschlossen. Das Abkommen bedeutet den Höhepunkt und Beginn des Scheiterns der englischen Appeasementpolitik. England und Frankreich beginnen für einen Krieg gegen den deutschen Aggressor aufzurüsten. Im August schließen Hitler und Stalin einen deutsch-sowjetischen Nichtangriffspakt.
1939–45	Zweiter Weltkrieg
1941	In der Atlantik-Charta (Aug.) einigen sich England und die USA auf eine gemeinsame Kriegs- und Nachkriegspolitik. Gefordert wird u. a. Verzicht auf territoriale Expansion, Achtung des Selbstbestimmungsrechts der Völker. Die USA treten in den Zweiten Weltkrieg ein.
1945	Mit der Gründung der **UNO** soll der Weltfrieden gesichert und der Schutz der Menschenrechte verbessert werden.

1946/47 Zwischen dem Ostblock unter Führung der UdSSR und dem Westen unter Führung der USA beginnt der Kalte Krieg.

1949 Die NATO wird als kollektives Sicherheits- und Defensivbündnis des Westens gegründet.

1955 Auf der Bandungkonferenz begründen 29 afrikanische und asiatische Staaten die Bewegung der blockfreien Staaten.

1955–89 Im Warschauer Pakt schließen sich die Ostblockländer zu einem militärischen Bündnis zusammen, das von der UdSSR kontrolliert wird.

1962 In der **Kubakrise** gerät die Welt an den Rand eines Atomkrieges. Die Supermächte beginnen einen Dialog, der die Wende im Ost-West-Konflikt von der Konfrontation zur Kooperation bedeutet.

1973 Der Lieferboykott der OPEC-Staaten an die USA führt zur Ölpreiskrise („Ölschock"), der in den Industrieländern ein wirtschaftliches und ökologisches Umdenken einleitet.

1975 In der **KSZE-Schlussakte** von Helsinki versprechen auch die Ostblockstaaten die Einhaltung der Menschenrechte.

1989–91 Die Politik Gorbatschows („Glasnost", „Perestroika") in der UdSSR führt zur Auflösung des Ostblocks und zur Umwandlung der osteuropäischen Staaten in Demokratien.

1990/91 Der Überfall irakischer Truppen auf Kuwait (Aug.) löst den **(2.) Golfkrieg** aus.

1999 **Einführung des Euro** als neue gemeinsame eigenständige Währung in elf EU-Staaten (1. Jan.): Belgien, Deutschland, Finnland, Frankreich, Italien, Irland, Luxemburg, Niederlande, Österreich, Portugal, Spanien.

1999 Die NATO beginnt (24. März) einen **Luftkrieg gegen Jugoslawien**, der mit dem Einmarsch internationaler Friedenstuppen (Kfor) im Kosovo endet.

2001 Am 11. September fliegen von islamistischen arabischen Terroristen entführte und gesteuerte Flugzeuge in das amerikanische Verteidigungsministerium und in das New Yorker World Trade Center. Etwa 3 000 Menschen finden den Tod. Die USA beginnen einen groß angelegten Kampf gegen den internationalen Terrorismus, der von vielen, auch islamischen, Staaten unterstützt wird. Der erste militärische Angriff richtet sich (Okt./Nov.) gegen Afghanistan, das seit 1996 von den islamistischen Taliban regiert wurde und als Zentrum des Terrorismus galt.

2002 Ablösung der nationalen Währungen in den Staaten der EU-Währungsunion durch den Euro im Bargeldverkehr.

Literatur- und Internet-Hinweise

Kapitel I

Bleicken, Jochen, Geschichte der römischen Republik, Oldenbourg, München ^{4}1992.

Dahlheim, Werner, Geschichte der Römischen Kaiserzeit, Oldenbourg, München ^{2}1989.

Martin, Jochen, Spätantike und Völkerwanderung, Oldenbourg, München ^{3}1995.

Meier, Christian, Athen. Ein Neubeginn der Weltgeschichte, Siedler, Berlin 1997.

Reese-Schäfer, Walter, Antike politische Philosophie zur Einführung, Junius, Hamburg 1998.

Schuller, Wolfgang, Frauen in der griechischen und römischen Geschichte, UVK Universitätsverlag Konstanz 1995.

Welwei, Karl W., Das klassische Athen. Demokratie und Machtpolitik im 5. und 4. Jahrhundert, Primus, Darmstadt 1999.

Kapitel II

Borst, Arno, Lebensformen im Mittelalter, Ullstein, Frankfurt/Main u.a. 1979.

Fried, Johannes, Die Formierung Europas 840–1046, Oldenbourg, München ^{2}1993.

Hilsch, Peter, Mittelalter. Grundkurs Geschichte 2, Beltz Athenäum, Frankfurt/Main ^{2}1989.

Jakobs, Hermann, Kirchenreform und Hochmittelalter, Oldenbourg, München ^{4}1999.

Küng, Hans/Ess, Josef von, Christentum und Weltreligionen. Islam, Piper, München ^{3}1998.

Schneider, Reinhard, Das Frankenreich, Oldenbourg, München ^{3}1995.

Seibt, Ferdinand, Glanz und Elend des Mittelalters. Eine endliche Geschichte, Siedler bei Goldmann, Berlin 1987.

Tibi, Bassam, Der wahre Imam. Der Islam von Mohammed bis zur Gegenwart, Piper, München 1998.

Kapitel III

Burke, Peter, Die europäische Renaissance. Zentren und Peripherien, C. H. Beck, München 1998.

Burke, Peter, Ludwig XIV. Die Inszenierung des Sonnenkönigs, Fischer, Frankfurt/Main 1995.

Dipper, Christoph, Moderne deutsche Geschichte 1648–1789, Suhrkamp, Frankfurt/Main 1990.

Duchhardt, Heinz, Das Zeitalter des Absolutismus, Oldenbourg, München ^{3}1998.

Dülmen, Richard van, Entstehung des frühneuzeitlichen Europa 1550-1648, Fischer Frankfurt/Main ^{6}1991 (= Fischer Weltgeschichte Bd. 24).

Dülmen, Richard van, Kultur und Alltag in der Frühen Neuzeit, 3 Bde, C. H. Beck, München ^{2}1999.

Im Hof, Ulrich, Das Europa der Aufklärung, C. H. Beck München 1993.

Kluxen, Kurt, Geschichte und Problematik des Parlamentarismus, Suhrkamp, Frankfurt/Main 1983.

Lutz, Heinrich, Reformation und Gegenreformation, Oldenbourg, München ^{4}1997.

Meuthen, Erich, Das 15. Jahrhundert, Oldenbourg, München ^{3}1996.

Münch, Paul, Lebensformen in der Frühen Neuzeit, 1500–1800, Ullstein, Berlin 1998.

Osterhammel, Jürgen, Kolonialismus. Geschichte – Formen – Folgen, C. H. Beck, München ^{2}1997.

Reinhard, Wolfgang, Geschichte der Staatsgewalt. Eine vergleichende Verfassungsgeschichte Europas von den Anfängen bis zur Gegenwart, C. H. Beck, München 1999.

Schieder, Theodor, Friedrich der Grosse. Ein Königtum der Widersprüche, Ullstein, Berlin 1998.

Wunder, Heide, „Er ist die Sonn, sie ist der Mond." Frauen in der frühen Neuzeit, C. H. Beck, München 1992.

Kapitel IV

Dippel, Horst, Die Amerikanische Revolution 1763–1787, Suhrkamp, Frankfurt/Main 1984.
Fehrenbach, Elisabeth, Vom Ancien Régime zum Wiener Kongreß, Oldenbourg, München [3]1993.
Reichhardt, Rolf E., Das Blut der Freiheit. Französische Revolution und demokratische Kultur, Fischer, Frankfurt/Main 1998.
Schulin, Ernst, Die Französische Revolution, C. H. Beck, München 1988.
Vovelle, Michel, Die Französische Revolution. Soziale Bewegung und Umbruch der Mentalitäten, Fischer, Frankfurt/Main 1985.
Kuhn, Axel, Die Französische Revolution, Reclam, Stuttgart 1999.

Kapitel V

Frevert, Ute, Frauen-Geschichte. Zwischen bürgerlicher Verbesserung und neuer Weiblichkeit, Suhrkamp, Frankfurt/Main 1986.
Hahn, Hans-Werner, Die Industrielle Revolution in Deutschland, Oldenbourg München 1998.
Henning, Friedrich-Wilhelm, Die Industrialisierung in Deutschland 1800–1914, UTB, Paderborn [8]1993.
Hentschel, Volker, Geschichte der deutschen Sozialpolitik 1880–1980, Suhrkamp, Frankfurt/Main [4]1991.
Hobsbawm, Eric J., Industrie und Empire. Britische Wirtschaftsgeschichte seit 1750, 2 Bde, Suhrkamp, Frankfurt/Main 1969.
Kiesewetter, Hubert, Industrielle Revolution in Deutschland 1815–1914, Suhrkamp, Frankfurt/Main 1989.
Kiesewetter, Hubert, Das einzigartige Europa. Zufällige und notwendige Faktoren der Industrialisierung, Vandenhoeck&Ruprecht, Göttingen 1996.
Landes, David S., Der entfesselte Prometheus. Technologischer Wandel und industrielle Entwicklung in Westeuropa von 1750 bis zur Gegenwart, dtv, München 1983.
Landes, David S., Wohlstand und Armut der Nationen. Warum die einen reich und die anderen arm sind, Siedler, Berlin 1999.
Pierenkemper, Toni, Umstrittene Revolutionen. Die Industrialisierung im 19. Jahrhundert, Fischer, Frankfurt/Main 1996.
Reulecke, Jürgen, Geschichte der Urbanisierung in Deutschland, Suhrkamp, Frankfurt/Main 1985.

Kapitel VI

Adams, Willi P. u. a., Länderbericht USA I: Geschichte, Politische Kultur, Politisches System, Wirtschaft, Bundeszentrale für politische Bildung, Bonn 1990.
Dippel, Horst, Geschichte der USA, C. H. Beck, München [3]1999.
Guggisberg, Hans R., Geschichte der USA, Kohlhammer, Stuttgart [3]1993.
Kennedy, Paul, Aufstieg und Fall der großen Mächte, Fischer, Frankfurt/Main 1991.
Raeithel, Gert, Geschichte der Nordamerikanischen Kultur, 3 Bde., Zweitausendeins, Frankfurt/Main [2]1995.

Kapitel VII

Altrichter, Helmut, Kleine Geschichte der Sowjetunion 1917–1991, C. H. Beck, München 1993.
Figes, Orlando, Die Tragödie eines Volkes. Die Epoche der russischen Revolution 1891-1924, Berlin Verlag, Berlin 1998.
Geier, Dietrich, Die russische Revolution, Vandenhoeck & Ruprecht, Göttingen 1980.
Hildermeyer, Manfred, Geschichte der Sowjetunion 1917–1991. Entstehung und Niedergang des ersten sozialistischen Staates, C. H. Beck, München 1998.
Hösch, Edgar, Geschichte Russlands. Vom Kiever Reich bis zum Zerfall des Sowjetimperiums, Kohlhammer, Stuttgart 1996.
Nolte, Hans H., Kleine Geschichte Russlands, Reclam, Stuttgart 1998.
Torke, Hans-Joachim, Einführung in die Geschichte Russlands, C. H. Beck, München 1997.

Kapitel VIII

Alter, Peter, Nationalismus, Suhrkamp, Frankfurt/Main 1985.
Fehrenbach, Elisabeth, Verfassungsstaat und Nationsbildung 1815–1871, Oldenbourg, München 1992.
Langewiesche, Dieter, Liberalismus in Deutschland, Suhrkamp, Frankfurt/Main 1988.
Nipperdey, Thomas, Deutsche Geschichte 1800–1866. Bürgerwelt und starker Staat, C. H. Beck, München 1983.
Nipperdey, Thomas, Deutsche Geschichte 1866–1918, 2 Bde., C. H. Beck, München 1990 u. 1992.
Siemann, Wolfram, Vom Staatenbund zum Nationalstaat. Deutschland 1806–1871, C. H. Beck, München 1995.
Ullmann, Hans-Peter, Das Deutsche Kaiserreich 1871–1918, Suhrkamp, Frankfurt/Main 1995.
Ullrich, Volker, Die nervöse Großmacht 1871–1918, C. H. Beck, München 1997.
Wehler, Hans-Ulrich, Deutsche Gesellschaftsgeschichte, Bde. 2 u. 3, C. H. Beck, München 1987 u. 1995.

Kapitel IX

Kolb, Eberhard, Die Weimarer Republik, Oldenbourg, München 1984.
Longerich, Peter, Deutschland 1918–1933. Die Weimarer Republik, Fackelträger, Hannover 1995.
Michalka, Wolfgang u. Gottfried Niedhart (Hg.), Die ungeliebte Republik. Dokumente zur Innen- und Außenpolitik Weimars 1918–1933, dtv, München [3]1984.
Mommsen, Hans, Aufstieg und Untergang der Republik von Weimar 1918–1933, Propyläen, Berlin 1998.
Winkler, Heinrich August, Weimar 1918–1933. Die Geschichte der ersten deutschen Demokratie, C. H. Beck, München 1993.

Kapitel X

Benz, Wolfgang, Hermann Graml u. Hermann Weiß (Hg.), Enzyklopädie des Nationalsozialismus, dtv, München [3]1998.
Herbst, Ludolf, Das nationalsozialistische Deutschland 1933–1945, Suhrkamp, Frankfurt/Main 1996.
Wendt, Bernd Jürgen, Deutschland 1933–1945. Das „Dritte Reich“, Fackelträger, Hannover 1995.
Benz, Wolfgang u. Walter H. Pehle (Hg.), Lexikon des deutschen Widerstandes, Fischer, Frankfurt/Main 1994.
Hildebrand, Klaus, Das Dritte Reich, Oldenbourg, München [5]1995.
Hehl, Ulrich von, Nationalsozialistische Herrschaft, Oldenbourg, München 1996.
Recker, Marie-Luise, Die Außenpolitik des Dritten Reiches, Oldenbourg, München 1990.
Wippermann, Wolfgang, Europäischer Faschismus im Vergleich 1922-1982, Suhrkamp, Frankfurt/Main 1983.
Borejsza, Jerzy W., Schulen des Hasses. Faschistische Systeme in Europa, Fischer, Frankfurt/Main 1999.

Kapitel XI

Görtemaker, Manfred, Geschichte der Bundesrepublik Deutschland. Von der Gründung bis zur Gegenwart, C. H. Beck, München 1999.
Jarausch, Konrad, Die unverhoffte Einheit 1989-1990, Suhrkamp, Frankfurt/Main 1995.
Klessmann, Christoph, Deutschland 1945–1995, Fischer, Frankfurt/Main 1999.
Kocka, Jürgen, Vereinigungskrise. Zur Geschichte der Gegenwart, Vandenhoeck & Ruprecht, Göttingen 1995.
Maier, Charles S., Das Verschwinden der DDR und der Untergang des Kommunismus, Fischer, Frankfurt/Main 1997.
Ritter Gerhard A., Über Deutschland. Die Bundesrepublik in der deutschen Geschichte, C. H. Beck, München 1998.
Schildt, Axel, Ankunft im Westen. Ein Essay zur Erfolgsgeschichte der Bundesrepublik, Fischer, Frankfurt/Main 1999.

Schöllgen, Gregor, Die Außenpolitik der Bundesrepublik Deutschland. Von den Anfängen bis zur Gegenwart, C. H. Beck, München 1999.
Weber, Hermann, Die DDR 1945–1990, Oldenbourg, München ²1993.
Wolle, Stefan, Die heile Welt der Diktatur. Alltag und Herrschaft in der DDR 1971–1989, Econ & List, München 1999.

Kapitel XII

Czempiel, Ernst-Otto, Weltpolitik im Umbruch. Das internationale System nach dem Ende des Ost-West-Konfliktes, C. H. Beck, München ²1993.
Diner, Dan, Das Jahrhundert verstehen. Eine universalgeschichtliche Deutung, Luchterhand, München 1999.
Hobsbawm, Eric J., Das Zeitalter der Extreme. Weltgeschichte des 20. Jahrhunderts, Hanser, München 1995.
Möller Horst, Europa zwischen den Weltkriegen, Oldenbourg, München 1996.
Nohlen, Dieter (Hg.), Lexikon Dritte Welt, Rowohlt, Reinbek bei Hamburg 1998.
Schöllgen, Gregor, Geschichte der Weltpolitik von Hitler bis Gorbatschow 1941–1991, C. H. Beck, München 1996.

Internet und On-line-Adressen

Bücher

a) Speziell für Historiker
Ditfurth, Christian von, Internet für Historiker, Campus, Frankfurt/Main 1997.
Ohrmund, Andreas/Tiedemann, Paul, Internet für Historiker. Eine praxisorientierte Einführung, Wissenschaftliche Buchgesellschaft, Darmstadt 1999.
b) Lohnenswert für den Unterricht
Hildebrand, Jens, Internet-Ratgeber für Lehrer, Aulis, Köln ⁵1999.
Karzaunikat, Stefan, Die Suchfibel. Wie findet man Informationen im Internet?, Klett, Stuttgart ²1999 (mit CD-ROM).
Wimmers, Ralf (unter Mitarbeit von Margit Fischbach), Lehrer-Kursbuch Internet, Cornelsen Scriptor, Berlin 2000.

Wichtige Adressen für den Unterricht

http://www.zum.de
Dahinter verbirgt sich der bedeutendste Anbieter für Unterrichtsmaterialien im Netz, nämlich die Zentrale für Unterrichtsmedien im Internet e.V. Geboten werden u.a. zum Fach Geschichte 19 Seiten Links.
http://www.dbs.schule.de
Das Projekt der Humboldt-Universität Berlin bietet alles zum Thema Schule. Bei der Suche nach Unterrichtsmaterial erhält man eine Inhaltsbeschreibung, Zuordnung zu Schulstufen, wissenschaftliche Einordnung des Inhalts in Fachdisziplin usw.
http://www.suchfibel.de
Das o.g. Buch ist auch als ausgezeichnete Suchmaschine im Netz vertreten.

Ausgewählte Adressen für Geschichte

http://www.lbw.bwue.de
Sammlung von Links, u.a. Nachrichtenarchive, Suchmaschinen
http://www.geschichte.2me.net/
2000 Jahre Geschichte nach Jahresereignissen, Ländern, Orten, Regenten, historischen Karten geordnet.
http://www.phil.uni-erlangen.de/~p1ges/vl-dtld.html
Thematisch gegliederte Linksammlung zu allen Bereichen der Geschichte
http://www.lehrernet.de/faecher/geschichte.html
Unterrichtsmaterialien von der Antike bis zur Wende in der DDR 1989
http://www.spinfo.uni-koeln.de/mensch/ projekt/mahomepaunix.html
Das Mittelalter im Internet nach Ländern und Fachgebieten geordnet mit einer Vielzahl von Links.

Lexikon

A

Adel: in der Antike eine in der Gesellschaft hervorgehobene Gruppe, deren Macht und Einfluss sich auf Reichtum, Bildung und eigenen Lebensstil stützt. Man gehörte zum Adel durch Geburt – so in Griechenland und beim Patriziat in Rom. Seit um 300 v. Chr. wählten Zensoren in Rom die Mitglieder des Senats aus, in der Regel aus ehemaligen Magistraten. Innerhalb dieses Senatsadels bildete die Nobilität die Gruppe, aus deren Familien Mitglieder zum Konsulat gelangt sind. In der Kaiserzeit hatten die Kaiser maßgeblichen Einfluss auf die Zusammensetzung des Adels. Wenn der Adel in einem Staat die politische Macht ausübt, spricht man von einer Aristokratie. Im Mittelalter und der frühen Neuzeit, also bis um 1800 und teilweise länger, war der Adel in Europa die mächtigste Führungsschicht mit erblichen Vorrechten, besonderen politischen und militärischen Pflichten, mit ausgeprägtem Standesbewusstsein und besonderen Lebensformen. Adel war in der Regel verbunden mit Grundbesitz und daraus begründeten Herrschafts- und Einkommensrechten (Grundherrschaft, Gutsherrschaft). Der Adel als Stand setzt sich zusammen aus dem Hofadel, dem Amtsadel und dem Landadel. Obwohl politisch und rechtlich zur sozialen Oberschicht gehörend, konnte insbesondere der Landadel wirtschaftlich zur Mittelschicht gehören. Der Absolutismus verminderte und die bürgerliche Gesellschaft beseitigte schrittweise die politische Macht des Adels; ein Teil seiner gesellschaftlichen Vorrangstellung bestand jedoch bis ins 20. Jh. weiter.

American Dream: Kam in der Zeit nach dem Ersten Weltkrieg auf und beinhaltet die unbegrenzten Möglichkeiten, die die US-amerikanische Gesellschaft mit ihrer Chancengleichheit bereithält. Jeder Einzelne hat die Möglichkeit persönliche Initiativen zu entfalten, um Wohlstand und Ansehen zu erlangen. Ausgeblendet wird die tatsächliche Benachteiligung von Schwarzen, Frauen und anderen Gruppen.

Annuität: siehe Beamte.

Antifaschismus: Der Begriff bezeichnet ursprünglich die Gegnerschaft zum Faschismus und Nationalsozialismus. Vor und nach 1945 benutzte die Sowjetunion und entsprechend die SED ihn als Integrationsideologie, um demokratische Gegner des Faschismus und Nationalsozialismus zu einem Bündnis unter kommunistischer Führung („Einheitsfront", „Demokratischer Block") zu bewegen. Während des Ost-West-Konflikts verschmolz der Begriff häufig mit dem des „Antiimperialismus" zu einem ideologischen Kampfbegriff, der die politisch-moralische Überlegenheit des Ostens zum Ausdruck bringen sollte.

Anti-Hitler-Koalition: Sie war im Zweiten Weltkrieg ein informelles Zweckbündnis zwischen den USA, Großbritannien und der UdSSR mit dem einzigen Ziel Hitler zu besiegen. Die USA bauten seit 1939 ihre Neutralitätsgesetzgebung ab, um Großbritannien und seine Verbündeten gegen Deutschland unterstützen zu können. Trotz der Spannungen zwischen Großbritannien und der UdSSR kam es ab 1941 zur Zusammenarbeit zwischen den „Großen Drei". Auf mehreren Konferenzen während des Krieges (Moskau 1943; Dumbarton Oaks 1944; Jalta 1945) stimmten die drei Alliierten ihr militärisches Vorgehen ab und berieten darüber, wie Deutschland nach dem Krieg behandelt werden sollte.

Antisemitismus: Ablehnung oder Bekämpfung von Juden aus rassischen, religiösen oder sozialen Gründen. Der Begriff wurde im Jahre 1879 geprägt, aber Judenfeindschaft gab es schon in der Antike und im Mittelalter. In der zweiten Hälfte des 19. Jh.s entwickelte sich ein rassisch begründeter Antisemitismus, mit dem gesellschaftliche Konflikte auf die Juden als Feindbild übertragen wurden. In der NS-Ideologie bildete der Antisemitismus ein zentrales Element. Das NS-Regime setzte seinen Rassenantisemitismus systematisch bis zum Völkermord um: Ausschaltung aus dem politischen, wirtschaftlichen und kulturellen Leben (Nürnberger Gesetze von 1935), Pogrom am 9./10. November 1938 („Reichskristallnacht"), Gettoisierung und die Verpflichtung den Judenstern zu tragen, schließlich die physische Vernichtung. Etwa 6 Mio. Juden wurden in den Konzentrations- und Vernichtungslagern 1933–1945 getötet.

Appeasement (engl. = Beschwichtigung, Beruhigung): Appeasement wird als Schlagwort gebraucht, um in abwertendem Sinne eine Politik des ständigen Nachgebens, besonders totalitären Staaten gegenüber, zu bezeichnen. Appeasement war ein polemischer Vorwurf an die britische Außenpolitik von 1933–1939, insbesondere für den Versuch der Regierung Chamberlain seit 1937 durch Zugeständnisse an Deutschland und Italien den Frieden zu erhalten. Höhepunkt und Ende der Appeasementpolitik war das Münchner Abkommen (1938) und die Besetzung der Tschechoslowakei durch deutsche Truppen (1939).

Arbeiter: In der kapitalistischen Industrieproduktion führt der Arbeiter persönlich frei und ohne Besitz von Produktionsmitteln in einem Vertragsverhältnis mit einem Unternehmer gegen Lohn fremdbestimmte Arbeit aus. Viele Arbeiter entwickelten das Bewusstsein, als Klasse zusammenzugehören. Sie verstanden sich als Proletariat, dessen Situation durch Reformen oder Revolution zu verbessern sei.

Arbeiterbewegung: gewerkschaftlicher, genossenschaftlicher und politischer (Parteien) Zusammenschluss von Arbeitern seit dem zweiten Drittel des 19. Jh.s Die Arbeiterbewegung, d.h. die Institutionen, die für die Verbesserung der politischen und sozialen Lage der Arbeiter kämpften, ist begrifflich von der Arbeiterschaft als sozialer Schicht zu unterscheiden.

Aristokratie: heißt wörtlich „Herrschaft der Besten"; bez. die organisierte Herrschaft des Adels. Sie ist in der Antike dadurch gekennzeichnet, dass Adelige die wichtigsten Ämter bekleiden und ein Adelsrat (z.B. Areopag in Athen, Senat in Rom) maßgeblich die Politik beeinflusst.

Aufklärung: Eine viele Lebensbereiche umfassende Reformbewegung des 17./18. Jh.s in Europa, die das „Licht der Vernunft" gegen klerikale, feudale und absolutistische Traditionen verbreiten wollte. Zentrale Forderungen waren unbeschränkte Öffentlichkeit, freie Meinungsäußerung und Toleranz gegenüber anderen Meinungen. Mittel zur Durchsetzung der Aufklärung waren vor allem Wissenschaft und Erziehung.

Autokratie (griech. = Selbstherrschaft): Herrschaftsform, bei der die Staatsgewalt in den Händen eines Einzelnen liegt, der weder durch Einzelgesetze noch durch eine Verfassung in seiner Macht gebunden ist. Bsp.: der russische Zarismus und der Absolutismus.

B

Beamte: sind Personen, denen der Staat oder die Gemeinschaft für eine bestimmte Zeit oder für eine längere Dauer fest umschriebene Aufgaben zuweisen. In Griechenland wurden die Beamten, z.B. die Archonten, meist für ein Jahr durch Los oder Wahl bestimmt. Nach Ablauf ihrer Amtszeit konnten sie zur Rechenschaft für ihre Amtsführung herangezogen werden. Die römischen Beamten (Magistrat) wurden vom Volk gewählt, und zwar für ein Jahr (Annuität); jedes Amt (Magistratur) war mindestens doppelt besetzt (Kollegialität); nach Ablauf ihrer Amtszeit konnten Magistrate einen Sitz im Senat erhalten.

Bevölkerungswachstum: Der Industrialisierung geht das Bevölkerungswachstum voraus und begleitet sie anfangs verstärkend. Gespeist wird es aus der sinkenden Sterblichkeitsrate (= Todesfälle pro 1000 Einwohner), einer zeitweise hohen Geburtenziffer (= Lebendgeburten pro 1000 Einwohner) und vor allem durch eine hohe Fruchtbarkeitsziffer bzw. Fertilität (= Lebendgeborene auf 1000 Frauen im Alter von 15 bis unter 45 Jahren). Im weiteren Verlauf der Industrialisierung nähern sich Sterbe- und Geburtenraten immer stärker an.

Bipolarität: bezeichnet eine Struktur des Staatensystems, bei dem sich zwei hegemoniale Machtzentren, wie die USA und die UdSSR von 1945 bis 1991, gegenüberstehen. Die Weltpolitik war in dieser Zeit nahezu vollständig diesem Gegensatz untergeordnet („Kalter Krieg"). Politische, wirtschaftliche und militärische Entscheidungen fielen überwiegend unter der Prämisse der ideologischen und machtpolitischen Parteinahme für je eine Führungsmacht.

Blockfreie Staaten: Die Konferenz von Bandung 1955 war der Beginn der Bewegung der blockfreien Staaten, die sich in der Zeit des Kalten Krieges weder dem Ostblock/UdSSR noch dem Westblock/USA anschließen wollten. Ziele ihrer Politik waren Neutralitätsprinzip, Antiimperialismus, Antikolonialismus und weltweite Abrüstung.

Bolschewiki (russ. = Mehrheitler): radikaler Flügel der Sozialdemokratischen Arbeiterpartei Russlands unter Führung Lenins; die Partei verstand sich im Gegensatz zu den Menschewiki als Kaderpartei, d.h. als streng von oben nach unten gegliederte Organisation, die in allen gesellschaftlichen Gruppierungen führende Positionen ausübt, um die Massen auf den Weg des Sozialismus zu führen; nach der Revolution: KPdSU.

Bundesstaat: aus Einzelstaaten zusammengesetzter Gesamtstaat, wobei die Einzelstaaten einen Teil ihrer souveränen Rechte in der Gesetzgebung und Verwaltung an den Gesamtstaat übertragen, z.B. Außen-, Verteidigungs- und Finanzpolitik, einen anderen Teil aber behalten, z.B. Schul- und Kulturpolitik. Man bezeichnet dieses Gestaltungsprinzip von Staaten als Föderalismus. Bsp.: USA, Bundesrepublik Deutschland, Schweiz.

Bürger, Bürgertum: Im Mittelalter und in der frühen Neuzeit vor allem die freien und vollberechtigten Stadtbewohner, im Wesentlichen die städtischen Kaufleute und Handwerker; in einigen Ländern (z.B. England) auch schon im 18. Jh. die Angehörigen einer durch Besitz, Bildung und spezifische Einstellungen gekennzeichneten Bevölkerungsschicht, die sich von Adel und Klerus, Bauern und Unterschichten (einschließlich der Arbeiter) unterscheidet. Zu ihr gehören Besitz- oder Wirtschaftsbürger (= Bourgeoisie, also größere Kaufleute, Unternehmer, Bankiers, Manager), Bildungsbürger (Angehörige freier Berufe, höhere Beamte und Angestellte zumeist mit akademischer Bildung), am Rande auch die Kleinbürger (kleinere Handwerker, Krämer, Wirte). Staatsbürger meint dagegen alle Einwohner eines Staates ungeachtet ihrer sozialen Stellung, soweit sie gleiche „bürgerliche" Rechte und Pflichten haben (vor Gericht, in Wahlen, in der öffentlichen Meinung). Staatsbürger im vollen Sinne waren lange Zeit nur Männer und nur die Angehörigen der besitzenden und gebildeten Schichten, im 19.Jh. allmähliche Ausweitung auf nicht besitzende männliche Schichten, im 20. Jh. auf Frauen.

Bürgerliche Gesellschaft: Die Gesellschaft, in der das Bürgertum, insbesondere die Bourgeoisie (also das Wirtschaftsbürgertum) zur führenden Schicht oder Klasse wird. Sie löste im 18. und 19. Jh. die alte Feudalgesellschaft ab, in der Adel und Klerus die bestimmenden Stände waren. Mit der Industriellen Revolution und dem nach und nach durchgesetzten Verfassungsstaat gewann das Bürgertum immer mehr Einfluss und Macht.

Bürgerrecht: bez. in der Antike ein Rechtsstatus, der für erwachsene Männer die Möglichkeit zu politischer Betätigung einschloss, für Frauen und Männer bestimmte Rechte, z.B. in Athen das auf Landbesitz in Attika, in Rom das Recht eine vollgültige Ehe zu schließen, ferner einen besonderen Rechtsschutz, den z.B. der Apostel Paulus als römischer Bürger für sich in Anspruch nahm. Fremde (in Athen „Metöken" genannt) und Sklaven waren vom Bürgerrecht ausgeschlossen. In Griechenland wie in Rom war das Bürgerrecht erblich, konnte darüber hinaus jedoch auch verliehen werden. Während es in Athen äußerst selten an Fremde und freigelassene Sklaven verliehen wurde, konnten in Rom Sklaven römische Bürger werden; es wurde auch häufig an besiegte Städte, in der späten Republik an ganz Italien, in der Kaiserzeit auch an provinziale Städte und ganze Provinzen verliehen, bis Kaiser Caracalla es 212 n. Chr. allen freien Reichsbewohnern gab. In der Tatsache, dass Rom – anders als in Athen das Bürgerrecht häufig an Unterworfene verliehen hat, sieht die Forschung eine Bedingung für die römische „Weltherrschaft".

C

Checks and balances (wörtl.: Kontrollen und Gegengewichte): bez. das US-amerikanische Verständnis vom System der Gewaltenteilung. Demnach werden Exekutive, Legislative und Jurisdiktion – d. h. Präsident/Regierung, Kongress (Senat und Repräsentantenhaus) und Oberster Gerichtshof – als voneinander unabhängige, aber nicht als absolut getrennte Bereiche betrachtet. Durch ein umfassendes System der Kontrollen und Gegengewichte beeinflussen sie sich wechselseitig.

D

Dekolonisation: Die einvernehmlich oder gewaltsam erlangte Aufhebung der Kolonialherrschaft. Das Ende des Kolonialismus wurde – nach ersten Ansätzen in der Zwischenkriegszeit – vor allem durch den Zweiten Weltkrieg beschleunigt, und zwar durch Schwäche und Prestigeverlust der europäischen Mächte, den zunehmenden Druck der öffentlichen Meinung und das wachsende Selbstbewusstsein der Kolonialvölker.

Demokratie: (griech. demokratia = Herrschaft des Volkes): bez. eine Regierungsform, die zuerst in Athen entstanden ist. In der attischen Demokratie hatte im Gegensatz zur Römischen Republik die Versammlung der Vollbürger die höchste politische Macht. Sie traf alle politischen Entscheidungen durch Mehrheitsbeschluss. Durch Los, nur in wenigen Fällen durch Wahl, wurden die Beamten, der Rat der Fünfhundert und die Geschworenengerichte bestimmt. Da alle Vollbürger direkt die politischen Entscheidungen trafen, spricht man von einer unmittelbaren oder direkten Demokratie. Frauen, Metöken und Sklaven waren von der politischen Beteiligung ausgeschlossen.

Deutsche Frage: Bez. für die Probleme, die sich aus der deutschen Teilung nach der Niederlage des Deutschen Reiches im Zweiten Weltkrieg ergaben. Die Bundesrepublik bestand seit ihrer Gründung 1949 darauf, für das ganze deutsche Volk zu sprechen (Alleinvertretungsanspruch). Unter der sozialliberalen Regierung Brandt (1969–1974) kam es im Zuge der neuen Ost- und Deutschlandpolitik zum Grundlagenvertrag von 1972, der zu einer Verbesserung des Verhältnisses beider deutschen Staaten führte. Die Frage der Wiedervereinigung wurde dabei bewusst ausgeklammert. Durch die friedliche Revolution in der DDR 1989, die Öffnung der Grenzen und den Zusammenbruch des SED-Regimes kam der Vereinigungsprozess in Gang. Mit der Zustimmung der ehemaligen Siegermächte zur Wiedervereinigung und der Vereinigung am 3. Oktober 1990 ist die deutsche Frage gelöst.

Dienstleistungssektor: Produktionssektor, zu dem keine Sachgüter, sondern Handel, Verkehr, Versicherungen, Gastronomie usw. gehören.

Dritte Welt: Dazu gehören alle industriell schwach entwickelten Länder in Afrika, Asien und Lateinamerika. Die Erste Welt bilden die industrialisierten Staaten Europas, die USA, Kanada, Australien, Neuseeland und Japan. Zur Zweiten Welt zählten die später industrialisierten sozialistischen Staaten des Ostblocks. Obwohl es diesen nicht mehr gibt, wird weiterhin von der Dritten Welt im herkömmlichen Sinn gesprochen. Die Dritte Welt fordert von den reichen Industriestaaten mehr Hilfe und Gleichberechtigung auf dem Weltmarkt (Nord-Süd-Konflikt).

Dynastie: Herrschergeschlecht.

E

egalitär: auf politische oder soziale Gleichheit und Gerechtigkeit bedacht.

elitär: einer Elite angehörend, auserlesen.

Entwicklungshilfe: Bez. für alle Maßnahmen privater und öffentlicher, nationaler und internationaler Organisationen zur Unterstützung der Entwicklungsländer. Dazu zählen z. B. zinsverbilligte Kredite, nicht rückzahlbare Zuschüsse, technische Hilfsmaßnahmen, Ausbau des Bildungs- und Gesundheitswesens, Familienplanung, Wasserversorgung, Energie. Die UNO hat als Zielwert für Entwicklungshilfe 0,7 % des Bruttosozialprodukts eines jeden Industrielandes vorgegeben; die tatsächlichen Werte liegen niedriger.

Entwicklungsländer: Länder, die gemessen an „hoch entwickelten" Ländern „unterentwickelt" sind. Merkmale bzw. Ursachen sind: Ein großer Anteil der Bevölkerung ist in der Landwirtschaft tätig; hohe Arbeitslosigkeit und Unterbeschäftigung; wenig Bildungsmöglichkeiten; niedriges Pro-Kopf-Einkommen; Kapitalmangel; ungenügende Infrastruktur; unzureichende medizinische Versorgung; einseitige Abhängigkeit von der Weltwirtschaft.

Erbuntertänigkeit: Abhängigkeitsverhältnis von Bauern zu ihren Grundherren in der frühen Neuzeit; ging teilweise so weit, dass Bauern von ihren Herren verkauft werden konnten.

Expansion: Vergrößerung eines Staatsgebietes durch Krieg oder Schaffung von Einflusszonen.

F

Familie: In der vorindustriellen Zeit Haus-, Schutz- und Herrschaftsverband, der neben den Blutsverwandten auch alle übrigen Arbeitenden des Hauses und der dazugehörigen Wirtschaft umfasste (Ganzes Haus). Dieser Familienverband wandelte sich zuerst bei Beamten und Gebildeten im 18. Jh., dann beschleunigt in fast allen Gruppen der Gesellschaft unter dem Einfluss der Industrialisierung. Das Ergebnis dieses Prozesses war die Familie als Verwandtschaftsfamilie, heute überwiegend die Kern- oder Kleinfamilie.

Fehde: Nach germanischem Recht war es dem Opfer einer Missetat und seiner Sippe erlaubt am Verbrecher Rache zu üben. Da in der archaischen Zeit des Mittelalters die Gerichtsgewalt der Grafen und des Königs kaum durchgesetzt werden konnte, durfte jeder Selbsthilfe anwenden. Die ritterliche Fehde des hohen Mittelalters setzte dagegen keine Missetat voraus und konnte auch aus Streitigkeiten um Recht und Besitz entstehen. Seit dem 11. Jh. versuchten weltliche und geistliche Herrscher durch Land- und Gottesfrieden die Fehden einzudämmen. In der frühen Neuzeit unterdrückt das entstehende Gewaltmonopol des Staates die Fehde als Rechtsmittel.

Feudalismus: siehe Lehnswesen

Frondienst: bez. die unbezahlte Arbeit, die der Hörige seinem Grund- oder Gutsherrn leistete (Säen, Ernten, Hilfe beim Wegebau, Pflügen, Transportieren).

Frontierbewegung (engl. frontier = Grenze): In der US-Geschichte bez. der Begriff den Grenzbereich, der die von Weißen besiedelten Gebiete des Ostens von den unerschlossenen Gebieten des Westens trennt. Mit Frontierbewegung ist das ständige Vorrücken dieses Grenzbereichs nach Westen gemeint (dauerte von der Gründung der ersten Siedlung 1607 bis 1890). Im 19. Jh. werden vor allem drei Frontiers unterschieden: 1. die „trapper frontier" der Jäger, Fallensteller und Wissenschaftler, die die Wildnis erforschen. 2. die Frontier der Cowboys, Goldgräber und Holzfäller, die den Trapper folgen und die das Bild vom „Wilden Westen" prägen. 3. die „farming frontier" der Millionen Farmer, die schließlich das Land mit modernen Anbaumethoden bearbeiten und verändern. Die Frontierbewegung prägte das nationale Selbstverständnis der USA; Frontier wird im übertragenen Sinne bis heute benutzt um neue Ziele zur Vervollkommnung der Gesellschaft zu bez. (z.B. „New-Frontier"-Programm von Präsident Kennedy Anfang der 1960er-Jahre).

Frühe Neuzeit: Epochenbez. für das 16.–18. Jh.

Frühkapitalismus: Die Epoche des Frühkapitalismus (15.–18. Jh.) ist dadurch gekennzeichnet, dass einzelne Unternehmer, Unternehmerfamilien und Handelsgesellschaften alle für Produktion und Handel erforderlichen Mittel besaßen, nämlich Geld, Gebäude und Arbeitsgeräte (Kapital). Sie versuchten häufig eine marktbeherrschende Stellung für bestimmte Waren durchzusetzen (Monopole).

Führerprinzip: Im weiteren Sinne ist ein Führer jemand, der eine Gruppe von Menschen leitet. Im 20. Jh. ist die historische Bedeutung von Führer, Führerprinzip und Führerstaat untrennbar verbunden mit den Diktaturen des Faschismus, insbesondere des Nationalsozialismus und der Person Adolf Hitlers. Der Führer vereint in sich die oberste vollziehende, gesetzgebende und richterliche Gewalt und kennt keine Gewaltenteilung; er bedarf keiner Legitimation und verlangt unbedingten Gehorsam. Seine Person wird fast kultisch verehrt. Der Führerstaat funktioniert nach dem Führerprinzip: Autorität wird in der Staats- und Parteiorganisation von oben nach unten ausgeübt, Verantwortung von unten nach oben verlagert. Das Führerprinzip wird ergänzt durch die Ideologie der Volksgemeinschaft.

G

Ganzes Haus: Bez. für die Wohn- und Lebensweise in vorindustriellen Zeiten. Der Familienverband umfasste neben der Kernfamilie (Vater, Mutter, Kinder) die im Hause wohnenden Blutsverwandten (z.B. Großeltern, Tanten, Neffen) und die im Haus Arbeitenden (z.B. Mägde, Knechte, Kutscher, Hauspersonal, Gesellen, Gehilfen). Das alle Verbindende war die Arbeit im Haus, sei sie landwirtschaftlich, handwerklich oder kaufmännisch. Da Arbeits- und Wohnstätte räumlich noch nicht getrennt waren, war die geschlechtliche Arbeitsteilung im Vergleich zum 19./20. Jh. weniger stark ausgeprägt und trotz der dominierenden rechtlichen Stellung des pater familias weniger hierarchisiert.

Generalstände (frz. = état généraux): in Frankreich vor 1789 die ständige Vertretung des Königreichs durch Geistliche, Lehnsfürsten und Abgeordnete königlicher Städte; wichtigste Aufgaben waren Steuerbewilligung und Vorlage von Beschwerden; wurden nach 1614 erst wieder 1789 einberufen.

Gesellschaftsvertrag: Die vor allem in den Staatstheorien der Aufklärung entwickelte Theorie vom Gesellschaftsvertrag ging von der (fiktiven) Vorstellung aus, dass die ehemals ganz freien Menschen in einem Vertrag miteinander auf einen Teil ihrer Rechte verzichteten und diese – zu ihrem Schutz und Wohl – auf den dadurch entstehenden Staat übertrugen. Dessen Macht wurde so als ursprünglich vom Volk übertragene gerechtfertigt und gleichzeitig begrenzt.

Girondisten: politische Gruppierung des liberalen Bürgertums in der Französischen Revolution, deren Name sich vom Departement Gironde ableitet, aus dem viele ihrer politischen Führer stammten. Sie waren für die Abschaffung der Monarchie, wandten sich aber gegen viele staatliche Zwangsmaßnahmen, die 1793/94 von den Jakobinern beschlossen wurden.

Glasnost (russ. = Offenheit, Öffentlichkeit, Transparenz): Schlüsselbegriff der Reformen Gorbatschows seit 1985 in der UdSSR; beinhaltete die Überwindung der alten politischen und gesellschaftlichen Strukturen durch freieren Zugang zu Informationen, offene Diskussion von Missständen, Ermutigung zur Kritik, Transparenz staatlicher Entscheidungsprozesse und politische Beteiligung des Volkes.

Gottesgnadentum: Nach mittelalterlicher Vorstellung war das Königtum ein von Gott verliehenes Amt, das zur Wahrung von Frieden und zur Verwirklichung göttlicher Ordnung auf Erden verpflichtete. Fürsten und Monarchen der Neuzeit legitimierten damit ihre Dynastien und weitreichenden Machtbefugnisse.

Gründerzeit: kulturgeschichtlicher Epochenbegriff für die Jahrzehnte zwischen Reichsgründung und Jahrhundertwende. Der Begriff hat seinen Ursprung in der kurzen Phase der Gründejahre 1871–1873, in denen im Deutschen Reich, anknüpfend an den Optimismus der Reichsgründung, viele Unternehmen entstanden und die Produktion stark anstieg. Im Zuge der 1874 einsetzenden „Großen Depression" gab es zwar Einbrüche und nur geringe Wachstumsraten. Aber Mitte der 1890er-Jahre begann erneut eine lang anhaltende Hochkonjunkturphase, von der auch Arbeiter (kürzere Arbeitszeiten, wachsende Löhne) profitierten.

Grundherr: konnte eine Person oder eine Institution sein, also z.B. ein Adeliger oder ein Kloster. Er verfügte über das Obereigentum an Grund und Boden und gab diesen an abhängige, oft unfreie Untereigentümer

(Hörige) zur Bewirtschaftung aus. Für den Schutz, den der Grundherr gewährte, waren die Hörigen zu Abgaben und Diensten (Frondienste) verpflichtet. Die Grundherrschaft bestimmte weitgehend die Wirtschaftsweise und das Leben der Bauern bis ins 19. Jh.

H

Hausmacht: Gebiete, die ein Fürst besitzt und die dazu dienen im Reich Macht auszuüben. Seit dem 14. Jh. versuchten die Kaiser den Aufstieg der Landesherren durch Ausweitung ihrer Hausmacht auszugleichen.
Hegemonie: bez. die Vormachtstellung eines Staates innerhalb einer Gruppe von Staaten. Sie stützt sich in der Regel auf militärische Überlegenheit, die eine politische Führungsrolle begründet. Sie kann sich aber auch nur auf das wirtschaftliche Gebiet beziehen.
Heiliges Römisches Reich Deutscher Nation: Das deutsche Kaiserreich erhob im Mittelalter den Anspruch als Kaiserreich den Königreichen übergeordnet zu sein. Die Kaiser sahen sich als Nachfolger der römischen Kaiser; ihr Reich wurde daher „Heiliges Römisches Reich" genannt. Es ging über die heutigen Grenzen Deutschlands hinaus. Im 15. Jh. erhielt der Name den Zusatz „Deutscher Nation"; wurde im Zuge der Napoleonischen Kriege 1806 aufgelöst.
Hörige: sind von einem Grundherrn abhängige Bauern, denen der Herr gegen Abgaben und Dienste (Frondienste) Land zur selbstständigen Bewirtschaftung überlässt. Sie waren an den von ihnen bearbeiteten Boden gebunden und konnten mit ihm zusammen verkauft oder verschenkt werden. Die Unfreiheit der Hörigen ist von der der Sklaven und Leibeigenen zu unterscheiden: Hörige konnten im Gegensatz zu Leibeigenen bewegliches Eigentum erwerben. Freie wurden hörig, wenn sie sich dem Schutz eines Grundherrn unterstellten oder durch Schulden dazu gezwungen wurden. Während des Mittelalters besserte sich die Stellung der Hörigen, die von ihnen bewirtschafteten Höfe wurden erblich, die Dienste und Abgaben festgelegt.
Humanismus: in Italien entstandene Bildungsbewegung vom 14.–16. Jh. Ausgehend vom Ideal des edlen Menschen, das die Humanisten in der von ihnen gesammelten Literatur der Antike fanden, kritisieren sie vor allem die Theologie und die kirchliche Bildungstradition. Ihr Ziel war eine am Vorbild der Antike geformte Bildung, die die Entfaltung der Persönlichkeit und eine individuelle Lebensgestaltung ermöglicht.

I

Immunität: Unantastbarkeit; gesetzlicher Schutz vor Strafverfolgung für Abgeordnete und Diplomaten.
Indikator: in der Geschichtswissenschaft ein Merkmal (z.B. Zahl der in der Industrie Tätigen, Sozialprodukt), das als beweiskräftiges Zeichen für einen historischen Prozess (z.B. Industrialisierung) dient.
Industrielle Revolution: durch den englischen Sozialreformer Arnold Toynbee (1852–1883) verbreiteter Begriff. Bez. die erste Phase der Industrialisierung, die in England um 1770 einsetzte (Deutschland von ca. 1840–1870). Sie stellt die Anschubphase eines tiefgreifenden wirtschaftlichen und gesellschaftlichen Wandlungsprozesses dar, der bis heute nicht abgeschlossen ist (Industrialisierung). Im Mittelpunkt stehen Einführung und Fortentwicklung der industriellen Produktionsweise (neue Energiequellen, Maschinen, Fabrik, Arbeitsteilung auf zunehmend wissenschaftlicher Grundlage, Wachstum des Sozialprodukts) und die Umverteilung der Erwerbstätigen von der Landwirtschaft in das Gewerbe und den Dienstleistungsbereich. Bestimmten mechanische Webstühle, Dampfschiffe, Kohle- und Eisentechnologie im Wesentlichen die „erste" Industrielle Revolution, werden die Einführung der Chemie- und Elektroindustrie sowie die Erfindung des Verbrennungsmotors um 1900 als „zweite" Industrielle Revolution, die Einführung der Raumfahrt und Computertechnologie nach 1945 als „dritte" Industrielle Revolution bez.
Innovationen: Neuerungen.
Internationaler Währungsfonds/IWF: 1945 als Sonderorganisation der UNO gegründet um eine Neuordnung und Stabilisierung der internationalen Wirtschaftsbeziehungen auf der Basis fester Wechselkurse zwischen konvertiblen Währungen mit dem Dollar als Leitwährung institutionell abzusichern. Der IWF wurde zu einem wichtigen, von den Interessen der kapitalkräftigen Industrieländer abhängigen Steuerungsinstrument der internationalen Währungs- und Finanzpolitik; seit den 1980er-Jahren ist er Hauptakteur des internationalen Schuldenabkommens.

J

Jakobiner: ursprünglich Mitglieder von politischen Klubs in Frankreich, benannt nach ihrem Versammlungsort, dem Kloster Saint Jacques in Paris. Umfasste zunächst alle Reformkräfte, auch die später als Girondisten bezeichneten, von denen sich 1792/93 eine radikalere politische Gruppierung unter Robespierre abspaltete (Bergpartei), aber den Namen Jakobiner beibehielt. Ziel der Jakobiner war die Verwirklichung der politischen und sozialen Gleichheit. Sie organisierten 1793/94 die Diktatur des Wohlfahrtsausschusses.

K

Kapitalismus: Wirtschaftsordnung, in der sich das Produktivkapital in den Händen von Privatpersonen bzw. -personengruppen befindet, d.h. der Kapitalisten und Unternehmer. Diesen stehen die Lohnarbeiter gegenüber. Der erwirtschaftete Gewinn geht wieder an den Unternehmer und führt zur Vermehrung des Produktivkapitals. Die wichtigsten wirtschaftlichen Entscheidungen werden in den Unternehmen im Hinblick auf den Markt und die zu erwirtschaftenden Gewinne getroffen, nicht aber vom Staat.
Klasse, Klassengesellschaft: Bez. für gesellschaftliche Großgruppen seit Ende des 18. Jh.s, deren Angehörige durch Besitz bzw. Nichtbesitz von Produktionsmitteln und den sich daraus ergebenden gemeinsamen bzw. entgegengesetzten Interessen gekennzeichnet sind. Im 19. Jh. lief in den Industriestaaten ein Prozess der Klassenbildung zwischen Unternehmern (Bougeoisie) und Arbeitern (Proletariat) ab. Wenn sich

Klassenspannungen in einer Gesellschaft deutlich ausprägen, spricht man von einer Klassengesellschaft.
Klerus: Gesamtheit der Personen, die durch eine kirchliche Weihe in den Dienst der Kirche getreten sind (= Geistliche). Als eigener Stand besaßen die Geistlichen bis ins 19. Jh. hinein politische und wirtschaftliche Vorrechte: Recht zur Erhebung von Kirchenabgaben (Zehnt), eigene Gerichtsbarkeit, Steuerfreiheit.
Klientel: Fast jeder nichtadelige Römer war Klient (Schutzbefohlener) eines adeligen Patrons (Schutzherr). Zu den Hauptpflichten der Klienten gehörte die tägliche Begrüßung des Patrons, die Begleitung in der Öffentlichkeit sowie die politische Unterstützung bei Wahlen. Der Patron hatte seinen Klienten vor Gericht zu vertreten und ihn vor Gefahren zu schützen.
Kollegialität: siehe Beamte.
Kolonialismus: Die Errichtung von Handelsstützpunkten und Siedlungskolonien in militärisch und politisch schwächeren Ländern (vor allem in Asien, Afrika und Amerika) sowie deren Inbesitznahme durch überlegene Staaten (insbesondere Europas) seit dem 16. Jh. Die Kolonialstaaten verfolgten dabei vor allem wirtschaftliche und militärische Ziele.
kommerzialisieren: Werte und Handlungen wirtschaftlichen Interessen unterordnen.
Kommunismus: seit dem 19. Jh. Bezeichnung für eine politische Ideologie und Bewegung, die durch eine Revolution die bürgerliche Gesellschaft beseitigen und durch eine klassenlose Gesellschaft ohne Privatbesitz an Produktionsmitteln ersetzen will. Die Lehre des Kommunismus wurde vor allem durch Karl Marx und Friedrich Engels begründet.
Konfessionalisierung: bez. den im letzten Viertel des 16. Jh. einsetzenden Prozess der intensiven Durchdringung von Staat und Gesellschaft mit Regelungen und Einstellungen, die unmittelbar mit dem jeweiligen Glauben (katholisch, lutherisch, reformiert bzw. calvinistisch) zusammenhingen. Innerstaatlich ist die Etablierung einer vorherrschenden Religion durch Verwaltungs-, Kirchen- und Schulreformen, aber auch den Ausschluss Andersgläubiger aus führenden Stellungen gemeint. Zwischenstaatlich bewirkte die Konfessionalisierung eine massive Abgrenzung konfessionell geprägter Territorien voneinander.
Konjunktur: periodisch wiederkehrende Schwankungen einer Volkswirtschaft oder der Weltwirtschaft. Ein Konjunkturzyklus besteht in der Regel aus vier Phasen: 1. Aufschwung (Gewinne, Investitionen und Beschäftigung steigen); 2. Hochkonjunktur (hohe Gewinne und Vollbeschäftigung); 3. Abschwung (sinkende Gewinne und Investitionen, mehr Arbeitslose); 4. Konjunkturkrise oder Depression (wenig Investitionen, hohe Arbeitslosigkeit).
konstitutionell: auf einer Verfassung beruhend.
Konzentrationslager/KZ: Massenlager, in denen Menschen aus politischen, religiösen, rassischen oder anderen Gründen eingesperrt, misshandelt und ermordet werden, vor allem zur Zeit des Nationalsozialismus. Die Konzentrationslager waren Mittel zur Einschüchterung, Ausschaltung und Vernichtung der Gegner der nationalsozialistischen Diktatur. Mit ihrer Organisation waren SS-Einheiten betraut. Seit Kriegsanfang mussten KZ-Insassen schwere Zwangsarbeit für die Rüstungsindustrie verrichten. Seit 1941 wurden Vernichtungslager errichtet, in denen bis Kriegsende etwa 6 Mio. Juden und 500 000 Polen, Sinti und Roma und andere ermordet wurden. In den meisten NS-Konzentrationslagern wurden grausame medizinische Versuche an Menschen durchgeführt.
Kriegskommunismus: Ausrichtung der gesamten wirtschaftlichen und staatlichen Tätigkeit der UdSSR auf die Bedürfnisse des Bürgerkriegs 1918–1920; ging mit der völligen Ausschaltung der Ware-Geld-Beziehung und einer Militarisierung der Arbeitswelt einher.

L

Landesherr: bez. eine Person, die über ein festumrissenes Gebiet (= Territorium) des Reiches herrscht (in Deutschland seit dem 11. Jh.). Während sich vor dem Aufkommen der Landesherren Herrschaft in erster Linie auf Personen unabhängig von deren Wohnsitz richtete, sind nun die Bewohner eines Territoriums der Gewalt der Landesherren unterworfen. Jeder Landesherr (z.B. Graf, Herzog) musste sich beim Ausbau seiner Herrschaft gegen benachbarte Herren durchsetzen. Vom 13. Jh. an gelang es großen Herren, sich wichtige Befugnisse vom König übertragen zu lassen.
„Lebensraumpolitik“: Der aus der wissenschaftlichen Schule der „Geopolitik“ stammende Begriff (1897) bez. den Raum, den bestimmte Bevölkerungen angeblich „objektiv“ zum Leben benötigen. In der Weimarer Republik entwickelte sich aus diesem wissenschaftlich umstrittenen Begriff das politische Schlagwort vom „Volk ohne Raum“. In Hitlers Buch „Mein Kampf“ und in seinem unveröffentlichten „Zweiten Buch“ ist „Lebensraum“ einer der Zentralbegriffe der NS-Ideologie und bez. die militärisch-gewaltsame Ausdehnung des deutschen Gebietes in den europäischen Osten unter Verdrängung, Versklavung und Ausrottung der dort lebenden slawischen Völker.
Lehnswesen: Im Mittelalter vergab der König an Adelige, die Kriegs- und Verwaltungsaufgaben übernahmen, Lehen, d.h. Ländereien oder nutzbare Rechte (z.B. Zolleinnahmen). Bei der Übergabe des Lehens verpflichteten sich der König als Lehnsherr und der Adelige als Lehnsmann (Vasall) durch Eid zu gegenseitiger Treue: Der Vasall war zu Gefolgschaft, zur Unterstützung seines Herrn in Krieg und Frieden verpflichtet. Wie der König vergaben auch die Adeligen Lehen an eigene Vasallen, sodass eine Lehnspyramide entstand. Der mittelalterliche Staat ruhte im Wesentlichen auf diesen persönlichen Beziehungen zwischen Herren und Vasallen. Diese politische Ordnung wird daher auch als Lehnssystem oder Feudalismus (abgeleitet von lat. feudum = Lehen) bezeichnet. Feudalismus im weiteren Sinn bezieht die Grundherrschaft als wirtschaftliche Grundlage des Lehnssystems mit ein. So verstanden kann man das gesellschaftlich-wirtschaftliche System des 8. bis 18. Jh. als Feudalsystem, den Zeitraum als Epoche des Feudalismus bezeichnen.
Leibeigenschaft: siehe Hörige.

Liberalismus: politische Bewegung seit dem 18. Jh.; betont die Freiheit des Individuums gegenüber kollektiven Ansprüchen von Staat und Kirche. Merkmale: Glaubens- und Meinungsfreiheit, Sicherung von Grundrechten des Bürgers gegen staatliche Eingriffe, Unabhängigkeit der Rechtsprechung (Gewaltenteilung), Teilnahme an politischen Entscheidungen; der wirtschaftliche Liberalismus fordert die uneingeschränkte Freiheit aller wirtschaftlichen Betätigungen.
Liturgie (griech. leiturgia): Darunter versteht man in der griechischen Demokratie eine Dienstleistung bzw. eine finanzielle Verpflichtung wohlhabender und reicher Bürger für die Polis (z.B. Ausrüstung und Erhaltung eines Kriegsschiffes, Finanzierung der Einstudierung eines Chores bei Theateraufführungen und Festen). In Rom entsprachen den Liturgien Munera. Zu ihnen gehörte in der Republik z.B. die Verpflichtung für bestimmte Magistrate, Spiele abzuhalten. In der Kaiserzeit und besonders in der Spätantike wurden immer mehr Munera von den Reichsbewohnern insgesamt gefordert, z.B. die Unterhaltung von öffentlichen Straßen und Gebäuden, die Feuerwehr, Transportleistungen für das Heer.

M

„Machtergreifung": Begriff aus der nationalsozialistischen Propagandasprache. Er beschreibt selbstverherrlichend die auf Druck der konservativen Eliten erfolgte Ernennung Adolf Hitlers zum Reichskanzler am 30. Januar 1933; tatsächlich ist eher von einer Machtübertragung zu sprechen.
Magistrat: siehe Beamte.
Manifest destiny (wörtl.: offensichtliche Bestimmung): Bez. für das zivilisatorische Sendungsbewusstsein der Amerikaner, dem der puritanische Auserwähltheitsglauben zu Grunde liegt. Konkret meint der Begriff die Bestimmung der Amerikaner das Land bis zum Pazifik zu erschließen; er wird Ende des 19. Jh. zur Begründung imperialistischer Politik und der Vorherrschaft der USA auf dem Kontinent herangezogen; gehört zum nationalen Selbstverständnis der USA.
Manufaktur: vorindustrielle Produktionsstätte, in der durch Arbeitsteilung, aber noch nicht mit Maschinen, großen Mengen Waren produziert werden.
Markt: der Ort, wo sich zu bestimmten Zeiten Verkäufer (Anbieter) und Käufer (Nachfrager) zusammenfinden. Das Verhältnis von Angebot und Nachfrage bestimmt den Preis, wenn es keine Eingriffe in die Konkurrenz gibt (etwa durch behördliche Preisfestsetzungen). In der industrialisierten Welt werden die wichtigen Geschäfte nicht mehr wie im Mittelalter oder in der Antike auf Marktplätzen abgewickelt. Trotzdem bez. man das gesamte Zusammenspiel von Angebot und Nachfrage abstrakt noch als Markt.
Massenkonsumgesellschaft: Form der kapitalistischen Industrie- und Wohlstandsgesellschaft seit ca. 1900; zuerst in den USA. Merkmale: hohe Massenkaufkraft, Massenproduktion von Verbrauchs- und Gebrauchsgütern. Infolge der weitgehend gesicherten Befriedigung der Grundbedürfnisse (Lebensmittel) richtet sich das Prestige der Bürger z.T. nach dem Besitz oder Nichtbesitz von bestimmten Konsumgütern (z.B. Autos, Markenbekleidung).
Menschen- und Bürgerrechte: Der durch die Aufklärung verbreitete und in der Amerikanischen und Französischen Revolution mit Verfassungsrang ausgestattete Begriff besagt, dass jeder Mensch unantastbare Rechte besitzt, die der Staat achten muss, vor allem das Recht auf Leben, Glaubens- und Meinungsfreiheit, Versammlungs- und Vereinigungsfreiheit, Freizügigkeit, persönliche Sicherheit, Eigentum und Widerstand im Fall der Verletzung von Menschenrechten. Im 19. und 20. Jh. wurden auch soziale Menschenrechte, besonders von sozialdemokratisch-sozialistischer Seite, formuliert, so das Recht auf Arbeit, soziale Sicherheit und Bildung.
Menschewiki (russ. = Minderheitler): gemäßigter, am Prinzip der demokratisch organisierten Massenpartei festhaltender Flügel der 1898 gegründeten Sozialdemokratischen Arbeiterpartei Russlands; stand im Gegensatz zu den Bolschewiki.
Merkantilismus (lat. mercator = Kaufmann): Begriff für die Politik eines Staates im Zeitalter des Absolutismus, die die Staatsfinanzen und den Handel als entscheidend für die Stärkung der staatlichen Macht betrachtet. Mittel dazu waren: Stärkung der Ausfuhr und Beschränkung der Einfuhr von Gütern, Errichtung von staatlichen Wirtschaftsbetrieben (Manufakturen), Bau von Straßen und Kanälen u.a.
Militarismus: bez. das Vorherrschen militärischer Grundsätze und Wertvorstellungen im öffentlichen und privaten Leben (z.B. Autoritätsgläubigkeit, Untertanengeist, bedingungsloser Gehorsam).
Ministerialen (= Dienstmannen): waren ursprünglich Unfreie. Vom 10. Jh. an wurden sie von ihren Herren mit Verwaltungs- und Kriegsdiensten beauftragt. Seit der Stauferzeit (12. Jh.) verbanden sie sich mit dem Adel zum Ritterstand. Im Spätmittelalter verloren sie die Unfreiheit und gehörten zum niederen Adel.
Mittelalter: Bezeichnung für die Geschichtsepoche um 500–um 1500 n. Chr., d.h. die Zeit zwischen Antike und Neuzeit.
Mobilität: Ausdruck der Bevölkerungsstatistik für Bevölkerungsbewegungen. Horizontale Mobilität meint die Wanderung aus einem Gebiet in ein anderes, wobei zwei Formen zu unterscheiden sind: Binnenwanderung innerhalb eines Landes und Auswanderung von einem Land in ein anderes Land. Voraussetzung für horizontale Mobilität ist in der Regel ein ausgebautes Verkehrssystem. Soziale Mobilität meint den Auf- oder Abstieg von einer sozialen Schicht in eine andere. Dabei sind die intergenerationelle Mobilität (der Sohn oder die Tochter erreichen eine höhere soziale Schicht als die Eltern bzw. steigen ab) und die intragenerationelle Mobilität (Auf- und Abstieg innerhalb eines Lebensschicksals) zu unterscheiden.
Modernisierung: Prozess der beschleunigten Veränderung einer Gesellschaft in Richtung auf einen entwickelten Status, meistens verbunden mit dem in der Aufklärung entwickelten Fortschrittsbegriff und bezogen auf den Übergang von der Agrar- zur Industriegesellschaft. Kennzeichen der Modernisierung: Verstäd-

terung, Säkularisierung, Rationalisierung, Erhöhung des technischen Standards (Produktion von Gütern mit Maschinen), permanentes wirtschaftliches Wachstum, Ausbau und Verbesserung der technischen Infrastruktur (Verkehrswege, Massenkommunikationsmittel), Verbesserung des Bildungsstandes (allgemeine Schulpflicht, Alphabetisierung, Wissenschaft), räumliche und soziale Mobilität, Parlamentarisierung und Demokratisierung, Nationalstaatsbildung. Wegen seiner Verbindung mit dem Fortschrittsbegriff ist der Begriff politisch und wissenschaftlich umstritten, weil als Maßstab der jeweilige Entwicklungsstand der westlichen Gesellschaften gilt und weil die „Kosten", vor allem ökologische Probleme, bisher wenig berücksichtigt wurden. – Mit dem Zusatz „von oben" wird darauf hingewiesen, dass die entscheidenden Anstöße zur Veränderung von der Staatsspitze bzw. von einzelnen Neuerern aus den Spitzenpositionen des Staatsapparates kommen; die politische Modernisierung, also die Verbreitung der Demokratie, bleibt häufig zurück; Bsp. sind die 1807 einsetzenden Preußischen Reformen und die staatlichen Industrialisierungsprogramme des Zarenreiches seit den 1860er-Jahren.
„Modernisierung von oben": siehe Modernisierung.
Montanindustrie: Gesamtheit der bergbaulichen Industrieunternehmen.

N

Nation (lat.: Abstammung): bez. große Gruppen von Menschen mit gewissen, ihnen bewussten Gemeinsamkeiten, z.B. gemeinsame Sprache, Geschichte, Verfassung sowie inneren Bindungen und Kontakten (wirtschaftlich, politisch, kulturell). Diese Bindungen werden von den Angehörigen der Nation positiv bewertet. Nationen haben oder wollen eine gemeinsame staatliche Organisation (Nationalstaat) und grenzen sich von anderen Nationen ab.
Nationalismus: politische Ideologie zur Integration von Großgruppen. Der demokratische Nationalismus entstand in der Französischen Revolution; er war verbunden mit den Ideen der Menschen- und Bürgerrechte, mit dem Selbstbestimmungsrecht und der Volkssouveränität. Der integrale Nationalismus entstand Ende des 19. Jh.s und lehnte die Gleichberechtigung der Nationen ab. Die Interessen der eigenen Nation wurden denen aller anderen Nationen übergeordnet. Dadurch erhielt diese Spielart eine aggressive Komponente nach außen.
Nationalsozialismus: Bez. für die nach dem Ersten Weltkrieg in Deutschland aufkommende rechtsradikale Bewegung, die auf einem extremen Nationalismus, Rassismus und Expansionismus beruhte und die deutsche Ausprägung des Faschismus darstellte. Der Nationalsozialismus bekämpfte wie andere faschistische Bewegungen alle individuellen und demokratischen Freiheiten, die seit der Französischen Revolution erkämpft worden waren. Die besondere ideologische Bedeutung der expansionistischen „Lebensraumpolitik" und der Rassenlehre mit der Übersteigerung des „germanischen Herrenmenschen", der Antisemitismus und der Aufbau eines umfassenden Propaganda- und Vernichtungsapparates heben ihn von anderen faschistischen Bewegungen ab.
Naturrecht: Das in der „Natur" des Menschen begründete, ihr „entspringende" Recht, das dem positiven oder „gesetzten" Recht gegenübersteht und ihm übergeordnet ist. Historisch wurde das Naturrecht zur Begründung entgegengesetzter Positionen benutzt, und zwar abhängig vom jeweiligen Menschenbild: Entweder ging man davon aus, dass alle Menschen von Natur aus gleich sind, oder, umgekehrt, dass alle Menschen von Natur aus verschieden sind. Die griechischen Sophisten leiteten aus dem Naturrecht das Recht des Stärkeren ab; Aristoteles rechtfertigte damit die Sklaverei. In der Neuzeit wurde es sowohl zur Legitimation des absoluten Fürstenstaates (Recht des Stärkeren) benutzt wie, über die Begründung des Widerstandsrechts, zu dessen Bekämpfung (Gleichheit aller Menschen). Für die politische Theorie der Neuzeit zentral sind die aus dem Naturrecht entwickelten Begriffe Souveränität und Gleichheit.
Neokolonialismus: Durch das wirtschaftliche und kulturelle Erbe der früheren Kolonialmacht und wegen der fortdauernden Abhängigkeit von Hilfen, vom Weltmarkt und insbesondere wegen ihrer Verschuldung stehen die formal souveränen Staaten der Dritten Welt in wirtschaftlicher und politischer Abhängigkeit der Industrieländer bzw. der ehemaligen Kolonialmächte; ihre tatsächliche Gleichberechtigung wird dadurch verhindert.
„Neues Denken": Der Ausdruck wurde von Michail Gorbatschow geprägt, der von 1985 bis 1990 Generalsekretär der KPdSU war. Er hatte erkannt, dass der Rüstungswettlauf mit den USA zum Ruin der UdSSR führen würde. Durch eine deutliche Deeskalation der Außenpolitik – die „friedliche Koexistenz" sollte weltweit gelten – sollten die Voraussetzungen geschaffen werden, um sein wirtschafts- und innenpolitisches Reformprogramm umzusetzen. Die Verständigung mit den USA führte nicht nur – wie bisher – zur Rüstungsbegrenzung, sondern zur tatsächlichen Abrüstung.
Neuzeit: Epochenbez. für die Geschichte seit ca. 1500; häufig unterteilt in frühe Neuzeit (16.–18. Jh.) und Moderne (ab der Zeit um 1800).
New Deal: 1933 eingeleitete Wirtschafts- und Reformpolitik von US-Präsident Roosevelt (1933–1945) als Reaktion auf die Weltwirtschaftskrise. Die US-Wirtschaft sollte durch Arbeitsbeschaffungsmaßnahmen, Stabilisierung des Bankensystems, Abbau der Überproduktion in Industrie und Landwirtschaft und Arbeitszeitverkürzungen wieder belebt werden. Ab 1935 legte die zweite Phase des New Deal die Grundlage für ein Sozialversicherungssystem. Der tatsächliche wirtschaftliche Aufschwung hielt sich in Grenzen; als politisches Reformprogramm aber von der Bevölkerung akzeptiert.
Nobilität: siehe Adel.
Notstandsgesetze: Bez. für die Verfassungsbestimmungen und Gesetze, die das politisch-gesellschaftliche Leben für den äußeren Notstand (Spannungs- und Verteidigungsfall) sowie den inneren Notstand (Hilfe bei Naturkatastrophen und schweren Unfällen,

Abwehr drohender Gefahren für die freiheitlich-demokratische Grundordnung) regeln. Nach heftigen Debatten am 30. Mai 1968 vom Bundestag beschlossen; damit wurden alliierte Vorbehaltsrechte aus dem Deutschlandvertag abgelöst.
Notverordnungen: auf den Artikel 48 der Weimarer Reichsverfassung gestütztes Recht der Exekutive in Notzeiten unter Umgehung des Reichstags Gesetze zu erlassen; 1930–1933 regierten die Kanzler Brüning, von Papen und von Schleicher mit Hilfe von Notverordnungen.

O

Oktoberrevolution: die von den Bolschewiki unter Führung Lenins und Trotzkis mit Unterstützung der Sowjets durchgeführte Machtübernahme in Petrograd (später Leningrad) am 24./25. Okt. 1917 (nach westlichem Kalender 6./7. Nov. 1917).
Open door policy (wörtl.: Politik der offenen Tür): Politik der USA Ende des 19. Jh.; zielte darauf ab, sich im Wettbewerb mit den europäischen Großmächten gleichen Zugang und gleiche Handelsmöglichkeiten auf dem chinesischen Markt zu sichern. Nach dem Ersten Weltkrieg ist damit allgemein der freie Zugang aller Staaten zu allen Märkten gemeint um wirtschaftliches Wachstum und internationale Kooperation zu sichern.
opportunistisch: angepasst, auf persönliche Vorteile bedacht.

P

Panslawismus: politische Strömung, die im frühen 19. Jh. in Russland entstand und einen Bund aller Slawen anstrebte. Seit Mitte des 19. Jh. wandelte sie sich zu einer militanten nationalistischen Bewegung, die die Unabhängigkeit aller slawischen „Brudervölker" forderte. Russland sollte die Schutzmacht aller Slawen sein und die Befreiung aller slawischen Völkerschaften durchsetzen.
Parlament, Parlamentarisierung: In parlamentarischen Regierungssystemen ist das Parlament das oberste Staatsorgan. Es entscheidet mit Mehrheit über die Gesetze und den Haushalt und kontrolliert oder wählt die Regierung. Das Parlament kann aus einer oder zwei Kammern (Häusern) bestehen. Im Einkammernsystem besteht das Parlament nur aus der Versammlung der vom Wahlvolk gewählten Abgeordneten (Abgeordnetenhaus), im Zweikammersystem tritt dazu ein nach ständischen oder regionalen Gesichtspunkten gewähltes oder ernanntes Haus. Im demokratischen Parlamentarismus herrscht allgemeines und gleiches Wahlrecht. Im Deutschen Reich bestand seit 1871 ein Zweikammersystem: Reichstag und Bundesrat, heute: Bundestag und Bundesrat.
Patrizier: hießen die Mitglieder des Adels der frühen Römischen Republik. Sie allein hatten alle Macht und stellten den Senat. Patrizier war man von Geburt; man konnte die Zugehörigkeit nicht durch Ämter oder Leistungen erlangen. Nach dem Ausgleich mit den Plebejern hatten die Patrizier keine politischen Sonderrechte mehr. In der mittelalterlichen Stadt bez. man so die Angehörigen der bürgerlichen Oberschicht, die sich aus in der Stadt lebenden Adeligen, Ministerialen und Fernkaufleuten rekrutierten. Bis ins 14. Jh. waren allein Patrizier ratsfähig und berechtigt hohe städtische Ämter zu bekleiden.
Pauperismus (lat. pauper = arm): Bez. für Massenarmut, besonders in der ersten Hälfe des 19. Jh. Er wurde hervorgerufen durch das schnelle Bevölkerungswachstum, dem eine nur langsam steigende Nahrungsmittelproduktion und ein Mangel an Arbeitsplätzen bzw. Verdienstmöglichkeiten gegenüberstanden; er endete mit der Industriellen Revolution.
Perestroika (russ. = Umgestaltung): Schlüsselbegriff Gorbatschows zur Modernisierung der Sowjetunion. Ziel war die Demokratisierung von Politik (Verfassungsreform) und Wirtschaft (Zulassung von Privatbetrieben, Reduzierung des Staatseinflusses), aber unter Beibehaltung der Grundzüge des Sozialismus.
Personenverbandsstaat: eine mittelalterliche Herrschaftsordnung, die auf der rechtlichen Bindung zwischen Personen beruht. Das moderne Staatsverständnis geht von einem Gebiet aus, das von der durch Beamte ausgeübten Verwaltung einheitlich erfasst wird.
Plebejer: in der frühen Römischen Republik der Stand, der von der Herrschaft ausgeschlossen war und mit den Patriziern um die Beteiligung an der Macht kämpfte. Zu den Plebejern gehörten sowohl wohlhabende als auch arme Familien. Erst als reiche Plebejer Aufnahme in die „Nobilität" fanden und sich die Ritter als eigenständige Gruppe ausbildeten, wurde „Plebejer" zur Bez. der sozialen Unterschicht, d.h. der einfachen Handwerker und Bauern.
Polis (griech. = Burg, Siedlung, Stadt; Plural: Poleis): Die Polis war in der Antike der politische Mittelpunkt eines umliegenden Gebietes. Hier hatten die Beamten ihren Sitz, hier tagten die Volksversammlung und der Rat; deshalb spricht man auch von Stadtstaat. Die einzelnen Poleis waren bestrebt ihre Selbstständigkeit und wirtschaftliche Unabhängigkeit zu wahren. Unser Adjektiv politisch bzw. der Begriff Politik leitet sich von diesem Wort ab.
Princeps, Prinzipat: Prinzipat bez. die staatliche Ordnung, die sich unter Augustus herausgebildet hat und während der römischen Kaiserzeit bis zum 3. Jh. galt. Augustus nannte sich Princeps (lat. = der Erste), um seine politische Stellung von der Monarchie oder der Diktatur abzuheben. Obwohl der Princeps der mächtigste Mann war, konnte er nicht ohne die Hilfe der traditionellen Eliten (Senatoren, Ritter) regieren; ebenso war er auf die Zustimmung des Heeres und des römischen Stadtvolkes angewiesen.
Proletarier: siehe Arbeiter.
Protektionismus: Schutz der einheimischen Produktion vor ausländischer Konkurrenz (z.B. durch Zölle).
Protoindustrialisierung: „Industrialisierung" vor der Industrialisierung. Gemeint ist die ausschließlich für den Markt (also nicht für den Eigenverbrauch) und nach kommerziellen Gesichtspunkten, aber noch nicht mit Maschinen organisierte dezentrale Produktion von Gütern (vor allem Leinenstoffe); produziert

wurde insbesondere in solchen Familien, die vom Ertrag ihrer „ersten" Arbeit nicht existieren konnten, z.B. Heuerlinge, Dorfhandwerker, -krämer oder -schankwirte. Der im 18. Jh. relativ gute Verdienst in Regionen mit ausgedehntem ländlichen Heimgewerbe führte zu einer tiefgreifenden Umgestaltung der dörflichen Lebenswelt: Das Heiratsalter sank, die Familiengrößen nahmen rasch zu, die Bedeutung der Landwirtschaft verringerte sich. Das Ende der Protoindustrialisierung kam mit der industriellen, d.h. mit Maschinen betriebenen Produktion von billigeren Baumwollstoffen. Die eigentliche Industrialisierung vollzog sich aber in der Regel an anderen als den Standorten der Protoindustrialisierung.

R

„Rassenlehre": bez. die pseudo-wissenschaftliche Anwendung der biologischen Unterscheidung von menschlichen Gruppen ähnlicher erblicher Merkmale (z.B. der Hautfarbe) auf das gesellschaftlich-politische Leben; dabei wird die Höher- bzw. Minderwertigkeit verschiedener „Rassen" unterstellt. Der auf das 19. Jh. zurückgehende Rassismus (Sozialdarwinismus) erfuhr im nationalsozialistischen Antisemitismus mit der systematischen Verfolgung und Vernichtung der Juden seine bisher fürchterlichste Konsequenz.

Rätesystem: Demokratieform, die alle Einwohner an der Ausübung und Kontrolle der Herrschaft direkt beteiligt. Auf der untersten Ebene werden in den Vollversammlungen von Betriebs-, Wohn- und Verwaltungseinheiten Beauftragte direkt und öffentlich gewählt; bei allen weiteren Entscheidungen sind die Beauftragten durch ein imperatives Mandat an die Weisungen ihrer Wähler gebunden und jederzeit abrufbar. Die Beauftragten bilden auf den weiteren Stufen Räte, die nicht nur legislative, sondern auch exekutive und richterliche Gewalt besitzen (im Gegensatz zur Gewaltenteilung). Ein wirksames Rätesystem setzt voraus, dass alle Bürger bereit sind kontinuierlich mitzuarbeiten, dass alle ein annähernd gleiches Bildungsniveau und gleiche Informationen besitzen. In Deutschland wurde das Rätesystem während der Revolution 1918/19 von Anhängern des Spartakusbundes und des linken Flügels der USPD vertreten.

Real existierender Sozialismus: Sozialismus – der Begriff wird bis ins 20. Jh. synonym mit Kommunismus verwendet – bez. eine politische Theorie und Bewegung. Ursprüngliches Ziel war die Schaffung gesellschaftlicher Gleichheit und Gerechtigkeit durch die Aufhebung des Privateigentums an Produktionsmitteln, die Einführung einer Planwirtschaft und die Beseitigung der Klassenunterschiede. Von Anfang an umstritten war der Weg: Revolution oder Reformen. Der Marxismus-Leninismus verstand Sozialismus als Vorstufe zum Kommunismus. Der Begriff des „real existierenden Sozialismus" diente nach 1945 zur Abgrenzung der kommunistischen Parteidiktaturen (osteuropäische Länder und DDR) von demokratisch-freiheitlichen Sozialismusvorstellungen (wie sie seit der Spaltung der Arbeiterbewegung zu Beginn des 20. Jh und im Ersten Weltkrieg von den sozialdemokratischen und den meisten sozialistischen Parteien der westlichen Demokratien vertreten wurden).

Reform: Neuordnung, Verbesserung und Umgestaltung von politischen und sozialen Verhältnissen im Rahmen der bestehenden Grundordnung; hierin, oft weniger in den Zielen, unterscheiden sich Reformen als politisches Mittel zur Durchsetzung von Veränderungen von Revolutionen.

Reformation (lat. reformatio = Umgestaltung, Erneuerung): bezieht sich als historischer Begriff auf die von Luther ausgelöste christliche Erneuerungsbewegung im 16. Jh. Im Zentrum der Begründung stand die Lehre vom Priestertum aller Gläubigen, damit wurde der Anspruch des Papstes auf die Herrschaft über die Welt und die allgemeingültige Auslegung der Bibel bestritten. Neben Luther waren Ulrich Zwingli und Jean Calvin als Begründer der reformierten oder calvinistischen Lehre die bedeutendsten Reformatoren.

Reichsfürsten: seit dem 12. Jh. die geistlichen und weltlichen Fürsten, die direkt vom König belehnt wurden. Reichsfürstentümer mussten nach dem Tod des Fürsten neu verliehen werden. Im Reichstag bildeten die Reichsfürsten seit dem Spätmittelalter den Reichsfürstenrat.

Reichskirchensystem: bez. eine Form kirchlicher Organisation, bei der Adelige zugleich die hohen geistlichen Ämter und führenden Funktionen in der weltlichen Herrschaft übernahmen. Seit der Karolingerzeit überließen die Könige den Bischöfen und Äbten große Gebiete, zahlreiche Herrschaftsrechte und hohe Reichsämter, da diese ihre Ämter nicht vererben konnten und somit das Übertragene dem königlichen Zugriff nicht entzogen wurde. Die Bischöfe und Äbte waren zur Mitarbeit in der Reichsverwaltung und Stellung von Heeresabteilungen verpflichtet; als Mitglieder der Kanzlei verfassten sie die königlichen Urkunden; der Erzbischof von Mainz war als Reichskanzler höchster Würdenträger nach dem König. Die Reichskirche bestand nur so lange, wie der König Bischöfe und Äbte einsetzen konnte.

Reichsstände: im Heiligen Römischen Reich Deutscher Nation bis 1806 die Reichsfürsten, -grafen, -prälaten (= Angehörige der Reichskirche) und -städte, die die Reichsstandschaft besaßen; das bedeutete, dass sie zur Führung einer Stimme im Reichstag berechtigt waren. Diese erwuchs mit Ausnahme der Reichsritter und Reichsdörfer aus der Reichsunmittelbarkeit. Die Reichsstände waren seit dem 14. Jh. in drei gleichberechtigte Gruppen geteilt (Kurfürstenkollegium, Reichsfürstenrat, Städtekollegium) und repräsentierten zusammen mit dem Kaiser das Reich.

Reichstag: Stände- oder Volksvertretung eines Reiches; im Heiligen Römischen Reich die Ständeversammlung, die sich zunächst nur aus den Fürsten, später auch Grafen und freien Herren sowie Vertretern der Reichs- und Bischofsstädte zusammensetzte; sie befasste sich mit Heerfahrt, Reichskriegen, -steuern, -gesetzen und Erhebungen in den Reichsfürstenstand. Seit 1663 tagte der Reichstag als ständiger Gesandtenkongress in Regensburg (Immerwährender Reichstag). Im Norddeutschen Bund und dann im Deutschen Reich bis 1933 übte der Reichstag (teils mit dem Reichsrat) die Reichsgesetzgebung aus.

Renaissance: seit dem 16. Jh. Bez. für die „Wiedergeburt" der griechisch-römischen Kunst und Bildung. Seit dem 19. Jh. wird Renaissance auch als Epochenbegriff für die Zeit des Übergangs vom Mittelalter zur Neuzeit benutzt, in der sich der Mensch aus der kirchlichen und geistigen Ordnung des Mittelalters löste.

Reparationen: seit dem Ersten Weltkrieg Bez. für Wiedergutmachungsleistungen, die die Sieger dem Besiegten zum Ausgleich für im Krieg erlittene Schäden auferlegen; häufig auch mit dem Ziel der Schwächung der wirtschaftlichen und militärischen Leistungsfähigkeit. Formen: Zahlungen und Warenlieferungen, auch Demontagen (Abbau von Maschinen und Industrieanlagen). Die Reparationen, die Deutschland nach dem Ersten Weltkrieg an die Siegerstaaten zahlen musste, wurden im Versailler Vertrag beschlossen, 1920 festgesetzt, 1924 im Dawesplan und 1929 im Youngplan genauer geregelt bzw. revidiert, 1931 mit dem Hoover-Moratorium ausgesetzt, 1932 auf der Konferenz von Lausanne mit einer Schlusszahlung beendet.

Repräsentation: Bedeutet politisch die stellvertretende Wahrnehmung politischer Rechte und Pflichten durch dazu legitimierte Vertreter. In der frühen Neuzeit nahmen die Ständeversammlungen diese Funktion wahr. In modernen Verfassungsstaaten seit dem späten 18. Jh. wird die Vertretung des Volkes durch frei gewählte Abgeordnete ausgeführt. Die Abgeordneten vertreten die ganze Nation und sind an Weisungen nicht gebunden.

Repräsentative Demokratie: Im Gegensatz zu direkten Formen der Demokratie, wie z.B. dem Rätesystem, wird in der repräsentativen Demokratie die Herrschaft nicht direkt durch das Volk, sondern durch vom Volk gewählte Repräsentanten (Abgeordnete) ausgeübt. Ebenfalls im Gegensatz zum Rätesystem steht hier das Prinzip der Gewaltenteilung.

Republik: Der Begriff ist abgeleitet von res publica = die öffentliche, die gemeinsame Sache. In unserem Sprachgebrauch gilt Republik als Staatsform, die – außer mit der Monarchie oder der Despotie – mit unterschiedlichen Regierungsformen (Demokratie, Aristokratie) verträglich ist. Als Römische Republik bezeichnen wir die politische Ordnung Roms zwischen dem Sturz des Königtums (um 510 v. Chr.) und der Errichtung des Prinzipats (27 v. Chr.). Diese Republik hatte eine Mischverfassung (gemischt aus Monarchie, Aristokratie, Demokratie), war aber nach heutiger Auffassung eher eine Aristokratie. Heute dient der Begriff vor allem zur Bez. für nicht-monarchische Staatsformen und ist mit dem Gedanken der Volkssouveränität verbunden.

Restauration: Wiederherstellung früherer Zustände, z.B. der monarchischen Ordnung eines Staates. Als Epochenbezeichnung für die Jahre 1815–1848 betont der Begriff, dass die staatliche Politik dieser Jahre alte Grundsätze der Zeit vor der Französischen Revolution wieder zur Geltung bringen wollte.

Revolution: Am Ende einer Revolution steht der tiefgreifende Umbau eines Staates und nicht nur ein Austausch von Führungsgruppen. Typisch ist das Vorhandensein eines bewussten Willens zur Veränderung, eine entsprechende Aktionsgruppe mit Unterstützung im Volk oder in einer großen Bevölkerungsgruppe. Typisch sind auch die Rechtsverletzung, die Gewaltanwendung und die schnelle Abfolge der Ereignisse. Beispiele sind die Französische Revolution 1789 und die Russische Revolution 1917. Revolutionen werden auch Vorgänge genannt, die nicht alle genannten Merkmale aufweisen. Die Revolution in der DDR 1989 wird wegen ihres gewaltlosen Verlaufs auch Friedliche Revolution genannt.

Ritter: Seit der Karolingerzeit treten berittene Berufskrieger neben das fränkische Volksheer und ersetzen es schließlich. Die Reiterkrieger erhalten vom König Grund und Boden als Lehen; seit dem 11. Jh. entstand aus adeligen Rittern und ursprünglich unfreien Ministerialen das Rittertum, das sich mit der höfisch-ritterlichen Kultur eigene Lebensformen schuf. Ursprünglich konnte die Ritterwürde nicht vererbt werden, sondern wurde nach langer Ausbildung und Bewährung durch den Ritterschlag erworben. Im Spätmittelalter bezeichnet „Ritter" den niederen Adel.

S

Scholastik: Bezeichnung für die Theologie und Philosophie des Mittelalters, die als „Schulwissenschaft" gelehrt wurde. Ziel der Scholastiker war es, Vernunft (lat. = ratio) und Glauben miteinander zu verbinden. Mit Hilfe der Philosophie sollte die christliche Offenbarung erklärt und der Glaube in einem einheitlichen System zusammengefasst werden. Deshalb war es notwendig Begriffe genau zu definieren und Fragestellungen und Beweisführung logisch zu begründen. Der Höhepunkt der Scholastik lag im 13. Jh.

Scholle: nutzbares Stück Ackerland.

Senat: Der Begriff bedeutet zunächst Rat der Alten. In Rom gab es schon in der Königszeit einen Senat; in der Republik hatte er praktisch die Leitung des Staates in der Hand, obwohl seine Befugnisse rechtlich nicht festgelegt waren. Aber da er die gesammelte politische Erfahrung verkörperte – in ihm saßen die ehemaligen Magistrate –, verfügte er über eine große Autorität, so dass seine „Ratschläge" von den Magistraten in der Regel als bindend betrachtet wurden. Die Zahl der Senatoren veränderte sich im Lauf der römischen Geschichte: Ursprünglich 300, gehörten dem Senat seit Sulla 600, unter Caesar 900 und unter Augustus wieder 600 Mitglieder auf Lebenszeit an. Entsprechend den Ämtern, die sie vorher bekleidet hatten, standen die Senatoren in einer hierarchischen Rangfolge.

Sezession (lat. = Austritt): 7 der 15 sklavenhaltenden Südstaaten traten im März 1861 aus der Union der amerikanischen Staaten aus, gründen die „Konföderierten Staaten von Amerika" und lösen dadurch den Bürgerkrieg (Sezessionskrieg) aus. Den Hintergrund bildet die wirtschaftliche und soziale Auseinanderentwicklung von Nord- und Südstaaten: Der Norden profitierte von der Industrialisierung, war geprägt von Gleichheitsvorstellungen, befürwortete eine starke

Bundesregierung und benötigte für die Farmwirtschaft keine Sklaven. Der Süden war geprägt von der aristokratischen Mentalität der Pflanzerfamilien, profitierte von der billigen Sklavenarbeit auf den Plantagen und pochte auf die Rechte der Einzelstaaten.

Sklaven: In allen antiken Hochkulturen hat es Sklaverei gegeben. Nach griechischem und römischem, später auch nach islamischem Recht waren Sklaven ein unbeschränktes Sacheigentum, über das der Besitzer frei verfügen durfte. Sie wurden im Bergbau und in der Landwirtschaft eingesetzt, waren im Haushalt, als Lehrer, Ärzte oder in der Verwaltung und im Handwerk tätig. Da sie dabei ihre Kompetenzen selbstständig wahrnehmen mussten, kann man sie nicht als willenlose Werkzeuge bezeichnen. Ihre tatsächliche Lage hing stark von ihrem Tätigkeitsbereich ab. Sklave wurde man durch Kriegsgefangenschaft, durch Raub (Sklavenhandel) und Verkauf, durch Verschuldung oder dadurch, dass man von Sklaven abstammte. Im Römischen Reich war das Sklavendasein kein unabänderliches Schicksal, denn viele Sklaven wurden von ihren Herren freigelassen. Sie erhielten dann ein eingeschränktes, ihre frei geborenen Kinder das volle römische Bürgerrecht. – Die Abschaffung der Sklaverei in der Neuzeit wurzelt in der Aufklärungsbewegung; die tatssächliche Abschaffung begann Ende des. 18. Jh.s (z.B. in den britischen Kolonien 1833, in den französischen Kolonien 1848, in den USA 1863).

Souveränität: Der von Jean Bodin im 16. Jh. geprägte Begriff (lat. superanus = überlegen) bez. die höchste und unabhängige Staatsgewalt nach innen und außen (innere und äußere Souveränität). Im Absolutismus war alleiniger Souverän, d.h. Träger aller Staats- und damit Herrschaftsgewalt, der Fürst. Dagegen gilt in demokratischen Staaten das Prinzip der Volkssouveränität. Alle Gewalt geht vom Volke aus, das seinen Willen direkt oder indirekt durch Abgeordnete zur Geltung bringt. Die Idee der Volkssouveränität setzte sich zuerst in der Amerikanischen und Französischen Revolution durch. Sie wird nur durch die in der Verfassung festgelegten Menschenrechte beschränkt. Völkerrechtlich, d.h. nach außen, gilt ein Staat als souverän, der nicht von einer anderen Macht besetzt ist und unabhängig von anderen Staaten handeln kann.

Sowjets (russ. = Räte): in den russischen Revolutionen Kampforganisationen der Arbeiter, Bauern und Soldaten, seit den 1920er-Jahren Instrumente der Herrschaft der kommunistischen Partei, danach nur noch formelle Inhaber der obersten Staatsgewalt in der UdSSR. Ursprünglich mit einer Form von Demokratie verbunden, in der alle Einwohner an der Ausübung und Kontrolle der Herrschaft direkt beteiligt werden. Das Modell der Rätedemokratie versteht sich als Gegenmodell zur repräsentativen parlamentarischen Demokratie. Denn die Räte vereinigen gesetzgebende, ausführende und richterliche Gewalt; die gewählten Delegierten sind den Wählern direkt verantwortlich, rechenschaftspflichtig und jederzeit abwählbar.

Soziale Frage: bez. die Notlage und die ungelösten Probleme, vor allem der Industriearbeiter, speziell in den frühen Phasen der Industrialisierung. Dazu gehörten: unsichere Arbeitsplätze, häufige Arbeitslosigkeit, niedrige Löhne, lange Arbeitszeiten, Wohnungselend, fehlende Versorgung bei Krankheit, Invalidität und Tod; verstärkt wurden die Probleme durch die Trennung von der alten Lebenswelt beim Zug in die Städte und die ungewohnte Fabrikarbeit. Lösungsversuche kamen von einzelnen Reformern und den Kirchen, besonders aber vom Staat (Sozialgesetzgebung) und von den Arbeitern selbst (Organisation; Selbsthilfe).

Soziale Marktwirtschaft: Wirtschaftsordnung, die ihrem Anspruch nach im Gegensatz zum frühliberalen (Laissez-faire-Kapitalismus) wie zum sozialistischen Wirtschaftssystem (Planwirtschaft) steht. Zu ihren wichtigsten Elementen gehören die Garantie und der Schutz des wirtschaftlichen Wettbewerbs, die soziale Abfederung negativer Auswirkungen marktwirtschaftlicher Prozesse (z.B. Arbeitslosigkeit) durch den Staat sowie die Verbreiterung des Privateigentums an Produktionsmitteln. Der Begriff entstand nach dem Zweiten Weltkrieg und wurde maßgeblich von Alfred Müller-Armack, einem engen Mitarbeiter Ludwig Erhards, geprägt.

Sozialgesetzgebung: Maßnahmen moderner Industriestaaten um unerwünschte Folgen der „freien Marktwirtschaft" zu korrigieren und die Bürger gegen Krankheit, Unfall, Alter, Invalidität abzusichern; hat sich in den 1880er-Jahren zuerst in Deutschland herausgebildet.

Sozialismus: Im liberal-kapitalistischen Gesellschaftssystem der Industrialisierung entstand der Sozialismus als Antwort auf die soziale Frage. Den verschiedenen Richtungen des Sozialismus geht es um Steuerung des Marktes, um den Abbau bzw. die Beseitigung einer sozial ungleichen, als ungerecht empfundenen Verteilung von Besitz (häufig um die Beseitigung des Privatbesitzes an Produktionsmitteln), um eine am Wohl des Ganzen orientierte Gesellschaftsordnung und um die demokratische Gleichberechtigung der Unterprivilegierten. Die Frage nach Reform oder Revolution der bestehenden Ordnung bestimmte von Anfang an die Überlegungen, Vorschläge und Forderungen der Sozialisten.

„Sozialismus in einem Land": 1925 von Stalin postulierte Gegenthese zu Trotzkis Konzept von der „permanenten Revolution" (1906). Stalin meinte, dass nicht der Export der Revolution in möglichst alle Länder der Erde vorrangiges Ziel des neuen Sowjetstaates sein sollte, sondern zunächst der Aufbau und die Festigung des Sozialismus in einem Land, d.h. der UdSSR.

Sozialistengesetz: Von Bismarck initiiertes Gesetz vom 21. Oktober 1878 „gegen die gemeingefährlichen Bestrebungen der Sozialdemokratie". Anlass und Motive: Für zwei Attentate auf Kaiser Wilhelm I. machte Bismarck fälschlich, aber öffentlichkeitswirksam die Sozialdemokratie verantwortlich und konnte die im Bürgertum ohnehin vorhandene Sozialistenfurcht weiter schüren. Inhalt: Verbot der SPD-Parteipresse und -Parteiversammlungen (aber nicht der Partei selbst). Ausweisungen und Verhaftungen von SPD-Mitgliedern. Die SPD-Anhänger fanden sich während der Zeit der Sozialistengesetze zur Tarnung in Sport-

und Geselligkeitsvereinen zusammen. 1890 wurde das Gesetz nicht mehr verlängert. Die Erfahrung der gesellschaftlichen Ausgrenzung hat die Haltung der SPD zum Staat für viele Jahrzehnte geprägt.

Sozialrevolutionäre: 1901 gegründete russische Partei; in entschiedenem Gegensatz zum Marxismus trat sie für einen bäuerlichen Sozialismus ein; bekämpfte den Zarismus durch Terror; unterstützte in den Revolutionen 1917 die Provisorische Regierung, in der sie mehrere Minister (z.B. Kerenski) stellte; bekämpfte seit November 1917 die Bolschewiki, wurde von diesen aber bis 1922 ausgeschaltet.

SS-Staat: Bez. für die besondere Machtstellung der SS (Schutzstaffel) im nationalsozialistischen Staat. Die SS war während der NS-Herrschaft neben der Polizei und dem Militär die dritte Waffen tragende Organisation und verfügte über einen effizient organisierten Überwachungs- und Terrorapparat. Ihr wurden diejenigen Aufgaben übertragen, denen Hitler besondere Bedeutung zumaß: die Sicherung der Macht in Deutschland und während des Krieges in den besetzten Gebieten; die Verfolgung und Vernichtung der Juden und aller anderen zu Gegnern des NS-Systems erklärten Gruppen und Individuen. Die SS war daher die eigentliche Exekutive Hitlers.

Staatenbund: Zusammenschluss von Staaten, wobei die einzelnen Staaten ihre eigenständige Staatsgewalt vollständig behalten. Es gibt aber gemeinsame Einrichtungen, in denen eine gemeinschaftliche Politik für alle Mitgliedsstaaten verbindlich festgelegt wird. Diese zentralen Einrichtungen sind aber eher schwach im Vergleich zur Macht der Einzelstaaten oder auch zu einem Bundesstaat. Bsp.: die USA 1776–1787, die Schweiz vor 1848, der Deutsche Bund 1815–1866.

Stalinismus: die unter der Herrschaft Stalins in den 1920er- und 1930er-Jahren in der UdSSR entstandene Staats- und Gesellschaftsordnung. Gestützt auf den zentralistischen Staats- und Parteiapparat war sie durch diktatorische Unterdrückung, Terror und Personenkult gekennzeichnet. Nach 1945 wurde sie auch auf die osteuropäischen Staaten übertragen. Nach Stalins Tod 1953 setzte eine vorsichtige Entstalinisierung ein, allerdings ohne die Grundprinzipien des Stalinismus aufzugeben. Erst die 1985 von Gorbatschow eingeleitete Reformpolitik führte zur Überwindung.

Stand, Stände: Als Stand bezeichnet man eine Gruppe in einer Gesellschaft, die durch rechtliche Bestimmungen klar umgrenzt ist, die bestimmte Vorrechte hat oder auch von bestimmten Rechten ausgeschlossen ist. In diesem Sinne bildeten Patrizier und Plebejer in der frühen Römischen Republik Stände. Auch Senatoren und Ritter in der römischen Kaiserzeit waren Stände. Dagegen waren die Plebejer in der späten Republik eine soziale Unterschicht, die durch ihre wirtschaftliche Lage, nicht aber durch rechtliche Bestimmungen umschrieben war. Stände sind einerseits gesellschaftliche Großgruppen, die sich voneinander durch jeweils eigenes Recht, Einkommensart, politische Stellung, Lebensführung und Ansehen unterscheiden und die Gesellschaftsordnung des Mittelalters und der frühen Neuzeit prägten („ständische Gesellschaften"). Man unterschied vor allem Geistlichkeit (Klerus), Adel, Bürger und Bauern sowie unterständische Schichten. Sie sind andererseits Körperschaften zur Wahrnehmung politischer Rechte, etwa der Steuerbewilligung, in den Vertretungsorganen (Landtagen, Reichstagen) des frühneuzeitlichen „Ständestaates". Der Adel, der Klerus, die Vertreter der Städte und manchmal auch die der Bauern traten als „Stände" gegenüber dem Landesherrn auf. Der Absolutismus höhlte die Rechte der Stände aus. Mit den Revolutionen und Reformen um 1800 hörten die Stände auf, vorherrschendes Prinzip in Gesellschaft und Politik zu sein.

T

Take-off: Begriff des amerikanischen Wirtschaftshistorikers Walt W. Rostow zur Charakterisierung der Industriellen Revolution; wie beim Start eines Flugzeugs haben danach gewaltige Antriebskräfte die wirtschaftliche Entwicklung derart vorangetrieben, dass der Aufstieg von der weitgehend stagnierenden Agrarwirtschaft zur wachstumsorientierten Industriewirtschaft möglich geworden ist. Das anschließende Wirtschaftswachstum wird mehr oder weniger automatisch aufrecht erhalten.

Territorialstaat: entstanden im deutschen Reich seit dem 13. Jh. durch die Zusammenfassung wichtiger Herrschaftsrechte in der Hand der Landesherren. Als Kernstück der Landeshoheit galt in der frühen Neuzeit die hohe Gerichtsbarkeit. In manchen Territorialstaaten kam es zum Konflikt zwischen den Herrschaftsansprüchen des Landesherrn und den Mitwirkungsrechten der Landstände im Steuer- und Rechtswesen. Typisch für den frühneuzeitlichen Territorialstaat ist der Aufbau einer zentralisierten Verwaltung und das Zurücktreten lehnsrechtlicher Bindungen.

Tyrannis: (griech. tyrannos = Alleinherrscher): seit der Antike die Gewaltherrschaft, die sich nicht an Gesetze hält; Folgen sind in der Regel Zwang und Unterdrückung.

U

undogmatisch: nicht starr an eine Lehrmeinung oder Ideologie gebunden.

Unternehmer: eine Person, die einen Gewerbebetrieb leitet, d.h. als wirtschaftliches „Unternehmen" führt. In der Industriellen Revolution kam den Leitern der entstehenden Industrieunternehmen immer größere Bedeutung zu. In dieser Phase waren Unternehmer und Kapitalist, d.h. der Eigentümer der Fabrik, der Maschinen usw., meist noch dieselbe Person. Sie entschieden über Investitionen, Einstellung und Entlassung der Arbeiter. Später wurden die Rolle des Kapitalbesitzers und die des Unternehmers von verschiedenen Personen oder Personengruppen wahrgenommen, so in der Aktiengesellschaft, die von „Managern" geleitet wird.

V

Vasall: siehe Lehnswesen.

Verfassung: Grundgesetz eines Staates, in dem die

Regeln der Herrschaftsausübung und die Rechte und Pflichten der Bürger festgelegt sind. Demokratische Verfassungen beruhen auf der Volkssouveränität und dementsprechend kommt die Verfassung in einem Akt der Verfassungsgebung zustande, an der das Volk direkt oder durch von ihm gewählte Vertreter (Verfassungsversammlung) teilnimmt. Eine demokratische Verfassung wird in der Regel schriftlich festgehalten (zuerst in den USA 1787), garantiert die Menschenrechte, legt die Verteilung der staatlichen Gewalt (Gewaltenteilung) und das Mitbestimmungsrecht des Volkes (Wahlrecht, Parlament) bei der Gesetzgebung fest.

Verhältniswahl: Wahlsystem, bei dem die Vergabe der Mandate auf die verschiedenen Parteien nach dem Verhältnis der abgegebenen Stimmen zueinander erfolgt (Gegensatz: Mehrheitswahlrecht; nur der Kandidat erhält einen Sitz, der im Wahlkreis die meisten Stimmen auf sich vereinigt). Einerseits erhalten durch ein Verhältniswahlrecht auch kleine Parteien die Möglichkeit im Parlament vertreten zu sein, andererseits fördert es die Parteienzersplitterung. Das in der Weimarer Republik gültige Verhältniswahlrecht verschärfte die Zersplitterung noch dadurch, dass es auf Sperrklauseln verzichtete (heute z.B. die „Fünfprozentklausel").

Versailler Vertrag: im Juni 1919 von Außenminister Hermann Müller in Versailles (bei Paris) unterzeichnet (1920 in Kraft); Inhalt: alle Kolonien, Elsass-Lothringen, Danzig, das Memelland, der polnische „Korridor" sind abzutreten, nach Abstimmungen auch Eupen-Malmedy, Nord-Schleswig, Teile Oberschlesiens; Saargebiet wird besetzt; Reparationen (Höhe noch offen); Heeresgröße auf 100 000 Mann festgelegt (Marine 15 000); Verbot Österreich als Teil des Reiches zu integrieren; Festschreibung der Kriegsschuld Deutschlands. Folgen: In Deutschland muss die Demokratie für die Folgen des gescheiterten Kaiserreiches eintreten.

Vielvölkerstaat: Bez. für ein staatliches Gemeinwesen, in dem unterschiedliche Völker oder Nationen zusammenleben, die ihre ethnischen oder nationalen Identitäten bewahren. Bsp.: das Zarenreich und österreichisch-ungarische Doppelmonarchie im 19. Jh.

Volkssouveränität: Grundprinzip der Legitimation demokratischer Herrschaft, nach dem alle Staatsgewalt vom Volke ausgeht. Entwickelte sich aus der frühneuzeitlichen Naturrechtslehre. Die Ausübung von Herrschaft ist an die Zustimmung des Volkes durch direkte Mitwirkung (Plebiszit) oder durch Wahlen gebunden; setzte sich in der Amerikanischen (1776) und Französischen Revolution (1789) als revolutionäres Prinzip gegen die absolute Monarchie durch. Die Volkssouveränität wird durch die Geltung der Menschen- und Bürgerrechte eingeschränkt.

Volksversammlung: ist die Versammlung aller stimmberechtigten Bürger eines Staatswesens, in der sie ihre politischen Rechte wahrnehmen. Im demokratischen Athen war die Volksversammlung das Zentrum der politischen Willensbildung; sie allein entschied in allen politischen Fragen mit einfacher Mehrheit. Die Versammlung war nicht gegliedert; abgestimmt wurde nach Personen. Die Römische Republik kannte verschiedene Formen der Volksversammlung, die alle nach Abstimmungsbezirken (Tribus, Zenturien) gegliedert waren. Es zählten nicht die Einzelstimmen, sondern die Ergebnisse in den Abstimmungseinheiten. In der Volksversammlung wurden die Beamten gewählt, Gesetze beschlossen und über Krieg und Frieden entschieden, ein Initiativrecht hatte sie allerdings nicht. Erst in der Römischen Kaiserzeit verlor sie ihren politischen Einfluss.

W

Weimarer Reichsverfassung/WRV: im August 1919 vom Reichspräsidenten unterzeichnet; Inhalt: legt die demokratische Republik als Staatsform fest, aber mit starker Stellung des Reichspräsidenten (Notverordnungsrecht Art. 48); die Funktion der Parteien im Staat bleibt offen; Übergang vom kaiserzeitlichen Mehrheits- zum Verhältniswahlrecht befördert die Parteienzersplitterung; die Grundrechte haben einen geringen Stellenwert; staatsrechtliche Gleichberechtigung der Frauen.

Weltwirtschaftskrise: Ausgelöst durch Aktienspekulation, Nachfragestagnation und Überproduktion in den USA 1928/29; sie führte im Oktober 1929 zum Zusammenbruch der New Yorker Börse, die nach dem Ersten Weltkrieg London als Weltfinanzmarkt abgelöst hatte; Tiefpunkt der großen Krise war 1932. Folgen: Zerstörung des internationalen Finanzsystems, Vermögensverluste und hohe Arbeitslosigkeit in allen Industrieländern.

Wiederbewaffnung: Bez. für die Aufstellung deutscher Truppen nach 1945. Sie bedeutete die Abkehr von den Entmilitarisierungsbestimmungen des Potsdamer Abkommens. In der sowjetischen Besatzungszone veranlasste die Militäradministration seit 1948 den Aufbau der „Kasernierten Volkspolizei", die danach zur Nationalen Volksarmee ausgebaut wurde. Während des Koreakrieges (1950–1953) drängten die Westmächte, allen voran die USA, auf eine militärische Stärkung Westeuropas. Auch von der Bundesrepublik forderten sie einen Verteidigungbeitrag. Bundeskanzler Adenauer selbst hatte die deutsche Wiederaufrüstung angeboten, um dem Ziel der Gleichberechtigung der Bundesrepublik gegenüber den anderen westeuropäischen Staaten näher zu kommen und größere Souveränitätsrechte zu erhalten. Nach heftigen Auseinandersetzungen beschloss der Deutsche Bundestag 1952 die Wiederbewaffnung. Damit begann der Aufbau der Bundeswehr und ihre Einbindung in das westliche Bündnissystem.

Z

Zunft: Vereinigung von Handwerkern eines Berufes in einer Stadt. Jeder Meister musste der Zunft beitreten (Zunftzwang). Die Zunft beschränkte die Zahl der Meister, Gesellen und Lehrlinge, regelte Produktionstechnik und Arbeitszeit, kontrollierte Erzeugnisse und Preise (Zunftordnung). Endgültige Aufhebung der Zünfte mit Beginn der Industrialisierung.

Register

Bildquellen

ADN-ZB: 569; Allgemeine Wochenzeitung der Juden in Deutschland: 469; Archiv für Kunst und Geschichte: 238 (B3b), 308, 309, 411, 479 (B23), 506, 510; Army Center of Military History, Washington D.C.: 448 (B12); Artothek Peissenberg: 392, 394; Berlin Museum: 89; Berlinische Galerie, Landesmuseum für Moderne Kunst, Photographie und Architektur: 592; Bertelsmann LEXIKON Verlag, Gütersloh: 538; Bertelsmann Lexikothek Verlag GmbH, Gütersloh: 400; C. Berryman: 462; Besitzer: Berlin, Stiftung Stadtmuseum Berlin, Fotografie: Stadtmuseum Berlin: 458; Foto: Constantin Beyer, Weimar: 331; Bibliotheca Apostolica Vaticana, Rom: 58; Bildarchiv Gosztony, Bern: 284; © Bildarchiv Preußischer Kulturbesitz: 8, 72, 150, 173, 280 (1a/1b), 322, 325, 332, 336 (B10), 341, 343, 364, 368, 371, 426 (B2), 479 (B24), 542; British Museum, London: 85; © Bulls Pressedienst: 533; Bundesarchiv Koblenz: 448 (B10); Bundesministerium für Verteidigung, Bonn: 620; Central Order: 530 (1a, 1b); Chaplin-Archiv, Frankfurt/M.: 200; From the Collection of Janet and Marvin Fishman, Milwaukee: 397 (B14); Collection of Whitney Museum of American Art: 192, 203; © Culver Pictures: 197 (B7); Das Fotoarchiv Christoph & Mayer: 570; Deutsches Historisches Museum, Berlin: 358, 518 (B5), 545; Deutsches Museum München: 149; Foto: dpa: 432, 558, 572; Edition Staeck, Heidelberg: 565; Galleria Sabauda, Turin: 86; Germanisches Nationalmuseum Nürnberg: 296, Gewerkschaftlicher Dachverband FDGB i. L. Berlin: 584; Goethe-Museum Düsseldorf, Kippenberg-Stiftung: 102; Grafiksammlung, Foto: Wolfgang Pulfer: 518 (B4); Harzfoto Brake, Osterode: 560 (r.); Hauptamt für Hochbauwesen der Stadt Nürnberg: 155 (B5a, B5b); Haus der Geschichte, Bonn: 537, 544; Historical Pictures/Stock, Montage, Inc.: 196, 212 (B14); Hirshhorn Museum, Washington: 201; Historisches Museum Frankfurt am Main: 315, 448 (B9); Jürgens. Ost- und Europa-Photo: 224; Katholische Nachrichtenagentur: 485; Keystone Pressedienst, Hamburg: 468 (B19), 511; Klett-Verlag, Stuttgart: 337, 348; Foto: Jochen Knobloch: 578; Krauss-Maffei AG, München: 134, 145 (B2a, B2b); Landesbildstelle Berlin: 414; London Tate Gallery: 359; Missouri Historical Society: 197 (B8); Münchner Stadtmuseum, Foto: Wolfgang Pulfer: 336 (B11); National Archives: 212 (B15); National Gallery, London: 140; Nordrhein-Westfälisches Hauptstaatsarchiv Düsseldorf, „NWH-SA, RW 58-3693, Bl. 60“: 487; Nowosti, Moskau: 244; Österreichische Nationalbibliothek, Wien: 40; Photograph © 1996. The Art Institute of Chicago. All rights reserved: 198; © Photograph by Frances Benjamin Johnson: 180; Photographie Giraudon, Paris: 28, 123; Presseagentur Nowosti, Wien: 287; Foto: Wolfgang Pulfer: 540; Revolutionsmuseum Moskau: 246 ; RIA. Foto - Nowosti: 251, 254, 255, 283; RIA. Foto - Nowosti (Foto: M. Alpert): 270, 271; Sächs. St/AL, LMAII F Nr. 25331: 546; © Thomas Sandberg, OSTKREUZ-Agentur: 494; Scala, Istituto Fotografico, Florenz: 75; Staatliche Galerie Dessau: 305; Staatliche Kunsthalle Karlsruhe: 396; Staatliche Münzsammlung München: 32; Staatsbibliothek München: 68; Stern, Hamburg, Foto A. Carp: 560 (l.); Stiftung Archiv der Akademie der Künste, Berlin: 397 (B15); © Wilhelm Stöckle, Filderstadt: 335; Süddeutscher Verlag Bilderdienst: 238 (B3a), 280 (2a/2b), 416, 441, 455, 468 (B18), 472, 499, 548, 586; The Granger Collection, New York: 168, 176, 190 (o.); Tretjakow-Galerie, Moskau: 276; Ullstein Bilderdienst: 153, 367, 373, 436, 476; UPI/CORBIS-BETTMANN: 193; Urheberrecht: Elke Walford, Foto: Privatbesitz, Hamburg: 422; Weber-Museum, Ratzeburg: 514; aus: Agitation zum Glück: 391; aus: E. Angermann, Die Vereinigten Staaten von Amerika als Weltmacht. Tempora/Klett 1987: 213; aus: Anschläge. Politische Plakate in Deutschland 1900–1970, Langewiesche-Brandt, Ebenhausen: 374, 375, 405 (B17a, B17b, B17c, B17d), 444, 448 (B11); aus: Hildegard von Bingen, Welt und Mensch. Das Buch „De operatione Dei“, übers. und erl. von Heinrich Schipperges, Otto Müller Verlag, Salzburg 1965, S. 64: 53; aus: Europa 2000. Schritte zur Europäischen Union. Hg. Presse- und Informationsdienst der Bundesregierung, Bonn: 610; aus: G. Fläming, Hanau im Dritten Reich, Bd. 1, Magistrat der Stadt Hanau 1983: 384; aus: Hermes Handlexikon, Synchronopse des Zweiten Weltkriegs, Econ Taschenbuch Verlag, Düsseldorf 1983: 465; aus: DiBacco, Mason, Appy, History of the United States. Houghton Mifflin Company, Boston 1991: 190 (u.); aus: F. A. Krummacher/A. Wucher, Die Weimarer Republik, Kurt Desch Verlag, München 1965: 413 (B19); aus: Politik und Unterricht, Heft 2/1978, Landeszentrale für Politische Bildung: 629; aus: Propyläen. Geschichte Europas, Bd. 6, 1917–1975: 623 (© Harry N. Abrams Inc., New York); Gerd Raeithel, Geschichte der Modernen, Bd. 3, Weinheim 1989, S. 9: 207; aus: Realismus. Zwischen Revolution und Reaktion 1919–1939: 503; aus: Weimar. Ausstellungskatalog, Elephantenpress Verlag, Berlin: 388

Nicht in allen Fällen war es uns möglich den Rechteinhaber der Abbildungen ausfindig zu machen. Berechtigte Ansprüche werden selbstverständlich im Rahmen der üblichen Vereinbarungen abgegolten.